SEITE 46

REISEZIELE IN ECUADOR

ALLE ZIELE AUF EINEN BLICK

Fundierte Einblicke, detaillierte Adressen, Insider-Tipps und mehr

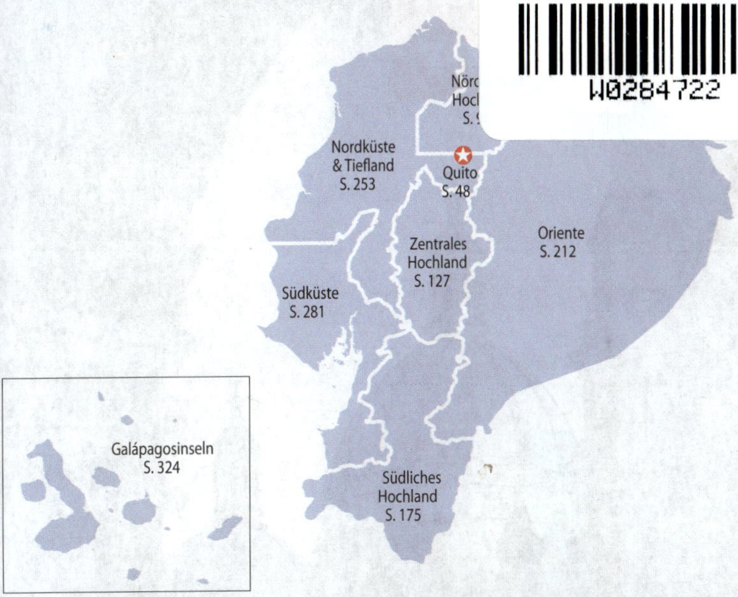

SEITE 407

PRAKTISCHE INFORMATIONEN

SCHNELL NACHGESCHLAGEN

Tipps für Unterkünfte, sicheres Reisen, Smalltalk und vieles mehr

Allgemeine Informationen 408
Verkehrsmittel & -wege..... 419
Sprache 426
Register............................ 438
Kartenlegende................ 446

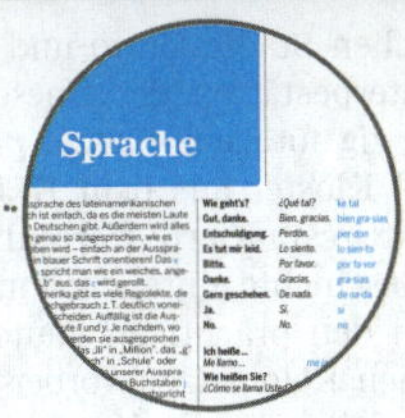

Regis St. Louis

Greg Benchwick, Michael Grosberg, Tom Masters

Willkommen in Ecuador

Kulturcocktail

Die historischen Städte Quito und Cuenca sind Welterbestätten der Unesco. Sie beherbergen zig fotogene Plätze (*plazas*), Kirchen und Klöster aus dem 17. Jh. sowie traumhaft restaurierte Herrenhäuser. Wer in die Geschichte eintauchen möchte, muss nur an den prächtigen Bauten aus der spanischen Kolonialzeit vorbeischlendern. Noch weiter in die Vergangenheit vordringen kann man in den Museen, die präkolumbische Kunst ausstellen.

Außerhalb der Städte präsentiert sich die Natur in umwerfender Vielfalt. Besucher können Andendörfer und große Märkte entdecken, die für ihre farbenfrohen Textilien bekannt sind, in Städten mit afrikanischem Erbe den Tag mit frischen Meeresfrüchten bei einem unvergesslichen Sonnenuntergang ausklingen lassen und entlegene Siedlungen im Amazonas aufsuchen, in denen die Schamanen noch heute im Regenwald die Zutaten für die Zubereitung traditioneller Medizin sammeln.

Andenabenteuer

Eine Trekkingtour in den Anden ist märchenhaft: Zwischen kleinen Dörfern erstrecken sich gurgelnde Bäche und sanft geschwungene Felder und oben kreist ein Kondor. Wenn sich die Nebelschleier lichten, erblickt man schneebedeckte Gipfel und die abenteuerliche Besteigung eines 5000 m hohen Vulkans kann losgehen.

RYAN FOX/LONELYPLANET IMAGES ©

Malerische Städte aus der Kolonialzeit, Kichwa-Dörfer, Amazonasregenwälder und die atemberaubenden Anden – Ecuador ist eine kleine Wundertüte voller großer Überraschungen.

(links) Die Catedral de la Inmaculada Concepción in Cuenca (S. 183)
(unten) Blumenverkäuferinnen auf dem Otavalo-Markt (S. 99)

ORIENT/HUBER/4CORNERS ©

Oben angekommen eröffnet sich eine unvergleichliche Aussicht. Aber die Anden bieten noch mehr Genuss. Die fruchtbare Landschaft ist eine tolle Kulisse für Mountainbiketouren, Ausritte oder Wanderungen von Dorf zu Dorf mit Übernachtungen in landestypischen Pensionen. Neben dem Abenteuer in den Bergen kann man in Ecuador auf den Wellen an der Pazifikküste reiten oder im Dschungel des Oriente auf reißenden Flüssen (Klasse V) raften.

Tierbeobachtungen

Die berühmten Galapagosinseln mit ihren surreal anmutenden Vulkanlandschaften ziehen Naturfans wie ein Magnet an. Hier kann man zu Wasser und zu Land Schildkröten, Meerechsen (die weltweit einzige Leguanart, die ihre Nahrung im Meer findet), Seelöwen, Blaufußtölpeln und anderen wunderlichen Kreaturen begegnen.

Der Amazonas-Regenwald bietet ein gänzlich anderes Szenario. Von einer Lodge mitten im Dschungel ist man auf Flüssen und Trampelpfaden quer durchs Dickicht unterwegs, um Affen, Faultiere, Tukane, Flussdelfine, Anakondas etc. aufzuspüren. Manche Unterkünfte warten mit Aussichtstürmen auf; dort hat man die Chance, Vögel aus der Nähe zu betrachten.

Apropos Vögel: Die Wolkenwälder sind eine weitere zoologische Fundgrube. In der Gegend um Mindo sind mehr als 350 Vogelarten heimisch. Für Vogelfans ist dies eine der Topadressen in Südamerika.

› Ecuador & Galápagosinseln

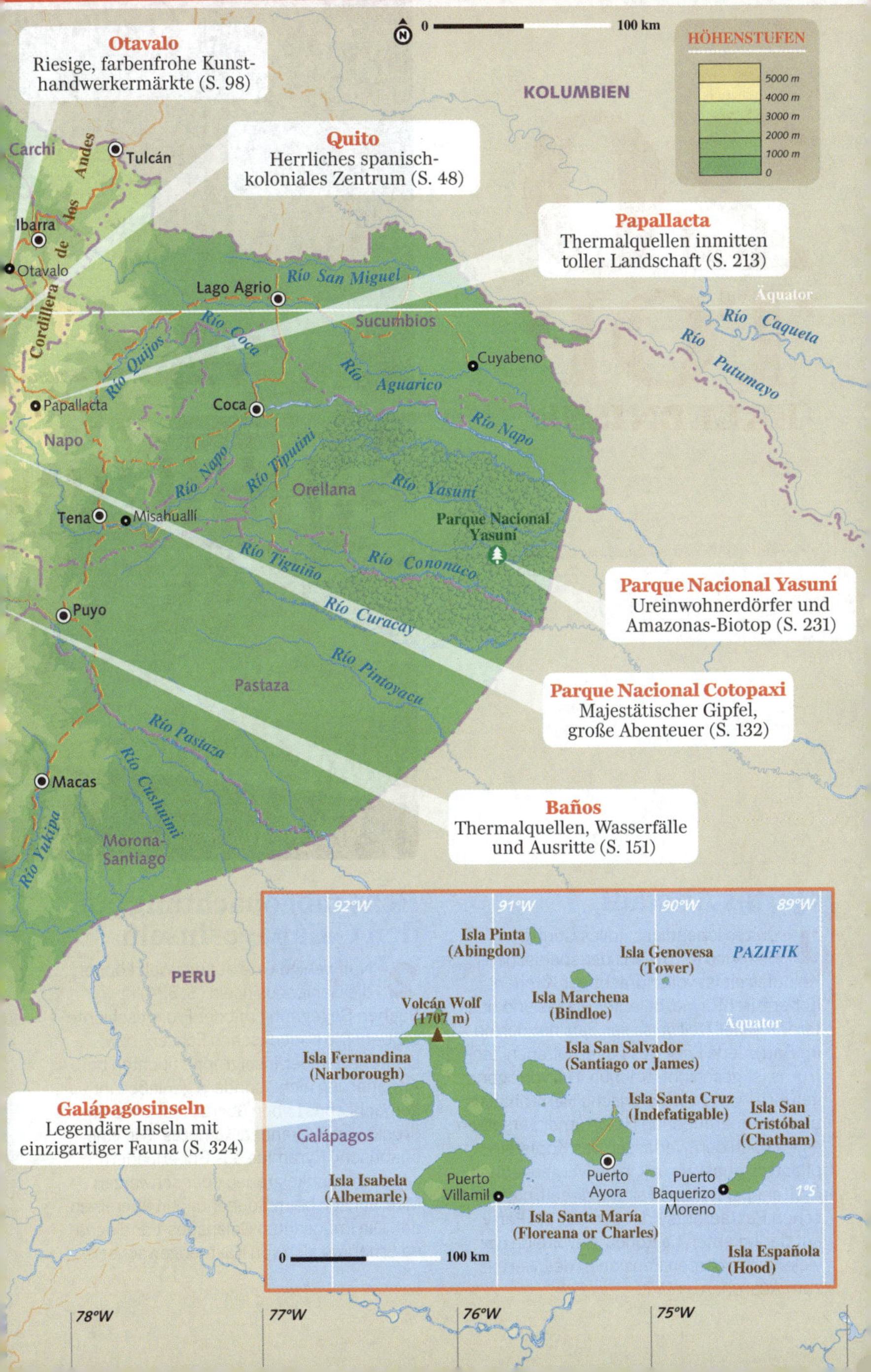
Otavalo
Riesige, farbenfrohe Kunsthandwerkermärkte (S. 98)
Quito
Herrliches spanisch-koloniales Zentrum (S. 48)
Papallacta
Thermalquellen inmitten toller Landschaft (S. 213)
Parque Nacional Yasuní
Ureinwohnerdörfer und Amazonas-Biotop (S. 231)
Parque Nacional Cotopaxi
Majestätischer Gipfel, große Abenteuer (S. 132)
Baños
Thermalquellen, Wasserfälle und Ausritte (S. 151)
Galápagosinseln
Legendäre Inseln mit einzigartiger Fauna (S. 324)
0
100 km
HÖHENSTUFEN
5000 m
4000 m
3000 m
2000 m
1000 m
0
KOLUMBIEN
PERU
Carchi
Tulcán
Cordillera de los Andes
Ibarra
Otavalo
Lago Agrio
Río San Miguel
Äquator
Sucumbíos
Río Coca
Río Quijos
Río Caqueta
Río Putumayo
Cuyabeno
Río Aguarico
Papallacta
Coca
Napo
Río Napo
Río Tiputini
Orellana
Río Yasuní
Tena
Misahuallí
Parque Nacional Yasuní
Río Tiguiño
Río Cononaco
Puyo
Río Curacay
Río Pintoyacu
Pastaza
Río Pastaza
Río Cushuimi
Macas
Río Yukipa
Morona-Santiago
92°W
91°W
90°W
89°W
Isla Pinta (Abingdon)
Isla Genovesa (Tower)
PAZIFIK
Isla Marchena (Bindloe)
Volcán Wolf (1707 m)
Äquator
Isla San Salvador (Santiago or James)
Isla Fernandina (Narborough)
Isla Santa Cruz (Indefatigable)
Isla San Cristóbal (Chatham)
Galápagos
Puerto Ayora
Puerto Baquerizo Moreno
Isla Isabela (Albemarle)
Puerto Villamil
1°S
Isla Santa María (Floreana or Charles)
0
100 km
Isla Española (Hood)
78°W
77°W
76°W
75°W

20 TOP ERLEBNISSE

Quitos Altstadt

1 Quitos lebendiges, tolles Centro Histórico (S. 51) aus der spanischen Kolonialzeit ist voller prächtiger Kirchen, hoher Kirchtürme, belebter Plazas und düsterer Klöster (teilweise seit Jahrhunderten im Bau). Jede Ecke des gut erhaltenen Zentrums ist geschichtsträchtig. Hervorragend geführte Museen, historische Herrenhäuser und atemberaubende Heiligtümer versetzen einen nach dem Verlassen des Kopfsteinpflasters quasi zurück in die Vergangenheit. Später speist man in einem der altmodischen Restaurants oder genießt die Party auf der belebten La Ronda, bevor eine der vielen charmanten Pensionen des Viertels zum Ausruhen einlädt.

Echsenbeobachtung auf den Galápagosinseln

2 Nur wenige Orte auf der Welt können die Galápagosinseln (S. 324) in Sachen Begegnung mit der Frühgeschichte toppen. Die endemischen Echsen- bzw. Leguanarten der Inselgruppe flüchten bei Annäherung nicht, sondern genießen ihr gemächliches Leben überall fast unbeeindruckt von klickenden Kameras. Wie eine chaotische Pyramide aus Cheerleadern liegen die dunkelgrauen oder schwarzen Meerechsen beim Sonnenbaden übereinander. Die imposanten Galápagos-Landleguane ernähren sich von Kakteengewächsen.

ALFREDO MAIQUEZ/LONELY PLANET IMAGES ©

KRISTIN PILJAY/LONELY PLANET IMAGES ©

Handwerksprodukte auf dem Markt von Otavalo

3 Samstags scheint die ganze Welt ins lebhafte Otavalo (S. 98) zu kommen: Durch die ganze indigene Andenstadt erstreckt sich dann rund um die Plaza de Ponchos ein riesiger Markt (an den anderen Wochentagen ist er im Vergleich dazu eher klein). Die Qualität der enormen Auswahl variiert sehr stark, und die vielen Menschen können auch nerven. Andererseits gibt's unglaubliche Schnäppchen unter den kunterbunten Teppichen, traditionellen Handwerksprodukten, Kleidungsstücken, hochwertigen Strohhüten und tollen Folklorekunstwerken.

Parque Nacional Yasuní

4 Die schlichtweg verwirrende Artenvielfalt dieses großen Regenwaldschutzgebiets (S. 231) sucht fast weltweit ihresgleichen. Bei spannenden Kanutrips auf zugewucherten Bächen oder Urwaldwanderungen mit erfahrenen Guides gibt's alle möglichen Blumen, Pflanzen und Tiere zu entdecken. Den Großteil werden die meisten Traveller wohl zuvor nicht gekannt (geschweige denn lebendig irgendwo gesehen) haben. Gleichzeitig meiden hier mehrere indigene Stämme bis heute den Kontakt zur Außenwelt. Derzeit ist dieses Naturwunder noch intakt.

LEE FOSTER/LONELY PLANET IMAGES ©

5

ALICE GRULICH-JONES/LONELY PLANET IMAGES ©

6

PER-ANDRE HOFFMANN/ALAMY ©

Cuenca

5 Cuencas (S. 179) märchenhaftes kolonialzeitliches Zentrum ist eine Unesco-Welterbestätte und betört Besucher schon seit dem 16. Jh. Die Kopfsteinpflasterstraßen, die bunten Gebäudefassaden und die bemerkenswert gut erhaltene Kathedrale motivieren Knipswütige an jeder Ecke. Wirklich erfüllend sind jedoch die entspannte Atmosphäre und die freundlichen Einheimischen. All dies wird von einem tollen Nachtleben, vielen Museen bzw. Galerien und ein paar der besten Restaurants des Landes abgerundet. Kein Wunder, dass Cuenca das absolute Top-Highlight in Südecuador ist!

Nordöstliche Strände

6 Wer bei Ecuador nicht an Sonne und Sand denkt, sollte noch einmal in sich gehen: Der Nordosten hat zahlreiche Fischerdörfer, Ferienorte, Surfertreffs und völlig unberührte goldfarbene Strände zu bieten. So reist man die Küste hinauf oder hinunter und wählt aus. Zu den besten Optionen gehört der riesige Sandstreifen beim charmanten Same (S. 266), der breite und noch unerschlossene Strand des Fischernests Mompiche (S. 269) oder das kleine, unkonventionelle Canoa (S. 271) mit goldfarbenem Sand und beliebten Surfwellen. Strand von Same

DAVID LITSCHEL/ALAMY ©

Der Quilotoa-Loop

7 Das Abenteuer beginnt auf 3000 m mit der beliebten, rauen Quilotoa-Loop (S. 140). Diese Rundtour führt über indigene Dörfer und Malerkolonien zu einem dunkelblauen Kratersee und dann ins Herz von Ecuadors zentralem Hochland. Das Beste daran: Jeder kann unterwegs sein Abenteuer individuell gestalten. Freiwilligenarbeit bei einem nachhaltigen Landwirtschaftsprojekt? Kein Problem! Oder doch lieber auf vergessenen Pfaden von Dorf zu Dorf wandern oder radeln? Jawohl, auch möglich!

TeleféricQo-Fahrt

8 Die Bahn TeleféricQo (S. 58) beweist, dass es mehrere Methoden zum Erobern von Andengipfeln gibt: Diese Seilbahn fährt hinauf in atemberaubende Höhen (4100 m) oberhalb von Quito. In der Stadt der tollen Aussicht bietet der Cruz Loma bei klarem Wetter den besten Blick. Von hier aus betrachtet nimmt Quito das ganze Andental vor majestätischen Bergen (z. B. dem Cotopaxi) in der Ferne ein. Ganz oben lässt sich das Abenteuer um eine Wanderung oder einen Ritt zum Gipfel des Rucu Pichincha (4680 m) erweitern.

Thermalbaden in Papallacta

9 Die öffentlichen Bäder am Rand des Andendorfs Papallacta (S. 213) sind wunderschön erhalten und liefern eines der besten Naturerlebnisse in Ecuador: Inmitten von Bergen wechselt man hier zwischen den Thermalpools, dreht eine Runde im tollen Schwimmbecken, springt ins eiskalt belebende Tauchbecken und kehrt dann zum dampfenden Ausgangspunkt zurück. Noch magischer wird's am Abend, wenn man auf dem Rücken treibend zusieht, wie die Sterne am weiten, schwarzen Himmel aufgehen.

Walbeobachtung vor der Isla de la Plata

10 Den Sprung eines Buckelwals hautnah mitzuerleben, ist eine großartige Erfahrung überwältigender natürlicher Kraft. Von Juni bis September ziehen jedes Jahr fast 1000 dieser majestätischen Meeressäuger in Ecuadors Küstengewässer. Die Fischersiedlung Puerto López (S. 286) ist der beste Ort, um Bootstouren zu organisieren, bei denen man eventuell auch Delfine, Schwertwale, Grind- und Cuvier-Schnabelwale sieht.

Parque Nacional Podocarpus

11 Der Parque Nacional Podocarpus (S. 202) an der peruanischen Grenze zählt zu besucherschwächsten Naturschutzgebieten im südlichen Hochland. Zwischen 900 und 3600 m Höhe herrscht hier ein riesiger Artenreichtum – darunter schätzungsweise 3000 endemische Pflanzenarten. Auf Vogelfans wartet eine erstaunliche Vielfalt von 600 einzigartigen Vogelarten. Zusammen mit Wanderwegen, Hochlandseen und weiter Aussicht ergibt dies eine der großartigsten Attraktionen abseits von Ecuadors Touristenpfaden.

10

SOLEDAD CONTRERAS/CORBIS ©

11

GLENN BARTLEY/CORBIS ©

Parque Nacional Cotopaxi

12 Als Standort von Ecuadors bekanntestem Vulkan verführt der Parque Nacional Cotopaxi (S. 132) mit seinen traumhaften Aussichten und einigen der besten regionalen Bergunterkünfte zu spontanen Touren von Quito aus. Die wenigen, die es bis zum Gipfel des Volcán Cotopaxi (5897 m) schaffen, erleben zweifellos ein Top-Highlight. Alternativ vergisst man Steigeisen und Einspickel und entscheidet sich für großartige Schnappschüsse vom Berg. Ausritte, Rad- und Wandertouren zu Hochlandseen oder nahe gelegenen Vulkangipfeln sind ebenfalls möglich.

Vilcabamba

13 Vilcabambas (S. 205) Luft ist genau richtig – nicht zu heiß, nicht zu kalt; bergfrisch mit einer ganz leichten rauchigen Note. Sie verleiht diesem Magneten im südlichen Hochland einen mystischen Reiz, der viele Traveller fesselt. Wer kann es ihnen verdenken? Die Wandermöglichkeiten sind super, der nahe gelegene Nationalpark lädt zu Wildnisabenteuern auf einem Pferd oder Mountainbike ein. Die Spa-Resorts widmen sich auch dem allerkleinsten Verwöhnwunsch. Vielleicht sind hier deshalb mehr Läden in ausländischem Besitz als sonstwo in Ecuador.

PAUL KENNEDY/LONELY PLANET IMAGES ©

CHRIS HOWARTH/GALAPAGOS/ALAMY ©

STEVE HERRMANN/SHUTTERSTOCK ©

Surfen in Montañita

14 Ein ganzjährig konstanter Beach Break, eine nette Gemeinschaft erfahrener Surfer und relaxte Traveller mit Dreadlocks machen dieses Küstendorf (S. 290) zum idealen Zwischenstopp für Wellenreiter. Anfänger ohne Angst vor Stürzen ins Nasse oder Salzwasser im Hals finden hier leicht einheimische Surflehrer und kleinere Breaks im nördlich gelegenen Olón. Wer nicht auf riesigen Brechern nach Luft schnappen möchte, kann solche Heldentaten vom Strand aus vor einem herrlichen Sonnenuntergang beobachten. Auch keine schlechte Alternative!

Punta Suárez

15 Beim Blick über die herrlichen Klippen am Westzipfel der Isla Española (S. 369) steht man scheinbar am Rand der bekannten Welt: Das offene Meer erstreckt sich weit bis zum Horizont, während im Vordergrund ein spektakuläres Spritzloch rhythmisch Wasser in die Luft schleudert. Galápagos-Albatrosse und ihre flauschigen Jungen nisten in den Büschen; winzige Finken hüpfen über den felsigen Pfad. Nazca- und Blaufußtölpel treffen sich an der Steilkante, über der Rotschnabel-Tropikvögel und Galápagos-Bussarde hoch am Himmel ihre großartigen Flugkünste zeigen.

In Mindo wandern & Vögel beobachten

16 Das freundliche Mindo (S. 121) in einem dramatischen Nebelwaldtal zwischen Quito und dem Pazifik hat zu Recht einen guten Ruf. So ist es mittlerweile vielleicht kein unentdecktes Ziel abseits der Touristenpfade mehr. Die beiden Hauptattraktionen (Vogelbeobachtung und eine tolle Landschaft) sind aber so großartig wie immer. Dank des hiesigen Artenreichtums können Vogelfans zusammen mit einheimischen Führern fröhlich und tagelang viele verschiedene Vögel entdecken. Wanderer werden die nahen Wasserfälle, den dichten Nebelwald und die himmelhohen Felsen lieben.

Malecón in Guayaquil

17 Guayaquils Verjüngung und der Stolz seiner Bürger zeigen sich nirgends so sehr wie an der Flusspromenade (S. 298), einer Abfolge von sich küssenden Liebespaaren, spazierengehenden Familien und lunchenden Bürohengsten. Der früher vernachlässigte und geschmähte *malecón* vereint nun die oft gegensätzlichen Vorzüge von Park und Platz. Die Landschaftsgärten stoßen an historische Bauten; vom modernen Kinderspielplatz ist es nicht weit bis zum Spitzenmuseum und einem Kunstfilmkino. Auch die Freiluftrestaurants und -cafés mit Blick auf den Fluss lassen das Zentrum ganz weit weg erscheinen.

Baños

18 Dieses Paradies für Adrenalinjunkies liegt zwischen den Anden und dem Amazonasbecken – genauer in einem zauberhaften, kleinen Tal mit eigenem Wasserfall und mehreren natürlichen Quellen. Sowohl Equipment-Freaks als auch Naturfans schätzen die Mountainbikeabfahrt hinunter zum entlegenen Außenposten Puyo im Amazonasbecken. Für Paddler gibt's eine Handvoll Wild- und Flachwasserstrecken. Baños (S. 151) ist zudem der populärste Backpacker-Treff im zentralen Hochland. So ist man hier nie allein – mit allen Vor- und Nachteilen.

17

18

STEVE BLOOM IMAGES/ALAMY ©

GUILLERMO GRANJA/CORBIS ©

Indigene Stämme erleben

19 Bescheidenheit lehrend, faszinierend, unvergesslich – dies sind nur ein paar Worte, die einen Besuch in einem indigenen Dorf im Oriente (S. 212) beschreiben. Hier wird man z. B. in jahrhundertealte Bräuche eingeführt. Auch über Fallenstellen, Jagen und Kochen ist etwas zu erfahren. Besucher können bei der Herstellung von *chicha* zusehen, Tänze bewundern und vielleicht ein Schamanenritual erleben. Gute Guides bringen einen zu Ureinwohnern, die nicht allzu sehr an Fremde gewöhnt sind. Die beste Interaktion entsteht, wenn der Besuch für beide Seiten interessant ist. Huaorani-Mann stellt Giftpfeile her.

Klettern am Volcán Cayambe

20 Die vielen Vulkane und Berge in Ecuadors nördlichen Anden bedeuten für Kletterer die Qual der Wahl. Definitiv am eindrucksvollsten ist aber der Volcán Cayambe (S. 98), der majestätisch den gleichnamige Ort überschattet: Sein verschneiter Gipfel schimmert ganzjährig im Sonnenlicht. Der erloschene Vulkan ist Ecuadors dritthöchster Berg und weltweit der am höchsten gelegene Punkt, durch den der Äquator läuft. Den anstrengenden Aufstieg mit atemberaubender Aussicht kann fast jeder nach ein paar Trainingstagen schaffen.

Gut zu wissen

Währung
» US -Dollar (US$)

Sprache
» Spanisch

Reisezeit

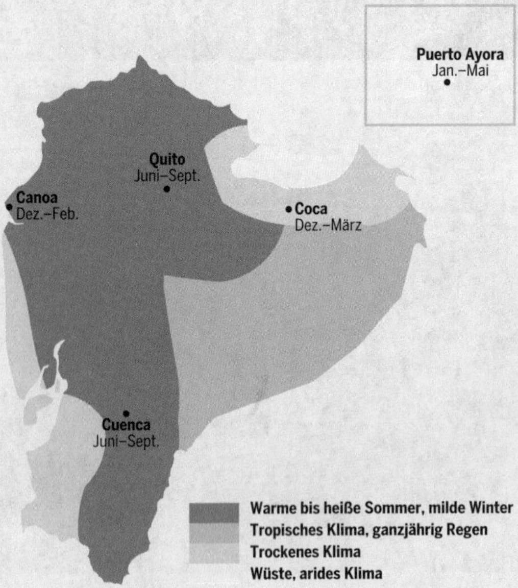

Hauptsaison
(Juni–Sept.)

» Sonnig und klar im Hochland; im Oriente weniger Regen.

» Zwischen Dezember und April ist es an der Küste schön: Es ist warm, regnet aber regelmäßig.

» Von Januar bis Mai geht's auf den Galápagosinseln ab.

Zwischensaison
(Okt.–Nov.)

» Kühler, häufigere Schauer (morgens ist es meist sonnig, nachmittags regnet es dann) im Hochland.

Nebensaison
(Dez.–Mai)

» Im Hochland kühler und regnerischer.

» Von Juni bis Dezember Nebensaison auf Galápagos: Es ist kühler, trockener und das Meer ist rau.

» Zwischen April und Juli ist Nebensaison im Oriente, es regnet oft stark.

Tagesbudget

Günstig – unter
30 US$

» B im Schlafsaal: 7–10 US$; Zi. in einer günstigen Pension: 10–15 US$/Pers.

» Einkaufen auf dem Markt, Mittagstisch: 2–3 US$

» Bus; die Galápagosinseln sind nicht drin

Mittleres Budget
30–100 US$

» DZ im Mittelklassehotel: 40–60 US$

» Abendessen in einem guten Lokal: 15–20 US$

» Klettern, radeln und Vogelbeobachtung: 40–80 US$/Tag

» Urwald-Lodges: ab 250 US$ für vier Tage

Teuer – mehr als
100 US$

» Gute Galápagostour: ab 300 US$/Tag

» Amazonas-Lodges: ca. 250 US$/Tag

» Haziendas (Cotopaxi): ab 100 US$/Tag

Geld

» Geldautomaten gibt's in großen und mittelgroßen Städten. Kreditkarten werden (mit Aufschlag) in Spitzenklassehotels, gehobenen Restaurants und Läden akzeptiert.

Visa

» Besucher aus Deutschland, Österreich und der Schweiz brauchen kein Visum, wenn sie weniger als 90 Tage im Land bleiben wollen.

Handys

» GSM-Handys mit 850-MHz-Standard (GSM 850) sind mit den Netzen von Claro und Movistar kompatibel. Alegro nutzt 1900 MHz (GSM 1900).

Verkehrsmittel & -wege

» Überall fahren Busse, und die Fahrten sind günstig (etwa 1 US$/ Reisestunde)..

Infos im Internet

» **Lonely Planet** (www.lonelyplanet.com) Reiseinfos, Hotelbuchung, Forum, Fotos.

» **Hip Ecuador** (www.hipecuador.com) Gute Info-Website über Ecuador.

» **Ministry of Tourism Ecuador** (http://ecuador.travel) Highlights, Kulinarisches und Reisetipps fürs ganze Land.

» **Latin American Network Information Center** (http://lanic.utexas.edu/la/ecuador) Massenweise nützliche Links zu allem Möglichen.

Wechselkurse

Eurozone	1 €	1,23 US$
	1 US$	0,81 €
Schweiz	1 SFr	1,02 US$
	1 US$	0,98 SFr

Aktuelle Wechselkurse gibt's unter www.xe.com.

Wichtige Telefonnummern

Für Anrufe ins Festnetz einfach die Vorwahl und die siebenstellige Nummer wählen!

Krankenwagen	☎ 131
Auskunft	☎ 104
Notruf (nur in größeren Städten)	☎ 911
Feuerwehr	☎ 102
Polizei	☎ 101

Ankunft in …

» **Quito**
Quitos Aeropuerto Mariscal Sucre (soll 2013 schließen) liegt 10 km nördlich der Altstadt. Taxifahrer nehmen für die Fahrt in die Neustadt 8 US$ und 10 US$ bis zur Altstadt.
Ein neuer Flughafen 20 km östlich der Stadt soll 2013 öffnen. Unter www.quitoairport.com gibt's aktuelle Infos.

» **Guayaquil**
Taxifahrt zur Innenstadt: 4–5 US$
Bus 2 Especial (zur Innenstadt, weniger als 1 Std.): 0,25 US$

Nicht vergessen!

» Alle nötigen Impfungen und ein gutes Insektenschutzmittel (mit 30 % DEET)
» Reiseversicherung, Kopien von Pass und den wichtigsten Reisedokumenten
» Wasser- und winddichte Jacke – es *wird* regnen und winden (besonders im Hochland)
» Ohrenstöpsel (zum Einschlafen) und ein gutes Buch für lange Busfahrten
» Universalstöpsel für die Handwäsche im Waschbecken und ein Stück Schnur zum Wäschetrocken
» Zahnseide (dient mitunter auch als Nähgarn oder Schnürsenkel)
» Isolierband (um einen Stift oder ein Feuerzeug gewickelt kann man's gut mitnehmen)
» Taschenlampe, Reisewecker, Ziplock-Tüten, Hut, Sonnenbrille und Sonnencreme
» Taschenmesser – aber bitte nicht im Handgepäck!

Wie wär's mit ...

Koloniale Pracht

Ecuador besitzt mit prunkvollen Kirchen, Kathedralen und Klöstern, die über fotogenen Plätzen emporragen – einige stammen aus dem 16. Jh. – eine wahre Schatztruhe voller architektonischer Wunder. Zwei Stadtkerne im Kolonialstil zählen zum Unesco-Weltkulturerbe und sind Erzrivalen in Sachen Schönheit.

Quito Beim Umherstreifen in den geschäftigen Straßen des *centro histórico* (Altstadt) trifft man auf Schritt und Tritt auf atemberaubende Kulissen. Ein Besuch der Kirchen, Hausmuseen und kolonialen Kunstgalerien ist wie eine Reise in die Vergangenheit (S. 51).

Cuenca Zwar kleiner und weniger hektisch als die Hauptstadt ist Cuenca mit seinen gepflasterten Gassen, den hohen Glockentürmen und dem darunter vorbeirauschenden Fluss jedoch nicht weniger beeindruckend (S. 179).

Loja Besticht durch seinen kleinen, malerischen Stadtkern im Kolonialstil mit alten Gassen und Plätzen (S. 196).

Riobamba Von der fotogenen Kathedrale oder dem wunderschön restaurierten Kloster aus dem 16. Jh. kann auch die belebte Stadt nicht ablenken (S. 166).

Großartige Kulissen

Mit seinen atemberaubenden Bergspitzen, den diesigen Nebelwäldern, dem Grün des Amazonas und den weltfernen Galápagos-Inseln, besitzt Ecuador unzählige Orte, an denen man einen Zwischenstopp einlegen und die Landschaft genießen kann.

Laguna Quilotoa Dieser topasfarbene See in einem Vulkankrater ist ein herrlicher Ort für eine Wanderung (S. 142).

San Rafael Wasserfälle Auf dem Weg nach Oriente lohnt ein Abstecher zu den vom Regenwald umgebenen höchsten Wasserfällen Ecuadors (S. 217).

Lagunas de Mojanda Diese hoch gelegenen Bergseen im nördlichen Hochland schimmern wie Juwelen (S. 106).

Parque Nacional Cotopaxi Hinaufklettern, drum herum wandern oder einfach von den am Vulkan gelegenen historischen Haciendas aus den Blick auf den 5897 m hohen Volcán Cotopaxi genießen (S. 132)!

Isla Isabela (Albemarle) Die Tier- und Pflanzenwelt macht einen Teil der Galápagos-Faszination aus, vor allem wenn man auf der Insel Isabela auf den Lago Darwin oder den Volcán Sierra Negra blickt (S. 359).

Outdoorabenteuer

Adrenalin-Junkies kommen im wilden, wundersamen Andenland voll auf ihre Kosten. Hier bieten schneebedeckte Gipfel, rauschende Flüsse und tosende Brandungen die perfekte Kulisse für lange Tagesausflüge. Weitere Aktivitäten, die das Herz höher schlagen lassen, finden sich auf S. 30.

Ziplining Im Nebelwald von Mindo auf einer der beiden hyperdynamischen Seilrutschen mit atemberaubender Geschwindigkeit durch den Himmel rasen (S. 121)!

Wildwasser-Rafting In Tena im Oriente eine der besten und rasantesten Wildwasserfahrten in Ecuador erleben! Von Kategorie III bis V ist hier für jeden etwas dabei (S. 234).

Mountainbiken Es gibt eine ganze Menge großartiger Fahrradtouren, aber ein ewiger Favorit ist die Abfahrt über die Flanken des 6310 m hohen Chimborazo – beste Anlaufstelle dafür ist Riobamba (S. 167).

Surfen Überall an der Küste und sogar draußen auf den Galápagos-Inseln gibt's ordentliche Wellen, aber ein großartiger Ort zum Üben (und um das Nachtleben zu genießen) ist Montañita (S. 290).

EDDIE GERALD/ALAMY ©

» Traditionelles ecuadorianisches Kunsthandwerk

Kunsthandwerksmärkte

Viel Platz im Koffer lassen oder eine zusätzliche Tasche vor Ort kaufen: Ecuador ist der perfekte Ort für Liebhaber von Märkten. Wollpullis, handgewebte Taschen, Töpferware, Panflöten, aufwendige Webarbeiten: all das und noch viel mehr gibt es hier zu entdecken – und zu kaufen.

Otavalo Der weitläufige Markt ist die Mutter aller Märkte und ein Muss für Erstlingsbesucher. Samstags ist er am größten und am besten (S. 99).

Mercado Artesanal La Mariscal Wer in Quito bleibt, sollte diesen täglich stattfindenden Markt mit seiner schönen Auswahl an Kleidung und Kunsthandwerk im Stadtviertel Mariscal besuchen (S. 87).

Saquisilí Der belebte Markt wird jeden Donnerstag abgehalten. Er lockt einheimische Käufer aus der Region an und bietet einen faszinierenden Einblick in das Leben im Hochland (S. 144).

Gualaceo, Chordeleg & Sigsig Direkt vor Cuenca richtet dieses Trio kleiner Städtchen reizvolle Sonntagsmärkte aus. Dort verkaufen lokale Kunsthandwerker ihre schönen Werke wie Hüte, Schmuck, Holzschnitte und Webarbeiten (S. 193).

Tier- und Pflanzenwelt

In Ecuadors Regen- und Nebelwäldern, in der Graslandschaft im Hochland, in den tropischen Trockenwäldern und auf den Inseln lebt eine verblüffende Vielfalt an Tieren. Sowohl das Amazonasgebiet als auch die Galápagos-Inseln bieten beste Vogelbeobachtung und die Möglichkeit, Tieren ganz nah zu kommen.

Vogelbeobachtung Die Nebelwälder von Mindo sind mit über 400 Vogelarten ein Mekka für Vogelbeobachter (S. 122).

Amazonasgebiet Im unberührten unteren Abschnitt des Río Napo aus einer Dschungelhütten Affen, Tukane, Kaimane, Flussdelphine und andere Tiere beobachten (S. 227)!

Parque Nacional Podocarpus Dieser gewaltige, aber wenig bekannte Park im südlichen Hochland ist der Lebensraum unzähliger Tiere (und Pflanzen), darunter auch Tapire, Bären und nahezu 600 Vogelarten (S. 202).

Die Galápagos-Inseln Diese faszinierenden Inseln, die keiner großen Vorworte bedürfen, sind das Zuhause von Lebewesen, die so zahm sind, dass man über all die Seelöwen, auf die man hier trifft, förmlich stolpert (S. 324).

Klettern, Wandern & Trekking

Die Steigeisen anschnallen und auf einen 5000 m hohen Vulkan klettern, durch vom Aussterben bedrohte Wälder wandern oder eine Verbindungsroute zwischen Hochlanddörfern erkunden. Ganz gleich, ob kurze Tageswanderungen oder mehrtägige Touren, Ecuador bietet für jeden etwas.

Quilotoa Begeisterte Wanderer dürfen sich diese Panoramatour durch das Hochland von Quilotoa über Chugchilán nach Isinliví niemals entgehen lassen. Übernachten kann man in einfachen Dorfgasthöfen (S. 140).

Cotopaxi Nur etwa jedem Zweiten gelingt es, den Gipfel dieses gewaltigen Vulkans zu erklimmen, aber es ist immer noch eine der beliebtesten Aufstiege Ecuadors. In Quito einen Bergführer buchen (S. 133)!

Camino del Inca Diese dreitägige Wanderung über 40 km nach Ingapirca führt über die einstige königliche Inkastraße und bietet malerische Ausblicke über das Hochland (S. 178).

Parque Nacional Machalilla In diesem Nationalpark an der Küste nahe Puerto López gibt's großartige Tages- und Nachtwanderungen (S. 283).

Wie wär's mit... (besser) Spanisch sprechen
Sowohl in Quito als auch in Cuenca gibt's hervorragende Schulen, die zu einem erschwinglichen Preis Einzelunterricht anbieten (S. 61 & S. 184)

Wie wär's mit... weißen Sandstränden
Der menschenleere Strand Los Frailes in der Nähe von Puerto López ist einer der schönsten des Landes (S. 284)

Präkolumbische Geschichte

Ecuador, ein Land mit vielen Kulturen, war über Tausende von Jahren von Menschen besiedelt. Die Vorfahren der heutigen Völker lebten in allen Ecken des Landes. Museen sind der beste Ort, um Relikte dieser reichen Vergangenheit zu bestaunen.

Casa del Alabado Dieses stimmungsvolle Museum präsentiert präkolumbische Kunstwerke und untersucht die mystische Seite alter Bräuche (S. 56).

Museo Nacional In der größten Sammlung präkolumbischer Artefakte des Landes die Vergangenheit erkunden! Ja nicht die abgedunkelten Räume mit dem fantastischen Goldschmuck verpassen (S. 61)!

Ingapirca An der Inkamauer, der am besten erhaltenen archäologischen Fundstätte Ecuadors, Steinmetzarbeiten der Inka hautnah bestaunen (S. 178).

Agua Blanca In dieser indigenen Gemeinschaft an der Küste bieten ortsansässige Fremdenführer Touren durch ein faszinierendes archäologisches Museum und die nahe gelegenen Ruinen an, die einst ein bedeutender Ort der Mantakultur waren (S. 286).

Feste

Es lohnt sich, die Feste in Ecuador, besonders die traditionellen Fiestas im Hochland, bei der Reiseplanung zu berücksichtigen. Jede Stadt, jede Ortschaft, jedes Dorf hat eigene lokale Feierlichkeiten, bei denen eine großzügige Dosis an Feuerwerken, Alkohol, Musik und Tanz geboten wird.

Fiesta del Yamor Dieses Fest im September, das zu Ehren der Herbsterne veranstaltet wird, erfüllt Otavalo zwei Wochen lang mit Heiterkeit (S. 102).

Mamá Negra Prozessionen, Hexen, Spanferkel, ein als schwarze Frau verkleideter Mann und ganz viel *aguardiente* (Zuckerrohrschnaps) – all das gehört zu diesem ausgelassenen Fest im Hochland dazu (S. 137).

Fiestas de Quito In den Tagen vor dem Jahrestag der Stadtgründung am 6. Dezember präsentiert sich Quito mit Livebands, Schönheitsköniginnen, Flamenco-Tanzvorführungen, nächtlichen Straßenpartys und Stierkämpfen (S. 49).

Fiesta de Frutas y Flores Ende Februar wird in Ambato mit Prozessionen, Paraden und jeder Menge Früchte und Blumen das süße Leben gefeiert (S. 147).

Indigene Kultur

Mit über 3 Mio. Eingeborenen, die von unterschiedlichsten Gruppen abstammen, bietet das Land zig Möglichkeiten, um die ecuadorianische Kultur kennenzulernen. Von den Gemeinschaften organisierte Ökotourismus-Projekte sind häufig unvergessliche Reiseerfahrungen.

Tsáchila Nahe Santo Domingo kann man alles über die Traditionen und Überzeugungen der 3000 Gemeinschaftsmitglieder der Tsáchila erfahren (S. 255).

Cofán Tief in der Amazonasregion leitet der Cofán-Stamm eines der ältesten, indigenen Ökotourismus-Projekte Ecuadors. Wer den Wald mit ihren Augen betrachtet, kann ihn in einer seiner intensivsten Formen erleben (S. 219).

Shuar In Macas im Oriente können Führung in die traditionellen Shuar-Dörfer gebucht werden. Man kann dort übernachten und die traditionelle Lebensweise im Regenwald erleben (S. 249).

Saraguro In Saraguro, südlich von Cuenca, kann man perfekt in eine Kichwa-sprechende indigene Gemeinschaft eintauchen, wo auch ein Aufenthalt möglich ist. In der Nähe wimmelt es von Naturattraktionen: Wasserfälle, Panoramawanderungen und Reittouren (S. 195).

Monat für Monat

Top-Events

1 **Karneval,** Februar

2 **Semana Santa,** März

3 **Inti Raymi,** Juni

4 **Fiesta de la Mamá Negra,** September

5 **Fiestas de Quito,** Dezember

Februar

In Quito und im Hochland sind die Tage jetzt kühler und regnerischer. Oriente hingegen präsentiert sich trocken und sonnig. Entlang der Küste ist das Wetter unbeständig: Sonnenschein und heftige Regenfälle wechseln sich ab.

Karneval

In den letzten Tagen vor dem Aschermittwoch wird der *carnaval* feuchtfröhlich mit Wasserkämpfen gefeiert – manchmal werden Passanten mit allen möglichen verdächtigen Flüssigkeiten begossen. Guaranda ist berühmt für seinen Karneval mit Tänzen und Paraden.

Fiesta de Frutas y Flores

In Ambato fällt der Karneval mit dem Früchte-und-Blumen-Festival zusammen, bei dem Früchte- und Blumenshows, Stierkämpfe und Paraden gezeigt werden und die Menschen bis tief in die Nacht auf den Straßen tanzen. Im Gegensatz zu anderen Gegenden in Ecuador ist das Wasserwerfen hier verboten.

März

Im Hochland ist die Regensaison zwar noch in vollem Gange (sie dauert etwa von Oktober bis Mai), deshalb ist der März aber eine gute Zeit, um den Menschenmassen zu entgehen. Im Oriente gibt es viel Sonne und an der Küste wechseln sich Stürme und Sonnenschein ab.

Semana Santa

In der Woche vor dem Ostersonntag (Ende März oder Anfang April) feiert man in ganz Ecuador die Semana Santa (Heilige Woche) mit religiösen Prozessionen. Die Prozession der Büßer in ihren purpurnen Gewändern am Karfreitag in Quito ist besonders farbenfroh.

April

Im Hochland hält die Regensaison mit Sonnenschein am Vormittag und Regenschauern am Nachmittag an; der Oriente und die Küste hingegen bleiben meist vom Sonnenschein verwöhnt, es kann jedoch zu Regenstürmen kommen.

Gründungstag, Cuenca

Der Jahrestag der Gründung Cuencas wird an mehreren Tagen um den 12. April begangen und ist eines der größten Ereignisse im südlichen Hochland. Die Einheimischen feiern mit Livebands, Paraden und aufwändigen Motivwagen, die von Feuerwerk begleitet werden. Tagsüber locken Imbissstände entlang des Flussufers die Menschenmassen an.

Tapis Unabhängigkeitskampf

Beim größten Fest in Riobamba am 21. April dreht sich alles um den historischen Kampf von 1822. Neben einer Landwirtschaftsmesse gibt es die üblichen Events des Hochlands: Zu sehen sind Straßenparaden und Tänze; natürlich gibt es jede Menge traditioneller Gerichte und Getränke.

Mai

Im Hochland beginnt die Trockenzeit, es gibt weniger Schauer und sonnigere Tage, während im Oriente der Regen Einzug hält. Auf den Galápagos-Inseln hält die warme

Regenzeit (Januar bis Juni) noch an und bringt wärmere Tage und gelegentliche Schauer.

Chonta Festival

Das Chonta Festival findet in der letzten Maiwoche in Macas statt und ist für die Shuar das wichtigste Fest des Jahres. Der Höhepunkt des Fests bildet ein Tanz, der bei der Gärung des *chicha* helfen soll. *Chicha* ist ein Getränk aus vergorenem Mais oder Yuca (Maniok).

Fronleichnam

In vielen Städten im Hochland wird dieser religiöse Feiertag Ende Mai oder Anfang Juni zusammen mit der traditionellen Erntefeier gefeiert; dabei wechseln sich Prozessionen und Straßentänze ab. Besonders gute Feste kann man in Cuenca miterleben.

Juni

Die Trockenzeit im Hochland Ecuadors ist die Hochsaison für die Gäste aus Nordamerika. Im Oriente ist es in der Regel regnerisch, auf den Galápagos-Inseln dagegen kühl und trocken (bis in den Aug. ist mit rauer See zu rechnen).

Inti Raymi

Das Fest der Sommersonnenwende und der Ernte ist bereits mehrere Jahrtausende alt und wird im ganzen nördlichen Hochland begangen. Auch in Otavalo, wo es mit den Feiern zu Ehren von Johannes dem Täufer (am 24. Juni) und den Heiligen Peter und Paul (am 29. Juni) zusammenfällt.

(oben) Einheimische Tänzer und Musiker auf den Straßen von Quito während des *carnaval*
(unten) Die Fiesta de la Mamá Negra in Latacunga verbindet katholische, präkolumbianische und staatsbürgerliche Rituale mit einander zu einer farbenprächtigen Kostümparade

Juli

Der klare, sonnige Himmel macht den Juli zur besten Reisezeit ins Hochland. Im Oriente herrscht eher Regen vor. Die Galápagos-Inseln und die Küste bleiben trocken und kühl (manchmal auch wolkenverhangen).

Die Gründung von Guayaquil

Tänze auf den Straßen, Feuerwerk und Prozessionen sind Teil der Feierlichkeiten in den Nächten vor dem Jahrestag der Gründung Guayaquils (25. Juli). Da am 24. Juli auch noch Nationalfeiertag ist (Simón Bolívars Geburtstag), ist die Stadt in dieser Zeit komplett dicht und feiert voller Hingabe.

August

In der Sierra ist es immer noch warm und trocken, und auch im Oriente gibt es eine kurze Atempause von den heftigen Regenfällen. Urlauber aus Nordamerika und Europa machen diesen Monat zu einer belebten Reisezeit.

La Virgen del Cisne

Im südlichen Hochland nehmen jedes Jahr am 15. August Tausende von Pilgern an der außergewöhnlichen, 70 km langen Prozession teil, bei der die Virgen del Cisne (die Schwanenjungfrau) nach Loja getragen wird.

September

Das Hochland bleibt sonnig und klar, wohingegen im Oriente ein Mix aus Regen und Hitze vorherrscht. Im September laden viele wichtige und traditionsreiche Feste zu Besuchen ein.

Fiesta del Yamor

Beim größten Festival der Provinz Imbabura feiern die Menschen die Herbst-Tagundnachtgleiche und das Colla Raimi (Mondfest) mit Stierkämpfen, Hahnenkämpfen, Tänzen, Partys, Festessen und jeder Menge *yamor* (ein nichtalkoholisches Getränk aus sieben Sorten Mais).

Feria Mundial del Banano

In der dritten Septemberwoche feiert Machala seine gelbe Lieblingsfrucht mit Musik, Paraden und Feuerwerk. Eines der größten Events ist ein Schönheitswettbewerb zur Wahl der Reina del Banano (der Bananenkönigin).

Fiesta de la Mamá Negra

Latacunga ist Gastgeber eines der berühmtesten Feste im Hochland, das zu Ehren von La Virgen de las Mercedes gefeiert wird. La Mamá Negra wird von einem Mann gespielt, der sich als dunkelhäutige Frau verkleidet. Mit dem Fest wird die Befreiung der afrikanischen Sklaven im 19. Jh. gefeiert.

Dezember

Trotz der kühler werdenden Temperaturen und des zunehmenden Regens im Hochland kommen von Dezember bis Mitte Januar eine große Anzahl an Urlaubern aus Nordamerika und Europa nach Ecuador.

Fiestas de Quito

Quitos größte Feier ist ein lang erwartetes Event und bietet in der ganzen ersten Dezemberwoche Stierkämpfe, Paraden und Straßentänze. Überall in der Stadt stehen Open-Air-Bühnen und erfüllen die Hauptstadt mit Musik.

Silvester

Die Paraden und Tänze beginnen am 28. Dezember. Als Höhepunkt werden an Silvester zusätzlich zum Feuerwerk auch lebensgroße Bildnisse auf den Straßen verbrannt. Die größten Feiern zum Jahreswechsel finden in Guayaquil und Quito statt.

Reise-routen

Ob man nun sechs oder 60 Tage Zeit hat – diese Routen bieten eine Orientierungshilfe für eine fantastische Reise. Lust auf weitere Anregungen? Im Internetforum von lonelyplanet.de kann man sich mit anderen Travellern austauschen.

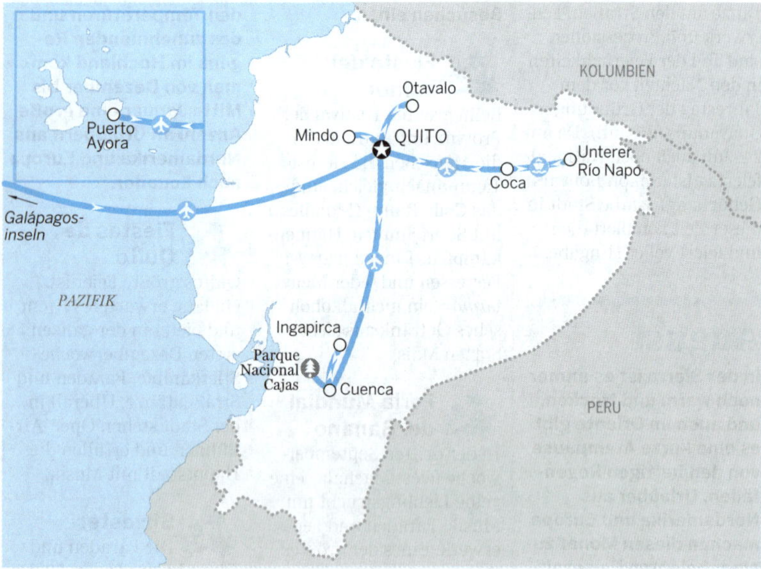

2 Wochen

Best of Ecuador

Schätze aus der Kolonialzeit, Nebel- und Regenwälder, wuselige Märkte und eine faszinierende Fauna stehen bei diesem Trip quer durch Ecuador auf dem Programm. Los geht's mit zwei Tagen in **Quito**. Nachdem man sich die tolle Architektur in der Altstadt angeschaut hat, fliegt man auf die **Galapagosinseln** und unternimmt eine viertägige Bootsfahrt. An Tag sieben geht's zurück nach Quito und gleich weiter ins zwei Stunden nördlich gelegene **Otavalo**, um den berühmten Markt zu besuchen (bester Tag: Sa) und zu übernachten. Am nächsten Morgen tritt man den Rückweg nach Quito an, um den Flug nach **Coca** zu erwischen, zum Tor zum Amazonas. Nach drei Nächten in einer der Urwald-Lodges am **Río Napo** fliegt man morgens wieder in die Hauptstadt und fährt mit dem Bus zwei Stunden Richtung Westen, zu den fruchtbaren Nebelwäldern **Mindos**. Nach einer Nacht in einer Lodge am Fluss geht's zurück nach Quito und weiter mit dem Flieger in die Kolonialstadt **Cuenca** im Süden. Hat man zwei Tage damit verbracht, die 500 Jahre alten Kirchen und den traumhaften **Parque Nacional Cajas** 30 km westlich zu erkunden, steht noch mal Quito auf dem Programm bzw., falls Zeit bleibt, ein Besuch der Inkastätte **Ingapirca**.

3 Wochen

Die Anden

Auf dem Rückgrat der Anden zu reisen, beinhaltet neben der traumhaften Bergszenerie mit den relaxten Dörfern auch einen Mix aus kolonialen und präkolumbischen Sehenswürdigkeiten. Darüber hinaus kann man natürlich wandern, Mountainbike fahren und klettern. Ausgangspunkt des Hochlandabenteuers (und gut zum Akklimatisieren) ist **Quito**, eine der faszinierendsten Hauptstädte Südamerikas. Nach zwei Nächten fährt man nach Süden, um eine oder zwei Nächte auf einer historischen Hazienda am **Cotopaxi** zu verbringen, auszureiten und zu wandern. Wer fit ist, kann den Vulkan, einen der schönsten Ecuadors, auch erklimmen. Dann geht's weiter gen Süden nach **Latacunga** und hinein in die Berglandschaft rund um die Laguna **Quilotoa**. Diese Gegend eignet sich hervorragend für Wanderungen zwischen indigenen Dörfern mit Übernachtungen in einfachen Pensionen.

Nach zwei Tagen „in den Wolken" bei Quilotoa steht das etwas weiter unterhalb gelegene subtropische **Baños** mit seinen natürlichen Quellen und gemütlichen Pensionen mit Aussicht auf dem Programm. Mit dem Rad kann man an Wasserfällen vorbei bergab nach **Puyo** im Oriente fahren. Die nächste Station ist **Riobamba**, die ideale Basis für adrenalinträchtige Mountainbikefahrten oder Trekking am **Volcán Chimborazo**. In Riobamba setzt man sich in den Zug nach Alausí und tuckert weiter zur berühmten **Nariz del Diablo** mit dem tollen Blick auf Chimborazo, El Altar, Laguna de Colta etc. entlang der „Vulkanstraße". Nach der Rückkehr nach **Alausí** nimmt man den Bus in die traumhafte Kolonialstadt **Cuenca**, die mit spanischen Kirchen, friedlichen Plazas und einer idyllischen Flusslage aufwartet. Nach ein paar Tagen geht's mit dem Bus, einer geführten Tour oder im Rahmen einer dreitägigen Wanderung entlang des **Camino del Inca** (Inkapfad) zu den Inkaruinen **Ingapircas**. Ausrüstung und Guides können in Cuenca organisiert werden. Die letzte Station ist Quito. Dort kann man sich noch einmal ins Nachtleben stürzen (das Zazu ist eine gute Wahl, danach Drinks und Tanzen im La Juliana).

2 Wochen

Der Süden

Südlich von Quito findet man sich bald in lebendigen Marktstädten, entlegenen Dörfern oder unberührten Nationalparks und weit weg von den Touristenmassen wieder. Ausgangspunkt ist **Riobamba**, eine ziemlich alltägliche Stadt, in der samstags am meisten los ist: Dann findet ein großer Markt statt. Ein Umweg führt Richtung Westen ins malerische **Guaranda**, das Tor zu **Salinas**, einem faszinierenden Dörfchen auf dem Land. Dort sind Kooperativen ansässig, die Schokolade, Käse, Pilze und Wollartikel produzieren, und man kann die schöne Umgebung zu Fuß oder auf dem Pferderücken erkunden. Nach einer Übernachtung geht's via **Riobamba** nach Osten, in den **Parque Nacional Sangay** mit seinen majestätischen Vulkanen und einer artenreichen Flora und Fauna. Anschließend fährt man wieder zurück nach Riobamba und weiter in den Süden ins niedliche Kichwa-Dorf **Guamote**. Übernachten kann man in dem gemütlichen, von der Gemeinde betriebenen Inti Sisa. Dort werden Aktivitäten wie Mountainbiken, reiten oder Wanderungen in der schönen Umgebung organisiert. Wenn möglich, sollte man donnerstags hier ankommen, wenn der riesige Markt der *indígenas* aufgebaut wird.

Die nächste Etappe führt weiter südlich nach Atillo. Dort locken fantastische Wandermöglichkeiten rund um die kristallklaren **Lagunas de Atillo**. Anschließend geht's via Guamote nach **Cuenca**. Nach mehreren Tagen *on the road* bietet sich diese Stadt für ein kleines Verwöhnprogramm mit Übernachtung in einer der schönen Pensionen und leckerem Essen an. Die nächste Station ist **Loja**. Die Stadt ist u.a. bekannt für *cuy* (Meerschweinchen), aber auch für weniger abenteuerliche Delikatessen auf Mais- und Kochbananenbasis.

Östlich von Loja erstreckt sich der riesige **Parque Nacional Podocarpus** mit einer erstaunlichen Biodiversität sowie außergewöhnlichen *páramo*-Landschaften und Nebelwäldern für Wanderfreunde. Über Loja dringt man noch weiter in den Süden vor, in das hübsche Dorf **Vilcabamba**. Auch dort kann man wandern oder reiten gehen, genauso gut aber auch einfach die friedliche Atmosphäre genießen. Dann verbringt man einen Tag in **Catacocha** an der Westseite der Anden und besucht schließlich noch **Puyango** mit einem der größten versteinerten Wälder Südamerikas.

» (oben) Einheimische verkaufen ihre Waren, Kunsthandwerkermarkt Otavalo

» (links) Kanufahrt auf dem Río Napo im Amazonasbecken

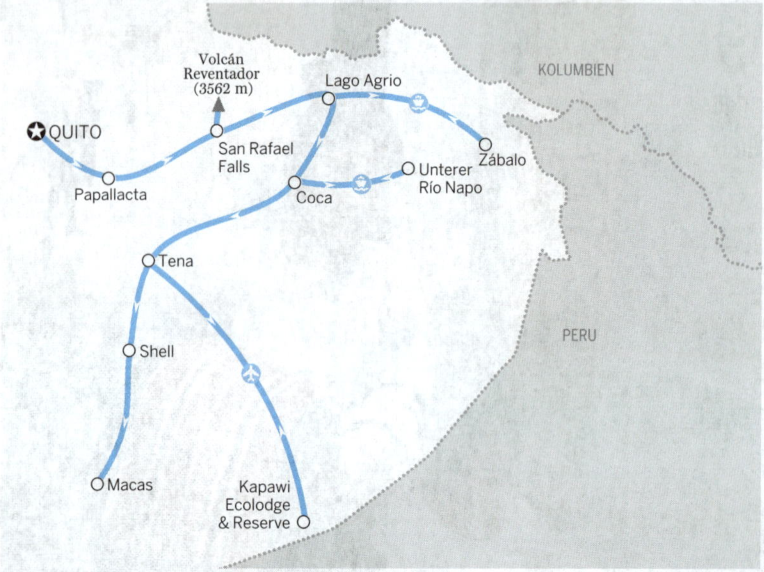

3 Wochen

Abenteuer im Oriente

Der Oriente ist der ecuadorianische Teil des Amazonas, eine der artenreichsten Regionen der Welt. Abenteurer, Tierliebhaber und Hobbyanthropologen können sich auf indigene Reservate und Urwaldunterkünfte mit viel Vegetation und „Viehzeug" ringsum freuen. Auch dieser Trip beginnt in **Quito**. Man sollte die Lodges im Urwald im Voraus buchen und sämtliche Ausstattung hier besorgen. Dann geht's im Bus nach **Papallacta** mit seinen Thermalbädern und traumhaften Bergpanoramen. Es gibt Spitzenklasse-, aber auch Budgetunterkünfte, deshalb bietet sich eine Übernachtung hier an, bevor man tags darauf die rauschenden **San-Rafael-Wasserfälle** (die höchsten Ecuadors) weiter nördlich besucht. Neben den Wasserfällen steht eine kleine Pension mit Restaurant. Dort kann man einen Guide anheuern, um auf den nahe gelegenen aktiven **Volcán Reventador** (3562 m) zu klettern.

Die nächste Etappe führt in die Ölstadt **Lago Agrio**. Von dort aus kann man in Begleitung eines Cofán-Guides (zuvor in Quito organisieren!) die lange Tour auf dem Río Aguarico mit einem motorisierten Kanu in die kleine Cofán-Gemeinde **Zábalo** mitten im Regenwald unternehmen. Dies ist eines der ältesten Ökotourismusprojekte in Ecuador und ein toller Ort, um die Üppigkeit des Regenwalds zu erleben und mehr über die Traditionen der Amazonasvölker zu erfahren. Nach ein paar Tagen fährt man zurück nach Lago Agrio und setzt sich in einen Bus nach **Coca**. Die ehemals winzige Siedlung am Fluss hat sich zur Ölstadt gemausert. Wer mag, kann mit einem Guide (ebenfalls besser vorab in Quito organisieren!) eine Tour zum **Bajo Río Napo** unternehmen, wo ein paar der schönsten Urwald-Lodges des Landes stehen. Bei Wanderungen, Kanufahrten und Kletterpartien hat man reichlich Gelegenheit, Wildtiere zu sichten.

Wer genug Piranhas gefischt und Kaimane und Vögel gesehen hat, kann über Coca nach **Tena** weiterreisen. Die Stadt am Fluss ist der ideale Ort, um den Regenwald mal aus einer anderen Perspektive zu sehen: beim Raften durch spektakuläre Stromschnellen der Klasse IV beispielsweise. Bleibt noch genügend Zeit, empfiehlt sich ein Ausflug in den untouristischeren südlichen Teil des Oriente, via **Macas**. Das von Achuar geführte **Kapawi Ecolodge & Reserve** (zu erreichen mit einer Chartermaschine von **Shell**) ist ein traumhaft entlegenes Stück Amazonas.

10 Tage

Surfen & Sonnen

Ecuadors hübsche Küstendörfer und schönen Strände locken sehr unterschiedliche Traveller an, darunter Sonnenanbeter, Surfer und Meeresfrüchteliebhaber. Ein guter Ausgangspunkt ist das entspannte **Same** (*sa*-me) an der Nordküste. Von Quito kommend nimmt man einen Bus nach Esmeraldas und steigt dort um. Nach der langen Reise sucht man sich eine *cabaña* (Hütte) am Strand, macht einen ausgedehnten Spaziergang im Sand und genehmigt sich ein Festmahl mit Meeresfrüchten (das Seaflower ist eine gute Adresse). Am zweiten Tag setzt man sich in den Bus nach **Mompiche**. Das kleine Fischerdorf mit dem von Palmen gesäumten Strand kannte früher kaum jemand, das ändert sich jedoch langsam: Wer die noch urtümliche Atmosphäre genießen möchte, sollte bald herkommen!

An Tag drei geht's nach **Canoa**. Die entspannte Stadt bietet einen langen Sandstrand, hinter dem bewaldete Felsen aufragen. In Canoa kann man problemlos ein wenig verweilen, Surf- und Spanischunterricht nehmen oder mit dem Rad oder Pferd einsame Strände anvisieren. Es gibt ein paar schöne Strandpensionen und nette Restaurants, und man sollte auch unbedingt eine Führung auf der Biofarm **Río Muchacho** mitmachen, über Nacht bleiben und das fantastische Essen aus den vor Ort angebauten Zutaten genießen.

Am sechsten Tag steht die **Bahía de Caráquez** auf dem Programm. Die Besichtigung der **archäologischen Stätte Chirije** organisiert man am besten vorab. Darüber hinaus locken Mangroven, man kann nach Fregattvögeln Ausschau halten und eine Ökostadttour machen. Am nächsten Tag geht's nach **Puerto López** (in Manta umsteigen!). Die verschlafene Stadt ist das Tor zur **Isla de la Plata**, auf der sich Blaufußtölpel tummeln. In der Saison von Mitte Juni bis Anfang Oktober werden auch häufig Wale gesichtet. Weitere Attraktionen sind der Traumstrand **Los Frailes**, die indigene Gemeinde **Agua Blanca** und der umgebende Regenwald mit tollen Wander- oder Ausrittmöglichkeiten.

Die letzten beiden Tage gehören der relaxten Surferstadt **Montañita**, die bei Strandliebhabern aller Couleur hoch im Kurs steht. Wer noch etwas Zeit übrig hat, kann einen Umweg nach **Dos Mangas** machen, um zu Wasserfällen und entlegenen Küstendörfern zu wandern oder zu reiten.

Outdoor-Aktivitäten

Beste Bergtour

Die majestätischen Höhen des Volcán Cotopaxi (5897 m) belohnen ausreichend fitte Gipfelstürmer mit herrlicher Aussicht.

Beste Wanderung

Der mehrtägige Trek entlang des Camino del Inca folgt dem Inkapfad über 40 km zu den großartigen Ruinen von Ingapirca.

Beste Spots für Ornithologen

Mindos artenreicher Nebelwald beheimatet Hunderte farbenfroher Spezies.

Beste MTB-Tour

Führt von der kühlen Hochlandstadt Baños über 61 km bergab zum feucht-warmen Puyo im Amazonasbecken.

Bestes Wildwasser-Rafting

Die Flüsse Tena und Macas ermöglichen tolle Raftingtrips (ein- od. mehrtägig) durch die Urwaldlandschaft des Oriente.

Beste Surfwellen

Montañita, Mompiche und Canoa haben gute Breaks zu bieten. Um die Isla San Cristóbal (Galápagos) gibt's anspruchsvollere Wellen.

Ecuadors facettenreiche Geografie bildet die Hintergrundkulisse für ein verblüffendes Angebot von Abenteueraktivitäten. Dank der übersichtlichen Landesgröße lassen sich mehrere Optionen innerhalb von kurzer Zeit kombinieren. Möglich sind z.B. Vogelbeobachtungen im diesigen Nebelwald der Andenhänge, mehrtägige Wanderungen durch Nationalparks und Gipfeltouren an Ecuadors mächtigen Vulkanen – ergänzt durch super Möglichkeiten zum Surfen, Mountainbiken und Raften. Zudem kann man vor Galápagos mit Schildkröten, Seelöwen und riesigen Mantarochen schnorcheln.

Wandern & Trekken

Wandermöglichkeiten gibt's hier unendlich viele: Spektakuläre Landschaft ist überall garantiert. Schneebedeckte Gipfel, Nebelwälder oder grüner Tieflandurwald bilden das Terrain für Treks und Tierbeobachtungen. Die Nationalparks sind für Individualwanderer am besten.

Top-Ziele

» **Parque Nacional Cotopaxi** (S. 132) In dem 330 km² großen Nationalpark erhebt sich Ecuadors zweithöchster Berg: der Volcán Cotopaxi (5897 m) mit dem schneebedeckten Gipfel. Park und Umgebung bieten tolle Wandermöglichkeiten. Es gibt nur wenige markierte Pfade, deshalb muss man sich oft selbst eine Route suchen.

» **Parque Nacional Cajas** (S. 192) Mitten im malerischen *páramo* (alpines Anden-Grasland) fällt

TIPPS FÜR WANDERER

Hier ein paar Tipps zu ecuadorianischen Wanderrouten:

» **Privatland** Manche Wanderungen führen über Privatland, weshalb eine Benutzungsgebühr (meist ca. 1 US$) fällig wird. Vor dem Betreten privater Landflächen bitte immer erst den Eigentümer um Erlaubnis bitten!

» **Pferde** Viele Pfade sind eigentlich für Pferde angelegt. So geht's manchmal ziemlich lange durch schmale Rinnen mit Pferdeapfelfüllung. Unbedingt gute Stiefel anziehen!

» **Sicherheit** An einigen Routen (z. B. bei Vilcabamba od. Baños) kam es schon zu Raubüberfällen. Daher stets vor Ort nach aktuellen Sicherheitsrisiken fragen, nur das Nötigste für den Tag mitnehmen und – falls man nicht gerade Profifotograf ist – die digitale Spiegelreflex zu Hause lassen!

» **Lektüre** Von leichten Spaziergängen bis hin zu mehrtägigen Treks stellt der hervorragende Wanderführer *Ecuador: Climbing and Hiking Guide* (2009; Rob Rachowiecki & Mark Thurber) Dutzende Strecken im ganzen Land vor. Zudem enthält er Grundlegendes (z. B. wo man Ausrüstung mieten oder Führer und Träger anheuern kann).

der Blick von diversen Wegen (mehr oder weniger gut beschildert) auf hübsche Bergseen. Mit Regen ist zu rechnen (Aug.–Jan. am trockensten).

» **Quilotoa-Rundroute** (S. 140) Nahe dem spektakulären, topazfarbenen Kratersee von Quilotoa warten ein paar tolle Routen – z. B. Trips von Dorf zu Dorf plus Abkürzungen durch Hochgebirgsschluchten. Ein super Marsch auf eigene Faust führt von Quilotoa nach Isinliví (inkl. Übernachten in Chugchilán).

» **Parque Nacional Podocarpus** (S. 202) Auf mehreren denkwürdigen Routen geht's durch üppig grünes tropisches Tiefland oder kühles Berghochland. Unter den Optionen sind eine eintägige Nebelwaldwanderung und ein Mehrtagestrek zu Andenseen.

» **Parque Nacional Machalilla** (S. 283) Die Wege in Ecuadors einzigem Küstennationalpark (400 km²) verlaufen durch Nebelwald und tropischen Trockenwald. Zum Park gehört die Isla de la Plata mit mehreren Rundrouten. Wegen ihrer Tierwelt (u. a. Blaufußtölpeln) wird sie auch das „Galápagos des kleinen Mannes" genannt.

» **Camino del Inca** (S. 178) Ein faszinierender, beliebter Trip (40 km) folgt einem Teilstück des alten Inkapfads zwischen Cuzco (Peru) und Quito zur archäologischen Stätte Ingapirca. Die meisten Traveller brauchen dafür drei Tage.

Vogelbeobachtung

In keinem anderen so kleinen Land ist die Vogelwelt derart facettenreich. Auf Ecuadors Festland und den Galápagosinseln wurden ca. 1600 Spezies (z. T. endemisch) gesichtet. Das Problem von Vogelbeobachtern ist daher die Qual der Wahl: Inseln, Regen- und Nebelwald haben allesamt ihren Reiz.

Auf S. 336 stehen weitere Infos zu Ecuadors kunterbunter Vogelwelt.

Nebelwald

Ein guter Startpunkt für Erkundungen liegt gleich nördlich von Quito: Die Nebelwälder rund um **Mindo** (S. 121) und **Tandayapa** (S. 119) sind Paradiese für Vogelkundler. Die Zählung der Audubon Society zu Weihnachten erfasst meist mehrere Hundert Spezies an einem einzigen Tag. Zu den Highlights zählen Andenklippenvögel (Rote Felsenhähne), Schuppenschmuckvögel, Goldkopf- und Kammtrogone. Mindo selbst rühmt sich über 400 registrierter Vogelarten. Super Guides und Lodges machen den Ort inzwischen zur Beobachtungshochburg.

Die **Reserva Bellavista** (700 ha; S. 121) in derselben Gegend wartet mit einem gut markierten Wanderwegnetz (8 km) und ca. 320 registrierten Vogelarten auf.

Amazonasbecken

Mit mehr als 500 registrierten Arten ist der Unterlauf des **Río Napo** (S. 227) im Amazonasbecken ein Top-Ziel. Einige super Lodges empfangen Gäste dort z. T. mit eigenen Baumwipfeltürmen und Biologen als Führer.

Galápagosinseln

Dank 28 endemischer Spezies mit außergewöhnlicher Entstehungsgeschichte sind auch die **Galápagosinseln** (S. 324) ein Mekka für Vogelbeobachter. Die Isla Santa Cruz beheimatet die meisten registrierten Feder-

NOCH MEHR TOP-STELLEN FÜR VOGELFANS

» Parque Nacional Cajas (S. 192)

» Parque Nacional Podocarpus (S. 202)

» Naturschutzgebiet Jorupe (S. 210)

» Bosque Protector Cerro Blanco (S. 297)

» Reserva Ecológica Manglares Churute (S. 317)

träger und ist der beste Startpunkt für die Suche nach den 13 Darwinfinkenarten. Große Spezies wie Blaufußtölpel, Fregattvögel oder Reiher lassen sich oft im Hafenbereich von Puerto Ayora blicken.

Reiten

Vor allem Ecuadors Hochland bietet einige tolle Gelegenheiten zum Reiten. Die für Touristentreks eingesetzten Pferde wirken leider oft vernachlässigt. So haben uns auch einige Traveller geschrieben, dass ihre Rösser alt, überarbeitet und unterernährt waren. Viele Veranstalter behandeln ihre Tiere aber gut und sind empfehlenswert, obwohl die Trips dann teurer sind. Haziendas im ganzen Hochland haben gute Pferde und offerieren einige der besten Optionen. Von **Vilcabamba** (S. 205) aus führen mehrere super Ausritte ein paar Stunden oder gleich drei Tage lang in die umliegenden Berge. Auch **Baños** (S. 151) eignet sich zum Buchen von lässigen Halb- oder Ganztagsritten.

Ebenso prima galoppiert es sich in der **Reserva Geobotánica Pululahua** (S. 94) nahe Quito. Das Naturschutzgebiet in einem Vulkankrater punktet mit Nebelwäldern und faszinierendem Mikroklima. Von hier sind ein- oder mehrtägige Ausritte möglich.

Die teure, aber seriöse Firma **RideAndes** (www.rideandes.com) bietet eintägige, mehrtägige und maßgeschneiderte Touren an. Eine der beliebtesten Optionen ist der einwöchige Trek um den Volcán Cotopaxi. Pferde und Guides sind super.

Bergsteigen

Die sich durchs ganze Land ziehenden himmelhohen Anden sind das Terrain für echte Abenteuer: Von Ecuadors zehn Fünftausendern gehören acht zum zentralen Hochland (S. 127). Dort findet man auch die eindrucksvollsten Gipfel des Landes. Achtung: Ecuadors mächtigste Berge sind oft Vulkane, deren Zustand sich schnell ändern kann. So sind manche in einem Jahr erklimmbar, im nächsten nicht mehr. Der **Volcán Imbabura** (4609 m; S. 116) im nördlichen Hochland ist eine Option für alle, die einen Gipfel ohne spezielle Ausrüstung stürmen möchten. Der anspruchsvolle und lohnende Aufstieg beginnt außerhalb Ibarras.

Wichtige Basics

Bergsteiger brauchen die Standardschnee- und Eisausrüstung: Seil, Steigeisen, Eispickel, hochgebirgstauglichen Sonnenschutz und Thermobekleidung sind das Minimum. Wer nicht äußerst erfahren ist, sollte unbedingt einen Führer aus Quito (S. 65) oder Riobamba (S. 167) anheuern. Das Andenwetter schlägt oft rasch um und hat sogar schon Kletterexperten das Leben gekostet. Mehrere Agenturen offerieren Leihausrüstung und Führer. Das Erklimmen eines bedeutenden Gipfels kostet ca. 65 bis 90 US$ pro Person und Tag. Die besten Guides haben ein offizielles Zertifikat des ecuadorianischen Bergführerverbands (ASEGUIM).

Klettern ist ganzjährig möglich (am besten: Juni–Aug. & Dez.–Feb.).

Bekannteste Berge

» **Volcán Chimborazo** (S. 164) Ecuadors höchster Gipfel (6310 m) ist ein erloschener Vulkan. Erfahrene Kletterer kommen hier zügig voran, benötigen aber Eisausrüstung. Ab der Schutzhütte wird meist die Normalroute zum Gipfel gewählt (hin 8–10, zurück 2–4 Std.). In Riobamba kann man am besten Führer anheuern, Ausrüstung leihen und nach der Tour entspannen.

» **Cotopaxi** (S. 132) Ecuadors zweithöchster Berg ist ein aktiver Vulkan und unter Kletterern einer der beliebtesten Andengipfel. Ab der Schutzhütte lässt er sich in einem langen Tag bezwingen; Otto Normaltraveller plant besser zwei Tage ein. Vor dem Aufstieg ist eine mehrtägige Akklimatisierung erforderlich. Hierfür sind die Lodges in und rund um Cotopaxi (S. 134) super.

» **Ilinizas** (S. 131) Der Iliniza Sur (5248 m) mit dem schroffen Sägezahngipfel ist Ecuadors sechsthöchster Berg – und einer der schwierigsten: Nur erfahrene Kletterer kommen hier zurecht. Als achthöchster Gipfel des Landes kann der raue Iliniza Norte (5126 m) dagegen auch von akklimatisierten erfahrenen Trekkern gemeistert werden. Eine Handvoll einfacher, aber netter Pensionen macht El Chaupi zur guten Basis für Bergsteiger und Wanderer.

» **El Altar** (S. 162) Der schon lange erloschene Vulkan (5319 m) gilt als einer der schönsten und anspruchsvollsten Berge Ecuadors. Im Juli und August wird er oft von Wolken eingehüllt. Diese Region besucht man am besten zwischen Dezember und März.

Mountainbiken

Mountainbiken in Ecuador wird immer beliebter – insbesondere adrenalingeschwängerte Downhills an den Hängen von Cotopaxi und Chimborazo. Die MTB-Anbieter mit den besten Fahrrädern, Führern und Ausrüstungsteilen gibt's in Quito (S. 65) und Riobamba (S. 167).

Wegen der populären und tollen (Straßen-)Downhill-Strecke nach Puyo werden auch in Baños viele mittelteure Mountainbikes vermietet: Entlang der Río-Pastaza-Schlucht führt „La Ruta de las Cascadas" (Landstraße der Wasserfälle) zwischen Baños im Hochland (1800 m) und der Urwaldsiedlung Puyo (950 m) gleichmäßig bergab. Unterwegs erlaubt die 61 km lange Route ein paar erfrischende Bäder unter Wasserfällen. Für weitere Details hierzu s. S. 159.

Radler sollten alle Ausrüstungs- und Ersatzteile von zu Hause mitbringen: Spezialbedarf ist nur in Quito erhältlich. Da man in Ecuador entweder in großer Höhe oder im extrem heißen Tiefland radelt, ist das Dehydrierungsrisiko nicht zu unterschätzen. Immer genug Trinkwasser mitführen!

Tauchen & Schnorcheln

Die Galápagos-Inseln zählen zu den tollsten Tauch-Spots des Planeten. Ihre spektakuläre Unterwasserwelt bevölkern Haie, Rochen, Schildkröten, Pinguine, Seelöwen,

NOCH MEHR ABENTEUER

Ecuador hat noch weitaus mehr als Vulkane und Regenwälder zu bieten: Wundervolle Höhlen, hübsche Flüsse und die zufällige Nähe zum Kontinentalschelf ermöglichen ungewöhnliche Abenteuer.

» **Höhlenwandern (Cueva de los Tayos)** Die Cueva de los Tayos (Höhle der Fettschwalme; S. 252) in den östlichen Andenhängen ist ein faszinierendes Wunderland für Höhlenfans. Der schwierige Zugang liegt auf einem Talboden im Regenwald: Wer sich 70 m tief abgeseilt hat, könnte eine Woche (oder ein Leben?) damit zubringen, die Stalaktiten zu bewundern. Am besten nur mit einem Guide wagen!

» **Tubing (Mindo)** Manche mögen Kajaks oder Rafting bevorzugen. In Mindo (S. 122) gibt's jedoch keinen größeren Spaß, als sicher in einem Reifenschlauch sitzend den farngesäumten Río Mindo hinunterzugleiten. Achtung: Dies ist ein Wildwasserfluss (strömt in der Regenzeit umso heftiger)! Helme und Schwimmwesten sind Pflicht.

» **Walbeobachtungen (Puerto López)** Mit einer Jahrespopulation von ca. 400 Buckelwalen gilt Puerto López (S. 286) als Ecuadors bedeutendste Walkinderstube. Zahlreiche Bootsfirmen suchen nach den Meeressäugern. Die Beobachtungsmöglichkeiten sind von Juni bis September super und in Juli und August am allerbesten.

» **Puentismo (Baños)** In Baños (S. 151) können Touristen mit universeller Lebensversicherung einen Freifall-Kick namens *puentismo* (etwa „Brückenspringen"; quasi Bungeespringen ohne Rückfedern) erleben: Man hüpft dabei waagerecht ins Leere hinaus, um dann am Seil unter der Brücke wie ein Pendel hin- und herzuschwingen.

» **Canyoning (Baños)** Auch Canyoning (S. 155) wird in Baños immer beliebter. Es umfasst Abseilen an Wasserfällen, Baden in Flüssen und Wanderungen durch Schluchten.

» **Angeln (Salinas)** Rund 13 km vor Salinas (S. 294) fällt der Festlandssockel steil ab. Dies sorgt für ideale Angelbedingungen im Tiefenwasser, das hier z. B. Goldmakrelen, Schwarze Marline, Schwert-, Segel- und Thunfische beheimatet. Petrijünger haben von September bis Dezember die größten Chancen und chartern ihr Boot am besten in Salinas.

Muränen, Seepferdchen, viele verschiedene Fische und manchmal auch Delfine oder sogar Wale. Die Bedingungen (starke Strömung, kaltes Wasser) machen das Tauchen für Anfänger schwierig. Tauchanbieter sind in **Puerto Ayora** (S. 328) ansässig.

Im Rahmen einwöchiger Touren an Bord spezieller Boote können erfahrene Taucher die Unterwasser-Hotspots rund um die Inselgruppe abklappern. Spontaner lässt sich normalerweise eintägiges Ein- oder Zweiflaschentauchen ab Puerto Ayora arrangieren. Galápagos eignet sich auch prima zum Schnorcheln, da hier viele Meeresbewohner nicht in großen Tiefen leben.

Auch **Puerto López** (S. 286) an der Küste ist inzwischen ein beliebter Ausgangspunkt für Tauchtrips: Der hiesige Meeresboden vereint Fels mit Sand und kleinen Korallenriffen. Beobachtet werden können z. B. Engelhaie, Trompetenfische, Kugelfische, Muränen, Papageifische, Mantarochen, Geigenrochen, Weißspitzenhaie und gelegentlich auch Meeresschildkröten.

Wegen der Wassertemperatur (Jan.–April ca. 22 °C, übriges Jahr ca. 18 °C) empfiehlt sich zumindest ein Shorty (Nassanzug mit kurzen Arm- und Beinteilen).

Surfen

Obwohl Ecuador kein Top-Surferziel ist, findet man hier mit entsprechender Ortskenntnis einige hervorragende Breaks. Während der allgemeinen Surfsaison (Nov.–April) herrscht im Januar und Februar der stärkste Betrieb. Vor Ort gibt's kaum Lokalpatriotismus – Ecuadorianer und Ausländer kommen sehr friedlich und locker miteinander aus.

Der Küstenklassiker namens **Montañita** (S. 290) ist ein schneller und kraftvoller Reef Break, der mitunter die besten Wellentunnel des Festlands auftürmt. Zwischen Dezember und Mai ist er mit oft 2 bis 3 m hoher Dünung am besten. In der Nähe gibt's außerdem ein paar annehmbare Beach Breaks. Als Left Point Break von Weltformat erlaubt **Mompiche** (S. 269) bei Muisne in der Provinz Esmeraldas an Spitzentagen bis zu 500 m lange Gleitphasen. **Canoa** (S. 271) mit seinen Left und Right Beach Breaks ist ein super Spot – und wenn auch nur wegen des kleinen Ortes mit schönem Strand und super Möglichkeiten zum Abhängen.

Die drei Weltklasse-Reef-Breaks der Galápagosinsel San Cristóbal finden sich nahe der Kleinstadt **Puerto Baquerizo Moreno** (S. 354). Sie sind extrem schnell und daher nur für Erfahrene geeignet. Die teure Anreise hält die Besucherzahlen niedrig. Die beste Surfsaison dauert von Dezember bis Mai.

Rafting

In Ecuador kann man das ganze Jahr über spitzenmäßig raften und Kajak fahren. Manche Wildwasserflüsse bestehen auf bis zu 100 km Länge durchgängig aus Stromschnellen der Kategorien III bis IV, bevor sie ruhig werden und in Richtung Pazifik oder gen Amazonasbecken auf der anderen Andenseite fließen. Die beste Raftingzeit geht landesweit von Oktober bis Februar.

Ecuadors Flussführer-Verband heißt Asociación de Guías de Águas Rápidas del Ecuador (AGAR). Dieses Buch nennt nur seriöse Veranstalter. Bei der Anbietersuche sollte man sichergehen, dass die Firma über gute Schwimmwesten, professionelle Führer, Erste-Hilfe-Ausrüstung und Rettungswurfleinen bzw. -säcke verfügt. Für längere Raftingstrecken können z. T. auch Neoprenanzüge ausgeliehen werden (zu empfehlen).

Top-Raftingspots

» **Tena** Ecuadors eigentliche Wildwasser-Hauptstadt; der nahe Oberlauf des Río Napo (Kat. III+) und der Río Misahuallí (Kat. IV+) zählen zu den bekanntesten Flüssen (S. 234).

» **Macas** Weiter südlich erlaubt der Río Upano (Kat. III–IV+) bei Macas tolle Mehrtagestrips in atemberaubender Urwaldlandschaft – z. B. entlang der Namangosa-Schlucht, wo über ein Dutzend Wasserfälle in den Fluss stürzt (S. 249).

» **Río Blanco** Rund zweieinhalb Stunden westlich von Quito bietet der Río Blanco (Kat. III–IV) ganzjährige Raftingmöglichkeiten in den Westanden. Er ist ein beliebtes Tagesziel ab der Hauptstadt und von Februar bis ca. Juni am wildesten. Die befahrbare Strecke (fast 200 km) umfasst auch den anspruchsvollen Oberlauf. Auf Anfänger und Familien warten nahe Quito ein paar Trips der Kategorien II bis III. Für Anbieter in der Hauptstadt s. S. 65.

» **El Chaco** El Chaco (S. 217) an den westlichen Andenhängen ist das Tor zum Río Quijos (Kat. IV–V) in üppig grüner Landschaft.

» **Río Pastaza & Río Patate** Dank der Nähe zum Touristenmekka Baños (S. 155) gehören diese beiden Flüsse zu den beliebtesten des Landes. Der Patate ist leider immer noch stark verschmutzt.

Abenteuer Galápagosinseln

Beste Schnorchel-Spots

Devil's Crown vor Floreana
Los Túnneles vor Isabela

Beste Vogelbeobachtung

Punta Suárez auf Española
Prinz-Philip-Stufen auf Genovesa

Beste Tauch-Spots

Isla Wolf
Isla Darwin

Beste Wanderrouten

Volcán Alcedo auf Isabela
Cerro Crocker auf Santa Cruz

Beste Mountainbiketouren

Hochland von San Cristóbal
Hochland von Santa Cruz

Beste Stellen zum Sonnenbaden

Tortuga Bay außerhalb von Puerto Ayora
Cerro Brujo auf San Cristóbal

Beste Surf-Spots

Puerto Baquerizo Moreno
Isla Isabela

Reisezeit

Es gibt eigentlich nicht wirklich eine schlechte Zeit für einen Besuch auf den Galápagosinseln, bei der Planung der Reise sollten aber einige Faktoren berücksichtigt werden. Auf den Inseln gibt es zwei Jahreszeiten, die touristische Hauptsaison ist normalerweise von Dezember bis April und im Juli und August.

» **Warme Regenzeit (Jan.–Mai)** Allgemein sonnig und warm (durchschnittliche Lufttemperatur 25 °C) mit starken, aber kurzen Regengüssen. Überschneidet sich mit Reisezeiten der USA, d. h. Weihnachten und Ostern. Das bedeutet: mehr Boote und mehr Reisegruppen. Der heißeste Monat ist der März (Durchschnittstemperatur 31 °C); von Februar bis April liegen die Wassertemperaturen bei durchschnittlich 25 °C. Dann blühen die Blumen und verleihen der Landschaft mehr Farbe , die Meeresschildkröten nisten und viele Vogelarten haben Paarungszeit.

» **Kühle Trockenzeit (Juni–Dez.)** Wegen des Sprühregens im Hochland häufig auch *garúa* genannt. Während die Lufttemperatur äußerst angenehm ist (durchschnittlich 22 °C), ist das Wasser durch den herrschenden Humboldtstrom kälter (18–20 °C); das Meer kann bei nächtlichen Überfahrten zwischen den Inseln stürmisch sein. Zwar gibt es zu dieser Zeit etwas weniger Besucher, von Tauchern wird diese Saison allerdings bevorzugt (dann schützen 6 bis 7 mm dicke Neoprenanzüge mit Kapuzen). Die Wahrscheinlichkeit, Pinguine zu sehen, ist größer, die Galápagos-Albatrosse treffen auf Española ein, und die Blaufußtölpel haben Paarungszeit.

DAS GEHÖRT INS GEPÄCK

- ☐ Fernglas
- ☐ Kamera mitsamt Unterwassergehäuse
- ☐ kleiner Rucksack
- ☐ Hut mit breiter Krempe
- ☐ Tabletten gegen Reiseübelkeit
- ☐ leichte Baumwollbekleidung
- ☐ Bargeld, um die Eintrittsgebühren zum Park zu bezahlen und dem Personal auf dem Kreuzfahrtschiff Trinkgeld zu geben
- ☐ stabile Wanderschuhe oder -stiefel
- ☐ Sonnenbrille
- ☐ Regenjacke
- ☐ leichter Pullover
- ☐ nachfüllbare Wasserflasche
- ☐ Badesachen
- ☐ Badeschuhe

Die Galápagosinseln gehören zu den wenigen Orten auf der Erde, an denen Tiere – sowohl an Land als auch im Meer – in freier Wildbahn aus nächster Nähe beobachtet werden können. Eine Reise hierher kann also ein unvergessliches Abenteuer sein, das viele Menschen einmal im Leben mitmachen wollen.

Selbstständig reisen oder an einer Tour teilnehmen? Eine zweiwöchige Schiffsreise unternehmen oder besser Tagesausflüge mit einer Insel als Basisstation machen? Alles im Voraus organisieren oder sein Glück vor Ort versuchen? Die Auswahlmöglichkeiten können Traveller verwirren und überfordern. Dieses Kapitel hilft bei der Planung des ultimativen Galápagosabenteuers.

Mögliche Touren

Auf den Galápagosinseln können im Wesentlichen drei Arten von Touren unternommen werden. Am weitesten verbreitet und aufgrund ihrer relativen Umweltverträglichkeit und dem direkten Kontakt zu zahllosen Pflanzen, Tieren und Landschaften am meisten zu empfehlen sind Bootsausflüge mit Übernachtung an Bord. Es gibt außerdem Tagesausflüge, im Rahmen derer man jeden Abend zur gleichen Insel zurückkehrt, und Ausflüge, bei denen auf unterschiedlichen Inseln in Hotels übernachtet wird.

Wenn die Entscheidung für eine Art von Tour gefallen ist, bleibt noch zu entscheiden, ob man auf die Inseln fliegt und sich dort einen Anbieter sucht oder ob man im Voraus auf dem Festland oder über ein Reisebüro von zu Hause aus bucht. Öffentliche Verkehrsmittel verkehren nur zwischen den Inseln Santa Cruz, San Cristóbal und Isabela. Achtung: Die Überfahrten können manchmal unangenehm unruhig und kabbelig sein.

Bootstouren

Die meisten Besucher erkunden die Galápagosinseln im Rahmen von Bootstouren mit Übernachtung an Bord. Die Touren können zwischen drei Tagen und drei Wochen dauern, fünf- bis achttägige Touren sind aber am beliebtesten. Es ist schwierig, den Galápagosinseln auf einer Tour von weniger als einer Woche Länge gerecht zu werden, aber fünf Tage sind gerade noch so vertretbar. Wer die etwas abseits gelegenen Inseln Isabela und Fernandina besuchen möchte, für den ist eine Reise von acht oder mehr Tagen empfehlenswert. Am ersten Tag einer Tour landet das Flugzeug vom Festland gegen Mittag auf dem Archipel, wodurch also eigentlich nur noch ein halber Tag zur Verfügung steht, und am letzten Tag geht der Flieger schon wieder am Morgen. Wer sich also für eine fünftägige Tour entscheidet, hat in Wirklichkeit leider nur drei volle Tage auf den Galápagosinseln zur Verfügung.

Reiserouten

Fast jede Insel wird von irgendeinem Boot angefahren, die Fahrt zu den abgelegenen Inseln dauert allerdings natürlich etwas länger. Die Boote haben feste Reiserouten, wer also eine bestimmte Insel besuchen möchte, der sollte vorausplanen. So sollte die Tour nicht mehr als eine Nacht oder einen halben Tag in Puerto Ayora oder Puerto Baquerizo Moreno beinhalten, da man am Anfang oder Ende immer noch ein paar Tage (oder eigentlich sogar Wochen) dranhängen und sie auf eigene Faust dort verbringen kann.

Der Tagesablauf ist auf fast allen Booten immer derselbe. Morgens fährt man mit einem *panga* (ein kleines Boot, mit dem die Passagiere von einem größeren Boot zum Ufer gebracht werden) an Land, um dort Vögel und andere Tiere und Pflanzen zu beobachten, bevor es ganz in der Nähe zum Schnorcheln hinausgeht. Mittagessen und Snacks werden dann serviert, während das Boot eine andere Insel oder Besucherstätte *(visitor site)* ansteuert, wo am Nachmittag ähnliche Aktivitäten anstehen. Vor dem Abendessen bleibt gewöhnlich etwas Zeit zum Ausruhen oder um sich gegenseitig kennenzulernen. Und nach dem Essen wird das Programm des darauffolgenden Tages besprochen. Wer normalerweise unabhängig reist und gerne flexibel ist, der mag sich an dieser Standardroutine vielleicht stören. Aber es ist äußerst beruhigend zu wissen, dass alles gut geplant ist – und der Ausflug ist anstrengender, als man denkt. Die meisten Teilnehmer ziehen sich vor 22 Uhr in ihre Kabinen zurück, um genügend Schlaf zu bekommen, bevor es am nächsten Morgen sehr früh weitergeht.

Bootskategorien

Die Größe der Tourboote reicht von kleinen Jachten bis hin zu großen Kreuzfahrtschiffen. Der bei Weitem gängigste Typ ist der Motorsegler (ein Motorboot mittlerer Größe), auf dem acht bis 20 Passagiere Platz finden. Es kann sich durchaus lohnen, ein paar Hundert Dollar mehr für ein komfortableres, verlässliches Boot auszugeben und einen geeigneten Guide zugeteilt zu bekommen (obwohl es natürlich auch auf teureren Booten Probleme geben kann). Für etwa 1500 bis 2400 US$ lässt sich eine komfortablere achttägige Tour in der Touristenklasse buchen – es fallen weiterhin die üblichen Zusatzkosten (Flugpreis, Gebühren und Trinkgelder) an. Viele Veranstalter in Quito bieten Touren zu ungefähr diesem Preis an.

Trinkgeld

Es ist üblich, der Crew und dem Guide am Ende eines Ausflugs ein Trinkgeld zu geben. Auf außergewöhnlich guten und hochwertigeren Booten wird gewöhnlich ein Betrag vorgeschlagen, und die Reisenden müssen sich nicht selbst um die Aufteilung des Betrags zwischen den Crewmitgliedern kümmern, wie das möglicherweise auf den günstigeren Booten der Fall ist. Auf Letzteren erhält der Guide normalerweise das höhere Trinkgeld, dann kommen der Koch und der Kapitän und anschließend die restlichen Crew-Mitglieder.

CAMPING

Es gibt auf den Galápagosinseln nur einige wenige Orte, an denen gecampt werden darf – und dann ist eine Genehmigung erforderlich. Auf Santa Cruz kann man Garrapatero ansteuern, auf San Cristóbal Puerto Grande und Puerto Chino ausprobieren, und auf Isabela gibt's den Campo Duro.

Touren mit Hotelübernachtung

Bei diesen Touren, die von Insel zu Insel führen, übernachten die Reisenden auf drei oder vier verschiedenen Inseln in Hotels: Santa Cruz, San Cristóbal, Isabela und Santa María. Die Touren dauern normalerweise fünf Tage und vier Nächte und kosten zwischen 500 und mehr als 1500 US$ pro Person. Hinzu kommen noch der Flugpreis und die Eintrittsgebühr zum Park. Solche Trips werden von verschiedenen Reisebüros in Puerto Ayora und Puerto Baquerizo Moreno vermittelt. Diesbezüglich empfehlenswert sind die **Red Mangrove Aventura Lodge** (S. 345) in Puerto Ayora, **Tropiceo** (☎02-222-5907; www.tropiceo.com), ein Touranbieter mit Sitz in Quito, und **Sharksky Tours** (S. 354).

Das Problem bei den meisten dieser Tourveranstalter liegt darin, dass verschiedene Boote, Hotels und Guides eingesetzt werden, sodass für die Qualität von allen dreien kaum gebürgt werden kann und es von einem Ausflug zum nächsten nur wenig Beständigkeit gibt. Der Teamgeist, der zwischen Gästen und Guides entsteht, und der einen Teil des Vergnügens auf solchen Bootstouren ausmacht, geht natürlich verloren, wenn es an jeder Station einen neuen Guide gibt.

Tagestouren

Zu Tagestouren mit dem Boot bricht man entweder von Puerto Ayora oder von Puerto Baquerizo Moreno aus auf. Die Fahrt zu und von den Ausflugszielen des jeweiligen Tages nimmt normalerweise mehrere Stunden in Anspruch, sodass meist nur einige wenige zentrale Inseln angefahren werden können. Einige Ausflüge beinhalten möglicherweise Trips zu Besucherstätten auf anderen Teilen von Santa Cruz oder San Cristóbal.

TAUCHSAFARIS

Es überrascht nicht, dass an einem Ort wie den Galápagosinseln, dessen Unterwasserwelt der eines gut ausgestatteten Aquariums gleicht, die Gerätetauchmöglichkeiten Weltklasseniveau erreichen. Die Bedingungen sind für Anfänger wegen der starken Strömungen, der manchmal etwas trüben Sicht und der niedrigen Temperaturen eher nicht geeignet. Wenn das Wasser warm ist (Jan.–März), ist es aufgrund der geringeren Strömung leider auch oft trüb. Von Juli bis Oktober ist die Sicht besser, aber das Wasser ist kälter. Neben einer ganzen Menge tropischer Fische gibt's normalerweise auch viele Walhaie, Hammerhaie, Mantarochen und sogar Seepferdchen zu sehen.

Auf den normalen Bootstouren mit Übernachtung (im Jargon der Touranbieter *naturalist trips* genannt) darf Gerätetauchen nicht angeboten werden. Nur sieben Boote stehen derzeit überhaupt für Tauchausflüge zur Verfügung: *M/V Galápagos Sky* und *Deep Blue von* Ecoventura, *Albatross* (I) und *Jesus de Gran Poder* (II) von Aggressor (www.aggressor.com), *Wolf Buddy* und *Darwin Buddy* (www.buddydive-galapagos.com) sowie die *Humboldt Explorer* (☎ in Guayaquil 04-234-5446; www.humboldtexplorer.com). Da die Auswahl so beschränkt ist, sind diese Boote für gewöhnlich bis zu sechs Monate im Voraus ausgebucht. Die durchschnittlichen Kosten für eine Woche an Bord eines Tauchsafaribootes belaufen sich auf 4000/4500 US$ in der Neben-/Hauptsaison und beinhalten bis zu vier oder fünf Tauchgänge pro Tag sowie Zwischenstopps an einigen sehenswerten Orten an Land.

Die meisten Tauchsafariboote fahren auf die Inseln Wolf und Darwin nordwestlich der größeren Inseln, wo viele verschiedene Haiarten zu Hause sind. Der Juli ist der beste Monat, um mit Walhaien zu tauchen, aber auch von Mai bis Oktober sind sie hier anzutreffen.

Die meisten Taucher buchen Tagesausflüge ab Puerto Ayora (S. 332) oder ab Puerto Baquerizo Moreno (S. 354).

Ein Nachteil dieser Art von Tour ist, dass die Inseln nicht früh morgens oder spät abends besichtigt werden können. Die günstigsten Boote sind unter Umständen langsam und überfüllt, die Aufenthaltszeiten zu kurz, die Guides schlecht informiert, und die Crew hat möglicherweise kein angemessenes Umweltbewusstsein. Dennoch sind Tagesausflüge zweckdienlich, wenn jemand sehr leicht seekrank wird und/oder wenn Zeit und/oder Budget äußerst begrenzt sind. Allgemein gilt, dass hochwertigere Anbieter mit höheren Preisen meist die besseren und angenehmeren Alternativen sind.

Die Veranstalter in Puerto Ayora und Puerto Baquerizo Moreno verlangen je nach Ausflugsziel und Qualität von Boot und Guides zwischen 75 und 175 US$ pro Person und Tag.

Touren buchen

Die meisten Besucher organisieren ihre jeweiligen Touren vor der Ankunft auf dem Archipel. Entweder wird von zu Hause aus gebucht (das ist tendenziell teurer, funktioniert aber sehr gut), oder man lässt sich in Quito, Guayaquil oder Cuenca etwas organisieren. Wer in Ecuador bucht, bekommt im Allgemeinen günstigere Preise, muss aber manchmal während der Hauptsaison einige Tage oder Wochen warten (was unter Umständen nicht mit der Urlaubszeit vereinbar ist). Und zuletzt noch ein wichtiger Hinweis für diejenigen, die ihren Galápagosausflug erst von Ecuador aus planen wollen: Die vorgegebenen Sicherheitsstandards einiger Banken und Kreditkartengesellschaften machen bei der Zahlung dieser relativ hohen Beträge im Ausland häufig Probleme.

Auf der Suche nach dem perfekten Törn

Es gibt fünf Boote (*Explorer II, Endeavour, Galápagos Legend, Santa Cruz* und *Polaris*), die jeweils bis zu 98 Passagiere aufnehmen können, und vier Boote (*Isabela II, Eclipse, La Pinta* und *Islander*), die jeweils bis zu 48 Passagieren Platz bieten. Sie alle gelten als erstklassige Schiffe oder Luxusschiffe. Die Mehrheit der anderen etwa 75 Boote oder Jachten befördern je 20 oder weniger Passagiere. Es gibt auch einige Katamarane. Gruppen, die weit im Voraus buchen, können häufig Preise auf Last-Minute-Niveau aushandeln. Fast alle Bootsbetreiber verlangen in der Nebensaison 15 bis 20% weniger.

Der Flugpreis, die Eintrittsgebühr zum Park in Höhe von 100 US$ und Getränke in Flaschen sind nicht im Fahrpreis enthalten. Die Boote können grob in die folgenden Kategorien unterteilt werden (Preise pro Tag, außer für Tauchsafaris):

» **Jachten, Economy-Klasse** bis 199 US$

» **Jachten, Touristen-Klasse** (gehobene oder normale) 200–300 US$

» **Jachten, 1. Klasse** 300–400 US$

» **Luxusschiffe** ab 400 US$

Um Enttäuschungen zu vermeiden, sollten vor der Buchung unbedingt folgende Fragen gestellt werden:

» **„Ist der Guide ein freier Mitarbeiter?"** Guides, die einem Veranstalter oder einem Boot fest angehören, werden sich mit größerer Wahrscheinlichkeit für die Zufriedenheit der Passagiere verantwortlich fühlen und Beschwerden nicht gleichgültig hinnehmen.

» **„Wie sieht die Reiseroute aus?"** In der Karte bzw. dem Text zum Kapitel Galápagosinseln nachschlagen (S. 324), um etwas über die Tiere, Pflanzen und Aktivitäten an den jeweiligen Stationen zu erfahren. Boote, die einen halben Tag in Puerto Ayora, Puerto Baquerizo Moreno und/oder Puerto Villamil verbringen, bieten wahrscheinlich etwas zu viel Zivilisation.

» **„Ist Schnorchelausrüstung auch ganz sicher in meiner Größe vorhanden?"** Masken, Schnorchel und Flossen werden normalerweise bereitgestellt. Allerdings haben einige Boote eventuell nicht genügend Flossen und Neoprenanzüge in bestimmten Größen für alle Passagiere dabei.

» **„Wie ist die Vorgehensweise bei Rückerstattungen?"** Das Kleingedruckte lesen und abklären, wie viel Geld zurückerstattet wird, wenn ein Motorschaden oder andere unvorhergesehene Umstände auftreten, die zum Ausfall oder zu einer Abänderung der Tour führen.

» **„Wie würden Sie das Essen bewerten?"** Diese Frage ist möglicherweise schwer zu beantworten, da die Köche kommen und gehen und einige Anbieter ganz und gar nicht mitteilsam sind, wenn es um die Bewertung ihres eigenen Produktes geht. Wem dieses Thema wichtig ist, der sollte die Frage dennoch stellen.

» **„Ein oder zwei Betten?"** Eine Vorwarnung für Paare: Alle Boote haben nur eine begrenzte Anzahl an Kabinen mit Doppelbetten. Wer nicht frühzeitig reserviert, muss sich in zwei schmale Einzelbetten zwängen.

Es ist ganz normal, dass Boote und Veranstalter von einigen Reisenden positive Bewertungen und von anderen negative Bewertungen bekommen. Die Erwartungen und Maßstäbe sind naturgemäß unterschiedlich, und manchmal gibt's bei einer Tour Probleme, und bei der nächsten läuft alles reibungslos. Wie gut oder schlecht die eigene Erfahrung am Ende ausfällt, ist von vielen Dingen abhängig, dazu zählt auch die Chemie zwischen einem selbst und den anderen Passagieren. Je kleiner das Boot, desto wichtiger ist es, dass man gut miteinander auskommt. Auf den größeren Booten mit mehr Passagieren kann die Atmosphäre möglicherweise unpersönlicher sein, und der Ausflug und die Inseln verlieren so manchmal ein bisschen was von ihrem einzigartigen Flair.

Wir empfehlen hier einige Boote und Veranstalter; neben den Vorschlägen unten gibt es aber noch viel mehr Boote, die die Inseln anfahren. Für weitere Anbieter kann man sich an die Zweigstellen der Reisebüros in Guayaquil (S. 314) und Quito (S. 65) wenden:

Adventure Life (www.adventure-life.com) Verfügt über ein breites Angebot von Booten in allen Kategorien.

Columbus Travel (☎02-254-7587; www.columbusecuador.com) Hervorragender Kundenservice; hat je nach Budget und Reisezeit ein breites Spektrum von Booten zu bieten.

Cormorant Galapagos (www.cormorantgalapagos.com) Dieser Katamaran, der zu den modernsten Booten zählt, bietet Privatbalkone und einen Whirlpool.

Detour Destinations (www.detourdestinations.com) Sportlastige Ausflüge für aktive Menschen, darunter auch Stehpaddeltouren auf den Inseln.

Ecoventura (☎02-290-7396; www.ecoventura.com) Einer der Vorreiter im Bereich Umweltschutz und nachhaltiger Tourismus. Alle vier Boote des Veranstalters, einschließlich seiner Tauchsafariboote, sind äußerst empfehlenswert.

Ecuador Adventure (☎02-604-6800; www.ecuadoradventure.ec) Spezialisiert auf Touren mit Hotelübernachtung und Multisport-Ausflüge mit Mountainbike- und Kajakfahren.

TIPPS FÜR REISENDE MIT KLEINEN GELDBEUTEL

Ganz gleich, wo beim Budget die Abstriche gemacht werden: Ein Ausflug auf die Galápagosinseln verschlingt einen ordentlichen Batzen Geld. Reisende, die über den Kontinent touren, lassen den Archipel für gewöhnlich aus, da eine Woche auf den Inseln unter Umständen genauso viel kostet wie ein oder zwei Monate mit dem Rucksack woanders.

Es gibt Strategien, die Kosten zu senken, allerdings könnten die das Reisevergnügen auch etwas schmälern. Bei Booten im unteren Preissegment wechseln Eigentümer, Kapitäne, Guides und Köche sehr häufig, und Veränderungen und Verbesserungen werden oft nur von einem Jahr zum anderen vorgenommen. Im Allgemeinen ist ein Boot immer nur so gut wie seine Crew. Es kann vorkommen, dass man auf der Suche nach einem günstigeren Boot ein hervorragendes Crewmitglied oder einen großartigen Bootsbeauftragten antrifft, die Crew auf dem Boot selbst dann aber gar nicht so toll ist. Außerdem sind auf diesen Booten häufig keine Englisch sprechenden oder naturkundigen Guides dabei (Letzteres sollte offiziell eigentlich immer der Fall sein). Auch die Frage nach Waschgelegenheiten kann ganz angebracht sein – diese reichen von Wasserschläuchen an Deck über enge und sehr einfache Gemeinschaftsduschen auf den billigsten Booten bis hin zu privaten Duschen auf den meisten besseren Booten.

Ein paar budgetschonende Ideen:

» Am besten spricht man direkt mit den Schiffseigentümern, um die Zahlung einer Anbieterprovision zu vermeiden.

» Man sollte im Hinterkopf behalten, dass ecuadorianische Agenturen mindestens 30 % günstigere Preise haben als ihre europäischen Kollegen.

» Ein wenig hin- und herverhandeln ist eine gute Idee. Ruhig darauf hinweisen, dass man woanders ein günstigeres Angebot bekommen hat, oder einfach sagen, dass das Budget nur diesen oder jenen Betrag zulässt!

» Einzelpersonen und Paare (größere Gruppen jedoch nicht) haben gute Chancen, ein reduziertes Last-Minute-Plätzchen zu ergattern (oft außerhalb der Hauptsaison), und das sogar auf Luxusbooten.

» Nicht alle Kabinen sind gleich groß. Um Geld zu sparen, kann man die kleineren buchen.

» Alleinreisende müssen normalerweise einen Zuschlag zahlen, um ein Zimmer für sich alleine zu haben. Wer bereit ist, sein Zimmer mit jemandem zu teilen, der sollte sich mit einem anderen Reisenden zusammentun und so den Einzelzimmeraufpreis umgehen.

» Nach Trinkwasser fragen – auf den billigeren Booten muss man möglicherweise selbst große Wasserbehälter mitbringen!

» Alkoholische Getränke sind normalerweise auf keinem Boot im Fahrpreis enthalten. Eine Möglichkeit, die Kosten niedrig zu halten, ist das Einkaufen von Vorräten an Wein, Bier, etc. in den Supermärkten von Ayora oder Puerto Baquerizo Moreno.

Ecuador Travel (www.ecuador-travel.net/Galapagos.htm) Ecuador Travel ist ein verlässlicher und ehrlicher Vermittler für ein breites Spektrum von Booten – von der Economy- bis hin zur Luxusklasse.

Explorer's Corner (www.explorerscorner.com) Bietet eine elftägige Tour an, bei der große Entfernungen mit einem Katamaran zurückgelegt und dann die kleinen Ecken und Winkel mit dem Kajak erkundet werden – eine der wenigen Touren dieser Art.

Galapagos Odyssey (www.galapagosodyssey.com) Diese Luxusjacht für 16 Passagiere bietet einen Whirlpool.

Happy Gringo Travel (☎02-290-6077; www.happygringo.com) Empfehlenswert für diejenigen, die Last-Minute-Angebote suchen.

Lindblad Expeditions National Geographic (www.expeditions.com; 1-wöchige Kreuzfahrt ab 4700 US$) Bietet Fahrten mit den Jachten *National Geographic Islander* (48 Passagiere) und *Endeavour* (96 Passagiere) an.

Metropolitan Touring (☎02-298-8200; www.metropolitan-touring.com) Ist dem Finch Bay Hotel in Puerto Ayora angeschlossen; bucht für die Luxusjacht *Isabela II*.

Row Adventures (www.rowadventures.com) Luxuriöse Camping- und Kajaktouren.

Sangay Touring (☎02-222-1336; www.sangay.com) Eine erfahrene Organisation, die über 60 Boote bucht.

Vor Ort buchen

Obwohl es meist billiger ist, eine Tour in Puerto Ayora oder Puerto Baquerizo Moreno zu buchen, haben die meisten Reisenden bei ihrer Ankunft ihren Galápagosausflug bereits im Voraus organisiert. In der Regel gilt, dass die billigeren Boote eher vor Ort buchbar sind. Man sollte aber nicht auf die Galápagosinseln fliegen und sich darauf verlassen, dort ein wirklich gutes Boot für weniger Geld zu bekommen. Es kann mehrere Tage dauern, um eine Tour vom Archipel aus zu organisieren – manchmal sogar eine Woche oder noch länger. Deshalb ist diese Methode keine gute Alternative, wenn die Zeit knapp ist. Besonders schwierig ist es, im August und um Weihnachten und Ostern herum ein Boot zu finden. In den weniger belebten Monaten sind weniger Besucher auf den Inseln, dann (besonders im Oktober) werden die Boote aber auch häufig repariert oder überholt. Rechnet man die Kosten für ein Hotel und Verpflegung in Puerto Ayora oder Puerto Baquerizo Moreno ein, spart man möglicherweise weniger als gehofft.

Am wichtigsten ist es, einen guten Kapitän und einen enthusiastischen Naturführer zu finden. Vor der Buchung besteht oft die Möglichkeit, beide kennenzulernen und das Boot zu begehen. Auch die Wahl einer guten Reiseroute ist grundlegend. Für Last-Minute-Touren über vier und acht Tage müssen mindestens 550 bis 1200 US$ eingeplant werden.

Gefahren & Ärgernisse

Bei Galápagosbootstouren gibt es einige ziemlich verbreitete Tücken und Scherereien. Manchmal gilt: Je günstiger die Tour, desto höher die Wahrscheinlichkeit, dass Probleme auftreten. Das bedeutet nicht, dass auf teureren Booten alles reibungslos abläuft, aber die Veranstalter sind häufig zuvorkommender und reagieren schneller auf Beschwerden.

Zu den immer wiederkehrenden Beschwerden gehören u.a. kurzfristige Änderungen bei den Booten (was laut dem Kleingedruckten in den Verträgen erlaubt ist), Ausfälle der ganzen Fahrt bei zu wenig Passagieren, eine schlechte Crew, ein Mangel an Getränken in Flaschen, Änderungen der Reiseroute, Motorschäden, zu wenig und qualitativ schlechte Schnorchelausrüstung, versteckte Kosten (5 US$/Tag für die Neoprenanzüge sind üblich), Gestank, Insektenbefall und Überbuchung. Es gab auch schon Berichte von Neuankömmlingen, die an den Flughäfen von ganz und gar nicht vertrauenswürdigen, unabhängigen Reisevermittlern angesprochen wurden. Solche Gestalten sollte man auf jeden Fall meiden und sich besser in den Büros in der Stadt erkundigen.

Die Passagiere teilen sich die Kabine oft mit anderen, und nicht immer ist garantiert, dass dieser Kabinenpartner dasselbe Geschlecht hat. Vor der Buchung immer nach einem Foto oder einer Skizze des Bootes fragen, einschließlich einer Abbildung der Kabinen!

Es ist frustrierend, festzustellen, dass andere Passagiere für die gleiche Leistung wesentlich weniger gezahlt haben als man selbst. Das kommt aber relativ häufig vor, vor allem dann, wenn man die Reise vom Ausland aus gebucht hat, während die anderen alles vor Ort und in letzter Minute organisiert haben. Hier sind einem leider die Hände gebunden, also am besten gar nicht erst fragen und einfach den Ausflug genießen!

Wenn etwas schief läuft, ist es schwierig, eine Rückerstattung zu bekommen. Wer diesbezüglich ein Problem hat, der sollte es der *capitanía* (dem Hafenkapitän) in Puerto Ayora melden und den Anbieter kontaktieren, bei dem gebucht wurde. Schwierigkeiten sollten auch (persönlich od. per E-Mail) der **Cámara de Turismo** (Touristeninformationsbüro; www.galapagostour.org) in Puerto Ayora gemeldet werden, die eine Datenbank über die Beschwerden führt. Diese kann von Anbietern und Touristen konsultiert werden. Die Meldungen werden sehr ernst genommen, und Wiederholungstäter bekommen ihre wohlverdiente Strafe.

Es wird immer wieder von Crewmitgliedern der Touristenboote erzählt (und noch häufiger von Besatzungsmitgliedern kleiner Fischerboote), die illegal Fischfang betreiben und Wildtiere töten. Beschwerden dieser Art sollten im Büro des Naturschutzgebiets gemeldet werden, einem grünen Gebäude direkt links vom Informationsstand am Eingang zur Charles Darwin Forschungsstation in Puerto Ayora.

Bei all den Booten, die zwischen den Inseln verkehren, vergisst man leicht, dass Letztere sehr abgeschieden liegen und man an solch ungastlichen und gefährlichen Orten nicht verloren gehen sollte. Seit 1990 sind hier 17 Menschen verschwunden. Die meisten von ihnen wurden lebend wiedergefunden, einige sind aber auch gestorben, nachdem sie die gekennzeichneten Pfade verlassen haben.

Ecuador im Überblick

Quito

Kunst & Architektur ✓✓✓
Nachtleben ✓✓✓
Landschaft ✓✓

Kunst & Architektur

Quitos geschichtsträchtige, faszinierende Altstadt ist ein Unesco-Weltkulturerbe und voller wunderschöner Kirchen, Kopfsteinpflasterstraßen, Plazas und Häuser im spanischen Kolonialstil, deren Dächer in der Sonne leuchten. Man kann durch Klöster aus dem 16. Jh. schlendern, die Meisterwerke der Escuela Quiteña bewundern und in den Museen mit ihren präkolumbischen Schnitzereien über die Vergangenheit sinnieren. Dann sollte man einen Blick auf die Werke von Oswaldo Guayasamín aus dem 20. Jh. werfen. Weiter geht's mit einem Besuch des Centro de Arte Contemporáneo.

Essen, Trinken & Tanzen

Quito kann mit den besten Restaurants Ecuadors aufwarten, die alle nur erdenklichen kulinarischen Versuchungen auftischen. Scharfes *ceviche*, lecker marinierter *corvina* (Wolfsbarsch), zartes *seco de chivo* (Eintopf mit Ziegenfleisch), frisch gepresste Säfte und starker ecuadorianischer Kaffee sind nur einige der Hits. Aber auch Italienisches, Peruanisches, Japanisches, Indisches und vieles mehr wird geboten: Quito präsentiert sich in puncto Essen wahrhaft global. Die vielen Kalorien kann man dann in einer der heißen *salsatecas* (Salsaclub) oder beim Bar-Hopping im Ausgehviertel Mariscal wieder abarbeiten.

Landschaft

Die 2850 m hoch gelegene Andenstadt am gewaltigen Vulkan Pichincha hat viele atemberaubende Ausblicke zu bieten. Es gibt unzählige tolle Orte, an denen man das Panorama genießen kann, sei es nun vom Dach eines Restaurants in der Altstadt (wie dem Vista Hermosa), von einem üppig grünen Park (z. B. dem Parque Itchimbia) oder vom Pichincha selbst (rauf kommt man mit der TelefériQo).

S. 48

Nördliches Hochland

Landschaft ✓✓✓
Vogelbeobachtung ✓✓
Shoppen ✓✓

Landschaft

Die Gipfel der Anden gehören zu den schönsten Landschaften Ecuadors: den schneebedeckten Volcán Cotacachi, den Traumblick von der Panamericana, wenn man gen Norden fährt, und die faszinierenden Lagunas de Mojanda nahe von Otavalo sollte man keinesfalls verpassen!

Vogelbeobachtung

Das Nördliche Hochland ist in puncto Vogelwelt eine der mannigfaltigsten Regionen Ecuadors und somit der Traum jedes Vogelliebhabers. Vor allem das winzige Mindo hat in seinem Nebelwald eine umwerfende Vielfalt an Piepmätzen zu bieten.

Shoppen

Otavalos Markt ist eine Augenweide: farbenfrohe Webwaren, *tagua*-Schnitzereien, Gemälde mit folkloristischen Motiven, Decken aus Alpakawolle, Tücher und Schals in allen Regenbogenfarben. Wer Lederartikel kaufen möchte, sollte nach Cotacachi fahren.

S. 96

Zentrales Hochland

Outdooraktivitäten ✓✓✓
Kultur ✓✓
Traumlandschaft ✓✓✓

Outdooraktivitäten

Wer echtes Abenteuer sucht, wird überall im Zentralen Hochland fündig. Man kann Vulkane besteigen, raften, sich von Brücken in die Tiefe stürzen und Berge mit dem Mountainbike erkunden.

Kulturelle Entdeckungen

Im Herz der Anden sind die uralten kulturellen Traditionen noch immer die Basis für das alltägliche Leben. An Kultur interessierte Besucher werden von den bunten Festen, den quirligen Handwerksmärkten und abgelegenen indigenen Dörfern, in denen die Zeit stehen geblieben zu sein scheint, begeistert sein.

Traumlandschaft

Hinter so ziemlich jeder Ecke wartet ein Postkartenfoto. Das Rückgrat Südamerikas ist übersät von gletscherbedeckten Vulkanen und grünen Hochplateaus, von steilen Canyons mit wilden Flüssen, die im Amazonas enden, und von jahrhundertealten Haziendas aus Inkastein.

S. 127

Südliches Hochland

Outdooraktivitäten ✓✓
Kunst & Architektur ✓✓
Essen ✓✓

Outdooraktivitäten

Mehrere Nationalparks warten mit Aussichtspunkten, Begegnungen mit wilden Tieren und Abenteuer en masse auf unerschrockene Traveller. Es ist etwas anstrengend, die entlegenen Gebiete zu erreichen, wer es aber geschafft hat, wird reich belohnt.

Kunst & Architektur

Cuenca, diese Stadt aus der Kolonialzeit, ist ein wahres Open-Air-Museum mit einer beeindruckenden Architektur, einem historischen Stadtkern und zahlreichen künstlerisch angehauchten Bewohnern.

Essen

Im Süden werden einige der beliebtesten ecuadorianischen Gerichte serviert – in Cuenca z. B. die *fanesca* (Bohnensuppe mit Kabeljau), die nur in der Karwoche zubereitet wird, und in Loja die Maisleckereien wie Tamales, *quimbolitos* (Maisklöße) und *humitas* (ähnlich wie Tamales) gibt. Der avantgardistische Gourmet kann sich auch *cuy* (gebratenes Meerschweinchen) bestellen.

S. 175

Oriente

Tierbeobachtung ✓✓✓
Abenteuer ✓✓✓
Indigene Kultur ✓✓

Tierbeobachtung

Kaimane, Faultiere, Anakondas, Brüllaffen, Papageien … um nur einige der Kreaturen zu nennen, die man wahrscheinlich während eines Aufenthalts in einer Dschungellodge tief im dichten Regenwald Ecuadors zu Gesicht bekommen wird. Man kann sogar (ganz ohne jede Gefahr) mit Piranhas schwimmen.

Abenteuer

Wem es im Regenwald nicht abenteuerlich genug ist, für den hat der Oriente noch andere Nervenkitzel zu bieten: Rafting, Kajakfahren, Tubing, Klettern, Reiten und *ayahuasca* (eine psychotrope Substanz), für all jene, die es wirklich wissen wollen.

Indigene Kultur

Behutsame, organisierte Besuche in indigenen Dörfern können eine spannende, kulturell bereichernde und sehr erfreuliche Erfahrung sein. Man kann lernen wie man kocht, Tierfallen aufstellt, Boote baut, Gold wäscht und sich im Regenwald von einem Schamanen die Seele reinigen lassen.

S. 212

Nordküste & Tiefland

Badeorte ✓✓
Essen ✓✓
Ökotourismus ✓✓

Badeorte
Ecuador ist zwar kein Synonym für Strände, aber dennoch hat die Nordküste einige bezaubernde, relaxte Badeorte – vom verschlafenen Same bis zum fesselnden Canoa – und tolle Surfspots entlang der Küste (vor allem am Strand von Mompiche) zu bieten.

Essen
Die *cocina manabita* und die *cocina esmeraldeña* gelten als die besten Küchen Ecuadors und die Nordküste ist genau die richtige Gegend, um die würzigen, kokoslastigen Gerichte zu probieren. In Esmeraldas sollte man unbedingt das absolut beste *ceviche* des ganzen Landes testen.

Ökotourismus
In dieser Gegend gibt es einige der besten Ökotourismus-Ziele, u. a. das Dschungelreservat Playa de Oro und die Reserva Biológica Bilsa, in der es von wilden Tieren nur so wimmelt. Weitere Highlights sind die Mangrovenwälder rund um Muisne und die Ökostadttour in Bahía de Caráquez.

S. 253

Südküste

Strände ✓✓✓
Tierbeobachtung ✓✓
Essen ✓✓✓

Strände
Auf der Halbinsel Santa Elena befinden sich viele Badeorte für *guayaquileños* mit Ferienwohnungen und weißen Sandstränden. Nördlich davon reiht sich bis nach Puerto López ein Küstendorf ans nächste, und die kilometerlangen Strände laden besonders in Montañita zum Chillen ein.

Tierbeobachtung
Vorbeiziehende Buckelwale teilen sich das Meer mit unzähligen Tümmlern. In den Naturreservaten kann man eine faszinierende Vogelwelt beobachten, und die Berge an der Küste warten mit Nebelwäldern auf.

Essen
Was könnte in dieser Gegend mit der langen Küstenlinie besseres auf den Tisch kommen, als frisches Seafood. Bergeweise Schalentiere, *ceviche, cazuelas* (Meeresfrüchte-Eintopf) und Hummer stehen auf jeder Speisekarte. Guayaquils kulinarische Szene, die sich auf die nördlichen Vororte konzentriert, bietet eine erlesene Auswahl unterschiedlichster Speisen.

S. 281

Galápagosinseln

Tierbeobachtung ✓✓✓
Schnorcheln/Tauchen ✓✓✓
Landschaft ✓✓✓

Tierbeobachtung
Hier kann man sich mit prähistorisch anmutenden Reptilien und einer ganzen Menagerie von Vögeln anfreunden. Es gibt riesige Kolonien von sonst nirgendwo zu findenden Seevögeln, sich paarende Albatrosse, flugunfähige Kormorane und winzige Spottdrosseln, die zwischen Greifvögeln umherflattern.

Schnorcheln & Tauchen
Der Sprung mit Maske und Schnorchel in die bunte Wasserwelt ist unglaublich faszinierend – Meeresschildkröten, Rochen, Haie, Wale, tropische Fische, ganz zu schweigen von Seelöwen, Pinguinen und Meerechsen. Tauchern bieten sich spektakuläre Möglichkeiten und eine verblüffende Unterwasserwelt.

Landschaft
Die Galápagosinseln, dieser Archipel aus Vulkaninseln, setzen sich mit gewaltigen Fumarolen, spektakulären Steilhängen, tropischem Hochland und unglaublichen Aussichtssichtpunkten in Szene.

S. 324

❯ **Sämtliche Empfehlungen wurden von unseren Autoren getroffen, ihre Favoriten werden jeweils als erstes aufgeführt.**

❯ **Empfehlungen von Lonely Planet:**

LP TIPP Das empfiehlt unser Autor

Nachhaltig und umweltverträglich

GRATIS Hier bezahlt man nichts

QUITO.............48

RUND UM QUITO.........92

La Mitad del Mundo.............92

Reserva Geobotánica Pululahua & Umgebung.............94

Volcán Pichincha.........94

NÖRDLICHES HOCHLAND.........96

Cayambe.............98

Von Cayambe nach Oyacachi.............98

Otavalo.............98

Rund um Otavalo.........105

Reserva Ecológica Cotacachi-Cayapas......110

Intag-Tal.............111

Reserva Biológica Los Cedros.............112

Ibarra.............113

La Esperanza.............116

Nördlich von Ibarra......116

El Ángel.............117

Reserva Biológica Guandera.............117

Río-Mira-Tal.............117

Tulcán.............118

WESTLICHE ANDENHÄNGE.............119

Lodges im Nebelwald.............119

Mindo.............121

Westlich von Mindo.............126

ZENTRALES HOCHLAND.........127

Machachi & Aloasí.......130

Reserva Ecológica Los Ilinizas.............131

Parque Nacional Cotopaxi.............132

Latacunga.............136

Der Quilotoa-Loop.......140

Ambato.............146

Rund um Ambato.......150

Baños de Agua Santa....151

Von Baños nach Puyo....159

Parque Nacional Sangay..160

Guaranda.............163

Salinas.............164

Volcán Chimborazo......164

Riobamba.............166

Südlich von Riobamba...172

Guamote.............172

Alausí.............173

SÜDLICHES HOCHLAND.........175

Ingapirca.............178

Cañar.............179

Biblián.............179

Azogues.............179

Cuenca.............179

Rund um Cuenca.......192

Saraguro.............195

Loja.............196

Parque Nacional Podocarpus.............202

Zamora.............204

Vilcabamba.............205

Zumba & die peruanische Grenze.............209

Catamayo & Umgebung.209

Catacocha.............210

Macará & die peruanische Grenze.............210

ORIENTE.........212

NÖRDLICHER ORIENTE..213

Von Quito nach Lago Agrio 213

Lago Agrio.............218

Río Aguarico.............219

Reserva Producción Faunística Cuyabeno....220

Coca.............222

Vía Auca.............226

Bajo Río Napo.............227

Parque Nacional Yasuní..231

Parque Nacional Sumaco-Galeras.............233

Archidona.............234

Tena.............234

Misahuallí.............239

Alto Río Napo.............242

Puyo.............245

SÜDLICHER ORIENTE...248

Macas.............248

Parque Nacional Sangay..251

Kapawi Ecolodge & Reserve.............251

Der Dschungel ab Macas.251

Sucúa.............252

Gualaquiza.............252

Alle in diesem Reiseführer vorgestellten Reiseziele listet das Register auf.

Reiseziele

NORDKÜSTE & TIEFLAND 253

WESTLICHES TIEFLAND . 255

Von Quito nach Santo Domingo de los Colorados 255

Santo Domingo de los Colorados 255

DIE NORDKÜSTE 256

San Lorenzo 256

Reserva Ecológica de Manglares Cayapas Mataje 258

San Miguel 258

Playa de Oro 259

Reserva Ecológica Cotacachi-Cayapas 260

Esmeraldas 261

Atacames 263

Súa 266

Same & Tonchigüe 266

Muisne & Umgebung 268

Mompiche 269

Canoa 271

Rund um Canoa 272

Bahía de Caráquez 273

Rund um Bahía de Caráquez 276

Manta 276

Montecristi 280

SÜDKÜSTE 281

RUTA SPONDYLUS 283

Parque Nacional Machalilla 283

Puerto López 286

Südlich von Puerto López 289

Olón 290

Montañita 290

VON DER SANTA-ELENA-HALBINSEL BIS GUAYAQUIL 293

Salinas 294

Playas (General Villamil). 296

Bosque Protector Cerro Blanco 297

GUAYAQUIL 298

SÜDLICH VON GUAYAQUIL 317

Reserva Ecológica Manglares Churute 317

Machala 318

Puerto Bolívar & Jambelí 320

Zaruma 321

Über Huaquillas nach Peru 322

GALÁPAGOS-INSELN 324

ISLA SANTA CRUZ (INDEFATIGABLE) 326

Puerto Ayora 328

RUND UM DIE ISLA SANTA CRUZ 350

Isla Seymour & Isla Mosquera 350

Islas Plazas 351

Islas Daphne 351

Isla Santa Fé (Barrington) 351

ISLA SAN CRISTÓBAL (CHATHAM) 352

Puerto Baquerizo Moreno 354

ISLA ISABELA (ALBEMARLE) 359

Puerto Villamil 362

ISLA FERNANDINA (NARBOROUGH) 365

ISLA SAN SALVADOR (SANTIAGO OD. JAMES) . 366

RUND UM DIE ISLA SAN SALVADOR 366

Isla Bartolomé 366

Sombrero Chino 367

Isla Rábida (Jervis) 367

SÜDLICHE INSELN 367

Isla Santa María (Floreana od. Charles) ... 367

Isla Española (Hood) 369

NÖRDLICHE INSELN 370

Isla Genovesa (Tower) 370

Isla Marchena (Bindloe) & Isla Pinta (Abington) 370

Isla Wolf (Wenman) & Isla Darwin (Culpepper) 371

DIE GALÁPAGOSINSELN VERSTEHEN 371

Quito

Inhalt »

Rund um Quito 92
La Mitad del Mundo...92
Reserva Geobotánica Pululahua & Umgebung...........94
Volcán Pichincha 94

Gut essen

- » Zazu (S. 80)
- » Achiote (S. 82)
- » La Choza (S. 84)
- » Theatrum (S. 78)
- » San Agustín (S. 77)

Schön übernachten

- » Casa San Marcos (S. 69)
- » Hotel San Francisco de Quito (S. 73)
- » Café Cultura (S. 75)
- » Pululahua Hostel (S. 94)
- » El Crater (S. 94)

Auf nach Quito!

Hoch oben in den Anden, zwischen nebelverhangenen Gipfeln, liegt Quito, eine Stadt voller historischer Denkmäler und architektonischer Juwelen. Sie ist die dynamischste Metropole Ecuadors, hat ein lebendiges Flair und besitzt ein paar faszinierende Viertel. Leckeres Essen, Ausgehen und Feiern gehören zum Aufenthalt am Äquator, in der am zweithöchsten gelegenen Hauptstadt der Welt, einfach dazu.

Der schönste Teil von Quito ist das historische Zentrum, die „Altstadt", die von der Unesco zur Welterbestätte erklärt wurde. Sie strotzt nur so vor hübsch restaurierten Fassaden aus dem 17. Jh., malerischen Plätzen und Kirchen, die spanische, maurische und indigene Elemente vereinen. Hier befindet sich auch der Präsidentenpalast. Ein weiteres Highlight für Reisende ist das Viertel Mariscal Sucre, in dem sich Pensionen, Reisebüros, diverse Restaurants und Ausgehmöglichkeiten drängen. Dies ist „Gringolandia", das Reich der Gringos – in den Bars und Lokalen tummeln sich aber auch viele *quiteños* (Bewohner von Quito).

Reisezeit

Quito

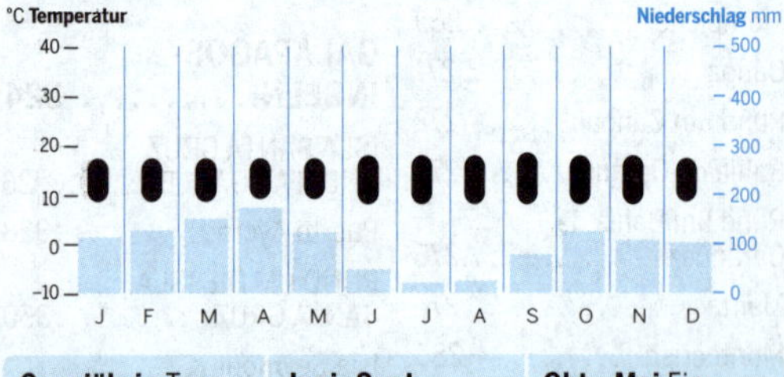

Ganzjährig Tagsüber mild, kühle Nächte. Morgens scheint meist die Sonne, nachmittags regnet es.

Juni–Sept. Die schönsten Monate: weniger Regen, tagsüber klareres Wetter.

Okt.–Mai Ein wenig kühler und regnerischer, dafür stolpert man nicht überall über Touristen.

Essen & Trinken

Ecuadors kulinarische Hauptstadt ist ideal, um klassische Gerichte aus den Anden und anderen Regionen zu kosten. *Seco de chivo* (Eintopf mit geschmortem Ziegenfleisch) wird gewöhnlich mit gelbem Reis und *patacones* (frittierte Kochbananenstücke) serviert. Die aus den Anden stammende Kartoffel wird kreativ zubereitet, z. B. als *llapingachos* (dicke Pfannkuchen aus Kartoffeln und Käse), die häufig unter einem Grillsteak oder gebratenen Eiern serviert werden. In ein paar Lokalen gibt's auch *cuy asado* (Meerschweinchenbraten), ein Gericht der indigenen Bevölkerung, das aus der Inkazeit stammt.

Eine weitere Spezialität ist *ceviche* (sprich: se*vi*tsche); die Zutaten – *pescado* (Fisch), *concha* (Muscheln), *camarones* (Krabben), *calamares* (Tintenfisch) oder *mixto* (eine Mischung aus dem zuvor Genannten) – werden in Zitronensaft mariniert, mit fein geschnittenen Zwiebeln und Kräutern gewürzt und sind roh (außer die Krabben).

QUITO FEIERT

Das größte Event steigt jährlich am 6. Dezember zum Gedenken an die Stadtgründung durch die Spanier, die Party beginnt aber schon viel früher: Ende November wird in Quito eine Königin gewählt, und abends düsen bunte *chivas* (seitlich offene Busse) durch die Straßen, vollgepackt mit tanzenden Nachtschwärmern. In der Woche vor dem großen Tag finden Stierkämpfe in der Arena Plaza de Toros statt, ca. 2 km nördlich des Parque La Carolina an der Avenida Amazonas, und überall in der Stadt wird Flamenco dargeboten; auf diese Weise besinnen sich die *quiteños* auf ihre spanischen Wurzeln. Darüber hinaus erobern DJs und beliebte einheimische Bands die Open-Air-Bühnen. Am 5. Dezember schließen in Quito fast sämtliche Läden, weil alle Einheimischen mitfeiern wollen.

Highlights in der Altstadt

» **La Compañía de Jesús** (S. 58) Die aufwendig gestaltete Kirche vereint Spanisches, Maurisches und Indigenes.

» **Museo de la Ciudad** (S. 53) Interaktive Ausstellungen beleuchten die Stadt- und die Sozialgeschichte.

» **Kathedrale** (S. 51) In diesem Wahrzeichen an der Plaza Grande hängen Gemälde der Escuela Quiteña.

» **Basílica del Voto Nacional** (S. 53) Auf der Spitze der höchsten Kirche Quitos, zu erreichen über wackelige Leitern, eröffnet sich ein fantastischer Blick.

» **Casa del Alabado** (S. 56) In dem kleinen Museum wird die mystische Seite präkolumbischer Kunst beleuchtet.

» **Centro de Arte Contemporáneo** (S. 57) Topaktuelle Galerie, in der Kunst des 20. und 21. Jhs. ausgestellt ist.

» **Casa Museo María Augusta Urrutia** (S. 53) Das Haus vermittelt einen Eindruck vom Leben im 19. Jh.

ANKUNFT

Aeropuerto Mariscal Sucre Alter Flughafen, 10 km nördlich der Altstadt.

Quito Airport Neuer Flughafen, 20 km östlich der Stadt.

Quitumbe Großer Busbahnhof im Süden von Quito.

Carcelén Kleinerer Busbahnhof im Norden.

Kurzinfos

» Bevölkerung: 1,8 Mio.

» Fläche: 324 km^2

» Vorwahl: 02

Infos im Internet

» **Lonely Planet** (www.lonelyplanet.com/ecuador/quito) Jede Menge Infos zu Sehenswertem, Unterkünften und Restaurants; außerdem das Traveller-Forum Thorn Tree.

» **Quito Tourism** (www.quito.com.ec) Quitos offizielles Tourismusportal.

» **El Comercio** (www.elcomercio.com.ec) Die größte Tageszeitung der Stadt.

Top-Tipps

» **Höhe** Immer langsam nach der Ankunft – 2850 m sind nicht ohne!

» **Regen** Eine Regenjacke parat haben (auch an sonnigen Vormittagen können Wolken aufziehen und Regen am Nachmittag mit sich bringen)!

» **Achtung!** Taschendiebe sind gerissen. In Bussen die Tasche auf dem Schoß behalten (nicht zwischen den Beinen oder in den Gepäckfächern abstellen)!

Highlights

1 Die Kopfsteinpflasterstraßen der **Altstadt** (S. 51), eines der schönsten Viertel aus der Kolonialzeit in ganz Lateinamerika, besichtigen

2 Die Werke Oswaldo Guayasamíns in der **Capilla del Hombre** (S. 60) bewundern

3 Ecuadors überwältigende Masse präkolumbischer Schätze im **Museo Nacional** (S. 61) bestaunen

4 **La Mitad del Mundo** (S. 92) besuchen, wo der Äquator die Welt halbiert und es kitschige Museen gibt

5 Durchs märchenhafte **Pululahua** (S. 94) wandern

6 Mit dem **TeleféRiQo** (S. 58) auf den Volcán Pichincha hinauffahren, um den tollen Blick auf die Stadt zu genießen

7 Die „Partystraße" **La Ronda** (S. 57) entern: Livemusik hören und *canelazo* trinken

8 Das Nachtleben im feierwütigen Bezirk **Mariscal** (S. 81) miterleben

Geschichte

Der Standort Quitos wurde schon in der Zeit vor der Ankunft der Spanier besiedelt. Die Ersten, die diese Gegend bevölkerten, waren die friedlichen Quitu. Ihnen verdankt die Hauptstadt ihren Namen.

Als die Spanier 1526 nach Ecuador kamen, war Quito eine bedeutende Inkastadt. Rumiñahui, ein General Atahualpas, zog es vor, sie dem Erdboden gleichzumachen, statt sie den Eindringlingen zu überlassen. Es sind keinerlei Inkastätten erhalten. Das heutige Quito wurde am 6. Dezember 1534 von dem spanischen Leutnant Sebastián de Benalcázar auf den Ruinen gegründet, und schon bald ließen sich die ersten Siedler hier nieder – in Begleitung zahlreicher religiöser Orden, darunter Franziskaner, Dominikaner und Augustiner. Diese errichteten Kirchen, Klöster und öffentliche Anlagen und ließen häufig die indigene Bevölkerung für sich arbeiten. Quito wuchs im 17. und 18. Jh. langsam, blieb jedoch im Vergleich zu Lima eine Provinzstadt.

Im 19. Jh. wurde die Stadt vom Revolutionsfieber gepackt und 1830 zur Hauptstadt der neuen Republik Ecuador ernannt. Die Bevölkerungszahl stieg, und im folgenden Jahrhundert veränderten Bauprojekte das Gesicht der Stadt, z. B. das neue Observatorium (das erste in Südamerika) und die Eisenbahnlinie nach Guayaquil, die den Handel vereinfachte. Das Kolonialviertel blieb bis nach dem Zweiten Weltkrieg, als Quito extrem schnell wuchs (ähnlich wie derzeit), das kommerzielle Zentrum der Stadt. Die schnelle Entwicklung ging größtenteils auf das Konto arbeitssuchender Immigranten aus allen Ecken Ecuadors.

Sehenswertes

Quito erstreckt sich in der Senke eines hohen Andentals grob von Norden nach Süden. Fast alle berühmten Kolonialbauten befinden sich im Centro Histórico (historisches Zentrum, Altstadt). Die Einheimischen nennen dieses Viertel El Centro.

Nördlich der Altstadt liegt der neue Teil von Quito mit den wichtigsten Unternehmen und Dienstleistern. Hier befinden sich auch die meisten Hotels, Pensionen, Restaurants und Bars, insbesondere im Traveller-Viertel Mariscal Sucre (kurz Mariscal genannt).

ALTSTADT

Mit seinen engen Gassen, restaurierten Kolonialbauten und lebendigen Plazas ist Quitos Centro Histórico ein wunderbarer Ort für einen gemütlichen Bummel. Die Kirchen, Konvente, Kapellen und Klöster – historische, in zahlreichen Legenden erwähnte Orte – wurden vor Jahrhunderten von indigenen Baumeistern und Arbeitern errichtet. Das Centro Histórico ist ein lebendiges Viertel voller schreiender Straßenverkäufer, umherstreifender Fußgänger, hupender Taxis, röhrender Busse und mit Pfeifen „bewaffneter" Polizisten, die versuchen, den Verkehr in den schmalen Einbahnstraßen zu regeln. Dies ist einer jener magischen Orte, an denen man immer etwas Neues entdecken kann, wenn man nur genau hinschaut.

Die Kirchen sind jeden Tag geöffnet (gewöhnlich bis 18 Uhr), und sonntags drängen sich hier die Gläubigen. Oft wird von 13 bis 15 Uhr Mittagspause gemacht.

PLAZA GRANDE

Das Herz der Altstadt ist die **Plaza Grande**, ein hübscher, von Palmen gesäumter Platz, um den herum viele alte Gebäude stehen.

Palacio del Gobierno BEMERKENSWERTES GEBÄUDE

(Präsidentenpalast; Karte S. 54; García Moreno; ⏲Führungen 10, 11.30, 13, 14.30 & 16 Uhr) Das weiße Gebäude an der Nordwestseite der Plaza ist Sitz des ecuadorianischen Präsidenten. Besucher haben Zutritt im Rahmen geführter Touren (spanisch, manchmal auch englisch), bei denen man einen Blick auf das farbenfrohe Mosaik werfen kann, das Francisco de Orellanas Fahrt auf dem Amazonas zeigt. Außerdem werden ein paar Prunkzimmer besichtigt. In diesem Gebäude geht der Präsident dem Tagesgeschäft nach, Zutritt hat man also nur zu den Räumen, die er nicht nutzt. Montags um 11 Uhr findet auf der Plaza die Wachablösung statt.

Kathedrale KIRCHE

(Karte S. 54; Eintritt 1,50 US$; ⏲Mo–Sa 9.30–16 Uhr, Messe Sa & So 7 Uhr) An der Südwestseite der Plaza erhebt sich Quitos Kathedrale. Sie ist zwar nicht die am reichsten verzierte Kirche in der Altstadt, drinnen hängen jedoch einige faszinierende Kunstwerke der Escuela Quiteña (Quitoer Schule; s. S. 391). Unbedingt ansehen: Das letzte Abendmahl, bei dem sich Jesus und die Jünger an *cuy asado* (Meerschweinchenbraten), *chicha* (einem Getränk aus vergorenem Mais) und *humitas* (gekochter Maisteig mit Füllung) laben! Auf dem Gemälde mit der Geburt

QUITO IN …

…zwei Tagen

Den Tag beginnt man am besten in der **Altstadt** mit einem Kaffee im **El Cafeto**, dann spaziert man durch die hübschen Straßen und schaut sich die Kirche **La Compañía de Jesús**, das **Museo de la Ciudad** und die **Casa del Alabado** an. Am Abend bietet sich die **Vista Hermosa** für einen Drink oder ein Essen mit Ausblick vom Dach an.

Der zweite Tag beginnt mit der **TelefériQo-Fahrt** zum Cruz Loma. Nach dem Besuch der **Capilla del Hombre** und des nahe gelegenen **Museo Guayasamín** macht man sich nach La Mariscal auf, um Souvenirs in der **Galería Latina** zu kaufen und einen Kaffee im **Kallari** zu trinken. Abends gibt's dann Essen und Livemusik im **El Pobre Diablo**.

…vier Tagen

Am dritten Tag ist es Zeit für einen Ausflug zur **Mitad del Mundo**, gefolgt von einem Mittagessen mit traumhaftem Panorama im **El Crater**. Am Abend könnte man sich Livebands und die Partymeute an der **La Ronda** ansehen.

Tags drauf lockt der **Jardín Botánico** mit seinen Kolibris, das **Museo Nacional** lädt zu einer Reise in die Vergangenheit ein, und auch ein Besuch des **Centro de Arte Contemporáneo** lohnt sich. Abends kann man sich mit einem Essen in einem der besten Restaurants von Quito verwöhnen, etwa im **Zazu** oder im **Theatrum**.

Jesu Christi blicken ein Lama und ein Pferd auf das Neugeborene nieder. Ebenfalls zu sehen ist das reich verzierte Grab von Mariscal Sucre, der führenden Persönlichkeit in Quitos Unabhängigkeitsgeschichte. Die Tafel hinter dem Hauptaltar zeigt, wo Präsident Gabriel García Moreno am 6. August 1875 starb. Er wurde vor dem Palacio del Gobierno mit einer Machete aufgeschlitzt und, im Sterben liegend, zur Kathedrale getragen. Der Eintritt umfasst eine Führung auf Spanisch.

Centro Cultural Metropolitano KULTURZENTRUM
(Karte S. 54; Ecke García Moreno & Espejo; Eintritt frei; ⌚Di–So 9–17 Uhr, Veranda bis 19.30 Uhr) Das Kulturzentrum ein Stück abseits der Plaza richtet diverse Kunstausstellungen aus und beherbergt ein faszinierendes Museum, Dachterrassen und ein nettes, wenn auch teures Café im Innenhof. Das wunderbar restaurierte Gebäude hat eine lange Geschichte; angeblich stand hier früher einer von Atahualpas Palästen. Es diente von 1597 bis 1767 als Schule für Jesuiten und wurde nach deren Vertreibung Ende des 18. Jhs. als Armeebaracke genutzt. 1809 hielten königliche Truppen hier eine Gruppe von Revolutionären fest; ein Jahr später wurden die Gefangenen getötet. Das **Museo Alberto Mena Caamaño** (Eintritt 1,50 US$; ⌚Di–So 9–16.30 Uhr) vor Ort gewährt einen Einblick in Quitos frühe Kolonialgeschichte (mit ein paar ziemlich lebensechten Figuren aus Wachs!).

Palacio Arzobispal BEMERKENSWERTES GEBÄUDE
(Erzbischofspalast; Karte S. 54; Chile) An der Nordostseite der Plaza erhob sich einst der Palast des Erzbischofs, mittlerweile sind in den Arkaden zwischen García Moreno und Venezuela kleine Läden und Restaurants untergebracht. Auf der überdachten Terrasse finden an den Wochenenden häufig Konzerte statt.

NÖRDLICH DER PLAZA GRANDE

La Merced KIRCHE
(Karte S. 54; Ecke Cuenca & Chile; Eintritt frei; ⌚7–12 & 14–17 Uhr) Zwei Häuserblocks nordwestlich der Plaza Grande thront die Kirche (erb. 18. Jh.) mit dem höchsten Turm im „alten" Quito. Der Legende nach ist er – der einzige unversehrte Teil der Kirche – vom Teufel verflucht. Die einzige Person, die stark genug für ihn war, soll der Glöckner Ceferino gewesen sein. Seit seinem Tod 1810 hat es niemand gewagt, den Turm zu betreten.

La Merced besticht durch eine Vielzahl faszinierender Kunstwerke, darunter Gemälde, die Vulkanausbrüche über den Kirchendächern in der Altstadt und ein mit einem Ascheteppich überzogenes Quito zeigen.

Museo de Arte Colonial MUSEUM
(Karte S. 54; Mejía Oe6-132, Ecke Cuenca; Eintritt 2 US$; ⌚Di–Sa 9–17 Uhr) Dieses Museum ist

in einem hübsch restaurierten Gebäude aus dem 17. Jh. untergebracht und beherbergt eine exzellente Sammlung kolonialer Kunst mit berühmten Skulpturen und Gemälden der Quitoer Schule, u.a. Arbeiten von Miguel de Santiago, Manuel Chili (ein indigener Künstler, der unter dem Namen Caspicara bekannt ist) und Bernardo de Legarda.

Museo Camilo Egas MUSEUM

(Karte S. 54; Venezuela 1302, Ecke Esmeraldas; Eintritt frei; ⌚Di–Fr 9–13 Uhr) In einem Wohnhaus aus der Kolonialzeit findet man eine kleine, aber bedeutende Sammlung von Werken des Malers Camilo Egas, Ecuadors erstem *indigenista* (Vertreter der indigenen Kunstbewegung).

Basílica del Voto Nacional KATHEDRALE

(außerhalb der Karte S. 54; Ecke Venezuela & Carchi; Eintritt Kirche/Turm 1/2 US$; ⌚9–16.30 Uhr) Hoch auf einem Hügel im nordöstlichen Teil der Altstadt erhebt sich diese riesige gotische Kirche, deren Bau 1926 begann und sich über mehrere Jahrzehnte erstreckte. Statt der typischen Wasserspeier zieren Schildkröten und Leguane das Gemäuer. Das Highlight sind die **Türme** der Basilika, in die man hinaufklettern kann, wenn man sich traut: Es geht über eine wackelige Holzplanke im Dachgestühl und mehrere steile Treppen und Leitern hinauf. Auch die Wendeltreppe und die drei Leitern in und über dem Uhrenturm kann erklimmen, wer möchte.

ÖSTLICH DER PLAZA GRANDE

San-Agustín-Kloster KLOSTER

(Karte S. 54; Chile & Guayaquil; Eintritt 2 US$; ⌚Mo–Fr 9–12.30 & 14.30–17, Sa 9–13 Uhr) Dieses Bauwerk ist zwei Häuserblocks von der Plaza Grande entfernt und ein weiteres tolles Beispiel für die Architektur des 17. Jhs. Viele Helden des ecuadorianischen Unabhängigkeitskampfs wurden im Kloster beigesetzt. Zudem wurde hier am 10. August 1809 die Unabhängigkeitserklärung unterzeichnet.

Santa-Catalina-Kloster KLOSTER

(Karte S. 54; Espejo 779, an der Flores; Eintritt 1,50 US$; ⌚Mo–Fr 8.30–17, Sa bis 12.30 Uhr) Südlich des San-Agustín-Klosters steht der intakte Konvent- und Klosterkomplex von 1592. Bis heute dürfen die Nonnen (sie bleiben fünf Jahre im Kloster) nur eine Stunde am Tag miteinander reden oder fernsehen. Sie stellen jede Menge Naturprodukte wie Shampoo, Wein, Handcremes, Tränke etc. her, die sie an einer Drehtür verkaufen, ohne sich den Besuchern zu zeigen.

Bei der kostenlosen Führung (spanisch) durch das Klostermuseum werden u.a. religiöse Malereien aus dem 18. Jh. gezeigt. Manche sind geradezu brutal.

Teatro Sucre THEATER

In dem stattlichen Gebäude von 1878 finden die besten Theater-, Tanz- und Musikvorführungen ganz Quitos statt. Darüber hinaus gibt's ein erstklassiges Restaurant im 2. Stock. Der Bau steht an der lebendigen **Plaza del Teatro**, Ecke Calle Guayaquil und Manabí.

CALLE GARCÍA MORENO & CALLE SUCRE

Casa de Sucre HISTORISCHES GEBÄUDE

(Karte S. 54; Venezuela 573, Ecke Sucre; Eintritt 1 US$; ⌚Mo–Fr 9–17.30, Sa ab 10 Uhr) Eineinhalb Häuserblocks südöstlich der La Compañía stößt man auf das wunderschöne ehemalige Wohnhaus von Mariscal Antonio José de Sucre, dem Helden der ecuadorianischen Unabhängigkeitsbewegung. Hier gibt es ein kleines Museum voller Möbelstücke aus dem frühen 19. Jh.

Casa Museo María Augusta Urrutía HISTORISCHES GEBÄUDE

(Karte S. 54; García Moreno N2-60; Eintritt 2 US$; ⌚Di–So 10–17.30 Uhr) Von allen Museumshäusern in Quito ist dieses (erb. 19. Jh.) das Sehenswerteste: Es ist hervorragend erhalten und war einst Residenz der beliebten Philanthropin María Augusta Urrutía. Es besticht durch zeitgenössisches Mobiliar, Buntglasfenster und europäische Kunst und hat einen schön grünen Hof. Kostenlose Touren auf Spanisch und Englisch.

Museo de la Ciudad MUSEUM

(Karte S. 54; García Moreno nahe Rocafuerte; Eintritt 3 US$; ⌚Di–So 9.30–17.30 Uhr) Gleich hinter dem Torbogen **Arco de la Reina** aus dem 18. Jh. zeichnet dieses hervorragende Museum den Alltag in Quito im Verlauf der Jahrhunderte nach. Zu den Exponaten zählen Dioramen, Modellhäuser der indigenen Bevölkerung und Kolonialküchen, aber auch das Museumsgebäude an sich (erb. 1563), ein ehemaliges Krankenhaus, ist sehenswert. Im Eintritt inbegriffen ist eine kostenlose Führung auf Spanisch, es gibt aber auch Guides, die Englisch oder Französisch sprechen (zzgl. 4 US$).

PLAZA SAN FRANCISCO & UMGEBUNG

Plaza San Francisco PLAZA

(Karte S. 54) Wer aus den schmalen Straßen der Altstadt auf diese offene Plaza tritt, darf sich auf einen Anblick der Extraklasse freuen: Hinter dem großen Kopfsteinpflas-

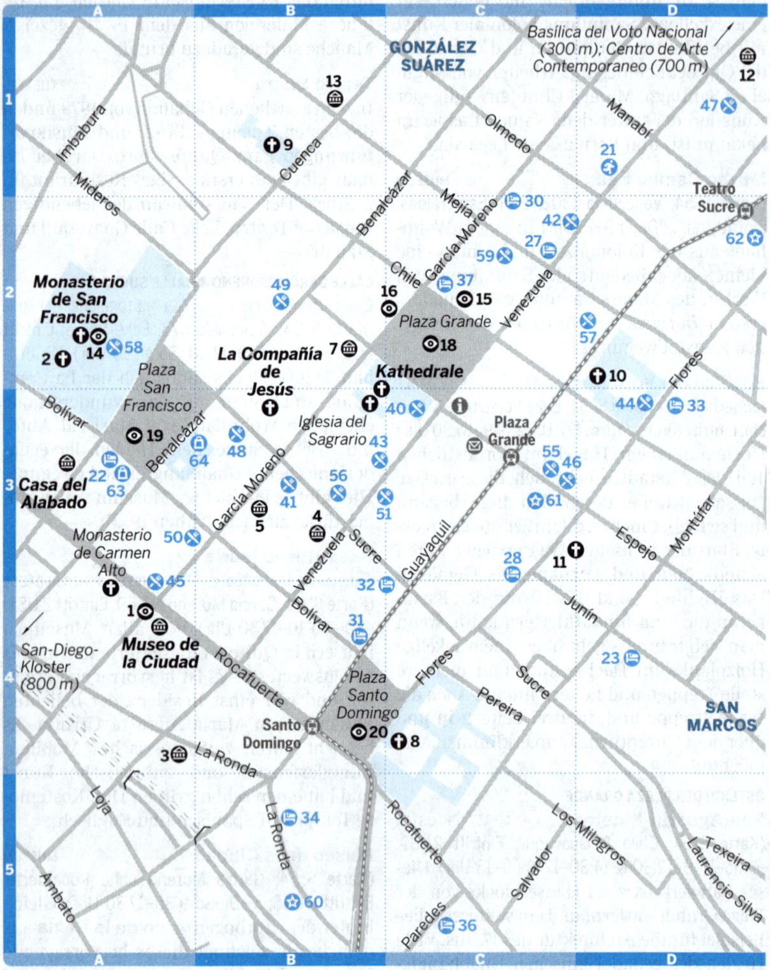

terplatz ragt der Volcán Pichincha auf, und davor erheben sich die langen, weiß getünchten Mauern und Zwillingstürme der ältesten Kirche Ecuadors.

Monasterio de San Francisco KLOSTER

(Karte S. 54; Cuenca nahe Sucre; Eintritt frei; ⏲tgl. 7–11, Mo–Do 15–18 Uhr) Der Bau dieses Klosters, des größten Kolonialkomplexes der Stadt, begann nur ein paar Wochen nach der Gründung Quitos im Jahr 1534, fertig gestellt wurde es aber erst 70 Jahre später. Der Gründer war der Missionar Joedco Ricke, ein Franziskaner. Es heißt, dass er der Erste war, der in Ecuador Weizen anbaute.

Der Großteil der Kirche musste nach einem Erdbeben wieder aufgebaut werden, manche Bereiche sind jedoch original erhalten, z.B. die Fliesen in der **Kapelle des Señor Jesús del Gran Poder** rechts vom Hauptaltar. Der **Hauptaltar** selbst ist ein beeindruckendes Beispiel barocker Schnitzkunst. Das Dach besticht derweil durch zahlreiche maurische Elemente.

Museo Franciscano MUSEUM

(Karte S. 54; Cuenca nahe Sucre; Eintritt 2 US$; ⏲Mo–Sa 9–17.30, So bis 12.30 Uhr) In dem Museum rechts vom Haupteingang des Monasterio sind ein paar der schönsten Kunst-

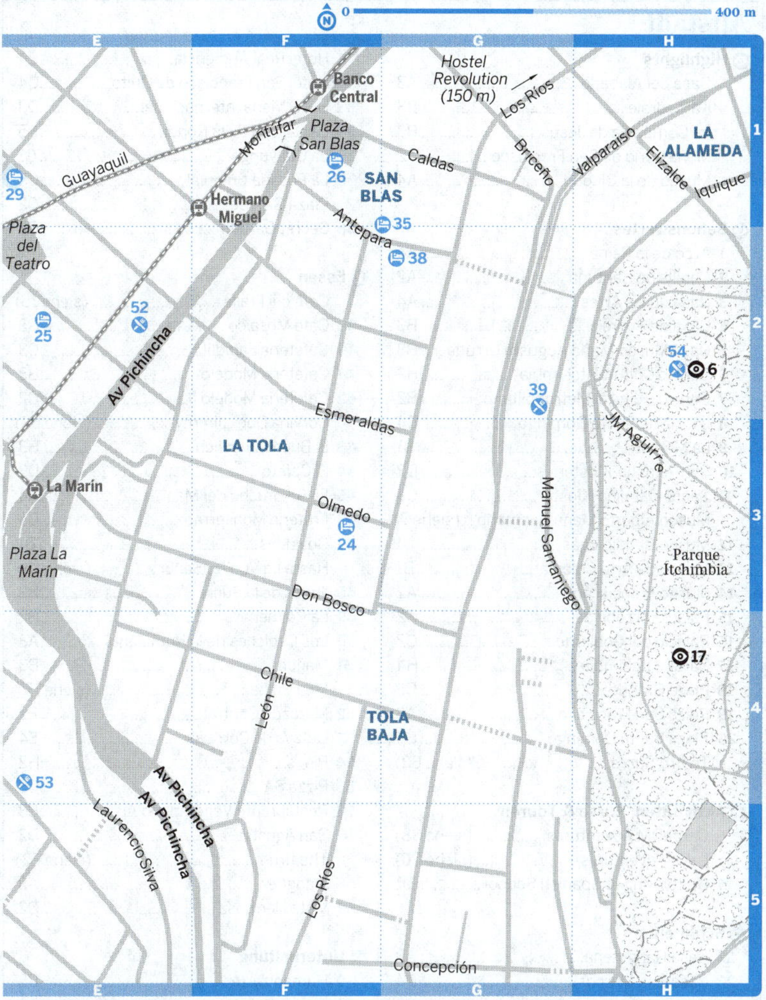

werke aus der Kirche ausgestellt, darunter Gemälde, Skulpturen und Mobiliar aus dem 16. Jh. Manche Möbel sind wunderbar aufwändig gearbeitet und warten mit Einlegearbeiten aus Perlmutt auf. Im Eintrittspreis ist eine Führung auf Englisch oder Spanisch inbegriffen. Gute Guides werden auf die *mudejar*-Darstellungen (maurisch) der acht Planeten an der Decke hinweisen, die um die Sonne angeordnet sind, und erklären, wie das Licht zur Sonnenwende durch das rückwärtige Fenster auf den Hauptaltar fällt. Außerdem werden sie eine eigenartige Form der Beichte demonstrieren, bei der zwei Personen in verschiedenen Ecken stehen und sich gegenseitig belauschen können, wenn sie flüsternd ihre Sünden gestehen.

Capilla de Cantuña KAPELLE

(Karte S. 54; Cuenca nahe Bolívar) Links des Klosters erhebt sich die Cantuña-Kapelle, in der eine kleine Sammlung von Kunst der Quitoer Schule untergebracht ist. Um das Gebäude rankt sich zudem eine berühmte Legende: Angeblich schloss der indigene Baumeister Cantuña einen Pakt mit dem Teufel, damit dieser ihm dabei helfe, die Kapelle rechtzeitig fertigzustellen. Doch kurz vor Anbruch des vereinbarten Tages entfern-

Altstadt

Highlights

Casa del Alabado ... A3
Kathedrale ... B3
La Compañía de Jesús ... B3
Monasterio de San Francisco ... A2
Museo de la Ciudad ... A4

Sehenswertes

1 Arco de la Reina ... A4
2 Capilla de Cantuña ... A2
3 Casa de las Artes ... A4
4 Casa de Sucre ... B3
5 Casa Museo María Augusta Urrutía ... B3
6 Centro Cultural Itchimbia ... H2
7 Centro Cultural Metropolitano ... B2
8 Iglesia de Santo Domingo ... C4
9 La Merced ... B1
10 San-Agustín-Kloster ... D2
11 Santa-Catalina-Kloster ... C3
Museo Alberto Mena Caamaño ... (siehe 7)
12 Museo Camilo Egas ... D1
13 Museo de Arte Colonial ... B1
14 Museo Franciscano ... A2
15 Palacio Arzobispal ... C2
16 Palacio del Gobierno ... C2
17 Parque Itchimbia ... H4
18 Plaza Grande ... C2
19 Plaza San Francisco ... A3
20 Plaza Santo Domingo ... B4
Teatro Sucre ... (siehe 62)

Aktivitäten, Kurse & Touren

CarpeDM Adventures ... (siehe 38)
Latin Adventures ... (siehe 26)
21 Quito Antiguo Spanish School ... D1

Schlafen

22 Casa Gangotena ... A3
23 Casa San Marcos ... D4
24 Colonial House ... F3
25 Hostal La Casona ... E2
26 Hostal San Blas ... F1
27 Hotel El Relicario del Carmen ... C2
28 Hotel Flores ... C3
29 Hotel Internacional Plaza del Teatro ... E1
30 Hotel Patio Andaluz ... C2
31 Hotel Real Audiencia ... B4
32 Hotel San Francisco de Quito ... C4
33 Hotel Viena Internacional ... D3
34 La Casona de la Ronda ... B5
35 La Guayunga ... G1
36 La Posada Colonial ... C5
37 Plaza Grande ... C2
38 Secret Garden ... G2

Essen

Café del Fraile ... (siehe 15)
39 Café Mosaico ... G2
40 Cafetería Fabiolita ... C3
41 Cafetería Modelo ... B3
42 Cafetería Modelo II ... C2
Corvina Don „Jimmy" ... (siehe 52)
43 El Buen Sandwich ... B3
44 El Cafeto ... D3
45 El Kukurucho del Maní ... A4
46 Frutería Monserrate ... C3
47 Govindas ... D1
Hasta La Vuelta, Señor ... (siehe 15)
48 Jugos de la Sucre ... B3
49 La Colmena ... B2
50 Los Cebiches de la Rumiñahui ... A3
51 Magda ... B3
Mea Culpa ... (siehe 15)
52 Mercado Central ... E2
53 Octava de Corpus ... E4
54 Pim's ... H2
55 Pizza SA ... C3
56 Restaurante Vegetariano Ari ... B3
57 San Agustín ... D2
Theatrum ... (siehe 62)
58 Tianguez ... A2
59 Vista Hermosa ... C2

Unterhaltung

60 Humanizarte ... B5
61 Teatro Bolívar ... C3
62 Teatro Sucre ... D2

Shoppen

63 Ari Gallery ... A3
64 Homero Ortega P & Hijos ... B3
Tianguez ... (siehe 58)

te Cantuña einen einzelnen Stein, sodass die Kirche unvollendet blieb. So überlistete er Beelzebub und rettete seine Seele.

Casa del Alabado MUSEUM
(Karte S. 54; Cuenca 335; Eintritt 3 US$; ⌚Di–Sa 9–17, So bis 12.30 Uhr) Einen halben Block von der Plaza entfernt kann in diesem neuen, clever gestalteten Museum eine erstklassige Sammlung präkolumbischer Kunst bestaunt werden. Die wunderschönen Arbeiten aus Stein, Metall und Porzellan (z.T. mit englischsprachigen Erklärungen) beleuchten alte Glaubenstraditionen der

indigenen Bevölkerung über Leben und Tod, die Geisterwelt, die Rolle und Macht des Schamenen und der Ahnen. Am besten investiert man in einen Audioguide (2 US$, auch englisch).

PLAZA & IGLESIA DE SANTO DOMINGO

Die **Plaza Santo Domingo** (Karte S. 54) nahe dem südwestlichen Ende der Calle Guayaquil ist ein beliebter Treffpunkt von Straßenkünstlern aller Couleur. Die *quiteños* aus der Nachbarschaft versammeln sich auf der Plaza, um den Clowns und nicht unbedingt professionellen Zauberern zuzuschauen. Abends zeigt sich der Platz von seiner schönsten Seite: Dann werden die Kuppeln der **Iglesia de Santo Domingo** (Karte S. 54; Ecke Flores & Rocafuerte; Eintritt frei; ⌚7–13 & 17–19 Uhr) aus dem 17. Jh. an der Südostseite der Plaza angestrahlt. Zum **Museum** (Eintritt 2 US$; ⌚Mo–Fr 9–17, Sa bis 14 Uhr) nebenan gehören ein hübscher Kreuzgang im Garten und eine schöne Sammlung religiöser Kunst aus der Kolonialzeit.

LA RONDA & SÜDEN

Einer der Bereiche der Altstadt, die vor nicht allzu langer Zeit saniert wurden, ist die hübsche „La Ronda", eine schmale Gasse wie aus dem Bilderbuch, die von Gebäuden aus dem 17. Jh. gesäumt wird. Wandtafeln erläutern (in spanischer Sprache) die Geschichte der Straße, und man erfährt, welche Künstler, Schriftsteller und politischen Persönlichkeiten hier einst gewohnt haben. In den vergangenen Jahren haben ein paar neue Restaurants und Geschäfte geöffnet, insgesamt verströmt La Ronda aber nach wie vor ein lokaltypisches, unprätentiöses Flair. Am meisten los ist freitags und samstags, wenn Verkäufer die Flaneure mit *canelazo* versorgen und Livemusik aus den Restaurants die Luft erfüllt.

Casa de las Artes — GALERIE

(Karte S. 54; La Ronda, Casa 989; Eintritt frei; ⌚Di–Do 10–19, Fr & Sa bis 22, So 11–15 Uhr) Eines der zahlreichen schön restaurierten Gebäude entlang der atmosphärischen La Ronda beherbergt ein Kulturzentrum mit kleinen, aber feinen Wechselausstellungen. Manchmal werden auch die herrlich detaillierten, bunten Miniaturen des virtuosen Bildhauers Toribio Ávila aus dem 18. Jh. gezeigt. Seine Arbeiten sind zudem in der Sakristei der San-Francisco-Kirche zu sehen. Ávila lebte Ende des 18. Jhs. für kurze Zeit an der La Ronda (Hausnummer 158).

El Panecillo — HÜGEL

Der kleine, weithin sichtbare Hügel südlich des historischen Zentrums wird El Panecillo, kleiner Brotlaib, genannt und ist eines der Wahrzeichen der Stadt. Oben thront eine Statue der Jungfrau von Quito, **La Virgen de Quito**. Sie trägt eine Sternenkrone, hat Engelsflügel und steht auf einem angeketteten Drachen, der wiederum auf einer Weltkugel liegt. Die *quiteños* sind stolz darauf, dass keine andere Jungfrau weltweit mit Flügeln dargestellt wird.

Auf dem Gipfel hat man einen großartigen Blick auf die gigantische Stadt und die umliegenden Vulkane. Letztere sieht man (insbesondere in der Regenzeit) am ehesten früh morgens, später ziehen oft Wolken auf. Achtung: Auf keinen Fall die Treppe am Ende der Calle García Moreno zur Statue hinauf nehmen – dort haben sich schon öfter Überfälle ereignet! Eine Taxifahrt von der Altstadt auf den Panecillo kostet ca. 4 US$. Oben kann man dann problemlos ein Taxi für die Rückfahrt anhalten.

San-Diego-Kloster — KLOSTER

(außerhalb der Karte S. 54; Calicuchima 117 & Farfán; Eintritt 2 US$; ⌚9.30–12.30 & 14.30–17.30 Uhr) Das wunderschöne Kloster (erb. 17. Jh.) mit dem ruhigen Hof liegt hinter dicken Mauern nordwestlich des Panecillo und oberhalb der Altstadt. Drinnen können herausragende Arbeiten der Quitoer und Cuscoer Schule aus der Kolonialzeit bewundert werden, u. a. eine der schönsten Kanzeln ganz Quitos, die von dem angesehenen indigenen Schnitzer Juan Bautista Menacho gestaltet wurde.

Faszinierend ist auch Miguel de Santiagos Gemälde „Das letzte Abendmahl" aus dem 18. Jh. Das *ungewöhnlichste* Kunstwerk ist jedoch ein Bild von **Hieronymus Bosch** (Übergang von diesem Leben zur Ewigkeit). Niemand weiß, wie es hierhin gelangt ist. Abschließend kann man die schmalen Stufen zum Glockenturm erklimmen und über das Dach laufen.

RUND UM DIE ALTSTADT

Centro de Arte Contemporáneo — MUSEUM

(außerhalb der Karte S. 54; Calles Luis Dávila & Venezuela; Eintritt frei; ⌚Di–So 9–17.30 Uhr) In dem wunderbar restaurierten früheren Militärkrankenhaus werden heute bahnbrechende Multimedia-Ausstellungen und erstklassige moderne Kunstvorführungen geboten (2012 war die Picasso-Show ein Riesenerfolg). Zum Museum gehört auch ein Café.

NICHT VERSÄUMEN

LA COMPAÑÍA DE JESÚS

Das am reichsten verzierte Gotteshaus Quitos, **La Compañía de Jesús** (Karte S. 54; García Morena & Sucre; Eintritt 3 US$; ⌚Mo–Fr 9.30–17.30, Sa bis 16.30 Uhr), hebt sich mit seinen grün-goldenen Kuppeln und den herrlichen vergoldeten Zierelementen von den übrigen Barockgebäuden in der Altstadt ab. Der Bau der Jesuitenkirche begann 1605, die Fertigstellung erfolgte jedoch erst 160 Jahre später. Bei den kostenlosen Führungen (englisch & spanisch) stehen die einzigartigen Charakteristika des Bauwerks im Mittelpunkt, u. a. die maurischen Details, die formvollendete Symmetrie (die auch die Illusionsmalerei hinten, eine „Scheintreppe", umfasst), die Symbolik (die blutroten Wände sollen an das Blut Christi erinnern) und der Synkretismus (zwischen den Säulen versteckte ecuadorianische Pflanzen und indigene Gesichter). Die *quiteños* bezeichnen die Compañía voller Stolz als schönste Kirche des Landes.

La Cima de la Libertad DENKMAL
(Av de los Libertadores s/n; Eintritt 1 US$; ⌚Di–Fr 8.30–16.30, Sa & So 9–13.30 Uhr) An den Hängen des Volcán Pichincha gelegen bietet dieses Monument einen ganz besonders schönen Blick auf die Stadt. Hier fand am 24. Mai 1822 die Batalla de Pichincha (Schlacht von Pichincha) statt, die entscheidende Schlacht im Unabhängigkeitskampf unter der Leitung von Mariscal Antonio José de Sucre. Vor Ort befinden sich ein Militärmuseum und ein Wandmosaik von Eduardo Kingman. Das Denkmal liegt ein paar Kilometer nordwestlich vom San-Diego-Kloster (ca. 4 km vom Altstadtzentrum entfernt); am besten fährt man mit dem Taxi dorthin.

Parque Itchimbia PARK
(Karte S. 54) Hoch auf einem Hügel östlich der Altstadt gewährt dieser Park einen fantastischen Blick auf Quito. Er eignet sich hervorragend für ein Picknick und ein Sonnenbad! Im Mittelpunkt steht das **Centro Cultural Itchimbia** (Karte S. 54; Eintritt frei; ⌚Öffnungszeiten variieren), ein großer Komplex aus Glas und Eisen, der dem Mercado Santa Clara nachempfunden ist. Hier finden regelmäßig Kunstausstellungen und Kulturveranstaltungen statt. Die Parkanlage ist beliebt bei Joggern.

Busse mit der Aufschrift „Pintado" fahren vom Centro Histórico aus hierhin. Alternativ folgt man der Elizalde Richtung Osten, von der aus eine beschilderte Treppe zum Park hinaufführt.

TelefériQo AUSSICHTSPUNKT
(Av Occidental nahe Av La Gasca; Einheimische/Ausländer 5/9 US$; ⌚8–20 Uhr) Wer einen spektakulären Ausblick auf Quitos bergiges Panorama genießen möchte, sollte mit der Gondel die 2,5 km lange Fahrt zum Cruz Loma (4100 m) auf dem Volcán Pichincha unternehmen. Oben angekommen besteht die Möglichkeit, bis zum Gipfel Rucu Pichincha (4680 m) zu wandern. Wer fit ist, schafft die Strecke in drei Stunden. Alternativ kann man 500 m von der oberen Seilbahnstation entfernt ein Pferd mieten (10 US$/Std.) – den Schildern mit der Aufschrift *paseos a caballo* (Ausritte) folgen! Die Besteigung des Rucu Pichincha sollte erst nach ein paar Tagen Akklimatisierung in Quito in Angriff genommen werden. An der Basisstation befindet sich ein Vergnügungspark für Kinder. Der Himmel ist vormittags am klarsten; gegen Mittag ziehen gewöhnlich die ersten Wolken auf. Für eine Taxifahrt ab La Mariscal zahlt man ca. 4 US$.

NEUSTADT

Quito-Observatorium MUSEUM
(Karte S. 62; Parque la Alameda; Eintritt 2 US$; ⌚Di–So 10–17 Uhr) Präsident García Moreno eröffnete das älteste Observatorium auf dem gesamten Kontinent 1864. Das Gebäude beherbergt ein Museum mit Pendeln, Sextanten, Chronometern und anderen historischen Instrumenten aus dem 19. Jh., und donnerstags und freitags ist Sternegucken angesagt (18 & 19.30 Uhr, Eintritt 3 US$) – das lohnt sich allerdings nur bei wolkenlosem Himmel. Das Observatorium steht in dem kleinen Parque La Alameda.

Parque El Ejido PARK
(Karte S. 62) Nordöstlich von La Alameda erstreckt sich der nette, baumbestandene Parque El Ejido. Hier bilden sich oft spontan Fußball- und Volleyballmannschaften. Am Nordende des Parks ist an den Wochenenden einiges los; dann finden entlang der Avenida Patria **Kunstshows unter freiem Himmel** statt. Kurz hinter dem Nordein-

gang des Parks verkaufen Künstler ihre Arbeiten und verwandeln die Bürgersteige in Quitos größten Markt für Kunsthandwerk.

Museo de Arte Moderna & Instrumentos Musicales
MUSEUM

(Karte S. 62; Ecke Av Patria & Av 12 de Octubre; Eintritt 2 US$; ⌚Di–Sa 9–17 Uhr) In demselben Gebäude wie das Museo Nacional ist diese große Sammlung untergebracht, die u.a. eine Kollektion wunderlicher Instrumente aus Ecuador, Südamerika und darüber hinaus umfasst. Zu den Highlights gehören präkolumbische anthropomorphe Pfeifen, Flöten und Harfen aus dem 17. Jh. In weiteren Räumen sind Bilder von berühmten ecuadorianischen Künstlern zu sehen, u.a. von Oswaldo Guayasamín, Eduardo Kingman und Camilo Egas. Sie sind jedoch nicht gut in Szene gesetzt.

Palacio Legislativo
BEMERKENSWERTES GEBÄUDE

(Karte S. 62; Montalvo nahe Av 6 de Diciembre) Zwischen dem Parque Alameda und dem Parque El Ejido erhebt sich der Palacio Legislativo, der Sitz des Parlaments. An der Nordseite des Bauwerks zeichnet ein riesiger Fries die Geschichte Ecuadors nach.

Museo Amazónico
MUSEUM

(Karte S. 62; Av 12 de Octubre 1436; Eintritt 2 US$; ⌚Mo–Fr 9–13 & 14–17.30 Uhr) Das Museum über dem Buchladen Abya Yala wartet mit einer kleinen, aber sehenswerten Sammlung indigener Artefakte auf, darunter die einzige Ausstellung von *tzantzas* (Schrumpfköpfe) in ganz Quito, Federkopfschmuck, ein grob behauenes Einbaumkanu, ausgestopfte Tiere (z.B. ein Kondor und ein Faultier) und verstörende Fotos, welche die Verschmutzung des Amazonas durch die Ölindustrie zeigen.

Mindalae – Museo Etnográfico de Artesanía de Ecuador
MUSEUM

(Karte S. 62; www.sinchisacha.org; Reina Victoria N26-166 & La Niña; Eintritt 3 US$; ⌚Mo–Sa 9–17.30 Uhr) Gleich nördlich des Mariscal erwartet die Besucher dieses kleinen, aber netten Museums eine Sammlung von Kunstwerken, Kleidung und Gegenständen der verschiedenen ecuadorianischen Ethnien, insbesondere der Völker des Oriente. Betreiber des Mindalae ist die großartige Stiftung Sinchi Sacha. Vor Ort gibt's ein Café unter freiem Himmel (7–24 Uhr).

Parque La Carolina
PARK

(Karte S. 62) Nördlich des Mariscal erstreckt sich der riesige Parque La Carolina. An den Wochenenden wimmelt es hier von Familien, die Paddelboot fahren, Fußball und Volleyball spielen oder auf den Radwegen Sport treiben. Zu den Attraktionen zählen eine alte DC3-Douglas (Kinder wollen das Flugzeug vielleicht inspizieren), Ausritte und verschiedene Museen, u.a. das **Vivarium** (Karte S. 62; www.vivarium.org.ec; Erw./Kind 3/2 US$; ⌚Di–So 9.30–17.30 Uhr) mit Reptilien und Amphibien, von denen man manche sogar anfassen darf. In der Nähe steht das verschlafene **Museo de Ciencias Naturales** (Karte S. 62; Erw./Kind 2/0,60 US$; ⌚Mo–Fr 8–13 & 13.45–16.30, Sa 9–13 Uhr) voller toter Insekten und ausgestopfter Tiere (mit von der Partie: ein Kondor, ein Tapir, eine Harpye und sogar ein bengalischer Tiger).

Jardín Botánico
BOTANISCHER GARTEN

(Karte S. 62; www.jardinbotanicoquito.com; Erw./Kind 3,50/2 US$; ⌚9–17 Uhr) Die beliebteste Sehenswürdigkeit im Parque Carolina ist dieses friedliche Fleckchen Erde. Es umfasst verschiedene Vegetationsformen wie den *páramo* (hochgelegene Anden-Graslandschaft), den Nebelwald und Feuchtgebiete sowie ein *orquideario* (Orchideenhaus), einen ethnobotanischen Garten (mit Pflanzen, die von indigenen Völkern genutzt werden) und ein Amazonas-Treibhaus. Für Kinder gibt es einen Spiel- und Lernbereich.

Museo Guayasamín
MUSEUM

(außerhalb der Karte S. 62; Bosmediano 543; Eintritt 4 US$; ⌚Mo–Fr 10–17 Uhr) Im ehemaligen Wohnhaus des legendären Malers Oswaldo Guayasamín (1919–1999) ist mittlerweile ein tolles Museum mit der umfassendsten Kollektion seiner Arbeiten zu finden. Guayasamín war selbst ein eifriger Sammler; das Museum beherbergt wunderbare Keramik-, Knochen- und Metallgegenstände aus präkolumbischer Zeit, die von ihm zusammengetragen wurden. Sie sind thematisch geordnet (nach Schüsseln, Fruchtbarkeitsfiguren, Bestattungsmasken etc.). In Guayasamíns Arbeiten erkennt man ihre geometrischen Muster und gedeckten Farben wieder.

Ein weiterer Bereich ist Guayasamíns Sammlung religiöser Kunst gewidmet, darunter Arbeiten begnadeter indigener Schüler der Escuela Quiteña; es gibt sogar ein paar blutige Kruzifixe (Guayasamín war Agnostiker, in seinen Arbeiten tauchen aber immer wieder Folterszenen und an Jesus erinnernde Figuren auf). Das Highlight ist ein winziges Kreuz mit einem Herzpen-

NICHT VERSÄUMEN

CAPILLA DEL HOMBRE

Ein paar Häuserblocks vom Museo Guayasamín entfernt erhebt sich die **Capilla del Hombre** (Kapelle des Menschen; außerhalb der Karte S. 62; www.guayasamin.com; Mariano Calvache an der Lorenzo Chávez; Eintritt 4 US$, mit Eintrittskarte zum Museo Guayasamín 2 US$; ⌚Mo–Fr 10–17 Uhr), eines der bedeutendsten Kunstwerke in ganz Südamerika. Sie basiert auf Guayasamíns größter Vision, ist gleichermaßen Monument und Museum und ein Tribut an die Menschheit, an die leidende, verarmte indigene Bevölkerung Lateinamerikas und an die ungebrochene Hoffnung auf eine bessere Zukunft. Die Kapelle ist ein anrührender Ort; bei den regelmäßigen kostenlosen Führungen (spanisch, manchmal aber auch englisch & französisch) werden die ausgestellten Arbeiten genauer erklärt.

Die Sammlung selbst umfasst zahlreiche Wandbilder und ist großartig. Eines der beeindruckendsten Werke ist *Los Mutilados*. Es soll an den spanischen Bürgerkrieg erinnern; Guayasamín studierte da Vinci acht Jahre lang und fertigte 470 Zeichnungen an, bis er zufrieden war.

Ein weiteres innovatives Stück Kunst ist *El condor y el toro*: Es zeigt den Kampf zwischen einem Kondor und einem Stier während des *Yaguar raimi* (Blutfest). Während des Festes wurde ein Kondor an den Nacken eines Stiers gebunden. Wenn der Kondor den Stier besiegte, versprach das eine gute Ernte.

Das Museum und die Kapelle befinden sich in dem Wohnviertel Bellavista nordöstlich von Mariscal. Man kann bergauf marschieren oder einen mit „Bellavista" beschrifteten Florestal-Bus vom Centro Histórico oder vom Mariscal aus nehmen. Eine Taxifahrt ab Mariscal kostet ca. 2 US$.

del darin, das gegen die Brusthöhle schlägt, wenn man es berührt oder dagegenpustet.

GUÁPULO

Folgt man der Avenida 12 de Octubre vom Mariscal aus den Hügel hinauf, gelangt man zum Hotel Quito. Dahinter führen steile Treppen auf der anderen Seite des Hügels hinab in das historische Viertel Guápulo. Beim Abstieg hat man einen tollen Blick: Vereinzelte wackelige Häuschen stehen zwischen weiß getünchten Kolonialbauten mit Terrakottaschindeln, und das eine oder andere Café im Bohème-Stil lädt zu einem Päuschen ein.

Santuario de Guápulo KIRCHE

(außerhalb der Karte S. 62; ⌚9–18, manchmal mittags geschl.) Am Fuß des Hügels befindet sich das Herz des Viertels: das Santuario de Guápalo aus dem 17. Jh. Es beherbergt eine exzellente Sammlung von Kunstwerken und Skulpturen der Quitoer Schule und einen prächtigen Altar aus dem 18. Jh., der von dem virtuosen Holzschnitzer Juan Bautista Menacho geschaffen wurde.

Statue von Francisco de Orellana AUSSICHTSPUNKT

(Karte S. 62; Calle Larrea) Den schönsten Blick auf Guápulo hat man von dem Aussichtspunkt hinter dem Hotel Quito, neben der Statue von Francisco de Orellana. Diese zeigt den Spanier dabei, wie er ins Tal hinunterblickt – dieses ist der Ausgangspunkt seiner legendären Reise von Quito zum Atlantik. Er war der erste Europäer, der den Amazonas in seiner ganzen Länge befahren hat.

Aktivitäten

Alle, die ein bisschen mehr Action brauchen, können klettern, wandern oder radeln gehen – und müssen dazu noch nicht mal das Stadtgebiet verlassen.

Klettern

Infos zu Kletterspezialisten stehen auf S. 65.

Rocódromo KLETTERN

(Karte S. 62; Queseras del Medio s/n; Eintritt 2 US$; ⌚Mo–Fr 8–20, Sa & So bis 18 Uhr) Hier kommen Kletterer voll auf ihre Kosten. An den Hauptwänden gibt's mehr als ein Dutzend Routen (25 m hoch). Ausrüstung kann ausgeliehen werden.

Radfahren

Lokale Mountainbikeläden vermieten Räder und bieten hervorragende Ausflüge an, z. B. eine Tagestour durch den *páramo* des Parque Nacional Cotopaxi, rasante Fahrten bergab, Trips mit einem Stopp bei den

Thermalquellen von Papallacta und zweitägige Touren zum Cotopaxi und Chimborazo bzw. zum Cotopaxi und zur Laguna Quilotoa. Eintägige Exkursionen kosten ca. 50 US$ (zzgl. Parkeintritt). Folgende Anbieter könnte man sich genauer anschauen:

Biking Dutchman RADFAHREN
(Karte S. 70; ☎256-8323; www.bikingdutchman.com; Foch E4-283 nahe Amazonas; Tagestour ab 49 US$) Ecuadors erster Mountainbike-Touranbieter überzeugt mit guten Rädern und Guides, hat einen hervorragenden Ruf und organisiert ein- bis viertägige Radtrips.

Arie's Bike Company RADFAHREN
(☎238-0802; www.ariesbikecompany.com) Wird ebenfalls immer wieder lobend erwähnt.

Wandern

Der TeleféríQo transportiert Passagiere zum Cruz Loma (4100 m) hinauf. Von dort aus kann man bis zum Gipfel, dem zerklüfteten Rucu Pichincha, wandern (ca. 4680 m). Hinter der Erhebung des Cruz Loma und einem Stacheldrahtzaun, an dem sich niemand zu stören scheint, führen Pfade zum Rucu Pichincha hinauf. Man benötigt ca. drei Stunden. Zwischendurch muss auch ein bisschen geklettert werden. Tipp: Diese Wanderung erst unternehmen, wenn man sich ein paar Tage in Quito akklimatisiert hat!

Bevor der TeleféríQo eingeweiht wurde, ereigneten sich immer wieder bewaffnete Überfälle auf dem Weg zum Rucu Pichincha. Auch in den vergangenen Jahren hat es ein paar Vorfälle gegeben. Am besten klärt man die aktuelle Sicherheitslage vor Ort ab.

Kurse

Ecuador ist eine super Adresse zum Spanischlernen. Gewöhnlich kann man bei Einheimischen übernachten, an organisierten Aktivitäten teilnehmen oder auch Freiwilligenarbeit verrichten. Privatunterricht kostet zwischen 7 und 10 US$ pro Stunde.

Quito ist aber auch ein guter Ort, um an seiner Salsatechnik zu feilen.

Yanapuma Language School SPRACHKURS
(Karte S. 70; ☎254-6709; www.yanapuma.org; Veintimilla E8-125, 2. Stock) Die ausgezeichnete Schule wird von einer Stiftung betrieben und bietet die Möglichkeit, Spanisch zu lernen, während man reist oder als Freiwilliger arbeitet, und zwar nicht nur in Quito, sondern auch in entlegenen Dörfern im Urwald, an der Küste oder in den Bergen.

Quito Antiguo Spanish School SPRACHKURS
(Karte S. 54; ☎228-8454; www.quitoantiguospanish.com; Venezuela N7-31; 📶) Die einzige

NICHT VERSÄUMEN

MUSEO NACIONAL

Gegenüber vom Parque El Ejido befindet sich das **Museo Nacional** (Nationalmuseum; Karte S. 62; Ecke Av Patria & Av 12 de Octubre; Eintritt frei; ⏲Di–Fr 9–17, Sa & So 10–16 Uhr) in der **Casa de la Cultura Ecuatoriana**, dem runden, auffälligen Gebäude mit der Glasfassade. Das Museum birgt eine der größten Sammlungen ecuadorianischer Kunst, u. a. mit hervorragenden prähispanischen und kolonialen religiösen Arbeiten.

In der **Sala de Arqueología** sind mehr als 1000 Keramikartefakte aus der Zeit von 12 000 v. Chr. bis 1534 n. Chr. ausgestellt. Der labyrinthartige Rundgang beginnt bei den ausgestellten Pfeilspitzen der ersten ecuadorianischen Jäger und Sammler, die ein Nomadendasein führten. Dann geht es weiter mit der Valdivia-Kultur (das erste sesshafte Bauernvolk des Landes) und zuletzt erfährt man alles über die Inka. Unterwegs stößt man auf ein paar fantastische Exponate wie die „pfeifenden Flaschen" der Chorrera-Kultur, Figuren mit deformierten Schädeln der Machalilla-Kultur, Schlangenschüsseln der Jama-Coaque, Keramiknachbildungen von *tzantzas* (Schrumpfköpfen), „Münzenäxte" der Milagro-Quevedo-Kultur und die berühmten zeremoniellen Steinstühle der Manteños.

Im zweiten Raum, der **Sala de Oro** (Goldsaal), ist neben weiteren präkolumbischen Goldgegenständen eine wunderschöne Goldmaske ausgestellt. Die **Sala de Arte Colonial** (Saal der Kolonialkunst) oben beherbergt hervorragende Arbeiten der Quitoer Schule, u. a. mehrere Werke von Ecuadors bekanntestem indigenen Bildhauer, Manuel Chili (Caspicara).

Der Eintritt ist frei, aber man muss einen Ausweis vorzeigen.

Neustadt

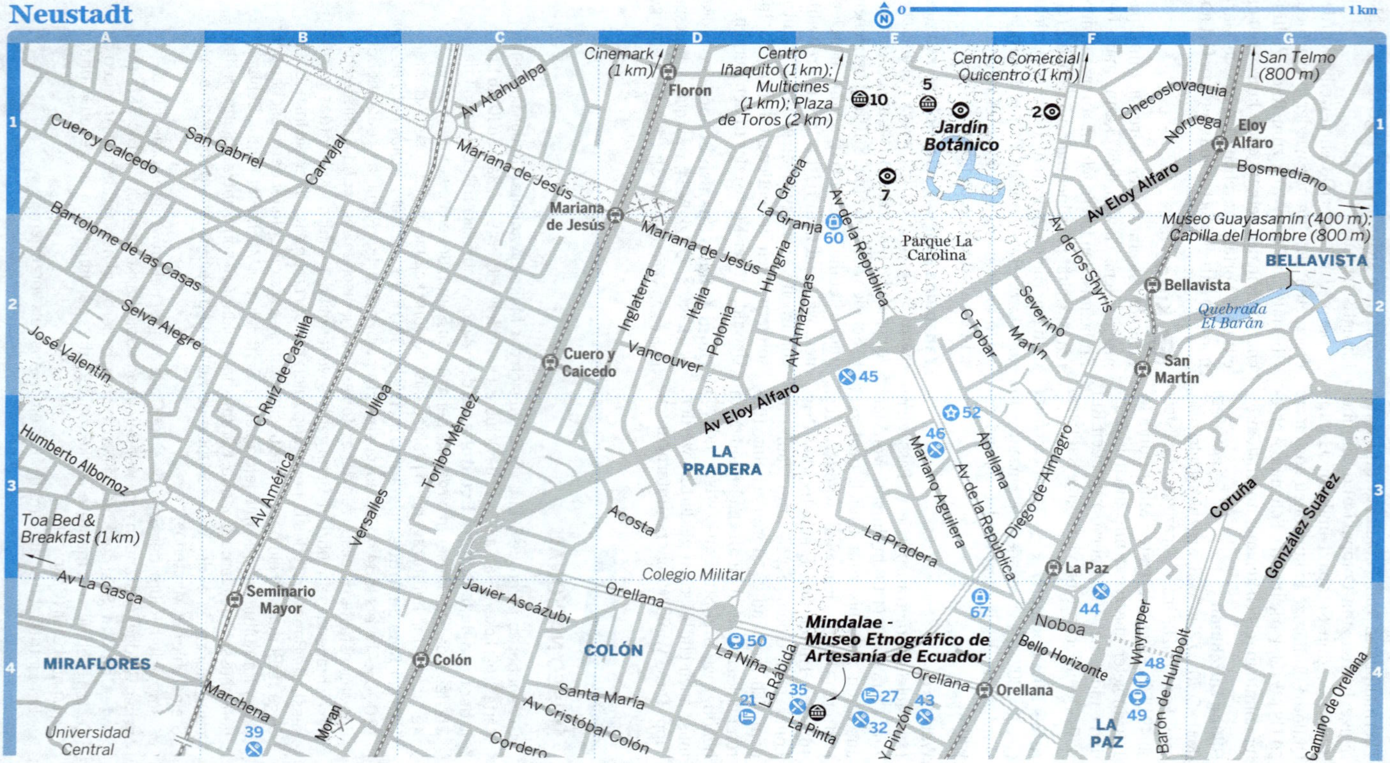
0
1 km
A
B
C
D
E
F
G
1
2
3
4
Cinemark (1 km)
Floron
Centro Iñaquito (1 km); Multicines (1 km); Plaza de Toros (2 km)
10
5
2
Jardín Botánico
7
Centro Comercial Quicentro (1 km)
San Telmo (800 m)
Checoslovaquia
Noruega
Eloy Alfaro
Bosmediano
Av Eloy Alfaro
Museo Guayasamín (400 m); Capilla del Hombre (800 m)
BELLAVISTA
Bellavista
Quebrada El Barán
San Martín
Av de los Shyris
Severino
Marín
C Tobar
Parque La Carolina
Av de la República
La Granja
60
Grecia
Hungría
Mariana de Jesús
Av Amazonas
Italia
Polonia
Inglaterra
Vancouver
Cuero y Caicedo
45
52
46
Apallana
Mariano Aguilera
Diego de Almagro
La Pradera
LA PRADERA
Acosta
Av Atahualpa
Cuero y Calcedo
San Gabriel
Carvajal
Bartolome de las Casas
Selva Alegre
José Valentín
C Ruiz de Castilla
Ulloa
Toribo Méndez
Versalles
Av América
Humberto Albornoz
Toa Bed & Breakfast (1 km)
Av La Gasca
Seminario Mayor
Colegio Militar
Orellana
Javier Ascázubi
COLÓN
Colón
MIRAFLORES
Marchena
39
Universidad Central
Moran
Santa María
Av Cristóbal Colón
Cordero
50
La Niña
La Rábida
21
35
La Pinta
Mindalae - Museo Etnográfico de Artesanía de Ecuador
27
32
43
Y Pinzón
Orellana
67
La Paz
44
Noboa
Bello Horizonte
Coruña
González Suárez
Whymper
48
49
Barón de Humbolt
LA PAZ
Camino de Orellana

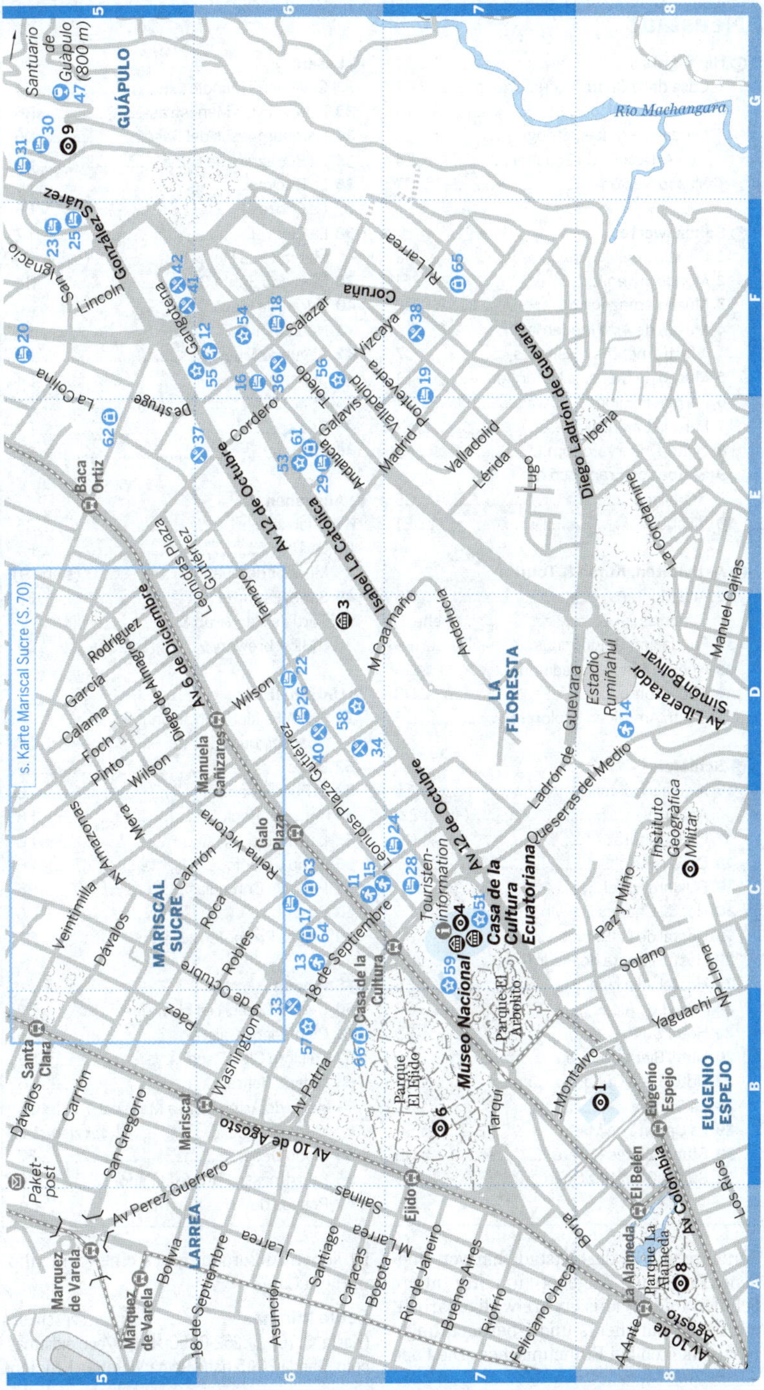
GUÁPULO
Santuario de Guápulo (800 m)
Río Machangara
González Suárez
San Ignacio
Lincoln
La Colina
Coruña
RL Larrea
Gangotena
Salazar
Toledo
Vizcaya
Valladolid
Pontevedra
Madrid P
Cordero
Galavis
Andalucía
Valladolid
Lérida
Lugo
Diego Ladrón de Guevara
Iberia
La Condamine
Manuel Cajías
Av Simón Bolívar
Av Libertador
Estadio Rumiñahui
Ladrón de Guevara
Queseras del Medio
Instituto Geográfica Militar
Paz y Miño
Solano
Yaguachi
NP Llona
EUGENIO ESPEJO
Eugenio Espejo
Av Colombia
Los Ríos
El Belén
La Alameda
Parque La Alameda
A. Ante
Av 10 de Agosto
Borja
Feliciano Checa
Riofrío
Buenos Aires
Río de Janeiro
M Larrea
Bogotá
Caracas
Santiago
Asunción
J Larrea
Salinas
Ejido
Tarqui
J Montalvo
Parque El Ejido
Parque El Arbolito
Museo Nacional
Casa de la Cultura Ecuatoriana
Touristen-information
Casa de la Cultura
Av Patria
18 de Septiembre
Leonidas Plaza Gutiérrez
Av 12 de Octubre
Isabel La Católica
M Caamaño
Andalucía
LA FLORESTA
Baca Ortiz
Destruge
Tamayo
Wilson
Leonidas Plaza Gutiérrez
Av 6 de Diciembre
Diego de Almagro
Rodríguez
García
Calama
Foch
Pinto
Wilson
Mera
Av Amazonas
Veintimilla
Manuela Cañizares
Galo Plaza
Reina Victoria
Carrión
Roca
Robles
MARISCAL SUCRE
s. Karte Mariscal Sucre (S. 70)
Dávalos
Santa Clara
Páez
9 de Octubre
Washington
Mariscal
Carrión
San Gregorio
Dávalos
Paket-post
Av Perez Guerrero
Marquez de Varela
Bolivia
LARREA
18 de Septiembre

Neustadt

Highlights
Casa de la Cultura Ecuatoriana C7
Jardín Botánico E1
Mindalae - Museo Etnográfico de Artesanía de Ecuador E4
Museo Nacional..C7

Sehenswertes
1 Palacio Legislativo B8
2 Mundo Juvenil F1
3 Museo Amazónico D6
4 Museo de Arte Moderna & Instrumentos Musicales.....................C7
5 Museo de Ciencias Naturales E1
6 Parque El Ejido B7
7 Parque La Carolina............................... E1
8 Quito-Observatorium............................A8
9 Statue von Francisco de Orellana G5
10 Vivarium E1

Aktivitäten, Kurse & Touren
11 Alta Montaña C6
Candeias.................................... (siehe 2)
12 Fundación Golondrinas.........................F6
13 Nuevo Mundo Expeditions.................. C6
14 Rocódromo D8
15 South American Explorers................... C6

Schlafen
16 Aleida's Hostal.......................................F6
Anahi...(siehe 22)
17 Café Cultura C6
18 Casa Aliso...F6
19 Folklore Hotel F7
20 Hostal Charles Darwin F5
21 Hostal de La Rábida D4
22 Hostal Fuente de Piedra.......................D6
23 Hostal Villa Nancy F5
24 Hotel Los Alpes C7
25 Hotel Quito F5
26 Hotel Sierra Madre................................D6
27 Hotel Vieja Cuba....................................E4
28 La Cartuja C7
29 La Casona de Mario E6
30 Stubel Suites & Café G5
31 Suites González Suárez G5

Essen
32 Cevichería Manolo E4
33 El Rey de las Menestras........................B6
34 Hamburguesas del Sesé.......................D6
35 La Bodeguita de Cuba E4
36 La Briciola F6
37 La Choza E6
38 La Cleta F7
Mercado La Floresta................. (siehe 61)
39 Mercado Santa Clara B4
40 Naranjilla Mecánica D6
41 Noe Sushi Bar F5
42 Segundo Muelle F5
43 Supermaxi..E4
44 Z(inc)...F4
45 Zao E2
46 Zazu E3

Ausgehen
47 Ananké G5
48 Le Thé F4
Mirador de Guápulo ....(siehe 9)
49 Santa Espuma..F4
50 Turtle's Head Pub & Microbrewery D4

Unterhaltung
51 Ballet Folklórico Nacional Jacchigua C7
52 Blues E3
53 El Pobre Diablo E6
54 House of Rock F6
55 La Juliana F6
56 Ocho y Medio F6
57 Patio de Comedias.................................B6
58 Seseribó D6
59 Teatro Promoteo C7

Shoppen
60 Centro Comercial El Jardín E2
61 Cienfuegos Galería E6
62 Folklore Olga Fisch E5
63 Galería Beltrán.......................................C6
64 Mercado Artesanal La Mariscal C6
Mono Dedo................................. (siehe 14)
65 Mono Dedo...F7
66 Kunstmesse Parque El Ejido.................B6
67 Posada de Artes Kingman E4

Sprachschule in der Altstadt hat verschiedene Kurse im Angebot (u.a. für ältere Schüler) und organisiert Freiwilligenarbeit, günstige Apartments und Übernachtungsmöglichkeiten bei Einheimischen. Die Lage ist super. Außerdem gibt's einen Innenhof und ein Café.

Ecole Idiomas SPRACHKURS
(Karte S. 70; ☎252-0850; http://ecoleidiomas.com; García E6-15 nahe Reina Victoria) Effizient

geführte Sprachschule im Mariscal-Viertel. Das hübsche Grundstück umfasst einen offenen Hof. Es gibt zwei Partnerschulen in Montañita und Puerto Quito. Außerdem werden Stellen für Freiwillige vermittelt.

Vida Verde SPRACHKURS
(Karte S. 70; ☎222-6635; www.vidaverde.com; Leonidas Plaza Gutiérrez nahe Wilson) Diese Schule in ecuadorianischem Besitz hat einen sehr guten Ruf. Es besteht die Möglichkeit, in den Regenwald (nahe Tena od. Coca) oder an die Küste (Puerto López od. Rio Muchacho Organic Farm bei Canoa) zu reisen und dort Spanisch zu lernen. Außerdem werden Online-Kurse über Skype angeboten – super, wenn man sein Spanisch vor oder nach der Reise auffrischen möchte!

Academia Salsa & Merengue TANZ
(Karte S. 70; ☎222-0427; Foch E4-256; Privat-/Gruppenunterricht pro Std. 10/6 US$; ⏲Mo–Fr 10–20 Uhr) Die professionelle Tänzerin Sylvia Garcia hat mehr als 20 Jahre Erfahrung. Sie unterrichtet die unterschiedlichsten Tanzstile.

Ritmo Salvaje TANZ
(Karte S. 70; ☎222-4603; García E5-45; Privatunterricht 10 US$; ⏲Mo–Fr 10–20 Uhr) In der kleinen, beliebten Tanzschule finden donnerstagabends um 20 Uhr kostenlose Schnupperkurse statt. Die Freitag- und Samstagabende stehen ganz im Zeichen der Salsamusik (Eintritt 3 US$, für Schüler kostenlos).

Ritmo Tropical TANZ
(Karte S. 70; ☎255 7094; www.ritmotropicalsalsa.com; Av Amazonas N24-155 nahe Calama; Privat-/Gruppenunterricht 10/6 US$; ⏲Mo–Fr 9–20 Uhr) Neben den sehr beliebten Salsastunden werden Tango- und Capoeira-Kurse angeboten.

Candeias CAPOEIRA
(Karte S. 62; ☎224-4314; www.candeiasecuador.com; Mundo Juvenil, Parque La Carolina) Eine der besten Capoeira-Schulen des Landes. Regelmäßig findet Gruppenunterricht statt; die genauen Zeiten telefonisch erfragen oder über die Website ermitteln!

Geführte Touren

Standardreisebüros haben alle Arten von Touren im Angebot, z. B. zur Mitad del Mundo, nach Pululahua, zu Rosenplantagen und weiteren Zielen.

Quito zählt zu den Orten im Land, in denen sich eine geführte Tour am besten organisieren lässt, ob es sich nun um eine Galápagos-Bootsfahrt, ein Kletterabenteuer oder eine Urwaldexkursion handelt. Wer in der Nähe von Quito mountainbiken will, sollte S. 60 durchlesen. Werktags vorbeikommen – viele Büros sind am Wochenende geschlossen!

Quito Bus Tours BUSTOUR
(www.quito.com.ec; Erw./Kind 12/6 US$; ⏲9–19 Uhr) Wird von der städtischen Tourismusbehörde betrieben. Der Bus hält an zwölf Attraktionen, darunter bei La Compañía, der Basílica, dem Parque La Carolina, El Panecillo und dem TelefériQo, und man kann nach Belieben aus- und zusteigen. Tickets und Fahrpläne gibt's bei den Touristeninformationen in der Altstadt und im Mariscal, aber auch beim Fahrer.

Alta Montaña KLETTERN
(Karte S. 62; ☎252-4422; Washington 8-20) Der Besitzer, Ivan Rojas, ist schon seit Jahren Teil der ecuadorianischen Kletterszene und eine Informationsquelle von unschätzbarem Wert. Er organisiert Kurse, vermittelt Guides und vermietet Ausrüstung.

Compañía de Guías de Montaña KLETTERN
(☎290-1551; www.companiadeguias.com; Ecke Av 9 de Octubre N21-170 & Roca) Ein erstklassiger Kletterladen. Alle Guides gehören der Asociación Ecuatoriana de Guías de Montaña (ASEGUIM; ecuadorianische Bergführervereinigung) an und sprechen mehrere Sprachen. Günstige Lage in Mariscal.

Eos Ecuador ÖKOTOUREN
(Karte S. 70; ☎601-3560; www.eosecuador.travel; Av Amazonas N24-66 an der Pinto) Eos ist auf Ausflüge abseits der ausgetretenen Pfade spezialisiert. Die Teilnehmer übernachten in indigenen Gemeinden, entweder bei den Santiak am Rio Pastaza oder bei den Intac nahe Otavalo. Fünftägige Touren kosten zwischen 400 und 750 US$ pro Nase.

Fundación Golondrinas ÖKOTOUREN
(Karte S. 62; ☎222-6602; www.fgolondrinas.org; Católica N24-679) Das Büro der Leitung dieses Umweltschutzprojekts ist in der kleinen, günstigen Pension La Casa de Eliza untergebracht. Im Programm: Wanderungen im *páramo* und in den Wäldern westlich von Tulcán.

Gulliver OUTDOORABENTEUER
(Karte S. 70; ☎252-9297; www.gulliver.com.ec; Ecke Mera & Calama; ⏲8–20 Uhr) Angesehener Veranstalter von täglich stattfindenden Wander-, Kletter- und Mountainbiketouren

sowie Exkursionen hoch zu Ross in den Anden. Tolle Preise!

Tierra de Fuego GEFÜHRTE TOUREN
(Karte S. 70; ☎250-1418; www.ecuadortierradefuego.com; Ecke Amazonas N23-23 & Veintimilla) Bietet die komplette Ausflugspalette und erhält regelmäßig positive Kritiken.

CarpeDM Adventures GEFÜHRTE TOUREN
(Karte S. 54; ☎295-4713; www.carpedm.ca; Antepara E4-70) CarpeDM staubt gute Bewertungen für hervorragende Preise und eine große Tourenauswahl ab, das eigentliche Highlight ist aber der ausgezeichnete Service – durch ihn hebt sich dieses Reisebüro, das von dem liebenswerten Paul Parreno geführt wird, von vielen anderen Agenturen ab.

X **Happy Gringo** gibt es nicht mehr! GEFÜHRTE TOUREN
(Karte S. 70; ☎222-0031; www.happygringo.com; Foch nahe Reina Victoria) Eine der besten Anlaufstellen, wenn man eine Reise zu den Galápagosinseln plant. Happy Gringo ist ein hervorragendes, professionell aufgezogenes Reisebüro, in dem auch Tagestouren (Otavalo, Cotopaxi, Quito) und weitere Exkursionen organisiert werden.

Neotropic Turis GEFÜHRTE TOUREN
(Karte S. 70; ☎252-1212; www.neotropicturis.com; Pinto E4-360) Neotropic betreibt die wunderbare Cuyabeno Lodge im Reserva Producción Faunística Cuyabeno (S. 220). Eine Viertagestour kostet 220 bis 395 US$ pro Person.

Latin Adventures GEFÜHRTE TOUREN
(Karte S. 54; ☎316-1568; www.latinadventures.ec; Plaza San Blas) Hat viele Exkursionen im Programm, der Fokus liegt aber auf Begegnungen mit indigenen Kulturen – in Santo Domingo, dem Oriente und anderswo. Die Niederlassung befindet sich gleich neben dem Hostal San Blas.

Tzanza World GEFÜHRTE TOUREN
(☎254-6348; www.tzanzaworld.com) Mehrsprachige Reiseagentur unter dänisch-ecuadorianischer Führung. Man reist in kleineren Gruppen. Die einheimischen Guides nehmen ca. 50 US$ pro Tag.

Ecole Idiomas ÖKOTOUREN
(Karte S. 70; ☎223-1592; info@ecotravel-ecuador.com; García E6-15 nahe Mera) Diese Sprachschule und Reiseagentur organisiert Galápagosinsel-Hopping, Besuche der Tsáchila-Gemeinde in Santo Domingo und andere einzigartige Trips. Es besteht beispielsweise die Möglichkeit, eine Tour mit Freiwilligenarbeit zu verbinden (auch auf den Galápagosinseln).

Nuevo Mundo Expeditions BOOTSFAHRTEN
(Karte S. 62; ☎250-9431; www.nuevomundotravel.com; 18 de Septiembre E4-161, an der Mera) Professioneller Veranstalter mit Luxustouren im Angebot und sehr guten Guides. An Bord der komfortablen *Manatee Amazon Explorer* (s. S. 231) kann man vier- bis fünftägige Fahrten auf dem Río Napo unternehmen.

Rainforestur ABENTEUERTOUREN
(Karte S. 70; ☎223-9822; www.rainforestur.com; Av Amazonas N21-108 nahe Robles) Organisiert Raftingtrips auf dem Río Pastaza bei Baños sowie Touren nach Cuyabeno, Yasuní etc., die sehr gut bewertet werden. Außerdem im Programm: Wanderungen (Cotopaxi) und Führungen durch Quito.

Safari Tours GEFÜHRTE TOUREN
(☎255-2505; www.safari.com.ec; 11. Stock, Reina Victoria N25-33 nahe Av Colon) Safari Tours befindet sich im Mariscal, hat einen exzellenten Ruf und ist schon lange dabei. Man kann hier alle Arten von Touren und Ausflügen buchen, von Vulkanbesteigungen über Urwaldexkursionen bis hin zu Jeeptrips und maßgeschneiderten Touren abseits der ausgetretenen Pfade.

Sangay Touring OUTDOORABENTEUER
(Karte S. 70; ☎222-1336; www.sangay.com; Av Amazonas N23-31 nahe Veintimilla) Neben verschiedenen standardisierten Tagestouren (Jeepfahrten, Wanderungen od. Ausflüge in die Nebelwälder und zu Vulkanen) lassen sich hier günstige Galápagos-Trips organisieren.

Surtrek GEFÜHRTE TOUREN
(Karte S. 70; ☎250-0530; www.surtrek.com, www.galapagosyachts.com; Av Amazonas nahe Wilson) Der Luxusveranstalter verfügt über sehr viel Erfahrung in den Bereichen Trekking und Klettern. Auf Wunsch werden für die Kunden maßgeschneiderte Touren organisiert. Außerdem ist Galápagosinsel-Hopping im Angebot.

Tropic Ecological Adventures GEFÜHRTE TOUREN
(☎222-5907; www.tropiceco.com; Rodrigues E8-34 nahe Diego de Almagro) Alteingesessener Anbieter, der zahlreiche drei- bis sechstägige Exkursionen in den Oriente, die Anden und die Nebelwälder durchführt. Die Preise sind günstig.

START PLAZA GRANDE
ZIEL PARQUE LA ALAMEDA
STRECKE 3 KM
DAUER 4 STD.

Stadtspaziergang
Altstadt

Dieser Stadtspaziergang führt zu den Sehenswürdigkeiten im Centro Histórico. Auf verschlungenen Straßen mit Kopfsteinpflaster geht's vorbei an Kirchen aus dem 18. Jh. und Plazas wie aus dem Bilderbuch.

Ausgangspunkt ist die 1 **Plaza Grande** mit den alten Bänken, auf der sich Schuhputzer und Händler tummeln. Hat man den 2 **Palacio del Gobierno** (Wachablösung Mo) gesehen, sollte man sich die Bilder der Quitoer Schule in der 3 **Kathedrale** anschauen. Auf der García Morena geht's zur beeindruckendsten Kirche der Stadt, 4 **La Compañía de Jesús**. Anschließend folgt man der Sucre in nordwestlicher Richtung bis zur 5 **Plaza und dem Kloster von San Francisco**. Bei klarem Wetter gibt der majestätische Pichincha eine tolle Kulisse ab.

Von der Plaza nimmt man die Bolívar und biegt rechts in die García Moreno ab, geht unter dem Bogen von Rocafuerte hindurch und gelangt zum 6 **Museo de la Ciudad**, wo man alles über die Entwicklung Quitos erfährt. Weiter geht's auf der García Moreno bis zu 7 **La Ronda**, einer historischen Straße, die von Kolonialhäusern gesäumt ist. Abends ist dies der lebendigste Ort in der Altstadt. Von La Ronda biegt man links in die Calle Guayaquil ab und passiert die 8 **Plaza und Kirche Santo Domingo** aus dem 17. Jh. Die Kuppeln sind ein gutes Fotomotiv.

Von der Plaza Santo Domingo aus geht man auf der Flores nach Norden bis zur netten 9 **Plaza del Teatro**. Im Foyer des Theaters lässt sich erkunden, was gerade gegeben wird. Weiter nördlich biegt man links in die Esmeraldas ein, hält sich an der Venezuela rechts und läuft nach Norden zur 10 **Basílica del Voto Nacional**. Vom Glockenturm hat man einen super Blick auf die Altstadt. Dann spaziert man aus der Caldas nach Osten zur Guayaquil. Man sollte einen Blick auf die hübsche 11 **Plaza San Blas** werfen, bevor man sich zum 12 **Parque La Alameda** und dem 13 **Observatorium** aufmacht. Nachts kann man hierhin zurückkehren, um einen Blick auf den (häufig verhangenen) Himmel zu werfen.

QUITO AUF ZWEI RÄDERN

Sonntags ist die gesamte Avenida Amazonas und der Großteil der Altstadt für Kraftfahrzeuge gesperrt (8–14 Uhr), denn dann nehmen Tausende von Radfahrern am wöchentlichen **Ciclopaseo** teil. Die komplette Strecke (ca. 30 km) führt bis hinter den alten Flughafen, durch die Altstadt und in den Süden Quitos. Die Stadt vom Rad aus zu erkunden, macht einfach Spaß.

Wer es gern etwas abenteuerlicher hätte, kann an einer **Nachtfahrt** teilnehmen. Jeden Montag gegen 20 Uhr trifft sich eine Gruppe von 20 bis 50 unerschrockenen Radfahrern vor dem Fahrradladen **El Rey** (s. S. 91) an der Amazonas (nahe Cordero) in Mariscal und macht sich daran, die Stadt bei Nacht zu erkunden. Die Route variiert von Woche zu Woche (El Panecillo ist ein beliebtes Ziel), und die gemütlichen Touren dauern ca. drei Stunden. El Rey ist ein gut organisierter Anbieter, und Guides bilden die Vor- und Nachhut, damit auch ja niemand verloren geht. Zum Abschluss isst und trinkt man noch etwas zusammen. Die Radtour ist kostenlos, aber Teilnehmer sollten etwas spenden, damit diese Exkursion auch weiterhin angeboten werden kann. Leihräder für den Abend kosten 8 US$.

Wer mag, kann sich auch mit einer Gruppe auf das Terrain jenseits der Stadtgrenzen vorwagen. Gelegentlich geht's in die Nebelwälder, die Küste hinunter oder in die Anden hinauf (Letztere Fahrten sind anspruchsvoller).

Eine weitere gute Anlaufstelle für Radfahrer ist das Café La Cleta.

Yacu Amu Rafting/ Ríos Ecuador ABENTEUERTOUREN
(☎223-3922; www.yacuamu.com; 2. Stock, Lasso N32-113 nahe Las Guayanas) Topadresse für täglich stattfindende Raftingabenteuer auf dem Río Toachi und Río Blanco. Es gibt aber auch noch mehr Optionen mit Stromschnellen der Klassen III–IV.

Zenith Travel GEFÜHRTE TOUREN
(Karte S. 70; ☎252-9993; www.zenithecuador.com; Ecke Mera & Cordero) Das schwulenfreundliche Reisebüro hat die komplette Palette von Ausflügen im Programm (auch Stadtführungen, Fahrten zum Markt von Otavalo, zum Cotopaxi, zum Amazonas und auf die Galápagosinseln).

Adventure Edge ABENTEUERTOUREN
(☎254-5938; www.adventuredge.com; Büro 306, Pinto R4-385 nahe Mera) Die Agentur im Mariscal hat einen guten Ruf und bietet unterschiedliche Touren für Leute an, die es gern etwas abenteuerlicher haben (z. B. Mountainbiken, Trekking, Rafting oder Kajak fahren).

Dracaena GEFÜHRTE TOUREN
(Karte S. 70; ☎254-6590; www.amazondracaena.com; Pinto E4-353) Exkursionen nach Cuyabeno (S. 220) mit Übernachtung in der Nicky Amazon Lodge. Fünftägige Touren kosten 240 US$ pro Person.

Kem Pery Tours GEFÜHRTE TOUREN
(☎250-5599; www.kempery.com; Dávalos 117 nahe Av Amazonas) Kem Pery organisiert Fahrten zur Bataburo Lodge am Rand des Huaorani-Territoriums.

Condor Trek ABENTEUERTOUREN
(Karte S. 70; ☎222-6004; Reina Victoria N24-295) Namhafter Klettershop, in dem geführte Wanderungen auf so ziemlich alle Gipfel in Ecuador gebucht werden können.

Sierra Nevada Expeditions ABENTEUERTOUREN
(Karte S. 70; ☎255-3658; www.hotelsierranevada.com; Pinto nahe Cordero) Sierra Nevada Expeditions mischt schon lange mit. Der Besitzer, Freddy Ramirez, genießt einen guten Ruf und ist ein sehr angesehener Bergführer. Das Angebot umfasst Kletter- und Raftingausflüge.

Freedom Bike GEFÜHRTE MOTORRADTOUREN
(Karte S. 70; ☎250-4339; www.freedombikerental.com; Mera N22-37) Hier werden Motorradtouren (auch Offroad) mit zweisprachigen Guides organisiert. Sie sind zwischen vier und zwölf Tagen lang. Wer will, kann auch Fahrten auf eigene Faust unternehmen – mit einem eigens programmierten Navi. Letztere werden als Tagesausflüge in Quito und Umgebung, aber auch als dreitägige Exkursionen angeboten, bei denen man bis in die Anden und in den Oriente vordringt.

Feste & Events

Carnaval RELIGIÖSES FEST
An dem Wochenende vor Aschermittwoch (meist Feb.) wird mit intensiven Wasser-

schlachten der Carnaval zelebriert – da bleibt niemand trocken!

Semana Santa (Karwoche) RELIGIÖSES FEST
In der Osterwoche finden farbenfrohe religiöse Prozessionen statt. Am spektakulärsten ist die *cucuruchos*-Prozession (Büßer tragen purpurfarbene Gewänder und konisch geformte Masken) am Karfreitag.

Stadtgründungsfest STADTFEST
Das mit Abstand größte Event des Jahres steigt Anfang Dezember (s. S. 49).

Silvester STADTFEST
In ganz Ecuador begrüßen die Einheimischen das neue Jahr, indem sie am 31. Dezember um Mitternacht aufwändig gestaltete Figuren in Lebensgröße in den Straßen verbrennen. Außerdem gibt's natürlich Feuerwerk.

Schlafen

Die meisten Reisenden quartieren sich in oder nahe Mariscal ein. Dort wimmelt es nur so von Pensionen, Hostels, Bars und Restaurants. Wer Quitos traditionellere Seite kennen lernen möchte, ist in der Altstadt besser aufgehoben. Sie ist bildhübsch, und die historischen Straßen laden zu ausgedehnten Streifzügen ein.

Das ruhige Viertel La Floresta wirkt zunehmend *bohemien* und ist eine nette (und sicherere) Alternative zum nur wenige Querstraßen entfernten Mariscal.

Egal, wo man übernachtet: Nach Einbruch der Dunkelheit sollte man sich lieber mit dem Taxi fortbewegen.

ALTSTADT

LP TIPP **Casa San Marcos** PENSION $$$
(Karte S. 54; ☎228-1811; www.casasanmarcos.com; Junín 655; Zi. inkl. Frühstück 170–300 US$; 📶) Die wunderschön restaurierte Kolonialvilla hat nur sechs Zimmer, die mit Antiquitäten, Ölgemälden aus dem 18. und 19. Jh. und luxuriösen Extras ausgestattet sind. Außerdem gibt's eine Kunstgalerie und einen Antiquitätenladen vor Ort. Der Frühstückssaal gewährt einen malerischen Blick auf den Panecillo.

Casa Gangotena HOTEL $$$
(Karte S. 54; ☎400-8000; www.casagangotena.com; Bolivar Oe6-41; Zi. ab 375 US$; @📶) Dies ist die edelste Bleibe von ganz Quito. Die Casa Gangotena gewährt einen Blick auf die Plaza San Francisco, der Service ist erstklassig und die elegant aufgemachten Zimmer sind in einer restaurierten Villa untergebracht, die Art-Nouveau und Modernismus miteinander vereint. Zu den gemeinschaftlich genutzten Bereichen gehören eine holzvertäfelte Bibliothek, ein überdachter Patio und eine Dachterrasse. Das Restaurant ist hervorragend.

Plaza Grande LUXUSHOTEL $$$
(Karte S. 54; ☎251-0777; www.plazagrandequito.com; Ecke García Moreno & Chile; Suite ab 672 US$; @📶) Auch das Plaza Grande ist eine der nobleren Adressen Quitos. Es verfügt über bildschön dekorierte Zimmer (ausschließlich Suiten) mit Schnitzarbeiten, Kronleuchtern und Marmorbädern mit Sprudelwannen. Manche Quartiere warten sogar mit einem kleinen Balkon auf.

QUITO MIT KINDERN

Wer den Nachwuchs in Quito bei Laune halten will, muss sich ein bisschen ins Zeug legen, es gibt aber auf jeden Fall reichlich zu tun: Im **Parque La Carolina** kann man z. B. nach einem Abstecher zu einem der Spielplätze oder einer Paddelbootfahrt auf dem See im Naturkundemuseum oder (noch besser) dem **Vivarium** vorbeischauen, in dem Schlangen, Schildkröten und Eidechsen auf Besuch warten. Der nahe gelegene **Jardín Botánico** verfügt über einen Bereich speziell für Kinder. Im Park befindet sich zudem die **Mundo Juvenil** (Karte S. 62; ☎246 5846; www.mundojuvenil.ec) mit einem winzigen Planetarium, Vorführungen für Kinder und Wechselausstellungen (die lebensgroßen Dinosaurier waren 2012 der Hit!). Ebenfalls interessant für den Nachwuchs ist vielleicht das **Museo Amazónico**.

Sonntags wird auf der **Plaza Grande** gewöhnlich Puppentheater dargeboten, manchmal aber auch im **Centro Cultural Itchimbia** und anderen Theatern.

An der Basisstation des TelefériQo erstreckt sich ein Mottopark, der **Vulqano Park** (Fahrten ab 0,50–2 US$; ⏲8–20 Uhr), mit Fahrgeschäften wie Autoscooter & Co.

Babysitting-Dienste für Touristen sind spärlich gesät, es sei denn, man übernachtet in einem der Luxushotels in der Stadt; dort organisiert das Personal auf Wunsch einen Babysitter.

Mariscal Sucre

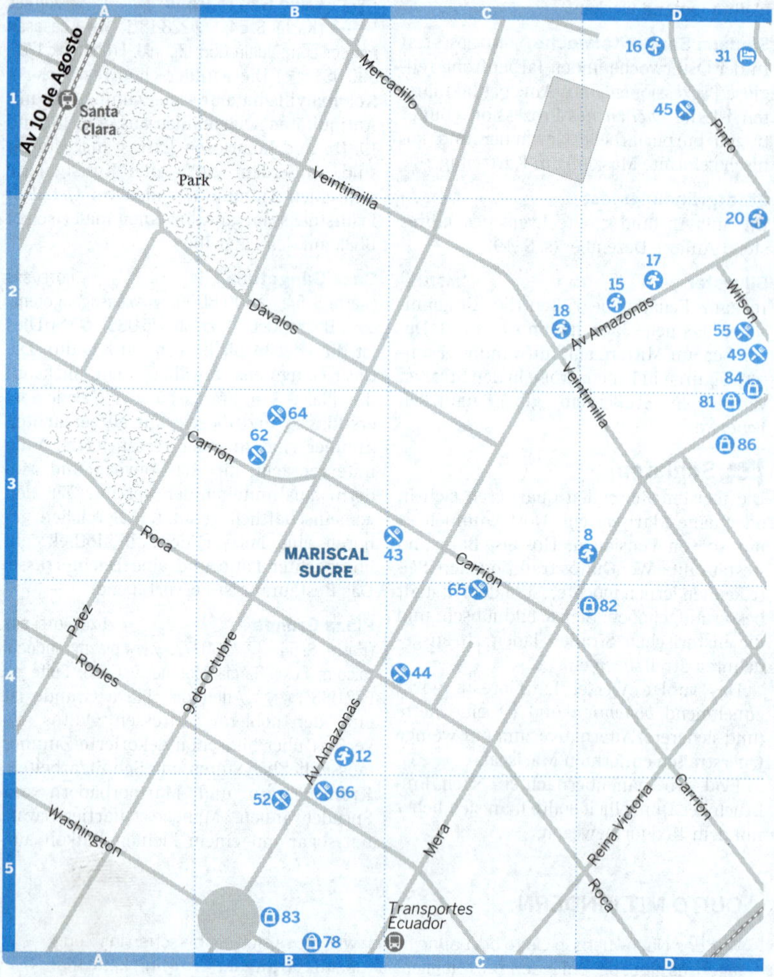

Die Anlage umfasst ein kleines Spa und mehrere Restaurants (eines hat auch einen Weinkeller), und der Service ist einfach fantastisch.

Hostal San Blas PENSION $

(Karte S. 54; ☎228-1434; Caldas 121, Plaza San Blas; Zi. 6–8 US$/Pers.) Das nette, familienbetriebene Hotel an der hübschen Plaza San Blas ist ein echtes Schnäppchen, wenn es einen nicht stört, in einem kleinen Zimmer zu übernachten. Die Unterkünfte sind zudem dunkel (die Fenster gewähren nur einen Blick auf den kleinen Innenhof), aber sauber, und es gibt eine Dachterrasse. Die Gäste können das kleine Fitnessstudio nebenan zu einem ermäßigten Preis nutzen.

Hostel Revolution PENSION $

(außerhalb der Karte S. 54; ☎254-6458; www.hostelrevolutionquito.com; Los Rios N13-11; B/EZ/DZ 9/14/25 US$; @📶) Keine Lust auf das „Theater" im Mariscal? Dann ist dieser Kolonialbau eine nette Alternative. Er wird von einem australisch-ecuadorianischen Besitzergespann betrieben, hat eine relaxte Atmosphäre und gemütliche Zimmer, eine Gemeinschaftsküche, eine Terrasse mit Ausblick und eine farbenfrohe Bar-Lounge, in der man andere Reisende treffen kann.

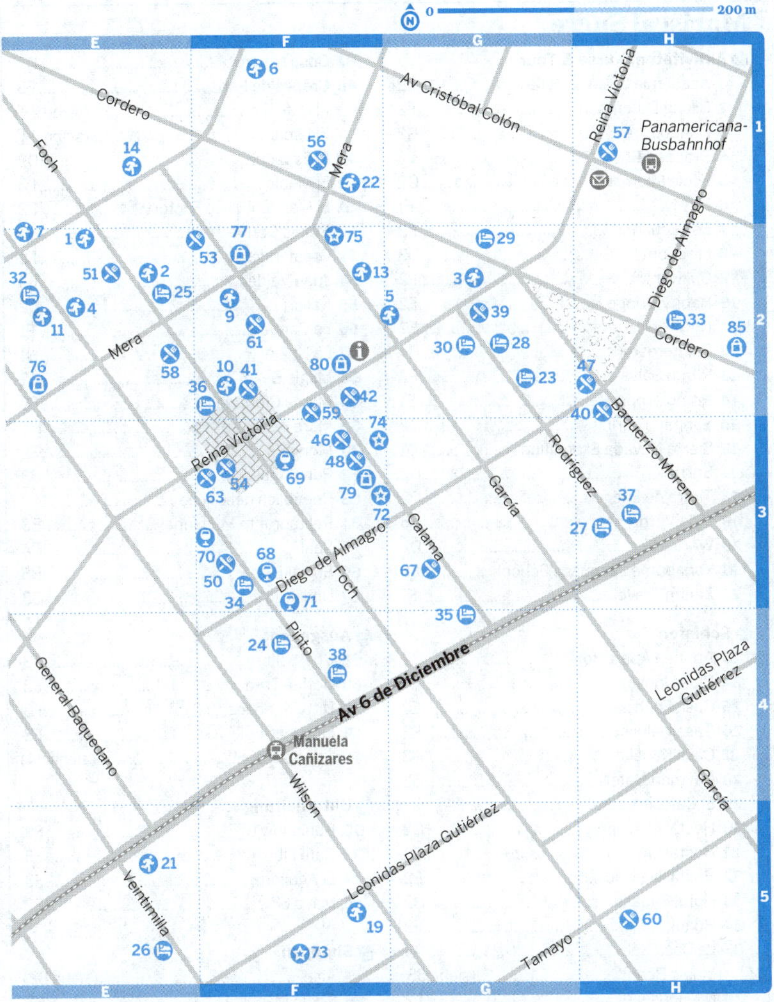

Colonial House PENSION $
(Karte S. 54; ☎316-3350; www.colonialhousequito.com; Olmedo 432 nahe Los Rios; B 10 US$, Zi. mit Gemeinschaftsbad/eigenem Bad 20/24 US$; @📶) Diese Pension ist, wie der Name schon sagt, in einem weitläufigen Kolonialgebäude untergebracht. Es gibt 16 farbenfroh gestaltete Unterkünfte, verschiedene Lounge- und Gemeinschaftsbereiche und einen rustikalen Garten hinten, in dem ein paar Obstbäume stehen. Die Atmosphäre ist nett, unkonventionell und relaxt. Praktische Extras: Wer will, kann hier Wäsche waschen und die Gemeinschaftsküchen benutzen.

La Casona de La Ronda PENSION $$$
(Karte S. 54; ☎228-7538; www.lacasonadelaronda.com; La Ronda Oe1-160; Zi. ab 200 US$; @📶) An einer der lebendigsten Straßen der Altstadt steht diese hübsche Pension mit 22 einladenden Zimmern. Sie sind mit Holzböden, handgeschnitzten Möbeln und edler Bettwäsche ausgestattet. Online werden häufig Schnäppchenpreise angeboten (ca. 120 US$). Prima: Die Straße ist eine Fußgängerzone.

Hostal La Casona PENSION $
(Karte S. 54; ☎257-0626; Manabí Oe1-59; EZ/DZ 10/12 US$) Die familienbetriebene Unter-

Mariscal Sucre

Aktivitäten, Kurse & Touren

1 Academia Salsa & Merengue ... E2
2 Biking Dutchman ... E2
3 Condor Trek ... G2
4 Dracaena ... E2
5 Ecole Idiomas ... G2
6 El Rey ... F1
7 Eos Ecuador ... E2
8 Freedom Bike ... D3
9 Gulliver ... F2
10 Happy Gringo ... F2
11 Neotropic Turis ... E2
12 Rainforestur ... B4
13 Ritmo Salvaje ... F2
14 Ritmo Tropical ... E1
15 Sangay Touring ... D2
16 Sierra Nevada Expeditions ... D1
17 Surtrek ... D2
18 Tierra de Fuego ... C2
19 Vida Verde ... F5
20 World Bike ... D2
21 Yanapuma Language School ... E5
22 Zenith Travel ... F1

Schlafen

23 Antinea Apart Hotel ... G2
24 Blue House ... F4
25 Casa Foch ... E2
26 Casa Helbling ... E5
27 Casa Kanela ... H3
28 Cayman Hotel ... G2
29 El Cafecito ... G2
30 Hostal El Arupo ... G2
31 Hostal El Taxo ... D1
32 Hostal Nassau ... E2
33 Hotel Sebastián ... H2
34 Huaukí ... F3
35 La Casa Sol ... G4
Magic Bean ... (siehe 58)
36 Nü House ... F2
37 Posada del Maple ... H3
38 Vibes ... F4

Essen

39 Achiote ... G2
40 Aladdin's ... H2
41 Azuca Beach ... F2
42 Boca del Lobo ... F2
43 Cactus ... C3
44 Café Amazonas ... C4
45 Café Colibri ... D1
46 Canoa Manabita ... F3
47 Cosa Nostra ... H2
48 Crêpes de Paris ... F3
El Cafecito ... (siehe 29)
El Español ... (siehe 54)
49 El Español ... D2
50 El Maple ... F3
51 El Mariachi Taco Factory ... E2
52 Ethnic Coffee ... B5
53 Great India ... F2
54 Juan Valdez ... F3
55 Kallari ... D2
56 La Canoa ... F1
57 La Union ... H1
58 Magic Bean ... E2
59 Mama Clorinda ... F2
60 Mare Nostrum ... H5
61 Mongo's ... F2
62 Petit Pigalle ... B3
63 República del Cacao ... F3
64 Restaurante Manantial ... B3
65 Sakti ... C4
66 Suvlaki ... B5
67 Uncle Ho's ... G3

Ausgehen

68 Cherusker ... F3
69 Coffee Tree ... F3
70 Dirty Sanchez ... F3
71 Finn McCool's ... F3
Sports Planet ... (siehe 54)

Unterhaltung

72 Bungalow 6 ... F3
73 Café Libro ... F5
74 El Aguijón ... F3
75 Mayo 68 ... F2

Shoppen

Ag ... (siehe 82)
76 Cholo Machine ... E2
77 Confederate Books ... F2
78 El Aborigen ... B5
79 English Bookstore ... F3
Explorer ... (siehe 54)
80 Galería Ecuador Gourmet ... F2
81 Galería Latina ... D3
82 La Bodega ... D4
83 Latino Americana ... B5
84 Libri Mundi ... D2
85 Productos Andinos ... H2
86 Tatoo ... D3

kunft hat einen schummerig beleuchteten Innenhof, der drei Etagen hoch von kleinen Gästezimmern eingefasst wird. Die Zimmer haben niedrige Decken und Holzböden.

Secret Garden HOSTEL $
(Karte S. 54; ☎295-6704; www.secretgarden-quito.com; Antepara E4-60; B 11 US$, DZ mit Gemeinschaftsbad/eigenem Bad 32/39 US$; @📶) Das Highlight dieses seit jeher beliebten Hostels ist die Dachterrasse, auf der sich ein umwerfender Blick auf die Altstadt bietet. Die Zimmer sind schlicht, aber sauber, und man kann vor Ort zu Abend essen (tgl.; Hauptgerichte 4–5 US$) oder Spanischunterricht nehmen. Außerdem werden Stellen für Freiwillige und verschiedene Events organisiert (Quiz- und Grillabende etc.). Im Haus findet sich zudem ein sehr gutes Reisebüro.

La Guayunga HOSTEL $
(Karte S. 54; ☎228-3127; www.laguayungaquito.com; Antepara E4-27; B 9–10 US$, DZ mit Gemeinschaftsbad/eigenem Bad 28/35 US$; @📶) La Guayunga ist ein Familienbetrieb mit entspannter Atmosphäre, einfachen Zimmern mit Holzböden, einer zu den Seiten hin offenen Terrasse mit Aussicht und Extras wie Wäscheservice, Gästeküche und Parkgelegenheiten.

Hotel Viena Internacional HOTEL $$
(Karte S. 54; ☎295-9611; www.hotelvienaint.com; Flores N5-04; EZ/DZ 24/44 US$; 📶) Sieht man mal von der Tapete im 1970er-Jahre-Stil ab ist am Viena Internacional kaum etwas auszusetzen. Die Zimmer mit Holzböden sind sauber, manche bieten sogar einen Balkon, und es gibt einen netten Innenhof.

Hotel San Francisco de Quito HOTEL $$
(Karte S. 54; ☎228-7758; www.sanfranciscodequito.com.ec; Sucre Oe3-17; EZ/DZ 32/51 US$) In dem umgebauten historischen Haus sind makellos saubere Zimmer mit Holzböden und gemütlichem Mobiliar untergebracht. Da es sich um einen Kolonialbau handelt, gibt es nur in wenigen Zimmern Fenster, doch die Türen öffnen sich zu einem Balkon hin, der sich rund um einen hübschen Innenhof zieht.

Hotel Real Audiencia HOTEL $$
(Karte S. 54; ☎295-2711; www.realaudiencia.com; Bolívar 220; EZ/DZ inkl. Frühstück 45/72 US$; @📶) Die Real Audiencia verfügt über unspektakuläre, aber gepflegte Zimmer (manche mit Teppich-, manche mit Holzböden). Das Personal ist nett, und im obersten Stock befindet sich ein Restaurant mit Ausblick. Dort können Gäste sich nach den abendlichen geführten Spaziergängen erkundigen.

Hotel El Relicario del Carmen PENSION $$$
(Karte S. 54; ☎228-9120; www.hotelrelicariodelcarmen.com; Venezuela 10-41; DZ inkl. Frühstück 130 US$; @📶) Die nette Pension mit 18 Zimmern nimmt eine umgebaute Kolonialvilla ein, die mit farbenfrohen Gemälden und Buntglasfenstern ausgestattet ist. Die Zimmer sind sogar noch hübscher aufgemacht: Sie haben polierte Holzböden und Balkendecken (die Bäder sind allerdings recht klein). Die Türen der meisten Quartiere öffnen sich zu einem Innenhof.

Hotel Flores HOTEL $
(Karte S. 54; ☎228-0435; Flores 355; EZ/DZ 15/20 US$; 📶) Eine vernünftige, günstige Option in der Altstadt. Von den Räumlichkeiten mit Fliesenböden und Balkendecken aus hat man Zugang zu einem Innenhof.

Hotel Patio Andaluz HOTEL $$$
(Karte S. 54; ☎228-0830; www.hotelpatioandaluz.com; García Moreno N6-52; DZ 300 US$; @📶) Die schicken Zimmer in dem eleganten Hotel – einem ehemaligen Wohnhaus aus dem 16. Jh. – verfügen über in den Raum integrierte Balkone mit Holzböden. Auch die Zimmer und Gemeinschaftsbereiche sind von schönen Holzelementen geprägt, der Service ist herausragend, und die gesamte Anlage verströmt ein friedliches Flair. In dem exzellenten Restaurant wird spanische und ecuadorianische Küche zubereitet. Das Essen wird in dem überdachten Hof serviert.

Hotel Internacional Plaza del Teatro HOTEL $
(Karte S. 54; ☎295-9462; Guayaquil N8-75; Zi. 12–15 US$/Pers.) Gegenüber der Plaza del Teatro erhebt sich diese *grande dame*. Zwar hat sie schon bessere Tage gesehen, doch das Preis-Leistungs-Verhältnis stimmt. Die schönsten Räume sind mit Holzböden und Balkons (inkl. Blumen!) ausgestattet.

La Posada Colonial PENSION $
(Karte S. 54; ☎228-2859; Paredes S1-49 nahe Rocafuerte; Zi. 6-12 US$/Pers.; 📶) Dieser nette Familienbetrieb ist eine der preisgünstigsten Bleiben in der Altstadt. Die hellen Zimmer haben Holzfußböden, die Bäder sind jedoch winzig und es gibt auch nur wenige En-suite-Unterkünfte. Die Dachterrasse ist allerdings top.

LA MARISCAL

Anahi BOUTIQUEHOTEL $$$

(Karte S. 62; ☎250-1421; www.anahihotelquito.com; Tamayo N23-95 nahe Wilson; Suite inkl. Frühstück 130–160 US$; @📶) Das stylische Anahi bringt superedles Design ins Viertel. Die lichtdurchfluteten Zimmer (z. T. mit Balkon) bestechen durch Kunstwerke und eine edle Einrichtung. Die Steinwände in den Fluren (und in ein paar Zimmern) erinnern an die Wände eines Inkatempels. Die Veranda im Obergeschoss gewährt einen tollen Ausblick.

Casa Foch PENSION $$$

(Karte S. 70; ☎222-1305; Foch E4-301; EZ/DZ 89/102 US$; 📶) Das restaurierte Herrenhaus nahe dem Zentrum des Mariscal bietet ansprechende Zimmer mit hohen Decken, polierten Holzböden, massiven Holzschränken und kleinen gusseisernen Kaminen. Zu manchen gehört auch ein Balkon. Es gibt einen kleinen Außenbereich mit einem Kamin und einen netten Lounge-/Frühstückssaal. Einziger Nachteil: An den Wochenenden wird es hier laut.

Cayman Hotel PENSION $$

(Karte S. 70; ☎256-7616; www.hotelcaymanquito.com; Rodriguez E7-29; EZ/DZ 40/62 US$; @📶) Das Cayman verfügt über elf Zimmer, die ziemlich hell und nett sind und mit Holzböden, Fenstern mit Fensterläden und flauschigen weißen Bettdecken aufwarten. Die schönsten Unterkünfte gewähren einen Blick auf den Garten, andere Zimmer (die Nr. 9 beispielsweise) sind zu klein. Zur Anlage gehören eine Lounge und eine Rasenfläche bzw. ein Parkplatz.

Vibes HOSTEL $

(Karte S. 70; ☎255-5154; http://vibesquito.com; Pinto nahe Av 6 de Diciembre; B 7–8 US$, DZ 25 US$; 📶) Das Hostel mit den sieben Zimmern ist in einem umgebauten Kolonialgebäude untergebracht. Das Publikum ist relaxt – eine gute Adresse, um andere Reisende zu treffen, mit denen man dann abends Mariscal unsicher machen kann! Zum Vorglühen bietet sich die Bar mit dem Billardtisch an. Santiago, der nette Besitzer, versorgt Gäste gern mit Insidertipps.

Blue House PENSION $

(Karte S. 70; ☎222-3480; www.bluehousequito.com; Pinto E8-24; B 7–8 US$, DZ ohne/mit eigenem Bad 24/30 US$; @📶) Die nette Pension hat vier Mehrbettzimmer (6–8 Betten) und vier Privatzimmer mit Holzböden. Sie steht an einer ruhigen Straße. In dem grasbewachsenen Hof vorn wird hin und wieder gegrillt. Die Gäste haben zudem Zugang zu einer gemütlichen Lounge mit Kamin und einer Küche.

Hostal El Arupo PENSION $

(Karte S. 70; ☎255-7543; www.hostalelarupo.com; Rodríguez E7-22; EZ/DZ inkl. Frühstück 30/45 US$; @📶) Dies ist eine von mehreren guten Pensionen an der ruhigsten Straße Mariscals. Das El Arupo ist ein umgebautes Haus mit heimeliger Atmosphäre und einer bildschönen Terrasse vorn. Ein paar Zimmer sind klein und ein wenig dunkel, doch sämtliche Unterkünfte warten mit dunklen Holzböden und festen Matratzen auf. Die Gemeinschaftsküche ist ebenso blitzsauber wie die übrigen Räume.

Hostal Fuente de Piedra PENSION $$

(Karte S. 62; ☎252-5314; www.ecuahotel.com; Wilson 211; EZ/DZ inkl. Frühstück 57/68 US$; @📶) Das Fuente de Piedra nimmt ein schönes Kolonialgebäude ein und stellt für Gäste weiß getünchte Zimmer mit Böden aus Holz oder Terrakottafliesen und großen Fenstern (die Aussicht ist mitunter fantastisch!) zur Verfügung. Das Essen kommt auf der Terrasse unter freiem Himmel auf die Tische.

Hotel Sierra Madre PENSION $$

(Karte S. 62; ☎250-5687; www.hotelsierramadre.com; Veintimilla 464; EZ/DZ 61/75 US$; @📶) Die 21 unterschiedlich großen Zimmer sind in einem hübsch restaurierten Gebäude aus der Kolonialzeit untergebracht. Die meisten sind mit Holzböden und tollen Betten ausgestattet und in warmen Farben gehalten. Die Topquartiere warten mit Gewölbedecken und Veranden auf. Unten befindet sich ein Restaurant.

Hotel Los Alpes PENSION $$

(Karte S. 62; ☎256-1110; www.hotellosalpes.com; Tamayo 233; EZ/DZ/3BZ inkl. Frühstück 68/80/92 US$; @📶) Los Alpes ist in italienischem Besitz. Überraschenderweise tun die schrägen Tapeten, Dekoteller und der vergoldete Schnickschnack dem wirklich alpin anmutenden Charme des Gebäudes keinen Abbruch. Man übernachtet in geräumigen Zimmern mit Holzböden oder kleineren Unterkünften mit Teppich. Sehr nette Adresse!

La Cartuja PENSION $$

(Karte S. 62; ☎252-3577; www.hotelacartuja.com; Leonidas Plaza Gutiérrez 170; EZ/DZ/3BZ inkl. Frühstück 69/82/98 US$; @📶) In dem stattlichen Kolonialgebäude, an einer ruhigen Straße gelegen, finden sich zwölf schön gestaltete Zimmer, die größtenteils zu einem grasbewachsenen Hof hin liegen. Gerahmte Drucke, altmodische Details und der liebenswerte Service unterstreichen den stimmigen Gesamteindruck.

Antinea Apart Hotel
HOTEL **$$**

(Karte S. 70; ☎250-6838; www.hotelantinea.com; Rodríguez E8-20; EZ/DZ ab 68/80 US$; @ 📶) Das Antinea verleiht dem Viertel Mariscal einen Hauch von Luxus. Die mit viel Liebe restaurierte Villa hat barock anmutende, in warmen Farben gehaltene Zimmer, die mit Kunst und Spiegeln mit Goldrahmen ausgestattet sind. Die teuersten Zimmer sind mit Kaminen ausgestattet.

La Casa Sol
PENSION **$$**

(Karte S. 70; ☎223-0798; www.lacasasol.com; Calama 127 nahe Av 6 de Diciembre; EZ/DZ inkl. Frühstück 58/72 US$; @ 📶) Eine nette mittelteure Pension. Die einladende Lobby ist in den für die Kolonialzeit typischen Tönen gehalten, die Zimmer sind jedoch in fröhlichen Farben gestrichen und liegen an einem Innenhof. Überall stößt man auf nette Details, und Kunst und Fotos zieren die Flure und Räume.

Hotel Sebastián
HOTEL **$$$**

(Karte S. 70; ☎222-2400; http://hotelsebastian.com; Ecke Diego de Almagro & Cordero; EZ/DZ 85/96 US$; @ 📶) Zu vielen der insgesamt 50 Zimmer gehört ein Balkon; von manchen aus ist der Blick umwerfend. Die geräumigen Unterkünfte mit Teppichböden verfügen über ein Dekor aus dunklem Holz, große Fenster und große Betten (in den Doppelzimmern). Weitere Extras sind das kleine Fitnessstudio und die gemütliche Bar mit dem Kamin.

Hostal de la Rábida
PENSION **$$$**

(Karte S. 62; ☎222-2169; www.hostalrabida.com; La Rábida 227; EZ/DZ 73/93 US$; @ 📶) Der aufopferungsvolle Service, die einladenden Gemeinschaftsbereiche und eleganten Zimmer ergeben eine wunderbare Mischung. Die Pension ist in italienisch-englischem Besitz und bietet helle Räumlichkeiten, ausgestattet mit frischen, weißen Laken und Holzböden. Allerlei Kunst ziert die Wände (beispielsweise Blumendrucke). Von manchen Zimmern aus hat man auch Zugang zu einer eigenen Terrasse. Die Lounge mit dem Kamin ist ein lauschiges Plätzchen, um kühle Nachmittage gemütlich zu verbummeln.

Café Cultura
PENSION **$$$**

(Karte S. 70; ☎222-4271; www.cafecultura.com; Robles 513; EZ/DZ 100/121 US$; @ 📶) Die stimmungsvolle alte Villa wurde zu einer Pension umfunktioniert und hat einen Garten, mehrere Kamine, ein tolles Café-Restaurant und schöne Zimmer voller Wandgemälde.

Casa Helbling
X ♡ Sehr gut

PENSION **$**

(Karte S. 70; ☎222-6013; www.casahelbling.de; X Veintimilla 531; EZ/DZ mit Gemeinschaftsbad 19/28 US$, mit eigenem Bad 30/40 US$; @ 📶) Die Casa Helbling nimmt ein heimeliges Gebäude im Kolonialstil im Mariscal-Viertel ein. Die Pension ist sauber, hat eine nette entspannte Atmosphäre, eine Gästeküche sowie Gemeinschaftsbereiche zum Chillen. Wer Bedarf hat, kann sogar seine Wäsche waschen.

Nü House
HOTEL **$$$**

(Karte S. 70; ☎255-7845; www.nuhousehotels.com; Foch E6-12; Zi. werktags/Wochenende 158/116 US$) Das Nü House ist ein modernes Holz- und Glasgebäude im skandinavischen Stil, das an der Plaza Foch zu finden ist. Die 57 Zimmer sind mit dunklen Holzfußböden ausgestattet, besitzen große Fenster und sind in auffälligen Farben gehalten (rote Samtvorhänge!).

Huaukí
PENSION **$**

(Karte S. 70; ☎255-3981; Pinto E7-82; B 8–9 US$, DZ 30 US$; @ 📶) Das einfache, aber beliebte Hostel bietet neben drei Mehrbettzimmern (3–6 Betten) ein paar saubere, etwas düstere Privatzimmer (z. T. mit eigenem Bad) und eine kleine Bar.

Magic Bean
PENSION **$$**

(Karte S. 70; ☎256-6181; Foch E5-08; B/EZ/DZ 14/28/36 US$; 📶) Ist eigentlich eher für sein beliebtes Restaurant bekannt, aber im Magic Bean kann man auch übernachten. Die vier Zimmer sind sehr ordentlich und hübsch gestaltet, doch wer einen leichten Schlaf hat, sei gewarnt: An den Wochenenden kann hier mitunter ziemlich großer Lärm herrschen.

Casa Kanela
PENSION **$$**

(Karte S. 70; ☎254-6162; www.casakanela.mamey.org; Rodriguez E8-46; EZ/DZ mit Gemeinschaftsbad 15/30 US$, mit eigenem Bad 23/36 US$; @ 📶) Das Kanela, ein heimeliges, umgebautes Haus an der hübschen Rodriguez, verfügt über neun minimalistische, stilvolle Zimmer. Es gibt eine Bücherbörse und eine Gästeküche. Im Übernachtungspreis ist ein leckeres warmes Frühstück inbegriffen.

Hotel Vieja Cuba PENSION $$$
(Karte S. 62; ☎290-6729; www.hotelviejacuba.com; Diego de Almagro 1212; EZ/DZ inkl. Frühstück 64/88 US$; 📶) Das frühere Wohnhaus aus der Kolonialzeit beherbergt heute eine ansprechend aufgemachte, farbenfrohe Unterkunft mit Kuba-Flair, einladenden Zimmern (die Holzböden sind auf Hochglanz poliert!) und einem kleinen Garten.

Posada del Maple PENSION $
(Karte S. 70; ☎254-4507; www.posadadelmaple.com; Rodriguez E8-49; B 10 US$, EZ/DZ mit Gemeinschaftsbad 23/30 US$, mit eigenem Bad 25/41 US$; @📶) Das Maple ist eine nette Pension mit gemütlichen Loungebereichen (drinnen und draußen) und einer Gästeküche. Die Zimmer sind schlicht, aber komfortabel; einige sind mit abgewetzten Teppichen ausgelegt (andere haben Holzfußböden). Sehr beliebt bei vielen Reisenden!

El Cafecito HOSTEL $
(Karte S. 70; ☎223-4862; www.cafecito.net; Cordero E6-43; B 7 US$, Zi. mit Gemeinschaftsbad/eigenem Bad pro Pers. 15/25 US$) Diese Budgetunterkunft, untergebracht in einem gelben Kolonialgebäude, ist unverändert beliebt bei Travellern. Die wichtigsten Besuchermagnete sind die entspannte Atmosphäre und das nette Café-Restaurant. Die kleinen Zimmer könnten allerdings eine Generalüberholung vertragen.

X **Hostal Nassau** PENSION $
(Karte S. 70; ☎256-5724; www.nassauhostal.com; Pinto E4-342; EZ/DZ mit Gemeinschaftsbad 10/20 US$, mit eigenem Bad 15/25 US$; 📶) Das Nassau ist eine saubere, effizient geführte Pension mit freundlichen Besitzern, ordentlichen Zimmern und einer kleinen Gemeinschaftsküche. Die Zimmer im Obergeschoss (mit Holzböden) sind heller als die Räume unten.

X **Hostal El Taxo** PENSION $
(Karte S. 70; ☎222-5593; www.hostaltaxo.com; Foch E4-116; B/EZ/DZ 7/12/18 US$; @) Nett und bescheiden präsentiert sich das El Taxo. Es befindet sich in einem umgebauten Haus aus den 1970er-Jahren und bietet ansprechende, bunte Zimmer, eine kleine Veranda vorn, eine Lounge mit Kamin und eine ordentliche Gästeküche.

Toa Bed & Breakfast B&B $$
(außerhalb Karte S. 62; ☎222-4241; www.hostaltoa.ec; Lizarazu N23-209 nahe La Gasca; EZ/DZ 35/42 US$) Dieses wunderbare B&B liegt etwas ab vom Schuss (ca. 15 Gehminuten bis zum Mariscal-Viertel), wartet aber dafür mit gemütlichen Zimmern voller Kunsthandwerk und einem voll ausgestatteten Apartment auf. Im Gemeinschaftsbereich gibt's einen Kamin, man kann an einem großen Tisch zusammensitzen, und die Küche ist makellos sauber. Hinten findet sich ein sonniger Patio.

LA FLORESTA & UMGEBUNG

Stubel Suites & Café HOTEL $$$
(Karte S. 62; ☎601-3499; www.stubel-suites.com; Pasaje Stubel 1 nahe León Larrea; DZ ab 100 US$; @📶) Hoch über Guápulo thront dieses superedle Hotel. Die attraktiven, modernen Zimmer bestechen durch feine Stoffe und riesige Fenster, und es werden Extras wie Sauna, Fitnessstudio und Massagen geboten. Die teureren Unterkünfte gewähren zudem eine tolle Aussicht (das gilt auch für das Restaurant). In der obersten Preisklasse ist sogar eine Veranda inbegriffen.

X **Aleida's Hostal** PENSION $$
(Karte S. 62; ☎223-4570; www.aleidashostal.com.ec; Andalucía 559; EZ/DZ mit Gemeinschaftsbad 17/34 US$, mit eigenem Bad 24/43 US$; @📶) Die nette familienbetriebene Unterkunft in La Floresta beherbergt komfortabel eingerichtete Zimmer mit Holzböden; in den besten (z. B. Nr. 15) eröffnet sich ein toller Ausblick, andere wiederum sind dunkel und haben nur Fenster nach innen.

Hostal Villa Nancy PENSION $$
(Karte S. 62; ☎255-0839; www.hotelvillanancy.com; Muros N27-94; EZ/DZ inkl. Frühstück 45/65 US$; @📶) In einem Wohnviertel für Wohlhabendere steht dieses große, hübsche Gebäude mit den hölzernen Fensterläden, hinter denen sich ansprechende Zimmer mit schickem Design, großen Fenstern, gerahmten Bildern und Schwammtechnik an den Wänden verbergen. Außerdem gibt's eine Sonnenterrasse, eine Sauna und einen kleinen Garten.

Hostal Charles Darwin PENSION $$
(Karte S. 62; ☎223-4323; www.hostalchdarwin.com; La Colina 304; EZ/DZ inkl. Frühstück 40/50 US$; @📶) Dieses Hotel mit der persönlichen Atmosphäre liegt an einer ruhigen Straße. Die zwölf komfortablen Zimmer mit Teppichböden haben eine gemütliche Einrichtung. Zu den Extras zählen ein kleiner Garten, eine Küche und ein Wäscheservice. Dass die Besitzer Darwin-Fans sind, muss wohl nicht gesondert erwähnt werden.

Casa Aliso PENSION $$$
(Karte S. 62; ☎252-8062; www.casaliso.com; Salazar E12-137 nahe Toledo; EZ/DZ inkl. Frühstück 140/170 US$; 📶) Die niedliche Pension mit zehn Gästezimmern staubt Bestnoten für den freundlichen Service, die gemütlichen Aufenthaltsbereiche (dort kann man mit einem Glas Wein oder einer Tasse Tee am Kamin sitzen) und die komfortablen, klassisch eingerichteten Zimmer (manche mit Blick auf den Garten) ab. Das umgebaute Wohnhaus aus den 1930er-Jahren steht an einer ruhigen Straße.

La Casona de Mario PENSION $
(Karte S. 62; ☎254-4036; www.casonademario.com; Andalucía N24-115; Zi. 10–12 US$/Pers.; 📶) Dieses wunderbare alte Gebäude bietet ein tolles Preis-Leistungs-Verhältnis: Es gibt heimelige Zimmer mit Gemeinschaftsbad, einen Garten voller Blumen, ein Fernsehzimmer und eine Gästeküche.

Folklore Hotel PENSION $$
(Karte S. 62; ☎255-4621; www.folklorehotel.com; Madrid E13-93 nahe Pontevedra; EZ/DZ/Suite inkl. Frühstück 29/39/45 US$) Dieses hübsche blau-gelbe Haus mit dem kleinen Garten verfügt über eine Mini-Suite mit Kamin sowie Zimmer mit Teppichböden. Diese sind z. T. mit Wandbildern dekoriert, mitunter allerdings etwas dunkel (keine Fenster zur Außenseite).

Suites González Suárez HOTEL $$
(Karte S. 62; ☎223-2003; www.hotelgonzalezsuarez.com; Ecke San Ignacio & González Suárez; Suite inkl. Frühstück 73–123 US$; @📶) Das Hotel am Hang hat elf mit Teppichen ausgelegte und in fröhlichem Gelb gestrichene Unterkünfte. Der Blick auf Guápulo ist unschlagbar. Manche Zimmer haben Balkone, die schönsten sind mit Sauna und Sprudelbad ausgestattet.

Hotel Quito HOTEL $$$
(Karte S. 62; ☎396-4900; www.hotelquito.com; González Suárez N27-142; EZ/DZ 146/160 US$; @📶🏊) Weithin sichtbar ist das große Hotel auf dem Hügel oberhalb von Guápulo. Die 215 Zimmer wurden kürzlich renoviert und modernisiert. Sie alle verfügen über einen Balkon mit einem super Blick. Auch der Service ist top: Es gibt einen beheizten Swimmingpool und ein Bar-Restaurant (7. Stock), ebenfalls mit schöner Aussicht.

Essen

Quitos Restaurantszene ist riesig, vielfältig und bietet eine tolle Mischung aus traditioneller und internationaler Küche. Man findet sowohl moderne Sushi-Restaurants als auch altmodische Gaststätten, in denen typische Andengerichte serviert werden, und für jedes Budget ist etwas dabei.

Die authentischsten Lokale befinden sich im historischen Zentrum. In manchen von ihnen werden Familienrezepte schon seit Generationen immer weiter verfeinert. Eine größere Auswahl hat man in der Neustadt. Mariscal wartet mit der größten Dichte an ecuadorianischen und internationalen Restaurants auf. Gehobenere Küche gibt's in La Floresta, La Pradera und den benachbarten Vierteln. Dort sind die besten Adressen der Stadt angesiedelt.

Viele Restaurants bleiben sonntags geschlossen.

> **ANDERER MEINUNG?**
>
> Da gibt es noch ein fantastisches Restaurant, das unbedingt weiterempfohlen werden sollte? Der Text zu einem der hier genannten Lokale müsste anders lauten? Oder wäre einfach der Austausch mit anderen Travellern hilfreich?
>
> Auf www.lonelyplanet.de/forum kann jeder etwas fragen bzw. eine Frage beantworten, Fotos einstellen, mit Gleichgesinnten quatschen oder seine Meinung posten. Also nichts wie raus damit!

ALTSTADT

LP TIPP **San Agustín** ECUADORIANISCH $$
(Karte S. 54; Guayaquil N5-59; Hauptgerichte 6–9 US$; ⏲Mo–Fr 9.30–18, Sa & So 10.30–16 Uhr) Ölgemälde und elegante Lampen prägen die Einrichtung dieses zweistöckigen Schmuckstücks von 1858, in massenweise Berufstätige mit klassischer ecuadorianischer Küche versorgt werden. Wir empfehlen das erstklassige *seco de chivo* (Ziegenfleischeintopf), die *corvina* (Wolfsbarsch) oder den *arroz marinero* (Meeresfrüchtereis) gefolgt von *helados de paila* (in großen Kupferschüsseln angerührte Eiscreme).

Cafetería Fabiolita ECUADORIANISCH $
(El Buen Sanduche; Karte S. 54; Espejo Oe4-17; Sandwiches 2 US$; ⏲9–18 Uhr) Seit mehr als 40 Jahren bereiten Fabiola Flores und ihre Tochter Monica in diesem gepflegten kleinen Laden unterhalb der Kathedrale das beliebteste *seco de chivo* (4 US$) der Stadt

zu. Dies ist unverändert die authentischste Adresse, um den Eintopf mit Ziegenfleisch zu kosten (nur 9–12 Uhr), aber die Abgeordneten und anderen Stammgäste nehmen auch gern die *sanduches de pernil* (Schinkensandwiches).

Mercado Central MARKT **$**
(Karte S. 54; Pichincha; Mahlzeiten 1–3 US$; ⌚Mo–Sa 8–16, So bis 15 Uhr) Traditionelle und sensationell günstige Küche, und das an einem Imbissstand neben dem anderen. Der Mercado Central liegt zwischen der Esmeraldas und der Manabí. Wie wär's z. B. mit *locro de papas* (Kartoffelsuppe mit Avocado und Käse), Meeresfrüchten, *yaguarlocro* (Kartoffel-Blutwurst-Suppe) oder *fritada* (gebratenes Schweinefleisch)? Obst und Gemüse bekommt man hier ebenfalls.

Corvina Don „Jimmy" SEAFOOD **$**
(Karte S. 54; Mercado Central, Pichincha; Hauptgerichte 4–6 US$; ⌚8–16, So bis 15 Uhr) Dies ist der berühmteste Imbissstand des Mercado Central. Seit 1953 werden hier herrlich zarte, sättigende Portionen *corvina* und Ceviche serviert.

El Buen Sandwich ECUADORIANISCH **$**
(Karte S. 54; Pasaje Amador, Venezuela N3-49; Hauptgerichte 2–5 US$; ⌚Mo–Sa 11–15 Uhr) Das bescheidene El Buen Sandwich versteckt sich in einer Einkaufsgalerie. Auf der Karte stehen genau drei Gerichte: *seco de chivo,* Ceviche und *sanduches de pernil.* Das Essen ist ziemlich gut, aber der gesprächige Besitzer hat noch mehr Talente – seine Kunstwerke zieren das Restaurant.

La Colmena ECUADORIANISCH **$$**
(Karte S. 54; Benalcázar 619; Hauptgerichte 4–8 US$; ⌚Mo–Sa 9–19.30, So bis 17 Uhr) Seit mehr als 50 Jahren werden in diesem Restaurant, einer wahren Institution, landestypische Klassiker wie Muschel-Ceviche und *guatita,* ein Eintopf aus Innereien und Kartoffeln in einer gewürzten Sauce auf Erdnussbasis, serviert.

Tianguez ECUADORIANISCH **$**
(Karte S. 54; Plaza San Francisco; Hauptgerichte 4–9 US$; ⌚So–Mi 9.30–18, Do bis 19, Fr & Sa bis 20.30 Uhr) In den Steinarkaden unter dem San-Francisco-Kloster stößt man auf diese Mischung aus Café und Kunsthandwerksladen. Neben leckeren Vorspeisen (Tamales, Suppen) werden auch herzhaftere Hauptgerichte zubereitet. Die Tische an der Plaza laden zu einem abendlichen *canelazo* oder einem *té de coca* (Cocablatttee) ein.

Café del Fraile ECUADORIANISCH **$$**
(Karte S. 54; Palacio Arzobispal, Chile Oe4-22, 2. Stock; Hauptgerichte 6–10 US$; ⌚10–22 Uhr) Das Café del Fraile bietet ein rustikal-ländliches Flair (gusseiserne Laternen, Balkendecken) und Tische auf dem Balkon, an denen man sich über die leckere Auswahl an Grillgerichten, Sandwiches und Cocktails hermachen kann. Unsere Highlights waren die Gemüsesuppe, *trucha a la plancha* (gegrillte Forelle) und die *corvina.*

Vista Hermosa INTERNATIONAL **$$**
(Karte S. 54; ☎295-1401; Mejía 453, 5. Stock; Hauptgerichte 10–13 US$; ⌚Mo–Sa 13–24, So bis 21 Uhr) Ein sehr beliebtes Restaurant im Centro ist Vista Hermosa, die „Schöne Aussicht", und der Name ist Programm: Von der offenen Dachterrasse hat man einen Rundumblick auf die Altstadt. Die Livemusikuntermalung (Do–Sa ab 20 Uhr) unterstreicht die Magie dieses Orts noch zusätzlich. Besser frühzeitig hier aufschlagen, bevor es richtig voll wird!

Café Mosaico CAFÉ **$$**
(Karte S. 54; ☎254-2871; Samaniego N8-95; Hauptgerichte 10–12 US$; ⌚11–23 Uhr) In der Nähe des Parque Itchimbia gibt's eine Mischung aus ecuadorianischer und griechischer Küche. Das mit Kletterpflanzen umrankte Mosaico ist für seine tolle Aussicht bekannt. Die zu den Seiten hin offene Terrasse lädt zu einem Sundowner ein.

Frutería Monserrate ECUADORIANISCH **$**
(Karte S. 54; ☎258-3408; Espejo Oe2-12; Hauptgerichte 3–4 US$; ⌚Mo–Fr 8.30–20, Sa & So 9–18 Uhr) Die hohe Decke, die Mauern aus Ziegelsteinen und die Betonpfeiler verleihen diesem beliebten, lässigen Restaurant einen gewissen Fabrikhallenschick. Man hat die Wahl zwischen großen Portionen Frühstück, Sandwiches, Ceviche und leckeren Obstsalaten.

Mea Culpa INTERNATIONAL **$$$**
(Karte S. 54; ☎295-1190; Palacio Arzobispal, Chile Oe4-22; Hauptgerichte 13–23 US$; ⌚Mo–Sa 12.30–15.30 & 19–23, So 12–17 Uhr) Das elegante Mea Culpa hat eine tolle Lage über der Plaza Grande, ist aber häufig leer. Die Gäste (in erster Linie Touristen) laben sich an leckerem gegrilltem Fleisch oder Meeresfrüchten.

Theatrum ECUADORIANISCH **$$$**
(Karte S. 54; ☎257-1011; www.theatrum.com.ec; Manabí N8-131; Hauptgerichte 14–24 US$; ⌚Mo–Fr 12–15.30, tgl. 19–22.30 Uhr) Im 2. Stock des

IN LUFTIGER HÖHE

Völlig außer Atem auf der obersten Treppenstufe angekommen? Der Kopf tut weh oder alles dreht sich? Schlaflose Nächte? All dies sind leichte Symptome der Höhenkrankheit, die sich nach ein oder zwei Tagen geben sollten. Quito liegt auf ca. 2850 m; diese Höhe hat durchaus Auswirkungen auf den Organismus, wenn man sich zuvor auf Meeresniveau befunden hat. Nach der Ankunft sollte man es deshalb ruhig angehen lassen, nicht so schwer essen und die Finger von Zigaretten und Alkohol lassen. Manche schwören auf *té de coca* (Cocablatttee) zur Verringerung der Symptome. Den gibt's z. B. im Tianguez.

historischen Teatro Sucre werden die Gäste in einem aufwändig gestalteten Speisesaal mit schweren Vorhängen und rotem und schwarzem Samt mit kreativen Speisen (Ravioli mit einer Füllung aus Krebsfleisch und Mascarpone oder gebackenem Wolfsbarsch mit Wildpilzen) verwöhnt. Wer richtig dekadent speisen will, sollte das Probiermenü bestellen (5 Gänge 52 US$).

Octava de Corpus INTERNATIONAL **$$$**
(Karte S. 54; ☎295-2989; Junín E2-167; Hauptgerichte 13–19 US$; ⏲Mo–Sa 12.30–22 Uhr) Ein kulinarisches Erlebnis der besonderen Art verspricht dieses wenig bekannte Restaurant in dem Kolonialgebäude an der hübschen Junín. Kunst ziert jedes freie Plätzchen. Jaime, der nette Besitzer, sammelt Weine (mehr als 300!) und gibt gern eine Empfehlung ab. Auf der Speisekarte stehen klassische Fleisch- und Meeresfrüchtegerichte (gegrillt od. gedünstet). Nur mit Reservierung!

Pim's ECUADORIANISCH **$$**
(Karte S. 54; Iquique; Hauptgerichte 10–16 US$; ⏲Mo–Sa 12–22, So bis 18 Uhr) Diese Filiale der beliebten, gehobeneren Restaurantkette befindet sich im Parque Itchimbia. Der Blick auf die Stadt ist fantastisch. Man kann in dem eleganten Speisesaal oder auf der Terrasse draußen Platz nehmen und leckere traditionelle Küche oder Sandwiches, Pastagerichte und Cocktails genießen.

Los Cebiches de la Rumiñahui CEVICHÉRIA **$**
(Karte S. 54; Ecke García Moreno & Bolívar; Hauptgerichte 5–7 US$; ⏲8–16.30 Uhr) Gehört zu einer expandierenden Kette von Ceviche- und Meeresfrüchte-Restaurants und hat eine lockere Atmosphäre. Bestellt wird am Tresen.

Pizza SA PIZZA **$$**
(Karte S. 54; Espejo Oe2-46; Pizzas 8–16 US$; ⏲Mo–Sa 12–21, So bis 20 Uhr) Noch ein Lokal mit lässiger Atmosphäre an einer Gasse (Fußgängerzone) mit mehreren Restaurants gegenüber vom Teatro Bolívar. Einfach an einem der Tische auf dem Bürgersteig Platz nehmen und eine Pizza, Calzone, Sandwiches oder Salat bestellen!

Restaurante Vegetariano Ari VEGETARISCH **$**
(Karte S. 54; Sucre Oe4-48; Hauptgerichte 3 US$; ⏲Mo–Sa 8–17 Uhr; 🖉) Im 2. Stock eines Einkaufszentrums verbirgt sich das bunte Restaurant, in dem vegetarische Versionen ecuadorianischer Leibspeisen sowie Säfte und Obstsalate auf den Tisch kommen.

Cafetería Modelo ECUADORIANISCH **$**
(Karte S. 54) Modelo (Ecke Sucre & García Moreno; Hauptgerichte ca. 2 US$; ⏲8–19.30 Uhr) Modelo II (Venezuela N6-19; ⏲Mo–Sa 8–20, So bis 18 Uhr) Das Modelo ist eines der ältesten Cafés der Stadt (eröffnet 1950) und eine erstklassige Adresse für traditionelle Snacks wie *empanadas de verde* (Empanadas aus Kochbananenteig), *quimbolitos* (süße Maisküchlein) und Tamales. Die **Cafetería Modelo II** bietet dasselbe altmodische Flair (plus Livemusik an manchen Wochenenden) auf der Venezuela.

El Cafeto CAFÉ **$**
(Karte S. 54; Chile 930 nahe Flores; Hauptgerichte 4–6 US$; ⏲Mo–Sa 8–19.30 Uhr) In dem gemütlichen, einladenden Coffeeshop in ecuadorianischem Besitz gibt's leckere Kaffeesorten, die zu 100 % aus ecuadorianischen Biobohnen zubereitet werden. Außerdem bekommt man Omeletts, Sandwiches, Salate und Desserts (Käsekuchen).

El Kukurucho del Maní SÜSSIGKEITEN **$**
(Karte S. 54; Rocafuerte Oe5-02 an der García Moreno; Snacks 0,50–1 US$; ⏲Mo–Sa 8–19, So 9–18 Uhr) Der tolle Snackstand wartet mit kiloweise Nüssen, Maiskörnern und *coquitos* (Kokosbonbons) auf, die in einem riesigen Kupferkessel angerührt werden.

Magda SUPERMARKT **$**
(Karte S. 54; Venezuela N3-62; ⏲Mo–Sa 8.30–19, So 9–17 Uhr) Gut sortierter Supermarkt in günstiger Lage.

Hasta La Vuelta, Señor ECUADORIANISCH $$
(Karte S. 54; ☎258-0887; Palacio Arzobispal, Chile Oe4-22, 3. Stock; Hauptgerichte 7–12 US$; ⊙Mo–Sa 10–22, So bis 21 Uhr) In diesem exzellenten Restaurant mit Sitzplätzen auf dem Balkon gibt's ecuadorianische Küche mit Stil, z. B. Ceviche, *seco de chivo*, Tilapia (eine Buntbarschart) und Wolfsbarsch.

Govindas VEGETARISCH $
(Karte S. 54; ☎296-6844; Esmeraldas 853; Hauptgerichte 1,50 US$; ⊙Mo–Sa 9–15 Uhr; 🖉) Die Krishna-Jünger bereiten zu 100 % vegetarisches, leckeres Mittagessen zu. Die Karte wechselt regelmäßig. Außerdem gibt's Joghurt und Müsli, Säfte und Süßes.

LA PRADERA & LA CAROLINA

LP TIPP **Zazu** FUSION $$$
(Karte S. 62; ☎254-3559; Mariano Aguilera 331 nahe La Pradera; Hauptgerichte 18–33 US$; ⊙Mo–Fr 12.30–24, Sa 19–24 Uhr) Das Zazu ist eines der besten Restaurants der Stadt. Der peruanische Chefkoch zaubert wunderbare Seafood-Gerichte, gegrilltes Fleisch und Ceviches auf den Tisch, die östliche und westliche Elemente spielend vereinen. Wie wär's mit Thunfisch in Pastazienkruste, Tartar vom Wagyu-Rind mit Gorgonzola-Mousse oder Meeresfrüchte-Bouillabaisse? Das Ambiente ist stylish (helle Ziegelsteinmauern, Dudelmusik, eine einladende, von hinten beleuchtete Bar).

Zao ASIATISCH $$
(Karte S. 62; ☎252-3496; Eloy Alfaro N10-16 nahe San Salvador; Hauptgerichte 8–10 US$; ⊙Mo–So 12.30–15.30, Mo–Sa 19–23.30 Uhr) Mit Schnitzereien verzierte Wandschirme, Samuraistatuen und leuchtende Papierlampions prägen die Deko in diesem brummenden Laden. Die Gäste laben sich an Samosas, Nudelgerichten, Wok-Gemüse, Sushi und anderen asiatischen Leckereien. Die fröhliche Stimmung erreicht an den Wochenenden ihren Höhepunkt; dann legen DJs auf.

San Telmo STEAK $$$
(außerhalb der Karte S. 62; ☎333-1944; Ecke Portugal & Cassanova; Hauptgerichte 20–30 US$) San Telmo ist eines der besten Steakhäuser der Stadt, ein elegantes, mehrstöckiges, „männliches" Restaurant. Das Fleisch wird auf einem zischenden Grill gegart; die besten Stücke kommen aus Argentinien. Die Weinkarte ist recht umfangreich und für Gäste, die keine Lust auf Fleisch haben, gibt's Pasta oder Meeresfrüchte.

LA FLORESTA

Z(inc) FUSIONS $$
(Karte S. 62; Rivet nahe Coruña; Hauptgerichte 10–16 US$; ⊙Mo–Sa 12–16 & 19–24 Uhr) Dieser kreative Neuzugang in Quitos Nightlife-Szene ist zu gleichen Teilen Restaurant und Bar. Das mehrstöckige Z(inc) bietet

SCHÖNE AUSSICHTEN

Hoch oben in den Anden gelegen und von Bergen eingerahmt, bietet Quito jede Menge Orte mit unvergesslichem Panorama. Im Folgenden haben wir ein paar unserer Lieblingsplätze für einen Drink oder ein Essen mit Aussicht aufgelistet:

Vista Hermosa Eine 1-a-Aussicht mitten in der Altstadt. Der Name „wunderschöner Ausblick" passt wie die Faust aufs Auge.

Café Mosaico Den Sonnenuntergang und griechisches Essen genießen.

Pim's In malerischer Lage im Parque Itchimbia.

Hotel Real Audiencia Im Obergeschoss des Mittelklassehotels befindet sich ein Restaurant mit Blick auf die Plaza Santo Domingo und darüber hinaus.

Santa Espuma Früh kommen, um einen Tisch mit Blick auf die Stadt zu ergattern!

Z(inc) Cocktails schlürfen, während man durch die Panoramafenster die funkelnden Lichter Quitos bewundert.

El Crater Dieses Restaurant/Gästehaus vor den Toren Quitos liegt oberhalb eines üppig grünen Vulkankraters und gewährt die schönste Aussicht überhaupt – die lange Anfahrt lohnt sich!

Ananké Im unkonventionellen Viertel Guápulo. Super Adresse für einen stimmungsvollen Abend!

Mirador de Guápulo Entspanntes Fleckchen Erde mit Blick auf Guápulo.

Industrieschick pur mit unbehandelten Holzbalken, dunklem Metall und nackten Ziegelsteinmauern. Nach einem Litschi-Cocktail auf der Veranda vorn kann man sich im Speisesaal niederlassen, um dort Steinofenpizza mit dünnem Boden, Mini-Sirloin-Burger, Tempura-Garnelen und andere Gerichte, die man gut teilen kann, zu verzehren.

Segundo Muelle PERUANISCH **$$$**
(Karte S. 62; Isabel La Católica N24-883; Hauptgerichte 15–20 US$) Die Peruaner sind auf dem Vormarsch, zumindest, was die Gastro-Szene betrifft. Dieses innovative, moderne Restaurant ist eine tolle Adresse, um verführerische Ceviches, gut gewürzte Risottos und leckere Gerichte für mehrere Personen zu kosten.

La Cleta CAFÉ **$$**
(Karte S. 62; Lugo N24-250; Pizzas 4–12 US$; Mo–Sa 15–23 Uhr;) In dem kleinen, clever gestalteten Café-Restaurant besteht einfach alles (Stühle, Barhocker, Tische, Hängelampen) aus Fahrradteilen. In der Küche werden leckere Pizzas und Lasagne zubereitet, und zu trinken gibt es Kaffee, Wein und andere Drinks.

La Briciola ITALIENISCH **$$**
(Karte S. 62; 254-5157; Toledo 1255; Hauptgerichte 10–13 US$; Mo–Sa 12.30–15 & 19.30–23 Uhr) La Bricola ist schon seit vielen Jahren eine beliebte Adresse mit herausragender, abwechslungsreicher Speisekarte. Die Portionen sind riesig und die Weine gibt's zu fairen Preisen. Besser reservieren!

LA MARISCAL

La Union BÄCKEREI **$**
(Karte S. 70; Ecke Reina Victoria & Colón; Hauptgerichte 2–3 US$; 6–22 Uhr) In dieser Bäckerei ist immer der Teufel los. Es gibt Croissants, Fruchttörtchen und Eiscreme sowie große Sandwiches.

Azuca Beach SEAFOOD **$$**
(Karte S. 70; Foch nahe Reina Victoria; Hauptgerichte 10–14 US$; So geschl.;) Das Azuca Beach gewährt einen Blick auf die geschäftige Plaza Foch und bringt Küstenflair ins Hochland. Besonders beliebt sind *encocado de camarones* (Krabben-Kokosmilch-Eintopf), *sopa marinera* (Meeresfrüchtesuppe) und die verschiedenen Ceviches. Abends kommen die Leute gern auf einen tropischen Cocktail hier vorbei. Die Bambusbar und die Topfpalmen unterstreichen das Lounge-Feeling.

Sakti VEGETARISCH **$**
(Karte S. 70; 252-0466; www.sakti-quito.com; Carrión E4-144; Hauptgerichte 3–5 US$;) Das Personal dieses einfachen vegetarischen Restaurants verwöhnt seine Kundschaft mit leckerer Lasagne, Suppen und Salaten. Hinten befindet sich eine günstige Pension.

República del Cacao CAFÉ **$**
(Karte S. 70; Ecke Reina Victoria & Foch; Sandwiches 4,50 US$; 9–22 Uhr) In dieser Mischung aus Café und Süßwarenladen ist Schokolade Trumpf. Neben dekadenten Kuchen und Trüffelpralinen gibt's vernünftigen Kaffee, heiße Schokolade und sogar Schoko-Martinis – am besten setzt man sich damit auf die Veranda.

La Canoa ECUADORIANISCH **$$**
(Karte S. 70; Cordero E4-375 nahe Mera; Hauptgerichte 6–10 US$; 24 Std.) La Canoa, ein Guayaquil-Lokal, ist auf landestypische Klassiker wie *fritada con mote y chicharrones* (langsam gegartes Schweinefleisch mit weißem Mais), *caldo de morcilla* (Blutwurstsuppe), *bandera* (eine gemischte Meeresfrüchteplatte) und andere Leckereien spezialisiert.

Mama Clorinda ECUADORIANISCH **$$**
(Karte S. 70; 254-4362; Reina Victoria 1144; Hauptgerichte 9–13 US$; Mo–Sa 11–22 Uhr) In dem bescheidenen, netten Mama Clorinda kehren vor allem Traveller ein, um leckere Nationalgerichte wie *llapingachos* (gebratene Pfannkuchen aus Kartoffelpüree mit Käse) mit Steak oder *cuy* (Meerschweinchen) zu verspeisen.

Petit Pigalle FRANZÖSISCH **$$$**
(Karte S. 70; 252-0867; 9 de Octubre & Carrión; Fixpreis Mittag-/Abendessen 15/38 US$; Mo–Sa 12–15.30 & Mo–Fr 19–22 Uhr) Etwas abseits des „Touristenreviers" besticht das kleine Petit Pigalle durch seine persönliche Atmosphäre und französische Küche mit dem gewissen Extra. Auf der überschaubaren, wechselnden Karte finden sich z. B. Krebsfleischsalat mit Kaviar und Austern, Ente mit Süßkartoffeln und Crème brûlée mit Rhabarber und Pistazien.

El Rey de Las Menestras GEGRILLTES **$**
(Karte S. 62; 18 de Septiembre nahe Amazonas; Hauptgerichte 4–6 US$; Mo–Sa 10–20, So bis 18 Uhr) In dem gut besuchten Laden bestellt man an der Theke. Zur Auswahl stehen gegrilltes Schwein, Huhn oder Spare Ribs, die ruck, zuck fertig sind. Eine beliebte Anlaufstelle für die Mittagspause!

Crêpes de Paris FRANZÖSISCH $
(Karte S. 70; Calama E7-62; Hauptgerichte 3–5 US$; ⏲Di 12.30–21.30, Mi–Sa bis 23 Uhr) Umgeben von großen Postern, die den Eiffelturm, Montmartre und Saint Michel zeigen, kann man süße und herzhafte Crêpes verdrücken. Bei einer Kneipentour auf der Calama bietet sich dieses kleine Restaurant für einen Imbiss zwischendurch an.

Achiote ECUADORIANISCH $$
(Karte S. 70; Ecke Rodriguez & Reina Victoria; Hauptgerichte 9–15 US$; ⏲12–22 Uhr) Ein toller Neuzugang im Mariscal-Viertel. Hier gibt's traditionelle Küche mit spezieller Note in einem stimmungsvoll beleuchteten, modernen Ambiente. Die Empanadas, Ceviches, Meeresfrüchteeintöpfe und *llapingachos* sind erste Sahne, und donnerstags bis sonntags wird Livemusik gespielt (ab 19 Uhr).

Naranjilla Mecánica INTERNATIONAL $$
(Karte S. 62; Tamayo N22-43; Hauptgerichte 4–12 US$; ⏲Mo–Mi 12–21, Do bis 24, Fr & Sa bis 2 Uhr) Die Restaurant-Bar zieht ein feierwütiges Publikum an, das sich kreative Salate, Pastagerichte und Sandwiches einverleibt. Die Speisekarte ist wie ein Comicheft aufgemacht (die Bilder sind nicht unbedingt appetitanregend), die Deko unkonventionell. Oben befindet sich eine Kunstgalerie.

Boca del Lobo INTERNATIONAL $$
(Karte S. 70; Calama 284; Hauptgerichte 8–14 US$; ⏲17–1 Uhr) Hier genießt eine Mischung aus topgestylten Einheimischen und hübsch zurechtgemachten Travellern Gerichte wie Raclette, Crêpes, Sandwiches, Desserts (Kuchen etc.) und süße Cocktails bei cooler Ambient-Musik. Die Deko ist Kitsch pur (Kugeln aus buntem Glas, leere Vogelkäfige, psychedelisch anmutende Bilder etc.).

Canoa Manabita CEVICHÉRÍA $
(Karte S. 70; Calama 247; Hauptgerichte 4–7 US$; ⏲Di–So 11–14.30 Uhr) Der bescheidene Laden mit der lockeren Atmosphäre steht bei den Einheimischen hoch im Kurs, ist bei Travellern aber noch recht wenig bekannt. Die Ceviches und Meeresfrüchteplatten lassen einem das Wasser im Munde zusammenlaufen.

Cevichería Manolo CEVICHÉRÍA $
(Karte S. 62; Ecke Diego de Almagro & La Niña; Hauptgerichte 4–6 US$; ⏲8–17 od. 18 Uhr) Ein exzellentes und dabei recht preisgünstiges Restaurant, in dem man sich unters einheimische Volk mischen und verschiedene ecuadorianische und peruanische Ceviches sowie tolle Meeresfrüchtegerichte wie *camarones al ajillo* (Krabben in Knoblauchsauce) und *sopa marinera* probieren kann.

Mare Nostrum SEAFOOD $$
(Karte S. 70; ☎223-7236, 252-8686; Ecke Foch 172 & Tamayo; Hauptgerichte 12–28 US$; ⏲12–16 & 19–22.30 Uhr) In einem an eine Burg erinnernden Gebäude – komplett mit Rüstungen und riesigen Holztischen und -stühlen – werden dekadente Seafood-Gerichte mit spanischem und ecuadorianischem Einschlag serviert.

Ethnic Coffee ECUADORIANISCH $$
(Karte S. 70; Ecke Amazonas & Robles; Hauptgerichte 6–12 US$; ⏲Mo–Fr 9–21 Uhr) Das farbenfroh dekorierte Ethnic Coffee ist Café und Kunsthandwerksladen in einem. Außer Snacks wie Tamales, Empanadas und *quimbolitos* gibt's größere Hauptgerichte (gegrillter Fisch od. Krabben). Man kann draußen sitzen, zwischen Farnen und Topfpflanzen, und freitags wird Livemusik gespielt (18.30–20.30 Uhr).

Suvlaki GRIECHISCH $
(Karte S. 70; Amazonas N21-108; Hauptgerichte 3–4 US$; ⏲Mo–Fr 8.30–19, Sa bis 16 Uhr) *Die* Adresse, wenn es einen nach aufgespießtem gebratenem Fleisch gelüstet (eben jenen namensgebenden Souvlaki). Der Laden mit der lockeren Atmosphäre hat eine stetig wachsende Fangemeinde, denn bedient wird flott, die Aufmachung drinnen ist nett (inkl. Fotos griechischer Ikonen) und es gibt Sitzplätze im Freien.

Cosa Nostra ITALIENISCH $$
(Karte S. 70; Ecke Baquerizo Moreno & Diego de Almagro; Hauptgerichte 9–13 US$; ⏲Di–So 12.30–15 & 18.30–22.30 Uhr) Das Cosa Nostra ist in italienischem Besitz und verfügt über eine gastfreundliche Terrasse vorn sowie einen gemütlichen Speisesaal. Wer hier einkehrt, wird mit hervorragenden Pizzas verwöhnt, auf denen sich der Belag türmt. Sie kommen direkt aus dem Ziegelofen. Zum Nachtisch empfehlen wir Tiramisu und den guten Espresso.

Restaurante Manantial VEGETARISCH $
(Karte S. 70; 9 de Octubre N22-25; Hauptgerichte 2–3 US$; ⏲Mo–Fr 9–16 Uhr; 🖉) Das Manantial ist ein schnörkelloser Laden. Die Spezialität sind traditionelle Gerichte ohne Fleisch, z. B. *llapingachos* (Gemüseburger auf Kartoffelpuffern), Tofu-Sandwiches, Tagessuppen und Säfte.

La Bodeguita de Cuba KUBANISCH $$
(Karte S. 62; Reina Victoria 1721; Hauptgerichte 7–8 US$; ⏲Mo & Di 12–23, Mi & Do bis 1, Fr & Sa bis 2 Uhr) Kubanisches Essen und eine witzige Atmosphäre verspricht dieses schön beleuchtete Restaurant, dessen Wände innen mit Graffitis bedeckt sind. Man kann auch im Freien sitzen. Mittwoch- und donnerstagabends treten Livebands auf; im benachbarten Veradero spielen sie immer freitags und samstags (jeweils ab etwa 20.30 Uhr).

Great India INDISCH $
(Karte S. 70; Calama E4-54; Hauptgerichte 4–6 US$) Fotos des Tadsch Mahal, indischer Filmstars und von Bollywood-Filmszenen zieren dieses seit Langem beliebte Restaurant. Die Lamm- oder Hühnchen-Masalas sind großzügig portioniert. Außerdem gibt es Gemüse-Currys, Lassis, Schawarmas mit Huhn und Falafelsandwiches. Das Essen ist gut, aber nicht besonders scharf.

Mongo's MONGOLISCH $$
(Karte S. 70; Calama E5-10; Hauptgerichte 8–9 US$) Die Einrichtung des Mongo's erinnert entfernt an das Innere einer Jurte. Hier schaffen Partygänger mit gegrilltem Fleisch, Meeresfrüchten und *All you can eat- (and drink!)*-Angeboten die Basis für eine lange Nacht.

El Mariachi Taco Factory MEXIKANISCH $$
(Karte S. 70; Foch nahe Mera; Hauptgerichte 7–9 US$) Bunte Tischdecken, Poster von mexikanischen Mariachis und Mauern im Lehmziegel-Look kreieren in diesem eher gesetzten Mariscal-Restaurant eine vage an das Mexiko früherer Zeiten erinnernde Atmosphäre. Die brutzelnd heißen Fajitas kann man mit einer Frozen Margarita hinunterspülen.

Uncle Ho's VIETNAMESISCH $$
(Karte S. 70; Calama E8-29; Hauptgerichte 7–10 US$; ⏲Mo–Sa 12–22.30 Uhr) In dem farbenfrohen Laden (in Mariscal finden sich überall die *I love Ho*-Flyer) werden die Gäste mit *pho* (Nudelsuppe), Pad Thai und anderen asiatischen Gerichten versorgt.

Noe Sushi Bar JAPANISCH $$$
(Karte S. 62; ☎322-7378; Isabel La Católica N24-827; Abendessen für 2 Pers. 50–80 US$; ⏲12.30–16 & 18.30–22 Uhr) In dem schicken, minimalistischen Restaurant kommen zartes, frisches Sushi und Sashimi, Teppanyaki, Kobe-Rind und weitere japanische Delikatessen auf die Tische.

Aladdin's NAHÖSTLICH $
(Karte S. 70; Ecke Diego de Almagro & Baquerizo Moreno; Hauptgerichte 3–7 US$; ⏲Mo–Do 11–23, Fr & Sa bis 1, So bis 16.30 Uhr) Das Aladdin's ist in Anlehnung an einen Souk gestaltet und hat eine überdachte Terrasse vorn. Die Falafel und Schawarmas sind lecker, genauso wie die Hauptspeisen. Die richtige Adresse für diejenigen, die mal eine Shisha rauchen möchten.

Café Amazonas ECUADORIANISCH $$
(Karte S. 70; Ecke Av Amazonas & Roca; Hauptgerichte 5–9 US$; ⏲Mo–Sa 7–21, So bis 19 Uhr) Eine echte Institution in Quito. Das Amazonas hat eine treue Stammkundschaft und es kommen immer neue Fans dazu. Der Grund: Es gibt *seco de chivo, locro de papas* und anderes Soulfood. Die Sitzplätze im Freien eignen sich prima, um Leute zu beobachten.

Café Colibri CAFÉ $
(Karte S. 70; Pinto 619; Hauptgerichte 2–5 US$; ⏲8–18 Uhr) Große Fenster, Oberlichter und der gartenähnliche Bereich vorn machen das Colibri zu einer netten Adresse zum Frühstücken, für Crêpes, Sandwiches oder einen Kaffee. Der Laden gehört Deutschen.

El Cafecito INTERNATIONAL $
(Karte S. 70; Cordero 1124; Hauptgerichte 3–7 US$; ⏲8–23 Uhr) Im Erdgeschoss der gleichnamigen, beliebten Pension ist ein nettes Café-Restaurant untergebracht, in dem man leckere, günstige Gerichte und Snacks bekommt, und zwar den ganzen Tag über. Das Frühstück ist super. An warmen Tagen kann man in dem hübschen Garten vorn essen.

Cactus ECUADORIANISCH $$
(Karte S. 70; Carrión E4-74; Hauptgerichte 4–9 US$; ⏲Mo–Sa 8–22 Uhr) Ganz in der Nähe der geschäftigen Amazonas versteckt sich dieses Restaurant, das auf leckere, authentische *otavaleño*-Küche spezialisiert ist – das richtige Plätzchen, wenn man *cuy* kosten möchte. Freitags abends ab 19 Uhr wird volkstümliche Musik gespielt (live).

Kallari CAFÉ $
(Karte S. 70; www.kallari.com; Wilson E4-266; Frühstück 3,50 US$, Mittagessen 4,30 US$; ⏲Mo–Sa 9–19 Uhr) Die Kichwa-Kooperative bietet neben sättigendem Frühstück und Mittagessen heiß begehrte Schokoriegel an.

El Español SPANISCH $
(Karte S. 70; Ecke Mera & Wilson; Hauptgerichte 4–6 US$; ⏲Mo–Fr 8–21, Sa & So 8.30–18 Uhr)

Der nette spanische Delikatessenladen hat verschiedene Altwelt-Leckereien vorrätig, darunter Oliven, *jamón Ibérico* (spanischer Schinken), Käse und Wein – auf Wunsch werden aber auch Sandwiches frisch zubereitet. Es gibt noch eine zweite Filiale an der Plaza Foch.

Magic Bean INTERNATIONAL **$$**
(Karte S. 70; Foch E5-08; Hauptgerichte 6–12 US$; ⌚7–23 Uhr; 📶) Die Preise sind ein wenig überzogen, dennoch ist es im Magic Bean fast immer voll: Die Leute kommen wegen des Frühstücks und Mittagessens im amerikanischen Stil und machen sich über schäumende Säfte, Kaffees und Desserts her. Am besten sucht man sich ein Plätzchen auf der überdachten Terrasse.

Hamburguesas del Sesé HAMBURGER **$**
(Karte S. 62; Ecke Tamayo & Carrión; Hauptgerichte 3 US$; ⌚Mo–Mi 11–21, Do bis 24, Fr & Sa bis 2 Uhr) Sesé ist einer von vielen Studententreffs in der Gegend. Es gibt verschiedene Burger (z. B. mit Gemüse, Lachs und Hühnchen). Eine beliebte Anlaufstelle nach einer Runde Salsa im nahe gelegenen Seseribó!

La Choza ECUADORIANISCH **$$**
(Karte S. 70; ☎223-0839; Av 12 de Octubre N24-551; Hauptgerichte 7–12 US$; ⌚Mo–Sa 12–16 & 18.30–22, So 12–16 Uhr) Eines der besten Restaurants in der Stadt für traditionelle ecuadorianische Küche. Bei La Choza bekommt man tellerweise *llapingachos*, gegrillte *corvina* und Steak mit allem Drum und Dran in lässiger Umgebung auf bunten Tischdecken. Im Hintergrund läuft Musik aus den Anden.

El Maple VEGETARISCH **$**
(Karte S. 70; Pinto E7-68 nahe Diego de Almagro; Hauptgerichte 5–8 US$; ⌚Mo & Di 12–21, Mi–Sa bis 22.30, So bis 18 Uhr; 🖉) In diesem beliebten Lokal wird gute internationale vegetarische Küche zubereitet (Burritos im Tex-Mex-Stil, asiatische Nudelgerichte, Pasta mit Sahnesaucen). Die viergängigen Mittagsmenüs sind preiswert, die Säfte top.

Mercado Santa Clara MARKT **$**
(Karte S. 62; Ecke Dávalos & Versalles; ⌚8–17 Uhr) Der wichtigste Lebensmittelmarkt in der Neustadt. Die Auswahl ist grandios. Außerdem findet man hier jede Menge Stände, an denen günstiges Essen verkauft wird.

Supermaxi SUPERMARKT **$**
(Karte S. 62; Ecke La Niña & Pinzón; ⌚tgl.) Der größte und beste Supermarkt in der Nähe Mariscals.

Mercado La Floresta MARKT **$**
(Karte S. 62; Ecke Galavis & Andalucía; ⌚Fr 9–16 Uhr) Kleiner, aber netter Obstmarkt im friedlichen Wohnviertel Floresta.

🍷 Ausgehen

Bars, Nachtclubs und andere Ausgehoptionen bleiben sonntags geschlossen.

Le Thé CAFÉ
(Karte S. 62; Whymper 2958; Tasse/Kännchen Tee 3/8 US$; ⌚Mo–Fr 10–20, Sa bis 14 Uhr; 📶) Ein friedliches Fleckchen, um die Batterien wieder aufzuladen. Diese moderne Teestube, die gleichzeitig ein Café ist, verfügt über gerade mal vier Tische, aber die Teesortenauswahl ist groß und die Aufgusszeit wird penibel eingehalten (mit der Eieruhr!).

Juan Valdez CAFÉ **$**
(Karte S. 70; Foch nahe Pinto; Kaffee 2–3 US$; ⌚So–Do 8–21, Fr & Sa bis 1 Uhr; 📶) Diese gut besuchte Filiale einer kolumbianischen Kaffeehauskette ist eine echte Institution an der Plaza Foch. Sie wartet mit leckeren Cappuccinos, Desserts und Frühstück auf. Man kann im Freien sitzen und Leute beobachten.

Finn McCool's IRISH PUB
(Karte S. 70; Diego de Almagro nahe Pinto; ⌚17–2 Uhr) Hier flattert die irische Flagge stolz im Wind. Der Laden ist in irischem Besitz und wird sowohl von Einheimischen als auch Ausländern frequentiert, die hier eine Runde Billard oder Kicker spielen, Kneipensnacks verzehren oder wegen der Mottoabende vorbeischauen (Quizabende dienstags, Livebands oder Improvisationsabende donnerstags, Fußballabende, wenn ein wichtiges Spiel läuft, etc.).

Sports Planet BAR
(Karte S. 70; 3. Stock, Ecke Reina Victoria & Foch) In dem modernen Kneipenrestaurant werden fast ständig auf mehreren Bildschirmen Sportsendungen gezeigt, und auf den Sitzplätzen am Fenster hat man das bunte Treiben auf der Plaza Foch im Blick. Zu essen gibt's Burger, Burritos, Wraps und andere einfache Gerichte.

Coffee Tree BAR
(Karte S. 70; Ecke Reina Victoria & Foch; ⌚24 Std.) Ein Besuch in dieser Outdoor-Bar an der belebten Reina Victoria ist ein netter Auftakt für eine lange Nacht. Die Tische an der Plaza laden zum Leutegucken ein. In unmittelbarer Nachbarschaft befinden sich zahlreiche weitere Bars und Restaurants.

Cherusker BAR
(Karte S. 70; Ecke Pinto & Diego de Almagro; ⌚Mo–Do 13–1, Fr & Sa bis 3 Uhr) Das Cherusker nimmt ein rotes, zweistöckiges Kolonialgebäude ein und hat eine treue Stammkundschaft, denn die Biere sind lecker, das unkonventionelle Ambiente ist einladend, und auf der Terrasse vorn ist immer etwas los. An den Wochenenden spielen ab und an Livebands.

Ananké LOUNGE
(Karte S. 62; Orellana 781, Guápulo) Das Ananké liegt etwas weiter ab vom Schuss, aber die Anfahrt lohnt sich! Die stilvolle Pizzeria-Bar mit der stimmungsvollen Beleuchtung besteht aus kleinen, farbenfrohen Räumen, die in einem alten, zweistöckigen Gebäude verteilt liegen. Es gibt eine kleine Terrasse mit Feuerstelle und mehrere nette Ecken, in denen man es sich bei einem Cocktail mit seinen Freunden gemütlich machen kann. Sobald sich der Nebel verzogen hat, ist der Blick auf Guápulo genial!

Mirador de Guápulo CAFÉ
(Karte S. 62; Larrea & Pasaje Stübel, Guápulo) Diese gemütliche Café-Bar liegt am Hang oberhalb von Guápulo. Die Aussicht ist unschlagbar, und auch das Essen – landestypische Spezialitäten wie Empanadas, *sanduches de pernil* & Co. – ist lecker, das Ambiente gibt allerdings (abgesehen von dem Ausblick) nicht viel her. Dafür wird jedoch mittwochs bis samstags abends Livemusik geboten (ab ca. 20 Uhr).

Santa Espuma KLEINBRAUEREI
(Karte S. 62; Whymper N29-02) Santa Espuma (bedeutet Heiliger Schaum) besticht durch die Dekoration mit dunklem Holz, die gehaltvolle Küche und drei Biersorten, die vor Ort gebraut werden: *rubio* (helles Bier), *negro* (Schwarzbier) und unser Favorit, *puka*. Wenn man zeitig ankommt, ergattert man vielleicht einen Tisch mit Blick auf die Stadt.

Dirty Sanchez LOUNGE
(Karte S. 70; Pinto E7-38 nahe Reina Victoria) Die kleine Lounge mit dem schrägen Namen hat ein ausgesprochen unkonventionelles Flair und ist vollgestopft mit Kunst. Mit vernünftigen Cocktails (und Kaffee), guter Musik und einem entspannten Publikum hebt sie sich von vielen anderen Bars ab.

Turtle's Head Pub & Microbrewery BAR
(Karte S. 62; La Niña E4-451) Der Pub ist in schottischem Besitz. Es gibt vernünftiges Bier und Kneipenküche, man kann kickern und Billard spielen, und hin und wieder treten Livebands auf.

Jugos de la Sucre SAFTBAR $
(Karte S. 54; Sucre Oe5-53; Getränke 0,75 US$; ⌚Di–Fr 9–17, Sa 10–14 Uhr) Wer ein paar Vitamine in Form von frisch gepresstem Saft benötigt, könnte kaum einen besseren Stand finden. Wie wär's mit *tomate de arbol* (Tamarillo), *maracuya* oder *guanábana* (Stachelannone)?

☆ Unterhaltung

Quitos *farra* (Nachtleben) konzentriert sich auf den Mariscal bzw. die Gegend um dieses Viertel. Dort ist der Übergang von der Bar zum Tanzclub oft fließend. Die Mariscal-Bars haben im Allgemeinen ein gewisses Rowdy-Flair und sind berüchtigt für die „Gringo-Jagd" – hier gehen Einheimische beider Geschlechter auf die Suche nach Touristen, und es wird angegraben, was das Zeug hält (je nachdem, wie man drauf ist, kann das Spaß machen oder auch total anstrengend sein). In den Tanzbars muss häufig Eintritt gezahlt werden; oft ist ein Getränk im Preis inbegriffen. Nicht vergessen: Nach dem Feiern im Mariscal immer mit dem Taxi nach Hause fahren!

Wer es gern entspannter hat und keinen Wert auf Baggern und Flirten legt, ist in La Floresta oder Guápulo gut aufgehoben. Die dortige Ausgehszene ist etwas gesetzter.

Lust auf Kino oder ein kulturelles Event? Dann sollte man die Lokalzeitungen *El Comercio* und *Hoy* durchstöbern oder sich eine Ausgabe von *Quito Cultura*, einem monatlich erscheinenden kostenlosen Kulturmagazin, zulegen (erhältlich in den Touristeninformationen).

Nachtleben

Sich auf die Tanzfläche einer *salsateca* (Salsa-Nachtclub) zu wagen, ist ein absolutes Muss! Wer keine Ahnung von Salsa hat, könnte erst mal einen Kurs belegen (s. S. 65).

LP TIPP **El Pobre Diablo** LIVEMUSIK
(Karte S. 62; ☎223-5194; www.elpobrediablo.com; Isabel La Católica E12-06; ⌚Mo–Sa 12–15 & 19–2 Uhr) Einheimische wie Auswanderer bezeichnen El Pobre Diablo als eine der besten Adressen in Quito für Livemusik. Die Atmosphäre ist nett und entspannt, und fast jeden Abend treten ausgewählte Musiker auf (Jazz, Blues, Weltmusik oder experimentellere Stilrichtungen). Davon

abgesehen gibt's leckere Fusion-Küche und gute Cocktails.

Bungalow 6 CLUB

(Karte S. 70; Ecke Calama & Diego de Almagro; ⌚Mi–Sa 19–3 Uhr) Der beliebteste Club bei Travellern wie Einheimischen in Mariscal ist Bungalow 6. Die Musik ist abwechslungsreich und die Tanzfläche zwar klein, aber fast immer voll. Oben befinden sich mehrere bunt gestaltete Räume mit Kicker- und Billardtischen sowie eine kleine Terrasse. An den Wochenenden ist hier ähnlich viel los wie bei der extrem beliebten „Ladies' Night" am Mittwoch (kostenlose Getränke für die Damen von 20 bis 22 Uhr). Besser früh kommen, sonst muss man anstehen!

El Aguijón CLUB

(Karte S. 70; Calama E7-35; www.elaguijon.com.ec; Eintritt 5–10 US$; ⌚Di–Sa 21–3 Uhr) Zieht mit seinem Fabrikhallenflair Einheimische und Urlauber an. Über der Tanzfläche werden Kunstvideos auf einem großen Bildschirm gezeigt, und die DJs spielen an den Wochenenden sämtliche Stilrichtungen. Donnerstags treten Livebands auf, und mittwochs ist Salsa angesagt (sehr populär!).

Seseribó CLUB

(Karte S. 62; Edificio Girón, Veintimilla & Av 12 de Octubre; Eintritt 5–10 US$; ⌚Do–Sa 21–2 Uhr) Die beliebteste *salsateca* in ganz Quito ist ein Muss für alle Salsafans. Die Musik ist genial und die Stimmung klasse. Fantastisch zum Tanzen!

La Juliana LIVEMUSIK

(Karte S. 62; Av 12 de Octubre nahe Coruña; Eintritt 15 US$; ⌚Do–Sa 22–2 Uhr) In dem alten, umgebauten Gebäude treten heute so ziemlich jedes Wochenende immer andere Bands (Rock, Salsa, Merengue) in farbenfrohem Ambiente auf. Mit Tanzfläche.

Blues CLUB

(Karte S. 62; www.clubblues.com; Av de la República 476; Eintritt 7–20 US$; ⌚Do–Sa 22–6 Uhr) Im dem einzigen Club in Quito, der bis zum Morgen geöffnet hat, ist erst ab 3 Uhr etwas los. Die DJs legen Elektronica- und Rockplatten auf, donnerstags abends spielen Rockbands. Das *quiteño*-Publikum ist stets durchgestylt.

Café Libro LIVEMUSIK

(Karte S. 70; ✆223-4265; www.cafelibro.com; Leonidas Plaza Gutiérrez N23-56; Eintritt 3–20 US$; ⌚Mo–Fr 12–14, Di–Do 17–24, Fr & Sa 18–2 Uhr) Eine schon lange existierende Bar, die von Kulturliebhabern frequentiert wird. Livemusik, Dichterlesungen, moderner Tanz, Tango und Jazz stehen auf dem Programm.

Mayo 68 CLUB

(Karte S. 70; García 662) Die Einheimischen lieben diesen kleinen Salsaclub in günstiger Lage in Mariscal.

House of Rock LIVEMUSIK

(Karte S. 62; Isabel La Católica 1160 nahe Coruña) Gut besuchter Club, in dem Quitos Stars von Morgen auftreten. Livemusik immer donnerstags bis samstags abends.

Kino

In den meisten Kinos werden beliebte Filme in englischer Sprache mit spanischen Untertiteln gezeigt. Karten kosten ca. 5 US$.

Ocho y Medio KINO

(Karte S. 62; www.ochoymedio.net, spanisch; Valladolid N24-353 & Vizcaya; ⌚Café 11–22.30 Uhr) Die Filmbühne in Floresta bringt tolle Kunstfilme (häufig auf Englisch) auf die Leinwand. Gelegentlich finden auch Tanz-, Theater- oder Livemusikvorführungen statt. Ein Café gibt's auch.

Cinemark KINO

(außerhalb der Karte S. 62; www.cinemark.com.ec, spanisch; Naciones Unidas & Av América) Hier laufen die neuesten Blockbuster aus Hollywood.

Multicines KINO

(außerhalb der Karte S. 62; www.multicines.com.ec, spanisch; Centro Comercial Iñaquito) Noch ein Kino mit mehreren Sälen.

Theater & Tanz

Teatro Sucre THEATER

(Karte S. 54; ✆228-2136; www.teatrosucre.com, spanisch; Manabí N8-131; Eintritt 5–20 US$) Das geschichtsträchtigste Theater Quitos mit Blick auf die Plaza del Teatro wurde restauriert. Die Darbietungen reichen von Jazz- und Klassikkonzerten über Ballett bis hin zu modernem Tanz und Opern.

Teatro Bolívar THEATER

(Karte S. 54; ✆258-2486/7; www.teatrobolivar.org; Espejo) Das Bolívar ist wohl das berühmteste Theater der Stadt und ohne Zweifel eines der bedeutendsten. Es liegt zwischen der Flores und der Guayaquil. Bei Redaktionsschluss liefen die Renovierungsarbeiten noch, es finden aber nach wie vor Führungen und Veranstaltungen (Theater, aber auch internationale Tango-Elektronica-Gigs etc.) statt.

Humanizarte TANZ
(Karte S. 54; www.humanizarte.org.ec; La Ronda, Casa 707; Eintritt 5 US$; ⌚Fr & Sa 21 Uhr) Die exzellente Theater- und Tanzgruppe tritt derzeit an den Wochenenden abends auf der La Ronda auf und zeigt Anden-Tänze. Bietet auch Tanzunterricht an.

Ballet Folklórico Nacional Jacchigua TANZ
(Karte S. 62; ☎295-2025; www.jacchiguaesecuador.com, spanisch; Ecke Av Patria & Av 12 de Octubre; Eintritt 30 US$ ⌚Mi & Fr 19.30 Uhr) Das Folkloreballett mag touristisch sein, ist aber wirklich spektakulär. Es tritt im Teatro Demetrio Agilera in der Casa de la Cultura Ecuatoriana (S. 61) auf. Tickets können online reserviert werden.

Teatro Prometeo THEATER
(Karte S. 62; ☎290-2272; http://cce.org.ec; Av 6 de Diciembre N16-224) Das Teatro Prometeo ist an die Casa de La Cultura Ecuatoriana (S. 61) angeschlossen. Häufig werden moderne Tänze und andere Shows geboten, die man auch genießen kann, wenn man kein Spanisch spricht. Günstige Preise.

Patio de Comedías THEATER
(Karte S. 62; ☎256-1902; www.patiodecomedias.org; 18 de Septiembre E4-26) Theaterstücke und Vorführungen von Donnerstag- bis Sonntagabend, gewöhnlich ab 20 Uhr. Der Patio de Comedías befindet sich nahe dem Mariscal, zwischen der 9 de Otubre und der Amazonas.

Shoppen

In der Neustadt finden sich massenweise tolle Kunsthandwerksläden entlang der Avenida Amazonas bzw. in ihrer Nähe. An den Straßenständen ist Feilschen angesagt. In gediegeneren Geschäften sind die Preise gewöhnlich fix, aber auch dort könnte man versuchen zu handeln. Tipp: Außerhalb von Quito sind Souvenirs etwas günstiger.

In puncto Galerien hat Quito nicht sehr viel zu bieten. Es gibt gerade mal eine Handvoll Einrichtungen, in denen lokale Arbeiten ausgestellt und verkauft werden.

Die *centros comerciales* (Einkaufszentren) sind genauso aufgemacht wie ihre Vorbilder in Nordamerika. Hier bekommt man Artikel internationaler Marken. Die meisten Geschäfte bleiben sonntags geschlossen, die im Folgenden genannten Einkaufszentren sind jedoch täglich von ca. 10 bis 20.30 Uhr geöffnet und haben auch Restaurants und Fast-Food-Läden.

LP TIPP **Galería Latina** KUNSTHANDWERK
(Karte S. 70; Mera N23-69) Eines der elegantesten Kunsthandwerks- und Bekleidungsgeschäfte in der Stadt. Die Auswahl an wunderschön gefertigten Waren ist riesig: Es gibt Tagua-Schnitzarbeiten, bunte Anden-Webstoffe, Textilien, Schmuck, Pullover und handgefertigte Gegenstände aus ganz Lateinamerika. Die Preise sind höher als anderswo, aber die Qualität ist auch besser.

Galería Ecuador Gourmet KUNST & KUNSTHANDWERK
(Karte S. 70; Reina Victoria N24-263 nahe Lizardo García) Der funkelnagelneue Komplex wird vom Tourismusministerium betrieben und wartet mit einer kleinen Kollektion von Hautpflegeprodukten und Seifen, Kunsthandwerk, Kleidung, CDs, Bildbänden sowie Schokoladen, Weinen und Likören (darunter ein cremiges „Schokoelixier") auf. Vor Ort befindet sich ein Café und in der Galerie oben sind Wechselausstellungen untergebracht. Sämtliche Waren sind *made in Ecuador*.

Mercado Artesanal La Mariscal KUNSTHANDWERK
(Karte S. 62; Washington zw. Mera & Reina Victoria) Die Stände nehmen einen halben Wohnblock ein. Die Artikel sind erschwinglich, wenn auch von unterschiedlicher Qualität. Eine super Anlaufstelle für Souvenirs! Es wird gemunkelt, dass der Markt irgendwann umziehen soll.

Folklore Olga Fisch KUNSTHANDWERK
(Karte S. 62; Colón E10-53) Das Geschäft der legendären Designerin Olga Fisch ist eine gute Adresse, wenn man qualitativ hochwertiges Handwerk sucht. Fisch (gest. 1991) war eine ungarische Künstlerin, die 1939 nach Ecuador auswanderte und mit indigenen Handwerkern zusammenarbeitete. Ihre Kunstwerke zeugen von dem traditionellen Einfluss.

Ari Gallery SCHMUCK
(Karte S. 54; Bolívar Oe6-23) In dem kleinen Schmuckladen gibt's einzigartige, wunderschöne Stücke in präkolumbischem Design. Sie bestehen aus Halbedelsteinen und seltenen Materialien aus Ecuador (z. B. Lazarusklappermuscheln).

Kunstmesse Parque El Ejido KUNST & KUNSTHANDWERK
(Karte S. 62; Av Patria & Av Amazonas; ⌚Sa & So 9 Uhr–Sonnenuntergang) Bilder kauft man am

besten bei der Kunstmesse am Wochenende. Bei den Arbeiten handelt es sich meist um Kopien von Werken etablierter ecuadorianischer Künstler. Sie sind bunt und preiswert.

La Bodega KUNSTHANDWERK
(Karte S. 70; Mera N22-24) La Bodega mischt schon seit über 30 Jahren mit und hat eine große, tolle Auswahl von hochwertigem Kunsthandwerk vorrätig (alte und neue Stücke).

Ag KUNSTHANDWERK
(Karte S. 70; Mera N22-24) Der von Hand gefertigte Silberschmuck aus ganz Südamerika ist herausragend. Außerdem stehen Antiquitäten zum Verkauf.

Tianguez KUNSTHANDWERK
(Karte S. 54; Plaza San Francisco) Grenzt an das gleichnamige Café und gehört zur Fair Trade Organization (Organisation für fairen Handel). Hier gibt's tolles Handwerk aus ganz Ecuador.

Homero Ortega P & Hijos HÜTE
(Karte S. 54; www.genuinepanamahat.com; Benalcázar N2-52) Einer der größten Händler für ecuadorianische Strohhüte (die auch als Panamahüte bekannt sind) des ganzen Landes hat u.a. eine kleine, aber feine Kollektion der berühmten Marke Cuenca im Angebot.

Posada de Artes Kingman GALERIE
(Karte S. 62; ☎222-2610; 1. Stock, Diego de Almagro N29-54; ⏲Mo–Fr 9–13 & 15–19 Uhr) Die kleine Galerie ist den Werken des ecuadorianischen Malers Eduardo Kingman gewidmet. Er war der Lehrer des bekannteren Künstlers Guayasamín und beeinflusste dessen Stil maßgeblich.

Mono Dedo OUTDOOR-AUSRÜSTUNG
La Floresta (Karte S. 62; www.monodedo.com; Rafael Leon Larrea N24-36; ⏲Mo–Fr 11–21, Sa 10–13.30 Uhr); Rocódromo (Karte S. 62; Queseras del Medio s/n; ⏲Mo–Fr 11–19.30, Sa & So 9.30–17 Uhr) Ein genialer Laden mit Ausrüstung für Klettertouren am Fels oder im Eis. Außerdem gibt's Kleidung, Zelte, Taschen und Ähnliches. Die Rocódromo-Filiale hat noch mehr Ausrüstung.

Latino Americana KUNSTHANDWERK
(Karte S. 70; Av Amazonas N21-20) Die Auswahl von Kunsthandwerk ist riesig, es gibt aber auch Panamahüte, Keramikwaren, Schmuck und Alpaca-Kleidung. Die Qualität schwankt; besser genau hinschauen!

Productos Andinos KUNSTHANDWERK
(Karte S. 70; Urbina 111) Nette Kunsthandwerkerkooperative, vollgestopft mit Artikeln zu vernünftigen Preisen.

El Aborigen KUNSTHANDWERK
(Karte S. 70; Washington 614) Erinnert irgendwie an einen Supermarkt für Kunst und Kunsthandwerkswaren. Riesiges Sortiment und gute Preise.

Cienfuegos Galería GALERIE
(Karte S. 62; Galavis & Andalucía 614; ⏲Mo–Fr 11–17, Sa 10–14 Uhr) Die kleine Galerie neben dem Mercado La Floresta beherbergt Arbeiten ecuadorianischer Künstler.

Cholo Machine KLEIDUNG
(Karte S. 70; Wilson 712 an der Mera) In dieser Hipster-Boutique werden die auffällig bedruckten T-Shirts des lokalen Designers Cholo Machine verkauft.

Galería Beltrán KUNSTGALERIE
(Karte S. 62; Reina Victoria N21-30; ⏲Mo–Fr 9.30–19, Sa 10–14 Uhr) Diese Kunstgalerie ist schon seit mehr als 30 Jahren im Geschäft. Hier bekommt man Bilder von bekannten ecuadorianischen Künstlern.

Tatoo OUTDOOR-AUSRÜSTUNG
(Karte S. 70; Mera N23-54) Das Tatoo hat qualitativ hochwertige Ausrüstung für Kletter-, Rafting- und andere Outdoor-Abenteuer im Angebot.

Explorer OUTDOOR-AUSRÜSTUNG
(Karte S. 70; ☎255-0911; 1. Stock, Ecke Foch & Reina Victoria) Über dem Café El Español mit Blick auf die Plaza Foch. In dem kleinen, neuen Laden gibt's teure Outdoor-Ausrüstung (Markenartikel).

Libri Mundi BUCHLADEN
(Karte S. 70; Mera 851) Quitos bester Buchladen. Gute Auswahl von englischen, deutschen, französischen und spanischen Titeln.

Confederate Books BUCHLADEN
(Karte S. 70; Ecke Calama & Mera) Nirgendwo in Ecuador findet man mehr gebrauchte Bücher auf Englisch und in weiteren Sprachen.

English Bookstore BUCHLADEN
(Karte S. 70; Calama 217) Gute Auswahl von Secondhand-Büchern auf Englisch.

Centro Comercial El Jardín EINKAUFSZENTRUM
(Karte S. 62; Av Amazonas & Av de la República) Eine brandneue Mall nahe dem Parque La Carolina.

Centro Comercial Iñaquito EINKAUFSZENTRUM
(außerhalb der Karte S. 62; CCI; Av Amazonas & Naciones Unidas) Am nördlichen Ende des Parque La Carolina.

Centro Comercial Quicentro EINKAUFSZENTRUM
(außerhalb der Karte S. 62; Av 6 de Diciembre & Naciones Unidas) Noch ein beliebtes Einkaufszentrum an der Naciones Unidas.

Praktische Informationen

Hervorragende topographische Karten und solche speziell für Touristen erhält man, falls vorrätig (und das ist leider nicht immer der Fall), im Kartenverkaufsraum des **Instituto Geográfico Militar** (IGM; Karte S. 62), das sich auf einem Hügel südöstlich des Parque El Ejido befindet. Da kein Bus dorthin fährt, muss man entweder zu Fuß gehen oder sich ein Taxi leisten. Zudem muss der Reisepass am Eingang hinterlegt werden. Abgesehen von einer riesigen Quito-Karte gibt es nur wenige Stadtpläne.

Gefahren & Ärgernisse

Überfälle und Kleinkriminalität sind keine Seltenheit in Quito, wer allerdings ein paar Sicherheitsvorkehrungen trifft, kann das Risiko, selbst zum Opfer zu werden, auf ein Minimum reduzieren.

Mariscal Sucre ist die Gegend, in der sich die meisten Pensionen, Restaurants, Bars und Clubs befinden. Entsprechend ist dies ein beliebtes Revier von Taschendieben und Straßenräubern. Auf der Plaza Foch patrouillieren Polizisten, doch nur wenige Straßen entfernt ereignen sich immer wieder Überfälle. Nach Einbruch der Dunkelheit sollte man ein Taxi nehmen, auch wenn man nur ein kurzes Stück zu laufen hätte. Sonntags, wenn die Straßen von Mariscal verlassen sind, sollte man ebenfalls auf der Hut sein.

Die Altstadt ist werktags bis etwa 22 Uhr ein relativ sicheres Pflaster, freitags und samstags bis um Mitternacht. Hier ereignen sich weniger Raubüberfälle, dafür sind Taschendiebe ein echtes Problem. Rucksack bzw. Handtasche immer gut festhalten! Auch der alte Trick mit dem Senf- oder Ketchupfleck wird gern angewendet.

In den Elektrobussen wimmelt es ebenfalls von Langfingern – stets wachsam sein und Fahrten während der Stoßzeiten und nach Einbruch der Dunkelheit lieber vermeiden! Die Tasche/den Rucksack immer am Körper haben (z. B. im Schoß); allzu oft werden Taschen mit einem Messer aufgeritzt, selbst wenn man sie zwischen den Beinen abstellt oder während man sie auf dem Rücken hat.

Die Treppe an der Calle García Moreno, die auf den El Panecillo hinaufführt, ist berüchtigt. Dort werden immer wieder Leute ausgeraubt. Man sollte mit dem Taxi hochfahren; oben kann man dann ein anderes Taxi für die Rückfahrt anhalten.

Wer Pech hat und dennoch überfallen wird, sollte den Vorfall auf der **Polizeiwache** Mariscal (Servicio de Seguridad Turística; Ecke Reina Victoria & Roca; ⌚24 Std.) Altstadt (Ecke Mideros & Cuenca) melden. Der Polizeibericht heißt *denuncio*.

Geld

In der Neustadt, entlang der Avenida Amazonas zwischen den Avenidas Patria und Orellana, befinden sich mehrere Banken und ein paar *casas de cambio* (Wechselstuben). Darüber hinaus gibt es noch Dutzende weitere Banken in der Stadt. Die im Folgenden genannten verfügen über Geldautomaten und nehmen Reiseschecks an. Wer an einem Sonntag Geld wechseln muss, sollte sich zu Producambios am Flughafen aufmachen: Die *casa de cambio* im Ankunftsbereich für internationale Flüge ist für die frisch gelandeten Reisenden geöffnet.

Banco de Guayaquil Av Amazonas (Av Amazonas N22-147 an der Veintimilla); Colón (Colón an der Reina Victoria)

Banco del Pacífico Neustadt (12 de Octubre & Cordero); Altstadt (Ecke Guayaquil & Chile)

Banco del Pichincha (Guayaquil zw. Olmedo & Manabí)

Producambios (Av Amazonas 350, Mariscal)

Servicio Cambios (Venezuela N5-15)

Western Union La Pradera (Av de la República); Colón (Av Colón 1333) Für Überweisungen aus dem Ausland.

Infos im Internet

Corporación Metropolitana de Turismo (www.quito.com.ec)

Quito für Homosexuelle (http://gayquitoec.tripod.com)

Internetzugang

Überall im Mariscal befinden sich Internetcafés, die vielfach auch günstige Tarife für Auslandsgespräche anbieten. Die Auswahl in der Altstadt ist weniger groß. Ein Café befindet sich im Palacio Arzobispal gegenüber der Plaza Grande. Der gängige Preis liegt bei ca. 1 US$ pro Stunde. Reisende empfehlen das **Monkeys** (Mera N24-200, 2. Stock; ⌚8–23 Uhr).

Medizinische Versorgung

Folgende Einrichtungen sind uns empfohlen worden. Viele Ärzte unterhalten Praxen im Centro Meditropoli nahe dem Hospital Metropolitano.

Dr. John Rosenberg (☎252-1104, 09-973-9734; Foch zw. Av 6 de Diciembre & Diego de Almagro) Der Internist ist auf Tropenmedizin spezialisiert. Er spricht Englisch und Deutsch und macht Hausbesuche. In Notfällen ist er nahezu jederzeit erreichbar. Auf der Foch muss man nach dem „Medcenter"-Schild Ausschau halten.

Hospital Metropolitano (☎399-8000; Mariana de Jesús & Av Occidental) Das beste Krankenhaus der Stadt.

Hospital Voz Andes (☎226-2142; Ecke Villalengua Oe2-37 & Av 10 de Agosto) Ein amerikanisches Krankenhaus mit einer Ambulanz und Notaufnahme nahe der Haltestelle Iñaquito.

Notfall

Feuerwehr (☎102)

Notruf (☎911)

Polizei (☎101)

Rettungswagen (☎131)

Post

Hauptpost (Espejo 935) In der Altstadt.

Reisebüros

Ecuadorian Tours (☎256-0488; www.ecuadoriantours.com; Av Amazonas N21-33 nahe Washington) Guter Allrounder nahe der Washington.

Metropolitan Touring (☎250-6650/1/2; www.metropolitan-touring.com; Av Amazonas N20-39 nahe 18 de Septiembre) Das größte Reisebüro Ecuadors.

Touristeninformation

South American Explorers (SAE; ☎222-5228; www.saexplorers.org; Washington 311 & Plaza Gutiérrez) Mehr Infos zu dieser Organisation für Reisende stehen auf S. 415.

Touristeninformation (Corporación Metropolitana de Turismo; www.quito.com.ec); Mariscal (Karte S. 70; ☎255-8440; Reina Victoria N24-263 nahe Lizardo García; ⌚Di–So 10–20 Uhr); Altstadt (Karte S. 54; ☎257-2445; Ecke Venezuela & Espejo, Plaza Grande; ⌚Mo–Fr 9–18, Sa 9–17 Uhr) Die Filiale in der Altstadt liegt günstig und ist eine gute Adresse bei allgemeinen Fragen (hier sind Karten erhältlich). Außerdem steht Kunsthandwerk zum Verkauf. Die zweistöckige Filiale im Mariscal umfasst ein Café, Geschäfte und eine Galerie.

ℹ An- & Weiterreise

Auto & Motorrad

In Quito einen Wagen zu mieten, kann eine teure Angelegenheit sein. Fahrten mit Taxis oder Bussen sind viel günstiger und angenehmer. Hier ein paar Autovermietungen:

Avis (☎244-0270) Am Mariscal Airport.

Budget (☎223-7026; www.budget-ec.com; Ecke Amazonas & Colón)

Ecuacar Mariscal Airport (☎224-7298; Av Amazonas an der Av de la Prensa); Av Cristóbal Colón (☎252-9781, 254-0000; Av Colón 1280 nahe Av Amazonas)

Hertz Mariscal Airport (☎225-4257; Av Amazonas an der Av de la Prensa); Swissôtel (☎256-9130; Av 12 de Octubre 1820)

Wer ein Motorrad mieten möchte, kann sich an **Freedom** (☎250-4339; www.freedombikerental.com; Mera N22-37; Fahrrad/Motorrad ab 15/39 US$ pro Tag) wenden. Dort gibt's auch Leihfahrräder.

Bus

In Quito gibt's zwei neue Busbahnhöfe, die jedoch ein ganzes Stück vom Zentrum entfernt sind (mindestens eine Stunde Fahrt mit öffentlichen Verkehrsmitteln einkalkulieren bzw. 25 Minuten oder mehr mit dem Taxi!).

Am **Terminal Quitumbe** (☎398-8200), südwestlich der Altstadt, nehmen Busse Kurs auf Ziele in den zentralen und südlichen Anden, an der Küste und im Oriente (z. B. Baños, Cuenca, Guayaquil, Coca und – mit Ausnahme von Otavalo – den meisten anderen Orten, die für Traveller interessant sind). Einfach mit dem Trole-Bus (C4) bis zur Endstation durchfahren! Eine Taxifahrt kostet 8 bis 12 US$.

Vom **Carcelén-Busterminal** (☎396-1600) im Norden geht's nach Otavalo, Ibarra, Santo Domingo, Tulcán und zu anderen Städten im Norden. Man kann den Trole-Bus gen Norden bis zum La Y Terminal nehmen und dort in einen „Carapungo"-Bus umsteigen. Dem Fahrer Bescheid geben, dass man zum Terminal möchte, da der Bus etwa einen Block vom Bahnhof entfernt vorbeifährt! Das letzte Stück legt man zu Fuß zurück. Mit dem Taxi kostet die Strecke 6 bis 10 US$.

Ein paar Busunternehmen unterhalten private Terminals im Stadtzentrum:

Panamericana (Karte S. 70; ☎255-7134; Av Colón zw. Reina Victoria & Diego de Almagro) Guayaquil, Machala, Cuenca, Manta, Esmeraldas.

Transportes Ecuador (Karte S. 70; ☎222-5315; Mera N21-44) Guayaquil.

Transportes Occidentales (☎250-2733; 18 de Septiembre Oe2-142) Lago Agrio, Esmeraldas, Huaquillas.

Flota Imbabura (☎256-5620; Ecke Manuel Larrea & Portoviejo) Cuenca, Guayaquil, Manta.

Cooperativa Flor de Valle/Cayambe (www.flordelvalle.com.ec) Nimmt mehrfach täglich Kurs auf Mindo; Abfahrt ist am Terminal Terrestre La Ofelia in Quito (die Endstation der Metrobus-Linie). Den Zeitplan mit der jeweiligen Unterkunft in Mindo absprechen!

Die ungefähren Fahrzeiten und Preise sind auf S. 91 aufgelistet. Es gibt täglich mindestens

BUSSE AB QUITO

ZIEL	PREIS (US$)	DAUER (STD.)
Ambato	2,50	2½
Atacames	8	7
Bahía de Caráquez	10	8
Baños	3,50	3
Coca	10	10
Cuenca	10–12	10–12
Esmeraldas	7,25	6
Guayaquil	7	8
Huaquillas	9	11
Ibarra	3	2½
Lago Agrio	8	7-8
Latacunga	1,50	2
Loja	14–17	14–15
Machala	10	10
Manta	10	8–9
Otavalo	2	2
Portoviejo	9	9
Puerto López	12	10
Puyo	6	5½
Riobamba	4	4
San Lorenzo	7	6½
Santo Domingo	3	3
Tena	6	5
Tulcán	5	5

eine, oft auch mehrere Verbindungen zu sämtlichen Reisezielen. Beliebte Orte wie Ambato oder Otavalo sind sehr gut angebunden (mehrere Busse pro Stunde).

Flugzeug

Bei Redaktionsschluss befand sich der neue, größere Flughafen von Quito, 20 km östlich der Stadt, in der finalen Bauphase. Er soll 2013 eröffnet werden. Aktuelle Informationen hierzu findet man unter www.quiport.com. Der alte Flughafen, **Aeropuerto Mariscal Sucre** (www.quitoairport.com; Av Amazonas an der Av de la Prensa), wird dann nicht länger gebraucht werden. Er liegt ca. 10 km nördlich der City. Infos zu Inlands- und internationalen Flügen und Airlines stehen auf den S. 419 und S. 423.

Zug

Ecuadors Schienennetz ist ein ziemliches Chaos, aber wer fest entschlossen ist, mit der Bahn zu fahren, könnte z. B. den frisch restaurierten **Touristenzug** (www.trenecuador.com) nehmen, der gewöhnlich von Quito aus gen Süden in das Naherholungsgebiet Area Nacional de Recreación El Boliche neben dem Parque Nacional Cotopaxi fährt (ca. 3½ Std.). Los geht es donnerstags bis sonntags um 8.15 Uhr (hin & zurück 15 US$). In der Touristeninformation nach den Fahrkarten fragen!

Der kürzlich modernisierte **Bahnhof von Quito** (☎800-873-637; Sincholagua & Vicente Maldonado) liegt ca. 2 km südlich der Altstadt.

ℹ Unterwegs vor Ort

Auto

Einbahnstraßen und Blechlawinen können das Autofahren in Quito zu einem stressigen Erlebnis werden lassen. Den Wagen auf keinen Fall über Nacht auf der Straße stehen lassen; stattdessen eine der privaten Garagen ansteuern (gibt es überall in der Stadt; ca. 12 US$)!

Fahrrad

Leihfahrräder bekommt man bei **El Rey** (☎222-1884; Amazonas nahe Cordero; Fahrrad halber/ganzer Tag 12/15 US$; ⏲Mo–Fr 9–19, So

9.30–14 Uhr). Montags um 20 Uhr starten hier Radtouren durch Quito.

Vom/Zum Flughafen

Quitos neuer Flughafen soll 2013 den Betrieb aufnehmen; unter www.quiport.com kann man sich nach dem aktuellen Stand der Dinge erkundigen. Bis dahin wird der alte Flughafen am nördlichen Ende der Avenida Amazonas weitergenutzt werden (er liegt ca. 10 km nördlich der Altstadt). Am besten nimmt man ein Taxi in die Stadt. Derzeit kostet die Fahrt in die Neustadt 8 US$, in die Altstadt 10 US$.

Öffentlicher Nahverkehr

BUS

Eine Fahrt mit den Stadtbussen kostet 0,25 US$. Sie sind praktisch, aber es wimmelt nur so von Taschendieben – gut auf Taschen und Wertgegenstände achten!

Die Fahrtziele stehen auf Schildern an der Windschutzscheibe, und die Fahrer erklären einem gewöhnlich gern, welchen Bus man nehmen muss.

TROLE, ECOVÍA & METROBUS

In Quito verkehren drei Elektrobuslinien: Trole, Ecovía und Metrobus. Sie alle fahren auf einer der drei wichtigsten Verkehrsadern von Norden nach Süden (bzw. Süden nach Norden), haben deutlich gekennzeichnete Haltestellen und nutzen eine eigene (autofreie) Spur, was sie schnell und effizient macht.

Der Trole-Bus passiert die Maldonado und die Avenida 10 de Agosto. Die Endstation ist der Quitumbe-Busbahnhof südwestlich der Altstadt. In der Altstadt folgen die Busse nach Süden der Westroute über die Guayaquil, die nach Norden folgen der Ostroute über die Montúfar und Pichincha.

Der Ecovía-Bus folgt der Avenida 6 de Diciembre zwischen der Río Coca im Norden und der La Marin im Süden.

Der Metrobus fährt auf der Avenida América von der Universidad Central del Ecuador (nordöstlich des Parque El Ejido) bis hinter den alten Flughafen im Norden.

Taxi

Taxis (die meisten sind gelb) gibt's wie Sand am Meer, doch zu den Stoßzeiten, sonntags und bei Regenwetter muss man schon mal zehn Minuten warten, bis ein Fahrer hält. Anbieter sind z. B. **Urgentaxi** (☎222-2111), **City Taxi** (☎263-3333) und **Rio Coca** (☎334-2727).

Die Fahrer sind per Gesetz dazu verpflichtet, das *taxí-metro* tagsüber einzuschalten – die meisten halten sich auch daran. Viele verlangen jedoch pauschal 2 US$ für die Strecke zwischen Alt- und Neustadt, d. h. 0,25 bis 0,50 US$ mehr als den regulären Preis. Will einem der Fahrer weismachen, dass das Taxameter kaputt ist, sollte man sich schleunigst ein anderes Taxi suchen. Abends bleibt das Taxameter gewöhnlich ausgeschaltet und die Fahrer verlangen mindestens 2 US$ pro Fahrt.

Tagsüber liegt der Mindestpreis bei 1 US$, auch bei kurzen Strecken. Für eine längere Fahrt muss man eventuell bis 4 US$ hinblättern. Ein Taxi zu mieten kostet ca. 8 US$ pro Stunde – eine gute Option, wenn man sich die Attraktionen etwas außerhalb der Stadt ansehen möchte. Der Tagespreis für ein Taxi liegt bei etwa 60 US$, wenn man handelt, was das Zeug hält, und keine allzu weiten Strecken zurücklegen möchte.

RUND UM QUITO

☎02

Quito eignet sich hervorragend als Basis für Tagesausflüge in die Umgebung, um die fantastische Natur und Vielfalt der Region kennen zu lernen. Abgesehen von Fahrten zu den im Folgenden beschriebenen Zielen lohnt sich auch der lange Tagestrip nach Otavalo (S. 98) oder zu den tollen Thermalquellen von Papallacta (S. 213). Ein weiterer spektakulärer Ausflug ist die Zugfahrt nach El Boliche im Parque Nacional Cotopaxi (s. S. 136).

ℹ An- & Weiterreise

Die in diesem Abschnitt beschriebenen Ziele sind mit öffentlichen Verkehrsmitteln in weniger als zwei Stunden zu erreichen, viele Reisebüros in Quito bieten aber auch Tagestouren an. Eine Taxifahrt schlägt mit 30 bis 60 US$ zu Buche.

La Mitad del Mundo

Ecuador ist vor allem für eines berühmt: Seine Lage direkt am Äquator, dem das Land seinen Namen verdankt. **La Mitad del Mundo** (Mitte der Welt; www.mitaddelmundo.com; Eintritt 2 US$; ⌚Mo–Fr 9–18, Sa & So bis 19 Uhr) ist der Ort, an dem Charles Marie de La Condamine 1736 jene Vermessungen vornahm, die belegten, dass hier tatsächlich der Äquator verlief. Das metrische System basiert auf seinen Berechnungen. Er bewies zudem, dass die Erde keine makellos runde Kugel ist, sondern dass sie sich am Äquator nach außen wölbt. Heute erinnert die „historische" Stätte eher an einen Vergnügungspark mit Imbiss- und Verkaufsständen, Menschenmassen (zumindest am Wochenende) und verschiedenen Sehenswürdigkeiten (für manche muss gesonderter Eintritt gezahlt werden), von denen nur wenige mit dem Äquator zu tun haben.

DER ÄQUATOR: WAHRHEIT & MYTHOS

Mit einem Fuß auf der südlichen und mit dem anderen auf der nördlichen Erdhalbkugel stehen – eine faszinierende Vorstellung! Je näher man dem Äquator kommt, desto mehr wird man über seine mysteriösen Kräfte hören. Aber wo hört die Wahrheit auf und wo fängt der Aberglaube an?

Um gleich zur Sache zu kommen: Dass das Äquatordenkmal La Mitad del Mundo auf dem Äquator liegt, ist ein Mythos, aber das muss man ja niemandem auf die Nase binden, wenn man seine Fotos herumzeigt. Außerdem ist man wirklich nah dran: GPS-Geräten zufolge sind es nur ca. 240 m bis zum „richtigen" Äquator.

Als nächstes wäre da die Sache mit der Toilettenspülung. Eines der Highlights des Museo Solar Inti Ñan sind die beiden Becken, in denen das Wasser nördlich des Äquators gegen den Uhrzeigersinn und südlich des Äquators – nur 3 m entfernt – im Uhrzeigersinn abfließt. Forscher sind überzeugt davon, dass es sich um einen Trick handelt. Die Corioliskraft, die bewirkt, dass Wettersysteme auf der Nordhalbkugel nach rechts und auf der Südhalbkugel nach links abgelenkt werden, hat keine Auswirkungen auf kleine Wassermengen wie in einem Becken oder einer Toilette. In welche Richtung das Wasser abfließt, hängt in Wirklichkeit von anderen Faktoren ab (von den Rohren, Strudeln im Wasser, der Form des Beckens etc.).

Was stimmt, ist, dass man am Äquator weniger wiegt, weil die Zentrifugalkraft dort größer ist als an den Polen. Der Unterschied beträgt allerdings nur ca. 0,3 % und nicht die 1,5 bis 2 %, welche die Waage am Denkmal anzeigt.

Ebenfalls wahr ist, dass die Sonne einzig am Tag der Frühjahrs- und der Herbsttagundnachtgleiche direkt über dem Äquator steht. Das ist in der Tat die Definition einer Tagundnachtgleiche. Das bedeutet aber nicht, dass die Tage und die Nächte gleich lang wären, wie man meinen könnte – das ist kurz vor der Frühjahrstagundnachtgleiche und kurz nach der Herbsttagundnachtgleiche der Fall, und der Stichtag hängt davon ab, wo auf dem Planeten man sich befindet.

Viel faszinierender als sämtliche Mythen, die von Inti Ñan und La Mitad del Mundo kolportiert werden, ist die Tatsache, dass der „richtige" Äquator (0,00 Grad gemäß GPS-Systemen) auf einer heiligen indigenen Stätte verläuft, die vor mehr als 1000 Jahren gebaut wurde. Sie heißt Catequilla und befindet sich auf einem Hügel, von der Mitad del Mundo aus betrachtet auf der anderen Seite des Highways.

Im Zentrum des Geländes steht ein 30 m hohes **Denkmal** (Eintritt 3 US$) aus Stein, auf dem ein Globus aus Messing thront. Zum Park gehören auch eine Aussichtsplattform und ein ethnographisches Museum, das Besuchern mittels Dioramen, Fotografien und Trachten einen guten Überblick über die verschiedenen indigenen Gruppen Ecuadors gibt.

Calima Tours befindet sich innerhalb des Komplexes und organisiert kurze Wanderungen (8 US$/Pers.) entlang des Kraterrands des nahe gelegenen Pululahua.

Ein paar hundert Meter östlich des Mitad-del-Mundo-Geländes befindet sich das unterhaltsame **Museo Solar Inti Ñan** (Erw./Kind 3/1,50 US$; ⏲9.30–17 Uhr), das sich fast (aber eben nicht ganz) auf dem tatsächlichen Äquator befindet. Interessanter als der offizielle Museumskomplex sind die Ausstellungen unter freiem Himmel zur astronomischen Geographie und Erklärungen zur Bedeutung der geographischen Lage Ecuadors. Ein Highlight ist der „Solarchronometer", ein einzigartiges Instrument von 1865, welches die astronomische und die konventionelle Zeit, den Monat, Tag und die Jahreszeit präzise angibt – und das einzig auf Basis der Sonnenstrahlen. Der eigentliche Grund für den Besuch sind natürlich die „wissenschaftlichen" Demonstrationen. Dabei muss jeder für sich entscheiden, ob das nicht vielleicht doch alles nur Mumpitz ist.

ℹ An- & Weiterreise

La Mitad del Mundo befindet sich 22 km nördlich von Quito, nahe dem Dorf San Antonio. In Quito steigt man in den Metrobus (0,25 US$) nach Norden und fährt bis zur letzten Haltestelle (Ofelia). Dort nimmt man dann einen „Mitad del Mundo"-Bus (weitere 0,25 US$) – diese Busse sind deutlich beschildert und fahren zurzeit an dem Bussteig ganz hinten rechts ab. Die komplette Fahrt dauert 60 bis 90 Minuten.

Reserva Geobotánica Pululahua & Umgebung

Dieses 3383 ha große Naturschutzgebiet liegt ca. 4 km nordwestlich der Mitad del Mundo. Der interessanteste Abschnitt ist ohne Zweifel der **Vulkankrater** des erloschenen Pululahua. Dieser entstand vor Urzeiten: Nachdem der Vulkankegel eingestürzt war, blieb ein gewaltiger Krater mit einem Durchmesser von 5 km und einer Tiefe von ca. 400 m zurück. Der flache, fruchtbare Boden der Caldera wird landwirtschaftlich genutzt.

An der offenen Westseite strömt feuchte Meeresluft vom Pazifik in den Krater hinein; manchmal kann man dessen Umrisse aufgrund der umherwirbelnden Wolken und des Nebels nicht erkennen. Die Kombination aus feuchter Luft und steilen Kraterwänden schafft verschiedene Mikroklimata, sodass die Vegetation an den fruchtbaren Vulkanhängen sehr vielseitig ist. Hier sind zahlreiche Blumen- und Vogelarten heimisch.

In die Caldera hinein gelangt man über einen Fußweg, der am Aussichtspunkt **Mirador de Ventanillas** an der Südostseite beginnt (von La Mitad del Mundo aus fahren Busse dorthin). Entlang dieses Pfades hat man am ehesten die Chance, Vögel und Pflanzen zu erspähen, denn der Großteil der flachen Kratersohle ist von Ackerland bedeckt. Alternativ nimmt man die ungeteerte Straße an der Südwestseite (via Moraspungo).

Nahe dem Mirador de Ventanillas passiert man den an eine Burg erinnernden **Templo del Sol** (Eintritt 3 US$; ⌚Di–So 10–17 Uhr), einen nachgebauten Inkatempel, komplett mit präkolumbischen Relikten und Petroglyphen. Die Führung (spanisch) ist ein wenig albern. Bei dem Guide handelt es sich um einen überladen kostümierten „Inkaprinzen", der über mutmaßliche alte Glaubensvorstellungen und Rituale berichtet. Zum Abschluss der Tour demonstriert der ecuadorianische Künstler Cristóbal Ortega Maila sein Können: Er malt schnell und gewandt und verwendet ausschließlich seine Hände (keine Pinsel). Vom Dach des Tempels hat man einen schönen Blick.

Schlafen & Essen

Pululahua Hostel HOSTEL $$
(☎09-946-6636; www.pululahuahostal.com; Cabaña EZ/DZ mit Gemeinschaftsbad 20/30 US$, mit eigenem Bad ab 30/40 US$) Diese „Ökopension" befindet sich innerhalb der Kraterwände. Sie hat eine Handvoll einfacher, komfortabler Zimmer in einer herrlich unberührten Umgebung zu bieten. Die Besitzer kochen leckere Mahlzeiten, wenn möglich mit Zutaten von ihrer Biofarm (Mittag- od. Abendessen jeweils 10 US$). Die Gäste können in den Whirlpool hüpfen (3,50 US$), sich Fahrräder (5 US$/Std.) oder Pferde (ab 10 US$/Std.) leihen und Freiwilligenarbeit leisten. Es wird u.a. Deutsch gesprochen.

El Crater HOTEL $$$
(☎239-8132, www.elcrater.com; Zi. inkl. Frühstück 112 US$; 📶) Das El Crater liegt in einer friedvollen Umgebung unweit des Aussichtspunkts Ventanillas und wartet mit zwölf geräumigen, hübsch gestalteten Zimmern auf. Sie sind mit großen Betten und Panoramafenstern mit Blick auf den Vulkankrater auf der einen bzw. auf Quito auf der anderen Seite ausgestattet. Im Restaurant (Hauptgerichte 10–14 US$; 12–16.30 Uhr) gibt's leckeres ecuadorianisches Essen mit einem beeindruckenden Ausblick.

Praktische Informationen

Der offizielle Eintrittspreis zum Naturschutzgebiet liegt bei 2 US$; er muss bezahlt werden, bevor man in den Krater hinabsteigt bzw. wenn man mit dem Wagen via Moraspungo anreist. Auf S. 92 stehen Infos zu günstigen Touren.
An den Wochenenden kann man in der Nähe des Aussichtspunkts Pferde mieten (10 US$/Std.).

An- & Weiterreise

Am einfachsten gestaltet sich die Anreise zum Aussichtspunkt mit einer der preiswerten organisierten Touren, die an der Mitad del Mundo beginnen.

Volcán Pichincha

Gleich westlich von Quito ragt der Pichincha auf. Der Vulkan hat zwei Hauptgipfel – den näher an der Stadt gelegenen „schlafenden" **Rucu Pichincha** (4680 m) und den höheren **Guagua Pichincha** (4794 m), der augenblicklich sehr aktiv ist und von Vulkanologen genauestens überwacht wird. Nach einer gewaltigen Eruption 1660 war Quito unter einer 40 cm dicken Ascheschicht begraben. Im 19. Jh. ereigneten sich mehrere kleinere Ausbrüche. 1981 stiegen ein paar Rauchwolken auf, mehr passierte nicht, doch 1999 spuckte der Vulkan eine 18 km hohe pilzförmige Rauchsäule aus und über der Stadt ging erneut ein Ascheregen nieder.

Die beiden Vulkangipfel zu erklimmen ist anstrengend, aber nicht weiter schwierig, und erfordert auch keine spezielle Ausrüstung. Der Aufstieg zum Rucu Pichincha von der Bergstation des TelefériQo ist problemlos zu bewerkstelligen.

Den rauchenden Guagua Pichincha zu bezwingen, nimmt mehr Zeit in Anspruch. Zunächst muss man sich in das Dorf Lloa südöstlich von Quito begeben. Von dort aus wandert man ungefähr acht Stunden bis zum **refugio** (Schutzhütte; B 5 US$). Dann trennt einen nur noch ein kurzer, aber anstrengender Trek vom Gipfel. Ab Lloa benötigt man zwei Tage bis zur Spitze; in Quito gibt es aber zahlreiche Reisebüros, die diese Wanderung als Tagestrip (ab Quito) anbieten. Safari Tours ist z. B. eine gute Adresse (s. S. 66).

Gefahren & Ärgernisse

Bevor der TelefériQo in Betrieb genommen wurde, ereigneten sich auf dem Rucu Pichincha immer mal wieder Überfälle. Dann kehrte für eine Weile Ruhe ein, doch leider mussten in letzter Zeit wieder einige bewaffnete Raubüberfälle auf dem Hauptweg gemeldet werden. Das TelefériQo-Management kennt das Problem, und es besteht durchaus Hoffnung, dass es in Zusammenarbeit mit der ecuadorianischen Polizei noch mehr Sicherheitskräfte einsetzen wird. Wanderer sollten sich vor der Tour nach oben auf jeden Fall beim SAE (S. 90) nach der aktuellen Lage erkundigen. Wer den Guagua Pichincha anvisiert, sollte sich derweil beim SAE die gegenwärtige Vulkanaktivität erklären lassen oder einen Blick auf die Webseite des **Instituto Geofísico** (www.igepn.edu.ec) werfen – sicher ist sicher.

Nördliches Hochland

Inhalt »

Cayambe 98
Otavalo 98
Rund um Otavalo 105
Reserva Ecológica Cotacachi-Cayapas .. 110
Intag-Tal 111
Reserva Biológica Los Cedros 112
Ibarra 113
El Ángel 117
Tulcán 118
Mindo 121

Gut essen

- » Hostería La Mirage (S. 110)
- » Shanandoa Pie Shop (S. 104)
- » La Hacienda (S. 115)
- » Yolanda's Chicha de Yamor (S. 104)
- » El Quetzal (S. 125)

Schön übernachten

- » Ali Shungu Mountaintop Lodge (S. 108)
- » Hostería La Mirage (S. 110)
- » Hacienda Pinsaquí (S. 115)
- » Arashá Rainforest Resort & Spa (S. 126)
- » Caskaffesu (S. 123)

Auf ins nördliche Hochland!

Zum Pflichtprogramm einer Ecuador-Reise gehört, der Panamericana durch die Anden nach Otavalo zu folgen. Wo sich das Rückgrat der Anden nördlich von Quito biegt, unterbrechen vulkanische Gipfel die Täler voller Blumenfarmen und Zuckerrohrfelder. Dies ist Ecuadors pulsierendes Herz und eine Wiege der Andenkultur: Die Arbeitsmethoden der Kunsthandwerker sind seit Generationen unverändert. Von Lederwaren bis hin zu Teppichen finden Besucher hier ein paar der besten Angebote des Landes.

Das Hochgebirge weicht im Westen dem feucht-warmen Tiefland. Hier florieren Kaffeeplantagen in der spektakulären Landschaft des Intag-Tals. Die weiter südlich gelegenen Nebelwälder von Mindo zählen landesweit zu den Zielen mit am schnellsten wachsender Beliebtheit. Sie beheimaten Hunderte Vogelarten und sind ein Paradies für Vogelbeobachter, Wanderer oder andere Outdoorfans, die sich in eine Dschungel-Lodge zurückziehen möchten.

Reisezeit

Otavalo

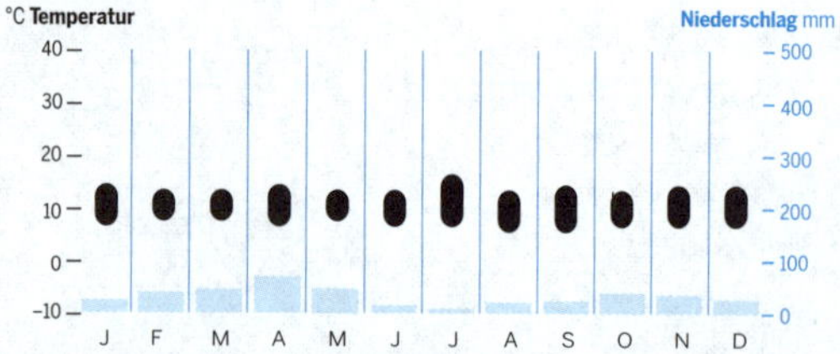

Juni Am 24. Juni in Otavalo sein, wenn die Einheimischen Inti Raymi feiern.

Anfang Sept. Falls möglich mit Otavalos Fiesta del Yamor ein indigenes Erntefest erleben.

Ende Sept. Musik, Tanz und jede Menge Essen bei Ibarras beliebter Jahres-Fiesta genießen.

Highlights

1 Das verwirrende Angebot auf Otavalos buntem **Kunsthandwerksmarkt** (S. 99) durchstöbern

2 In den Nebelwäldern rund um **Mindo** (S. 121) wandern und Hunderte Vogelarten beobachten

3 Hoch zu Ross eine Tour genießen, die am Rand von San Pablo del Lago bei Otavalo an einer historischen, kolonialzeitlichen **Hazienda** (S. 107) beginnt

4 Die spektakuläre Landschaft des dramatischen **Intag-Tals** (S. 111) bewundern

5 Den mächtigen, von Gletschern bedeckten **Volcán Cayambe** (S. 98) besteigen

6 Bei der **Fiesta del Yamor** (S. 102) das fermentierte Maisgetränk *chicha de yamor* probieren

7 In **Cotacachi** (S. 109) bei Läden und auf Märkten hochwertige Lederwaren zum Schnäppchenpreis kaufen

National-, Staats- & Regionalparks

Mit 4031 km² bedeckt die **Reserva Ecológica Cayambe-Coca** ein riesiges Gebiet, das sich über vier Provinzen erstreckt. Neben alpiner Tundra oder Regenwäldern umgeben die Schutzgebietsgrenzen auch die Vulkane Reventador (3562 m) und Cayambe (5790 m). Regenwald wächst auch in der 2044 km² großen **Reserva Ecológica Cotacachi-Cayapas**, die am einfachsten bei Cotacachi zugänglich ist. Die mit 160 km² vergleichsweise winzige **Reserva Ecológica El Ángel** ist ein Juwel des *páramo* (Hochgebirgs-Grasland der Anden), in dem Kondore, Füchse und die seltenen *frailejones* (Franziskaner; lokale Bezeichnung für die *Espeletia*-Pflanze) mit ihren haarigen Blättern zu Hause sind.

Cayambe

☎02 / 39 000 EW. / 3011 M

Der schneebedeckte Gipfel des Cayambe überragt das sanft gewellte Ackerland rund um die gleichnamige Stadt, die 64 km nördlich von Quito an der Panamericana liegt. Diese Region gilt als Ecuadors Blumenzentrum (s. Kasten S. 109): Weiße Riesenzelte voller Blütenreihen überziehen die hiesigen Hügelflanken.

Rund 2 km nördlich der Stadt stehen die reizenden **Las Cabañas de Nápoles** (☎236-1388; EZ/DZ 16/20 US$; P 📶) unterhalb des himmelhohen Volcán Cayambe an der Panamericana. Hier übernachtet man in komfortablen Backsteinhütten mit Kabel-TV, die ein Volleyballfeld umgeben.

Das hervorragende **Hotelrestaurant** (Hauptgerichte 8–18 US$; ⌚12–21 Uhr) eignet sich bei Panamericana-Fahrten super für einen Zwischenstopp. Spezialität des Hauses ist *cuy* (Meerschweinchen). Alternativ lässt sich z. B. auch die Grillfleischplatte für zwei Personen prima mit der leckeren hausgemachten Limonade hinunterspülen.

Von Cayambe nach Oyacachi

☎06

In Richtung Norden führt eine Straße von Cayambe nach Ibarra durch das Dorf Olmedo und punktet bei klarem Wetter mit herrlicher Aussicht. Südwärts stößt man dagegen auf das Nest Oyacachi, das für seine erholsamen und kommunal verwalteten **Thermalquellen** (Eintritt 2,50 US$) bekannt ist. Zwecks Übernachtung gibt's hier Möglichkeiten zum Camping (gegen Genehmigung) und ein paar einfache Herbergen.

Als Ecuadors älteste Hazienda steht die **Hacienda Guachala** (☎236-3042; www.guachala.com; EZ/DZ 44/59 US$; 📶 🏊) von 1580 an der Straße nach Oyacachi. Auf dem weitläufigen Grundstück gibt's weiß verputzte Zimmer, Pferdeställe, ein Restaurant und einen sonnigen Innenhof, dessen Steinplatten einen alten Springbrunnen umgeben. Das Ganze liegt 7 km südlich von Cayambe und ist ein guter Ausgangspunkt für Thermalquellenbesuche, Wandertouren oder Ausritte.

Eine beliebte **Wanderung** ab Oyacachi führt durch die Reserva Ecológica Cayambe-Coca nach Papallacta (s. S. 213). Bedingungsabhängig dauert sie zwei bis drei Tage.

VOLCÁN CAYAMBE

Dieser erloschene Vulkan (5790 m) in der **Reserva Ecológica Cayambe-Coca** ist Ecuadors dritthöchster Gipfel und weltweit der höchste Punkt, den der Äquator direkt durchläuft – genauer gesagt auf 4600 m an der Südflanke. Die örtliche **Berghütte** (20 US$) ist nur mit Allradantrieb erreichbar. Der siebenstündige Aufstieg ist schwieriger als der am vergleichsweise häufiger bestiegenen Cotopaxi (S. 132). **Safari Tours** (Quito; S. 66) und **World Bike** (☎in Quito 290-6639; www.bikeclimbecuador.com; Ecke Pinto E4-358 & Amazonas, Quito) veranstalten jeweils dreitägige Gletscherkurse und geführte Gipfeltouren. Deren Preis (ca. 100 US$/Tag) beinhaltet den Guide und normalerweise die gesamte nötige Leihausrüstung.

Otavalo

☎06 / 39 000 EW. / 2550 M

Seit Jahrhunderten findet in Otavalo einer der bedeutendsten Andenmärkte statt – ein wöchentliches Fest zu Ehren der Kommerzgötter. Von traditionellen Handwerkswaren bis hin zu clever getarnten Importartikeln in ständig steigender Zahl preisen die Verkäufer auf dem farbenfrohen Freiluftmarkt alles Mögliche an. Die örtliche Tradition des Tauschs von Ware gegen Geld reicht bis in die Zeit vor den Inkas zurück. Damals traten die geschäftsgierigen Händler noch zu Fuß aus dem Dschungel hervor.

Inzwischen ist der Markt zu einem größeren Treffpunkt der Kulturen geworden: Besucherscharen aus aller Welt gehen hier zusammen mit Ecuadorianern auf Schnäppchenjagd. So ist Otavalo heute extrem gut auf Besucher eingestellt. Gleichzeitig unterscheidet es sich aber ein gutes Stück weit von der indigenen Kleinstadt, die in den frühen 1990er-Jahren von Backpackern entdeckt wurde.

Die *otavaleños* sind für ihre exquisiten Webereien bekannt. Ihre Kenntnisse in Textilherstellung wurden von den Inkas, den Spaniern und schließlich den Ecuadorianern ausgebeutet. Die Landwirtschaftsreform von 1964 verbesserte das Leben vieler *indígenas*: Sie beendete die althergebrachte Tradition der Leibeigenschaft und erlaubte lokales Grundeigentum. Zahlreiche Dorfbewohner haben aber immer noch Probleme, von ihren Handwerksprodukten zu profitieren. Nichtsdestotrotz sind die *otavaleños* die reichsten und kommerziell erfolgreichsten Ecuadorianer indigener Abstammung – ein Erfolg, der vielen von ihnen ein relativ komfortables Leben beschert hat.

Die indigenen Menschen in Otavalo tragen traditionelle Trachten und sind stolz auf ihr Erscheinungsbild. Die Frauen tragen weiße Blusen mit Blumenstickereien, lange Wollröcke, *fachalinas* (Kopftücher), Webgürtel, Leinensandalen und Perlenketten. Die Männer – gekleidet mit Filzhüten, blauen Ponchos und halblangen Hosen – flechten ihr Haar jeweils zu einem langen Zopf.

Otavalo ist für die meisten Ecuador-Reisenden zum Pflichtziel geworden. Doch seine Beliebtheit sollte einen nicht abschrecken: Man kann hier eine der erfolgreichsten Business-Geschichten in den Anden miterleben (und das eigene Notizbuch füttern). Und dann geht das Erlebnis idealerweise noch weiter: Um die Handwerksprodukte richtig würdigen zu können, sollte man nahegelegene Dörfer besuchen und den Herstellern bei der Arbeit zusehen.

Sehenswertes

Märkte MARKT

Auf der Plaza de Ponchos im Herzen des **Handwerksmarkts** verkaufen die Händler jeden Tag ein verblüffendes Warenangebot. Der stärkste Betrieb herrscht aber am offiziellen Markttag (Sa): Dann setzen sich die Standreihen in die umliegenden Straßen fort, während das halbe Stadtzentrum zum Meer aus bunt gefärbten Teppichen, Bekleidung und anderen Artikeln wird. Auf der passend benannten Plaza de Ponchos gibt's größtenteils Handwerksprodukte – vor allem Wollwaren wie Vorleger, Wandteppiche, Decken, Ponchos, Pullover, Schals, Handschuhe und Hüte. Zu haben sind auch bestickte Blusen, Hängematten, Holzschnitzereien, Perlen, Malereien, Webmatten und Schmuck aus der Steinnuss (Tangua; auch als pflanzliches Elfenbein bekannt).

Die Auswahlmöglichkeiten wirken gleichzeitig verwirrend, ähnlich und doch verschieden. Darum die Tische am besten in aller Ruhe durchstöbern und die Preise mehrerer Stände vergleichen! Feilschen wird vor allem beim Kauf mehrerer Artikel erwartet. Man sollte immer nach Sonderangeboten fragen, dabei allerdings nicht unverschämt werden.

Die Imbissstände am nördlichen Marktrand bieten u.a. Hühner- und Kuttelsuppe, die in Töpfen auf tragbaren Kochern blubbert. Zudem servieren sie knusprigen, ganzen Bratfisch, Stücke von schlappohrigen Spanferkeln mit *mote* (Maisgrütze) und *chicha* (fermentiertes Mais- oder Maniok-Getränk) aus Plastik-Schöpfeimern.

Von Juni bis August kommen Shoppingwillige am besten freitags hierher, bevor Reisegruppen die Durchgänge völlig verstopfen.

Achtung: Da auf den Märkten auch Taschendiebe unterwegs sind, sollte man Wertsachen während des Einkaufens im Hotel lassen und sein Geld stets sicher am Körper verstauen.

Das große Angebot des **Tagesmarkts** (Ecke Jaramillo & Montalvo; ⌚7–13 Uhr) reicht von exotischen Hochlandfrüchten, gemahlenen Gewürzen, Schrubbern und Weberbedarf bis hin zu CD-Raubkopien. Samstags gibt's hier noch mehr rohe Lebensmittel. Im überdachten „Gastrobereich" des Tagesmarkts kann man seine Suppe Seite an Seite mit Einheimischen schlürfen.

Am Samstagmorgen müssen Otavalo-Besucher heute nicht mehr vor Sonnenaufgang aufstehen, um den tollen **Tiermarkt** (Panamericana; ⌚6–13 Uhr) mitzuerleben. Für quiekende Ferkel, Säcke voller Meerschweinchen oder träge Kühe haben Traveller wohl kaum Verwendung. Dennoch lohnt sich wegen der unschlagbaren Atmosphäre und dem allgemeinen Chaos das Vorbeischauen. Bei den Verkäufern am Hang kann man z.B. beobachten, wie in leisem Ton um den Preis von *empanadas de queso* (Teigtaschen mit Käsefüllung) gefeilscht wird. Um den Tiermarkt gleich westlich der Panamericana zu erreichen, einfach die

Otavalo

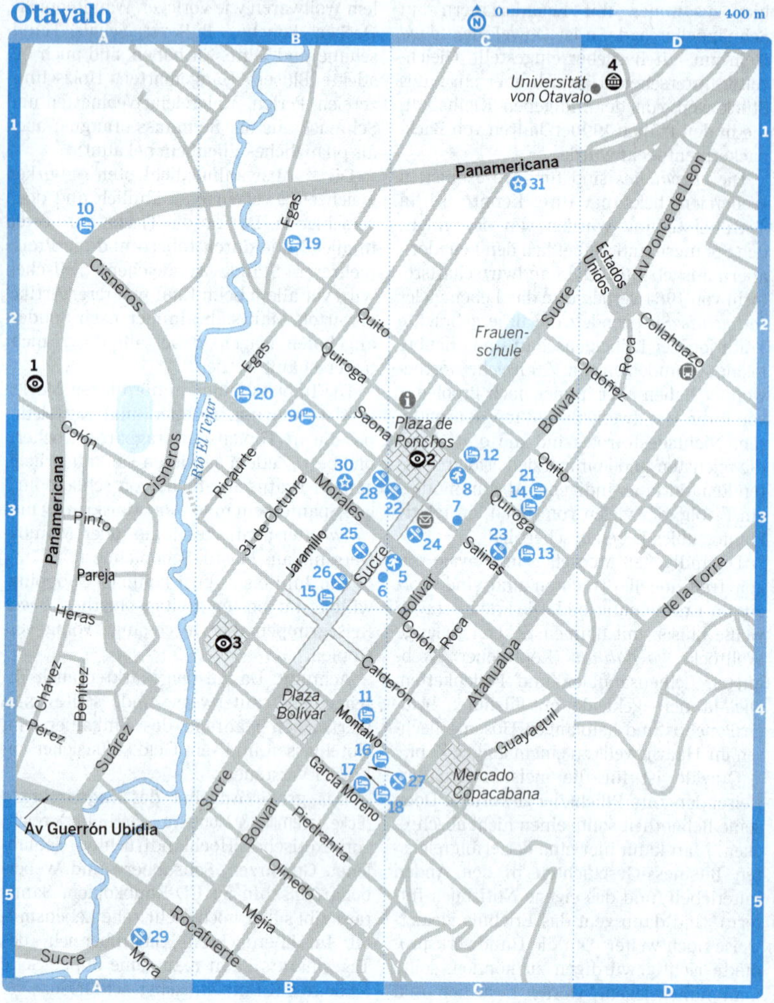

Brücke am Ende des Colón überqueren und den Menschenscharen folgen.

El Lechero HEILENDER BAUM

Der Lechero außerhalb von Otavalo ist ein berühmter Zauberbaum mit angeblichen Heilkräften. Die 4 km Fußmarsch belohnen einen mit frischer Luft, tollem Blick auf die Stadt und etwas Magie. Doch Vorsicht: Leser haben schon von Überfällen berichtet! Alternativ fahren Taxis zum Baum; wer nicht zurücklaufen möchte, sollte den Fahrer bitten, zu warten.

Um hinzukommen, verlässt man Otavalo zunächst südwärts auf der Piedrahita. Diese Straße mit pfeilförmigen Wegweisern am Rand wird schnell steiler. Durch ein paar unbefestigte Spitzkehren und vorbei an einem duftenden Eukalyptushain geht's dann zu einer Hügelspitze, auf der einsam ein gedrungener Baum thront. Von hier aus lässt sich der Weg nordwärts zum Parque Cóndor fortsetzen (1 km).

Parque Cóndor VOGELSCHUTZGEBIET

(www.parquecondor.org; Eintritt 3,75 US$; ⏲Di–So 9.30–17 Uhr) Diese hervorragende Einrichtung unter Leitung einer niederländischen Stiftung pflegt Greifvögel und Geier gesund. Sie gibt Besuchern die Möglichkeit,

Otavalo

Sehenswertes
1 Tiermarkt ... A2
2 Handwerksmarkt ... C3
3 Tagesmarkt ... B4
4 Instituto Otavaleño de Antropología ... D1

Aktivitäten, Kurse & Touren
5 Ecomontes Tour ... C3
6 Instituto Superíor de Español ... B3
7 Mundo Andino ... C3
8 Runa Tupari Native Travel ... C3

Schlafen
9 Acoma ... B2
10 Cabañas El Rocío ... A2
11 Hostal Doña Esther ... B4
12 Hostal Internacional ... C3
13 Hostal Runa Pacha ... C3
14 Hostal Valle del Amanecer ... C3
15 Hotel Flores 2 ... B3
16 Hotel Otavalo ... B4
17 Hotel Riviera-Sucre ... B4
18 Hotel Santa Fe ... B4
19 La Posada del Quinde ... B2
20 Residencial El Rocío ... B2
21 Rincón del Viajero ... C3

Essen
Árbol de Montalvo ... (siehe 11)
22 Buenavista ... C3
23 Chifa Ming Zhu ... C3
24 Green Coffee Shop & Diner ... C3
25 Mi Otavalito ... B3
26 Oraibi ... B3
27 Quino ... C4
28 Shanandoa Pie Shop ... B3
29 Yolanda's Chicha de Yamor ... A5

Unterhaltung
30 Amauta ... B3
31 Peña La Jampa ... C1

Andenkondore, Adler, Eulen, Falken und Habichte aus nächster Nähe zu bewundern. Keinesfalls die Gratis-Flugshows (11.30 & 16.30 Uhr) verpassen! Rund 2 km außerhalb der Stadt klebt das Zentrum an einem steilen Hang des Pucara Alto. Der eigentliche Parque Cóndor erstreckt sich zwischen Otavalo und Lago de San Pablo auf einem Hügel. Er ist aus allen Himmelsrichtungen zugänglich und liegt etwa eine Wanderstunde von Otavalo entfernt.

Instituto Otaveleño de Antropología MUSEUM
(Eintritt frei; ⏲Di–Fr 8.30–12 & 14.30–18, Sa 8.30–12 Uhr) Dieses Institut beherbergt eine kleine Sammlung von uralten Funden aus der Region. Es gehört zur Universität von Otavalo, die man einen Block nördlich der Ecke Sucre und Panamericana findet.

Kurse

Otavalo ist beliebt für Spanischkurse und hat einige gute Sprachschulen.

Mundo Andino SPRACHKURS
(☎292-1864; www.mandinospanishschool.com; Ecke Salinas & Bolívar 4-04; Einzel-/Gruppenunterricht pro Std. 6/4,50 US$) Zum großen Bildungsangebot der hervorragenden Sprachschule gehören Kurse (Mo–Fr), Aufenthalte bei einheimischen Familien und längerfristige Freiwilligen-Engagements, die die eigenen Spanischkenntnisse richtig fordern.

Instituto Superíor de Español SPRACHKURS
(☎299-2424; www.instituto-superior.net; Sucre zw. Morales & Colón; Kurse ab 94 US$/Woche) Der populäre Otavalo-Ableger des Instituts aus Quito erntet von Lesern begeisterte Kritiken und arrangiert auch Aufenthalte bei einheimischen Familien

Geführte Touren

Diceny Viajes KULTUREXKURSION
(☎269-0787/0460, 09-705-4295; zulayviajes@hotmail.com; Quinchuquí) Als Gründerin einer der ersten örtlichen Touragenturen leitet Zulay Saravino (gebürtige *otavaleña*) seit 30 Jahren Exkursionen. Ihre sachkundigen, zweisprachigen Guides begleiten Trips zu verschiedenen Dörfern, in denen man etwas über Handwerk, Musik und einheimische Tradition erfährt. Die Firma hat momentan kein Büro in Otavalo, ist aber 4 km nördlich davon im Dorf Quinchuquí ansässig. Die Touren lassen sich komplett per Telefon oder E-Mail arrangieren. Wer zusätzlich ein Gästezimmer in Zulays Privatwohnhaus bucht, bekommt einen echten Eindruck vom indigenen Leben.

Runa Tupari Native Travel KULTUREXKURSION
(☎292-2320; www.runatupari.com; Ecke Sucre & Quiroga, 3. Stock) Diese Firma ist für ihren kommunalen Tourismusansatz bekannt: Zusammen mit insgesamt 44 indigenen, mestizischen und afro-ecuadorianischen Gemeinden auf den Land organisiert sie

Sightseeing-, Wander-, Reit- oder Radtouren. Im Angebot sind auch Aufenthalte bei Bauernfamilien (25 US$/Übernachtung), verschiedene Freiwilligen-Engagements (15 US$/Tag inkl. Kost und Logis) und unkonventionellere Optionen – darunter holperige MTB-Downhillfahrten (2000 m) hinunter zu Intags tropischen Nebelwäldern (85 US$/Pers.) oder Wanderungen zum Gipfel des 4939 m hohen „Muttervulkans" Cotacachi (70 US$/Pers.; hin & zurück 10 Std.).

Ecomontes Tour ABENTEUERTOUR

(☎292-6244; www.ecomontestour.com; Ecke Sucre & Morales) Diese Agentur mit Sitz in Quito hat eine Filiale in Otavalo. Deren Angebot an Tagestouren umfasst Radfahren, Klettern, Reiten, Canyoning und Rafting. Aufenthalte bei indigenen Familien sind auch möglich.

Feste & Events

Ein paar kleine nahe Dörfer feiern immer noch präkolumbische Kultfeste, die bis zu zwei Wochen dauern können. Termine und Infos gibt's unter www.otavalo.gov.ec.

Fiesta del Yamor ERNTEFEST

In den ersten beiden Septemberwochen ehrt Otavalos bekanntestes Fest die Herbsternte. Eine gewählte Königin wacht dabei über Prozessionen, Livemusik, Tanz, Feuerwerk und Hahnenkämpfe, während das Feiervolk große Mengen *chicha de yamor* konsumiert. Für diesen ungewöhnlichen, alkoholfreien Trunk werden sieben verschiedene Maissorten zusammen geköchelt (länger fermentierte Varianten enthalten Alkohol). Das Gebräu gibt's nur zur Erntefestzeit beim Restaurant Yolanda's Chicha de Yamor.

Johannistag RELIGIÖS

Der 24. Juni ist hier als La Fiesta de San Juan bzw. unter dem indigenen Namen „Inti Raymi" bekannt. Angeblich leben und sterben einheimische *indígenas* für dieses Fest, das bis **St. Peter & Paul** (29. Juni) geht. So sparen sie das ganze Jahr über Geld für Kostüme, Essen und Getränke. Zu den Festival-Highlights gehören der Stierkampf in Otavalo, die Bootsregatta auf der Laguna de San Pablo und die Feierlichkeiten im nahen Ilumán.

Schlafen

Otavalos Beliebtheit resultiert in einer guten Auswahl an erschwinglichen Unterkünften. Im Budgetbereich sollte man sich stets vergewissern, dass das jeweilige Hotel Warmwasser und Bettzeug für kalte Nächte bietet. Der Wochenendansturm bedingt selbst bei Budgethotels immer rechtzeitige Reservierung.

Auch außerhalb der Stadt gibt's ein paar tolle Optionen (s. S. 106).

Hotel Riviera-Sucre PENSION $

(☎292-0241; www.rivierasucre.com; Ecke García Moreno 380 & Roca; EZ/DZ 15/26 US$; @📶) Ein

EINE ENG VERWOBENE KULTUR

Hinter den üppig bestückten Wollwarenständen Otavalos steckt eine lebendige Industrie mit eigener Kultur. Außerhalb Otavalos leben Weberfamilien in kleinen indigenen Dörfern, wo die Arbeit in vielen Haushalten vor Sonnenaufgang beginnt. Die Weber arbeiten schnell, still und gemeinsam in einem kleinen Raum auf dem nackten Boden. Die Produktion beginnt mit dem Waschen, Kardieren, Spinnen und Färben der Wolle. Die Kinder spielen mit Garn statt Spielzeug und üben so bereits ihren zukünftigen Beruf.

Vor 4000 Jahren benutzten die Vorfahren der *otavaleño*-Weber erstmals den Gurtwebstuhl, der heute noch in manchen Wohnhäusern steht. Sie saßen auf dem kalten Boden, hielten den Webstuhl zwischen ihren nackten Füßen und verflochten Fäden zu komplexen, großartigen Mustern.

Da nun immer mehr elektrische Webstühle zum Einsatz kommen, muss sich die Tradition ihren eigenen Herausforderungen stellen. Zudem sind der Handel jenseits der Grenzen und der Import ausländischer Produkte gleichermaßen sprunghaft angestiegen. Traveller, die die Anden auf ganzer Länge bereisen, sehen allmählich überall dieselben Artikel und kaufen nichts mehr. Otavalo hat auf dieses Problem mit strengerer Warenkontrolle auf seinem Markt reagiert. Heute stammen 80 bis 90 % der verkauften Handwerksartikel aus einheimischer Produktion. Wer die traditionelle Industrie unterstützen möchte, sollte handgefertigte Waren erwerben – selbst, wenn diese das Gepäck meist mörderisch schwer machen.

großes, altes und stark verwinkeltes Wohnhaus beherbergt diese Pension in belgischem Besitz. Hier gibt's Zimmer mit hohen Decken, einen Garten, offene Kamine, Hängematten im Hof, eine Bibliothek, ein kleines Café, einen Computer mit Internet (1 US$/Std.) sowie jeweils eine Wasch- und Gemeinschaftsküche. Dank des freundlichen Personals fühlen sich Gäste sofort wohl.

Rincón del Viajero PENSION $
(☎292-1741; www.hostalrincondelviajero.com; Roca 11-07; Zi. inkl. Frühstück mit Gemeinschaftsbad/eigenem Bad pro Pers. 11/13 US$; 📶) Der „Gasthof für Reisende" punktet mit herzlicher Atmosphäre, heimelig-gemütlichen Quartieren, einem Fernsehraum und englischsprachigem Personal. Hinzu kommen eine Lounge mit Kamin und eine sonnige Dachterrasse voller Hängematten.

Hostal Valle del Amanecer PENSION $
(☎292-0990; www.hostalvalledelamanecer.com; Ecke Roca & Quiroga; Zi. inkl. Frühstück mit Gemeinschaftsbad/eigenem Bad pro Pers. 11/14 US$; 📶) Tropendekor, Leihfahrräder (8 US$/Tag) und ein Kieselsteinhof mit vielen Hängematten machen diese Pension bei Travellern sehr beliebt. Die kleinen Zimmer sorgen für ordentlich Betrieb in den freundlichen Gemeinschaftsbereichen und im netten Hausrestaurant.

Hotel Otavalo HOTEL $
(☎292-0416; Roca 504-758; Zi. inkl. Frühstück 22 US$/Pers.; 📶) Das einfache Hotel aus der Kolonialzeit verfügt über Hartholzböden und einen hellen, überdachten Innenhof. Die geräumigen Zimmer mit hohen Decken, modernen Bädern und kunterbunter Bettwäsche liegen abseits der Straße; daher zählen sie zu den ruhigsten der Stadt. Weil hier viele Reisegruppen absteigen, muss man das Frühstück im Restaurant entsprechend timen, um dem Ansturm zu entgehen.

Cabañas El Rocío PENSION $
(☎292-4606; rocioe@hotmail.com; Barrio San Juan; Zi. 10 US$/Pers.; P) Das verblichene Schild, die Lage an der Straße und das unattraktive Äußere täuschen: Die Pension mit leicht alpenartig angehauchten Zimmern und Hütten ist sehr charmant. Einen kurzen Marsch von Otavalos Zentrum entfernt bietet sie für diesen Unterkunftsbereich ein tolles Preis-Leistungs-Verhältnis.

Hostal Doña Esther PENSION $$
(☎292-0739; www.otavalohotel.com; Montalvo 4-44; EZ/DZ/3BZ 28/40/48 US$; 📶) Die kleine Pension im Kolonialstil befindet sich in niederländischem Besitz und macht einen gemütlichen Eindruck. Sie punktet u.a. mit sympathischem Service und einer beliebten Büchertauschbörse. Die hübschen Zimmer umgeben einen Innenhof, der von Keramiken und Farnen geziert wird.

La Posada del Quinde PENSION $$
(☎292-0750; www.posadaquinde.com; Ecke Quito & Egas; EZ/DZ inkl. Frühstück 45/68 US$; P📶) Neue Eigentümer haben der populären Pension Ali Shungu von einst einen anderen Namen gegeben. Das luftige, schöne Haus hat großartige Gärten und schmucke Zimmer. Letztere lassen aber teilweise ihr Alter erkennen und könnten einen neuen Anstrich plus Lüftung vertragen.

Acoma HOTEL $$
(☎292-6570; www.hotelacoma.com; Salinas 7-57; EZ/DZ inkl. Frühstück mit Gemeinschaftsbad 18/25 US$, mit eigenem Bad 30/40 US$, Suite 63 US$; P@📶) Das Dekor des modernen Acoma im Santa-Fe-Stil lässt einen potentiell nach Chili-Eintopf und Wüstenblick lechzen. Doch wer braucht schon den amerikanischen Südwesten, wenn er wunderschöne Zedernholzböden, Mosaikfliesen und Oberlichter rund um eine tolle Bar in Ecuador haben kann? Der separate Hinterbau ist weniger luxuriös: Bewohner der kleinen Zimmer mit Gemeinschaftsbädern beneiden wohl die Haupthaus-Gäste.

Residencial El Rocío HOSTEL $
(☎292-4606; Morales 11-70; Zi. mit Gemeinschaftsbad/eigenem Bad pro Pers. 8/9 US$) Die schlichten, aber freundlichen und sauberen Quartiere in einem ruhigeren Stadtteil sind unterschiedlich groß. Die Dachterrasse voller Wäscheleinen bietet einen tollen Blick auf die Hügelgipfel.

Hotel Santa Fe HOTEL $
(☎292-3640; www.hotelsantafeotavalo.com; Roca zw. García Moreno & Montalvo; Zi. 13 US$/Pers.; P📶) Holzeinrichtungsfans werden dieses Hotel im Stil des amerikanischen Südwestens lieben – auch wenn die kitschigen Zimmer relativ klein und abseits der Straße auch noch etwas düster sind. Kabel-TV plus Restaurant im Obergeschoss.

Hostal Runa Pacha HOTEL $
(☎292-5566; Roca 10-02; Zi. mit Gemeinschaftsbad/eigenem Bad pro Pers. 6/8 US$; P) Das Runa Pacha wirkt äußerlich recht eindrucksvoll, strotzt innen aber nicht grade vor Charme. Allerdings sind die Zimmer

sauber und besitzen teilweise schmale Balkone, auf denen superschlanke Gäste etwas Frischluft genießen können. Die Bäder sind renovierungsbedürftig. Aber wer wird bei diesen Preisen schon meckern wollen?

Hotel Flores 2 HOTEL $
(☎292-1826; Sucre zw. Colón & Calderon; Zi. 12 US$/Pers.; P 📶) Mitten im Herz des Trubels führen hier schattige Korridore zu einfachen Quartieren mit etwas willkommenem Tageslicht. Die Balkone eignen sich super zum Leute beobachten, liegen aber über einem Parkplatz. Mitunter nervt der Lärm.

Hostal Internacional HOTEL $
(☎08-803-3167; Sucre & Quiroga; EZ/DZ inkl. Frühstück 10/14 US$) WLAN? Fehlanzeige. Dafür steht das günstige, aber ausreichend komfortable Hotel mitten in der Action und bietet Blick auf die Plaza de Ponchos. Das Management macht von Lufterfrischern so viel Gebrauch, dass man sich fragt, welche Gerüche wohl überdeckt werden sollen.

Essen

Selbst bei Lust auf Internationales ist die Restaurantauswahl groß.

Shanandoa Pie Shop BÄCKEREI $
(Plaza de Ponchos; Pie-Stücke 1,50 US$; ⏱10–21 Uhr; ☑) Perfekt für eine Pause während des Stöberns nach indigenen Handwerksprodukten: Die Bäckerei an der Plaza de Ponchos kredenzt himmlisch krosse Pies in verschiedenen Geschmacksrichtungen (Erdbeer ist super). Dazu gibt's Eis.

Green Coffee Shop & Diner BIOLADEN $
(Sucre nahe Salinas; Hauptgerichte 3–7 US$; ⏱Mo–Fr 10–21, Sa 8–21 Uhr; ☑) Der Bioladen in einem kunterbunt-chaotischen Innenhof serviert 100 % Bio in Form von Salaten, Sandwiches, Frühstück, Grill- und Nudelgerichten. Super, um vor dem Straßentrubel an Markttagen zu flüchten.

Mi Otavalito ECUADORIANISCH $$
(Sucre 11-19; Hauptgerichte 6,50–8 US$; ⏱11.30–21 Uhr) Dieses niedliche Lokal an Otavalos Hauptstraße hat ein nettes Rustikaldekor und gelbe Wände, an denen Kuhschädel hängen. Mit ein paar der besten ecuadorianischen Gerichte der Stadt begeistert es gleichermaßen Einheimische und Touristen. Das Grillfleisch, die Forelle und die Zutaten der Suppen sind angenehm frisch.

Yolanda's Chicha de Yamor ECUADORIANISCH $
(Ecke Sucre & Mora; Gerichte 3–8 US$; ⏱Ende Aug.–Mitte Sept. zur Festivalzeit) Man beachte die Zeitungsausschnitte an den Wänden des grünen Hauses: Yolanda Cabreras Berühmtheit fußt auf einheimischen Köstlichkeiten wie *tortillas de maíz* (Maistortillas), *mote* (Maisgrütze), *empanaditas* (spanischen Törtchen) oder dem Lokalfavoriten *fritada* (gebratene Schweinskoteletts, serviert mit *mote*). Das wahre Highlight ist natürlich Yolandas *chicha de yamor* (s. S. 102), das über qualmenden Feuern hinter dem Haus in großen Kesseln blubbert und zwischendurch umgerührt wird.

Oraibi VEGETARISCH $
(Ecke Sucre & Colón; Hauptgerichte 3–10 US$; ⏱Mi–Sa 11–19 Uhr; ☑) In einer alten Hazienda mitten im Zentrum findet man diese charmante Vegetarier-Oase. Im schickrustikalen Ambiente kommen hier Pizzas, Sandwiches, Salate und Tortillas auf den Tisch. Draußen im Garten gibt's weiße Tischdecken, jede Menge Schatten und live gespielte Andenmusik (tgl. 13–16 Uhr).

Buenavista INTERNATIONAL $
(Plaza de Ponchos; Hauptgerichte 3–6 US$; ⏱Mi–Mo 10–22 Uhr; ☑) Der Name dieser Restaurantbar mit teils schroffem Service bezieht sich auf den tollen Panoramablick, der an allen Wochentagen vom Balkon aus auf die

DIE SCHARFEN GIPFEL

Als würde es nicht reichen, dass alle spanischen Substantive eines von zwei grammatischen Geschlechtern haben – offenbar gilt dies auch für Feuerberge: Die Einheimischen bezeichnen den Volcán Imbabura (4609 m) als Taita (Papa) Imbabura und den Volcán Cotacachi (4939 m) als Mama Cotacachi. Bei klarem Wetter sind die beiden erloschenen Vulkane von Otavala aus zu sehen: Der Taita erhebt sich im Osten, der gezackte Mama-Gipfel im Nordwesten. Wenn es in Otavalo regnet, so heißt es hier, dass Taita Imbabura ins Tal pinkelt. Eine andere Legende besagt: Wenn Mama Cotacachi mit einer frischen Schneedecke erwacht, hat Taita Imbabura sie zwecks ehelicher Pflichterfüllung besucht. Was passiert, wenn Schnee auf den Imbabura fällt? Oder wenn eine Dürre die Täler austrocknet? Da muss man wohl einen Einheimischen fragen.

BUSSE AB OTAVALO

ZIEL	PREIS (US$)	DAUER (STD.)
Quito	2	3
Apuela	1,95	2½
Cotacachi	0,25	15
Cayambe	0,75	45
Ibarra	0,45	30

planenbedeckten Marktstände fällt. Das gute internationale Menü reicht von Forelle und Rindfleisch bis hin zu diversen Frühstücksoptionen. Für Schluckspechte gibt's obendrein eine große Cocktailkarte.

Quino SEAFOOD $$
(Roca nahe Montalvo; Hauptgerichte 6–11 US$; ⌚Di–So 12–23 Uhr) Im Schummerlicht serviert das beliebte Quino die besten Meeresfrüchte der Stadt. Es eignet sich super für ein prima Abendessen – vorausgesetzt, man hat Zeit: Da alle Gerichte frisch zubereitet werden, wartet man ca. eine halbe Stunde.

Árbol de Montalvo PIZZA $$
(Montalvo 4-44; Hauptgerichte 7–9 US$; ⌚Mo–Do 18–21, Fr–So 12–22 Uhr; ✎) Hinter dem Hostal Doña Esther liegt Otavalos einziges Lokal mit Holzofenpizzas – ergänzt durch Bio-Salate, Gemüse der Saison und Pasta mit mediterranem Touch.

Chifa Ming Zhu CHINESISCH $
(Ecke Roca & Salinas; Hauptgerichte 3–5 US$; ⌚10–23 Uhr) Dampfende Nudelteller und glänzendes Gemüse locken am Wochenende zahllose Gäste ins Innere des farbenfrohen Hauses. Riesenportionen!

☆ Unterhaltung

Peñas (belebte Bars bzw. Clubs mit live gespielter Folkloremusik) sind im Anden-Hochgebirge weit verbreitet. Vor Ort gibt's davon ein paar gute Varianten. Obwohl Otavalo an sich keine Partystadt ist, geht die abendliche Diskoszene am Wochenende mitunter in Richtung heiß und feierwütig.

Auch Hahnenkämpfe sind bei den Einheimischen sehr beliebt.

Amauta PEÑA
(Ecke Morales 5-11 & Jaramillo; ⌚Fr & Sa 20–4 Uhr) Diese *peña* ist typisch für Otavalo und quasi Pflicht: Hier erklingt nur authentische Andenmusik. In der Stadt werden sonst zunehmend Salsa und Merengue gespielt.

Peña La Jampa PEÑA
(Ecke 31 de Octubre & Panamericana; ⌚Fr & Sa 19–3 Uhr) Diese modernere Version einer *peña* ist ungemein populär. Das gemischte Liveprogramm besteht aus Salsa, Merengue, spanischsprachigem Rock und *folklórica* (Folkloremusik).

ℹ Praktische Informationen

Dr. Leonardo Suarez (☎09-779-1206) Von Einheimischen empfohlener Arzt, der etwas Englisch spricht und Hausbesuche macht.

Krankenhaus (☎292-0444/3566; Sucre) Rund 400 m nordöstlich der Innenstadt.

Polizei (☎101; Av Ponce de Leon)

Post (Ecke Sucre & Salinas, 2. Stock)

Touristeninformation (iTur; ☎292-7230; Ecke Quiroga & Jaramillo; ⌚Mo–Fr 8.30–13 & 14.30–18, Sa & So 9.30–13 Uhr) Das hilfsbereite Personal (spricht etwas Englisch) empfiehlt Hotels und Aktivitäten wie geführte Touren. Das Gebäude beherbergt auch Ausstellungen.

ℹ An- & Weiterreise

Otavalo ist gut an Quito angebunden und auch ein wichtiger Verkehrsknotenpunkt für die kleineren Orte des nördlichen Hochlands. Ein paar Blocks von der Plaza de Ponchos entfernt liegt der geschäftig-chaotische Busbahnhof an der Ecke Atahualpa und Collahuazo.

Um nach Tulcán an der kolumbianischen Grenze zu gelangen, muss man nach Ibarra reisen und dort den Bus wechseln.

Für ca. 1 US$ pro Fahrtstunde rollen alte Lokalbusse südwärts nach San Pablo del Lago (20 Min.) and Araque (30 Min.). Cooperativa Imbaburapac schickt Busse nach Ilumán (30 Min.), Agato (1 Std.) und San Pablo del Lago (15 Min.). Startpunkt ist stets derselbe Busbahnhof.

Rund um Otavalo

☎06

Grün geschecktes Ackerland kriecht die steilen Hänge rund um Otavalo hinauf

– eine lohnende Kombination für Reisende, die anstrengende Aktivität und weite Aussicht im Sinn haben. Quasi Pflicht für Wanderer sind die Lagunas de Mojanda südwestlich von Otavalo.

Als einst prächtige Zentren der kolonialzeitlichen Gesellschaft laden versteckte Haziendas ihre Besucher ein, sich auf weitläufigem Gelände an faszinierender Geschichte zu erfreuen. Da wäre auch noch die Laguna de San Pablo, der Tretboote und gepflegte Uferhotels ein vergleichsweise zivilisierteres Gesicht verleihen: Jeden September durchqueren die Teilnehmer eines internationalen Schwimmwettkampfs den größten See Ecuadors auf seiner gesamten kalten Breite (3800 m). Alle Ziele sind per kurzer Bus- oder Taxifahrt ab Otavalos Zentrum erreichbar.

Die Panamericana verlässt Otavalo Richtung Nordosten. Dann passiert sie die indigenen Dörfer **Peguche**, **Agato** und **Ilumán**, die sich mittels Bus, Taxi oder geführter Tour erkunden lassen. Die Dörfer südwestlich der Laguna de San Pablo produzieren Feuerwerkskörper, Matten und anderes aus *totora* (Schilf). In der Nähe liegen weitere *otavaleño*-Dörfer. Am besten Otavalos Touranbieter kontaktieren: Die Trips kosten nicht mehr als ein lang gemietetes Taxi.

In den ländlichen Hügeln vermietet das **Las Palmeras** (☎292-2607; www.laspalmerasinn.com; Zi./Suite 74/122 US$;) farbenfrohe Hütten mit gemütlichen Zimmern im Kolonialstil. Gäste können reiten, Fahrräder leihen, Spanischkurse belegen oder einfach die Landschaft genießen. Das Hausrestaurant ist hervorragend.

LAGUNAS DE MOJANDA

Eine löchrige Kopfsteinpflasterstraße scheint der Schwerkraft zu trotzen, während sie zu drei türkisblauen Seen hinaufführt, die 17 km südlich von Otavalo hoch oben wie Edelsteine zwischen den Hügeln des *páramo* liegen. Das Gebiet erhielt im Jahr 2002 Naturschutzstatus und wird seitdem auch stärker von der Polizei überwacht. Dies schreckt Straßenräuber ab, die in früheren Zeiten recht häufig Wanderer überfallen hatten. Camper sollten entweder am Südufer des größten Sees namens **Laguna Grande** zelten oder in der einfachen Schutzhütte aus Stein übernachten (Schlafsack und Proviant muss man selbst mitbringen). In der Nähe ragt der gezackte Gipfel des erloschenen Vulkans **Fuya Fuya** (4263 m) empor.

Wegen der höheren Fahrzeugbelastung verlangen Taxifahrer für Trips ab Otavalo einen Zuschlag (ca. 20 US$/einfache Strecke zzgl. 10 US$/Wartestunde). Etwas Bares lässt sich sparen, indem man in einem nahen Gasthof übernachtet und herwandert oder Otavalo früh per Taxi verlässt und am selben Tag zurückmarschiert. Wichtig: Wer von den nächstgelegenen Unterkünften aus zu den Seen trekken möchte, sollte unbedingt viel Trinkwasser mitnehmen! Runa Tupari Native Travel in Otavalo bietet geführte Wanderungen inklusive Shuttles.

Eine längere Wanderung durch den *páramo* bringt einen zur archäologischen Stätte Cochasquí, die in Luftlinie 20 km weiter südwärts liegt. Für diese Option empfiehlt sich eine topografische Karte der Region Mojanda (Maßstab 1:50 000; Seriennummer ÑII-F1, 3994-III), die beim Instituto Geográfico Militar (IGM) in Quito (S. 89) erhältlich ist.

Das **Rose Cottage** (☎09-772-8115; www.rosecottageecuador.com; Mojandita; B/2BZ/DZ 12/17/27 US$) eignet sich super für günstiges Übernachten in spektakulärer Landschaft: Auf einem steilen Hügel rund 3 km von Otavalo gibt's hier eine atemberaubende Aussicht. Nutzer der vielen verschiedenen Übernachtungsmöglichkeiten genießen das Andenpanorama in immer noch angenehmer Nähe zu Otavalo.

Rund 4 km südlich von Otavalo verspricht die **Casa Mojanda** (☎08-033-5108; www.casamojanda.com; EZ/DZ inkl. Frühstück & Abendessen 110/183 US$;) perfektes Entspannen in einem reizenden Gasthof. An der Straße zu den Lagunas de Mojanda punktet sie mit Blick auf das Anden-Ackerland. Die fröhlichen Hütten haben elektrische Heizgeräte, Warmwasserbäder und teils auch offene Kamine. Gäste können nach langen Wandertagen im Freiluft-Whirlpool relaxen, reiten, Spanischunterricht nehmen und Mountainbike-Touren oder Rafting arrangieren. Der Preis beinhaltet Frühstück und Abendessen mit frischen Zutaten aus dem Garten sowie eine kurze geführte Wasserfallwanderung.

Das **La Luna** (☎09-315-6082, 09-829-4913; www.lalunaecuador.com; Stellplatz Zelt/B 4/8 US$, EZ/DZ mit Gemeinschaftsbad 15/25 US$, EZ/DZ mit eigenem Bad 17/28 US$;) ist ein schlichtes, günstiges Refugium mit herrlicher Aussicht. Diese tolle Bleibe für Wanderer liegt 4,5 km südlich von Otavalo an der Straße zu den Lagunas de Mojanda. Gäste

essen im Hauptgebäude, wo sich abends alles um Spiele am offenen Kamin dreht. Einen solchen gibt's jeweils auch in den vier Doppelzimmern mit eigenen Bädern. Das Duschwasser ist warm; die Besitzer sprechen Englisch und organisieren auf Vereinbarung Wanderungen (inkl. Mittagsproviant) und Spanischunterricht. Ab der Stadt geht's zu Fuß (1 Std.) oder per Taxi (4 US$) hierher.

LAGUNA DE SAN PABLO

Dieser See ist ein beliebtes Ziel von Wochenendausflüglern, die der Hektik in Otavalo entkommen und trotzdem in Marktnähe wohnen wollen. Häuser, Bauernhöfe und die asphaltierte Uferstraße hat man hier fast immer im Blick. Dafür entschädigt die tolle Aussicht auf den Volcán Imbabura (s. Kasten S. 104)

LP TIPP **Hacienda Cusín** (291-8013/8316; www.haciendacusin.com; EZ/DZ 90/120 US$; Mittags-/Abendmenü 18/22 US$;) Die märchenhafte Hazienda aus dem 17. Jh. liegt 10 km von Otavalo entfernt am Südrand von San Pablo del Lago. Mächtige Zedern überschatten die Gartenwege zwischen den Hütten und alten Gebäuden. Eindrucksvolle Holztüren, europäische Ölgemälde sowie Textilien und Antiquitäten aus Südamerika sorgen hier für museumsartiges Ambiente. Die Gäste können Squash spielen, reiten oder mountainbiken, in der Bibliothek abhängen und es sich dann an der Bar gemütlich machen, wo ein brüllendes Feuer die Hochlandkälte vertreibt. Einer der beiden exklusiven Handwerksläden wird von Familie Andrango aus Agato (s. S. 109) betrieben. Das formelle, tadellose Hausrestaurant serviert leckeres Essen. Das Detailspektrum der Pauschalangebote reicht von Ausritten mit Übernachtung und Spanischkursen bis zu Webkursen. Fürs Wochenende unbedingt rechtzeitig buchen!

Cabañas del Lago (291-8108; www.cabanasdellago.com.ec; Zi. 85 US$, Hütte 100–135 US$;) Die 27 Hütten in verschiedenen

Größen und die vielen Aktivitäten zielen auf Familien ab: Am östlichen Seeufer warten hier ein *fútbol*-Platz, Minigolf, Jetskis, alle möglichen Wassersportoptionen und ein kräftigendes Hausrestaurant.

Die **Hostería Puerto Lago** (☎292-0920; www.puertolago.com; EZ/DZ/Suite 74/86/128 US$; Hauptgerichte 8–20 US$; 📶) steht 5 km südöstlich von Otavalo gleich abseits der Panamericana. Grasende Lamas pflegen den makellosen Rasen, der nüchterne Hütten mit Seeblick umgibt. Das beliebte Uferrestaurant serviert traditionelle Küche auf weißen Tischtüchern. Gäste können Tennis spielen oder einen faulen Tretboot- bzw. Kajaktag verbringen.

DIE PANAMERICANA NACH NORDEN

Hacienda Pinsaquí (☎294-6116; www.haciendapinsaqui.com; EZ/DZ/3BZ/4BZ 112/144/155/175 US$, Festpreismenü 27 US$; 📶) Die frühere Textilherstellungs-Hazienda aus der Kolonialzeit gibt einen Eindruck vom alten Ecuador: Offene Balkendecken sowie elegantes Dekor (inkl. französische Antikwaschbecken und finstere Portraits) kanalisieren die Vergangenheit auf einem prachtvollen Grundstück. Teile dieser waschechten Hazienda von 1790 überstanden das verheerende Erdbeben im Jahr 1857. Zudem ist das Ganze höchst geschichtsträchtig: Auf dem Weg nach Bogotá im Norden pflegte Simón Bolívar hier zu nächtigen. Whirlpools und offene Kamine versetzen einige der 30 Zimmer bzw. Suiten sehr stilvoll in die Moderne. Nicht verpassen sollte man die Kapelle und die gemütliche Schummerlichtbar – letztere eignet sich ideal, um bei *canelazo* (Zuckerrohrschnaps bzw. *aguardiente* mit heißem Apfelwein und Zimt) Revolutionspläne auszuhecken. Mit einem selbst gewählten Pferd aus den renommierten Stallungen können Gäste reiten gehen.

PEGUCHE

In dem winzigen Weberdorf trotten Schafe an Wäscheleinen vorbei, auf denen frisch gefärbte Wolle im Wind trocknet. Obwohl hier elektrische Webstühle in vielen Wohnhäusern stehen, verdienen die traditionellen Handwerksprodukte die Aufmerksamkeit von Besuchern. Am besten erkundigt man sich bei Einheimischen jeweils nach dem Weg zu den folgenden Zielen:

Los geht's mit dem **Tejidos Mimahuasi**: In ihrem Wohnhaus demonstriert das Weberpaar José María Cotacachi und Luz María Fichabamba verschiedene Arbeitstechniken. Nächste Station ist **Taller de Instrumentos Andimos-Nañda Mañachi,** wo eine Familie traditionelle Musikinstrumente von Hand herstellt – darunter Panflöten und mandolinenartige *charangos* mit zehn Saiten, die traditionell aus Gürteltierpanzern gemacht werden.

El Gran Condor (www.artesaniaelgrancondor.com; ⏲Mo–Fr 8–19, So 11–16 Uhr) an Peguches Hauptplatz ist das perfekte Ziel für Textilienfans, die in Otavalo nicht das Gewünschte gefunden haben. Der Laden verkauft hochwertige Stoffwaren aus einheimischer Produktion (u. a. Pullover, Schals und Wandbehänge). Wer vorher anruft, kann sich Färbe- und Webmethoden zeigen lassen.

Von der stillgelegten Bahnlinie im Ort führt ein Weg ca. 2 km südostwärts zu den **Cascadas de Peguche**. Da diese Wasserfälle den Einheimischen heilig sind, sollten

ABSTECHER

DIE ALI SHUNGU MOUNTAINTOP LODGE

Obwohl Schwärmen nicht so unser Ding ist, könnten wir dieses tolle Bergrefugium nicht begeisterter empfehlen. Das **Ali Shungu** (☎08-950-9945; www.alishungu.com; Quinchinche; Zi. inkl. Frühstück & Abendessen 95 US$/Pers.; 🅿📶) wird von zwei US-amerikanischen Auswanderern geführt, die seit fast 20 Jahren in Otavalo leben. Die vier freistehenden Villen liegen 5 km außerhalb der Stadt an einem Hang mit atemberaubendem Blick auf Otavalos bergige Umgebung. Jede der geräumigen Behausungen beherbergt bis zu acht Gäste in zwei Schlafzimmern. Die Einrichtung umfasst jeweils eine komplett ausgestattete Küche, ein tolles Wohnzimmer mit Panoramafenstern, einen Kamin und einen Privatgarten. Folklorekunst, Handwerksgegenstände und Teppiche aus der Umgebung prägen das Dekor. Obendrein gibt's super Kost: Das leckere Frühstück und Abendessen ist jeweils mehrgängig. Wegen der Lage außerhalb der Stadt ist dies nur für Selbstfahrer eine wirklich praktische Option. Dank günstiger Taxis ist ein Aufenthalt aber auch möglich, wenn man nicht selbst hinterm Steuer sitzt.

EINE ROSE IST EINE ROSE IST EINE ROSE

Blumenfarmen gelten als Hauptindustriezweig des Hochlands. Sie beschäftigen 76600 Einwohner kleiner Gemeinden, die kaum andere Verdienstmöglichkeiten haben. Nur am Äquator wachsen Rosen völlig geradstielig. So exportiert Ecuador ein Drittel aller Rosen, die jährlich nur für Valentinstag in den USA gezüchtet werden. Der Blumenboom hat vielen Ecuadorianern Wohlstand gebracht – allerdings auf Kosten von Arbeitern und Umwelt.

Um pralle, makellose Rosen in Ecuadors tropischem Klima kultivieren zu können, verwenden einige Betriebe chemische Pesti- und Fungizide. Manche davon stuft die Weltgesundheitsorganisation WHO als extrem oder hoch giftig ein. Nicht alle Blumenfarmen stellen Sicherheitsausrüstung (z. B. Atemschutzanzüge), was zu ernsthaften Gesundheitsproblemen von Hautausschlag bis Krebs führen kann. Viele Angestellte werden unterdurchschnittlich bezahlt und arbeiten 70 bis 80 Stunden pro Woche.

Das in Deutschland ansässige **Flower Label Program** (www.fairflowers.de) engagiert sich für Reformen in der Blumenindustrie. Deshalb vergibt es seine FLP-Zertifikate an Produzenten, die sich an Umwelt- und Sozialstandards halten. Zu den US-Pendants zählen **VeriFlora** (www.veriflora.com) und **TransFair USA** (www.transfairusa.org). Um sich für diese Programme zu qualifizieren, müssen Blumenfarmer natürliche Pestizide (z. B. Chili- oder Kamillenextrakt) verwenden sowie ihren Arbeitern faire Löhne und Arbeitsbedingungen bieten.

sich Besucher während des Sonnenfests Inti Raymi (Juni; S. 102) davon fernhalten: Dann nehmen Männer hier rituelle Reinigungsbäder vor.

Das **Hostal Aya Huma** (☎269-0333; www.ayahuma.com; EZ/DZ 18/30 US$) ist ein ruhiges Dorfrefugium mit einfachen, aber sauberen Zimmern. Das Café serviert herzhaftes Frühstück und gutes vegetarisches Essen. Mit etwas Glück gibt's auch Livemusik.

Auf der Route Otavalo–Agato fahren manche Busse von Cooperativa Imbaburapac durch Peguche.

AGATO

Rund 2 km östlich von Peguche führt eine Straße hinauf zur **Weberwerkstatt Tahuantinsuyo**. Meisterweber Miguel Andrango demonstriert dort traditionelle Arbeitsmethoden an alten Webstühlen und verkauft seine Produkte direkt vor Ort. Am Wochenende öffnet die Familie Andrango ihre Filiale auf der Hacienda Cusín (S. 108).

ILUMÁN

Dieses Weberdorf liegt ca. 7 km nordöstlich von Otavalo abseits der Panamericana. Es ist auch für seine Schamanen berühmt, die einen Ortsverband mit rund 120 Mitgliedern bilden. Diese werben für sich, indem sie ihre Namen in großen Buchstaben an ihre Wohnhäuser kritzeln. Gegen Ausprobieren spricht nichts. Allerdings sind manche Reinigungsrituale recht eklig (u. a. wegen Verwendung von rohen Eiern und Speichel). Von Otavalo aus fahren Imbaburapac-Busse hierher.

COTACACHI

☎06 / 10500 EW. / 2560 M

Cotacachi (alias „Stadt des Friedens") ist heute ein Synonym für seine Lederhandwerker, die wunderschöne Artikel mit unglaublich gutem Preis-Leistungs-Verhältnis herstellen. Dies lockt anspruchsvolle Schnäppchenjäger aus aller Welt in die kleine Andenstadt. Cotacachis entspannte Beschaulichkeit hat vor Kurzem zur verstärkten Ansiedlung von Ausländern geführt, die sich hier immer mehr Grundstücke unter den Nagel reißen. Dank der Nähe zur Laguna de Cuicocha und dem Volcán Cotacachi wird Cotacachi eventuell eines Tages mit Otavalo gleichziehen. In der Zwischenzeit lenkt es seine Entwicklung aber offenbar maßvoller als sein Nachbar.

Sehenswertes & Aktivitäten

Die meisten Besucher kommen zum Shopping nach Cotacachi: Hier lassen sich tolle Schnäppchen ergattern – vor allem bei Lederjacken, Gepäckstücken, Geldbörsen, Schuhen, Handschuhen und -taschen. Sonntags ist Markt, aber entlang von Cotacachis Hauptstraße (10 de Agusto) kann man die ganze Woche super einkaufen. Fast alle Läden geben Rabatt bei Barzahlung. An der 10 de Agusto gibt's einen Geldautomaten.

Die städtische Touristeninformation in der **Casa de las Culturas** (☎291-5140; Ecke

Bolívar & 9 de Octubre; ⏲Mo–Fr 9–13 & 14–18, Sa & So 9–17 Uhr) hat Details zu kommunalen Tourismusprojekten, Ausritten und Wandertouren. Das geräumige Gebäude beherbergt auch ein Internet-Zentrum, ein Café und eine Ausstellung mit Gemälden Oswaldo Guayasamíns.

Das **Museo de las Culturas** (Moreno 13-41; Eintritt 1 US$; ⏲Mo–Fr 9–12 & 14–17, Sa 14–17, So 10–13 Uhr) im neoklassizistischen früheren Rathaus portraitiert die regionale Geschichte zwischen 8500 v. Chr., Kolonialzeit und Republik. Die Kostüme und Fotos von religiösen indigenen Festen nicht verpassen!

Schlafen & Essen

LP TIPP **Hostería La Mirage** HOTEL $$$
(☎291-5237; www.mirage.com.ec; Calle 10 de Agosto; Zi. inkl. Frühstück & Abendessen 427–976 US$; P) Die unbefestigte Zufahrt vor den verschlossenen Eisentoren täuscht: Auf dem Rasen eines der besten Hotels des Landes stolzieren Pfauen an weißen Kuppeldächern und Säuleneingängen vorbei. Die opulente Einrichtung im Stil Ludwigs XIV. umfasst Originalgemälde, Himmelbetten, Blumenbuketts und Luxusbettwäsche. Wer sich vom Zimmer loseisen kann, sollte das Hallenbad mit Whirlpool und Rosenblätter-Deko aufsuchen. Das dazugehörige Spa erinnert an römische Dekadenz: Sein Behandlungsspektrum reicht von Bädern in Milch und Rosenblättern bis hin zu schamanischen Reinigungsritualen im Kerzenlicht einer Ecke, die mit Steinplatten ausgelegt ist. Tennis, Reiten, Vogelbeobachtungen und Mountainbiken werden auch angeboten. Das stilvolle Restaurant steht für erinnerungswürdige Erlebnisse in Sachen internationaler Fusionküche. Es serviert z. B. Ochsenschwanzsuppe, *cuy* ohne Knochen, Ente à l'orange oder neuseeländische Lammkoteletts. Alles in allem ist dieses Hotel kaum zu schlagen, wenn Rundumverwöhnen in herrlicher Andenlandschaft gewünscht wird. Es steht nur 500 m nordöstlich vom Hauptplatz am Stadtrand.

Land of the Sun HISTORISCHES HOTEL $$
(☎291-5264; www.landofthesun.org; Ecke Moreno & Sucre; EZ/DZ inkl. Frühstück 60/72 US$, Hauptgerichte 4–10 US$; P@) Die Zimmer des kolonialzeitlichen Hotels im Zentrum umgeben einen hübschen gefliesten Innenhof. Die besten Quartiere haben Balkone mit Blick auf den Konvent. Vorhanden sind auch eine Sauna (gratis für Gäste) und ein tolles Restaurant im Hof (geöffnet 7–21 Uhr), das exzellente *locro de papas* (Kartoffelsuppe mit Avocado und Käse) auftischt.

Veraneante ECUADORIANISCH $$
(Ecke Bolívar & Calle 9 de Octubre; Hauptgerichte 6–10 US$; ⏲8.30–22 Uhr) Dieses gehobene Lokal mit weißen Tischtüchern und aufmerksamem Service ist auf frische Forelle in allen Varianten spezialisiert. Man findet es zwischen Kathedrale und Einkaufsmeile.

Restaurante Doña Ceci ECUADORIANISCH $
(Bolívar nahe 10 de Agusto; Festpreismenüs 3 US$; ⏲10–20 Uhr) Nach einem langen Morgeneinkauf kommt das beliebte, schlichte Restaurant mit seinem üppigen und supergünstigen Mittagessen gerade recht. Die leckeren Dreigängemenüs beinhalten jeweils eine Suppe, einen Nachtisch und frischgepressten Saft.

An- & Weiterreise

Westlich der Panamericana liegt Cotacachi ca. 15 km nördlich von Otavalo. An dessen Busbahnhof besteht mindestens stündlich Verbindung zum hiesigen Terminal (0,25 US$, 25 Min.), das den Markt am äußersten Stadtrand flankiert.

An Cotacachis Busbahnhof lassen sich *camionetas* (Pickups oder Kleinlastwagen) für Touren zur Laguna de Cuicocha (hin & zurück 12 US$ inkl. 30 Min. Wartezeit) mieten. Die günstigere Alternative: Mit einem Bus von Transportes Cotacachi ab Otavalo oder Cotacachi nach Quiroga fahren und an dessen Plaza ein Taxi nehmen.

Reserva Ecológica Cotacachi-Cayapas

Dieses **Naturschutzgebiet** (Zutritt See/ganzer Park 1/2 US$) erstreckt sich über einen großen Teil der westlichen Anden. Das Höhenspektrum zwischen dem Volcán Cotacachi und den Regenwäldern des Küstentieflands sorgt für einen riesigen Artenreichtum. Die dichte Vegetation macht Touren zwischen Hoch- und Tieflandbereich fast unmöglich. Die meisten Reisenden besuchen daher entweder die Tieflandzone ab San Miguel am Río Cayapas (s. S. 260) oder das Hochland rund um die Laguna de Cuicocha. Bei Anreise aus Richtung Cotacachi fungiert eine Rangerstation kurz vor der Laguna de Cuicocha als Parkeingang.

Sehenswertes

Laguna de Cuicocha SEE
Rund 18 km westlich von Cotacachi füllt dieser gespenstisch ruhige, düstere See einen eingebrochenen Vulkankrater. Die ca.

3 km breite und 200 m tiefe Laguna umgibt zwei hügelige Inseln, die bei späteren Eruptionen emportraten und wie die Rücken zweier Meerschweinchen aussehen – daher der Name *cuicocha* („Meerschweinchensee" auf Kichwa). Entlang des Uferwegs naschen Kolibris an bunten Blumen, während gelegentlich Kondore über dem Wasser kreisen. Der Weg (hin & zurück 5–6 Std.) beginnt nahe der Rangerstation am Parkeingang. Bei klarem Himmel ist auch der Volcán Cotacachi zu sehen. Mietboote (2 US$) ermöglichen kurze Inselrundfahrten. Achtung: In der Vergangenheit kam es hier schon zu Überfällen. Daher nie allein losziehen und unbedingt vorher Erkundigungen zur aktuellen Sicherheitslage bei den Wachenposten am Parkeingang einholen!

Eine Zweitageswanderung in Richtung Süden führt über das Dorf Ugshapungu von der Laguna de Cuicocha zu den Lagunas de Mojanda. Hierfür empfiehlt sich eine spezielle Otavalo-Karte (Maßstab 1:50 000; Seriennummer ÑII-F1, 3994-IV), die beim IGM in Quito (S. 89) erhältlich ist.

Schlafen & Essen

Hostería Cuicocha PENSION $$

(☎09-147-4172; www.cuicocha.org; EZ/DZ/3BZ inkl. Frühstück & Abendessen 40/70/105 US$, Hauptgerichte 4–9 US$) Dank der herrlich einsamen Pension kann man direkt an der Laguna übernachten. Die sauberen Zimmer mit Seeblick haben ein prima Preis-Leistungs-Verhältnis. Das Hausrestaurant (Hauptgerichte 4–9 US$) verköstigt auch externe Besucher mit üppigen Mahlzeiten (z. B. Empanadas, frische Grillforelle).

An- & Weiterreise

Reisegruppen können in Cotacachi Taxis oder Pickup-Trucks mieten (einfache Strecke/hin & zurück ca. 8/20 US$). Unbedingt den Fahrpreis erst nach der Rückkehr bezahlen, damit einen der Chauffeur nicht in der Wildnis stehenlässt!

Intag-Tal

Nun gilt es, die spektakuläre Fahrt hinunter ins Intag-Tal zu meistern: Nachdem man durch trockene Höhen getuckert ist, führt die Straße plötzlich steil bergab – und das nur, um Schluchten zu durchqueren und danach gleich wieder anzusteigen. Manchmal blockieren Erdrutsche diese Route. Doch ihre erfolgreichen Bezwinger (manche bekreuzigen sich vor der Fahrt) haben offenbar ein verblüffendes Gespür für die schmale Fahrbahn und die anspruchsvollen Bedingungen. Das Tal ist nicht nur für seinen Kaffee, sondern auch für seine Aktivisten berühmt.

Das **Andean Bear Conservation Project** (www.andeanbear.org) bildet Freiwillige im Bärenaufspüren aus und lässt sie beim Wandern durch den entlegenen Nebelwald nach den eigentlich scheuen Brillenbären spähen. Ihre Vorliebe für Süßmais lässt die Tiere aber teilweise ihr natürliches Verhalten vergessen. Als Beitrag zum Eindämmen der Bärenjagd können Freiwillige daher auch Bauern beim Rekultivieren von Maisfeldern helfen, die von Brillenbären verwüstet wurden. Alternativ arbeitet man am Erhalt von Wanderwegen mit. Das Mindestengagement beträgt eine Woche; empfohlen wird aber ein ganzer Monat (700 US$).

Kurz vor Santa Rosa beginnt der zweistündige Marsch zur kleinen Forschungsstation **Siempre Verde** (☎404-262-3032, US-Durchwahl 1460; www.siempreverde.org). Unter kommunaler Leitung wird dort bei Wanderungen und Vogelbeobachtungen Naturschutz in den Tropen vermittelt. Die Station heißt Wissbegierige und Forscher herzlich willkommen (Voranmeldung erforderlich).

Eine Wanderstunde von Santa Rosa entfernt erstreckt sich die **Intag Cloud Forest Reserve** (☎299-0001; www.intagcloudforest.com; Zi. inkl. Vollpension 50 US$/Pers.), wo der Gründer von DECOIN (Defense and Ecological Conservation for Intag) ein Stück naturbelassenen Nebelwald schützt. Mindestens achtköpfige Besuchergruppen können hier nach Voranmeldung in rustikalen Hütten mit solarbeheiztem Warmwasser wohnen, wandern, Vögel beobachten und vegetarische Kost futtern.

APUELA

☎06

Das Nest Apuela liegt am Río Intag, der auf seinem Weg zum Pazifik eine gewaltige Schlucht durch die Berge gegraben hat. Im Ortszentrum spielen viele Einheimische sonntags Fußball und stöbern auf dem Markt nach Lebensmitteln oder Jeans. Koffeinjunkies besuchen am besten Café Río Intag, eine kooperativ betriebene Kaffeefabrik. Deren Bohnen stammen von der **Asociación Río Intag** (☎264-8489; aacri@andinanet.net) in Plazanähe. Dieser lokale Bauern- und Künstlerverband verkauft z. B. auch Seife, Webhandtaschen aus Agavenfasern oder Handwerksprodukte einheimischer Frauen.

AKTIVISMUS IN INTAG

Eine ungewöhnliche Hochburg des Aktivismus: Im ländlichen Intag-Tal biegen sich tropische Obstbäume vor Früchten, während reitende Kinder ihre Pferde nur mit Seilstücken im Zaum halten. Nichtsdestotrotz haben die Talbewohner erfolgreich den Kupferbergbau bekämpft (www.decoin.org), eine Gemeindezeitung (www.intagnewspaper.org) ins Leben gerufen und Kaffee-Kooperativen gegründet.

Unter Leitung der **Union of Peasant and Indigenous Organizations of Cotacachi** (www.unorcac.org, spanisch) läuft hier seit 2012 auch ein großes Programm zur Wiedereinführung einheimischer Feldfrüchte, die seit Jahrhunderten bzw. -tausenden in den Anden angebaut werden. Bauern, die dieser Tradition den Rücken gekehrt haben, sollen so zu deren Wiederaufnahme animiert werden. Das Projekt zielt darauf ab, über 100 Arten indigener Feldfrüchte und Heilpflanzen (u. a. Baumtomaten, Chilis, Hackfrüchte, Reismelde, sieben verschiedene Kartoffelsorten) erneut zu etablieren.

Zudem sollen die landwirtschaftliche Biodiversität gesteigert und kulinarische Traditionen bewahrt werden. Dank Runa Tupari Native Travel in Otavalo können Besucher die Ergebnisse beim Aufenthalt in einer ländlichen, familiengeführten Lodge bewundern und probieren: Sie speisen Seite an Seite mit den Gastgebern, die Zutaten aus dem eigenen Garten fürs Essen verwenden.

Apuelas diverse Unterkünfte liegen alle ca. 3 km außerhalb des Orts (Fluss überqueren, links abbiegen). Beste Option ist das **Cabañas Río Grande** (☎264-8296; Zi. 30 US$;), direkt am Río Intag. Unterhalb der hohen Hänge gibt's hier saubere Holzhütten für je vier Personen und einen großen, gut gepflegten Pool. Wer ein paar Stunden vorher Bescheid gibt, bekommt auch etwas zu essen (Hauptgerichte 4–6 US$).

Quasi nebenan füllen die **Nangulví-Thermalquellen** (Eintritt 3 US$; 7–21 Uhr) mehrere geflieste Becken. Die haben zwar schon bessere Tage gesehen, sind aber toll zum Relaxen – vor allem zu Sonnenuntergang, wenn das Tal dunkel wird. **Hütten** (Zi. 12 US$/Pers.) und ein Restaurant (Festpreismenü 2 US$) runden das Baderlebnis ab.

Auf der anderen Seite von Apuela liegt die **Finca San Antonio** (☎264-8627; www.intagtour.com; Zi. 8 US$/Pers.) in Cuellaje. Diese Farm mit Gemeinschaftsküche für Selbstversorger bringt Gäste in einfachen Hütten bzw. Schlafsälen oder bei einheimischen Familien unter. Gegen Aufpreis gibt's hier auch fertig zubereitetes Essen, geführte Wanderungen, Forellenangeltrips und Abstecher zu einer nahegelegenen Käserei.

Von Otavalo aus rollen Busse nach Apuela (3 US$, 2½ Std., mind. 4-mal tgl.). Achtung: Die Regenzeit macht manche Zufahrtsstraßen eventuell unpassierbar!

JUNÍN

☎06

Die Straße nach Junín führt weiter in die entlegenen Andenhügel hinein. Unterwegs kann man die Aussicht am Rand von Bananenplantagen genießen: Nahe dem Bauerndorf García Moreno fällt ein schmaler Bergrücken steil zu sanft gewellten Hügeln in Richtung Horizont ab.

Die empfehlenswerte **Junín Community Reserve** (☎08-149-1654, 08-887-1860; www.junincloudforest.com; Zi. inkl. Vollpension 35 US$/Pers., für Freiwillige 25 US$/Pers.) betreibt eine dreistöckige Bambuslodge, die bei Vogelbeobachtern sehr beliebt ist. Gäste können auf der Terrasse in der Hängematte relaxen, die Orchideensammlung bewundern und Wasserfallwanderungen in Begleitung aufmerksamer, spanischsprachiger Führer unternehmen. Die Schlafsäle sind schlicht, aber gemütlich. Zum vegetarischen Essen gibt's Intag-Kaffee in anständigen Bechern.

Besucher und Freiwillige sollten das Zentrum vorab kontaktieren. Die ehrenamtlichen Optionen reichen von Englischunterricht, IT-Arbeit und Wanderwegspflege bis hin zur Mithilfe auf dem hauseigenen Bauernhof. Die Regenzeit schränkt den Busverkehr auf den schlammigen Straßen ein. Dann ist es ratsam, die Anreise oder einen Guide rechtzeitig über das Schutzgebiet zu organisieren.

Reserva Biológica Los Cedros

Dieses herrliche, entlegene Urwaldschutzgebiet (64 km²) grenzt nahtlos an die Reserva Ecológica Cotacachi-Cayapas. Es ist einer der wenigen Zugangpunkte zum Ökosystem des südlichen Chocó, dessen Wälder zu den artenreichsten Regionen weltweit gehören. Zu den Naturschätzen hier zählen über 240 Vogelarten, 400 Orchideenarten und Nachtfalter in mehr als 960 Varianten.

Gäste von **Los Cedros** (☎286-5176; www.reservaloscedros.org; Zi. 50 US$/Pers.) wandern ab dem Dorf Chontal durch das Magdalena-Flusstal in die Cordillera de la Plata hinein (4–6 Std.). Um einen Führer, Packtiere und Unterkünfte für diesen Wildnistrek zu organisieren, sollte man das Schutzgebiet rechtzeitig kontaktieren. Dessen Einrichtungspalette umfasst eine Forschungsstation, eine Gästeküche mit Speiseraum, Schlafsäle, separate Zimmer, Strom und Warmwasser. Der Preis beinhaltet alle Mahlzeiten und Guide-Services. Es gilt ein Mindestaufenthalt von drei Übernachtungen. Auch Freiwillige werden akzeptiert (450 US$/Monat, mind. 2 Wochen).

Mehrmals täglich besteht hier Busverbindung zum La-Ofelia-Terminal in Quito (4 US$, 3½ Std.). Zudem fahren furchtbar langsame Busse nach Apuela (2 US$, 3 Std.) und Otavalo (4 US$, 8 Std.).

Ibarra

☎06 / 132 000 EW. / 2225 M

Das stark bevölkerte und lebendige Ibarra wirkt entsprechend kosmopolitisch. Doch trotz seiner Größe hat es offenbar immer noch eine Verbindung zu den umliegenden Bergen. Mit Gelassenheit und Aufmerksamkeit genießt man einen Aufenthalt in *la ciudad blanca* (der weißen Stadt) am allerbesten. Wunderschöne, palmgesäumte Parks und Plätze geben hier zusammen mit toller Architektur aus der Kolonialzeit ein bodenständiges Bild ab. Die freundlichen Einheimischen teilen diese Oasen der Ruhe gern mit Auswärtigen.

Da die Stadt offenbar am Anlocken von Gästen nicht interessiert ist, fehlt eine entsprechende Infrastruktur. Dennoch füllen sich die Hotels in den letzten beiden Septemberwochen schnell, wenn Ibarras beliebtes Jahresfest mit Essen, Musik und Tanz steigt.

Sehenswertes & Aktivitäten

Parque La Merced PLATZ

Ibarras Hauptplatz (Peñaherrera) wurde Anfang des 19. Jhs. angelegt. Hauptattraktion der **Iglesia de la Merced** ist ein mit Blattgold überzogener Altar für die Virgen de la Merced (Schutzheilige der Streitkräfte). In der Kirche erinnert eine spezielle Messe an die Opfer und Überlebenden des verheerenden Erdbebens von 1868.

Parque Pedro Moncayo PARK

Der tolle Platz mit vielen Palmen wird von Ibarras barock angehauchter **Kathedrale** dominiert. Diese beherbergt Blattgoldaltäre und Säulen, die Rafael Troya einst mit Bildern der zwölf Apostel bemalte. Der eigentliche Park ist nach dem hier geborenen Journalisten und Diplomaten Pedro Moncayo (1807–1888) benannt.

Iglesia de Santo Domingo KIRCHE

Am Nordende der Bolívar liegt der idyllische **Parque Santo Domingo**. Die Dominikanerkirche hinter dem kleinen Park beherbergt mit *La Virgen del Rosarío* ein Altarbild des Künstlers Diego de Robles.

Plazoleta del Coco PLATZ

An dieser kleinen Plaza (Ecke Oviedo und Sucre) liegt die Touristeninformation.

Centro Cultural MUSEUM

(Eintritt 1 US$; ⌚Mo–Fr 8.30–18, Sa 10–17 Uhr) Das Archäologiemuseum des Kulturzentrums zeigt prähistorische Keramiken und goldene Artefakte aus Pimampiro (jeweils mit englischsprachigen Erklärungen). Hinzu kommt ein lokalgeschichtliches Archiv mit Bibliothek.

Schlafen

Die vielen Budgetoptionen in der Stadt bieten nicht immer Warmwasser (vorher nachfragen). Die größeren und teureren Hotels stehen aber westlich von Ibarra nahe der Panamericana. Vor allem am Wochenende sind sie oft im Voraus ausgebucht.

Hostal del Río PENSION $

(☎261-1885, 08-006-4163; Ecke Montalvo 4-55 & Flores; Zi. 20–30 US$/Pers.; P, WLAN) In einem ruhigen Viertel ein paar Blocks nordöstlich vom Zentrum mixt diese tolle Pension moderne Kunst mit dem kolonialzeitlichen Stil der Region. Ein gewundener Treppenaufgang führt zu Zimmern mit roten Hartholzböden, flauschig-gemütlichen Betten und hellen Balkonen. Manche Quartiere haben auch einen Whirlpool (30 US$/Nacht).

Hostería Chorlaví HISTORISCHES HOTEL $$$

(☎293-2222; www.haciendachorlavi.com; Panamericana Sur 4½; EZ/DZ inkl. Frühstück 72/82 US$; P, WLAN, Pool) Viele Wochenendausflügler schätzen die klassische, umgebaute Hazienda für ihren Pool und ihre Tennisplätze.

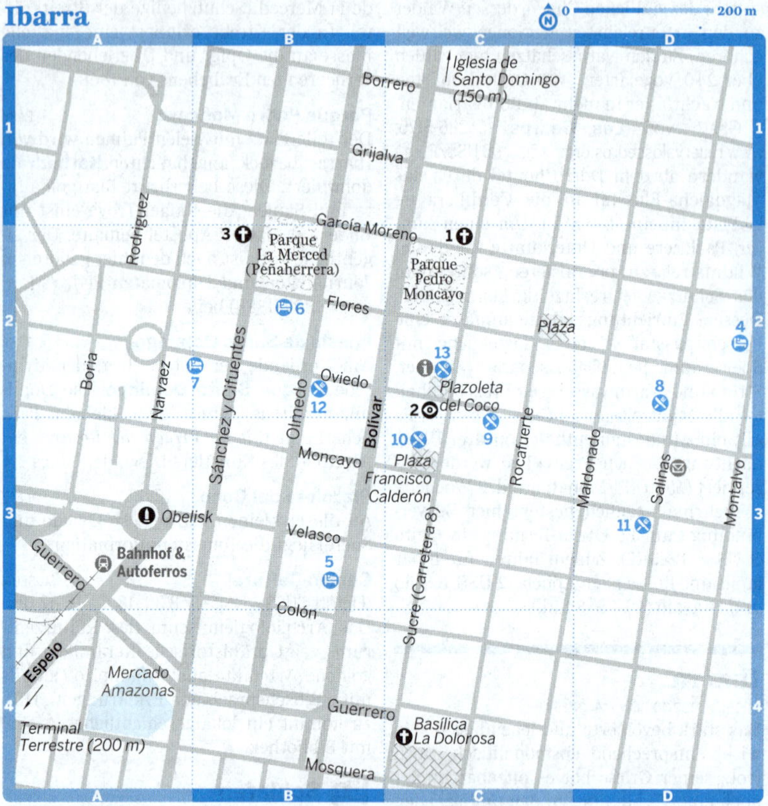

Ibarra

Sehenswertes

1	Kathedrale	C2
2	Centro Cultural	C2
3	Iglesia de La Merced	B2

Schlafen

4	Hostal del Río	D2
5	Hostal El Ejecutivo	B3
6	Hotel Barcelona	B2
7	Hotel Imbabura	B2

Essen

8	Café Arte	D2
9	Degloria	C3
10	Donde el Argentino	C3
11	Entretenedores	D3
12	Heladería Rosalía Suárez	B2
13	La Hacienda	C2

Unterhaltung

	Café Arte	(siehe 8)

Trotz Zimmern voller Antiquitäten wirkt das charmante Hotel angenehm schlicht. Am Wochenende steigt man aber besser woanders ab: Dann lockt Livemusik Tourgruppen und Shopper aus Otavalo hierher, die für weniger friedvolle Atmosphäre sorgen. Um das Chorlaví zu erreichen, der Panamericana ab Ibarra südwärts folgen und nach 4.5 km rechts auf das Schild achten.

Hotel Imbabura HOTEL $
(☎295-8522; Oviedo 9-33; Zi. 7 US$/Pers.) Der restaurierte Innenhof der über 100 Jahre alten Hazienda aus der Kolonialzeit strotzt vor Geschichte und Charakter. Die sauberen Zimmer mit Gemeinschaftsbädern und abgehängten Decken sind allerdings nicht ganz so prachtvoll, wie der Eingang vermuten lassen könnte: Sie erscheinen recht kahl, während der Putz von den Wänden bröckelt. Der redselige Eigentümer zeigt Gästen gern seine Sammlung von Mini-Schnapsflaschen.

Hotel Barcelona HOTEL $
(☎260-0871; Flores 8-51 zw. Olmedo & Sánchez y Cifuentes; Zi. ohne/mit Bad pro Pers. 8/10 US$; P 📶) Die geräumigen (aber abgenutzten) Zimmer des alten Kolonialgebäudes umgeben einen hellen, zentralen Innenhof. Wer eine schöne Aussicht und viel Tageslicht möchte, wählt am besten ein Quartier auf der Parkseite.

Hostal El Ejecutivo HOTEL $
(☎295-6575; Bolívar 9-69; EZ/DZ 7,50/14 US$) Trotz der schmuddeligen Lobby machen die geräumigen Zimmer des eher unpassend benannten Hotels mit freundlichem Personal einen guten Eindruck: Sie sind komfortabel, bieten Kabel-TV und haben auf der Straßenseite Balkone.

Essen

LP TIPP **La Hacienda** FEINKOST $
(Ecke Oviedo & Sucre; Sandwiches 3 US$; ⏲7.30–22.30 Uhr) In dem freundlichen Feinkostladen mit Scheunendekor wird auf heugefüllten Sitzbankpolstern gefuttert. Spezialität des Hauses sind Baguette-Sandwiches. Gäste mit Begleitung bestellen aber am besten eine Tapas-Platte (15 US$) für zwei bis drei Personen. Ansonsten gibt's hier auch eine komplette Frühstückskarte und den einzigen anständigen Kaffee in ganz Ibarra.

Café Arte FEINKOST $
(Salinas 5-43; Hauptgerichte 5–8 US$; ⏲Mo–Sa 17–24 Uhr) Das dunkle Deli mit Kerzenlicht und wechselnden Kunstausstellungen ist super, um sich bei einem Drink gemütlich unter die Einheimischen zu mischen. Zu empfehlen sind Nachos mit Bier oder ein Sandwich plus Espresso.

Donde el Argentino ARGENTINISCH $
(Plaza Francisco Calderón an der Sucre; Hauptgerichte 5–10 US$; ⏲Di–So 12–21 Uhr) Das äußerst stimmungsvolle winzige Café versetzt einen z. B. mit tollen Steaks und Pommes in Richtung Süden. An Sonnentagen stellt es auch Freilufttische auf den Platz.

Degloria CAFÉ $
(☎295-0699; Oviedo 5-45; Hauptgerichte & Nachspeisen 3–6 US$; ⏲8.30–20 Uhr) In der offenen Küche dieses Dessertcafés kreieren fröhliche Köche mit weißen Mützen ihre Köstlichkeiten – vor allem cremige *tres leches* (Milchkuchen) und Obsttörtchen. Aber auch die Crêpes und Salate sind beachtenswert.

Entretenedores CAFÉ $
(Moncayo 2-13; Festpreismenüs 2,75 US$; ⏲Mo–Sa 8–17 Uhr) Der Hauptraum des charmanten Cafés mit viel rustikalem Dekor hat einen abgesenkten Boden. Auf den Tisch kommen hier überraschend günstige, viergängige Mittagsmenüs mit *comida típica* (ecuadorianischer Traditionsküche).

Unterhaltung

Das **Café Arte** (Salinas 5-43; ⏲Fr & Sa 17–3 Uhr) gehört zu Ecuadors besten Adressen für Livemusik (Fr & Sa ab ca. 22 Uhr) und ist immer einen Besuch wert: Das Programm reicht von Jazz und Flamenco bis zu Rock. Die Bands stammen teilweise aus so fernen Ländern wie Kuba oder Spanien. Kinoabende, Tanzkurse und Kunstausstellungen finden hier ebenfalls regelmäßig statt.

Praktische Informationen

Touristeninformation (iTur; ☎260-8489; Ecke Oviedo & Sucre; ⏲Mo–Fr 8.30–13 & 14–17

DAS EIS DER EWIGEN JUGEND

Langeweile brachte Rosalía Suárez 1897 im zarten Alter von 17 dazu, in der heimischen Küche Eiscremesorten zu erfinden. Ihre Experimente führten zu einer Entdeckung: Das beste Eis brauchte keine Sahne. Rosalía beschloss, die Köstlichkeit mit anderen zu teilen. So ist ihr Laden namens **Heladería Rosalía Suárez** (Oviedo 7-82; ⏲9–17 Uhr) seit über 100 Jahren schwer gefragt. *Helados de paila* sind eigentlich Sorbets, die per Holzlöffel in einer großen Kupferschüssel *(paila)* angerührt und dann auf einer Unterlage aus Eis und Stroh gekühlt werden. Der Laden steht nun unter der Leitung von Rosalías Enkel. Dieser behauptet, dass das Rezept auf Eiweiß und Tropenfruchtsaft basiert. Allerdings lässt es sich nicht ganz kopieren: Das Eis für die allerersten Varianten stammte vom heute verschwundenen Höhengletscher am Volcán Imbabura.

Doña Rosalía starb erst mit 105 Jahren, was für die stärkenden Eigenschaften eines guten *helado* zu sprechen scheint. Die beliebteste Sorte des Ladens heißt *guanábana* (Stachelannone). *Maracuyá* (Passionsfrucht) oder *naranjilla* bzw. *lulo* aus einer säuerlichen Tropenfrucht sind ebenfalls zu empfehlen.

BUSSE AB IBARRA

ZIEL	PREIS (US$)	DAUER (STD.)
Quito	3	2½
Guayaquil	10	10
San Lorenzo	4	4
Ambato	5	5
Tulcán	2,70	2½
Otavalo	0,45	30
Cuenca	14	12
El Ángel	1,25	1½
Santo Domingo	5	6

Uhr) Das hilfsbereite Personal spricht Englisch, informiert über kommunale Tourismusprojekte und gibt auch Tipps zu anderen Aktivitäten (z.B. Bergsteigen, Wandern).

Post (Salinas 6-64)

Anreise & Unterwegs vor Ort

Ibarras moderner Busbahnhof (Terminal Terrestre) liegt nahe der Espejo am Ende der Avenida Teodoro Gomez de la Torre. Taxis (1 US$) verbinden ihn mit dem Zentrum.

Busse zum Dorf La Esperanza (0,25 US$, 25 Min.) starten im Zentrum auf der Nordseite des Parque German Grijalva.

La Esperanza

06 / 2992 M

La Esperanza liegt 7 km südlich von Ibarra an den Hängen des **Volcán Imbabura** (4609 m). Das malerische Dorf ist ein erholsamer Stopp für müde Traveller und der beste Ausgangspunkt für Aufstiege am Imbabura. Kletterer starten am besten frühmorgens und folgen dem ansteigenden Berggrat (2000 m) über 8 km in Richtung Südwesten zum Gipfel. Im letzten Abschnitt muss dabei loses Geröll gemeistert werden. Unerfahrene sollten diesen Trip (hin & zurück 10 Std.) mit einem einheimischen Führer unternehmen. Weniger trainierte Kletterer belohnt der leichtere Aufstieg am **Loma Cubilche** (3886 m) südlich von La Esperanza nach drei Stunden mit schöner Aussicht.

Erholung vom Abenteuer verspricht das freundliche **Casa Aida** (266-0221; www.casaaida.com; Calle Gallo Plaza; Zi. 7 US$/Pers.;) mit einfachen, aber sauberen und komfortablen Zimmern in fröhlichen Farben. Eigentümerin Aida liefert hervorragende Regionalinfos und vermittelt Führer für den Aufstieg zum Imbabura-Gipfel. Dank ihrer berühmten Pfannkuchen und herzhaften Mittagspakete bzw. Abendmahlzeiten fühlen sich Gäste hier sofort zu Hause.

Von Ibarra aus ist La Esperanza zu Fuß, mit dem Bus (0,25 US$, 25 Min., regelmäßig) oder Taxi (ca. 5 US$) erreichbar.

Nördlich von Ibarra

06

Richtung Norden wird die kurvige, glatt asphaltierte Panamericana zur Wochenendroute vieler Radfahrer in Stretchhosen, die sich die anstrengende Strecke hinaufquälen. Am Rand des üppig grünen **Río-Chota-Tals** (1565 m) fällt die Straße plötzlich steil ab. Dieses Tal mit stets warmem Klima wird von trockenen Rundhügeln voller Kakteen umgeben und vom schokoladenbraunen Fluss bewässert. Es liegt nur eine Fahrtstunde von Ibarra entfernt und eignet sich daher gut für spontane Tagesausflüge.

Ein lohnenswertes Ziel sind die **Grutas de la Paz**, wo eine berühmte Grotte zur Kapelle umgebaut wurde. Zudem warten dort **Thermalquellen** (Do–Sa) und Wasserfälle in kurzer Laufentfernung. Zu den anderen interessanten Sehenswürdigkeiten abseits der Panamericana gehören die Wasserfälle **Las Cascadas de Paluz** (3 km nördlich von San Gabriel) und die palmgesäumten Poolhotels in bzw. rund um Ambuquí.

Neben verschiedenen Früchten, Bohnen, Tomaten oder Maniok wird hier vor allem Zuckerrohr von den Talbewohnern angebaut und geerntet. Letztere sind Afro-Ecuadorianer, die von den Plantagensklaven des

17. Jhs. abstammen. Saftige Zuckerrohr-Sticks gibt's an allen Straßenständen.

Typisch für die einzigartige afro-ecuadorianische Andenkultur ist *bomba,* ein Musikmix aus treibenden afrikanischen Trommelrhythmen und melancholischen Hochlandklängen. An Bushaltestellen und Obstständen tanzen Kinder zum inneren Beat. Bomba-Festivals und -Konzerte finden unregelmäßig statt, werden aber mitunter in Ibarra angekündigt.

El Ángel

☎06 / 3900 EW. / 3000 M

An den Hängen rund um das schmucklose, ruhige El Ángel wogen Büschel von ockerfarbenem Gras im Wind. Dieses Andendorf ist das Tor zur diesigen Wildnis der Páramos El Ángel, die viele Füchse und Kondore beheimatet. Es gehört zur 160 km² großen **Reserva Ecológica El Ángel** (Eintritt 2 US$), in der mit den seltenen *frailejones* auch außerirdisch anmutende Pflanzen mit haarigen Blättern und dicken Stengeln wachsen. Örtliche Hotels organisieren Trips in den *páramo.* Der Montagsmarkt erweckt den Ort schlagartig zum Leben.

Zehn Gehminuten vom Dorf entfernt vermietet die **El Ángel Hostería** (☎297-7584; Panamericana Norte & Av Espejo 1302; Zi. 18 US$/Pers.) gemütliche Hütten mit hohen Decken, komfortablen Betten und modernen Bädern. Diese gut geführte *hostería* (kleines Hotel) bietet auch geführte Schutzgebietswanderungen und Dorfspaziergänge auf Deutsch oder Englisch an.

Am Hauptplatz mit den vielen kreativ zurecht geschnittenen Hecken findet man ein paar Restaurants. Das einfachste davon ist die **Cevichería El Golosito** (Hauptgerichte 3–5 US$), die Scharen von Einheimischen mit Schüsseln voller leckerer Ceviche verköstigt. Das etwas teurere und elegantere **Restaurante Doña Mary** (Hauptgerichte 5–8 US$) serviert traditionelle Andenküche.

Vom Hauptplatz aus fährt Transportes Espejo stündlich über Ibarra (1,25 US$, 1½ Std.) nach Quito (3,70 US$, 4 Std.). Zudem rollt ein Bus täglich nach Tulcán (1,50 US$, 1½ Std.). Ebenfalls am Hauptplatz besteht Sammeltaxi-Verbindung zur Bolívar-Kreuzung (1 US$). Von dort fahren Busse regelmäßig nordwärts nach Tulcán sowie südwärts nach Ibarra und Quito. An der Plaza lassen sich auch Geländewagen für Touren ins Naturschutzgebiet mieten.

Reserva Biológica Guandera

Dieses 1000 ha große, feuchte und bergige Tropenwald-Schutzgebiet wurde 1994 von der Fundación Jatun Sacha gegründet. Rund 11 km östlich von San Gabriel erstreckt es sich zwischen 3100 und 3600 m Höhe auf einem Bergrücken, der den Übergang vom Wald zum *páramo* darstellt. Zu den örtlichen Projekten gehören Wiederaufforstungsmaßnahmen und die Suche nach Alternativen zum chemieintensiven Kartoffelanbau. Unter den Attraktionen sind Tukane, Anden-Brillenbären (nur selten zu sehen) und in großen Höhen lebende Papageien. Jatun Sacha unterhält hier eine **Schutzhütte** (B 15 US$; Reservierung erforderl.). Alle Gebühren sind im Voraus beim **Büro von Jatun-Sacha** (☎in Quito 02-243-2240; www.jatunsacha.org; Ecke Eugenio de Santillán N34-248 & Maurián, Urbanización Rumipamba) in Quito zu bezahlen. Das Schutzgebiet akzeptiert auch Freiwillige (mind. 2 Wochen).

Vom Dorf San Gabriel aus ist das Schutzgebiet zu Fuß erreichbar (1½ Std.). Bei rechtzeitiger Benachrichtigung organisiert das Büro aber ein Shuttle.

Río-Mira-Tal

☎06

Für die kurvige, malerische Fahrt ins schwüle Tropentiefland entlang der Nordküste kann man nun die wollenen Hochlandklamotten ausziehen. An den steilen Hängen des 1000 m tiefen Tals kultivieren Bauern u.a. Zuckerrohr, Bananen und andere Tropenfrüchte.

Ein freundliches Paar (ecuadorianisch-belgisch) leitet das **Bosque de Paz** (☎264-8692; www.bospas.org; B/Zi. inkl. Frühstück pro Pers. 13/18 US$, Freiwillige pro Tag/Monat 18/235 US$) am Rand von **El Limonal.** In Laufentfernung zur Bushaltestelle (15 Min.) warten hier komfortable, toll gelegene Lodge-Quartiere, geführte Wanderungen und wunderbares Essen (Hauptgerichte 4–7 US$) mit einem Hang zu Küstenspezialitäten. Eigentümer Piet gibt leidenschaftlich gern sein Wissen über Tropenpflanzen und Naturschutz weiter. Der Bauernhof liegt eineinhalb Stunden von Ibarra entfernt. Er fördert Wiederaufforstung und biologische Schädlingsbekämpfung in diesem stark abgeholzten Gebiet.

Tulcán

☎06 / 53 500 EW. / 3000 M

Bei Überlandreisen nach Kolumbien ist das belebte Tulcán im Hochland der letzte Zwischenstopp in Ecuador. Die von der großen Höhe erzeugte Kälte hält sich hier selbst in den schmalen Straßen voller Passanten. In der schäbig wirkenden Provinzhauptstadt von Carchi gingen früher viele Kolumbianer mit Ecuadorianischen Sucres (Landeswährung vor der Dollareinführung) auf Schnäppchenjagd. Heute sind jedoch kolumbianische Importe begehrter. Alles in allem ist Tulcán ein recht trister Ort mit wenig Empfehlenswertem. Als erste bzw. letzte Stadt auf ecuadorianischem Boden verzeichnet es aber doch einige durchreisende Besucher.

Sehenswertes & Aktivitäten

Cementerio de Tulcán FRIEDHOF

Tulcán ist für seinen stillen Friedhof mit Topiari-Garten bekannt. Kerzen und Plastikblumen zieren die Gräber bzw. Mausoleen am Rand eines Labyrinths aus Zypressen. Letztere wurden zu voluminösen Totems, mythischen Figuren, Tieren und geometrischen Mustern aus präkolumbischer Zeit zurechtgeschnitten. Zusammen mit einem anderen Künstler bringt der Sohn des ursprünglichen Formschnittmeisters auch die Büsche und Hecken in Form.

Am Wochenende spielen Einheimische hinter dem Friedhof eine ecuadorianische Paddleball-Variante namens *pelota de guante*, die einen weichen Ball und große, mit Metallspitzen besetzte „Tischtennisschläger" erfordert.

Museo Arqueologico MUSEUM

(Eintritt 0,50 US$; ⌚9–16 Uhr) Einen Block südlich vom Friedhof bedecken Wandgemälde dieses Museum, das präkolumbianische Ausstellungsstücke, Keramiken, moderne Kunst und zeitgenössische Werke zeigt.

Aguas Hediondas THERMALQUELLEN

Die buchstäblich „stinkenden Wasser" liegen 16 km von Tulcán entfernt und 6 km hinter der Kleinstadt Tufiño. Heiß und stark schwefelig machen diese Thermalquellen ihrem Namen alle Ehre. Viele der Becken liegen drüben in Kolumbien. Für den Grenzübertritt gibt's auch Tagespässe. Übernachtungswillige müssen jedoch den Grenzübergang Tulcán benutzen. Am besten kommt man hierher, bevor sich der Geruch nochmals verstärkt (16 Uhr) – und das idealerweise unter der Woche, um den Menschenmassen zu entgehen.

Volcán Chiles VULKAN

Hinter den Thermalquellen an der Hauptstraße bietet dieser eindrucksvolle Gipfel (4768 m) eine Möglichkeit zum anspruchsvollen Klettern (6 Std.) an der kolumbianischen Grenze. Einheimischen zufolge reicht die spektakuläre Aussicht vom Gipfel an klaren Tagen bis zum Ozean. Interessenten fahren am besten per Bus oder Taxi nach Tufiño und heuern einen Führer auf dem dortigen Hauptplatz an. Achtung: Wegen der weiterhin instabilen Situation in Kolumbien ist es sehr wichtig, vor Touren durch diese entlegene Grenzregion vor Ort nach der aktuellen Sicherheitslage zu fragen.

Schlafen

Tulcáns viele Hotels sind oft wenig charmant. Aus Kolumbien kommend reisen die meisten Traveller direkt nach Ibarra oder Otavalo weiter, wo weitaus angenehmere Übernachtungsmöglichkeiten warten.

Hotel Sara Espindola HOTEL $$

(☎298-2043; Ecke Sucre & Ayacucho; EZ/DZ/3BZ inkl. Frühstück 31/42/53 US$; 📶) Dass dies vermutlich das beste Hotel der Stadt ist, sagt alles: Der moderne Monolith mit Sauna und Hausrestaurant hat schon weitaus bessere Tage gesehen. Anderswo in Tulcán sucht man komfortable Zimmer und engagiertes Personal aber vergeblich.

Hotel San Francisco HOTEL $

(☎298-0760; Bolívar nahe Atahualpa; Zi. 7 US$/Pers.) Dieses Hochhaushotel erinnert kaum an die „Stadt an der Bucht", ist aber wohl Tulcáns beste Budget-Bleibe. Die Zimmer mit TV sind auf der Außenseite heller und luftiger als die Quartiere des benachbarten Hotel Azteca International.

Hotel Azteca Internacional HOTEL $

(☎298-0481; Ecke Bolívar & Atahualpa; Zi. 7 US$/Pers.) Die dunkel vertäfelten, geräumigen Zimmer mit Teppichböden, festen Matratzen und TV erinnern an die 1970er-Jahre. Das Hotel hat eine Sauna, strotzt aber nicht gerade vor Charme.

Essen

Trotz des starken kolumbianischen Einflusses auf die Straßenimbisse ist Tulcáns Gastroszene äußerst langweilig. An der Grenze gibt's zahlreiche Imbissbuden und Fastfood-Wagen.

Fritadas Mama Miche ECUADORIANISCH $
(Ecke Bolívar & Junín; Hauptgerichte 2–5 US$; ⌚9–21 Uhr) Das Mama Miche serviert seine *fritadas* (in Gewürzen und Schweineschmalz gebratenes Schweinefleisch, bei Diäthaltenden beliebt) seit über 50 Jahren. Es ist Tulcáns beliebteste Adresse für den Genuss dieser nordecuadorianischen Spezialität.

San Francisco ECUADORIANISCH $
(Ecke Junín & Bolívar; Hauptgerichte 4–8 US$; ⌚9–22 Uhr) Dieses steril wirkende Lokal ist dennoch bei Einheimischen beliebt und eine gute Option für eine üppige Mahlzeit. Die lange Karte wird durch ein verlässlich gutes *plato del día* (Tagesgericht; 3,50 US$) ergänzt. Unbedingt auch das Eis und die Desserts mit frischen Beeren probieren!

Mama Rosita ECUADORIANISCH $
(Sucre nahe Chimborazo; Hauptgerichte 2–4 US$; ⌚9–19 Uhr) Auch hier liegt der Schwerpunkt auf Schweinefleisch: Der freundliche, unscheinbare Laden ist für sein *fritada* und andere *comida típica* berühmt.

ℹ Praktische Informationen

Der Umtausch von US-Dollar in Kolumbianische Pesos (bzw. umgekehrt) funktioniert in Tulcán etwas besser als direkt an der Grenze. Falls die Wechselstuben geschlossen haben, empfehlen sich die Straßen-Geldwechsler vor den Bankfilialen: Sie sind in einem Verband organisiert und tragen ID-Nummern, die für den Fall der Fälle notiert werden können.

Clínica Metropolitana (Ecke Sucre & Panamá; ⌚24 Std.) Ein besseres Krankenhaus gibt's 2 km nördlich der Grenze in Ipiales.

Kolumbianisches Konsulat (☎298-0559; Bolívar & Ayacucho; ⌚Mo–Fr 8–16 Uhr)

Touristeninformation (iTur; ☎298-5760; Cotopaxi; ⌚Mo–Fr 8–18 Uhr) Am Friedhofseingang; freundliches und hilfsbereites Personal.

Post (Bolívar nahe Junín)

ℹ An- & Weiterreise

Bus

Am Busbahnhof besteht Verbindung nach Ibarra (2,50 US$, 2½ Std.), El Ángel (1,50 US$, 1½ Std.) und Quito (4,80 US$, 5 Std.). Achtung: Zwischen Tulcán and Ibarra ist mit einer strengen Zoll- bzw. Einwanderungskontrolle zu rechnen.

Grenzübergänge

Die Panamericana nördlich von Tulcán bietet aktuell die einzige empfehlenswerte Überland-Übergangsmöglichkeit zwischen Ecuador und Kolumbien. Alle Formalitäten werden an der 6 km entfernten Grenzstation Rumichaca (geöffnet tgl. 6–22 Uhr) erledigt. Dort muss man seinen Reisepass sogar bei Tagesausflügen nach Ipiales abstempeln lassen.

Vom Parque Isidro Ayora in Tulcán fahren 14-sitzige Minibusse zur Grenze, sobald alle Plätze belegt sind (0,80 US$, auch in kolumbianischen Pesos; 6–19.30 Uhr ca. alle 10 Min.). Taxis zur Grenze (3,50 US$) starten an derselben Stelle.

Auf kolumbianischer Seite werden die Einreiseformalitäten zügig erledigt. Vorab sollte zur Sicherheit beim kolumbianischen Konsulat nachgefragt werden, ob die eigene Nationalität ein Visum (Gültigkeit 30–90 Tage) erfordert.

Von der Grenze aus steuern Taxis regelmäßig Ipiales (1 US$, 2 km) als erste Stadt auf kolumbianischem Boden an. Dort warten viele Hotels und weitere Verkehrsverbindungen. Ausführliche Infos hierzu findet man in *Colombia* und *Südamerika für wenig Geld* von Lonely Planet.

ℹ Unterwegs vor Ort

Der ungünstig gelegene **Busbahnhof** (Ecke Arellano & Bolívar) liegt 2,5 km südwestlich vom Zentrum an der Straße nach Ibarra. Von der Innenstadt aus folgen Stadtbusse (0,20 US$) der Bolívar südwestwärts zum Terminal. Um von diesem ins Zentrum zu gelangen, entweder ein Taxi nehmen (1 US$) oder auf der anderen Straßenseite in einen Stadtbus steigen.

WESTLICHE ANDENHÄNGE

Am Rand spektakulärer Steilhänge führt die alte Straße nach Santo Domingo bergab durch üppige, diesige Nebelwälder. Nur ein paar Stunden von Quito entfernt bescheren die kühlen, feuchten Hügel ihren Besuchern einen erholsamen Klimaschock. Diese Gegend ist für Vogelbeobachtungen bekannt, begeistert aber auch Mountainbiker, Reiter und Wanderer. Hauptmagnet ist ein einstmals verschlafenes Dorf, das sich in den letzten Jahren stark entwickelt hat: In Mindo finden die Scharen von Naturfreunden nun viele charmante Unterkünfte. In der übrigen Region dienen kleine Dörfer wie Nanegalito oder Nanegal als Tore zu entlegenen Lodges und Naturschutzgebieten – für alle, die abseits ausgetretener Pfade wandeln wollen.

Lodges im Nebelwald

☎02

TANDAYAPA

Highlights wie Rote Felsenhähne, Schuppenschmuckvögel und Goldkopf- oder

Kammtrogone machen die **Tandayapa Bird Lodge** (☎244-7520, 09-923-1314; www.tandayapa.com; EZ/DZ inkl. VP 126/213 US$) zum Paradies für ernsthafte Vogelbeobachter. Zwei der nur zwölf Gästezimmer verbergen sich angenehm abgeschieden auf dem Gelände. In entspannter Atmosphäre liegt hier der Schwerpunkt eindeutig auf dem Beobachten von Vögeln. Die Lodge bietet mehrsprachige Beobachtungs-Guides, komfortables Wohnen im Nebelwald (inkl. tollem Aussichtbalkon), eine Baumwipfelplattform und viele Pfade für Tageswanderungen. Strategisch platzierte Obstfutterstationen erhöhen die Sichtungschancen in Unterkunftsnähe. Führer für Vogelbeobachtungen sind nicht im Preis enthalten und müssen rechtzeitig im Voraus gebucht werden. Oft kann man aber auch gratis mit ehrenamtlichen Guides losziehen. Um von Quito aus hierherzukommen, bei Kilometer 32 die Abzweigung gen Süden nehmen und dieser bis zum Dorf Tandayapa folgen (6 km). Shuttles ab der Hauptstadt kosten 85 US$ pro Auto.

BOSQUE NUBLADO SANTA LUCÍA

Streifzüge durch die **Bosque Nublado Santa Lucía** (☎215-7242; www.santaluciaecuador.com; B/Zi. mit Gemeinschaftsbad & VP pro Pers. 35/56 US$, Hütte inkl. VP 75 US$/Pers.) sind verblüffend und etwas für Abenteuerlustige: Von der Straße aus führt eine steile Wanderung (1–2 Std.) hinauf zur rustikalen Lodge, wobei Maultiere das Gepäck tragen. Das Haus steht auf einem Berg mit atemberaubendem Rundumblick über die vegetationsreichen Hügel und Täler. Die hiesigen Vogelbeobachtungs- und Wandermöglichkeiten sind hervorragend. In den einfachen, aber komfortablen Zimmern stehen zumeist zwei Einzelbetten. Zudem gibt's Gemeinschaftsbäder, Trockentoiletten, Solarstrom und neue, vergleichsweise luxuriöse Hütten. Die haben eigene Bäder, beherbergen zwei bis drei Personen und punkten mit eindrucksvollem Nebelwaldblick. Lokalkolorit vermittelt der freundliche Lodgeverwalter und Koch, der tolles Essen wie Salate, Kartoffelpuffer oder herzhafte Suppen zubereitet.

Eigentümerin und Betreiberin des Schutzgebiets ist eine Kooperative von zwölf Familien. In der Hoffnung auf eine zukunftsfähige Verdienstquelle haben diese den *naranjilla*-Anbau mit Pestiziden eingestellt und auf Tourismus plus Umweltschutz umgesattelt. So zählt Santa Lucía heute zu Ecuadors Paradebeispielen für Kommunaltourismus und hat bereits viele Auszeichnungen für Nachhaltigkeit oder Armutsreduzierung erhalten. Auch Freiwillige sind hier willkommen.

Ein Mindestaufenthalt von drei Tagen wird empfohlen. Der Preis beinhaltet den Eintritt zum Schutzgebiet plus Guide-Service am ersten und letzten Tag. Die zertifizierten Führer aus einheimischen Familien sprechen etwas Englisch und kennen die wissenschaftlichen Namen der Pflanzen bzw. Vögel. Für die Geländewagenfahrt von Nanegal zum unteren Pfadende bezahlen Einzelpersonen und Gruppen pauschal 20 US$. Lauffaule legen noch mal 20 US$ hin, wenn sie mit dem Maultier zur Lodge hinaufreiten möchten. Bei Shuttles ab Quito kostet die einfache Strecke 70 US$.

RESERVA BIOLÓGICA MAQUIPUCUNA

Rund 80 km nordwestlich von Quito bewahrt dieses fantastische Schutzgebiet (60 km²) einen großen Teil des Naturraums der Chocó-Anden. Zwischen 1200 und 1800 m Höhe bietet es Möglichkeiten zum Wandern, Relaxen oder Vögelbeobachten. Seine Grenzen umgeben diverse subalpine und alpine Nebelwälder am Oberlauf des Río Alambi. Vor Ort gibt's eine Lodge mit Forschungsstation.

Rund 80 % der Fläche bestehen aus Urwald, der Rest ist Sekundärwald. Unter den 370 Vogelarten (Liste bei der Lodge erhältlich) sind 30 verschiedene Kolibri-Vertreter. Hinzu kommen 240 Schmetterlingsarten und 45 Säugetier-Spezies. Zu letzteren gehört auch der Brillenbär, der sich hier regelmäßig zur Erntezeit der kleinen, avocadoartigen *aguacatillo*-Frucht blicken lässt. Die Fundación Maquipucuna hat das Gebiet 1988 gekauft und verwaltet es seitdem.

Maquipucuna Lodge (www.maqui.org; Zi. mit Gemeinschaftsbad/eigenem Bad inkl. VP pro Pers. 55/65 US$) Hier warten u. a. eine Hängemattenterrasse mit toller Aussicht und ein Restaurant, das neben leckerem, gesundem Essen auch Kaffee aus eigenem Schattenanbau kredenzt. Die verschiedenen Lodge-Zimmer werden durch eine Familienhütte mit zwei Bädern und Privatterrasse ergänzt. Tagesbesucher bezahlen 10 US$ Eintritt und können einen Führer (25 US$) engagieren. Allerdings lohnt es sich, mindestens einmal zu übernachten. Die Wegpalette reicht vom leichten Spaziergang (1 km) bis hin zur anstrengenden Wanderung (5,5 km). Spezielle

Führungen zu Kaffeeanbau oder wilden Orchideen werden ebenfalls angeboten. Die Fundación organisiert Privatfahrzeug-Shuttles ab Quito (80 US$). Selbstfahrer brauchen für die 7 km ab der Hauptstraße unbedingt Allradantrieb.

RESERVA BELLAVISTA

Auf ca. 2000 m Höhe liegt dieses 700 ha große Schutzgebiet an denselben westlichen Andenhängen wie Maquipucuna. Es besteht zu rund 25 % aus Urwald; der Rest wurde selektiv oder komplett abgeholzt, erholt sich jetzt aber wieder. Hier laufen mehrere Naturschutzprojekte. Das Gebiet mit seinem gut markierten Wanderwegnetz (8 km) beheimatet 320 registrierte Vogelarten und wird daher von Vogelbeobachtern sehr geschätzt.

Bellavista Lodge (211-6232, 09-416-5868; www.bellavistacloudforest.com; B 32 US$, EZ/DZ inkl. Vollpension 120/205 US$) Diese geodätische Holzkuppel bietet einen atemberaubenden Blick. Über dem Mix aus Restaurant, Bar und Bibliothek im Untergeschoss befinden sich fünf kleine Zimmer. Darüber thront ein zweistöckiger Schlafsaalbereich mit Gemeinschaftsbad, Restaurant und Balkon. Diese gemütlichen Quartiere bekommen viel Tageslicht ab. Für Privatsphärenfans gibt's nahe der Lodge ein paar größere, separate Hütten. Etwa 1 km weiter steht eine Forschungsstation mit Selbstversorgerküche und zwölf günstigen Schlafsaalbetten. Deren Nutzer bekommen gegen Aufpreis ebenfalls etwas zu essen.

Die Lodge offeriert auch geführte Wanderungen oder Ausritte und Pauschalangebote für mehrere Tage. Hierher geht's mit Pickup-Trucks ab Nanegalito (15 US$), das 56 km entfernt an der Straße von Quito nach Puerto Quito liegt. Dort warten die Fahrzeuge am westlichen Ortsrand beim kleinen Schild „Bellavista Transport".

Mindo

02 / 2000 EW. / 1250 M

Das atemberaubend gelegene Mindo ist rundum von Nebelwald auf steilen Hängen umgeben und unter Backpackern in Ecuador irgendwie in Mode gekommen. So lebt und atmet das Nest nun den Tourismus – und das praktischerweise gleich abseits der Hauptstraße von Quito nach Esmeraldas. Hinein in den Ort geht's über eine spektakulär abschüssige und kurvige Straße. Vorbei an Dutzenden Hotels und Lodges führt diese zum recht baufälligen, aber sehr angenehmen Zentrum. Vogelbeobachter, Wanderer und Wochenendausflügler aus Quito oder weiter entfernten Städten strömen scharenweise hierher. Und so sorgen freundliche Einheimische mit einem eindrucksvollen Aktivitätenangebot (z. B. Schmetterlingsfarmen, Orchideensammlungen, Mountainbiken, Tubing, Baumwipfel-Seilrutschen) für vollen Nebelwaldgenuss.

Sehenswertes & Aktivitäten

Tarabita SEILBAHN

(Straße nach Cascada de Nambillo; Seilbahnfahrt/Wasserfallzugang pro Pers. 2/3 US$; 8.30–16 Uhr, Mo Betriebsruhe) Die einzigartige, von Hand betriebene Seilbahn fährt hoch über einem vegetationsreichen Flussbecken und dichtem Nebelwald hinüber zum Bosque Protector Mindo-Nambillo. Dort führen gut ausgeschilderte Wanderwege zu mehreren Wasserfällen. Der sehr sichere Drahtkorb gleitet an Drahtseilen in 152 m Höhe über den Boden – sicher nichts für Leute mit Höhenangst, aber großartig für einen herrlichen Panoramablick auf den Wald. Das Seilbahnticket beinhaltet eine Karte mit örtlichen Wanderrouten. Am nächsten zum Ankunftspunkt liegt die Cascade Nambillo (15 Min. zu Fuß). Lohnenswerte Hauptattraktion ist jedoch die Reihe von fünf Wasserfällen (1 Std. zu Fuß). Von Mindo aus fahren Taxis zur *tarabita* (2 US$, 4 km).

Mariposas de Mindo SCHMETTERLINGSFARM

(224-2712; www.mariposasdemindo.com; Eintritt 5 US$; 9–16 Uhr) Die beste von Mindos Schmetterlingsfarmen besucht man am besten zur wärmsten Tageszeit (ca. 11 Uhr), wenn die Insekten am aktivsten sind. Die Farm hat auch Unterkünfte und ein Restaurant.

Armonía Orchid Garden GARTEN

(www.birdingmindo.com; Eintritt 2 US$; 7–17 Uhr) Eindrucksvoll blühende Sammlung von über 200 Orchideenarten.

Seilrutschen ABENTEUERSPORT

Auf der Hälfte der Strecke zur *tarabita* buhlen zwei konkurrierende Seilrutschenfirmen um die Gunst von Adrenalinjunkies. Mindos aufregendste Abenteuer-Aktivität ist ungemein beliebt: In einem Sicherheitsgeschirr hängend „fliegt" man dabei an einem Drahtseil über die Baumwipfel – bei Regen sogar noch schneller! Als ursprünglicher Anbieter betreibt **Mindo Canopy Ad-**

venture (☎09-453-0624; www.mindocanopy.com; 2½-stündiger Parcours 15 US$/Pers.) 13 verschiedene Seilrutschen-Strecken zwischen 20 und 400 m Länge. **Mindo Ropes & Canopy** (☎09-172-5874; www.mindoropescanopy.com; 2½-stündiger Parcours 15 US$/Pers.) ermöglicht ähnliche Erlebnisse an insgesamt zwölf Seilen.

Tubing ABENTEUERSPORT
(5 US$/Pers., mind. 4 Pers.) Auch Tubing ist in Mindo sehr populär. Anbieter dieser Aktivität verleihen entsprechende Schläuche entlang der Avenida Quito. Aus Sicherheitsgründen sollte der Mietpreis unbedingt einen Führer beinhalten: Wer sich nicht auskennt, gerät beim Ritt durch die Stromschnellen des Río Mindo schnell in Lebensgefahr. Trauriger Beweis: 2008 und 2009 ertranken jeweils mehrere Tuber während der Regenzeit. Insofern sollte man besser auf Nummer Sicher gehen und nach starken Niederschlägen aufs Tubing verzichten!

☞ Geführte Touren

La Isla ÖKOTOUR
(☎217-0181, 09-743-4667; Ecke Av Quito & 9 de Octubre) La Isla macht seinem Slogan „Natur und Abenteuer" mit Ausritten, Canyoning, Tubing oder Vogelbeobachtungen alle Ehre. Diese Aktivitäten sind im Rahmen von Ein- oder Zweitagestrips kombinierbar. Das Personal spricht Englisch.

Führer für Vogelbeobachtungen

Über 400 Vogelarten machen Mindo mittlerweile zum Magneten für Vogel-Beobachter. Vor Ort gibt's viele kompetente und professionelle Guides (meist ca. 80–220 US$/Tag). Die sprechen zwar oft nur Spanisch, kennen aber die Vogelnamen auf Englisch und können daher problemlos auch Kunden ohne Spanischkenntnisse begleiten.

Fernando Arias VOGELBEOBACHTUNG
(☎08-388-3865; tntedoblef@yahoo.es) Sachkundiger Vogelbeobachter, der beim El Monte angefangen hat und heute in der Mindo Gardens Lodge ansässig ist.

Irman Arias VOGELBEOBACHTUNG
(☎09-170-8720, 217-0168; www.mindobirdguide.com) Einheimischer Vogel-Guide, der super Englisch spricht.

Marcelo Arias VOGELBEOBACHTUNG
(☎09-340-6321; marceloguideofbirds@yahoo.com) Von vielen Lesern sehr empfohlen.

Juan Carlos Calvachi VOGELBEOBACHTUNG
(☎09-966-4503, 286-5213; calvachi@uio.satnet.net) Spitzenführer aus Quito, der perfekt Englisch spricht (3 Pers. 220 US$/Tag inkl. Shuttles).

Danny Jumbo VOGELBEOBACHTUNG
(☎09-328-0769) Sehr empfehlenswerter Einheimischer mit Englischkenntnissen.

Nolberto Jumbo VOGELBEOBACHTUNG
(☎08-563-8011) Erfahrener und sachkundiger Führer.

Julia Patiño VOGELBEOBACHTUNG
(☎390-0419, 08-616-2816; juliaguideofbird@yahoo.com) Sehr empfehlenswerte Führerin und Mindos erste Frau in diesem Job.

DER FRÜHE VOGEL FÄNGT … DEN PARTNER

Während sich die meisten Vögel zum Begeistern des anderen Geschlechts aufplustern und die Flügel spreizen, gewinnt der Andenklippenvogel bzw. Rote Felsenhahn *(Rupicola peruvianus)* in Sachen Ausdauer: Bei jedem Wetter versammeln sich die männlichen Felsenhähne mit ihren dicken Federhauben (blutrot oder orange) täglich um 6 Uhr. Dann kreischen sie laut, tanzen auf Ästen, absolvieren Sturzflüge und zanken miteinander – alles in der Hoffnung, weibliche Aufmerksamkeit zu erregen. Diese rein männliche Revue wird bei allen Vogelarten „Lek" (Balzarena) genannt. Mit etwas Glück flattert dann ein grau-braunes Weibchen in den Schwarm hinein und wählt sich einen Partner. Doch weitaus häufiger lassen sich die Damen gar nicht blicken.

Wie kann das schlichter gefärbte Geschlecht dieser eindrucksvollen Show widerstehen? Vielleicht wegen seiner alleinerziehenden Rolle: Die Weibchen erledigen den Nestbau und die Aufzucht der Jungen allein, während sich die Männchen ganz auf ihre täglichen Paarungschancen konzentrieren.

Rund um Mindo sind Felsenhahn-Leks weit verbreitet. Wer sich für das Balzverhalten der hübschen dunkelroten Vögel interessiert, sollte einen örtlichen Guide engagieren oder beim Hotel nach geführten Touren fragen. Die Beobachtung bedingt aber, dass man vor der Morgendämmerung aufstehen muss.

Sandra Patiño VOGELBEOBACHTUNG
(09-935-9363) Leitet hervorragende Touren auf Englisch und wird vor Ort wärmstens empfohlen.

Jorge Pilco VOGELBEOBACHTUNG
(08-296-4705; jorpian17@hotmail.com) Lizenzierter, erfahrener Guide mit ein paar Englischkenntnissen.

Schlafen

Seit Mindos Hotelangebot vor ein paar Jahren förmlich explodiert ist, gibt's hier für jeden Geldbeutel viele Unterkünfte. Allgemein liegen die eleganteren Adressen außerhalb der Stadt und haben große Grünflächen zum Relaxen. Optionen im Stadtgebiet fallen eher in den Budget- oder Mittelklassebereich. Da Mindos Straßen unbeschildert sind, muss man Einheimische nach dem Weg fragen.

STADTGEBIET

LP TIPP **Caskaffesu** PENSION $
(217-0100, 09-386-7154; www.caskaffesu.com; Ecke Sixto Duran Ballen & Av Quito; Zi. 16 US$/Pers.;) Unsere Leser lieben das entspannte und freundliche Caskaffesu so sehr, dass sie uns ständig begeisterte Kritiken schicken. Die Pension wird von der ausgewanderten US-Amerikanerin Susan geleitet, die viele verschiedene Tugenden hat: Sie erachtet z. B. Pulverkaffee als fiese Strafe und setzt Gästen daher nur Gutes aus einheimischen Bohnen vor. Die Zimmer befinden sich in zwei fröhlich gestrichenen Stockwerken aus Stein und Backstein. Sie haben eigene Bäder, sind aber ansonsten recht spartanisch. Darunter liegen ein beliebtes Restaurant und ein charmanter Hofgarten. Äußerst empfehlenswert!

Dragonfly Inn PENSION $$
(217-0462, 09-238-2189; www.dragonflyinn-mindo.com; EZ/DZ inkl. Frühstück 27/46 US$;) Das hübsche Holzgebäude an der Brücke im Zentrum beherbergt blitzsaubere Zimmer mit Holzvertäfelung, bequemen Betten und Balkonen. Im kleinen Garten schwirren Kolibris umher.

La Casa de Cecilia HOSTEL $
(217-0243, 09-334-5393; lacasadececiliamindo@hotmail.com; Camping 2 US$/Pers., B/Zi. 6/7,50 US$;) Die herzliche Begrüßung durch Betreiberin Cecilia macht dieses Stockbetten-Labyrinth sympathischer. Zum Haus gehören eine Hängemattenterrasse mit Feuerstelle und eine Freiluftküche am Fluss. Bei schönem Wetter empfiehlt sich die reizende Badestelle mit Plattform zum Sonnenbaden. Bei Bedarf kann man nach Langzeitrabatten und Arbeitsaufenthalten fragen.

Mindo Real PENSION $$
(217-0120, 09-766-3845; www.mindoreal.com; Zi. inkl. Frühstück 25 US$/Pers.; P) Die Pension mit freundlichem Eigentümer steht gerade so weit außerhalb der Stadt, dass sie schön ruhig ist. Dennoch sind Mindos touristische Einrichtungen gut zu Fuß erreichbar (500 m). Die geräumigen, modernen Zimmer verteilen sich auf zwei Gebäude.

Las Tangaras HOTEL $$
(217-0166, 08-567-6049; www.lastangaras.com.ec; Zi. inkl. Frühstück 32–45 US$/Pers.; P@) Wochenendausflügler aus Quito suchen das große Hotel an der Brücke im Zentrum gern auf, um am Pool und in der Sauna zu entspannen. Der Hauptbau hat moderne Zimmer, während etwas rustikalere Quartiere den dahinter liegenden Pool umgeben.

Rubby Hostal PENSION $
(09-340-6321, 09-193-1853; rubbyhostal@yahoo.com; Zi. inkl. Frühstück mit Gemeinschaftsbad/eigenem Bad pro Pers. 9/15 US$;) Zum Zeitpunkt der Recherche errichtete die beliebte Pension gerade einen Neubau gleich hinter dem Hauptplatz. Dort wird's zukünftig sechs Zimmer mit eigenen Bädern und drei mit Gemeinschaftsbädern geben. Eigentümer Marcelo ist ein bekannter Vogelbeobachtungsführer und hat einen eigenen Beobachtungsturm im Wald.

Jardin de los Pájaros PENSION $
(09-422-7624, 390-0459; Barrío El Progreso; Zi. inkl. Frühstück 13–15 US$/Pers.;) Eine Familie vermietet hier große, komfortable Zimmer mit Kabel-TV. Die große, schattige Terrasse und der beheizte Pool sind prima zum Relaxen. Um herzukommen, nach der Brücke die erste Straße rechts nehmen.

Cabañas Armonía PENSION $$
(217-0131, 09-943-5098; www.birdingmindo.com; B/Zi. inkl. Frühstück 15 US$/Pers.) In einem verwilderten, ruhigen Garten verstecken sich hier rustikale Hütten und ein Hauptgebäude mit Schlafsälen. Zur Pension gehört auch der Armonía Orchid Garden.

AUSSERHALB DER STADT

El Monte Sustainable Lodge DSCHUNGELLODGE $$$
(217-0102, 09-308-4675; www.ecuadorcloudforest.com; Hütte inkl. VP & Aktivitäten 118 US$/

SCHUTZ DES NEBELWALDES

In Mindo engagieren sich viele Stiftungen und gemeinnützige Organisationen sehr für den Schutz des unglaublich artenreichen Nebelwalds mit seinen Bäumen, Pflanzen und Tieren.

Die **Mindo Cloudforest Foundation** (www.mindocloudforest.org) unterhält in der Nähe zwei tolle Vogelschutzgebiete: **Río Silanche** (6 US$/Tag) und **Milpe** (9 US$/Tag), dessen 101 ha mit Wanderwegen sich 15 km westlich der „Y"-Kreuzung erstrecken. Für 15 US$ kann man beide Schutzgebiete drei Tage lang besuchen. Die gemeinnützige Stiftung produziert auch „Schattenkaffee", dessen Verkauf die Verwandlung von Viehweiden in Vogel-Habitate finanziert.

Die großartige Organisation **Mindo Animal Rescue** (www.mindoanimalrescue.com) hilft seit zehn Jahren den Opfern des regionalen Tierschmuggels. Das Zentrum im Herzen von Mindo hat auch ein beliebtes Freiwilligenprogramm, das Arbeiten für eine sehr gute Sache erlaubt, ohne dass man mitten im Nirgendwo festsitzt.

Pers.;) Dieses tolle Refugium wird von einem jungen, sympathischen und sachkundigen Paar (ecuadorianisch/US-amerikanisch) geleitet. Die drei reizenden, ruhigen Hütten am Fluss haben Badewannen und nehmen jeweils bis zu vier Personen auf. Viel Holz plus natürliche Farben lassen alles zeitgenössisch und komfortabel wirken. Die Lodge liegt 4 km südlich von Mindo an einer unbefestigten Kurvenpiste und ist auch mit der *tarabita* über den Río Mindo erreichbar (Reservierung erforderlich). Im Gemeinschaftshaus gibt's rustikale Möbel, offene Kamine, eine Bibliothek und Solarstrom. Das leckere Essen ist größtenteils vegetarisch: Im abendlichen Kerzenschein kommen Nudelgerichte, Empanadas, Currys und Salate aus dem eigenen Bio-Garten auf den Tisch. Die geführten Aktivitäten umfassen z. B. Vogelbeobachtungen, Wandern und Tubing. Gäste können aber auch auf den Grundstückswegen umherspazieren oder im vom Fluss gespeisten Pool schwimmen. Bei rechtzeitiger Buchung organisieren die Eigentümer ein Shuttle ab Mindo. Empfohlen werden mindestens zwei Übernachtungen.

Séptimo Paraíso DSCHUNGELLODGE $$$

(in Quito 02-317-1475, 09-368-4421; www.septimoparaiso.com; Zi./Suite inkl. Frühstück 114/154 US$, Hauptgerichte 6–12 US$; P) 2 km Luftlinie von Mindo entfernt versteckt sich eines der besten örtlichen Hotels am Steilhang unterhalb der Hauptstraße. Die extrem eleganten Holzgebäude des „Siebten Himmels" beherbergen rustikale, schlichte Zimmer mit holzvertäfelten Wänden, Farbakzenten und ein paar wunderbaren Antiquitäten. Hinzu kommen ein hervorragendes Hausrestaurant (Lo Chorrera), ein beheizter Pool, ein Whirlpool und WLAN (10 US$ für den gesamten Aufenthalt). Die komplett öko-orientierte Lodge recycelt 95 % ihres Mülls und leitet auch die Green Mindo Foundation. Diese betreibt Nebelwaldforschung, zählt Vögel, unterweist Einheimische in Sachen Naturschutz, forstet alte Weideflächen wieder auf und überwacht ein 420 ha großes Schutzgebiet.

Casa Divina HÜTTEN $$$

(09-172-5874, 09-050-9626; www.mindocasadivina.com; EZ/DZ inkl. Frühstück & Abendessen 110/195 US$;) Der familienfreundliche Kleinkomplex aus drei zweistöckigen, luxuriösen Holzhütten liegt 1 km außerhalb der Stadt. An einem ruhigen, bewaldeten Hang gelegen ermöglicht er einen perfekten Rückzug in die Natur. Auf den Veranden mit Hängematten können sich Vogelbeobachter komfortabel positionieren; hauseigene kurze Wege erweitern das Beobachtungsgebiet. Die Eigentümer (ein Holzarbeiter und ein Bäcker) sind sehr sympathische Gastgeber. Äußerst empfehlenswert, wenn man Ruhe und Einsamkeit mit etwas Luxus möchte.

Mindo Gardens Lodge LODGE $$

(09-722-3260; www.mindogardens.com; EZ/DZ inkl. Frühstück 55/74 US$) Diese kleine und vertraulich wirkende Lodge gehört einem ecuadorianischen Hotelunternehmen. Durch bewaldete Gärten schlängeln sich hier Wege zu einem Hauptgebäude und gemütlichen, zweistöckigen Hütten mit bunten Tagesdecken. Die besten Zimmer bieten Flussblick; das Hausrestaurant hat eine Veranda mit Sitzplätzen. Über einen der Wege auf dem Grundstück geht's zur *tarabita*. Die Lodge liegt 4 km hinter Mindo an der Straße, die an der Schmetterlingsfarm vorbeiführt.

La Roulotte HÜTTEN $$
(08-976-4484; www.la.roulotte.ec; Zi. inkl. Frühstück 28 US$/Pers.; P) Auf dem Weg zu dieser einfallsreichen Neueröffnung (sie liegt 2 km hinter Mindo) passiert man ebenfalls zuerst die Schmetterlingsfarm. Die fünf Zimmer in Zirkuswagenform sind, obwohl klein, üppig ausgestattet: Sie warten jeweils mit Stockbetten, offenem Kamin, eigenem Bad und jeder Menge Farbe auf. Wer nach Freiraum lechzt, erkundet einfach das Hotelgelände. Dort tischt das freundliche Eigentümerpaar (ecuadorianisch-schweizerisch) komplette Mahlzeiten auf und hilft beim Organisieren regionaler Aktivitäten.

El Carmelo Hostería HÜTTEN $$$
(in Quito 02-222-4713; www.mindo.com.ec; Hütte inkl. Frühstück ab 61 US$/Pers.; P) Der Komplex mit 29 Hütten und drei Pools ist bei Familien beliebt, wirkt aber inzwischen recht abgenutzt. Die hiesige Hauptattraktion sind ziemlich coole Stelzenhütten, in denen man auf Augenhöhe mit den Vögeln wohnt. Manche Zimmer haben einen Whirlpool. Gäste können an Ökotouren und Ausritten teilnehmen.

Essen

Die preiswerten, fröhlichen Lokale an der Av Quito bieten jede Menge Auswahl. Wenn's etwas außergewöhnlicher sein soll, empfehlen sich die folgenden Adressen. Ansonsten kann man abends einen Tisch in einer der schickeren Lodges außerhalb von Mindo reservieren: Fast überall sind dort auch reine Essensgäste willkommen.

LP TIPP **El Quetzal** ECUADORIANISCH $
(www.elquetzaldemindo.com; Calle 9 de Octubre; Hauptgerichte 4–8 US$; 8–23 Uhr;) Das wunderbar relaxte Caférestaurant macht alles richtig: Es verkauft z. B. Kaffeebohnen und Schokolade aus einheimischer Produktion. Zudem serviert es tollen Kaffee, eine klasse Frühstücksauswahl, Sandwiches und täglich ein anderes ecuadorianisches Hauptgericht. Den wichtigsten Grund für einen Besuch liefert aber die Spezialität des Hauses: Der US-amerikanische Eigentümer ist stolz auf seine lokal berühmten und riesigen Brownies.

Caskaffesu ECUADORIANISCH $$
(www.caskaffesu.com; Ecke Sixto Duran Ballen & Av Quito; Hauptgerichte 5–10 US$; 8–20 Uhr;) Gäste des sehr empfehlenswerten Restaurants speisen entweder nahe dem offenen Kamin im großen Innenraum oder auf der schattigen Straßenveranda. Auf der langen und wunderbar abwechslungsreichen Karte stehen z. B. ecuadorianische Klassiker wie gedünstete Forelle oder sogar eine neuartige vegetarische Ceviche-Variante (mit Lupinensamen statt Fisch). Zudem gibt's guten Kaffee und eine große Frühstücksauswahl.

Fuera de Babylonia ECUADORIANISCH $
(Calle 9 de Octubre; Hauptgerichte 3–7 US$; 8–22 Uhr) Das urige Dschungel-Ambiente des ausgefallen dekorierten Holzbaus lockt entspannte Backpacker an, die nach Bob Marley und Bier *(cerveza)* suchen. Einen Block hinter der Plaza geht's hier am Wochenende mitunter hoch her. Probieren: die Nudelgerichte, die gedünstete Forelle oder die Rübensuppe.

El Chef STEAK $
(Av Quito; Hauptgerichte 3–8 US$; 9–19 Uhr) Das einfache, brummende und verlässlich gute Steakhaus wird ganz besonders für seine Festpreismenüs geschätzt. Am besten bestellt man das *lomo a la piedra* (Steak von der heißen „Steinplatte") oder einen herzhafter Burger.

Praktische Informationen

Da Mindos einziger **Geldautomat** (Plaza Grande) nicht zuverlässig funktioniert, sollte man unbedingt ausreichend Bares mitbringen. Das nächstgelegene Gerät befindet sich in Los Bancos.

Centro Municipal de Información Turistica (Ecke Av Quito & Plaza Grande) Hilfreiche, aber recht unregelmäßig geöffnete Touristeninformation; wartet mit Karten und Details zu Wanderungen, geführten Touren oder Unterkünften auf.

An- & Weiterreise

Achtung: Leser berichten immer wieder von Diebstählen auf der Busroute Quito–Mindo. Daher alle Wertsachen während der ganzen Fahrt unbedingt sicher am Körper verstauen!

Cooperativa Flor de Valle schickt täglich mehrere Busse vom Hauptplatz nach Quito (2,50 US$, 2½ Std.). An der Plaza starten auch Busse von **Cooperativa Kennedy** in Richtung Santo Domingo (3 US$, 3 Std., 7-mal tgl.), wo Anschluss zu Zielen an der ganzen Küste besteht. Viele weitere Busse zwischen Quito und Küste lassen sich an der „Y"-Kreuzung auf dem Hügel anhalten.

Unterwegs vor Ort

Die Preise der Taxikooperative an der Plaza sind höher als anderswo. Fahrten zur „Y"-Kreuzung kosten 3 US$. Privatautos transportieren Passagiere durch Mindo und nach Quito (einfache Strecke 50 US$).

Westlich von Mindo

Diese wunderschöne entlegene Route verbindet Quito mit dem westlichen Tiefland und der Küste. Die Kleinstadt **Los Bancos** bietet Zugang zu den Beobachtungsmöglichkeiten des **Schutzgebiets Milpe**. Richtung Westen wird die Straße immer flacher und nahe **Puerto Quito** topfeben, während die Landschaft schnell vom kühlen Nebelwald zum heißeren, vegetationsreichen Tiefland wechselt. Kurz darauf erreicht man die Hauptstraße zwischen Santo Domingo de los Colorados und dem Nordküstenhafen Esmeraldas.

PEDRO VICENTE MALDONADO

Dieses Dorf besteht aus einer Reihe niedriger Betonbauten am Rand des schwülen Tieflanddschungels. Das **Arashá Rainforest Resort & Spa** (☎02-390-0007, 02-239-2150; www.arasharesort.com; Zi. 149–390 US$; P 📶 ≋ 👪) am äußersten Ortsrand bettet Besucher in den Schoß des Nebelwaldluxus. Als vornehmste Adresse am westlichen Andenhang ist das Resort gleichermaßen bei Familien und Touristen aus dem ganzen Land beliebt. Seine schilfgedeckten und unterschiedlich luxuriösen Stelzenhütten stehen auf einem wunderschön gestalteten Gelände. Die einfachsten Zimmer („Eco") sind recht erschwinglich, die Deluxe-Bungalows der Hammer. Gäste können an Tierbeobachtungen (z.B. Vögel) und Wanderungen teilnehmen. Obendrein gibt's hier ein tolles Spa, ein Restaurant, einen Pool, eine Disco, einen Kinderschwimmbereich und einen Minigolfplatz. Die Pauschalangebote beinhalten das Shuttle ab bzw. nach Quito, Vollpension, eine Wellnessbehandlung und geführte Touren. Das Resort liegt 3 km außerhalb von Pedro Vicente Maldonado an der alten Straße nach Santo Domingo und ca. 200 m abseits der Hauptstraße nach Puerto Quito.

PUERTO QUITO

Der Charme Puerto Quitos besteht darin, dass hier nicht viel los ist: An diesem erholsamen Ort kann man in langsam fließenden Flüssen schwimmen und Vögel oder Wasserfälle bewundern. Ab Quito und Santo Domingo besteht regelmäßig Busverbindung. Im Zentrum gibt's ein paar Budget-Bleiben, während die besseren Optionen außerhalb der Stadt liegen.

Ítapoa Reserve (☎09-478-4992, 09-314-5894; www.itapoareserve.com; Zi. inkl. Frühstück 12 US$/Pers.; @📶) Das gemeinnützige Schutzgebiet bewahrt mit dem tropischen Tiefland-Regenwald die bedrohteste und artenreichste Waldart Ecuadors vor Schaden. Das Projekt wird durch zahlende Übernachtungsgäste und den Verkauf der hervorragenden „Regenwald-Rettungsschokolade" finanziert. So kann immer mehr Regenwald aufgekauft und geschützt werden. Alle vor Ort gezüchteten Pflanzen gehen gratis an Einheimische, um das Kultivieren bedrohter Gewächse zu fördern. Zudem müssen Freiwillige nichts bezahlen – in ganz Ecuador eine echte Ausnahme! Ehrenamtliche werden hier für die Wiedereinführung einheimischer Pflanzen gebraucht.

Der liebenswerte Betreiber des großartigen Projekts ist leidenschaftlicher Biologe: Raul führt Besucher mit fesselnden Vorträgen über Flora und Fauna hervorragend in das einzigartige Ökosystem des tropischen Tiefland-Regenwalds ein. Übernachtet wird bequem in einem alten, einfachen und wunderbar ruhig gelegenen Bauernhaus.

Das Aktivitätenangebot umfasst Tubing, die Herstellung von Schokolade oder Tagua-Ringen. Das Personal spricht Englisch, Französisch, Italienisch und Spanisch. Wer vorher anruft, kann sich in der Stadt abholen lassen.

Hostal Cocoa (☎215-6233, 252-9297; Zi. inkl. Vollpension 12 US$/Pers.) Diese ruhige und familiengeführte Bleibe 2 km außerhalb der Stadt (Taxi 3 US$) punktet mit einer tollen Lage an einer tropischen Flussbiegung. Die Schlichtheit der Zimmer treibt Gäste hinaus in die Hängematten. Die Pauschalangebote beinhalten z.B. Tubing, Schokoladenherstellung und Touren zu einem Wasserfall oder einer Bio-Obstplantage.

Zentrales Hochland

Inhalt »

Reserva Ecológica Los Ilinizas 131

Parque Nacional Cotopaxi. 132

Latacunga 136

Der Quilotoa-Loop . . .140

Ambato 146

Baños de Agua Santa 151

Parque Nacional Sangay 160

Volcán Chimborazo . .164

Riobamba 166

Alausí 173

Gut essen

» Restaurant Roka Plaza (S. 148)

» La Posada de Tigua (S. 141)

» Café Mariane (S. 157)

» Mercado La Merced (S. 170)

Schön übernachten

» Hostería La Ciénega (S. 134)

» Hostal Tiana (S. 138)

» Hotel Roka Plaza (S. 147)

» Posada del Arte (S. 155)

» Refugio Whymper (S. 166)

Auf ins zentrale Hochland!

Aus Feuer und Eis geformt, bietet das Dach Ecuadors mehr Abenteuer pro Quadratmeter als die meisten anderen Orte auf Erden. Es gibt hier von Gletschern bedeckte Berge und aktive Vulkane, Hochebenen, die ideal zum Radfahren und Wandern sind, idyllische Kolonialstädte, bukolische Haziendas und geschäftige Kunsthandwerksmärkte sowie steil abfallende grüne Täler, die einen direkt aus der Höhe der Anden, vorbei an Wasserfällen und indigenen Dörfern, hinunter in das schwüle Amazonasbecken bringen.

Bei den meisten Reisen in die Region wird man ein paar Tage in den Nationalparks und Schutzgebieten wie Los Ilinizas, Cotopaxi, Llanganates, Chimborazo und Sangay verbringen. Auf dem Quilotoa-Loop kommen Wanderer durch traditionelle Siedlungen indigener Einwohner und zu einem tiefen Kratersee. Bahnfans können auf einer extrem steilen Strecke, der „Teufelsnase" fahren, und viele Rad- und Wanderwege sowie Bootstouren führen durch ein fruchtbares Tal hinunter in die beliebte Stadt Baños.

Reisezeit

Riobamba

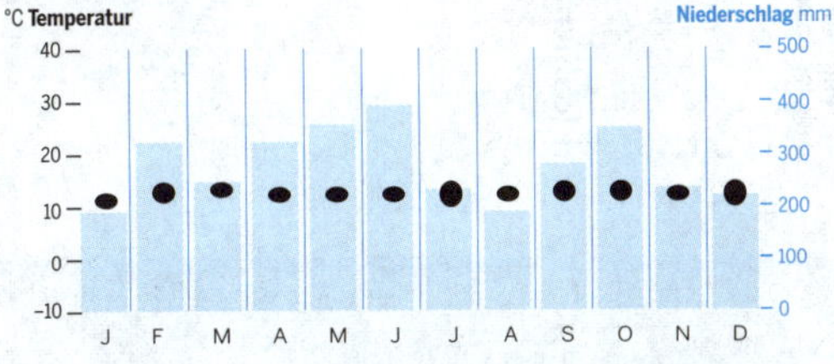

Juni–Sept. Die Trockenzeit ist die Hochsaison für Rad-, Kletter- und Wandertouren.

Sept. oder Nov. Das Mamá-Negra-Fest in Latacunga lohnt einen Besuch.

Dez.–Jan. Die Trockenheit weicht dem Abenteuer, und alles grünt.

Highlights

1. Auf Nebenstrecken über den **Quilotoa-Loop** (S. 140) wandern
2. Auf der Straße von **Baños nach Puyo** (S. 159) die Gischt der Wasserfälle spüren
3. Vor einer spektakulären Bergkulisse auf der Hochstraße nach **Salinas** (S. 164) fahren
4. Mit dem Zug die **Nariz del Diablo** (S. 173), eine steile Felswand, im Zickzack hinunterfahren

5 Im **Parque Nacional Cotopaxi** (S. 132) einen der höchsten aktiven Vulkane besteigen und in der Gegend wandern

6 Auf einer Wanderung oder einer Radtour um den **Volcán Chimborazo** (S. 164) die Wolken berühren

7 Sich beim Aufenthalt auf einer Hazienda zu Füßen des **Volcán Cotopaxi** (S. 132) oder im abgelegenen **Patate** (S. 150) entspannen

8 Einen Tag – oder eine Woche – nicht zum Reiseführer greifen, sondern auf eigene Faust auf Entdeckungstour gehen

Nationalparks & Schutzgebiete

Obwohl das Gebiet so klein ist, bietet das zentrale Hochland eine ganz schöne Menge an Schutzgebieten. Alle mit Ausnahme des **Parque Nacional Llanganates**, der wirklich eine schwer zu erkundende Wildnis ist, bieten Aktivitäten für jedermann, für entspannte Tagesausflügler genauso wie für erfahrene Wanderer und Bergsteiger. Der **Parque Nacional Cotopaxi**, einer der meistbesuchten des Landes, ist nur eine kurze Fahrt von Quito oder Latacunga entfernt und leicht zugänglich. Die **Reserva Ecológica Los Ilinizas** umfasst die beiden Gipfel des Iliniza und erstreckt sich bis hinunter zur Laguna de Quilotoa. Der Volcán Chimborazo steht im Mittelpunkt der **Reserva de Producción Faunística Chimborazo**, in der Vikunjas in von einem Männchen geführten Familienverbänden durch den *páramo* (das andine Grasland) streifen. Der **Parque Nacional Sangay** ist der größte Park in der Region, er umfasst sowohl Dschungel als auch eisbedeckte Berggipfel.

Anreise & Unterwegs vor Ort

Latacunga hat einen Flughafen, der theoretisch gesehen sogar ein internationaler ist – allerdings starten und landen hier bisher keine Passagierflugzeuge. Busse hingegen fahren natürlich fast überall hin. Die wichtigsten Verkehrsknotenpunkte sind Latacunga, Ambato, Baños, Riobamba und Guaranda. An Eisenbahnstrecken, die durch das Gebiet führen sollen, wird gebaut – hauptsächlich an touristischen Strecken, die Tagesausflügler zu abgelegenen Dörfern bringen. Unter www.ferrocarrilesdelecuador.gov.ec erfährt man, welche Strecken bereits in Betrieb sind. Auch mit einem Mietwagen, einem Tourveranstalter oder einem (für den ganzen Tag gemieteten) Taxi kommt man leicht und sicher in abgelegenere Gebiete.

Machachi & Aloasí

☎02

Machachi und Aloasí liegen rund 35 km südlich von Quito zu beiden Seiten der Panamericana und sind die Ausgangspunkte für Touren in die Wildnis und die nahegelegenen Berge. Das ruhige Dorf **Aloasí** (6855 Ew.), westlich der Straße, liegt am Fuß des lange erloschenen Vulkans El Corazón (4788 m), der seinen Namen „das Herz" der Form der beiden Schluchten an seiner Westseite verdankt.

Der Höhepunkt in Aloasí ist die Anfahrt mit der Ferrocarril Transandina aus Quito. Gegenüber dem klassizistisch gestalteten **Bahnhof** liegt ein kostenlos zu besichtigender **Skulpturengarten**. Ausritte und Informationen gibt's auf der anderen Straßenseite in der Estación Hostería-Granja.

Die geschäftige Kleinstadt Machachi (12470 Ew.) östlich der Straße liegt in naher, aber dennoch respektvoller Entfernung zum hoch aufragenden, aktiven Volcán Cotopaxi und nur einen Steinwurf vom Volcán Rumiñahui entfernt, sodass sich das Städtchen als ein bequemer Ausgangspunkt zum Besuch des Parque Nacional Cotopaxi anbietet. Der hübsche Hauptplatz wird mit Orgelmusik beschallt, und der wichtige **Sonntagsmarkt** erfasst das gesamte Stadtgebiet. Bei dem ausgelassenen Fest am 23. Juli stehen die *chagras* (Anden-Cowboys) im Mittelpunkt.

Schlafen & Essen

La Estación Hostería-Granja HAZIENDA **$$**
(☎230-9246; www.hosteriagranjalaestacion.com; Aloasí; EZ/DZ 50/60 US$; 📶) Die schlicht möblierten Zimmer in der großen Hazienda aus dem 19. Jh. gegenüber dem Bahnhof haben offenliegende Deckenbalken. Der Service ist freundlich, und es gibt viele offene Bereiche, wo man sitzen und die Aussicht genießen kann. Im Hinterhof wurden mehrere geräumige Unterkünfte hinzu gebaut, die Holzöfen bieten und dem Haupthaus angepasst sind. Das mit altem landwirtschaftlichen Gerät ausstaffierte Restaurant serviert Frühstück (4 US$) und weitere Gerichte (12 US$).

Hotel Estancia Real HOTEL **$**
(☎231-5760; Cordero, Machachi; Zi. 10 US$/Pers.) Das Hotel ist eine von mehreren, sehr billigen Absteigen gegenüber der Plaza Mayorista in Machachi. Die Betten sind winzig, aber die Zimmer sauber und einigermaßen bequem.

El Café de la Vaca ECUADORIANISCH **$$**
(☎231-5012; Panamericana Km 23; Hauptgerichte 4–8 US$; ⏲8–17.30 Uhr) An Wochenendnachmittagen wird man in diesem Restaurant, das schwarzweiß wie eine Kuhhaut angestrichen ist, fast sicher auf sein Essen warten müssen, wenn Tagesausflügler aus Quito scharenweise einfallen. Sie alle strömen ins „Kuh-Café" wegen des frisch vom Bauernhof kommenden Käses, den es zu jeder Bestellung gibt. Zu den ecuadorianischen

Gerichten und den (den ganzen Tag angebotenen) Frühstückskombinationen passt gut ein frisch gemixter Obstsaft.

La Manuela ECUADORIANISCH $$
(Panamericana Km 20; Hauptgerichte 4–8 US$; ⏲8–17 Uhr) Als Imitation des oben genannten Restaurants ist das Manuela ein ernstzunehmender Konkurrent im Restaurantwettbewerb an der Panamericana. Auch wenn der Andrang hier nicht so groß ist wie im Café de la Vaca, stellen einen die guten alten, in großen Portionen servierten Gerichte wie *choclo con queso* (Maiskolben mit Käse) oder *locro de papas* (Kartoffelsuppe mit Avocado und Käse) vollständig zufrieden.

Anreise & Unterwegs vor Ort

Die Busse, die vom Busbahnhof in Quito nach Latacunga fahren, können einen in Machachi (1 US$, 1 Std.) an der Panamericana absetzen. Wer nach Quito oder Latacunga zurückfahren möchte, winkt einen Bus auf der Panamericana heran.

Die **Ferrocarril Transandino** (Trans-Anden-Eisenbahn; ✆1-800-873-637; www.ferrocarrilesdelecuador.gov.ec; hin & zurück Erw./Kind 15/8 US$) fährt donnerstags bis sonntags zwischen Aloasí und Quito. Die Züge fahren in Aloasí um 9.30 Uhr und in Quito um 8 und 18 Uhr ab. Für einige Verwirrung sorgt, dass der als „Machachi" bezeichnete Bahnhof tatsächlich in Aloasí liegt und diese Strecke daher Quito–Machachi heißt.

Von Machachi aus fahren tagsüber mindestens stündlich bunt angemalte, altmodische Busse ins nahegelegene Aloasí. Um den Bahnhof zu erreichen, der ungefähr 3 km von der Panamericana entfernt ist, bis zur Endstation mitfahren.

Reserva Ecológica Los Ilinizas

✆02

Die Reserva Ecológica Los Ilinizas ist nach den beiden Gipfeln des Iliniza benannt, dem **Iliniza Norte** (5126 m) und dem **Iliniza Sur** (5248 m), die unter den Berggipfeln Ecuadors nach der Höhe den sechsten bzw. achten Rang einnehmen. Einst Teil eines einzigen Vulkankegels, sind die beiden Bergspitzen heute durch einen schmalen, abschüssigen Sattel getrennt. Obwohl beide Gipfel sich kaum an Höhe unterscheiden, ist der Iliniza Sur wegen größerer Feuchtigkeit ganzjährig von einem Gletscher bedeckt, sodass der Aufstieg technisch anspruchsvoll ist. Man muss trainiert sein

REISEPLANUNG

Im zentralen Hochland kann es das ganze Jahr über heiß, kalt, nass oder trocken sein – daher sollte man unbedingt eine Jacke, eine Kopfbedeckung, Handschuhe und möglichst auch eine schnell trocknende Überbekleidung dabei haben. An den wichtigsten Feiertagen muss man sein Zimmer weit im Voraus reservieren, und beliebte Hotels sind das ganze Jahr über schnell ausgebucht.

und braucht einen Führer und eine Gletscherausrüstung.

Zur Akklimatisierung ist der Norte sehr beliebt: Der Aufstieg ist leichter, aber wegen der Geröllhalden, wegen Felsbrocken in Gipfelnähe und gelegentlicher Schneefälle durchaus ebenfalls anspruchsvoll. Geführte Touren und Freiwilligenjobs arrangieren das Hostal La Llovizna und die Hostería PapaGayo in El Chaupi. Das La Llovizna vermietet auch Kletterausrüstung, Schlafsäcke und Mountainbikes.

Die meisten Wanderer und Kletterer beginnen ihr Abenteuer mit einer Übernachtung in dem kleinen Dorf **El Chaupi**. Von dort geht's zu Fuß (oder mit einem gemieteten Pickup) rund 3 km weiter zu einem bemannten **Kontrollpunkt** (⏲8–16 Uhr), an dem man 2 US$ Eintrittsgebühr bezahlt, und dann noch 6 km weiter zum Parkplatz am Schrein der Jungfrau Maria (La Virgen). Von dort aus führt schließlich eine rund dreistündige Wanderung zum **Refugio de los Ilinizas** (4650 m; ✆09-796-3514; ilinizas_refuge@yahoo.com; B 15 US$). Man benötigt einen Schlafsack und Nahrungsmittel (einfache Kochvorrichtungen sind vorhanden) und muss auf tiefe nächtliche Temperaturen vorbereitet sein.

Schlafen & Essen

Hostería PapaGayo HOSTERÍA $$
(Karte S.133; ✆231-0002, 09-946-2269; www.hosteria-papagayo.com; Panamericana Sur Km 26; B 10 US$, EZ 20–35 US$, DZ 30–60 US$; @) Die 150 Jahre alte umgebaute Hazienda ist bei Backpackern sehr beliebt und ein bequemes Standquartier, wenn man sich im Gebiet um den Iliniza, den Corazón und den Cotopaxi umtun will. Es gibt Betten im Schlafsaal und Privatzimmer, außerdem ein nettes Restaurant, eine ganze Arche von freundlichen Farmtieren und noch freund-

lichere Gastgeber, die Touren, Führer und Ausritte arrangieren können. Die Herberge liegt 500 m westlich der Panamericana an einer Ausfahrt 1 km südlich der Machachi-Mautstation; vorher anrufen, wenn man aus Machachi oder El Chaupi abgeholt werden will.

Hostal La Llovizna HOSTEL $

(☎09-969-9068; iliniza_blady@yahoo.com; Zi. mit Frühstück 12 US$/Pers.) Das Hostel, rund 500 m außerhalb von El Chaupi an der Straße zum Reserva Ecológica Los Ilinizas, hat unten große, freundliche Zimmer mit festen Betten und darüber gemütliche, winzige Dachzimmer. Der Inhaber ist Bladimir Gallo, der auch Verwalter der Schutzhütte an den Ilinizas ist und jede Menge Infos zur Gegend parat hat.

Hostería Nina Rumy HOSTEL $

(☎367-4088; Zi. mit Gemeinschaftsbad/eigenem Bad & Frühstück 12/13 US$/Pers.) Diese einfache Schlafbaracke aus Holz ist ruhiger als das nahegelegene Llovizna, man hat also weniger Austausch mit anderen Travellern, findet aber mehr Frieden. Das Haus steht direkt an der Kreuzung der Hauptstraßen im Dorf und ist gar nicht zu verfehlen.

ℹ An- & Weiterreise

Blauweiße Busse mit der Aufschrift „El Chaupi" (0,36 US$, 40 Min.) fahren in Machachi bis zum Einbruch der Dunkelheit etwa stündlich von der Kreuzung Amazonas und 11 de Noviembre ab und starten vom Dorfplatz in El Chaupi nach gleichem Fahrplan zurück.

Wer aus Machachi mit dem Auto kommt, nimmt die ausgeschilderte Ausfahrt El Chaupi von der Panamericana, die rund 6 km südlich von Machachi liegt. Die 7 km lange Straße nach El Chaupi ist kopfsteingepflastert und setzt sich von El Chaupi 9 km lang als unbefestigte Piste bis zum Iliniza-Parkplatz fort, den ein kleiner Marienschrein markiert.

Für 25 US$ kann man in Machachi auch einen Pickup anheuern (an der Plaza herumfragen), der einen direkt bis zu diesem Parkplatz bringt. Die Fahrt mit einem Truck ab El Chaupi kostet rund 10 US$.

Parque Nacional Cotopaxi

☎03

Auch wenn man den **Volcán Cotopaxi** von mehreren Provinzen aus sehen kann, gewinnen seine majestätische Masse und der symmetrische Kegel doch innerhalb der Grenzen des nach ihm benannten Nationalparks ganz andere Dimensionen. Während der Gipfel von einem Gletscherkleid überzogen ist, leben auf den von goldgrünem *páramo* bedeckten Flanken Wildpferde, Lamas, Füchse, Rehe, Andenkondore und sogar die äußerst seltenen Brillenbären.

Am Morgen ist der Anblick des Berges am schönsten, sodass es sich anbietet, innerhalb des Parks zu übernachten. In der frischen Morgenkühle zeichnen sich die Konturen des Gletschers deutlich ab, und man sieht den Yanasacha-„Wald", der in Wirklichkeit gar kein Wald ist, sondern eine große, freiliegende Felswand nahe des Gipfels.

Man kann den Cotopaxi von Quito oder Latacunga aus auch im Rahmen eines Tagesausflugs besuchen. In Begleitung von Führern oder auch alleine kann man auf den Parkstraßen und zu den präkolumbischen Ruinen rund um die Seen in dem Gebiet wandern oder mit dem Mountainbike fahren.

Auch Vogelbeobachter kommen im Park voll auf ihre Kosten. Ausschau halten sollten sie nach den gewaltigen, in großer Höhe fliegenden Andenkondoren und nach den Ecuador-Andenkolibris, die von allen Kolibriarten in der größten Höhe leben. Watvögel und Enten sind häufige Besucher der Laguna Limpiopungo.

Die Infrastruktur ist besser als in den meisten ecuadorianischen Parks, aber doch nicht voll ausgebaut. Im Park weiden immer noch *ganados* (Nutztiere), und es kommt nicht selten vor, dass Geländewagen abseits der Straße durch Gebiete preschen, in denen Vögel nisten, oder dass Besucher mit den Wildpferden spielen. Um der starken Entwaldung entgegenzuwirken, haben Umweltgruppen große Schonungen mit Nadelbäumen angelegt. Diese nicht endemischen Bäume tragen zwar dazu bei, die Erosion aufzuhalten, aber das Habitat ist damit doch nicht wirklich zurückgewonnen und die symmetrischen Baumreihen sind gewiss nicht so schön wie die ursprünglichen Urwälder am Cotopaxi. Nach einer aktuellen Untersuchung sind die Gletscher des Cotopaxi zwischen 1976 und 2010 um 40 % zurückgegangen.

Zu den größten Gefahren im Park gehören die Höhenkrankheit und attackierende Stiere. Erstere lässt sich vermeiden, wenn man sich zunächst ein paar Tage in Quito akklimatisiert, die letztere, indem man Abstand zu den Tieren hält.

In der Eintrittsgebühr in den Park (2 US$) ist der Preis für die Übernachtung in der Schutzhütte oder im eigenen Zelt nicht enthalten. Der Haupteingang ist offiziell von 7 bis 16.30 Uhr geöffnet, die Ausfahrt ist aber bis gegen 18.30 Uhr möglich. Wanderer kommen zu jeder Zeit hinein oder heraus.

Wer eine geführte Tour oder eine Klettertour unternehmen möchte, sollte sie in Quito, Latacunga oder Riobamba arrangieren, wo es die besten Veranstalter gibt.

Sehenswertes & Aktivitäten

GRATIS **Museo Nacional Mariscal Sucre** MUSEUM

9 km hinter dem Control Caspi (südlicher Haupteingang) informiert dieses einfache Museum im Park über naturkundliche Aspekte der Region.

LP TIPP **Bergsteigen** BERGSTEIGEN

Gipfelbesteigungen lassen sich in Quito und Latacunga arrangieren. Zwar ist die Besteigung – abgesehen von ein paar einfachen Querungen von Gletscherspalten und adrenalinfördernden Rutschpartien an umgestürzten Eistürmen – technisch nicht allzu schwer, aber körperlich anstrengend, kalt und, für Anfällige, Schwindel erregend. Der Aufstieg beginnt gegen Mitternacht vom **Refugio José Rivas** (4800 m; B 22 US$) aus, in dem man kochen kann und ein Stockbett bekommt (Schlafsack und ein Vorhängeschloss zum Einschließen seines Gepäcks mitbringen). Selbst erfahrene, fitte und akklimatisierte Bergsteiger erreichen den Gipfel in der Morgendämmerung nur bei einem von zwei Versuchen (keine Garantie!). Der Lohn für alle, die es (an einem klaren Tag) auf den Gipfel schaffen, besteht in einem weiten Blick auf andere Berge und der Sicht auf die rauchenden Fumarolen des Vulkankraters.

Auch Menschen ohne Bergsteigererfahrung können es sicher auf den Gipfel schaffen. Man benötigt dafür unbedingt einen

Parque Nacional Cotopaxi

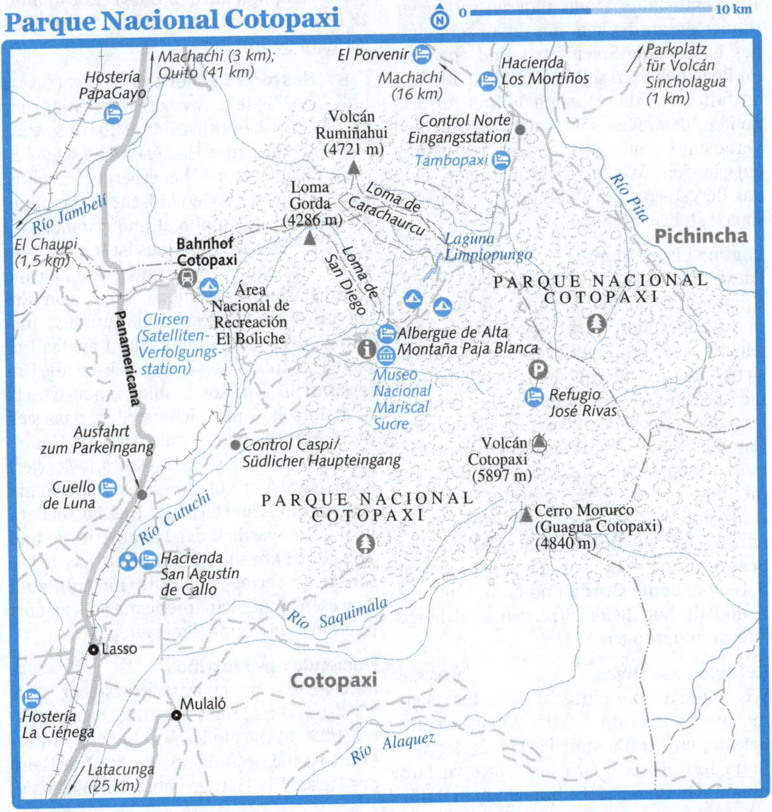

kompetenten Führer und gute Ausrüstung (reißfeste Seile und Gurte, Eispickel und Steigeisen, warme Stiefel und eine warme Jacke – aus Synthetik-Material oder Wolle, nicht aus Baumwolle, die hält, einmal nass geworden, nicht warm –, außerdem Sonnenbrille, Trinkwasser, Verpflegung, eine Stirnlampe und Notfallausrüstung). Der Führer sollte einem am Nachmittag vor dem Aufstieg zeigen, wie man sich sichert und den Eispickel einsetzt, auf dem Gletscher am Halteseil geht und die Steigeisen einschlägt. Es ist wichtig, sich bereits vor dem Versuch, den Gipfel zu besteigen, mit seinem Führer zu treffen. Man sollte ihn fragen, wie oft er den Berg bestiegen hat, was man zur Besteigung des Berges benötigt und ob er von der ecuadorianischen Bergführervereinigung (ASEGUIM) zertifiziert ist. Wenn der Haltegurt, den man bekommt, Schäden aufweist, sollte man darauf bestehen, dass er durch einen anderen ersetzt wird. Wenn einem der Führer kein Vertrauen einflößt, sollte man von seinem Tourveranstalter einen anderen verlangen. Immer daran denken, dass man sein eigenes Leben aufs Spiel setzt! Und ebenfalls im Blick behalten sollte man, dass alle Veranstalter auf die gleichen Führer zurückgreifen, deswegen sollte man sich für den Veranstalter mit der besten Ausrüstung entscheiden. Weitere Informationen über das Bergsteigen auf Vulkanen wie dem Cotopaxi stehen auf S. 32.

Laguna Limpiopungo WANDERN

Dieser flache, schilfreiche See am Fuß des Rumiñahui ist die Heimat endemischer und wandernder Wasservögel. Ein absolut leichter Weg (1 Std.) führt rund um den See; sicheren Abstand von den Stieren halten, die gern ans Ufer gehen, um dort zu saufen. Im Bereich des Sees gibt es mehrere Campingplätze mit Feuerstellen; morgens hat man dort einen hinreißenden Blick auf die umliegenden Berge. Nördlich des Sees führt ein Weg auf den Gipfel des 4721 m hohen **Volcán Rumiñahui**. Südlich des Sees führt ein Weg über den 4286 m hohen Sattel bei **Loma Gorda** und dann hinunter zum Bahnhof. Beide Strecken sind lange Tageswanderungen.

Refugio José Rivas WANDERN

Wer einmal so richtig außer Atem sein möchte, klettert die letzten 200 m der unbefestigten Straße vom Parkplatz des Refugio José Rivas bis zu der Hütte zu Fuß hinauf – in dieser Höhe braucht man dafür mindestens eine Stunde. Am Nachmittag kann man sich auf den Schneefeldern in der Nähe tummeln. Dabei den Gletscher (200 m oberhalb der Schutzhütte) ohne Führer nicht betreten, denn es gibt hier Gletscherspalten.

Mountainbike fahren MOUNTAINBIKEN

Es ist ein beliebtes Vergnügen, auf den relativ flachen, unbefestigten Straßen im Park herumzufahren. Der in Quito ansässige Tourveranstalter Biking Dutchman (S. 61) transportiert Radfahrer hinauf zum Parkplatz des *refugio* (Schutzhütte), von wo aus man dann einen Blick auf den erhabenen Gletscher werfen kann, ehe man über den Westhang des Cotopaxi zu Tal saust. Sturzhelm, Mittagessen und der Transport aus Quito sind im Preis enthalten.

Schlafen

Die meisten Lodges in dem Gebiet organisieren Tagesausflüge und Ausritte und verfügen über ein Restaurant. Im Park gibt's Campingplätze (2 US$/Pers.), und für 22 US$ bekommt man ein Bett im rustikalen Refugio José Rivas.

LP TIPP **Hostería La Ciénega** HAZIENDA $$$

(☎271-9182; www.hosterialacienega.com; EZ/DZ/3BZ mit Frühstück 74/89/107 US$;) Die 400 Jahre alte Hazienda hat schon einige illustre Gäste beherbergt, darunter die Französische Geodätische Expedition, Alexander von Humboldt und ecuadorianische Präsidenten. Das Haus ist seit 1982 ein Hotel, hat aber immer noch den Charme eines Herrenhauses: eine lange, von Eukalyptusbäumen gesäumte Auffahrt, meterdicke Wände und eine alte Kapelle. Der moderne Anbau ist weniger hübsch (die Unterkunft in ihm kostet aber genauso viel), deshalb sollte man sicherstellen, dass sich die Reservierung auf das originale Haupthaus bezieht. Das Barrestaurant serviert klassische, sehr gut zubereitete, aber teure ecuadorianische Gerichte. Das La Ciénega liegt 2 km westlich der Panamericana und ungefähr 1 km südlich vom Dorf Lasso. Die Busfahrer setzen einen am Eingang zum Anwesen an der Panamericana ab, von dort muss man bis zum Hotel laufen.

Hacienda Los Mortiños LODGE $$

(☎334-2520, losmortinios@hotmail.com; B/Zi. 20/30 US$/Pers., Frühstück 7 US$, Hauptgerichte 12 US$;) Die moderne Lehmziegelunterkunft ist die beste Bleibe an der Nordseite des Parks. Die Häuser haben Giebeldächer, die Badezimmer sind schön und neu und die Privatzimmer komfortabel. In den Schlafsälen kommen zwischen sechs und 16 Gäste unter. Die Anlage, von der aus man einen atemberaubenden Blick auf die nahen Vulkane hat, wirkt definitiv gemütlich, und die freundliche Familie Fernandez kann einem auch Infos über Ausflüge in den Park geben. Vorher anrufen und die gewünschten Einzelheiten absprechen. Die Mahlzeiten werden in der schönen offenen Küche zubereitet.

Tambopaxi HÜTTE **$$$**
(☎09-944-8223; www.tambopaxi.com; Stellplatz mit Frühstück 7 US$/Pers., B/DZ/3BZ/4BZ mit Frühstück 24/103/133/184 US$; WLAN) Dieses zertifizierte nachhaltige Tourismusprojekt liegt über die Hauptstraße rund 25 km vom südlichen Parkhaupteingang entfernt. Es beteiligt sich an Maßnahmen zum Tier- und Gewässerschutz und beschäftigt Arbeitskräfte aus der Gegend. Aus der rustikalen, mit einem Ofen beheizten Haupthütte blickt man auf Lamas und Wildpferde. Am Morgen kann man durch das Teleskop im Speisesaal nach den Bergsteigern Ausschau halten, die sich an den Gipfel des Cotopaxi wagen. In den Schlafräumen hat man flauschige Daunendecken und einen tollen Blick auf den Cotopaxi. In dem neuen, frei stehenden Gebäude gibt's Privatzimmer.

El Porvenir HAZIENDA **$$$**
(☎09-498-0115; www.volcanoland.com; B/Zi./Suite mit Frühstück 40/100/150 US$; WLAN) Das nur 4 km vom Nordeingang des Parks entfernte El Porvenir verbindet den rustikalen Komfort einer authentischen Hazienda mit einer ausgeprägt ökologischen Einstellung und jeder Menge Outdooraktivitäten (z. B. Ausritte und Mountainbiketouren). Die Lage hoch im *páramo* mit nichts als dem Cotopaxi im Blick ist einfach traumhaft. Ein Holzfeuer hält den gemütlichen Gemeinschaftsbereich warm, die Zimmer bieten viele Annehmlichkeiten. Für den Transport zur Lodge vorher anrufen.

Albergue de Alta Montaña Paja Blanca HÜTTEN **$**
(☎231-4234; Hütte mit Frühstück 12,50 US$/Pers.) Wer sparen muss, findet in den gemeinschaftlich genutzten Finnhütten ein Bett und ein Kaminfeuer, aber keinen elektrischen Strom. Das gleichnamige Restaurant nebenan serviert gute Forellen aus der Umgebung (5 US$) und kaltes Bier. Das Albergue liegt neben dem Museum.

Cuello de Luna HÜTTE **$$**
(☎09-970-0330, 03-271-8068; www.cuellodeluna.com; B/EZ/DZ mit Frühstück ab 18/40/50 US$) Der „Hals des Mondes" ist eine bequeme Mittelklasseunterkunft; eine 1,5 km lange Abzweigung vom Südeingang des Parque Nacional Cotopaxi führt dorthin. Es gibt Schlafsaalbetten; die Standardzimmer haben einen Holzofen oder einen Kamin. Das Abendessen (7–10 US$) ist wirklich gut.

Hacienda San Agustín de Callo HAZIENDA **$$$**
(☎271-9160; www.incahacienda.com; EZ/DZ/Suite 219/382/437 US$; WLAN) Diese Hazienda hat eine 500-jährige, wechselvolle Geschichte. Sie war ursprünglich eine Inkafestung, dann ein Augustinerkloster. Die Französische Geodätische Expedition nutzte das Gebäude 1748 als Triangulationspunkt zur Vermessung des Äquators, 1802 wohnte Alexander von Humboldt hier und 1880 der Bergsteiger Edward Whymper. Das unverkennbare, mörtellose Mauerwerk der Inkas, das vielfach noch im Originalzustand erhalten ist, macht dieses Hotel einzigartig und mysteriös. Und die gepflegten, rustikalen Zimmer prunken alle mit Kaminen, gutem Bettzeug und handbemalten Wänden. Allerdings könnte man bei dem hohen Preis wohl noch mehr erwarten, und deshalb werden sich die meisten auch im Ciénega besser aufgehoben fühlen.

An- & Weiterreise

Auto

Alle Haziendas stellen einen Transport ab Quito bereit, oft gegen Aufpreis.

Es gibt drei Parkeingänge. Der südliche Haupteingang, **Control Caspi,** ist über eine Ausfahrt rund 22 km südlich von Machachi (bzw. rund 30 km nördlich von Latacunga) zu erreichen. Von der Ausfahrt geht es 6 km über unbefestigte Straßen in nordwestlicher Richtung zum Control Caspi und von dort 9 km weiter bis zum Museum. Jeder Bus auf der Strecke Quito–Latacunga kann einen an der Ausfahrt absetzen.

Man kann den Park von Machachi aus auch über den Nordeingang, **Control Norte,** erreichen, muss dafür aber einen Pickup anheuern oder ein Auto mieten. Die 21 km lange Strecke ist übersichtlich und gut ausgeschildert.

Der dritte, selten benutzte Eingang führt über die rund 16 km südlich von Machachi abzweigende Straße zur **Área Nacional de Recreación El Boliche**. Rund 2 km von der Panamericana entfernt fährt man an der Satelliten-Verfolgungsstation (Clirsen) vorbei, die früher von der NASA genutzt wurde. Gleich danach erreicht man den

Bahnhof Cotopaxi. Ab hier ist die Straße für den Fahrzeugverkehr gesperrt, führt aber zu einem unbewachten Eingang des Nationalparks.

An Wochenenden strömen einheimische Besucher in den Park, und man hat gute Chancen, eine Mitfahrgelegenheit von der Ausfahrt der Panamericana bis zum Haupteingang und weiter zur Laguna Limpiopungo zu finden (allein reisende Frauen schließen sich aber besser einer geführten Tour ab Quito oder Latacunga an). Werktags ist der Park nahezu ausgestorben; wer keine Abholung vereinbart hat, wird wahrscheinlich die Strecke laufen müssen.

Taxi

Taxis oder Pickups für die Fahrt zum Refugio José Rivas kann man in Latacunga (40 US$), Machachi (25 US$) oder Quito (40 US$) chartern. Man muss hart feilschen und sollte ganz genau klarstellen, dass die Fahrt bis zum Refugio José Rivas gehen soll. Man kann mit dem Pickup auch die Rückfahrt für einem bestimmten Tag vereinbaren; das kostet weitere 30 bis 40 US$, je nachdem, woher das Fahrzeug kommt. Der Fußweg vom Parkplatz bis zur Schutzhütte führt bergauf und dauert fast eine Stunde.

Zug

Die Züge der **Ferrocarril Transandino** (Transandenbahn; ☎1-800-873-637; www.ferrocarrilesdelecuador.gov.ec; hin & zurück Erw./Kind 15/8 US$) fahren donnerstags bis sonntags, Abfahrt in Quito ist um 8.15 Uhr. Der Zug nach Quito verlässt Boliche um 13.30 Uhr. In Latacunga fährt der Zug um 9 Uhr und zurück um 12.30 Uhr.

Latacunga

☎03 / 87 417 EW. / 2800 M

Viele Traveller fahren nur durch Latacunga hindurch, um den Quilotoa-Loop, den donnerstäglichen Morgenmarkt in Saquisilí oder den Parque Nacional Cotopaxi zu erreichen. Wer länger bleibt, findet in Latacunga ein ruhiges und schönes historisches Zentrum, das mehrere Ausbrüche des Cotopaxi halbwegs überstanden hat. Man glaubt es kaum, dass eine so charmante Stadt hinter dem schäbigen und von Umweltverschmutzung geplagten Viertel liegt, auf das die Besucher an der Panamericana zuerst einmal stoßen.

Der **Volcán Cotopaxi,** der an klaren Tagen die Silhouette dominiert, brach 1742 und dann 1768 noch einmal heftig aus und zerstörte beide Male große Teile der Stadt. Die unbezwingbaren (oder einfach nur tollkühnen) Überlebenden bauten die Stadt wieder auf, doch 1877 verursachte ein weiterer gewaltiger Vulkanausbruch erneut große Schäden. Wiederum ließ man sich nicht unterkriegen und erbaute die Stadt wieder neu. Seither ist Latacunga vom Zorn des Cotopaxi verschont geblieben.

Zur Feier dieses Glücks und ihres reichen indigenen und katholischen Erbes veranstalten die Einwohner von Latacunga eine der berühmtesten und prächtigsten Partys in Ecuador, das Mamá-Negra-Fest.

Sehenswertes & Aktivitäten

Märkte MARKT

Latacungas große und absolut untouristische Märkte sind eine ganz alltägliche Angelegenheit, aber gerade das macht sie interessant. Auf den drei weitläufigen Marktplätzen rund um die Kreuzung der Echeverría und der Amazonas ist jeden Tag etwas los, ganz besonders aber an den Markttagen Dienstag und Samstag.

Parque Vicente León PARK

Die Hauptplaza bildet das Zentrum der Aktivitäten. An der südöstlichen Ecke erhebt sich das aus republikanischer Zeit stammende **Rathaus**, auf dem zwei steinerne Kondore thronen. An der Südseite steht die im Kolonialstil erbaute **Kathedrale**; auf der Außenwand links vom Eingang zeigt ein interessantes Wandbild den Ausbruch des Cotopaxi oberhalb der Stadt. Das mit Arkaden versehene Gebäude auf der Westseite stammt aus dem 17. Jh. und beherbergt Büros der Provinzverwaltung.

Casa de la Cultura MUSEUM

(☎281-3247; Vela 3-49; Eintritt 1 US$; ⏲Di–Fr 8–12 & 14–18 Uhr) Das Kulturzentrum steht am Standort einer ehemals von den Jesuiten angelegten Wassermühle, der **Molinos de Monserrat**, und beherbergt ein kleines Museum für Kunst und Ethnologie. Die Steinstufen über dem Fluss bieten eine nette Rückzugsmöglichkeit vom Gewimmel auf den Bürgersteigen der Stadt. Dem Veranstaltungsplan kann man die Termine kostenloser Tanz- und Theater-Events entnehmen.

GRATIS **Casa de los Marqueses de Miraflores** MUSEUM

(Orellana & Echeverría; ⏲Mo–Sa 8–12 & 14–18 Uhr) Eine Abwechslung verspricht das in einem erhaltenen Gebäude aus der Kolonialzeit untergebrachte archäologische und religionsgeschichtliche Museum, das auch gutes Hintergrundmaterial über das Mamá-Negra-Fest bietet.

LATACUNGAS MAMÁ NEGRA

Der Mamá-Negra-Umzug („Schwarze Mutter") kombiniert katholische, präkolumbische und städtische Riten. Das Fest ist eines der größten im zentralen Hochland – Hunderte kostümierte Tänzer ziehen feiernd durch die Straßen.

Traditionell fand das Fest am 23. und 24. September sowie am 8. November statt, heute wird aber an den Wochenenden gefeiert, die diesen Terminen am nächsten liegen. Beim Fest im November gibt's auch einen Stierkampf, die Einheimischen erklären aber, dass die Festlichkeiten im September authentischer sind.

Am Anfang von allem steht die Statue der Virgen de las Mercedes, die Latacunga vor Vulkanausbrüchen beschützen soll. Weil sie glauben, dass es die Stadt mehrfach vor dem Zorn des Volcán Cotopaxi gerettet habe, setzen die Einheimischen viel Vertrauen auf das Madonnenbild – dabei übersehen sie geflissentlich, dass der Vulkan die Stadt tatsächlich dreimal zerstört hat.

Die Mamá Negra, dargestellt von einem als schwarze Frau kostümierten Einheimischen, soll erst später dazugekommen sein. Nach einer von mehreren Legenden, soll einmal ein Priester, der die Marienprozession ausrichtete, es an ausreichend Essen und Getränken habe fehlen lassen, woraufhin ihm in der Nacht eine schwarze Frau erschien, die ihn ob dieser Nachlässigkeit beschimpfte. Das Erlebnis erschreckte den Priester und die Einwohner der Stadt und deshalb fügten sie der Prozession eine neue Figur hinzu, die rittlings auf einem Pferd reitende Schwarze Mutter.

Die Figur ist vielleicht nicht politisch korrekt, aber Mamá Negra ist ein Event, das alle lieben. Niemand – und schon gar nicht ausländische Besucher – kann den *huacos* (Hexen) entkommen, die eine rituelle *limpieza* (Reinigung) durchführen, indem sie auf die Zuschauer Rauch blasen und *aguardiente* (Zuckerrohrschnaps) spritzen. Am eindrucksvollsten sind die *ashangueros*, die Männer, die *ashangas*, ganze gebratene und gehäutete Schweine, flankiert von Dutzenden von *cuy* (Meerschweinchen), Hühnern, Flaschen voll Schnaps und schachtelweise Zigaretten herumtragen. Die *ashangueros* machen ab und an Halt, um sich auszuruhen, während ihre Freunde sie mit noch mehr *aguardiente* traktieren.

Darsteller, die *yumbos* (indigene Einwohner aus dem Oriente), *loeros* (afrikanische Sklaven) und *camisonas* (Spanierinnen aus der Kolonialzeit) verkörpern, sind weitere wichtige Figuren in diesem grandiosen Straßentheater.

Mirador de la Virgen del Calvario AUSSICHTSPUNKT
(Floreana auf Höhe Oriente) An klaren Tagen hat man von diesem Aussichtspunkt östlich der Stadt einen schönen Blick auf mehrere ferne Vulkangipfel. Der Maldonado die Stufen hinauf folgen, links in die Oriente einbiegen und dieser Straße bis zur Marienstatue folgen.

Geführte Touren

In den letzten Jahren sind eine Reihe von Veranstaltern auf den Plan getreten, die Ausflüge zum Volcán Cotopaxi anbieten. Tagestouren kosten rund 40 US$ pro Person, wobei der Preis abhängig von der Größe der Gruppe variiert. Die Eintrittsgebühr in den Park (2 US$) muss aber zusätzlich bezahlt werden. Für zweitägige Bergsteigetouren zum Volcán Cotopaxi werden rund 170 US$ genommen (weitere Informationen zur Bergbesteigung stehen auf S. 133). Auch Ausflüge zur Laguna Quilotoa und zu anderen Bergen werden angeboten. Das Hostal Tiana ist ein guter Ort, um eine Gruppe für eine Tour zusammenzubekommen. Die folgenden Veranstalter sind alle von der ecuadorianischen Tourismusbehörde lizenziert.

Volcán Route Expeditions ABENTEUERTOUR
(☎281-2452; www.volcanroute.com; Guayaquil & Quevedo)

Tierra Zero Tours ABENTEUERTOUR
(☎09-779-9916; www.tierrazerotours.com; Guayaquil & Quevedo)

Tovar Expeditions ABENTEUERTOUR
(☎281-1333; www.tovarexpeditions.com; Orellana & Vivero)

Schlafen

Am Mittwoch füllen sich die Hotels schnell, da hier dann diejenigen übernachten, die am Donnerstagmorgen den Markt in Saqui-

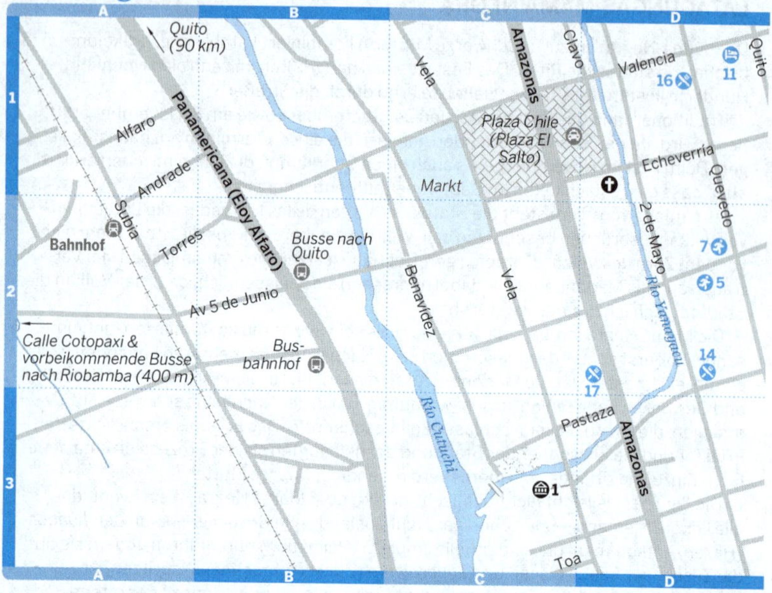

Latacunga

Sehenswertes

1 Casa de la Cultura C3
2 Casa de los Marqueses de Miraflores E1
3 Kathedrale E3
Molinos de Monserrat .... (siehe 1)
4 Rathaus E3

Aktivitäten, Kurse & Touren

5 Tierra Zero Tours D2
6 Tovar Expeditions E2
7 Volcán Route Expeditions D2

Schlafen

8 Hostal Tiana E2
9 Hotel Central E2
10 Hotel Cotopaxi E2
11 Hotel Makroz D1
12 Hotel Rodelu E2
13 Hotel Rosim E2

Essen

14 Chifa Dragon II D2
15 El Copihue Rojo E3
16 Pollos Jimmy D1
Restaurant Rodelu .... (siehe 12)
17 Brathähnchen-Restaurants D2

Ausgehen

18 Café Sausalito F2

silí besuchen wollen. Während der Fiesta de La Mamá Negra können sich die Übernachtungspreise verdoppeln.

Hostal Tiana HOSTEL $
(☎281-0147; www.hostaltiana.com; Vivero 1-31; B/EZ/DZ 12/25/30 US$, mit Gemeinschaftsbad 9/16/22 US$; @☎) Das Hostel verbreitet eine gute Stimmung und bietet auch sonst alles, was ein gutes Hostel mitbringen muss: einen coolen Gemeinschaftsbereich, in dem man entspannt miteinander reden kann, eine Küche, kostenloses Internet, einen Büchertausch, ein schrilles Wandbild, saubere Zimmer und Badezimmer, eine kostenlose Gepäckaufbewahrung, gute Infos und ein kostenloses Frühstück. Die koloniale Atmosphäre alter Schule wirkt cool, die alten Rohre lassen einen allerdings im Stich, wenn man eine warme Dusche braucht. Man spricht hier Niederländisch, Englisch und Spanisch.

Hotel Central HOTEL $
(☎280-2912; hotelcentralatacunga@hotmail.com; Orellana, nahe Salcedo; Zi. 12 US$/Pers.; ☎)

Das von einer Familie geführte Hotel teilt sich das Gebäude mit dem Hotel Cotopaxi, übertrifft letzteres aber an Dekor, kitschigen Details (z.B. Keramik-Aschenbecher der 1960er-Jahre) und – das Wichtigste – an Freundlichkeit.

Hotel Rodelu HOTEL **$$**
(☎280-0956, www.rodelu.com.ec; Quito 16-31; EZ/DZ 18/32 US$; 📶) Das bei Reisegruppen beliebte Hotel ist immer noch so bodenständig, dass auch unabhängige Traveller nicht links liegengelassen werden. Die Zimmer sind stark parfümiert und im Stil der Anden wie in einem Geschäftshotel eingerichtet.

Hotel Rosim HOTEL **$**
(☎280-0853; www.hotelrosim.com; Quito 16-49; Zi. 12 US$/Pers.; 📶) Diese Budgetunterkunft hat hohe Decken und originale Fußböden und legt großen Wert auf Sauberkeit. Alle Betten sind stabil und extra lang. Kabel-TV und WLAN sind im Preis inbegriffen – damit ist das Hotel die Topadresse für Budgettraveller, die Hostels lieber aus dem Weg gehen.

Hotel Makroz BUSINESSHOTEL **$$**
(☎09-503-4148; Valencia 8-56; EZ/DZ 35/50 US$; 📶) Das moderne und saubere Hotel, das qualitativ mit dem Rodelu nicht ganz mithalten kann, ist auf Geschäftsreisende ausgerichtet. Die geräumigen Zimmer bieten Kabel-TV, Kühlschrank, Föhn und nette, große Badezimmer.

Hotel Cotopaxi HOTEL **$**
(☎280-1310; Salcedo 5-61; Zi. 12 US$/Pers.; 📶) Das Cotopaxi bietet geräumige, komfortable Zimmer mit Fernseher. Einige Zimmer verfügen auch über richtig große Fenster und eine hübsche Aussicht auf die zentrale Plaza. In ihnen kann es allerdings etwas laut sein.

Essen & Ausgehen

Das klassische Gericht von Latacunga hat den zungenbrecherischen Namen *chugchucara* (wer schafft es, dieses Wort schnell 10-mal hintereinander fehlerfrei auszusprechen?) und ist eine herzhafte, schwere Angelegenheit. Es besteht aus *fritada* (gebratenem Schweinefleisch mit *mote*, d.h. Maismehl), *chicharrón* (knuspriger Schweinehaut), Kartoffeln, Kochbanane, *tostado* (geröstetem Mais), Popcorn und Käse-Empanada. Ein Teller reicht auch für zwei.

Das Gebiet von Latacunga ist außerdem berühmt für *allullas*, trockene Kekse aus Weizenmehl, Schweineschmalz und einem ortstypischen, unpasteurisierten Käse, sowie für *queso de hoja*, unpasteurisierten, in Bananenblätter gewickelten Käse. Die Spezialitäten bekommt man in der Quijano y Ordoñez, zwei Blocks südlich der Tarqui.

Viele *leñadores* (Holzöfen) braten preisgünstige Hähnchen auf der Amazonas zwischen der Salcedo und der Guayaquil.

El Copihue Rojo ECUADORIANISCH **$**
(Quito 14-38; Hauptgerichte 3–5 US$, Mittagsmenü 2 US$; ⌚Mo–Sa 12.30–15 & 18–21 Uhr) Wer ein Restaurant sucht, das die Einheimischen empfehlen, ist im Copihue Rojo richtig. Das tägliche *almuerzo* (Mittagsmenü) wird immer stark nachgefragt, und abends sind die Fleischgerichte und Suppen bei Familien beliebt.

Restaurant Rodelu ITALIENISCH **$$**
(Quito 16-31; Hauptgerichte 4–10 US$; ⌚Mo–Sa 7.15–21.30 Uhr) Im gleichnamigen Hotel serviert das Rodelu neben einem frühen Frühstück auch Pizza aus dem Holzofen mit mitteldicker Kruste sowie Sandwiches und Pasta.

Chugchucaras La Mamá Negra ECUADORIANISCH **$**
(Quijano y Ordoñez 1-67; Chugchucaras 5,90 US$; ⌚Di–So 10–19 Uhr; 👪) Es gibt mehrere

chugchucara-Restaurants an der Quijano y Ordoñez ein paar Blocks südlich vom Zentrum – alle sind familienfreundlich. Das La Mamá Negra ist eines der besten.

Pollos Jimmy LATEINAMERIKANISCH **$**
(Quevedo 8-85 nahe Valencia; Hauptgerichte 3,25–6 US$; ⌚10–22 Uhr) Hier gibt's köstliche Grillhähnchen mit Reis, Kartoffeln und Hühnersuppe. Der Laden hat aus gutem Grund viel zu tun.

Chifa Dragón II CHINESISCH **$**
(2 de Mayo & Salcedo; Hauptgerichte 4–6 US$; ⌚10–21 Uhr; 🖉) Wenn man von Hähnchen und *chugchucara* genug hat oder Vegetarier ist, hält man sich im „Drachen" an das gute gebratene Gemüse und die anderen typisch chinesischen Gerichte.

Café Sausalito KNEIPE
(Ecke Av Quijana de Ordoñez & Luis F. Vivero; ⌚8–22 Uhr) Ein ruhiges Lokal für einen Snack und ein Bier.

ℹ Praktische Informationen

Banco de Guayaquil (Maldonado 7-20) Bank mit Geldautomat.

Banco del Pichincha (Quito nahe Salcedo) Bank mit Geldautomat.

Discovery Net (☎280-6557; Salcedo 4-16 nahe Quevedo; 1 US$/Std.) Internetzugang und Telefonzellen.

Krankenhaus (Hermanas Páez nahe 2 de Mayo)

Post (Quevedo nahe Maldonado)

ℹ An- & Weiterreise

Bus

Die Busse aus Quito setzen einen am **Busbahnhof** (Panamericana) ab, wenn Latacunga der Endhaltepunkt ist. Busse, die nach Ambato oder Riobamba weiterfahren, halten an der Ecke 5 de Junio und Cotopaxi, rund fünf Blocks westlich der Panamericana und 10 Gehminuten von der Innenstadt entfernt.

Die Busse nach Quito (1,50 US$, 2 Std.) und Ambato (1 US$, 45 Min.) fahren am Busbahnhof oder an der Ecke 5 de Junio und Cotopaxi ab. Wer nach Riobamba möchte, nimmt am besten an der Ecke 5 de Junio und Cotopaxi einen vorbeifahrenden Bus, der Richtung Süden nach Cuenca fährt.

Die Busse nach Quito, die vom Busbahnhof aus abfahren, sind unglaublich langsam; schnellere Fernverkehrsbusse kann man aber an der Panamericana in der Nähe der 5 de Junio heranwinken.

Busse von Transportes Cotopaxi fahren stündlich nach Quevedo (3,75 US$, 5½ Std.) im westlichen Tiefland; diese Busfahrt gehört zu den spektakulärsten in der Region.

Informationen zu den Bussen, die zu den Dörfern am Quilotoa-Loop fahren, stehen auf S. 144.

Taxi

Auf der Plaza Chile (auch Plaza El Salto genannt) kann man Taxis und Pickups zur Fahrt zum Parque Nacional Cotopaxi (hin & zurück bis zum/vom Parkinneren 40 US$, einfache Strecke bis zum/vom Eingang Control Caspi 15 US$) anheuern. Nach Quito fahren auch Sammeltaxis (10 US$, 1 Std.).

Zug

Vom **Bahnhof** (☎1-800-873-637; www.ferrocarrilesdelecuador.gov.ec; Subia & Andrade; hin & zurück Erw./Kind 15/8 US$; ⌚Do–So) fahren Züge zum Bahnhof El Boliche beim Parque Nacional Cotopaxi. Abfahrt in Latacunga ist um 9 Uhr, die Rückfahrt um 12.30 Uhr.

Der Quilotoa-Loop

☎03

Der Quilotoa-Loop ist eine von Schlaglöchern übersäte, ringförmige Straße, die von der Panamericana ausgehend weit ins Hinterland der Provinz Cotopaxi führt. Entlang der Straße finden sich bunte indigene Märkte, ein kristallblauer See, von dem die Einheimischen glauben, er sei unergründlich tief, eine Malergemeinde, die die Legenden der Anden bewahrt, und uralte Wege, die im Schatten schneebedeckter Berge kreuz und quer durchs Gelände führen. In der abgelegenen Gegend, durch die der Loop führt, kommt man in Kontakt zu vielen, Kichwa sprechenden indigenen Bewohnern und kann etwas über ihre jahrhundertealte Lebensweise erfahren.

Mehrere Dörfer bieten Unterkünfte, und die meisten Traveller fahren mit dem Bus von einem Ort zum nächsten, chartern einen Truck oder ziehen einfach zu Fuß los. Die Wandermöglichkeiten sind fantastisch. Man bekommt günstig Führer (sie zu engagieren, fördert die regionale Wirtschaft), trotzdem haben viele *hostales* (kleine, preisgünstige Hotels) und Gasthöfe aber auch Karten für Wanderer, die sich alleine auf den Weg machen wollen.

Die Verkehrsverbindungen sind spärlich; bei begrenzter Zeit muss man also etwas Planung betreiben. Wer auf der Rundstrecke unterwegs ist, tut gut daran, Regenkleidung, Wasser und viel Verpflegung für lange Wanderungen oder Wartezeiten dabei

Quilotoa-Loop

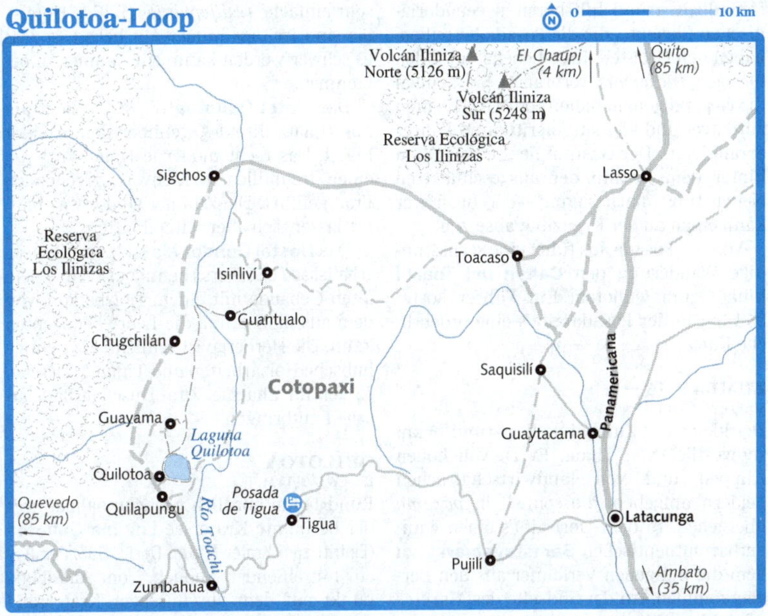

zu haben. Zwei Tage sollte man dem Loop gönnen, es können aber leicht auch ein paar mehr sein. Viele Wanderer berichten, dass sie unterwegs Probleme mit Hunden bekamen. Falls die Tiere angreifen, sollte man nicht wegrennen, sondern seinen Platz behaupten, Steine aufnehmen und den Anschein erwecken, damit werfen zu wollen.

Der Loop wird in diesem Abschnitt entgegen dem Uhrzeigersinn beschrieben, von Latacunga längs der südlichen Route über Zumbahua, man kann aber auch in der anderen Richtung losziehen.

Kein Bus fährt die gesamte Strecke des Loop. Von Latacunga aus fahren Busse nur bis Chugchilán und zwar entweder die südliche Route über Zumbahua und Quilotoa oder die nördliche über Saquisilí und Sigchos. Tigua wird von fahrplanmäßigen Bussen bedient, die zwischen Latacunga und Quevedo unterwegs sind. Wagemutige können auch in einen *lechero* (Milchwagen) einsteigen oder sogar auf dem Dach des Busses mitfahren (sie fahren sehr langsam). Wer schneller reisen will, chartert ein Taxi in Latacunga (ab ca. 60 US$).

TIGUA

3000 EW. / 3500 M

Der erste Abschnitt des Quilotoa-Loop führt von Latacunga über eine komfortable asphaltierte Straße in die goldenen Felder des andinen Hochlands. An klaren Tagen kann der Blick bis zum Cotopaxi, zum Rumiñahui und zu den beiden Gipfeln des Iliniza reichen.

In der Nähe von Kilometer 49 der Straße Latacunga–Zumbahua befindet sich eine ausgeschilderte Abzweigung nach Tigua, einer Gemeinde von Bauern und Malern (aber kein Dorf im eigentlichen Sinne), die bekannt sind für ihre farbenfrohen Schilderungen des andinen Lebens. Zurück auf der Hauptstraße findet man bei Kilometer 53 die ausgezeichnete **Galería Tigua-Chimbacucho** und drei weitere Kunstgalerien, die Malereien und Holzmasken zu günstigeren Preisen als in Quito verkaufen. Falls eine Galerie (wie meistens) geschlossen sein sollte, schaut man sich einfach etwas um und fragt nach jemandem, der sie aufschließt (was dann auch bereitwillig geschieht).

La Posada de Tigua (☎281-4870, 09-161-2391; posadadetigua@yahoo.com; Vía Latacunga–Zumbahua Km 49; B/Zi. mit Frühstück & Abendessen 25/35 US$ pro Pers.) ist Teil einer Milchfarm. Das Bauernhaus stammt aus den 1890er-Jahren und ist heute ein rustikaler und anheimelnder Gasthof. Die Zimmer haben meterdicke Wände und moderne Badezimmer. Bei den Mahlzeiten gibt's Käse und Joghurt frisch von der Farm. Die freundlichen und hilfsbereiten ecuadorianischen Eheleute, die die Posada betreiben, haben den Großteil ihres Lebens unter den hiesigen *indígenas* verbracht. Sie kennen die Gegend genau, haben tolle Geschichten auf Lager und können Ausritte und Führer arrangieren. Der Gasthof liegt etwa 500 m hinter dem Beginn der ausgeschilderten Nebenstraße nach Tigua – der Busfahrer kann einen an der Kreuzung absetzen.

Von der Posada aus führt eine sechsstündige Wanderung den **Cañon del Toachi** hinauf zum Quilotoa. Ein Führer kostet 35 US$; in der Posada gibt's eine ordentliche Karte.

ZUMBAHUA

3000 EW. / 3800 M

Der kleine Ort Zumbahua liegt rund 15 km südwestlich von Tigua. Er ist von hohen Klippen und von landwirtschaftlichen Feldern umgeben, die schnell in *páramo* übergehen. In dem Dorf gibt's einen wunderbar authentischen **Samstagsmarkt**, zu dem die indigenen Verkäufer aus den Bergen kommen. An der Südseite des Marktes schneidern Männer mithilfe alter Singer-Nähmaschinen Kleidungsstücke. Ein lustiger Anblick ist der Handel mit den knuddeligen *cuy* (Meerschweinchen).

Rund um die Hauptplaza und in den Seitenstraßen befinden sich ein paar kleine, sehr einfache *residenciales* (billige Hotels). Sie sind freitags immer gut belegt, sodass es schwer werden kann, ein Zimmer zu bekommen.

Das **Hotel Quilotoa** (Zi. 8 US$) liegt am Marktplatz direkt gegenüber dem Condor Matzi. Das recht moderne Haus wird von einer freundlichen Kichwa sprechenden Frau geführt. Die Zimmer sind etwas muffig, lassen sich aber schnell lüften.

Das **Hostal Condor Matzi** (Zi. mit Gemeinschaftsbad 7 US$/Pers.) befindet sich in einem alten Gebäude mit einem Holzbalkon, von dem aus man prima die Leute beobachten kann. Die Herberge ist schlicht, aber einige hübsche Holzarbeiten und Tigua-Malereien sorgen für Charme. Zum Duschen Badelatschen mitbringen.

QUILOTOA

150 EW. / 3914 M

Rund 14 km nördlich von Zumbahua, liegt der berühmte Kratersee **Laguna Quilotoa** (Eintritt zum Krater & zum Dorf 2 US$/Pers.) – ein hinreißender Anblick. Vom Aussichtspunkt auf dem abschüssigen Kraterrand schaut man hinunter in den 400 m weiter unten liegenden, grünlich spiegelnden See und sieht gleichzeitig in der Ferne die schneebedeckten Gipfel des Cotopaxi und des Iliniza Sur. Fragt man die Einheimischen, wie tief der See sei, erklären sie, er

NICHT VERSÄUMEN

TIGUA-MALEREI

Eine der heimischen Kunstformen Ecuadors sind die (bei Sammlern durchaus begehrten) Tigua-Malereien, die ihren Ursprung nahe dem Ufer der Laguna Quilotoa haben. Der Name stammt von der kleinen Gemeinde Tigua, in der indigene Künstler seit vielen Generationen Trommelbespannungen bemalten. In den 1970er-Jahren kam der aus der Gegend stammende junge indigene Künstler Julio Toaquiza auf die Idee, die Häute durch Leinwände zu ersetzen und diese im gleichen Stil mit farbenfrohen Szenen aus Kichwa-Legenden zu bemalen. Der Künstler, der seine Tage mit dem Anbau von Kartoffeln und dem Hüten von Lamas verbrachte, malte diese Legenden vor der Kulisse der wunderschönen Andenlandschaft, in der er lebte. Er malte den Kondor, der um ein junges Mädchen wirbt und in einem roten Poncho über die Berge fliegt. Er malte die „bodenlose" Laguna Quilotoa mit Geistern, die über dem Wasser schweben, und den Volcán Cotopaxi, der für die indigenen Menschen im Hochland ein heiliger Ort ist und den sie „Taita" (Vater) nennen.

Ursprünglich arbeitete Toaquiza mit Emailfarbe und Pinseln aus Hühnerfedern. Er brachte seinen Kindern und Nachbarn das Malen bei. Schnell wurden auch neue Themen aufgegriffen, z. B. katholische Prozessionen, das Innere von lokalen Häusern und sogar wichtige politische Ereignisse. Heute wird mit Acryl- oder Ölfarben gemalt.

Toaquizas Kunst hat Tigua berühmt gemacht. Heute arbeiten mehr als 300 Maler im Hochland, rund 20 Ateliers gibt's allein in Tigua selbst. Die Werke sind in den Gemeindegalerien in Tigua, in ausgewählten Galerien in Quito und bei Ausstellungen in aller Welt zu bewundern.

hätte keinen Grund, was wegen seiner eindrucksvollen Tiefe (250 m, sagen Geologen) auch gar nicht erstaunlich ist.

Trainierte Wanderer bewältigen den Rundweg auf dem Kraterrand in etwa sechs Stunden. Ein anderer Weg führt hinunter zum Ufer, wo Kanus und Kajaks vermietet werden (5 US$/Std.). Der Abstieg zum See dauert ungefähr eine halbe Stunde, aber hinauf mehr als doppelt so lang (man kann für den Rückweg auch einen Esel nehmen; das kostet 5 US$/Std.). Das alkalische Wasser des Sees ist nicht trinkbar.

Dutzende ausgezeichneter Tigua-Maler leben in Quilotoa; um Orte zu finden, wo man ein Bild kaufen kann, muss man nur die Augen offen halten.

Schlafen & Essen

Princesa Toa II HOSTEL $
(Zi. mit Gemeinschaftsbad & 2 Mahlzeiten 15 US$/Pers.) Die einzige Unterkunft am See ist diese von der Gemeinde betriebene Anlage mit schilfgedeckten Hütten und Gemeinschaftstoiletten draußen. Für die kalten Nächte einen Schlafsack mitbringen.

Hostería Alpaca Quilotoa HOSTERIA $
(☎09-212-5962; www.alpacaquilatoa.com; Zi. 10 US$; @) Die rund 200 m hinter dem Eingang von Quilotoa in Richtung auf den See stehende neue, gehobene Option bietet eine großartige Aussicht, ruhige Zimmer mit Holzöfen und einen großen Restaurantbereich. Wenn man 10 US$ pro Tag mehr bezahlt, bekommt man täglich zwei warme Mahlzeiten.

Kirutwa ECUADORIANISCH $
(☎in Quito 02-267-0926; Hauptgerichte 3–8 US$; ⌚8–17 Uhr) Ein großes, neues und vergleichsweise schickes Restaurant direkt oben auf dem Kraterrand. Das Kirutwa bietet klassische Gerichte wie *locro de papas* und *choclo con queso*. Das Restaurant wird von einer Stiftung geführt; ein großer Teil der Einnahmen fließt an die hiesige Gemeinde zurück. Ausflüge zu einer nahegelegenen Höhle (20 US$) und am Krater (20 US$) werden ebenfalls angeboten.

CHUGCHILÁN

100 EW. / 3200 M

Die unbefestigte Straße führt auf 22 km durch atemberaubende Landschaft nach Chugchilán, einem winzigen Dorf in den Anden, das durch den Ökotourismus zwar viel wohlhabender geworden ist, aber seine althergebrachte Lebensweise bewahrt hat. Von dort kann man zu nahegelegenen Dörfern wandern, eine von einer Kooperative betriebene Käserei besuchen (s. Kasten S. 164) oder zu Pferd in den umliegenden Nebelwald ausreiten. Zwei ausgezeichnete Unterkünfte am Nordrand des Dorfs arrangieren preisgünstige Ausritte, geben Tipps zum Wandern in der Gegend und können bei der Beschaffung privater Transportmöglichkeiten für die An- und Abreise zum/vom Loop helfen.

Hostal Cloud Forest (☎270-8181; josecloudforest@gmail.com; Zi. mit Frühstück & Abendessen 12 US$/Pers.; @) Die preiswerteste und schlichteste Unterkunft in Chugchilán bietet mit Holzelementen akzentuierte Zimmer und saubere Badezimmer. Die netten ecuadorianischen Betreiber servieren schmackhafte Mahlzeiten, und die Gäste können sich in dem mit einem Kamin beheizten Gemeinschaftsbereich entspannen.

Hostal Mama Hilda (☎270-8005; www.mamahilda.com; Zi. mit Frühstück & Abendessen 23 US$/Pers.;) Die gemütliche Unterkunft lohnt den deutlich höheren Preis. Die Zimmer haben Backsteinwände, Lofts und makellos saubere Badezimmer. Man kann den ganzen Nachmittag gemütlich in einer Hängematte auf der privaten Veranda zubringen.

SIGCHOS

2259 EW. / 2800 M

Von Chugchilán sind es 23 schlammige, schlaglochreiche Kilometer bis zu der wachsenden Ortschaft Sigchos. Hier wird man allerdings nur einen Stopp einlegen, wenn man auf einen Bus wartet oder wenn man von Chugchilán oder Isinliví aus wandert, denn ansonsten ist hier nicht viel zu sehen und zu tun.

Falls man hier hängen bleibt, findet man im **Hostal San Miguel** (☎271-4193; Ecke Amazonas & Juan Sagastivoelsa; Zi. 5 US$/Pers.) saubere Zimmer mit gefliesten Böden.

ISINLIVÍ

3310 EW. / 2900 M

Das rund 14 km südöstlich von Sigchos und gleich abseits des Quilotoa-Loop gelegene schöne Dorf Isinliví ist ein lohnendes Wanderziel von Sigchos oder Chugchilán aus. Eine kunsthandwerkliche Schreinerwerkstatt fertigt hochwertige Möbel, und die Einheimischen können einem den Weg zu nahegelegenen *pucarás* (Hügelfestungen aus der Zeit vor den Inkas) zeigen.

VERKEHRSMITTEL AUF DEM QUILOTOA-LOOP

Plätze im Bus sind auf dem Quilotoa-Loop knapp. Zur Abfahrt sollte man sich eine halbe bis eine ganze Stunde vorher einfinden und darauf eingestellt sein, dass der Bus sich verspätet. In der Regenzeit kann sich die Fahrzeit erhöhen.

Latacunga–Chugchilán (über Zumbahua; 2,50 US$, 3–4 Std.)

Ein Bus von Transportes Iliniza über Zumbahua fährt täglich um 12 Uhr ab. Er passiert Zumbahua gegen 13.30 Uhr, erreicht Quilotoa gegen 14 Uhr und kommt schließlich gegen 15.30 Uhr in Chugchilán an.

Chugchilán–Latacunga (über Zumbahua; 2,50 US$, 3–4 Std.)

Die Busse über Zumbahua verlassen Chugchilán werktags gegen 4 Uhr, fahren gegen 5 Uhr durch Quilotoa, gegen 5.30 Uhr durch Zumbahua und kommen gegen 7.30 Uhr in Latacunga an. Samstags fährt der Bus um 3 Uhr, sonntags um 6, 9 und 10 Uhr.

Latacunga–Chugchilán (über Sigchos; 2,50 US$, 3–4 Std.)

Die Busse von Transportes Iliniza über Sigchos starten täglich um 10.30, 11.30 und 13 Uhr und fahren gegen 14 Uhr durch Sigchos.

Chugchilán–Latacunga (über Sigchos; 2,50 US$, 3–4 Std.)

Die Busse starten montags bis samstags um 3 Uhr, fahren gegen 4 Uhr in Sigchos und gegen 7 Uhr durch Saquisilí und erreichen Latacunga gegen 7.30 Uhr. Am Sonntag fährt der Bus um 4 und um 12 Uhr, man muss aber in Sigchos umsteigen. Die Rückfahrt ist auch über Zumbahua möglich (s. oben).

Latacunga–Zumbahua (1.50 US$, 1½–2 Std.)

Busse von Transportes Cotopaxi nach Quevedo fahren stündlich am Busbahnhof von Latacunga ab. Sie setzen Fahrgäste direkt oberhalb von Zumbahua ab.

Zumbahua–Latacunga (1.50 US$, 1½–2 Std.)

Die Busse von Transportes Cotopaxi von Quevedo nach Latacunga fahren genauso häufig wie in die Gegenrichtung.

Zumbahua–Quilotoa (30 Min.)

Für diese Strecke kann man Trucks mieten (5–7 US$/Pers.). Der Bus Latacunga–Chugchilán kommt gegen 13.30 Uhr durch Zumbahua (1 US$).

Quilotoa–Zumbahua (30 Min.)

Wenn man den Bus um 4 Uhr nach Latacunga (0,50 US$/Pers.) nicht nehmen will, muss man für die Fahrt nach Zumbahua einen Truck mieten (5 US$/Pers.). Am Sonntag

Eine beliebte Tageswanderung führt zum montags stattfindenden Morgenmarkt im nahegelegenen Guantualo. Dort fährt um 13.30 Uhr ein Bus über Sigchos nach Latacunga (3,50 US$, 3½ Std.).

Schlafen

LP TIPP **Llullu Llama** PENSION $
(Kleines Llama; ☎281-4790; www.llullullama.com; B/Zi. mit Frühstück & Abendessen ab 18/21 US$/Pers.) Das „Kleine Lama" ist ein bezauberndes altes Bauernhaus, das mit dicken Lehmziegelwänden, farbenfrohen, komfortablen Zimmern und einem Holzofen ausgestattet ist. Geboten werden hier gute Stimmung, freundliche Gastgeber und eine tolle Umgebung. Außerdem kann man sich im Llullu Llama nach Freiwilligenjobs erkundigen.

An- & Weiterreise

Busse von Vivero fahren täglich (außer Sa & Do) vom Busbahnhof in Latacunga nach Isinliví (3 US$, 3 Std.). Samstags fährt der Bus um 11 Uhr, donnerstags startet ein Bus um 11 Uhr in Saquisilí.

SAQUISILÍ

9296 EW. / 2940 M

Der **Morgenmarkt** am Donnerstag ist einer der besten im zentralen Hochland. Jede Woche drängen sich die Reisebusse, die Besucher herbringen. Trotzdem ist der Markt weitgehend authentisch, und es ist faszinie-

fährt der Bus Richtung Latacunga in Chugchilán um 6, 9 und 10 Uhr ab und erreicht Quilotoa um 7, 10 bzw. 11 Uhr.

Quilotoa–Chugchilán (1 Std.)

Man nimmt den Bus Latacunga–Chugchilán, der zwischen 14 und 14.30 Uhr fährt (1 US$) oder mietet einen Truck (ca. 25 US$).

Chugchilán–Quilotoa (1 Std.)

Wenn man nicht schon um 4 Uhr losfahren will (mit dem Bus nach Latacunga; 1 US$), muss man für die Fahrt nach Quilotoa einen Truck mieten (20–25 US$). Zusätzlich gibt es mittwochs einen Bus um 5 Uhr, freitags um 6 Uhr und sonntags Busse um 6, 9 und 10 Uhr (1 US$).

Chugchilán–Sigchos (1 US$, 1 Std.)

Täglich fährt zwischen 8 und 9 Uhr ein Milchlaster in Chugchilán ab (25 US$), sodass man die frühe Abfahrt mit dem Bus Chugchilán–Latacunga um 3 Uhr vermeiden kann. Zwei weitere Busse fahren donnerstags und samstags am Nachmittag. Sonntags fahren die Busse um 4, 5 und 12 Uhr.

Sigchos–Chugchilán (1 US$, 1 Std.)

Der Bus von Transportes Iliniza aus Latacunga hält gegen 14 Uhr in Sigchos, der Milchlaster (1 US$) fährt täglich gegen 7 Uhr aus Sigchos ab.

Sigchos–Latacunga (1,80 US$, 2 Std.)

Busse fahren täglich um 3, 4, 5, 6, 7, 14.30 und 16.30 Uhr neben der Kirche ab. Mittwochs, freitags, samstags und sonntags fahren am Nachmittag zusätzliche Busse. Die Busse halten unterwegs in Saquisilí.

Latacunga–Sigchos (1,80 US$, 2 Std.)

Busse von Transportes Nacional Saquisilí fahren täglich um 9.30, 10, 12, 14, 16, 17 und 18 Uhr vom Busbahnhof in Latacunga ab.

Saquisilí–Latacunga (0,35 US$, 20 Min.)

Die Busse fahren alle 10 Minuten an der Plaza Concordia in Saquisilí los.

Latacunga–Saquisilí (0,35 US$, 20 Min.)

Die Busse fahren alle 10 Minuten vom Busbahnhof in Latacunga ab.

rend, die Menge an Gütern zu sehen, die das Leben im Hochland bestimmen. Der Markt umfasst acht Plazas und erinnert an ein gut besuchtes Warenhaus unter freiem Himmel mit überwiegend indigener Kundschaft; da gibt's Abteilungen für *cuy*, für *esteras* (Strohmatten), *angarillas* (Sättel für Esel), *sastrería* (Schneiderarbeiten), *ollas* (Töpfe) und Hunderte oder gar Tausende andere Dinge.

Besonders interessant ist dabei der **Viehmarkt**, in dessen Kakophonie grunzende und quiekende Schweine die tragende Rolle spielen. Der Viehmarkt beginnt noch vor der Morgendämmerung und liegt am Rand des Marktplatzes – einfach den Leuten mit Tieren folgen.

Kein Restaurant sorgt hier für Reisende, aber es gibt auf dem Markt und in den Seitenstraßen keinen Mangel an Verpflegung. Nördlich vom Friedhof, in der Calle Chimborazo, vermietet die **Hostería Gilocarmelo** (☎272-1634; www.hosteriagilocarmelo.com; Zi. 20 US$/Pers.; 📶🏊) hübsche Zimmer rund um einen Garten, in dem Kolibris schwirren. In der Hostería gibt es einen Gemeinschaftsraum mit einem Kamin, eine Sauna und zum Abendessen bekommt man frische Forellen. Weiterhin findet man hier einen großen Pool-Komplex und einen trübsinnigen Zoo (4 US$) mit einem Straußenpärchen. Wer eine bemerkenswert unsicher aussehende Seilrutsche entlangsausen will, muss weitere 1,50 US$ berappen.

Die meisten Traveller, die hierher kommen, übernachten in Latacunga und nehmen dort einen der Busse, die ab der Morgendämmerung fahren (0,35 US$, 20 Min.).

Ambato

☎03 / 217 075 EW. / 2577 M

Auch wenn nur wenigen Travellern ein Aufenthalt in Ambato während ihrer Reise als unverzichtbar erscheint, ist die Stadt nicht ohne Reiz. Die zentrale Plaza vermittelt ein authentisches Bild vom Großstadtleben in den Anden. Oberhalb der Stadt hat man einen wunderbaren Blick auf den rauchenden Volcán Tungurahua (5016 m), und Ambatos Parks und *quintas* (historische Landsitze, die zu Parks umgewandelt wurden) bieten einige Erholung vom Gewimmel der Innenstadt.

Der **Montagsmarkt** füllt Ambatos zentrale Straßen und Plazas. Da die Stadt ein größerer Umschlagsplatz des Blumenhandels ist, ertrinkt man hier manchmal geradezu in Rosen, Nelken und tropischen Blumen, die von der Küste hierhergebracht werden.

Die Stadt ist stolz auf ihr kulturelles Erbe und bezeichnet sich selbst scherzhaft als *Tierra de los tres Juanes* (Land der drei Juans), was sich auf die Schriftsteller Juan Montalvo und Juan León Mera sowie den Rechtsanwalt und Journalisten Juan Benigno Malo bezieht. Allen drei Juans wurden in den Parks, Museen und Gebäuden von Ambato Denkmäler gesetzt.

Im Jahr 1947 wurde Ambato, die Hauptstadt der Provinz Tungurahua, durch ein Erdbeben zerstört und anschließend als moderne Stadt wiederaufgebaut.

Sehenswertes & Aktivitäten

Quinta Atocha de Juan León Mera PARK
(☎282-0419; Av Los Capulíes; Eintritt 1 US$; ⊙Mi–So 9–16.30 Uhr) Mehrere berühmte *ambateños* (Menschen aus Ambato) hatten *quintas*, die das Erdbeben überstanden. Früher waren das wahrscheinlich wirklich Villen auf dem Land, aber heute liegen sie am Rand der wachsenden Stadt. Die **Quinta de Juan León Mera** – an den Ufern des Río Ambato in der Vorstadt Atocha rund 2 km nordöstlich der Innenstadt – ist die schönste Hazienda in der Gegend und beherbergt heute ein Museum und einen botanischen Garten. Das 1874 errichtete Herrenhaus ist mit Möbeln aus seiner Entstehungszeit ausgestattet und liegt mitten im **Jardín Botánico La Liria**, einem üppigen Park mit mehr als 200 Pflanzenspezies und einem Weg hinunter zum Fluss. Gleich nördlich des La Liria befindet sich das **Mu-**

Ambato

seo **Histórico Martínez-Holguim**, eine weitere historische *quinta*, die früher einmal einem berühmten Bergsteiger gehörte. Um den Komplex zu Fuß zu erreichen, die Montalvo Richtung Nordwesten gehen, den Fluss überqueren und rechts in die Capulíes einbiegen. Busse nach Atocha fahren von der 12 de Noviembre und der Espejo. Die Taxifahrt aus der Innenstadt zu den *quintas* kostet 2 US$.

Quinta de Juan Montalvo MUSEUM
(Eintritt 1 US$; ⌚Mi–So 9–16.30 Uhr) Diese 200 Jahre alte Villa war der Wohnsitz von Juan Montalvo, dem „Cervantes Amerikas". Es gibt ein winziges, aber gut aufgemachtes Museum über den Schriftsteller – sein Haus ist nun mal nicht allzu groß –, und auch die hübsche Parkanlage lohnt einen Blick. Her kommt man zu Fuß über die Avenida Miraflores in südwestlicher Richtung (rund 30 Min.). Man kann auch den Bus mit der Aufschrift „Ficoa" vom Parque Cevallos aus nehmen. Die Taxifahrt aus der Innenstadt kostet 2 US$.

Paseo Ecológico PARK
Wer einen Nachmittag am Río Ambato verbringen will, geht die Flor hinunter bis zu diesem Naturpfad, der am Fluss entlang bis ins Viertel Miraflores führt. Der Weg setzt sich noch gut 2 km weiter fort.

Ambato

Highlights
Kathedrale ... B2

Sehenswertes
1 Casa y Mausoleo de Montalvo ... B2
2 Museo de Ciencias Naturales ... C2

Schlafen
3 Gran Hotel ... C1
4 Hotel Ambato ... A2
5 Hotel Roka Plaza ... A2

Essen
6 Chifa Nueva Hong Kong ... C2
7 Delicias del Paso ... B3
8 El Alamo Chalet ... B3
9 La Casa de Bottero ... B3
10 Mercado Central ... C2
11 Pizzería Fornace ... B3
Restaurant Roka Plaza ... (siehe 5)

Ausgehen
12 Los Vinitos ... A2
13 Vinitos II ... A2

Unterhaltung
14 Link Club ... B2

Casa y Mausoleo de Montalvo MUSEUM
(☎282-4248; Eintritt 0,50 US$; ⌚Mo–Sa 9–12 & 14–18 Uhr) Die nordwestliche Seite des schönen **Parque Juan Montalvo** nimmt dieses Museum ein, Montalvos Wohnstätte, wo er auch begraben ist. Zum Zeitpunkt der Recherche war das Museum wegen Renovierungsarbeiten geschlossen.

Monumento a la Primera Imprenta AUSSICHTSPUNKT
Von diesem Denkmal für Ecuadors erste Druckerpresse hat man den besten Blick auf den Volcán Tungurahua in Ambato. Das Denkmal befindet sich auf dem Hügel nordwestlich der Stadt. Die Taxifahrt hinauf auf den Hügel sollte nicht mehr als 2 US$ kosten, zurück kann man hinunter zur Bushaltestelle laufen und von dort wieder in die Innenstadt fahren.

Museo de Ciencias Naturales MUSEUM
(☎282-7395; Sucre & Lalama; Eintritt 1 US$; ⌚Mo–Fr 8.30–12.30 & 14.30–17.30, Sa 9–17 Uhr) Das Naturkundemuseum im Colegio Bolívar ist zwar etwas staubig, beherbergt aber die umfassendste Sammlung ausgestopfter Vögel, Säugetiere und Reptilien in Ecuador. Die historische Fotocollage und die grauslige Ausstellung von Missgeburten wie zweiköpfigen Kälbern oder sechsbeinigen Schafen ist ein „Spaß" für die ganze Familie.

Feste & Events

Die jährlich in den letzten beiden Februarwochen stattfindende **Fiesta de Frutas y Flores** (Obst- und Blumenfest) präsentiert eine prächtige Ausstellung von – wie überraschend – Obst und Blumen. Dazu gibt's Stierkämpfe, Umzüge und den Festwagen der *Reina de Ambato* (Festkönigin).

Schlafen

In mehreren billigen Herbergen nahe dem Parque 12 de Noviembre kann man für rund 5 US$ übernachten. Da es in diesen Hotels schon zu Fällen von räuberischem Diebstahl gekommen ist, stellen wir sie hier nicht vor.

LP TIPP **Hotel Roka Plaza** BOUTIQUEHOTEL $$
(☎242-3845; www.hotelrokaplaza.com; Bolívar zw. Quito & Guayaquil; EZ/DZ/3BZ mit Frühstück 47/74/94 US$; P 📶) Das in einer alten *casona* (großes Haus aus der Kolonialzeit) residierende, geschmackvolle Bou-

tiquehotel hat die schönsten Zimmer im Zentrum. Das es insgesamt nur sieben sind, muss man weit im Voraus reservieren. Moderne Elemente sind nahtlos mit kolonialzeitlichen wie antiken Möbeln vermischt, darunter sind echte Kunstwerke.

Hotel Ambato BUSINESSHOTEL $$
(☎242-1791/92; www.hotelambato.com; Guayaquil 01-08; EZ/DZ mit Frühstück 52/74 US$;) Von dem in einen Hügel über dem Río Ambato hineingebauten, zentral gelegenen, modernen Geschäftshotel hat man einen guten Blick auf die Kathedrale und den Fluss. Nach dem Roka ist es zweifellos die beste Option. Die Zimmer sind geräumig und gut ausgeleuchtet, und das ganze Haus ist schön ruhig.

Gran Hotel HOTEL $
(☎282-4235; Ecke Rocafuerte & Lalama; EZ/DZ 12/24 US$;) Das Gran ist definitiv nicht mehr so prächtig, aber die mit Teppichen ausgelegten Zimmer haben TV und das Personal ist hilfsbereit und nett, sodass das Haus die beste Wahl im Budgetbereich ist. Nur die Kissen sollten nicht so klumpig sein.

Essen

Restaurant Roka Plaza FUSION $$
(Bolívar zw. Quito & Guayaquil; Hauptgerichte 4–10 US$) Im zentralen Innenhof des Roka Plaza serviert dieses wunderbare Restaurant Fleisch vom Grill, hervorragende Fruchtsäfte, international beliebte Gerichte und Innovationen wie ein leckeres, vegetarisches Ceviche. Das Essen wird hier besser angerichtet als irgendwo sonst im zentralen Hochland, und auch das Ambiente ist exquisit.

La Casa de Bottero ARGENTINISCH $$
(Ecke Quito & Sucre; Hauptgerichte 6–18 US$; Di–Sa 12–22, So 12–14 Uhr) Die Spezialität dieses authentisch argentinischen Restaurants sind *parrilladas* (Fleisch vom Grill), aber auch die Pasta und die Pizzas sind sehr gut. Während man auf die Bilder von Diego Maradonas „Hand Gottes" genauso gut verzichten könnte wie auf die flackernden Fernsehschirme, sind der Service eingängig und die *chimichurri* so gut wie nur möglich. Und so liefert sich dieses Lokal mit dem Roka ein Rennen um den Rang des besten Restaurants der Stadt.

Mercado Central MARKT $
(12 de Noviembre; Hauptgerichte 1,50 US$; 7–19 Uhr) Im zweiten Stock von Ambatos Markthalle gibt's besonders gute *llapingachos* (gebratene Pfannkuchen aus Kartoffelbrei mit Käse). Die älteren Damen servieren sie für 1,50 US$ mit Eiern, Avocadoscheiben und Würstchen (Vegetarier können sie auch ohne letztere bekommen). Die jungen Mädchen nebenan mixen köstliche Obstsäfte mit Wasser aus abgefüllten Flaschen (1 US$).

Pizzería Fornace PIZZA $$
(Cevallos 17-28; Pizzen 4–5 US$, Hauptgerichte 8–10 US$; 12–22 Uhr) In einem mit Holz befeuerten Backsteinofen werden die dünnkrustigen, mit frischen Zutaten belegten Pizzas gebacken, die wohl die besten in der Stadt sind. Die Einheimischen finden die Fleischgerichte hier ebenfalls gut.

Delicias del Paso BÄCKEREI $
(Ecke Sucre & Quito; Gebäck 1–2 US$; 10–18 Uhr) Die leckeren Quiches und Kuchen liegen in dieser Cafeteria vorn im Tresen. Man

EIN LOBLIED AUF DIE NATUR IN AMBATOS MODERNER KATHEDRALE

Ambato besaß früher einmal eine alte Kathedrale, aber die wurde wie die ganze Stadt durch das Erdbeben von 1947 zerstört. Viele Leute betrachten den Ersatzbau am Parque Juan Montalvo mit seinen minimalistischen vertikalen Linien als langweilig modern, verglichen mit Ecuadors alten, aufwändig geschmückten Kirchen, und irgendwie kann dieser Neubau gegenüber den gletscherbedeckten Gipfeln und aktiven Vulkanen in der Umgebung der Stadt nicht so richtig bestehen. Immerhin verdient das Innere seit Neuestem Interesse und Aufmerksamkeit: 2007 wurde die Kirche durch einen jungen Landschaftsmaler aus der Stadt namens David Moscoso umgestaltet. Dieser verzichtete auf die üblichen religiösen Motive und drückte seine Religiosität stattdessen in kühnen Darstellungen der ecuadorianischen Naturschönheit aus. Seine mehr als 500 m umfassenden Wandmalereien stellen die „Allee der Vulkane", mit dem rauchenden Tungurahua, dem wolkenverhangenen Llanganates und dem eisbedeckten Chimborazo dar.

BUSSE VOM HAUPTBUSBAHNHOF IN AMBATO

ZIEL	PREIS (US$)	DAUER (STD.)
Cuenca	8	7
Esmeraldas	7,50	8
Guayaquil	7	6
Ibarra	5	5
Lago Agrio	10	11
Latacunga	1	¾
Loja	9–11	11
Machala	7	8
Manta	8	10
Puyo	2,50	3
Quito	2,50	2½
Riobamba	1,25	1
Santo Domingo	4	4
Tena	5	6

kann die Sachen gleich draußen bestellen und mitnehmen.

El Alamo Chalet ECUADORIANISCH $$
(Cevallos 17-19; Hauptgerichte 4–8 US$; ⌚8–22 Uhr) Das leicht an seiner an ein Chalet erinnernden Holzfassade erkennbare El Alamo serviert gutes Essen von der Art, wie man es in einem Diner bekommt: Fleisch- und Hähnchengerichte, *llapingachos,* ein herzhaftes *desayuno montubiano* (Frühstück aus der Provinz Manabi mit Fisch, Eiern, Bohnen und gebratenen Kochbananen) sowie weitere einfache Frühstücksgerichte.

Chifa Nueva Hong Kong CHINESISCH $
(Bolívar 768; Hauptgerichte 2–4 US$; ⌚12–23 Uhr) Das Hong Kong serviert gebratenen Reis, *tallarines* (Nudeln) und *agridulce* (süßsaure) Gerichte. Die kleinen Eierrollen sind lecker.

Ausgehen & Unterhaltung

Los Vinitos KNEIPE
(Ecke Rocafuerte & Guayaquil; ⌚So geschl.) Die gemütliche zweigeschossige Bar ist ideal, wenn man ruhig in einer Ecke etwas besprechen möchte – eine unserer Lieblingskneipen. Das **Vinitos II** gleich um die Ecke veranstaltet Karaoke und wendet sich an ein älteres Publikum.

Link Club CLUB
(Ecke Bolívar & Quito; ⌚Fr & Sa open end) In diesem Glitzerschuppen für die aufmüpfige Jugend der Region bekommt man sein hämmerndes Gewummer.

Praktische Informationen

Es wird von vielen Raubüberfällen auf Busse berichtet, die nachts unterwegs sind. Deshalb nimmt man nachts im Zentrum besser ein Taxi. Die Gebiete – und Hotels – rund um den Parque 12 de Noviembre sind nachts besonders riskant.

Banco de Guayaquil (Ecke Mera & Sucre) Bank mit Geldautomat.

Banco del Pichincha (Lalama nahe Sucre) Bank mit Geldautomat.

Cabinas Telefónicas Internet (Ecke 12 de Noviembre & Quito; Internet 0,80 US$/Std.) Internetzugang und Telefonzellen.

Lavandería Automatic (Ecke Colon & Vargas Torres) 4,70 US$ für eine Ladung Wäsche, die noch am gleichen Tag erledigt wird.

Post (Ecke Castillo & Bolívar)

TAME (☎282 6601/0322/2595; Bolívar 20-17) Das Büro der Fluglinie reserviert Flüge, die in anderen Städten starten.

Touristeninformation (☎282-1800; www.turismo.gob.ec oder www.ecuador.travel; Guayaquil & Rocafuerte; ⌚Mo–Fr 8–17 Uhr)

An- & Weiterreise

QUITO Die Busse nach Quito (2,50 US$, 2½ Std.), Riobamba (1,25 US$, 1 Std.) und zu Zielen dahinter fahren von Ambatos **Hauptbusbahnhof** (☎282-1481; Av de las Américas & Av de Colombia) 2 km außerhalb des Zentrums.

Man geht auf der 12 de Noviembre Richtung Nordosten, durchquert geradeaus den Kreisverkehr und biegt dann an der Ampel links ab.

QUISAPINCHA Die Busse nach Quisapincha (0,35 US$, 25 Min.) fahren in Ambato von der Kreuzung Espejo und Moreno los. Die Taxifahrt dorthin kostet rund 8 US$.

SALASACA & PATATE Die Busse nach Salasaca (0,25 US$, 25 Min.) und Patate (0,70 US$, 1 Std.) starten etwa alle 20 Minuten von der Plaza La Dolorosa im Stadtviertel Ferroviaria, das vom Zentrum aus mit dem Taxi für 1 US$ zu erreichen ist. Auch jeder Bus nach Baños kann einen in diesen Dörfern absetzen, aber die Direktbusse fahren von einer Haltestelle, die der Innenstadt näher liegt.

BAÑOS Busse fahren stündlich nach Baños (1 US$, 1 Std.); jedoch vom **Mayorista-Busbahnhof,** der ungefähr 5 km südlich vom Hauptbusbahnhof nahe dem Kreisverkehr an der Amazonas und Julio Jaramillo liegt. Am Kreisverkehr kann man auch vorbeifahrende Busse heranwinken, die sind häufiger unterwegs.

PÍLLARO Busse nach Píllaro fahren häufig von der Kreuzung Colón und Unidad Nacional nahe dem Parque La Merced (0,48 US$, 30 Min.) los. Eine Taxifahrt nach Píllaro kostet rund 10 US$.

ℹ Unterwegs vor Ort

Die wichtigste städtische Buslinie für Traveller ist die vom Hauptbusbahnhof in die Innenstadt von Ambato. Aus dem Busbahnhof kommend, nimmt man die Ausgangsrampe zur Avenida de las Américas, die auf einer Brücke über die Bahngleise führt. Auf dieser Brücke befindet sich eine Bushaltestelle, wo ein Bus Richtung Westen (rechts), der in der Regel die Zielangabe „Centro" hat, einen für 0,25 US$ zum Parque Cevallos bringt.

Die Busse mit der Aufschrift „Terminal" fahren am Parque Cevallos von der Seite der Martínez ab. Auf der Seite der Sucre fährt ein Bus nach Miraflores und Ficoa.

Rund um Ambato

☎03

Die Gegend um Ambato bietet alles: Haziendas und raue Wildnis, indigene Dörfer, Kunsthandwerk und vieles mehr.

SALASACA

Man erkennt das ziemlich hässliche Dorf Salasaca rund 14 km südlich von Ambato sofort daran, dass hier viele Männer in langen, schwarzen Ponchos herumlaufen, unter denen sie blütenweiße Hemden und Hosen tragen. Zu dem auffälligen schwarzen Salasaca-Poncho tragen die Männer einen breitkrempigen weißen Hut. Die Frauen tragen bunte Schals und lange Wollkleider mit einem gewebten Gürtel (*chumbi*).

An jedem Sonntagmorgen findet nahe der Kirche an der Straße von Ambato nach Baños ein **Kunsthandwerksmarkt** statt, und ganz in der Nähe gibt es mehrere täglich geöffnete Kunsthandwerksläden.

Das **Hostal Runa Huasi** (☎09-984-0125; www.hostalrunahuasi.com; Zi. mit Frühstück 14 US$/Pers.), 2 km nördlich der Panamericana in Salasaca, ist eine komfortable und freundliche Unterkunft, die von der indigenen Familie Pilla geführt wird. Man sollte sich die Webtechnik vorführen lassen und sich nach Touren in die umliegende Gegend erkundigen.

Am Sonntag nach Ostern gibt es einen prächtigen Straßentanz (was den Verkehr erheblich verlangsamt), und am 15. Juni verkleiden sich die Einwohner beim **Santo Vintio** mit Tierkostümen. Sowohl **Fronleichnam** (beweglicher Festtag im Juni) als auch das **Fest des heiligen Antonius** (Ende Nov.) werden farbenprächtig gefeiert. Busse (0,25 US$) fahren regelmäßig nach Ambato.

PATATE & UMGEBUNG

Patate liegt an den Ufern des Río Patate und bietet eine großartige Sicht auf den Volcán Tungurahua. Während der kürzlichen Ausbrüche (s. S. 161) wurde der Ort zu einem beliebten Ziel von Vulkanbeobachtern. Ansonsten ist das Dorf auch noch für seinen *chicha de uva* (fermentiertes Getränk aus Traubensaft) und seine *arepas* (den traditionellen Maispfannkuchen wird hier Kürbis hinzugefügt) bekannt, die liebevoll in Holzöfen überall in der Stadt zubereitet werden. Die als **La Escalinata** bekannte, ungeheuer steile Treppe gleich östlich vom Dorf abseits der Soria bietet die Möglichkeit für eine lustige Wanderung, während es bei Einheimischen und Besuchern gleichermaßen eine beliebte Freizeitbeschäftigung ist, über den begrünten Hauptplatz zu schlendern und die frische Luft zu genießen. Falls man auf der Plaza keine *arepas* bekommt, schaut man sich drüben in der Gonzalez Suarez danach um.

Die beste Adresse für eine Unterkunft in der Nähe des Ortes ist das **Casta Restaurant and Hotel** (☎287-0364; juank_tamayo87@yahoo.es; Zi. mit Frühstück 15 US$/Pers., Hauptgerichte 2–5 US$; 📶). Das Casta ist ein gemütliches Refugium in den Bergen mit einem ausgezeichneten Familienrestau-

ZENTRALES HOCHLAND RUND UM AMBATO

rant und rustikalen Zimmern im Stil einer Hütte mit toller Aussicht. Das Hotel steht nur 500 m östlich vom Ort auf einem steilen Hügel.

Von Patate führt die **Ruta Ecológica** genannte Nebenstraße südwärts nach Baños. Sie eignet sich prima als Mountainbikestrecke, motorisiert braucht man für sie aber einen Geländewagen.

Die **Hacienda Manteles** (☎in Quito 02-223-3484; www.haciendamanteles.com; EZ/DZ/Suite mit Frühstück & Abendessen 95/135/160 US$; @), rund 12 km nach dem Startpunkt der Ruta Ecológica, ist eine schöne, gehobene, aber sich rustikal gebende Ferienanlage, die auf zertifizierte Verfahren des Ökotourismus setzt. So unterstützt sie beispielsweise örtliche Gemeinden bei der Schaffung von Kleinunternehmen, betreibt einen Öko-Garten und schützt 200 ha Nebelwald, den die Besucher erkunden können. Die Zimmer und Suiten (die neuen Suiten haben sogar Whirlpools) gewähren einen weiten Blick auf das Tal des Río Patate und den fernen Volcán Tungurahua. Man kann ausreiten, Schluchten begehen, Vögel beobachten und an einer Seilrutsche über den Nebelwald sausen.

Busse fahren regelmäßig von Ambato nach Patate (0,70 US$).

Baños de Agua Santa

☎03 / 14 700 EW. / 1800 M

In Baños überkommen einen gemischte Gefühle. Die Lage ist wunderbar. Von der Stadt aus sieht man Wasserfälle, man kann durch üppige Wälder wandern, seinen Körper in dampfenden Thermalquellen entspannen, in steile Schluchten klettern, mit dem Fahrrad oder einem Boot bis ins Amazonasbecken vordringen und gelegentlich auch einen Ausbruch des nahen Volcán Tungurahua bestaunen. Doch die Stadt selbst lässt mit ihrer tristen Architektur, den marktschreierischen Touren und der Atmosphäre eines überfüllten Backpacker-Ghettos doch viel zu wünschen übrig. Das ändert aber nichts daran, dass sie fürs Mountainbiken, Wandern, Raften und Party machen die wichtigste Adresse im zentralen Hochland ist. Und obwohl viele Leute Vorbehalte gegen das Aussehen und die Atmosphäre der Stadt haben, scheiden doch fast alle mit einem fröhlichen Lächeln auf den Lippen und vielen Geschichten von ihren Reiseabenteuern im Gepäck.

Sehenswertes & Aktivitäten

Die meisten Besucher stellen sich hier zu Pferd, auf dem Fahrrad oder in einem Boot den Herausforderungen der Natur. Zahlreiche Tourveranstalter vor Ort rüsten einen aus. Baños wartet auch mit einer Innovation beim Freifall-Wahnsinn auf. Der Spaß heißt *puenting* und ist so etwas wie Bungeejumping ohne Abfederung, genauer gesagt schwingt man an einem an zwei Brücken befestigten Seil.

Baños ist klein, und die hohen Berge die um die Stadt aufragen, machen die Orientierung leicht. Fast alles liegt in Gehweite vom Busbahnhof. Nur wenige Gebäude in der Stadt haben Hausnummern.

ABSTECHER

QUISAPINCHA, PARQUE NACIONAL LLANGANATES & PÍLLARO

Schnelle Tagestouren oder längere Exkursionen führen von Ambato aus zu ein paar spannenden kolonialzeitlichen Dörfern und zu einem selten besuchten Nationalpark.

Quisapincha Das idyllische kleine Dorf ist gerade einmal 10 km von Ambato entfernt und ein toller Ort, um nach Lederwaren zu schauen. Zudem ist die Aussicht betörend.

Parque Nacional Llanganates & Píllaro Es wird erzählt, dass irgendwo in der fernen, unzugänglichen Wildnis des 2197 km² großen Parque Nacional Llanganates (Eintritt 2 US$) ein Inkaschatz vergraben sei. Der Park umfasst große Flächen an *páramo*, Nebelwald und tropischen Wald sowie 4000 m hohe Gipfel. Im Park leben Tapire, Pumas, Jaguare, Capybaras und andere Tiere. In dem kleinen Dorf Píllaro, etwa 20 km nordöstlich von Ambato, kann man für ungefähr 20 US$ pro Tag einen Führer anheuern; Ausflüge in den Park bieten auch Veranstalter in Baños an. Am besten besucht man den Park zwischen Dezember und Februar. Das Wettrennen der Stiere am 10. August und in der ersten Januarwoche lohnt definitiv einen Abstecher nach Píllaro.

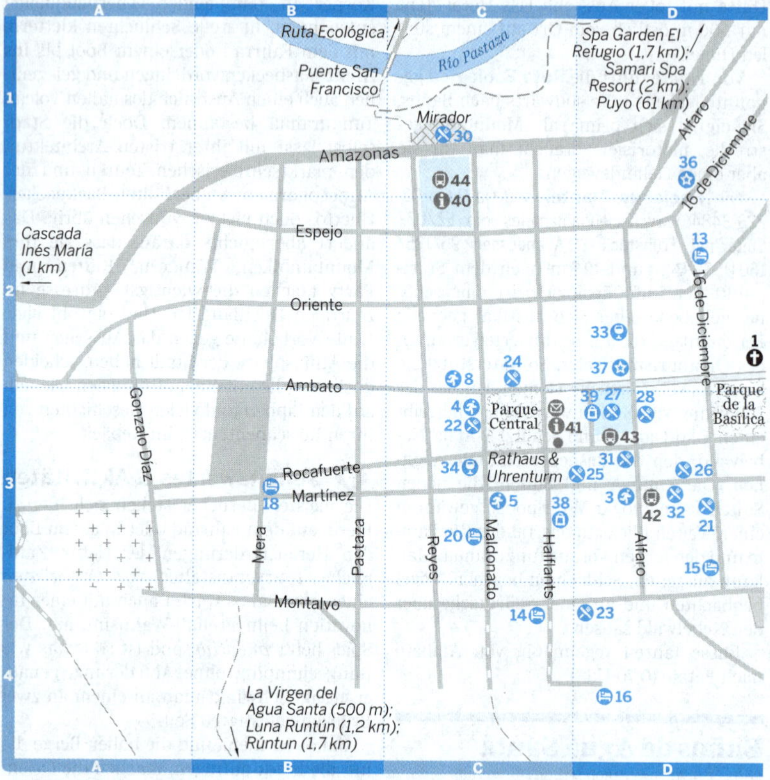

Basílica de Nuestra Señora de Agua Santa

KIRCHE

(Ambato auf Höhe der 12 de Noviembre; Eintritt frei; ⌚7–20 Uhr) Die Basilika in der Stadt ist (genauso wie der Schrein drüben beim Wasserfall) „Unser Lieben Frau vom Heiligen Wasser" geweiht. Dieser illustren Dame werden vor Ort mehrere Wunder zugeschrieben. In der Kirche zeigen Malereien diese Wunder, die immer von spanischen Erklärungen begleitet sind, die sich wie folgt lesen: „Am 30. Januar 1904 fiel Señor X. vom Pferd, als er gerade die Brücke über den Río Pastaza überquerte. Während des 70 m tiefen Sturzes in die Stromschnellen rief er Unsere Liebe Frau von dem Heiligen Wasser an und wurde auf wundersame Weise gerettet." Andere Malereien zeigen, wie Menschen Vulkanausbrüche, Hotelbrände und andere Katastrophen unbeschadet überlebten. Besonders gut ist Unsere Liebe Frau bei der Abwehr von Verkehrsunfällen; deswegen kann man hier sehen, wie Priester Taxis oder Trucks mit Weihwasser besprengen.

Bäder

Die meisten der Bäder hier werden von Thermalquellen gespeist, die gurgelnd am Fuß des Volcán Tungurahua entspringen. Das Wasser in den Becken wird ständig erneuert und sieht nur wegen der mineralischen Bestandteile, zu denen gesundheitsfördernde Chlorate, Sulfate sowie Magnesium gehören, trüb aus.

Alle Bäder verfügen über Umkleidemöglichkeiten und Aufbewahrungsräume für die Kleidung. Badetücher können ausgeliehen werden, aber generell erst ab 8 Uhr, und noch dazu sind sie schnell vergriffen. Vor dem Betreten der Becken muss man duschen und einen Badeanzug anziehen. Theoretisch ist auch eine Badekappe vorgeschrieben, aber darauf wird nicht bestanden, solange man sein Haar zusammenbindet.

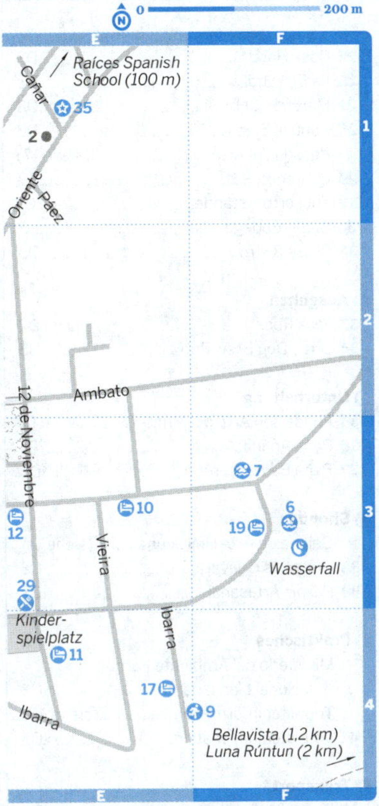

Las Piscinas de La Virgen BAD

(Montalvo; Eintritt Tag/Nacht 2/3 US$; ⏲5–17 & 18–22 Uhr) Das ist das einzige Thermalbad direkt in der Stadt. Die Anlage wurde im Jahr 1928 als Gemeinschaftsprojekt errichtet und ist nach der Jungfrau Maria benannt, die hier selbst ihre Füße ins Wasser gestreckt haben soll. Es gibt ein Kaltwasserbecken, ein lauwarmes und eines mit 42 °C heißem Wasser. Sehenswert ist das *ojo del agua,* wo das vom Vulkan erhitzte Wasser mit sagenhaften 50 °C aus dem Boden zischt.

Piscinas Las Modernas/Las Peñas BAD

(Martínez; Eintritt 2 US$; ⏲Fr–So 9–17 Uhr) Mit einer Wasserrutsche, einer Schaukel, Badespielzeug und tollen Becken ist das **Las Modernas** an Wochenenden und Feiertagen vollgepackt mit Familien.

Baños El Salado BAD

(Eintritt 3 US$; ⏲5–16.30 Uhr) Das beste Thermalbad in der Gegend liegt 2,5 km außerhalb der Stadt in einer schönen Schlucht. Es gibt hier heiße, lauwarme und kalte Becken und ganz in der Nähe noch einen eiskalten Fluss. Um herzukommen, auf der Martínez am Friedhof vorbeigehen, dann kommt man auf einen Weg, der auf einer kleinen Holzbrücke einen Bach (Quebrada de Naguasco) überquert. Auf der anderen Seite führt der Weg weiter zu einer Straße, in die man nach links zum Thermalbad einschwenkt. Busse hierher (0,25 US$, 10 Min.) fahren von der Haltestelle an der Rocafuerte.

Massagen & Anwendungen

Baños hat eine Unmenge von Spas mit Anwendungen wie *baños de cajón* (Dampfbad im Kasten), Massagen, medizinischen Schlammbädern und sogar Darmentwässerung. Alle Spitzenklassehotels haben Spas, die auch für Nichtgäste geöffnet sind.

Spa Garden El Refugio SPA

(☎274-0482; www.spaecuador.info; Camino Real; Anwendungen 2,50–25 US$) Tages-Spa mit komplettem Service. Mit Terminvereinbarung oder auch ohne.

Stay In Touch SPA

(☎274-0973; Ibarra) Hier gibt's ausgezeichnete Massagen (20–55 US$) und andere Anwendungen (65–90 US$). Mit oder ohne Terminvereinbarung.

Chakra MASSAGE

(☎274-2027, 09-355-6698; Alfaro & Martínez; ⏲8–19 Uhr & nach Vereinbarung) Wer eine einstündige schwedische Massage, eine Massage mit heißem Stein oder eine Reflexzonenmassage haben will (20 US$), wendet sich an Carmen Sánchez bei Chakra.

Mountainbiken

Mehrere Unternehmen vermieten Mountainbikes (ab ca. 6 US$/Tag, mit Scheibenbremsen & Federung 10 US$/Tag), man sollte aber genau prüfen, ob das Rad, der Helm und das Schloss angemessen instandgehalten sind, oder sogar eine kurze Testfahrt unternehmen, ehe man den Mietvertrag abschließt. Die beliebteste Strecke ist die dramatische Abfahrt, die an einer Reihe von Wasserfällen vorbei auf der Straße nach Puyo verläuft – einer Dschungelstadt 61 km weiter im Osten. Diverse andere Mountainbike-Touren sind möglich; die Veranstalter informieren einen gern darüber.

Zur Frage der Sicherheit: Auf der Straße von Baños nach Puyo gibt es mehrere enge, lange und stockfinstere Tunnel. Radfahrer

Baños

Sehenswertes
1 Basílica de Nuestra Señora de Agua Santa D2

Aktivitäten, Kurse & Touren
2 Baños Spanish Center E1
3 Chakra D3
4 Expediciones Amazónicas C3
Fundación Arte del Mundo .... (siehe 35)
5 José & Two Dogs C3
6 Las Piscinas de La Virgen F3
7 Piscinas Las Modernas/Las Peñas F3
8 Rainforest Tour C2
9 Stay In Touch F4

Schlafen
10 Hostal Chimenea E3
11 Hostal Huillacuna E4
12 Hostal Plantas y Blanco E3
13 Hostal Transilvania D2
14 La Floresta Hotel C4
15 La Petite Auberge D3
16 Monte Selva Hotel Spa D4
17 Posada del Arte E4
18 Residencia Princesa María B3
19 Sangay Spa Hotel F3
20 Timara Hostal C3

Essen
21 Café Good D3
22 Café Hood C3
23 Café Mariane D4
24 Café Rico Pan C2
25 Casa Hood D3
26 La Bella Italia D3
27 Mercado Central D3
28 Ponche Suizo D3
Posada del Arte .... (siehe 17)
29 Quilombo E3
30 Zuckerrohrstände C1
31 Super Bodega D3
32 Swiss Bistro D3

Ausgehen
33 Jack Rock D2
34 Stray Dog Brew Pub C3

Unterhaltung
35 Fundación Arte del Mundo E1
36 Peña Ananitay D1
37 Peña Bar Mocambo D2

Shoppen
Galería de Arte Huillacuna .... (siehe 11)
38 Guitarras Guevara C3
39 Pasaje Artesanal D3

Praktisches
40 Ministerio del Ambiente Parque Nacional Llanganantes C2
Touristeninformation .... (siehe 40)
41 Touristeninformation C3

Transport
42 Busse nach Agoyán D3
43 Busse zu den Piscinas El Salado D3
44 Busbahnhof C1

sollten die Tunnel meiden und auf die ausgeschilderten Wege ausweichen, die um sie herumführen.

Wandern

Die Touristeninformation verteilt eine grobe, aber nützliche Karte, die einige der Wege im Umkreis der Stadt zeigt.

Der Weg hinunter zum Río Pastaza ist leicht und beliebt. Gleich hinter den Zuckerrohrständen am Busbahnhof führt ein kurzer Pfad zur **Puente San Francisco**, der Brücke über den Fluss. Am anderen Ufer führen andere Wege weiter.

Nimmt man die Maldonado nach Süden, kommt man zu einem Weg, der nach **Bellavista** hinauf führt, wo hoch über Baños ein weißes Kreuz steht. Der Weg führt dann weiter zur etwa zwei Stunden entfernten Siedlung **Runtún,** wo man eine wunderbare Aussicht hat. Hier kann man über eine Schleife zurück nach Baños gehen, wo man am südlichen Ende der Mera anlangt. Dabei kommt man an der Statue der **Virgen del Agua Santa** vorbei, die etwa eine halbe Stunde außerhalb der Stadt steht. Die ganze Wanderung dauert vier bis fünf Stunden.

Wenn man auf der Amazonas aus der Stadt hinaus nach Westen geht, dann an dem Heiligenschrein hinunter zur Puente San Martín abbiegt, erreicht man einige hundert Meter rechts hinter der Brücke einen Wasserfall, die eindrucksvolle **Cascada Inés María**.

Dschungeltouren

Viele Veranstalter in Baños bieten Dschungeltouren an, aber diese unterscheiden sich in Güte und Erlebnisqualität. Weitere Informationen gibt's auf S. 222.

Drei bis sieben Tage dauernde Dschungeltouren kosten ungefähr 50 bis 75 US$ pro Person und Tag, abhängig vom Ziel; in der Regel gilt ein Minimum von drei oder vier Teilnehmern. Da in Baños immer viele Traveller zu finden sind, kann man relativ leicht eine ausreichend große Gruppe zusammenbringen, wenn man nicht schon mit einer unterwegs ist.

Bergsteigen

Die Kletterbedingungen am Tungurahua (5016 m), einem aktiven Vulkan, sind natürlich ständigen Veränderungen unterworfen. Zum Zeitpunkt der Recherche war der Vulkan aktiv und daher für Besteigungen gesperrt. Ausführliche Informationen zu weiteren Gipfeln im Parque Nacional Sangay, die bestiegen oder erwandert werden können, stehen auf S. 160.

Die Tourveranstalter in der Stadt verleihen auch Ausrüstung. Bergbesteigungen, generell mit Übernachtung in einem *refugio* (Schutzhütte), kosten zwischen 120 und 150 US$ pro Person, worin der Parkeintritt und die Kosten für die Übernachtung im *refugio* nicht enthalten sind.

Reiten

Ein Pferd kann man für rund 5 US$ pro Stunde oder 35 US$ pro Tag mieten. Viele halbtägige oder ganztägige Reitausflüge beginnen mit einer langen Jeepfahrt aus der Stadt heraus, sodass man letztlich nur wenig Zeit auf dem Rücken des Pferdes verbringt – genau nachfragen, damit man bekommt, was man haben will.

José & Two Dogs REITEN
(☎274-0746; josebalu_99@yahoo.com; Ecke Maldonado & Martínez) Von Einheimischen empfohlen.

Rafting

Die Tourveranstalter vor Ort bieten geführte Raftingtouren auf dem Río Patate und dem Pastaza an. Bei den Fahrten muss man Stromschnellen der Klassen III und IV überwinden (Klasse IV ist schon ziemlich anspruchsvoll und aufregend). Die Trips kosten 35 US$ für einen halben oder 90 US$ für einen ganzen Tag.

Geführte Touren

Für Dschungelwanderungen, Touren zu angrenzenden Nationalparks, Raftingtouren, Vulkanbesteigungen, Canyoning-Abenteuer und mehr kann man sich an folgende empfohlene Tourveranstalter wenden:

Rainforest Tour ABENTEUERTOUR
(☎325-4046, 223-9822; www.rainforestur.com; Ambato 800) Ein schon lange bestehendes Unternehmen.

Expediciones Amazónicas ABENTEUERTOUR
(☎274-0506; Maldonado) Bietet Touren zum Amazonas.

Kurse

Spanischunterricht in kleinen Gruppen oder auch Einzelunterricht gibt's ab ungefähr 6 US$ pro Stunde. Die **Fundación Arte del Mundo** (☎274-2244; www.artedelmundoecuador.com; Oriente & Cañar) bietet ein abendliches Programm in Kunst und Lektüre sowie kostenlose Konversation dienstags um 19 Uhr.

Baños Spanish Center SPRACHKURS
(☎274-0632; Oriente & Cañar) Die lange bestehende Sprachschule wird vor Ort empfohlen.

Raíces Spanish School SPRACHKURS
(☎274-1921; www.spanishlessons.org; 16 de Diciembre & Pablo Suarez) Eine weitere gute Schule in schickerem Ambiente.

Feste & Events

Baños wurde am 16. Dezember zum Sitz einer eigenen Kreisverwaltung, weswegen alljährlich rund um dieses Datum eine Fiesta stattfindet. Dabei gibt's die üblichen Prozessionen, Feuerwerk, Musik, Menschen, die in den Straßen tanzen, und viel Alkohol. Große Festivitäten stehen auch im Oktober an, wenn die verschiedenen Viertel von Baños nacheinander der örtlichen Schutzpatronin Nuestra Señora de Agua Santa huldigen.

Schlafen

Am höchsten sind die Preise an den Wochenenden und während der Ferien. Dann sind die Hotels auch häufig schnell ausgebucht.

LP TIPP **Posada del Arte** BOUTIQUEHOTEL $$
(☎274-0083; www.posadadelarte.com; Ibarra; EZ/DZ mit Frühstück ab 28/52 US$;) Man sagt „Klein aber oho" – und genau das trifft auch auf die Posada del Arte zu, ein ausgezeichnetes kleines Gästehaus mit bunten, komfortablen Zimmern, Holzböden, einem gigantischen Frühstück und Kunst, wohin das Auge blickt. Die Mittelklassezimmer bieten eine gute Aussicht, die teureren darüber hinaus auch noch einen Kamin.

Hostal Chimenea HOSTEL $
(☎274-2725; www.hostalchimenea.com; Martínez & Vieira; B/EZ/DZ ab 6,50/8,50/20 US$; @📶🏊) Die ziemlich düstere Rezeption lässt nicht vermuten, dass dieses von Lesern empfohlene Hostel die beste Budgetunterkunft in der Stadt ist. Die hellen und sauberen Zimmer und Schlafsäle bieten Bettdecken in Regenbogenfarben und von der Terrasse im Obergeschoss hat man einen wunderbaren Blick auf den Wasserfall. Ein kleiner Planschpool, eine Badewanne mit warmem Wasser und eine Sauna hinter dem Haus kommen noch hinzu. Die Schlafsäle haben jeweils angeschlossene Badezimmer und bieten Platz für vier bis sechs Personen.

Hostal Plantas y Blanco HOSTEL $
(☎274-0044; option3@hotmail.com; Martínez & 12 de Noviembre; B 6,50 US$, Zi. 11 US$, mit Gemeinschaftsbad 9,50 US$; @📶) In den Gemeinschaftsbereichen erinnert das supersaubere und seit Urzeiten beliebte Hostel ein wenig an eine Disco, punktet aber mit seiner Dachterrasse, hervorragendem Frühstück, einem Dampfbad vor Ort und insgesamt durch Qualität. Einige Zimmer sind sehr sonderbar geschnitten (man muss z.B. durch die Dusche steigen, um die Toilette zu erreichen), aber daran stört sich offenbar niemand.

La Floresta Hotel HOTEL $$
(☎274-1824; www.laflorestahotel.com; Montalvo y Halflants; EZ/DZ/3BZ 33/55/66 US$; @📶) Der komfortable Gasthof liegt rund um einen hübschen Innenhofgarten in einem ruhigen Stadtteil, aber immer noch nahe genug zu den Thermalbädern und allen anderen Sehenswürdigkeiten. Das Personal ist freundlich, und die geräumigen, gefliesten Zimmer haben große Fenster und bequeme Betten.

Luna Runtún SPA & RESORT $$$
(☎274-0882; www.lunaruntun.com; Zi. mit Frühstück & Abendessen 77 US$/Pers.; @🏊) Bei diesem Resort steht vor allem die Lage im Vordergrund: Es thront hoch oben auf einer nackten Felswand (2260 m) oberhalb von Baños, sodass man einen wunderbaren Blick hinunter auf die Stadt und hinauf zum Gipfel des Tungurahua hat. Allein schon der Anblick des Spas (30 US$/Tag für Nichtgäste) wirkt entspannend. Das Restaurant hat die schönste Umgebung in der Stadt – und den schlechtesten Service. Aber der Ausblick ist wirklich der Beste, den irgendein Hotel im zentralen Hochland zu bieten hat. Das Luna Runtún liegt 6 km außerhalb von Baños und ist über die Straße nach Puyo zu erreichen – hinauf nimmt man den Bus oder ein Taxi (6 US$), zurück in die Stadt kann man auf dem gepflegten Weg laufen.

Samari Spa Resort SPA & RESORT $$$
(☎274-1855; www.samarispa.com; Vía a Puyo Km 1; DZ/Suite/3BZ mit Frühstück ab 186/253/292 US$; @🏊) Als Fünf-Sterne-Resort auf dem Gelände eines aus dem 18. Jh. stammenden Jesuitenklosters ist das Samari das luxuriöseste Hotel und Spa in der Stadt. Die Zimmer lassen jedoch einiges zu wünschen übrig, und angesichts des stolzen Preises dürfte man sich oben auf dem Hügel im Runtún wohler fühlen. Das Spa liegt rund um ein himmlisches Hallenbad. Die Anlage befindet sich etwa 2 km östlich der Stadt an der Amazonas.

Hostal Transilvania HOSTEL $
(☎274-2281; www.hostal-transilvania.com; 16 de Diciembre y Oriente; Zi. mit Frühstück 7,50 US$/Pers.; 📶) Transsilvanisch wirken die schlichten, sauberen Zimmer keineswegs, dafür gibt's in diesem partylustigen Hostel aber nette Gemeinschaftsbereiche und einen Billardtisch.

La Petite Auberge HOTEL $
(☎274-0936; www.lepetit.banios.com; 16 de Diciembre; EZ/DZ 18/27 US$; 📶👪) Das Franzosen gehörende, an eine Hazienda erinnernde Hotel hat große Zimmer mit *chimeneas* (Kaminen) sowie Lofts. Dank eines riesigen Spielzimmers ist es bei Familien beliebt. Abgesehen von den etwas altersschwachen Badezimmern ist das Haus eine großartige Option für Budgettraveller, die ein eigenes Zimmer haben wollen.

Hostal Huillacuna HOTEL $
(☎274-2909; 12 de Noviembre; Zi. mit Frühstück 15 US$/Pers.; 📶) Dieses Paradies für Kunstliebhaber beherbergt eine der besten Galerien der Stadt und hat einen großen, offenen Gemeinschaftsbereich mit einem gemütlichen Kamin, Kunstwerken und Antiquitäten. Die Zimmer wirken zwar etwas muffig, sind aber sauber, und dank der freundlichen Betreiber fühlt man sich gleich wie zu Hause.

Timara Hostal HOSTEL $
(☎274-0599; Maldonado; Zi. 9 US$/Pers., mit Gemeinschaftsbad 5 US$; 📶) Der schon lange bestehende Familienbetrieb wurde kürzlich durch drei Stockwerke mit farbenfro-

hen, neuen Zimmern ergänzt, die alle über ein eigenes Bad und Kabel-TV verfügen. Die älteren Zimmer mit Gemeinschaftsbad sind schäbig, aber hell und durchaus akzeptabel. Hier gibt es auch Gästeküchen.

Sangay Spa Hotel SPA & RESORT **$$$**
(☎274-0490; www.sangayspahotel.com; Montalvo; EZ/Suite 91/164 US$, Hütte 134 US$; @ 🏊 👪) Das Hotel im Stil einer Ferienanlage mit Kinderclub und Pool lässt es sowohl in den modernen Zimmern im Geschäftshotelstil wie auch in den überteuerten kolonialen Suiten im Altbau an Klasse fehlen. Die Hütten, in denen bis zu vier Personen übernachten können, sind aber für Familien durchaus eine brauchbare Option.

Residencia Princesa María HOSTEL **$**
(☎274-1035; Mera & Rocafuerte; Zi. 7 US$/Pers.; 👪) Das freundliche, von einer Familie geführte Hostel bietet private Badezimmer, steinharte Betten, gute Sicherheit und eine Gemeinschaftsküche.

Monte Selva Hotel Spa SPA & RESORT **$$**
(☎274-0244; www.monteselvaecuador.com; Halflants; EZ/DZ/3BZ/4BZ 38/63/82/97 US$; 🏊) Die Lobby wirkt recht prächtig, aber die Holzhütten, die muffigen und dunklen Zimmer sowie die Saunaeinrichtungen lassen doch einiges zu wünschen übrig. In anderen Mittelklasseunterkünften ist man definitiv besser aufgehoben, außer man kann auf einen Pool nicht verzichten.

Essen

Baños ist für seine *melcocha* bekannt (ein klebriges Toffee, das aufgeweicht um Holzstäbchen gewickelt wird), die üblicherweise in den Eingängen zu den Läden aufgebaut sind. *Caña de azúcar* (Zuckerrohrstangen) zum Kauen und *jugo de caña* (Zuckerrohrsaft) werden an den **Zuckerrohrständen** gegenüber vom Busbahnhof verkauft.

Casa Hood INTERNATIONAL **$**
(Martínez Höhe Halflants; Hauptgerichte 4–7 US$; ⌚8–22.15 Uhr) Das nach seinem Betreiber Ray Hood, einem US-Amerikaner, der schon lange vor Ort lebt, benannte, ausgezeichnete Café bietet nahrhafte Frühstücksgerichte, einen preiswerten *almuerzo* und eine Karte mit thailändischen, mexikanischen und nahöstlichen Gerichten. Das Casa ist ein einladender Ort, wo man essen, Bücher tauschen, sich mit Bekannten treffen, aber auch *solito* (allein) abhängen und sogar Yogastunden nehmen kann.

Posada del Arte INTERNATIONAL **$**
(Ibarra; Hauptgerichte 3–7 US$; ⌚8–22 Uhr) Wie das Hotel ist auch das zugehörige Restaurant ein einladender, gemütlicher Ort mit einem wärmenden Kamin. Es serviert ausgezeichnete internationale Gerichte, wunderbare Frühstücksgerichte (darunter Tungurahua-Pfannkuchen – keine Sorge, sie stoßen keine Lava aus!) und jede Menge toller Happen für den kleinen Hunger (etwa die gebratene Yuca/Maniok).

Café Mariane FRANZÖSISCH **$$**
(Montalvo; Hauptgerichte 6–9 US$; ⌚11–23 Uhr) Die französisch-mediterrane Küche des Mariane ist für Baños etwas Besonderes. Die Käse- und Fleischfondues sind reichlich – selbst für zwei, und die Pasta- und Fleischgerichte sind gekonnt. Das Lokal ist sehr beliebt, daher muss man sich mit der Bedienung etwas gedulden.

Swiss Bistro SCHWEIZERISCH **$$**
(Martínez nahe Alfaro; Hauptgerichte 7–9 US$; ⌚12–23 Uhr) Die Kuh-Fixierung des kleinen Bistros zeigt sich in der Dekoration. Es gibt köstliche Schweizer und europäische Spezialitäten wie Fondues und Steaks, große, frische Salate und natürlich Rösti.

Quilombo ARGENTINISCH **$$**
(Ecke Montalvo & 12 de Noviembre; Hauptgerichte 4–8 US$; ⌚Mi–So 12–23 Uhr) Quilombo bedeutet im argentinischen Slang so viel wie „Schlamassel" oder „Wahnsinn", und das passt zu diesem respektlosen Restaurant. Eine bizarre Wundertüte an Speisen, das zusammengewürfelte Dekor und der durchgeknallte Inhaber tragen zu dem Wahnsinn bei. Die Steaks sind aber wirklich gut, und der Wein fließt in Strömen.

La Bella Italia ITALIENISCH **$**
(Martínez; Hauptgerichte 5–6 US$; ⌚12–23 Uhr) Das elegante kleine italienische Bistro serviert Pasta und Pizzas in ruhiger Atmosphäre.

Ponche Suizo CAFÉ **$**
(Alfaro; Snacks 1–3 US$; ⌚8–18 Uhr) In dem kleinen Lokal zwischen der Ambato und der Rocafuerte gibt es Kuchen und Kaffee, aber alle kommen eigentlich wegen des „Ponche Suizo", einer einmaligen Spezialität, die ein Zwischending zwischen Shake und Mousse ist.

Café Good INTERNATIONAL **$**
(16 de Diciembre; Hauptgerichte 4–7 US$; ⌚8–22 Uhr) Ein Nachahmer der „Hood" genannten Lokale, aber das „Good" serviert tatsäch-

lich mehr als nur gute vegetarische Gerichte mit gesundem, braunen Reis sowie Hähnchen- und Fischgerichte.

Café Hood INTERNATIONAL $
(Maldonado; Hauptgerichte 3–6 US$; ⌚Do–Di 10–21 Uhr) Das Café Hood wirkt knackiger und schwüler als die anderen „Hoods" und „Goods" vor Ort und bietet eine lockere Groupie-Atmosphäre, viele internationale Gerichte – von Mexiko über Griechenland bis Indien – sowie preiswertes Mittagessen für Backpacker. Die Zutaten sollten aber frischer sein.

Café Rico Pan BÄCKEREI $
(Ambato; Hauptgerichte 2–5 US$; ⌚Mo–Sa 7–19, So bis 13 Uhr) *Panaderías* (Brotläden) haben in Baños meist guten Kaffee und Frühstücksgerichte. Das Rico Pan, nahe der Maldonado, gehört zu denen, die besonders früh aufmachen.

Super Bodega SUPERMARKT $
(Alfaro & Rocafuerte; ⌚8:30–20 Uhr) Der zentral gelegene Supermarkt ist ideal, um sich mit Vorräten einzudecken.

Mercado Central MARKT $
(Alfaro & Rocafuerte; ⌚7–18 Uhr) Eine verlässliche Adresse für frisches Obst und Gemüse.

Ausgehen & Unterhaltung

Nachtleben in Baños heißt, in *peñas* (Bars oder Clubs, in denen folkloristische Live-Musik gespielt wird) zu tanzen oder in einer der vielen Bars unter eigenwilligen Käuzen abzuhängen.

Jack Rock THEMENBAR
(Alfaro 5-41; ⌚20–2 Uhr) Das Jack Rock gibt sich als Rock-'n'-Roll-Kneipe und hat die beste Kneipenstimmung vor Ort. Werktags wird klassischer Rock gespielt, an den Wochenenden Salsa, Merengue und *reggaetón* (eine Mischung aus puertorikanischem *bomba*, Dancehall und Hip-Hop).

Stray Dog Brew Pub PUB
(Ecke Rocafuerte & Maldonado; ⌚Di geschl.) Das einzige Brauhaus in Baños hat erstaunlich gute Spezialbiere, darunter das leichte Llamas' Breath Belgian und das kräftige Stray Dog Stout.

Peña Ananitay LIVEMUSIK
(16 de Diciembre; ⌚Fr & Sa 21–3 Uhr) Der Club nahe der Espejo ist der beste vor Ort, um live *folklórica* (Volksmusik aus den Anden) zu erleben. Es kann sehr voll werden, aber das gehört zum Spaß mit dazu.

Peña Bar Mocambo LIVEMUSIK
(Alfaro; ⌚Mo–Sa 10–2 Uhr) Dieser Laden nahe der Ambato ist immer beliebt – wegen der Straßenbar mit dem vom Letzten Abendmahl inspirierten lustigen Wandgemälde, wegen der Partystimmung und wegen dem Billardsaal im Obergeschoss.

Fundación Arte del Mundo KINO
(☎274-2244; www.artedelmundoecuador.com; Oriente & Cañar) Neben Kunst für Kinder und Lesungen gibt's hier mittwochs ab 20 Uhr Filmvorführungen.

Shoppen

Pasaje Artesanal KUNSTHANDWERK
(⌚8–20 Uhr) Auf diesem Kunsthandwerksmarkt, der unter freiem Himmel im Gebiet zwischen Ambato und Rocafuerte stattfindet, gibt's Unmengen an vor Ort hergestellten Weihnachtskugeln und als regionale Spezialität sogenannte *tagua*-Schnitzereien – geschnitzte und bemalte Figürchen und Schmuckgegenstände aus weißen, golfballgroßen und an Elfenbein erinnernde Nüsse.

Galería de Arte Huillacuna GALERIE
(12 de Noviembre nahe Montalvo; ⌚8.30–21 Uhr) Hier wird ausgezeichnete ecuadorianische Kunst ausgestellt und verkauft. Man kann sich die Sache anschauen, ohne zum Kauf gedrängt zu werden.

Guitarras Guevara MUSIK
(Halflants 2-84; ⌚tgl.) Seit mehr als 50 Jahren stellt Jacinto Guevara Gitarren her. Die Musikinstrumente kosten zwischen 75 und 300 US$.

Praktische Informationen

1999 und 2006 zwangen Eruptionen des Tungurahua die Einwohner, ihre Stadt zu verlassen. 2011 wurde der Vulkan wieder aktiv, was die Behörden dazu veranlasste, einige Dörfer in seiner unmittelbaren Nähe zu evakuieren. Traveller brauchen sich aber keine allzu großen Sorgen zu machen, denn die Situation am Berg wird ständig überwacht. Deutlich beunruhigender sind die vielen Berichte über Raubüberfälle auf den Wegen außerhalb von Baños. Wenn man hier eine Wanderung machen möchte, sollte man sicherheitshalber nur wenig Bargeld mitnehmen und teure Kameras und Handys an einem sicheren Ort zurücklassen. Wer einen Führer anheuert, unterstützt die örtliche Wirtschaft und vermindert gleichzeitig sein eigenes Risiko. Das Hotelpersonal nach dem Ablauf von Evakuierungsmaßnahmen im Fall eines Vulkanausbruchs fragen.

Die Internetcafés (0,80–1 US$/Std.) kommen und gehen, sind aber immer zahlreich vorhanden; gleiches gilt für Waschsalons (1 US$/kg).

Corporación Nacional de Telecomunicaciones (Ecke Rocafuerte & Halflants) Telefoncenter.

Banco del Pacífico (Ecke Halflants & Rocafuerte)

Banco del Pichincha (Ecke Ambato & Halflants)

Krankenhaus (☎274-0443/0301; Montalvo) Nahe der Pastaza; Apotheken finden sich an der Ambato.

Ministerio del Ambiente Parque Nacional Llanganates (☎274-1662; ⏲Mo–Fr wechselnde Öffnungszeiten) Das Verwaltungsbüro des Nationalparks hat kleine, fotokopierte topografische Karten und viele Informationen. Am Busbahnhof.

Polizei (☎274-0251; Oriente nahe Mera)

Post (☎274-0901; Halflants nahe Ambato)

Touristeninformation (☎274-0483; mun_banos@andinanet.net; Halflants nahe Rocafuerte & im Busbahnhof; ⏲Mo–Fr 8–12.30 & 14–17.30 Uhr) Viele touristische Informationen, kostenlose Stadtpläne und Infos zur Notfallevakuierung.

ℹ An- & Weiterreise

Der **Busbahnhof** von Baños (Amazonas) liegt in kurzer Gehweite der meisten Hotels. Busse von Transportes Baños fahren häufig nach Quito (3,50 US$, 3½ Std.) mit Zwischenstopp in Salasaca, Ambato (1 US$; 1 Std.) und Latacunga. Die erste Hälfte der Straße Baños–Riobamba ist (bis Penipe) weiterhin gesperrt – man muss den Umweg über Ambato fahren. In Richtung Oriente fahren regelmäßig Busse nach Puyo (2 US$, 2 Std.), Tena (4 US$, 5 Std.) und Coca (10 US$, 10 Std.). Es gibt auch täglich Busse nach Guayaquil (8 US$, 7 Std.).

ℹ Unterwegs vor Ort

Nahverkehrsbusse Richtung Westen fahren von der Rocafuerte, hinter dem Mercado Central. Die Aufschrift lautet „El Salado", sie fahren zu den Piscinas El Salado (0,25 US$, 10 Min.). Die Nahverkehrsbusse Richtung Osten fahren bis zum Staudamm bei Agoyán; Abfahrt ist an der Alfaro auf Höhe der Martínez.

Die Taxifahrt vom Busbahnhof zum Pailón del Diablo kostet hin & zurück 20 US$.

Von Baños nach Puyo

☎03

Die Straße von Baños nach Puyo ist eine der dramatischsten in der Region und hat nicht ohne Grund den Spitznamen „La Ruta de las Cascadas" (Straße der Wasserfälle). Sie verläuft entlang der Schlucht des Río Pastaza, die von Baños in 1800 m Höhe stetig bis auf 950 m bei Puyo abfällt. Unterwegs passiert sie mehr als ein Dutzend Wasserfälle. Die Busfahrt auf dieser Straße ist großartig, sie mit einem Mountainbike zu fahren, naturgemäß noch beeindruckender. Auf dem ersten Drittel der Strecke geht es überwiegend bergab, es gibt aber auch einige durchaus anspruchsvolle Steigungen – also hübsch trainieren, denn die gesamte Strecke beträgt, wenn man sie sich zutraut, rund 61 km. Mountainbikes kann man in Baños mieten.

Die meisten Traveller fahren nur bis zu dem spektakulären Wasserfall Pailón del Diablo rund 18 km hinter Baños, doch wer sich an die viel längere Fahrt bis Río Negro wagt, kann die Veränderung der Ökologie auf dem Weg hinunter ins Tiefland beobachten. Auf dem Weg gibt es viele verborgene Wasserfälle und von Familien betriebene Schwimmstellen, die in diesem Reiseführer nicht erwähnt werden können. Man sollte sich einen ganzen Tag Zeit nehmen, um die Gegend wirklich zu erkunden.

Unterwegs verschwindet die Straße in Tunneln, die einen wie schwarze Löcher verschlucken. Manche davon sind ziemlich lang. Radfahrer mit einem geländegängigen Fahrrad sollten die ausgeschilderten, unbefestigten Umgehungswege benutzen. In Kurven und bei der Annäherung an Tunnel die Geschwindigkeit drosseln und immer auf der rechten Seite der Fahrbahn bleiben. Von Puyo (oder von jedem anderen Punkt der Strecke) aus kann man einfach einen Bus zurück nach Baños nehmen und sein Rad auf dem Dach verstauen (der Helfer des Busfahrers unterstützt einen beim Verladen).

Unbedingt auch einen Sturzhelm und ein Fahrradschloss mieten (und beides auch benutzen!). Auf dem Weg können die Insekten erbarmungslos über einen herfallen, darum Insektenschutzmittel mitnehmen, genauso wie einen Regenmantel.

VON BAÑOS NACH RÍO VERDE

Vor dem ersten Tunnel kommt man am Wasserkraftwerk Agoyán vorbei. Hinter dem Tunnel bekommt man etwas Gischt vom ersten Wasserfall ab, dann folgt ungefähr 45 Minuten hinter Baños der spektakuläre Wasserfall **Manto de La Novia**. Um den Fall näher zu betrachten, kann man ungefähr bei Kilometer 10 in eine der motorisierten *tarabitas* (Seilbahnen, 1–2 US$) einsteigen, die einen 500 m über die Schlucht in einer haarsträubenden Höhe von mehr als 100 m transportieren.

Vom Manto de La Novia fährt man 30 bis 45 Minuten bis zu dem Dorf **Río Verde** (zwischen dem 4. und 5. Tunnel), das die Zugangsstelle zu der 15-minütigen Wanderung hinunter zum donnernden **Pailón del Diablo** („Teufelskessel") bildet. Einen guten Blick auf den Wasserfall hat man von der Hängebrücke, und einen weiteren ganz aus der Nähe hinter dem Wasserfall (Eintritt 1,50 US$, an der Cafeteria des Pailón del Diablo). Um hinzukommen, geht man durch die Kunsthandwerksstände gleich östlich vom Ortszentrum und dann auf dem Weg weiter.

Gleich östlich von Río Verde befindet sich das wunderbare **Hostal Pequeño Paraíso** (www.pprioverde.com; B/Zi. mit Frühstück & Abendessen 17/20 US$ pro Pers.). Es bietet Unterkunft und Stellplätze inmitten eines wunderschönen, üppigen Dschungels und außerdem ausgezeichnete Möglichkeiten zum Wandern, Klettern, und Schluchten begehen. Es gibt auch vegetarische Mahlzeiten.

Auf der nördlichen Seite der Straße am Ortseingang von Río Verde bietet das **Miramelindo** (☎249-3004; hosteriamiramelindo@hotmail.com; Km 18 der Straße Baños–Puyo; Zi. mit Frühstück 30 US$/Pers.;) einen Pool, einen Whirlpool, *baños de cajón* und wunderbar rustikale Zimmer in Erdtönen mit Holzapplikationen.

VON RÍO VERDE NACH PUYO

Gleich hinter Río Verde beginnt die Straße zu steigen. Nach einer ungefähr halbstündigen Fahrt erreicht man **Machay**, einen hübschen Ort für eine Picknickpause und einen Sprung in den Fluss. Ein 2,5 km langer Weg führt in den Nebelwald und zu acht **Wasserfällen**, in der Größenordnung zwischen winzig und erhaben. Am schönsten ist der **Manantial del Dorado**, 2,5 km weit im Innern des Waldes. Mehrere Veranstalter verlangen nun Eintritt zu den Wegen, so die **Asociación de Ecoturismo Comunitario** bei Kilometer 17 (1 US$).

Nach Machay folgen zwei gute Steigungen, aber danach geht es fast den ganzen Weg bis Río Negro, das 15 km von Río Verde entfernt ist, abwärts. Während sich die Straße senkt, wird die Vegetation schnell tropischer; Bromelien, riesige Baumfarne und Orchideen bedecken die Wände der Schlucht des Río Pastaza. Bevor man Río Negro erreicht, kommt man durch das Dorf **San Francisco** mit einer unbefestigten Plaza, ein paar einfachen Lokalen und Stellen, an denen man Wasser oder Bier kaufen kann.

Von San Francisco sind es nur noch 10 bis 15 Minuten bis **Río Negro**, einer schrillen Kleinstadt an der Hauptstraße. Es gibt hier Restaurants (einige sind bemerkenswert schick) und viele Läden, in denen man Erfrischungen kaufen kann. Es gibt sogar ein Hotel.

Hinter Río Negro fühlt man sich wirklich in den Tropen. Nach 17 km kommt man in **Mera** vorbei, wo vielleicht ein Polizeikontrollpunkt eingerichtet ist (Pass bereithalten). Der Ort entwickelt sich allmählich zu einem Tourismuszentrum. Wer viel Zeit hat und Tiere liebt, kann bei der **Merazonia Foundation** (☎08-421-3789, 08-437-2555; www.merazonia.org; Zi. pro Woche inkl. Mahlzeiten 100 US$/Freiwilliger), einer Zuflucht für verletzte Tiere aus dem Regenwald, bei den Projekten zur Rettung und Hege von Vögeln, Säugern und anderen Tieren als Freiwilligenarbeiter seinen Beitrag leisten. Es gibt hier Komposttoiletten und warme Duschen.

Rund 7 km weiter folgt **Shell**, ein wichtiger Flug-Knotenpunkt für Transporte in den Dschungel; hier könnte es einen weiteren Polizeikontrollpunkt geben. Auf der anderen Seite der Brücke, nahe beim Hauptplatz, befindet sich **Alexander's**, ein kleines Lebensmittelgeschäft, das aber auch gute *almuerzos* (1–2 US$) serviert. Gleich östlich der Militärbasis findet man das Lufttaxi-Unternehmen **Aero Regional** (☎09-280-8080), das Charterflüge zu den Lodges und Dörfern im Dschungel anbietet.

Am Ende der Fahrt ins Tiefland erreicht man dann, 61 km von Baños entfernt, das schwülfeuchte Dschungelstädtchen Puyo (S. 245).

Parque Nacional Sangay

Zu diesem 2710 km² großen **Nationalpark** (Eintritt 2 US$) gehören drei der prächtigsten Vulkane Ecuadors – der sehr aktive Sangay, der zeitweise aktive Tungurahua sowie der erloschene Vulkan El Altar. Außerdem findet man hier eine äußerst abwechslungsreiche Landschaft, Flora und Fauna. Die ecuadorianische Regierung richtete den Park 1979 ein und die Unesco erklärte ihn 1983 zur Welterbestätte.

EIN KORN FÜR ALLE FÄLLE

Ecuador ist ein Mais- und Kartoffelland, wie die Hügel mit ihrem Flickenteppich aus grünen und goldenen Feldern beweisen. Aber Jahrtausende lang war Quinoa (*Chenopodium quinoa*) die Nummer Eins. Als entscheidende Proteinquelle ernährte Quinoa, Körner von der Größe eines Stecknadelkopfs, die Inkas auf ihren langen Märschen. Sie nannten das Pseudogetreide „Mutter Korn", und bis heute ist Quinoa ein wichtiges Grundnahrungsmittel in den Anden.

Im ländlichen Ecuador begegnet man dem winzigen Korn in *sopa de quinua* (Quinoasuppe) und anderen Gerichten, was teilweise auf seine hohe kulturelle Bedeutung und auf die Einstufung der Uno als „Supergetreide" (wegen des hohen Nährwerts) zurückzuführen ist. Da die Preise auf dem Weltmarkt steigen, ergreifen viele ländliche Gemeinden die Chance optimaler Marktbedingungen, um den Quinoa-Anbau wieder zu reaktivieren.

Eine solche Gemeinde ist, seltsam genug, ein kommunaler Rundfunksender, die Escuelas Radiofónicas Populares del Ecuador (von den Einheimischen kurz ERPE oder *Radio-fónica* genannt und zu hören auf AM 710 oder FM 91,7 sowie im Netz unter www.erpe.org.ec). ERPE startete 1962 als Bildungssender ein Programm, mit dem es die Campesinos der umliegenden Provinzen erreichen wollte. In den 1980er-Jahren wurde ein Öko-Bauernhof gegründet – wie so etwas funktioniert, wussten die Radioleute bereits –, um damit die Aktivitäten des Senders zu finanzieren. Bald erkannte man, dass man die Bioprodukte auf den Weltmarkt bringen könnte. ERPE unterrichtete mehr als 3500 Bauernfamilien in vier Provinzen über den Bio-Anbau von Quinoa – und 1997 kam die erste Bestellung aus den USA. Seither werden mehr als 800 t Quinoa für den Export produziert, gleichzeitig ist der regionale Verbrauch des „Supergetreides" gestiegen, und das Einkommen vieler Quinoa-Bauern hat sich nahezu verdoppelt.

2002 verlieh Slow Food International ERPE den angesehenen Slow Food Prize, womit diese Bauern in die ersten Ränge der besten Bio-Nahrungsmittelproduzenten weltweit aufrückten.

Vom *páramo* in den höchsten Gebieten im Westen des Parks, der bis in eine Höhe von über 5000 m um die drei Vulkane reicht, senkt sich das Gelände an den Osthängen der Anden bis zu einer Höhe von knapp über 1000 m ab. Die dazwischenliegende Landschaft ist abschüssig, zerklüftet und feucht (in einigen Gebieten fällt jährlich über 4 m Regen) und im wahrsten Sinne eine Wildnis. Im gesamten Park leben ungefähr 500 Vogelarten und 3000 Pflanzenspezies; die dicht bewachsenen Hänge östlich der Berge sind der Lebensraum von Tieren, die sich nur sehr selten sehen lassen, darunter Brillenbären, Bergtapire, Pumas, Ozelots und Stachelschweine.

Nur zwei wichtige Straßen führen in den Park: Die eine läuft von Riobamba nach **Alao** (dem Hauptzugang zum Volcán Sangay) und verliert sich in den östlichen *páramos*. Die zweite ist die Straße von Guamote nach Macas, die entgegen dem geschützten Status des Parks direkt durch diesen verläuft und negative Auswirkungen auf die Umwelt wie Besiedlung und Jagd begünstigt.

VOLCÁN TUNGURAHUA

Mit einer Höhe von 5016 m (vor den aktuellen Ausbrüchen) ist der Tungurahua (das Kichwa-Wort bedeutet „Feuerschlund") der zehnthöchste Gipfel Ecuadors. Er *war* ein schöner, kegelförmiger Vulkan mit einer Gletscherkrone auf den üppig grünen Hängen, aber seit 1999 haben die vielen Eruptionen das Eis abgeschmolzen und die Form von Kegel und Krater verändert. Lava- und Schlammströme (Lahare) des Ausbruchs vom August 2006 bedeckten rund 2 km der (inzwischen reparierten) Straße von Ambato nach Baños; im November 2011 erzwang ein weiterer größerer Ausbruch Evakuierungen in dem Gebiet.

Vor 1999 stiegen Traveller gern ein Stück den Vulkan hinauf, vielleicht bis zum Dorf Pondoa und zu der (heute zerstörten) Schutzhütte auf 3800 m. In den letzten Jahren sind manche in Zeiten geringer Aktivität bis dorthin vorgedrungen, ein Aufstieg über Pondoa hinaus ist gegenwärtig aber verboten. Der Tungurahua wird genau überwacht: Wenn drei Monate hintereinander relative Ruhe herrscht, kann der Berg für Kletterer von den örtlichen Behörden freigegeben werden, man sollte sich also in Baños nach der aktuellen Lage erkundigen.

VOLCÁN EL ALTAR

Mit 5319 m ist dieser lange erloschene Vulkan der fünfthöchste Berg Ecuadors und einer der malerischsten und faszinierendsten Gipfel des Landes. Vor dem Zusammenbruch der westlichen Seite des Kraters, der in prähistorischen Zeiten erfolgte, kann der „Altar" gut und gern einer der höchsten Berge der Welt gewesen sein. Die Kraterwände, die einen gelb-grünlichen Kratersee, die Laguna Amarilla, einfassen, bilden neun einzelne Gipfel aus, von denen die meisten Namen mit religiösem Bezug haben: z.B. Obispo (Bischof; 5315 m) oder Monja Chica (Kleine Nonne; 5080 m).

Im Jahr 2000 stürzte ein Teil des Gletschers in den See und sorgte für eine massive Flutwelle, die den Westhang und die Collanes-Ebene (3900 m) überflutete und gewaltige Felsbrocken in der Landschaft hinterließ.

Um zum El Altar zu kommen, einen Bus von Riobamba nach **Penipe**, einem Dorf auf halber Strecke zwischen Riobamba und Baños, nehmen. Eine Straße zwischen Ambato und Penipe, die über Baños führt, existiert zwar, aber die neueren Ausbrüche des Tungurahua haben die Brücken zwischen Baños und Penipe unpassierbar gemacht; man sollte sich vor Ort nach der aktuellen Lage erkundigen. Von Penipe aus nimmt man einen Bus oder heuert einen der wenigen Trucks an, um in das winzige Dorf **Candelaria** (3100 m) 12 km weiter südöstlich zu gelangen. Von Candelaria sind es rund 2 km zur **Hacienda Releche** (☎03-296-0848; Zi. 6 US$) und zur nahegelegenen Rangerstation, an der man den Parkeintritt (2 US$) bezahlt. Den Inhabern des Releche gehört auch das strohgedeckte **Refugio** (6 US$/Pers.) auf der Collanes-Ebene, und sie vermieten auch Pferde (einfache Strecke 8 US$ zzgl. 8 US$ für einen Führer).

Die Wanderung zur Collanes-Ebene, dem besten Ort, um in Gipfelnähe zu campen, ist unproblematisch, allerdings kann schlüpfriger Schlamm das Vorankommen erschweren. Die Ranger und das Personal der Hazienda können einem den Anfang des Weges zeigen. Bei trockener Witterung können es geübte Wanderer von Candelaria bis auf die Collanes-Ebene in sechs bis sieben Stunden schaffen. Oben auf der Ebene leben viele Stiere (Abstand halten), die ihren Mist überall hinterlassen (aufpassen, wohin man tritt). Überflutungen kommen vor, sind aber selten.

Die beste Besuchszeit sind die Monate von Dezember bis März. Die feuchtesten Monate sind April und Mai, die dunstigsten Juli und August.

VOLCÁN SANGAY

Der ständig Felsen, Asche und Rauch speiende, 5230 m hohe Sangay ist einer der aktivsten Vulkane der Erde, und seine Besteigung ist höchst gefährlich. Für jene, die es dennoch wagen, empfehlen manche Bergführer die Mitnahme eines Metallschilds zum Schutz gegen Felsbrocken, die der Krater auswirft (ob das die Mühe der Besteigung geringer macht?). Eine Wanderung bis zum Fuß des Bergs oder auch nur bis zur **Playa** (dem Strand) ist möglich, vor allen zwischen Dezember und Februar, wenn es in der Gegend am trockensten ist.

Beim Instituto Geográfico Militar (IGM) in Quito gibt's topografische Karten. Um zum Sangay zu kommen, nimmt man einen Bus vom Parque La Dolorosa in Riobamba zum Dorf **Alao** (1,50 US$; 1½ Std.; 5.30, 6.30 & 12–18 Uhr stündl.). Am Nationalparkeingang in Alao bezahlt man den Parkeintritt und bekommt Infos über die Kooperative der örtlichen Guides, die von Alao oder dem nahegelegenen **Guargualla** aus operieren.

LAGUNAS DE ATILLO & OZOGOCHE

Mit der Eröffnung der Straße von Guamote nach Macas ist die spektakuläre *páramo*- und Seenregion der Lagunas de Atillo leicht zugänglich geworden und wird langsam als Ziel für Reiter, Wanderer, Forellenangler und sogar Mountainbikefahrer erschlossen. Noch gibt es in Atillo nur sehr wenige Besucher, sodass man hier eine abgelegene Landschaft und das ländliche Leben genießen kann.

Rund 79 km von Riobamba entfernt führt die Straße durch **Atillo** (300 Ew.), das tatsächlich aus zwei Dörfern besteht, Atillo Grande und Atillo Chico, die rund 1 km voneinander entfernt sind. Von diesem Gebiet aus, das von den Atillo-Seen umgeben ist, kann man in sechs bis acht Stunden über einen Kamm zu den **Lagunas de Ozogoche** und in weiteren drei bis vier Stunden bis zu dem Dorf **Totoras** wandern, wo man zelten oder sich im Dorf nach einer *choza* (strohgedeckte Hütte;

rund 1 US$) zum Übernachten erkundigen kann. In Atillo Chico bietet eine Frau namens Dora Paña im **Paradero Los Saskines** (☎03-260-6000; Vía Cebadas–Macas Km 38; Zi. 5 US$/Pers.) einfache Unterkünfte und Mahlzeiten; ähnliche Einrichtungen bietet nahe bei Atillo Grande die **Cabaña Atillo Grande** (Vía Cebadas–Macas Km 41; Zi. 8 US$/Pers.). Wer zelten will, besorgt sich Vorräte in Riobamba und holt sich bei der IGM in Quito eine topografische Karte.

Von Atillo aus windet sich die Straße durch den Nationalpark und endet schließlich in Macas im südlichen Oriente (Weitere Informationen über den Parkzugang aus Richtung Macas stehen auf S. 251). Pro Bici in Riobamba bietet zwei- und dreitägige Radtouren auf der Straße Guamote–Macas, die durch das Seengebiet führt.

Busse von Cooperativa Unidos fahren in Riobamba von der Kreuzung Velasco und Olmedo nach Atillo (2 US$, 2½ Std., Mo–Sa 5.30, 12 & 15.20, So 14.30 Uhr). Alle Busse nach Macas fahren auch über Atillo, diese Busse fahren in Riobamba vom Terminal Oriental (2.30, 5.45, 10, 13, 16 & 17 Uhr).

Guaranda

☎03 / 30 987 EW. / 2650 M

Bei Guaranda besteht die Hälfte des Spaßes in der Anreise: Die 99 km lange Straße von Ambato erreicht Höhen von über 4000 m und passiert den Gletscher des Volcán Chimborazo (6310 m) in einem Abstand von nur 5 km. Von hier aus könnte man fast glauben, dass der Berg ganz einfach zu besteigen sei. Guaranda an sich, die Hauptstadt der Provinz Bolívar, ist klein und langweilig. Sie steht zwischen sieben steilen Hügeln, was ihr den Spitznamen „Rom der Anden" eingetragen hat. Wegen ihrer kulturellen Angebote hätte sie ihn sicher nicht bekommen. Einen Besuch lohnen der Markt, der mittwochs und samstags auf der **Plaza 15 de Mayo** stattfindet, und ebenso der **Karneval** mit Wasserkämpfen, Tänzen, Umzügen und einem Schnaps aus örtlichen Kräutern, den die Einheimischen „Pájaro Azul" (Blauer Vogel) nennen.

Schlafen

Hostal de las Flores HOTEL $
(☎298-6202; Pichincha 4-02; Zi. 10 US$/Pers.; WLAN) Guarandas am meisten auf Traveller eingestelltes Hotel ist freundlich und befindet sich in einem hübsch aufgemöbelten alten Gebäude. Die netten Zimmer öffnen sich zu einem kleinen Innenhof und haben Kabel-TV, feste Betten und Telefon. Das Haus liegt zwei Blocks südwestlich des Parque Simón Bolívar.

Hotel Bolívar HOTEL $
(☎298-0547; Sucre 7-04; Zi. 18 US$/Pers.; WLAN) Eine weitere gute Option für anspruchsvolle Traveller: Die Zimmer sind einladend und sauber, und es gibt einen schönen Hof. Das angeschlossene Restaurant bietet gute *almuerzos* (2–3 US$). Das Haus liegt zwei Blocks südlich des Parque Simón Bolívar.

Essen

Los 7 Santos CAFÉ $
(Convención de 1884; Hauptgerichte 1–3 US$; ⌚Mo–Sa 10–23 Uhr) Vom Parque Simón Bolívar einen halben Block bergab bietet das Los 7 Santos all das, was man auch von einem Künstlercafé in Quito erwarten würde. Am Morgen gibt's Frühstück und den ganzen Tag lang kleine Sandwiches und *bocaditos* (Snacks).

La Bohemia ECUADORIANISCH $
(Convención de 1884 & 10 de Agosto; Hauptgerichte 2–4 US$; ⌚Mo–Sa 8–21 Uhr) In der Nähe vom Parque Bolívar serviert das La Bohemia *almuerzos* (2 US$) in entspannter, aber aufmerksamer Atmosphäre. Das Essen kann man mit einem riesigen *batido* (Frucht-Shake) hinunterspülen.

Praktische Informationen

Banco del Pichincha (Azuay nahe 7 de Mayo)

Clínica Bolívar (☎298-1278; nahe Plaza Roja)

Krankenhaus (Cisneros s/n)

Post (Azuay nahe Pichincha)

An- & Weiterreise

Guarandas Busbahnhof befindet sich einen strammen 20-minütigen Marsch bzw. eine Taxifahrt für 1 US$ entfernt von der Innenstadt. Plätze in den nachmittäglichen Bussen können im Voraus reserviert werden, es empfiehlt sich also vorauszuplanen.

Busse fahren stündlich nach Ambato (2,10 US$, 2 Std.) und Quito (5 US$, 5 Std.). Fast genauso häufig sind Busse nach Babahoyo (2,50 US$, 2½ Std.) und Guayaquil (4 US$, 4 Std.). Täglich fahren zahlreiche Busse nach Riobamba (2,10 US$, 2 Std.). Auf dieser Fahrt hat man eine herrliche Aussicht – sie führt am Parkeingang des Chimborazo und an den Zufahrtsstraßen zu den Berghütten vorbei, und der Blick auf den Volcán Chimborazo ist hinreißend.

Busse nach Salinas (0,25 US$, 1 Std., Mo–Fr 6,7 & 10–16 Uhr stündl., Sa & So 6 & 7 Uhr) fahren von der Plaza Roja. Auch die in einer Kooperative gehörenden weißen Pickups, die als Sammeltaxis fungieren, fahren häufig von der Plaza Roja nach Salinas (1 US$, 45 Min.); sie starten, sobald das Fahrzeug voll besetzt ist.

Salinas

☎03 / 1000 EW. / 3550 M

Das abgelegene Salinas rund 35 km nördlich von Guaranda liegt am Fuß einer dramatischen, abschüssigen Felsklippe inmitten von hohem *páramo*. Der als Modell für ländliche Entwicklung bekannte Ort ist ideal, um zu erfahren, worum es bei einem erfolgreichen, auf Kooperativen basierenden Tourismus eigentlich geht. Montags bis samstags kann man genossenschaftliche Betriebe besuchen, die Käse, Schokolade, getrocknete Pilze, Salami oder *turrón* (Torrone, weißer Nougat) herstellen. Örtliche Führer bieten geführte Wanderungen und Ausritte zu den Betrieben, zu den nahen Gebieten, in denen die Pilze gesammelt werden, und überhaupt hinaus in die beeindruckende Landschaft an.

Tienda El Salinerito (Plaza Central; ⏲9–17 Uhr) heißt der hiesige Laden für die in den Genossenschaften produzierten Waren. Hier bekommt man auch flauschige Wollpullover und das coole Comic-Buch über die Geschichte des Dorfs.

Schlafen & Essen

El Refugio HOTEL $$
(☎221-0042; fugjs@andinanet.net; Zi. 20 US$/Pers.) Zwei Blocks oberhalb der Plaza befindet sich diese hübsche Lodge mit Holzelementen, Ausblick auf den Ort und einem prasselnden Kamin in der Lobby. Das Hotel ist im Besitz der Gemeinde und wird von ihr betrieben.

La Minga Café CAFÉ $
(El Salinerito Höhe Guayamas; Hauptgerichte 1,50–3 US$; ⏲7.30–22 Uhr) Das Café gegenüber der Haupt-Plaza bietet gute Menüs und steht Touristen und Einheimischen den ganzen Tag über zur Verfügung.

Praktische Informationen

Die **Touristeninformation** (☎239-0022; www.salinerito.com; ⏲9–17 Uhr) an der Haupt-Plaza neben der Post vermittelt Guides und informiert über Aktivitäten, die man alleine unternehmen kann. Falls sie geschlossen ist, wendet man sich an das Hotel El Refugio gegenüber. Banken und weitere Serviceeinrichtungen für Touristen gibt es im Dorf nicht.

An- & Weiterreise

Busse nach Guaranda (0,25 US$, 1 Std.) fahren täglich um 11, 13 und 15 Uhr. Sammeltaxis fahren ebenfalls häufig dorthin (1 US$, 45 Min.).

Volcán Chimborazo

Der von den *indígenas* in der Region als „Taita" (Vater) bezeichnete Volcán Chimborazo (6310 m) ist der höchste Berg des Landes, ein mit einer großen Gletscherkappe bedeckter Gigant. Zusammen mit seinem kleineren und zerklüfteteren Nachbarn, dem **Volcán Cariuairazo** (5020 m) im Nordosten und dem zwischen den Bergen

NACHHALTIGE ENTWICKLUNG IN SALINAS: VON CHOZAS ZUM KÄSE

Als der italienische Salesianerpater Antonio Polo an einem Julitag des Jahres 1971 in das Dorf kam, bestand es noch aus *chozas* (strohgedeckten Hütten). Seit Generationen hatten die *salineritos* (Einwohner von Salinas) in bitterer Armut gelebt und keine Möglichkeit gehabt, einen fairen Preis für ihre Milch, ihr Gemüse und ihre Wolle zu erzielen; die Hälfte aller Kinder starben, ehe sie fünf Jahre alt geworden waren.

Polo sah eine bessere Zukunft für die Menschen voraus, wenn sie sich auf die Herstellung und den Verkauf von Milchprodukten konzentrierten. Er half den Campesinos bei der Einrichtung einer Genossenschaftsbank, dem Kauf von Maschinen und der Beschaffung von Fachwissen. Mit hohen Qualitätsstandards hinsichtlich Frische und Hygiene eröffnete die Genossenschaft mehr als 20 *queserías* (Käsereien) rund um Salinas und dehnte sich sogar in andere Provinzen aus. Weitere Genossenschaften wurden ins Leben gerufen, die Schokolade, getrocknete Pilze, Wollkleidung, Salamis, Süßwaren und Knöpfe herstellen. Schließlich kam auch noch das kommunale Tourismusprojekt hinzu. Besucher können eine Besichtigungstour zu den kleinen und großen Genossenschaften machen (3 US$). In der Touristeninformation erfährt man mehr.

liegenden Tal des Río Mocha bildet der Chimborazo eine abgelegene, ja verlassene Region, in der es nur einige wenige indigene Dörfer gibt. Der Westhang des Chimborazo heißt *arenal* (*arena* bedeutet „Sand") und ist so trocken, dass einige ihn mit dem bolivianischen Altiplano vergleichen.

Der inaktive Volcán Chimborazo ist nicht nur der höchste Berg Ecuadors, sondern sein Gipfel ist aufgrund der an den Polen abgeplatteten Gestalt der Erde zugleich der am weitesten vom Erdmittelpunkt entfernte Ort auf Erden.

Der Chimborazo und der Carihuairazo liegen innerhalb der **Reserva de Producción Faunística Chimborazo** (Eintritt 2 US$). Die Bezeichnung als Tierschutzgebiet rührt daher, weil hier Hunderte von Vikunjas (wilde Verwandte der Lamas) leben. Die Tiere wurden hier früher bis zur Ausrottung bejagt, aber in den 1980er-Jahren aus Chile und Bolivien wieder neu eingeführt. Die Herden gedeihen, und man kann die eleganten Silhouetten der Tiere bei einer Busfahrt zwischen Guaranda und Riobamba im Nebel erspähen. Wenn man den Park erkundet, wird man die Vikunjas mit Sicherheit zu Gesicht bekommen.

Die Besteigung des Chimborazo oder des Carihuairazo sind Abenteuer, auf die sich nur gut akklimatisierte, erfahrene Bergsteiger, die über eine komplette Ausrüstung für einen Anstieg durch Schnee und Eis verfügen, einlassen können – Kontakt zu Bergführern kann man in Riobamba (S. 167) oder Quito (S. 65) aufnehmen. Um das Naturschutzgebiet am Chimborazo zu erreichen oder an den Startpunkt einer mehrtägigen Wanderung zu gelangen, muss man ein Auto in Riobamba mieten und sich dort mit Ausrüstung und Karten versorgen.

Die Temperaturen können nachts deutlich unter den Gefrierpunkt fallen. Am trockensten (aber zugleich auch am kältesten) ist es in der Region von Juli bis September sowie im Dezember.

Sehenswertes & Aktivitäten

Wer im Gebiet von Chimborazo und Carihuairazo körperlich anstrengende Aktivitäten unternehmen möchte, muss sich unbedingt zuvor gründlich akklimatisieren. Alle im Abschnitt „Schlafen" genannten Unterkünfte sind dafür gut geeignet, wer allerdings einen der beiden Berge besteigen oder eine anstrengende Wanderung unternehmen möchte, sollte außerdem auch einen qualifizierten Bergführer befragen. Mountainbike-Abfahrten von den Schutzhütten in großer Höhe lassen sich mit Tourveranstaltern in Riobamba vereinbaren.

Die kleine indigene Gemeinde **Pulinguí San Pablo** (3900 m) an der Straße von Riobamba nach Guaranda lohnt einen nachmittäglichen Besuch. Ein einmaliges Erlebnis für Bergsteiger und Wanderer ist die Übernachtung in der Lodge der Gemeinde. Die Puruhá leben seit Jahrhunderten an den Flanken des Chimborazo und arbeiten heute daran, mit dem **Proyecto El Cóndor** (www.interconnection.org/condor) den Tourismus in die Region zu bringen. Im Rahmen des Projekts bieten Einheimische einfache Führerdienste, vermieten Mountainbikes und zeigen den Besuchern faszinierende Lehrpfade in der Gegend. Eine Weberinnen-Genossenschaft rundet die Aktivitäten des Projekts ab. Informationen bekommt man bei dem in Riobamba ansässigen **Tom Walsh** (☎03-294-1481; twalsh@ch.pro.ec), der den Dorfbewohnern dabei geholfen hat, das Projekt auf die Beine zu stellen.

Wandern

Die Wanderung von Urbina am Río Mocha entlang und über den Abraspungo-Pass bis zur Straße zwischen Ambato und Guaranda ist besonders gut erschlossen. Für diese Wanderung muss man drei Tage rechnen. Karten gibt's beim IGM in Quito.

Bergsteigen

Die meisten Bergsteiger unternehmen erst mehrfache Akklimatisierungsaufstiege und verbringen dabei die Nacht in immer größerer Höhe, ehe sie sich an den Gipfel des Chimborazo wagen – denn dieser Aufstieg ist bekanntermaßen sehr anstrengend und erfordert auch bergsteigerisches Können. Die meisten Seilschaften nehmen heute die **Normalroute**, bei der man acht bis zehn Stunden auf den Gipfel und zwei bis vier Stunden für den Abstieg braucht. Die **Whymper-Route** ist derzeit nicht sicher.

Am Carihuairazo gibt es keine Schutzhütten, deswegen richten die Bergführer in der Regel ein Basislager an der Südseite des Berges ein. Der Aufstieg ist für erfahrene Bergsteiger ein recht unproblematisches Unternehmen, man braucht allerdings Ausrüstung für das Klettern im Eis.

Schlafen

In allen Unterkünften ist es ab dem späten Nachmittag entsetzlich kalt, man muss also angemessene Kleidung und einen entsprechenden Schlafsack mitbringen.

La Casa del Cóndor HOSTEL $
(☎357-1379; Zi. 5 US$/Pers.) Die preiswerteste Unterkunft in der Region befindet sich in der kleinen indigenen Gemeinde Pulinguí San Pablo. Hier leben Familien immer noch in den für die Gegend typischen runden *chozas* (strohgedeckten Hütten), aber La Casa del Cóndor ist ein Gebäude aus Stein, in dem ein einfaches Hostel mit Warmwasserduschen und einer Gemeinschaftsküche untergebracht ist.

Posada La Estación HOSTEL $
(☎in Riobamba 295-1389; Urbina; B 7 US$) Gleich außerhalb der Grenzen des Naturschutzgebiets südöstlich des Chimborazo liegt Urbina, das mit 3618 m der höchste Punkt der Transandenbahn war. Der ehemalige, 1905 errichtete Bahnhof dient heute als ein einfaches, aber komfortables *hostal,* das ein beliebter Ort zur Akklimatisierung und für malerische Wanderungen ist. Das *hostal* hat acht Zimmer, Duschen mit Warmwasser, eine Küche und bietet auch Mahlzeiten an.

Die einzige Zufahrtsstraße nach Urbina zweigt von der Panamericana ab. Man muss den Transport über einen Tourveranstalter in Riobamba vereinbaren oder einen Bus auf der Panamericana nehmen und sich vom Fahrer an der Abzweigung nach Urbina absetzen lassen, die sich ungefähr 30 km nördlich von Riobamba befindet. Von der Abzweigung bis nach Urbina sind es dann noch ungefähr 1 km.

Refugio Carrel & Refugio Whymper HÜTTEN $
(B 10 US$) Das tiefer gelegene Refugio Carrel befindet sich auf 4800 m, das höher gelegene Refugio Whymper, Ecuadors höchste Unterkunft, auf 5000 m. Diese Berghütte ist nach Edward Whymper benannt, dem britischen Bergsteiger, dem 1880 mit den Schweizer Brüdern Carrel als Bergführern die Erstbesteigung des Chimborazo gelang. In beiden Berghütten gibt es Hausmeister, gut ausgestattete Küchen, Stauraum für Gepäck und sogar begrenzte Nahrungsmittelvorräte.

An- & Weiterreise

Mehrere Busse fahren täglich über die asphaltierte Straße von Riobamba nach Guaranda. Rund 45 Minuten nach der Abfahrt in Riobamba erreicht man Pulinguí San Pablo, und ungefähr 7 km weiter folgt die ausgeschilderte Abzweigung (4370 m) zu den Berghütten am Chimborazo. Von der Abzweigung sind es 8 km auf der Straße bis zum Parkplatz am Refugio Carrel und weitere 1000 m bis zum Refugio Whymper. Falls man die Straße hinaufläuft, muss man bis zum Erreichen der Berghütten mehrere Stunden einplanen.

Die meisten Hotels in Riobamba können für diese Route bis zum Refugio Carrel ein Taxi beschaffen. Ein Taxi, das einen an der Hütte absetzt und an einem späteren Tag wieder abholt, kostet um die 50 US$, die einfache Strecke kostet rund 30 US$.

Riobamba

☎03 / 181 960 EW. / 2750 M

Der Name der Stadt ist eine Kombination des spanischen Wortes für „Fluss“ und des Kichwa-Wortes für „Tal“. Diese zweisprachige Bezeichnung beschreibt die Topografie der Gegend gut und liefert gleichzeitig einen Hinweis auf die reiche Mischung an Kulturen unter den hier lebenden Menschen. Riobamba hat einen hohen indigenen Bevölkerungsanteil, der samstags auf dem Markt besonders farbenfroh in Erscheinung tritt. Hingegen sind der Grundriss der Stadt und ihre Architektur imposante Vermächtnisse der spanischen Kolonialzeit.

Die Puhurá waren die ersten, die in der Gegend siedelten, ehe sie kurzfristig von den Inkas abgelöst wurden. 1534 gründeten die Spanier die Stadt Riobamba auf der Stätte des heutigen Cajabamba, 17 km südlich an der Panamericana. 1797 wurde Riobamba durch einen gewaltigen Erdrutsch zerstört und an der heutigen Stelle wieder aufgebaut. Die spanische Kolonialzeit endete endgültig, als in Riobamba 1830 die erste ecuadorianische Verfassung unterzeichnet wurde.

Sehenswertes & Aktivitäten

Museo de Arte Religioso MUSEUM
(Argentinos; Eintritt 2 US$; ⌚Di–Sa 9–12 & 15–18 Uhr) In dem wunderschön restaurierten, aus dem 16. Jh. stammenden Konvent der Schwestern des Ordens der Heiligen Empfängnis zeigt das einzige Museum von Riobamba eine der landesweit besten Sammlungen religiöser Kunst des 17. und 18. Jhs. Das berühmteste Stück ist eine unschätzbar kostbare, meterhohe, mit 1500 Edelsteinen besetzte Monstranz. Das Stück aus solidem Gold auf einem Sockel aus soli-

dem Silber wiegt mehr als 360 kg (ein guter Diebstahlschutz).

Parks PARK

Der schöne, von Bäumen bestandene **Parque Maldonado** (Primera Constituyente Höhe Espejo) wird im Nordosten von Riobambas **Kathedrale** flankiert. Ein paar Blocks südöstlich befindet sich an der Alvarado der **Parque La Libertad** (Primera Constituyente Höhe Alvarado) mit der neoklassizistischen **Basilika** (Veloz), der einzigen Rundkirche Ecuadors. Sie ist häufig geschlossen, aber sonntags und abends nach 18 Uhr kommt man eventuell hinein. Im **Parque 21 de Abril** (Orozco Höhe Ángel León) gleich nördlich vom Stadtzentrum gibt es eine Aussichtsplattform mit Blick auf die umliegenden Berge.

Samstagsmarkt MARKT

Beim Samstagsmarkt wimmelt es in der Stadt. Dann eilen Tausende aus den umliegenden Dörfern in die Stadt, um hier zu feilschen, zu kaufen und zu verkaufen. Die Händler breiten dann ihre Waren in den Straßen nordöstlich des Parque de la Concepción aus.

Bahnhof HISTORISCHES GEBÄUDE

Zum Zeitpunkt der Recherche war der Zugverkehr zwischen Riobamba und Alausí noch unterbrochen, aber es gibt Pläne, die Strecke wieder in Betrieb zu nehmen. Am historischen **Bahnhof** (☎1-800-873-637; www.ferrocarrilesdelecuador.gov.ec; Av León Borja Höhe Unidad Nacional) kann man nachsehen, ob die Züge wieder fahren. Auf alle Fälle lohnt sich ein Blick hinein, denn es gibt dort interessante Wechselausstellungen und einen Kunsthandwerksmarkt.

Abseilen ABENTEUERSPORT

Für 15 US$ kann man sich von dem höchsten Gebäude in Riobamba, dem siebengeschossigen **Hotel Zeus** (☎296-8036; www.hotelzeus.com.ec; Av León Borja 41-29) abseilen.

Geführte Touren

Dank der Nähe Riobambas zum Chimborazo, dem höchsten Gipfel Ecuadors, gibt's in der Stadt einige der besten Bergführer und Tourveranstalter in Sachen Bergsteigen des Landes. Zweitägige Gipfelbesteigungen des Chimborazo gibt's ab rund 260 US$ pro Person; inbegriffen sind Bergführer, Ausrüstung, Transport und Verpflegung, aber nicht der Parkeintritt (2 US$).

Eintägige Mountainbike-Touren gibt es ab 45 US$ pro Person. Sehr beliebt sind Talabfahrten von den Berghütten am Chimborazo – eine aufregende Art, die Landschaft zu erleben.

Geführte Wanderungen zu den benachbarten Nationalparks kosten rund 120 US$ pro Tag.

Veloz Expediciones ABENTEUERTOUR

(☎296-0916; www.velozexpediciones.com auf Deutsch; Chile 33-21 & Francia) Als Pionier des ecuadorianischen Bergsteigens und Inhaber dieses ausgezeichneten Bergführerdienstes ist Enrique Veloz in Ecuador schon eine historische Persönlichkeit – er selbst hat den Chimborazo mehr als 550-mal bestiegen. Die Führer bieten in Sachen Sicherheit einen hohen Standard. Bestiegen werden die meisten Gipfel in der zentralen Sierra, und auch Bergsteigekurse sind im Angebot.

Julio Verne Travel ABENTEUERTOUR

(☎296-3436; www.julioverne-travel.com; Espectador 22-25) Der angesehene ecuadorianisch-niederländische Tourveranstalter bietet preisgünstige, zweitägige Gipfeltouren zum Chimborazo und zu weiteren Gipfeln sowie Touren in den Oriente und zu den Galápagos-Inseln an. Ebenfalls im Angebot sind Mountainbike-Abfahrten vom Chimborazo.

Pro Bici ABENTEUERTOUR

(☎295-1759; Primera Constituyente & Larrea) Dies ist einer der besten Mountainbike-Tourveranstalter des Landes mit vieljähriger Erfahrung und ausgezeichneten Kundenbewertungen. Der Laden verleiht Mountainbikes (15–25 US$/Tag, Preis abhängig vom Fahrrad), hat ausgezeichnete Karten, einen guten Sicherheitsstandard und veranstaltet faszinierende Tagestouren. Die freundlichen Betreiber sprechen auch Englisch. Das Geschäft befindet sich im 2. Stock einer Stofffabrik.

Andean Adventures ABENTEUERTOUR

(☎295-1389; www.andeannadventures.com; Av León Borja & Uruguay) Das angesehene Unternehmen ist auf Chimborazo-Besteigungen spezialisiert, besorgt aber auch Mountainbikes und organisiert Wanderungen und andere auf den Kundenwunsch zugeschnittene Abenteuer.

Feste & Events

Riobambas alljährliche Fiesta feiert den Sieg in der **Schlacht von Tapi** im Unabhängigkeitskrieg am 21. April 1822. Am und rund um den 21. April gibt es eine große Landwirtschaftsausstellung mit den übli-

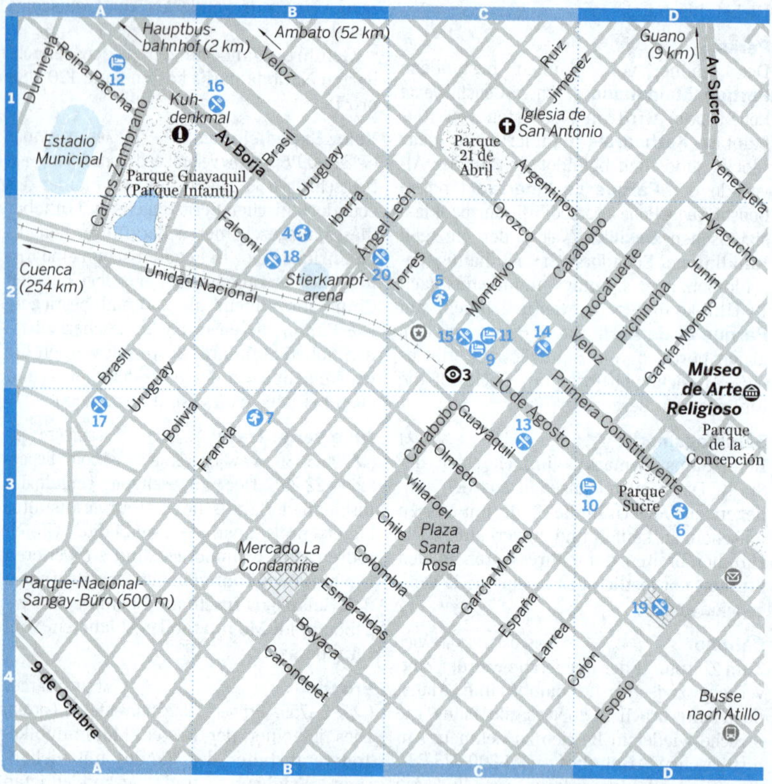

chen Hochland-Events wie Straßenumzügen, Tanz und jeder Menge traditionellem Essen und Trinken.

Schlafen

LP TIPP **Hostal Oasis** HOSTEL $
(☎296-1210; www.oasishostelriobamba.com; Veloz 15-32; EZ/DZ 12/20 US$; P @ ᯤ) Wenn es um Freundlichkeit, Preis-Leistungs-Verhältnis und Gemütlichkeit geht, ist das Oasis, eine Perle von Gasthof, kaum zu schlagen. Die Zimmer und Apartments verteilen sich rund um einen Garten, und zwei plappernde Papageien und eine Gemeinschaftsküche kommen auch noch dazu. Es gibt einen Büchertausch und die Möglichkeit zu kostenlosen Telefongesprächen in die USA und nach Kanada. WLAN gibt's für 1 US$. Kürzlich wurde ein paar Blocks weiter eine Filiale eröffnet, das Oasis II, wo man campen aber auch in ebenfalls komfortablen Zimmern übernachten kann. Eingecheckt wird im Hauptgebäude.

Hotel Montecarlo HOTEL $$
(☎296-1577; www.hotelmontecarlo-riobamba.com; 10 de Agosto 25-41; EZ/DZ mit Frühstück 18/32 US$) Das Montecarlo residiert in einem schön restaurierten Haus, das an der Wende zum vorigen Jahrhundert errichtet wurde. Der Einsatz der Farbe Blau (blaue Sofas, blaue Teppiche, blaue Zierleisten und blaue Bettdecken) kann einen zwar ein wenig nerven, aber angenehm ist das Hotel trotzdem.

Hotel Zeus BUSINESSHOTEL $$
(☎296-8036; www.hotelzeus.com.ec; Av León Borja 41-29; EZ/DZ 37/53 US$, Executive EZ/DZ 60/75 US$; P ᯤ) Das siebenstöckige Hotel zwischen dem Busbahnhof und der Innenstadt bietet eine Reihe unterschiedlich gestalteter und ausgestatteter Zimmer sowie Zugang zu einem Fitnessraum. Die teureren Zimmer sind ausgezeichnet (einige haben einen erstklassigen Blick auf den Chimborazo).

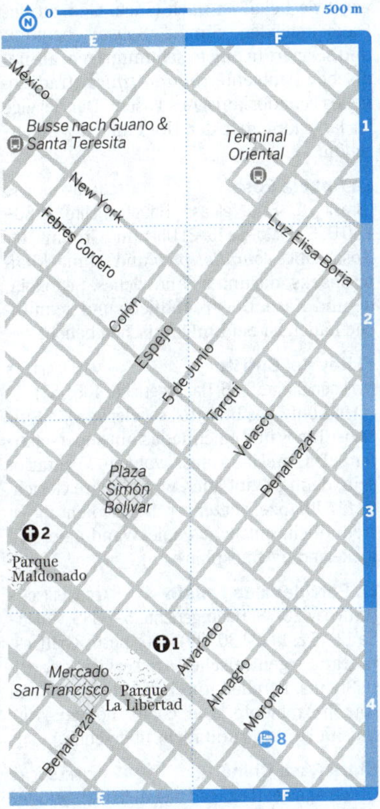

Riobamba

Highlights
Museo de Arte Religioso ... D2

Sehenswertes
1 Basilika ... E4
2 Kathedrale ... E3
3 Bahnhof ... C2

Aktivitäten, Kurse & Touren
4 Andean Adventures ... B2
Hotel Zeus ... (siehe 12)
5 Julio Verne Travel ... C2
6 Pro Bici ... D3
7 Veloz Expediciones (Bergführer) ... B3

Schlafen
8 Hostal Oasis ... F4
9 Hotel El Libertador ... C2
10 Hotel Montecarlo ... D3
11 Hotel Tren Dorado ... C2
12 Hotel Zeus ... A1

Essen
13 Bom Café ... C3
14 Café El Delirio ... C2
15 Chifa Casa China ... C2
16 El Rey del Burrito ... B1
17 La Abuela Rosa ... A3
18 La Parrillada de Fausto ... B2
19 Mercado La Merced ... D4
20 Pizzeria D'Baggios ... B2

Hotel Tren Dorado HOTEL $
(☎296-4890; www.hoteltrendorado.com; Carabobo 22-35; EZ/DZ 12/20 US$; P) Dass der „Goldene Zug" nahe beim Bahnhof zu finden ist, sollte eigentlich niemanden überraschen. Das Hotel bietet makellos saubere, komfortable Zimmer, betagte Möbel, nach hinten hinaus eine coole Terrasse und (na ja) „niedliche" Bettdecken mit Löwen drauf. Zutaten für ein selbst zuzubereitendes Frühstück kosten 3 US$ extra. Die Warmwasserversorgung scheint verlässlich zu funktionieren, und die Fernseher sind groß.

Hotel El Libertador HOTEL $
(☎294-7393; www.hotelellibertador.com; Av León Borja & Carabobo; Zi. 12,50–15 US$/Pers.;) Das einfache Hotel in einem renovierten Gebäude mit Holzböden liegt bequem dem Bahnhof gegenüber. Im Erdgeschoss gibt's ein geschäftiges Grillrestaurant, das früh öffnet und spät schließt.

Hostería La Andaluza HOSTERÍA $$
(☎294-9370; www.hosteriaandaluza.com; EZ 40–60, DZ 50–70 US$;) Rund 15 km nördlich von Riobamba an der Panamericana gelegen, bietet diese renovierte, kolonialzeitliche Hazienda auf einem schönen Gelände einen Panoramablick. Zwei Restaurants, ein kleiner Fitnessraum mit Sauna und ein Spielzimmer mit Tischfußball gehören zu den vorhandenen Extras, das Beste aber ist die abgeschiedene, ländliche Lage. Nur das moderne Dekor der Zimmer will nicht so recht zu der prachtvollen Architektur passen.

Albergue Abraspungo HAZIENDA $$$
(☎236-4031; www.abraspungo.com.ec; EZ/DZ/Suite 78/109/193 US$;) Das 3,5 km nordöstlich der Stadt an der Straße nach Guano gelegene Abraspungo ist ein Spitzenhotel rund um eine weiß getünchte Hazienda. Antiquitäten und rustikale Details schmücken das Haus, die großzügigen

Zimmer sind thematisch gestaltet, es gibt ein Restaurant mit Bar, einige Spa-Einrichtungen und die Möglichkeit zu Ausritten. Das Hotel besitzt ein Zertifikat für Ökotourismus und beschäftigt Menschen aus der Region.

Essen

LP TIPP Mercado La Merced MARKT $
(Mercado M Borja; Guayaquil zw. Espejo & Colón; Hauptgerichte 3 US$; ⏲7–18 Uhr) Die Marktfrauen, die *hornado* (ganze gebratene Schweine) anbieten, verstehen sich aufs Verkaufen, schreien, um Aufmerksamkeit zu erregen, und bieten auch Kostproben. Wenn man der derben Verkaufstechnik widerstehen kann und es einen nicht stört, zwischen gehäuteten Schweinen zu essen, dann wird man den Markt lustig und interessant finden. Das Schweinefleisch ist jedenfalls superfrisch, und samstags ist auf dem Markt besonders viel los.

Pizzería D'Baggios ITALIENISCH $$
(Av León Borja & Ángel León; Pizzas 3–8 US$; ⏲Mo–Sa 12–22 Uhr) Dutzende verschiedene Pizzasorten, alle mit mitteldickem Boden, werden im Holzofen dieser Pizzeria vor den Augen der Kundschaft zubereitet. Dank des Ofens ist das gesamte Lokal auch schön warm.

Café El Delirio ECUADORIANISCH $$
(Primera Constituyente 28-16; Hauptgerichte 7–10 US$; ⏲Di–So 12–22 Uhr) Das von einem Geschichtsdenkmal zum Restaurant gewordene Lokal ist nach einem Gedicht des Freiheitshelden Simón Bolívar benannt und serviert in einem schummrigen, altmodischen Ambiente *comida típica* (traditionelles ecuadorianisches Essen). Der Service ist langsam, aber der Hof einfach wunderschön.

La Abuela Rosa ECUADORIANISCH $
(Brasil & Esmeraldas; Hauptgerichte 0,80–1,50 US$; ⏲Mo–Sa 16–21 Uhr) Im „Großmutter Rosa" gibt's *comida típica* und schmackhafte Snacks, darunter Sandwiches, Schokolade und Käse. Der freundliche und gemütliche Laden ist bei Einheimischen beliebt.

El Rey del Burrito MEXIKANISCH $
(Av León Borja 38-36; Hauptgerichte 4–6 US$; 🖉) „Der König des Burrito" serviert große Burritos, Tacos und Enchiladas mit superscharfer Salsa. Im Haus muss wohl ein Vegetarier sein, denn es gibt auch wunderbare Gerichte für Pflanzenverzehrer. Die Bedienung ist freundlich, ein paar coole Wandmalereien lockern die Atmosphäre auf.

La Parrillada de Fausto ARGENTINISCH $
(Uruguay 20-38; Hauptgerichte 5–7 US$; ⏲Mo–Sa 12–15 & 18–22.30 Uhr) Das nette Grillrestaurant argentinischer Art serviert gegrillte Steaks, Forellen und Hähnchen in einem Ranch-Ambiente. Die coole, höhlenartige Bar im Hintergrund nicht übersehen.

Chifa Casa China CHINESISCH $
(10 de Agosto; Hauptgerichte 4–5 US$; ⏲10–22 Uhr) Wie die meisten chinesischen Gerich-

ABSTECHER

GUANO & SANTA TERESITA

Abgesehen davon, dass es ein beliebtes Wochenend-Ausflugsziel für Familien aus Riobamba darstellt, ist das 8 km nördlich von Riobamba gelegene Dorf **Guano** auch ein wichtiges kunsthandwerkliches Zentrum, das auf Teppiche und Waren aus Leder und aus Totora-Schilf spezialisiert ist. Läden, die derartige Waren verkaufen, liegen direkt am Hauptplatz (wo der Bus hält). Ebenfalls in der Nähe des Hauptplatzes befindet sich ein **Museum** (Eintritt 1 US$) mit den mumifizierten Überresten eines Franziskanermönchs aus dem 16. Jh. und den **Ruinen** eines Klosters aus den 1660er-Jahren. Vom **Mirador** oberhalb des Ortes hat man (an klaren Tagen) einen ausgezeichneten Blick auf den Vulkan El Altar.

Von der Haupt-Plaza kommt man mit dem Bus oder zu Fuß weiter zum 2 km entfernten Dorf **Santa Teresita**. Wenn man am Ende der Busstrecke rechts abbiegt und ungefähr 20 Minuten den Hügel hinuntergeht, gelangt man zum **Parque Acuático Los Elenes** (Eintritt 1 US$; ⏲8–18 Uhr), dessen Schwimmbecken von natürlichen Mineralquellen gespeist werden. Das Wasser ist ziemlich kalt (22 °C), aber der Blick auf den Tungurahua und den El Altar ist wunderbar.

Nahverkehrsbusse nach Guano und Santa Teresita fahren in Riobamba von der Haltestelle an der Kreuzung Pichincha und New York und kosten nur 0,25 US$.

te, die man in Ecuador bekommt, sind auch diese etwas fettlastig, aber die nette chinesische Familie, die dieses *chifa* (Chinarestaurant) betreibt, serviert große Portionen mit viel frischem Gemüse und Meeresfrüchten.

Bom Café CAFÉ $

(Pichincha 12-37; kleine Gerichte 2–4 US$) Das schmale Café in einer Seitenstraße serviert neben einem absolut perfekten Kaffee auch noch Cappuccinos und andere koffeinhaltige Getränke. Zudem gibt's getoastete Sandwiches und Käseteller.

Shoppen

Kunsthandwerk kann man am Parque de la Concepción und im Bahnhof kaufen. Beim Herumschlendern besonders auf in der Region gefertigte *shigras* (kleine Einkaufsnetze), *tagua*-Schnitzereien sowie auf Matten und Körbe achten, die die indigenen Colta aus dem Totora-Schilf fertigen, der die Gestade der nahegelegenen Laguna de Colta säumt.

Unterhaltung

Das Nachtleben in Riobamba ist begrenzt und konzentriert sich auf die Kreuzung der Avenida León Borja mit der Torres und im Nordwesten auf die León Borja bis zur Duchicela. In beiden Gebieten gibt es Bars und Discos.

Praktische Informationen

Corporación Nacional de Telecomunicaciones (Tarqui Höhe Veloz; ⌚8–22 Uhr) Telefoncenter.

Banco de Guayaquil (Primera Constituyente) Bank mit Geldautomat.

Banco del Pichincha (Ecke García Moreno & Primera Constituyente) Bank mit Geldautomat.

Clínica Metropolitana (☎294-1930; Junín 25-28) Von Einheimischen empfohlene Klinik.

Hospital Policlínico (☎296-1705/5725/8232; Olmedo 11-01) Krankenhaus, südöstlich vom Stadtzentrum.

Parque-Nacional-Sangay-Büro (☎295-3041; parquesangay@andinanet.net; Av 9 de Octubre; ⌚Mo–Fr 8–13 & 14–17 Uhr) Westlich vom Stadtzentrum nahe der Duchicela; hier bekommt man Informationen und kann den Eintritt in den Parque Nacional Sangay bezahlen.

Polizei (☎296-1913/9300; Av León Borja)

Post (Ecke Espejo & 10 de Agosto)

Su Lavandería (Veloz 14-53) Wäscherei, die die Wäsche am gleichen Tag ausliefert (0,70 US$/kg).

An- & Weiterreise

Bus

Riobamba hat zwei Busbahnhöfe. Vom **Hauptbusbahnhof** (Av León Borja Höhe Av de la Prensa), rund 2 km nordwestlich vom Zentrum, fahren stündlich Busse nach Quito (3,85 US$, 4 Std.) und den Orten an der Strecke sowie Busse nach Guayaquil (4,75 US$, 4½ Std.). Ein Bus von Transportes Patria fährt um 9.45 Uhr nach Machala (6,35 US$, 6–7 Std.) und mehrere Busse fahren täglich nach Cuenca (6 US$, 6 Std.). CTA-Busse starten 20-mal täglich zwischen 5 und 20 Uhr nach Alausí (1,90 US$, 2 Std.). Busse von Flota Bolívar fahren morgens und nachmittags nach Guaranda (2,10 US$, 2 Std.); einige fahren weiter bis Babahoyo. Die Busse nach Guaranda kommen an der Zufahrtsstraße zum Chimborazo und zu den Berghütten vorbei.

Die Busse in den Oriente starten vom **Terminal Oriental** (Espejo & Luz Elisa Borja) im Nordosten der Stadt. Dort fahren Busse nach Coca (20 US$), Puyo (6 US$), Macas (5 US$) und Baños (2 US$). Die direkte Straßenverbindung zwischen Riobamba und Baños ist wieder frei, man sollte sich aber vor Ort nach dem Straßenzustand erkundigen. Die Busse fahren immer noch über Ambato.

Die Busse nach Atillo im Parque Nacional Sangay (S. 160) starten von der Kreuzung Velazco und Olmedo.

Drei lange Blocks südlich vom Hauptbusbahnhof (aus dem Haupteingang nach links gehen) findet sich abseits der Unidad Nacional ein kleinerer Busbahnhof mit häufigen Nahverkehrsbussen nach Cajabamba, Laguna de Colta und zur Kapelle La Balbanera. Hier fahren auch die Busse nach Guamote.

Um die Dörfer Guano und Santa Teresita zu besuchen, nimmt man den Nahverkehrsbus (0,25 US$) von der Haltestelle an der Kreuzung Pichincha und New York.

Zug

Zum Zeitpunkt der Recherche sollte die Strecke Riobamba–Alausí der Ferrocarril Transandino (Transandenbahn) bald wieder in Betrieb gehen. Weitere Informationen gibt's am Bahnhof.

Unterwegs vor Ort

Nördlich vom Hauptbusbahnhof liegt hinter der Kirche Santa Faz (die mit der blauen Kuppel) eine Bushaltestelle, an der die Busse Richtung Zentrum halten. Sie fahren die Avenida León Borja hinunter, die nahe dem Bahnhof zur 10 de Agosto wird. In die andere Richtung kann man auf der Primera Constituyente jeden Bus mit der Aufschrift „Terminal" nehmen. Der Fahrpreis beträgt 0,25 US$.

Fahrten zu fast allen Punkten in der Stadt kosten mit dem Taxi 1 US$.

Südlich von Riobamba

03

Rund 17 km südlich von Riobamba verläuft die Panamericana durch das winzige Dorf **Cajabamba**, wo sich einst Riobamba befand, bis im Jahr 1797 ein von einem Erdbeben ausgelöster Erdrutsch die Stadt unter sich begrub und Tausende tötete. An dem Hügel erkennt man, wenn man sich nähert, immer noch eine riesige Narbe.

Weiter südlich und gleich abseits der Panamericana kommt man an der unverkennbar kolonialzeitlichen Kapelle **La Balbanera** vorbei. Zwar stürzte beim Erdbeben von 1797 ein großer Teil ein, aber Teile der Fassade stammen noch von 1534.

Rund 4 km südlich von Cajabamba scheint das Wasser der **Laguna de Colta** unter goldenem Totora-Schilf zu ersticken. Jedem, der jemals den Titicacasee in Bolivien besucht hat, werden der Anblick und die kleinen Totora-Flöße, die auf der Laguna de Colta herumsegeln, vertraut erscheinen. Ethnobiologen glauben, dass möglicherweise in prähistorischer Zeit *totora*-Setzlinge hierher gebracht wurden. Jedenfalls ist das Schilf für die indigenen Colta eine wichtige Pflanze, aus der sie ihre berühmten Körbe und *esteras* anfertigen. Die Colta-Frauen färben die Ponys ihrer Frisuren leuchtend golden.

Ein **Weg** mit einem wunderbaren Blick auf den Chimborazo führt einen in ein paar Stunden rund um den See, und an den Wochenenden servieren kleine Lokale am See die örtliche Spezialität *cariucho*, eine Art Thunfisch-Eintopf.

Man kann jede oder alle der vorgenannten Orte von Riobamba aus mit Nahverkehrsbussen oder Taxis im Rahmen eines Tagesausflugs erkunden. Alle Busse, die von Riobamba auf der Panamericana nach Süden fahren, können einen in jedem der Dörfer absetzen. Sie liegen so dicht beieinander, dass man den Weg zwischen ihnen bequem zu Fuß zurücklegen kann.

WELCHE PANAMERICANA?

Bei Cajabamba spaltet sich die Panamericana auf: Der östliche Zweig ist die ecuadorianische Panamericana, die hinter der Grenze in Peru zu einer normalen Straße wird, die westliche Abzweigung ist die internationale Panamericana, die auch in Peru noch so heißt. Im weiteren Verlauf dieses Kapitels ist unter Panamericana die ecuadorianische, nicht die internationale, zu verstehen.

Guamote

03 / 2788 EW. / 3050 M

Als ein charmanter Irrgarten bunt angemalter Lehmziegelbauten präsentiert sich Guamote, eine stolze indigene Gemeinde, die nicht in (unmittelbarer) Gefahr schwebt, ihre Identität zu verlieren. Das Dorf ist bekannt für seinen traditionellen donnerstäglichen **Markt**, einen der größten im ländlichen Ecuador. Der Ort ist ansonsten etwas verschlafen: Man sieht alte, Kichwa sprechende Leute barfuß (wie sie es ihr ganzes Leben getan haben) in den Straßen herumlaufen, und die Menschen treffen sich immer noch auf dem Hauptplatz, um sich Geschichten zu erzählen und den Sonntagnachmittag zu genießen.

Übernachten kann man im **Inti Sisa** (291-6529; www.intisisa.org; JM Plaza Höhe Garcia Moreno; B 7,50 US$, Zi. 14,50 US$/Pers.), das Teil eines kommunalen Tourismusprojekts ist und von einem belgisch-ecuadorianischen Paar geführt wird. Das gemütliche, gut geführte Haus bietet Betten im Schlafsaal, saubere und freundliche Privatzimmer und Mahlzeiten für unter 4 US$. Weiter im Angebot sind Mountainbiketouren und Ausritte; auch die Unterkunft bei Gastfamilien lässt sich organisieren. Inti Sisa betreibt im Ort auch ein Projekt für frühkindliche Erziehung. Man kann sich nach Freiwilligenjobs erkundigen, aber gegenwärtig werden nur Interessenten akzeptiert, die sich mindestens für ein Jahr verpflichten. Wenn möglich, vorher anrufen, um sein Zimmer zu reservieren, besonders, wenn man mittwochs hier übernachten will. Das Hostel liegt nahe dem höchsten Punkt des Dorfs rund 1 km von der Panamericana (einfach herumfragen, jeder kennt den Weg).

Guamote liegt an der Busstrecke Riobamba–Cuenca, die mehrmals täglich bedient wird. Wenn der Bus nicht direkt nach Guamote fährt (das tut er üblicherweise nur donnerstags), wird man an der Panamericana abgesetzt und muss vom Haltepunkt aus etwa 1 km bergauf bis zur Hauptplaza laufen.

Zum Zeitpunkt der Recherche gab es in Guamote keinen Zugverkehr.

DIE TEUFELSNASE

Bahnfans wird es interessieren, dass eine berühmte Bahnstrecke, die Ferrocarril Transandino (Transandenbahn), errichtet um die Wende zum vergangenen Jahrhundert, früher Quito und Guayaquil verband. Sie war eine wirtschaftliche Lebensader für den Güteraustausch zwischen der Küste und dem Hochland und zugleich eine ingenieurtechnische Meisterleistung.

Aber die glanzvollen Tage der ecuadorianischen Eisenbahn sind leider vorbei. Der Autobahnbau einerseits und die ständigen Schäden an der Trasse, die durch Erdrutsche nach starken Regenfällen verursacht wurden, sorgten für ihren Niedergang. Im Jahr 2000 waren nur noch ein paar kurze Teilstrecken, die hauptsächlich von Touristen genutzt wurden, in Betrieb.

Die bekannteste und aufregendste dieser Strecken ist jene von Alausí nach Sibambe, die die Nariz del Diablo (Teufelsnase) hinunterführt, eine 765 m hohe, nackte Felsklippe. 1902 erdachten die Bahnbauingenieure ein schlaues Verfahren, um dieses Monstrum zu bezwingen – in den Berghang wurde eine Zickzackroute eingekerbt (viele Arbeiter verloren dabei ihr Leben). Der Zug zuckelt ein Stück nach Norden, wechselt das Gleis, zuckelt ein Stück nach Süden und so weiter und klimmt so langsam die Teufelsnase hinauf oder hinunter.

Irgendwo auf der Teufelsnase wird der alte Zug (der mehr an einen altmodisch aufgemachten Bus erinnert) unfehlbar entgleisen. Kein Grund zur Panik! Die Schaffner fordern alle Fahrgäste auf, den Zug zu verlassen, und mithilfe fortschrittlichster Technologie – nämlich großer Felsblöcke und Stöcke – wird das Stahlross wieder ins Gleis gewuchtet. Die gesamte Fahrt sollte etwa 2½ Stunden dauern, wobei ein einstündiger Halt in Sibambe eingeschlossen ist. Dort wird man von einer örtlichen Tanzgruppe begrüßt, man kann nach Kunsthandwerk stöbern und sich ein kleines Volkskundemuseum anschauen. Ein Reiseführer begleitet alle Tourgruppen. Abenteuerlustige werden mit Bedauern erfahren, dass die Fahrt auf dem Dach des Zuges nicht mehr erlaubt ist.

Derzeit sind zwar nur wenige Abschnitte der alten Transandenbahn in Betrieb, aber die umfassende Wiederherstellung der gesamten Strecke (einschließlich der langen Zweigstecke nach Cuenca – insgesamt mehr als 400 km) und vieler der 45 alten Bahnhöfe ist im Gang. Trotz Kontroversen über die Kosten und sogar über die Umweltschäden wegen des Holzes, das für die Bahnschwellen benötigt wird, scheint die Wiederauferstehung der Ferrocarril Transandino nicht mehr aufzuhalten zu sein.

Gegenwärtig verlässt der **Zug** (☎1-800-873-637, 293-0126; www.ferrocarrilesdelecuador.gov.ec; hin & zurück Erw./Kind 20/10 US$) den Bahnhof von Alausí (am nördlichen Ende der 5 de Junio) dienstags bis sonntags um 8 und 11 Uhr. Eine nachmittägliche Sonderfahrt beginnt um 15 Uhr, wenn mehr als 15 Interessenten zusammenkommen.

Alausí

☎03 / 8111 EW. / 3323 M

Das fast schwindelerregend am Rand der Schlucht des Río Chanchán gelegene und von einer riesigen Statue des heiligen Petrus überragte Alausí ist der Startpunkt für die berühmte Zugfahrt über die **Nariz del Diablo** (s. Kasten oben). Alausí ist wunderbar malerisch, besonders nahe dem Bahnhof und in den kopfsteingepflasterten Gassen, wo alte Lehmziegelbauten mit Holzbalkonen einen in die Vergangenheit entrücken. Alausí ist gegenwärtig nur eine kurze Zwischenstation, aber der Ort setzt auf den Zugtourismus und renoviert auch einiges von der zur Bahn gehörenden Infrastruktur.

Alausí liegt rund 97 km südlich von Riobamba und hat einen geschäftigen **Sonntagsmarkt**. Der Bahnhof liegt am nördlichen Ende der 5 de Junio.

Schlafen & Essen

Die meisten der wenigen Unterkünfte Alausís liegen an der Hauptstraße Avenida 5 de Junio. Wegen der Marktbesucher und der Wochenendgäste füllen sie sich samstags schnell.

Hostería Pircapamba HOSTERÍA $$
(☎293-0180; www.pircapamba.com; Zi. mit Frühstück 20 US$/Pers.) 3 km außerhalb des Ortes bietet die Hostería bemüht rustikale Zimmer mit Kaminen und weiß getünchten Backstein- und Holzwänden, einen ausgezeichne-

ten Blick hinunter ins Tal und viele Gemeinschaftsbereiche. Das Haus ist eine tolle Wahl vor allem für Familien. Es gibt aber hier kein Restaurant, was sehr unpraktisch ist, wenn man ohne Auto unterwegs ist. Angeboten werden Ausritte und Exkursionen zu interessanten Stellen in der Gegend.

Hotel Europa HOTEL **$**
(☎293-0200; www.hoteleuropa.com.ec; 5 de Junio 175 Höhe Orozco; Zi. 12 US$/Pers., mit Gemeinschaftsbad 8 US$; P) Mit alten Holzbalkonen und -fluren ist das renovierte Europa die beste Budgetoption im Ort selbst. Die Zimmer sind zwar nicht ganz so toll, haben aber Kabel-TV. Das Hotel steht direkt gegenüber dem Busbahnhof.

Hotel Gampala HOTEL **$$**
(☎293-0138; www.hotelgampala.com; 5 de Junio 122; EZ/DZ/3BZ/Suite mit Frühstück 26/44/60/60 US$; WLAN) Man mag es kaum glauben, aber in dem kleinen, 35 Jahre alten Hotel waren schon mehrere bekannte ecuadorianische Politiker und Künstler zu Gast. Die kürzlich renovierten Zimmer sind ein wenig dunkel, haben aber komfortable Betten, Flachbild-TVs und aufgemöbelte Badezimmer. Man kann auch in dem niedlichen kleinen Wohnzimmer oder im Café im Erdgeschoss abhängen.

Hotel Panamericano HOTEL **$**
(☎293-0278; 5 de Junio & 9 de Octubre; Zi. 12 US$/Pers., mit Gemeinschaftsbad 8 US$) Die Zimmer ohne Bad haben auch keine Fenster, aber die anderen sind sauber und komfortabel. Das Hotelrestaurant dient zugleich als Lobby, Kinderkrippe und Fernsehzimmer.

Punta Bucana Café MEXIKANISCH **$**
(Plazaleta Guayaquil; Hauptgerichte 2–5 US$) Das kleine Lokal am nördlichen Ende der 5 de Junio serviert frische mittelamerikanische und mexikanische Gerichte (mit einem kleinen ecuadorianischen Einschlag). Der Service ist etwas langsam, aber das Essen lohnt das Warten.

ℹ An- & Weiterreise

Der **Busbahnhof** liegt an der Avenida 5 de Junio. Stündlich fahren Busse nach Riobamba (1,90 US$, 2 Std.) und mehrmals täglich starten auch Busse nach Cuenca (5 US$, 4 Std.). Reisende auf dem Weg nach Quito müssen in Riobamba umsteigen. Viele Busse, die zwischen Riobamba und Cuenca unterwegs sind, fahren den Ort an – wenn nicht, muss man 1,5 km (aber immer bergab) von der Panamericana bis in den Ort laufen.

Alte Busse (oder auch Lastwagen, die als Busse eingesetzt werden) fahren von der 5 de Junio zu nahegelegenen Zielen. Einige der Busfahrten können ziemlich spektakulär sein, insondere jene nach Achupallas, dem Ausgangspunkt für die Wanderung auf dem Camino del Inca (Inka-Weg; s. Kasten: „Camino del Inca“, S. 178), der über die Straße ungefähr 23 km weiter südöstlich liegt.

Südliches Hochland

Inhalt »

Ingapirca 178
Cuenca 179
Saraguro 195
Loja 196
Parque Nacional Podocarpus 202
Zamora 204
Vilcabamba 205
Catacocha 210
Macará & die peruanische Grenze 210

Gut essen

» Café Eucalyptus (S. 187)

» Café Austria (S. 187)

» El Tamal Lojano (S. 199)

» Charlito's (S. 208)

Schön übernachten

» Hotel Victoria (S. 185)

» Hostal Achik Wasi (S. 195)

» Grand Victoria Boutique Hotel (S. 197)

» Copalinga (S. 204)

» Hostería y Restaurante Izhcayluma (S. 207)

Auf ins südliche Hochland!

Aus dem Schatten der Gletscher und aktiven Vulkane im Norden heraus führt eine Passage furchtlose Traveller am südlichen Rückgrat der ecuadorianischen Anden entlang vorbei an einem wunderschönen Flickenteppich aus sanften Hügeln, Tälern, kolonialzeitlichen Städten und entlegenen indigenen Dörfern.

Die Region zwischen feuchtem Tieflandwald und kühlen Elfenwäldern beheimatet Hunderte Vogelarten, Abertausende Pflanzenarten und jede Menge Säugetiere. Und sie steht für unschlagbare Outdoor-Erlebnisse. Ein Trip zu einem der großen Nationalparks sollte unbedingt eingeplant werden.

Die meisten Abenteuer beginnen in der Regionalhauptstadt Cuenca mit ihrer blühenden Kunstszene und einer von Lateinamerikas besterhaltenen Innenstädten aus der Kolonialzeit. Von hier aus geht es auf eine Erlebnisreise südwärts zur New-Age-Kommune Vilcabamba, zu wenig besuchten Wildnisgebieten und zu lebendigen Regionalhauptstädten.

Reisezeit

Cuenca

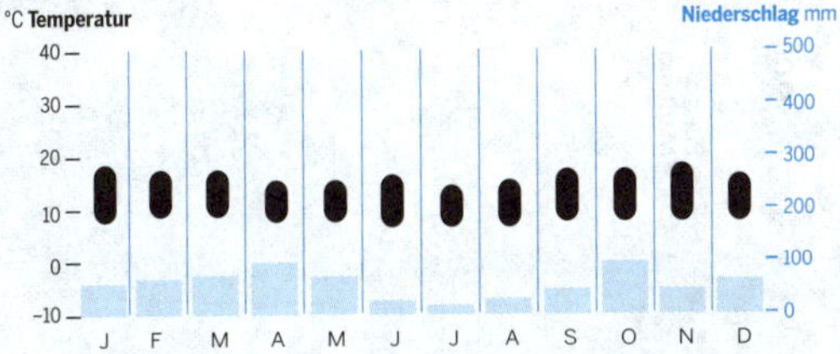

Ganzjährig Südlich von Cuenca (vor allem rund um Loja und Vilcabamba) ist ganzjährig Frühling.

Okt.–Mai In der Regenzeit ist es kälter, feuchter und grüner; morgens Sonne und später Schauer.

Mai & Aug. Die Feste zu Ehren der Virgen del Cisne locken Gläubige aus ganz Ecuador an.

Highlights

1 Durch die Kopfsteinpflasterstraßen der kolonialzeitlichen Unesco-Welterbestätte **Cuenca** (S. 179) schlendern

2 In den verschiedenen Habitaten des **Parque Nacional Podocarpus** (S. 178) nach Orchideen, Vögeln und seltenen Säugetieren ausspähen

3 In **Vilcabamba** (S. 205) die Kunst des Entspannens mit Massagen, Ausritten und Spaziergängen in sauberer Landluft perfektionieren

4 Die Stiefel fürs Wandern durch die gespenstischen Moore des **Parque Nacional Cajas** (S. 178) schnüren

5 Über die baulichen Eigenheiten der Inkaruinen bei **Ingapirca** (S. 178) nachdenken

6 Auf den traditionellen Sonntagsmärkten der Dörfer **Gualaceo, Chordeleg und Sigsig** (S. 193) einen Tag lang nach Kunsthandwerk stöbern

7 In die Kultur der stolzen und unbeugsamen indigenen Kleinstadt **Saraguro** (S. 195) eintauchen

8 Bei **Abenteuern auf eigene Faust** wenig besuchte Ureinwohnerdörfer abklappern und dabei die Gringo-Pfade hinter sich lassen

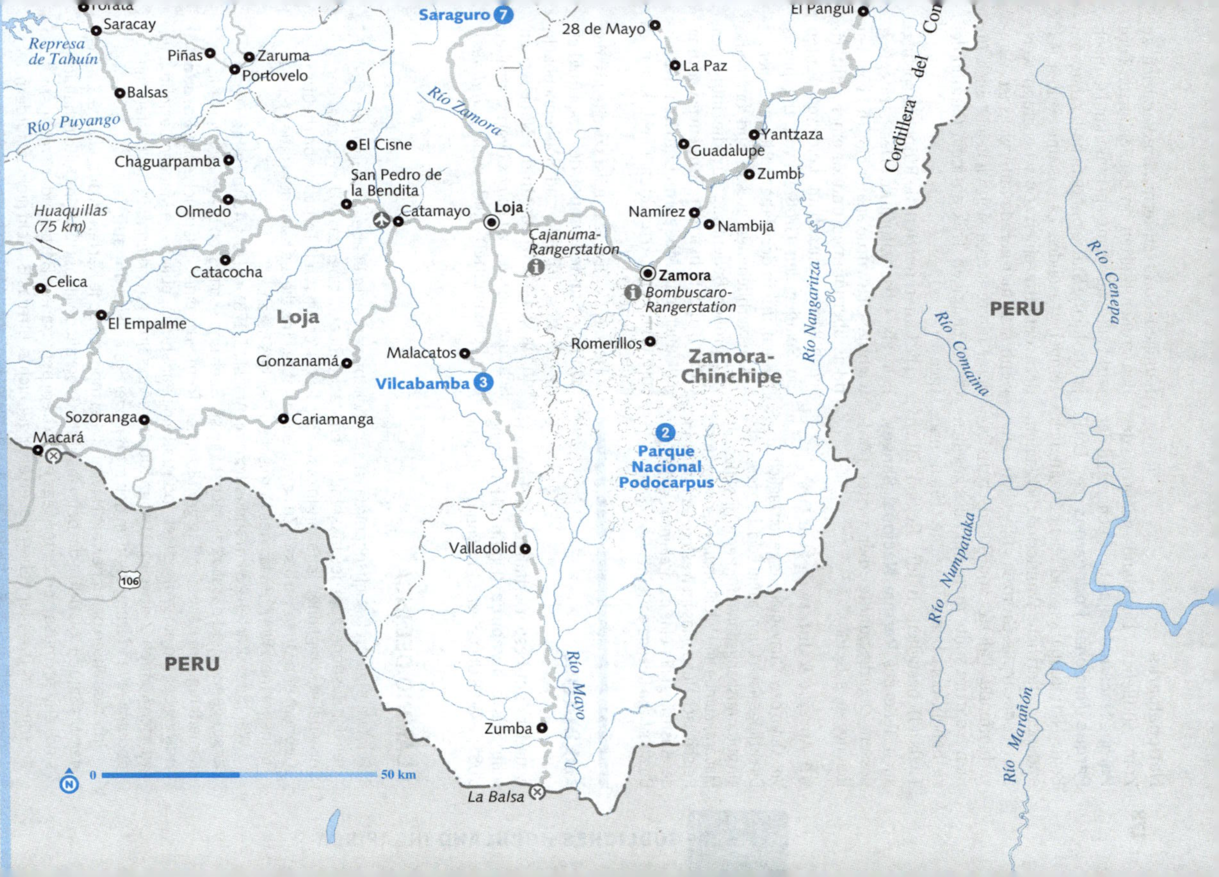

Nationalparks

Zum südlichen Hochland gehören der **Parque Nacional Cajas** bei Cuenca und der **Parque Nacional Podocarpus** bei Loja. Beide Nationalparks sind leicht zugänglich und bieten herrliche Wandermöglichkeiten. Die Podocarpus-Grenzen umgeben eine verblüffende Palette von Landschaftsformen – darum sollte man, um alles gesehen zu haben, dort beide Bereiche (Hoch- und Tiefland) besuchen. In die Region fallen auch Teile des **Parque Nacional Sangay**, dessen Zugangspunkte aber weiter nördlich liegen (s. S. 160).

ℹ Anreise & Unterwegs vor Ort

Von Quito bzw. Guayaquil aus gehen täglich Direktflüge nach Cuenca und Loja. Letzteres ist ein guter Ausgangspunkt für Peru-Trips über Macará, Zumba und Vilcabamba oder sogar für Reisen nach Huaquillas im Westen. Guayaquil an der Küste liegt nur eine ca. dreieinhalbstündige Busfahrt von Cuenca entfernt.

Ingapirca

☎07 / 3230 M

Ecuadors am besten erhaltene archäologische Stätte **Ingapirca** (Eintritt inkl. Führung 6 US$; ⏲8–18 Uhr) liegt 1 km von der gleichnamigen Stadt entfernt. Im Vergleich zu den großen Stätten im benachbarten Peru wirkt sie zwar wenig spektakulär. Dennoch ist die kleine Stätte mit dem halb zerstörten Tempel, grasenden Lamas und weiten Feldern definitiv einen Zwischenstopp wert, wenn man hier gerade unterwegs ist. Wanderer interessieren sich vielleicht auch für den dreitägigen Trek auf dem Camino del Inca.

Die Cañari nutzten die Ruinen ursprünglich als Observatorium. Der strategisch wichtige Ort wurde später (15. Jh.) von den Inkas übernommen und zu einer militärischen Bastion ausgebaut. Leider entfernten die Spanier den Großteil von Ingapircas Steinen, um in der Nähe Städte zu bauen.

Die verbliebenen Reste sind bis heute von großer Bedeutung für die indigenen Cañari, die neben der Ruinenverwaltung nun auch das **Museum** (Eintritt im Preis enthalten) mit Artefakten der Inkas und Cañari leiten.

Herzstück der Stätte ist zweifellos der mächtige **Sonnentempel**, der ursprünglich für religiöse Rituale und Sonnenbeobachtungen genutzt wurde. In der Nähe weisen Schilder den Weg zu *colcas* (Vorratsgruben für Lebensmittel) und zum *acllahuasi,*

CAMINO DEL INCA

Der Dreitagestrek nach Ingapirca ist sehr beliebt, verzeichnet aber nur einen Bruchteil der Besucherzahl des Inkapfads nach Machu Picchu. Über ca. 40 km folgt er der originalen königlichen Ingañan-Inkastraße, die Cuzco einst mit Tomebamba (heute Cuenca) und Quito verband. Zu seiner Blütezeit reichte dieses Kommunikations- und Transportnetzwerk an das des Römischen Reiches heran.

Wanderer starten 23 km südöstlich von Alausí (S. 173) im Dorf **Achupallas**: Der ansteigende Pfad passiert zunächst Flüsse, Seen und schließlich die Ruinen einer Inkasiedlung. Am nächsten Tag geht's an den Trümmern einer Inkabrücke und **Paredones** vorbei, wo ein großes Gebäude und ein paar stehengebliebene Mauern besichtigt werden können. Zeitweilig ist sogar der Ingañan selbst gut erkennbar. Am dritten Tag endet die Wanderung dann an den großartigen Ruinen von **Ingapirca**.

Interessenten brauchen ein Navi und drei topografische Karten (*Alausí, Junca, Cañar*; Maßstab 1:50 000), die beim Instituto Geográfico Militar (IGM) in Quito erhältlich sind. Zudem muss man unterwegs mit extrem penetranten Bettelkindern rechnen; die meisten Traveller geben diesen aber gar nichts, um das Betteln nicht zu fördern.

Nach Achupallas gelangt man mit einem der täglichen Mittagsbusse ab Alausí oder verlässlicher mit einem Pick-up-Taxi (einfache Strecke ca. 10–15 US$). Alternativ halten Panamericana-Busse ab Alausí auf dem Weg nach Süden in **La Moya** bzw. **Guasuntos**. Von dort aus geht's dann mit irgendeinem vorbeifahrenden Lastwagen über die schmale Bergstraße nach Achupallas (12 km), wo sich Führer für ca. 30 US$ pro Tag anheuern lassen. Eine Alternative sind geführte Touren (ca. 250 US$/Pers.) von **Julio Verne Tour Operator** in Riobamba. Für Trips auf eigene Faust empfiehlt sich wärmstens ein Wanderführer wie *Ecuador: Climbing and Hiking Guide* von Rob Rachowiecki und Mark Thurber.

wo die Zeremonienjungfrauen lebten, bis sie geopfert wurden. Die trapezförmigen Nischen in den Steinarbeiten entsprechen denen anderer Ruinen wie Machu Picchu in Peru oder San Agustín de Callo bei Latacunga.

Agenturen in Cuenca organisieren Tagestrips nach Ingapirca (ab 40 US$/Pers.).

Schlafen & Essen

Nahe dem Eingang zur Stätte gibt's Toiletten, ein einfaches Café und kostenlose Campingmöglichkeiten.

Posada Ingapirca HAZIENDA **$$$**
(☎283-1120, in Cuenca 282-7401; www.posadaingapirca.com; Larga 6-93 an der Borrero; EZ/DZ 71/90 US$; 📶) Die umgebaute Hazienda gleich oberhalb der archäologischen Stätte ist Ingapircas einzige Unterkunft. Die gemütlichen Zimmer wären auch ohne den tollen Ruinenblick reizend. Nach Online-Rabatten schauen!

An- & Weiterreise

Direktbusse der Cooperativa Cañar fahren von Cuenca nach Ingapirca (2,50 US$, 2 Std., 9 & 12.20 Uhr, zurück 13 & 15.45 Uhr). Weitere Busse ab Cuenca rollen nach El Tambo (alle 30 Min.) In 8 km Entfernung zu Ingapirca starten dort Busse (ca. alle 30 Min.) und Taxis (5 US$) zur Stätte.

Cañar

☎07 / 16 470 EW. / 3104 M

Das staubige Cañar mit Holzbalkonen an leicht schiefen Lehmziegelhäusern ist seit dem 16. Jh. der bedeutendste Knoten- bzw. Treffpunkt der Cañari. Diese bevölkern am Sonntag (*dem* Tag schlechthin!) zu Hunderten in bunten Wolltrachten den **Markt**.

Die Männer tragen charakteristische *chumbis* – Gürtel, die nach einheimischer Webtechnik entstehen und mit katholischen sowie indigenen Motiven verziert sind. *Chumbis* sind direkt auf dem Markt erhältlich, werden aber auch von den Insassen des örtlichen Gefängnisses hergestellt und verkauft (z. T. mit typischen „Knastmotiven"). Wer etwas erwerben möchte, darf die Haftanstalt betreten.

Das **Hostal Cañar** (☎223-5996; Ecke 24 de Mayo & Nieto; Zi. pro Pers. mit Gemeinschaftsbad/eigenem Bad 10/15 US$) hat einfache Zimmer und elektrisch beheizte Duschen (Vorsicht: Stromschlaggefahr!).

Cañars Marktstände und einfache Restaurants verkaufen *almuerzos* (Mittagsmenüs zum Festpreis; 1,50 US$) und *meriendas* (Abendmenüs zum Festpreis; 1,50 US$).

Busse fahren regelmäßig zu Cuencas Hauptbusbahnhof (1,50 US$, 1½ Std.).

Biblián

☎07 / 6480 EW. / 2843 M

Während man sich auf der Panamericana ca. 26 km südlich von Cañar um das Nest Biblián herumarbeitet, fällt eines bestimmt auf: das **Santuario de la Virgen del Rocío** (Heiligtum der Jungfrau vom Morgentau). Wer von Biblián aus zu der burgartigen Kirche über dem Ort hinaufmarschiert (30 Min.), entdeckt, dass deren Altar und neugotische Bögen direkt in den freiliegenden Hügelfels gehauen sind. Am 8. September findet hier jährlich eine große Prozession statt, am Karfreitag eine kleinere. Traveller mit Bedürfnis nach einem Bett finden 7 km weiter südlich in Azogues ein paar Unterkünfte mehr.

Azogues

☎07 / 41 300 EW. / 2500 M

Die Hauptstadt der Provinz Cañar hat mit der **Iglesia de la Virgen de las Nubes** (Kirche der Jungfrau der Wolken) eine auffällige Hügelkirche aus Stein und Buntglas, von der aus man weit über die Landschaft blickt. Auf dem belebten **Samstagsmarkt** (Ecke Rivera und Sucre) werden gewebte Panamahüte verkauft und zur Fertigstellung nach Cuenca geschickt.

Das **Hostal Rivera** (☎224-8113; Ecke Calles 24 de Mayo & 10 de Agosto; EZ/DZ 20/30 US$; 📶) hat schnörkellose Zimmer mit Teppichböden und modernen Extras. Das businessmäßige **Hotel Paraíso** (☎224-4729; Ecke Váscones & Veintimilla; EZ/DZ inkl. Frühstück ab 22/32 US$) am nördlichen Stadtrand ist für Azogues-Verhältnisse ein Gigant aus Stahl und Glas mit großen, sauberen Zimmern.

In der ganzen Stadt gibt's *almuerzos* (1,50 US$) und *meriendas* (1,50 US$).

Busse nach Cuenca (0,70 US$, 45 Min.) starten ca. drei Blocks südlich des Hauptmarkts am Busbahnhof (Rivera). Es besteht auch täglich Verbindung nach Quito (8 US$, 8 Std.) und Guayaquil (6 US$, 4 Std.).

Cuenca

☎07 / 417 000 EW. / 2530 M

Nach Quito ist Cuenca Ecuadors bedeutendste und schönste Stadt aus der Kolo-

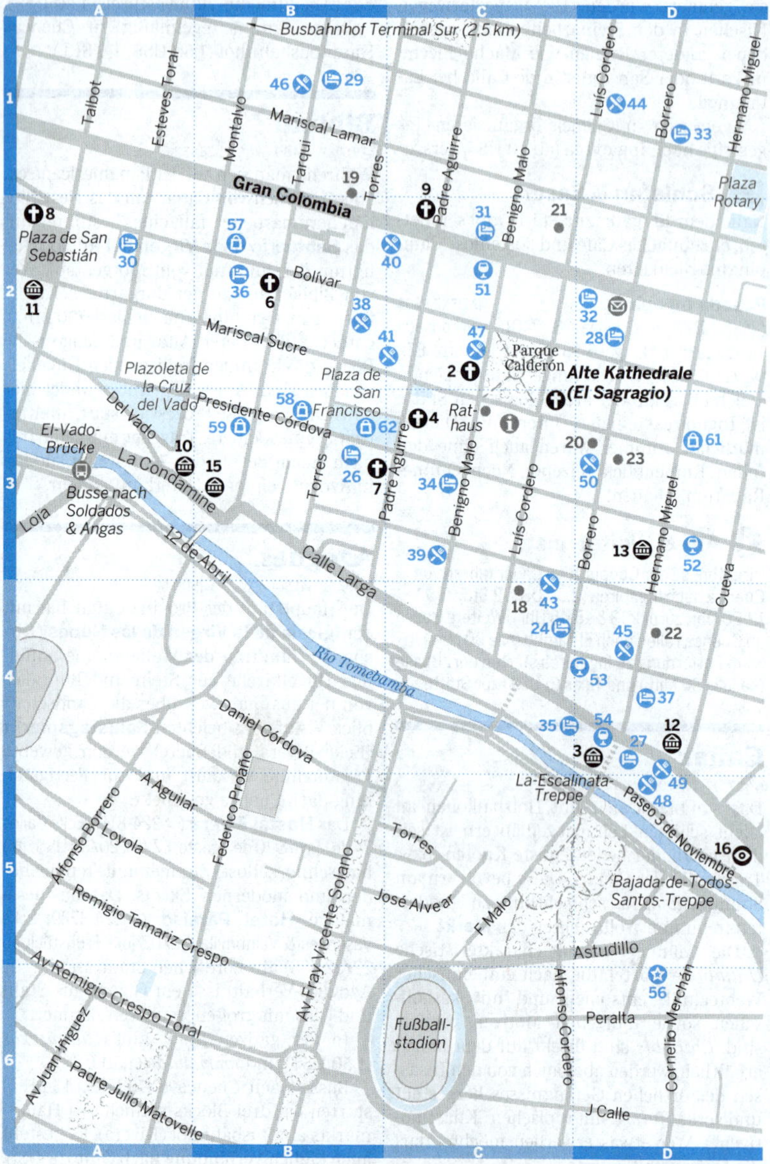

nialzeit. Das erzählt man aber besser nicht den Einheimischen: Die sind fest davon überzeugt, dass Cuenca die Hauptstadt dank entspannter Kultur, saubereren Straßen und schönerem Wetter deklassiert.

Das historische Zentrum aus dem 16. Jh. ist eine Unesco-Welterbestätte und ein Ort, an dem scheinbar die Zeit stillsteht: Nonnen laufen die Kopfsteinpflasterstraßen entlang, Kinder in den Uniformen katholischer Schulen flitzen an historischen Kirchen vorbei. Von Balkonen voller Geranien aus spähen alte Damen unterdessen lustwandelnden Liebespaaren hinterher.

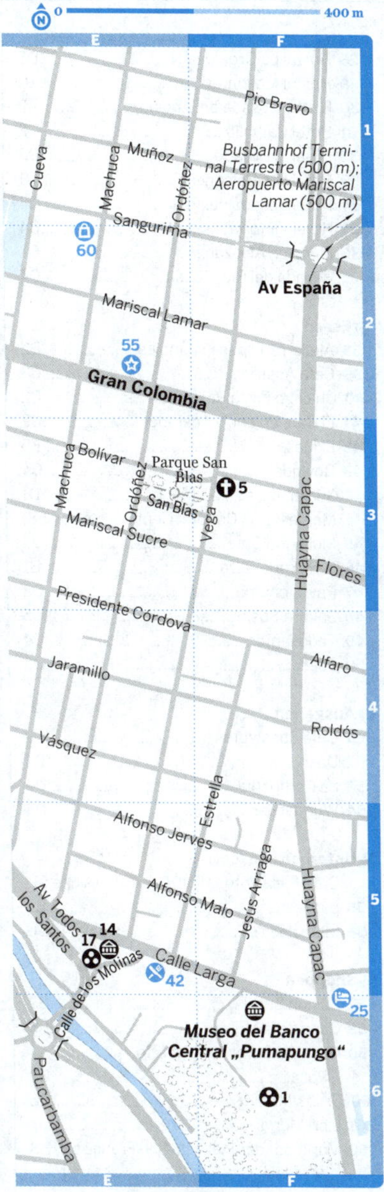

Cuenca ist nicht nur für sein charakteristisches Stadtbild mit mächtigen Rotunden und hoch aufragenden Turmspitzen berühmt, sondern auch für sein *barranco* (Steilufer): Entlang der Calle Larga scheinen dort „Hängehäuser" aus dem 18. und 19. Jh. über dem felsigen Río Tomebamba zu schweben. Zudem ist die Stadt ein Zentrum für viele traditionelle Kunsthandwerksformen – darunter Keramik, Metallarbeiten und die weltweit bekannten Panamahüte.

Mindestens drei Kulturen haben in Cuenca ihre Spuren hinterlassen. Als die Spanier in den 1540er-Jahren hierherkamen, fanden sie die Ruinen der großen, aber kurzlebigen Inkastadt Tomebamba (Sonnental) vor. Deren Reste nahmen die Spanier eifrig auseinander und integrierten die elegant behauenen Steine der Inkas in ihre eigene Architektur. Vor den Inkas hatten die indigenen Cañari vielleicht 3000 Jahre lang in der Region gelebt und hier ebenfalls eine Stadt namens Quanpondelig (Ebene so groß wie der Himmel) bewohnt. Bis auf ganz wenige, aber interessante Stätten sind die physischen Überreste dieser präkolumbianischen Kulturen komplett verschwunden.

Sehenswertes & Aktivitäten

Kirchen (allgemein geöffnet Mo–Sa 6.30–17, So 6.30–20 Uhr), Schreine und Plazas scheint es in allen Ecken Cuencas zu geben – manchmal sogar alle an einer Stelle.

Plaza de San Sebastián PLAZA
(Parque Miguel León; Ecke Mariscal Sucre & Talbot) Die ruhige Plaza markiert den Westrand des historischen Zentrums und wird von der **Kirche San Sebastián** (Ecke Bolívar & Talbot) aus dem 19. Jh. dominiert. 1739, als hier immer noch Stierkämpfe stattfanden, ging auf dieser Plaza ein Mob von *cuencanos* (Einwohnern Cuencas) – und nicht etwa ein Stier – auf ein Mitglied der geodätischen Expedition des Forschers La Condamine los, weil der Mann offenbar eine Affäre mit einer einheimischen Frau gehabt hatte.

Museo de Arte Moderno MUSEUM
(Ecke Mariscal Sucre & Talbot; Eintritt gegen Spende; Mo–Fr 9–19, Sa 10–17, So 10–13 Uhr) Dieses witzige Museum am Südrand der Plaza de San Sebastián war einst eine psychiatrische Anstalt. Heute lässt sich hier eine renommierte Sammlung von Kunst aus Ecuador und Lateinamerika besichtigen.

Kirche San Cenáculo KIRCHE
(Ecke Bolívar & Tarqui) Die schmucklose Kirche aus den 19. Jh. steht zwei Blocks östlich der Plaza de San Sebastián und ist einen schnellen Blick wert, wenn man zufällig daran vorbeikommt.

Kirche Santo Domingo KIRCHE
(Ecke Gran Colombia & Padre Aguirre) Dieses Gotteshaus punktet mit schön beschnitz-

Cuenca

Highlights

El Sagragio ... C3
Museo del Banco Central „Pumapungo" ... F6

Sehenswertes

1 Archäologischer Park ... F6
2 Catedral de la Inmaculada Concepción ... C2
3 Centro Interamericano de Artes Populares ... D4
4 Kirche El Carmen de la Asunción ... C3
5 Kirche San Blas ... F3
6 Kirche San Cenáculo ... B2
7 Kirche San Francisco ... B3
8 Kirche San Sebastián ... A2
9 Kirche Santo Domingo ... C2
10 Laura's Antiguidades y Curiosidades ... A3
11 Museo de Arte Moderno ... A2
12 Museo de las Culturas Aborígenes ... D4
13 Museo del Monasterio de las Conceptas ... D3
14 Museo Manuel Agustín Landivar ... E5
15 Prohibido Museo de Arte Extremo ... B3
16 Puente Roto ... D5
17 Ruinas de Todos Santos ... E5

Aktivitäten, Kurse & Touren

18 Centers for Interamerican Studies ... C4
19 Expediciones Apullacta ... B1
Mamá Kinua Cultural Center ... (siehe 58)
Sampere ... (siehe 3)
20 Sí Centro de Español e Inglés ... D3
21 Simón Bolívar Spanish School ... C2
22 Terra Diversa Travel Center ... D4
23 Tinamu Tours ... D3

Schlafen

24 El Cafecito ... C4
25 Hostal Alternative ... F6
26 Hostal Cofradía del Monje ... B3
27 Hostal La Escalinata ... D4
28 Hostal La Orquídea ... D2
29 Hostal Macondo ... B1
30 Hostal Posada del Angel ... A2
31 Hotel Carvallo ... C2
32 Hotel El Dorado ... D2
33 Hotel Los Balcones ... D1
34 Hotel Posada del Rey ... C3
35 Hotel Victoria ... C4
36 Mansión Alcázar ... B2
37 Posada del Río ... D4

Essen

38 Akelarre Tapas Españoles ... B2
39 Café Austria ... C3
40 Chicago Pizza Restaurant ... C2
41 El Café Lojano y Tostador ... C2
42 El Maíz ... E5
43 Govinda's ... C4
44 Guajibamba ... D1
Mamá Kinua Cultural Center ... (siehe 58)
45 Moliendo Café ... D4
46 New York Pizza ... B1
47 Raymipampa ... C2
48 Sakura Sushi ... D5
49 Todosantos ... D4
50 Zoe ... D3

Ausgehen

51 Café Eucalyptus ... C2
52 Dash ... D3
53 La Compañia ... D4
54 WunderBar ... D4

Unterhaltung

Café Eucalyptus ... (siehe 51)
55 La Mesa ... E2
56 Multicines ... D6

Shoppen

57 Acción Sport ... B2
58 Casa de la Mujer ... B3
59 Casa del Sombrero Alberto Pulla ... B3
60 Crafts Market ... E2
61 Libri Mundi ... D3
62 Markt auf der Plaza de San Francisco ... B3

ten Holztüren und kolonialzeitlichen Malereien im Inneren. Es ist im frühen 20. Jh. entstanden, wirkt aber älter.

Kirche El Carmen de la Asunción KIRCHE
(Padre Aguirre, Nähe Mariscal Sucre) Die nüchterne weiße Kirche von 1682 steht in wunderschönem Kontrast zum farbenfrohen **Blumenmarkt** auf der kleinen Plazoleta del Carmen davor.

Kirche San Francisco KIRCHE
(Padre Aguirre & Presidente Córdova) Die schmucke Kirche San Francisco aus dem

19. Jh. hat einen bedeutenden kolonialzeitlichen Blattgoldaltar. Sie überragt die nicht so attraktive, aber dennoch sehr interessante **Plaza de San Francisco**, die alte Arkadenhäuser mit Holzbalkonen und ein schmuddeliger Dauer-Straßenmarkt flankieren.

Kirche San Blas KIRCHE

(Vega) Die Kirche am Parque San Blas zählt zu den größten Cuencas und ist dessen einzige in Form eines Lateinischen Kreuzes. Hier, am Ostrand des historischen Zentrums, befand sich früher das „untere Stadtviertel".

Parque Calderón PLAZA

Die größte Plaza der Stadt steht im Zeichen der **Catedral de la Inmaculada Concepción** alias neue Kathedrale, deren Bau 1885 begann. Die riesigen Kirchenkuppeln aus himmelblauen tschechischen Fliesen sind in Cuenca überall erkennbar. Die Glockentürme wirken nicht nur etwas niedrig, sondern sind es tatsächlich: Wegen eines Konstruktionsfehlers hätte die ursprünglich geplante Höhe die Statik des Hauptbaus überfordert.

Auf der anderen Parkseite erhebt sich die weiß verputzte alte Kathedrale **El Sagrario**, deren Bau in Cuencas Gründungsjahr (1557) begann. 1739 verwendete La Condamines Expedition die Türme als Triangulationspunkt bei der Erdvermessung. Die nicht mehr für Gottesdienste genutzte Kathedrale dient heute als Konzertsaal und religiöses Museum.

GRATIS **Museo del Banco Central „Pumapungo"** MUSEUM

(www.pumapungo.org, spanisch; Calle Larga zw. Arriaga & Huayna Capac; ⌚Mo–Fr 5–17.30, Sa 9–13 Uhr) Ein ganzes Stockwerk von Cuencas bedeutendstem Museum ist farbenfroh animierten Dioramen gewidmet. Diese zeigen traditionelle Trachten der verschiedenen Ureinwohnerkulturen Ecuadors – darunter Afro-Ecuadorianer aus der Provinz Esmeraldas, die cowboyartigen *montubios* (Küstenbauern) des westlichen Tieflands, mehrere Regenwald-Ethnien und alle großen Hochlandstämme. Unter den Highlights sind fünf seltene, gruselige *tzantzas* (Schrumpfköpfe) der Shuar-Kultur aus dem südlichen Oriente. Im Museumspreis enthalten ist der Eintritt zum **archäologischen Park** hinter dem Haus. Dort kann man weitläufige Gebäuderuinen erkunden, die wohl zur alten Inkastadt Tomebamba gehören. Viel ist aber nicht mehr übrig: Die spanischen Konquistadoren transportierten die meisten Steine zum Bau Cuencas ab.

Museo del Monasterio de las Conceptas MUSEUM

(Miguel 6-33; Eintritt 2,50 US$; ⌚Di–Fr 9–18.30, Sa 10–13 Uhr) Dieses Museum im Konvent der Unbefleckten Empfängnis von 1599 beleuchtet die jahrhundertealten Traditionen der Nonnen, die hier abgeschieden leben und darum selbst nicht zu sehen sind – wohl aber ihre einfache Brotbackausrüstung, Dioramen ihrer nüchternen Wohnzellen und etwas religiöse Kunst.

Mirador de Turi AUSSICHTSPUNKT

Für eine schöne Aussicht auf Cuenca fährt man per Taxi (4 US$) südwärts über die Avenida Solano zur schmucklosen, weißen Kirche von Turi. Der Anblick des berühmten romantischen Stadtbilds ist zu Sonnenuntergang besonders schön. Dasselbe gilt für November- bzw. Dezemberabende, wenn Cuenca die Weihnachtsbeleuchtung anknipst.

RÍO TOMEBAMBA & CALLE LARGA

Majestätische Gebäude aus der Kolonialzeit säumen die grasbewachsenen Ufer des Río Tomebamba, der Cuencas historischen Bereich scharf von den neuen Wohnvierteln im Süden trennt. Die Fassaden der Häuser liegen an der Calle Larga, die parallel zum und oberhalb des Tomebamba verläuft. Die Hinterseiten „hängen" dagegen über dem Fluss. Dieser Tatsache verdankt das schicke Viertel seinen lokalen Spitznamen „El Barranco" (Steilwand bzw. -ufer, Klippe). Steile Steintreppen führen hinunter zur Avenida 3 de Noviembre, die dem Nordufer folgt und angeblich nach dem Willen der Stadtplaner zur Fußgängerzone werden soll.

GRATIS **Museo Manuel Agustín Landivar** MUSEUM

(Ecke Calle Larga 2-23 & Vega; ⌚Mo–Fr 9–13 & 15–18 Uhr) Dieses Museum am Ostende der Calle Larga zeigt archäologische Ausstellungen. Zudem veranstaltet das Personal Führungen durch die **Ruinas de Todos Santos**, die aus übereinander liegenden Ruinenschichten der Cañari, Inka und Spanier bestehen. Ohne Führer lässt sich das Ganze auch von unten von der Avenida de Todos Santos aus betrachten.

Puente Roto BRÜCKE

(Zerstörte Brücke; Av de Todos Santos & Machuca) Diese Brücke wurde größtenteils durch ein

Hochwasser zerstört. Ihre Steinbogen bilden jedoch jeden Samstag eine nette Kulisse für einen **Künstlermarkt** (Sa 10–17 Uhr) und Kulturveranstaltungen.

Museo de las Culturas Aborígenes MUSEUM
(Calle Larga 5-24; museoarq@etapaonline.net.ec; Eintritt 2 US$; Mo–Fr 9–18, Sa 9–15 Uhr) Das labyrinthartige Museum für indigene Kulturen zeigt über 5000 archäologische Artefakte, die von mehr als 20 prähispanischen Völkern Ecuadors stammen und bis zu 15 000 Jahre alt sind.

GRATIS **Centro Interamericano de Artes Populares** MUSEUM
(Cidap; www.cidap.org.ec; Ecke 3 de Noviembre & La Escalinata; Mo–Fr 9.30–13 & 14–18, Sa 10–13 Uhr) Das Interamerikanische Zentrum für Traditionelle Kunst liegt direkt am Treppenende unten am Flussufer. Es präsentiert indigene Trachten, Kunsthandwerk und Kunst aus ganz Lateinamerika. Außerdem gibt's hier einen eleganten und günstigen Kunsthandwerksladen.

EL VADO

Rund um Plazoleta de la Cruz del Vado und Calle La Condamine finden sich zahlreiche Cafés, Restaurants, Galerien und *talleres* (Kunsthandwerkerateliers). Die Spezialisierung der Handwerker reicht von traditionellen Stick- und Kupferwaren bis hin zu Sätteln.

Prohibido Museo de Arte Extremo GALERIE
(La Condamine 12-102; 12 Uhr–open end) Das aufstrebende Viertel El Vado beheimatet ein paar ungewöhnliche Anlaufpunkte wie diesen Mix aus Galerie, Bar und Nachtclub mit Sensenmanndeko.

Laura's Antiguidades y Curiosidades KUNSTGALERIE
(La Condamine 12-112; tgl.) Das Haus aus dem 19. Jh. beherbergt einen Mischmasch aus Kuriositäten und Kunstobjekten. Zudem sind hier ein paar von Cuencas berühmten traditionellen Hutmachern ansässig.

Kurse

Die meisten Sprachschulen erteilen Einzelunterricht für 5 bis 7 US$ pro Stunde.

Centers for Interamerican Studies SPRACHE
(CEDEI; 283-4353; www.cedei.org; Luís Cordero 5-66) Gemeinnützige Schule mit Spanisch-, Portugiesisch- und Kichwa-Kursen, die ohne Voranmeldung und/oder längerfristig belegt werden können.

Sampere SPRACHE
(282-3960; www.sampere.es; Hermano Miguel 3-43) Sehr empfehlenswerte und brummende Schule in spanischem Besitz.

Sí Centro de Español e Inglés SPRACHE
(282-0429; www.sicentrospanishschool.com; Borrero 7-67) Mindestkursdauer 20 Stunden bzw. eine Woche (140 US$).

Simón Bolívar Spanish School SPRACHE
(283-9959; www.bolivar2.com; Luís Cordero 10-25) Bietet auch Exkursionen und Aufenthalte in Privatunterkünften an.

Geführte Touren

Lokale Touranbieter veranstalten stressfreie Tagestrips zu regionalen Attraktionen (z. B. Ingapirca, Parque Nacional Cajas, nahe gelegene Dörfer und Märkte). Sie verlangen meist 35 bis 40 US$ pro Person (zzgl. Parkeintritt) und holen ihre Kunden direkt am Hotel ab.

TRACHTEN ÜBER TRACHTEN

Die meisten Traveller werden von den bunten und aufwändigen Trachten beeindruckt sein, welche die indigenen Frauen traditionell in und rund um Cuenca tragen. Während die meisten Männer der Region inzwischen auf ihre klassischen Ponchos verzichten, ziehen viele Frauen immer noch stolz ihre Traditionskluft an. Die charakteristischen Saumstickereien ihrer etwa knielangen *polleras* (Röcke) geben Aufschluss über die Herkunft der jeweiligen Trägerin. Edle *polleras* können Hunderte Dollar kosten. Das kostbarste Element einer indigenen Frauentracht ist jedoch der wunderschöne *paño.* Dieser Fransenschal entsteht mittels einer komplizierten präkolumbischen Webtechnik namens *ikat.* Vervollständigt wird das Ganze von einem Strohhut, dicken Metallohrringen *(zarcillas)* und zwei langen Zöpfen. Dieser zeitlose Look hat alle Modetrends der letzten 100 Jahre überlebt – auch Weichplastikarmbänder, Schlaghosen oder mit Säure künstlich verwaschene Jeans.

Expediciones Apullacta ABENTEUERTOUR
(☎283-7815; www.apullacta.com; Gran Colombia 11-02, 2. Stock) Große Firma, deren Tagesausflüge z.B. nach Ingapirca, zum Parque Nacional Cajas oder in die Umgebung von Chordeleg führen.

Mamá Kinua Cultural Center KULTUREXKURSION
(☎284-0610; Casa de la Mujer, Torres) Dieses kommunale Tourismusprojekt organisiert geführte Touren zu indigenen Dörfern in der Nähe. Dort kann man auch bei Einheimischen übernachten (pro Nacht 48 US$/Pers., min. 2 Nächte) und an allen möglichen Aktivitäten teilnehmen (u.a. Kochen, Landwirtschaft, Käseherstellung, Heilkräutervorführungen, Folklorekonzerte). Englisch wird allerdings nicht gesprochen. Alle Erlöse gehen an ein kommunales Gesundheitsnetzwerk.

Terra Diversa Travel Center GEFÜHRTE TOUR
(☎282-3782; www.terradiversa.com; Hermano Miguel 5-42) Dieser Spezialist für Tagestouren mit dem Fahrrad oder auf dem Pferderücken (48 US$/Pers.) veranstaltet auch Ausritte, bei denen man auf Haziendas übernachtet oder nördlich von Ingapirca am Inkapfad zeltet. Im Angebot sind auch Stadtführungen durch Cuenca (ca. 15 US$/Pers.) und Touren zum Parque Nacional Cajas oder Amazonas.

Tinamu Tours ABENTEUERTOUR
(☎09-780-9320; www.tinamutours.com; Borrero 7-68) Empfehlenswerte Agentur, die Campingausrüstung verleiht sowie Tandem-Gleitschirmfliegen (48 US$) und Touren durch die ganze Region anbietet.

Feste & Events

Unabhängigkeitstag SÄKULAR
Cuencas Unabhängigkeitstag am 3. November bildet zusammen mit Allerheiligen und Allerseelen (1. bzw. 2. Nov.) eine wichtige Urlaubsperiode, die sowohl die Stadtbewohner als auch die Einwohner des ganzen Landes genießen.

12 de Abril SÄKULAR
Cuenca feiert seine Gründung (12. April 1557) oft direkt nach Ostern. Zu dieser Zeit geben z.B. die Kinder Treueversprechen gegenüber der Stadt ab; auch die Reina de Cuenca (Königin von Cuenca) wird dann gewählt. Die *cuencanos* demonstrieren ihren großen Bürgerstolz mit aufwändigen Feuerwerkswagen aus den verschiedenen Vierteln.

Karneval FEST
Wie in anderen Teilen Ecuadors wird auch in Cuenca der Karneval mit wilden Talkum- und Wasserschlachten begangen, bei denen niemand verschont wird.

Pase del Niño RELIGION
Weil Cuenca stark vom Katholizismus geprägt ist, sind die Teilnehmer der Weihnachtsprozession das ganze Jahr über mit Vorbereitungen beschäftigt. Das Ganze gipfelt dann in einem der spektakulärsten religiösen Feste Ecuadors.

Fronleichnam RELIGION
Dieser katholische Feiertag fällt normalerweise auf den neunten Donnerstag nach Ostern und oft mit dem indigenen Inti-Raymi-Fest am Tag der Sommersonnenwende (Juni) zusammen. In Cuenca wird er so leidenschaftlich begangen wie andere wichtige Feiertage und geht in ein Prozessionswochenende mit viel Feuerwerk über. Der Parque Calderón wird zum großen Freiluftjahrmarkt mit traditionellem Naschwerk.

Schlafen

Cuenca hat ein tolles Sortiment von Hotels, von denen viele in alten restaurierten Häusern oder Villen untergebracht sind. Die hiesigen Unterkünfte decken alle Preiskategorien ab, sind aber im landesweiten Vergleich etwas teurer. Während der Urlaubszeit werden die Tarife angehoben, außerdem sind die Häuser schnell ausgebucht.

Hotel Victoria HAZIENDA **$$**
(☎282-7401; www.hotelvictoriaecuador.com; Calle Larga 6-93; EZ/DZ inkl. Frühstück 52/73 US$; @ 📶) Das Victoria ist einer der Prachtbauten aus dem 17. Jh., die am *barranco* über dem Río Tomebamba hängen. Viele Quartiere mit Aussicht machen es zu Cuencas bester Mittelklasse-Option. Seine 23 tadellosen Zimmer im Haziendastil punkten mit freiliegenden Holzbalken, bequemen Betten und modernen Bädern. Zwei Suiten haben riesige Terrassen am Fluss.

Hostal Macondo HOTEL **$**
(☎284-0697; www.hostalmacondo.com; Tarqui 11-64; EZ/DD inkl. Frühstück mit Gemeinschaftsbad 19/28 US$, mit eigenem Bad 25/35 US$; 📶) Das Hostal Macondo besitzt einen älteren Vorderbereich mit blitzsauberen, palastartigen Zimmern und kleine, aber gemütliche Quartiere am Rand eines großen, sonnigen Gartens hinten – super für Budgettraveller! Wer länger bleibt, freut sich über den Zu-

gang zur gut ausgestatteten und sauberen Gästeküche. Obendrein liebt jedermann das europäische Frühstück mit viel Kaffee.

Hostal Posada del Angel B&B $$
(☎284-0695; www.hostalposadadelangel.com; Bolívar 14-11; EZ/DZ/3BZ inkl. Frühstück 45/60/87 US$; P @) Das gelb-blaue B&B in einem – natürlich! – kolonialzeitlichen Haus vermietet komfortable Bleiben mit Kabelfernsehen und großen Betten. Die Quartiere hinter den Innenbalkonen haben hohe Decken. Diverse andere Zimmer in den ruhigen Außenbereichen sind über eine schmale Holztreppe erreichbar. Über die frühstückenden Gäste in der sonnigen Lobby wacht der namensgebende Engel.

Mansión Alcázar HISTORISCHES HOTEL $$$
(☎282-3889; www.mansionalcazar.com; Bolívar 12-55; EZ/DZ inkl. Frühstück 122/201 US$; P @) Cuencas bestes Spitzenklassehotel glänzt mit unschlagbarem Service und einzigartiger Zimmereinrichtung. Der Innenhofbrunnen quillt fast über vor frischen Blumen. Auch der prächtige Garten, die Bibliothek und das internationale Restaurant zeigen die Unermüdlichkeit des Managements in Sachen Details.

Posada del Río HOSTEL $
(☎282-3111; posadadelriocuenca@yahoo.com; Hermano Miguel 4-18; B/EZ/DZ 7/15/22 US$; @) Das einfache, geschmackvolle Hostel in Flussnähe wird von den reizenden, aufrichtigen Torres-Schwestern geleitet. Neben einer Gemeinschaftsküche gibt's hier auch eine Dachterrasse mit Aussicht und Grillmöglichkeit. Fröhliche Farben und Holzelemente zieren das ganze Haus. Auch die blitzblanken Gemeinschaftsbäder machen dies zu einer unserer besten Budgetempfehlungen.

Hostal Alternative !gut! HOSTEL $
(☎408-4101; anhostels@gmail.com; Ecke Huayna Capac & Cacique Duma; Zi. mit Gemeinschaftsbad 13 US$/Pers.;) Das funkelnagelneue Hostel mit gruseligem Logo liegt etwas abseits vom Schuss, hat aber viel Potenzial: Der moderne Achteckbau empfängt Gäste z. B. mit supersauberen Zimmern, Gemeinschaftsküche, Fernsehraum und toller Terrasse. Die kleinen und mittelgroßen Schlafsäle mit guten Matratzen bieten jede Menge Platz.

Hotel Los Balcones HISTORISCHES HOTEL $$
(☎284-2103; www.hotellosbalconescuenca.com; Borrero 12-08; EZ/DZ/3BZ/4BZ 55/84/105/140 US$; P) Diese Neueröffnung in einem umgebauten Haus aus der Kolonialzeit besitzt einen zentralen Hof, in dem bemerkenswerterweise ein Kronleuchter zu finden ist, und kleine, aber gepflegte Zimmer. Hinzu kommen von Hand bemalte Wände und eine Dachterrasse mit königlicher Aussicht. Die modularen Whirlpool-Duschen sind etwas abgefahren. Wer sie anwirft, fühlt sich aber, als würde er von 1000 Händen gleichzeitig massiert.

Cabañas Yanuncay PENSION $
(☎288-3716; yanuncay@etapaonline.net.com.ec; Gualaceo 2-149; Zi. & Hütte inkl. Frühstück 20 US$/Pers.;) Lieber eine Bleibe etwas außerhalb der Stadt? Diese Pension liegt 3 km südlich vom Stadtzentrum auf einem bewirtschafteten Bauernhof. Den findet man niemals zu Fuß und nimmt daher am besten ein Taxi. Vor Ort gibt's zwei Gästezimmer im Eigentümerhaus, zwei Hütten und eine göttliche Sauna mit Whirlpool. Alles wirkt ruhig und entspannend, das Biofrühstück (7 US$) ist großartig. Bei Bedarf kann jeder in der netten Küche kochen. Das Personal spricht Englisch und Deutsch.

El Cafecito HOSTEL $
(☎283-2337; www.cafecito.net; Vásquez 7-36; B/Zi. pro Pers. 7/8 US$;) Dieser langjährige Favorit von *mochileros* (Backpackern) und örtlichen Trendsettern hat schon bessere Tage gesehen. Die Schlafsäle direkt hinter dem Café sind geräumig, liegen aber (zu) nah am Nightlife-Trubel. Auch die meisten Betten sind inzwischen definitiv durchgelegen. Dennoch ist das El Cafecito sauber und lokaler Travellertreff Nummer eins.

Hotel El Dorado BUSINESSHOTEL $$$
(☎283-1390; www.eldoradohotel.com.ec; Gran Colombia 7-87; EZ/DZ inkl. Frühstück 110/122 US$;) Das große Hotel mit hell-minimalistischem Dekor, einem Fitnesszentrum und den üblichen Gratiskosmetika bzw. -getränken kommt besonders Geschäftsreisenden entgegen. Der Preis beinhaltet ein üppiges Frühstück vom Buffet.

Hostal La Orquídea HOTEL $$
(☎282-4511; alexandrasolis@etapanet.net; Borrero 9-31; EZ/DZ/3BZ/Suite 25/35/45/100 US$) Einen Block vom Parque Calderón entfernt vermietet die „Orchidee" leicht heruntergekommene Zimmer (Tipp: nach einem neueren im Obergeschoss fragen!) mit Hartholzböden, Kabelfernsehen und Minikühlschränken. Die Gemeinschaftsbereiche sind attraktiv.

Hotel Posada del Rey HOTEL $$
(☎284-3845; www.posadadelreyhotel.com; Benigno Malo; EZ/DZ/Suite inkl. Frühstück 35/60/90 US$; 📶) Die zehn Zimmer des restaurierten Hauses im Kolonialstil haben von Hand bemalte Wände; sie umgeben einen zentralen Innenhof voller Holz und Eisen. Trotz des Hotelnamens sind die Quartiere nicht unbedingt königlich, aber dank Balkonen und Kabelfernsehen recht komfortabel. Allerdings riechen sie seltsam nach Putz- bzw. Desinfektionsmitteln.

Hostal Cofradía del Monje B&B $
(☎283-1251; www.hostalcofradiadelmonje.com; Presidente Córdova 10-33; EZ/DZ inkl. Frühstück 26/42 US$) In einem renovierten, 100 Jahre alten Wohnhaus ist die „Bruderschaft der Mönche" quasi genau oberhalb der Kirche San Francisco untergebracht. Das B&B punktet u.a. mit hohen Holzdecken und weitem Blick auf den darunterliegenden Marktplatz. Schließt man die massiven Holzfensterläden, ist es in den Zimmern ruhig wie einem Kloster. Die Umgebung wirkt bei Dunkelheit etwas zwielichtig.

Hotel Carvallo HISTORISCHES HOTEL $$$
(☎283-2063; www.hotelcarvalloecuador.com; Gran Colombia 9-52; Zi. inkl. Frühstück 134 US$; P📶) Die 30 Zimmer sind etwas trist und schmucklos, haben aber z.T. hübsche geprägte Blechdecken. Als weitere Pluspunkte finden sich überall religiöse Antiquitäten und große, flauschige Tagesdecken. Dennoch ist das Cavallo leicht überteuert.

Hostal La Escalinata HOSTEL $
(☎284-5758; Calle Larga 5-83; Zi. 8 US$/Pers.; 📶) Die Schaummatratzen sind etwas arg durchgelegen, und die abgenutzte Bettwäsche und die schmutzigen Bäder wecken Sehnsucht nach dem eigenen Zuhause. Dafür haben die Dachzimmer coole, schräge Decken und sind für diese Lage spottbillig.

Essen

Café Eucalyptus INTERNATIONAL $
(Gran Colombia 9-41; kleine Gerichte 3–6 US$; ⏲Mo & Di 17–23, Mi & Do 17–24, Fr 17–1, Sa 19–4 Uhr) Die Speisekarte verkündet stolz und respektlos, dass „Zöllner, verrückte Busfahrer oder Flugliniendirektoren" hier nicht bedient werden. Genehmigte Gäste bekommen verlässlich Leckeres aus Kuba, Vietnam, Spanien oder anderen Ländern an gemütlichen Tischen neben bollernden Kaminen serviert. An der tollen Bar werden viele verschiedene Wein- und Biersorten ausgeschenkt. Das wunderbare Lokal treibt wohl jedem Gringo das Heimweh aus (und verköstigt glücklicherweise Reiseführerautoren).

SANTA SOPA

Während der Semana Santa („Heilige Woche" vor Ostern) tauchen in ganz Cuenca auf einmal Werbeschilder für *fanesca* auf. Diese Kabeljausuppe ersetzt das verbotene rote Fleisch während der Osterzeit. Als Basis dient Kürbis, außerdem kommt ein Dutzend verschiedener Bohnen- bzw. Getreidesorten hinein, das für die zwölf Apostel Jesu steht. Als Verzierung dienen z. B. hartgekochte Eier, gebackene Kochbananen oder Mini-Empanadas. Die Suppe ist so reichhaltig und lecker, dass der Hunger garantiert bis zum nächsten Osterfest ausbleibt.

Café Austria ÖSTERREICHISCH $$
(Benigno Malo 5-95; Hauptgerichte 5–8 US$; ⏲9–23 Uhr; 📶) Das relaxte Café in österreichischem Besitz kredenzt alle erdenklichen Koffeingetränke, leckere österreichische Kuchen, Sandwiches und Gulasch. Neben dem super Menü gibt's hier englischsprachige Zeitungen.

Todosantos ECUADORIANISCH $$
(Calle Larga 5-19; Hauptgerichte 7–13 US$) Das gehobene Restaurant mit freiliegenden Holzbalken und Mauersteinen nimmt mehrere Stockwerke eines bis heute bewirtschafteten Klosters in Beschlag. Hier ist man auf Grillfleisch spezialisiert, serviert aber auch viele Köstlichkeiten aus aller Welt – darunter Lasagne und ecuadorianische Klassiker wie *seco de chivo* (Ziegeneintopf), Schweinefleisch in Traubensauce oder *corvina* (Wolfsbarsch) in Kokoskruste.

Mamá Kinua Cultural Center ECUADORIANISCH $
(Casa de la Mujer, Torres; Hauptgerichte 2–3 US$; ⏲Mo–Fr 8–17.30 Uhr) Das Kooperativenrestaurant unter Leitung indigener Frauen tischt seit vielen Jahren leckere, traditionelle *almuerzos* (2 US$) auf. Die sind gesund, üppig, und mit der Bestellung tut man auch noch etwas Gutes.

Moliendo Café KOLUMBIANISCH $
(Vásquez 6-24; kleine Gerichte 2–4 US$; ⏲Mo–Sa 9–21 Uhr) Spezialität des Hauses sind die herzhaften *arepas* (Maispfannkuchen) der

nördlichen Nachbarn Ecuadors. Die große Palette der Beläge reicht von Bohnen und Käse bis hin zum langsam gegarten Schweinefleisch. Dazu passt prima ein kaltes Bier oder ein starker Juan-Valdez-Kaffee. Ob kleine oder große Portion: Altmodische Hausmannskost im kolumbianischen Stil ist hier Programm.

Akelarre Tapas Españolas SPANISCH **$$**
(Torres 8-40; Tapas & Hauptgerichte 2–12 US$; ⌚Mo–Fr 11–22, Sa 15–17 Uhr) Serviert allabendlich kleine Teller mit spanischen Klassikern wie „Papas Bravas" (pikante Bratkartoffeln) oder galizischem Tintenfisch.

Guajibamba ECUADORIANISCH **$$**
(Luís Cordero 12-32; Hauptgerichte ab 4 US$; ⌚Mo–Sa 12–15 & 18–23 Uhr) Auf der kleinen Karte des stimmungsvollen Lokals stehen z. B. *seco de chivo* und köstliche *fritada* (gebratene Schweinefleischstücke mit Maisgrütze, Avocados und anderen Beilagen). Dies ist auch eine der besten Adressen, um das traditionelle *cuy* (Meerschweinchen; 17 US$/2 Pers.) zu probieren. Wer sich dazu durchringen kann, sollte wegen der Zubereitungszeit eine Stunde vor Ankunft anrufen.

El Maíz ECUADORIANISCH **$**
(Calle Larga 1-279 nahe de los Molinos; Hauptgerichte 4–7 US$; ⌚Mo & Di 17–23 Uhr) Das El Maíz preist sich selbst als Vertreter der „neuen ecuadorianischen Küche": Aus traditionellen Zutaten wie Quinoa oder *chochos* (marinierten Lupinensamen) macht es moderne, leckere Fusion-Gerichte. Die Atmosphäre ist feiner und eleganter, als es die Preise vermuten lassen.

Sakura Sushi SUSHI **$$**
(Ecke Paseo 3 de Noviembre 2451 & Escalinata; Rollen & Hauptgerichte 6–9 US$; ⌚12–24 Uhr) Cuencas bestes Sushi ist ziemlich authentisch und frisch – die Küste liegt nur drei Stunden entfernt. Das Mittagsmenü (3,50 US$) beinhaltet eine Suppe, Fisch oder Hühnchen, Teriyaki-Sauce, Reis und ein Glas Wein.

Raymipampa ECUADORIANISCH **$**
(Benigno Malo 8-59; Hauptgerichte 4–6 US$; ⌚Mo–Sa 8.30–23.30 Uhr) Diese Cuenca-Institution mit langen Öffnungszeiten ist bei Einheimischen und Travellern gleichermaßen beliebt. Kulinarisch bewegt man sich hier zwischen ecuadorianischer Hausmannskost und Diner-Essen.

Zoe FUSION **$$**
(Ecke Borrero 7-61 & Mariscal Sucre; Hauptgerichte 7–9 US$; ⌚17–23 Uhr) Der neue, stilvolle Mix aus Restaurant, Bar und Galerie hat dem kolonialzeitlichen Haus ein schickes Ambiente verpasst. Gemixt wird auch beim Essen: Es gibt traditionelle Fleisch- und Seafood-Gerichte in ein paar moderneren ausländischen Zubereitungsarten. Trotz all der Hipness ist der Service angenehm bodenständig.

El Café Lojano y Tostador CAFÉ **$**
(Mariscal Sucre 10-20; Snacks 1 US$) Süd-Ecuadors berühmter Kaffee (1 US$) wird hier vor dem Schlürfen frisch geröstet und gemahlen. Er kann aber auch pfundweise für je 2,60 US$ erworben werden.

Chicago Pizza Restaurant PIZZA **$**
(Gran Colombia 10-43; Hauptgerichte 2–8 US$; ⌚Mo–Sa 9.30–23, So 11–22 Uhr) Pizza mit dickem Boden, Sandwiches und Pasta stehen beim Chicago im Mittelpunkt.

New York Pizza PIZZA **$**
(Tarqui; Hauptgerichte 2–4 US$; ⌚Mo–Sa 9.30–23, So 11–22 Uhr) Pizza mit dünnem Boden ab 1,10 US$ pro Stück.

Govinda's INTERNATIONAL **$**
(Jaramillo 7-27; Mittagsmenü zum Festpreis 2 US$, Hauptgerichte 2–4 US$; ⌚Mo–Sa 8.30–15 Uhr; ✎) Pizzas, Linsenburger und etwas gutes Karma zum Hinunterspülen.

Ausgehen & Unterhaltung

Cuencas großes Nightlife-Angebot reicht von traulichen Kneipen und feschen Cafés mit Livemusik bis hin zu Clubs im Hollywood-Stil für Balzwillige. Die Diskos sind donnerstags bis samstags ab 22 Uhr geöffnet, werden aber erst ab Mitternacht richtig voll. Bars haben allgemein jeden Abend und oft sogar bis 5 Uhr geöffnet.

Viele einladende Minibars säumen die Vásquez nahe dem El Cafecito. An der Presidente Córdova oder der Calle Larga östlich der Hermano Miguel gibt's diverse superpopuläre (und entsprechend laute) Bars mit Tanzflächen.

Viele örtliche Museen veranstalten Theater- und Kulturevents. Auch die Galerien El Vados sind einen Besuch wert. Das Kinoprogramm (Film ca. 4 US$/Pers.) steht in Cuencas Tageszeitung *El Mercurio*.

La Compañía KNEIPE
(Ecke Borrero & Vásquez) Cuencas erste und einzige Kleinbrauerei versorgt junge Ro-

ckertypen anständig mit handgebrauten Stouts, irischen Ales oder kühlen Blonden.

Dash LOUNGE
(Presidente Córdova nahe der Cueva) In der trendigsten Bar an der Presidente Córdova wird zwischen Donnerstag und Samstag von ca. Mitternacht bis zum Morgengrauen durchgetanzt. Mindestverzehr 2 US$.

WunderBar BAR
(Escalinata 3-43; ⌚Mo–Fr 11–1, Sa 15–1 Uhr) Dieser Laden in österreichischem Besitz ist toll für alle, die mit Freunden an den großen Holztischen einer klassischen Bar sitzen möchten. Essen und eine Happy „Hour" (11–18 Uhr) gibt's auch.

Café Eucalyptus BAR
(Colombia 9-41; ⌚Mo & Di 17–23, Mi & Do 17–24, Fr 17–1, Sa 19–4 Uhr) Auf jedem der beiden Stockwerke kredenzt eine Bar an den meisten Abenden Drinks zu beschwingten Salsa- und Kuba-Sounds. Kein Witz: Von 18 bis 22 Uhr bechern Frauen mittwochs gratis.

La Mesa NACHTCLUB
(Gran Colombia 3-55) Hierher kommen die Einheimischen, um Salsa zu tanzen – und das können sie verdammt gut. Zuschauen und Mitmachen ist gleichermaßen witzig. Achtung: Das winzige Eingangsschild übersieht man leicht.

Multicines KINO
(Milenium Plaza, Astudillo) Stadionsessel, eimerweise Popcorn und Hollywood-Blockbuster auf Englisch (mit spanischen Untertiteln).

Shoppen

Cuenca ist ein Handelszentrum für Hüte aus *paja toquilla* (Toquilla-, d.h. Panamastroh). Auch Flechtkörbe, filigraner Gold- oder Silberschmuck aus dem nahe gelegenen Dorf Chordeleg und Keramikwaren verschiedener Qualität sind normalerweise im Angebot.

Casa del Sombrero Alberto Pulla HÜTE
(Tarqui 6-91; ⌚6–18 Uhr) Der charmante 81-jährige Alberto Pulla ist Cuencas berühmtester Hutmacher. Seine Produkte haben schon die Häupter von Präsidenten, Promis und Hunderten indigener Frauen aus der Umgebung geziert.

Märkte KUNSTHANDWERK
Der **Kunsthandwerksmarkt** (Ecke Sangurima & Machuca; ⌚8–17 Uhr) nahe der Plaza Rotary und der **Markt auf der Plaza de San Francisco** (Ecke Padre Aguirre & Presidente Córdova; ⌚8–17 Uhr) haben jeweils ein interessantes Angebot – bestehend aus Korb-, Keramik- und Holzwaren, Metallarbeiten, Plastikkitsch, schrillen religiösen Artikeln und Meerschweinchenbrätern (super Geschenk für Mama, aber schwieriger Heimtransport!). Auf der Nordseite des San-Francisco-Markts verkaufen außerdem viele *otavaleños* (Einwohner Otavalos) ihre Strickjacken und Webwaren. Die **Casa de la Mujer** (Torres; ⌚Mo–Fr 9–18.30, Sa 9–17, So 9–13 Uhr) am westlichen Platzrand beherbergt über 100 Kunsthandwerksstände, die u.a. handgemachte Musikinstrumente, bestickte Bekleidung, Körbe und Schmuck feilbieten.

Eduardo Vega KERAMIK
(www.eduardovega.com; Vía a Turi 201; ⌚Mo–Fr 9–18, Sa 10–13.30 Uhr) Gleich unterhalb des Mirador de Turi befinden sich Wohnhaus, Werkstatt und Studio von Eduardo Vega. Die bunten Terrakotta- oder Emaillewandbilder von Ecuadors bedeutendstem Keramikkünstler zieren Mauern in ganz Cuenca und dem übrigen Land. Besucher können Skulpturen, Vasen und Teller erwerben. Der sympathische, plauschfreudige Meister ist oft selbst anwesend.

Museo del Sombrero de Paja Toquilla HÜTE
(Calle Larga 10-41) Das interessante Museum der alten Hutfabrik zeigt, wie Panamahüte im Lauf der Jahre hergestellt wurden und wie sie heute entstehen.

Homero Ortega P & Hijos HÜTE
(www.homeroortega.com; Gil Ramirez Davalos 386) Ecuadors bekanntester Huthändler ist eher ein Kaufhaus und ein paar Blocks nördlich vom Busbahnhof ansässig. Die Firma exportiert ihre hochwertigen Strohhüten für Damen und Herren in alle Welt.

Acción Sport SPORTARTIKEL
(Bolívar 12-70) Verkauft Outdoor-Ausrüstung und verleiht Zelte für 2 US$ pro Tag.

Libri Mundi BÜCHER
(Ecke Miguel & Sucre) Nett an Regentagen.

Praktische Informationen

Gefahren & Ärgernisse

Für eine größere Stadt ist Cuenca ziemlich sicher. Dennoch sollte man sich bei Dunkelheit nur auf gut beleuchteten Straßen fortbewegen. Abends wird die Umgebung der Plaza San Francisco manchmal zum großen Halbweltstreff.

NICHT PANAMA, SONDERN MONTECRISTI!

Seit gut 100 Jahren muss Ecuador hinnehmen, dass die Welt seinen berühmtesten Export – den Panamahut – fälschlich einem anderen Land zuschreibt. Für alle patriotischen Ecuadorianer ist der Panamahut ein *sombrero de paja toquilla* (Hut aus Toquillastroh), für Kenner ein Montecristi – benannt nach der berühmtesten Hutmacherstadt überhaupt. Aber ganz bestimmt kein Paaa…

Diese Fehlbezeichnung zählt sicherlich zu den bekanntesten der Welt. Sie kam in den 1800er-Jahren auf, als spanische Geschäftsleute die Qualität der *sombreros de paja toquilla* erkannten und begannen, sie über Panama zu exportieren. Im 19. Jh. schützten sich die Arbeiter am Panamakanal mit diesen leichten und extrem robusten Hüten gegen die Tropensonne. Dies festigte die Assoziation mit Panama noch weiter.

Paja toquilla-Hüte werden aus den faserigen Wedeln der Toquillapalme (*Carludovica palmata*) hergestellt, die in den trockenen Inlandsregionen der zentralecuadorianischen Küste wächst (vor allem rund um Montecristi und Jipijapa). Einige asiatische und lateinamerikanische Länder haben sich im Kultivieren der Palme versucht, um mit dem ecuadorianischen Huthandel zu konkurrieren. Doch bislang wurde die Qualität der hiesigen Wedel nirgendwo erreicht.

In den Hüten steckt eine unglaubliche Arbeit: Die Palmschösslinge werden geerntet, wenn sie die ideale Konsistenz haben: genau vor der Verwandlung in Blätter. Zur Aufbereitung der Fasern werden sie dann per Esel oder Lastwagen bündelweise in die Küstendörfer gebracht.

Dort werden die Schößlinge zuerst auf dem Boden weichgeklopft und von Hand zerteilt, um die langen, dünnen, flachen und cremefarbigen Blätter zu entfernen. Diese fasst man dann in Bündeln zusammen, kocht sie in großen Wasserbottichen (ca. 20 Min.) und hängt sie für drei Tage zum Trocknen auf. Ein Teil des Materials wird durch Tränken mit Schwefel gebleicht. Beim Trocknen schrumpfen die zerteilten Blätter und rollen sich zu den Strängen zusammen, die als Basis zum Weben dienen.

Ein Teil des fertigen Strohs verbleibt an der Küste. Der Großteil wird aber nach Cuenca und Umgebung verkauft, wo daraus Hüte entstehen. Tatsächlich sind in und rund um Cuenca landesweit die meisten Panamahüte zu sehen.

Das Weben selbst ist sehr mühsam. Die besten Weber arbeiten nur abends (z. T. sogar nur im Mondschein) und frühmorgens, bevor die Hitze für Handschweiß sorgt. Das Ergebnis reicht von recht lockeren Strukturen (typisch für Massenware) bis hin zur festeren „Brisa"-Variante der meisten hochwertigen Panamahüte.

Die vier allgemeinen Qualitätskategorien Standard, Superior, *fino* (fein) und *superfino* (superfein) basieren auf der jeweiligen Gewebedichte. Meist sieht man Standard- oder Superior-Hüte. Im Gegenlicht dürften echte *superfinos* theoretisch keinerlei Löcher aufweisen. Die besten Exemplare sind wasserdicht und so fein gewoben bzw. geschmeidig, dass sie sich zusammenrollen und durch den Ehering eines Mannes ziehen lassen!

Nach dem Weben müssen die Hüte noch zugeschnitten, optional weiß gebleicht, endgültig in Form gepresst und mit einer Banderole versehen werden. Dann sind sie verkaufsbereit. Standard-Varianten gibt's in Ecuador ab ca. 15 US$; *superfinos* kosten hier überall zwischen 100 und 500 US$. Das mag teuer erscheinen, ist angesichts der aufwändigen Handarbeit aber voll gerechtfertigt. In Europa und Nordamerika legt man für denselben *superfino* übrigens locker das Dreifache hin!

Geld

Euro und Schweizer Franken lassen sich in Cuenca eventuell nur schwer umtauschen. Hier regiert der US-Dollar!

Banco de Guayaquil (Mariscal Sucre nahe Borrero) Bankfiliale mit Geldautomat.

Banco del Pichincha (Ecke Solano & 12 de Abril) Bankfiliale mit Geldautomat.

Infos im Internet

www.cuenca.com.ec Cuencas Tourismus-Website.

www.cuencanos.com Viele Infos zu Cuenca (größtenteils spanisch).

Internetzugang

In Cuenca öffnen immer mehr Internetcafés (meist 0,80–1 US$/Std., tgl. 8–21 Uhr).

Medizinische Versorgung

Die folgenden medizinischen Einrichtungen (ca. 20 US$/Konsultation) haben ein paar englischsprachige Angestellte.

Clínica Hospital Monte Sinaí (☎288-5595; Miguel Cordero 6-111)

Clínica Santa Inés (☎281-7888; Daniel Córdova 2-113) Die Klinik empfiehlt auch örtliche Fachärzte.

Notfall

Polizei (☎286-4924; España nahe Elialut; vor dem Flughafen)

Polizei (☎284-0476; Plaza de San Francisco; ⏲8–20 Uhr)

Post

Post (Ecke Gran Colombia & Borrero)

Reisebüros

Metropolitan Touring (☎283-1185/1463; www.metropolitan-touring.com; Mariscal Sucre 6-62) Gutes Allround-Reisebüro.

Telefon

Etapa (Benigno Malo 726; ⏲7–22 Uhr) Telefon-Callcenter.

Touristeninformation

Informationsbüro im Busbahnhof (☎282-4811)

Touristeninformation (iTur; ☎282-1035; Ecke Mariscal Sucre & Luís Cordero; ⏲Mo–Fr 8–20, Sa 8.30–13.30 Uhr) Das freundliche, hilfsbereite Personal spricht Englisch.

Waschsalon

La Química (Borrero; 0,90 US$/kg; ⏲Mo–Fr 8–18.30, Sa 9–13 Uhr)

Lavanda (Vásquez 6-76; 0,70 US$/kg; ⏲Mo–Fr 8–13 & 15–18, Sa 8–12 Uhr)

Lavandería Nieves (Calle Larga 11-55; 0,80 US$/kg)

ℹ An- & Weiterreise

Auto

Die ecuadorianische Kette **Localiza** (☎280-3198/93) verleiht sparsame Autos und Geländewagen am Flughafen.

Bus

Cuenca hat zwei große Busbahnhöfe: Fahrten zum Parque Nacional Cajas, nach Jima und Girón beginnen am **Terminal Sur** gegenüber der Feria Libre.

Die allermeisten Busse (es sind Hunderte pro Tag) nutzen jedoch den Hauptbusbahnhof **Terminal Terrestre** (Av España), der ca. 1,5 km außerhalb der Innenstadt liegt. Von dort aus geht's täglich nach Ingapirca, Gualaceo, Chordeleg und Sigsig.

Nach Guayaquil führen zwei verschiedene Routen: Eine kürzere über den Parque Nacional Cajas und Molleturo (8 US$, 4 Std.) sowie eine längere über La Troncal und Cañar (8 US$, 5 Std.).

BUSSE AB DEM BUSBAHNHOF TERMINAL TERRESTRE

ZIEL	PREIS (US$)	DAUER (STD.)
Alausí	5	4
Ambato	8	7
Azogues	0,70	¾
Gualaquiza (über Sígsig)	8	4–5
Guayaquil	8	4–5
Huaquillas	7	7
Latacunga	9	8,5
Loja	7,50	5
Macas (über Guarumales)	8	8
Machala	5,50	4
Piura (Peru)	15–17	14–16
Quito	10–12	10–12
Riobamba	7	6
Saraguro	5	3
Sigsig	1,25	1
Zamora	9,40	7–8

Flugzeug

Cuencas **Aeropuerto Mariscal Lamar** (Av España) liegt 2 km vom Stadtzentrum und 500 m vom Busbahnhof Terminal Terrestre entfernt.

Aerogal (☎410-3104; www.aerogal.com.ec; Aguilar nahe Solano; ⏲Mo–Fr 8.30–13 & 14–18.30, Sa 9.30–12.30 Uhr) Fliegt täglich nach Quito (115 US$) und Guayaquil (110 US$).

TAME (www.tame.com.ec) Flughafen (☎286-2400); Innenstadt (☎288-9097/9581; Astudillo 2-22; ⏲Mo–Fr 8.30–13 & 14–18.30, Sa 9.30–12.30 Uhr) Fliegt ebenfalls täglich nach Quito (115 US$) und Guayaquil (110 US$).

Unterwegs vor Ort

Vor dem Hauptbusbahnhof brechen regelmäßig Busse gen Innenstadt auf (0,25 US$). In Gegenrichtung eignen sich alle „Terminal"-Busse, die nahe dem Blumenmarkt von Haltestellen an der Padre Aguirre abfahren. Taxifahrten zwischen Innenstadt und Flughafen oder Hauptbusbahnhof kosten ca. 2 US$.

Zum Terminal Sur rollen Taxis (2 US$) und „Feria Libre"-Busse ab der Presidente Córdova oder Mariscal Lamar.

Lokalbusse nach Turi (0,25 US$; 4 km südlich vom Zentrum) verkehren entlang der Avenida Solano.

Rund um Cuenca

☎07

Von Cuenca aus kann man leicht Tagesausflüge zu Siedlungen der Ureinwohner in der Umgebung unternehmen. Einige der aufgeführten Dörfer setzen auf kommunale Tourismusprojekte. Wer dort Führer anheuert und Kunsthandwerk kauft, unterstützt somit die Einwohner. Gualaceo, Chordeleg und Sigsig lassen sich zusammen an einem Tag besuchen. Principal, Cajas und die Ruinen von Ingapirca (S. 178) sind aber jeweils separate Tagesziele.

schön!

PARQUE NACIONAL CAJAS

Der **Cajas-Nationalpark** (Eintritt 2 US$) liegt nur 30 km westlich von Cuenca und schützt 2854 km² moorartigen, golden schimmernden *páramo*. In dieser hoch gelegenen Anden-Graslandschaft finden sich Hunderte kalter Seen, die in der kahlen, rauen Landschaft wie Juwelen funkeln.

Diese extrem feuchte und neblige Gegend speist Flüsse, die gen Cuenca fließen. Zudem gilt sie als wichtiges Schutzgebiet für Vögel, Säugetiere und Pflanzen.

Besonders bedeutend sind die kleinen Wälder aus *Polylepis*-Bäumen in geschützten Senken und natürlichen Mulden. Die Gattung *Polylepis* gedeiht in größeren Höhen als die meisten anderen Baumarten der Welt und bildet hier somit einige der am höchsten gelegenen Wälder des Planeten. Bei Wandertouren durch diese dichten Zwergenwälder fühlt man sich stark an die Märchen der Brüder Grimm erinnert.

Einer recht fragwürdigen Erklärung zufolge heißt der Park Cajas, weil seine Seen aussehen wie *cajas* (Schachteln). Wahrscheinlicher ist, dass der Name vom Kichwa-Wort *caxas* (Kälte) herrührt. Und kalt ist es hier wirklich – so kalt, dass ein Verirren (leicht möglich!) sehr gefährlich werden kann. Vor allem in der Trockenzeit fallen die Temperaturen oft unter den Gefrierpunkt. Am wasserärmsten ist die Periode von Januar bis August; mit Regen muss man aber jederzeit rechnen.

Drei Haupterholungsgebiete, jedes an einem See gelegen, säumen die Straße von Cuenca nach Molleturo: **Laguna Llaviucu** liegt Cuenca am nächsten und hat eine **Rangerstation**, die den Eintritt entgegennimmt. **Laguna Cucheros** und **Laguna Toreadora** besitzen jeweils ein Informationszentrum. Eine zweite **Rangerstation** steht 3 km westlich von Cucheros bei Quinuas. In den Rangerstationen werden gratis topografische Hochglanzwegekarten verteilt, die auch bei der Touristeninformation in Cuenca erhältlich sind.

Außerhalb der ausgewiesenen Bereiche rund um die Lagunas Llaviacu, Cucheros und Toreadora benötigen Gruppen von acht oder mehr Personen einen Führer. Wer auf eigene Faust unterwegs ist, muss sich stattdessen bei den Rangerstationen anmelden und ein GPS-System oder einen Kompass mitführen. Ohne offiziellen Führer aus Cuenca oder dem eigentlichen Park sind Wanderungen mit Übernachtung momentan untersagt. Die meisten genannten Touranbieter (s. „Geführte Touren" im Abschnitt zu Cuenca) vermitteln Guides.

Aktivitäten

Im Park gibt es ein paar Kletterspots, aber für die echten Adrenalinjunkies hat er auch noch Lama- bzw. Vogelbeobachtungen und sogar Angelmöglichkeiten zu bieten! Alle aufgeführten Erholungsgebiete offerieren neben diesen Aktivitäten auch ausgeschilderte Wanderrouten (z.T. mehrstündig). Einige lange Wanderstrecken führen durch herrlich einsame Landschaften und bieten noch mehr Gelegenheiten, die Natur zu be-

Parque Nacional Cajas

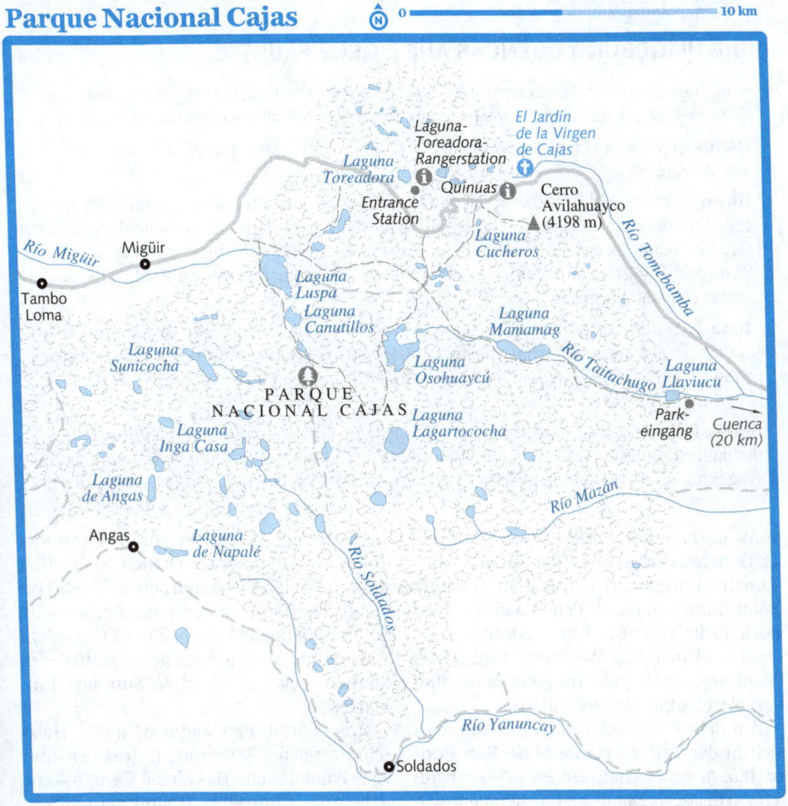

obachten. Grundvoraussetzung hierfür ist jedoch die Fähigkeit, sich auf Terrain, das gelegentlich vom Kartenmaterial abweicht, sicher zu orientieren. Im Zweifelsfall daher am besten gleich einen Führer anheuern!

Schlafen

Alle drei Erholungsgebiete haben Zeltstellplätze (4 US$). Hinzu kommen *refugios* (Schutzhütten) und normale Hütten, die aber nicht zu reservieren und schnell voll sind.

An- & Weiterreise

Cajas ist über zwei Routen erreichbar: Laguna Llaviucu und Cucheros liegen an der Nordstrecke bzw. dem ersten Highway-Abschnitt gen Guayaquil (über Molleturo). Die holperige Südroute passiert die Dörfer Soldados (mit Rangerstation) und Angas.

Busse von Transportes Occidental starten täglich am Terminal Sur in Cuenca (1,25 US$, 1 Std., 6.15, 7, 8, 10, 12, 13.30, 14.30, 16.10 & 17.45 Uhr) – zur Rückkehr einfach einen beliebigen Bus in Richtung Cuenca anhalten!

Busse nach Soldados 1,25 US$, 1¼ Std.) und Angas (2 US$, 1¾ Std.) fahren um 6 Uhr an der El-Vado-Brücke in Cuenca ab; nachmittags kehren sie dorthin zurück.

Alternativen sind Taxitrips (ca. 60 US$/Tag) oder Tagesausflüge mit einer von Cuencas Touragenturen.

GUALACEO, CHORDELEG & SIGSIG

Frühaufsteher können problemlos die Sonntagsmärkte aller drei Dörfer besuchen und zur Happy Hour wieder zurück in Cuenca sein. Unterwegs wartet allerlei traditionelles Kunsthandwerk: Flechtkörbe, toller filigraner Gold- bzw. Silberschmuck, Holzarbeiten, Tonwaren, Gitarren und *ikat*-Textilien, deren Garn nach dem Färben per Knüpfbatik in einer präkolumbischen Webtechnik verarbeitet wird.

GUALACEO

An einem kleinen, reißenden Fluss liegt mit Gualaceo (2591 m) ein Shoppingparadies für Kunsthandwerksfans. Ein paar Blocks

ABSTECHER

DIE UMGEBUNG CUENCAS AUF EIGENE FAUST

Von Cuenca aus sind diverse Abenteuertrips auf eigene Faust zu den nahe gelegenen Ortschaften Baños, Girón, Jima und Paute möglich. Nützliche Infos vor dem Start:

Baños Kleines Dorf gleich außerhalb von Cuenca; mit Thermalquellen und netter kleiner Kirche.

Girón Liegt ca. 43 km südwestlich von Cuenca an der Straße nach Machala und hat tolle Wandermöglichkeiten zu einem 60 m hohen Wasserfall. Dieser ist nach der Busfahrt von Cuenca nach Girón auch per Miet-Pick-up (5 US$) erreichbar. Am ersten Wasserfall heißt's dann einen Führer anheuern, der einen zu zwei versteckten Kaskaden in der Nähe bringt.

Jima Zwei Stunden südlich von Cuenca hat man von diesem ruhigen Bauerndorf einen einfachen Zugang zum benachbarten Nebelwald in einem kommunalen Naturschutzgebiet. Vor Ort gibt's ein *hostal* und ein Infozentrum, das Führer vermittelt. Anreise mit dem Bus ab Cuenca.

Paute Der wenig besuchte Ort gleich nördlich von Gualaceo punktet mit guten Möglichkeiten zum Bergwandern und Mountainbiken. Er lässt sich leicht im Rahmen eines Tagesausflugs ab Cuenca besuchen; Übernachten hilft der Gemeinde allerdings mehr.

vom Busbahnhof entfernt wird auf der **feria artesanal** jenseits der Brücke super Kunsthandwerk aus der Region verkauft. Beim Bummeln durch den Ort gibt's sogar noch mehr zu entdecken – besonders gefragt sind hier *ikat*-Webereien und *paños* (Baumwollschals mit Indigofärbung und komplexen Makramee-Rändern).

Auf dem Weg nach Gualaceo kann man sich in der **Taller Artesanal de San Pedro** (Kunsthandwerkstatt San Pedro; 4 km nördlich von Gualaceo; Eintritt frei) anschauen, wie Kunsthandwerk entsteht. Rund 1 km weiter die Straße hinunter gibt ein **Orquideario** (Orchideenfarm; 3 km nördlich von Gualaceo; Eintritt 3 US$) einen Einblick in die regionale Blumenzucht. Am Ortseingang steht mit dem **Museo López Abad** (Eintritt 1,50 US$) ein privates Archäologiemuseum an der Hauptstraße. Die **Touristeninformation** (iTur; Gran Colombia nahe 3 de Noviembre; ⌚Mo–Fr 8–17 Uhr) am Hauptplatz liefert prima Infos zu Wandermöglichkeiten und Abenteuer-Aktivitäten in der Nähe.

Einen Block nördlich vom Hauptplatz vermietet das familiengeführte **Residencial Gualaceo** (☎225-5006; Gran Colombia 3-02; EZ/DZ 7/15 US$) einfache, saubere Zimmer.

Fürs Mittagessen empfiehlt sich der **Mercado 25 de Junio** (Ecke Cuenca & Vicente Peña Reyes) ein paar Blocks oberhalb vom Busbahnhof.

CHORDELEG

Rund 10 km südlich von Gualaceo liegt mit Chordeleg ein Zentrum der Schmuckherstellung, das schon vor Ankunft der Inka bedeutend war. Örtlich Spezialität sind die tollen Filigranarbeiten. Doch Vorsicht: Fälschungen sind häufig, deshalb sollte man (angeblich) hochkarätiges Gold unbedingt sicher als solches identifizieren können, bevor man große Summen hinblättert!

Aus Chordeleg kommen auch Holzschnitzereien, Töpferwaren, Textilien und viele Panamahüte. Das kleine **Centro Agro Artesanal Chordeleg** (Eintritt frei; ⌚Di–So 9–13 & 14–17 Uhr) an der zentralen Plaza beleuchtet die Geschichte und Herstellungstechnik vieler dieser Handwerksgegenstände. Zudem werden hier einige Stücke aus einheimischer Produktion verkauft.

SIGSIG

Sigsig (2684 m) liegt etwa 26 km südlich von Gualaceo. Dieses charmante Überbleibsel einer indigenen Stadt aus der Kolonialzeit ist vor allem für seine Panamahüte bekannt.

Nahe dem Hauptmarktplatz gibt's ein paar Restaurants und *residenciales* (Budgethotels).

ℹ An- & Weiterreise

Am Busbahnhof Terminal Terrestre in Cuenca besteht alle halbe Stunde Verbindung nach Gualaceo (0,80 US$, 1 Std.), Chordeleg (1 US$, 1 Std.) und Sigsig (1,25 US$, 1½ Std.). Busse pendeln zwischen den Orten (0,50 US$/Fahrt) und lassen sich jeweils an der Hauptstraße anhalten. Etwa stündlich geht's per Bus von Sigsig nach Cuenca (1,25 US$).

PRINCIPAL

Nur 37 km hinter Sigsig liegt das bescheidene Nest Principal (2791 m) im Schatten des **Volcán Fasayñan** (3907 m). Der lokalen Legende nach soll das Volk der Cañari ursprünglich aus dieser mächtigen Felssäule stammen.

Um Nachhaltigkeit in der Gemeinde zu fördern, organisiert ein kleiner Ortsverband von zertifizierten Guides z.B. Wanderungen (10 US$/Pers.) auf den Fasayñan, zum Wasserfall **Infiernillo** (Kleine Hölle) oder zu den kristallklaren **Drei Seen** im *páramo*. Alle genannten Ziele liegen drei bis fünf Wanderstunden von Principal entfernt und sind auch per *cabalgata* (Ausritt) erreichbar. Die moderne Pension **Hostal Anabel** (☎09-981-5821; Zi. mit Gemeinschaftsbad 6 US$/Pers.) informiert über diese Aktivitäten und die örtliche Weberkooperative, die Panamahüte herstellt.

Vier Blocks von Chordelegs Hauptplatz entfernt starten Busse an einer Haltestelle in Richtung Principal (0,50 US$, 30 Min., 6.30–18.30 Uhr alle 40 Min.).

Saraguro

☎07 / 4007 EW. / 2520 M

Rund 165 km südlich von Cuenca liegt Saraguro inmitten von grün-goldenen Hügeln, auf denen seit Tausenden von Jahren herzhafte Wurzelknollen und Getreide angebaut werden. Der Ort ist das Zentrum der indigenen Saraguro-Kultur. Dieses stetig wachsende und stolze Volk lebte ursprünglich nahe dem Titicacasee in Peru. Infolge der Umsiedlungspolitik des Inkareichs *(Mitma)* kam es jedoch in den 1470er-Jahren hierher.

Während des letzten Jahrhunderts zogen einige Saraguro (dieses Mal allerdings freiwillig) südwestwärts in deutlich niedrigere Höhenlagen um und siedelten sich oft auch neben Shuar-Gemeinden im ecuadorianischen Amazonasbecken an. Die Saraguro ziehen ihre traditionellen Wolltrachten in den kühlen Bergen genauso an wie im feuchtwarmen Tiefland. Ihre Frauen tragen weiße Hüte mit breiten Krempen, lange Plisseeröcke, kunstvolle Anstecknadeln *(tupus)* und prächtige Perlenhalsbänder *(chakiras)*. Die Männerkluft besteht aus einer Art Filzhut, einem schwarzen Poncho und schwarzen Kniehosen – teilweise ergänzt durch kleine weiße Schürzen und zweiteilige Schultertaschen *(alforjas)*.

Alle Teile der Saraguro-Tracht stehen für bedeutende Handwerkstraditionen – gepflegt in nahe gelegenen Gemeinden, die zu besuchen sich wirklich lohnt. Zum **Sonntagsmarkt** kommen Saraguro aus der ganzen Umgebung und werfen sich zu diesem Anlass schick in Schale.

Am Hauptplatz gibt's ein Callcenter und einen Geldautomaten.

Sehenswertes & Aktivitäten

Die meisten Dörfer der Umgebung liegen nur 30 Geh- bzw. zehn Busfahrminuten (0,20 US$) von Saraguro entfernt und warten mit vielen Outdoor- oder Kulturaktivitäten auf. Sie sind allesamt mit Bussen erreichbar, die vor der Kathedrale am Hauptplatz starten. An Letzterem findet man auch das iTur-Büro mit Infos und Wanderkarten.

Baños del Inka WASSERFALL

(Eintritt 2,50 US$) Gleich nördlich des Ortes liegt an der Panamericana dieses Naturareal mit eindrucksvollen Wasserfällen und mächtigen Felsformationen.

Bosque Protegido Washapamba WALD

(Eintritt 2,50 US$) Das Washapamba-Waldschutzgebiet direkt südlich des Orts ist super zum Wandern.

Lagunas Saraguro SEE

Ein prima Ziel für Kulturinteressierte: Nahe der Lagunas Saraguro stellen Frauen *tupus* und Textilien her.

Tuncarta DORF

Diese Gemeinde ist für ihre tollen Saraguro-Hüte bekannt.

Geführte Touren

Operadora de Turismo Comunitario Saraurku KULTUREXKURSION

(☎220-0331; www.turismosaraguro.com; Ecke 18 de Noviembre & Loja) Einen Block westlich vom Hauptplatz organisiert dieser kommunale Tourveranstalter seine Exkursionen zu benachbarten Zielen. Zudem bringt er Traveller zu den Saraguro-Gemeinden im Amazonasbecken (pro Pers. 40–60 US$/Tag). Ausritte und Mountainbiketrips sind ebenfalls im Angebot.

Schlafen & Essen

LP TIPP **Hostal Achik Wasi** HOTEL $$

(☎220-0058; www.saraguro.com; Intiñan im Barrio La Luz; Zi. inkl. Frühstück 15 US$/Pers.) Das große *hostal* (kleines Billighotel) aus Lehmziegeln und Holz steht zehn Gehminuten ober- bzw. außerhalb der Stadt (Taxi 1 US$). Es gehört zu einem gut organisierten Tourismusprojekt, das der Gemeinde zugute kommt. In den komfortablen Zimmern mit hohen Decken warten weiche Bettdecken auf müde Reisende. Tolle Aussicht und ein tadellos gepflegtes Grundstück machen dies zu Saraguros bester Unterkunft.

Operadora de Turismo Comunitario Saraurku GASTFAMILIE $$
(☎220-0331; www.turismosaraguro.com; Ecke 18 de Noviembre & Loja; Zi. inkl. 3 Mahlzeiten 27,30 US$) Das Saraurku vermittelt Privatunterkünfte in nahe gelegenen Dörfern. Dort bekommt man drei anständige Mahlzeiten pro Tag und erfährt, wie ein bäuerlicher Kleinbetrieb geführt wird. Noch wichtiger: Dies ist eine Chance, das lokale Leben in den Anden kennenzulernen und aktiv daran teilzunehmen!

Residencial Saraguro HOTEL $
(☎220-0286; Ecke Loja & Antonio Castro; Zi. mit eigenem Bad/Gemeinschaftsbad pro Pers. 5/6 US$) Das wenig einladende, kleine Hotel ist bei Travellern recht beliebt. Es liegt nur einen Block östlich vom Hauptplatz und verfügt über spartanische Zimmer und Bäder, aber saubere Bettwäsche.

Mamá Cuchara ECUADORIANISCH $
(Parque Central; Hauptgerichte 1,50–2,50 US$; ⌚So–Fr 7–22 Uhr) Der Name passt: Direkt am Hauptplatz tischt „Mutter Löffel" herzhafte, leckere Gerichte auf. Die Erlöse gehen an die Vereinigung indigener Frauen, die das Lokal leitet.

Zentraler Markt MARKT $
Auf dem Markt westlich vom Hauptplatz verkaufen Stände traditionelles Essen aus Ecuador (1–2 US$).

An- & Weiterreise

Alle Loja-Busse ab Cuenca halten einen Block von Saraguros Hauptplatz entfernt (5 US$, 3½ Std., stündl.). Den ganzen Tag über starten stündlich Busse nach Loja (2 US$, 1½ Std., 62 km). Vom Hauptplatz ist's ein Block bis zum Busbüro.

Loja

☎07 / 2100 M

Die Hauptstadt der Provinz Loja ist ein praktischer Ausgangspunkt für Trips zum Parque Nacional Podocarpus, nach Vilcabamba und in den südlichen Oriente – obendrein aber auch selbst ein ganz besonderer Ort, den viele Ecuadorianer wegen seiner ehrwürdigen Kultur schätzen. Trotz der einsamen Lage im äußersten Süden des Landes hat Loja ein bedeutendes Konservatorium und eine international renommierte Universität, die viele ausländische Studenten anzieht. Die Musik liebende Stadt rühmt sich, im Lauf ihrer Geschichte diverse Virtuosen hervorgebracht zu haben. Loja an sich ist lärmgeplagt und ziemlich schmutzig. Ein paar kolonialzeitliche Ecken könnten einen kurzen Zwischenstopp jedoch vor allem für Kulturfans interessant machen.

Sehenswertes & Aktivitäten

Das historische Zentrum lässt sich in einem Tag erschöpfend erkunden. Passend zu seinem Ruf, umweltbewusst zu sein, hat Loja mehrere große Parks, die zu besuchen zusätzliche Zeit in Anspruch nimmt.

Parque Central PLATZ
Lojas Hauptplatz bevölkern stets viele Schuhputzer, Zeitungsverkäufer und einheimische Gläubige, welche täglich die Virgen del Cisne in der **Kathedrale** verehren.

Museo del Banco Central MUSEUM
(10 de Agosto; Eintritt 1 US$; ⌚Mo–Fr 9–13 & 14–17 Uhr) Auf der Südseite des Parque Central beherbergt ein Gebäude aus republikanischer Zeit dieses Museum mit einer kleinen Sammlung zur örtlichen Archäologie, Ethnografie und Kunst.

Museo del Monasterio de Monjas Concepcionistas MUSEUM
(10 de Agosto; Eintritt 1 US$; ⌚Mo–Fr 9–13 & 14–17 Uhr) Einen Block östlich vom Parque Central präsentiert dieses Kloster religiöse Kostbarkeiten (16.–18. Jh.) in drei öffentlichen Ausstellungsräumen.

GRATIS **Casa de la Cultura Ecuatoriana** MUSEUM
(Valdivieso nahe Rocafuerte; ⌚8–13 & 14–18 Uhr) Der Besuch in diesem Kulturzentrum mit wechselnden Kunstausstellungen lohnt sich wirklich.

Museo de la Música MUSEUM
(Valdivieso 09-42; Eintritt 0,25 US$; ⌚Mo–Fr 9–14 & 15–18 Uhr) Dieses witzige Museum, das in einer alten Schule untergebracht ist, beleuchtet die Lebensgeschichten berühmter Musiker, die aus Loja stammen. Ausgestellt sind außerdem zahlreiche alte Instrumente.

Parque Recreacional Jipiro PARK
(Ecke Santiago de las Montañas & Salvador Bustamante) In dem kinderfreundlichen Park nördlich von Loja könnte man das Gefühl bekommen, geschrumpft auf einen Minigolfplatz versetzt worden zu sein: Kids klettern hier z.B. auf kleinen Brücken, einer chinesischen Pagode und einem Mini-Kreml herum. Vorhanden sind auch ein Riesenschachbrett, ein Skatepark, kleine Tiergehege und ein Tretbootteich. Grüne Busse (0,25 US$) fahren ab der südöstlichen Kreuzung von Eguiguren und Peña hierher.

Plaza San Francisco PLATZ
(Ecke Bolívar & Colón) Der eher kleine Platz zwei Blocks nördlich des Parque Central wird von einer Reiterstatue des Stadtgründers dominiert.

Kirche Santo Domingo KIRCHE
(Ecke Valdivieso & Rocafuerte) Zwei Blocks südlich vom Parque Central zieren religiöse Malereien das Innere der Kirche Santo Domingo an der gleichnamigen Plaza.

Plaza de la Independencia PLATZ
(Ecke Alonso de Mercadillo & Valdivieso) Der Unabhängigkeitsplatz zwängt sich zwischen die **Kirche San Sebastián** und kolonialzeitliche Gebäude, die von Säulen gestützte Auskragungen und geschlossene Holzbalkone besitzen.

Lourdes STRASSE
Die schmale Gasse namens Calle Lourdes ist Lojas älteste Straße aus der Kolonialzeit. Wenn man von den paar netten Kunstgalerien absieht, sieht sie seit 500 Jahren weitestgehend gleich aus.

GRATIS **Puerta de la Ciudad** WAHRZEICHEN
(Stadttor; ⏲Mo–Fr 10–22, Sa & So 11–22 Uhr) Das Stadttor nördlich vom Zentrum ist ein riesiges Schloss, dessen Eingangsbogen die Sucre-Straße in Richtung Innenstadt überspannt. Im Inneren warten mehrere Aussichtsplattformen und Kunstgalerien auf zwei Stockwerken.

El Pedestal AUSSICHTSPUNKT
Für einen netten Spaziergang folge man der Rocafuerte ab dem Zentrum gen Osten und überquere den Río Zamora. Dann heißt's den kleinen Hügel zum El Pedestal hinaufsteigen, um den Panoramablick am Fuß der bronzenen Virgen-Statue zu genießen.

Parque Universitario La Argelia PARK
(Eintritt 1 US$; ⏲9–16 Uhr) Das 90 ha große Schutzgebiet mit super Wanderwegen liegt fast 5 km südlich vom Zentrum und ist nur per Taxi (1 US$) erreichbar.

Jardín Botánico Reynaldo Espinosa GARTEN
(Eintritt 0,60 US$; ⏲Mo–Fr 9–16, Sa & So 13–18 Uhr) Der botanische Garten gegenüber vom Parque Universitario beheimatet fast 900 Pflanzenarten.

Parque La Banda/Orillas de Zamora ZOO
(8 de Diciembre; Eintritt 0,50 US$; ⏲8–18 Uhr) Vom Parque Jipiro aus sind's ca. 30 Gehminuten bis zu diesem netten Park mit Affen, Straußen und einem Brillenbären-Paar in einem kleinen Freiluftzoo. Das wunderschön gestaltete **Orquideario** beherbergt über 200 Orchideenarten aus dem Süden Ecuadors.

Geführte Touren

Exploraves VOGELBEOBACHTUNG
(☎258-2434; www.exploraves.com; Lourdes 14-80; ⏲während der Mittagspause geschl.) Veranstaltet Vogelbeobachtungen im Podocarpus-Nationalpark (ab 80 US$/Tag).

Feste & Events

El Día de La Virgen del Cisne RELIGION
Große Prozessionen prägen dieses katholische Fest am 20. August.

Unabhängigkeitstag SÄKULAR
Loja feiert seinen Unabhängigkeitstag (18. Nov.) bis zu einer Woche lang.

San Sebastián RELIGION
Die Bewohner der Stadt ehren den hl. Sebastian jedes Jahr am 8. Dezember.

Schlafen

Grand Victoria Boutique Hotel HISTORISCHES HOTEL $$$
(☎258-3500; www.grandvictoriabh.com; Ecke Valdivieso & Eguiguren; EZ/DZ inkl. Frühstück 110/134 US$; P@🛜🏊) Das Grand Victoria bringt Boutiquehotel-Feeling nach Loja: Hier wurde an alle kleinen Details wie Bademäntel, Rosenblätter, edelste Baumwollbettlaken und Aromatherapie im Poolbereich gedacht. Den superkomfortablen Zimmern mangelt es allerdings am Charme der Gemeinschaftsbereiche. Im Hotel und in jedem der drei internationalen Restaurants ist der Service weit überdurchschnittlich.

Grand Hotel Loja BUSINESSHOTEL $$
(☎258-6600; www.grandhotelloja.com; Ecke Aguirre & Rocafuerte; EZ/DZ inkl. Frühstück 37/54 US$; P🛜) Das große, moderne,

Loja

zweckmäßige und nette Hotel versieht seine komfortablen Zimmer mit goldfarbenen Tagesdecken im Stil der 1970er-Jahre. Zudem ist es ruhiger als der Großteil seiner Konkurrenz und hat eine Sauna mit Whirlpool. Beste Mittelklasseoption der Stadt!

Hotel Libertador HOTEL **$$**
(☎257-8278; www.hotellibertador.com.ec; Colón 14-30; EZ/DZ inkl. Frühstück 61/71 US$; P @ ☎ ≋) Dieses gehobene Hotel ist eine gute Wahl im Mittelklassebereich. Manche Quartiere besitzen Essbereiche und große Badewannen. Regelmäßig gibt's Wochenendsondertarife für die Doppelzimmer.

Hotel Podocarpus HOTEL **$$**
(☎258-1428; www.hotelpodocarpus.com.ec; Eguiguren 16-50; EZ/DZ inkl. Frühstück 30/45 US$; P ☎) Der Boutique-Schick der Gemeinschaftsbereiche sucht in Loja seinesgleichen. Die Zimmer sind nicht ganz so modern, mit kürzlich renovierten Bädern und schönen Möbeln aus dunklem Holz, aber dennoch komfortabel. Das Personal ist sehr dienstbeflissen.

Hotel Metropolitan HOTEL **$**
(☎257-0007; www.metropolitanohotel.com; 18 de Noviembre 6-41; Zi. 12–15 US$/Pers.; ☎) Tolles Budgethotel mit freundlichem Service und

Loja

Highlights
Museo de la Música C4
Museo del Monasterio de Monjas Concepcionistas C3

Sehenswertes
1 Casa de la Cultura Ecuatoriana C4
2 Kathedrale C3
3 Kirche San Sebastián C5
4 Kirche Santo Domingo C4
5 Lourdes B5
6 Museo del Banco Central B3
7 Puerta de la Ciudad B1

Aktivitäten, Kurse & Touren
8 Exploraves B5

Schlafen
9 Grand Hotel Loja A4
10 Grand Victoria Boutique Hotel C3
11 Hostal Aguilera Internacional B1
12 Hostal San Luis B2
13 Hotel Libertador B3
14 Hotel Londres B3
15 Hotel Metropolitan B3
16 Hotel Podocarpus A3

Essen
17 A lo Mero Mero B3
18 Casa Sol D3
19 Cebichería 200 Millas C3
20 El Fogón B3
21 El Jugo Natural B3
22 El Tamal Lojano B3
23 Grilled Chicken Restaurants B5

Ausgehen
24 Casa Tinku B5
25 El Viejo Minero B4

komfortablen Zimmern, die mit Hartholzböden, Kabelfernsehen und anständigen Betten punkten. Das Ganze ist allerdings recht düster – daher sollte man versuchen, möglichst ein Quartier mit Fenster zu ergattern.

Hostal Aguilera Internacional HOTEL $$
(☎258-4660; ricar2aguilera@hotmail.com; Sucre 01-08 y Ortega; EZ/DZ inkl. Frühstück 28/38 US$; 👪) Das familiengeführte und -freundliche Hotel neben der Puerta de la Ciudad empfiehlt sich, wenn man möglichst nahe am Busbahnhof wohnen möchte (oder muss). Gäste sind in netten, gut beleuchteten Zimmern untergebracht und kommen auf Wunsch in den Genuss der großen, heißen Trockensaunen.

Hotel Londres HOSTEL $
(☎256-1936; Sucre 07-51; Zi. mit Gemeinschaftsbad 5 US$/Pers.) Mit den knarrenden Holzböden, den weißen Wänden und den durchgelegenen Betten ist das Londres so einfach wie nur möglich. Dennoch wartet dieser langjährige Travellerfavorit mit blitzblanken Gemeinschaftsbädern und freundlichen jungen Eigentümern auf.

Hostal San Luis HOTEL $
(☎257-0370; Sucre 4-62; Zi. 9 US$/Pers.) Dieser Betonbunker hat 45 nüchterne Zimmer im Einheits-Look und ist kaum mehr als eine reine Übernachtungsoption mit sauberer Bettwäsche.

Essen

Lojas bekannteste Spezialität namens *cuy* wird normalerweise sonntags aufgetischt, ist manchmal aber auch werktags zu bekommen. Zu den lokalen Köstlichkeiten zählen ansonsten auch *cecina* (gesalzenes, gebratenes Schweinefleisch mit Maniok) und einige der besten *humitas* des Landes.

Lokale, die saftige Grillhähnchen servieren, säumen die Alonso de Mercadillo westlich der Bolívar. Einen viertel Gummiadler mit Suppe und Pommes gibt's für ca. 2 US$.

El Tamal Lojano ECUADORIANISCH $
(18 de Noviembre 05-12; kleine Gerichte 0,70–1 US$, Mittagsmenüs zum Festpreis 2 US$; ⏲Mo–Sa 9–14 & 16–20 Uhr) Die *almuerzos* schmecken prima. Hauptgründe für einen Besuch sind aber die köstlichen *quimbolitos, humitas, empanadas de verde* und *tamales lojanos*. Unbedingt alle probieren!

El Fogón ARGENTINISCH $$
(Ecke Eguiguren & Bolivar; Hauptgerichte 4–9 US$; ⏲12–20 Uhr) Familiengeführtes Lokal, das üppige Grillfleischportionen nach argentinischer Tradition serviert.

Salón Lolita ECUADORIANISCH $$
(Ecke Salvador Bustamante Celi & Guayaquil, El Valle; Hauptgerichte 4–12 US$; ⏲11–22 Uhr) *Die* Adresse für traditionelle Kost liegt ca. 1 km nördlich vom Zentrum. Kredenzt wird z. B. klassisches *cecina*. Geröstetes *cuy* gibt's in Portionen für 8, 10 oder 12 US$.

LA VIRGEN DEL CISNE

In ganz Ecuador (vor allem aber in der Provinz Loja) sind Figürchen, Schreine, Amulette und viele andere Gegenstände der Virgen del Cisne (Jungfrau des Schwans) gewidmet. Der Legende nach stand die Jungfrau Maria einem mittelalterlichen Ritter bei, der vor seiner Geliebten in einem schwanenförmigen Boot erschien. Die Galanterie des Ritters und der freundliche Beistand der Jungfrau begeisterten Franziskanermönche so sehr, dass diese Skulpturen der „Virgen del Cisne" in ganz Europa aufstellten. Eine dieser Statuen wurde später von den Franziskanern nach Ecuador gebracht. Dort schreibt man ihr seitdem viele Wunder zu (vor allem in Verbindung mit Krankheiten und Stürmen).

Ehrfürchtige *campesinos* (Bauern) stellten die heutige Virgen 1594 in einer Kleinstadt auf, die ebenfalls El Cisne heißt und 70 km westlich von Loja liegt. Diese „Originaljungfrau" mit vergoldeten Gewändern und mächtiger Krone steht den Großteil des Jahres über im örtlichen Santuario, einer Kathedrale im gotischen Stil. In anderen Landesteilen tragen die Virgens del Cisne oft Gewänder, die sich an indigenen Trachten orientieren – oder mitunter sogar Ecuadors Flagge (vor allem, wenn die Fußballnationalmannschaft ein wichtiges Spiel bestreitet).

Zu Ehren der Jungfrau feiert El Cisne am 15. August ein riesiges Fest, nach dem Tausende Pilger aus Ecuador und Nordperu die Statue auf ihren Schultern nach Loja tragen. Viele Gläubige laufen dabei selbst die gesamte Strecke mit. Am 20. August kommt die Jungfrau schließlich in Loja an und wird dort feierlich in der Kathedrale aufgestellt. Am 1. November geht das Ganze umgekehrt vonstatten: Die Statue verbleibt dann bis zum nächsten August wieder in El Cisne, wo auch am 30. Mai ein bedeutendes (wenn auch kleineres) Fest steigt.

Fast das ganze Jahr über finden Tagestouren und Bustrips ab Loja oder Catamayo in das Dorf statt, wo die Teilnehmer El Santuario und die Statue besichtigen. An Prozessionstagen besteht dafür aber keinerlei Chance: Dann geht jedermann zu Fuß – die Straße ist so voll mit Pilgern, dass Kraftfahrzeuge nicht durchkommen. Seit ein paar Jahren begleiten jedoch Radfahrer die Gläubigen auf der herrlichen Route durch die Berge. Egal, wie man Letztere zurücklegt: Diese Demonstration von Hingabe versetzt einen immer in Erstaunen.

Cebichería 200 Millas SEAFOOD $
(Peña 07-41; Hauptgerichte 4–7 US$; ⏲9–15 Uhr) Ceviche ist wirklich etwas für den späten Vormittag. Und genau dann kommt jedermann zu diesem Lokalfavoriten, um superfrisches Seafood zu genießen.

Casa Sol CAFÉ $
(24 de Mayo 07-04; Snacks 0,80–1,50 US$; ⏲9–23 Uhr) Dieses Musterbeispiel für ein nettes Café serviert Getränke und alle traditionellen Snacks an Tischen auf dem Balkon, von dem man Aussicht auf einen kleinen Park und einen Fluss hat. Am besten kommt man abends hierher. Wer sich früher einfindet, sieht bei einem Blick in die Küche, wie sich die ganze Familie dort richtig ins Zeug legt.

El Jugo Natural SAFTBAR $
(Eguiguren 14-20; kleine Gerichte 1–3 US$; ⏲7–20 Uhr) Das kleine Café ist seit 30 Jahren im Saftgeschäft. Auf der Karte stehen echte Biosäfte, Joghurtshakes und Obstsalate.

A lo Mero Mero MEXIKANISCH $
(Sucre 06-22; Hauptgerichte 3–4 US$, Mittagsmenüs zum Festpreis 2 US$; ⏲Mo–Sa 9.30–21 Uhr; 🖉) Dieser Mexikaner tischt üppige Burritos (super für Vegetarier!), herzhafte Enchiladas und gute Guacamole in einem freundlichen, bunten Speiseraum auf. Die Salsa ist echt ecuadorianisch (d.h. sie ist mild).

Ausgehen

Viele Cafés haben abends ein schlichtes Livemusik-Programm, machen dafür aber kaum Werbung. Ansonsten ist Lojas Nachtleben ziemlich harmlos.

El Viejo Minero KNEIPE
(Sucre 10-76) Die rustikale alte Kneipe ist ideal, um bei Bier und Snacks in freundlicher Kneipenatmosphäre zu relaxen.

Casa Tinku BAR
(Lourdes zw. Bolivar & Sucre) Belebte kleine Bar mit tollem Vibe und normalerweise Livemusik am Wochenende.

Praktische Informationen

Geld

Banco de Guayaquil (Eguiguren nahe Valdivieso) Bankfiliale mit Geldautomat.

Infos im Internet

www.loja.gov.ec Dies ist die Website der Stadtverwaltung.

www.lojanos.com Lojas „virtuelle Gemeinde".

Internetzugang

Cyberpower (Riofrío & Sucre; 1 US$/Std.; ⏲8–20 Uhr)

Medizinische Versorgung

Krankenhaus (☎257-0540; Ecke & San Juan de Diós)

Notfall

Polizei (☎257-5606; Valdivieso zw. Imbabura & Quito)

Post

Post (Ecke Colón & Sucre)

Telefon

Corporación Nacional de Telecomunicaciones (Eguiguren nahe Olmedo) Telefon-Callcenter.

Touristeninformation

Ministerio del Medio Ambiente (☎258-5927; Sucre 4-35, 3. Stock) Verwaltet den Parque Nacional Podocarpus; gut für Infos und einfache Karten.

Touristeninformation (iTur; ☎258-1251; Ecke Bolívar & Eguiguren; ⏲Mo–Fr 8–13 & 15–18, Sa 9–13 Uhr) Ist hilfreich und gibt diverse Karten aus; Ableger am Busbahnhof.

Wäscherei

Lavandería Autoservicio (Ecke de Mayo & Eguiguren; 0,85 US$/kg; ⏲Mo–Sa 8–19, So 8.30–13 Uhr)

An- & Weiterreise

Auto

Localiza (☎258-1729; www.localiza.com; Ecke Ayora & Nueva Loja; ⏲Mo–Fr 8–18, Sa & So 9–13 Uhr) Verleiht sparsame Autos und Geländewagen, die in anderen Großstädten zurückgegeben werden können.

Bus & Taxi

Fast alle Busse starten ca. 2 km nördlich vom Zentrum am **Busbahnhof** (Av Cuxibamba). Ein iTur-Büro gibt dort nützliche Tipps.

Vilcabambaturis schickt schnelle Minibusse nach Vilcabamba (1,30 US$, 1 Std., 6.15–21.15 Uhr alle 15–30 Min.). Schneller geht's mit einem *taxi colectivo* (Sammeltaxi; 2 US$, 45 Min.) ab der Avenida Universitaria, die ca. zehn Blocks südlich der Mercadillo in Loja verläuft. Am besten bittet man einen lokalen Taxifahrer, einen zur Taxihaltestelle an der Ruta 11 de Mayo zu bringen.

Nach Huaquillas an der Hauptroute nach Peru empfiehlt sich der Bus um 17 Uhr (10 US$, 7 Std.), um einen Umweg über Machala zu vermeiden. Loja ist auch Abfahrtspunkt von Bussen

KÖSTLICHES AUS DEM SÜDEN

In vielen Auslands-Ecuadorianern erweckt nichts mehr Heimweh als der Duft von *delicias* (Köstlichkeiten bzw. Delikatessen) auf Kochbananen- oder Maisbasis. Die sind typisch für das hiesige Hochland, werden aber, wie jeder weiß, in Richtung Loja immer leckerer. Viele Einheimische spülen dieses Essen mit Kaffee hinunter oder garnieren es mit *ají* (scharfer Sauce). Ein kleiner Vorgeschmack:

Humita Maisklops, gedünstet in einer Maisschale; salzige Varianten *(sal)* werden mit Käse serviert, *dulce* (süß) bedeutet oft Anisaroma.

Quimbolito Leichter Maismehlkuchen, der in *achira*-Blättern gedünstet und normalerweise mit einer Rosine garniert wird.

Tamales de Loja Ähnelt der *humita*, wird aber in der Regel mit Hühnerhackfleisch gefüllt.

Empanada Knusprige, zartgolden frittierte Teigtasche mit süßer oder pikanter Füllung; die *masa* (Teig) von *empanadas de verde* besteht aus jungen Kochbananen, *empanadas de maíz* basieren auf Mais.

Tortilla de choclo Gegrillter Pfannkuchen aus grobem Maismehl.

Maduro con queso Gegrillte, süße Kochbanane mit Käse.

Bolón de verde Kugel aus dem Mus junger Kochbananen; wird von Hand geformt, frittiert und mit Würstchen serviert.

TÄGLICH VERKEHRENDE BUSSE AB LOJA

ZIEL	PREIS (US$)	DAUER (STD.)
Ambato	14	11
Catamayo	1	¾
Cuenca	7	5
Gualaquiza	6	6
Guayaquil	10	8–9
Macará	6	6
Machala	6	5
Piura (Peru)	10	9
Quito	14–17	14–15
Riobamba	13	10
Zamora	2,40	2
Zumba	7,50	6

zu beiden südlichen Grenzübergängen in Richtung Peru (Macará & Zumba). Über Zumba besteht jedoch keine direkte Busverbindung nach Peru: Passagiere müssen in Zumba aussteigen, die Grenze überqueren und dann ein anderes Fahrzeug nehmen.

Ohne Zwischenstopp in Macará geht's mit Loja International direkt von Loja nach Piura in Peru (10 US$, 9 Std., 7, 13, 22.30 & 23 Uhr): Der Bus hält kurz an der Grenze, lässt Passagiere die nötigen Formalitäten erledigen und rollt dann weiter nach Piura. Am besten kauft man sein Ticket spätestens einen Tag vor dem Start.

Flugzeug

Loja wird vom Flughafen La Toma bedient, der ca. 30 km weiter westlich in Catamayo liegt.
TAME (☎257-0248; www.tame.com.ec; Av Ortega nahe 24 de Mayo; ⏲Mo–Fr 8.30–13 & 14.30–18, Sa 9–13 Uhr) fliegt nach bzw. ab Quito (77 US$, Mo–Sa) und Guayaquil (79 US$, Di–Do).

ℹ Unterwegs vor Ort

Die meisten Taxifahrten innerhalb der Stadt kosten ca. 1 US$. Für Trips zum Flughafen bestellt man am besten ein Taxi bzw. einen Shuttleservice (5 US$/Pers., 40 Min.) übers Hotel oder nimmt am Busbahnhof einen Bus nach Catamayo (1 US$, 45 Min.).

Parque Nacional Podocarpus

Der **Podocarpus-Nationalpark** (Eintritt/Refugio 2/3 US$, Zelten gratis) nimmt den Großteil des Dreiecks zwischen Loja, Zamora und Vilcabamba ein. Zudem erstreckt er sich sehr weit in Richtung Südosten. Der gewaltige Höhenunterschied innerhalb der Parkgrenzen reicht von ca. 900 m (Tieflandbereich) bis über 3600 m (Hochlandbereich). Aus diesem Grund zählt Podocarpus zu den artenreichsten Gebieten der Welt: Ungefähr 40 % der schätzungsweise 3000 Pflanzenspezies sind endemisch; zudem wurden an die 600 Vogelarten gezählt. Außerdem tummeln sich hier seltene Säugetiere wie Füchse, Hirsche, Pumas, Bergtapire und Bären.

Die facettenreiche Landschaft ist faszinierend: Vor allem bei Nebel erinnert der hochgelegene, windige *páramo* ein bisschen an einen Meeresboden voller Korallen. Seen füllen uralte glaziale Mulden wie Juwelen, und die märchenhaften Elfenwälder werden vom rauen Wetter gebeutelt. Überall schallt das Summen bzw. Pfeifen von Insekten und Vögeln durch dichte, hoch aufragende Wälder.

Der Park ist nach der riesigen Steineibe (Podocarpus) benannt, Ecuadors einzigem einheimischem Nadelbaum. Den bekommen Besucher aber nicht unbedingt zu Gesicht: Holzfäller haben schon vor langer Zeit den Großteil des Bestands vernichtet. Auch größere Säugetiere lassen sich kaum blicken – sie wurden durch Bejagung stark dezimiert und in die Tiefen des Waldes getrieben. Obwohl das Gebiet unter Naturschutz steht, halten illegale Holzfällerei und Jagd weiterhin an. Obendrein leiden alle Habitate des Parks zunehmend unter der Landwirtschaft und dem Bergbau (legal oder illegal).

Nichtsdestotrotz sind hier zahllose Vogelarten zu Hause: Den Hochlandbereich bevölkern z.B. Tränenbergtangare, Andenschopfohren, Augenbrauenhemispingusse, Südliche Perlstachelschwänze und andere Spezies mit exotisch klingenden Namen. Der Tieflandbereich beheimatet u.a. Kupfer-Glanzvögel, Weißhalssittiche oder Siebenfarbentangare.

In beiden Bereichen ist regelmäßig mit starken Regenfällen zu rechnen. Die Zeit von Oktober bis Dezember ist meist am trockensten.

HOCHLANDBEREICH

Der Zugang zum Hochlandbereich erfolgt ca. 10 km südlich von Loja über die **Rangerstation Cajanuma**, bei der auch der Eintritt bezahlt wird. Ab der Station führt eine unbefestigte Piste (8,5 km) bergauf zum **Refugio** (Hütte 3 US$/Pers.), wo sieben einfache Hütten mit Matratzen und ein **Zeltplatz** (gratis) warten.

Am *refugio* beginnen ein paar kurze, gewundene Pfade für Nebelwaldwanderungen auf eigene Faust. Anstrengender und länger ist der **Rundwanderweg Los Miradores** (hin & zurück 5 km, 4 Std.), der durch den Nebelwald bergauf in den *páramo* hineinführt. Zu den **Lagunas del Compadre** im Hochland geht's über einen Nebenpfad der Miradores-Route, für den die meisten Wanderer hin und zurück mindestens drei Tage brauchen (einfache Strecke 14,5 km). Achtung: Zwischen dem Weganfang und den Seen gibt's keinerlei Wasserquellen!

Das Ministerio del Medio Ambiente (Umweltministerium) in Loja liefert detaillierte Infos. In der Rangerstation werden einfache Karten verteilt.

ℹ An- & Weiterreise

Ein Taxi von Loja zum *refugio* kostet ca. 10 US$. Wer früh startet, kann mehrere Stunden lang wandern und danach zur Straße von Loja nach Vilcabamba zurücklaufen (8,5 km). Dort lassen sich vorbeifahrende Busse in Richtung Loja anhalten. Der Marsch von der Rangerstation Cajanuma zur Hauptstraße (2 Std.) führt nur bergab und ist an sich schon ganz schön. Achtung: Vor allem werktags sind auf der Parkstraße kaum Autos unterwegs – Trampen ist daher eher nicht möglich!

TIEFLANDBEREICH

Der Hauptzugang zum Tieflandbereich erfolgt 6 km südlich von Zamora über die **Rangerstation Bombuscaro** (⏲8–17 Uhr), die an einer unbefestigten Piste am Río Bombuscaro liegt. Letzterer ist ein beliebter Tummelplatz der Einheimischen und super für ein spontanes Bad. Vom Parkplatz am Straßenende führt ein breiter Weg hinauf zur Rangerstation (30 Min.) mit zwei einfachen **Hütten** (3 US$/Pers.) ohne Matratzen. Dort bezahlt man den Eintritt und kann auch gratis zelten.

Ab der Rangerstation Bombuscaro schlängeln sich mehrere kurze und gewartete (aber mitunter schlammige) Pfade in den Wald hinein. Der beliebteste davon hat die **Cascada Poderosa** und die **Chismosa-Wasserfälle** zum Ziel. Auf dem **Los-Huigerones-Pfad** (6 km) und dem **El-Campesino-Pfad** (5 Std.) marschieren Wanderer durch etwas Urwald. Ein weiterer Weg endet an einem tiefen Schwimmloch mit schneller Strömung: dem *área fotográfica* am Río Bombuscaro.

Ein seltener benutzter Zweiteingang befindet sich im Nest **Romerillos**, das 25 km südlich von Zamora an einer anderen Straße liegt.

Das Klima ist heiß und feucht, bedingt aber die wunderschöne Landschaft. Der meiste Regen fällt von Mai bis Juli. Im Mai und Juni gibt's die besten Orchideen.

ℹ An- & Weiterreise

Am einfachsten zum Bombuscaro-Eingang geht's per Taxi (4 US$) ab dem Stand hinter Zamoras Busbahnhof. Taxitrips ab Loja kosten

ABSTECHER

CABAÑAS YANQUAM

Östlich von Zamora passiert der Río Nangaritza die weite Cordillera del Cóndor. Diese unvergleichlich artenreiche Region ist auch die Heimat der indigenen Shuar-Gemeinden. Die Anreise per Boot erfolgt über einen Nebenfluss mit schwarzem bzw. bräunlichem Wasser, das seine Farbe von natürlichen Tanninen erhält. Unterwegs sieht man seltsame Felsformationen, Wasserfälle, seltene Vögel und Klippen voller Orchideen. Die **Cabañas Yanquam** (☎07-260-6147; www.lindoecuadortours.com; Zi. inkl. Frühstück 20 US$/Pers., Bootsfahrt 30 US$/Pers., min. 4 Pers.) außerhalb von Las Orquídeas bringen einen zu dieser vergessenen Welt, von der aus nur ganz wenige ihre Reise noch fortsetzen.

10 US$ pro einfache Strecke. Taxifahrer aus Zamora kehren am Tagesende auf Wunsch zum Park zurück und holen einen dort ab (zzgl. 4 US$). Alternativ kann man über die flache Straße zurücklaufen (ca. 1 Std.). In Zamora starten auch Busse nach Romerillos (1,50 US$, 2 Std., 6 & 14 Uhr).

Zamora

☎07 / 15112 EW. / 970 M

Die heiße, feuchte Hauptstadt der Provinz Zamora-Chinchipe gehört teils zum Oriente, teils zur Sierra. Eingequetscht zwischen diesen Regionen in den Andenausläufern, zieht sie Siedler aus den Hochlandgemeinden Saraguros und Shuar aus dem Amazonasbecken an. Zamora bezeichnet sich selbst als „Stadt der Vögel und Wasserfälle". Seine Bedeutung liegt in der Nähe zum Parque Nacional Podocarpus und zu riesigen legalen Schürffeldern.

Vor 100 Jahren war Zamora noch ein Holzhausdorf am Ende der Straße ab Loja. Die jahrzehntelange Ansiedlung von Bergleuten und das Anwachsen zum Provinzknotenpunkt ließen hier jedoch eine Stadt aus größtenteils gesichtslosen Betonbauten entstehen. Die Renovierung von Brücken, der aufgehübschte Busbahnhof, der brandneue *malecón* (Uferpromenade) am Río Zamora und der ruhige, kleine Hauptplatz haben Zamora allerdings eine gewisse Renaissance beschert. Wer die Uhrzeit wissen will, muss nur nach oben schauen: Den großen Hügel über Zamora ziert eine riesige Uhr, deren Minutenzeiger genau 11,31 m lang ist. Dies ist sehr wahrscheinlich die größte Uhr Ecuadors – und manchen zufolge auch der Welt.

Sehenswertes & Aktivitäten

Hier dreht sich alles um die Riesenuhr gegenüber von Busbahnhof und Markt. Die Hauptstraßen sind beschildert, Hausnummern rar. Zamoras Hauptattraktion ist der nahe gelegene Parque Nacional Podocarpus. Auf dem Weg zur Copalinga-Lodge stößt man gleich östlich der Stadt auf ein nettes **Schwimmloch**.

Refugio Ecológico Tzanka RESERVAT
(☎260-5692; refugioecologicotzanka@yahoo.es; Ecke Mosquera & Tamayo; Erw./Kind 2/1 US$; ⏲9–17 Uhr) Dieses Tierrettungszentrum steht einen Block südwestlich vom Hauptplatz auf einem steilen Hügel. Es beherbergt bunte Papageien, Coatis (Nasenbären), Affen, Faultiere und eine *Boa constrictor*. Das Zentrum bietet die wohl beste Gelegenheit in der ganzen Region, um Wildtiere zu beobachten, und ermöglicht kurzzeitige Freiwilligenengagements.

Geführte Touren

Bio Aventura Expeditions ABENTEUERTOUR
(☎260-7063; j.soto75@hotmail.com; Ecke Tamayo & Mosquera) Beim Tzanka-Tierreservat gleich um die Ecke werden geführte Touren zum Podocarpus-Nationalpark (20–30 US$) und Río Nangaritza (40–50 US$) arrangiert.

Schlafen

Copalinga LODGE **$$**
(☎09-347-7013; www.copalinga.com; Vía al Podocarpus bei Km 3; Hütte 24–42 US$/Pers., Frühstück & Abendessen 12 US$) Vogelbeobachter strömen zu diesem Privatschutzgebiet in belgischem Besitz, um exotische Federträger zu sichten. Doch auch wer sich nicht für Vögel interessiert, wird sich an der Orchideensammlung, den Wegen und den Nektarspendern für Kolibris erfreuen. In einer rustikalen oder einer luxuriösen Hütte (beide reizend) können sich Gäste vom Rauschen des Flusses in den Schlaf lullen lassen. Strom aus Wasserkraft versorgt die ganze Lodge; die Mahlzeiten sind üppig und lecker. Reservierung ist obligatorisch, aber wer hier unterkommen will, bucht ohnehin frühzeitig. Das Gelände liegt 3 km südöstlich der Stadt. Um es zu erreichen, ab dem Kreisverkehr unter der Uhr gen Osten fahren, dann nach Überqueren des Flusses den Schildern gen Süden folgen.

Hotel Samuria HOTEL **$$**
(☎260-7801; hotelsamuria@hotmail.com; Ecke 24 de Mayo & Diego de Vaca; EZ/DZ/3BZ/Suite inkl. Frühstück 20/32/48/50 US$; P❄📶) Zamoras neuestes und bestes Hotel steht einen halben Block nördlich vom Hauptplatz. Es punktet mit festen Betten, Haartrocknern, Flachbildfernsehern, relativ ruhigen, modernen Zimmern und – angenehm – mit einer Klimaanlage für heiße Nächte.

Hotel Betania HOTEL **$**
(☎260-7030; Francisco de Orellana; Zi. 12 US$/Pers., P📶) Zwei Blocks westlich vom Busbahnhof befindet sich dieses komfortable, moderne Hotel mit festen Betten und Hausrestaurant. Es zählt zu Ecuadors saubersten Budgetunterkünften und hat Duschen, die von netten Nackedeis geziert werden (oh la la!).

Hotel Chonta Dorada HOTEL $
(☎260-6384; Jaramillo nahe Amazonas; Zi. 9 US$/Pers.; P 📶) Diese Budgetoption drei Blocks westlich vom Busbahnhof ist ganz anständig, aber nicht so attraktiv wie das Betania. Toll wäre hier bloß mal eine Investition in Toilettensitze.

Essen

Wer *bagre* (Wels) oder *ancas de rana* (Froschschenkel) nicht mag, wird das Essen in Zamora recht langweilig finden. Die besseren Hotels servieren auch bessere Kost. Ein paar Marktstände verkaufen Suppen und Hühnerfleischgerichte.

La Choza ECUADORIANISCH $
(Sevilla de Oro; Hauptgerichte 2–3 US$; ⊙6.30–20 Uhr) Ein Alptraum für Gesundheitsfanatiker: Hier kommen Bratfisch, gebratene Froschschenkel und *churrasco* auf den Tisch – Letzteres als schlichtes gebratenes Steak mit Eiern und Reis. Das Lokal ist aber gut und kredenzt frischen Fisch. Um es zu erreichen, ab dem Hauptplatz in Richtung Uhr laufen!

Agape Restaurant ECUADORIANISCH $
(Ecke Sevilla de Oro & 24 de Mayo; Hauptgerichte 3–5 US$; ⊙Mo–Sa 10–21 Uhr) Das Agape in der Nähe der Kathedrale hat eine freundliche und etwas elegantere Atmosphäre. Es serviert Fisch, Fleisch und mitunter Froschschenkel.

King Ice BURGER $
(Ecke de Vaca & Tamayo; Hauptgerichte 1,50–2,50 US$; ⊙8–24 Uhr) Eisdiele am Hauptplatz, die auch Burger, Hotdogs und eiskaltes Bier auftischt.

Praktische Informationen

Banco de Loja (Ecke de Vaca & Héroes de Paquisha) Geldautomat gegenüber vom Markt.

Corporación Nacional de Telecomunicaciones (Ecke Amazonas & Tamayo) Telefon-Callcenter einen Block nordöstlich vom Hauptplatz.

Krankenhaus (Sevilla de Oro nahe Jaramillo) Gegenüber vom Restaurant La Choza.

Ministerio del Ambiente (Umweltministerium; ☎260-6606; Vía Zamora-Loja s/n; ⊙Mo–Fr 8.30–16.30 Uhr) Nordwestlich der Stadt; liefert Infos zum Parque Nacional Podocarpus.

Post (Ecke 24 de Mayo & Sevilla de Oro) Am Hauptplatz.

An- & Weiterreise

Der **Busbahnhof** (Ecke Av Heroés de Paquisha & Amazonas) liegt gegenüber der großen Uhr.

Zwischen 3 und 23 Uhr fahren Busse fast stündlich nach Loja (2,40 US$, 2 Std.). Zudem geht's nordwärts nach Gualaquiza (3,50 US$, 4 Std., 5-mal tgl.) und morgens nach Guayzimi (2,25 US$, 3 Std., 1-mal tgl.). Wer Cuenca (8 Std.), Guayaquil (11 Std.) oder Quito (18 Std.) zum Ziel hat, begibt sich zuerst nach Loja und nimmt dort einen der regelmäßig startenden Busse. Auf S. 203 stehen Details zu Verkehrsmitteln zum Parque Nacional Podocarpus.

Busse in Richtung Cabañas Yanquam rollen von Zamora täglich über Guayzimi nach Las Orquídeas.

Vilcabamba

☎07 / 4200 EW. / 1500 M

Vilcabamba ist in ganz Ecuador ein Synonym für Langlebigkeit. Nach einer *Reader's Digest*-Story wurde es 1955 für seine vielen Hundertjährigen berühmt. Die *vilcabambenses* (Einwohner Vilcabambas) räumen offen ein, dass mittlerweile nur noch wenige von ihnen ihren 100. Geburtstag feiern können. Die meisten sagen jedoch auch, dass ihre einfache, gelassene Lebensweise und die frische Andenluft einem langen Leben zuträglich sind.

Die wunderschöne Landschaft der Region, das milde Klima und die entspannte Atmosphäre ziehen zahlreiche junge Backpacker und Senioren aus den USA oder Europa an – so viele, dass Vilcabamba bereits eine Art „Gringo-Boom" erlebt hat. So stehen nun große neue Häuser auf den Hügeln; die Gringo-Zuwanderung war auch schon Grund für gewisse Konflikte um Grundstückspreise. Andererseits gibt's in der lokalen Tourismus- und Baubranche nun mehr Jobs als jemals zuvor. So zählt Vilcabamba zu den ganz wenigen ecuadorianischen Pueblos, dessen junge Leute sich kaum nach der Großstadt sehnen.

Vilcabamba punktet mit perfektem Wander- und Reitwetter sowie mit Zugang zu entlegenen Bereichen des Parque Nacional Podocarpus. Allerdings kann man hier auch prima abschalten: Legionen von Spezialisten warten nur darauf, einem das Entspannen mit günstigen Massagen und Gesichtsbehandlungen zu erleichtern.

Ein großer Teil der Stadt liegt rund um die Plaza. Hausnummern sind kaum vorhanden.

Sehenswertes & Aktivitäten

Die meisten Naturforscher bzw. Pferdeführer verlangen ca. 15 US$ für zwei Stunden,

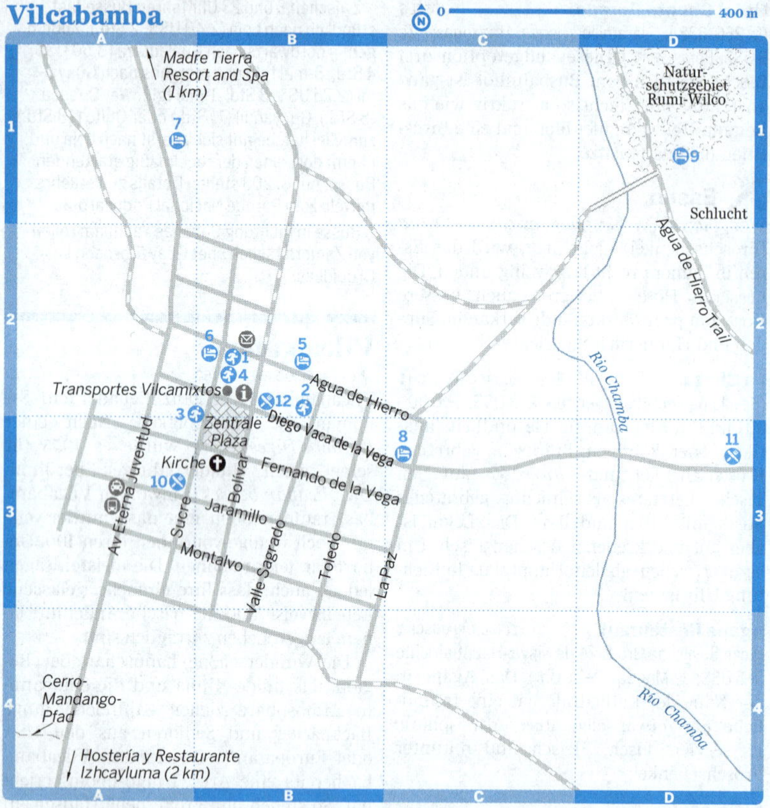

Vilcabamba

Aktivitäten, Kurse & Touren

1 Caballos Gavilán B2
El Chino .... (siehe 1)
2 Holgar's Horses B2
3 La Tasca Tours B2
4 Monta Tours B2

Schlafen

5 El Descanso de Ramses Hostería B2
6 Hostal Jardín Escondido B2
7 Hostería Paraíso A1
8 Rendez-Vous Hostal Guesthouse C3
9 Rumi-Wilco Ecolodge D1

Essen

Charlito's .... (siehe 3)
Jardín Escondido .... (siehe 6)
10 Restaurant Katarine A3
11 Shanta's Bar D3
12 Terraza Center Restaurant B2

20 US$ für vier Stunden und 30 US$ für einen ganzen Tag (jeweils zzgl. Parkeintritt).

Wandern WANDERN & TREKKEN

Die hiesigen Hotels verteilen meist Wanderkarten und unterhalten teils sogar eigene Wegnetze. Viele Wanderwege queren Privatgrundstücke; das Benutzen eines solchen Pfads schlägt eventuell mit einer geringen Gebühr (1–2 US$) zu Buche. Der **Cerro-Mandango-Pfad** (1,50 US$) führt auf den Berg westlich der Stadt und ist in mehreren Stunden zu bewältigen. Der lange Trek zum Wasserfall **Cascada el Palto** (1 US$, 5–8 Std.) im Podocarpus-Nationalpark beginnt am Río Yambala westlich der Stadt. Wer am Nachmittag spontan Lust bekommt zu wandern, läuft fix aus der Stadt hinaus und folgt den Schildern zur kleinen Naturquelle **Agua de Hierro** (1 US$). Die 30 ha der **Rumi-Wilco Ecolodge** (Dreitagespass 2 US$) überzieht ein hervorragendes, markiertes Wegenetz.

Caballos Gavilán REITEN
(☎264-0209; gavilanhorse@yahoo.com; Sucre) Dieses äußerst empfehlenswerte Unternehmen wird von einem Neuseeländer geleitet, der schon jahrelang hier lebt: Gavin begleitet zwei- bis dreitägige Ausritte mit Übernachtung in seiner Schutzhütte nahe dem Park.

Holgar's Horses REITEN
(☎08-296-1238; Ecke Valle Sagrado & Diego Vaca de la Vega) Entspannte Ausritte.

El Chino FAHRRADVERLEIH
(Ecke Sucre & Agua de Hierro) Verleiht Fahrräder für 2 US$ pro Stunde oder 10 US$ pro Tag.

Kurse

Catalina Carrasco SPRACHKURS
(☎08-267-8960; catycarrasco@yahoo.com) Gute Adresse für alle, die privat Spanischunterricht nehmen wollen.

Geführte Touren

La Tasca Tours ABENTEUERTOUR
(☎08-556-1188; latascatours@yahoo.ec; Sucre) Der bekannte Anbieter am Hauptplatz organisiert Wander-, Reit- und Abenteuertouren durch die Umgebung.

Monta Tours GEFÜHRTE TOUR
(☎09-020-8824; Sucre) Ausritte und ein- oder zweitägige Nationalparkwanderungen.

Schlafen

Vor Ort gibt's viele günstige Hotels, die fast immer irgendeine Art Pool besitzen. Unterkünfte außerhalb der Stadt können wunderbar ruhig und entspannend sein. In Vilcabamba wohnt es sich dafür im Allgemeinen günstiger. Hauptsaison und Feiertage lassen eventuell die Zimmerpreise steigen.

STADTGEBIET

Rendez-Vous Hostal Guesthouse HOTEL $
(☎09-219-1180; www.rendezvousecuador.com; Diego Vaca de la Vega 06-43; B/EZ/DZ/3BZ 12/18/28/36 US$; @📶) Auf das Hotel in französischem Besitz könnte der Begriff „Adobe-Chic" zutreffen. Jedes der blitzblanken Zimmer hat eine eigene kleine Terrasse. Von dort fällt der Blick beim Frühstück mit hausgemachtem Brot auf einen friedlichen Garten. Beste Budgetbleibe in der eigentlichen Stadt!

Hostal Jardín Escondido HOSTEL $
(☎264-0281; www.jardinescondidovilcabamba.com; Sucre & Agua de Hierro; B/Zi. inkl. Frühstück pro Pers. 10/15 US$; 📶🏊) Diese gute Budgetoption umgibt einen ruhigen Garten voller Singvögel. Alle Zimmer besitzen hohe Decken und große Bäder. Zum Frühstück gibt's hausgemachtes Brot und richtig guten Kaffee.

El Descanso de Ramses Hostería HOSTERÍA $$
(☎264-0039; Agua de Hierro & Bolívar; EZ/DZ inkl. Frühstück 20/36 US$; 🏊👪) Die neue *hostería* (kleines Hotel) im Kolonialstil ist bei ecuadorianischen Familien und Reisegruppen sehr beliebt. Ihr fehlen allerdings einige Toilettensitze und die abgefahrene Atmosphäre anderer örtlicher Unterkünfte. Dafür offeriert sie einen reizenden Pool und Beschäftigungsmöglichkeiten für Kinder (u. a. viele Spiele).

AUSSERHALB DER STADT

Hostería y Restaurante Izhcayluma SPA & RESORT $$
(☎302-5162; www.izhcayluma.com; B/EZ/DZ mit Gemeinschaftsbad 10/20/28 US$, EZ/DZ/3BZ mit eigenem Bad 25/35/45 US$, Hütte EZ/DZ 30/45 US$; jeweils inkl. Frühstück; P📶🏊) Das zwanglose, aber kultivierte Hügel-Refugium in deutschem Besitz liegt 2 km südlich der Stadt und hat ein hervorragendes Preis-Leistungs-Verhältnis. Das Freiluftrestaurant serviert deutsche und ecuadorianische Küche bei weitem Panoramablick auf das Tal. Der neue „ganzheitliche Wellnessraum" bietet Massagen und andere Behandlungen an. Gäste wohnen in ruhigen und geräumigen Hütten bzw. Zimmern, deren Preis jeweils die Benutzung eines Mountainbikes für Fahrten in die Stadt beinhaltet. Da das Izhcayluma immer ausgebucht ist, sollte man sein Quartier spätestens eine Woche vorher reservieren.

Rumi-Wilco Ecolodge LODGE $
(rumiwilco@yahoo.com; B 7 US$, EZ/DZ mit Gemeinschaftsbad ab 12/18 US$) Zehn Gehminuten vom Busbahnhof entfernt warten auf den immergrünen 30 ha des Naturschutzgebiets Rumi-Wilco Hütten und Schlafsäle auf Gäste. Die Lehmziegelhäuser beherbergen attraktive Zimmer mit handgefliesten Böden, Gemeinschaftsbädern und -küchen (super für kleine Gruppen!). Die rustikale Stelzenhütte (Pole House; 26–36 US$/Pers.) mit Blick auf den Fluss nimmt bis zu vier Personen auf. Die Warmwasserdusche ist so toll wie die Lage. Gegen Eintritt (2 US$/Pers.) können Nichtgäste das Schutzgebiet insgesamt dreimal besuchen.

Madre Tierra Resort and Spa SPA & RESORT $$
(☎264-0269; www.madretierra.com.ec; EZ mit Gemeinschaftsbad 15 US$, EZ inkl. Frühstück 25–49 US$, DZ inkl. Frühstück 35–59 US$; @ 📶 🏊) Hier, an einer Hügelflanke rund 2 km nördlich der Stadt, herrscht ein starker New-Age Vibe (inkl. Kerzen und heilenden Ionen). Die Zimmer zwischen Wasserfällen und Gärten sind stimmig dekoriert. Die neueren Suiten haben Balkone und Steinböden.

Hostería Paraíso HOTEL $
(☎264-0266; Zi. inkl. Frühstück 15 US$/Pers.; P @ 🏊) Etwa 500 m nördlich der Stadt wartet das Paraíso mit prima Pool, Blumengarten und einem bioenergetischen Meditationszimmer in Pyramidenform (eigentlich nur ein normaler Massageraum) auf. Die leicht muffigen Zimmer können mit dem Rest aber nicht wirklich mithalten. Der Preis beinhaltet das Benutzen von Pool und Wellnesseinrichtungen.

Essen

Die Eterna Juventud führt als Teil der Panamericana durch Vilcabamba. Sie wird von mehreren Restaurants im ecuadorianischen Stil gesäumt, die *almuerzos* anbieten.

Charlito's INTERNATIONAL $$
(Diego Vaca de la Vega; Hauptgerichte 3–7 US$; ⏲Di–So 11–21 Uhr) In Vilcabambas freundlichstem Lokal wird einfaches Essen wie Burritos, Pizza oder Pasta serviert – stets mit einem Lächeln. Frischere Zutaten wird man vor Ort wohl kaum finden.

Shanta's Bar PIZZA $$
(Diego Vaca de la Vega; Hauptgerichte 6–8 US$; ⏲13.15–21 Uhr) In einem rustikalen Außenbereich mit Sätteln als Barhockern kredenzt man im Shanta's u.a. Pizza und große Teller mit Froschschenkeln. Der Schnurrbart des Barkeepers hat Fahrradlenker-Format.

Terraza Center Restaurant INTERNATIONAL $$
(Ecke Diego Vaca de la Vega & Bolívar; Hauptgerichte 4–8 US$; ⏲9–21.30 Uhr) Die Außentische des entspannten Hauptplatzlokals eignen sich super, wenn man ein bisschen Leute gucken will. Aufgetischt werden internationale Klassiker wie Sandwiches oder Burritos mit geriffelten, gesalzenen Kartoffelchips als Beilage sowie ein paar asiatische Nudelgerichte.

Jardín Escondido MEXIKANISCH $$
(Sucre & Agua de Hierro; Hauptgerichte 5–7 US$; ⏲8–20.30 Uhr) Keine Überraschung: Das kleine Café im gleichnamigen Hotel serviert einige der besten mexikanischen Gerichte Südecuadors. Zu den Spezialitäten zählen Leckeres mit *mole* (pikante Schokoladensauce), reichhaltige traditionelle Suppen und Burritos. Üppiges Frühstück mit hausgemachtem Brot gibt's auch.

Hostería y Restaurante Izhcayluma ECUADORIANISCH $$
(☎264-0095; www.izhcayluma.com; Hauptgerichte 4–7 US$; ⏲Di–So 8–11 & 12.30–18.30, Mo 8–11 Uhr; 🖉) Der Weg zum Izhcayluma auf einem Hügel lohnt sich: Auf der Karte stehen bayrische Spezialitäten, ecuadorianische Klassiker und tolle vegetarische Gerichte.

Restaurant Katerine ECUADORIANISCH $
(Ecke Sucre & Jaramillo; Hauptgerichte 2,50–4 US$) Im Katerine wird günstiges und gesundes Essen aus Ecuador serviert, allerdings ist der Laden unregelmäßig geöffnet. Das Mittagsmenü zum Festpreis (2,50 US$) spart Bares.

Praktische Informationen

Auf dem Pfad hinauf zum Cerro Mandango kam es schon zu gewaltsamen Überfällen. Um Probleme bei Wanderungen zu vermeiden, lässt man Kamera, Bargeld und MP3-Player am besten immer im Hotel.

Banco de Guayaquil (Ecke Bolívar & Diego de la Vaca) Bankfiliale mit Geldautomat.

Craig's Book Exchange (⏲13–17 Uhr) Büchertauschbörse rund 1,5 km östlich der Stadt; am hervorragenden Infobrett sind z. B. New-Age-Heiler, Touranbieter, Privatunterkünfte und Freiwilligenjobs aufgelistet.

Krankenhaus (☎267-3188; Av Eterna Juventud nahe Carpio)

Internetcafé (Fernando de la Vega nahe Sucre; 1,15 US$/Std.; ⏲9–21 Uhr)

Polizei (☎264-0896; Agua de Hierro nahe Bolívar) Bei der Post.

Post (Bolívar)

Rosita's Laundry (Fernando de la Vega zw. Toledo & La Paz; 0,80 US$/kg; ⏲8–11 & 13–16.30 Uhr) Wäsche abgeben und abholen am selben Tag.

Touristeninformation (iTur; ☎264-0090; Ecke Bolívar & Diego Vaca de la Vega; ⏲Mo–Sa 8–13 & 15–18, So 8–13 Uhr) Prima Infos und Karten für Umgebungswanderungen.

Anreise & Unterwegs vor Ort

Die grün-weißen Pickup-Trucks der Taxikooperative **Transportes Vilcamixtos** (☎364-0044)

ABSTECHER

NATURSCHUTZGEBIET TAPICHALACA

Rund 75 km südlich von Vilcabamba beheimatet das kleine **Naturschutzgebiet Tapichalaca** (Eintritt 20 US$) eine von Ecuadors seltensten und am stärksten bedrohten Vogelarten: den Jocotoco-Antpitta (*Grallaria ridgelyi*), dessen Bestand nicht einmal 20 registrierte Brutpaare umfasst. Die Tiere haben es sich angewöhnt, vom Pfleger ausgelegte Nahrung zu fressen – Sichtungen sind somit mehr oder weniger garantiert. Obendrein schwirrt es hier den ganzen Tag rund um die Nektarspender für Kolibris. Das übrige Schutzgebiet ist eine Nebelwaldoase in einem stark abgeholzten Gebiet. Um es rechtzeitig zum Antpitta-Frühstück zu erreichen, nimmt man am besten den 5-Uhr-Bus ab Loja oder übernachtet in der schmucken **Lodge** (☎02-227-2013; www.fjocotoco.org; Zi. inkl. 3 Mahlzeiten 100 US$/Pers.) auf dem Gelände.

auf dem Hauptplatz sind nicht zu übersehen. Die meisten Fahrten zu nahe gelegenen Zielen kosten 1,50 bis 4 US$.

Busse, Minivans und Taxis starten am winzigen **Busbahnhof** (Eterna Juventud & Jaramillo). Sammeltaxis nach Loja (2 US$, 45 Min.) brechen auf, wenn vier Personen an Bord sind. Minibusse von Vilcabambaturis rollen immer zur vollen Stunde nach Loja (1,30 US$, 1 Std.).

Auf der Südroute von Loja nach Zumba (6,50 US$, 5 Std.) an der peruanischen Grenze halten Busse in Vilcabamba.

Zumba & die peruanische Grenze

☎07

Die meisten Traveller kehren in Vilcabamba um. Wer aber unbedingt nach Peru möchte (vor allem wegen der Ruinen von Chachapoyas), kann nach Zumba an der Grenze weiterreisen.

Während der ecuadorianisch-peruanischen Kriege (1940er- bis 1990er-Jahre) war Zumba ein wichtiger Militärstützpunkt. Obwohl die Kampfhandlungen beendet sind, befindet sich hier immer noch eine ecuadorianische Garnison. Deren Soldaten bevölkern den ganzen Ort und haben nicht viel mehr zu tun, als Frauen hinterherzupfeifen. Obwohl Zumba einfache *hostales* (B 5 US$/Pers.) besitzt, gibt's kaum einen Übernachtungsgrund: San Ignacio (Peru) eignet sich zum Nächtigen am besten und ist im Rahmen eines ganztägigen Ausflugs ab Loja oder Vilcabamba erreichbar.

Busse von **Transportes Nambija** (7,50 US$, 6 Std., 12 & 24 Uhr) und **Sur Oriente** (☎256 1649; 5, 8, 17.30 & 21.30 Uhr) fahren von Loja nach Zumba. Dabei halten sie jeweils in Vilcabamba.

Von Zumba aus rollen *rancheras* (offene Pick-up-Trucks) um 8, 10.30 und 17.30 Uhr zur Grenzstation **La Balsa** (2 US$, 1½–2½ Std.), wo man seinen Ein- bzw. Ausreisestempel bekommt. Abhängig vom aktuellem Wetter kann der Straßenzustand zwischen Zumba und La Balsa sehr unterschiedlich sein. Jenseits der „internationalen Brücke“ fahren peruanische *taxi colectivos* nach **San Ignacio** (3 US$, 1½ Std.), wo es Übernachtungsmöglichkeiten gibt.

In San Ignacio besteht regelmäßig Minibusverbindung nach **Jaén** (3,50 US$, 3 Std., ab 4 Uhr). Dort geht's per *mototaxi* (Motorradtaxi) zur *colectivo*-Haltestelle, wo Sammeltaxis nach **Bagua Grande** (1 Std.) starten. In Bagua Grande nimmt man dann einen Bus nach **Chachapoyas** (3 Std.), das die erste Ortschaft von nennenswerter Größe ist.

Catamayo & Umgebung

☎07

Loja wurde zweimal gegründet: Zuerst 1546 auf dem heutigen Gebiet von **Catamayo** (21982 Ew.), dann zwei Jahre später an seinem aktuellen Standort. Doch trotz seiner langen Geschichte ist Catamayo bis auf den Flughafen La Toma (bedient das 30 km entfernte Loja) nicht weiter bemerkenswert.

Rund 15 km westlich von Catamayo führt eine anständige Asphaltstraße durch das Dorf **San Pedro de la Bendita**. Dort befindet sich die Abzweigung zum Nest **El Cisne**, das als Heimat der berühmten Virgen del Cisne (s. S. 200) ca. 22 km weiter nördlich liegt.

Etwa 40 km südlich von Catamayo säumt **Gonzanamá** die südlichere von zwei Straßen nach Macará. Gonzanamá ist für seine Weber und die Produktion von *alforjas* (Satteltaschen) bekannt – Kaufinteressenten erkundigen sich einfach direkt vor

Ort. Nach dem Durchqueren der Dörfer **Cariamanga** und **Sozoranga** endet die Straße schließlich in Macará an der Grenze. Alle drei genannten Zwischenstopps sind lediglich winzige Nester mit sehr spartanischen *residenciales* (Billighotels).

An Lojas Busbahnhof besteht regelmäßig Verbindung zu allen aufgeführten Ortschaften.

Catacocha

07 / 5369 EW. / 1886 M

Catacocha (alias Las Paltas) gehört seit 1994 offiziell zu Ecuadors nationalem Kulturerbe. Die Bewohner des Ortes sind stolz auf die Andachtsstätten, die sonnenverbrannten Lehmziegelhäuser und die Holzbalkone, beginnen aber erst, touristisches Kapital aus diesem viel gerühmten Status zu schlagen. Insofern kann man auf einem Spaziergang durch die hiesigen Straßen wunderbar den zeitlosen Zyklus des Hochlandlebens bewundern.

Der **Sonntagsmarkt** ist Catacochas wichtigstes Wochenereignis: Im Morgengrauen rufen Kirchenglocken jedermann zur Messe auf der **Plaza Independencia**. Ab 7 Uhr werden dann selbst gemachter Käse, Eselsättel, frische Eier vom Bauernhof und bergeweise Gemüse im ganzen Ort ver- bzw. gekauft. Zu Sonnenuntergang treffen sich Senioren und gelangweilte Jugendliche auf derselben Plaza.

Der **Templo de Lourdes** beherbergt sehenswerte Repliken berühmter religiöser Gemälde aus Europa. Obwohl die Kirche wohl kaum mit dem Louvre zu verwechseln ist, verleihen die Leinwände (bemalt von einem einheimischen Mönch) dem Ganzen eine tief religiöse, wenn auch leicht kitschige Atmosphäre.

Die berüchtigte **Peña de Shiricalupo** ist ein Heiligenschrein, dessen Mirador (Aussichtsplattform) einen schwindelerregenden Blick auf das Casanga-Tal bietet.

Die sauberen, hellen Zimmer des **Hotel Tambococha** (Ecke 25 de Junio & Lauro Gerrero; EZ/DZ 8/12 US$) punkten mit Kabelfernsehen, elektrisch beheizten Duschen und Aussicht auf die Plaza Independencia.

Die örtliche Speisenauswahl ist klein. In der **Casa Tradicional** hinter der Plaza Independencia bekommt man jedoch schlichte *menestras* (Linsen und Bohnen) mit Fleisch. Eine Alternative sind die Freiluftstände neben der großen „Indio"-Statue.

Der **Municipio** (Rathaus; 268-3157; Mo–Fr) an der Plaza Independencia liefert Touristeninformationen. Ebenfalls an der Plaza gibt's neben Telefonstuben seit Kurzem auch Internetcafés und Geldautomaten.

Auf dem Weg von Loja nach Macará und Piura (Peru) halten Busse in Catacocha (2,50 US$, 2 Std.).

Macará & die peruanische Grenze

07 / 14727 EW. / 470 M

Die abschüssige Landschaft zwischen Catacocha und peruanischer Grenze eröffnet weite Blicke auf Berge und tiefe Täler, die dann Hügeln mit tropischem Trockenwald weichen. Lehmziegelruinen brüten in der heißen Sonne, und Esel und Vieh streifen frei entlang der Straße umher.

Typisch für den Trockenwald sind die Ceiba- bzw. Kapok-Bäume mit ihren grünlichen, dicken Stämmen und knorrigen, normalerweise blattlosen Ästen. Majestätisch thronen sie an Hügelflanken, die ansonsten leider ganz zur Schaffung von Weideflächen abgeholzt wurden. Die einsamen Giganten dieser öden Gegend blieben nur von der Kettensäge verschont, weil ihre größtenteils hohlen Stämme nur wenig Nutzwert haben.

Um dieses Ökosystem in besserem Zustand zu bewundern, begibt man sich zum **Naturschutzgebiet Jorupe** (www.fjocotoco.org; Eintritt 20 US$), das die Fundación Jocotoco außerhalb von Macará unterhält. Jorupe ist in erster Linie ein Vogelschutzgebiet und beheimatet z. B. Nacktwangen-Blauraben, Blauscheitel-Motmots oder Ecuadorianische Trogone. Das Schutzgebiet zwischen Macará und Sozorongo ist am besten per Taxi erreichbar (3 US$, ca. 5 km).

Auf dem Weg nach Süden bzw. Peru oder Norden in Richtung Ecuador beachten Touristen das verschlafene Macará meist kaum. Der Grenzort liegt inmitten von malerischen Reisterrassen. Zahllose Grillen hüpfen hier auf den Straßen und in den Hotelzimmern herum. Wer an dieser Stelle nach Ecuador einreist, braucht sich aber nicht sorgen: Weiter im Norden bessert sich die Lage.

Schlafen

Vor Ort gibt's viele günstige Unterkünfte.

Hostal Santigyn HOTEL $

(269-4539; Ecke Bolívar & Rengel; Zi. inkl. Frühstück ohne/mit Klimaanlage 9/12 US$;) Über der Rezeptionstheke des sauberen, feschen Hotels hängt das Bild einer kiffenden Mona Lisa. Die hellen Zimmer in verschiedenen Größen verfügen über Kabelfernsehen. Teilweise sind sie auch mit einer Klimaanlage ausgestattet.

Hotel Karina HOTEL **$**
(☎269-4764; 10 de Agosto an der Antonia Ante; Zi. inkl. Frühstück ohne/mit Klimaanlage pro Pers. 8/12 US$; ❄) Hier stehen Gästen kleine Zimmer mit Kabelfernsehen zur Verfügung. Das Haus liegt an einer belebten Straßenecke. Die hier angegebenen Preise beinhalten Frühstück.

Essen

El Buen Sabor Macareño ECUADORIANISCH **$**
(Rengel nahe Bolívar; Hauptgerichte 2–3 US$) Aus Macarás spärlich-trister Restaurantauswahl sticht das freundliche Buen Sabor mit gutem Service und super *almuerzos* (3 US$) heraus.

D'Marco's ECUADORIANISCH **$**
(Jaime Roldos nahe Amazonas; Hauptgerichte 5–6 US$) Nettes Seafood-Lokal.

Praktische Informationen

Die Lokalfiliale der **Banco de Loja** (Ecke Ventimilla & Calderón) hat einen Geldautomaten (Limit 200 US$), wechselt aber nicht in Auslandswährung. Peruanische *soles* muss man sich daher direkt an der Grenze besorgen.

An- & Weiterreise

Über Catacocha fahren Busse von **Transportes Loja Internacional** (Ecke Lázaro Vaca & Juvenal Jaramilla) nach Loja (6 US$, 6 Std., 6-mal tgl.). **Unión Cariamanga** (☎269-4047; www.unioncariamanga.com.ec; Ecke Loja & Manuel E. Rengel) schickt mehrmals täglich Busse über Cariamanga nach Loja (6 US$, 6 Std.).

Der ecuadorianisch-peruanische Grenzübergang bei Macará ist viel ruhiger als der bei Huaquillas, aber geschäftiger als der bei Zumba. Macará liegt 3 km vom eigentlichen Grenzübergang (*puente internacional*) entfernt. Die meisten Buspassagiere kaufen Direkttickets für die Route Loja–Piura (Peru). Die genannten Unternehmen fahren aber jeweils zweimal pro Tag auch separat von Macará nach Piura (3 US$, 3 Std.). Der Bus hält kurz an der Grenze, lässt Passagiere die nötigen Formalitäten erledigen und rollt dann weiter nach Piura.

Oriente

Inhalt »

Reserva Producción Faunística Cuyabeno 220
Bajo Río Napo.......227
Parque Nacional Yasuní.............231
Tena 234
Misahuallí 239
Alto Río Napo 242
Puyo 245
Macas.............. 248
Parque Nacional Sangay 251
Kapawi Ecolodge & Reserve 251

Gut essen

» El Jardín (S. 247)
» El Vagabundo (S. 238)
» La Casa del Maito (S. 225)
» Guayusa Bar La Maravilla (S. 250)
» Marquis Grille (S. 239)

Schön übernachten

» Napo Wildlife Center (S. 228)
» Sacha Lodge (S. 227)
» Kapawi Ecolodge & Reserve (S. 251)
» Hamadryade Lodge (S. 241)

Auf in den Oriente!

Der riesige Landstrich hält mehr Dramatisches bereit als donnernde Fluten oder grollende Gewitter. Von den Anden schlängeln sich die Flüsse auf dem Weg ins Amazonasbecken und zum weit entfernten Atlantik hinab in den dichten Regenwald. An den Flüssen leben uralte indigene Volksstämme in der seit Jahrhunderten hergebrachten Weise.

Wer eine Unterkunft in einer der entlegeneren Dschungellodges ergattert, findet eine unglaubliche Artenvielfalt vor und kann die Natur genießen: Man kann in stillen schwarzen Seen Piranhas angeln, abends einem Kaiman in die Augen blicken, dem Kreischen der Brüllaffen lauschen und die Papageien an den Lehmlecken (Plätze, an denen mineralreicher Lehm zutage tritt, den die Vögel zur Nahrungsergänzung und zur Entgiftung brauchen) beobachten. In dem Regenwald leben 50% aller Säugetiere Ecuadors. Die Erkundung des Oriente ist ein unvergessliches Erlebnis, bei dem man die Natur aus nächster Nähe kennenlernt.

Reisezeit

Oriente

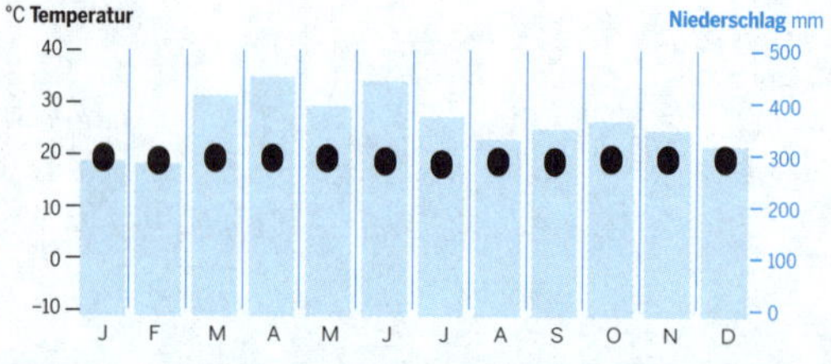

Dez.–März Die trockenste Zeit. Manche Flüsse sind wegen Wassermangel nicht befahrbar.

April–Juli Die regenreichste Zeit. Da braucht man einen richtig guten Regenmantel!

Okt.–Nov. Die beste Zeit: Flüsse sind passierbar, es ist nicht zu nass, und Tiere sind gut beobachtbar.

NÖRDLICHER ORIENTE

Der nördliche Oriente ist der zugänglichste Teil des ecuadorianischen Dschungels. Es gibt gute Straßen- und Flugverbindungen nach Quito und eine gut entwickelte touristische Infrastruktur. Andererseits machen es einem genau diese Entwicklung und die allgegenwärtige Ölindustrie schwerer, in entlegenere Bereiche des Regenwalds vorzudringen – doch der Aufwand lohnt sich definitiv. Die Artenvielfalt ist einfach unglaublich, und obwohl die indigenen Einwohner an Fremde gewöhnt sind, die es auf ihr Land und ihre Ressourcen abgesehen haben, teilen sie ihre einzigartige Region gern mit respektvollen Besuchern.

Die geteerte Straße von Quito gabelt sich in Baeza. Die nördliche Abzweigung führt nach Lago Agrio, die südliche nach Tena. Auf der anderen Hauptstraße rauscht man in kaum zwei Stunden vom im Hochland gelegenen Baños hinunter nach Puyo. In den regenreichsten Monaten (Juni–Aug.) sind manchmal die Straßen unterspült und die Flughäfen geschlossen. Wer einen wichtigen Flug ab Quito erwischen will, sollte einen Puffer von ein bis zwei Tagen vorsehen.

Von Quito nach Lago Agrio

PAPALLACTA

3300 M

In dem winzigen Dorf kann man sich in ein dampfendes Heilbad gleiten lassen, um seine müden Muskeln zu entspannen oder um die Kälte in diesen Höhen zu bekämpfen. Mit mehr als drei Dutzend Mineralwasserbecken ist Termas de Papallacta das luxuriöseste Thermalbad des Landes. Der Komplex befindet sich rund 3 km außerhalb des Dorfes Papallacta und eignet sich gut für einen Tagesausflug vom 67 km (2 Std.) entfernten Quito. Die Nächte sind kalt, und am Tage brennt die Sonne.

Sehenswertes & Aktivitäten

Termas de Papallacta THERMALBAD

Von Quito kommend, führt etwa 1,5 km vor dem Dorf links eine ausgeschilderte unbefestigte Straße 2 km hügelaufwärts zu den Termas de Papallacta. Die Lage ist einfach grandios: An klaren Tagen kann man bis zum 15 km südlich hinter den üppigen Hügelhängen gelegenen schneebedeckten **Volcán Antisana** (5753 m) sehen. Leider sind die Thermalquellen kein gut gehütetes Geheimnis. Deshalb kommt man möglichst werktags hierher. Noch wundervoller ist das Erlebnis nach Einbruch der Dunkelheit, wenn die Anlage nicht so überlaufen und besonders zauberhaft ist.

Es gibt hier zwei Bereiche mit Wasserbecken: das **Balneario** (Eintritt 7 US$; ⌚6–23 Uhr, letzter Einlass 21 Uhr) und das **Spa** (Eintritt 18 US$; ⌚9–21 Uhr). Das Balneario prunkt mit mehr als 25 verschieden temperierten blauen Becken, die von saftig-grünem Rasen und orange-roten Blumen umgeben sind. Handtücher und Schließfächer werden gestellt. Für einen Besuch im Spa spricht eigentlich wenig, außer dass die Becken hier nicht so stark frequentiert, kleiner und mit vielen Düsen bestückt sind. In der Sauna kann man sich auflockern, bevor man sich eine Spa-Behandlung (10–45 US$) gönnt. Im Spa ist die Sauna kostenlos. Im Angebot sind diverse Behandlungen, z. B. Hydrothermal-Massagen, Reflexzonentherapie, Körperwickel mit Schlamm aus den Anden, türkisches Bad, Lymphdrainagen und Körperpeeling. Das Wasser in den Becken wird täglich gewechselt.

Schlafen & Essen

LP TIPP Hotel Termas de Papallacta LUXUSHOTEL $$$

(☎02-256-8989, 02-250-4787; www.termaspapallacta.com; Zi. 135–155 US$, Hütte für 6 Pers. 192 US$; P @ 📶 ≋) Die meisten Besucher in Papallacta steigen in diesem superkomfortablen und trotzdem bescheidenen Resort ab. Hier kann man die Thermalbäder stilvoll genießen. Es gibt strohgedeckte Lehmziegelhütten mit holzverkleideten Zimmern rund um eigene Warmwasserbecken für die Gäste, ein gutes Restaurant, ein verwöhnendes Spa und auf der anderen Seite des Wegs sogar geräumige Hütten für Gruppen. Alle Unterkünfte haben eigene Badezimmer, Thermalheizung, Warmwasserduschen und Badewannen. Am Wochenende unbedingt weit im Voraus reservieren. Das Restaurant Sucus (Hauptgerichte 10–25 US$) bietet eine große Auswahl internationaler Gerichte, darunter Lammkoteletts, Barsch und Filet Mignon. Zwei weitere Restaurants gibt's im Spa und im Balneario.

Hostería Pampallacta Termales PENSION $$

(☎06-289-5014; www.pampallactatermales.com; EZ/DZ mit Frühstück 36–55 US$; P 📶 ≋) Die beste Mittelklasseunterkunft in Papallacta. In Bezug auf das Balneario liegt es nicht so bequem wie das Hostal Antisana, aber es

Highlights

1 In den Lodges am **Río Napo** (S. 227) absteigen und den wilden Regenwald mit seiner unglaublichen Artenvielfalt erkunden

2 Im fantastischen **Parque Nacional Yasuní** (S. 231) die außergewöhnliche Lehmlecke der Papageien bewundern

3 Beim Raften oder Kajakfahren auf den Flüssen außerhalb von Tena die **Stromschnellen** (S. 235) bezwingen

4 In **Papallacta** (S. 213) die unberührten dampfenden Thermalbäder genießen

5 Ecuadors höchsten Wasserfall, die **Cascada de San Rafael** (S. 217), bestaunen

6 In **Pañacocha** (S. 230) Piranhas angeln und nach Amazonasdelfinen Ausschau halten

7 Im Schwarzwasserparadies **Reserva Producción Faunística Cuyabeno** (S. 220) die unglaubliche Vielfalt der Vögel und Tiere beobachten

8 Mit der Hilfe eines einheimischen Führers etwas Zeit mit den **Huaorani** (S. 223) verbringen

9 Im Rahmen einer geführten Dschungeltour ab **Macas** (S. 248) den unberührten Regenwald im südlichen Oriente erkunden

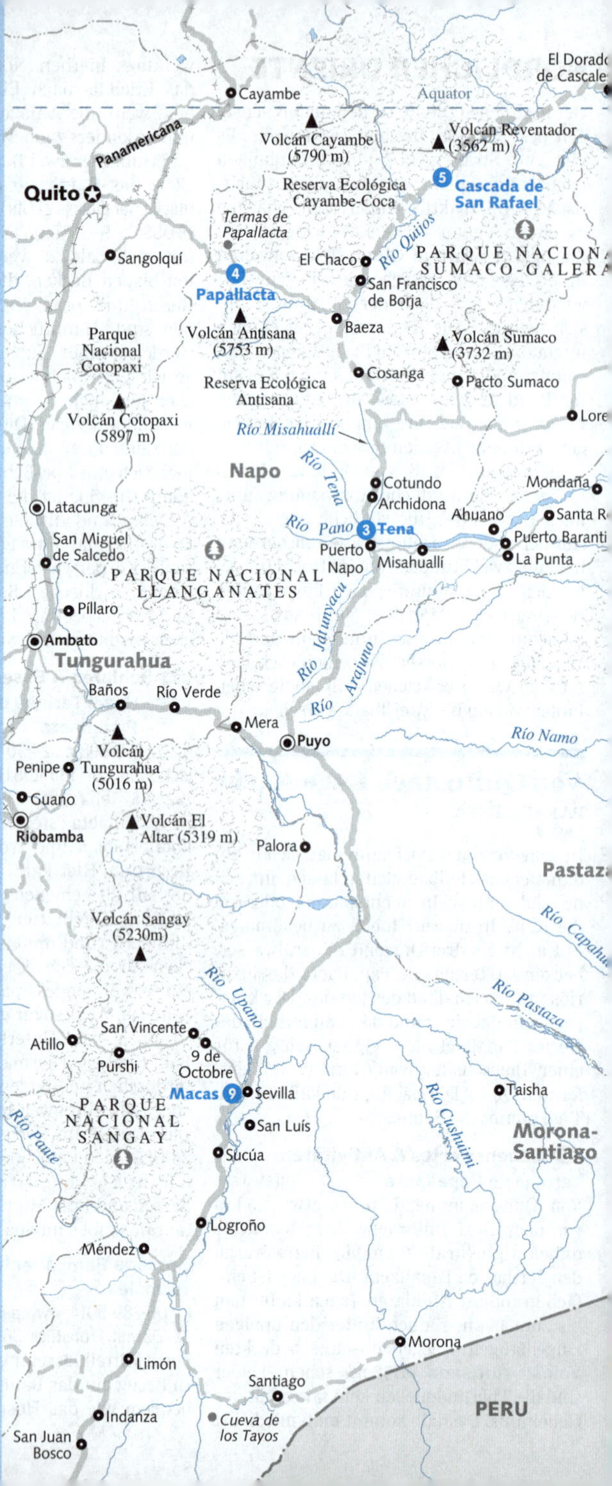

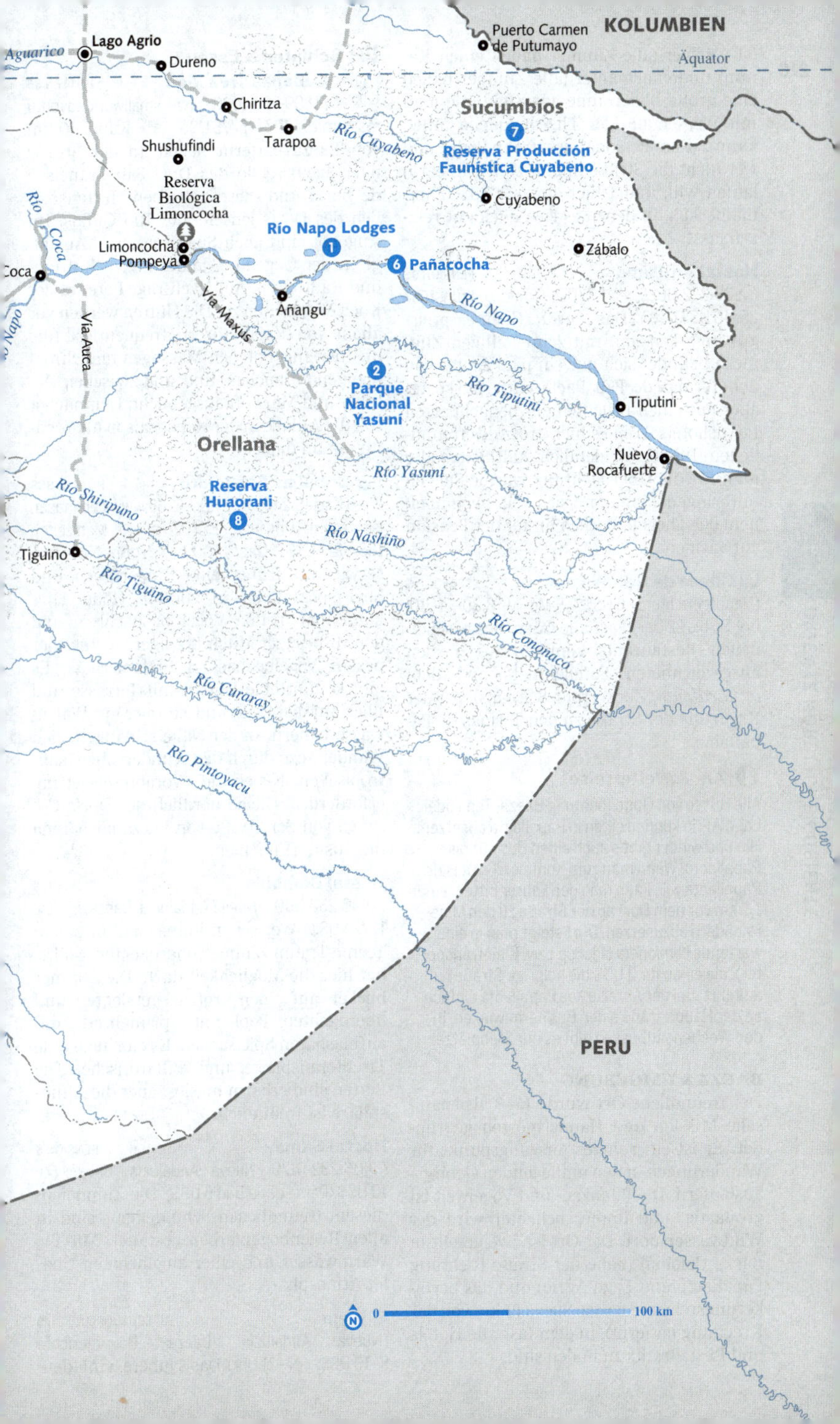

KOLUMBIEN
Puerto Carmen de Putumayo
Äquator
Lago Agrio
Aguarico
Dureno
Chiritza
Tarapoa
Shushufindi
Sucumbíos
Río Cuyabeno
7
Reserva Producción Faunística Cuyabeno
Cuyabeno
Reserva Biológica Limoncocha
Río Coca
Limoncocha
Pompeya
Coca
Río Napo Lodges
1
6 Pañacocha
Zábalo
Añangu
Vía Maxus
Vía Auca
Río Napo
2
Parque Nacional Yasuní
Río Tiputini
Tiputini
Nuevo Rocafuerte
Orellana
Río Yasuní
Reserva Huaorani
8
Río Shiripuno
Río Nashiño
Tiguino
Río Tiguino
Río Cononaco
Río Curaray
Río Pintoyacu
PERU
0
100 km
N

ist wärmer (alle Zimmer haben einen Kamin) und charmanter (alle Zimmer haben eine große Badewanne aus Stein, die man mit Wasser aus der Thermalquelle füllen kann). Das Personal ist freundlich, und wer nicht die Straße hinauf zum Balneario laufen will, findet hier einige kleine Thermalbecken, in denen es sich auch gut relaxen lässt.

Hostal Antisana PENSION **$$**
(☎06-232-0626; EZ/DZ mit Frühstück 25/40 US$;) Das *hostal* (kleine, preisgünstige Pension) mit zehn halligen Zimmern befindet sich nur ein paar Meter von den Termas de Papallacta entfernt, kostet aber nur einen Bruchteil des benachbarten Luxushotels. Weil es hier (trotz des freundlichen Inhabers) ziemlich kalt ist, sollte man für die Übernachtung warme Sachen mitbringen. Man kann sich aber auch in einem der Thermalbecken hinter der Pension aufwärmen.

La Choza de Don Wilson SEAFOOD **$**
(Hauptgerichte 5–6 US$; ⏲Mo–Mi 8.30–20.30, Do–So bis 22 Uhr) Fast alle Gäste des bescheidenen Restaurants kommen wegen den ausgezeichneten Forellenfilets und dem *aguardiente* (Zuckerrohr-Schnaps). An der Kreuzung der Straße zu den Termas de Papallacta.

An- & Weiterreise

Alle Busse von Quito Richtung Baeza, Tena oder Lago Agrio können einen in Papallacta absetzen. Hin und wieder gibt's auch einen Bus nur bis Papallacta. Wenn man zum Komplex Termas de Papallacta will, kann man den Fahrer bitten, einen 1,5 km vor dem Dorf an der Straße zu den Mineralbädern abzusetzen. Dort steigt man in eine wartende *camioneta* (Pickup bzw. Kleintransporter), die einen für 2 US$ die holprige Straße hinauffährt. Bei der Abreise aus Papallacta einfach an der Hauptstraße einen Bus heranwinken. In den Wochenendbussen gibt es nur Stehplätze.

BAEZA & UMGEBUNG

Der freundliche Ort wurde 1548 als spanische Mission und Handelsposten gegründet. Er ist ein ruhiger Ausgangspunkt für Wanderungen in den umliegenden Gebirgsausläufern. Die Pflanzen- und Vogelwelt ist großartig, und immer beliebter wird der Wildwassersport. Der Ort ist zweigeteilt in Baeza Colonial (nahe der Straße Richtung Papallacta und Lago Agrio) und das bevölkerungsreichere Baeza Nueva (2 km von der Kreuzung entfernt), in dem fast alle Hotels und Restaurants zu finden sind.

Schlafen & Essen

LP TIPP **Cabañas Tres Ríos** HÜTTEN **$$**
(☎09-792-0120; www.smallworldadventures.com; EZ/DZ 45/75 US$;) Rund 10 km von Baeza entfernt liegen an der Straße nach Lago Agrio das Dorf San Francisco de Borja und diese hübschen Hütten östlich des Dorfs jenseits des Río Quijos. Im Angebot sind auch Spanischkurse, Ausflüge in der Gegend, Wanderungen, Rafting- und Radtouren. Auf Nachfrage bereitet der Koch Mahlzeiten zu. Die Hütten werden vor allem von Kajakfahrern frequentiert (die die hier angebotenen Massagen manchmal dringend brauchen) und sind zwischen Oktober und März oft ausgebucht. Demnächst soll die Anlage in der Nebensaison als Yoga-Refugium dienen.

Cabañas San Isidro HÜTTEN **$$$**
(Karte S.240; ☎02-290-6769; www.cabanasanisidro.com; Cosanga; EZ/DZ mit 3 Mahlzeiten 133/ 217 US$) Das 1500 ha große Naturreservat war früher eine Rinderranch und liegt spektakulär in 2000 m Höhe. Hier kann man prima Vögel beobachten, und der Mitbesitzer Mitch Lysinger ist einer der besten Vogelbeobachter Südamerikas. Es gibt komfortable Hütten mit Terrasse und Blick auf den Wald und Zimmer mit Warmwasserbädern. In der Nähe schlängeln sich Wanderwege durch den wundervollen, subtropischen Nebelwald. Vorabreservierung erforderlich. Gleich nördlich des Dorfs Cosanga von der Straße von Baeza nach Tena die Ausfahrt nehmen.

Hostal Bambu's PENSION **$**
(☎06-232-0003; Nueva Andalucía, Baeza; EZ/DZ 12/24 US$) Wer schon immer mal in einem Teenie-Traum-Zimmer übernachten wollte, hat hier die Möglichkeit dazu. Die Zimmer blicken auf einen großen, gepflegten und überdachten Pool mit Sprungbrett und aufblasbaren Spielsachen. Es gibt auch eine Tischtennisplatte und Billardtische. Die Betten sind erbarmungslos, aber die Atmosphäre ist freundlich.

Hostal Samay PENSION **$**
(☎06-232-0170; Nueva Andalucía, Baeza; Zi. 10 US$/Pers., ohne Bad 6 US$) Die Zimmer in diesem freundlichen Schindelhaus sind in allen Regenbogenfarben gestaltet. Mit TV, Warmwasser und einer angenehmen Chalet-Atmosphäre.

El Viejo ECUADORIANISCH **$**
(Nueva Andalucía, Baeza; Hauptgerichte 5–10 US$; ⏲7–21 Uhr) Das saubere, einladen-

CASCADA DE SAN RAFAEL

Die spektakuläre **Cascada de San Rafael** (Eintritt 2 US$; ⌚7–17 Uhr) an der Straße zwischen Baeza und Lago Agrio ist mit 131 m Höhe Ecuadors höchster Wasserfall und auf jeden Fall einen Zwischenstopp wert.

Dies könnte die letzte Chance sein, den unglaublichen Wasserfall in all seiner Kraft zu sehen, denn 20 km flussaufwärts soll ab 2016 ein neuer Staudamm mit Wasserkraftwerk in Betrieb gehen. Das Kraftwerk hat das Land in zwei Lager gespalten, denn der Präsident Rafael Correa setzt seit seiner Wahl 2007 aktiv auf den Ausbau der nachhaltigen Energieproduktion.

Befürworter des Kraftwerks erklären, dass keine Beeinträchtigung der Fließstärke des Río Coca, der den Wasserfall speist, drohe. Demzufolge sei auch das Naturwunder nicht gefährdet. Dem widersprechen die Gegner des Projekts. Weil der Zufluss vom Coca zum Wasserfall in den letzten Jahren zurückgegangen sei, wäre das Kraftwerk die meiste Zeit des Jahres gar nicht funktionstüchtig. Zudem wird das Kraftwerk mit einem Darlehen von der Export-Import Bank of China in Höhe von 1,7 Mrd. US$ finanziert, und die Gegner des Kraftwerks sind wegen dem sehr hohen Zinssatz (6,9 %) beunruhigt. Die Tourismusbranche hingegen macht sich Sorgen, dass das atemberaubende Naturwunder seine Dramatik verlieren und damit kein Touristenmagnet mehr sein könnte.

Wie auch immer sich die Sache entwickelt, am besten kommt man noch vor 2016 her und bestaunt den Wasserfall in all seiner Pracht.

Um die Anfahrt zu erleichtern, wurde eine neue Zufahrtsstraße gebaut, die aber noch nicht ausgeschildert ist. Von Quito kommend, nach einer steil nach unten führenden Straße Ausschau halten. Das Schild zur nahen Hostelería Reventador ist der einzige Hinweis, den man hier hat. Wenn man den Río Reventador überquert, ist man schon zu weit gefahren (den Busfahrer bitten, dass er einem die richtige Stelle zeigt). Die Straße bringt einen hinunter zu einer kleinen Touristeninformation. Dort bezahlt man den Eintritt und beginnt die einfache, 15 bis 20 Minuten lange Wanderung zum Aussichtspunkt mit atemberaubendem Blick. Für den Rückweg braucht man bergauf etwa 30 Minuten – aber die Mühe wird sich gelohnt haben.

de Restaurant am Ende der Nueva Andalucía ist schlichtweg *der* Treff in Baeza. Es gibt Frühstück sowie diverse Forellenspezialitäten.

ℹ An- & Weiterreise

Einfach einen der vielen Busse von oder nach Lago Agrio, Tena und Quito heranwinken und hoffen, dass noch ein Platz frei ist. Von Quito kommend, steigt man am Hauptbusbahnhof in einen Bus Richtung Tena.

VOLCÁN REVENTADOR

Nach dem Ausbruch des spektakulären Vulkans 2002 konnte man ihn nicht mehr besteigen. Jetzt sind Wanderungen zum Gipfel (3562 m) wieder möglich, aber weil die Lavaströme die ohnehin schon undeutlichen Wege überdeckt haben, kann man sich leicht verirren. Deshalb ist es wichtig, einen lokalen Führer zu engagieren.

Zunächst wandert man vier bis fünf Stunden bis zum Campingplatz am Rand des Lavastroms. Wer kein Zelt dabei hat, kann meist von den Guides eines mieten. Am frühen Morgen macht man sich dann auf den Weg zum Gipfel (4 Std.). Der Reventador ist ein aktiver Vulkan; daher ist der Aufstieg nicht immer möglich. Aktuelle Infos gibt's im **Instituto Geofisico** (☎02-222-5655; www.igepn.edu.ec).

Der Vulkan befindet sich am östlichen Rand der **Reserva Ecológica Cayambe-Coca**, in der sich auch der **Volcán Cayambe** (5790 m; S. 98) befindet. Es gibt keine Ausschilderungen und keine Wachhäuschen am Eingang des Naturschutzgebiets. Die Wachstation befindet sich im Dorf **El Chaco**, das rund 20 km vom Reventador entfernt an der Straße nach Baeza liegt.

Das beste Basislager für den Trip ist die am Straßenrand gelegene, äußerst hübsche **Hostería Reventador** (☎09-357-143; www.hosteriareventador.com; EZ/DZ 30/35 US$; P ᯤ ✱), eine freundliche und kürzlich komplett renovierte Lodge an der Cascada de San Rafael. Die modernen Zimmer bieten allen möglichen Komfort. Es gibt auch noch etwas preiswertere, ältere Zimmer im hinteren Bereich. Die Lodge bietet ebenfalls Führer für Klettertouren auf den Reventador und ein tolles Restaurant. Alle Busse von Quito oder Baeza Richtung Lago Agrio fahren an dem Hotel vorbei und können einen direkt vor der Tür absetzen.

Lago Agrio

06 / 48500 EW.

Die schmuddelig-graue Stadt lebt von der Ölindustrie und ist geprägt von einem chaotischen Markt, von staubigen Straßen, dichtem Verkehr und rauen Bars. Die ersten Arbeiter auf den Ölfeldern nannten Lago Agrio „Bitter Lake" nach dem texanischen Sour Lake, der Heimat der Firma Texaco, die hier die ersten Bohrungen vornahm (s. Kasten S. 220). Offiziell heißt die Stadt „Nueva Loja", doch niemand nennt sie so. Die Einheimischen sagen einfach nur „Lago".

Nur wenige Touristen verirren sich hierher. Die Einheimischen ärgern sich über den schlechten Ruf ihrer Stadt, aber Tatsache ist, dass hier wegen der Nähe zur kolumbianischen Grenze Prostitution und Kriminalität an der Tagesordnung sind. Die Einheimischen senken einfach ihre Köpfe und kümmern sich um ihren eigenen Kram – Besucher sollten dasselbe tun. Lago ist das Tor zur spektakulären Reserva Producción Faunística Cuyabeno (Naturreservat Cuyabeno), wo einige Traveller auf ihrem Weg in den Dschungel übernachten.

Gefahren & Ärgernisse

Durch den anhaltenden Konflikt im benachbarten Kolumbien sind Grenzstädte wie Lago Agrio ein Tummelplatz für kolumbianische Guerillas, Milizen und Drogenschmuggler. Es ist nicht zu empfehlen, hier über die Grenze nach Kolumbien einzureisen. In der Stadt können Bars riskant und Seitenstraßen unsicher sein – deshalb hält man sich besser an die Hauptstraße (vor allem abends) oder nimmt ein Taxi zu den Restaurants weiter draußen. Touristen bekommen aber nur selten Probleme.

Schlafen & Essen

Die meisten ordentlichen Hotels finden sich an der Hauptstraße, der Avenida Quito. Moskitos können zur Plage werden, besonders in der Regenzeit (Juni–Aug.), sodass sich Moskitonetze empfehlen. In Lago gibt es nur wenige gute Restaurants. Abgesehen von Hotelrestaurants ist man mit den

BUSSE AB LAGO AGRIO

ZIEL	PREIS (US$)	DAUER (STD.)
Baeza	5	5
Coca	3	3
Guayaquil	14	14
Puyo	9	8
Quito	8	8
Tena	7	7
Tulcán	10	10

Hühnchengrillbuden und Imbissen an der Avenida Quito oft am besten bedient.

Araza Hotel HOTEL **$$**
(283-1287/47; www.hotel-araza.com; Ecke Av Quito 536 nahe Narvaez; EZ/DZ mit Frühstück 44/56 US$; P) Das beste Hotel der Stadt mit einer großen Auswahl von Einrichtungen und Komfort. Hier steigen gern Geschäftsreisende der Ölbranche ab. Die Zimmer sind anonym im Business-Stil mit Schreibtisch, TV und Bad ausgestattet. Es gibt hier auch einen hübschen tropischen Hof, ein Restaurant, eine Bar mit Großbild-TV, einen Fitnessraum und einen Pool.

Hotel D'Mario HOTEL, PIZZERIA **$**
(283-0456; www.hoteldmario.com; Av Quito 2–62; EZ/DZ mit Frühstück 27/36 US$;) Diese Bleibe im Zentrum inmitten anderer Mittelklassehotels an der Avenida Quito wird von Reisegruppen bevorzugt. Der Service war bei unserem Besuch etwas unpersönlich, aber die hellen (wenn auch kleinen) Zimmer sind absolut bequem. Das Restaurant unten serviert diverse Gerichte, darunter auch Frühstück, ist aber für seine Pizzen (Hauptgerichte 5–8 US$) bekannt. Eine der besten Optionen im Ort.

Hotel Selva Real HOTEL **$**
(283-3867; Av Quito 261 nahe Av Colombia; EZ/DZ mit Ventilator 10/20 US$, mit Klimaanlage 15/40 US$;) Von der unscheinbaren Rezeption darf man sich nicht abschrecken lassen. Die Zimmer sind hübsch, sauber und mit TVs ausgestattet. Schnäppchenjäger finden in den preiswertesten Zimmern nur Kaltwasserduschen.

Gran Colombia Restaurant ECUADORIANISCH **$**
(Av Quito; Hauptgerichte 4–7 US$; 7–22 Uhr) Nach Feierabend kommen die Arbeiter der

Ölindustrie zum Auftanken hierher. Es gibt Tagesgerichte mit superscharfer *ají* (scharfer Sauce). Auf der Karte stehen leckere Gerichte wie *chuleta* (Schweinekotelett) und Ceviche.

An- & Weiterreise

Bus

Der Weg vom Dschungel in die Anden (und umgekehrt) ist dramatisch und schön. Es lohnt sich, die Fahrt bei Tageslicht zu machen. Der Busbahnhof liegt rund 2 km nordwestlich vom Zentrum. Von dort gibt es viele Busverbindungen und Optionen. Regelmäßig fahren Busse zu diversen Zielen; selten muss man vorab reservieren. Zusätzlich betreibt Transportes Putumayo Busse zu den Dschungelorten Dureno und Tarapoa für Traveller, die zum Naturreservat Cuyabeno fahren wollen.

Flugzeug

Wer fliegt, vermeidet die lange Busfahrt über die holprige Gebirgsstraße. Früh reservieren, denn die Flüge sind wegen der Gäste der Dschungellodges und der Ölarbeiter, die am Wochenende nach Hause fahren, schnell ausgebucht. Wer kein Ticket mehr erwischt, kann zum Flughafen fahren und sich auf die Warteliste setzen lassen – in der Hoffnung auf Stornierungen, was ziemlich häufig vorkommt, weil die Reiseveranstalter mehr Sitzplätze reservieren, als sie brauchen.

TAME (☎283-0113; Orellana nahe 9 de Octubre) und **Aerogal** (www.aerogal.com.ec) bieten pro Tag mehrere Flüge zwischen Quito und Lago Agrio.

Der Flughafen befindet sich etwa 3 km östlich von Lago Agrio (10 Fahrtminuten). Ein Taxi (gelbe oder weiße Pickups) kostet rund 3 US$.

Grenzübergänge

Die Grenze zu Kolumbien befindet sich weniger als 20 km nördlich der Stadt. Am besten macht man einen großen Bogen um sie. Die Gegend ist wegen Schmugglern und Guerillaaktivitäten berüchtigt. Die am häufigsten genutzte Route führt von Lago Agrio nach La Punta (rund 1½ Std.) am Río San Miguel. Taxi-Trucks fahren tagsüber von der Ecke Eloy Alfaro und Avenida Colombia in Lago Agrio nach La Punta.

Río Aguarico

☎06

Die Region des Naturreservats Cuyabeno ist die Heimat der Cofán. Einst gab es Zehntausende von ihnen, dann trafen sie auf die Konquistadoren, und ihre Zahl wurde durch Krankheiten dezimiert. Heute gibt es nicht mal mehr 2000 Cofán. Vor der Entdeckung von Öl kamen die meisten Cofán mit nichtindigenen Menschen kaum in Berührung – nur hin und wieder mit Missionaren. Sie pflegen auch heute noch ihren traditionellen Lebensstil. Die Cofán sind ausgezeichnete Führer durch die Wildnis. Sie kennen sich sehr gut mit den Dschungelpflanzen und ihrer medizinischen und praktischen Anwendung aus.

Die Cofán bieten gut organisierte **Ökotrips** (www.cofan.org) an. Angesichts der starken Schädigung der Umwelt in der Region um Lago Agrio beginnen die mehrtägigen Touren in Chiritza und führen dann ins abgelegene Zábalo.

DURENO

Eine Stunde von Lago Agrio entfernt liegt Dureno, das mit seinem urtypischen Regenwald und einer Cofán-Siedlung ein gutes Ziel für einen Tagesausflug ist. Man wird zwar nicht viele Tiere sehen, aber die lokalen Guides können einem die Dschungelpflanzen zeigen und erklären.

Die **Fundación Sobrevivencia Cofán** (☎02-247-4763) in Lago Agrio organisiert Ausflüge nach Dureno (70 US$/Pers. & Tag). Die Angestellten in beiden Büros sprechen nur Spanisch. Von einem Besuch im Dorf ohne Vorankündigung wird abgeraten.

ZÁBALO

Die kleine Cofán-Siedlung am Río Aguarico, nahe dem Zusammenfluss mit dem kleineren Río Zábalo, ist eine siebenstündige Kanufahrt von Lago Agrio entfernt. Gegenüber vom Dorf am anderen Flussufer findet man ein Naturzentrum mit Cofán-Guide. Von einem Besuch des Dorfes ohne Vorankündigung wird abgeraten; Fotografieren ist verboten.

Für weitere Infos und Tourreservierungen (ab ca. 100 US$/Tag) kann man sich an **Randy Borman** (☎02-247-0946; randy@cofan.org) wenden, einen der wenigen englischsprachigen Guides in der Gegend.

Randy ist der Sohn amerikanischer Missionare, die in den 1950er-Jahren nach Oriente kamen. Er wuchs bei den Cofán auf und ging dann in Quito zur Schule. Später gründete er die Siedlung Zábalo, wo er noch immer ein Haus mit seiner Cofán-Frau und seinen Kindern hat.

Randy ist hochangesehen und einer der Führer der Cofán-Föderation. Hin und wieder macht er auch Führungen, aber die meiste Zeit verbringt er in Quito und setzt sich für die Erhaltung der Cofán-Kultur und des Regenwalds ein.

Reserva Producción Faunística Cuyabeno

Das wunderschöne **Naturreservat** (www.reservacuyabeno.org; Eintritt 2 US$) ist ein einzigartiges, 6034 km² großes Regenwaldgebiet am Río Cuyabeno. Der im Jahreslauf unterschiedlich stark überflutete Wald bietet Lebensraum für viele im Wasser lebende Tiere und Vögel. Die Wipfel von Johannisbrot- und Ceiba-Bäumen ragen aus dem Unterwasserwald hervor und bieten einen erstaunlichen Anblick. Die Schwarzwasserflüsse, durch das faulende Laub reich an Tanninen, bilden ein Labyrinth aus Wasserstraßen, die die Seen speisen.

Die Grenzen des Schutzgebiets verändern sich mit dem politischen Wind, aber das Gebiet ist erheblich größer als früher. Es wurde 1979 zum Naturschutzgebiet erklärt, um den Regenwald zu erhalten, die Tiere zu schützen und ein Reservat zu schaffen, in dem die indigenen Bewohner – die Siona, Secoya, Cofán, Kichwa und Shuar – ihrer traditionellen Lebensweise folgen können. In den unzähligen Seen und Sümpfen leben viele faszinierende Wassertiere, z.B. Flussdelfine, Manatis, Kaimane und Anakondas. Affen gibt es jede Menge, darüber hinaus auch Tapire, Pekaris, Agutis und einige Katzenarten. Die Vogelwelt ist nicht minder beeindruckend.

Obwohl es sich um ein geschütztes Gebiet handelt, wurde fast unmittelbar nach der Gründung des Reservats in Cuyabeno nach Öl gebohrt. In diesem Zusammenhang entstanden innerhalb des Reservats die Orte Tarapoa und Cuyabeno sowie Teile der transecuadorianischen Ölpipeline. Es folgten Straßen und Siedler. Zehntausende von Hektar des Reservats wurden gerodet oder durch Öllecks und Giftmüll belastet. Zwischen 1984 und 1989 wurden mindestens sechs Öllecks registriert – viele der

EIN SCHMUTZIGES ERBE

Der Präsident Ecuadors bezeichnete es als „Verbrechen an der Menschheit", und Umweltschützer sehen es als größte Ölkatastrophe aller Zeiten. Zwischen 1964 und 1992 förderte das Ölunternehmen Texaco (heute Chevron) in Zusammenarbeit mit dem staatlichen Petroecuador rund 5,3 Mrd. l Öl im nördlichen Oriente und soll dabei Hunderte von offenen Gruben mit Giftmüll hinterlassen haben. Chevron hält dagegen, dass das Unternehmen sich an alle damaligen Umweltbestimmungen gehalten und seinen Teil zur Säuberung bereits beigetragen hätte.

2003 reichten US-Anwälte im Auftrag von 30 000 Ecuadorianern in Lago Agrio (nach zehnjährigem Hin und Her war entschieden worden, dass der Fall nicht vor einem US-Gericht verhandelt werden sollte) eine Sammelklage gegen das damals ChevronTexaco genannte Unternehmen ein. Es wurde behauptet, dass das Unternehmen vorsätzlich 18 Mrd. Gallonen (je ca. 3,8 l) toxisches Abwasser in den Regenwald eingeleitet hätte, darunter 18 Mio. Gallonen Rohöl – fast doppelt so viel wie bei der *Exxon-Valdez*-Katastrophe ausgelaufen ist. Die Kläger legen Texaco weiterhin zur Last, dass durch die Praktiken des Unternehmens die indigene Bevölkerung (insbesondere die Cofán und die Secoya) dezimiert und das Ökosystem zerstört wurden. Die Umwelt sei derart verseucht, dass vermehrt Krebsfälle und Fehlgeburten auftreten.

1992 übernahm das staatliche Ölunternehmen Petroecuador die meisten Förderanlagen der Texaco. Deshalb sei, laut Chevron, das ecuadorianische Unternehmen verantwortlich für die Umweltverschmutzung. Chevron betont, dass Texaco seinen Anteil an der Ölverschmutzung im Rahmen eines vom ecuadorianischen Staat vorgeschriebenen Sanierungsprogramms in Höhe von 40 Mio. US$ bereinigt hätte.

Im Frühjahr 2008 empfahl ein vom Gericht bestimmter Gutachter, dass Chevron zwischen 8 und 16 Mrd. US$ zur Sanierung des Regenwaldes zahlen solle. Chevron legte Berufung ein, blieb aber erfolglos, sodass das Unternehmen im Februar 2011 angewiesen wurde, insgesamt 18 Mrd. US$ Schadensersatz zu zahlen. Zum Zeitpunkt der Recherche ging Chevron gerade erneut gegen den Beschluss in Berufung. Derweil sind die Wasser- und Nahrungsvorräte der indigenen Volksgruppen vor Ort noch immer stark belastet.

Weitere Infos zur Sicht beider Seiten gibt's unter **Amazon Defense Coalition** (www.texacotoxico.org) und **Chevron** (www.chevron.com/ecuador).

Giftstoffe sind direkt in den Río Cuyabeno gelangt.

Diverse internationale und lokale Organisationen setzen sich für den Schutz des Gebiets ein, das – obwohl per Gesetz geschützt – in Wirklichkeit erschlossen wurde. Conservation International hat Projekte ins Leben gerufen, um weitere Wachposten in Cuyabeno einzurichten, die ortsansässigen Siona und Secoya in Sachen Umwelt- und Tierschutz auszubilden und die ecuadorianische Umweltrecht-Gruppe Cordavi zu unterstützen, die sich für ein gesetzliches Verbot der Ölförderung in Schutzgebieten einsetzt.

Ende 1991 verschob die Regierung schließlich die Grenzen des Reservats nach Osten und Süden und vergrößerte gleichzeitig das Schutzgebiet. Das neue Reservat ist abgelegener und besser geschützt. Es zeigt sich, dass die organisierten lokalen indigenen Gruppen, die von ecuadorianischen und ausländischen NGOs, von Touristen, Reiseveranstaltern und Umweltschutzgruppen unterstützt werden, der beste Schutz für das Gebiet sind.

Wegen der Abgelegenheit und zum Schutz der im Reservat liegenden Gemeinden sollten Traveller das Reservat nur im Rahmen einer geführten Tour besuchen.

Geführte Touren

Agenturen in Quito bieten Cuyabeno-Touren an, die von Veranstaltern vor Ort durchgeführt werden. Die Camps und Lodges der Tourveranstalter kommen und gehen hier schnell, aber derzeit gibt es rund zehn von ihnen unmittelbar nebeneinander direkt am Fluss, ein paar andere befinden sich in der Nähe an einem See. Unter ihnen sticht keine besonders hervor; alle bieten ähnliche Möglichkeiten zum Beobachten von Tieren. Hier bewegt man sich vor allem mit dem Kanu – außer zwischen Dezember und Februar, wenn der Wasserstand zu niedrig ist. Die meisten Besucher kommen in der regenreicheren Zeit von März bis September.

Die besten Preise ergattert man – vor allem, wenn man alleine unterwegs ist –, wenn man sich einer Reisegruppe anschließt. Beim Buchen sollte man darauf achten, ob die Hin- und Rückfahrt ab Lago Agrio enthalten ist, ob der Tag der Reise auch als Tourtag zählt, ob das Trinkwasser abgekocht oder gefiltert ist (vorzugsweise gefiltert) und ob man mit sachkundigen oder einheimischen Tourleitern rechnen kann. Naturkundlich versierte Führer können viel mehr Wissenschaftliches über die Pflanzen erzählen, aber einheimische Führer geben einen Einblick in die traditionelle Nutzung der Pflanzen und zeigen, wie die indigenen Bewohner diverse Produkte daraus herstellen. Bei den besseren Touren sind sowohl ein Einheimischer als auch ein Naturkundler dabei. Letztere können darüber hinaus fast immer Englisch, indigene Führer meist nicht. Den Eintritt von 2 US$ für das Naturreservat Cuyabeno zahlt man am Wachposten in Tarapoa. Der Transport von Quito nach Lago Agrio ist in den Pauschalangeboten nicht enthalten.

Schlafen

Cuyabeno Lodge DSCHUNGELLODGE **$$$**
(Karte S. 229; ☎02-252-1212; www.cuyabenolodge.com; 3 Nächte 220–395 US$/Pers., 4 Nächte 275–475 US$/Pers.) Die sehr empfehlenswerte Lodge wird von **Neotropic Turis** (www.neotropicturis.com) mit Sitz in Quito in Zusammenarbeit mit den ortsansässigen Siona betrieben. Die strohgedeckten Hütten liegen verstreut an einem Hang und bieten etwas Privatsphäre. Die meisten sind mit eigenem Bad und Warmwasser ausgestattet. Am preiswertesten sind die Schlafsäle mit je vier Betten und Gemeinschaftsbad. Die besten Zimmer befinden sich im Beobachtungsturm. Sie sind geräumig und komfortabel – perfekt für alle, die nicht genug von der Natur bekommen können. Der Strom wird solar erzeugt. Die zweisprachigen fachkundigen Guides erhalten besonders viel Lob von den Gästen, und auch das Essen und die Aufmerksamkeit sind ausgezeichnet. Im Preis enthalten ist der Transfer von Lago Agrio, ein Guide, Trinkwasser, Kaffee und Tee. Kanus und Kajaks stehen zur Verfügung, mit denen man auf dem See herumpaddeln kann. Viele Gäste springen auch ins Wasser und schwimmen eine Runde.

Nicky Amazon Lodge DSCHUNGELLODGE **$$**
(Karte S. 229; ☎02-254-6590; www.amazondracaena.com; 4/5 Nächte 200/240 US$ pro Pers.) Die von Dracaena Amazon Rainforest Explorations mit Sitz in Quito betriebene Lodge bietet sieben Hütten auf Stelzen mit eigenem Bad. Täglich werden Ausflüge veranstaltet, z. B. Piranha-Angeltouren, Tierbeobachtungstrips und Ausflüge zu einer lokalen Gemeinde. Ein Turm lädt zum Beobachten von Vögeln ein. Es gibt noch eine neue Lodge in Laguna Grande, sodass

EINE DSCHUNGELTOUR VORBEREITEN

Man kann den Dschungel zwar auch auf eigene Faust erkunden, aber in einer organisierten Tour mit Übernachtung in Dschungellodges kommt man schneller und ohne logistische Probleme in die Wildnis. Darüber hinaus vermeidet man es, auf indigene Bewohner zu treffen, die keine Touristen sehen wollen – und wenn, dann nur in Begleitung von Fremdenführern. Zunächst sollte man sich darüber klar werden, wie viel man ausgeben kann, was man sehen will und wie viel Zeit man hat. Je weiter man sich von den Straßen und erschlossenen Gebieten entfernt und je mehr Zeit man im Dschungel verbringt, desto mehr Tiere wird man zu Gesicht bekommen. Das gilt auch in kultureller Hinsicht – je länger und abgelegener der Trip, desto aufregender das Erlebnis.

Unterschiede

Die Lodges und die größeren Schiffe im Hotelstil bieten Tagesausflüge von einem bequemen Ausgangspunkt. Bei anderen Veranstaltern übernachtet man auf dem Campingplatz oder bei Einheimischen. Kleinere Preise bedeuten oft: einfache Unterkünfte, spanischsprachige, nicht naturkundige Guides, größere Gruppen, abgekochtes statt gefiltertes Wasser und Besuch von weniger abgelegenen Gegenden mit entsprechend weniger Tieren. In manchen Fällen sind die Praktiken solcher Veranstalter auch nicht gerade umweltschonend, wenn sie z. B. auch die Jagd anbieten. Dabei ist das Jagen im Regenwald ein absolutes Tabu, weil hier schon ohnehin zu viel gejagt wird.

Die Veranstalter konzentrieren sich auf verschiedene Aspekte des Dschungels und wissen, welche Tiere man wie wahrscheinlich sieht. Auf den Aussichtstürmen kann man Vögel und Affen beobachten. Erstklassige Veranstalter und Gemeindetourismusagenturen machen Besuche bei indigenen Gemeinden möglich. Im besten Fall werden auch Übersetzer und komfortable Unterkünfte bereitgestellt und Projekte zum Nutzen der Gemeinden betrieben. Der Gemeindetourismus bietet in der Regel ein authentischeres Erlebnis. Man sollte allerdings Spanisch verstehen und flexibel sein.

Einige skrupellose Veranstalter bieten *ayahuasca* oder andere halluzinogen wirkende Mittel an, die indigene Volksgruppen bei Ritualen verwenden. Diese verbotenen Substanzen sollte man mit Vorsicht genießen (s. Kasten S. 230).

Wohin man auch geht, man sollte außerhalb von Ortschaften und Dörfern immer einen Führer dabeihaben. Und auf jeden Fall sollte man den lokalen Einwohnern mit Respekt begegnen und sich ökologisch verantwortlich verhalten.

bei den meisten Touren die Teilnehmer in beiden Unterkünften übernachten und dadurch die Möglichkeit haben, weit mehr von dem Reservat zu sehen.

Coca

☎06 / 30 300 EW.

Coca, das eher fade öffentliche Gesicht des Río Napo, ist der unvermeidbare Startpunkt für viele der faszinierendsten Touren durch den Dschungel Ecuadors. In den 1990er-Jahren machte die Ölindustrie aus der winzigen Siedlung am Fluss mit staubigen Straßen eine heiße, geschäftige Ansammlung von Betonblöcken. Coca ist seit 1999 die Hauptstadt der Provinz Orellana (offiziell Puerto Francisco de Orellana) und die letzte Bastion der „Zivilisation", bevor der Río Napo einen tief in den Regenwald zum Parque Nacional Yasuní und darüber hinaus bringt. In Coca beginnt auch die umstrittene Vía Auca, eine Straße nach Süden in das Huaorani-Territorium.

In der Stadt selbst gibt es nichts wirklich Sehenswertes. Zum Zeitpunkt der Recherche wurde in der Nähe vom Flussufer gerade das neue Museo Arqueologico Centro Cultural de Orellana (kurz: MACCO, Karte S. 224) gebaut. Im Bau befindlich ist auch eine neue Hängebrücke über den Napo. Nach ihrer Fertigstellung wird die knarrende, alte, einspurige Brücke abgerissen.

Was Coca an Sehenswürdigkeiten und Schönheit fehlen lässt, macht es mit seinen freundlichen Einwohnern, seinem lebendigen Markt und den sicheren Straßen wieder wett. Nach Jahren ohne einen einzigen Grünstreifen im Zentrum gibt es hier endlich auch einen Park. Auch die Uferpromenade lädt zu jeder Tageszeit zu einem entspannten Bummel ein.

Buchen einer Tour

Viele Veranstalter haben ein Büro in Quito (s. S. 65), sodass Interessenten schnell vergleichen können. Die Agenturen können einen meist innerhalb von ein paar Tagen in den Dschungel bringen. Nachdem man eine Tour gebucht hat, muss man sich normalerweise auf eigene Faust auf den Weg zu dem Ort, in dem die Tour beginnt (meist Lago Agrio, Coca, Tena oder Misahuallí) machen. Vor dem Buchen alle Fragen hinsichtlich Kosten, Essen, Ausrüstung, Reiseroute und Größe der Reisegruppe klären. Wer einen kürzeren geführten Trip zu Reservaten oder Gemeinden in der Nähe machen will, bucht am besten eine Tour ab Tena, Coca, Puyo oder Macas. Die Cofán, Huaoranis, Kichwa, Shuar und andere Volksgruppen bieten Touren mit Führern aus ihren eigenen Reihen an.

Guides

Ein guter Guide zeigt einem Dinge, die man, wenn man auf eigene Faust unterwegs ist, versäumen würde, ein schlechter kann den Trip ruinieren. Auf Nachfrage müssen Guides eine Lizenz vorweisen und Auskunft über ihre Spezialgebiete geben können. Empfohlene Guides sind immer vorzuziehen, und viele Lodges sind bekannt für ihre erstklassigen Guides. Am besten sucht man sich ein paar aus, stellt Fragen und macht deutlich, wofür genau man sich interessiert. Die Guides erwarten ein Trinkgeld und dass man sie weiterempfiehlt.

Was muss man mitbringen?

Die Orte im Dschungel sind nur einfach ausgestattet. Es gibt abgefülltes Trinkwasser, Abdeckplanen (für Regenfälle) und Gummistiefel in verschiedenen Größen. Bei fast allen geführten Touren werden Stiefel und Regenausrüstung vermietet, aber trotzdem vorher nachfragen. Moskitonetze werden normalerweise gestellt, sofern notwendig. Wer ernsthaft Tiere beobachten möchte, sollte ein Fernglas mitbringen. Manche Guides haben zwar eines dabei, brauchen es aber vielleicht selbst. Außer den allgemeinen Reiseutensilien sollte man eine Taschenlampe, Sonnenschutzmittel, einen Sonnenhut und ein Insektenschutzmittel mit DEET mitbringen. Je nach Jahreszeit und Ziel braucht man auch Malariatabletten (s. S. 412).

☞ Geführte Touren

Die Zahl der lokalen Tourveranstalter in Coca ist zurückgegangen. Am besten bucht man in Quito eine Tour. Andererseits gibt's hier einige unabhängig arbeitende Guides.

Amazon Wildlife Tours NATURBEOBACHTUNG
(Karte S. 224; ☎288-0802; robertvaca@amazonwildlife.ec; Hotel San Fermin, Ecke Quito & Bolívar) Die freundliche Agentur bietet eine Reihe von Touren in die freie Natur und hat sich auf Jaguar-Expeditionen im Nationalpark Yasuní, auf das Beobachten von Amazonasdelfinen und auf Touren im Naturreservat Limoncocha zum Beobachten von allen möglichen Tieren spezialisiert.

Kem Pery Tours DSCHUNGELTOUR
(☎ 02-250-5600; www.kempery.com; Ramíres Dávalos 117 nahe Amazonas und Quito) Veranstaltet Touren zur Bataburo Lodge am Rand des Huaorani-Territoriums, per Boot und Bus rund neun Stunden südöstlich von Coca. Mit Kanus geht's flussabwärts auf den abgelegenen Río Tiguino und Río Cononaco. Die Touren verbinden das Beobachten von Tieren mit Besuchen bei indigenen Kulturen. Die zweisprachigen Guides sind Einheimische.

Jarol Fernando Vaca GUIDE
(☎02-227-1094; shiripuno2004@yahoo.com) Der in Quito lebende Schmetterlingsfachmann ist ein Kenner der Natur und ein guter unabhängiger Guide. Er führt die Teilnehmer in das Shiripuno-Gebiet und ist auch von den Huaorani dazu ermächtigt, Besucher in ihr Territorium zu bringen. Darüber hinaus betreibt er die Shiripuno Lodge (s. S. 227), eine von nur zwei Lodges im Nationalpark Yasuní.

Luis Duarte GUIDE
(☎288-2285; cocaselva@hotmail.com) Organisiert kundenorientierte Touren, z.B. die

Coca

Überfahrt über den Fluss nach Peru oder Aufenthalte bei Huaorani-Familien. Ist in der La Casa del Maito (S. 225) zu finden.

Luis García GUIDE
(☎09-959-4604; luisemerald@gmail.com) Luis ist ein erfahrener Guide, der fließend Englisch spricht und meist von der Sacha Lodge (S. 227) aus arbeitet. Mit Sitz in Coca kann er maßgeschneiderte Touren für Alleinreisende und Gruppen organisieren.

Otobo's Amazon Safari INDIGEN
(www.rainforestcamping.com) Die abgelegene Stätte am Río Cononaco mit Zelten auf Plattformen und einer strohgedeckten Lodge wird von dem indigenen Huaorani Otobo und seiner Familie betrieben. Besucher wandern mit einem einheimischen englischsprachigen Guide im Parque Nacional Yasuní, besuchen Seen und ein Dorf.

Schlafen

Hotel San Fermin HOTEL $
(☎288-0802; robertvaca@amazonwildlife.ec; Ecke Quito & Bolívar; EZ/DZ mit Gemeinschaftsbad 8/16 US$, EZ/DZ/Suite mit eigenem Bad 15/ 25/32 US$;) Das freundliche, gut geführte Hotel bietet ein gutes Preis-Leistungs-Verhältnis. Die geräumigen, holzverkleideten Zimmer wurden kürzlich renoviert und sind mit TV, Schreibtisch und Ventilator bzw. Klimaanlage ausgestattet. Wenn möglich, ein Zimmer ganz oben nehmen – die sind am größten und hellsten.

Hotel El Auca HOTEL $$
(☎288-0166; tatiana.wall@yahoo.com; Napo; EZ/DZ/Suite mit Frühstück ab 34/54/90 US$;) Die schicke Anlage am neuen Stadtpark ist die eleganteste Unterkunft in der Stadt. Man hat die Wahl zwischen stilvollen lackierten Holzhütten hinten im Garten und ebenso gut eingerichteten Zimmern in dem freistehenden Gebäude dahinter. Es gibt auch Zimmer im Haupthaus – die sind zwar etwas geräumiger, aber aufgrund des Straßenlärms auch lauter. Das El Auca ist bei Reisegruppen sehr beliebt. Das Restaurant, das Dayuma, ist recht angenehm, kann aber abends überlaufen sein.

Hotel Río Napo HOTEL $$
(☎288-0872; www.hotelrionapo.com; Bolívar 76–06; EZ/DZ 28/47 US$;) Das smarte, saubere und helle Mittelklassehotel im Zentrum hat 29 komfortable Zimmer mit guten Betten und Kabel-TV. Es ist ganz ordentlich, wenn auch etwas unpersönlich, aber das Personal ist sehr freundlich.

Hostería La Misión HOTEL $$
(☎288-0260/0544; hlamision@hotmail.com; Camilo de Torrano; EZ/DZ 28/41 US$;)

Coca

Sehenswertes
1 MACCO ... B3

Aktivitäten, Kurse & Touren
Amazon Wildlife Tours ... (siehe 7)

Schlafen
2 Hostal Omaguas ... B2
3 Hostería La Misión ... D2
4 Hotel El Auca ... B2
5 Hotel Lojanita ... B2
6 Hotel Río Napo ... B1
7 Hotel San Fermin ... A1
8 Hotel Santa María ... B2

Essen
9 Cevichería Colorado ... C3
10 La Casa del Maito ... B3
La Misión ... (siehe 3)
11 Matambre ... B3
12 Restaurante Ocaso ... C2

Ausgehen
13 Emerald Forest Blues ... B3

Unterhaltung
El Bunker ... (siehe 3)

Das alteingesessene Hotel hat saubere, komfortable Zimmer mit Blick auf den Río Napo – alle mit Kabel-TV, Kühlschrank, modernem Bad und Lampenschirmen, die noch in ihre fabrikneue Plastikverpackung eingehüllt sind. Es gibt mehrere Pools, in denen meistens Kinder spielen, und auf den Bäumen hier tummeln sich freche Affen, die Essen klauen. Das Uferrestaurant La Misión hat auch eine Bar und ist genau richtig für einen warmen Abend.

Hostal Omaguas HOTEL $
(☎288-2436; Ecke Quito & Cuenca; EZ/DZ 19/29 US$; P❄📶) Trotz seines unscheinbaren Äußeren hat dieses Hotel bunt geflieste, glänzend saubere Zimmer mit Kabel-TV und Warmwasser. Das kühle, ruhige Restaurant ist eine gute Abwechslung zu den heißen Straßen und serviert gute ecuadorianische Gerichte.

Hotel Santa María HOTEL $
(☎288-0097; Rocafuerte; Zi. 8 US$/Pers., EZ/DZ mit Klimaanlage 15/20 US$) Hier findet man die preiswertesten akzeptablen Betten der Stadt. Man darf natürlich nicht allzu viel erwarten. Und aufpassen, dass man sich auf der Treppe zu den kleinen Zimmern nicht den Kopf an der niedrigen Decke stößt.

Hotel Lojanita HOTEL $
(☎288-0032; hotelojanitacocaecuador@gmail.com; Ecke Napo & Cuenca; EZ/DZ mit Ventilator 10/16 US$, mit Klimaanlage & Warmwasser 15/24 US$; P❄📶) Das Hotel liegt praktisch, wenn man frühmorgens einen Bus erwischen muss. Die Zimmer könnten einen neuen Anstrich vertragen, und auch die muffigen Badezimmer schreien nach Hilfe. Trotzdem kann man hier preiswert übernachten, wenn man auf eine Klimaanlage verzichtet.

Essen

Preisgünstiges Essen mit viel Lokalkolorit findet man an jedem Abend an der Calle Quito zwischen Rocafuerte und Espejo. Heitere Straßenhändler verkaufen gegrilltes Fleisch, das sie direkt vor einem zubereiten – einfach fantastisch und gesellig.

La Casa del Maito SEAFOOD $
(Espejo; Hauptgerichte 4–6 US$; ⏱7–18 Uhr) Das unscheinbare kleine Lokal lockt mittags mit leckerem Fisch (meistens Tilapia oder Piranha), der in Palmblättern auf dem Grill draußen zubereitet wird, viele Einheimische an. Es gibt noch andere sättigende Gerichte wie Hühnchen und Palmherzen, und der freundliche, englischsprachige Inhaber, Luis Duarte, ist auch als Guide tätig (S. 223).

Matambre STEAKHAUS $$
(Ecke Quito & Espejo; Hauptgerichte 6–10 US$; ⏱12–22 Uhr) Das offene Restaurant ist äußerst beliebt und serviert köstliche Steaks auf vielerlei Art, die auf der Zunge zergehen. Mittags und abends ist es immer voller Familien. Der Service lässt manchmal etwas zu wünschen übrig (die Kellner haben immer viel zu tun), aber das Essen ist lecker – also Geduld mitbringen.

Cevichería Colorado SEAFOOD $
(Napo; Hauptgerichte 5–7 US$; ⏱8–20 Uhr) Die beliebte *cevichería* am Fluss ist perfekt für eine Schüssel Ceviche und ein kaltes Bier. In dem langen Raum ist meist von morgens bis abends viel los, und die umfangreiche Speisekarte ist eine richtige Fundgrube für alle, die Meeresfrüchte lieben.

La Misión ECUADORIANISCH $$
(Hostería La Misión, Camilo de Torrano; Hauptgerichte 4–14 US$; ⏱7–22 Uhr) Der beste Platz in diesem ansonsten eher langweiligen Restaurant ist die Betonveranda mit Blick auf den Fluss. Die Karte bietet köstliche Gerichte von gegrilltem weißen Flussfisch über Grillfleisch bis hin zu Meeresfrüchten.

Restaurante Ocaso ECUADORIANISCH $
(Eloy Alfaro zw. Napo & Amazonas; Hauptgerichte 3–6 US$; ⏲6–21 Uhr) Die Einheimischen empfehlen in dem ziemlich langweilig wirkenden, von einer Familie betriebenen Restaurant am neuen Park den saftigen Fleischschmortopf mit fluffigem Reis und scharfen *patacones* (frittierte Kochbananen).

Ausgehen & Unterhaltung

Emerald Forest Blues BAR
(Quito; ⏲9 Uhr–open end) Im Hintergrund der eher schäbig wirkenden kleinen Bar läuft Musik aus den 1980er-Jahren. Inhaber ist Luís García, ein beliebter lokaler Guide. Die Bar ist zwar nicht gerade charmant, aber eine der wenigen in der Stadt.

El Bunker CLUB
(Hostería La Misión, Camilo de Torrano; ⏲Mo–Fr 21–24, Sa & So bis 2 Uhr) Der Name passt zu der Kellerbar ohne Fenster. Am Wochenende ist hier bei *reggaetón* (eine Mischung aus puertoricanischer *bomba,* Dancehall und Hip-Hop), Latin Pop und Hip-Hop viel los.

Praktische Informationen

Es gibt mehrere Geldautomaten in der Stadt; fast immer aber steht eine lange Schlange davor. Am besten versorgt man sich in Quito mit Bargeld.

Clínica Sinai (Ecke Napo & Moreno) Wer einen Arzt braucht, ist hier am besten bedient.

Pancho.com (Moreno; Internet 1 US$/Std.; ⏲7–12 Uhr) Internetcafé.

Post (Napo nahe Montalvo)

Touristeninformation (☎288-0532; Transportes Fluviales Orellana Bldg, Chimborazo; ⏲Mo–Sa 8–12 & 14–18 Uhr) Die neue, hilfreiche Touristeninformation bietet Travellern kostenlosen Internetzugang und Tipps zum Transport zu den Lodges am Río Napo. Darüber hinaus finden hier Vorträge über die indigenen Volksgruppen und seltenen Tiere, die im Nationalpark Yasuní leben, statt. Die Angestellten sprechen kein Englisch, sind aber freundlich.

An- & Weiterreise

Bus

Der Hauptbusbahnhof liegt 600 m nördlich des Zentrums. Von hier aus gibt es gute Verbindungen zu Orten im ganzen Land. Allerdings lassen viele Unternehmen ihre Busse nahe ihrer Büros im Zentrum von Coca abfahren. Daher beim Kauf der Fahrkarte fragen, wo der Bus abfährt.

Transportes Baños (☎288-0182; Ecke Napo & Bolívar) Hat mehrere Busse pro Tag nach Lago Agrio (3 US$, 2 Std.), Tena (7 US$, 7 Std.) und Quito (10 US$, 10 Std.). Nach Quito geht's am schnellsten über die Vía Loreto. **Transportes Esmeraldas** (☎288-0272; Ecke Napo & Bolívar) Hat zwei Nachtbusse nach Quito (10 US$, 10 Std.).

Transportes Zacaray (☎288-0286; Ecke Napo & Bolívar) Fährt täglich nach Guayaquil (16 US$, 16 Std.) und Ambato (10 US$, 10 Std.). Vom Busbahnhof fahren auch *rancheras* (seitlich offene Busse oder Transporter mit schmalen, unbequemen Sitzbänken, auch *chivas* genannt) zu verschiedenen Zielen zwischen Coca und Lago Agrio sowie nach Río Tiputini im Süden. Pickups und Taxis der **Cooperativa Camionetas Río Napo** (Alfaro) bedienen die Stadt und Umgebung.

Flugzeug

Der Flughafen befindet sich knapp 2 km nördlich der Stadt, linkerhand an der Straße nach Lago Agrio. Die fünfminütige Taxifahrt kostet 1 US$.

TAME (☎288-1078/3340; Ecke Napo & Rocafuerte) Hat drei Flüge pro Tag zwischen Coca und Quito (einfacher Flug 75 US$), am Wochenende seltener.

Aerogal (☎288-1742; www.aerogal.com.ec; Flughafen) Fliegt täglich von Coca nach Quito. Der 30-minütige Flug kostet ebenfalls 75 US$.

Schiff/Fähre

Coop de Transportes Fluviales Orellana (☎288-0087/0231; Chimborazo an den Docks) Befördert Passagiere in einem überdachten Kanu für 60 Personen flussaufwärts. Tickets frühzeitig besorgen. Fährt sonntags, montags, donnerstags und freitags um 7 Uhr nach Nuevo Rocafuerte (15 US$, 10 Std.) an der peruanischen Grenze. Die Rückfahrt von Nuevo Rocafuerte nach Coca ist am selben Tag um 5 Uhr (12–14 Std.). Normalerweise gibt's mittags einen Zwischenstopp, trotzdem Verpflegung und Wasser für die lange Fahrt mitnehmen.

Venus Boats (☎09-968-1354) Wer selber ein Kanu chartern will, braucht nur an den Docks herumzufragen. Unsere Leser empfehlen Venus Boats, das ein Kanu mit 18 Sitzplätzen (rund 60 US$/Std.) vermietet.

Infos zur Überfahrt über den Fluss nach Peru stehen auf S. 231.

Vía Auca

☎06

Diese Straße führt von Coca über den Río Napo, dann weiter nach Süden über den Río Tiputini und den Río Shiripuno und endet im kleinen **Tiguino** am Río Tiguino. *Rancheras* fahren täglich bis nach Tiguino. Das Gebiet war ursprünglich Huaorani-Territorium und unberührter Dschungel, aber als im Zuge der Ölförderung in den 1980er-

Jahren diese Straße gebaut wurde, wurden die Huaorani nach Osten (einige auch nach Westen) verdrängt. Das Gebiet wird kolonisiert, und Rinderranches und Bohrtürme verdrängen trotz der Bemühungen von Umweltschützern den Dschungel.

Die Flüsse, über die diese Straße führt, bieten Zugang zu entlegenen Gebieten des Huaorani-Reservats und des Nationalparks Yasuní. Man sollte sich aber nur mit autorisierten Guides auf den Weg machen. Einige der Veranstalter haben seit langem enge Beziehungen zu den Huaorani, andere nicht. Zum Schutz ihrer Interessen bestehen die Huaorani darauf, dass Tourismus nur zu ihren Bedingungen stattfindet.

Etwa 75 km südlich von Coca findet man die **Shiripuno Lodge** (www.shiripunolodge.com), die die Huaorani in ihrem Territorium erbaut haben und selber betreiben. Es handelt sich um eine einfache Unterkunft ohne Strom, die tief im Wald liegt – ein echtes Dschungelerlebnis. Weitere Infos erhält man von Jarol Fernando Vaca (☎02-227-1094; shiripuno2004@yahoo.com).

Drei bis vier Stunden weiter flussabwärts liegt am Río Tiguino die einfache **Bataburo Lodge** in einem Primärwald. Die Lodge hat einen Beobachtungsturm und Zimmer mit Gemeinschafts- oder eigenem Bad. Im Preis inbegriffen sind Mahlzeiten, Guides und der Transport ab Coca. Das Gebiet ist sehr abgelegen, und die Wege werden nur unregelmäßig instandgehalten. Den Trip buchen kann man bei Safari Tours (S. 66) oder bei Kem Pery Tours (S. 223).

Bajo Río Napo

☎06

Der Río Napo fließt von Coca ostwärts auf seinem Weg zum Amazonas in Peru. Gleich hinter Coca entwickelt sich der Fluss zu einem breiten, kraftvollen Strom, der Dörfer und Inseln überfluten kann. Dieser lange, einsame Abschnitt am Napo birgt einige der besten Dschungellodges Ecuadors und ein paar der besten Möglichkeiten zum Beobachten von Tieren.

YARINA LODGE

Der kleine Nebenfluss Río Manduro trifft eine Stunde flussabwärts von Coca auf den Napo, und nach weiteren zehn Minuten entlang des Schwarzwasserstroms findet man die **Yarina Lodge** (☎02-250-4037/3225; www.yarinalodge.com; mit VP 2/3/4 Nächte 270/360/450 US$ pro Pers.), ein Camp am Hang mit 26 strohgedeckten Bambus-Cabañas. Die Lodge ist vor allem auf Budgettraveller eingestellt und hat engagierte, professionelle Guides. Das gut zubereitete Essen (auch für Vegetarier ist gesorgt) gibt's in der Gemeinschaftslodge, wo man auch auf Hängematten relaxen kann. Die Hütten mit zwei bzw. drei Betten sind mit Moskitonetzen, modernem Bad, Strom und rund um die Uhr vorhandenem Warmwasser ausgestattet.

Die Lodge wirkt nicht so abgelegen wie die Camps weiter stromabwärts, hat aber eine angenehme Umgebung mit Blick auf den Fluss, kurzen Wanderwegen, erhöhten Plankenwegen und vielen Möglichkeiten zum Beobachten von Vögeln und zum Kanupaddeln. Ein zahmer Papagei begrüßt einen in verschiedenen Sprachen, und auf dem Gelände streicht ein kleiner Tapir herum. Noch mehr Tiere gibt's im nahe gelegenen „Rehabilitationsbereich", wo Tiere, die aus der Hand von Händlern in Coca befreit wurden, aufgepäppelt und dann wieder in die Freiheit entlassen werden. Im Übernachtungspreis enthalten sind alle Mahlzeiten und Touren mit spanisch- und englischsprachigen lokalen Guides. Neben den üblichen Dschungelaktivitäten werden hier auch Kichwa-Kochkurse angeboten.

SACHA LODGE

Die **Sacha Lodge** (☎02-256-6090; www.sachalodge.com; EZ/DZ mit VP 3 Nächte 1185/1580 US$, 4 Nächte 1485/1980 US$; @) ist eine der besten Dschungellodges in Ecuador. Sie hat eine spektakuläre Lage an einem Binnensee und ist vom Río Napo nur ein kleines Stück zu Fuß oder per Kanu entfernt. Die 1992 eröffnete Lodge wird von Schweizern betrieben und versucht unermüdlich, die Bedürfnisse selbst anspruchsvollster Traveller zu befriedigen, statt sich auf ihren Lorbeeren auszuruhen. Die Anlage befindet sich am Ufer der Laguna El Pilche, 1 km nördlich des Río Napo.

Die Lodge beschäftigt indigene Einwohner und bildet sie auch für die Arbeit im Tourismus aus. Das Sacha kauft ständig Parzellen von ecuadorianischen Kleinbauern an, die es als Farmland nutzten, um so das Land wieder in den Regenwald zu integrieren. Die Lodge liegt inmitten von 2023 ha zurückgewonnenem Land, das jetzt zur Aufforstung unter Schutz steht, und ist damit das größte private Schutzgebiet in Ecuador.

Die zentrale Lodge ist eine zweistöckige strohgedeckte Rundhütte mit Restaurant und Bar. In der Nähe stehen noch andere Hütten, in denen eine kleine Bibliothek und ein Internetcenter untergebracht sind. Plankenwege schlängeln sich zu 26 Hütten, die mit modernem Bad, einer Trockenbox für Kameras, rund um die Uhr Warmwasser und Strom sowie einer schattigen Terrasse mit Hängematte, auf der man gut Siesta halten und Tiere beobachten kann, ausgestattet sind. Tiefer im Dschungel stehen noch ältere Wohneinheiten, die rustikaler, aber dunkler sind. Die neueren sind erheblich heller und moderner eingerichtet (auch wenn die Möbel aus Bambus sind), aber weil sie nicht so tief im Dschungel liegen, kann man natürlich nicht so gut Tiere vom Balkon aus beobachten wie bei den alten Hütten. Alle Zimmer haben einen Safe und sind gut abgeschirmt. Moskitonetze gibt es nicht, denn die Gefahr ist hier gering. Das Essen ist klasse und wird als Buffet serviert. Beim Essen sitzt man in der Gruppe. Oben gibt's noch eine gute Bar, die abends sehr beliebt ist.

Die Ausflüge finden in kleinen Gruppen statt. Hobby-Ornithologen finden hier alles, was sie suchen. Für Wanderungen und Kanutrips müssen normalerweise um die fünf Touristen zusammenkommen, die ein zweisprachiger, fachkundiger, lokaler Guide begleitet. Das 809 ha große Gelände besteht aus flachem und hügeligem Regenwald, mehreren Seen, reißenden Flüssen und Sümpfen. Regelmäßig lassen sich sechs Arten von Affen, Tukane, Pfeilgiftfrösche, Pekaris, Faultiere, Anakondas, Kaimane und Schwarze Agutis blicken.

Der Stolz der Lodge ist der mit drei Metallpfeilern stabil verankerte Baumwipfel-Pfad 60 m über dem Boden. Vogelbeobachter lieben es, ganz früh am Morgen auf dem knarrenden Giganten zu stehen und dabei zuzusehen, wie sich der Nebel lichtet und unzählige Affen und Vögel zum Vorschein kommen. Dann gibt es noch einen anderen Turm mit einer hölzernen Plattform in 45 m Höhe an einem riesigen Ceiba-Baum. Das Sacha ist die absolute Top-Adresse für ein luxuriöses Dschungelerlebnis.

Schon die Anreise ist ein Abenteuer: Von Coca fährt man zwei Stunden mit einem motorisierten Kanu, gefolgt von einem entspannten Bummel durch den Wald auf einem erhöhten Plankenweg und einer 15-minütigen Paddeltour in einem Einbaum durch einen Kanal und über einen See.

NAPO WILDLIFE CENTER

Als einzige Lodge im Parque Nacional Yasuní bietet das **Napo Wildlife Center** (NWC; ☎02-600-5893; www.napowildlifecenter.com; EZ/DZ mit VP 3 Nächte 1230/1640 US$, 4 Nächte 1523/2030 US$; @ 📶) eine urtümliche und doch luxuriöse Lage mit unvergleichlichem Zugang zur Wildnis. Das Ökotourismusprojekt befindet sich in alleinigem Besitz der Kichwa-Gemeinde von Añangus, die auch fast das ganze Personal der Lodge stellt.

Einer der erfreulichsten Aspekte der Lodge ist die einfache Anreise: Ein Paddelboot bringt einen in etwa einer Stunde vom Río Napo über einen abenteuerlichen Schwarzwasserbach voller Tiere bis zur Laguna Añangucocha. Auf der anderen Seite der Lagune erfreuen sich die 16 rötlichen Zimmer des NWC bester Lage. Sie sind luxuriös, groß und stilvoll und haben moderne Badezimmer und meist Seeblick. Die vier neueren Suiten sind sogar noch größer und haben auf der Terrasse nach hinten hinaus einen Freiluftwhirlpool. Die schönen Gemeinschaftsbereiche sind geräumig und offen gestaltet und bieten eine hübsche Holzveranda, eine kleine Bibliothek und eine erhöhte Aussichtsplattform. Das Essen ist köstlich und abwechslungsreich; gegessen wird in der Gruppe mit dem eigenen Guide.

Die Trips werden von lokalen Añangans geführt, die eine Ausbildung zu Parkrangern im Yasuní NP und zu zweisprachigen Natur-Guides gemacht haben. Die große Attraktion für Vogelbeobachter sind die beiden Papageien-Lehmlecken auf dem Anwesen. Auch von den umliegenden Lodges strömen Hobby-Ornithologen herbei, um die Papageien, Sittiche und Aras zu beobachten. Die beste Zeit dazu ist zwischen Ende Oktober und Anfang April, wenn man bis zu zehn Papageienarten sieht – manchmal tummeln sich hier sogar Tausende von Vögeln. Einen kurzen Spaziergang von der Lodge entfernt steht ein 36 m hoher Stahlturm, von dem aus man einen spektakulären Panoramablick auf die Baumwipfel und die vielen Vögel hat. Hier wurde sogar schon der seltene Zickzackreiher gesichtet.

Das Center hat zahlreiche Preise erhalten – nicht nur für seine enge Anbindung an die lokale Gemeinde, sondern auch für sein Umweltbewusstsein, z.B. das umweltschonende nachhaltige Abwassersystem, die Kompostlatrinen, die Solaranlagen und die erstklassigen Guides. Die empfehlenswerte Lodge gilt als die luxuriöseste und umweltbewussteste am unteren Río Napo.

Rund um Añangu

Rund um Añangu

Schlafen

1 Amazon Dolphin Lodge B2
2 Cuyabeno Lodge B1
3 La Selva Jungle Lodge A2
4 Napo Wildlife Center A2
5 Nicky Amazon Lodge B1
6 Sacha Lodge A2
7 Sani Lodge B2
8 Yarina Lodge A2

LA SELVA JUNGLE LODGE

Die **La Selva Jungle Lodge** (☎02-254-5425, 255-0995; www.laselvajunglelodge.com; Sonelsa Bldg, 6. OG, Mariscal Foch 265, Quito; mit VP 3/4 Nächte 948/729 US$ pro Pers.) ist die älteste Lodge in der Region. Sie wurde vor Kurzem verkauft und gehört nun einer norwegisch-ecuadorianischen Familie, die hier ein paar sehr notwendige Änderungen vornehmen will, um die verblasste, aber trotzdem noch spektakuläre Anlage aufzumöbeln.

Die Lodge an der Laguna Garzacocha bot früher Platz für 60 Personen; in Zukunft sollen es aber nur noch 40 sein. Einige der älteren Hütten werden entfernt und durch neue ersetzt, die direkt am See stehen und weitaus mehr Privatsphäre und eine bessere Aussicht als ihre Vorgänger bieten. Bleiben werden die Doppelhaus-Hütten und eine Familienhütte mit Zugang zu den erhöhten Plankenwegen. Alle Hütten haben ein eigenes Bad mit Warmwasser, Deckenventilator, Moskitonetze und Strom, der mit einem Generator erzeugt wird. Das Essen ist köstlich und wird in einem großen Speisesaal mit Blick auf den See serviert.

Die Verbesserung von Unterkunft und Service geschieht hier allmählich, bis das hohe Niveau erreicht ist, das in dem Gebiet heute zum Standard gehört.

Mit mehr als 500 Vogelarten ist La Selva ein wichtiges Ziel für Vogelbeobachter. 20 Gehminuten von der Lodge entfernt ist eine 43 m hohe Plattform mit Blick auf die Baumwipfel und Vögel. Oft entdeckt man auch Affen und andere Säugetiere. Daneben gibt es Zehntausende von Pflanzen- und Insektenarten sowie riesige Anakondas. In der für Besucher zugänglichen großen Schmetterlingsfarm huschen diverse Falter in prächtigen Farben herum. Im See kann man auch baden und Kanu fahren.

La Selva liegt von Coca mit einem motorisierten Kanu rund 2½ Stunden flussabwärts. Danach geht es noch durch den Dschungel, gefolgt von einer Kanufahrt über den See.

SANI LODGE

Die von der örtlichen Sani-Gemeinde betriebene **Sani Lodge** (☎02-323-7139; www.sanilodge.com; mit VP 3 Nächte EZ/DZ/Zelt 924/627/396 US$ pro Pers., 4 Nächte 1166/814/506 US$ pro Pers.; 📶) ist eine der preisgünstigsten Optionen. Aber im Unterschied zu den anderen Lodges dieser Preisklasse liegt das Sani sehr tief im Regenwald – so wunderschön liegt kaum eine andere Lodge in Ecuador.

Die Lodge entstand im Rahmen einer Vereinbarung zwischen der Gemeinde und der Occidental Oil Company. Die Sani erlaubten der Ölgesellschaft auf ihrem Land Probebohrungen zu machen, wenn die Firma im Gegenzug eine Touristenlodge für sie errichtet. Nun, Occidental fand kein Öl, aber die Sani Lodge wurde trotzdem gebaut. Alle Einnahmen aus dem Tourismus kommen der Kichwa-Gemeinde zugute – in Form von Stipendien, einem Gemeindeladen, der es den Einheimischen ermöglicht, nicht jagen zu müssen, in Form von Mitteln für medizinische Notfälle und anderen Projekten. Weil alle Angestellten aus der Gemeinde kommen, herrscht in der Anlage eine familiäre Atmosphäre.

Nach der Fahrt über einen kleinen Nebenfluss des Río Napo erwartet die Besucher eine Gruppe von strohgedeckten Hütten auf einem hinreißenden Altarm. Es gibt hier zehn Rundhütten für zwei bis drei Personen mit eigenem Bad (nur Kaltwasser), komfortablen Betten, Moskitonetzen und einer kleinen Veranda sowie vier Hütten in Familiengröße. In einem separaten, per Kanu erreichbaren Abschnitt der Lodge gibt's noch einen Campingbereich mit modernen Gemeinschaftsbädern – eine gute Möglichkeit, um Geld zu sparen, zumal Zelte gestellt werden.

Affen, Faultiere und Schwarze Kaimane werden regelmäßig gesichtet. Darüber hinaus hat die Lodge mehr als 570 Vogelarten in dem Gebiet verzeichnet (von dem 30 m hohen Baumturm aus kann man sich davon überzeugen). Die hiesigen Guides haben nicht nur eine ausgezeichnete Sachkenntnis, sondern auch großen Respekt vor dem Dschungel. Die meisten zeigen den Besuchern gern auch die Sani-Gemeinde, um zu verdeutlichen, wie die Lodge eine wichtige, nachhaltige Wirtschaft geschaffen hat.

Die Touren beinhalten den Transport im Kanu von/nach Coca (von der Lodge 2–3 Std. flussaufwärts) und tägliche Ausflüge mit einem einheimischen Guide und einem englischsprachigen Naturkundler. Sehr zu empfehlen für Traveller, die sich für Natur, Tiere und indigene Kulturen interessieren.

LAGUNA PAÑACOCHA

Der stille, versteckte See ist nur eine kurze Bootsfahrt vom Río Napo entfernt, aber in dem wilden Durcheinander von Bächen verstecken sich jede Menge Tiere. Pañacocha bedeutet in der Kichwa-Sprache „See der Piranhas". Häufig kommen Reisegruppen im Rahmen eines Tagesausflugs von den hiesigen Lodges her, um Piranhas zu angeln und die Amazonasdelfine zu sehen, die sich oft im See zeigen.

Es gibt hier mehrere Lodges, die aber nur sporadisch genutzt werden. Die größte ist die **Amazon Dolphin Lodge** (www.amazondolphinlodge.com; 3/4 Nächte 600/750 US$ pro Pers.) direkt am Wasser. Die relaxte Anlage bietet elf rustikale Hütten mit je zwei Betten, Moskitonetzen, modernem Bad, Strom am Abend und Hängematten auf den Balkonen. Es gibt zwei gute Wanderwege durch den Dschungel, und der See vor der Tür eignet sich prima zum Baden, Angeln und Kajakfahren.

Um herzukommen, fährt man von Coca (s. S. 226) mit einem Kanu Richtung Nuevo Rocafuerte bis zum Zusammenfluss des Río Pañayacu mit dem Río Napo und chartert dort ein Kanu.

Pañacocha liegt vier bis fünf Stunden flussabwärts von Coca (je nach Motor) bzw. auf halber Strecke nach Nuevo Rocafuerte.

NUEVO ROCAFUERTE

Nuevo Rocafuerte ist für viele Leute nur ein kleiner, weit entfernter Punkt auf der Karte und läuft insofern kaum Gefahr, seinen Zauber zu verlieren. Während wohl viele Backpacker von der Idee, auf dem Napo bis zum Amazonas zu paddeln, begeistert sein werden, sind nur die kühnsten dieser Herausforderung gewachsen. Bei dem wahrhaft außergewöhnlichen Abenteuer wird man möglicherweise einiges durchmachen: Die Reise ist feucht und beengt, Krankheiten drohen und vielleicht wird man zuschauen dürfen, wie das Tier geschlachtet wird, das man anschließend verzehrt.

Nuevo Rocafuerte liegt an der peruanischen Grenze, über den Río Napo acht bis

WAS IST DAS FÜR EIN TRIP?

Sollte der Dschungeltour-Veranstalter als sogenannte authentische Erfahrung *ayahuasca* anbieten, sollte man sich zweimal überlegen, ob man die Tour bucht. Die halluzinogen wirkende Pflanze wird in Amazonas-Kulturen bei Ritualen eingesetzt. Nur professionelle Schamanen (die zu diesem Anlass nicht unbedingt „kostümiert" sein müssen) haben die erlernte Fähigkeit, die Patienten im Rahmen ihrer Diagnosen zu „lesen". Nur in den seltensten Fällen sollte man sich darauf einlassen, solche halluzinogenen Pflanzen einzunehmen.

Es gibt viele Faktoren, die berücksichtigt werden sollten, bevor man sich auf *ayahuasca* einlässt. Dazu gehören eine entsprechende Diät und eine wirklich professionelle Begleitung und Überwachung sowie die Beobachtung des Menstruationszyklus. Kurz gesagt: Man muss sich wirklich in die Hände eines professionellen Schamanen begeben. Die gefährlichen Nebenwirkungen von *ayahuasca*, die z. B. aus dem Zusammenwirken mit anderen eingenommenen Medikamenten oder aus einer schlechten Zubereitung des Gebräus resultieren können, würden einem die ganze Reise verderben.

Zu diesem Thema gibt es viel Literatur. Ein guter Tourveranstalter sollte einen damit versorgen können, damit man vorab genau versteht, was ein echtes *ayahuasca*-Ritual bedeutet. Veranstalter, die das nicht können, sollte man meiden.

zehn Stunden von Coca entfernt. Dies ist ein legaler, aber sehr entlegener Grenzübergang nach Peru. Es fehlt die einfachste Infrastruktur wie regelmäßiger Bootsverkehr und einfache Hotels.

Wer weiter nach Peru will, sollte seine Ankunft hier so planen, dass er eines der fünf Boote aus Iquitos erwischt. Wenn man in Coca bei der Coop de Transportes Fluviales Orellana (S. 226) das Ticket für die Fahrt flussabwärts kauft, gleich auch nach den Telefonnummern der Frachtschiffe und den voraussichtlichen Ankunftszeiten fragen. Aber es gibt keine Garantie, dass der Fahrplan eingehalten wird. Es besteht immer die Möglichkeit, hier zu stranden. Deshalb genug Wasserreinigungstabletten, Insektenschutzmittel und Essen mitbringen. Zudem sollte man sich bereits in Quito mit peruanischem Geld eindecken.

Im Ort gibt's ein paar Hotels. Die beste Option ist das neue **Hotel Chimborazo** (☎06-233-2109; Zi. 5 US$/Pers.) mit sauberen, komfortablen, holzgetäfelten Zimmern. Das Hotel kann auch die Weiterfahrt organisieren.

Man kann auch mit dem Boot weiter flussabwärts nach Pantoja in Peru fahren. Dort gibt's ein Hotel, ein Restaurant und eine Disco. Oder man nutzt die Wartezeit für einen Ausflug in den Parque Nacional Yasuní oder ins Naturreservat Cuyabeno.

Infos zur Region, zu Touren oder zu Mietbooten erhält man bei dem ortsansässigen Guide **Juan Carlos „Chuso" Cuenca** (☎06-238-2182). Sein Haus ist das zweite nach dem Bootshafen.

MANATEE AMAZON EXPLORER

Einen ganz anderen Blick auf den Dschungel erhält man mit dem **Manatee Amazon Explorer** (www.manateeamazonexplorer.com; EZ/DZ mit VP 3 Nächte 1084/715 US$ pro Pers., 4 Nächte 1445/957 US$ pro Pers.). Die Gäste wohnen auf einem dreistöckigen Boot mit flachem Boden und machen Tagesausflüge zum Parque Nacional Yasuní, nach Limoncocha, Tiputini und zu anderen Nebenflüssen des Río Napo. Das ist interessant, zumal man auf diese Art viele verschiedene Habitate kennenlernt. Bei den Ausflügen ist man in motorisierten Kanus unterwegs, während das Boot zum nächsten Ziel vorausfährt, sodass die Fahrtzeit effektiv genutzt wird. Die Kajüten sind einfach, aber komfortabel. Die von unseren Lesern sehr empfohlene Tour kann man mit drei, vier oder sieben Übernachtungen bei **Advantage Travel** (☎02-244-8985; www.advantagecuador.com; Av Gaspar de Villarroel 1100, Quito) oder **Nuevo Mundo Expeditions** (☎02-250-9431; 18 de Septiembre E4-161 & Mera, Quito) buchen.

ℹ An- & Weiterreise

Die Personenkanus von Coop de Transportes Fluviales Orellana starten in Coca (So, Di, Do & Fr 5 Uhr). Die Fahrt (15 US$) dauert ungefähr zwölf Stunden mit Zwischenstopp in Pañacocha zum Mittagessen. Das Kanu ist überdacht; trotzdem sollte man Regenkleidung, Essen und Wasser mitbringen. Bei niedrigem Wasserstand kann sich die Fahrt verlängern. Auch wer seine Fahrkarte im Voraus gekauft hat, sollte auf jeden Fall gegen 4.30 Uhr am Abfahrtsort sein, weil die Boote ablegen, sobald sie voll sind. Einige Reisende haben sich bereits beschwert, dass sie zurückgelassen wurden.

VON/NACH PERU

Die Aus- und Einreiseformalitäten für Ecuador werden in Nuevo Rocafuerte abgewickelt. In Peru sollte man versuchen, sie schon in Pantoja zu erledigen, notfalls in Iquitos. Die Boote von Nuevo Rocafuerte nach Pantoja nehmen 40 US$ pro Boot. Von Pantoja nach Iquitos kann man in einem Frachtschiff mitfahren (4–6 Tage), falls genug Fracht an Bord ist, damit sich die Fahrt für die Betreiber lohnt. Mitbringen sollte man eine Hängematte, 19 l Wasser und Nahrungsmittel, da auf den Booten das Essen nicht immer verlässlich ist. Achtung: Die Fahrt kann ziemlich unbequem sein. Es gibt vielleicht nur ein Bad, es ist ziemlich eng, und auch viele Tiere können an Bord sein! Die Boote unterscheiden sich sehr in ihrer Qualität, aber wenn man lange auf die Ankunft eines Bootes gewartet hat, ist man vielleicht nicht mehr so wählerisch.

Parque Nacional Yasuní

Mit seiner gewaltigen Fläche von 9620 km², bestehend aus Feuchtgebieten, Marschen, Sümpfen, Seen, Flüssen und tropischem Regenwald ist der **Parque Nacional Yasuní** (Eintritt 2 US$, Papageien-Lehmlecke 20 US$) Ecuadors größter Park auf dem Festland. Wegen seiner unglaublichen Artenvielfalt erklärte ihn die Unesco zum Internationalen Biosphärenreservat, und wenig später, 1979, folgte die Ernennung zum Nationalpark. Weil diese Nische des Lebens von der letzten Eiszeit unberührt blieb, leben hier viele Arten schon seit Urzeiten, darunter mehr als 600 Vogelspezies, von denen manche anderswo unbekannt sind. Zu den hier ansässigen Tieren gehören einige schwer zu erspähende Dschungelbewohner wie Jaguare, Harpyien, Pumas und Tapire.

Der Nationalpark ist heute eines der letzten echten Wildnisgebiete Ecuadors. Seine Unzugänglichkeit hat ihn auf eine Weise geschützt, wie aktive Schutzmaßnahmen das nicht vermögen. Begrenzt vom Río Napo im Norden und dem Río Curaray im Südosten umfasst der Park den größten Teil des Wassereinzugsgebiets des Río Yasuní und Río Nashiño sowie beträchtliche Teile des Einzugsgebiets des Río Tiputini. Die vielfältigen Habitate des Nationalparks bestehen aus „Terra firma", bewaldeten Hügeln, die auch von den höchsten Fluten nie erreicht werden, aus *varzea* (Tiefland), das periodisch von über die Ufer tretenden Flüssen überschwemmt wird, sowie aus *igapó* (fast dauerhaft überflutetem Tiefland).

Eine kleine, aber nicht zu vernachlässigende Zahl von Tagaeri, Taromenane und Oñamenane leben im Nationalpark. Die Parkgrenzen wurden 1990 und 1992 verändert, um diese Völker zu schützen, die traditionell als Jäger und Sammler leben und sich gegen jede Kontaktaufnahme mit der Außenwelt zur Wehr setzen. Die angrenzende Reserva Huaorani dient dem Park als ökologische Pufferzone.

Die Entdeckung von Öl im Park hat die Erfolgsgeschichte seiner Bewahrung in Frage gestellt. 1991 gab die ecuadorianische Regierung, trotz des geschützten Status des Yasuní, dem US-Konzern Conoco die Erlaubnis, mit der Untersuchung der Ölvorkommen zu beginnen. Seither hat die Konzession mehrfach den Besitzer gewechselt. Conoco wurde schnell durch das Maxus Oil Consortium ersetzt, dessen Hinterlassenschaft die Maxus-Straße ist, die 150 km tief in den Park hineinschneidet. Obwohl die Straße so gebaut wurde, dass sie abgehoben und weggebracht werden konnte, ließen sich die für sie erforderlichen Waldrodungen nicht so schnell rückgängig machen, und die durch sie gegebene Erschließung des Parkinneren für Außenstehende trägt zu weiteren Bodenerosion bei.

DIE YASUNÍ-ITT-INITIATIVE

Im **Parque Nacional Yasuní** (www.mdtf.undp.org/yasuni) existieren mehr Baumarten als in den USA und Kanada zusammen. Im Park herrscht eine unglaubliche Artenvielfalt – mal abgesehen von den Bäumen, gibt es hier mehr als 4000 Pflanzenspezies, 173 Säugetierarten und über 600 Vogelspezies in einem Gebiet, das nicht einmal halb so groß ist wie Hessen. Nur eines kommt der Artenvielfalt im Park gleich, und zwar das Vorkommen an Bodenschätzen. Und Bodenschätze bedeutet in Ecuador nur eines: Erdöl.

In einigen Teilen des Parks wird schon seit mehr als zehn Jahren Öl gefördert. Die hitzigsten aktuellen Debatten in der Auseinandersetzung zwischen Umweltschutz und Ausbeutung betreffen in Ecuador aber das gewaltige Ölvorkommen Ishpingo-Tambococha-Tiputini (ITT). 2007 stellte Ecuadors umweltbewusster Präsident Rafael Correa vor der UNO der Welt die Yasuní-ITT-Initiative vor. Nach diesem Plan wird Ecuador die geschätzten 846 Mio. Barrel Öl auf Dauer im Boden belassen, wenn das Land als Entschädigung 3,6 Mrd. US$ erhält (das entspricht der Hälfte der geschätzten Gewinne, sollte das Öl gefördert werden), zahlbar durch die internationale Gemeinschaft in einem Zeitraum von 13 Jahren.

2011 erhielt der Fonds 116 Mio. US$ an Spenden und Schuldennachlass von Ländern in aller Welt (vor allem von Italien, das auf rund 40 Mio. US$ ecuadorianischer Schulden verzichtete), sodass das angestrebte Jahresziel von 100 Mio. US$ deutlich überschritten wurde. Allerdings liegen die angestrebten Werte für 2012 und 2013 mit 291 Mio. US$ pro Jahr deutlich höher, sodass die Mittelbeschaffung intensiviert werden muss, weil die gesamte Initiative aufgegeben werden könnte, wenn der Fonds einmal das Jahresziel verfehlt – und dann kämen die Ölkonzerne wieder zum Zug.

Die Initiative, einer der größten Versuche in Sachen Fundraising, hat auf jeden Fall die Aufmerksamkeit der Weltöffentlichkeit erregt. Auch viele Prominente, z. B. Al Gore und Leonardo di Caprio, zeigten Interesse und signalisierten ihre Unterstützung. Kritiker fühlen sich hingegen eher an Erpressung erinnert. In Ecuador selbst hat der Plan große Zustimmung gefunden, denn viele Einheimische sind sich genau bewusst, was am Lago Agrio (s. Kasten S. 220) geschah und wünschen ein Ende der Ölförderung im Regenwald.

DIE TAGAERI & TAROMENANE

Die Tagaeri und die Taromenane haben in der Geschichte gewalttätige Auseinandersetzungen mit der Außenwelt erlebt, weshalb sich diese Huaorani-Gemeinschaften zurückzogen und isolierten. 1999 wurden durch ein Dekret des ecuadorianischen Präsidenten „Zonen der Unberührbarkeit" geschaffen, „um weiteren irreversiblen Schaden von den indigenen Gemeinschaften und ihrer Umwelt" abzuwenden. Ausgewiesen wurde ein Gebiet von 7000 km² (im Parque Nacional Yasuní und im Huaorani-Territorium), in dem diese Gemeinschaften so leben können sollen, wie sie es seit Jahrhunderten tun, ohne Kontakt durch Außenstehende befürchten zu müssen.

Bergbau, Holzfällerei und die Suche nach Öl sind in diesem Gebiet verboten, das gleichzeitig auch rund 500 Vogelarten, Jaguare, Pumas, Manatis und andere Wildtiere schützt. Da es aber Beweise für fortgesetzten illegalen Holzeinschlag und für weitere gewalttätige Auseinandersetzungen zwischen Menschen von außerhalb und den indigenen Gemeinschaften gibt, hat die Regierung zugesagt, bemannte Vorposten einzurichten, die Schmuggler, Wilderer und Holzfäller fernhalten sollen. Da die Stämme aber beim Jagen und Sammeln ihren Standort wechseln, sind Grenzen und Vorposten nur begrenzt wirksame Schutzbarrieren gegen die moderne Welt.

2007 verkündete die ecuadorianische Regierung die Yasuní-ITT-Initiative, mit der sie verspricht, das gewaltige ITT-Ölvorkommen nicht anzutasten, falls das Land in einem Zeitraum von 13 Jahren ausländische Zahlungen von rund 3,6 Mrd. US$ und einen Schuldennachlass erhält.

In den Grenzen des Parks kann man im Napo Wildlife Center (S. 228) und in der Bataburo Lodge (S. 227) übernachten.

Parque Nacional Sumaco-Galeras

Eine gute asphaltierte Straße verbindet Coca mit Tena und führt an diesem großen Nebelwald vorbei. Bequemerweise entfällt damit die Notwendigkeit für teure und umständliche Bootsfahrten. Die Straße wird meist nach dem Namen der Ortschaft **Loreto** „Loreto-Straße" genannt. Wenn die Straße nach Westen in die Ausläufer der Anden vordringt, erreicht man den kaum erkundeten **Parque Nacional Sumaco-Galeras**, eine hinreißende und abgelegene Wildnis.

Der Park umfasst 2052 km² an dichtem Regenwald und versteckten Höhlen und Klippen. Im Mittelpunkt befindet sich der 3732 m hohe **Volcán Sumaco**, an dem immer feuchtes Wetter herrscht. Der Vulkan ist gegenwärtig zwar inaktiv, aber Vulkanologen meinen, dass er wieder ausbrechen könnte. Er befindet sich ungefähr 27 km nördlich der Loreto-Straße.

Für jeden Versuch, den Vulkan zu besteigen, braucht man Führer, denn man muss sich auf schlecht markierten Wegen durchs Unterholz schlagen. Der Aufstieg dauert hin und zurück fünf bis sechs Tage, und schließt Übernachtungen in einer der drei neuen *refugios* (Berghütten) am Vulkan mit ein. Die Wege sind das ganze Jahr über schlammig, etwas trockener nur zwischen Oktober und Dezember.

Im Dorf **Pacto Sumaco**, 8 km nördlich der Loreto-Straße, kann man erfahrene Bergführer für den Aufstieg anheuern (20–30 US$/Tag). Das **Sumaco-Biosphärenreservat** (www.sumaco.org) kann Führer vermitteln. Die Einrichtungen sind minimal, Verpflegung und Ausrüstung müssen komplett mitgebracht werden.

Die **Wildsumaco Lodge** (Karte S. 240; ☎06-301-8343; www.wildsumaco.com; EZ/DZ mit 3 Mahlzeiten 147/266 US$) im Wildsumaco Wildlife Sanctuary liegt 1 km südlich von Pacto Sumaco und ist ein guter Ausgangspunkt für die Vulkanbesteigung. Die Lodge besteht aber auf vorheriger Reservierung – also rechtzeitig daran denken. Das Holzhaus mit Terrasse auf einem Hügel mit Panoramablick auf die Berge dient als Treffpunkt der Gäste. Die meisten kommen wegen der einzigartigen Möglichkeiten zur Vogelbeobachtung – denn hier gibt es eine einmalige Mischung aus Arten, die im Nebelwald, in den Ausläufern der Berge oder im Amazonasbecken vorkommen. Die einfachen, aber geschmackvollen Zimmer haben Holzböden, bequeme Betten, Warmwasser und elektrischen Strom. Ein Wegenetz geht von der Lodge aus, sodass man Zugang zum Lebensraum der Vögel und der Wildtiere hat. Im Preis inbegriffen sind einfache Führungen; wer einen auf Vogelbeobachtung spezialisierten Guide haben möchte, kann diesen vorab anfordern.

Im gleichen Schutzgebiet wurde ein kurzes Stück weiter Anfang 2012 eine zweite Lodge, die **Wild Sumaco Biological Station** (ab 70 US$/Pers.), in Betrieb genommen Diese steht vor allem reisenden Wissenschaftlern zur Verfügung. Wenn sie nicht belegt ist, können aber auch sonstige Vogelfreunde hier preisgünstig unterkommen; alle Mahlzeiten sind im Preis inbegriffen. Die Unterkunft besteht aus vier Räumen mit Etagenbetten und Gemeinschaftsbad.

Die schwedischen und US-amerikanischen Betreiber sind umweltbewusst und haben die **Río Pucuno Foundation** (www.riopucunofoundation.org) zum Schutz des hiesigen Waldes gegründet.

Archidona

☎06

Die verblassten pastellfarbenen Fassaden und die gepflegte, von Palmen bestandene Plaza machen das verschlafene Dorf Archidona, 10 km südlich von Tena, zu einem hübschen Zwischenstopp. Ursprünglich wurde der Ort 1560 (im selben Jahr wie Tena) als Mission gegründet, ist aber klein und beschaulich geblieben. Der Sonntag ist der ideale Tag, um herumzustöbern, zuzuschauen, wie die Leute vom Land (darunter indigene Kichwa) zum Markt strömen, und auch um einen Blick in die mit Zebrastreifenmuster verzierte Kirche aus Betonstein zu werfen, die nahe der Plaza steht. An dem Platz finden sich auch ein paar kleine billige Hotels und Restaurants.

Rund 4 km nördlich von Archidona befinden sich die **Cuevas de Jumandí** (Eintritt 1 US$, mit Guide 5 US$; ⌚9–17 Uhr), das bekannteste der vielen Höhlensysteme in der Gegend. Dieses Höhlensystem hat drei Gänge, die teilweise noch unerforscht sind. Die zweifelhaften Wasserrutschen, die in ein Flussbecken führen, sollte man links liegen lassen, und stattdessen langsam (mit Scheinwerfer oder Taschenlampe) die Stalaktiten, Stalagmiten und sonderbaren Formationen bewundern. Gummistiefel und alte Kleidung ist hier das Richtige. Für eine gründliche Erkundung braucht man einen Führer, den man in Tena oder vor Ort bekommt – wenn man mit den Führern in den Unternehmen in Tena eine maßgeschneiderte Tagestour vereinbart, sollte man verlangen, dass die Höhlenbesichtigung mit dazu gehört.

Die beste Unterkunft vor Ort ist die ausgezeichnete **Orchids Paradise Lodge** (Karte S. 240; ☎288-9232; www.elparaisodelasorquideas.com; Zi. mit 3 Mahlzeiten 55 US$/Pers.; P📶🏊), ein freundliches Hotel auf einem großen Gelände, abseits der Hauptstraße. Es hat einen großen Pool, eine geräumige Restaurantbar in einer strohgedeckten Hütte und Unterkunft in Hütten mit abgeschirmten Fenstern und Warmwasser. Die Anlage ist an den Wochenenden ein beliebtes Ziel ecuadorianischer Familien; man kommt also besser werktags, wenn man Ruhe und Frieden finden will. Die Lodge betreibt ein Affenrettungsprogramm – die geretteten Tiere schwingen sich oben in den Bäumen von Ast zu Ast – und arrangiert Tagesausflüge und Mehrtagestouren (alles inklusive), darunter Kajaktouren auf dem Río Misahuallí, der hinter dem Grundstück fließt.

Tena

☎06 / 23 300 EW. / 518 M

Für einen Verkehrsknotenpunkt im Dschungel ist Tena eine überraschend charmante Stadt, in der Traveller am Tag vor oder nach einem Trip in den Regenwald angenehm abhängen können. Architekturpreise dürfte Tena zwar so bald nicht gewinnen, aber die Einwohner sind freundlich, die Lage inmitten der von Dschungel bedeckten Hügel ist prachtvoll, und die Infrastruktur für Backpacker gut entwickelt. Wildwasserfanatiker kommen von überall her, um auf den vielen Flüssen in der Gegend zu paddeln und Spaß zu haben. Deshalb gibt es hier auch viele erfahrene und empfehlenswerte Veranstalter von Kajaktouren.

Tena, die Hauptstadt der Provinz Napo, wurde 1560 gegründet und hatte schon früh unter Aufständen der indigenen Bevölkerung zu leiden. Jumandi, der Anführer der Quijos (Amazonien-Kichwa), unternahm 1578 eine blutige, aber letztlich erfolglose Revolte gegen die Spanier. Der Jahrestag der Stadtgründung wird am 15. November mit Livemusik und Nachbarschaftsfesten gefeiert.

Sehenswertes & Aktivitäten

An klaren Tagen kann man manchmal den Volcán Sumaco (S. 233) in 50 km Entfernung aus dem Dschungel ragen sehen. Markttage sind Freitag und Samstag.

Parque Amazónico ZOO
(zw. Río Pano & Río Tena; Eintritt 2 US$; ⏲8–17 Uhr) Mit der Fähre geht's über einen schmalen Fluss auf die 27 ha große Insel. Ein Weg führt an ausgeschilderten einheimischen Pflanzen und an Tiergehegen vorbei, in denen man u. a. Tapire und Affen sehen kann. Ein echtes Dschungelerlebnis ersetzt der Zoo natürlich nicht.

Rafting

Tena ist Ecuadors Zentrum für Wildwassertouren. Der Bergbau rings um die Stadt zwingt die Veranstalter aber dazu, mit den Gruppen immer tiefer ins Umland zu gehen, um unberührte Flussabschnitte zu finden. Die Touren reichen von gemächlichen, malerischen Flusspartien bis hin zu Wildwasserfahrten über heftige Stromschnellen und zu rasanten Schussfahrten in prächtiger Landschaft. Seriöse Veranstalter haben alles, was man erwarten kann: ordentliche Rettungswesten, professionelle Führer, Ausrüstung zur Ersten Hilfe und Rettungswurfleinen. Viele setzen auch Sicherheitsboote ein, die neben dem Boot entlangpaddeln und deren Besatzung im Fall des Kenterns eingreift. Es empfiehlt sich dringend, einen dieser guten Veranstalter zu nutzen. Die empfohlenen Veranstalter haben Guides und transportieren einen zu der Stelle, wo man zu Wasser gelassen wird.

Eine der beliebtesten Raftingtouren vor Ort findet auf dem Río Napo statt (der vor Ort Jatunyacu heißt, was auf Kichwa „großes Wasser" bedeutet). Hier geht es über eine unterhaltsame, 25 km lange Strecke mit Wildwasser der Klasse III+, die für Rafter aller Niveaus gut geeignet ist. Wer mehr Nervenkitzel möchte, wagt sich an den Río Misahuallí mit wilden Stromschnellen der Klasse IV+ und einem Abschnitt, an dem man das Boot um einen Wasserfall herum tragen muss.

LP TIPP **River People** RAFTING
(☎288-8384/7887; www.riverpeoplerafting.com; Ecke Calle 15 de Noviembre & Calle 9 de Octubre) Das Unternehmen der englischen Familie Dent ist ein erstklassiger Veranstalter, der beständig begeisterte Kritiken erntet. River People ist Pionier in der Erschließung zuvor nicht befahrener Flüsse in der Region; so bietet das Unternehmen Touren für erfahrene Rafter auf dem fernen Río Hollín an, bei denen die Teilnehmer nachts in unberührtem Regenwald campieren. Eine der beliebtesten Touren ist ein herausforderndes, zweitägiges Abenteuer auf dem nahen Río Quijos, wo 2005 die Rafting-WM ausgetragen wurde. Die Guides haben mindestens acht Jahre Erfahrung und sprechen Englisch. Campen im Dschungel, Kajakunterricht und auf Kundenwünsche zugeschnittene Touren sind ebenfalls möglich.

Ríos Ecuador RAFTING
(☎288-6727; www.riosecuador.com; Tarqui) Der beliebte Veranstalter bietet Raftingtouren für jeden Geschmack. Am gefragtesten ist der Tagesausflug auf einem 25 km langen Abschnitt des Río Napo (Klasse III, tgl., 59 US$). Ein weiterer beliebter auch für Anfänger geeigneter Trip ist die eintägige Río-Toachi- und Río-Blanco-Tour; zwischen beiden Flüssen gibt es eine der längsten Wildwasserstrecken in Ecuador. Man sollte sich nach weiteren Flüssen und mehrtägigen Touren erkundigen, denn es gibt hier ein großes Angebot. Alle Guides sprechen Englisch, und Sicherheit wird sehr ernst genommen.

AguaXtreme RAFTING
(☎288-8746; www.axtours.com; Orellana) Dieser Veranstalter mit Sitz am Flussufer in Tena bietet Touren auf dem Jatunyacu (50 US$/Pers.) und dem Misahuallí (70 US$) und auf vielen weiteren Wasserläufen, darunter auch dem Río Hollín. Das Unternehmen veranstaltet auch Ausritte, Höhlenwanderungen, Kajak- und Radtouren. Die Guides sprechen Englisch.

Geführte Touren

Ricancie INDIGEN
(Red Indígena de Comunidades del Alto Napo para la Convivencia Intercultural y el Ecoturismo; Indigenes Netzwerk am Alto Napo für interkulturellen Austausch und Ökotourismus; ☎288-8479, 02-290-1493; www.ricancie.nativeweb.org auf Deutsch; Rueda; ⏲8–18 Uhr) Das ausgezeichnete Netzwerk vereint neun verschiedene Kichwa-Gemeinden, die mithilfe des Ökotourismus den Lebensunterhalt ihrer rund 200 Familien sichern. Angeboten werden Abenteuertouren, Vogel- und Tierbeobachtungen, die Vorführung von Heilpflanzen sowie Kunsthandwerks- und Kochkurse – alles inklusive für 40 US$ pro Tag. Die Führer sprechen Kichwa und Spanisch, aber meist kein Englisch. Das Personal kann Unterkünfte in diversen Dörfern der Gegend organisieren sowie viele Aktivitäten von Rafting und Höhlenwanderungen bis hin zu Wandertouren und Besuchen in abgelegenen Gemeinden. Einfach im freundlichen

Tena

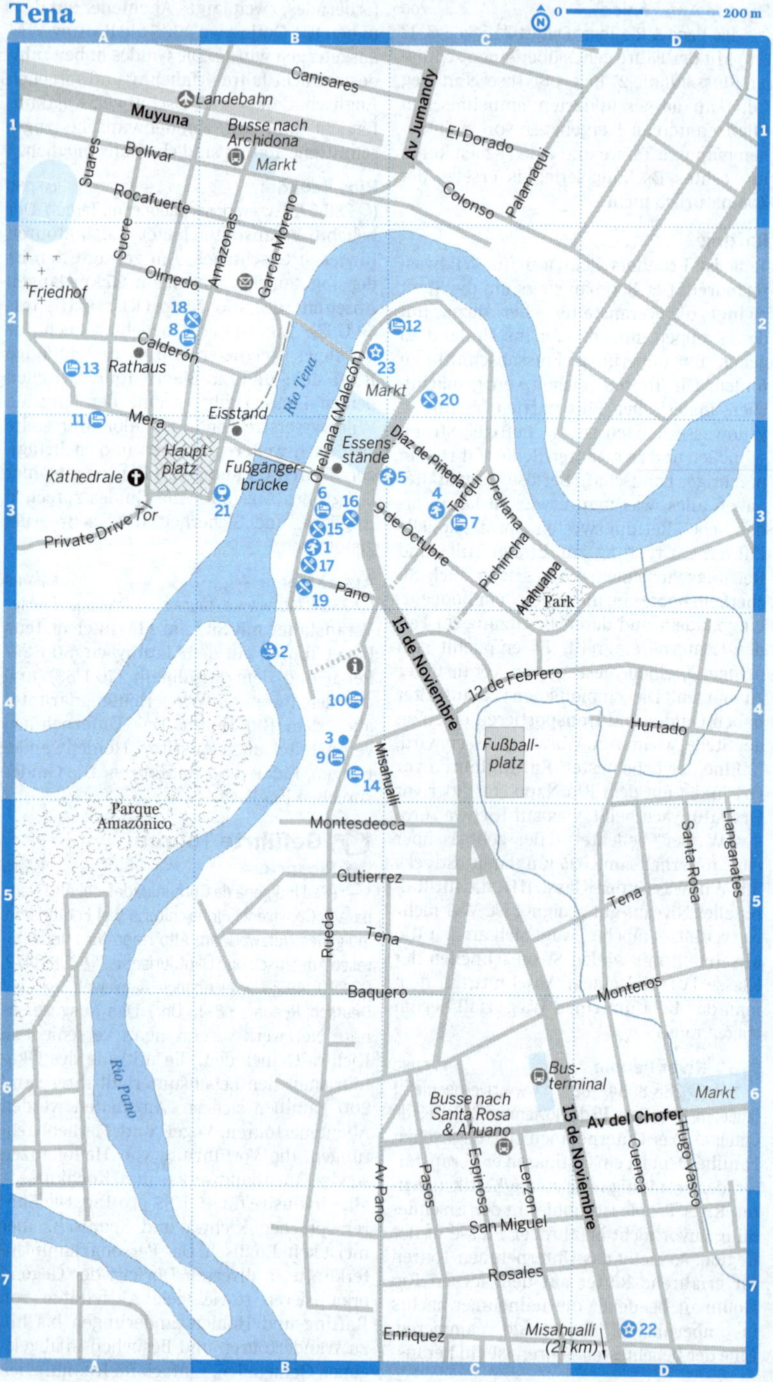
0
200 m
A
B
C
D
1
2
3
4
5
6
7
Canisares
Landebahn
Muyuna
Busse nach Archidona
Markt
Av Jumandy
El Dorado
Suares
Bolívar
Rocafuerte
Colonso
Palamaqui
Sucre
Amazonas
García Moreno
Olmedo
Friedhof
18
8
Calderón
12
13
Rathaus
23
Río Tena
Markt
20
11
Mera
Eisstand
Haupt-platz
Essens-stände
Díaz de Piñeda
Kathedrale
Fußgänger-brücke
Orellana (Malecón)
5
Tarqui
Orellana
4
6
16
7
21
9 de Octubre
Private Drive Tor
15
1
Pichincha
17
Atahualpa
19
Pano
Park
15 de Noviembre
2
12 de Febrero
10
Hurtado
3
9
Misahuallí
Fußball-platz
14
Parque Amazónico
Montesdeoca
Llanganates
Santa Rosa
Gutierrez
Tena
Rueda
Tena
Baquero
Monteros
Río Pano
Bus-terminal
Markt
Busse nach Santa Rosa & Ahuano
Av del Chofer
15 de Noviembre
Hugo Vasco
Cuenca
Espinosa
Lerzon
Pasos
Av Pano
San Miguel
Rosales
Enriquez
Misahuallí (21 km)
22

Tena

Aktivitäten, Kurse & Touren

1 AguaXtreme ... B3
Amarongachi Tours ... (siehe 16)
2 Kanus zum Parque Amazónico ... B4
3 Ricancie ... B4
4 Ríos Ecuador ... C3
5 River People ... C3

Schlafen

6 Brisa del Río ... B3
7 Hostal Austria ... C3
8 Hostal Canela ... A2
9 Hostal La Posada ... B4
10 Hostal Los Yutzos ... B4
11 Hotel Cristian's Palace ... A3
12 Hotel Pumarosa ... C2
13 La Casa del Abuelo ... A2
14 Welcome Break Hostal ... B4

Essen

15 Café Tortuga ... B3
16 Cositas Ricas ... B3
17 El Vagabundo ... B3
18 Marquis Grille ... A2
19 Pizzería Bella Selva ... B3
20 Pizzería Hilton ... C2

Ausgehen

21 La Araña Bar Coctelería ... B3

Unterhaltung

22 Discoteca Canambo ... D7
23 Discoteca La Galera ... B2

Büro in Tena hereinschauen und fragen, was alles angeboten wird.

Agency Limoncocha DSCHUNGELTOUR
(☎284-6303; limoncocha.tripod.com; Sangay 533) Der im Hostal Limoncocha (S. 238) ansässige Veranstalter bietet Touren in den nahen Dschungel und zu indigenen Dörfern (40–55 US$/Tag) sowie Raftingtrips. Man spricht Deutsch und Englisch.

Amarongachi Tours DSCHUNGELTOUR
(☎288-6372; www.amarongachi.com; Calle 15 de Noviembre 438) Bietet diverse Exkursionen in den Dschungel. Bei den Touren (50 US$/Pers. & Tag) übernachtet man bei Familien im Dschungel, isst ortstypisches Essen, wandert, klettert neben Wasserfällen hinauf, betätigt sich als Goldsucher und badet in den Flüssen. Amarongachi betreibt auch die hübschen Hütten Amarongachi & Shangrila; letztere stehen auf einem Felsvorsprung 100 m hoch über dem Río Anzu (einem Nebenfluss des Río Napo) und bieten eine großartige Aussicht auf den Fluss und entspannende Aktivitäten.

Schlafen

Hostal Los Yutzos HOTEL $$
(☎288-6717; www.uchutican.com/yutzos; Rueda 190; EZ/DZ mit Frühstück 24/40 US$, mit Klimaanlage 37/50 US$; P ❄ 📶) Die Zimmer in diesem Schmuckstück am Flussufer sind geräumig und geschmackvoll. Es gibt einen gefliesten Balkon mit Holzliegestühlen, von dem aus man auf den rauschenden Fluss und das Nordufer der Stadt blickt. Im üppig grünen Garten hängen Hängematten. An Wochenenden und während der Ferien muss man reservieren, da das Hotel bei Ausflüglern sehr beliebt ist.

La Casa del Abuelo PENSION $
(☎288-8926; www.tomas-lodge.com; Calle Mera 628; EZ/DZ/3BZ 20/28/42 US$; P ❄ @ 📶) Das hübsch aufgemöbelte Wohnhaus im Kolonialstil hat große Holztüren sowie komfortable, helle Zimmer und versteckt sich in einer ruhigen Straße. Die Flure und öffentlichen Bereiche sind vollgestopft mit regionalem Kunsthandwerk. Die freundlichen Eigentümer können Touren arrangieren. Man sollte sie auch nach ihrer ländlichen Pension fragen, die 5 km entfernt am Ufer steht.

Hostal La Posada PENSION $
(☎288-7897; Rueda 280; Zi. 12 US$/Pers., ohne Bad 10 US$; P 📶) Die von einer Familie geführte Herberge hat ein tolles Preis-Leistungs-Verhältnis und bietet direkt am Fluss eine Reihe makellos sauberer, einfacher Zimmer mit Ventilator. Die meisten Zimmer haben Schreibtische und fließendes Warmwasser. Weitere Zimmer und ein öffentlicher Bereich sind geplant.

Welcome Break Hostal HOSTEL $
(☎288-6301; Rueda 331; B 8 US$/Pers., DZ 30 US$; P @ 📶) Das nette, von einer Familie geführte Hostel ist blitzsauber und bei in der Gegend eingesetzten Freiwilligenarbeitern sehr beliebt, wenn sie einmal nach Tena kommen, um Energie zu tanken. Die meisten Räume sind Schlafsäle für bis zu

sechs Personen, es gibt aber auch Doppel- und Zweibettzimmer (sowohl mit als auch ohne Bad). Die Gäste können die einfache Küche benutzen. Das Haus liegt ruhig, obwohl es sich im Stadtzentrum befindet.

Brisa del Río HOSTEL **$$**
(☎288-6444; Orellana; Zi. 15 US$/Pers., mit Gemeinschaftsbad 8 US$; P❄📶) Freundliche Betreiber, eine tolle Lage am Fluss ganz in der Nähe von vielen Backpackertreffs und helle, geräumige Zimmer machen dieses Hostel am Flussufer beliebt. Die Gemeinschaftsbäder sind sehr sauber, die Zimmer mit eigenem Bad verfügen auch über eine Klimaanlage.

Hotel Pumarosa HOTEL **$$**
(☎287-0311; Orellana; EZ/DZ/3BZ 30/35/45 US$; P❄📶🏊) Die einladenden Zimmer haben hohe Holzdecken, große Kleiderschränke und moderne, weiß geflieste Badezimmer. Die Warmwasserversorgung ist verlässlich, zudem gibt's Kabel-TV, einen üppigen Garten und einen Billardtisch in der offenen Lobby. Die Disco samt Rollschuhbahn nebenan sorgt am Freitag- und Samstagabend für Lärm, dafür haben die Gäste des Hauses dort aber auch freien Eintritt.

Hostal Limoncocha HOSTEL **$**
(☎284-6303; limoncocha@andinanet.net; Av De Chofer; Zi. 8 US$/Pers., mit Gemeinschaftsbad 8 US$; @📶) Backpacker besuchen gern diese Herberge auf dem Hügel, 300 m südöstlich vom Busbahnhof. Die schicken Zimmer haben Wandmalereien und saubere, eigene Badezimmer. Man kann Frühstück (2,50 US$) bekommen, und es gibt eine Gästeküche. Zudem ist auch noch ein Tourveranstalter vor Ort. Das Limoncocha bietet auch empfehleswerte Kajaktouren.

Hotel Cristian's Palace HOTEL **$$**
(☎288-6047; Mera; EZ/DZ mit Frühstück 31/62 US$; P❄📶🏊) Nach hiesigen Verhältnissen ist dieses familienbetriebene Hotel ziemlich groß, dabei aber freundlich und absolut einladend. Die geräumigen Zimmer haben gute Badezimmer, TV und meist auch Schreibtische. Sie verteilen sich um einen ziemlich schmutzigen Pool, eine Sauna und einen Fitnessraum, die von den Gästen kostenlos genutzt werden können.

Hostal Austria PENSION **$**
(☎288-7205; Tarqui; Zi. 12 US$/Pers.; P❄📶) Das große Haus mit einem Tor liegt zwar im Zentrum, aber an einer ruhigen Seitenstraße, sodass man dem Verkehrslärm ausweichen kann. Die gefliesten Zimmer sind blitzblank und mit Adirondack-Stühlen ausgestattet. Einige Zimmer haben Klimaanlage, andere Ventilator. Die Gemeinschaftsbereiche sind mit Münzen und Schlüsseln dekoriert.

Hostal Canela HOTEL **$**
(☎288-6081; canelahostal@yahoo.com; Ecke Amazonas & Calderón; Zi. 12 US$/Pers.; P📶) Das sehr gepflegte und makellos saubere Hotel hat geräumige, helle Zimmer mit karierten Bettdecken. Aus den großen Fenstern blickt man auf zwei geschäftige Straßen. Alle Zimmer haben TVs.

Cotococha Lodge DSCHUNGELLODGE **$$$**
(Karte S. 240; ☎02-223-4336; www.cotococha.com; VP 3/4 Nächte 265/435 US$ pro Pers.) Die 17 km außerhalb von Tena am Südufer des Río Napo liegende ruhige Anlage besteht aus 22 strohgedeckten, miteinander durch gewundene Kieswege verbundenen Bungalows in üppig grüner Lage. Öllampen sorgen für romantische Beleuchtung. Die Hütten bieten frische Bettwäsche, Warmwasser und eigene Terrassen mit Blick auf den Fluss. Nach dem Abendessen entspannen sich die Gäste auf den Korbstühlen rund um die Feuerstelle. Englischsprachige Führer veranstalten Wanderungen und Ausflüge zu Wasserfällen; Tubing- und Raftingtrips sowie Besuche bei örtlichen Gemeinden lassen sich vereinbaren. Hier kann man gut in den Regenwald gelangen, ohne erst eine lange Flussfahrt machen zu müssen.

Essen

LP TIPP **El Vagabundo** MEXIKANISCH **$**
(Orellana; Hauptgerichte 5–10 US$; ⏲Mo–Sa 17–24 Uhr) Der sehr willkommene Neuzugang in Tenas gastronomischem Angebot wird von einem freundlichen, vielsprachigen Deutschen geführt, der die Einheimischen in der Bar bei Laune hält. Unterdessen bereitet sein Koch ausgezeichnete moderne mexikanische (und ein paar deutsche) Gerichte zu. Auf der einen Seite gibt's einen Garten, in dem man im Freien essen kann, außerdem bietet das Restaurant einen beliebten Büchertausch.

Café Tortuga INTERNATIONAL **$**
(Orellana; Snacks 1,50–5 US$; ⏲Di–Sa 7.30–21, So & Mo bis 12.30 Uhr; 📶) Alle Leute in der Stadt scheinen bei diesem immens beliebten, von einem Schweizer geführten Café am Fluss hineinzuschauen, sei es wegen dem großen Frühstücksangebot, wegen

des Cappuccinos, der köstlichen *batidos* (Fruchtsaft-Shakes) oder wegen der Palette an Salaten, Sandwiches und Kuchen. Besonders beliebt ist das Tortuga bei Backpackern, weil man sich hier mit anderen Travellern austauschen und nach einem Aufenthalt im Dschungel wieder etwas Stadtluft schnuppern kann.

Marquis Grille STEAKHAUS, GRILL **$$$**
(☎288-6513; Amazonas 251; Hauptgerichte 9–22 US$; ⏲Mo–Sa 12–22, So bis 18 Uhr) Mit einer verschlossenen Vordertür, die von uniformierten Kellnern geöffnet wird, mit klassischer Musik und aufmerksamer Bedienung ist dieses Restaurant das förmlichste in weitem Umkreis. Man wählt von der Karte der chilenischen Weine und entscheidet sich für gedämpfte Tilapia, reichhaltige Pastagerichte oder Hummer. Das Ganze wirkt etwas aufgesetzt und auf Touristengruppen abzielend, aber das Essen gehört zum Besten in der Stadt.

Pizzería Hilton PIZZERIA **$$**
(Calle 15 de Noviembre 195; Pizza 4–15 US$; ⏲16–23 Uhr) Die beste Pizza der Stadt hat dieser freundliche Familienbetrieb an der Hauptstraße. Es gibt eine reiche Auswahl an Größen und Belägen. Das Lokal wird von Einheimischen und Travellern gleichermaßen gern besucht, und die Pizza gibt's auch außer Haus.

Cositas Ricas ECUADORIANISCH **$**
(Calle 15 de Noviembre; Hauptgerichte 4–8 US$; ⏲7.30–21.30 Uhr) Das recht trübsinnig aussehende Lokal serviert an der Hauptstraße eine absolut ordentliche Auswahl vegetarischer und ecuadorianischer Gerichte, Salate und frische Säfte.

Pizzería Bella Selva PIZZERIA **$$**
(Malecón; Hauptgerichte 2,50–18 US$; ⏲17–22 Uhr) Die strohgedeckte Pizzeria am Malecón serviert reich beladene, fettige Pizzen und große Pastaportionen. Das Lokal ist bei Familien zwar sehr beliebt, aber nicht ganz so gut wie die Pizzería Hilton.

Ausgehen & Unterhaltung

Auf den Dancefloors pulsiert an den Wochenenden das Leben, und man kann ruhig dabei sein. Sonntags bis mittwochs sind die Discos etwa von 20 bis 2 Uhr und donnerstags bis samstags bis gegen 3 Uhr geöffnet.

La Araña Bar Coctelería BAR
(Hauptplatz; ⏲Mo–Do 17–24, Fr & Sa bis 2 Uhr) Der beliebteste Treff zum Trinken und Zechen ist die raue „Spinne" auf der anderen Uferseite direkt an der Fußgängerbrücke. Jeden Abend ist hier viel los, aber richtig voll wird's an den Wochenenden, wenn die Einheimischen und die Traveller hinströmen. Ein Kater wird nicht ausbleiben.

Discoteca La Galera DISCO
(Orellana; Eintritt 2 US$) Die Disco neben dem Hotel Pumarosa hat eine lustige, aber erwachsene Atmosphäre, woran auch die angeschlossene Rollschuhbahn nichts ändert. Hotelgäste kommen kostenlos hinein.

Discoteca Canambo DISCO
(Ecke Enriquez & Calle 15 de Noviembre; Eintritt 2 US$) In dieser Disco mit verspiegeltem Dancefloor tummeln sich die Studenten bei lateinamerikanischen Rhythmen.

Praktische Informationen

Krankenhaus (☎288-6305) Südlich der Stadt an der Straße nach Puerto Napo.

Post (Ecke Olmedo & Moreno) Nordwestlich der Fußgängerbrücke.

Touristeninformation (☎288-8046; Rueda; ⏲Mo–Fr 7–17 Uhr) Das freundliche Personal tut sein Bestes, um einem bei allen Fragen weiterzuhelfen. Einige Mitarbeiter sprechen ein bisschen Englisch.

An- & Weiterreise

Der **Busbahnhof** (15 de Noviembre) liegt am südlichen Ende der Stadt. Viele Busse fahren täglich über Baeza nach Quito (6 US$, 5 Std.) sowie nach Coca (7 US$, 6 Std.). Mehrmals täglich starten Busse nach Puyo (2,50 US$, 3 Std.), Baños (4 US$, 5 Std.) und Ambato (5 US$, 6 Std.). Ein Nachtbus von Jumandy fährt nach Lago Agrio (7 US$, 8 Std.). Das Café Tortuga (S. 238) führt eine sehr nützliche Liste über alle aktuellen Abfahrtszeiten.

Unterwegs vor Ort

An der Westseite des Markts fahren tagsüber etwa jede halbe Stunde Nahverkehrsbusse nach Archidona (0,25 US$, 15 Min.). Weitere Nahverkehrsbusse fahren von der 15 de Noviembre in der Nähe des Busbahnhofs, u. a. nach Ahuano (1,20 US$, 1 Std.), Misahuallí (0,75 US$, 45 Min.) und Santa Rosa/San Pedro (3 US$, 3 Std.).

Misahuallí

☎06

Früher eine wichtige Durchgangsstation für Reisende, die über den Fluss aus Coca kamen, versank Misahuallí (mi-ssa-wa-ji) in Bedeutungslosigkeit, als die Loreto-

Straße zwischen Coca und Tena fertig war. Die zwischen zwei größeren Orten buchstäblich am Ende der Straße gelegene Ortschaft hat einen hübschen Sandstrand und eine berühmte Affenhorde, die es versteht, Besuchern die Sonnenbrillen zu stibitzen und sonst nicht viel mehr. Immerhin sind gegenwärtig ein neuer Flugplatz und eine Kakaorösterei im Bau.

Die umliegende Gegend wird seit Jahrzehnten erschlossen, sodass die Tierwelt stark abgenommen hat. Gleichwohl ist der Ort als Basis zur Erkundung des Río Napo immer noch eine gute Alternative zu Tena.

Sehenswertes & Aktivitäten

Cascada Las Latas WASSERFALL

Misahuallís schönste Sehenswürdigkeit liegt etwas außerhalb des Ortes, aber es lohnt sich durchaus, die hin und zurück ein paar Stunden dauernde Wanderung am Flussufer anzutreten, bei der es durch den Regenwald geht. Man nimmt den Bus von Misahuallí nach Puerto Napo und lässt sich vom Fahrer am Río Latas, rund 15 bis 20 Minuten außerhalb von Misahuallí, absetzen. Alle Fahrer kennen den *camino a las cascadas* (Weg zum Wasserfall). Man folgt dem Fluss stromaufwärts bis zum Wasserfall (1 Std.). Unterwegs kommt man an mehreren Badestellen vorbei. Gelegentlich muss man auch eine Strecke waten.

Schmetterlingsfarm ZOO

(Centro de Reproducción de Mariposas; Eintritt 2,50 US$; ⌚8.30–17 Uhr) Wundervolle, riesige Morphofalter flattern in dieser faszinierenden Anlage auf dem Gelände der Hamadryade Lodge herum. Sie wird von Pepe und Margarita von Ecoselva (S. 241) betrieben und ermöglicht einen genauen Einblick in die Entwicklungsstadien der Schmetterlinge des Regenwalds. Auf der Farm können Freiwillige für 300 US$ pro Monat für Verpflegung und Unterkunft auf der Farm mithelfen.

Chocolate Jungle BILDUNGSZENTRUM

(☎08-079-1602; www.ecuadorjunglechocolate.com) Gleich stromabwärts von Misahuallí findet man den Chocolate Jungle. Die Kakaoplantage ist ein privates Projekt der ausgewanderten Kanadierin Elizabeth Hendley, die jetzt hier im Regenwald zu Hause ist. Das 20 ha große Gelände am Río Napo wartet mit drei Museen auf – eines für Kakao, eines für Wildpilze und eines für Schlangen. Die ganztägigen Führungen über das Gelände (45 US$/Pers. inkl. Transport & Mittagessen) enthalten auch eine Vorführung, wie Schokolade gemacht wird, einen Besuch in einem indigenen Dorf und eine Wanderung durch den Regenwald. Es gibt auch Übernachtungsmöglichkeiten: In dem Center kommen bis zu 20 Personen (10 US$/Pers.) in funktionalen Betten unter. Eine Besichtigung nur der Plantage kostet 10 US$. Vorher anrufen, um die Kanu-Abholung in Misahuallí zu vereinbaren.

Rund um Tena

Rund um Tena

Sehenswertes

1 AmaZOOnico B2

Schlafen

2 Arajuno Jungle Lodge B2
3 Cabañas Aliñahui A2
4 Cabanas San Isidro A1
5 Casa de Doña Maruja B2
6 Cotococha Lodge A2
7 Hamadryade Lodge A2
8 La Casa del Suizo B2
Liana Lodge .... (siehe 1)
9 Orchids Paradise Lodge A1
10 Wildsumaco Lodge A1
11 Yachana Lodge B2

Geführte Touren

Die meisten Traveller buchen ihre Touren in Quito, man kann aber auch in Misahuallí gute Angebote bekommen: Ein Guide (mit annehmbarem Preis), der einem zusagt, findet sich viel leichter, wenn man bereits bei seiner Ankunft vier oder mehr Personen beisammen hat. Auf jeden Fall sollte man sich aber an lizenzierte Führer und empfohlene Veranstalter halten, denn auf der Hauptplaza bieten auch viele Amateure ihre Dienste an.

Teorumi ÖKOTOUR
(☎289-0313; Tour 60 US$/Tag; www.teorumi.com) Der Veranstalter arbeitet mit indigenen Gemeinden zusammen und ist daher eine gute Wahl für alle, die sich nicht nur für die Natur, sondern auch für die Kultur der indigenen Bevölkerung interessieren. Die Touren können auf die Interessen der Teilnehmer zugeschnitten werden, bei den meisten stehen aber Vogelbeobachtungen, Angeln, die Vorführung von Heilpflanzen und Dschungelwanderungen im Mittelpunkt. Zu weiteren Aktivitäten gehören Goldwaschen und Ausritte. Man spricht Englisch und Französisch.

Douglas Clarke's Expeditions DSCHUNGELTOUR
(☎289-0085; Tour 35–50 US$/Tag; douglasclarkeexpediciones@yahoo.com) Der seit langem existierende Veranstalter bietet ein- bis zehntägige Dschungeltouren mit indigenen Führern und Bootsausflüge zur Naturerkundung, die sehr preiswert sind. Bei den meisten längeren Touren wird zur Übernachtung ein Lager aufgeschlagen. Die Guides sprechen etwas Englisch.

Ecoselva ÖKOTOUR
(☎09-815-0532, 289-0019; Tour ab 45 US$/Tag; ecoselva@yahoo.es) Pepe Tapia González bietet Besuchern unterhaltsame ein- bis zehntägige geführte Touren mit Übernachtung in seiner rustikalen Lodge oder in Dschungelcamps. Er spricht fließend Englisch, ist Biologe und kennt sich gut mit Pflanzen, Vögeln und Insekten aus. An der Plaza.

Selva Verde ÖKOTOUR
(☎289-0165; www.selvaverde-misahualli.com; Tour 40–60 US$/Tag) Luís Zapata, ein Englisch sprechender Führer mit langjährigen Erfahrungen in der Region, betreibt diese empfohlene Tour-Agentur mit Büro am Hauptplatz. Spezialität sind Touren auf den Flüssen und Besuche in indigenen Dörfern.

Runawa Tours ÖKOTOUR
(☎289-0031; Tour ab 35 US$/Tag; www.misahualliamazon.com) Dieser Tourveranstalter am Hauptplatz bietet nächtliche Dschungelwanderungen, Tubing- und Raftingtrips, Vogelbeobachtungstouren und Flussfahrten.

Schlafen & Essen

Es gibt viele preiswerte Unterkünfte, insbesondere am Hauptplatz, wo außerdem ein paar Restaurants ecuadorianische Gerichte servieren.

LP TIPP **Hamadryade Lodge** BOUTIQUEHOTEL $$$
(Karte S. 240; ☎08-590-9992; www.hamadryade-lodge.com; EZ/DZ mit Frühstück & Abendessen 230/275 US$ pro Pers.; P Wi-Fi Pool) Die auf einem Hügel im Dschungel gleich außerhalb von Misahuallí stehende, stilistisch ambitionierte, aber umweltbewusste Lodge gehört einem Franzosen und setzt sich mit schickem, zeitgenössischem Dekor vom typischen Aussehen einer Dschungellodge ab. Alle privaten Bungalows haben einen eigenen Balkon mit prachtvollem Blick in den Dschungel. Es gibt einen fantastischen Pool- und Lounge-Bereich, der perfekt über der hügeligen Landschaft thront; traditionelle Massagen werden ebenfalls angeboten. Mit nur fünf Bungalows ist die Anlage ideal, um stilvoll zu entspannen. Der Deluxe-Bungalow mit Platz für bis zu sechs Personen ist perfekt für Familien geeignet.

Hotel El Paisano PENSION $$
(☎289-0027; hotelelpaisano@yahoo.com; Rivadeneyra; mit Frühstück 18 US$/Pers.; P Wi-Fi Pool) Die beliebte Traveller-Unterkunft ist eine der charmanteren Herbergen im Ort. Sie bietet helle, geräumige Zimmer, Holzböden, Moskitonetze und einen Pool (der zum Zeitpunkt der Recherche gerade im Bau war). Zu weiteren Pluspunkten gehören der Wäschedienst, guter Kaffee zum Frühstück und ein Büchertausch.

France Amazonia PENSION $$
(☎289-0009; www.france-amazonia.com; Av Principal; EZ/DZ mit Frühstück 24/36 US$; P Wi-Fi Pool) Die Anlage liegt gleich außerhalb des Ortes am Fluss. Schattige, strohgedeckte Hütten stehen um den glitzernden Pool und die sandige Feuerstelle. Die Betten sind klein, aber die Zimmer angenehm rustikal. Im Garten gibt's viele Ecken, in denen man das angenehme Klima und das Rauschen des Flusses genießen kann. Letzterer ist über einen kleinen Weg erreichbar.

Hostería Misahuallí HOTEL $$$
(☎289-0063; www.hosteriamisahualli.com; Zi. mit/ohne 3 Mahlzeiten 85/57 US$ pro Pers.; Wi-Fi Pool) Als penibel gepflegte Version eines Dschungelcamps wirkt dieses Hotel wie ein Resort und ist bei ecuadorianischen Familien beliebt. Es hat eine tolle Lage mit Blick auf den Fluss und auf Misahuallí (von dort aus nimmt man das kostenlose Kanu hier hinüber), ansonsten geht es hier aber mehr

um Erholung und Familienspaß als um Dschungeltourismus. Die neuen Zimmer im Hotelstil sind elegant und cool, die auf Stelzen stehenden Hütten ziemlich betagt.

Hostal Shaw HOSTEL $
(☎289-0019; Zi. 8 US$/Pers.; 📶) Das von Ecoselva (S. 241) betriebene freundliche *hostal* an der Plaza hat einfache Zimmer mit Ventilator, Moskitonetzen und eigenem Bad mit Warmwasser. Im Café im Erdgeschoss gibt's Espresso, einen guten Büchertausch sowie morgens Pfannkuchen und vegetarische Gerichte.

Restaurant Doña Gloria ECUADORIANISCH $
(Hauptplatz; Hauptgerichte 5–6 US$; ⏰Di–So 7.30–20 Uhr) Das schickste Restaurant vor Ort hat weiße Tischdecken, eine Holztheke und Bambuswände. Es bietet einige Frühstücksgerichte sowie *churrasco* (Steak mit Spiegelei) und gebratenen Tilapia.

Restaurant Runawa ECUADORIANISCH $
(Ufergegend; Hauptgerichte 5–6 US$; ⏰7–21 Uhr) Zwischen dem Hauptplatz und dem Flussufer liegt dieses sehr nette Lokal in einer Art improvisiertem Baumhaus. Auf der Speisekarte stehen Garnelen-, Tilapia-, Hähnchen- und Rindfleischgerichte.

ℹ Praktische Informationen

In Misahuallí gibt es weder Bank noch Postamt. Bei Busfahrten, Bootstouren und Wanderungen in der Region immer den Pass mitführen! Für Bootsfahrten ein paar kleine Geldscheine dabeihaben.

ℹ An- & Weiterreise

Busse fahren tagsüber etwa jede Stunde von der Plaza aus ab, der letzte um 18 Uhr. Das wichtigste angefahrene Ziel ist Tena (1 US$, 1 Std.). Vom Hauptplatz fährt täglich um 8.30 Uhr ein Bus nach Quito (6 US$, 5 Std.).

Dank der Loreto-Straße von Tena nach Coca und weiterer Straßen längs des Río Napo ist man nicht mehr auf die Fahrt mit Kanus angewiesen. Bootsfahrten lassen sich mit den Bootsbesitzern am Strand für rund 40 US$ pro Stunde vereinbaren, aber die Tourveranstalter in der Gegend bieten günstigere Angebote.

Alto Río Napo

☎06

Der Río Napo strömt von Misahuallí in nordöstlicher Richtung auf Coca zu und gewinnt an Breite, während er an Naturschutzgebieten, kleinen Dschungelgemeinden, Ölbohrtürmen und Lodges vorbeikommt. Leider hat der Straßenbau das Verhalten der Tiere dauerhaft verändert, sodass man heute weniger Vierfüßer und Vögel zu Gesicht bekommt als früher.

RESERVA BIOLÓGICA JATUN SACHA & CABAÑAS ALIÑAHUI

Das 2500 ha große Regenwald-Schutzgebiet mit einer biologischen Station liegt südlich des Río Napo, 23 km östlich von Puerto Napo. Geleitet wird es von der **Fundación Jatun Sacha** (☎02-243-2240; www.jatunsacha.org), einer gemeinnützigen ecuadorianischen Organisation, deren Ziel die Erforschung und Erhaltung des Regenwaldes sowie die Vermittlung seiner Bedeutung ist.

Da benachbarte Gebiete schnell für Holzfällerei und Landwirtschaft erschlossen werden, steigt die Bedeutung der Erhaltung der Artenvielfalt im Jatun Sacha. Die Stiftung begnügt sich nicht damit, die vorhandenen Spezies zu registrieren und zu zählen, sondern entwickelt gemeinsam mit örtlichen Bauerngemeinden und indigenen Gruppen Aufforstungspläne und land- bzw. forstwirtschaftliche Alternativen.

Das Personal der Forschungsstation und die Besucher wohnen in den **Cabañas Aliñahui** (Karte S. 240; ☎02-227-4947; www.ecuadoramazonlodge.com; Zi. mit 3 Mahlzeiten 60 US$/Pers.), die hoch auf einer Klippe im Schutzgebiet stehen und einen Blick auf das verzweigte Flussbett bieten. Die Anlage in einem 2 ha großen tropischen Garten bietet acht aufgestelzte rustikale Hütten mit Hängematten und frei stehenden, gemeinsam genutzten Waschräumen mit Warmwasser, das mit Sonnenenergie erwärmt wird. Das Restaurant serviert gesunde ecuadorianische und internationale Gerichte. Man kann hier Vögel beobachten, durch den umliegenden Wald wandern und dann das Pflanzenschutzzentrum und den botanischen Garten anschauen. Für Reisegruppen und Studenten gibt's Rabatt.

Um von Tena zum Jatun Sacha oder den Cabañas Aliñahui zu gelangen, einen Bus nach Ahuano oder Santa Rosa nehmen und sich vom Fahrer am entsprechenden Eingang absetzen lassen. Aliñahui liegt ca. 3 km östlich der Forschungsstation Jatun Sacha bzw. 27 km östlich von Tena an der Straße nach Santa Rosa.

AHUANO

In dem winzigen Dorf eine halbe Stunde stromabwärts von Misahuallí hüpfen uniformierte Schulkinder in die Pfützen, und Hunde dösen auf der Straße. Ahuano liegt am Ende der Straße aus Tena – die Busse kommen in La Punta am anderen Flussufer an; von dort kann man mit einem Kanu zum Dorf übersetzen.

Das freundliche **Casa de Doña Maruja** (Karte S. 240; ☎09-032-3182, 06-285-0094; Zi. mit/ohne 3 Mahlzeiten 10/5 US$ pro Pers.) bietet sehr einfache Zimmer mit offenen Plankenböden neben dem schnell fließenden Fluss in Ahuano. Es gibt nur Gemeinschaftsbäder, und das Essen wird gemeinsam mit der freundlichen Familie im Innenhof eingenommen. Für Ausflüge kann man ein Kanu mieten. Hier hat man die Chance, die

l

t

La

04;

eiten

ußen

hinge-

e Ferien-

berdachter

ohgedeckten

hohen Decken,

b... elektrischem

Strom, ... wasserdusche und

Balkonen ... ngematten und Blick auf den Fluss aufwarten. Die moderneren, weit komfortableren, aber weniger charmanten neuen Cabañas waren Ende 2011 nahezu fertiggestellt. Es gibt Pläne, die ganze Anlage bald zu modernisieren, u.a. durch den Bau eines neuen Pools und den durchgängige Einbau von Klimaanlagen. Damit dürften dann aber auch die letzten Spuren eines authentischen Dschungel-Erlebnisses verschwinden. Die Mahlzeiten werden als Buffet in dem scheunenartigen Restaurant serviert; Menschen mit Kindern werden hier sehr freundlich aufgenommen. Aber mit einem typischen Dschungelerlebnis hat diese Anlage kaum etwas zu tun, und wer darauf aus ist, ist hier fehl am Platz.

Im Preis enthalten sind die Mahlzeiten und Exkursionen mit spanischsprachigen Führern. Dazu gehören Flussfahrten, Wanderungen im Dschungel, Besuche bei Gemeinden und Missionen, die Besichtigung eines vor Ort befindlichen Schmetterlingshauses und Naturwanderungen.

Gäste bezahlen 60 US$ pro Boot für den Kanutransport ab Misahuallí. Unabhängige Traveller nutzen den Bus (8-mal tgl.) von Tena nach La Punta, das sich etwa 28 km östlich von Puerto Napo am Südufer des Río Misahuallí befindet. Der Bus fährt zwar nicht nach Ahuano, wird aber trotzdem Ahuano-Bus genannt, weil die meisten Passagiere von der Endstation aus mit Einbäumen über den Fluss nach Ahuano übersetzen. Die Boote fahren oft und kosten 10 US$ pro Boot hinüber zum La Casa del Suizo.

AMAZOONICO & LIANA LODGE

In dem ausgezeichneten **AmaZOOnico** (Karte S. 240; ☎288-7304; www.amazoonico.org; Erw./Kind 3,50/2,50 US$), einer beliebten Therapiestation für Tiere, sieht man alle Arten von Dschungeltieren. Es befindet sich auf dem Gelände von Selva Viva, einem 1500 ha großen Primärwald-Schutzgebiet am Río Arajuno, einem schmalen Nebenfluss des Río Napo rund 3 km östlich von Ahuano. Ein Ehepaar, bestehend aus einer Schweizerin und einem Kichwa, gründete das Zentrum im Jahr 1995, um sich um beschlagnahmte oder entwurzelte Tiere zu kümmern – von Tukanen über Capybaras und Affen bis hin zu Riesenschlangen.

Zwar ist es toll, diese Tiere aus der Nähe zu sehen, dahinter steckt aber eine schmutzige Realität. Diese Tiere leben hier, weil Geschäftemacher sie einfingen und für schnelles Geld verkauften, oder weil ihr Lebensraum zerstört wurde. Einige der Geschichten, die man bei den ausgezeichneten Führungen zu hören bekommt, sind herzzerreißend – da wurden Tiere in Hotelzimmern zurückgelassen, da tauchten seltene Vögel im Nachlass unverantwortlicher Halter auf und da wurden Tiere schwer traumatisiert beschlagnahmt, als man sie illegal verkaufen wollte. Einige gesunde Tiere werden schließlich wieder in die freie Wildbahn des Regenwalds entlassen, aber viele kommen hier in einem derart der Wildnis entfremdeten Zustand an, dass ihre Auswilderung nicht mehr möglich ist.

Zweisprachige Freiwillige, die die Tiere genau kennen, veranstalten Führungen. Das Zentrum sucht ständig nach Freiwilligen (die 125 US$/Monat für ihren Lebensunterhalt bezahlen müssen), besonders nach Tierärzten, die sich mindestens zwei Monate lang verpflichten.

In der nahen **Liana Lodge** (Karte S. 240; ☎09-980-0463; www.lianaolodge.ec; 2/3/4 Nächte 154/252/344 US$ pro Pers.) verteilen sich acht Hütten über einen bewaldeten Hang. Jede hat kunsthandwerkliche Elemente, z.B. Bambusbetten und geschnitzte Kleiderbügel aus Abfallholz vom Straßenbau. Die Hütten bieten zwei Doppelzimmer und eine Warmwasserdusche, aber keinen Strom. Lagerfeuer, Wanderungen durch den Wald und eine runde Theke oberhalb des Flusses mit prachtvollem Blick in den Dschungel sorgen für eine entspannte Atmosphäre. Im Pauschalpreis enthalten sind die Mahlzeiten, Führungen (darunter auch Kurse über die Bereitung von *chicha* – einem fermentierten Getränk aus Mais oder Yuca – und der Bau eines Floßes aus Balsaholz) und der Transport mit dem Kanu von Puerto Barantilla aus. Man sollte sich nach **Runi Huasi** erkundigen, einer nahegelegenen, von Indigenen geführten und von den Inhabern des Liana verwalteten Lodge. In beiden Lodges spricht man Kichwa, Englisch, Spanisch, Deutsch und Französisch.

Um AmaZOOnico, die Liana Lodge oder Runi Huasi zu erreichen, in Tena den Bus nach Santa Rosa (2 US$, 1 Std.) nehmen und in Puerto Barantilla aussteigen. Die unbefestigte Straße bis zum Fluss laufen und weiter bis zu der Stelle, wo die Transportkanus ablegen – die Fahrt zu jedem der drei Ziele kostet 2 US$.

ARAJUNO JUNGLE LODGE

Wer es klein und abgelegen mag, für den bietet sich die in einem Knick des Río Arajuno gelegene **Arajuno Jungle Lodge** (Karte S. 240; ☎08-268-2287; www.arajuno.com; Zi. 2 Nächte 200 US$/Pers.) des ehemaligen Friedenscorps-Freiwilligen Thomas Larson an. Die wenigen Hütten am Hang eines Hügels sind niedlich und abgeschirmt, das Warmwasser wird mithilfe der Sonne erzeugt. Das strohgedeckte Haupthaus hat eine große Holzterrasse und einen Essbereich oberhalb des Flusses. Die Gäste können durch das 80 ha große Waldgelände stromern, wandern, Kanu fahren und das nahegelegene AmaZOOnico besuchen.

Die Lodge arbeitet mit örtlichen Gemeinden an der Erschließung neuer Nahrungsquellen und der Verbreitung von Informationen über Gesundheit und Ernährung. Freiwillige, die sich für drei bis sechs Monate verpflichten, sind willkommen. Der Küchenchef bereitet regional inspirierte Gourmetgerichte wie geräucherte *cachama maitos* (gegrillter Fisch in Palmblättern) und *tortilla de yuca* (Maniokbrot) zu. Größeren Kindern wird das Schwungseil in den Fluss gefallen. Das Personal ist zweisprachig.

YACHANA LODGE

An einer malerischen Biegung des Río Napo erleben Gäste in der **Yachana Lodge** (Karte S. 240; ☎02-252-3777; www.yachana.com; Schlafbaracke/Zi. mit allen Mahlzeiten 195/120 US$ pro Pers.; 📶) „Geotourismus", der sich als nachhaltig in Bezug auf Umwelt, Kultur und Menschen versteht – vom Feinsten.

CHICHA, DAS FRÜHSTÜCK DER CHAMPIONS

Bevor es im Amazonasbecken Coca Cola gab, trank man *chicha* – nicht die gekochte Hochland-Version, sondern ein gut haltbares, nährstoffreiches Getränk. Chicha wird als in Blätter gewickelte Paste aufbewahrt und mit Wasser vermischt getrunken.

Das Rezept ist einfach: Man kocht Yuca (Maniok) oder die Frucht der Pfirsichpalme zu einem Brei, den Frauen (ja, ausschließlich Frauen) anschließend durchkauen. Seit Jahrtausenden ist Chicha ein wichtiger Lieferant von Nährstoffen und Proteinen in abgelegenen Gemeinden. Im Dschungel, wo die Menschen sehr wenig essen, aber bis zu 6 l Flüssigkeit am Tag trinken, ist es ein wichtiges Grundnahrungsmittel. Frisch schmeckt Chicha mild und joghurtähnlich, aber mit der Zeit nimmt der Alkoholgehalt zu, weil die Bakterien aus dem Speichel die Kohlehydrate in Zucker verwandeln. Je älter das Chicha ist, desto stärker wird es. Der Geschmack hängt von der zubereitenden Person ab, weil sich die bakterielle Zusammensetzung des Speichels individuell unterscheidet.

Echt scheußlichem Chicha werden böse Eigenschaften zugeschrieben. Aber wird Besuchern etwas passieren, wenn sie das Gebräu probieren? Tatsächlich entstehen Gefahren nicht durch den Speichel, sondern wenn ungefiltertes Flusswasser genutzt wurde, um die Paste trinkbar zu machen. Nur sehr wenige Leute bekommen Gesundheitsprobleme, wenn sie einen Schluck probieren. Ein Highlight bei vielen Besuchen in indigenen Gemeinden in Oriente besteht im Zuschauen bei der Zubereitung von Chicha und im anschließenden Probieren. Wohl bekomms!

Die Anlage aus aufgestelzten Holzgebäuden, gepflegten Anlagen und bunten Gärten liegt auf halbem Weg zwischen Misahuallí und Coca – stromaufwärts von der winzigen Gemeinde Mondaña aus. Die Lodge hat 18 Zimmer, darunter drei Hütten mit einem Doppel- und einem Dreibettzimmer. Die Zimmer haben moderne Badezimmer mit Warm- und Trinkwasser aus dem Hahn (der Klärbehälter wird sogar mit Toilettenpapier fertig, was in Ecuador selten ist), einen Balkon mit Hängematte und Solarstrom. Die Küche liefert köstliche, hauptsächlich vegetarische Gerichte für den offenen, überdachten Speisebereich mit Blick auf den Fluss. Außerdem gibt's einen Tagungsraum, eine Bibliothek und Internetzugang.

Die Gäste können die angrenzende Gemeinde besichtigen, wo die Einnahmen der Lodge zur Finanzierung einer Klinik und einer Oberschule für die hiesigen Kinder (teils gemischter, teils indigener Abstammung) beitragen. Ansonsten kann man hier wandern, Vögel beobachten, an einer traditionellen Heilzeremonie teilnehmen, baden und ein nahegelegenes Waldschutzgebiet in einer *chiva* erkunden. Die indigenen Führer, die den Shuar und den Kichwa angehören, sprechen Englisch und bieten Unmengen an Infos über den Wald. Ein neues, von der National Geographic Society finanziertes Programm ermöglicht Besuchern, einheimische Lebensmittel zu ernten und zuzubereiten. Im Preis enthalten sind alle Mahlzeiten und Führerdienste, optional kommt gegen Aufpreis auch noch der Flug von Quito nach Coca hinzu. Von Coca aus fährt man in einem Motorkanu 2½ Stunden stromaufwärts bis zur Lodge.

Puyo

☎03 / 35 000 EW.

Ein träger Fluss schleicht durch diesen Beton-Vorposten, der die inoffizielle Grenze zwischen dem nördlichen und dem südlichen Oriente bildet. Teils entspannte Dschungelstadt, teils kommerzielles und Verwaltungszentrum, erhält Puyo etwas Leben aus seiner Rolle als Hauptstadt der Provinz Pastaza, ist aber insgesamt nicht viel mehr als eine aus dem Dschungel gestampfte Stadt mit wenig, was Traveller locken könnte. Allerdings kommt praktisch jeder, der den südlichen Oriente bereist, hier durch. Der grüne Dschungel reicht bis dicht an den Stadtrand heran, und in der Ferne erheben sich zackige, schneebedeckte Berggipfel. Puyo ist auch ein guter Ausgangspunkt zum Besuch in indigenen Dörfern.

Die **Fiestas de Fundación de Puyo**, die wochenlange Fiesta zu Ehren der Stadtgründung, findet Anfang Mai statt.

Sehenswertes & Aktivitäten

Parque Omaere PARK
(www.fundaciononmaere.org; Eintritt 3 US$, Erw./Student 3/1,50 US$; ⌚Di–So 9–17 Uhr) Weniger als 1 km nördlich vom Zentrum bietet dieser ethno-botanische Garten ein- bis zweistündige Führungen (im Eintrittspreis enthalten), überwiegend durch indigene Guides, bei denen man Pflanzen des Regenwalds und indigene Behausungen kennenlernt. Der Park wird von der Pflanzenkundlerin Teresa Shiki, die den Shuar angehört, und ihrem Ehemann Chris Canaday geführt. Chris ist ein US-amerikanischer Biologe, Autor des Buchs *Common Birds of Amazonian Ecuador* und eine Fundgrube an Wissen über alles von Dschungelpflanzen bis zu ökologischen Trockentoiletten. Teresa half bei der Gründung und Bepflanzung des Parks und stellt Naturheilmittel her. Wer Bauchschmerzen hat, kann ihr Mittel gegen Parasitenbefall, bestehend aus örtlichen Früchten, Samen und Saft probieren.

Um hinzukommen, der Loja Richtung Norden rund 500 m die Stadt hinaus folgen, bis man die Brücke über den Fluss erreicht, dann an die Ausschilderung halten. Ein hübscher Weg (der *paseo turístico*) führt hinter Omaere 1,7 km weiter am Fluss entlang bis zur Straße von Puyo nach Tena. Dort kann man zurück in die Stadt einen Bus heranwinken (alle 20 Min.) oder läuft einfach den selben Weg zurück.

Volcán El Altar VULKAN
Frühaufsteher könnten die gezackten weißen Zähne des Volcán El Altar (5319 m) erblicken. Der fünfthöchste Berg Ecuadors liegt etwa 50 km südwestlich. An klaren Tagen erkennt man im Südwesten auch den **Volcán Sangay** (5230 m).

Jardín Botáncio las Orquídeas BOTANISCHER GARTEN
(☎288-4855; Eintritt 5 US$; ⌚8–18 Uhr) Besucher schwärmen von diesem privat geführten botanischen Garten, der 15 Minuten südlich von Puyo an der Straße nach Macas liegt. Der begeisterte Besitzer Omar Taeyu führt seine Besucher durch eine Landschaft

Puyo

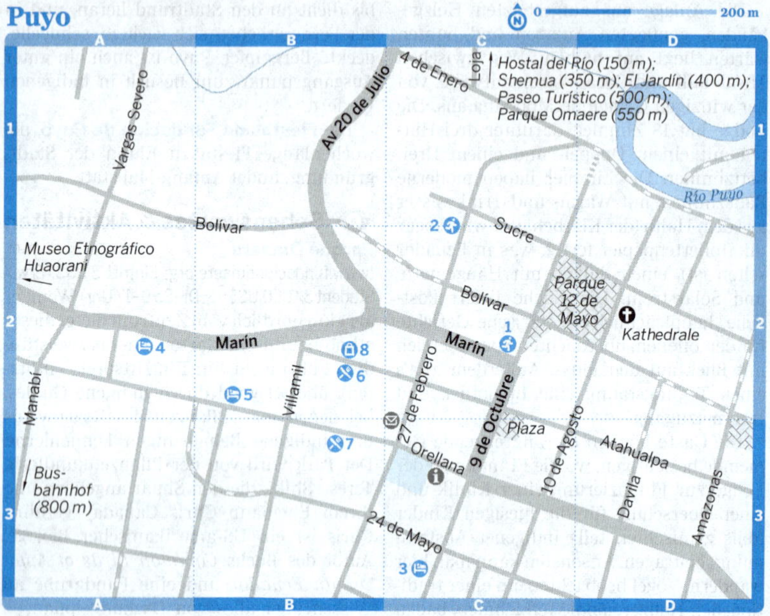

Puyo

Aktivitäten, Kurse & Touren

1 Madre Selva Tours C2
2 Papangu-Atacapi Tours C1

Schlafen

Gran Hotel Amazónico .... (siehe 8)
3 Hostal Mexico C3
4 Hostería Turingia A2
5 Hotel Libertad B2

Essen

6 El Fariseo B2
7 Pizzeria Buon Giorno B3

Shoppen

8 Waorani B2

voller Hügel mit üppigem Grün und voller Fischteiche; man erblickt hier wunderschöne Pflanzen und zahllose seltene Orchideen. Vorher telefonisch Bescheid sagen, dass man kommt.

Museo Etnográfico Huaorani MUSEUM

(☎288-6148; Severo Vargas; Eintritt 3 US$; ⏲10–17 Uhr) Das erst kürzlich errichtete Museum bietet eine kleine Ausstellung und eine Führung. Vielleicht noch interessanter als die ausgestellten Artefakte ist es, etwas über die Sichtweise der Huaorani auf ihre Kultur und ihre Probleme zu erfahren. Im Obergeschoss ist der Sitz von Onhae, der politischen Vertretung der Huaorani, die bei der Vereinbarung von Besuchen in indigenen Gemeinden helfen kann.

Geführte Touren

Madre Selva Tours ÖKOTOUR

(☎289-9572; www.madreselvaecuador.com; Ecke Marín & Calle 9 de Octubre; Tagesausflug ab 40 US$/Pers.) Veranstaltet ein- bis fünftägige geführte Touren, darunter Besuche in örtlichen Gemeinden, Rafting, Tubing, Wanderungen u.v.m. Die Touren werden gut beurteilt, die Führer sprechen Englisch, und insgesamt ist das Preis-Leistungs-Verhältnis gut.

Papangu-Atacapi Tours INDIGEN

(☎288-7684; papanguturismo@yahoo.es; Ecke Calle 27 de Febrero & Sucre; Tour ab 40 US$/Tag) Der Schwerpunkt des indigen geführten Veranstalters liegt auf Touren zu Gemeinden. Die Trips führen nach Sarayaku und Mango Wasi (Kichwa-Gemeinden) sowie nach Cueva de los Tuyos (eine Shuar-Gemeinde). Die Führer sind indigen und sprechen Spanisch und Kichwa; ein Teil der Einnahmen geht an die beteiligten Gemeinden. Wird von Lesern sehr empfohlen.

Schlafen

LP TIPP El Jardín PENSION $$
(☎288-7770; Paseo Turístico, Barrio Obrero; Zi. mit Frühstück 38 US$/Pers.; P @ WLAN) Diese einladende Unterkunft ist Puyos charmantestes Hotel. Es steht gleich hinter der Fußgängerbrücke am Eingang zum Parque Omaere, ein Stück außerhalb des Zentrums. Es herrscht ein tolles Flair, das eher an eine Dschungellodge als an ein städtisches Hotel erinnert. Die zehn Zimmer in dem Holzgebäude verteilen sich auf zwei Stockwerke und sind mit einheimischem Kunsthandwerk dekoriert. Der namensgebende Garten ist wirklich prachtvoll, und das Restaurant ist erstklassig. Extras wie Massagen und eine heiße Badewanne gibt's zusätzlich auch noch.

Gran Hotel Amazónico HOTEL $$
(☎288-3094; www.site.granhotelamazonico.com; Atahualpa; Zi. mit Frühstück 17 US$/Pers.; P @ WLAN) Direkt im Stadtzentrum sorgt dieses smarte, moderne Hotel mit einfachen, aber komfortablen Zimmern, Holzmöbeln und zeitgenössischen Stilelementen vor allem für das Wohl von Geschäftsreisenden. Das Haus ist eine gute Wahl, die Zimmer nach vorn bekommen aber etwas Straßenlärm ab.

Hostería Turingia PENSION $$
(☎288-6344; www.hosteriaturingia.com; Marín 294; EZ/DZ 25/40 US$; P WLAN Pool) Der ummauerte, tirolerische Vorposten erinnert irgendwie an eine Kulisse für *Heidi* und ist damit ein seltsamer, aber nicht unangenehmer Ort für eine Übernachtung im Zentrum von Puyo. Die etwas überteuerten Zimmer sind eher dunkel und die Betten ziemlich antik, aber die über das gepflegte Gelände verteilten Hütten sind zweifellos schick. Es gibt hier auch ein Restaurant mit Bedienung.

Hostal del Río PENSION $
(☎288-6090; Ecke Loja & Cañar; Zi./Pers. inkl. Frühstück 12 US$) Die sehr gute Unterkunft gleich abseits vom Zentrum bietet eine große Palette an Zimmern, von Zweibettzimmern bis zu Schlafsälen für sechs Personen, rund um einen übergroßen Speisesaal. Die Zimmer im Obergeschoss haben Balkone und Zugang zur Dachterrasse.

Hostal Mexico HOTEL $
(☎288-5668; zw. Ortiz & Calle 24 de Mayo; Zi. 12 US$/Pers.; WLAN) Die Zimmer mit Parkettböden und dunkler Einrichtung kann man vergessen (was bei den seltsam mit Teppichen bespannten Wänden aber schwer fallen dürfte). Im Allgemeinen sind die Zimmer aber gut und mit TV, Warmwasser und Ventilator ausgestattet. Nur einige Zimmer haben ein eigenes Bad.

Hotel Libertad HOTEL $
(☎288-3282; Ecke Orellana & Manzano; Zi. 7 US$/Pers.) Das ruhige Hotel bietet beengte, aber blitzsaubere Zimmer mit Warmwasser und TV. Es gibt kein WLAN, und auch Essen oder Charme muss man anderswo finden, aber bei diesem Preis ist die Unterkunft ein großartiges Schnäppchen.

Essen

In den Cafés am Ufer bekommt man das typische *ceviche boquetero,* was wörtlich übersetzt „Schrotthaufen-Ceviche" heißt und aus gerösteten Maiskörnern, Bananenchips und einer drüber ausgekippten Büchse Thunfisch besteht.

LP TIPP El Jardín ECUADORIANISCH $$
(☎288-7770; Paseo Turístico, Barrio Obrero; Hauptgerichte 8–15 US$; ⏲Mo–Sa 12–16 & 18–22 Uhr; WLAN) Das vielleicht beste Essen im Oriente gibt es in diesem stimmungsvollen Haus am Fluss, das zu dem charmanten Hotel gleichen Namens gehört. Die preisgekrönte Chefköchin und Inhaberin Sofia bereitet ein leckeres *pollo ishpingo* (Zimthähnchen; *ishpingo* ist eine aus dem Oriente stammende Zimt-Art), dessen feiner, dekadenter Geschmack den Gaumen kitzelt. Das *lomo plancho* (Grillsteak) ist ein zartes, perfekt zubereitetes Stück Fleisch mit kunstvoll arrangiertem Gemüse. Zu empfehlen sind auch die vegetarischen Gerichte sowie die Meeresfrüchte- und frischen Fischgerichte.

Shemua FRANZÖSISCH $$
(Barrio Obrero; Hauptgerichte 6–15 US$; ⏲Mo–Sa 10–21.30 Uhr) Dieses neue Lokal am Fluss gegenüber dem El Jardín serviert „frankoamazonische" Küche in einem netten, familienfreundlichen Ambiente. Für 25 US$ gibt's ein großes Menü, für 5 US$ das preiswerte *menú del día* (Tagesmenü).

El Fariseo INTERNATIONAL $
(Atahualpa; Hauptgerichte 3–7 US$; ⏲Mo–Fr 7–22, Sa 8–22 Uhr; WLAN) Es mag nicht nach viel aussehen, aber das Café hat eine Espressomaschine und serviert überraschend köstliche Sachen, darunter ein sehr schmackhaftes *churrasco* (Steak mit Spiegelei). Burritos, Burger und Steaks runden die Speisekarte ab.

BUSSE AB PUYO

ZIEL	PREIS (US$)	DAUER (STD.)
Ambato	2,90	2½
Baños	1,90	1½
Coca	9	9
Guayquil	9	8
Macas	5,60	4
Quito	5,60	5½
Tena	2,90	2½

Pizzeria Buon Giorno PIZZERIA $
(☎288-3841; Orellana; Hauptgerichte 5–10 US$; ⏲15–23 Uhr) Dieses einfache Lokal ist eines der wenigen anständigen Restaurants im Zentrum und bietet frisch zubereitete Pizzas, Lasagne und Salate. Auch Lieferung außer Haus.

Shoppen

Waorani KUNSTHANDWERK
(Asociacion De Mujeres Waorani De La Amazonia Ecuatoriana; Atahualpa; ⏲Mo–Sa 7.30–13 & 14–19.30, So 7.30–14 Uhr) Verkauft von Waorani-Frauen (Huaorani) angefertigtes Kunsthandwerk, darunter Schmuck, Speere, Hängematten, Blasrohre und Netze aus Palmfasern. Die Produzentinnen erhalten einen bestimmten Anteil des Verkaufspreises von jedem einzelnen Stück.

Praktische Informationen

iTur (☎288-5937; Orellana; ⏲Mo–Fr 8.30–12.30 & 15–18 Uhr) Die Touristeninformation im Rathaus hat Karten der Region und Informationen zu Dschungeltouren.

Post (Calle 27 de Febrero) Nordwestlich vom Markt.

Voz Andes Mission Hospital (☎279-5172; Shell) Das Krankenhaus ist in US-amerikanischem Besitz, hat US-amerikanisches Personal und bietet die beste medizinische Versorgung in der Gegend.

An- & Weiterreise

Der Busbahnhof liegt rund 1 km südwestlich der Stadt. Informationen über Fahrten zu bestimmten Zielen stehen im Kasten oben.

Unterwegs vor Ort

Eine Taxifahrt von der Innenstadt zum Busbahnhof kostet 1 US$, alle Fahrten innerhalb der Stadt sollten auch nicht teurer sein. Kleine Nahverkehrsbusse nach Shell (0,25 US$) fahren ungefähr alle 30 Minuten südlich des Markts in der Calle 27 de Febrero ab.

SÜDLICHER ORIENTE

Der nördliche Oriente hat Grund, den südlichen zu beneiden, denn dieser ist wilder und urtümlicher. Hier schlängeln sich Flüsse durch einen weiten Dschungel, in dem es nur winzige indigene Siedlungen, aber keine Straßen gibt. Die Gegend ist wegen fehlender Industrie noch weitgehend unzugänglich, was sich aber durch Bergbau und Ölförderung irgendwann einmal ändern kann. Die meisten Besucher kommen, um sich indigene Völker anzusehen, ein strapaziöses Unterfangen, bei dem man mit wenig Komfort rechnen muss, weil die Tourismusbranche hier noch in den Kinderschuhen steckt.

Macas

☎07 / 14 000 EW.

Macas, die Hauptstadt der Provinz Morona-Santiago, ist das pulsierende Zentrum des südlichen Oriente und der Ausgangspunkt für Touren in die am wenigsten erforschten Gebiete des ecuadorianischen Regenwalds. Hier erblickt man Männer aus nahegelegenen Shuar- und Achuar-Territorien, die traditionelle Perlenketten über Nike-T-Shirts tragen, während die Wohnhäuser aus der Kolonialzeit von Hotels aus Glas und Beton überragt werden.

Sehenswertes & Aktivitäten

Catedral Nuestra Señora de Macas KIRCHE
Die augenfälligste Sehenswürdigkeit der Stadt ist die Kirche, deren knallbunte Madonna über die gepflegte Plaza blickt. Der ruhige, stützenfreie Innenraum zieht alle Aufmerksamkeit auf den gefliesten Altar, auf dem ein friedliches Macas vor der Kulisse eines Feuer speienden Vulkans dargestellt ist. Dem Gemälde der Jungfrau von Macas (entstanden gegen 1592) auf dem Altar werden Wunder zugeschrieben.

Volcán Sangay VULKAN
Der schneebedeckte, perfekte Kegel des Volcán Sangay (5230 m), rund 40 km nordwestlich, ist an klaren Tagen zu sehen. Es handelt sich um Ecuadors siebthöchsten Berg und einen der aktivsten Vulkane der

Welt. Für die frühen Missionare war er ein Bild der Hölle.

Geführte Touren

Macas ist der richtige Ort, um Touren in den südlichen Oriente zu buchen, aber die Dienstleistungen sind hier nicht so perfekt wie im Norden. Achtung: Die Shuar wünschen keine Besucher ohne Führer in ihren Dörfern, und manche Dörfer lassen gar keine Besucher hinein! Es ist daher unbedingt erforderlich, in Begleitung eines professionellen Führers zu reisen, der einem Zugang verschaffen kann und den Standpunkt der Shuar zum Tourismus berücksichtigt.

Tsuirim Viajes DSCHUNGELTOUR
(☎270-1681; leosalgado18@hotmail.com; Ecke Don Bosco & Sucre; Tour 30–60 US$/Pers. & Tag) Bietet eine Palette an Dschungeltouren, darunter Besuche bei Shuar-Gemeinden und schamanistischen Ritualen, Canyoning, Tubing und Dschungelwanderungen.

Yacu Amu Rafting RAFTING
(☎02-290-4054; www.yacuamu.com; Tour 40–80 US$/Pers. & Tag) Bietet fünftägige Raftingtouren auf dem Río Upano durch die wilde Namangosa-Schlucht, eine prächtige Landschaft mit hohen Wasserfällen. Das Wildwasser der Klasse III/IV ist auch für Kajakfahrer geeignet.

Planeta Tours DSCHUNGELTOUR
(☎270-1328; www.planetaselva.travel; Ecke Comín & Soasti; mehrtägige Tour 45–75 US$/Tag) Bietet kulturelle Touren in Shuar-Gebiete, Wanderungen zu Wasserfällen, Angeltouren, Rafting auf dem Río Upano sowie Kanutouren. Man spricht etwas Englisch.

Festivals & Events

Chonta Festival INDIGENES FEST
Das Chonta Festival (Pfirsichpalmenfest) in der letzten Maiwoche ist das wichtigste Fest

Macas

Sehenswertes
1 Catedral Nuestra Señora de Macas ... D2

Aktivitäten, Kurse & Touren
2 Planeta Tours ... B2
3 Tsuirim Viajes ... D1

Schlafen
4 Hostal Casa Blanca ... B1
5 Hotel Heliconia ... B3
6 Hotel La Orquidea ... C1

Essen
7 Chifa Pagoda ... B2
8 El Jalapeño ... B3
9 Guayusa Bar La Maravilla ... C1
10 La Napolitana ... B3

Macas

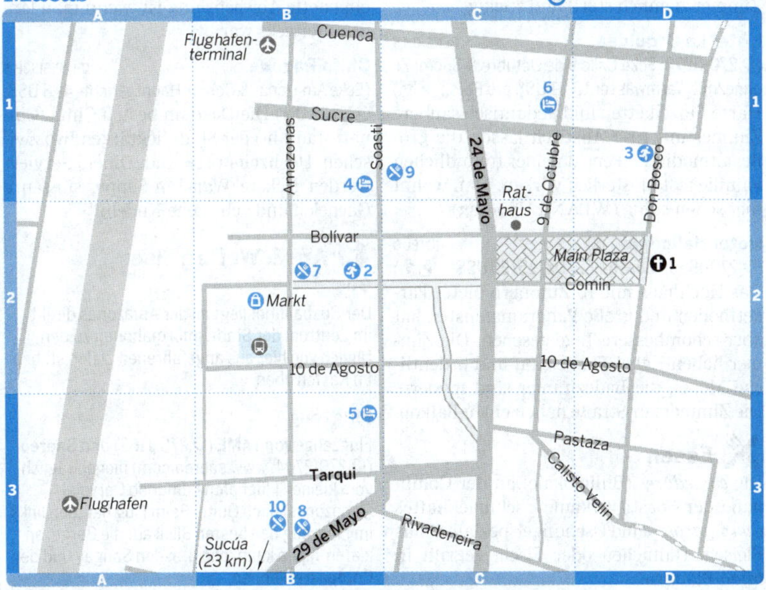

BUSSE AB MACAS

ZIEL	PREIS (US$)	DAUER (STD.)
Cuenca	8,50	8
Gualaquiza	8	8
Guayaquil	10	10
Puyo	7	5
Quito	8	8
Riobamba	5	5
Sucúa	1	¾

der Shuar im Jahr. Ein Shuar-Guide kann helfen, einem eine Einladung zu diesem großen Ereignis zu verschaffen, bei dem die Teilnehmer vier Stunden ununterbrochen tanzen, um bei der Fermentierung der *chicha* (ein vergorenes Getränk aus Mais oder Maniok, s. Kasten S. 244) zu helfen.

Schlafen

Hostal Casa Blanca HOTEL $
(☎270-0195; Soasti; EZ/DZ mit Frühstück 15/25 US$; 📶🏊) Die angenehmsten, aber auch ältesten Zimmer dieses weißen, modernen vielgeschossigen Hotels liegen um den kleinen Pool im Garten hinter dem Haus. Der alte Fernseher in der Lounge oben ist sehenswert, ansonsten sind die Zimmer ziemlich steril und stickig.

Hotel La Orquidea PENSION $
(☎270-0970; Ecke Calle 9 de Octubre & Sucre; Zi. ohne/mit Warmwasser 10/11 US$ pro Pers.; P📶) Harte Einzelbetten und pedantisch saubere Zimmer mit rosa Anstrich lassen die große, altmodische Pension einer freundlichen Familie fast klösterlich wirken. Man wohnt hier schön ruhig (WLAN 1 US$/Tag).

Hotel Heliconia HOTEL $
(☎270-1956; Soasti; EZ/DZ 15/25 US$; P📶) Das Hochhaus mit 40 Zimmern bietet Parkettböden und große Panoramafenster, hat aber schon bessere Tage gesehen. Die Zimmer haben Kabel-TV, Telefon und ordentliche Möbel, die Badezimmer sind modern. Die Zimmer zur Straße haben einen Balkon.

Essen

Die *comedores* (Billiglokale) an der Comín nahe der Soasti verkaufen schmackhaftes *ayampacos* – eine Dschungelspezialität aus Fleisch, Hähnchen oder Fisch, gegrillt in *bijao*-Blättern.

LP TIPP **Guayusa Bar La Maravilla** ECUADORIANISCH $
(Soasti nahe Sucre; Hauptgerichte 3–6 US$; ⊙Mo–Sa 16–24 Uhr) Die blaue Casita ist die vielleicht charmanteste Lokalität vor Ort. Hier steht von den blinkenden Lichtern auf der Veranda bis hin zu den roten Polstersesseln ganz das Ambiente im Vordergrund. Bei den *tablas* (Schneidebrettern) mit Fleisch, Käse und Yuca-Fritten kann man prima entspannen. Es gibt auch ortstypische Gerichte wie köstliche *costillas de cerdo* (Schweinekoteletts), und die Getränkekarte ist mit aphrodisierenden Kräutermixturen und *hueso de chuchuguazo* (Wurzelbier mit Rum) sehr kreativ. Am Wochenende gibt's Livemusik aus den Anden, wodurch das Lokal auch die beste Option in Sachen Ausgehen und Unterhaltung in der Stadt ist.

La Napolitana PIZZERIA $$
(Amazonas; Hauptgerichte 6–20 US$; ⊙7.30–22 Uhr) Das große Freiluftlokal serviert Frühstück (2,50–5 US$) und ist den ganzen Tag geöffnet. Es gibt eine große Auswahl an Gerichten von schmackhaften Pizzas bis zu Salaten und Grillfleisch.

El Jalepeño MEXIKANISCH $
(Amazonas & Calle 29 de Mayo; Hauptgerichte 2,50–3,50 US$; ⊙7–23.30 Uhr) Das freundliche kleine Ladenlokal serviert ordentliche und superbillige mexikanische Kost, was eine nette Abwechslung ist, wenn man lange unterwegs war.

Chifa Pagoda CHINESISCH $
(Ecke Amazonas & Comín; Hauptgerichte 4–8 US$; ⊙11–23 Uhr) Die Deko im besten Chifa (Chinarestaurant) der Stadt liegt irgendwo zwischen Hochzeitstorte und Diner. Serviert werden leckere Wan-Tan-Suppe, süßsaure Garnelen und gebratene Nudeln.

An- & Weiterreise

Bus

Der Busbahnhof liegt an der Amazonas direkt im Zentrum der Stadt. Informationen zu den täglich von hier aus angefahrenen Zielen stehen im Kasten oben.

Flugzeug

Flugzeuge von **TAME** (☎270-1162) und **Saereo** (☎270-2764; www.saereo.com) fliegen täglich vom kleinen Flughafen Edmundo Carvajal (Amazonas) nach Quito. Beim Flug hat man links im Flugzeug den besten Blick auf die Berge, an klaren Tagen kann man u. a. den Sangay und den Cotopaxi erkennen.

Parque Nacional Sangay

Weitere Informationen zu diesem **Nationalpark** (Eintritt 2 US$) stehen auf S. 160. Die meisten Besucher erreichen diesen Park von Norden oder Westen; der Zugang von Süden oder Osten ist schwierig. Wer von Macas aus anreist, sollte sich auf die Bergseen konzentrieren, z.B. die malerischen Lagunas de Tinguichaca oder die beliebten Lagunas de Sardinayacu, in deren Umfeld es von Wildtieren wimmelt. Der Vulkan selbst ist von hier aus nicht zugänglich.

Busse fahren von Macas zu den nahegelegenen Dörfern 9 de Octubre und San Vicente, die beide gute Ausgangspunkte für Wanderungen sind. Die kleine Siedlung Purshi ist der offizielle Parkeingang. Am besten geht man mit einem Führer hinein, denn die Wege sind nur undeutlich und erfordern neben genauer Ortskenntnis auch den Einsatz der Machete. Die Touren hier sind generell für Menschen ungeeignet, die das Wandern in schwierigem Gelände nicht gewohnt sind.

Zu einer bestimmten Zeit stand der Park auf der Roten Liste des gefährdeten Welterbes, und zwar hauptsächlich wegen dem Bau einer Straße zwischen Macas und Guamote. Die Straße, die 2006 schließlich fertiggestellt wurde, bietet einen besseren Zugang zum Park, fügte ihm aber gleichzeitig unwiederbringlichen Schaden zu.

Kapawi Ecolodge & Reserve

Im Herzen der Achuar-Wildnis, mitten in einem der abgelegensten Teile des ecuadorianischen Amazonien, bietet **Kapawi** (☎02-600-9333; www.kapawi.com; EZ 3/4/7 Nächte 1119/1399/2379 US$, DZ 1598/1998/3398 US$) ein urtümliches, ökologisch und kulturell akzeptables Erlebnis. Viele Veranstalter behaupten, ähnlich vorzugehen, aber das trifft nur auf wenige wirklich zu. Diese Lodge ist für ihren Ansatz vielfach ausgezeichnet worden.

Der ecuadorianische Tourveranstalter Canodros eröffnete die Lodge im Jahr 1996, aber er mietete das Land von den Achuar und bildete Einheimische als Führer und Touristikmitarbeiter aus. Die Verwaltung wurde im Lauf der Jahre schrittweise an die Achuar übertragen, die 2008 schließlich zu alleinigen Inhabern und Betreibern der Lodge wurden.

Die Anreise ist nur mit dem Flugzeug aus der Oriente-Ortschaft Shell möglich – der nächstgelegene Ort ist zehn Tageswanderungen entfernt. Die Lodge besteht aus 18 strohgedeckten, auf Stelzen über einem See stehenden Hütten mit eigenem Bad und Balkon. Nachhaltige Technologien wie Solarstrom, Mülltrennung, Recycling, Wasseraufbereitung und der Einsatz biologisch abbaubarer Seife sind hier alltägliche Praxis.

Besucher gehen nicht einfach nur los, um die Achuar zu fotografieren, sondern werden in deren Wohnungen eingeladen, mit Maniokbier bewirtet und können so in einen einmaligen kulturellen Austausch eintreten. Die kleinen Gruppen werden von einem Achuar-Führer und einem Naturkundler begleitet, die als Gespann arbeiten und den Besuchern die Besonderheiten des Regenwalds aus ökologischer und aus kultureller Perspektive erklären.

Die Lodge befindet sich gleich abseits des Río Pastaza an einem Altarm des Río Capahuari und ist mit dem Kanu von dem nahegelegenen Flugfeld aus zu erreichen. Reservierungen erfolgen über das Hauptbüro in Quito. Der Transport ab Quito kostet hin und zurück 274 US$. Im Pauschalpreis sind alle Mahlzeiten und geführte Touren enthalten.

Der Dschungel ab Macas

Die Karten zeigen Straßen oder Wege, die von Macas aus ins Landesinnere, meist zu Dörfern der indigenen Shuar oder zu Missionen tief im Oriente führen. In diese Gebiete auf eigene Faust vorzudringen, wird nicht empfohlen, denn die meisten Gemeinden verlangen, dass Touristen nur in Begleitung eines Führers kommen.

Zahlreiche Busse fahren von Macas zur Mission (Kirche & Schule) **Sevilla** (Don Bosco) am anderen Ufer des Río Upano. Das ist ein guter Ort, um Shuar-Kunsthandwerk von örtlichen Produzenten zu kaufen. Von dort aus führt ein breiter Weg südwärts zum Dorf **San Luís** – von Macas aus eine gute Tagesreise, bei der man einen kurzen Einblick ins Leben der indigenen Bevölkerung gewinnt.

Wer dringende Lust nach **Höhlenwanderungen** verspürt oder einmal die seltenen Fettschwalme (nachtaktive, Früchte fressende Vögel, deren Fett die Shuar eine heilende Wirkung zuschreiben) sehen will, engagiert einen Führer und marschiert zur **Cueva de los Tayos** zwischen Méndez und Morona. Ein fünfstündiger Weg führt zum weitläufigen Coangos-Höhlensystem, wo man leicht eine Woche lang die mit Stalaktiten und Stalagmiten gespickten Höhlen erkunden könnte. Für eine der Routen benötigt man umfangreiche Ausrüstung, weil sie mit einem 70 m tiefen, geraden Abstieg in den Untergrund beginnt. Eine andere führt über einen schlüpfrigen unterirdischen Weg zu einem unterirdischen Fluss. Selbst bei Routen, die keine Spezialausrüstung erfordern, sind Handschuhe, Gummistiefel und (nicht zu wenig) Taschenlampen erforderlich.

Eine Flussfahrt den Río Santiago hinunter Richtung Peru (kein erlaubter Grenzübergang) bietet unterwegs oft gute Wildwasserstellen und liegt entschieden abseits gebahnter Wege. Eine solche Tour kann man mit einem erfahrenen Führer in Macas (s. S. 248) vereinbaren.

Sucúa

☎07 / 7900 EW.

Diese kleine Stadt bildet den Übergang aus dem geschäftigen Macas in den tiefen Dschungel. Alte Männer treten hier bedächtig in die Pedale ihrer Fahrräder, während ein Verkäufer Fleisch unter der einzigen Ampel im Ort grillt, gegenüber einer kleinen Plaza mit Feigenbäumen und zirpenden Grillen. Sonntag ist Markttag.

Das **Hotel Romanza** (☎274-0943; Zi. mit Frühstück 12 US$/Pers.) ist eine helle Unterkunft mit mintgrünen Bettdecken und Holzmöbeln. Einen Block von der Hauptplaza bietet **Tisho's Pizzeria** (Ecke Pástor Bernal & Sangurima; Hauptgerichte 3–7 US$; ⌚11–23 Uhr) US-amerikanische Gerichte, weil der Inhaber lang in den Staaten gelebt hat. Und so bekommt man hier Philly-Cheesesteak-Sandwiches und „Texas"-Pizza.

Von Sonnenaufgang bis Sonnenuntergang fahren von der Ecke der Hauptplaza zahlreiche Busse und Pickups nach Macas (1 US$, 1 Std.). Andere starten Richtung Süden nach Gualaquiza (7 US$, 7 Std.).

Gualaquiza

☎07 / 7945 EW. / 950 M

Vor dem Hintergrund eines sanft gewellten Hügels und umgeben von dichtem Dschungel ist dieses freundliche und ziemlich charmante Städtchen wohl die ansprechendste Siedlung im südlichen Oriente. Familien spazieren über den Stadtplatz zu Füßen der auf einem Hügel stehenden Kirche, zu der ein Fächer türkisfarbener Stufen hinaufführt, während auf dem Markt die Frauen sich an den Stapeln aus Zitronen, Maniok und Kamille zu schaffen machen. Das Angebot an Unterkünften ist begrenzt; man sollte sich aber vor Ort nach Infos über die ausgezeichneten **Höhlenwanderungen** 15 km westlich der Stadt nahe dem Dorf Nueva Tarquí (Taschenlampen und Ersatzbatterien erforderlich) sowie über die **Wasserfälle** und sandigen **Strände** am Flussufer erkundigen. Eine ausgezeichnete **Radtour** führt durch die Hügel nach La Florida (2½ Std.). Man muss dafür allerdings ein eigenes Fahrrad dabei haben.

Wenn man übernachten will, ist das **Hotel Internacional** (☎278-0637; Ecke Cuenca & Moreno; Zi. mit Frühstück 13 US$/Pers.) die beste Option, ein funktionales, ziemlich reizloses mehrgeschossiges Hotel mit recht kleinen Zimmern und Böden aus gefirnisstem Sperrholz. Es gibt mehrere Lokale rund um den Hauptplatz; das Angebot beschränkt sich aber mehr oder weniger auf Schnellgerichte zum Mitnehmen.

Der Busbahnhof liegt vom Zentrum aus den Hügel hinunter. Mehrmals täglich fahren Busse über Zamora (4 US$, 4 Std.) nach Loja (6 US$, 6 Std.). Nach Cuenca gibt es zwei unterschiedliche Strecken – auf der Sigsig-Route (7 US$, 6 Std.) spart man zwei Stunden. Richtung Norden fahren Busse nach Sucúa (7 US$, 7 Std.) und Macas (8 US$, 8 Std.).

Nordküste & Tiefland

Inhalt »

Santo Domingo de los Colorados 255
San Lorenzo 256
Reserva Ecológica de Manglares Cayapas Mataje 258
San Miguel......... 258
Playa de Oro 259
Reserva Ecológica Cotacachi-Cayapas . 260
Esmeraldas 261
Atacames.......... 263
Same & Tonchigüe . . 266
Mompiche 269
Bahía de Caráquez. . .273
Manta..............276

Gut essen

» Seaflower Lateneus (S. 268)

» Amalur (S. 271)

» Puerto Amistad (S. 275)

» La Facha (S. 270)

Schön übernachten

» CasaGrande Oceanfront Boutique Hotel (S. 275)

» Casa Ceibo (S. 275)

» Playa Escondida (S. 266)

» Iruña (S. 269)

Auf an die Nordküste & ins Tiefland!

Die Nordküste Ecuadors kann vielleicht nicht mit den Naturattraktionen aufwarten, die viele andere Regionen des Landes zu bieten haben, doch seine Strände, die Mangrovenwälder, indigene Siedlungen und die afro-ecuadorianische Küche sind nur einige Gründe, warum es dennoch viele Traveller hierher zieht. Die Region ist spürbar ärmer als der Rest des Landes, macht dies aber mit beeindruckender Gastfreundschaft und dem kulturellen Mix wieder wett: Bei einem Besuch in San Lorenzo erlebt man eine dynamische afro-ecuadorianische Kultur; ein Abstecher in den Urwald von Esmeraldas eröffnet die Möglichkeit, das Naturschutzgebiet Playa de Oro zu erkunden, das eine riesige Vielfalt von Wildtieren birgt und auf einem Gemeindeprojekt basiert.

Wen es eher an den Strand zieht, der hat viele Optionen, vom relaxten Same mit seinem breiten Sandstrand, der bei Sonnenuntergang zum Spazierengehen einlädt, bis hin zum Surferparadies Canoa oder dem entspannten Fischerdorf Mompiche.

Reisezeit

Manta

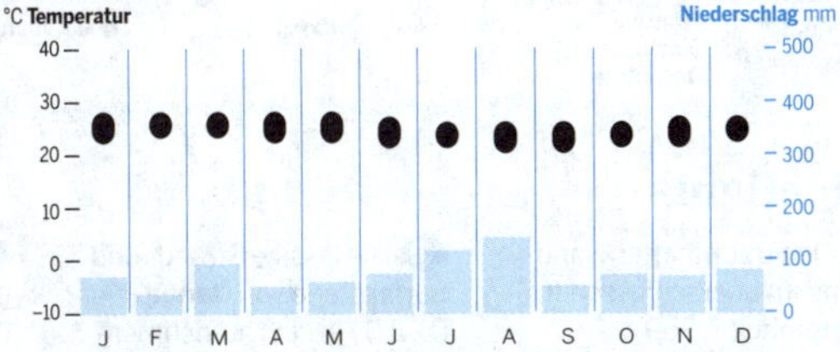

Dez.–Mai Die Regenzeit bringt Nässe, aber auch Hitze und Sonne zwischen den Güssen mit sich.

Juli–Aug. Die Badeorte quellen vor ecuadorianischen Touris förmlich über; überall Urlaubsspaß.

Sept.–Nov. An der Küste ist es herrlich ruhig, und das Wetter ist immer noch genial.

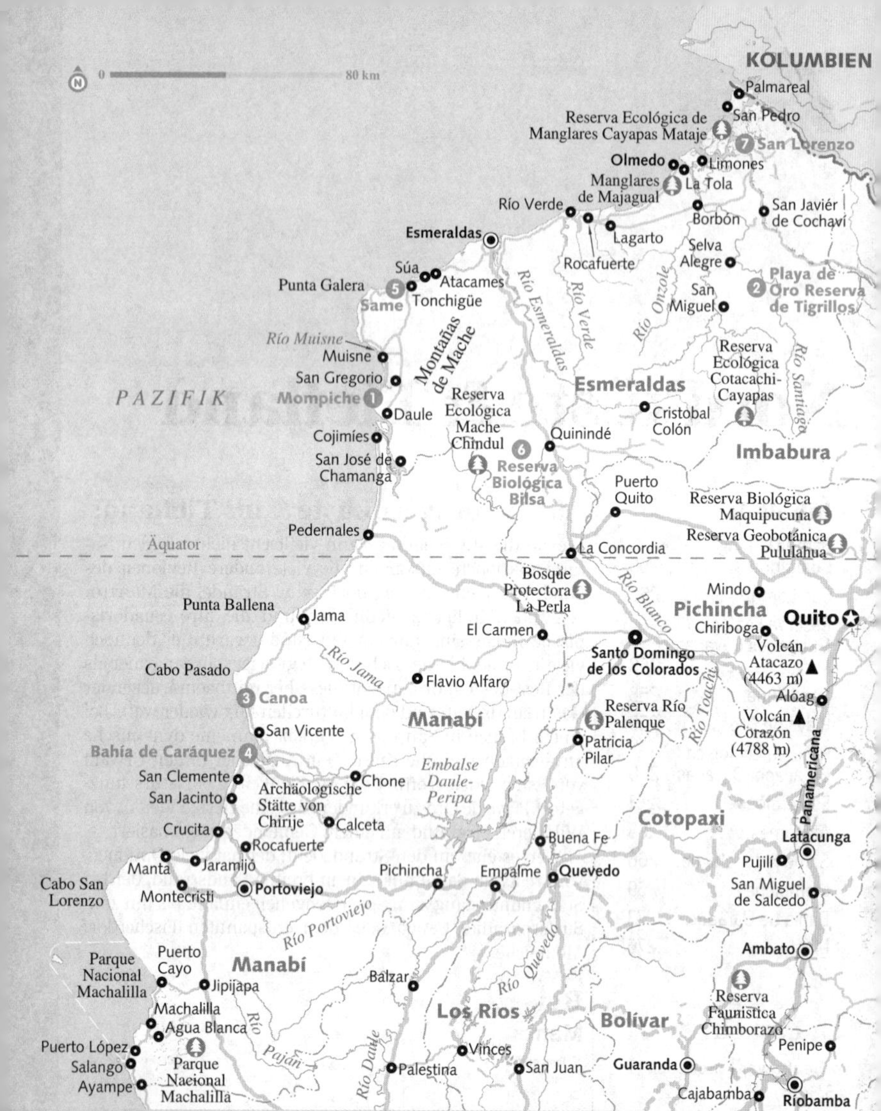

Highlights

1 Den traumhaften Sandstrand im unerschlossenen **Mompiche** (S. 269) genießen, bevor die Entwicklung Einzug hält

2 In der **Playa de Oro Reserva de Tigrillos** (S. 260) unter dem üppig grünen Blätterdach des Urwalds lustwandeln

3 Die lässige Strand- und Surferszene von **Canoa** (S. 271) in sich aufnehmen

4 **Bahía de Caráquez** (S. 273) und die **archäologische Stätte von Chirije** (S. 276) besichtigen

5 In den Wellen vor der malerischen Strandkulisse von **Same** (S. 266) herumtollen

6 Über die grüne Landschaft der tierreichen **Reserva Biológica Bilsa** (S. 260) staunen

7 Bei einem Ausflug an Ecuadors dunstig-schwüle nördliche Grenze in **San Lorenzo** (S. 256) zu afro-ecuadorianischen Rhythmen mitwippen

WESTLICHES TIEFLAND

Bis zur Küste erstrecken sich hier fruchtbares Ackerland und sanfte Hügel. Sie werden von zahlreichen Flüssen durchzogen, welche das Gebiet auf ihrem Weg vom Hochland der Anden bis zum Ozean durchfließen. Zwischen den Bergen und dem Meer sind heute große Plantagen zu finden. Ihre Früchte bilden den Motor der Agrarwirtschaft: Wo einst der Urwald wucherte, erstrecken sich heute bis zum Horizont Anbaugebiete, die Kakao, afrikanisches Palmöl und Bananen hervorbringen. Und dazwischen liegen schmutzige, sich schnell ausbreitende Städte.

Von Quito nach Santo Domingo de los Colorados

☎02

Ein großer Teil der Strecke von Quito nach Westen ist von atemberaubender Landschaft mit steilen Abhängen geprägt, die sich in Nebel und Leere verlieren. Da können nach einer scharfen Kurve plötzlich üppig grüne Hügel ins Blickfeld rücken! Diese Strecke legt man am besten morgens zurück, wenn die Chancen auf einen klaren Himmel am besten sind.

Außerhalb von Quito schraubt sich die Straße hinauf in den *páramo* (Höhengrasland der Anden), wo der Blick im Norden bzw. Süden auf die erloschenen Vulkane **Volcán Atacazo** (4463 m) und **Volcán Corazón** (4788 m) fällt. Die kurvenreiche Abfahrt führt ins Tal des Río Toachi, wo die Luft dicker wird und erste tropische Pflanzen sprießen.

Etwa 16 km hinter Santo Domingo liegt **Tinalandia** (☎02-244-9028; www.tinalandia.com; EZ/DZ 86/118 US$), das für seine erstklassigen Möglichkeiten zur Vogelbeobachtung bekannt ist. Das rustikale Resort befindet sich auf einer Höhe von 600 m in einem Feuchtwald der Voranden. Die Gäste kommen in verwitterten Bungalows mit eigenen Bädern und Warmwasserduschen unter. Die trockensten Monate (Mai & Juni) sind bei Vogelbeobachtern besonders beliebt, und auch Tagestouristen sind hier willkommen (Tagespass 10 US$). Leckere Gerichte und frisches Gemüse von der Hydrokulturfarm kosten extra.

Das Tinalandia liegt etwa 86 km hinter der Panamericana-Abzweigung in Alóag. Entweder bittet man den Fahrer, in Tinalandia anzuhalten, oder man hält – wenn man selbst mit dem Auto unterwegs ist – aus Richtung Quito kommend am rechten Straßenrand nach der kleinen Steintafel Ausschau. Von dort liegt das Hotel zur Linken noch 500 m entfernt.

Santo Domingo de los Colorados

☎02 / 368 000 EW. / 500 M

Diese belebte, aber recht reizlose Stadt ist ein wichtiges Wirtschaftszentrum und ein bedeutender Verkehrsknotenpunkt. Sie bietet nur wenige Attraktionen, die Traveller davon abhalten könnten, sie nur als Durchgangsstation zu betrachten. Der Hauptgrund, hier Halt zu machen, ist die Organisation eines Besuchs der faszinierenden Tsáchila-Gemeinden. Santo Domingo hat auch seine verwahrlosten Seiten – Besucher sollten eine gewisse Vorsicht an den Tag legen und den Bereich rund um den Markt und die Calle 3 de Julio nach Einbruch der Dunkelheit meiden.

Sehenswertes & Aktivitäten

Tsáchila & Chihuilpe INDIGENE GEMEINSCHAFT

Der interessanteste Ausflug ist ein Besuch beim Volk der Tsáchila, das heute noch etwa 3000 Mitglieder zählt, die sich auf acht Gemeinden in einem 10 500 ha großen Reservat (S. 258) rund um Santo Domingo verteilen. Es wird eine Führung durch die Gemeinden angeboten, zu der auch eine Einführung zu den Pflanzen, die für medizinische Zwecke verwendet werden, eine Erklärung der Bräuche und Traditionen sowie eine abendliche Tanzaufführung gehören. Die Gemeindemitglieder stellen hübsche, handgewebte Güter in den für sie typischen knalligen Regenbogenfarben her, außerdem Schmuck.

José Aguabil (☎09-770-8703), das Oberhaupt der El-Poste-Gemeinschaft, ist der richtige Ansprechpartner für alle, die an einem Besuch interessiert sind. Auch das 17 km von Santo Domingo an der Straße nach Quevedo liegende Chihuilpe kann besucht werden. Hierfür kontaktieren Traveller am besten **Tsapini Calasacón** (☎09-750-3320), das Oberhaupt dieser Gemeinschaft. Pro Besucher wird eine Gebühr von etwa 5 US$ fällig. Auch die Reisebüros in Santo Domingo können solche Touren buchen; Näheres erfährt man, indem man sich einfach im Stadtzentrum umhört.

Schlafen & Essen

Hotel Del Pacífico HOTEL $$

(☎275-2806; Av 29 de Mayo 510; EZ/DZ 20/35 US$; ❄📶) Es gibt absolut keinen Grund, in Santo Domingo zu übernachten. Wer aber hier strandet, kann in diesem Hotel – der besten Option der Stadt – sein Glück versuchen. Es hat saubere und geräumige Zimmer mit Fliesenböden und verglasten Fenstern. Es liegt im Stadtzentrum zwischen der Hauptplaza und dem Markt.

Restaurante Timoneiro ECUADORIANISCH $

(Av Quito 115; Hauptgerichte 3–7 US$; ⏲7–21 Uhr) An der Hauptplaza gibt's einige Speiseoptionen, darunter auch dieses freundliche und angenehme Restaurant, in dem traditionelle ecuadorianische Küche serviert wird.

An- & Weiterreise

Santo Domingo ist ein wichtiger Verkehrsknotenpunkt, von dem aus es Verbindungen nach ganz Ecuador gibt. Der Busbahnhof liegt fast 2 km nördlich der Innenstadt. Von hier fahren regelmäßig Busse in viele große Städte. Es gibt auch Internetzugang, einen Geldautomaten und eine Gepäckaufbewahrung.

DIE NORDKÜSTE

Die Nordküste ist ein üppig grüner Landstrich mit tropischem Regenwald und ineinander verschlungenen Mangroven, einigen einladenden Stränden, bitterarmen Dörfern im Hinterland und entspannten Surferorten. Sie ist die Heimat einer der größten afro-ecuadorianischen Bevölkerungsgruppen des Landes, welchen die Gegend ihre typische Marimbamusik und lebhaften Festivals sowie die hervorragenden Gerichte mit Meeresfrüchten verdankt.

Traveller, die diese Gegend erkunden wollen, sollten eine Portion gesunden Menschenverstand und Lust auf Abenteuer im Gepäck haben. Manche Besucher lassen sich aber auch von der frappierenden Armut und dem fehlenden Komfort in manchen Gegenden abschrecken.

San Lorenzo

☎06 / 15 000 EW.

Am Ufer eines kalten, ruhigen Flusses liegt, umgeben von grünem Urwald, das etwas altersschwache, aber dennoch lebhafte San Lorenzo, ein bunter Mischmasch aus flirrender Hitze, tropischen Rhythmen und zerfallenden Ladenfassaden. Der Reiz dieser abgelegenen afro-ecuadorianischen Siedlung sind die Marimba- und Salsaklänge, die sie erfüllen, und das alljährliche Musikfestival im August, bei dem alle so richtig aufdrehen.

Die Straße hierher wurde erst Mitte der 1990er-Jahre fertiggestellt, und so erhält sich die Stadt noch immer das Flair eines vergessenen Außenpostens. Es herrscht große Armut, der Tourismus ist kaum entwickelt und die Fortbewegung von A nach B ist mühsam. Der wahre Reichtum der Gegend sind die Menschen, die hier leben. Ihre Lebendigkeit ist einzigartig und der

BUSSE AB SANTO DOMINGO

ZIEL	PREIS (US$)	DAUER (STD.)
Ambato	4	4
Atacames	4	4
Bahía de Caráquez	5	5
Baños	5	5
Coca	13	14
Esmeraldas	4	3½
Guayaquil	5	5
Loja	11	12
Manta	6	6
Mindo	2,50	2
Muisne	6	5
Quito	3	3

LOS TSÁCHILAS

Die Tsáchilas, von den Kolonisten auch „die Colorados" genannt, sind sowohl für ihre *curanderos* (Medizinmänner) als auch für ihre wunderschönen Webwaren in knalligen Regenbogenfarben bekannt. Die für diese Volksgruppe typischen Merkmale sind leicht zu erkennen: Sie bemalen ihre Gesichter mit schwarzen Streifen, und die Männer färben ihre Pilzkopffrisuren rot.

Heutzutage ist es sehr viel wahrscheinlicher, Tsáchilas zu treffen, die sich der westlichen Kultur angepasst haben. Bei all den Kuriositätenläden, die Postkarten mit Fotos von ihnen verkaufen, Gaffern in Santo Domingo, die sie „bemalte Tiger" nennen, und Busfahrern, die sich über ihre Haarfarbe beschweren, die angeblich die Kopflehnen der Sitze beschmutzt, ist es kein Wunder, dass sich die Tsáchilas mit ihren Bräuchen aus der Öffentlichkeit zurückgezogen haben. In den letzten Jahren konnten die Tsáchilas jedoch wichtige Siege erringen, vor allem durch die Gründung einer eigenen Provinz im Jahr 2007, die der Gruppe eine bedeutendere Rolle im nationalen politischen System gewährt.

Kasama, das Neujahr der Tsáchilas (das mit dem Samstag vor Ostern zusammenfällt), ist für sie eine Zeit, in der sie ihre Wurzeln aufs Neue bejahen. Alle Dorfbewohner versammeln sich und wünschen sich gegenseitig alles Gute für das neue Jahr. Es wird Rohrzucker-*chicha* (ein Getränk aus fermentiertem Mais oder Yucca, das zur Tradition vieler indigener Kulturen in Ecuador dazugehört) ausgeschenkt, und die festliche Stimmung wird von Musik, Tanz und Theateraufführungen unterstützt. Obwohl Kasama das wichtigste Fest der Tsáchila ist, wurde es bis zu seiner Wiedereinführung 1998 30 Jahre lang nicht zelebriert. An die Wiederaufnahme ist auch die vage Hoffnung geknüpft, dass irgendwann auch wichtige Bestandteile der Natur – z. B. das *guatusa* (Agouti, ein Nagetier) und das Gürteltier – wieder zurückkehren werden.

Während die meisten Tsáchilas auf Besucher sehr zurückhaltend reagieren (und sich nur sehr ungern fotografieren lassen), sind Traveller in Chihuilpe und El Poste herzlich willkommen. Beide liegen südlich von Santo Domingo an der Straße nach Quevedo. Nach einem Besuch im Touristenzentrum von Chihuilpe kann man auch bei einem der *curanderos* vorbeischauen, die Heilkräuter verkaufen oder Behandlungen anbieten. In El Poste können Besucher auch an den oben erwähnten Kasama-Feierlichkeiten teilnehmen.

wahre Grund, warum sich ein Besuch hier unbedingt lohnt. Diese Umgebung hat nur wenig mit dem Ecuador gemeinsam, das die meisten Besucher kennen, aber gerade das macht San Lorenzo zu einem zwar schwierigen, aber dennoch faszinierenden Reiseziel. Der Ort ist außerdem ein hervorragender Ausgangspunkt für einen Besuch in der nahe gelegenen Reserva Ecológica de Manglares Cayapas Mataje.

Schlafen & Essen

Das Angebot ist nicht gerade üppig. Moskitonetze und Ventilatoren sind, vor allem in der Regenzeit, ein unerlässliches Auswahlkriterium. Die folgenden Optionen sind alle mit Moskitonetzen ausgestattet.

Gran Hotel San Carlos HOTEL $
(☎278-0284, 278-1189; Ecke Imbabura & José Garcés; EZ/DZ mit Gemeinschaftsbad 10/15 US$, EZ/DZ mit Klimaanlage 17/22 US$; P ❄) Das Gran Hotel San Carlos No 1 hat saubere, helle Zimmer mit großen Fenstern. Die Gemeinschaftsbereiche sind in kitschigen Regenbogenfarben gehalten. Das neuere San Carlos No 2, das in derselben Straße einen Häuserblock entfernt liegt, ist sogar noch komfortabler und bietet modernste Klimaanlagen, Kabelfernsehen und makellos saubere Fußböden.

Hotel Pampa de Oro HOTEL $
(☎278-0214; Tácito Ortíz; EZ/DZ 9/18 US$) Diese etwas verwohnte Option ist die günstigste Unterkunft im Ort. Es gibt Ventilatoren auf den Zimmern und jede Menge Plastikblumen.

Doña Luca ECUADORIANISCH $
(Eloy Alfaro; Hauptgerichte 2,50–5 US$; ⌚7.30–20 Uhr) Dieses Lokal ist die wohl beste Option der Stadt und serviert Frühstück und eine große Auswahl von Gerichten, von Fleisch und Fisch bis hin zu köstlichen lokalen Meeresfrüchten. Es befindet sich im

Stadtzentrum zwischen der Durchfahrtsstraße und dem Parque Central.

El Chocó ECUADORIANISCH $
(Imbabura nahe Tácito Ortiz; Hauptgerichte 2–6 US$; ⌚Mo–Sa 6–22 Uhr) Dieses saubere, sehr beliebte Lokal direkt an der Hauptstraße hat typische Gerichte mit lokalen Meeresfrüchten wie Ceviche und *encocado de camarones* (Garnelen-Kokos-Eintopf) im Angebot.

Praktische Informationen

Die **Polizeiwache** (☎278-0672) ist direkt am Parque Central, die **Capitanía** (Hafenverwaltung) ist am Hauptpier zu finden. Wer hier nach Kolumbien einreist oder von dort ausreist (was nicht empfohlen wird), der muss sich an einer dieser Stellen um die Reisepassformalitäten kümmern.

Das katholische Krankenhaus von San Lorenzo liegt eine kurze Taxifahrt vom Stadtzentrum entfernt und ist angeblich das beste Krankenhaus nördlich von Esmeraldas. **Cyber San Lorenzo** (Calle 26 de Agosto; ⌚8–20 Uhr) bietet verlässlichen Internetzugang.

An- & Weiterreise

Bus

Die Busse der Busgesellschaft La Costeñita fahren stündlich zwischen 5 und 16 Uhr am Parque Central nach Esmeraldas (4,50 US$, 5 Std.) ab. Busse von Trans Esmeraldas bieten regelmäßige Verbindungen ab ihrem Depot in der 10 de Agosto nach Quito (7 US$) über Ibarra (4 US$) und nach Manta (7 US$) an.

Schiff/Fähre

Boote von **Ecuador Pacífico** (☎278-0161; andre scarvache@yahoo.es) fahren um 7.30, 10.30 und 13 Uhr nach Limones (3 US$, 1½ Std.) und von dort weiter nach La Tola (5 US$, 45 Min.). In La Tola kann man in einen Bus nach Esmeraldas umsteigen. Boote zu den nahe gelegenen Stränden fahren um 7.30 und 14 Uhr (3 US$) ab. Der Tourguide Andres Carvache organisiert diese und andere Bootstrips. Er ist an der rechten Seite des Piers in einem Laden auf Pfählen anzutreffen.

Um die Grenze nach Kolumbien zu überqueren, gibt es Boote um 7.30, 14 und 16 Uhr (3 US$); hinzu kommt noch die Busverbindung ins kolumbianische Tumaco. Aufgrund von Guerillaaktivitäten ganz in der Nähe, die manchmal eine Flut von Flüchtlingen mit sich bringen, wird davon abgeraten, die Grenze hier zu überqueren.

Es ist nicht möglich, die Mangroven mit öffentlichen Verkehrsmitteln zu erkunden. Eine Tour kann über die **Cooperativa San Lorenzo del Pailón** (☎278-0039) organisiert werden, eine autorisierte Agentur, die private Bootstouren für 20 bis 30 US$ pro Stunde anbietet. Touren können auch über Andres Carvache arrangiert werden; hier kostet ein zwei- bis dreistündiger Ausflug 60 bis 80 US$.

Reserva Ecológica de Manglares Cayapas Mataje

Millionen von Zugvögeln passieren zwischen Juni und Juli dieses Küstenreservat und sorgen für ein lautes und denkwürdiges Spektakel. Das 51300 ha große Naturschutzgebiet bietet fünf verschiedenen Mangrovenarten einen Lebensraum. Außerdem findet sich hier der größte Mangrovenwald der Welt, der Manglares de Majagual nahe den Dörfern La Tola und Olmedo. San Lorenzo liegt mitten im Naturschutzgebiet und ist somit ein guter Ausgangspunkt. Der größte Teil des Reservats befindet sich auf Meereshöhe, und kein Punkt liegt höher als 35 m. Eines der Highlights des Naturschutzgebiets ist der unberührte, 11 km lange Inselstrand **San Pedro** nahe der kolumbianischen Grenze. Bevor man diese Gegend besucht, sollte man sich allerdings über die Sicherheitslage informieren.

In der Nähe der Ortschaft **Palmareal** gibt es einfache, von der Gemeinde geführte *cabañas* (Hütten). Wer hier übernachtet, muss ein Moskitonetz und Wasser (oder Wasserreinigungstabletten) mitbringen. Das Naturschutzgebiet ist so gut wie ausschließlich mit dem Boot zu erreichen.

San Miguel

San Miguel ist eine bescheidene, freundliche afro-ecuadorianische Gemeinde, deren Bewohner in auf Pfählen erbauten Strohhütten im Wald leben. Ganz in der Nähe liegen am Fluss verstreut auch einige Chachi-Hütten. Das Dorf ist ein guter Ausgangspunkt für alle, die die Tieflandbereiche der Reserva Ecológica Cotacachi-Cayapas besuchen wollen.

Als Unterkünfte dienen einfache Pensionen, die von der Frauenvereinigung des Ortes betrieben werden. Die Kosten hierfür liegen pro Person bei etwa 5 US$, und für zusätzlich 7 US$ am Tag gibt's noch hausgemachte Verpflegung dazu.

Die **Ranger-Station** bietet einfache Unterkünfte (5 US$/Pers.) und schmiegt sich an einen kleinen Hügel mit einem atem-

AUSFLUG IN DEN URWALD

Playa de Oro liegt buchstäblich am Ende der Welt, und gerade das macht das Gebiet so besonders: Das Schnüffeln der Langschwanzkatzen ist nachts durch die Fenster der Hütten klar zu vernehmen. Die Bewohner des zugehörigen Dorfes sind die afroecuadorianischen Nachkommen von Sklaven, die vor 500 Jahren zum Goldwaschen hierher gebracht wurden. Playa de Oro liegt von der Küste aus mehrere Stunden landeinwärts in einsamer, nicht an das Straßennetz angeschlossener Wildnis – und dank dieser Unzugänglichkeit ist das ursprüngliche Naturparadies noch erhalten.

Um sicherzustellen, dass es auch dabei bleibt, hat die Gemeinschaft 10 000 ha seiner Fläche zur Playa de Oro Reserva de Tigrillos erklärt, einem Naturschutzgebiet, das alle einheimischen Arten von Wildkatzen schützt: Jaguare, Pumas, Ozelote, Langschwanzkatzen, Tigerkatzen und Jaguarundi. Angesichts der vielen Fälle, in denen die Landesregierung eine nachhaltige Entwicklung zugunsten der Großindustrie vernachlässigte, entschieden sich die Einwohner gegen eine staatliche Registrierung und verwalten das Naturschutzgebiet nun in Eigenregie als Gemeinschaft.

In Playa de Oro erhält jeder Einwohner ab dem vollendeten 14. Lebensjahr in wichtigen Angelegenheiten ein Stimmrecht. Einige Dorfbewohner haben lange argumentiert, dass der Ökotourismus eine vernünftige, ungefährliche Art des Tourismus sei. Sie beharren darauf, die Kontrolle über den Ökotourismus zu behalten und ihn nicht in die Hände von großen Reiseagenturen zu geben, die ein großes Stück vom Kuchen haben wollen. Dadurch sind die Bewohner Playa de Oros allerdings von unabhängigen Reisenden und Kleingruppen abhängig.

Der Großteil der Gegend rund um das Naturschutzgebiet hat sich infolge der Goldförderung in den letzten 15 Jahren dramatisch verändert. Dort, wo früher kleine Dörfer lagen, haben Maschinen für die Goldwäsche große Kiesberge aufgeschüttet, und das Wasser des Flusses ist mit Zyanid und Arsen verseucht, die im Abbauprozess eingesetzt werden. Bisher haben sich die Dorfbewohner den Angeboten von Unternehmen der Gold- und Holzbranche gegenüber standhaft gezeigt, die ihnen als Gegenleistung für ihr Land Güter und Dienstleistungen (ein Generator, eine neue Straße, Arbeitsplätze beim Abholzen ihres eigenen Waldes) anbieten. Fraglich bleibt, ob die spärlichen Einkünfte auch in den kommenden Jahren noch ausreichen werden, um das Naturschutzgebiet zu erhalten.

beraubenden Blick auf den Regenwald und den Fluss. Die Genehmigung, hier zu übernachten, holt man sich beim *guardaparque* (Park-Ranger). Die Station hat eine Kaltwasserdusche, eine Toilette und eine Kochnische. In einem Laden im Dorf kann man sich mit den nötigsten Lebensmitteln eindecken oder einfach herumfragen, ob einer der Dorfbewohner für etwa 5 US$ vielleicht gerne einen Traveller mit einem einfachen Essen aus Suppe, Reis und Kochbananen versorgen möchte.

Der Bootsführer des täglich verkehrenden Passagierkanus aus Borbón (ein vom Glück verlassener Holzhafen 30 km flussabwärts) verbringt die Nacht etwa 15 Minuten flussabwärts von San Miguel. Er fährt nur zurück nach San Miguel, wenn eine Reservierung durch Passagiere vorliegt, weshalb man unbedingt vorab buchen sollte. Das Kanu fährt gegen 4 Uhr morgens in San Miguel los.

An- & Weiterreise

La Costeñita und Transportes del Pacífico lassen zwischen 7 und 18 Uhr etwa einmal stündlich Busse nach Esmeraldas (3 US$, 4 Std.) und San Lorenzo (1,50 US$, 1 Std.) fahren.

Ein täglich verkehrendes Passagierboot fährt um 11 Uhr nach San Miguel (8 US$, 5 Std.). Es kann Passagiere überall am Río Cayapas oder in San Miguel absetzen. Mehrere Boote steuern unregelmäßig andere Ziele an; am besten an der Anlegestelle umhören! Oft können auch *fletes* (Privatboote) gemietet werden. Pro Gruppe werden dafür am Tag mindestens 100 US$ fällig.

Playa de Oro

Hinter Borbón führt der Río Santiago landeinwärts. Das am weitesten flussaufwärts gelegene Dorf ist die Siedlung **Playa de Oro** nahe der Reserva Ecológica Cotacachi-Cayapas. Übersetzt bedeutet Playa de Oro „Goldstrand".

ABSTECHER

RESERVA BIOLÓGICA BILSA

Hartgesottene Abenteurer auf der Suche nach der ganz und gar abseits der ausgetretenen Pfade liegenden Destination sollten sich auf den Weg zur **Reserva Biológica Bilsa**, 30 km westlich von Quinindé, machen. In dem 30 km² großen Naturschutzgebiet in den Montañas de Mache erwarten den Besucher tosende Wasserfälle und eine atemberaubende Tierwelt. Es wird von der **Fundación Jatun Sacha** (☎02-243-2240; www.jatunsacha.org; Zi. inkl. 3 Mahlzeiten 40 US$/Pers.) verwaltet und verfügt über eine außergewöhnlich große Artenvielfalt. In diesem letzten Überrest von tropischem Vor-Anden-Feuchtwald sind sowohl Brüllaffen als auch bedrohte Vogelarten, Jaguare und Pumas anzutreffen. Dieser Trip ist etwas für Unerschrockene: In der Regenzeit (Jan.–Juni) führt nur ein matschiger, 25 km langer Pfad hierher, den man entweder zu Fuß oder auf dem Rücken eines Maultiers zurücklegt. Reservierungen nimmt Jatun Sacha entgegen (es gibt Gruppen- und Studentenrabatte); er hat auch Infos zu Freiwilligenarbeit und Forschung.

Eine halbe Stunde flussaufwärts von Playa de Oro ist die **Playa de Oro Reserva de Tigrillos** erreicht, ein 10 000 ha großes Naturschutzgebiet, das der Gemeinschaft von Playa de Oro gehört und von ihr auch verwaltet wird. Das Reservat grenzt an Cotacachi-Cayapas an und schützt einheimische Urwaldkatzen, die hier so zahlreich leben wie nirgendwo sonst, aber trotzdem nur schwer zu Gesicht zu bekommen sind. Die beste Möglichkeit, das Naturschutzgebiet hautnah zu erleben, ist eine Übernachtung in der **Urwald-Lodge** (Zi. pro Tag 50 US$/Pers.) direkt am Flussufer, die auch von der Gemeinschaft betrieben wird. Der Preis beinhaltet drei Mahlzeiten und einen einheimischen Guide. Bei der Ankunft sollte man unbedingt darauf bestehen, in der Lodge im Regenwald und nicht in der im Dorf unterzukommen (die Preise für die beiden Unterkünfte sind identisch, die Erfahrung unterscheidet sich aber beträchtlich – es kann gut sein, dass die Gastgeber versuchen, einen in den unattraktiven Buden im Dorf unterzubringen)!

Der Charme von Playa de Oro ist seine Authentizität. Die Einheimischen tun das, was sie und ihre Vorfahren schon immer getan haben, nämlich den Wald durchstreifen, sich von der Flussströmung treiben lassen, nach Gold suchen, Trommeln herstellen oder ihre Kinder in traditionellen Tänzen unterrichten. Wenn sich Besucher für ihre Lebensweise interessieren, erfüllt das die Bewohner mit einem gewissen Stolz.

Das Dorf Playa de Oro liegt von Borbón etwa fünf Stunden flussaufwärts, es gibt aber keine regulären Bootsverbindungen. Man muss von Borbón aus den Bus um 7.30 Uhr nach Selva Alegre (3 US$, 2 Std.) nehmen. Wer im Vorfeld reserviert hat, wird von dort mit einem Motorboot abgeholt und ins Dorf gebracht (einfache Strecke 50 US$/Fahrt). Wer keine Reservierung vorgenommen hat, sollte seinen Besuch auf einen Samstag legen, da dann die wöchentlichen Marktboote fahren (Abfahrt ist gegen Mittag; die Kosten betragen 10 US$/Pers.). Die Bootsfahrt nach Selva Alegre dauert zwei Stunden (2½ Std., wenn man das Naturschutzgebiet zum Ziel hat).

Eine weitere Option, um hierher zu kommen, ist die Kontaktaufnahme mit dem Ansprechpartner von Playa de Oro, **Ramiro Buitron** (☎09-960-6918). Gegen Bezahlung kann er Traveller von Otavalo aus zur Bootsanlegestelle fahren (4 Std.).

Reserva Ecológica Cotacachi-Cayapas

Dieses 204 420 ha große **Naturschutzgebiet** (Eintritt 2 US$) ist mit Abstand Ecuadors größtes Schutzgebiet westlich der Anden. Es erstreckt sich über Höhenlagen von zwischen etwa 200 m rund um San Miguel und 4939 m am Gipfel des Cotacachi. Der Lebensraum ändert – mit zahlreichen Zwischenstufen – schnell sein Gesicht, vom tropischen Feuchtwald im Tiefland über Vor-Anden- und Anden-Nebelwald bis hin zu *páramo*. Dieser schnelle Wandel der Stufen ruft einen sogenannten „Schwelleneffekt" hervor, der eine unfassbar große Vielfalt von Flora und Fauna hervorbringt.

Diese Hügel sind das Zuhause solch selten gesichteter Säugetiere wie des Großen Ameisenbären, des Baird-Tapirs, des Jaguars und, in den obersten Höhenlagen des

Schutzgebietes, des Brillenbären. Die Chancen, diese Tiere auch wirklich zu Gesicht zu bekommen, sind sehr gering. Häufig können jedoch Affen, Eichhörnchen, Faultiere, Neunbinden-Gürteltiere, Fledermäuse und eine große Vielfalt von Vogelarten gesichtet werden.

Das Naturschutzgebiet ist über das Hochland oder über San Miguel zugänglich. Das Wandern von einer Region in die andere ist so gut wie unmöglich, da die steilen und von dichter Vegetation überwucherten Westhänge der Anden fast undurchdringlich sind. Dies hat seine Vorteile für die hier lebenden Tierarten: Sie werden wohl noch ein Weile in Frieden leben können.

Die tiefer gelegenen Ausläufer des Naturschutzgebiets und der Flüsse sind die Heimat des indigenen Volks der Chachi. Seine noch etwa 5000 Mitglieder, vorwiegend Fischer und Bauern, die für den Eigenbedarf produzieren, leben in an den Seiten offenen Strohhütten auf Stelzen am Flussufer. Das Flussvolk ist für seine Korbwaren bekannt, die man am besten direkt vor Ort erwerben sollte (auch wenn viele der Mitglieder nur Chachi sprechen). In den letzten Jahrzehnten wurden die Chachi von einer Epidemie der Flussblindheit heimgesucht, die von Kriebelmücken übertragen wird, welche besonders im April und Mai aktiv sind. Etwa 80% der Bevölkerung sind mehr oder minder schlimm von der Krankheit betroffen. Um sich selbst während der Reise zu schützen, sollte man unbedingt Insektenschutzmittel auftragen und Malariatabletten nehmen.

Reisezeit

Während der Regenzeit (Dez.–Mai) sind die Flusspegel ziemlich hoch, wodurch die Reise viel zügiger vorangeht. Zu dieser Zeit sind allerdings auch die größten Schwärme von Stechmücken, Kriebelmücken und anderen Insekten unterwegs. Deshalb muss man während der Morgen- und Abenddämmerung, wenn sie in Massen auftreten, die Haut auf jeden Fall bedeckt haben.

Selbst in den Monaten der Regenzeit klart der Himmel am Morgen oft auf. In einigen der weiter im Landesinneren gelegenen Gegenden wurden schon bis zu 5000 mm Regen gemessen; San Miguel ist allerdings ein bisschen trockener. In den weniger feuchten Monaten zwischen September und Anfang Dezember sind für gewöhnlich nicht ganz so viele Insekten unterwegs, und man hat größere Chancen, Wildtiere zu beobachten, auch wenn zu dieser Zeit der Fluss oft nur eingeschränkt befahrbar ist.

ℹ Anreise & Unterwegs vor Ort

Der Eintritt ins Naturschutzgebiet muss an der Ranger-Station in San Miguel (S. 258) bezahlt werden. Die Ranger fungieren auch als Guides und verlangen pro Tag etwa 10 US$ plus Verpflegung. Für Ausflüge auf dem Fluss sind zwei Guides notwendig, da einer an jedem Ende des Einbaums sitzen muss (bei der Fahrt mit diesen Kanus braucht man ein Paddel und eine Stange; Motorboote gibt's nur wenige). Alternativ schließt man sich einer geführten Tour aus einer der Lodges an. Playa de Oro (S. 259) ist gleichzeitig Zugangspunkt zum Naturschutzgebiet.

Von San Miguel aus dauert die Fahrt mit dem Kanu bis zur Parkgrenze etwa zwei bis drei Stunden. Nach weiteren zwei bis drei Stunden ist ein traumhafter kleiner Wasserfall mitten im Urwald erreicht. Da die wenigen Pfade schlecht gekennzeichnet sind, kommt man um das Anheuern eines Guides nicht herum. Wer ein Zelt und die nötige Ausrüstung dabei hat, kann an einigen Stellen auch campen.

Esmeraldas

☎06 / 154 000 EW.

An diesem breiten, sandigen Ufer an einem schillernden Fluss und umgeben von grünen Hügeln setzten die spanischen Eroberer ihren Fuß erstmals auf ecuadorianischen Boden. Seit seiner Gründung ist Esmeraldas ein einflussreicher Hafen, wobei die moderne Stadt nicht gerade viel Charme versprüht und Besucher meist so schnell wie möglich weiterreisen. Viele der Zementgebäude sind entweder halb fertig oder halb verfallen, in den hektischen Straßen regieren Drogen und Kleinkriminalität, und der Urwald ist einem tristen Gestrüpp gewichen.

Die Fischerei und die Schifffahrt sind heute in den Hintergrund getreten. Die Ölraffinerie versorgt die transecuadorianische Ölpipeline mit dem schwarzen Gold – unglücklicherweise trägt auch die Raffinerie ihren Teil zum Lärm und der Verschmutzung der Stadt bei. Dies und die Tatsache, dass Esmeraldas zu den gefährlichsten größeren Städten in Ecuador gehört, machen sie nicht gerade zu einem attraktiven Reiseziel. Die meisten Traveller verbringen hier nur die Nacht (wenn überhaupt) und machen sich dann nach

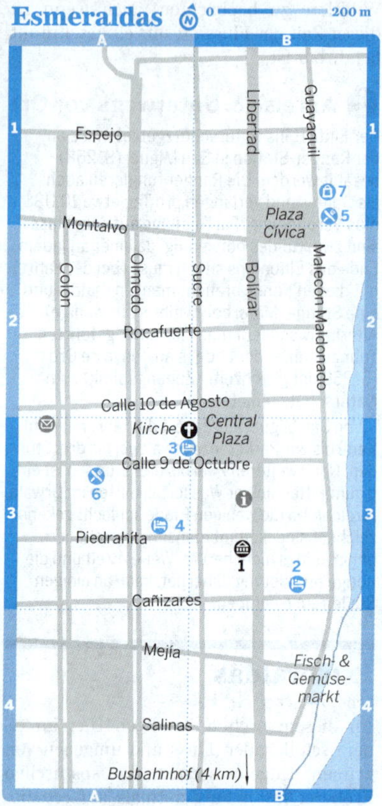

Esmeraldas

Sehenswertes
1 Centro Cultural Esmeraldas B3
Mandagua ....(siehe 7)

Schlafen
2 El Trébol B3
3 Hotel Central A3
4 Hotel Perla Verde A3

Essen
5 AKI Supermercado B1
6 Parrilladas El Toro A3
Restaurante Perla Verde ....(siehe 4)

Shoppen
7 Centro Artesenal B1

Südwesten zu den beliebten Strandorten Atacames, Súa und Mompiche auf.

Gefahren & Ärgernisse

Esmeraldas bemüht sich redlich, seinen schlechten Ruf loszuwerden. In der Zwischenzeit sollte man nicht nach Einbruch der Dunkelheit hier ankommen bzw. sich, falls es nicht anders geht, ein Taxi nehmen.

Sehenswertes

Centro Cultural Esmeraldas KULTURZENTRUM
(Bolívar 427; Eintritt 1 US$; Di–Fr 9–17, Sa & So 10–16 Uhr) In dieser Mischung aus Museum, Bibliothek und Bücherladen kann man alles Mögliche finden, von Infomaterial zur jüngsten Stadtgeschichte bis hin zu feinen Keramikarbeiten und Goldschmiedekunst aus der alten Tolita-Kultur. Einige Ausstellungsstücke haben englischsprachige Beschilderungen, und ein paar Videodokumentationen sind ebenfalls auf Englisch. Das Personal ist sehr zuvorkommend.

Geführte Touren

Javier Valenciana GEFÜHRTE TOUREN
(09-139-1649; pandafinu@hotmail.com) Javier bietet Touren in entlegenste Winkel der Provinz Esmeraldas an.

Schlafen

Hotels gibt's hier viele, die preisgünstigsten Optionen sind aber fast unerträglich. Während der Regenzeit sollte unbedingt darauf geachtet werden, dass das Zimmer mit einem Moskitonetz ausgestattet ist. Der Außenbezirk Las Palmas ist ein Badeort und 3 km vom Zentrum entfernt. Wer nicht unbedingt zentral wohnen muss, findet hier bessere Unterkünfte.

Hotel Perla Verde BUSINESSHOTEL $$
(272-3820; www.hotelperlaverde.com.es; Ecke Piedrahíta & Olmedo; EZ/DZ inkl. Frühstück 45/55 US$;) Dies ist das beste Hotel der Stadt. Es liegt zentral und hat geräumige Zimmer mit vielen Annehmlichkeiten (jedenfalls sofern man es schafft, die teilweise echt grässlich hässliche Kunst an den Wänden zu ignorieren). Das Personal ist freundlich und das Restaurant im Erdgeschoss gehört ebenfalls zu den besten in ganz Esmeraldas.

Hotel Central HOTEL $
(272-2502; Sucre 9-03; Zi. 17 US$/Pers.;) Direkt an der Hauptplaza befindet sich diese moderne, wenn auch leicht beengt wirkende Unterkunft. Bei unserer Recherche waren die Angestellten nicht sehr entgegenkommend, die Zimmer sind aber absolut in Ordnung und neu eingerichtet (wenn auch etwas klein), außerdem gibt's Kabel-TV.

El Trébol HOTEL $
(☎272-8031; Cañizares 1-18; Zi. 16 US$/Pers.; ❄📶) Ein makelloses Hotel mit übergroßen, makellos sauberen Zimmern zwischen Farnen. In den Quartieren gibt es Kabel-TV, aber kein warmes Wasser.

Essen

Die vielen billigen Cafés und *comedores* (günstige Restaurants) am Straßenrand sind oft eine sehr gute Option, zu finden z.B. an der Olmedo zwischen Mejía und Piedrahíta.

Restaurante Perla Verde ECUADORIANISCH $$
(Ecke Piedrahíta & Olmedo; Hauptgerichte 6–10 US$; ⏰7–21 Uhr) In einem der besten Hotels der Stadt ist dieses freundliche, klassische Restaurant untergebracht, das eine gute Auswahl von Ceviches, Grillgerichten und Gerichten mit Meeresfrüchten anbietet.

Parrilladas El Toro STEAKHOUSE $$
(Calle 9 de Octubre 4-23; Hauptgerichte 7–10 US$; ⏰17–24 Uhr) Trotz der nicht sehr einladenden Einrichtung ist das El Toro ein ganz annehmbares Steakhouse. Seine Spezialitäten sind jede Art von Rind und Koteletts. Im Hof mit Strohdach sitzt man schöner als im Innenraum.

AKI Supermercado SUPERMARKT $
(Ecke Malecón Maldonado & Montalvo) Ein guter Supermarkt, um die Vorräte aufzustocken.

Shoppen

Centro Artesenal KUNSTHANDWERK
(Ecke Malecón Maldonado & Plaza Cívica) Dies ist das beste Fleckchen, um nach Wandteppichen, Körben, Tagua-Schnitzereien und anderem Kunsthandwerk der Chachi zu stöbern. Das erste Geschäft, **Mandagua**, ist auch eine gute Anlaufstelle, um sich Infos über Ziele in der Provinz abseits der ausgetretenen Pfade zu holen. Nach **Javier Valenciana** (☎09-139-1649; pandafinu@hotmail.com) fragen!

Praktische Informationen

Einreisebehörde (☎271-0156, 272-4624) Bei der Policía Civil Nacional, 3 km außerhalb der Stadt (mit dem Taxi fahren!). Hier holt man sich seinen Ein- bzw. Ausreisestempel, wenn man als Grenzübergang die selten genutzte – und nicht empfehlenswerte – Küstenstraße aus/nach Kolumbien gewählt hat.

Polizei (Ecke Bolívar & Cañizares) Zwei Häuserblocks südlich der Plaza.

BUSSE AB ESMERALDAS

ZIEL	PREIS (US$)	DAUER (STD.)
Atacames	1	1
Guayaquil	9,20	9
Manta	9,35	10
Mompiche	3,15	2½
Muisne	2,15	2
Quito	7,25	6
San Lorenzo	4,65	5

Touristeninformation (☎272-7340; Bolívar; ⏰Mo–Sa 9–12, 14–18 Uhr) Zwischen der Calle 9 de Octubre und Piedrahíta.

An- & Weiterreise

Bus

Der neue Busbahnhof liegt 4 km vom Stadtzentrum entfernt an der Straße nach Atacames.

Flugzeug

Das **TAME-Büro** (☎272-6863; Bolívar nahe Calle 9 de Octubre; ⏰Mo–Fr 8–12.45 & 15–17.30 Uhr) liegt bei der Hauptplaza. TAME bietet täglich Flüge nach Quito (einfache Strecke 65 US$) und seltenerer auch nach Guayaquil (einfache Strecke 105 US$) und Cali in Kolumbien (einfache Strecke 115 US$) an.

Unterwegs vor Ort

Der Flughafen liegt 25 km außerhalb der Stadt, auf der anderen Seite des Río Esmeraldas. Ein paar Stunden vor dem Abflug versammeln sich vor dem TAME-Büro Passagiere und Taxifahrer. Dann quetschen sich vier bis fünf Passagiere für 3 US$ pro Person (15 Min.) in ein Taxi zum Flughafen. Ankommende Passagiere am Flughafen machen dasselbe. Ein Taxifahrer berechnet für eine Direktfahrt vom Flughafen nach Atacames, also ohne Halt in Esmeraldas, etwa 25 US$.

Eine Taxifahrt zum Strand kostet 1 US$. Alternativ steigt man in einen Selectivo-Bus mit der Aufschrift „Las Palmas No 1", der auf der Bolívar in Richtung Norden fährt.

Die Mindestpauschale für Taxis liegt bei 1 US$, nach 23 Uhr ist sie doppelt so hoch.

Atacames

☎06 / 15 460 EW.

In diesem quirligen Strandort wird *serranos* („Hochländern") zu jeder Tages- und Nachtzeit Unterhaltung geboten. Der Strand hier ist ganz in Ordnung. Hinter

Atacames

ihm ragen riesige Betonbunker auf, und die zahlreichen Bars mit Strohdach entlang der Promenade versuchen, sich gegenseitig mit *reggaetón*-Musik (eine Mischung aus puertoricanischer *bomba,* Dancehall und Hip-Hop) zu übertreffen. Der Ort ist das ganze Jahr über voller ecuadorianischer Touristen und kann unangenehm schmutzig, laut und überfüllt sein. Wer jedoch Party machen möchte, ist hier an der richtigen Adresse. Dies ist der lebhafteste Ort an der gesamten Küste.

Gefahren & Ärgernisse

Am Strand herrscht eine starke Strömung, Rettungsschwimmer arbeiten jedoch erst ab Mitte der Woche und am Wochenende. Jedes Jahr ertrinken hier einige Menschen; man muss also unbedingt seine eigenen Grenzen kennen.

Nachts gilt der Strand als unsicher. Es wurde schon von Überfällen und Vergewaltigungen berichtet. Deshalb sollte man in den gut beleuchteten Gegenden vor den Hotels bleiben und den einsamen Strandabschnitt zwischen Atacames und Súa meiden, da von hier sogar schon Überfälle mit Messern gemeldet wurden. Es versteht sich sicherlich von selbst, dass Wertsachen zu keiner Tages- oder Nachtzeit am Strand sicher sind.

Atacames

Schlafen

1 Arco Iris Resort D1
2 Cabañas Los Bohíos A3
3 Hotel Jennifer B2

Essen

4 Ceviche Restaurants B2
5 Pizzería da Giulio B2
6 Punto y Como B2

Ausgehen

7 Friends Bar C1

Geführte Touren

Bootstouren BOOTSTOUREN

Fischer am Strand bieten für Touristen Bootstouren in der Umgebung an und passieren dabei auch die Isla de Pajaros, die unmittelbar vor der Küste liegt. Für eine 75-minütige Tour werden etwa 20 US$ fällig, für einen Angelausflug sind es um die 40 US$ pro Nase. Entweder fragt man ein bisschen herum oder setzt sich mit **Fidian Franco** (☎09-055-6409) in Verbindung, der Ausflüge arrangieren kann.

Schlafen

Atacames ist voller Hotels, an verlängerten Wochenenden mit Feiertagen kann es aber trotzdem ganz schön voll werden. Wer in der Hauptsaison hier ist, sollte vorab reservieren.

Arco Iris Resort SPA & RESORT $$

(☎273-1654; www.arcoirisatacames.com; Malecón; DZ ab 35 US$; P ❄ 📶 🏊) In einem hohen Gebäude nahe dem östlichen Ende des Strandes bietet das Arco Iris elegante, moderne Zimmer mit einem hervorragenden Preis-Leistungs-Verhältnis. Einige Zimmer haben Balkone mit Ausblick.

Hotel Jennifer HOTEL $

(☎273-1055; nahe Malecón; EZ/DZ ohne Warmwasser 10/18 US$, mit Warmwasser 12/25 US$) In dieser einfachen, schnörkellosen Unterkunft stehen Gästen saubere, spartanisch eingerichtete Zimmer mit relativ viel Licht (jedes Zimmer hat Fenster) zur Verfügung. Freundliches Personal.

Cabañas Los Bohíos HÜTTEN $

(☎272-7478; Los Ostiones; EZ/DZ 10/20 US$; P) Los Bohíos in der Nähe des dreckigen, übel riechenden Río Atacames bietet saubere und günstige Zimmer mit Fliesenböden und einer Einrichtung aus Holz und Bambus. Die Hütten sind etwas kleiner und komplett aus Bambus gefertigt. Der asphaltierte Parkplatz, der diese Unterkunft umgibt, wurde mit einigen Blumen und Palmen verschönert.

Essen

Experimentierfreudige Genießer sollten die Meeresfrüchteimbisse in der Gasse abseits des Malecón nicht verpassen. Eine Schüssel mit *ceviche de concha* (Ceviche mit Schalentieren) oder *ceviche de pescado* (Fisch-Ceviche) ist ab etwa 4 US$ zu bekommen; die Garnelen sind vorgekocht. *Cocada* (eine zähe Süßigkeit mit Kokosnuss) und *batidos* (Fruchtshakes) gehören zu den hiesigen Spezialitäten, die überall verkauft werden.

Pizzería da Giulio PIZZERIA $$

(Malecón; Hauptgerichte 7–10 US$; ⏲Di–Fr 17.30–24, Sa & So 10.30–24 Uhr) Das Personal dieses freundlichen, von einem Sardinier betriebenen Restaurants bringt hervorragende Pizzas mit dünnem Rand auf die Tische. Die Zutaten sind frisch und die Variationen bodenständig (z. B. gibt es echten Schinken). Auf dem Balkon finden sich einige Sitzgelegenheiten, und es werden Grappa, Sambuca und andere hochprozentige Getränke ausgeschenkt, die in dieser Gegend nur selten zu bekommen sind.

Punto y Como SEAFOOD $

(Malecón; Hauptgerichte 4–9 US$; ⏲11–22 Uhr) Punto y Como ist ein kleines, gemütliches Restaurant für Meeresfrüchtegerichte, das die Gäste in Scharen anzieht. Das Erfolgsrezept? Große Familienportionen aus bergeweise frischen Meeresfrüchten sowie tägliche Mittagsgerichte.

Ausgehen & Unterhaltung

Der Malecón ist gesäumt von Bars mit Strohdächern, aus denen laute Musik schallt. Sie unterscheiden sich eigentlich nur in der Reihenfolge ihrer Liedauswahl. Alle sind sie dem Strand zugewandt, haben fruchtige Rum-Cocktails im Angebot und sorgen für Feierstimmung.

Friends Bar COCKTAILBAR

(Malecón; ⏲12–24 Uhr) Samstagabends gibt's hier Marimba-Liveshows.

Shoppen

Kunsthandwerkermarkt KUNSTHANDWERK

(Malecón; ⏲Sa & So 9–20 Uhr) Am Wochenende wird am westlichen Ende des Malecón ein winziger Kunsthandwerkermarkt abgehalten.

An- & Weiterreise

Alle Busse halten an der Hauptstraße von/nach Esmeraldas bei den *taxis ecológicos*. Einen Busbahnhof gibt es nicht, und die Büros der verschiedenen Busunternehmen liegen im Stadtzentrum verstreut. Busse nach Esmeraldas (1 US$, 1 Std.) starten normalerweise in Súa. Die meisten Busse von Esmeraldas nach Atacames fahren für etwa 0,30 US$ weiter nach Súa (10 Min.), Same (20 Min.) und Tonchigüe (25 Min.). Es gibt auch regelmäßige Busse nach Muisne (1,50 US$, 1½ Std.). *Ecovias* (Mototaxis) berechnen für die Fahrt nach Súa 2 US$; nach Same werden 7 US$ fällig.

Die folgenden Busunternehmen steuern täglich Quito (8 US$, 7 Std.) und Guayaquil (9 US$, 8 Std.) an: **Transportes Occidentales** (Ecke Prado & Cuarta), **Trans Esmeraldas** (Ecke Vargas Torres & Juan Montalvo) und **Aerotaxi** (Cuarta). Wer in der Hauptsaison an einem Sonntag nach Quito möchte, sollte sein Ticket im Voraus kaufen.

Súa

02

Súa ist *etwas* familienfreundlicher, ruhiger und weniger stark besucht als das benachbarte Atacames und bietet am Wochenende bessere Hotelpreise. Aber auch hier dröhnt aus den Cocktailbars entlang des Strandes laute Musik, sodass auch Súa nicht gerade ein idyllisches Plätzchen ist. Zwischen Juni und September können vor der Küste Buckelwale gesichtet werden.

Das nette, windgepeitschte **Hotel Chagra Ramos** (273-1006; Malecón; Zi. 10 US$/Pers.; P) schmiegt sich an den Strand und ist die beliebteste Unterkunft vor Ort. Die Zimmer wurden kürzlich erst renoviert, und die meisten bieten einen hübschen Meerblick. Zum Hotel gehört auch ein Restaurant mit einem guten Preis-Leistungs-Verhältnis.

Das **Hostal Las Buganvillas** (273-1008; Malecón; Zi. 10 US$/Pers.;) hat sauber gefegte Zimmer mit Fliesenböden und Kaltwasserduschen. Manche Zimmer bekommen mehr Sonne ab als andere, weshalb es nicht schaden kann, sich das Zimmer erst einmal anzuschauen, bevor man sich häuslich niederlässt.

Am südlichen Ende des Malecón liegt das **Sol de Súa** (247-3121; Malecón; Hütte 5 US$/Pers.), das neun einfache Hütten mit Ventilatoren zu bieten hat, die rund um einen sandigen Hof verstreut liegen. Alle haben Holzdecken, Wände aus Beton, Badezimmer mit Kaltwasser und eine kleine Veranda. Es gibt eine kleine Bar für die Gäste, und der Besitzer kann Bootsausflüge arrangieren.

Das **Kikes** (Malecón; Hauptgerichte 5–8 US$; 9–18 Uhr), ein aus Bambus erbautes Speiselokal am Strand, serviert köstlichen *encocado de camarones* (Garnelen-Kokos-Eintopf).

Etwa alle 45 Minuten gibt es eine Busverbindung nach/aus Esmeraldas. Nach Atacames (0,30 US$) sind es zehn Minuten, nach Esmeraldas (1 US$) dauert es etwa eine Stunde. Wer weiter die Küste entlang bis nach Muisne fahren möchte, muss außerhalb der Stadt an der Hauptstraße warten und in einen Bus aus Esmeraldas steigen, der gen Süden fährt (diese können überall an der Straße angehalten werden).

Same & Tonchigüe

06

In Same (sprich: *sah*-mei) finden sich alle Sonnen- und Schattenseiten eines Urlaubsorts: Einerseits gibt es einen wunderschönen Strand und eine tolle Atmosphäre, andererseits ist da diese riesige Anlage mit Hotels und Ferienwohnungen (Casablanca). Letztere nehmen das gesamte nördliche Ende des Strandes ein, und im Ort steht mitten am Strand ein halbfertiger Hochhauskoloss mit Apartments. Der Strand an sich ist zwar zweifellos schön, allerdings ist er alles andere als unberührt und hätte – nach dem Vorbild Mompiches – dringend ein Eingreifen der Stadt nötig, um ihn sauber zu halten. Im Vergleich zu Atacames ist Same jedoch geradezu entzückend.

Tonchigüe, etwa 3 km westlich von Same, ist ein winziges Fischerdorf, das am selben Sandstrand liegt wie seine Nachbarstadt. Wer früh am Morgen herkommt, kann die Fischer beim Abladen ihres Fanges beobachten.

Schlafen & Essen

Direkt am Strand von Same gibt es eine Handvoll einfacher *comedores*, die *encocado* oder *pescado* (Fisch) für etwa 5 US$ anbieten.

Playa Escondida STRANDHÜTTEN $
(273-3122, 09-973-3368; www.playaescondida.com.ec; Zi. NS 10–15 US$/Pers., Zi. HS 20–36 US$) Abgeschiedenheit gefällig? Dann ist das entzückende, abgelegene Playa Escondida genau das Richtige. Mitten in einem 100 ha großen Schutzgebiet stehen hier rund um eine wunderschöne Bucht mit Strand einige rustikale Hütten. Es gibt ein Restaurant, das Gerichte mit Meeresfrüchten, Fleisch und vegetarische Kreationen auftischt, und es werden geführte Touren und andere Aktivitäten angeboten. Die Playa Escondida liegt 3 km westlich von Tonchigüe und ist nach 10 km auf der Straße, die zur Punta Galera führt, erreicht. Wer einfach eine Pause von den Menschenmassen in Same braucht, kann auch als Nicht-Gast für eine Tagesgebühr von 5 US$ den privaten Strand nutzen.

El Acantilado STRANDHÜTTEN $$
(☎273-3466; www.hosteriaelacantilado.com; EZ/DZ/4BZ 25/50/75 US$; P ☒) Aus den Zimmern dieser Unterkunft, die sich an eine Klippe oberhalb der tosenden Wellen schmiegt, hat man einen ungehinderten Blick aufs Meer – zwischen Juni und September perfekt für die Walbeobachtung! In den rustikalen Suiten ist man den Elementen ganz nah: Einzig ein Insektengitter liegt zwischen den Zimmern und dem eigenen kleinen Garten mit Blick hinunter aufs Meer und auf den Strand. Die größeren Hütten haben drei Zimmer und bieten Platz für bis zu acht Leute. Die Anlage wird von einer gastfreundlichen, jungen Familie betrieben, die Englisch spricht. El Acantilado liegt 1 km südlich von Same.

Casa de Amigos PENSION $$
(☎247-0102; www.casadeamigosecuador.com; Same; Zi. 25–30 US$/Pers.; Hauptgerichte 5–7 US$; ❄ @) Diese äußerst freundliche Pension aus Lehmziegeln versprüht ein tolles, relaxtes Flair und liegt mitten am Strand. Hier scheint sich das Leben des Ortes abzuspielen, denn den ganzen Tag über schauen Einheimische in der Strandbar vorbei. Die Zimmer haben mittlerweile etwas von ihrem Glanz verloren und könnten mal wieder eine Rundumerneuerung vertragen. Dafür sind sie hübsch eingerichtet, sauber und mit farbenfrohen Kunstwerken von einheimischen Künstlern versehen. Es wird Deutsch gesprochen, und das gute Strandrestaurant serviert hausgemachte ecuadorianische und europäische Küche.

Isla del Sol HOTEL $$
(☎247-0470; www.cabanasisladelsol.com; Same; DZ/4BZ/Suite 40/72/80 US$; P ❄ ☒) Die etwas klapprig anmutenden Strandhütten hier bieten ein ganz annehmbares Preis-Leistungs-Verhältnis und sind recht komfortabel. Die besten Zimmer haben Holzböden, Deckenbalken und kleine Veranden; alle verfügen über Warmwasser und Kabel-TV. Es gibt auch drei brandneue Suiten in modernem Design. Man spricht Englisch, und das freundliche Management kann

KÖSTLICHKEITEN DER NORDKÜSTE

Wer an der Nordküste unterwegs ist, sollte auch die fabelhaften Leckereien der Region probieren. Frische Meeresfrüchte, Kochbananen und Kokosmilch werden hier mit großem Erfolg kombiniert. Viele Ecuadorianer sehen die *cocina esmeraldeña* (die Küche der Provinz Esmeraldas) als die beste Küche im Land an. Hier ein paar Erläuterungen, warum das so ist:

» **Bolas de platano** Eine Suppe mit Garnelen, Kokosmilch und einer Masse aus Käse und Kochbananen, die zu kleinen Bällchen geformt wird.

» **Cazabe** Eine Süßigkeit, die aus gekochtem Mais, Kokosmilch, Zimt, Gewürznelken und anderen Gewürzen hergestellt wird.

» **Cazuela** Ein gemischter Meeresfrüchte- oder Fischeintopf mit Erdnusssauce und Kochbananen, in einem Tontopf serviert.

» **Ceviche** Ein klassisches Gericht mit Meeresfrüchten: Garnelen, Tintenfische, Muscheln oder roher Fisch werden in Zitronensaft „gekocht" und mit frittierten Bananenscheiben (und am besten einem kalten Bier) serviert. In Esmeraldas gibt's dazu Radler.

» **Cocada** Eine runde Süßigkeit aus Rohrzucker, Kokos, Milch und Erdnüssen.

» **Encocado** Ein Gericht, das aus frischen Meeresfrüchten oder Fisch zubereitet und in Kokosmilch mit Gewürzen gekocht wird; oft gibt's dazu Reis. Wirklich hervorragend!

» **Frutipan** Ein Dessert des indigenen Volks der Chachis. Die Frucht des Brotbaums wird mit süßen Gewürzen, Butter und Käse vermengt und anschließend gebacken.

» **Mazato** Ein Gericht aus gekochten, reifen Bananen, die zerdrückt und mit Kokosmilch, Käse und Ei vermengt und dann in ein *bijao*-Blatt eingewickelt werden.

» **Pusandao** Ein herzhaftes Gericht mit Fisch oder Schweinefleisch, das mit Kokosmilch, Kochbananen und Maniok zubereitet wird.

» **Tapao** Ein leckeres Fischgericht mit Kochbananen, gewürzt mit Kokos und *chillangua* (einer Art wildem Koriander); wird unter Bananenblättern gedünstet.

Kajaktouren und geführte Ausflüge zu den nahe gelegenen Stränden und in ein Naturschutzgebiet organisieren.

Azuca HOTEL $
(☎08-882-9581; azuca2@hotmail.com; Same; Zi. 5 US$/Pers.; Hauptgerichte 4–6 US$) Diese unglaublich günstige Unterkunft liegt nur einen kurzen Fußweg vom Strand entfernt (an der Kreuzung, an der Sames Hauptstraße von der Küstenstraße abzweigt). Gemessen am Preis sind diese holzlastigen Zimmer recht komfortabel und geräumig. Alle verfügen über Balkone und Moskitonetze. Es gibt auch ein ganz gutes zugehöriges Restaurant, in dem einfache ecuadorianische Gerichte serviert werden.

Seaflower Lateneus SEAFOOD $$
(☎247-0369; Same; Hauptgerichte 10–25 US$; ⌚8–24 Uhr) Seaflower Lateneus kann sich eines der besten Köche der Nordküste rühmen. Auf die Tische kommen plattenweise leckere gegrillte Meeresfrüchte. Bei Weitem die beste Option im Ort! Fürs Wochenende sollte man einen Tisch reservieren, denn dann trifft man hier oft massenweise schicke Wochenendausflügler beim Cocktailschlürfen – das Seaflower ist nebenbei auch noch Sames beste Bar. Es liegt hinter dem La Terraza.

La Terraza PIZZERIA $
(Same; Pizza 6–10 US$) Das von Spaniern betriebene La Terraza hat eine tolle Lage direkt am Strand, ist geräumig und mit viel Holz eingerichtet. Die beliebten Pizzas sorgen die ganze Woche über für massig einheimische Kundschaft.

An- & Weiterreise

Busse, die in nordöstlicher Richtung nach Esmeraldas bzw. in südlicher Richtung nach Muisne unterwegs sind, halten auch in Same und Tonchigüe. Zwischen Tonchigüe und Esmeraldas verkehren *rancheras* (Busse mit offenen Seiten oder Lkws, die mit unbequemen, schmalen Bänken ausgestattet sind – auch *chivas* genannt).

Muisne & Umgebung

☎06

Muisne ist eine heruntergekommene Arbeiterstadt, die von einem Fluss und dem Meer eingerahmt wird. In ihrem kleinen, genauso heruntergekommenen Hafen werden Bananen verladen – ein geschäftiger, wenn auch nicht sehr bedeutsamer Industriezweig. Durch die relativ abgeschiedene Lage sind hier weit weniger Touristen anzutreffen als in den beliebteren Strandorten, die Stadt ist aber ein interessantes Ziel abseits der ausgetretenen Pfade. Der lange, von Palmen gesäumte Strand ist das Beste am ganzen Örtchen.

Die wenigen noch übrig gebliebenen Mangroven der Gegend sind geschützt und einen Abstecher wert (s. Kasten S. 270).

Gefahren & Ärgernisse

Teilweise wurden Strandhütten schon von Dieben heimgesucht. Bevor man loszieht also erst prüfen, ob das Zimmer gut verschlossen ist! Alleinreisende (besonders Frauen) sollten sich nur in der Hotel- und Restaurantgegend am Strand aufhalten.

Geführte Touren

Fundecol ÖKOTOUREN
(☎248-0519; Touren 25–50 US$/Tag; www.fundecol.org) Diese ortsansässige Umweltschutzstiftung organisiert Besuche in Gemeinden und Mangroventouren. Die Kosten hängen von der Art der Tour und der Gruppengröße ab. Es werden auch Bootstouren auf dem Río Muisne arrangiert, wo die letzten Mangroven zu sehen und die Auswirkungen des gewerblichen Garnelenfangs zu spüren sind (s. Kasten S. 270).

Congal Bio-Station ÖKOTOUREN
Nur 2 km von Muisne entfernt liegt dieses 650 ha große Meeresschutzgebiet, das sich dem Schutz der Mangroven und der ökologisch sinnvollen Aquakultur widmet. Es werden immer freiwillige Mitarbeiter gesucht, Besucher sind aber auch willkommen. Es gibt herrliche Möglichkeiten zum Schnorcheln und Tauchen sowie komfortable private Hütten. Zu essen bekommt man Meeresfrüchte. Im Zimmerpreis von 40 US$ pro Person ist Halbpension inbegriffen.

Schlafen & Essen

In Muisne gibt's ausschließlich Budgetunterkünfte, und die meisten Besitzer waren zum Zeitpunkt der letzten Recherche gerade dabei, ihre Unterkünfte zu verkaufen. Es empfiehlt sich also, vorher kurz anzurufen! Die trostlosen Hotels auf der anderen Flussseite sollte man besser meiden und sich lieber „auf der Insel" einmieten – am entfernt gelegenen Ende gibt's *cabañas* am Strand. In der Regenzeit können die Moskitos zur echten Plage werden, weshalb man unbedingt darauf achten sollte, dass ein Moskitonetz im Zimmer ist.

Hostal Las Olas HOTEL $
(☎248-0782; EZ/DZ 10/20 US$) Das Las Olas mit Blick aufs Meer ist ein gut instand gehaltenes Hotel mit hübschen Holzarbeiten im ganzen Haus. Zimmer 11 ganz oben ist hier die beste Option, da direkt daneben noch ein großer Sitzbereich ist. Die restlichen Zimmer sind eher einfach und recht dunkel gehalten. Im Erdgeschoss gibt's auch ein beliebtes, zu den Seiten hin offenes Restaurant.

Calade Spondylus PENSION $
(☎248-0279; Zi./Hütte 8/10 US$/Pers.) Diese einfache Unterkunft liegt direkt am Strand. Die Zimmer und Holzhütten sind schlicht, aber sauber. Die besten der Zimmer haben eigene Bäder und teilen sich einen Balkon mit Blick aufs Meer. Rund um die Pension breitet sich ein sandiger, mit Palmen bewachsener Garten aus.

Viejo Willy ECUADORIANISCH $
(Hauptplaza; Mittagsgericht 2,25 US$; ⌚8–16 Uhr) Es scheint, als dränge sich ganz Muisne in dieses freundliche Lokal, um sich die hervorragenden Tagesgerichte schmecken zu lassen. Zu finden ist das Viejo Willy am Dorfplatz zwischen Hafenbecken und Strand.

Las Palmeiras SEAFOOD $
(Strand; Hauptgerichte 6 US$; ⌚7–19 Uhr) Dieses einfache Restaurant am Strand serviert zum Blick aufs Meer Garnelen oder Fisch aus dem Tagesfang.

Praktische Informationen

In Muisne gibt's keine Banken, und die Post (in der Nähe des Fernsprechamts) hat nur sporadisch geöffnet. Andinatel hat an der Hauptplaza ein Büro.

An- & Weiterreise

Die Busse aus Esmeraldas fahren auf der asphaltierten Straße bis El Relleno. Von hier aus geht's mit einem motorisierten Kanu über den blauen Río Muisne hinüber zur Insel (0,20 US$).

Von El Relleno fahren etwa alle 30 Minuten Busse nach Esmeraldas (2 US$, 2½ Std.) ab, die unterwegs auch in Same, Súa und Atacames halten. Es gehen jeden Tag fünf Busse nach Santo Domingo de los Colorados (6 US$, 5 Std.), wo nach Quito oder Guayaquil umgestiegen werden kann. **Transportes Occidentales** (Ecke Calle Principal & El Relleno) hat einen Nachtbus von/nach Quito (9 US$, 8½ Std.). Wer weiter nach Süden will, nimmt einen Bus nach El Salto und steigt dort in einen Bus nach Pedernales (3 US$, 3 Std.) um, von wo es in andere Orte an der Küste geht.

Unterwegs vor Ort

Die Hauptstraße von Muisne geht direkt vom Pier ab und durchquert auf ihrem Weg zum Strand das Zentrum. Von einer Seite zur anderen sind es 2 km. Ökotaxis wetteifern am Pier um Passagiere. Der 1 US$, den die wilde Fahrt bei Rikscha-Höchstgeschwindigkeiten durch Schlaglöcher und über spitzen, rutschigen Schotter kostet, ist gut angelegt.

Mompiche

☎05

Das kleine Fischerdorf ist für seine Weltklassewellen und seinen traumhaften, 7 km langen, unberührten (wenn auch etwas gräulichen) Sandstrand bekannt und ist mittlerweile auf dem Radar der Bauunternehmer aufgetaucht. Das schon lange bei Backpackern und Surfern beliebte Mompiche war bis zum Bau der neuen Straße, die nun hierher führt, fast gänzlich von der modernen Welt abgeschottet. Selbst heute gibt's hier nur wenige Autos, und immer noch kennt jeder jeden. Neben dem herrlichen, von Palmen gesäumten Sandstrand hat Mompiche nicht viel zu bieten, und gerade das macht seine Schönheit aus. Das könnte sich aber alles bald ändern, da 2012 mit dem Bau eines großen Hotels begonnen wurde. Es sieht so aus, als ob die Entwicklung auch hier bald Einzug halten würde, deshalb sollte man noch schnell herkommen und die entspannte Atmosphäre in sich aufsaugen, so lange das noch geht.

Schlafen & Essen

Es gibt immer mehr Hotels im Ort, darunter auch ein großes Mittelklassehotel direkt am Strand, das sich 2012 im Bau befand.

Iruña HÜTTEN $$
(☎09-947-2458; teremompiche@yahoo.com; DZ 40 US$, FZ ab 50 US$) Einen 45-minütigen Strandspaziergang von Mompiches Zentrum entfernt liegt diese wunderbar abgelegene Anlage zwischen Palmen. Die sechs geräumigen *cabañas* sind um ein nettes Restaurant und einen Gemeinschaftsbereich direkt am Strand angeordnet. Die Holzhütten wurden mit Moskitonetzen, Kühlschränken, Bädern und Ventilatoren ausgestattet, und auf Anfrage gibt's auch

MANGROVEN IN GEFAHR

Die Küstenmangroven Ecuadors sind ein wichtiger Lebensraum. Sie helfen einerseits dabei, die Erosion der Küste einzudämmen, andererseits bieten sie zahllosen Vogelarten, Fischen, Weich- und Krustentieren ein Zuhause. Unglücklicherweise standen Mangroven lange Zeit auf Niemandsland, und es war schwer zu sagen, wem dieser tropische, semipermanent unter Wasser stehende Küstenwald gehörte. Illegale Siedler nahmen das Mangrovengebiet dann in Besitz, was allerdings kein echtes Problem darstellte, da sie von umweltverträglichem Fischfang lebten und Krabben und Schalentieren sammelten – eine friedliche Koexistenz war möglich.

Dies alles änderte sich in den 1980er-Jahren, als Garnelenfarmen auf der Bildfläche erschienen, die Garnelen unter künstlichen Bedingungen in viel, viel größeren Mengen züchteten, als man durch traditionelle Methoden hätte fangen können. Zum Bau der Farmen mussten die Mangroven abgeholzt werden. Angehende Besitzer von Garnelenfarmen kauften Land von der Regierung, fällten die Mangroven und begannen mit der Garnelenzucht. Die Nettogewinne dieser Farmen waren so hoch, dass die Idee schnell populär wurde und sich über die ganze Küste verbreitete, woraufhin in den 1980ern und frühen 1990ern zwischen 80 und 90 % der ecuadorianischen Mangroven verschwanden. Obwohl es mittlerweile Gesetze gibt, die diese Zerstörung eindämmen sollen, ist es schwierig, diese in abgelegenen Küstenregionen auch wirklich durchzusetzen.

Die Garnelenfarmen hatten kurz- und mittelfristig gesehen eine Menge negativer Auswirkungen. Früher waren die Mangroven für viele Familien eine nachhaltige Überlebensgrundlage, heute beschäftigen die Garnelenfarmen nur eine Handvoll Saisonarbeiter. Dort, wo die Mangroven einst einer großen Artenvielfalt Schutz boten, sind heute nur noch Garnelen aus kommerzieller Zucht zu finden. Die Erosion der Küsten und die Verschmutzung durch die Abfälle der Farmen haben sich zu einem ernsthaften Problem entwickelt. Eine Mischung aus Krankheit und wirtschaftlichem Niedergang hatte zur Folge, dass heute viele Garnelenfarmen verlassen daliegen. In der Zwischenzeit wurden in Muisne, Bahía de Caráquez und einigen anderen Küstenorten schon große Anstrengungen unternommen, um neue Mangroven anzupflanzen. Faszinierende Bootstouren durch die noch bestehenden Mangrovenwälder unterstützen die Umweltschutzbemühungen von Fundecol (S. 268).

gutes Essen. Das Hotelpersonal kann Gäste in Mompiche abholen oder die Bootsüberfahrt ab Muisne organisieren.

Hostería Gabeal HOTEL $
(☎09-969-6543; mompiche_gabeal@hotmail.com; pro Person ohne/mit Meerblick 10/15 US$; @) In zwei großen und dennoch netten, rustikalen Holzklötzen direkt am Strand ist dieser langjährige Favorit untergebracht. Die Zimmer sind einfach, aber sauber, haben Moskitonetze und ganz gute Badezimmer. Der Aufpreis für ein Zimmer mit Meerblick lohnt sich! Auf dem Gelände gibt's ein Restaurant, das Frühstück serviert. Auf Anfrage werden auch andere Gerichte zubereitet.

Casa Yarumo HÜTTEN $
(☎08-867-2924; www.casayarumomompiche.com; 15 US$/Pers.) Hier wohnt eine deutsche Familie, die sich in Mompiche niedergelassen hat. Dieser zauberhafte Rückzugsort besteht aus einer Hütte für zwei Personen und einem größeren Apartment im Haupthaus. Beide Unterkünfte sind komfortabel, und die Lage ist perfekt: Zu Fuß sind es am Strand entlang nur zehn Minuten bis in den Ort, man muss dabei allerdings die kleinen Bäche überqueren, die hier ins Meer fließen. Travellern, denen dies immer noch nicht genug der Entspannung ist, steht hier auch professionelles Massagepersonal zur Verfügung.

La Facha INTERNATIONAL $
(Hauptgerichte 5–8 US$; ⌚12–22 Uhr) Dieses hervorragende kleine Restaurant ist die beste Möglichkeit im Ort, um etwas zwischen die Zähne zu kriegen. Ein charmantes Team aus jungen Einheimischen (leidenschaftliche Surfer, die auch das im selben Gebäude untergebrachte Hostel betreiben) serviert leckere Burger, Salate und Sandwiches. Zu finden in der Straße hinter dem Malecón.

Milicho's SEAFOOD $
(Malecón; Hauptgerichte 4–8 US$; ⏲8–22 Uhr) Dieses bei Einheimischen sehr beliebte Lokal nahe der Hostería Gabeal ist die beste Adresse für ein Frühstück am Strand. Es gibt jeden Morgen Crêpes, Eier und frischen Saft und außerdem eine gute Auswahl von frischem Fisch und Meeresfrüchten.

An- & Weiterreise

Täglich verbinden mehrere Busse Mompiche mit Esmeraldas (4 US$, 3½ Std.); sie halten unterwegs in Same und Atacames.

Canoa

☎05 / 6100 EW.

Canoa ist ein verschlafenes Dörfchen mit einem Herzen aus Gold. Der hübsche Strand wird im Norden von malerischen Klippen eingerahmt, im Süden erstreckt er sich bis zum Horizont. Trotz seiner wachsenden Beliebtheit bei Sonnenanbetern und Surfern ist das Dorf weiterhin ein entspannter Ort, an dem Kinder in der Dämmerung noch im Sand herumtollen und Fischer in den frühen Morgenstunden vor Sonnenaufgang aufs Meer hinausfahren. Abends werden die Bars und Pensionen am Strand von Backpackern bevölkert, die bei einem Rum-Cocktail Traveller-Erfahrungen austauschen.

In der Hauptsaison (Dez.–Feb.), wenn die Wellen eine Höhe von über 2 m erreichen, werden hier internationale Surfwettbewerbe ausgetragen. Dann ist es auch recht schwierig, eine Unterkunft zu finden. Die Bademöglichkeiten sind nach der Surfsaison besser. Bei Ebbe sind die Höhlen am nördlichen Ende des Strandes erreichbar, in denen Hunderte von Fledermäusen leben. Canoa ist auch ein guter Ausgangspunkt, wenn Ausflüge zum herrlich grünen Biobauernhof Río Muchacho arrangiert werden sollen.

Aktivitäten

Wer Lust auf Reiten, Kajakfahren oder Rafting hat, braucht sich bloß im Ort umzuhören: Mehrere Anbieter am Strand haben alle drei Optionen im Programm.

Surfen SURFEN
(Verleih halber Tag 5 US$, ganzer Tag 10 US$) Surfbretter können bei vielen Unterkünften ausgeliehen werden, und auch am Strand wird man oft von Einheimischen angesprochen, die Surfbretter vermieten.

Schlafen

Coco Loco PENSION $
(☎09-243-6508; hotalcocoloco@yahoo.com; B 8 US$, mit Gemeinschaftsbad 6 US$, DZ inkl. Frühstück 30 US$, mit Gemeinschaftsbad 20 US$; WLAN) Diese bei Backpackern sehr beliebte Unterkunft direkt am Strand bietet saubere Zimmer mit ganz guten Matratzen, einer Einrichtung aus Bambus und einem Garten mit Sand und Palmen vor dem Haus. Es kommt nicht selten vor, dass Gäste länger bleiben als geplant, denn es gibt eine entspannte Happy Hour, Grillabende (Do–So) und vieles, womit man sich die Zeit vertreiben kann.

Casa Shangri-La PENSION $
(☎258-8076, 09-146-8470; 8 US$/Pers.; WLAN, Pool) Diese fantastische neue Unterkunft liegt nur wenige hundert Meter außerhalb von Canoa an der Straße nach Pedernales. Inhaber ist ein freundlicher Holländer, der hier einen relaxten Surfertreffpunkt mit großem Garten, sehr hübschen Zimmern und einer gechillten Atmosphäre geschaffen hat. Von hier ist es nur ein kurzer Fußweg zu einem abgelegenen Strandabschnitt, der von den Massen verschont bleibt.

Posada Olmito PENSION $
(☎258-8174, 09-553-3341; Malecón; DZ 18 US$, mit Gemeinschaftsbad 15 US$; WLAN) Direkt am Strand steht diese Posada, ein eher rustikales Konglomerat. Wer gerne am Strand faulenzt, ist hier genau richtig. Die mit Ventilatoren versehenen Bambuszimmer haben kleine Bäder, in denen auch warmes Wasser aus der Leitung kommt. Das Flair ist mehr als relaxt.

Amalur PENSION $
(☎08-303-5039, 08-812-9486; www.amalurcanoa.com; EZ/DZ/3BZ 10/20/30 US$; WLAN) Das beste Restaurant im Ort bietet im hinteren Teil auch einige Zimmer mit Blick auf einen sandigen Garten. Sie sind sauber, haben alle Warmwasser und Moskitonetze. Das Amalur befindet sich nur einen kurzen Fußweg über ein Fußballfeld vom Strand entfernt.

Hotel País Libre PENSION $
(☎261-6536; Zi. 15 US$/Pers., mit Gemeinschaftsbad 10 US$; WLAN, Pool) Das von einem ecuadorianischen Surfprofi betriebene País Libre ist ein farbenfroher, mehrstöckiger Holzrahmenbau mit beschnitzten Geländern und mit Bambus ausgestatteten Zimmern. Es gibt eine eigene Disco und einen

Swimmingpool, und auf den oberen Terrassen baumeln Hängematten. Die Zimmer verfügen über Ventilatoren und Warmwasseranschluss.

La Posada de Daniel PENSION $
(☎09-750-8825; posadadaniel83@hotmail.com; Zi. inkl. Frühstück 17 US$/Pers., Camping inkl. Frühstück 8 US$/Zelt; P 📶 ✉) La Posada de Daniel, eine von Canoas ersten Pensionen, wurde kürzlich erst komplett erneuert und ist nun wieder hübsch herausgeputzt wie früher. Wer sich gegen die komfortablen Zimmer entscheidet, kann immer noch auf dem Campingplatz in den vorhandenen guten Zelten und auf dicken Luftmatratzen übernachten. Es gibt einen kleinen Pool und eine lässige Bar mit Strohdach. Die Posada liegt einige Häuserblocks vom Strand entfernt.

La Vista X ? PENSION $
(☎09-228-8995; Malecón; EZ/DZ/3BZ 16/24/30 US$; P 📶) Das La Vista steht direkt am Strand und ist eine etwas gehobenere Pension in einem vierstöckigen Gebäude. Die geräumigen, hübsch eingerichteten Zimmer haben Deckenbalken und Glasfenster (im Gegensatz zu Fenstern aus Bambus).

Essen & Ausgehen

LP TIPP **Amalur** SPANISCH $
(Hauptgerichte 4–8 US$; ⏲12–21 Uhr) Dieses adrette, minimalistische Restaurant wird von einem sehr fähigen spanischen Paar geführt („Amalur" ist baskisch und bedeutet „Mutter Erde") – ein toller Ort, um essen zu gehen und ein riesiger Unterschied zu anderen Restaurants, die man sonst in ecuadorianischen Dörfern findet! Auf einer Tafel sind die Angebote des Tages angeschrieben, darunter sind Leckereien wie frischer Tintenfisch in Tinte, Gazpacho, gegrilltes Schweinefleisch mit roter Paprika, gut gewürzte Auberginen in Sauce oder ein traumhaft zarter Seebarsch. Das Amalur liegt zwei Häuserblöcke vom Strand entfernt und bietet Ausblick auf das Fußballfeld.

Café Flor INTERNATIONAL $
(Hauptgerichte 4–9 US$; ⏲Mo–Sa 16–22 Uhr) Dieses nette, familiengeführte Café serviert eine Reihe köstlicher, mit großer Sorgfalt zubereiteter Gerichte, darunter auch Pizzas, Burritos, Hamburger, Gemüseburger, Steaks, amerikanisches Frühstück und mehr. Hier kann man zudem nach günstigem Surf- oder Spanischunterricht fragen. Jeden Tag gibt es eine Happy Hour (19–21 Uhr). Zu finden ist das Café Flor in der Nähe des Baseballplatzes, zwei Häuserblocks vom Strand entfernt.

Surf Shack INTERNATIONAL $
(Malecón; Hauptgerichte 5–10 US$; ⏲8–24 Uhr) Noch ein beliebtes Restaurant mit Bar am Strand: Ausländer in Urlaubsstimmung werden hier mit Pizza, Burgern, sättigenden Frühstücken und einer großen Auswahl von Rum-Cocktails versorgt. Es gibt auch jede Menge Ausrüstung zu leihen: Kajaks, Raftingboote, Motorräder, Surfbretter und mehr.

Shoppen

Biomarkt MARKT
Río Muchacho (S. 272) organisiert jeden Samstagmorgen auf der Hauptstraße einen Biomarkt, auf dem Bauern aus der Region ihre frischen Produkte und andere hausgemachte Leckereien zum Kauf anbieten.

Praktische Informationen

Canoa hat keine Banken (in San Vicente gibt's die nächsten Geldautomaten), es gibt auf der Hauptstraße jedoch mehrere Telefonzentren mit öffentlichen Apparaten und in manchen Lokalen entlang der Hauptstraße (langsamen) Internetzugang.

Da die Telefonleitungen im Ort sehr unzuverlässig sind, nutzen die meisten Gewerbe Mobiltelefone.

Anreise & Unterwegs vor Ort

Busse zwischen Bahía de Caráquez und Pedernales oder Esmeraldas halten auch in Canoa an. Der Fahrer setzt die Passagiere in der Calle Principal (Hauptstraße) ab. Von hier sind es nur wenige Häuserblocks bis zum Strand, wo viele der Unterkünfte zu finden sind.

Rund um Canoa

Auf dem **Biobauernhof Río Muchacho** (☎05-258-8184; www.riomuchacho.com) können sich Gäste und Einheimische beim Mithelfen die Hände schmutzig machen und dabei etwas über nachhaltige Anbaumethoden lernen.

Dieser tropische Biobauernhof an dem Fluss, dem er seinen Namen verdankt, ist über einen holprigen, 8 km langen Pfad zu erreichen, der von der Straße nördlich von Canoa ins Hinterland abzweigt. Der Hof ist am besten mit dem Pferd zu erreichen, demselben Fortbewegungsmittel, das auch die einheimischen *montubios* (Küstenbauern) nutzen.

Das Bauernhofpersonal engagiert sich aktiv in der Gemeinde und hat den Bau einer Grundschule veranlasst, in der die Kinder (neben den üblichen Grundlagen) alles über Wiederaufforstung und Abfallentsorgung lernen.

Nach einem Rundgang über den Biohof, einem Blick auf die Feldfrüchte und vielen Infos über Permakultur und biologische Landwirtschaft können Besucher frei aus einer Reihe von Aktivitäten wählen, darunter angeln nach Flussgarnelen oder Schmuckherstellung aus Tagua-Nüssen. Wer auf der Suche nach einem Stück purer Natur ist, schließt sich einer geführten Wanderung an, macht einen Ausritt oder beobachtet die Vogelwelt.

Auch Übernachtungsmöglichkeiten werden angeboten. Die Hütten sind eher von der rustikalen Sorte, mit Gemeinschaftsduschen und Komposttoiletten. Das Baumhaus mit Stockbetten ist heiß begehrt. Nur wenige Besucher kommen hier unter – das ist bewusst so –, und ohne Reservierung läuft gar nichts. Die meisten Gäste kommen im Rahmen einer Tour von drei Tagen und zwei Nächten zum Preis von 120 US$ pro Person (min. 2 Teilnehmer) hierher.

Freiwillige sind herzlich willkommen. Sie können länger bleiben und in der Schule oder auf dem Hof mitarbeiten. Für Kost und Logis fallen dabei 150 US$ pro Woche (od. 400 US$/Monat) an. Es gibt auch Spanischkurse, und die Hofbewirtschafter bieten eine einmonatige Ausbildung (bzw. einen Lehrgang) in biologischer Landwirtschaft an.

Mehr Infos gibt's direkt beim Hof. Touren können über Guacamayo Tours (S. 273) in Bahía de Caráquez arrangiert werden.

Bahía de Caráquez

☎05 / 19 700 EW.

Auf der geschäftigen Halbinsel von Bahía de Caráquez – zweifellos der Stadt mit der besten Lage in ganz Ecuador – stehen weiß getünchte Hochhäuser neben Häusern mit roten Ziegeldächern. Mit dem Río Chone auf der einen und dem Pazifik auf der anderen Seite räkelt sich diese saubere ehemalige Hafenstadt in der Sonne und verströmt eine wunderbar entspannte Atmosphäre. In der ersten Hälfte des 20. Jhs. war die Stadt Ecuadors wichtigster Hafen, durch die langsam erodierenden Sandbänke wurde diese Ehre aber Guayaquil und Manta zuteil, und Bahía konnte sich fortan sich selbst widmen.

Nach einer Reihe von Naturkatastrophen (darunter ein Erdrutsch, der 1998 durch El Niño hervorgerufen wurde, und ein schweres Erdbeben im selben Jahr) hat man in Bahía in Sachen Wiederaufbau und Neuanfang Erstaunliches geleistet. Dabei erfindet der Ort sich auch gelegentlich neu, wie jüngst als Vorreiter der noch in den Kinderschuhen steckenden ecuadorianischen Umweltbewegung: Marktabfälle werden wiederverwertet, rund um die Stadt gibt es eine Reihe von Biobauernhöfen, und die Hänge, die durch den von El Niño 1998 hervorgerufenen Erdrutsch beschädigt wurden, werden im Rahmen von Wiederaufforstungsprojekten saniert. Im Mittelpunkt der Bemühungen stehen nicht zuletzt die Mangrovenwälder, die durch die Garnelenzucht stark dezimiert wurden.

Bahía de Caráquez ist außerdem Ausgangspunkt für einen Besuch der archäologischen Stätte von Chirije (S. 276).

Sehenswertes & Aktivitäten

Museo Bahía de Caráquez GRATIS MUSEUM
(Ecke Malecón Santos & Peña; ⌚Di–Fr 8.30–16.30, Sa 9–14.30 Uhr) In dem sehr guten und modernen Museum können sich Traveller einen Einblick in die Geschichte der indigenen Völker der Gegend verschaffen. Zur Sammlung gehören Hunderte präkolombischer Töpferwaren. Auch lokales Kunsthandwerk wird hier verkauft.

Mirador La Cruz AUSSICHTSPUNKT
Hoch über der Halbinsel, am südlichen Ende der Stadt, liegt dieser Aussichtspunkt mit einem tollen Blick über die Stadt, das Meer und den Fluss. Er kann zu Fuß oder mit dem Taxi erreicht werden.

Geführte Touren

Guacamayo Tours ÖKOTOUREN
(☎269-1412; www.guacamayotours.com; Ecke Bolívar & Arenas) Diese Reiseagentur wird von einem ecuadorianisch-neuseeländischen Paar betrieben. Es werden Ausflüge zum Biobauernhof Río Muchacho (S. 272) organisiert und faszinierende Öko-Stadtführungen angeboten, im Rahmen derer Traveller über die Graswurzelprojekte in den Gemeinden informiert werden, die Bahía zu einem Vorbild in Sachen nachhaltiger Entwicklung gemacht haben. Zu

Bahía de Caráquez

Sehenswertes

1	Mirador La Cruz	A5
2	Museo Bahía de Caráquez	B5

Aktivitäten, Kurse & Touren

	Bahía Dolphin Tours	(siehe 4)
3	Guacamayo Tours	A4

Schlafen

4	CasaGrande Oceanfront Boutique Hotel	B1
5	Centro Vacacional Life	B2
6	Hotel Italia	A3
7	Hotel La Herradura	A2
8	Hotel La Piedra	A2

Essen

9	Arena Bar	A3
10	D'Camaron	A2
	Hotel La Herradura	(siehe 7)
11	Puerto Amistad	B5
12	Riverside Restaurants	B5
13	Vereda	A2

den Projekten gehören beispielsweise biologische Garnelenzucht, Umweltbildung an Schulen, die Wiederanpflanzung von Mangroven u.v.m.

Bei einer dreistündigen Tour wird zuerst ein Wiederaufforstungsprojekt unter die Lupe genommen. Anschließend geht es mit einem Ökotaxi (Fahrradtaxi) zur Strandpromenade und zu Ecopapel, einem Papierrecyclingzentrum, in dem aus ausgedientem Papier und Frucht- und Pflanzenfasern wunderschöne handgefertigte Papierprodukte herstellt werden.

Guacamayo organisiert auch eine Reihe anderer Ausflüge, darunter eine Kanutour mit einheimischen Fischern durch die Mangrovenwälder mit ihrer artenreichen Vogelwelt. Bei Ausflügen zu den Inseln der Umgebung mit ihren großen Meeresvögelkolonien (darunter auch eine der größten Fregattenvögelkolonien an der ganzen ecuadorianischen Küste) lernt man die Probleme des Mangrovenbiotops kennen und besucht einen privaten Zoo. Zwischen Ende September und Anfang Oktober werden auch Walbeobachtungen angeboten. Diverse Erzeugnisse vom Bauernhof Río Muchacho und Produkte aus dem Recyclingzentrum können im Büro von Guacamayo erworben werden.

Bahía Dolphin Tours GEFÜHRTE TOUREN

(☎269-0257; www.bahiadolphintours.com; CasaGrande Oceanfront Boutique Hotel, Virgílio Ratti 606) Die archäologische Stätte von Chirije (S. 276) befindet sich im Besitz dieses Anbieters, der sowohl Tagesausflüge als auch längere Touren mit Übernachtung dorthin im Programm hat. Es können auch Tourpakete mit Übernachtungen in Chirije und Bahía geschnürt werden, die einen Besuch in einer Panamahutwerkstatt, auf einer biologischen Garnelenfarm, auf der Fregattenvogelinsel oder Stippvisiten bei anderen interessanten Stätten einschließen können. Gute Nachricht: Es gibt deutschsprachige Guides!

Schlafen

Einige der günstigeren Optionen haben nicht selten Probleme mit der Wasserversorgung.

CasaGrande Oceanfront Boutique Hotel BOUTIQUEHOTEL $$$
(☎269-0257; www.casagrandebahia.com; Virgílio Ratti 606; Zi. inkl. Frühstück 104–147 US$; P❄📶🏊) Das reizende CasaGrande bietet sechs hübsch eingerichtete, geräumige Zimmer mit polierten Holzfußböden, modernen Badezimmern und Meerblick. Die Balkone der besten Zimmer sind mit Hängematten ausgestattet. Es gibt eine heimelige Lounge, stilvolle Gemeinschaftsbereiche und einen coolen Pool.

Hotel La Herradura HOTEL $$
(☎269-0446; Bolívar 202; EZ/DZ/Suite ab 50/60/100 US$, EZ/DZ ohne Klimaanlage und Warmwasser 25/40 US$; P❄📶) Das alte spanische Wohnhaus ist bis unters Dach mit Antiquitäten und Kunstwerken gefüllt und wurde mit viel Liebe zum Detail eingerichtet – man könnte fast meinen, man befände sich hier in einem New Yorker oder Londoner Einrichtungshaus. Die günstigeren Zimmer sind sehr einfach, während die Zimmer im Obergeschoss mit ihrem Meerblick, der stilvollen Einrichtung und dem Warmwasser die bessere Wahl sind.

Casa Ceibo LUXUSHOTEL $$$
(☎239-9399; www.casaceibo.com; Av Sixto Durán Ballén; Zi. inkl. Frühstück 366 US$; P❄📶🏊) Wer ein bisschen verwöhnt werden will und dabei die Abgeschiedenheit sucht, ist in diesem neuen abgeschlossenen Luxushotelkomplex 4 km von Bahías Zentrum entfernt genau richtig. Er liegt an der Straße, die aus der Stadt herausführt, und unmittelbar hinter dem Busbahnhof. Mit seinen vornehmen, mit allen Annehmlichkeiten ausgestatteten Zimmern, den minimalistischen Gemeinschaftsbereichen und dem riesigen, schön gepflegten Garten, der bis hinunter zum Fluss reicht, ist dies definitiv das eleganteste Hotel der Stadt. Sowohl Kajak- und Radfahren als auch die Nutzung des Fitnessraums und des Pools sind inbegriffen, und es gibt ein vollwertiges Restaurant.

Hotel La Piedra STRANDHOTEL $$$
(☎269-0780; www.hotellapiedra.com; Virgílio Ratti; EZ/DZ 91/112 US$; P❄📶🏊) Dieses große Hotel bietet alle Annehmlichkeiten und hat geräumige, saubere Zimmer mit tollem Meerblick. Es gibt einen luxuriösen Pool im Schatten von Palmen und umringt von Clubsesseln, der nur wenige Schritte von den peitschenden Wellen des Meeres entfernt liegt. Der große Vorteil: Hier kann man wie in einem echten Urlaubsresort entspannen und ist dennoch nur wenige Schritte von den Bars und Restaurants der Stadt entfernt.

Centro Vacacional Life HÜTTEN $
(☎269-0496; Ecke Octavio Viteri & Muñoz Dávila; Zi. 15 US$/Pers.; ❄📶) Ideal für Familien. Auf dem umzäunten, grasbewachsenen Gelände mit Spielplatz stehen sechs kleine Hütten mit jeweils eigener Küche. Jede hat Kabel-TV und Warmwasser, und – interessant für alle Tierfreunde – auf dem Anwesen stromern überall Haustiere herum.

Hotel Italia HOTEL $$
(☎269-1137; Ecke Bolívar & Checa; EZ/DZ 18/37 US$/Pers.; P❄) Ein altmodisches, vierstöckiges Hotel im Herzen der Stadt mit einfachen Zimmern mit hohen Decken, Ventilatoren, Warmwasser und Kabel-TV. Für die Zimmer mit Klimaanlage muss ein Aufpreis bezahlt werden. Bei unserem Besuch im Rahmen der Recherche glänzten die Angestellten nicht gerade durch Herzlichkeit.

Essen

An der Anlegestelle am Fluss findet sich eine Reihe verwitterter Restaurants, die die perfekte Location für ein Essen bei Sonnenuntergang abgeben. Sie sind für ihre Gerichte mit Meeresfrüchten (besonders Ceviche) bekannt und haben den ganzen Tag, von morgens bis Mitternacht, geöffnet.

LP TIPP **Puerto Amistad** INTERNATIONAL $$
(Malecón Santos; Hauptgerichte 6–12 US$; ⏲Mo–Sa 12–23 Uhr) Puerto Amistad ist bei Expats für seine leckeren Gerichte, die starken Cocktails und die hübsche, luftige Terrasse über dem Wasser beliebt. Salate, herzhafte Crêpes, Quesadillas, die Gerichte mit Meeresfrüchten und die Steaks sind hervorragend. Bedient wird man freundlich und professionell. Das etwas gehobenere Restaurant ist gleichzeitig Bahías Jachtclub und ein guter Ort, um Segler auf der Durchreise kennenzulernen.

Hotel La Herradura ECUADORIANISCH $$
(Bolívar 202; Hauptgerichte 5–10 US$; ⏲7–22 Uhr) Mit den hohen Decken und den schmiedeeisernen Leuchtern wirkt diese hübsche Location am Meer überhaupt nicht

wie ein Hotelrestaurant. Auf der kreativen Speisekarte stehen leckeres Kochbananenbrot und pikantes Ceviche mit Koriander. Der Service hingegen ist, vorsichtig ausgedrückt, nicht sonderlich zuvorkommend.

Arena Bar PIZZERIA **$**
(Marañón; Hauptgerichte 3–8 US$; ⌚17–24 Uhr) In diesem freundlichen Restaurant mit lässigem Surferdekor können Besucher es sich zu internationalen Rhythmen schmecken lassen. Die Pizzas sind gut, es gibt aber noch viele andere Optionen, beispielsweise den hervorragenden Salat und die leckeren Sandwiches.

D'Camaron SEAFOOD **$**
(Bolívar; Hauptgerichte 3–7 US$; ⌚9–18 Uhr) Wie der Name vermuten lässt, sind Garnelen die Spezialität dieses lässigen Restaurants im Freien nahe dem Wasser. Mit gegrillten Garnelen und einem Cocktail in der Hand lässt sich die Meeresbrise am besten genießen.

Vereda SEAFOOD **$**
(Muñoz Dávila; Hauptgerichte 3–7 US$; ⌚7–19 Uhr) Dieses beliebte und doch winzige familiengeführte Restaurant ist einnehmend einfach und bringt eine Reihe regionaler Favoriten, z.B. Krabben, Ceviche, gegrillten Flussfisch und Platten mit Meeresfrüchten, auf den Tisch.

ℹ Praktische Informationen

Banco de Guayaquil (Ecke Bolívar & Riofrío) Tauscht Reiseschecks um und hat einen Geldautomaten.

Genesis Net (Malecón Santos 1302; 1 US$/Std.; ⌚Mo–Sa 9–21.30, So 10–20 Uhr) In dieser Einrichtung gibt's Möglichkeiten, ins Internet zu kommen und günstig ins Ausland zu telefonieren.

ℹ An- & Weiterreise

Eine neue Brücke, die über den Río Chone führt, verbindet Bahía mit San Vicente (und dem Rest der Nordküste). Auf diese Weise kann man sich die lange Fahrt um die Bucht oder die Fahrt mit der Flussfähre sparen.

Der Busbahnhof liegt 4 km vom Stadtzentrum entfernt auf dem Malecón in Richtung Chone. Dort existieren reguläre Busse und *ejecutivo*-Verbindungen (1. Klasse) nach Quito (*regular/ejecutivo* 7,50/10 US$, 8 Std., 4-mal tgl.) über Santo Domingo (*regular/ejecutivo* 5/6 US$). Es fahren auch Busse nach Guayaquil (7 US$, 6 Std., 7-mal tgl.), Manta (2,50 US$, 3 Std., 3-mal tgl.) und Canoa (1 US$, 45 Min., alle 30 Min.).

Rund um Bahía de Caráquez

Die **archäologische Stätte von Chirije** (www.chirije.com) liegt 15 km südlich von Bahía. Hier finden sich zahllose antike Keramiken, Begräbnisstätten, Kochstellen, Müllkippen und Schmuckstücke, die alle vorwiegend aus der Bahía-Kultur stammen (500 v. Chr.–500 n. Chr.).

Die Stätte befindet sich im Besitz von Bahía Dolphin Tours (S. 274). Um sie besuchen zu können, muss eine geführte Tour über die Agentur gebucht werden. Die schiere Anzahl der Fundstücke veranlasst Archäologen zu der Vermutung, dass hier einst ein wichtiger Hafen gewesen sein muss. Nur ein kleiner Bereich der Stätte wurde professionell ausgegraben, und einige der Artefakte werden in einem winzigen Museum vor Ort ausgestellt – Besucher werden jedoch überall auf dem Gelände über Tonscherben stolpern.

Chirije wird bei Flut vom Wasser eingeschlossen, sodass ein Besuch gut geplant sein will (Bahía Dolphin Tours verfügt aber über die nötigen Informationen). Besucher können hier auch über Nacht bleiben und sich zu Fuß auf Pfaden in den trockenen, tropischen Küstenwald vorwagen. In vier großen, mit Solarstrom versorgten Hütten haben bis zu acht Personen Platz (obwohl das eine ziemlich enge Angelegenheit ist). Jede hat eine Veranda, ein eigenes Bad und eine Küche. Pro Hütte werden 75 US$ fällig, auf Anfrage wird auch Essen zubereitet. Eine Tagestour nach Chirije kostet inklusive Mittagessen 45 US$ pro Person.

Manta

☎05 / 217 500 EW.

Manta ist die größte Stadt der Provinz (und die fünftgrößte in Ecuador). Die geschäftige, wohlhabende Hafenstadt hat jede Menge Hochhäuser und ein paar Stadtstrände, an die es vorwiegend einheimische Touristen zieht. Als wichtiges Zentrum der fisch- und thunfischverarbeitenden Industrie ist dies einer jener Orte, die man schon vor der Ankunft kilometerweit riechen kann… Die kitschigste Attraktion ist somit auch eine riesige Skulptur eines Thunfischs. Eigentlich gibt es nur wenige Gründe, hierher zu kommen – die Strände anderswo an der Küste sind viel besser –, die Stadt ist aber ein wichtiger Transportknotenpunkt, hat ein lebhaftes Nachtleben, und auch wer sich auf dem Weg ins Kunsthandwerkerdorf Montecristi befindet, wird um Manta kaum herumkommen.

Sehenswertes & Aktivitäten

Museo del Banco Central MUSEUM
(Malecón nahe Calle 20; Eintritt 1 US$; ⌚Di–Sa 9–17, So 11–15 Uhr) Das komplett modernisierte Stadtmuseum wurde 2009 an seinem heutigen Standort wiedereröffnet und stellt wertvolle Artefakte der präkolumbischen Manta-Kultur, eine Auswahl ecuadorianischer Gemälde und schrägen Fischerei-Krimskrams aus.

Playa Murciélago STRAND
Dieser Strand ist weniger geschützt als der Tarqui-Strand, und auch die Wellen hier sind größer (auch wenn sie nicht riesig sind, gibt es doch einen starken Sog). Die Playa Murciélago ist der beliebteste Strand der Stadt, befindet sich etwa 2 km nordwestlich des Zentrums und ist gesäumt von Snackbars, Restaurants und Sonnenschirmverleihen.

Tarqui-Strand STRAND
Am östlichen Ende dieses Sandstrands geht es früh am Morgen zu wie in einem Bienenstock, wenn zahllose Fischverkäufer Hai, Thunfisch, Schwertfisch, Doraden und andere Fische feilbieten (deren Größe mit jedem Jahr abnimmt). Hier befindet sich auch der sogenannte Parque del Marisco: unzählige Stände, die direkt am Strand eine große Auswahl von Gerichten aus frischem Fisch und Meeresfrüchten verkaufen, darunter auch – schenkt man den Einheimischen Glauben – das beste Ceviche des ganzen Landes. Der Strand eignet sich zum Schwimmen.

Schlafen

Die Preise steigen an Ferienwochenenden und in der Hauptsaison (Dez.–März und Juni–Aug.).

Hotel Balandra HOTEL $$$
(☎262-0545; www.hotelbalandramanta.com; Av 7 nahe Calle 20; EZ/DZ/Hütte 86/100/120 US$; ❄@📶🏊) Ein kleines, aber gehobenes Hotel am Hügel mit hübsch eingerichteten Zimmern und schicken Hütten mit zwei Schlafzimmern, von denen einige einen Balkon zum Meer hin haben. Im Garten stehen kunstvoll zugeschnittene Büsche, es gibt einen kleinen Fitnessraum, eine Sauna, einen Pool und einen Spielplatz.

Manakin PENSION $$
(☎262-0413; Calle 17 & Av 21; EZ/DZ/3BZ inkl. Frühstück 40/50/65 US$; ❄📶) Fast mitten im Herzen des Ausgehviertels befindet sich das Manakin, ein umgebautes, einstöckiges Haus mit einem angenehm entspannten Flair. Die schmalen, gut geordneten Zimmer sind hübsch eingerichtet, und im Haus gibt's genügend Raum zum Ausspannen – beispielsweise die Terrasse vor dem Haus.

Leo Hotel HOTEL $
(☎262-3159; Av 24 de Mayo; EZ/DZ 15/25 US$; ❄) Das Leo liegt gegenüber dem Busbahnhof und hat kleine, saubere Zimmer, von denen allerdings einige keine Fenster haben. Eine praktische Option für diejenigen, die nur auf der Durchreise sind!

Essen

Das östliche Ende des Strandes ist auf dem Malecón de Tarqui mit *comedores* gesäumt, in denen Gerichte mit Meeresfrüchten serviert werden. Die Cafés an der Playa Murciélago befinden sich mittendrin im Strandgeschehen.

Parrillada Oh Mar GRILLRESTAURANT $$
(Ecke Av 20 & Av Flavio Reyes; Hauptgerichte 7–12 US$; ⌚Mo–Sa 12–23 Uhr) Dieses einladende Grillrestaurant mit Wänden aus Glas liegt mittendrin in Mantas Ausgeh- und Amüsierviertel und ist eine hervorragende Adresse, um abends ein sättigendes Steak und ein Glas argentinischen Rotweins zu genießen.

Beachcomber GRILLGERICHTE $
(Ecke Calle 20 & Av Flavio Reyes; Hauptgerichte 4–10 US$; ⌚18–24 Uhr) Nahe dem Zentrum des Ausgehviertels befindet sich das beliebte Restaurant Beachcomber, das berühmt ist für sein gegrilltes Fleisch. Sein Essen kann man im üppig grünen Garten hinterm Haus oder auf der offenen Veranda vor dem Haus genießen.

Trosky Burguer BURGER $
(Ecke Av 18 & Av Flavio Reyes; Hauptgerichte 3–7 US$; ⌚Di–So 18–3 Uhr) Eine beliebte, von Surfern betriebene Snackbar, in der zum Rauschen des Meeres frisch zubereitete, saftige Burger serviert werden. Der freundliche Besitzer spricht Englisch.

Trovador Café CAFÉ $
(Av 3 & Calle 10; Hauptgerichte 2–5 US$; ⌚Mo–Sa 8–20 Uhr) In einer hübschen Fußgängerzone, nicht weit vom Malecón entfernt, versteckt sich dieses Café, dessen Personal

Manta

Sehenswertes

1 Museo del Banco Central B2

Schlafen

2 Hotel Balandra B2
3 Leo Hotel E4
4 Manakin A3

Essen

5 Beachcomber B3
6 Parrillada Oh Mar B3
7 Trosky Burguer B3
8 Trovador Café E3

milchschaumige Cappuccinos, Sandwiches und einen günstigen Mittagstisch serviert. Es gibt Sitzgelegenheiten drinnen und im Freien.

Praktische Informationen

Städtische Touristeninformation (262-2944; Av 3 No 10-34; Mo–Fr 8–12.30 & 14.30–17 Uhr) Die Leute hier sind freundlich und hilfsbereit.

Polizei (Av 4 de Noviembre) In der Einreisebehörde können Touristenvisa verlängert werden. Die Straße ist eine Verlängerung des Malecón de Manta.

Post (Calle 8) Befindet sich im Rathaus.

An- & Weiterreise

Bus

Die meisten Busse starten am zentralen Busbahnhof vor dem Fischereihafen in Manta. Auch die Fahrzeuge, welche die nahe gelegenen Manabí-Städte und -Dörfer wie Montecristi (0,50 US$, 15 Min.) ansteuern, fahren am Busbahnhof los.

Es gibt Busse nach Jipijapa (0,90 US$, 1 Std.), Canoa (4 US$, 3½–4 Std.), Bahía de Caráquez (2,50 US$, 3 Std.), Guayaquil (5 US$, 4 Std.), Esmeraldas (7 US$, 6 Std.) und Ambato (8 US$, 10 Std.).

Die *Ejecutivo*-Busse nach Quito (10 US$, 9 Std.) und nach Guayaquil (7,50 US$, 4 Std.) fahren den ganzen Tag über von einer kleineren Haltestelle auf dem Malecón ganz in der Nähe ab.

Flugzeug

Das **TAME-Büro** (☎262-2006; Malecón de Manta) von Manta befindet sich direkt am Ufer hinter dem Freilufttheater. TAME bietet, ebenso wie **Icaro** (☎262-7327; Turm des Hotels Oro Verde, Playa Murciélago nahe Calle 23), täglich ein bis zwei Flüge nach/von Quito (einfache Strecke ab 70 US$, 30 Min.) an. Die Flugtickets können auch am Morgen des Abflugs noch am Flughafen gekauft werden, doch aufgepasst: Am Wochenende und in der Ferienzeit sind normalerweise alle Flieger voll!

Der **Flughafen** (☎262-1580) liegt etwa 3 km östlich von Tarqui; eine Taxifahrt kostet um die 2 US$ (10 Min.).

Montecristi

☎05 / 14 500 EW.

In Montecristi werden die feinsten Strohhüte des Planeten hergestellt – auch wenn sie verwirrenderweise als „Panamahüte" bezeichnet werden (s. Kasten S. 190). Wer auch einen haben möchte, fragt nach einem *sombrero de paja toquilla* (die Hüte bestehen aus *paja toquilla,* einem feinen, fasrigen Stroh, das nur in dieser Region wächst). Die Straße, die in die Stadt führt, und die Plaza sind von zahllosen Hutläden gesäumt; die meisten ihrer Waren sind aber billig und zu locker gewebt. Echte *superfino*-Ware (die feinste, engste Webart von allen) gibt's im Laden und Haus von **José Chávez Franco** (Rocafuerte 386; ⏲7–19 Uhr), zwischen Eloy Alfaro und der Calle 10 de Agosto, unmittelbar hinter der Kirche. Hier bekommt man einen qualitativ hochwertigen Hut für unter 100 US$, aber auch da sollte man genau hinsehen. Die Hüte sind weder vorgeformt noch haben sie ein Außenband an der Krempe, günstiger als hier sind sie jedoch auch so gut wie nirgendwo auf der Welt zu bekommen. Wer sich ein wenig umsieht, wird noch weitere gute Läden finden, in denen auch hiesige Flechtarbeiten und Korbwaren verkauft werden.

Montecristi wurde ungefähr 1628 gegründet, als die Manteños ins Landesinnere flohen, um den häufigen Plünderungen durch Piraten zu entkommen. Die vielen unrestaurierten Kolonialhäuser verleihen dem Dorf eine etwas gespenstische Atmosphäre. An der Hauptplaza steht eine wunderschöne Kirche aus dem frühen 20. Jh. Sie beherbergt eine Statue der Jungfrau Maria (der Wunder zugeschrieben werden) und lohnt einen Besuch. Auf der Plaza befindet sich eine Statue von Eloy Alfaro, der in Montecristi geboren wurde und Anfang des 20. Jhs. Präsident von Ecuador war. Sein Grab ist im Rathaus neben der Plaza.

Für einen kurzen Blick auf einige der indigenen Artefakte, die hier in der Region gefunden wurden, lohnt ein Besuch im **Museo Arqueológico** (Calle 9 de Julio 436; Eintritt gegen Spende; ⏲Mo–Sa 9–18 Uhr), das sich in privater Hand befindet. Zu den Highlights der kleinen Sammlung gehören ein primitives Trommelinstrument, riesige Begräbnisurnen und aufwändige Steinritzungen.

Tagsüber kann Montecristi mit einem der zahlreichen Busse erreicht werden, die am Busbahnhof in Manta losfahren (0,50 US$, 30 Min.).

Südküste

Inhalt »

Ruta Spondylus 283
Parque Nacional Machalilla 283
Puerto López....... 286
Montañita 290
Salinas 294
Playas............. 296
Bosque Protector Cerro Blanco 297
Guayaquil.......... 298
Machala 318
Puerto Bolívar & Jambelí 320
Zaruma.............321

Gut essen

» Lo Nuestro (S. 312)
» Marea (S. 293)
» Strandstände (S. 288)
» Hostería Farallón Dillon (S. 294)
» Cevichelandía (S. 295)

Schön übernachten

» Hostería Mandála (S. 286)
» Balsa Surf Camp (S. 292)
» Samaí Lodge (S. 290)
» Mansion del Rio (S. 308)
» Camping im Parque Nacional Machalilla (S. 285)

Auf zur Südküste!

Die Region erstreckt sich von Puerto López im Norden bis zur peruanischen Grenze im Süden und hat eine lange, sandige Küste. Eine bunte Mischung von Travellern strömt zu entspannenden Orten, um zu surfen und abzuhängen, während die *guayaquileños* (Leute aus Guayaquil) und Sportangler sowie Segler die Hotels und Ferienwohnungen stürmen. Wege durch die Nebelwälder im Küstenbergland führen vorbei an kleinen Dörfern und rauschenden Bächen.

Guayaquil, Ecuadors größte Stadt und das Handels- und Geschäftszentrum des Landes, prunkt mit einer disneyfizierten *malecón* (Uferpromenade), mit Museen und einem Nachtleben, wie es das anderswo in Ecuador kaum gibt. Von hier aus starten auch alle Flüge auf die Galápagosinseln.

Südlich von Guayaquil werden vor allem Bananen angebaut – das *oro verde* (grüne Gold) des Landes. Machala, die Hauptstadt der Provinz El Oro, ist ein guter Ausgangspunkt für die Erkundung der nahen Gebirgsorte und ein bequemer Stopp für Reisende auf dem Weg nach Peru.

Reisezeit

Guayaquil

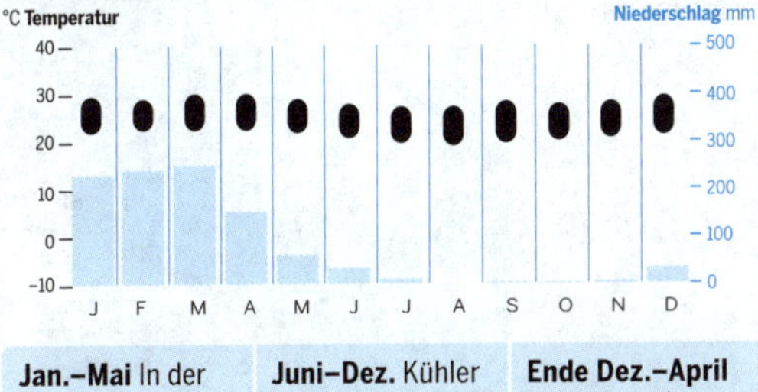

Jan.–Mai In der Regenzeit ist es an der Küste heiß, feucht und sonnig. Ab und zu gibt es starke Regenfälle.

Juni–Dez. Kühler und bewölkter (Trockenzeit). Im Juni und September kann man Buckelwale sehen.

Ende Dez.–April Jetzt besuchen die Ecuadorianer normalerweise die Ferienorte an der Küste.

Highlights

1. Mit nistenden Tölpeln und anderen Vögeln auf der **Isla de la Plata** (S. 288) auf Tuchfühlung gehen
2. Im Surfermekka **Montañita** (S. 290) einen Gang runterschalten und richtig ausspannen
3. Die Wege erkunden, die sich durch die **Nebelwälder** (S. 290) des Küstengebirges schlängeln
4. Einen Sonntagsbummel auf dem **Malecón 2000** (El Malecón; S. 299) machen, Guayaquils an einen Vergnügungspark erinnernde Uferpromenade
5. Die kühle Luft und die spektakuläre Aussicht rund um **Zaruma** (S. 321) genießen
6. Vom Boot aus riesige **Buckelwale** während ihrer Fortpflanzungszeit ganz von Nahem beobachten (S. 285)
7. In einem Strandrestaurant in **Playas** (S. 288) stapelweise Schalentiere und frisch gefangene Meeresfrüchte verdrücken

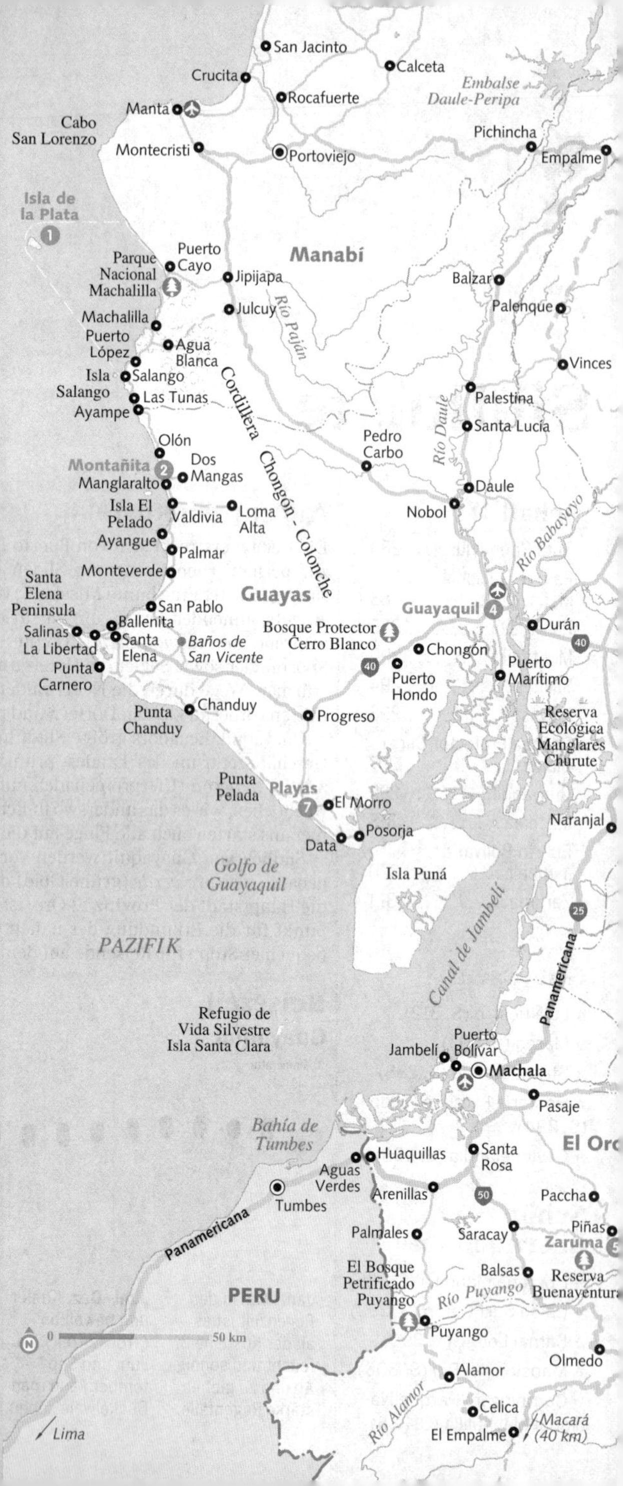

An- & Weiterreise

Guayaquil ist das Ziel vieler direkter Auslandsflüge, und es gibt auch häufige Verbindungen nach Quito. Hier starten zudem alle Flüge zu den Galápagosinseln. Auf der Straße fahren die meisten Traveller von Quito aus erst einmal nach Manta (von Quito rund 9 Std.) oder Puerto López (von Quito fast 10 Std.) und arbeiten sich von dort langsam die Küste hinunter, obwohl es auch viele Direktbusse nach Guayaquil gibt. Guayaquil ist rund fünf spektakuläre Stunden von Guaranda (im Zentralen Hochland) und weniger als vier Stunden von Cuenca (über die Straße durch den Parque Nacional Cajas) entfernt.

Unterwegs vor Ort

Die meisten Ziele an der Südküste lassen sich direkt von Guayaquil aus erreichen. Zu Orten an der Ruta Spondylus muss man meist nur in Santa Elena oder La Libertad in einen anderen Bus umsteigen. Kleintransporter verbinden Guayaquil auch direkt mit mehreren dieser Orte. Für kleinere Orte südlich von Guayaquil ist Machala der zweite Verkehrsknotenpunkt. Die Straßen sind fast überall asphaltiert; oft handelt es sich allerdings um enge, zweispurige Fernstraßen, die von schwer beladenen Trucks, rasenden Bussen und Pickups, die schon vor Jahrzehnten hätten aus dem Verkehr gezogen werden sollen, verstopft sind. Und überhaupt wird hier die Sicherheit im Straßenverkehr nicht besonders ernst genommen.

RUTA SPONDYLUS

Der Küstenabschnitt vom Parque Nacional Machalilla südwärts bis zur Santa-Elena-Halbinsel wird nicht mehr als Ruta del Sol bezeichnet, zum einen, weil man betonen will, dass es hier weit mehr als nur Sonne und Sand gibt. Außerdem legt sich in den *garúa* (nieseligen) Monaten ein dichter Nebel über die Landschaft, sodass der Spitzname Ruta del Sol auch nur zeitweise passte. Die Geografie der Region reicht von einem langweiligen, leblosen Mix aus vertrocknetem Strauchwerk und Kakteen bis hin zu den üppig grünen Nebelwäldern im Küstengebirge und Inseln mit einer einmaligen Flora und Fauna vor der Küste.

Parque Nacional Machalilla

☎05

Ecuadors einziger Küstennationalpark erinnert daran, wie ein großer Teil der mittel- und südamerikanischen Pazifikküste früher aussah. Nachdem diese Landschaft nun fast völlig verschwunden ist, handelt es sich hier um einen der am stärksten bedrohten tropischen Wälder weltweit. Der 1979 geschaffene Park schützt nur einen kleinen Teil der rapide schwindenden Küstenhabitate des Landes, nämlich rund 50 km an Stränden (weniger als 2 % der gesamten ecuadorianischen Küste), rund 40 000 ha tropischen Trocken- und Nebelwald sowie rund 20 000 ha Meeresfläche (einschließlich der Inseln vor der Küste, von denen die Isla de la Plata die wichtigste ist).

Der tropische Trockenwald, der einen großen Teil des Binnenlands im Park einnimmt, präsentiert sich als seltsame, wunderbare Landschaft mit auffällig flaschenförmigen Bäumen, die kleine Kronen und harte Stacheln (zum Schutz gegen Pflanzenfresser) ausbilden. In den höher gelegenen Bereichen des Parks trifft man auf feuchten Nebelwald. Zu den verbreitetsten Spezies gehört der *algarrobo*, ein Baum aus der Familie der Hülsenfrüchtler mit grüner Rinde, der sogar dann noch Photosynthese betreiben kann, wenn er seine Blätter verliert. Die Früchte des Kapokbaums (Ceiba) enthalten Fasern, die auf dem Wasser treiben und sich mit Wasser vollsaugen. Vor der Einführung moderner Synthetikstoffe wurden diese Fasern für Schwimmwesten genutzt. Auch Feigen-, Lorbeer- und Palo-Santo-Bäume sind häufig. Hohe, spindeldürre Kandelaberkakteen findet man oft an den Hügelhängen, ebenso Opuntien.

Innerhalb dieses seltsam aussehenden Waldes leben diverse Tier- und Vogelarten Weit über 200 Vogelspezies wurden gezählt, darunter eine Reihe von Küstenpapageien, und Sittichen sowie Meeresvögel wie z. B. Fregattvögel, Pelikane und Tölpel – manche davon nisten auf den Inseln vor der Küste. An vierfüßigen Tieren findet man u. a. Hirsche, Hörnchen, Brüllaffen, Ameisenbären und diverse Arten von Eidechsen, Schlangen und Leguanen.

Die meisten archäologischen Stätten im Park stammen aus der Manta-Epoche, die gegen 500 n. Chr. begann und bis zur spanischen Eroberung währte. Es gibt aber auch Zeugnisse der viel älteren Machalilla- und Chorrera-Kulturen aus der Zeit zwischen ca. 800 und 500 v. Chr. und sogar der Salango-Kultur (gegen 3000 v. Chr.). Die Fundstätten sind zwar bedeutend, für normale Besucher aber nicht besonders aufregend.

Die Nordgrenze des Parks markiert das ziemlich trostlose Fischerdorf Puerto Cayo.

Parque Nacional Machalilla

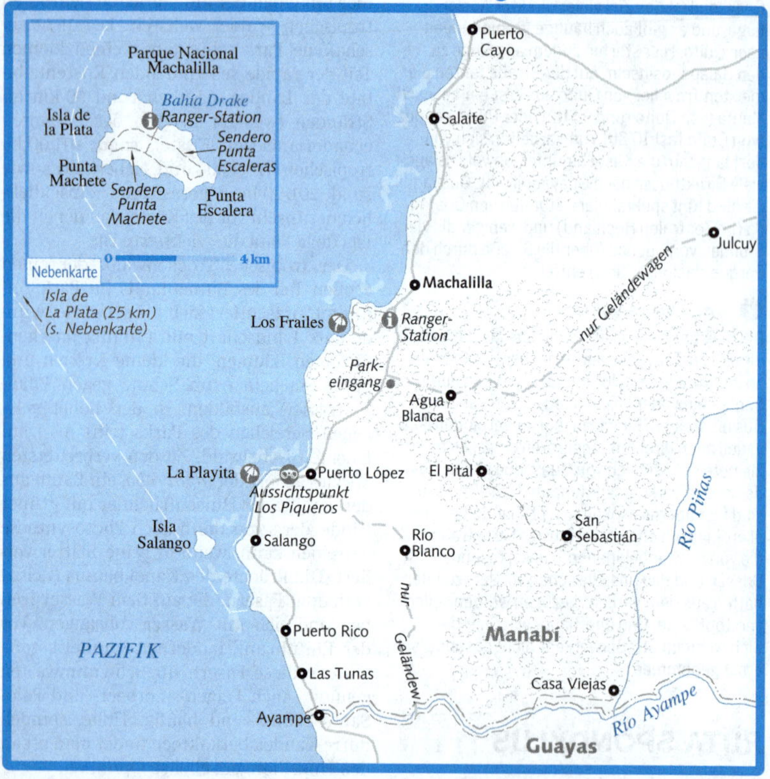

Von der Straße oberhalb des Orts aus betrachtet, wirkt dieser noch recht ansehnlich, wie er sich längs der Küste erstreckt. Bei näherer Betrachtung, insbesondere zur Mittagszeit, wirkt er aber wie eine Geisterstadt. Wenn man hier schon eine Pause einlegt, sollte man gleich zu einem der einfachen Meeresfrüchtelokale eilen, die sich unter freiem Himmel zwischen dem Strand und dem Dorfplatz befinden.

Von Dezember bis Mai ist es sonnig und unangenehm heiß mit häufigen kurzen Gewittern. Von Juni bis November ist es kühler und oft bedeckt.

Sehenswertes & Aktivitäten

Los Frailes STRAND

Dieser zu beiden Seiten von dramatischen Landzungen abgegrenzte Strandabschnitt ist wirklich atemberaubend und lohnt den Eintrittspreis. Die Ausfahrt befindet sich etwa 10 km nördlich von Puerto López, gleich vor der Ortschaft Machalilla. Nachdem man an der Rangerstation sein Ticket gekauft oder vorgezeigt hat, sind es noch 3 km über eine unbefestigte Straße bis zum Strand (eine Warnung an Schwimmer: es gibt hier starke Unterströmungen). Außerdem führt ein 4 km langer Naturpfad durch den Trockenwald zu zwei abgeschiedenen Stränden und zu Aussichtspunkten – hier nach Blaufußtölpeln Ausschau halten.

Agua Blanca DORF, WANDERN

Ein Besuch in der kleinen indigenen Gemeinde und ihrem Umland bietet die Möglichkeit, dem Teer und Beton des modernen Ecuador zu entkommen. Während das Dorf Agua Blanca nur eine Ansammlung einfacher Holz- und Bambushütten ist, zeichnet es sich durch das aus, was fehlt: Es gibt keinen Lärm und keine Umweltverschmutzung, sondern nur frische Luft und kräftige Brisen. Die Abzweigung befindet sich rund 5,5 km nördlich von Puerto López auf der rechten Seite der Straße. Hier zahlt man eine Gebühr von 5 US$ (die auch den Eintritt in das Museum und einen Führer abdeckt). Von dort sind es weitere 6 km über eine staubige, schlaglochreiche Straße bis zum Dorf. Das **archäologische Museum** (⌚8–18 Uhr) lohnt den Besuch. Die Spanisch sprechenden Führer erklären die Bedeutung der Ausstellungsstücke, zu denen gut erhaltene Keramiken und Urnen gehören. Die Führung setzt sich dann an der einen kurzen Weg entfernten **Manta-Stätte** fort, die ein wichtiges politisches Zentrum der Manta gewesen sein soll. Man sieht nur die Fundamente der Gebäude, von denen es annähernd 400 gegeben haben soll; einige müssen erst noch ausgegraben werden.

Dann folgt eine sehr schöne, etwas über einstündige Wanderung, erst durch ein knochentrockenes Flussbett und dann durch einen ebenso trockenen tropischen Wald. Man kann unterwegs Halt machen, um in dem **Schwefelteich** zu baden, dessen Kombination aus heißem Wasser und Heilschlamm es mit jeder Spa-Anwendung aufnehmen kann. Gegen Ende der Wanderung kommt man zu einer erhöhten Plattform mit einem großartigen Ausblick und der Möglichkeit zur Beobachtung interessanter **Vögel** und **Pflanzen**, auf die einen die kenntnisreichen Führer eigens hinweisen. Wegen der gnadenlos sengenden Sonne ist die Gefahr eines Hitzschlags während einer Wanderung in der Gegend groß; man braucht unbedingt eine Kopfbedeckung, Sonnenschutzmittel und Trinkwasser.

San Sebastián & Julcuy RADFAHREN, REITEN

Die ausgezeichnete vierstündige Wanderung bzw. der Ausritt führt von Agua Blanca nach Südosten. Der Weg führt hinauf in eine Übergangszone zu den Resten feuchten Nebelwalds bei San Sebastián, rund 600 m über dem Meeresspiegel. Wer die hin und zurück 20 km lange Tour nicht zu Fuß machen will, kann ein Pferd (10–15 US$/Pers.) mieten; einen Führer (20 US$) zu engagieren, ist vorgeschrieben. Führer findet man in Puerto López, Agua Blanca oder San Sebastián (Tourveranstalter in Puerto Lopez fordern rund 40 US$/Pers.). Am besten bleibt man über Nacht, aber die einzigen Unterkunftsmöglichkeiten sind Campen oder der Aufenthalt bei Einheimischen.

Eine weitere Option besteht darin, über Agua Blanca hinaus das Tal des Río Julcuy hinauf Richtung Nordosten zu wandern. Von Agua Blanca wandert man sechs bis sieben Stunden durch den Park bis zum Dorf Julcuy gleich hinter der Parkgrenze. Von Julcuy gelangt man in weiteren drei Stunden bis zur Straße von Jipijapa nach Guayaquil. Bei guten Wetterbedingungen ist sie für Geländewagen vielleicht passierbar, aber eigentlich ist es ein Reitweg. Einige Veranstalter in Puerto López sowie Führer in Agua Blanca (letztere können aber keine Fahrräder stellen) arrangieren ganztägige Mountainbiketouren (35 US$/Pers.) von Jipijapa über Julcuy nach Agua Blanca – darauf sollten sich aber nur wirklich fitte und wendige Mountainbiker einlassen.

Geführte Touren

Buckelwale BOOTSTOUREN

LP TIPP Nur das kraftvolle Ballett der balzenden Buckelwale, die in diesen Gewässern zwischen Mitte Juni und Anfang Oktober (vor allem aber im Juli und Aug.) oft zu beobachten sind, kann es mit den Naturwundern der Isla de la Plata aufnehmen. Walbeobachtung ist hier ein boomendes Geschäft, und trotz strikter Richtlinien und gesetzlicher Bestimmungen sind die Wissenschaftler über die Auswirkungen des Tourismus auf das Paarungsverhalten der sanften Riesen besorgt.

Schlafen

Campen ist in großen Teilen des Parks erlaubt. Meist geschieht das im Rahmen von Touren mit Übernachtung, die bei Veranstaltern in Puerto López gebucht werden. Es gibt auch einen ausgewiesenen **Campingplatz** (5 US$/Pers.), der nicht mehr ist als ein abgezäuntes Stück Land mit Toiletteneinrichtungen im Wald. Der Platz liegt ein paar Kilometer außerhalb von Agua Blanca ein kurzes Stück vom Schwefelteich entfernt. Wegen Stellplätzen oder möglichen Unterbringungsmöglichkeiten bei Gastfamilien in San Sebastián und Agua Blanca beim Museum in Agua Blanca nachfragen; Zelte und Schlafsäcke werden gestellt. Bei den Parkbehörden fragen, inwieweit Wasser vorhanden ist. Das ist vor allem in der Trockenzeit (Juni–Dez.) wichtig.

Praktische Informationen

Die **Parkverwaltung** (☎230-0170; ⌚8–17 Uhr) und eine regionale Touristeninformation teilen sich ein Gebäude in Puerto López, zu finden vom Busbahnhof aus auf der gegenüberliegenden Seite von Markt und Plaza. Der Parkeintritt (Erw./Kind unter 16 Jahre 2/0,50 US$) gilt einen Tag lang für alle Abschnitte des Parks (inkl. Inseln).

An- & Weiterreise

Mindestens stündlich fahren Busse die Küste zwischen Puerto López und Jipijapa (hi-pi-*ha*-pa) hinauf und hinunter. Es sollte nicht schwer sein, sich am Parkeingang vom Bus absetzen zu lassen bzw. dort für die Rückfahrt einen heranzuwinken. Ab und an fährt auch mal ein Truck von der Hauptstraße nach Agua Blanca, aber man muss sich dennoch auf langes Warten in großer Hitze einstellen; wer fit ist (unbedingt ausreichend Wasser mitnehmen) kann die 5 km auch laufen. Die vernünftigste Lösung ist aber, in Puerto López ein Taxi anzuheuern (hin & zurück 10 US$; mit einem Halt am Strand Los Frailes).

Bootsausflüge zur Isla de la Plata kann man über Tourveranstalter in Puerto López und bei den Unterkünften an der Küste vereinbaren.

Puerto López

☎05 / 14 000 EW.

Diesen baufälligen Ort zeichnet nur wenig aus, abgesehen von den paar auf Ausländern ausgerichteten Hotels und Tourveranstaltern. Was Puerto López an baulichem Charme fehlt, wird aber durch den langen, breiten Strand und die Nähe zu den Naturwundern des Parque Nacional Machalilla mehr als wett gemacht. Vor allem in der Walbeobachtungssaison bevölkern Besucher den *malecón* und die staubigen Straßen und verwandeln das ansonsten ruhige Fischerdorf in ein munteres, freundliches Urlauberlager. In den ganz frühen Morgenstunden, noch ehe die Reisegruppen ihre Tagesausflüge antreten und sich einige Sonnenhungrige ihren Platz auf dem Sandstrand sichern, nehmen die Fischer am Strand ihre nächtlichen Fänge aus. Dabei wimmelt es in der Luft von Fregattvögeln und Geiern, die versuchen, sich einige Bissen im Sturzflug zu erhaschen.

Geführte Touren

Zahlreiche Veranstalter bieten Touren zur Isla de la Plata und zu dem auf dem Festland gelegenen Teil des Parks. Wanderungen, Ausritte, Mountainbiketouren und Angelausflüge werden auch angeboten. Manche Unternehmen haben Guides, die Englisch, Deutsch oder Französisch sprechen.

Von Juni bis in den September sind Walbeobachtungstouren in Verbindung mit Besuchen auf der Isla de la Plata beliebt (nur Walbeobachtungstour 25 US$; mit Parkeintritt 45 US$). Im Juli und August sind gute Walsichtungen so gut wie garantiert, im Juni und September sieht man die Tiere vielleicht nur kurz und in ziemlicher Entfernung und eventuell auch nur einzelne Tiere. Auf der Isla de la Plata bekommen die Teilnehmer ein Mittagessen, es gibt eine geführte Wanderung und eine kurze Gelegenheit zum Schnorcheln. Die Fahrt zur Insel dauert gut über eine Stunde und kann rau sein; gegen den Wind und die Gischt eine Regenjacke mitnehmen.

Lizenzierte Unternehmen finden sich an der Córdova und dem Malecón Julio Izurieta. In den Straßen auf Schnäppchenjagd nach billigeren Walbeobachtungstouren zu gehen, empfiehlt sich nicht, denn Fischerboote sind langsamer und kleiner, und auf ihnen fehlt die offiziell vorgeschriebene Ausrüstung.

Außerhalb der Walbeobachtungszeit werden ähnliche Touren zur Insel angeboten (40 US$), bei denen man Vögel und Seelöwen beobachten kann und vielleicht auch Delfine sieht. Die meisten Veranstalter bieten viele andere Touren in der Gegend – z.B. Angelausflüge (Juni–Jan.), Besuche an Stränden oder Camping und/oder Ausritte im Gebiet von Agua Blanca und San Sebastián. In der Regel wird es billiger, wenn man Agua Blanca auf eigene Faust aufsucht.

Bosque Marino ANGELN
(☎230-0004; www.bosquemarino.com; Malecón Julio Izurieta) Halbtägige Angelausflüge (300 US$/6 Pers.).

Exploramar Diving TAUCHEN
(☎230-0123; www.exploradiving.com; Malecón Julio Izurieta) Zwei Tauchgänge für 95 US$.

Machalilla Tours ABENTEUERTOUR
(☎230-0234; www.machalillatours.org; Malecón Julio Izurieta) Bietet Standardtouren, außerdem Hängegleiterflüge (40 US$) und Kajaktouren zur Isla Salango (25 US$); vermietet auch Motorräder (40 US$/Tag).

Schlafen

In der Walbeobachtungssaison sollte man ebenso vorab reservieren wie in der Hauptsaison für Strandurlauber (Ende Dez.–April).

LP TIPP **Hostería Mandála** HÜTTEN $$
(☎230-0181; www.hosteriamandala.info; Hütte EZ/DZ/3BZ 30/44/57 US$; @📶) Diese Anlage ist sicher die netteste Unterkunft im Ort. Sie liegt am Strand nördlich vom *malecón;* den Eingang markiert das riesige, gut erhaltene Skelett eines Buckelwals. Die Hütten verteilen sich über einen dicht und üppig bewachsenen Blumengarten. Die

Zimmer sind zurückhaltend, rustikal und elegant. Holz, Bambus und farbenfrohe Stoffe machen sie zu charmanten, gemütlichen Refugien. Vorn gibt es eine große hübsche Lodge mit einer Bar und einem Restaurant, das köstliches Frühstück sowie Meeresfrüchtegerichte und italienische Vorspeisen (7 US$) serviert. In der ganzen Anlage wird nur Barzahlung akzeptiert.

Hosteria Mantaraya HOTEL $$$

(☎244-8985; www.mantarayalodge.com; Zi. ab 80 US$; @🛜🏊) Das Mantaraya wirkt wie eine in Pastelltöne getauchte mediterrane Villa, die auf einen Hang mit Blick hinab auf Puerto López versetzt wurde. Das Haus ist bei Reisegruppen und Travellern mit eigenem Fahrzeug beliebt – der einzige Nachteil ist der Lärm herunterschaltender Laster auf der vorbeiführenden Straße. Gewölbte Bogengänge und spanisch anmutender Stuck sind Markenzeichen des Anwesens. Die lichtdurchfluteten Zimmer sind charmant. Das nette Restaurant, ein von einem Spalier überdachter Sitzbereich im Freien und der Pool bieten sich zum Entspannen an, wenn man einmal einen Tag sonst nichts tun will. Das Haus befindet sich ein paar Kilometer südlich vom Ort.

Nantu Hostería HOTEL $

(☎230-0040; www.hosterianantu.com; EZ/DZ mit Frühstück 22/33 US$; ❄🛜🏊) Ein kleines Stück nördlich der Hostería Mandála befindet sich die nächstbeste Möglichkeit für eine Unterkunft am Strand. Das Nantu hat zwar nicht so viel Flair, aber die Zimmer sind makellos sauber, modern und haben Kabel-TV. Es gibt einen kleinen Pool. In dem zweigeschossigen Haupthaus gibt es eine Lounge und eine Bar mit Billardtisch und umfassender Speisekarte.

Sol Inn Hostería HOSTERÍA $

(☎230-0248; hostal_solinn@hotmail.com; Juan Montalvo nahe Eloy Alfaro; Zi. mit Gemeinschaftsbad/eigenem Bad 7/12 US$ pro Pers.) Was den Zimmern aus Holz und Bambus in dieser entspannten Backpackerherberge an Größe fehlt, machen sie durch ihren flippigen Charakter wieder wett. Es gibt gerade mal genug Platz, um vorne auf der Veranda eine Hängematte zu befestigen. Mehr Ellbogenfreiheit gibt's in der offenen Küche und im Wohnbereich. Man spricht Englisch und Französisch.

Hostería Itapoá HOSTERÍA $

(☎255-1569; itapoa_25@hotmail.com; Malecón Julio Izurieta; Hütte mit Frühstück 10 US$/Pers.) In dieser freundlichen, von einer Familie geführten Anlage verstecken sich eine Handvoll strohgedeckter Hütten in einem üppig grünen Hof. Die Zimmer sind ordentlich und funktional, das überdurchschnittliche Frühstück wird vorne im Café auf einer erhöhten Holzplattform am *malecón* serviert. Man kann Mountainbikes mieten, und ein Englisch sprechender Biologe veranstaltet von aus hier geführte Touren.

Hotel Pacífico HOTEL $$

(☎230-0147; www.hotelpacificoecuador.com; Ecke Lascano & Malecón Julio Izurieta; EZ/DZ mit Ventilator 25/40 US$, mit Klimaanlage 35/60 US$; ❄🛜🏊) Das vielleicht größte und modernste Hotel am *malecón* hat ordentliche, aber langweilige Zimmer; damit man sich überhaupt wie am Strand fühlt, sollte man eines der Zimmer mit Meerblick und Balkon verlangen (obwohl dort der Straßenlärm stören kann). Das Highlight ist der Pool im hübschen, grünen Hof hinter dem Haus. Das Frühstück ist im Preis enthalten.

Hostería Playa Sur HOSTERÍA $

(☎09-004-8967; playasurpuertolopez@hotmail.com; Malecón Julio Izurieta; EZ/DZ 10/16 US$) Wenn man nicht gerade unter Klaustrophobie leidet, sind die freistehenden *cabañas* am nördlichen Ende des Strandes durchaus eine Überlegung wert. Man kann sich drinnen zwar kaum am Bett vorbeiquetschen, aber jede der ordentlichen Holzhütten hat ein eigenes Bad mit Warmwasser. Zudem hört man praktisch keinen Lärm, der einen um den Schlaf bringen könnte.

Hostal Yemayá HOSTERÍA $

(☎08-864-6118; Gral Córdova; 10 US$/Pers.; 🛜) Diese irgendwie unfertig wirkende Anlage ein paar Türen vom Patacon Pisa'o hat sicher nicht die Atmosphäre der anderen Billigunterkünfte, aber an der Qualität gibt's nichts zu meckern. Die Handvoll an Zimmern mit Ventilator, Warmwasser und kleinem Fernseher bieten wenig Schmuck, einige haben aber immerhin innen unverblendete Backsteinwände. Im briefmarkengroßen Innenhof kann man Kaffee trinken.

Piedra del Mar Hotel Boutique HOTEL $$

(☎230-0011; www.piedradelmarhotel.com; Gral Córdova; EZ/DZ mit Frühstück 25/50 US$; 🛜) Ein Boutiquehotel ist dieses Haus zwar zweifellos nicht, aber doch eine sehr nette Option mit sauberen, modernen Zimmern und einem Pool im betonierten Hof. In der Nebensaison halbieren sich die Preise (kein Frühstück).

Essen & Ausgehen

Man kann den Tag gar nicht besser beginnen, ausklingen lassen oder auch komplett vertrödeln als in einem der rund zehn **Strandstände**, die Säfte, Cocktails, einfache Frühstücksgerichte, Meeresfrüchtemenüs und Snacks servieren. Bei allen sitzt man auf Liegestühlen am Strand, bei manchen läuft abends sogar ein Fernseher mit Sportsendungen. Ein Nachteil ist nur der lösliche Kaffee, und für all jene, die Ruhe und Frieden suchen, ist es lästig, dass viele Musik aus den Lautsprechern dröhnen lassen.

Die Mehrzahl aller Traveller essen abends in den wenigen Meeresfrüchterestaurants am *malecón* südlich der Kreuzung mit der Córdova. Die Restaurants **Carmita's**, **La Caída del Sol** und **Restaurante Sol, Mar y Arena** servieren alle vergleichbar frische Ware (Fisch 7 US$, Hummer 14 US$). Neben dem zentralen Markt und um die Ecke von den Busbahnhöfen gibt es eine Reihe sehr zwangloser und billiger **comedores** (Schnellrestaurants), in denen die Einheimischen essen. In der Nähe finden sich auch noch zwei gute **panaderías** (Bäckereien).

Patacon Pisa'o KOLUMBIANISCH $
(Gral Córdova; Hauptgerichte 4 US$;) Das freundliche Lokal besteht nur aus ein paar Tischen unter freiem Himmel. Geboten werden köstliche kolumbianische Spezialitäten wie *hoga'o* (Suppe aus Zwiebeln und Tomaten), *arepas* (Maispfannkuchen) und das namensgebende Gericht: große, dünne, knusprig gebratene Kochbananen mit Fleischbelag nach Wahl der Gäste. Hier kann man auch gut mit Filterkaffee frühstücken oder am Nachmittag abhängen.

Etnias Café CAFÉ $
(Gral Córdova; Hauptgerichte 3 US$; 8–15 Uhr;) Ein weiteres gemütliches Lokal nur ein Stück neben dem Patacon Pisa'o im gleichen Block ist dieses Café eines Franzosen, in dem man gute Crêpes, Waffeln, Desserts und Eiskaffee bekommt.

Praktische Informationen

Die **Banco del Pichincha** (Malecón) hat einen verlässlichen Geldautomaten. Mehrere Internetcafés verlangen 1,25 US$ pro Stunde und fungieren auch als Telefoncenter. In einigen Waschsalons am *malecón*, die auf ausländische Traveller ausgerichtet sind, kann man seine Wäsche abgeben (rund 4 USD$/Ladung).

NICHT VERSÄUMEN

ISLA DE LA PLATA

Die Isla de la Plata (Silberinsel) ist ein ziemlich getreues Abbild einer Galápagosinsel, aber per Boot nur etwa eine Stunde von Puerto López entfernt. Wenn man in der Gegend ist, darf man diese Insel nicht versäumen. Nachdem die Insel durch mehrere private Hände gegangen war, darunter durch die eines Geschäftsmannes aus Guayaquil, der ein Hotel erbaute (in dem sich heute als einzige Einrichtung auf der Insel die Parkverwaltung befindet) und einen Flugplatz anlegte, wurde die Insel in den Nationalpark integriert. Das war auch für das Überleben der Meeresvögel gut – zuvor rückten die Fischer den Albatrossen mit Keulen zu Leibe, bis diese ihren Fang fallen ließen.

Für den Namen der Insel gibt es zwei Erklärungen: Nach der einen handelt es sich um eine Anspielung auf einen angeblich von Sir Francis Drake hier vergrabenen Schatz, nach der anderen bezieht er sich auf das silbrige Schimmern der mit Guano bedeckten Klippen bei Mondschein. Auf der Insel nisten Kolonien von **Meeresvögeln**: Man findet hier viele Blaufußtölpel, und auch Fregattvögel, Rotfußtölpel, Pelikane und diverse Arten von Möwen, Meerschwalben und Sturmvögel werden oft beobachtet. Albatrosse kann man von April bis Oktober sehen, Delfine ziehen an der Insel vorbei, und das ganze Jahr über kann in den Korallenriffen rund um die Insel **geschnorchelt** werden.

Ein steiler Anstieg bringt einen von der Bootsanlegestelle zu zwei Rundwanderungen, die mit bzw. gegen den Uhrzeigersinn laufen: Die eine ist der 3,5 km lange **Sendero Punta Machete**, die andere der 5 km lange **Sendero Punta Escaleras**. Beide Wege sind rau und der Sonne ausgesetzt, man braucht also festes Schuhwerk und viel Trinkwasser.

Man kann das „Galápagos des kleinen Mannes" ausschließlich im Rahmen einer geführten Bootstour ab Puerto López besuchen.

An- & Weiterreise

Nach Quito

Reina de Camino (Gral Córdova) bietet mit Bussen der 1. Klasse um 8 und 22 Uhr (12 US$, 10 Std.) den schnellsten und verlässlichsten Service nach Quito. Fahrgäste können an der Santo Domingo de los Colorados aussteigen – zusteigen kann man dort aber nicht. Die Busse machen keine Pause zum Abendessen.

Carlos Aray Ejecutivo (Ecke Gral Córdova & Machalilla) Dieses Unternehmen hat ebenfalls Busse nach Quito (11 US$, 10 Std., 5, 9 & 19 Uhr), die über Jipijapa, Portoviejo, Chone und Santo Domingo fahren. Alternativ kann man auch einen Bus nach Portoviejo oder Manta nehmen und dort umsteigen.

Zur Südküste & nach Guayaquil

Transportes Manglaralto (Ecke Gral Córdova & Machalilla) Busse dieses Unternehmens fahren häufig nach Montañita (2,50 US$, 1¼ Std.) und La Libertad (4 US$, 2¾ Std.). Busse mehrerer anderer Gesellschaften, die zwischen Jipijapa und La Libertad fahren, halten tagsüber mindestens stündlich an der Kreuzung Gral Córdova und Machalilla; man kann an jedem beliebigen Punkt längs der Küste aussteigen.

Klapprige, schrottreif aussehende Busse der **Cooperativa Transportes Jipijapa** starten achtmal täglich über Jipijapa nach Guayaquil (4 US$, 4½ Std.). Eine weitere Fahrtmöglichkeit ist der überfüllte Bus von **Trans Turismo Manta** nach Jipijapa. Die Busse fahren von der Kreuzung der Gral Córdova hinter dem Markt ab; hier kann man zu den Bussen nach Guayaquil und zu weiteren Zielen im Norden umsteigen.

Unterwegs vor Ort

Alles im Ort ist zu Fuß erreichbar, doch wenn man müde ist, kann man ein motorisiertes Dreirad *(tricimoto)* am *malecón* oder in der Nähe der Bushaltestellen nehmen. Autos und Pickups der Asociación de Camioneros stehen vor der Kirche und sind rund um die Uhr verfügbar. Die Fahrt nach Agua Blanca kostet hin und zurück 10 US$, nach Los Frailes und Agua Blanca 15 US$.

Südlich von Puerto López

Nur 6 km südlich von Puerto López liegt das verschlafene Fischerdorf **Salango**. Man kann mit Fischerbooten (10 US$/Pers.) zur 2 km entfernten **Isla Salango** übersetzen, einem „Treffpunkt" von Blaufußtölpeln, Pelikanen, Fregattvögeln und vielen anderen Vogelarten, wo man auch gute Bedingungen zum Schnorcheln findet. Zwei gute Meeresfrüchterestaurants liegen im Ort im gleichen Block nahe der zentralen Kirche.

Rund 8 km südlich von Salango findet sich am äußersten südlichen Ende des Dorfs Puerto Rico und an der Nordspitze des Strandortes Las Tunas die **Hostería Alandaluz** (☎04-278-0686; www.alandaluzhosteria.com; Stellplatz 7 US$/Pers., EZ/DZ/3BZ 24/55/85 US$;), ein weitläufiges, umweltbewusstes und entspanntes Resort mit diversen Unterkünften zu beiden Seiten der Fernstraße. Empfehlenswert sind die Hütten am Meer (vor allem die charmanten Holzhütten), die man über sich durch den Wald schlängelnde Pfade erreicht. Das Restaurant serviert erstklassige Meeresfrüchte, die mit Obst und Gemüse aus der Umgebung zubereitet werden. Hier lassen sich geführte Touren zum Parque Nacional Machalilla sowie Wanderungen und Fahrradausflüge zum **Cantalapiedra** vereinbaren, einem Anwesen tief in den üppig bewachsenen Bergen der Cordillera Chongón-Colonche östlich von Ayampe. Auf dem Gelände gibt's zudem eine Seilrutsche und eine Öko-Farm.

Nur ein kleines Stück südlich der Hostería Alandaluz thronen auf dem Hügel auf der landzugewandten Seite der Straße die strohgedeckten Bungalows der **Azuluna Eco-Lodge** (☎04-278-0693; www.azuluna-ecuador.com; Zi. ab 20 US$;). Die Gebäude, darunter auch das nette Restaurant (Hauptgerichte 8 US$) und der Loungebereich, haben Holzböden und Steinwände.

Am Strand in Las Tunas befindet sich die **Hostería La Barquita** (☎04-278-0051; www.labarquita-ec.com; Zi. ab 24 US$/Pers.), die sofort an ihrem seltsam gestalteten Barrestaurant erkennbar ist, das wie ein großes Holzboot mit Bullaugen und Strohdach-Segeln aussieht. Die charmanten, gemütlichen Hütten stehen drum herum in einem schön gestalteten Garten am Strand. Nur ein paar Meter weiter folgt die **La Perla Hostería** (☎04-278-0701; www.hosterialaperla.net; EZ/DZ mit Frühstück 25/40 US$), ein verwittertes Strandhaus mit wild zusammengewürfelter Dekoration und mehreren sauberen *cabañas* mit Holzböden. Hier werden manchmal Yogakurse angeboten.

In **Ayampe**, wo der Río Ayampe in den Ozean mündet (starke Strömungen machen das Schwimmen hier schwierig), rücken die üppig grünen Hügel bis dicht an den Strand. In einem dieser Hügel versteckt sich mitten in einem dichten Wald die sehr empfehlenswerte **Finca Punta Ayampe** (☎09-488-8615; www.fincapuntaayampe.com; Zi. 15 US$/Pers., Cabaña 36 US$), die wie ein weit ab-

ABSTECHER

EL PITAL

Eine weitere Option, um in den Hochwald in und um San Sebastián zu kommen, ist **El Pital** (☎08-526-9042; www.elpital.org), ein gemeindebasiertes Ökotourismus-Projekt 9 km (mit Geländewagen 35 Min.) östlich von Puerto López. Hier bekommt man Führer für Wanderungen oder Ausritte auf Wegen, die kreuz und quer über mehrere Bäche führen; zu diesen Wegen gehört der siebenstündige *sendero* (Weg) La Bola de Oro. Zum Projekt gehört eine kleine „Gemeinschaftslodge"; dabei handelt es sich um eine strohgedeckte Backsteinhütte mit vier Doppelzimmern. Hier bekommt man auch Mahlzeiten. Campen ist ebenfalls möglich.

gelegenes Refugium (ohne Internet und WLAN) wirkt. Die vom Licht durchfluteten Schlafräume sind aus Bambus und haben hohe Decken. Surfing-Ausflüge, Tauchgänge, Kajak- und Vogelbeobachtungstouren lassen sich organisieren. Mit Gepäck hat man von der Fernstraße einen anstrengenden Anmarsch. Die **Cabañas La Tortuga** (☎09-383-4825; www.latortuga.com.ec; ab 15 US$/Pers.; 📶) sind in Ayampe die einzige Unterkunft am Strand, ein paar gepflegte, strohgedeckte Hütten. Kajaks und Fahrräder werden vermietet, und es gibt ein Restaurant, eine Bar und Satelliten-TV. In kurzer Gehentfernung befindet sich das zugehörige **Tortuga Tent Camp** (6 US$/Pers.), eine Reihe ziemlich gut ausgestatteter Zelte aus blauer Leinwand mit eigenen Bädern.

Olón

Ein paar Kilometer nördlich von Montañita liegt **Olón**. Das Dorf hat einen langen Strand mit Wellen, die für Surf-Neulinge geeignet sind, und steht vor einer Landschaft, die gegenüber dem trockenen Buschland weiter südlich eine dramatische Veränderung bedeutet. Dieser üppige Nebelwald ist Teil der **Cordillera Chongón-Colonche**, des höchsten Teils der niedrigen Küstenkordillere. Das Gebiet ist einer der wenigen Orte auf Erden, an denen man Nebelwald und Strand so dicht beieinander findet; in dem Wald leben u.a. Jaguare, Brüllaffen und die gefährdeten Großen Soldatenaras.

Die zauberhafte **Samaí Lodge** (☎03-288-7979; www.redmangrove.com; EZ/DZ/3BZ mit Frühstück 75/95/115 US$; @≋) nutzt diese wahrhaft einmalige Lage mit tief in den Wald führenden Wegen voll aus. Die idyllische Oase verbindet raffinierte Ästhetik mit rustikalem Charme. Ein paar Hütten verteilen sich über das Anwesen; die meisten haben wandhohe Fenster mit einem Ausblick bis zur Küste. Es gibt einen Whirlpool, einen Pool und schmackhaftes Essen.

Montañita

☎04 / 1000 EW.

Die allgegenwärtige entspannte Atmosphäre und ganzjährig gute Surfbedingungen locken einen ständigen Strom kosmopolitischer Backpacker – aus Südamerika und dem Rest der Welt – in das Stranddorf Montañita. Wegen der billigen Unterkünfte und der Rasta-Stimmung schlagen manche Traveller hier zeitweilig Wurzeln und verlegen sich aufs Flechten von Zöpfen, die Herstellung von Schmuck oder die Arbeit als Portier am Empfang ihrer Pension. Ein besonderes *localismo* (Lokalbewusstsein) gibt es hier nicht – es handelt sich um eine entspannte Surfergemeinde, in der alle willkommen sind. Montañita ist ideal für jeden, gleichgültig welchen Alters, der mit Kleidervorschriften in Restaurants Probleme hat: Hier ist es angesagt, ohne Hemd und barfuß herumzulaufen.

Die Wellen sind fast ganzjährig zum Surfen geeignet, die besten Bedingungen gibt's aber zwischen Dezember und Mai. Anfänger sollten berücksichtigen, dass die Wellen sehr hoch sein können und oft reißende Strömungen auftreten. Erfahrene Surfer wagen sich an die bei guten Bedingungen 2 bis 3 m hohen Wellen bei „La Punta" (dem Punkt) am Nordende des Strands. Rund um den Karneval findet in der Regel ein internationaler Surfwettbewerb statt. Die meisten Unterkünfte vermieten Surfbretter (10 US$/ganzer Tag) und vermitteln Surfunterricht (15 US$/2 Std.). Neoprenanzüge und Bodyboards sind ebenfalls erhältlich.

Frauen sollten an diesem Strand nachts allein vorsichtig sein, denn es gibt Berichte über Übergriffe.

Geführte Touren

An der Calle Principal, der zweiten Abzweigung von der Fernstraße, findet man **Montañita Tours** (☎206-0043; www.montanita

ABSTECHER

RAUS AUS DER SONNE

Das im Hinterland gelegene Dorf **Dos Mangas** wird meist im Rahmen eines Abstechers vom wenige Kilometer entfernten Montañita aus besucht. Das Dorf ist der Ausgangspunkt für Wanderungen oder Ausritte, die tiefer in den tropisch-feuchten Wald der Cordillera Chongón-Colonche hieinführen. Im Dorf kann man Tagua-Schnitzereien und *paja toquilla* (Panamahüte) kaufen.

Traveller können hier abgelegene Küstendörfer besuchen und gegen einen kleinen Unkostenbeitrag für Mahlzeiten, Führer und Maultiere bei einheimischen Familien übernachten. Die Dörfer sind fast alle eine einfache Tageswanderung oder einen leichten Ausritt von Manglaralto sowie voneinander entfernt. Es lassen sich Touren mit Übernachtung organisieren, auf denen man Vögel beobachtet oder abgelegene Wasserfälle und andere Naturattraktionen besucht.

Führer und Pferde kann man im Centro de Información Sendero Las Cascadas mieten, einem kleinen Kiosk in Dos Mangas. Die freundlichen Führer sprechen nur Spanisch und bringen einen bei vier- bis fünfstündigen Wanderungen in den bis zu 60 m hohen Wald und zu den 80 m hohen **Wasserfällen** (die in der Trockenzeit allerdings kein Wasser führen). Die Führung kostet 10 US$ für bis zu drei Personen, hinzu kommen 3 US$ pro Person für die Pferde; ein Mittagessen bei Einheimischen lässt sich vereinbaren. Die Eintrittsgebühr in den Park beträgt 1 US$.

Trucks nach Dos Mangas (0,25 US$, 15 Min.) fahren ungefähr stündlich von der Schnellstraße bei Manglaralto. Die Taxifahrt von Montañita ist bequemer und kostet auch nur rund 2 US$.

Eine 40-minütige, 17 km lange Busfahrt bringt einen von dem Küstendorf Valdivia nach **Loma Alta** (☎aus den USA 212-279-7813; www.pansite.org; Eintritt 10 US$), einem kommunal geschützten, 2428 ha großen Nebelwald (für Besuche mit Übernachtung mehrere Tage im Voraus anrufen). Die Busfahrt führt zunächst durch die Dörfer Sinchal und Barcelona und auf den letzten 10 km schließlich über eine raue Straße in den Wald. In diesem geschützten Naturreservat und Wassereinzugsgebiet leben Brüllaffen und mehr als 200 Vogelspezies (darunter auch 20 Kolibriarten). Das Gebiet ist ideal zum Wandern, man kann aber auch mit Pferden oder Maultieren vier bis sechs Stunden zu den einfachen Hütten und Campingplätzen reiten. Mit einem Führer besteht die Möglichkeit, vom Loma Alta bis zum Dorf El Suspiro zu laufen.

tours.com), einen Laden für alle Transport- und sonstigen Reisebedürfnisse. Angeboten werden u.a. Gleitschirmfliegen (45 US$), Ausritte (45 US$), Angeltouren (60 US$), Wanderungen in den Regenwald rund um Dos Mangas (25 US$) und außerdem Surfunterricht. Surfbretter (10 US$) werden vermietet.

Das **Otro Mundo Montañita Dive Center** (☎206-0059; www.montanitadiving.com) an der Hauptstraßc neben dem Geldautomaten der Banco Bolivariano veranstaltet Tauchtouren nahe von Punta Ayangue und Islote El Pelado (75 US$/2 Tauchgänge).

Schlafen

In vielen Hotels im Ort ist Lärm ein Problem, vor allem an Wochenenden und in der Hauptsaison; es empfiehlt sich also, Ohrstöpsel mitzubringen. Wer Ruhe und Frieden und gleichzeitig eine Unterkunft am Strand haben will, hält sich an die Unterkünfte gleich außerhalb des Ortes.

Die aufgeführten Preise gelten in der Hauptsaison (Ende Dez.–Ende April). Fast alle Hotels senken in der übrigen Zeit ihre Preise, und Rabatte für längere Aufenthalte sind fast immer möglich.

Die Calle Principal ist die Hauptstraße hinunter zum Strand. Die meisten Hotels haben Moskitonetze, während die Meeresbrise für die Ventilation sorgt. Manche Unterkünfte haben nur Kaltwasser.

IM ORT

Hotel Hurvínek HOSTERÍA $
(☎206-0068; www.actiweb.es/hurvinek; Calle 10 de Agosto; Zi. mit Frühstück 11 US$/Pers.; 📶) Die mit Ventilator ausgestatteten geräumigen Zimmer dieser hellen und sonnigen Pension sind von den polierten Holzböden bis zu den hübsch gefliesten Badezimmern ausgezeich-

net ausgeführt. Reisegruppen können den offenen Balkon auf dem obersten Stockwerk mieten, wo man in Stockbetten nächtigt. Das Frühstücksbuffet wird im Loungebereich im Erdgeschoss aufgebaut. Um zum Hurvínek zu kommen, nach dem Abbiegen von der Hauptstraße an der ersten Querstraße im Ort links fahren; das Haus liegt dann rechts auf der halben Höhe der Straße.

Tiki Limbo Surf Hostel HOSTEL $
(254-0607; www.tikilimbo.com; Zi. ab 10 US$/Pers.;) Das Tiki Limbo ist besonders gut für Kleingruppen von 3 oder 4 Personen geeignet und übertrifft die anderen Billigunterkünfte an Stil: Die pastellfarbenen Zimmer bieten freistehende Betten aus Bambus. Der Loungebereich im 2. Stock ist toll, um auszuspannen, Briefe zu schreiben oder Gitarre zu spielen. Surfunterricht gibt's auch (20 US$/2 Std. mit anschließender 2-stündiger Benutzung des Surfbretts).

Hostal Las Palmeras HOTEL $
(08-541-9938; dlgpalmeras@yahoo.com; Zi. ab 12 US$/Pers.) Das Las Palmeras hat schlichte moderne Zimmer – viele auch mit Stockbetten (gut für Reisegruppen) –, die allerdings nicht besonders stimmungsvoll sind. Der neuere, weiß getünchte Lehmziegelanbau ist die bessere Wahl (Zi. ab 20 US$/Pers.). Im Hof gibt's Hängematten. Vom Highway aus die zweite, d.h. letzte Querstraße nehmen; das Hotel liegt rechts auf halber Höhe dieser Uferstraße.

Casa Blanca HOSTERÍA $
(218-2501; Zi. 8 US$/Pers.) Die Unterkunft liegt zentral an der wichtigsten Kreuzung vor Ort. Anders als manche andere Budgetunterkunft bietet das Casa Blanca ein gutes Preis-Leistungs-Verhältnis. Die kleinen Bambuszimmer haben eigene Badezimmer mit Warmwasser und Balkone mit Hängematten. Außerdem gibt's auch recht große Betten (die anderswo Mangelware sind).

Hostal Mohica Sumpa HOSTERÍA $
(09-938-7483; hostalmohicasumpa@hotmail.com; Zi. 15 US$/Pers.) Die beiden zweistöckigen, strohgedeckten Gebäude liegen auf einem erstklassigen Grundstück mit Blick auf den Ozean am Ende der Calle Principal. Die Zimmer sind klein, einfach und aus Holz und Bambus gezimmert; diejenigen mit Ausblick lohnen den Aufpreis.

Montezuma HOSTERÍA $
(09-718-2965; www.montezumahostal.com; Zi. mit Gemeinschaftsbad/eigenem Bad und Frühstück 8/15 US$) Zentral gelegen und freundlich, aber die Zimmer (einige mit Stockbetten) sind generell ziemlich klein.

AUSSERHALB DES ORTES

Alle genannten Unterkünfte liegen am Strand oder in Strandnähe jenseits des Bachs, der die nördliche Ortsgrenze bildet.

LP TIPP **Balsa Surf Camp** BUNGALOWS $$
(09-757-2450; www.balsasurfcamp.com; EZ/DZ ab 55/75 US$;) Das hübsche Refugium aus selbstgezimmerten, zweigeschossigen Bungalows mit Strohdächern liegt in einem üppigen Garten gegenüber einem Sandweg zum Strand. Es herrscht eine entspannte Surferatmosphäre, und das Design gibt sich balinesisch. Die Anlage ist nach dem Holz benannt, aus dem der Inhaber seine Surfbretter herstellt. Die ganze Anlage ist ein Schmuckstück, in dem sich Surfer-Neulinge genauso wohlfühlen wie erfahrene Wellenreiter.

Hostal Kundalini HOSTERÍA $
(09-954-1745; www.hostalkundalini.com.ec; EZ/DZ 20/30 US$;) Das direkt vor einem Surfspot (der allerdings, genau wie der Strand, leider durch eine Reihe von Büschen verdeckt wird) liegende Kundalini besteht aus nichts als einem strohgedeckten Gebäude auf einem Rasenstück mit Strandzugang. Es gibt vier kleine Zimmer mit Bambuswänden und -möbeln sowie privaten Hängematten.

Hanga Roa Hostal HOSTERÍA $$
(09-942-0752; www.hangaroamontanita.com; EZ/DZ 20/35 US$;) Hier ragt eine nette Betonterrasse – auf der man prima einen Drink bei Sonnenuntergang nehmen kann – über den Sand. Vier Zimmer des Hostels liegen aber in einem niedrigen Gebäude, das sich bis zur Straße erstreckt. Die Zimmer sind recht groß und farbenfroh, sie haben Bambuswände und moderne Badezimmer. In dem Haus aus Holz und Bambus gleich nebenan mit dem Balkon im 2. Stock gibt's ebenfalls Zimmer.

Paradise South HOSTERÍA $
(09-787-8925; Zi. 12–30 US$;) Das gleich nördlich der Brücke stehende Paradise ist eine Anlage aus mehreren niedrigen Gebäuden rund um eine große, gepflegte Rasenfläche. Die strohgedeckten Steinhütten mit Lehmziegelwänden und gefliesten Keramikböden sind den Aufpreis wert; die einfacheren Zimmern sind für Reisegruppen gedacht und enthalten mehrere Stockbetten.

Hostal Esperanto HOSTERÍA $
(☎09-970-4569; www.esperantohostal.com; B 14 US$, Zi. 17 US$/Pers.; @) Das an einen Speicher erinnernde, vierstöckige Gebäude gleich hinter dem Bach, ist gar nicht zu übersehen. Abgesehen von den gemütlichen, mit Holz verkleideten Zimmern gibt's eine kleine TV-Lounge und eine Dachterrasse mit Panoramablick.

Essen

Fast alle Grundstücke an der Straße wurden zu zwanglosen Restaurants umfunktioniert. Da gibt es z.B. **Imbisskarren**, die *encebollado* (Suppe aus Fisch, Maniok und Zwiebeln; 1,75 US$), Ceviche (5 US$) und Burger (1 US$) anbieten. Die Lokale mit spanischer und englischer Karte sind auf Ausländer ausgerichtet und bieten alles von Pizzas bis zu Empanadas und blubbernden *cazuelas* (Meeresfrüchteeintöpfen). Lokale, die eher auf Ecuadorianer zielen, bieten meist preisgünstige *almuerzos* (Mittagsmenüs; 1,50–4 US$) und *meriendas* (Abendmenüs).

Tiki Limbo INTERNATIONAL $$
(Hauptgerichte 9 US$; 📶) Dank der bunt zusammengewürfelten Karte mit Spezialitäten von Mexiko bis Thailand, der gemütlichen Liegen an den Tischen und dem polierten Holzboden ist dieses zentral gelegene Restaurant eines der besten in Montañita – dafür ist es auch ein bisschen teurer.

Marea PIZZERIA $
(Hauptgerichte 7 US$; ⏲7–23 Uhr) Das Restaurant in einer zum Strand führenden Seitenstraße ist der angesagte Ort für dünnkrustige Pizza aus dem Ziegelofen. Die Plätze sind so verteilt, dass Familien und Gruppen beieinander sitzen können, sodass man verschiedene Pizzas leicht untereinander austauschen kann.

Papillon FRANZÖSISCH $
(Hauptgerichte 4 US$; 📶) Dieses Lokal gleich neben dem Tiki Limbo bietet eine ausgezeichnete Auswahl an süßen und herzhaften Crêpes.

Donde Garci BÄCKEREI $
(Kuchen 0,75 US$) Köstliches Gebäck und Kuchen nach kolumbianischer Art bietet die Bäckerei direkt an der Kreuzung der Fernstraße mit der Calle Principal.

Ausgehen

Auf der am Strand endenden Nebenstraße stehen viele **Karren**, die meist bis spät in die Nacht billige Mixgetränke (2 US$), Bier und Shakes verkaufen. Das Ende der Straße nimmt die massive, zweigeschossige Disco **Nativa Bambu** ein, in der es an den meisten Wochenenden abends Livemusik oder DJs gibt. Das **Hola Ola** ist eine weitere große Bar mit Tanz und Livemusik. Entspannter ist das **Zoe**, einen Block vor dem Ende der Calle Principal, wo man gut einen Cocktail oder ein Bier trinken kann.

Ansonsten kann man auch in allen Restaurants etwas trinken.

Praktische Informationen

Die Banco de Guayaquil und die Banco Bolivariano haben Geldautomaten. Es gibt auch ein paar Internetcafés (1,50 US$/Std.). Die meisten Hotels bieten einen Wäschedienst, es gibt aber auch einige *lavanderías* (Waschsalons).

An- & Weiterreise

CLP-Busse starten im gleich nördlich von Montañita gelegenen Olón (15 Min. vor den unten genannten Abfahrtszeiten) und halten in Montañita auf ihrem Weg südwärts nach Guayaquil (5,50 US$, 2½–3 Std., 4.45, 5.45, 10, 13, 15 & 16.45 Uhr). Diese Busse sind viel bequemer als die anderen, die auf dem Weg nach Santa Elena (1,50 US$, 2 Std.), La Libertad oder nordwärts nach Puerto López (2,50 US$, 1¼ Std.) hier durchkommen. Allerdings fahren die letztgenannten ungefähr alle 20 Minuten.

Montañisol S.A. (☎08-378-2643; montanisol@gmail.com) ist eines von zwei Taxiunternehmen gleich an der Abfahrt von der Hauptstraße, mit denen man bis nach Puerto López (25 US$) und sogar Guayaquil (80 US$) fahren kann.

VON DER SANTA-ELENA-HALBINSEL BIS GUAYAQUIL

Das Gebiet rund um La Libertad (die größte Stadt auf der Halbinsel) und Santa Elena (am Ende der Halbinsel) ist eine staubige, verstädterte Zone. Östlich der Santa-Elena-Halbinsel scheint die Landschaft wie gemacht für Cowboys. Die Gegend wird zusehends trockener und struppiger, die Ceiba-Bäume weichen bis zu 5 m hohen Kandelaberkakteen. Die Ferienorte an der Küste im Süden ziehen hauptsächlich *guayaquileños,* aber kaum Ausländer an, weil sich hinter den Stränden – vor allem in Salinas, in geringerem Maß auch in Playas – nur Beton und Bauwerke befinden, und die Städte abgesehen vom Meer wenig reizvoll sind. In Santa Elena gibt's eine Ölraffinerie, eine Rundfunkstation und ein kleines archäologisches Museum.

Am Rand von Ballenita gleich nördlich von Santa Elena ist die charmant-eigenwillige **Hostería Farallón Dillon** (☎04-295-3611; www.farallondillon.com; EZ/DZ/3BZ 48/60/80 US$; ❄☒), ein weiß getünchter Komplex auf einer Klippe mit Blick zum Horizont (und von Juni bis Sept. auf vorbeiziehende Wale). Diese Unterkunft ist eine interessante und sogar bequeme Alternative zu den üblichen Hotels in Salinas, wenn man hier durchkommt. Vom flippigen Restaurant bis zu den ganz mit Holz eingerichteten Zimmern gibt sich das Haus in seiner Ästhetik nautisch, was auch passt, da das Haus ein eigenes großes maritimes Museum hat. Auf jeden Fall lohnt es sich, hier auf ein Essen (Hauptgerichte 9 US$) oder einen Drink einzukehren.

Salinas

☎04 / 31 000 EW.

Aus der Ferne erinnert Salinas mit seinen hohen weißen Apartmenthäusern vor dem hellweißen Sandstrand, auf dem sich die Sonnenhungrigen tummeln, an Miami Beach. Aus der Nähe, und zwar schon einen Block abseits vom Strand, wirken die Straßen heruntergekommen und keineswegs wie der Tummelplatz wohlhabender Ecuadorianer. Gleichwohl ist Salinas der größte Ferienort an der Südküste und zugleich die westlichste Stadt auf dem ecuadorianischen Festland.

In der Hauptsaison (Mitte Dez.–Ende April), wenn ausländische Jachten beim Jachtclub am westlichen Ende des Strands anlegen, ist Salinas überfüllt und überteuert. Am wärmsten ist das Wasser von Januar bis März. Im Juli und August ist es in Salinas bewölkt und trübe, allerdings kann man in diesen Monaten gut Wale und Vögel beobachten. Während des Karnevals im Februar ist die Stadt komplett ausgebucht.

Das Resort erstreckt sich über mehrere Kilometer mit Restaurants und Bars längs des Strandes und des *malecón*. Auf der einen Seite endet es an dem großen Hotel Barcelo Colón; am anderen Ende liegen der Jachtclub, die Plaza und die Kirche. Westlich davon befindet sich ein langer Sandstrand, aber die Apartmentgebäude reichen bis zum Strand. Die meisten Einheimischen orientieren sich in der Stadt an erkennbaren Wahrzeichen, nicht an Straßennamen.

Sehenswertes & Aktivitäten

Walbeobachtungstouren sind von Juni bis Oktober die große Attraktion. 13 km vor der Küste von Salinas sinkt der Festlandssockel von 400 m auf über 3000 m ab (diese Tiefe wird ca. 40 km vor der Küste erreicht). Auf einer einstündigen Segeltour kann man also schon in sehr tiefe Gewässer kommen, wo man gute Möglichkeiten hat, nach Schwertfischen, Fächerfischen, Thunfischen, Goldmakrelen oder Schwarzen Marlins zu **angeln** (beste Saison ist von Sept.–Dez.). **Vogelbeobachter** können die privaten Ecuasal-Seen an der Saline von Salinas erkunden, wo 120 Vogelspezies gesichtet wurden.

Die Zona de Mar bravo ist ein Strand südlich von Punta Carnero (Taxi einfache Strecke 2 US$) mit guten Brechern zum **Surfen**. Seelöwen und Blaufußtölpel versammeln sich auf den Felsen rund um die Luftwaffenbasis.

Bar de Ostras VOGELBEOBACHTUNG
(Bar der Austernfänger; ☎277-8329; bhaase@ecua.net.ec; Enríque Gallo 1109 zw. Calle 47 & 50) Die Bar wird von Ben Hasse geführt, einem Pionier der Walbeobachtung in der Gegend (es gibt hier ein kleines Walmuseum und hinter dem Haus das 10 m lange Skelett eines Buckelwals). Hasse weiß mehr über die Vögel der Küste als irgendjemand sonst vor Ort. Er veranstaltet Führungen (für Gruppen von 8 Pers. 30 US$) nach Ecuasal.

Pesca Tours ANGELN
(☎277-2391; www.pescatours.com.ec; Malecón 577) Der Veranstalter chartert Boote für bis zu sechs Angler (rund 350 US$/Tag, d.h. 6–16.30 Uhr). Gestellt werden das Boot, der Kapitän, zwei Matrosen und die gesamte Angelausrüstung; Mittagessen und Getränke muss man selber mitbringen.

Avista Travel ANGELN, WALBEOBACHTUNG
(☎277-0331) Der Veranstalter am *malecón* bucht Angel- und Walbeobachtungstouren.

Schlafen

Die Unterkünfte sind nicht auf ausländische Traveller ausgerichtet, die nach einem entspannten Strandrefugium suchen. Die genannten Preise gelten in der Hauptsaison – von Mai bis Mitte Dezember fallen sie häufig um 20 bis 30 %, in der Osterwoche, zu Weihnachten, zu Neujahr und im Karneval sind sie aber noch höher.

Hotel Francisco III HOTEL $$
(☎277-4883; Ecke Malecón & Calle 27; www.hotelesfrancisco.com; EZ/DZ mit Frühstück

30/35 US$; ❄@📶≋) Das größte, neueste und hübscheste der Franciscos in Salinas hat eine gute Lage mitten auf dem *malecón*. Die sonnigen offenen Korridore sind angenehm, aber die Zimmer könnten mehr Licht vertragen. Das **Francisco I** (☎277-4106; Enríquez Gallo zw. Calle 19 & 20; EZ/DZ 25/35 US$; ❄≋), einen Block abseits des *malecón* gegenüber dem Supermarkt Mi Comiserato, hat betagte, aber saubere Zimmer.

Hotel Marvento I HOTEL $$
(☎277-0975; Ecke Guayas & Enríquez Gallo; www.hotelmarvento.com, spanisch; Zi. mit Frühstück 25 US$/Pers.; ❄@📶≋) Wenn man nicht unbedingt einen Blick aufs Meer haben will, ist das nur einen Block vom *malecón* entfernte Hotel ein tolles Angebot. Alles, von den blanken Marmorböden bis hin zu den rustikalen Holzmöbeln, ist in bestem Zustand. Auf dem Dach gibt's einen kleinen Pool. Mehrere Blocks entfernt steht das neuere **Marvento II** (☎277-0827; Ecke Enríquez Gallo & Digno Nuñez; Zi. mit Frühstück 40 US$; ❄@📶≋), das hinsichtlich der Möblierung, der TV-Geräte, des Hallenbads und des Hofs eine Qualitätsstufe besser ist.

Hotel El Delfin HOTEL $$
(☎277-0601; www.hoteleldelfin.com.ec; EZ/DZ mit Frühstück 20/40 US$; ❄@📶≋) Direkt hinter dem nicht mehr geöffneten Wasserpark liegt dieses gepflegte Hotel mit kleinen, modernen Zimmern und einem kleinen Hof mit Pool.

Barcelo Colon Miramar HOTEL $$$
(☎252-2790; www.barcelo.com; Zi. mit VP 230 US$; ❄@📶≋) Das größte Hotel in der Stadt hat schon bessere Tage gesehen, bietet aber alle Einrichtungen eines Resorts: einen Pool, einen Fitnessraum, drei Restaurants und mehrere Bars und Lounges. Über die Qualität kann man geteilter Meinung sein.

Essen & Ausgehen

Die meisten Restaurants liegen direkt am *malecón* oder ein, zwei Blocks entfernt. Manche sind in der Nebensaison geschlossen oder haben verkürzte Öffnungszeiten. **Cevichelandía** ist der Spitzname für eine empfehlenswerte Ansammlung preisgünstiger Meeresfrüchtestände an der Ecke der Calle 17 und Calle Enríquez, die meist mittags geöffnet sind. In der Handvoll Bars und Discos am oder nahe dem *malecón* herrscht an den Wochenenden in der Hauptsaison Hochbetrieb. Die auf Salsa eingestellte **Gringos Bar** liegt nahe der Banco de Guayaquil, im **Nassau** und im **La Casa de Roy** nahe dem Barcelo Colon gibt's Musik, manchmal auch live.

Amazon Restaurant ECUADORIANISCH, PIZZERIA $$
(Malecón; Hauptgerichte 9 US$) Das spanische Hazienda-Dekor und die ausgezeichnete Pizza machen dieses Restaurant zu einem der besten in Salinas. Das Lokal hat eine umfangreiche Speisekarte mit *churrasco* (ein hier sehr beliebtes Menü aus gebratenem Rindfleisch, Reis, Spiegelei, Avocado, kaltem Gemüsesalat und Fritten), Meeresfrüchtegerichten und herzhaften Suppen sowie eine Auswahl südamerikanischer Weine. Neben der Banco de Guayaquil.

Restaurant Oh Mar MEERESFRÜCHTE $$
(Malecón; Hauptgerichte 7 US$; ⏲8–22 Uhr) Dieses Meeresfrüchtelokal liegt fast am westlichen Ende des *malecón* in der Nähe einer Reihe von Schawarma-Imbissen. Auf der umfangreichen Speisekarte stehen beispielsweise Krabbeneintopf (9 US$) und eine Reihe von *cazuelas* (7 US$).

Cafeteria del Sol ECUADORIANISCH $
(Malecón; Hauptgerichte 5 US$; ⏲7–24 Uhr) Zwischen der Banco del Pichincha und dem Calypso Hotel liegt dieses von Rankgittern bedeckte Restaurant, in dem man alles von Burritos (4 US$) bis zu Meeresfrüchte-Paella (13 US$) bekommt.

Mar y Tierra ECUADORIANISCH $$
(Malecón; Hauptgerichte 10 US$) Das maritim dekorierte Restaurant (mit der an ein Boot erinnernden Fassade) ist relativ formal und hat die übliche Auswahl an Fleisch- und Meeresfrüchtegerichten.

Cevicheria Lojanita MEERESFRÜCHTE $
(Ecke Enriquez Gallo & Aviles; Hauptgerichte 5 US$; ⏲9–21 Uhr) In dem großen gelben Komplex, einen Block von den Cevichelandía-Ständen entfernt, gibt's zu den großen Portionen auch noch Popcorn.

Cranberry Coffee Bar CAFÉ $
(Hauptgerichte 3 US$; ⏲9–20.30 Uhr; 📶) Das von einer Familie geführte Café, einen Block vom *malecón* entfernt, hat eine Außenterrasse und Hängematten zum Entspannen. Man bekommt Crêpes, Sandwiches, Cocktails und guten Filterkaffee.

Praktische Informationen

Die Banco de Guayaquil, die Banco Bolivariano und die Banco Pinchincha haben Filialen mit

Geldautomaten am *malecón*. Die **Camara de Turismo** (☎277-2079; www.salinas.gob.ec) kann Infos über Hotels geben, die Angestellten sprechen aber nur Spanisch. Die Information befindet sich einen Block landeinwärts hinter dem geschlossenen Wasserpark.

An- & Weiterreise

La Libertad ist die Drehscheibe des Busverkehrs auf der Halbinsel. Wenn man aber nicht auf dem Weg nach Salinas ist, ist es bequemer, unter Umgehung von La Libertad in Santa Elena in einen Bus umzusteigen, der an der Küste entlang in den Norden bzw. ostwärts nach Guayaquil fährt.

Busse nach Salinas fahren ganztägig von der Calle 8 und der Avenida 2 in La Libertad. Eine Taxifahrt zwischen beiden Städten kostet rund 2 US$. Wer von La Libertad nach Santa Elena möchte, winkt einer der häufigen Minibusse heran, die auf der Calle 9 de Octubre fahren.

Nach Guayaquil

Für die Fahrt von Salinas nach Guayaquil (3,50 US$, 2½ Std., alle 15 Min.) kann man einen Bus der **Cooperativa Libertad Peninsular (CLP)**, der **Cooperativa Intercantonal Costa Azu (CICA)** oder von **Liberpresa** am Busbahnhof an der Calle 7, hinter dem geschlossenen Wasserpark einen Block landeinwärts am westlichen Ende des *malecón* nehmen. Diese Busse machen einen Zwischenstopp in La Libertad, um weitere Fahrgäste aufzunehmen.

Nach Norden

Um Ziele weiter im Norden wie Montañita (1,50 US$, 2 Std.) oder Puerto López (4 US$, 3 Std.) zu erreichen, nimmt man in La Libertad an einer Haltestelle nahe dem Markt einen Bus der CITUP, der Cooperativa Manglaralto oder der CITM. Achtung: Diese Busse können in der Hauptsaison vorab ausgebucht sein. Sie bedienen auch andere Dörfer an der Küste im Norden, z. B. Ballenita, Valdivia, Ayangue und Palmar.

Drei Busse von Trans Esmeraldas fahren abends von La Libertad nach Quito (8 US$, 10–12 Std.).

Playas (General Villamil)

☎04 / 27 000 EW.

Es ist so etwas wie eine Erleichterung, wenn man Playas (das offiziell und auf einigen Karten auch General Villamil genannt wird) erreicht, auch wenn die Stadt verfallen und staubig ist – genau wie die ausgedörrte Landschaft, durch die man bei der Anreise fährt. Die am Wochenende hierher kommenden *guayaquileños* suchen hier aber auch kein elegantes Stadtleben: Sie locken der lange, breite und relativ stadtnahe Strand und die frischen Meeresfrüchte. In der Gegend gibt's auch einige gute **Surfspots**; im **Jalisco** (Av Paquisha), einem Restaurant einen Block vom Strand, vorbeigehen und Juan Gutiérrez um Infos bitten.

Playas ist immer noch ein Fischerdorf: ein paar alte Balsa-Flöße, die noch vor einer Generation üblich waren und eigentlich nur aus drei zusammengebundenen Baumstämmen mit einem drauf befestigten Segel bestehen – sie ähneln sehr den Booten aus präkolumbischer Zeit –, entladen ihre Fänge am westlichen Ende des Strands. Darüber thronen mehrere eindrucksvoll aussehende Apartmenthochhäuser, die sich bei näherer Betrachtung aber als leere Rohbauten entpuppen.

Von Dezember bis April ist in der Stadt viel los, sonst ist es ruhig. An einem Werktag in der Nebensaison kann es hier bei bewölktem Wetter geradezu trübsinnig sein.

Schlafen

In Richtung auf Data, südöstlich vom Zentrum, und weiter hinaus in Richtung auf das 16 km entfernte Posorja gibt es mehrere ruhige Unterkünfte nahe dem Strand, die sich an den Wochenenden in der Hauptsaison schnell füllen und dann weit höhere Preise verlangen. Ein paar neue Hotels, von denen aber keines Meerblick hat, wurden in den letzten Jahren errichtet oder vielmehr nur halb errichtet – sehr oft ist alles ab dem 2. Stock im Rohbau stecken geblieben.

Hotel Arena Caliente HOTEL $

(☎276-1580; www.hotelarenacaliente.com; Ecke Guayaquil & Paquisha; EZ/DZ 25/35 US$; ❄📶🏊) Auf der anderen Straßenseite gegenüber dem Nevada (s. den folgenden Eintrag) steht das etwas bessere Arena Caliente. Die gefliesten Zimmer sind größer, ebenso die TVs, und die Bettwäsche ist eindeutig besser. Der wirkliche Mehrwert besteht aber in dem netten Pool und dem Loungebereich im Hof. Das Restaurant im Erdgeschoss bietet Frühstück und das übliche *almuerzo*.

Hotel Nevada Playas HOTEL $

(☎276-0759; www.hotelnevadaplayas.com; Ecke Guayaquil & Paquisha; EZ/DZ 25/35 US$; ❄🏊) Nur zwei Blocks vom Strand hat das Nevada komfortable Zimmer mit geschmacklosem Dekor und Badetücher von der Größe und Konsistenz eines Scheuerlappens. Für bis zu sechs Personen geeignete geräumige Familienzimmer finden sich im neuen Anbau. Auf der Dachterrasse gibt's einen Pool von der Größe eines Kleinwagens, der manchmal sogar mit Wasser gefüllt ist. Auf alle Fälle gibt's hier oben aber eine Hängematte und einen guten Blick auf die Stadt.

Hotel Ana HOTEL $$
(☎276-1770; www.hotelanaplayas.com; Zi. 30 US$; ❄✉) Das Hotel ist eines der letzten, die einem auf dem Weg nach Data begegnen, und wahrscheinlich das angenehmste. Man erkennt es vom Strand aus an der falschen roten Backsteinfassade. Vorne befindet sich ein kleines Planschbecken, in das man gerade einmal seine Füße tauchen kann. Die Zimmer haben geflieste Böden und sind schlicht eingerichtet.

La Posada del Sueco HOTEL $
(☎09-372-2888; www.laposadadelsueco.com; km 2; B 15 US$, Zi. ab 40 US$; ✉) Der hübsche Komplex am Strand liegt um einen üppig grünen Garten und gehört einer freundlichen Dame aus Guayaquil und ihrem Schweizer Ehemann.

Essen & Ausgehen

Das **cevichería-**(Cevicherestaurant-)Zentrum bildet die Kreuzung der Roldos Aguilera mit der Paquisha (neben dem Hotel Arena Caliente bzw. gegenüber dem Nevada Playas). Hier gibt's stapelweise Hummer und Krabben und neben verschiedenen Ceviches (6 US$), Bratfischen und Hummer (7 US$) auch Fleisch- und Reisgerichte (4,50 US$); ein paar Anbieter servieren brutzelnde, fette Shrimps, Calamari und *cazuela*. In etwas gehobenerer Atmosphäre (hinsichtlich Bestuhlung und Dekor), gibt's das gleiche im **Restaurant El Pescaito** (Hauptgerichte 6 US$), nur ein paar Blocks entfernt in Richtung auf die zentrale Plaza.

Empanadas de Playas (Roldos Aguilera) ist ein schlichtes Lokal mit Plastiktischen, wo man billige Empanadas mit Hähnchen oder Fleisch (jeweils 0,70 US$) bekommt. Das **Restaurant Jalisco** (Ecke Paquisha & Av 7; Hauptgerichte 3 US$; ⏲8–17 Uhr), eine lange bestehende lokale Institution, serviert billige *almuerzos* und Meeresfrüchtegerichte.

Am Strand buhlen mehr als ein halbes Dutzend **comedores** um die Gunst der Kundschaft, indem sie mit ihren Speisekarten herumwedeln und laut Meeresfrüchte-Sonderangebote anpreisen, sobald sich jemand nähert.

An der Avenida Aguilera gibt's in der Nähe des asphaltierten Fußballplatzes der Stadt zwei zwanglose *parrillas* (Steakhäuser), die preiswerte Hähnchen- und Fleischgerichte servieren.

In der Hauptsaison sind die *discotecas* (Nachtclubs) jeden Abend geöffnet, in der Nebensaison aber nur an den Wochenenden. Die meisten sind ziemlich improvisierte Schuppen nahe der zentralen Plaza.

Praktische Informationen

Die Banco de Guayaquil, die Banco Bolivariano und die Banco Pichincha haben Geldautomaten an der zentralen Plaza; die Banco de Guayaquil betreibt eine größere Filiale in der Avenida Guayaquil auf Höhe der Paquisha. Ein paar Internetcafés und Telefoncenter sind nur einige Blocks von der Plaza entfernt.

An- & Weiterreise

Busse von **Transportes Villamil** (Mendez Gilbert) und **Transportes Posorja** fahren nach Guayaquil (2,75 US$, 1¾ Std., 97 km); die Busse beider Gesellschaften starten dabei zwischen 4 und 20 Uhr alle 10 Minuten. Busse von **Transportes 9 de Marzo** (Guayaquil Höhe Paquisha) fahren tagsüber oft nach Posorja (0,50 US$, 30 Min.).

Um nach Santa Elena oder die Küste hinauf nach Norden zu kommen, an der Highway-Kreuzung bei Progreso (0,75 US$, 25 Min.) aussteigen und auf einen beliebigen Bus Richtung Norden warten. Die Busse, die hier durchkommen, sind aber oft schon seit der Abfahrt aus Guayaquil voll besetzt.

An Sonntagnachmittagen in der Hauptsaison (Ende Dez.–April) kehren alle nach Guayaquil zurück. Die Straße verwandelt sich dann mehr oder weniger in eine von Bussen verstopfte Einbahnstraße, und kaum ein Fahrzeug kommt in der anderen Richtung nach Playas durch.

Bosque Protector Cerro Blanco

Rund 15 km westlich von Guayaquil gibt es in diesem Waldschutzgebiet einen der letzten erhaltenen tropischen Trockenwälder des Landes. In dem 6078 ha großen Cerro Blanco leben Jaguare, Pumas, Affen, Hirsche, Krabbenwaschbären und mehr als 200 Vogelarten, darunter der seltene und als gefährdet eingestufte Große Soldatenara (das Wappentier des Schutzgebiets). Es gibt Trockenwaldinseln mit riesigen Ceiba-Bäumen und mehr als hundert weiteren Baumarten, und immer wieder bietet sich ein Blick auf die Küstenmangrovenwälder in der Ferne. Mehrere Wanderwege führen in die hügelige Küstenlandschaft hinein.

Der Wald ist ein privates **Schutzgebiet** (Erw./Kind 4/3 US$; ⏲Sa & So 9–16 Uhr, werktags mit Reservierung), das von der **Fundación Pro-**

Bosque (☎04-287-4947; www.bosquecerroblanco.org) verwaltet wird. Es gibt eine Öko-Farm, ein Informationszentrum mit Ausstellungen über die lokale Ökologie und die hiesige Vogelwelt (auf Spanisch), und eine **Wildtierrettungsstation**, in der bedrohte Tiere versorgt werden. Dazu gehört auch eine große Voliere mit mehreren Großen Soldatenaras. Spanischsprachige Führer stehen für einen der Naturpfade (2–4 Std.) für 10 bis 15 US$ pro Gruppe (bis zu 8 Pers.) zur Verfügung.

Von Januar bis Mai gibt es viel Wasser, und die Pflanzen sind grün, aber in der Zeit sind auch viele Mücken (keine Moskitos) unterwegs, sodass man Insektenschutzmittel braucht. Zwischen Juni bis Dezember (d.h. in der Trockenzeit) blühen die Bäume, und es ist leichter, Tiere zu beobachten, weil diese sich in den verbliebenen Feuchtgebieten konzentrieren. Die besten Beobachtungszeiten sind wie überall der frühe Morgen und der späte Nachmittag. Im Besucherzentrum kann man eine Liste der Vögel sowie Broschüren kaufen und bekommt Infos und Wegekarten.

Gleich westlich des Cerro Blanco liegt südlich der Straße Guayaquil–Salinas in der Nähe der kleinen Gemeinde Puerto Hondo das **Puerto-Hondo-Schutzgebiet** mit seinen Mangrovensümpfen. Zuständig für den Schutz dieses gefährdeten Habitats ist der **Club Ecológico Puerto Hondo** (⊙Sa & So 9–16 Uhr, werktags mit Reservierung), der reizende Kanufahrten durch die Mangroven (15 US$/Kanu) anbietet, auf denen man Dutzende Vogelspezies beobachten kann. Weitere Informationen erhält man bei der Fundación Pro-Bosque.

Schlafen

Im Cerro Blanco gibt es ein Besucherzentrum und einen **Campingplatz** (Leihzelt für 3 Pers. 8 US$), die Campinggebühr ist im Eintrittspreis für das Schutzgebiet enthalten. Der Campingplatz bietet Grillstellen, Badezimmer und fließendes Wasser (sogar Duschen), außerdem ist auch eine Hütte vorhanden, die sogenannte **Ecolodge** (EZ/DZ/3BZ 12/20/30 US$) – eine große strohgedeckte Hütte mit Kaltwasserdusche und Bad. Sporadisch gibt es auch mithilfe der Sonne erzeugten Strom. Das Campieren auf freiem Gelände wird manchmal gestattet. Um den Besuch zu reservieren, das Formular von der Website der Fundación Pro-Bosque herunterladen.

An- & Weiterreise

Den Cerro Blanco und Puerto Hondo erreicht man mit einem Bus der Cooperativa de Transportes Chongón, der in der Innenstadt von Guayaquil von der Kreuzung Calle 10 de Agosto und García Moreno abfährt. Man kann auch jeden Bus nach Playas oder Salinas vom Zentralen Busbahnhof in den nördlichen Vororten nehmen. Darum bitten, am Parkeingang bei Kilometer 16 abgesetzt zu werden. Vor der Zementfabrik aussteigen, die Stelle ist ausgeschildert. Ein Taxi dorthin kostet rund 20 US$ (einfache Strecke).

Vom Eingang des Naturschutzgebiets sind es 10 Gehminuten bis zum Besucherzentrum und dem Campingbereich.

GUAYAQUIL

☎04 / 2,16 MIO. EW.

Guayaquil ist nicht nur das Wirtschaftszentrum Ecuadors, sondern zugleich auch eine lebendige, wachsende Großstadt, die immer mehr an Selbstbewusstsein gewinnt. Mehr als ein halbes Dutzend Wolkenkratzer prägen die großstädtische Silhouette, und auf mehreren Hügeln gibt es *invasiones* (Elendsviertel aus provisorischen Baracken). Die Identität der Stadt prägt der am Río Guayas gelegene *malecón*, die Uferpromenade, die als Restaurant- und Unterhaltungszentrum fungiert.

Das über den Fluss ragende malerische Viertel Las Peñas ist der geografische und historische Kern der Stadt, während die wichtigste Verkehrsachse der Innenstadt, die Avenida 9 de Octubre, Büroangestellte, Einwohner und Kauflustige durch die Stadt schleust. Neben neu belebten Plätzen, Parks und massiven Stadterneuerungsprojekten hat Guayaquil auch muntere Bars und eine wachsende Theater-, Film- und Kunstszene, deren Kreativität nicht zuletzt von mehreren großen Universitäten angeregt wird.

Alle Flüge zu den Galápagosinseln starten in Guayaquil oder machen hier einen Zwischenstopp, daher eignet sich die Stadt neben Quito am besten, eine Reise dorthin zu organisieren.

Geschichte

Nach einer weit verbreiteten Legende soll der Name Guayaquil auf Guayas, den großen Häuptling der Puna, der tapfer gegen die Inkas und danach die Spanier kämpfte, sowie auf seine Frau Quill zurückgehen. Guayas soll Quill getötet haben, damit sie nicht in die Hände der Konquistadoren fiel, und sich selber anschließend ertränkt haben. Mehrere Historiker behaupten hingegen, der Name der Stadt gehe auf die Wörter *hua* (Land), *illa* (schöne Wiese) und Quilca, einen der Nebenflüsse des Río Guayas zurück, an dem der Volksstamm der Quilca lebte, bis er im 17. Jh. ausgelöscht wurde. Nach dieser Theorie heißt Guayaquil also wörtlich: „das Land mit einer schönen Wiese auf dem Land der Quilcas".

Eine Siedlung wurde in der Region erstmals gegen 1534 gegründet und schließlich 1547 an ihre jetzige Stelle auf dem Santa-Ana-Hügel verlegt. Die Stadt war ein wichtiger Hafen und eine wichtige Werft für die Spanier, wurde aber immer wieder von Piratenüberfällen und Feuersbrünsten heimgesucht. Besonders verheerend war das „Große Feuer" von 1896, bei dem große Teile der Stadt völlig zerstört wurden. Guayaquil erlangte am 9. Oktober 1820 seine Unabhängigkeit von Spanien und war danach eine unabhängige Provinz, bis Simón Bolívar sie 1822 dem neu gegründeten Großkolumbien zuschlug. Als Bolívars Staatengründung 1830 scheiterte und Großkolumbien zerfiel, wurde Guayaquil ein Teil der neu gegründeten Republik Ecuador.

Gefahren & Ärgernisse

In Guayaquil gibt's reichlich Armut und die üblichen Probleme einer Großstadt, aber nichts, weswegen man panisch werden müsste. Raubüberfälle nach Abhebungen vom Geldautomaten sind ein Problem, die wichtigsten Touristengebiete um die Avenida 9 de Octubre, den Malecón 2000, Las Peñas und die Restaurantmeile in Urdesa sind aber absolut sicher. Das Gebiet unmittelbar nördlich und südlich des Parque del Centenario wirkt nachts ziemlich zwielichtig, aber es reicht, seinen gesunden Menschenverstand einzusetzen und die üblichen Vorsichtsmaßregeln zu beherzigen, die für jede Großstadt gelten. Meiden sollte man die als *los suburbios* bezeichneten Randviertel, die nichts mit reichen Vororten in anderen Weltgegenden gemeinsam haben.

Sehenswertes & Aktivitäten

Obwohl die meisten Besucher hier nur einen kurzen Stopp auf dem Weg zu den Galápagos-Inseln machen, hat die Stadt durchaus etliche Sehenswürdigkeiten zu bieten, die meist auch noch in Gehweite voneinander liegen. Auch wenn man nur wenig Zeit hat, sollte man unbedingt einen Spaziergang auf dem Malecón 2000 (auch Malecón Simón Bolívar oder schlicht *el malecón* genannt) machen und dem nördlichen Viertel Las Peñas einen Besuch abstatten – letzteres ist vor allem nachts ein reizvolles Ziel, wenn vom Río Guayas eine kühle Brise weht und unten die hellen Lichter der Stadt funkeln. Sonntag ist ein guter Tag für einen Stadtspaziergang, weil dann der Verkehr nicht so stark ist.

Das Zentrum der in einem Raster angelegten Stadt liegt am Westufer des Flusses. Die meisten Straßen haben sowohl eine Nummer als auch einen Namen – Letzterer ändert sich im Nord-Süd-Verlauf öfters. Die Stadt greift von dort in alle Himmelsrichtungen und auch über den Fluss aus, aber die meisten dieser Außengebiete sind reine Wohn- oder Industrieviertel und für Reisende nur von geringem Interesse.

EL MALECÓN

Eines der umfangreichsten Stadterneuerungsprojekte Südamerikas ist die **Uferpromenade** (7–24 Uhr), ein abgezäunter, überwachter öffentlicher Bereich, der sich auf 2,5 km entlang des breiten Rió Guayas erstreckt und Teiche, Spielplätze, Parks, Restaurants, ein Museum, einen Veranstaltungssaal, ein IMAX-Kino und eine Shoppingmall umfasst. Am nördlichen Ende hat man einen guten Blick auf die kolonialzeitlichen Viertel Las Peñas und Cerro Santa Ana und, weit dahinter, auf die eindrucksvolle Puente Rafael Mendoza Aviles – die größte Brücke Ecuadors.

LP TIPP **Museo Antropológico y de Arte Contemporáneo** MUSEUM

(MAAC; Karte S. 300; 230-9383; Ecke Malecón Simón Bolívar & Loja; Eintritt Di–Sa 1,50 US$, So frei; Di–Sa 10–17.30, So 11–15.30 Uhr) Das Ende der Uferpromenade markiert das moderne MAAC, ein Museum für Anthropologie und Archäologie, in dem sich außerdem eine hervorragende und gut kuratierte Sammlung zeitgenössischer ecuadorianischer Kunst befindet. Im MAAC gibt es auch ein modernes, 400 Plätze fassendes **Theater** (230-9400; www.maaccine.com; Eintritt 2 US$), das für Theateraufführungen, Konzerte und Filmvorführungen genutzt wird. Neben dem Museum liegt ein moderner Food-Court, und gleich südlich davon gibt es ein großes IMAX-Kino (4 US$).

La Rotonda DENKMAL

(Karte S. 300) Etwa in der Mitte des *malecón* steht eines der eindrucksvollsten Denkmäler von Guayaquil, das besonders nachts, wenn es angestrahlt wird, sehr ins Auge

Guayaquil – Zentrum

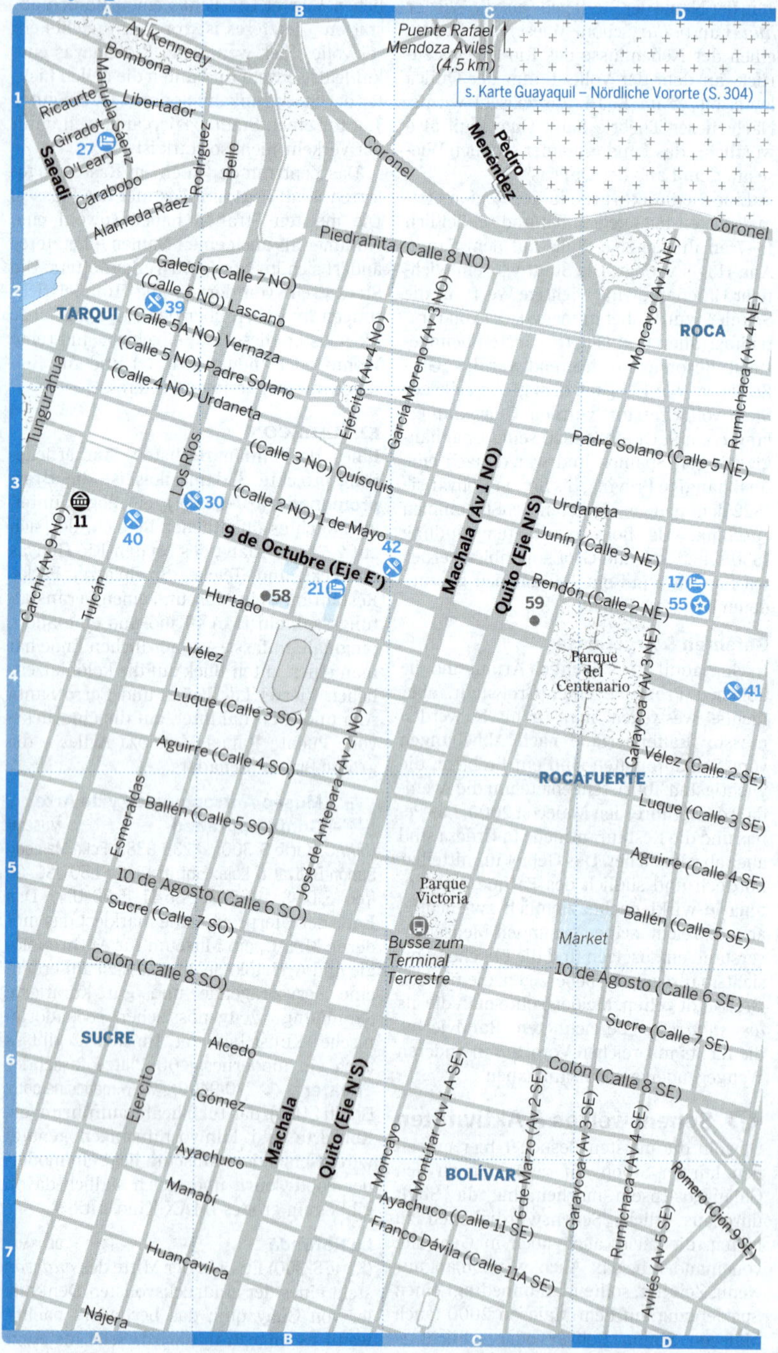

SÜDKÜSTE GUAYAQUIL

0 500 m
CERRO DEL CARMEN
Hospital Luis Vernaza
Av Jorge Swett
Av Jacinto Morán
Capilla Santa Ana
Cerro Santa Ana
LAS PEÑAS
Numa Pompilio Llona
Vernaza y Carbo
(Calle 9B)
(Calle 9 NE) Montalvo
Universität
Museo Antropológico y de Arte Contemporáneo
IMAX
Aguirre
Galecio
Lascano
Riobamba (Av 5 NE)
Baquerizo Moreno (Av 8 NE)
Cordova (Av 9 NE)
Rocafuerte (Av 10 NE)
Malecón Simón Bolívar (Av 12 NE)
PEDRO CARBO
Aguirre (Calle 8 NE)
Martínez (Calle 7 NE) Martínez
Mendiburo (Calle 6 NE)
ZONA ROSA
Tropischer Garten
Orellana
Ximena (Av 5A NE)
Boyacá (Av 6 NE)
Escobedo (Av 7 NE)
Roca (Calle 4 NE)
Junín
Rendón
Paula de Icaza (Calle 1 NE)
Plaza de la Merced
Panamá (Av 11 NE)
Malecón 2000
Río Guayas
Centro de Información
Plaza de San Francisco
Boyacá (Av 6 SE)
Escobedo (Av 7 SE)
Chimborazo (Av 8 SE)
Chile (Av 9 SE)
Sucre-Denkmal
Parque Bolívar
Coop Turismo Oro Guayas
Jachtclub
Carbo (Av 10 SE)
Pichincha (Av 11 SE)
Malecón Simón Bolívar (Av 12 SE)
Coturcip
Chiriboga (Calle 9SE)
Olmedo (Diag 8 SE)
Malecón 2000
Centro Comercial Malecón
Villamil
Guayaquil Vision (150 m); Olmedo-Denkmal (150 m)

Guayaquil – Zentrum

Highlights

	Museo Antropológico y de Arte Contemporáneo	H2

Sehenswertes

1	Kathedrale	E6
2	Iglesia de la Merced	F4
3	Iglesia de San Francisco	F5
4	Iglesia de Santo Domingo	G1
5	Uhrenturm	F6
6	Fortín del Cerro	H1
7	La Rotonda	G5
	Bibliothek	(siehe 9)
8	Leuchtturm	H1
	Museo de la Musica Popular Guayaquileña Julio Jaramillo	(siehe 25)
9	Museo Municipal	E6
10	Museo Nahim Isaias	F6
11	Museo Presley Norton	A3
12	Palacio de Gobierno	F6
13	Palacio Municipal	F6

Aktivitäten, Kurse & Touren

14	Captain-Henry-Morgan-Bootstouren	F7

Schlafen

15	Casa de Romero	E5
16	Grand Hotel Guayaquil	E6
17	Hostal Suites Madrid	D3
18	Hotel Continental	E6
19	Hotel Las Peñas	E5
20	Hotel Nueve de Octubre	E4
21	Hotel Oro Verde	B4
22	Hotel Palace	E5
23	Hotel Presidente Internacional	E3
24	Hotel Versailles	E3
25	Mansion del Rio	H1
26	Manso Boutique Hotel	F5
27	Tangara Guest House	A1

Essen

28	Artur's Café	H1
29	Café & Bananas	E4
30	Caracol Azul	A3
31	Cocolon	F5
32	Delicias Orientales	E4
	El Fortín	(siehe 18)
	El Patio	(siehe 21)
33	Fragela Heladería Artesenal	F5
	La Canoa	(siehe 18)

sticht. Flankiert von kleinen Springbrunnen ist die historisch verbürgte, aber geheimnisumwitterte Begegnung der Revolutionäre Bolívar und San Martín dargestellt, die 1822 in Guayaquil stattfand.

Uhrenturm DENKMAL

(Karte S. 300; Mo–Fr 9–18 Uhr) Dort, wo die Calle 10 de Agosto auf den *malecón* trifft, erblickt man den berühmten maurischen Uhrenturm, der ursprünglich 1770 errichtet, aber seither mehrfach neu aufgebaut wurde. Besucher können die schmale Wendeltreppe im Innern des 23 m hohen Turms hinaufsteigen.

Olmedo-Denkmal DENKMAL

(außerhalb der Karte S. 300) Gleich nördlich vom Mercado Sur steht das Denkmal zu Ehren von José Joaquín de Olmedo (1780–1847), des ecuadorianischen Dichters und ersten Präsidenten der freien Provinz Guayaquil, die sich als erstes Gebiet Ecuadors von der spanischen Herrschaft befreite.

Mercado Sur GEBÄUDE

Am südlichen Ende des *malecón* steht diese schöne Stahlkonstruktion, die manchmal als Kristallpalast bezeichnet wird. Als der von einem belgischen Architekten entworfene überdachte Markt 1907 errichtet wurde, war er der größte in Guayaquil. Jetzt wurde er restauriert und mit riesigen Glaswänden versehen. Heute finden hier Kunst- und Gewerbeausstellungen statt.

LAS PEÑAS & CERRO SANTA ANA

Die beiden historischen Viertel (Karte S. 300) wurden aufgemöbelt und zu einer idealisierten Version eines idyllisch an einem Hang gelegenen südamerikanischen Dorfes gemacht, bestehend aus bunt getünchten Häusern und Kopfsteinpflastergassen. Schaut man aber in eine offene Tür oder in ein Fenster hinein, stellt man fest, dass es sich in gewisser Weise um ein Potemkin'sches Dorf handelt, denn ganz so aseptisch ist die Gegend nicht, und die Einwohner leben hier genauso wie anderswo in der Stadt ihren Alltag. Der Blick vom Gipfel des Hügels ist spektakulär, insbesondere bei Nacht. Kleine, zwanglose, von Familien geführte Restaurants und Nachbarschaftskneipen säumen die Stufen. Das Gebiet ist komplett sicher, weil freundliches Sicherheitspersonal hier patrouilliert und sicher stellt, dass Besucher hier völlig ungehindert die steilen Stufen hinauf- und hinuntersteigen können.

34 La Parrilla del Nato F5
35 La Tasca de Carlos F4
Le Fondue ..... (siehe 21)
Le Gourmet ..... (siehe 21)
36 Lorenabo F4
37 Mercado El Norte F2
38 Mi Comisariato E4
39 Pique & Pase A2
40 Restaurant Ali Baba A3
41 Restaurante 8-28 ..... D4
42 Sweet & Coffee C3

Ausgehen
43 Aroma Cafe G3
44 Bar El Colonial G3
Diva Nicotina ..... (siehe 47)
45 Dulceria La Palma E5
46 El Galeón de Artur's H2
47 El Rincon de las Peñas H2
48 Frutabar G3
Frutttila ..... (siehe 26)
49 La Paleta H1
50 La Taberna H2
51 Las 3 Canastas E5
52 Ojos del Perro Azul G4
53 Puerto Pirata H1
54 Sweet & Coffee F5

Unterhaltung
55 Shanny D4

Shoppen
56 El Mercado Artesenal Loja F2
57 La Bahía F7

Praktisches
58 Alliance Française B4
59 Casa de Cultura C4
60 Centro Ecuatoriano Norteamericano F3
61 Centro Viajero E4
Dirección Municipal de Turismo ..... (siehe 10)
62 Galasam Tours F4
Tangara Tours ..... (siehe 27)
Travel Galapagos ..... (siehe 17)

Numa Pompilio Llona STRASSE

(Karte S. 300) Diese historische Straße, die nach einem bekannten Dichter aus der Stadt (1832–1907) benannt ist, beginnt am nördlichen Ende des *malecón,* rechts von den Stufen, die auf den Cerro Santa Ana hinaufführen. In der schmalen, kurvigen Straße sieht man an den Wänden der Häuser hier und da schlichte Gedenktafeln, die verkünden, dass in diesen unscheinbaren Häusern früher Präsidenten des Landes wohnten. Die kolonialen Holzhäuser dürfen elegant vor sich hin altern, man hat sie aber neu angestrichen. In dem Gebiet leben mehrere Künstler, und es gibt hier einige gute Kunstgalerien.

Cerro Santa Ana VIERTEL

(Karte S. 300) Wenn man die Numa Pompilio Llona wieder zurück geht und nun, statt weiter nach Süden auf dem *malecón* zu spazieren, scharf rechts abbiegt, steht man am Beginn der 444 Stufen, die auf den Cerro Santa Ana führen. Die Treppe führt an Dutzenden renovierter, bunten Wohnhäusern, Cafés, Bars und Souvenirläden vorbei bis zum **Fortín del Cerro** (Hügelfort; Karte S. 300) auf dem Hügel. Kanonen, die einst Guayaquil vor Piraten schützen sollten, zielen über die Brustwehr auf den Fluss; sie werden heute noch anlässlich von Feierlichkeiten abgefeuert. Man kann auf den **Leuchtturm** (Karte S. 300; Eintritt frei; ⌚10–22 Uhr) steigen, von dem aus man einen spektakulären Blick auf die Stadt und ihre Wasserläufe hat.

Puerto Santa Ana VIERTEL

(Karte S. 300) Die Numa Pompilio Llona endet als Sackgasse an den Stufen zu Guayaquils eingestelltem Neuerschließungsprojekt, einem Apartment- und Bürokomplex für Reiche, in dem es ein paar Eiscreme- und Fast-Food-Buden gibt. Ein Großteil der Geländes steht leer, aber der Uferweg bietet sich zu einem Spaziergang an. Das **Museo de la Musica Popular Guayaquileña Julio Jaramillo** (Edificio 3, 2. OG; Eintritt frei; ⌚Mi–Sa 10–17 Uhr) ist ein kleines Museum der traditionellen ecuadorianischen Musik.

Iglesia de Santo Domingo KIRCHE

(Karte S. 300) Hinter der Freiluftbühne Teatro Bogotá befindet sich die älteste Kirche in Guayaquil. Das Gebäude geht auf das Jahr 1548 zurück, wurde 1938 restauriert und lohnt einen Blick.

ZENTRUM

In den Straßen unmittelbar südlich von Las Peñas stehen mehrere typisch kolonialzeit-

Guayaquil – Nördliche Vororte

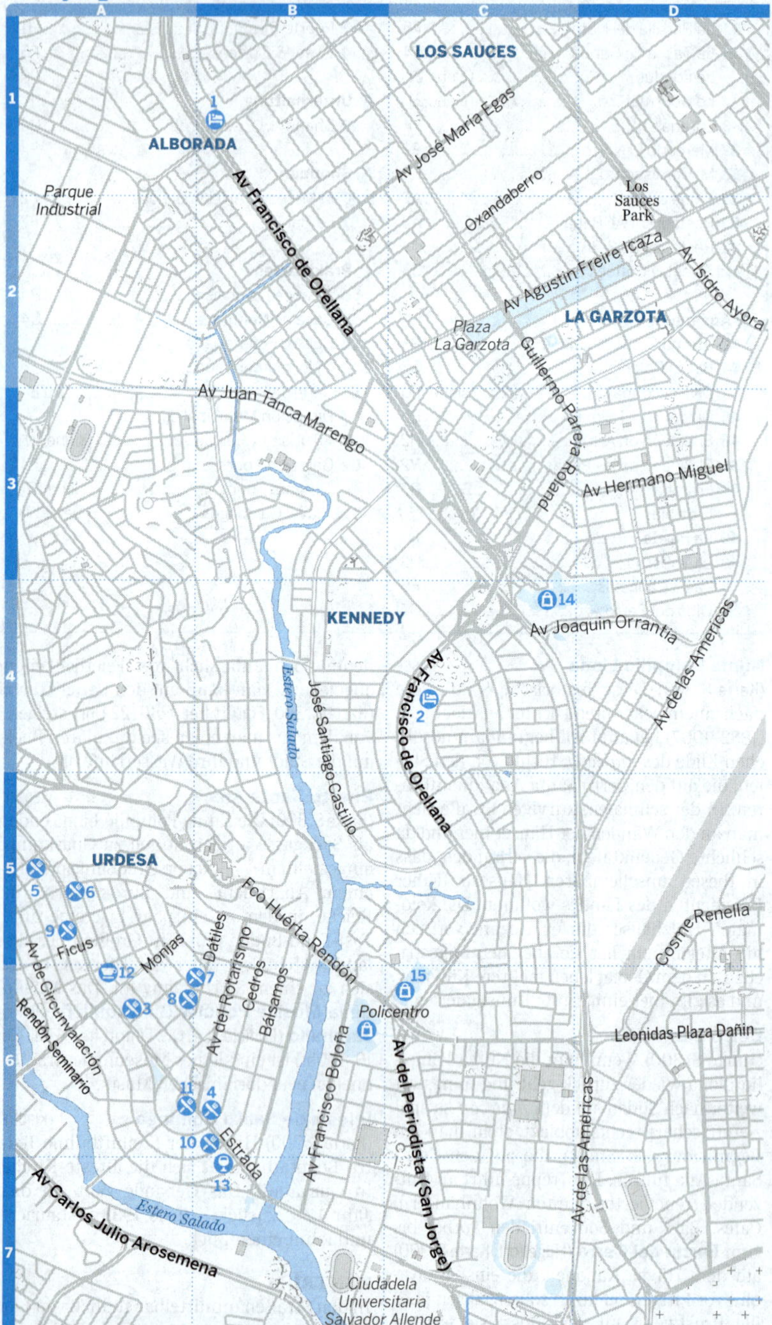

s. Karte Guayaquil – Zentrum (S. 300)

liche Gebäude, aber dahinter folgen überwiegend nur moderne, langweilige Zweckbauten. In der **Avenida 9 de Octubre,** der wichtigsten Geschäftsstraße der Innenstadt, findet man Schuhgeschäfte, Läden für hochwertige Elektronik, Warenhäuser und Fast-Food-Restaurants.

Iglesia de San Francisco KIRCHE
(Karte S. 300; Av 9 de Octubre nahe Chile) Die Kirche wurde ursprünglich im frühen 18. Jh. erbaut, aber bei der verheerenden Feuersbrunst zerstört, die 1896 große Teile der Stadt in Schutt und Asche legte. 1902 neu errichtet, wurde sie in den späten 1990er-Jahren wunderschön restauriert. Auf dem Vorplatz steht Guayaquils erstes öffentliches Denkmal, eine Statue Vicente Rocafuertes, des ersten einheimischen ecuadorianischen Präsidenten, der das Amt von 1834 bis 1839 bekleidete (Ecuadors erster Präsident, Juan José Flores, war ein gebürtiger Venezolaner).

GRATIS **Museo Nahim Isaias** MUSEUM
(Karte S. 300; ☎232-4182; www.museonahimisaias.com; Ecke Pichincha & Ballén; ⌚Di–Sa 10–18, So & Feiertage 11–15 Uhr) Das Nahim Isaias liegt ein paar Blocks von der Iglesia de San Francisco entfernt im Gebäude der Stadtverwaltung. Es zeigt eine sehr gute Sammlung von Skulpturen, Malereien und anderen Zeugnissen aus der Kolonialzeit.

Palacio Municipal & Palacio de Gobierno HISTORISCHE GEBÄUDE
(Karte S. 300) Auf der anderen Straßenseite gegenüber dem *malecón* steht das prunkvolle, graue Gebäude des Palacio Municipal, das ein kleiner, aber hübscher Fußgängerweg von dem schlichten und soliden Palacio de Gobierno nebenan trennt. Beide Gebäude stammen aus den 1920er-Jahren. Der Palacio de Gobierno ersetzte den originalen Vorgängerbau aus Holz, der bei der Feuersbrunst im Jahr 1917 zerstört wurde.

Kirche La Merced KIRCHE
(Karte S. 300; Ecke Rendón & Rocafuerte) Wie die meisten kolonialzeitlichen Bauten in Guayaquil wurde auch die 1787 aus Holz errichtete Kirche durch einen Brand zerstört. Der gegenwärtige Neubau stammt von 1938 und hat einen reich verzierten goldenen Altar.

DAS GEBIET DES PARQUE BOLÍVAR

Guayaquil ist vielleicht die einzige Stadt der Welt, in deren Zentrum **Landleguane** leben, die manchmal eine Länge von mehr

Guayaquil – Nördliche Vororte

Schlafen
1 Dreamkapture Hostal B1
2 Hilton Colón Guayaquil C4

Essen
3 Cevicheria Lojanita A6
4 El Café Espanol B6
5 Lo Nuestro A5
6 Malek El Shawarma A5
7 News Café Restaurant B6
8 Pique & Pase A6
9 Riviera A5
10 Sushi Isao B6
11 Sweet & Coffee A6

Ausgehen
12 Frutabar A6
13 Rollings Tone B7

Shoppen
14 Mall del Sol C4
15 San Marino Mall C6

Praktisches
Dreamkapture Travel .... (siehe 1)
Metropolitan Touring .... (siehe 2)

als 1 m erreichen. Diese prähistorisch aussehenden Tiere (eine andere Art als die auf den Galápagosinseln lebenden) sind ein irritierender Anblick auf einer der berühmtesten Plazas von Guayaquil, dem **Parque Bolívar** (Karte S. 300), der auch als Parque Seminario bezeichnet wird. Rund um die kleinen Ziergärten des Platzes stehen mehrere der Spitzenhotels der Stadt.

GRATIS **Museo Municipal** MUSEUM
(Karte S. 300; ☎252-4100; Sucre; ⏰Di–Fr 8.30–16.30, Sa & So 10–14 Uhr) Einen Block südlich vom Parque Bolívar findet man dieses Museum und die städtische **Bibliothek**. Im archäologischen Saal im Erdgeschoss sind hauptsächlich Inka- und präinkaische Keramiken ausgestellt, darunter mehrere Figürchen der Valdivia-Kultur (um 3200 v. Chr.), der ältesten Kultur im ecuadorianischen Raum. Ebenfalls im Erdgeschoss befindet sich die kolonialzeitliche Abteilung mit vielen religiösen Gemälden und ein paar Haushaltsgegenständen aus dieser Zeit. Im Obergeschoss verteilen sich Säle zur modernen Kunst und zur Völkerkunde.

Kathedrale KIRCHE
(Karte S. 300) An der Westseite des Parque Bolívar steht die Kathedrale. Die ursprüngliche, 1547 aus Holz erbaute Kirche fiel, wie so vieles in Guayaquil, einem Brand zum Opfer. Das gegenwärtige Gebäude wurde 1948 fertiggestellt und 1978 renoviert. Es ist schlicht und modern, hat aber ein äußerst prunkvolles Eingangsportal.

NÖRDLICHES ZENTRUM

Malecón El Salado PLAZA
Wie die berühmtere Anlage weiter östlich am Río Guayas ist auch der Malecón El Salado ein Versuch, das städtische Ufergelände für die alltägliche Nutzung der Einwohner zurückzugewinnen. Mehrere Restaurants und Cafés finden sich in dem stromlinienförmigen, an ein Einkaufszentrum erinnerndes Gebäude längs des Meeresarms. Ein großes, modernistisches Gebäude beherrscht die **Plaza Rodolfo Baquerizo Moreno**, den großen Platz gleich südlich des *malecón*. In ihm finden zeitweise Ausstellungen und Events statt. Einheimische mit Kindern im Schlepptau kommen an den Wochenenden abends zum Malecón El Salado, um sich die „tanzenden Springbrunnen“, ein choreografiertes Wasserspiel, anzusehen (19, 19.30 & 20 Uhr).

GRATIS **Museo Presley Norton** MUSEUM
(☎229-3423; Av 9 de Octubre; ⏰Mo–Sa 9–17 Uhr) Ein paar Blocks südöstlich vom Maleconń El Salado liegt dieses Museum mit einer eindrucksvollen Sammlung archäologischer Artefakte, darunter Töpferwaren und Figürchen der Ureinwohner Ecuadors. Das Museum befindet sich in einer schön restaurierten Villa. Gelegentlich gibt's hier auch Filmvorführungen oder Livemusik.

Parque del Centenario PARK
Diese Plaza an der Avenida 9 de Octubre (Karte S. 300) ist die größte in Guayaquil und markiert die Mitte zwischen dem Río Guayas und dem Estero Salado. Die vier Blocks umfassende Anlage enthält gepflegte Grünanlagen, Bänke und Denkmäler, deren wichtigstes die im Zentrum stehende **Freiheitssäule** ist, um die Statuen der Gründerväter des Landes angeordnet sind.

Städtischer Friedhof FRIEDHOF
(Karte S. 300; Pedro Menéndez) Eine kurze Fahrt vom Zentrum entfernt, eingegliedert

in die Stadtlandschaft, befindet sich dieser 1823 gegründete Friedhof, der ein Wahrzeichen der Stadt ist. Hier gibt es Hunderte von oberirdischen Grabstätten (und insgesamt 700 000 Gräber). Die oberirdischen Grabstätten sind übereinander gestapelt, sodass sie an ein voll belegtes Mietshaus erinnern. Ein Weg führt zu mehreren Monumenten und großen Mausoleen, darunter zu dem eindrucksvollen Grabmal des Präsidenten Vicente Rocafuerte.

AUSSERHALB VON GUAYAQUIL

Parque Histórico Guayaquil ZOO, MUSEUM

(Karte S. 304; ☎283-2958; www.parquehistoricoguayaquil.com; Av Esmeraldas; Erw./Kind Mi–Sa 3/1,50 US$, So 4,50/3 US$; ⏲Mi–So 9–16.30 Uhr) Bei dieser großen Sehenswürdigkeit jenseits der Puente Rafael Mendoza Aviles östlich des Río Daule handelt es sich um ein Zwischending aus Geschichtspark und Zoo. Der Park ist in drei Zonen unterteilt: In eine für bedrohte Tiere mit 45 Vogel-, Säugetier- und Reptilienarten in einem naturähnlichen Habitat; eine Zone für städtische Architektur, die die Entwicklung der Architektur in Guayaquil im frühen 20. Jh. veranschaulicht und in der es ein Restaurant gibt; und in die „Traditionszone", in der ländliches Brauchtum, Kunsthandwerk und Landwirtschaft im Mittelpunkt stehen.

Die Taxifahrt aus der Stadt hierher kostet bis zu 4 US$, man kann aber auch den rotweißen Bus Duran 4/30 nehmen. Zurück bekommt man leichter einen Bus vor der großen Mall an der Hauptstraße, die etwa 200 m vom Park entfernt ist.

Zoologico el Patanal ZOO

(☎226-7047; km 23; Erw./Kind 4/2 US$; ⏲9–17 Uhr) Nördlich der Stadt auf dem Weg nach Daule liegt diese Rettungs- und Rehabilitationsstation für verletzte oder verlassene Wildtiere, die zugleich ein Zoo mit Affen, Krokodilen und einigen großen Wildkatzen ist. Wenn man um 4 Uhr morgens kommen will (der besten Zeit zum Beobachten von Vögeln), muss man vorher anrufen. Ein Führer kostet rund 15 US$.

Eine Taxifahrt aus dem Zentrum kostet 15 US$; alternativ kann man auch vom Terminal Terrestre in Guayaquil einen Bus nach Nobol (1 US$, 40 Min.) nehmen.

Jardín Botánico de Guayaquil PARK

(☎241-7004; Francisco de Orellana; Erw./Kind 3/1,50 US$; ⏲8–16 Uhr) Rund eine halbe Fahrtstunde nördlich der Stadt liegt nahe dem Cerro Colorado dieser botanische Garten mit mehr als 80 Orchideenarten und fast 700 Pflanzenspezies. Pfade und Wege führen an den ausgestellten Pflanzen vorbei, während über einem tropische Schmetterlinge flattern. Es gibt einen Andenkenladen, ein hübsches Café und einen Schmetterlingsgarten. In der Regenzeit sollte man Insektenschutzmittel verwenden. Wenn man ein paar Tage vorab Bescheid sagt, kann auch eine Führung organisiert werden.

Am bequemsten kommt man mit dem Taxi (einfache Strecke 12 US$) hierher; Urbanización de Los Orquídeas als Ziel angeben. Man kann auch überall auf der Av Quito einen Bus nehmen (1 Std.).

Geführte Touren

Captain Henry Morgan BOOTSTOUR

(Karte S. 300; ☎230-4824; Ecke Malecón Simón Bolívar & Colón) Das nach dem berüchtigten Piraten (der nie in Guayaquil war) benannte nachgebaute Segelboot bietet einstündige Flussfahrten (6 US$, Di–So 16, 18 & 19.30 Uhr), an den Wochenenden gibt es auch noch spätere Fahrten. Es gibt Alkohol und Tanz, aber die Tour ist durchaus kinderfreundlich.

Ferrocarriles del Ecuador ZUGFAHRT

(☎280-8064; www.ferrocarrilesdelecuador.gov.ec; Erw./Kind unter 18 Jahre hin & zurück 10/5 US$; ⏲Sa & So 8 & 13 Uhr) Die kurze Zugfahrt (1¼ Std.) führt von Durán nach Yaguachi östlich von Guayaquil. Unterwegs erfährt man einige historische Fakten – allerdings nur auf Spanisch. Ein Taxi zum Ausgangspunkt in Durán sollte aus dem Stadtzentrum nicht mehr als 7 US$ kosten.

Guayaquil Vision STADTRUNDFAHRT

(Karte S. 300; ☎288-5800; www.guayaquilvision.com; Erw./Kind 6/3 US$) Veranstaltet Rundfahren durch das Zentrum und die umliegenden Vororte mit Doppeldeckerbussen (1½ Std.). Täglich starten fünf Touren an der Plaza Olmedo am *malecón*, die erste um 10.40 Uhr. Es gibt noch vier weitere Haltestellen zum Ein- und Aussteigen.

Feste & Events

Karneval KULTUR, RELIGION

Ein bewegliches Fest, das an den Tagen unmittelbar vor Aschermittwoch und der Fastenzeit stattfindet. Neben dem traditionellen Brauch, Wasser über die Teilnehmer zu sprengen, hat sich die Unsitte eingebürgert, Passanten mit allen möglichen ekligen Flüssigkeiten zu bespritzen.

Simón Bolívars Geburtstag & Gründungstag von Guayaquil KULTUR, GESCHICHTE

Am 24. bzw. 25. Juli. Die Stadt feiert mit Umzügen, Kunstaustellungen, Schönheitswettbewerben, Feuerwerken, Gelagen und Tanz. Die Hotels sind weit im Voraus ausgebucht, Banken und andere Dienstleister sind geschlossen.

Unabhängigkeitstag & Día de la Raza KULTUR, GESCHICHTE

Diese beiden Events sorgen gemeinsam für ein langes Festwochenende mit Kulturevents, Umzügen und größerem Andrang als gewöhnlich auf dem *malecón*. Der Unabhängigkeitstag ist der 9. Oktober (1820), der Día de la Raza der 12. Oktober.

Silvester KULTUR

Der Beginn des neuen Jahres wird mit Freudenfeuern und lebensgroßen Puppen, den *viejos* („Alten"), gefeiert, die mit alten Lumpen behängt sind und das alte Jahr symbolisieren. Die *viejos* werden auf den Hauptstraßen der Stadt aufgestellt, vor allem auf dem *malecón,* und um Mitternacht in Freudenfeuern verbrannt.

Schlafen

Einige Besucher ziehen es vor, in den nördlichen Vorstädten zu übernachten, aber diese Unterkünfte sind für den Weg zum Flughafen oder zum Busbahnhof nicht wirklich praktischer als die im Zentrum. Und außerdem ist man dann gezwungen, für alle Unternehmungen ein Taxi zu nehmen. Sicherer als das Zentrum ist die Gegend auch nicht – wenn man also dort absteigt, sollte der Grund nur in der Qualität der jeweiligen Unterkunft liegen.

Bei Übernachtungen können bis zu 22 % Steuern auf den angeführten Preis aufgeschlagen werden – und bei Online-Buchungen ist das üblicherweise so. Die meisten der preiswerteren Hotels scheren sich nicht um die Steuer.

Während Ferien und Feiertagen kann es schwer werden, ein Zimmer zu finden, vor allem in den besseren Hotels, und die Preise liegen dann in der Regel höher als hier angegeben. Außerhalb dieser Zeiten sind einige Budget- und Mittelklassehotels bereit, sich auf Preisnachlässe einzulassen.

ZENTRUM

Die hiesigen Billighotels sind nicht für Budgettraveller aus dem Ausland gedacht. Der Straßenlärm kann lästig sein, gleichgültig in welche Preisklasse das Hotel fällt.

LP TIPP Mansion del Rio HOTEL $$$

(Karte S. 300; ☎256-5827; www.mansiondelrio-ec.com; Numa Pompilio Llona 120, Las Peñas; Zi. mit Frühstück ab 135 US$; ❄@≋) Das in einem liebevoll restaurierten Wohnhaus aus den 1920er-Jahren untergebrachte Hotel versteckt sich in einer Kopfsteinpflastergasse am Fluss im Stadtteil Las Peñas und ist das einzige, das den Vorteil seiner historischen Lage in Guayaquil auszunutzen versteht. Maria, die Inhaberin, ist eine charmante Gastgeberin, und die 11 Zimmer sind komfortabel mit sorgsam ausgewählten Antiquitäten möbliert. Von der Dachterrasse hat man einen wunderbaren Blick. Gegenüber von Artur's Café.

Hostal Suites Madrid HOTEL $

(Karte S. 300; ☎230-7804; www.hostalsuitesmadrid.com; Quísquis 305 nahe Rumichaca; Zi. ab 20 US$; P❄@≋) Als eines der wenigen auf ausländische Besucher eingestellten Hotels in der Stadt präsentiert sich das Madrid als ein blitzsauberes und sicheres Refugium nur einen Block nördlich vom Parque del Centenario. Es hat Warmwasser, hohe Decken, ein buntes und angenehmes Farbschema und eine Dachterrasse mit Computern für die Gäste. Die Angestellten sind sehr hilfsbereit und freundlich. Der Hotelmanager Christopher Jimenez spricht Englisch, Französisch und Italienisch und betreibt das angeschlossene Reisebüro. Ein Anbau nebenan ist geplant, der soll dann auch einen Pool und eine Bar bekommen.

Hotel Oro Verde LUXUSHOTEL $$$

(Karte S. 300; ☎232-7999; www.oroverdehotels.com; Av 9 de Octubre & García Moreno; Zi. 152–317 US$; P❄@≋≋) Das Oro Verde, rund vier Blocks westlich des Parque del Centenario, ist immer noch stadtweit das Hotel mit der größten Klasse – nicht so sehr wegen der durchaus hochwertigen Zimmer, sondern vor allem wegen der erstklassigen Einrichtungen, dem Kasino und mehreren ausgezeichneten Restaurants.

Hotel Palace HOTEL $$$

(Karte S. 300; ☎232-1080; www.hotelpalaceguayaquil.com.ec; Chile 214; Zi. mit Frühstück ab 110 US$; P❄@≋) Nur Schritte von der Avenida 9 de Octubre und einige Blocks vom *malecón* entfernt, ist das professionell geführte Palace das bestgelegene Businesshotel der Stadt. Es ist auch eines der ältesten vor Ort, was man den modernen, kompakten, aber geschmackvoll gestalteten Zimmern, die sogar Luxuselemente wie hochwertige Fernseher enthalten, überhaupt nicht ansieht.

Casa de Romero B&B $$

(Karte S. 300; ☎488-6116; www.casaderomero.es.tl; Ecke Vélez 501 & Boyacá, 7. OG; EZ/DZ mit Frühstück 25/40 US$; ❄@📶) Wer den Lebensstil der *guayaquileños* im Zentrum kennenlernen will, kann es mit dieser freundlichen Unterkunft in einem Apartmenthochhaus probieren. Die fünf gut geschnittenen Zimmer – bis auf eines alle mit eigenem Bad – gehen von einem Korridor mit TV-Zimmer ab. Man sollte das Zimmer mit dem kleinen Balkon nehmen.

Manso Boutique Hotel HOTEL $$

(Karte S. 300; ☎252-6644; www.manso.ec; Ecke Malecón 1408 & Aguirre; B 12 US$, Zi. 43–115 US$; ❄@📶) Abgesehen von der unschlagbaren Lage am *malecón* ist das Manso mindestens genauso sehr Hostel wie Boutiquehotel. Man sollte sich unbedingt mehrere Zimmer zeigen lassen, bevor man sich entscheidet, denn sie unterscheiden sich hinsichtlich des Komforts stark. In den luftigen, geräumigeren Zimmern, die nach vorn liegen, kann der Straßenlärm stören, während die kleineren, dunkleren Zimmer hinten den Krach aus der Bar abbekommen können. Die freundlichen und hilfsbereiten Angestellten sind immer zur Hand. Angeschlossen an das Hotel sind ein Restaurant und ein Spa.

Grand Hotel Guayaquil HOTEL $$$

(Karte S. 300; ☎232-9690; www.grandhotelguayaquil.com; Ecke Boyacá & Calle 10 de Agosto; Zi. mit Frühstück ab 85 US$; P❄@📶🏊) Nur einen Block vom Parque Bolívar entfernt wird dieser Komplex seinem Namen gerecht – zumindest was die Größe angeht. Eine komplette Seite des sonnigen Innenhofs wird von der nebenan stehenden Kathedrale eingenommen. Von dieser Pracht einmal abgesehen, sind die mit Teppich ausgelegten Zimmer aber nicht so modern und gepflegt wie die Lobby. Es gibt einen Pool, einen Fitnessraum auf dem Dach und Saunen sowie zwei Restaurants und eine Bar.

Hotel Las Peñas HOTEL $$

(Karte S. 300; ☎232 3355; www.hlpgye.ec, spanisch; Escobedo 1215 & Vélez; EZ/DZ mit Frühstück 45/55 US$; ❄📶) Das nicht weit vom *malecón* und der Avenida 9 de Octubre entfernte Las Peñas bietet ein gutes Preis-Leistungs-Verhältnis und äußerst geräumige Zimmer mit Kabelfernsehen und Minikühlschrank. Frühstück gibt's im angeschlossenen Café California.

Hotel Presidente Internacional HOTEL $$

(Karte S. 300; ☎230-6779; www.presidenteinternacional.com, spanisch; Quísquis 112 nahe der Riobamba; EZ/DZ 40/50 US$; ❄@) In diesem eher heruntergekommenen Stadtteil wirkt ein uniformierter Hotelportier ungewöhnlich, aber das neunstöckige Presidente bietet mit polierten Holzböden, hochwertigen Badezimmern und unaufdringlichen Kunstwerken auch echte Qualität – es gibt sogar einen kleinen Fitnessraum für alle, die auf Sport nicht verzichten können.

Hotel Continental HOTEL $$$

(Karte S. 300; ☎232-9270; www.hotelcontinental.com.ec; Chile 510; Zi. 100–175 US$; P❄@📶) Das festungsartige Hotel Continental gehört zu den ältesten Luxushotels vor Ort und hat komfortable, wenn auch nicht besonders große Zimmer und mehrere gute Restaurants. Es befindet sich direkt gegenüber dem Parque Bolívar.

Hotel Versailles HOTEL $$

(Karte S. 300; ☎230-8773; infohotelversailles@yahoo.es; Ecke Quísquis 100 & Ximena; EZ/DZ 30/35 US$; ❄@📶) Dem Vergleich mit seinem Namenspatron kann es zwar nicht standhalten, trotzdem ist das Versailles, ein paar Blocks von der Avenida 9 de Octubre, eine gute Wahl. Die großen Zimmer mit Marmorböden sind makellos, und es gibt sogar hochwertige Duschköpfe und Flachbild-TVs.

Hotel Nueve de Octubre HOTEL $

(Karte S. 300; ☎256-4222; Av 9 de Octubre 736; Zi. mit Klimaanlage 15 US$; ❄) Dieser Hotelgigant steht auf einem erstklassigen Grundstück im Herzen der Einkaufszone im Zentrum. Die sowjetisch anmutenden Korridore und einfachen Zimmer sind ein Muster an Sauberkeit und machen so den Mangel an Stil wieder wett. Wichtige Nachteile: Kein Warmwasser und kein Internet.

NÖRDLICHE VORORTE

Mehrere typische Businesshotelketten wie Sheraton und Howard Johnson finden sich draußen nahe der Mall de Sol.

Iguanazú Hostal HOSTEL $$

(☎220-1143; www.iguanazuhostel.com; Ciudadela La Cogra manzana 1 Villa 2, km 3,5, Avenida Carlos Julio Arosemena; B 12 US$, Zi. 40 US$/Pers.; ❄@📶🏊) Als Oase der Ruhe auf einem Hügel ein paar Blocks von einer vielbefahrenen Straße entfernt, ist das Iguanazú ein ideales Quartier zur Erkundung der Gegend. Der einzige Nachteil ist, dass man das Haus auf eigene Faust schlecht findet. Die Eigentümerin (sie war früher selbst als Backpacker unterwegs) und ihre freundliche Bulldogge sorgen dafür, dass man sich gleich wie zu Hause fühlt. Neben charmanten Zimmern mit Holzböden gibt's eine Terrasse mit Hängematten und tollem Blick auf die unten liegende Stadt, einen grünen, gepflegten Rasen, einen Pool und einen Wohnzimmer-Restaurant-Bereich. Das Frühstück ist im Preis enthalten.

Dreamkapture Hostal HOSTEL $

(Karte S. 304; ☎224-2909; www.dreamkapture.com; Alborada 12A etapa, Manzana 2, Villa 21, Juan Sixto Bernal; B 10 US$, EZ/DZ ab 17/22 US$; ❄@📶≋) Das kleine freundliche *hostal* (preisgünstiges Hotel) in einer Seitenstraße im Vorort Alborada gehört einem freundlichen kanadisch-ecuadorianischen Paar. Das Haus hat einen Innenhof und einen winzigen Pool zum Abkühlen. Es gibt mehrere Zimmer, darunter eines, das gut für Gruppen von vier bis fünf Personen geeignet ist. Das schmackhafte Frühstück ist im Preis enthalten. Das Paar betreibt auch eine sehr empfehlenswerte Reiseagentur. Das *hostal* ist schwer zu finden – nach den fantasievollen Malereien auf den Außenmauern der Anlage Ausschau halten.

Hilton Colón Guayaquil LUXUSHOTEL $$$

(Karte S. 304; ☎268-9000; www.hiltoncolon.com; Francisco de Orellana; Zi. ab 185 US$; ❄@📶≋) Dieser riesige Komplex mit mehreren Restaurants, Läden, einem Pool, einer Sporthalle und einem Kasino ist die luxuriöseste Option. Zahl man den Aufpreis für eine Suite, bekommt man zusätzlich einen Balkon mit spektakulärer Aussicht.

Tangara Guest House PENSION $$

(Karte S. 300; ☎228-2828; www.tangara-ecuador.com; Ciudadela Bolivariana, Ecke Manuela Sáenz & O'Leary, Block F, Casa 1; EZ/DZ mit Frühstück 45/56 US$; ❄📶) Trotz der kleinen Außenterrasse mit Hängematte und trotz des freundlichen, englischsprachigen Inhabers wirken die Preise für die einfachen Zimmer überteuert. Ein paar Blocks abseits der Universität von Guayaquil.

Essen

Die *guayaquileños* lieben ihren *encebollado*, eine leckere Suppe aus Fisch, Maniok und Zwiebeln, die mit Popcorn und *chifles* (knusprigen frittierten Bananenscheiben) garniert wird. Das beste *encebollado* bekommt man in billigen kleinen Familienrestaurants, in denen die Suppe bis Mittag verkauft wird. *Cangrejo* (Krabben) sind eine weitere örtliche Spezialität. Die Mehrzahl der besten Restaurants findet man in der nordwestlichen Vorstadt Urdesa.

ZENTRUM

Hier gibt es zwar Unmengen an kleinen, preisgünstigen Lokalen, die die Angestellten versorgen, aber wenig herausragende Restaurants. Zwanglose *parrillas* sind überall zu finden. Am Malecón 2000 und am Malecón El Salado ballen sich an mehreren Stellen helle, saubere Fast-Food-Restaurants, die Meeresfrüchte und ecuadorianischen Reis, Bohnen und Fleischgerichte servieren. US-amerikanische Ketten findet man an der Avenida 9 de Octubre.

Eine Handvoll weitgehend ununterscheidbarer *chifas* (chinesische Restaurants) verteilen sich über die Stadt.

Alle Spitzenklasse- und einige der Mittelklassehotels verfügen über mindestens ein Restaurant. Die meisten sind recht eindrucksvoll aufgemacht, aber das Preis-Leistungs-Verhältnis und die Qualität der Speisen muss nicht unbedingt dem ersten Eindruck entsprechen.

Frisches Obst, Gemüse und Fleisch kann man auf dem offenen Mercado El Norte kaufen, einen Block südlich des Mercado Artesenal Loja zwischen der Aguirre und der Martínez.

Pique & Pase ECUADORIANISCH $$

(Karte S. 300; Lascano zw. Tulcán & Carchi; Hauptgerichte 7 US$) Das beste Restaurant für traditionelle ecuadorianische Spezialitäten wartet auch mit traditionell gekleideten Kellnern auf. Es lohnt sich, mehrere kleine Gerichte zu teilen, möglicherweise das *bolon verde* (gebratene Kochbananen mit Käsebrei), die *humitas* (Maisklöße in einem Maiskolben gedämpft) oder die *guatita con moro de lentejas* (Eintopf aus Rinderkaldaunen mit gemischtem Reis und Linsen) bevor man sich als ein Hauptgang ein Fleisch- oder Meeresfrüchtegericht kommen lässt. Eine zweite Filiale (Karte S. 304) befindet sich an der Dátiles gleich abseits der Ave Kennedy in Urdesa.

La Canoa EUCADORIANISCH $

(Karte S. 300; ☎232-9270; Chile 510; Hauptgerichte 3–7 US$; ⏲24 Std.) Eines der empfehlenswerteren Restaurants für ecuadorianische Diner-Kost ist dieses Lokal im Hotel Continental. Statt Hamburger sind hier Ceviche oder gebratener Reis mit Krabben die Schnellgerichte der Wahl. Ebenfalls in dem Hotel befindet sich das schickere und teurere **El Fortín** (Hauptgerichte 17 US$).

Cocolon ECUADORIANISCH **$$**
(Karte S. 300; Av Pedro Carbo; Hauptgerichte 9 US$) Direkt gegenüber der Plaza mit der Iglesia de San Francisco verbindet das Cocolon die Ästhetik einer T.G.I.-Friday's-Filiale mit einer Karte, auf der neben Burgern und Sandwiches auch ecuadorianische Gerichte stehen (allerdings weniger als bei Pique & Pase).

Restaurant Ali Baba NAHÖSTLICH **$**
(Karte S. 300; Av 9 de Octubre; Hauptgerichte 2 US$) In diesem Innenstadtlokal gibt's Hummus, Falafel, saftiges Schawarma und sättigende Empanadas (0,80 US$). Der Service mag nicht gerade besonders freundlich sein, aber trotzdem kann man an den Tischen auf der Straße gut einen schnellen Happen essen oder etwas trinken.

Caracol Azul INTERNATIONAL **$$$**
(Karte S. 300; ✆228-0461; Ecke Av 9 de Octubre 1918 & Los Ríos; Hauptgerichte 20 US$; ⏲Mo–Sa 12–15.30 & 19–24 Uhr) Trotz des Rückgriffs auf die alte Schule gehobener Gastronomie – befrackte Kellner, die silberne Karren herum schieben – wirkt diese Institution der Innenstadt nicht muffig, sondern einladend. Zugegeben, einige der Fisch- und Fleischgerichte wirken etwas einfach und langweilig, aber den Hummer und die Schalentiere kann man empfehlen.

Artur's Café INTERNATIONAL **$$**
(Karte S. 300; ✆231-2230; Numa Pompilio Llona 127, Las Peñas; Hauptgerichte 7 US$; ⏲18.30–2 Uhr) Das lange bestehende Refugium direkt am Río Guayas serviert übliche ecuadorianische und klassische internationale Gerichte wie z. B. Pasta. Das Lokal ist trotz des kitschigen Dekors und der schummrigen Beleuchtung durchaus nett. An vielen Wochenenden gibt's Livemusik.

La Tasca de Carlos SPANISCH **$$**
(Karte S. 300; Ecke Cordova & Paula de Icaza; Hauptgerichte 12 US$) Unter mehreren Restaurants im Zentrum, die sich – von der Uniform der Kellner bis zu den Wandbehängen – um spanischen Stil bemühen, ist dieses das beste. Zu essen gibt's ordentliche Paellas, Tortillas und andere traditionelle Gerichte.

La Parrilla del Nato ECUADORIANISCH **$$**
(Karte S. 300; Ecke Luque & Pichincha; Hauptgerichte 10 US$) Diese Institution von Guayaquil (es gibt noch eine Filiale in Urdesa) ist mittags regelmäßig voll. Das Lokal ist auf Fleisch und Meeresfrüchte spezialisiert, die nach Kundenwunsch am Tisch zubereitet werden. Daneben gibt's noch fast alles von Pizza bis Pasta auf der Karte. Allerdings rechtfertigen die formell gekleideten Kellner die etwas überzogenen Preise nicht.

Le Gourmet FRANZÖSISCH **$$$**
(Karte S. 300; ⏲232-7999; Ecke Av 9 de Octubre & García Moreno; Hauptgerichte 20 US$; ⏲19–1 Uhr) Die beste Option für ein Festmahl ist dieses exquisite französische Restaurant im Hotel Oro Verde. Hier gibt's auch noch das El Patio (mit typisch ecuadorianischen Gerichten zu stolzen Preisen) und das Schweizer Restaurant Le Fondue.

Restaurante 8-28 CHINESISCH **$**
(Karte S. 300; Av 9 de Octubre zw. Rumichaca & Avilés; Hauptgerichte 4,50 US$; ⏲So–Do 11–23, Fr & Sa bis 24 Uhr) Große Portionen und ein sauberes, modernes Ambiente machen dieses *chifa* zu einer guten Wahl.

Delicias Orientales CHINESISCH **$**
(Karte S. 300; Baquerizo Moreno nahe Paula de Icaza; Hauptgerichte 4 US$; ⏲11–24 Uhr) Eine gute Wahl.

Lorenabo VEGETARISCH **$**
(Karte S. 300; Paula de Icaza, zw. Moreno & Cordova; Hauptgerichte 3 US$; ⏲11–17 Uhr) Eines der wenigen Lokale mit fleischlosen italienischen und ecuadorianischen Gerichten.

Café & Bananas ECUADORIANISCH **$**
(Karte S. 300; Paula de Icaza zw. Baquerizo Moreno & Escobedo; Hauptgerichte 2 US$) Hier gibt's überdurchschnittliche *almuerzos* (2,30 US$) und eine Espressomaschine; zum Frühstück die *empanadas de verde* (Empanadas mit Kochbananenteig) probieren.

Fragela Heladería Artesenal EISCREME **$**
(Karte S. 300; Av 9 de Octubre zw. Malecón & Pichincha; Kugel 1,75 US$) Eine nette Eisdiele im Zentrum.

Mi Comisariato SUPERMARKT **$**
(Av 9 de Octubre zw. Avilés & Boyacá) Dieser große Lebensmittelladen ist die bequemste Adresse für Selbstversorger im Zentrum.

NÖRDLICHE VORORTE

Die Avenida Estrada, die Hauptstraße der Vorstadt Urdesa 4 km nordwestlich des

Zentrums, ist von Cafés, Fast-Food-Läden und Restaurants gesäumt, von denen einige schick und gehoben sind. Andere gute Lokale liegen verstreut über die Vorstädte Alborada, La Garzota und Los Sauces. Große Food-Courts und weitere Restaurants gibt's in der Mall del Sol und der San Marino Mall.

LP TIPP **Lo Nuestro** ECUADORIANISCH $$$
(Karte S. 304; ☎238-6398; Estrada 903; Hauptgerichte 8–25 US$) Das in einer 100 Jahre alten Villa mit hölzernen Fensterläden und alten Möbeln residierende Restaurant ist eines der stimmungsvollsten der Stadt, um für die Region typische Meeresfrüchtegerichte zu genießen. Freitag- und samstagabends spielen Musiker, und dann sollte man reservieren. Zur Mittagszeit findet sich hier örtliche Honoratioren ein.

Sushi Isao JAPANISCH $$
(Karte S. 304; Balsamos 102 nahe Estrada; Hauptgerichte 10–15 US$; ⏲Di–Sa 12–23, So bis 22 Uhr) Das ist eines der besseren der mehr als ein halbes Dutzend japanischen Restaurants an der Estrada. Das Lokal ist bei japanischen Expats beliebt (immer ein Hinweis auf Authentizität), die Zutaten sind frisch und die Zubereitung fachkundig. Das unprätentiöse Sushi Isao ist auch sonntags geöffnet, wenn vieles in dem Gebiet geschlossen ist.

Riviera ITALIENISCH $$$
(Karte S. 304; ☎288-3790; Ecke Estrada 707 & Ficus; Hauptgerichte 20 US$; ⏲Mo–So 12.30–23.30 Uhr) In diesem festlich beleuchteten italienischen Restaurant sieht's jeden Abend aus als wäre Weihnachten. Es gibt neben dem üblichen italienischen Essen auch eine ausführliche Weinkarte.

Red Crab MEERESFRÜCHTE $$
(Estrada 1205 nahe Laurales; Hauptgerichte 12 US$; ⏲9–23 Uhr) In diesem beliebten und festlichen Restaurant wird Krabbe auf mehr als ein Dutzend Arten zubereitet, daneben gibt's auch ein großes Angebot traditioneller ecuadorianischer Gerichte.

News Café Restaurant SÜDAMERIKANISCH $$$
(Karte S. 304; Dátiles 211; Hauptgerichte 15 US$) Peruanische Spezialitäten und traditionelle ecuadorianische und westliche Sandwiches werden hier in einem stilvollen, modernen Ambiente serviert.

Malek El Shawarma NAHÖSTLICH $
(Karte S. 304; Ecke Estrada & Guayacanes; Hauptgerichte 4 US$) Mehr als fünf nahöstliche Schawarma- und Kebabläden versammeln sich in der Nähe dieser Kreuzung. Bei allen sitzt man zwanglos unter freiem Himmel.

El Café Espanol CAFÉ, SPANISCH $
(Karte S. 304; Ecke Estrada 302 & Cedros; Hauptgerichte 4 US$; ⏲Mo–Do & So 8–23, Fr & Sa bis 1 Uhr; 📶) Eine zweistöckige Kombination aus gehobenem Café und spanischem Feinkostladen (Schinken ist die Spezialität) mit Plätzen drinnen und draußen.

Brasa Brazil GRILL $$$
(Centro Comercial Albán Borja, Carlos Julio Arosemena; Hauptgerichte 22 US$) Ein ausgezeichnetes All-You-Can-Eat-Büffet in einem schicken und stilvollen Speisesaal.

Cevicheria Lojanita MEERESFRÜCHTE $
(Karte S. 304; Estrada; Hauptgerichte 5 US$) Das schlichte Restaurant serviert Ceviche und andere Meeresfrüchtegerichte.

Ausgehen & Unterhaltung

Das *farra* (Nachtleben) verteilt sich in Guayaquil über die Stadt. Während die einzelnen Bars kommen und gehen, gibt es bestimmte Areale, in denen man immer fündig wird: Im ehemaligen Rotlichtviertel hinter dem *malecón* zwischen der Aguirre und der Orellana (das immer noch als **Zona Rosa** bezeichnet wird) gibt es mehr als 20 Bars und Clubs, von denen viele eher trendig als zwielichtig sind (durchschnittlicher Grundpreis am Wochenende 10 US$), sowie ein paar Schwulen- und Lesbenclubs mit Travestieshows an den Wochenenden. In **Las Peñas**, am Hang nördlich des Zentrums, gibt es bescheidenere Treffs, während die nördliche Vorstadt **Urdesa** und das Gebiet von Samborondón, jenseits des Río Daule und nahe dem Parque Histórico, Tummelplätze der Schönen und Schicken sind. Die Treffs in Alborada und Kennedy Norte sind weniger elitär. In den Luxushotels der Stadt findet man überall Kasinos und seriöse Bars. Die Namen, die Orte und die angesagten Läden wechseln oft. Aktuelle Infos findet man unter www.farras.com.

Cafés

Dulceria La Palma CAFÉ
(Karte S. 300; Escobedo zw. Vélez & Luque; ⏲7.30–19.30 Uhr) Dieses Café alter Schule mit surrenden Deckenventilatoren und Schwarzweißfotos der Stadt ist das vielleicht stimmungsvollste Lokal im Zentrum. Empfehlenswert sind die *cachitos* (knusprige Mini-Croissants; 0,11 US$) und der

Eiscreme-Kuchen. Während des morgendlichen Andrangs kann es mit der Bestellung etwas dauern.

Aroma Cafe CAFÉ
(Karte S. 300; Malecón) Das Lokal hat eine hübsch schattige Lage an einem Kanal. Hier kann man beim Uferspaziergang gut rasten. Hauptgerichte kosten 6 US$.

Sweet & Coffee CAFÉ
(Karte S. 300; Ecke Carbo & Luque; 📶) Ein beliebter Starbucks-Nachahmer mit ausgezeichnetem Kuchen; weitere Filialen gibt's nahe dem Hotel Oro Verde in der Avenida 9 de Octubre sowie an der Estrada in der nördlichen Vorstadt Urdesa.

Frutabar SAFTBAR
(Karte S. 300; Malecón; Getränke ab 3 US$; ⏲8–24 Uhr) Diese surfermäßig aufgemachte Saftbar verkauft neben Shakes und Säften auch Sandwiches (4,50 US$), Snacks und kleine Gerichte; eine zweite Filiale gibt's in der Avenida Estrada in Urdesa (Karte S. 304).

Las 3 Canastas SAFTBAR
(Karte S. 300; Ecke Vélez & Chile; Getränke ab 2 US$) Ein tagsüber geöffneter, gut besuchter Laden mit Tischen auf dem Bürgersteig, Barhockern und einer großen Auswahl an Fruchtgetränken.

Fruttila SAFTBAR
(Ecke Malecón & Aguirre) Eine weitere empfehlenswerte *jugería* (Saftbar).

Bars & Nachtclubs

La Paleta BAR
(Karte S. 300; Numa Pompilio Llona; ⏲Di–Sa 20–2 Uhr) Eine der eleganteren und interessanteren Bars mit höhlenartigen Sitznischen, gemütlichen Bänken und gemischtem Publikum. Es gibt Bier, teure Cocktails, darunter Martinis (8 US$), und Tapas.

Puerto Pirata BAR
(Karte S. 300; Escalón 384; ⏲12–24 Uhr) Nachdem man den Cerro Santa Ana bestiegen hat, kann man in diesem als Piratenschiff aufgemachten Lokal unterhalb des Leuchtturms wieder zu Atem kommen. Hier gibt's Getränke und Essen (Hauptgerichte 5 US$) und an den Wochenenden Livemusik.

Bar El Colonial BAR
(Karte S. 300; Rocafuerte 623; ⏲Mo–Do 16–24, Fr & Sa bis 2 Uhr) Ein seit Langem bestehender Treff in der Zona Rosa, der an den Wochenenden abends Livemusik bietet.

La Carlos Alberto Salsateca TANZ
(Alborada 12A etapa, Manzana 26, Villa 15, Av Benjamin Carrion; ⏲Mi–Sa 21–4 Uhr) Salsa auf Profi-Niveau.

El Rincon de las Peñas BAR
(Karte S. 300; Escalón 27, Cerro Santa Ana; ⏲Mi & So 17–1, Do–Sa bis 3 Uhr) Das frühere Café Gelería Quimbita ist immer noch eines der beliebteren Nachtlokale in dem Viertel.

La Taberna BAR
(Karte S. 300; Cerro Santa Ana) Gleich links am Fuß der Treppe in Las Peñas liegt diese schmuddelige Kneipe, in der im Hintergrund Latin-Rock und Pop dudelt.

Diva Nicotina BAR
(Karte S. 300; Cerro Santa Ana; ⏲Mo–Do 19–24, Fr & Sa bis 2 Uhr) Am Fuß des Hügels lockt dieser Laden ein junges Publikum an. Besonders viel ist los, wenn es Livemusik gibt.

Shanny TANZ
(Karte S. 300; Rumichaca; ⏲Mo–Sa 20–3 Uhr) Eine kleine, enge *salsateca* (Nachtclub, in dem das Salsa-Tanzen die Hauptattraktion ist) mit Stroboskop-Leuchten und preiswertem Bier; um die Ecke vom Hostal Suites Madrid.

Rollings Tone BAR
(Karte S. 304; Jorge Perez Concha) Eine gehobene Sportbar in der Nähe des Beginns des Abschnitts der Estrada in Urdesa, der von Geschäften gesäumt ist. Hier gibt's Billard, Tischfußball und an den Wochenenden abends Auftritte von Coverbands.

Ojos del Perro Azul CLUB
(Karte S. 300; Ecke Panama 213 & Roca; ⏲Mi & Do 20–24, Fr & Sa bis 2 Uhr) Einer der Clubs in der Zona Rosa, in dem live Coverbands spielen; es gibt auch Billardtische und eine große Whiskey-Auswahl.

Kinos

Die Programme aller Kinos der Stadt stehen in der *El Telégrafo* und der *El Universo*. Filmbesucher in den nördlichen Vorstädten haben die Auswahl zwischen mehreren Kinos mit mehreren Sälen in den großen Einkaufszentren; meist werden englischsprachige Filme mit spanischen Untertiteln gezeigt. Am *malecón* gibt es zwei Kinos, ein IMAX-Kino und ein Filmtheater für anspruchsvolle Filme.

Sport

Die *guayaquileños* fiebern in Gelb und Schwarz, den Farben ihres Fußballclubs

Barceloña Sporting Club (BSC; www.bsc.ec). An Spieltagen wirkt die Stadt vielerorts wie ausgestorben, denn wer nicht in dem 90 000 Plätze fassenden Estadio Monumental Banco del Pichincha in der nördlichen Vorstadt El Paraíso ist, klebt zu Hause oder in einer Bar vor dem Fernseher. In den letzten Jahren hat allerdings das zweite Team, **Emelec** (www.emelec.com.ec), dessen Stadion sich im Centenario gleich südlich der Innenstadt befindet, die Nase vorn gehabt. Wenn Barceloña und Emelec gegeneinander spielen, sollte man es vermeiden, die Farben eines der Teams zu tragen, ganz besonders wenn man ins Stadion geht (Tickets ab 5 US$), denn dann könnte man den Zorn der Anhänger der gegnerischen Mannschaft zu spüren bekommen. Die Termine der Spiele erfährt man über den Sport-Link der Website www.eluniverso.com.

Shoppen

Wer eine entspanntere Einkaufsatmosphäre vorzieht, kann sich die Einkaufszentren am *malecón* oder die Warenhäuser an der Avenida 9 de Octubre anschauen. Eine der größten Malls in Südamerika ist die **Mall de Sol** nahe dem Flughafen. **San Marino**, im Vorort Kennedy, ist eine große Mall mit besonders eleganten Läden.

El Mercado Artesanal Loja MARKT
(Karte S. 300; Baquerizo Moreno; ⌚Mo–Sa 9–19, So 10–17 Uhr) Der große Kunsthandwerksmarkt nimmt einen ganzen Block des Zentrums ein. Es gibt hier eine große Auswahl an Kunsthandwerk aus ganz Ecuador, z. B. Pullover im Otavalo-Stil, Panamahüte, geschnitzte Schachfiguren, Gemälde, die in Massen produziert werden, und jeden nur erdenklichen Schnickschnack. Feilschen wird erwartet.

La Bahía MARKT
(Karte S. 300; zw. Carbo & Villamil) Gleich außerhalb der Absperrung des *malecón* zwischen der Olmedo und der Colon findet sich dieser weitläufige Straßenmarkt. Hier verkaufen Straßenhändler alles – von gefälschten Markenuhren über Büstenhalter bis zu schwarz gebrannten CDs.

Praktische Informationen

Buchläden

Die beste Auswahl an spanisch- und englischsprachigen Büchern gibt's in den Filialen von Mr. Books in der Mall del Sol und im Einkaufszentrum San Marino (beide in den nördlichen Vororten).

Geld

Alle großen Banken Ecuadors sind in Guayaquil vertreten, ihre Filialen verteilen sich über das Zentrum. Überall gibt's auch Geldautomaten, vor allem rund um die Plaza de la Merced.

Internetzugang

Viele Hotels der Mittel- und Spitzenklasse bieten kostenloses WLAN oder haben zumindest eigene Computer mit Internetzugang. Die Internetcafés, die sich über die Innenstadt verteilen, nehmen alle rund 1 US$ pro Stunde.

Kulturzentren

Alliance Française (Karte S. 300; ☎253-2009; www.alianzafrancesaguayaquil.com; Ecke Hurtado 436 & Mascote) In dem französischen Kulturzentrum nahe der US-amerikanischen Botschaft finden Ausstellungen, Konzerte und diverse Vorträge und Kurse statt.

Casa de Cultura (Karte S. 300; ☎230-0500; Ecke Av 9 de Octubre & Moncayo; ⌚Di–Fr 10–18, Sa 9–15 Uhr) Veranstaltet Kunstausstellungen, Vorträge und Lesungen. Es gibt hier auch einen Buchladen und ein kleines Kino.

Centro Ecuatoriano Norteamericano (Karte S. 300; ☎256-4536; www.cenecuador.org; Ecke Roca & Córdova) Auch bekannt als Ecuador–United States Cultural Center; hier finden zeitweise Konzerte, Ausstellungen und andere Veranstaltungen statt.

Medien

El Universo und *El Telégrafo* sind die wichtigsten lokalen Zeitungen in Guayaquil, die alle kulturellen Ereignisse in der Stadt auflisten.

Medizinische Versorgung

Einige rund um die Uhr geöffnete Apotheken finden sich an der Avenida 9 de Octubre.

Clínica Kennedy (☎238-9666; Av del Periodista) Das Krankenhaus gehört zu den besseren in Guayaquil und liegt beim Einkaufszentrum Policentro im Vorort Kennedy. Die Avenida del Periodista wird auch San Jorge genannt.

Notfall

Cruz Roja (Rotes Kreuz; ☎131)

Polizei (☎101)

Post

Post (Karte S. 300; Ecke Carbo & Ballén; ⌚Mo–Fr 8–19, Sa bis 12 Uhr) In einem großen Gebäude.

Reisebüros

Guayaquil ist zwar der letzte Anlaufpunkt für die Reise zu den Galápagosinseln, aber die Preise sind hier nicht niedriger als in Quito. Lediglich beim Flug zu den Inseln spart man rund 45 US$ (und über eine Stunde Flugzeit). Weitere Details stehen im Kapitel „Eine Reise zu den Galápagosinseln" (S. 35).

Centro Viajero (Karte S. 300; ☎230-1283; centrovi@telconet.net; Baquerizo Moreno 1119 nahe Av 9 de Octubre, Office 805, 8. OG) Organisiert Galápagos-Pauschalreisen. Man spricht Spanisch, Englisch und Französisch; nach dem Manager Douglas Chang fragen.

Dreamkapture Travel (Karte S. 304; ☎224-2909; www.dreamkapture.com; Alborada 12A etapa, Manzana 2, Villa 21, Juan Sixto Bernal) Gute Angebote bei Kreuzfahrten zu den Galápagos-Inseln und anderen Touren. Man spricht Spanisch, Englisch und Französisch.

Galasam Tours (Karte S. 300; ☎230-4488; www.grupogalasam.com; Av 9 de Octubre 424, Grand Pasaje Bldg, EG, Office 9A) Bekannt für preisgünstige Galápagos-Kreuzfahrten; aber mit Vorsicht zu genießen.

Metropolitan Touring (Karte S. 304; ☎233-0300; www.metropolitantouring.com; Hilton Colón, Francisco de Orellana) Kann Luxustouren zu den Galápagosinseln arrangieren und bucht Touren im ganzen Land.

Tangara Tours (Karte S. 300; ☎228-2828; www.tangara-ecuador.com; Ciudadela Bolivariana, Ecke Manuela Sáenz & O'Leary, Block F, Casa 1) Hat seinen Sitz in der gleichnamigen Pension und ist sehr zu empfehlen für Tagestouren in die Gegend, z.B. zum Reserva Ecológica Manglares Churute (S. 317).

Travel Galapagos (Karte S. 300; ☎233-1335; www.travelgalapagos.ec; Quísquis 305 nahe Rumichaca) Dieser sehr empfohlene Veranstalter ist im von ihm verwalteten Hostal Suites Madrid zu finden. Nach Christopher Jimenez fragen, dem äußerst sachkundigen und freundlichen Manager. Organisiert Touren aller Art, besonders zu den Galápagosinseln.

Tropiceo (☎02-222-5907; www.tropiceco.com; Quito) Ein erfahrener und sehr angesehener Veranstalter, der sich auf Ökotouren spezialisiert hat; veranstaltet Gruppentouren in die Reserva Ecológica Manglares Churute (S. 317).

Telefon

Die meisten Internetcafés sind zugleich Telefonzentren. Pacifictel und andere Telefonunternehmen haben Büros in der ganzen Stadt.

Touristeninformation

Dirección Municipal de Turismo (Karte S. 300; ☎232-4182; www.visitaguayaquil.com; im Museo Nahim Isaias; ⏲Di–Sa 9–17 Uhr) In der Regel ist mindestens ein Mitarbeiter vor Ort, der auch Englisch spricht. Man bekommt Infos zur Stadt, in Zukunft auch zur Region.

Wäschereien

Die meisten Wäschereien im Zentrum von Guayaquil sind chemische Reinigungen. Die Mittel- und Spitzenklassehotels bieten einen Wäschedienst zu oft exorbitanten Preisen. Die beste Chance auf akzeptable Preise hat man, wenn man in einem Budgethotel nachfragt. *lavanderías* (Waschsalons) mit münzbetriebenen Waschmaschinen gibt's in den nördlichen Vororten.

ℹ An- & Weiterreise

Bus & Kleinbus

Der riesige **Terminal Terrestre** (Hauptbusbahnhof; Karte S. 304; www.terminalguayauil.com) gleich nördlich vom Flughafen ist gleichzeitig ein teures Einkaufszentrum (mit Läden, Restaurants, Internetcafés usw.) und eine Transporteinrichtung. Die kleinen Büros von mehr als 100 Busunternehmen reihen sich auf der einen Seite im Erdgeschoss des Gebäudes. Die Schalter sind nach Region sortiert, die Ziele und Abfahrtzeiten sind meist deutlich angegeben. Die Busse fahren von der 2. bzw. 3. Ebene ab.

Eine Auflistung der Abfahrten findet man auf der Website. Die meisten Unternehmen bieten auch Fahrkarten im Vorverkauf an, wobei ein Sitzplatz garantiert ist. Ansonsten kann man auch einfach zum Busbahnhof kommen, denn in aller Regel wird schnell ein Bus zum gewünschten Ziel fahren. Am Freitagabend und an Feiertagen können die Plätze knapp werden.

INLAND

Die besten Busverbindungen nach Quito bieten **Transportes Ecuador** und **Panamericana**. Beide haben abends mehrere Direktbusse (rund 10 US$, 8 Std.). Busse mit Zwischenhalt fahren halbstündlich.

Nach Cuenca (9 US$, 4 Std., 9.50, 12.45 & 20 Uhr) sind die Busse von **Super Semeria** besonders empfehlenswert. Andere Busse fahren häufig die Umwegstrecke über La Troncal (8 US$, mehr als 5 Std.) und setzen einen unterwegs ab.

Ein Bus von **Riobamba** fährt täglich direkt nach Baños (10 US$, 5 Std., 16 Uhr).

Nach Machala fahren sehr komfortable, für 5 Passagiere geeignete Geländewagen (11 US$, 2½ Std.) von **Coop Turismo Oro Guayas** (Karte S. 300; ☎232-0934; Ecke Carbo & Ballén). Dasselbe Ziel haben auch Kleinbusse (11 US$, 2½ Std.) von **Coturcip**, die im Zentrum starten (Karte S. 300; ☎251-8895; Sucre 202 nahe Pichincha). **Transfrosur** (☎232-6387; www.transfrosur.com; Chile 416) betreibt einen ähnlichen Dienst nach Huaquillas (12 US$).

INTERNATIONAL

Ecuadorianische Busgesellschaften wie CIFA, Transportes Rutas Orenses und Ecuatoriana Pullman fahren nach Huaquillas an der peruanischen Grenze (und nach Machala). Ein Bus von Transportes Loja fährt abends zur Grenze bei Macará.

Am leichtesten ist es jedoch, mit einer ausländischen Gesellschaft nach Peru zu fahren. Besonders empfehlenswert ist **Cruz del Sur** (www.cruzdelsur.com.pe), weil dieses Busunternehmen neuere Busse hat als die ecuadorianischen Gesellschaften; hier gibt's WLAN, größere und bequemere Sitze und besseres Mittagessen. Die Fahrt nach Lima (26 Std., So, Di & Fr 14 Uhr) kostet 75 US$. Empfehlenswerte Anbieter sind außerdem **Expreso Internacional Ormeño** (☎214-0847; www.grupo-ormeno.com.pe), **Rutas de America** (☎223-8673; www.rutasenbus.com; Los Rios 3012 nahe Letamendi) und **CIFA Internacional**. **Ormeño** (☎213-0379; www.cifainternacional.com) – fährt täglich nach Lima (80 US$, 26 Std., 11.30 Uhr). Das Büro und das Terminal dieser Gesellschaft befindet sich in der Avenida de las Americas gleich nördlich vom Hauptbusbahnhof.

Die genannten Dienstleister sind sehr bequem, weil man wegen der Grenzformalitäten nicht aus dem Bus aussteigen muss.

Flugzeug

Guayaquils schicker und moderner internationaler Flughafen **José Joaquín de Olmedo** (Karte S. 304; ☎216-9209) ist der zweite große internationale Flughafen Ecuadors, auf dem fast so viel Betrieb herrscht wie in Quito. Er befindet sich östlich der Avenida de las Américas rund 5 km nördlich des Zentrums (es gibt aber Pläne, den Flughafen 20 km weit vom Stadtzentrum nach Daular zu verlegen). Alle Flüge zu den Galápagosinseln starten hier oder legen auf dem Weg von Quito einen Zwischenstopp ein; Passagiere, die aus Quito kommen, müssen aber nur selten das Flugzeug wechseln. Überall im Flughafen gibt's kostenlosen WLAN-Zugang. Ein Schalter mit Infos zu Unterkünften und Verkehrsverbindungen befindet sich unmittelbar außerhalb der Halle für ankommende Flüge.

INLAND

Es gibt viele Inlandsflüge in alle Landesteile, aber die Tage, Abflugzeiten und Preise ändern sich ständig, sodass man die folgenden Informationen aktuell nachprüfen sollte. Am häufigsten sind Flüge nach Quito der Fluggesellschaften Icaro, LanChile und TAME; der Preis beträgt für die einfache Strecke rund 70 US$ (1 Std.). Die beste Aussicht auf dem Flug nach Quito hat man, wenn man rechts im Flugzeug sitzt.

TAME fliegt außerdem täglich nach Cuenca (80 US$, 30 Min.) und Loja (87 US$, 45 Min.). Üblicherweise gibt es auch Flüge nach Tulcán und Esmeraldas.

AeroGal, TAME und LanChile fliegen nach Baltra (2 Std.) und San Cristóbal (2 Std.) auf den Galápagosinseln. Es gibt täglich morgens zwei Flüge, der Preis beträgt hin und zurück 480 US$ bzw. 440 US$ in der Nebensaison (Mitte Jan.–Mitte Juni & Sept.–Nov.).

Folgende inländische Fluglinien haben Büros in Guayaquil:

AeroGal (☎268-7566; www.aerogal.com.ec; Junín 440)

Icaro (☎229-4265; www.icaro.aero; Flughafen)

LanChile (☎269-2850; www.lan.com; 1042 Córdova)

TAME Gran Pasaje (☎256-0728; www.tame.com.ec; Av 9 de Octubre 424); Flughafen (☎216-9150)

INTERNATIONAL

Internationale Fluglinien, die Guayaquil anfliegen:

Aerogal (☎268-7566; www.aerogal.com.ec; Junín 440) Direktflüge nach New York City.

Avianca (☎216-9130; www.avianca.com)

Copa (☎230-3211; www.copaair.com)

KLM (☎216-9070; www.klm.com)

LanChile (☎269-2850; www.lan.com; 1042 Córdova) Direktflüge nach New York City.

TACA (☎288-9789; www.taca.com; Luque zw. Carbo & Pichincha)

ℹ Unterwegs vor Ort

Zu Fuß kommt man im Zentrum am einfachsten und bequemsten voran. Gelbe Taxis sind eine schnelle und relativ kostengünstige Alternative für längere Strecken und überall zu finden. Busse, und zwar sowohl die älteren blauweißen Selectivos wie die des neueren Metrovia-Systems, sind bequem zur Fahrt zwischen dem Zentrum und den Vororten.

Vom/zum Busbahnhof

Der Busbahnhof ist etwa 2 km vom Flughafen entfernt. Man kann die Strecke zu Fuß zurücklegen, muss dabei aber eine stark befahrene Straße überqueren. Wenn man mit schwerem Gepäck unterwegs ist, empfiehlt sich der Fußmarsch also eindeutig nicht. Aus dem Flughafen kommend, wendet man sich nach rechts und marschiert auf den unübersehbaren großen Busbahnhof zu. Die Taxifahrt zwischen Flughafen und Busbahnhof kostet 1 US$.

Busse aus dem Zentrum zum Busbahnhof fahren am Parque Victoria nahe der Calle 10 de Agosto und der Calle Quito ab.

Mehrere Busse fahren vom Busbahnhof in die Innenstadt, darunter die Linie 71.

Ein Taxi vom Busbahnhof zum Zentrum oder umgekehrt kostet rund 3,50 US$.

Vom/zum Flughafen

Der **Flughafen** (Av de las Américas) liegt ungefähr 5 km nördlich des Zentrums. Die Taxifahrt zwischen Flughafen und Innenstadt sollte 4 bis 5 US$ kosten. Am Flughafen stehen überwiegend gelbe Taxis der **Cooperativa de Transportes Aeropuerto Guayaquil** (☎216-9141); sie bringen einen in die Stadt oder auch zu anderen

Zielen im Land. Die Preise sind hinten an den Sitzen angeschlagen.

Um einen Bus ins Zentrum zu nehmen, die Straße vor dem Flughafen überqueren. Aus der Innenstadt nimmt man zum Flughafen am besten den Bus 2 Especial, der nur 0,25 US$ kostet und für die Fahrt weniger als eine Stunde braucht. Er fährt auf dem *malecón*, ist allerdings manchmal voll besetzt, sodass man viel Reservezeit einplanen sollte.

Auto

Am Flughafen sind mehrere internationale Autovermietungen vertreten, darunter **Budget** (☎216-9026; www.budget-ec.com) und **Hertz** (☎216-9035; www.hertz.com.ec). Man sollte sich nach dem Straßenzustand in den Gebieten erkundigen, in denen man unterwegs sein wird; ein Geländewagen kann den Aufpreis lohnen. Das Fahren in der Stadt ist nichts für Zimperliche: Verkehrsregeln, Sicherheitsvorschriften usw. werden hier auf die leichte Schulter genommen.

Bus

Die städtischen Busse sind billig (ca. 0,25 US$), aber die Streckenführung ist kompliziert und zum Herumfahren im Zentrum nicht besonders hilfreich. Angesichts der Aufenthalte und Staus ist man zu Fuß besser dran. Die Busse sind jedoch praktisch, um aus den nördlichen Vororten ins Zentrum zurückzukommen.

Die **Metrovia** (0,25 US$), ein wachsendes Schnellbusnetz, fährt auf festen Strecken mit übergroßen Gelenkbussen aus dem Zentrum in die nördlichen Vororte. Eine dieser Linien endet am Terminal Río Daule gegenüber dem Terminal Terrestre.

Taxi

Eine Fahrt zwischen zwei beliebigen Punkten im Zentrum sollte ungefähr 1,50 US$ und die Fahrt in den nördliche Vorort Urdesa zwischen 3 und 4 US$ kosten. Man sollte sich vor dem Einsteigen über den Preis verständigen, sonst könnte man übervorteilt werden. Eine andere Methode ist, dem Fahrer einfach das Geld, das man knapp für angemessen hält, entgegenzustrecken – greift er ohne Widerworte zu, prima. Wenn er mehr fordert, hat man wohl zu wenig geboten.

Wenn man kein Taxi auf der Straße sieht, kann man bei der **Cooperativa de Taxis Paraíso** (☎220-1877) eines bestellen.

SÜDLICH VON GUAYAQUIL

Die meisten Traveller fahren hier auf dem Weg nach Peru schnell durch, dabei gibt es in diesem landwirtschaftlich wichtigen Teil des Landes mehrere Naturschutzgebiete und ein charmantes Gebirgsstädtchen.

Reserva Ecológica Manglares Churute

☎04

Die 50 000 ha große Reserva Ecológica Manglares Churute (Eintritt 10 US$) schützt ein Mangrovengebiet südöstlich von Guayaquil. Ein großer Teil der Küste war einst ein Mangrovensumpf – ein wichtiges und einmaliges Habitat (s. S. 403). Das hier ist eine der wenigen verbliebenen Mangrovenküsten; der Rest wurde für die Shrimps-Zucht zerstört. Im Binnenland gibt es auf Hügeln, die eine Höhe von 700 m über dem Meeresspiegel erreichen, einige tropische Trockenwaldgebiete.

Untersuchungen über das Gebiet, die im Schutzgebiets durchgeführt wurden, belegen, dass der Übergang der Habitate von Mangrovensümpfen an der Küste zu hügeligem Trockenwald eine starke Artenvielfalt mit einem hohen Anteil endemischer Arten unterstützt. An der Küste werden oft Delfine beobachtet, und auch viele andere Tier- und Vogelarten können von den Naturbeobachtern, die den Großteil der Besucher ausmachen, gesehen werden.

Der Eingang zum Schutzgebiet befindet sich links von der Hauptverbindungsstraße zwischen Guayaquil und Machala rund 50 km südöstlich von Guayaquil. Hier gibt es auch ein **Informationszentrum** (☎09-276-3653), in dem man den Eintritt bezahlt. Parkranger können Boote für den Besuch der Mangroven (rund 60 US$/Tag für 4–5 Pers.) besorgen, und es gibt mehrere Kilometer an Wanderwegen. Die beste Saison für Bootstouren ist die Zeit von Januar bis Mai, wenn der Wasserstand hoch ist (allerdings gibt es dann auch mehr Insekten).

Mehrere Tourveranstalter in Guayaquil bieten Tagesausflüge hierher an.

Es gibt ein paar einfache **Cabañas** (5 US$) – kaum mehr als Betonunterstände – nahe dem Informationszentrum. **Camping** (3 US$) ist möglich, wenn man das vorab mit dem Büro des Schutzgebiets abspricht.

Alle Busse, die zwischen Guayaquil und Naranjal oder Machala unterwegs sind, können einen am Informationszentrum absetzen. Um wegzukommen, einfach an dem Schild an der Straße (das alle Fahrer kennen) einen Bus heranwinken. Eine Taxifahrt aus Guayaquil kostet hin und zurück rund 40 US$.

Machala

☎07 / 228 000 EW.

Umgeben von Bananenplantagen – dem *oro verde* (grünes Gold), das das Markenzeichen der Provinz ist – bildet Machala die wirtschaftliche und verwaltungstechnische Hauptstadt der Provinz El Oro. Die Stadt ist ein praktischer Zwischenstopp auf dem Weg von Guayaquil südwärts zur peruanischen Grenze oder für Touren, die in die Berge direkt im Osten führen. Das nur 7 km entfernte Puerto Bolívar ist der internationale Hafen der Region und ihr Meeresfrüchtezentrum.

Die **Feria Mundial del Banano** in der dritten Septemberwoche ist ein Fest, bei dem sich alles um Bananen dreht. Bei einem internationalen Schönheitswettbewerb wird La Reina del Banano (die Bananenkönigin) gekürt.

Schlafen

Hostal Saloah HOTEL $

(☎293-4344; Colón 1818; EZ/DZ mit Frühstück 22/30 US$;) Nur Schritte entfernt vom Sitz mehrerer Busunternehmen bietet das Saloah gute Zimmer, die angesichts der Lage erstaunlich ruhig sind – was wohl auch an den winzigen Fenstern liegt. In allen vier Stockwerken gibt's auch eine größere, hellere, zur Straße gerichtete Suite, die den kleinen Aufpreis lohnt. Das Frühstück wird auf der Dachterrasse serviert, wo sich ein Panoramablick auf die Stadt bietet.

Grand Hotel Americano HOTEL $$

(☎296-6400; www.hotelesmachala.com; Ecke Tarqui & Av 25 de Junio; Zi. mit Frühstück ab 30 US$;) Eine Qualitätsstufe über dem Saloah rangiert dieses Businesshotel in zentraler Lage mit sauberen, modernen Zimmern und professionellem Personal. Alle Zimmer haben eine Klimaanlage und Kabel-TV. Im angeschlossenen Restaurant bekommt man einfache Gerichte.

Regal Hotel HOTEL $$

(☎296-0000; www.regalhotel.com.ec; Bolívar nahe Guayas; EZ/DZ 57/70 US$;) Unter den Hotels in der Innenstadt von Machala hat dieses mit seinen Anklängen an eine spanische Villa in Form von gefliesten Böden und Wandmalereien am meisten Klasse. Es handelt sich um das hohe Gebäude mit Glasfassade nur einen Block von der Hauptplaza entfernt. Angeschlossen ist ein kleines Restaurant.

Hotel Bolívar Internacional HOTEL $

(☎293-0727; falvarado@hotmail.com; Ecke Bolívar & Colón; EZ/DZ 18/26 US$;) Das saubere, freundliche Hotel ist nur einen kurzen Weg von den Terminals mehrerer Busunternehmen entfernt. Einige der gefliesten Zimmer sind einfach zu groß und haben zu viele Betten – sie eignen sich eher für eine Schlafparty.

Veuxor Executive Hotel HOTEL $$

(☎293-2423; www.hotelveuxor.com; Ecke Bolívar & Juan Montalvo; EZ/DZ 58/75 US$;) Kaum ein Farbtupfer ist in den supermínimalistischen, modernen Zimmern zu bemerken – das Veuxor ist ein echter Konkurrent für das Regal um den Rang der besten und elegantesten Unterkunft im Stadtzentrum.

Hotel Oro Verde RESORTHOTEL $$$

(☎298-5444; www.oroverdehotels.com; Zi. mit Frühstück ab 150 US$;) Ein Resortkomplex mit mehreren Restaurants ein paar Kilometer außerhalb der Stadt.

Essen

Parrillada-Restaurants, die billige Grillhähnchen und Steaks servieren, konzentrieren sich in der Sucre nahe der Tarqui und in der Las Palmeras vor dem Stadion – sie bieten sich vor allem an Sonn- und Feiertagen an, wenn in der Stadt fast alles geschlossen ist. Einige der Hotels haben angeschlossene Restaurants. Für ein Mittagessen aus frischen Meeresfrüchten lohnt sich die Fahrt nach Puerto Bolívar.

Im El Paseo, einem modernen Einkaufszentrum 3,5 km südlich der Stadt, gibt es ein riesiges Warenhaus mit einer Gemüseabteilung, einem Food-Court und einem Kino.

Meson Hispano INTERNATIONAL $$

(Ecke Las Palmeras & Sucre; Hauptgerichte 5–12 US$; ⌚Mo–Do 11–24, Fr & Sa bis 1 Uhr) Für Machala kann dieses Restaurant mit uniformierten Kellnern, Tischwäsche und einer umfangreichen, raffinierten Karte – vom Caesar Salad (5 US$) bis zum Chateaubriand (Doppellendensteak, 9 US$) – als schick und nobel gelten.

El Paraiso de la Vida VEGETARISCH $

(Ayacucho near Av 25 de Junio; Hauptgerichte 4 US$) In dem engen Speisesaal des El

Machala

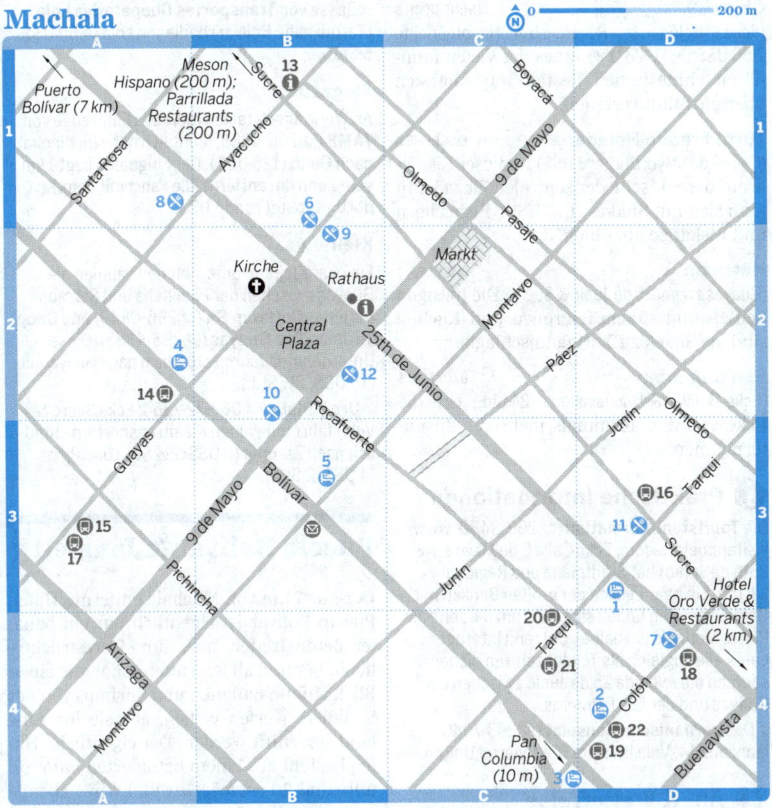

Machala

Schlafen

1 Grand Hotel Americano D3
2 Hostal Saloah D4
3 Hotel Bolívar Internacional C4
4 Regal Hotel A2
5 Veuxor Executive Hotel B3

Essen

6 Chesco Pizzeria B1
7 Chifa 99 .... D4
8 El Paraiso de la Vida A1
9 Nutripan B2
10 Pan de Columbia B2
11 Parrillada Restaurants D3
12 Tutto Freddo Heladeria B2

Praktisches

13 Büro der Provinzregierung B1

Transport

14 CIFA A2
15 Coop Turismo Oro Guayas A3
16 Cooperativa Pullman Azuay D3
17 Coturcip SA A3
18 Ecuatoriana Pullman D4
19 Panamericana D4
Piñas Interprovincial .... (siehe 7)
20 Rutas Orenses C4
21 Transportes Cooperativa Loja C4
22 Transportes T.A.C D4

Paraiso de la Vida und natürlich auch draußen an den Tischen bekommt man Sandwiches und verschiedene Frühstücksgerichte.

Chesco Pizzeria PIZZERIA $
(Guayas 1050 nahe der Av 25 de Junio; Hauptgerichte 4 US$) In dem modernen Speisesaal gibt's Chicago-Style-Pizza, Pasta und Hamburger.

Chifa 99 CHINESISCH $
(Ecke Colón & Rocafuerte; Hauptgerichte 2,50 US$; ⏲11–23 Uhr) Eines der vielen familiären chinesischen Restaurants, die sich über die Stadt verteilen.

Tutto Freddo Heladeria EISCREME $
(Calle 9 de Mayo; Burger 3 US$) In dieser Eisdiele auf der Südseite der zentralen Plaza kann man sich mit Shakes (1,75 US$), Eisbechern und Eiskaffee abkühlen.

Nutripan BÄCKEREI $
(Guayas zw. Av 25 de Junio & Sucre) Die hiesigen heißen und süßen Teigrollen und Kuchen sind als Snack zu Mittag unschlagbar.

Pan Columbia BÄCKEREI $
(Ecke Bolívar & Buenavista; ⏲24 Std.) Um die Ecke von den Terminals mehrerer Busunternehmen.

Praktische Informationen

Die **Touristeninformation** (☎296-8480; www.visitandoeloro.com; Ecke Calle 9 de Mayo & Av 25th de Junio) hat Stadtpläne und Regionalkarten. Ein paar Filialen der großen Banken mit Geldautomaten finden sich rund um die zentrale Plaza. Mehr als ein halbes Dutzend Internetcafés, die zugleich als Telefonzentren dienen, säumen die Avenida 25 de Junio zwischen der Guayas und der Las Palmeras.

Das **peruanische Konsulat** (☎293-7040; Manzana 14, Villa II) ist im Stadtviertel Unioro.

An- & Weiterreise

Bus

Machala hat keinen zentralen Busbahnhof. Busse von **CIFA** (Ecke Guayas & Bolívar) fahren zur peruanischen Grenze bei Huaquillas (1,50 US$, 1½ Std., tagsüber alle 30 Min.) sowie stündlich nach Guayaquil (4,50 US$, 3 Std.). **Rutas Orenses** (Rocafuerte nahe Tarqui) und **Ecuatoriana Pullman** (Av 25 de Junio nahe Colón) fahren mit etwas komfortableren, klimatisierten Bussen ebenfalls häufig nach Guayaquil und Huaquillas.

Piñas Interprovincial (Ecke Colón & Rocafuerte) und **Transportes T.A.C.** (Colón) bedienen Piñas (2,75 US$, 2½ Std.) und Zaruma (3,25 US$, 3 Std.). Das letztgenannte Unternehmen fährt stündlich und hat abends auch Busse nach Quito (8 US$, 10 Std.).

Busse von **Panamericana** (Colón nahe Bolívar) fahren zwischen 7.45 und 21.30 Uhr alle zwei Stunden nach Quito (10 US$, 10 Std.). Das Unternehmen hat auch Busse nach Santo Domingo (6 US$, 8 Std.) und abends einen Bus nach Tulcán.

Zwischen 4.30 und 23.15 Uhr starten zahlreiche Busse der **Cooperative Pullman Azuay** (Sucre nahe Tarqui) nach Cuenca (5,50 US$, 4 Std.).

Busse von **Transportes Cooperativa Loja** (Tarqui nahe Bolívar) bedienen Loja (4,50 US$, 5 Std.).

Flugzeug

An Werktagen starten morgens Flugzeuge von **TAME** (☎296-4865; Montalvo nahe Pichincha) nach Quito (125 US$). Der Flughafen liegt 1 km vom Zentrum entfernt, die Fahrt mit dem Taxi dorthin kostet rund 1 US$.

Kleinbus

Ein paar Kleinbusunternehmen säumen die Guayas zwischen der Pichincha und Serrano, darunter **Coturcip SA** (☎296-0849) und **Coop Turismo Oro Guayas** (☎293-4382). Diese Unternehmen fahren stündlich nach Guayaquil (10 US$, 2½ Std.).

Oro y Plata (☎06-972-7364; Ecke Sucre & Vela) fährt mit seinen Kleintransportern stündlich nach Zaruma (5 US$, 2½ Std.) und Piñas (4 US$, 2 Std.).

Puerto Bolívar & Jambelí

☎07

Der nur 7 km von Machala entfernte Hafen Puerto Bolívar ist eigentlich nur ein banaler Betonstreifen, aber für Meeresfrüchteliebhaber und all jene interessant, die einen Blick auf die Bananen und Shrimps von der Südküste werfen wollen, ehe sie ins Ausland verschifft werden. Der eigentliche Hafen besteht aus einem betonierten *malecón* mit rund 20 *cevicherías* und wirkt abends etwas zwielichtig.

Man kann motorisierte Einbäume für eine Tour in die Mangroven (25 US$; Schnorcheln kann enthalten sein), zur **Vogelbeobachtung** oder für die Fahrt zu dem nahegelegenen Inselstrand von **Jambelí** mieten, der in den feuchten Monaten von Moskitos geplagt wird. Dieser Strand ist bei den Einwohnern Machalas beliebt, wenn sie einmal schnell ihrer Stadt entfliehen wollen, aber an und für sich kein wirklich schönes Ziel. In Jambelí kann es an den Wochenenden voll und während des Karnevals und der Semana Santa hoffnungslos überfüllt sein. Einige gute Stellen zum Schnorcheln gibt es bei der **Isla de Amor**, einer nahen Mangroveninsel, die zu einem kommunalen Umweltprojekt zur Erhaltung der marinen Ökologie gehört.

El Faro Playa Spa (☎292-0414; www.elfaro.com.ec; Zi. mit VP 45 US$/Pers.; 🍴) an der Nordwestspitze von Jambelí hat nette, strohgedeckte Nurdachhütten. Ebenfalls am Strand liegt **Toa Toa** (☎291-5864; EZ/DZ

ABSTECHER

EL BOSQUE PETRIFICADO PUYANGO

Mit 2659 ha ist der **Bosque Petrificado Puyango** der größte versteinerte Wald Ecuadors und wahrscheinlich auch ganz Südamerikas. Man findet hier versteinerte Araukarienstämme (von denen viele Millionen Jahre alt sind), die eine Länge von bis 11 m und einen Durchmesser von 1,6 m haben. Das Schutzgebiet ist außerdem die Heimat von mehr als 130 Vogelarten.

Das Schutzgebiet liegt in einem Tal auf ungefähr 360 m über dem Meeresspiegel, rund 55 km von der Küste entfernt im Hinterland. Die Eintrittsgebühr beträgt 5 US$, Campen ist gegen eine kleine Gebühr erlaubt – im **Informationszentrum** (⏲8–16.30 Uhr; www.bosquepuyango.ec) nachfragen. Es gibt Aussichtspunkte und Wege.

In dem nahegelegenen kleinen Dorf **Puyango** gibt es zwar kein Hotel im eigentlichen Sinne, aber man bekommt bei den Dorfbewohnern leicht ein Bett oder einen Platz auf dem Fußboden. Die Einheimischen kennen das Reservat, und einige betätigen sich auch als Führer.

Busse von Transportes Cooperativa Loja aus Machala oder Loja können einen in Puyango absetzen. Alternativ nimmt man einen CIFA-Bus bis zur Ortschaft Arenillas, von wo einen ein selten fahrender Nahverkehrsbus die letzten 55 km bis nach Puyango bringt. Achtung: Es kann Passkontrollen geben, denn der Park liegt nahe an der Grenze.

25/30 US$) mit kleinen, einfachen Bambus-Cabañas. Eine Reihe von Buden am Strand versorgen einen an den Wochenenden mit Meeresfrüchten, an Werktagen sind viele von ihnen geschlossen.

Nach Puerto Bolívar nimmt man an der zentralen Plaza in Machala die Buslinie 1 oder 13 oder aber ein Taxi (rund 2 US$). Nach Jambelí chartert man ein Boot in Puerto Bolívar oder nimmt eines der Passagierboote (hin & zurück 2,40 US$, 25 Min., 7.30–18 Uhr etwa alle 2 Std.). Die Boote setzen einen an einem Kanal an der dem Festland zugewandten Seite der Insel ab; von dort muss man einige hundert Meter zum Strand laufen.

Zaruma

☎07 / 12 500 EW. / 1150 M

Nachdem man sich seinen Weg auf und ab über üppig grüne Hügel, wo Wildbäche inmitten des Blattwerks strömen, gebahnt hat, wirkt der letzte Anstieg zum südöstlich von Machala gelegenen Zaruma fast wie das Ende einer Pilgerfahrt. Und wer über die waschbrettflache Küstenstraße kommt, für den wird diese alte Goldgräberstadt (gegründet ca. 1549) mit ihren schmalen, hügeligen Straßen und ihren mit Topfpflanzen verschönerten Holzbalustraden wie eine Offenbarung wirken. Zwar sind die meisten Goldminen inzwischen erschöpft oder für die Öffentlichkeit nicht zugänglich, man kann aber mit Tito Castillo von **Oroadventure** (☎297-2761; Plaza de Independencia) den 500 m langen Tunnel der nahegelegenen **Mina el Sexmo** besuchen (der Name ist eine Anspielung auf den Tribut, der der spanischen Krone geleistet werden musste). Eine Tour mit Tito kostet für Kleingruppen etwa 20 US$. Ein interessantes **Museum** mit historischen und archäologischen Zeugnissen teilt sich den Raum mit der städtischen Touristeninformation.

Das architektonisch modernere und weniger charmante **Piñas** besucht man am besten im Rahmen eines Abstechers während des Aufenthalts in Zaruma. 1980 wurde in der Nähe eine unbekannte Vogelart, der El-Oro-Rotschwanzsittich, entdeckt. Die beste Möglichkeit, den Vogel zu sehen, hat man in der **Reserva Buenaventura** (Eintritt 15 US$) der Fundación Jocotoco, einem 1500 ha großen geschützten Nebelwald, der rund 9 km von Piñas entfernt ist. Oroadventure veranstaltet Tagestouren (40 US$) in den Wald.

Schlafen

Roland Hotel HOTEL $$

(☎297-2800; rolandhotel@hotmail.com; EZ/DZ ab 22/40 US$; 📶🅿) Das erste Hotel, dem man auf dem Weg von Piñas in die Stadt an der Hauptstraße begegnet, nutzt seine landschaftlich reizvolle Lage voll aus. Im Hauptgebäude gibt's kleine, moderne Zimmer mit Bad, Warmwasser und TV – un-

GELDUMTAUSCH

Die inoffiziellen Geldwechsler auf beiden Seiten der Grenze sollte man meiden. Auf der ecuadorianischen Seite sind das die Typen mit Brieftaschen, die auf Plastikstühlen herumsitzen. Probleme mit Falschgeld sind hier häufig, und die Geldwechsler erzählen einem immer, dass die Geldautomaten nicht funktionieren. Die Banken in Huaquillas oder Aguas Verdes tauschen normalerweise keine Devisen, aber versuchen kann man es trotzdem. Auf der ecuadorianischen Seite gibt's ein paar Geldautomaten.

Bei der Ausreise aus Peru sollte man noch vor dem Verlassen des Landes so viele peruanische Sol wie möglich loswerden. Bei der Ausreise aus Ecuador lassen sich die dort gültigen US-Dollar in Peru leicht umtauschen, größere Mengen sollte man aber tunlichst nicht an der Grenze, sondern weiter südlich eintauschen.

bedingt ein Zimmer nehmen, aus dessen Fenster man ins Tal hinunterblickt. Es gibt auch ein wenig teurere, kleine, pastellfarbene Chalets rund um den betonierten Platz mit dem Pool. Der einzige Nachteil ist, dass man zum Essen immer ein kurzes Stück hinauf marschieren muss, weil das Hotelrestaurant nur Reisegruppen verköstigt.

Hotel Blacio HOTEL $
(☎297-2045; www.hotelblacio.com; Ecke Sexmo 015 & Sucre; Zi. 10 US$/Pers.) Näher bei der zentralen Plaza und nur ungefähr einen Block oberhalb der Bushaltestelle liegt diese kleine, freundliche Herberge mit Warmwasser und gepflegten Zimmern.

Hostería El Jardín HOSTERÍA $
(☎297-2706; Barrio Limoncito; Zi. mit Frühstück 17 US$/Pers.; @) Die von einer Familie geführte Lodge mit einem Hofgarten und komfortablen Zimmern ist 10 Gehminuten von der zentralen Plaza entfernt.

Essen

200 Miles ECUADORIANISCH $
(Hauptgerichte 4 US$; ⌚8–22 Uhr; WLAN) Von den Büros der Busgesellschaften nur ein Stück die Straße hinunter liegt Zarumas nettestes Restaurant, von dem aus man einen Blick ins Tal hat. Das freundliche Betreiber-Ehepaar serviert ein gutes Frühstück und eine große Palette an Spezialitäten.

Rincon Zarumen ECUADORIANISCH $
(Hauptgerichte 2,50 US$) Gleich unterhalb der Plaza Independencia serviert dieses zwanglose Lokal preiswerte Hähnchen- und Reisgerichte und *tigrillo*, eine regionale Spezialität aus grünen Bananen, Eiern und Käse.

Imperdible Coffee Shop ECUADORIANISCH $
(Hauptgerichte 2,50 US$; WLAN) Das kleine, moderne Café am Eingang zur Plaza hat Filterkaffee und Sandwiches im Deli-Stil.

Cafetería Uno ECUADORIANISCH $
(Hauptgerichte 2,50 US$; ⌚Mo–Sa 6.30–20, So bis 13 Uhr) In dem winzigen, aber hellen Lokal mit nur drei Tischen gibt's *almuerzos*.

Tangobar Restaurant ECUADORIANISCH $
(Hauptgerichte 3 US$) Das charmante Lokal mit Holzböden liegt direkt an der Plaza und bietet gute, billige *almuerzos*.

Praktische Informationen

Die freundliche **Touristeninformation** (☎297-3101; www.vivezaruma.com.ec; ⌚Mo–Fr 8–12 & 14–18, Sa 9–16, So 8.30–12.30 Uhr) befindet sich an der Plaza. In der Stadt gibt's eine Filiale der Banco de Guayaquil und eine der Banco de Machala (beide mit Geldautomaten), außerdem mehrere Internetcafés mit Telefonservice und eine chemische Reinigung.

An- & Weiterreise

Piñas-Busse fahren stündlich (etwa zur halben Stunde) zwischen 7 und 19.15 und TAC-Busse viermal täglich nach Machala (3,25 US$, 3 Std.) über Piñas (1 US$, 45 Min.). Piñas startet auch einmal täglich nach Cuenca (um 14 Uhr) und Quito (18 Uhr) sowie dreimal täglich nach Loja. TAC bietet täglich ein paar Direktverbindungen nach Guayaquil (6 US$, 6 Std., 9.15, 14.15 & 19 Uhr); die Busse von Piñas nach Guayaquil fahren um 13 und 14 Uhr.

Kleinbusse von **Oro y Plata** (☎297-2173) fahren direkt nach Machala (5 US$, 2½ Std.) und weniger häufig nach Guayaquil (11 US$, 5 Std.); das Büro befindet sich nahe der zentralen Plaza.

Mit einem eigenen Auto dauert die Fahrt von/nach Machala nicht mehr als eine Stunde.

Über Huaquillas nach Peru

Auf der Route, die die meisten über Land Reisenden nehmen, sind es rund 80 km von Machala bis nach Huaquillas an der peruanischen Grenze. Der Highway führt durch Bananen- und Palmenpflanzungen sowie durch die staubigen Marktorte **Santa Rosa** und **Arenillas**. Die Grenze selbst liegt am **Río Zarumilla** (24 Std.), einem weitgehend ausgetrockneten Flusslauf, über den die internationale Brücke führt, die Huaquillas mit **Aguas Verdes** in Peru verbindet (die Grenzwachen belästigen einen nicht mit Formalitäten; man kann ungehindert hinüber gehen).

Wenn man in Huaquillas über Nacht hängen bleibt, sind das **Hotel Vanessa** (299-6263; www.hotelvanessa-ec.com; Calle 1 de Mayo & Hualtaco; EZ/DZ 18/24 US$;) und gleich nebenan das **Hotel Hernancor** (299-5467; grandhotelhernancor@gmail.com; Calle 1 de Mayo; EZ/DZ 20/35 US$;) gute Optionen. Letzteres ist die Grande Dame der Stadt mit weiten Korridoren, hohen Decken und großen, aber unpersönlichen Zimmern.

Mehrere zwanglose Lokale und *juguerías* (Saftbuden) befinden sich gleich hinter dem Gebäude der Stadtverwaltung – einfach nach dem Uhrenturm auf dem Parque Central Ausschau halten.

Die **ecuadorianische Einreisebehörde** (24 Std.) liegt unpraktisch rund 4 km nördlich der Brücke; alle Ein- und Ausreiseformalitäten werden dort erledigt. Wenn man mit dem Bus aus Machala kommt, wartet der Fahrer nicht. Man muss seinen Fahrschein aufbewahren und in den nächsten Bus aus Machala nach Huaquillas einsteigen (sie fahren etwa alle 20 Min.), wenn man nicht bis zur Grenze ein Taxi nimmt.

In Peru fahren von Aguas Verdes Busse und *colectivos* (Sammeltaxis; rund 3,50 US$/Pers.) nach Tumbes, wo es viele Hotels und Transportverbindungen weiter nach Süden gibt. **Transportes Flores** (www.floreshnos.net) fährt viermal täglich von der peruanischen Grenze mit Zwischenstopps südwärts nach Lima (18 US$, 20 Std.). Um 18 Uhr wird ein bequemerer Doppeldecker mit Liegesitzen, Toilette, TVs und Abendessen (25 US$) eingesetzt.

Von Guayaquil sind die Direktbusse nach Lima von Cruz del Sur und Expreso Internacional Ormeño (s. S. 316) die bequemste Möglichkeit, weil man hier an der Grenze nicht den Bus wechseln muss.

Bei der Einreise von Peru nach Ecuador muss man sich zunächst bei der peruanischen Einreisebehörde, die sich rund 2 km südlich der Grenze befindet, einen Ausreisestempel holen. Nach dem Gang über die Grenzbrücke findet man sich auf der Hauptstraße von Huaquillas wieder, die voller Marktstände ist und quer durch den Ort führt. Mit dem Taxi (rund 1,50 US$) oder einem Bus Richtung Machala fährt man dann zur ecuadorianischen Einreisebehörde; danach muss man wahrscheinlich wieder nach Huaquillas zurückkehren, um dort ein Transportmittel weiter nach Norden zu finden.

Zu diesem Zweck kann man die Busunternehmen aufsuchen, die sich über ein halbes Dutzend Blocks von der Grenze ab verteilen. **CIFA** (Ecke Santa Rosa & Machala) fährt fünfmal täglich nach Guayaquil (5 US$, 4 Std., 9.15, 11.15, 13, 15.15 & 17 Uhr) sowie dreimal nach Machala (1,50 US$, 1½ Std., 8, 10 & 12 Uhr). Man kann auch mit Bussen nach Guayaquil nur bis Machala fahren. **Transfrosur** (Santa Rosa) betreibt häufig fahrende Kleinbusse nach Guayaquil (12 US$, 4 Std.).

Busse von **Panamericana** (Ecke Teniente Cordovez & 10 de Agosto) starten siebenmal täglich nach Quito (9 US$, 11 Std.); die Busse fahren über Ambato, einige auch über Santo Domingo. Wer unbedingt ganz schnell nach Kolumbien weiterfahren will, kann den Bus nehmen, der täglich um 16 Uhr nach Tulcan (18 US$, 19 Std.) nahe der kolumbianischen Grenze fährt. **Pullman Sucre** und **Azuay Internacional**, beide an der Teniente Cordovez, bieten täglich vier Busse nach Cuenca (7 US$, 5 Std., 10.45, 14, 16.15 & 18 Uhr).

Galápagosinseln

Inhalt »

Isla Santa Cruz (Indefatigable) 326
Puerto Ayora 328
Isla San Cristóbal (Chatham) 352
Puerto Baquerizo Moreno 354
Isla Isabela (Albemarle) 359
Puerto Villamil 362
Isla Santa María (Floreana od. Charles) 367
Isla Genovesa (Tower) 370
Die Galápagosinseln verstehen 371

Gut essen

» Angermeyer Point Restaurant (S. 347)

» Iguana Crossing Boutique Hotel (S. 363)

» Parrillada San José (S. 357)

Schön schlafen

» Finch Bay Hotel (S. 345)

» La Casa Marita (S. 363)

» Casa Blanca (S. 355)

Auf zu den Galápagosinseln!

Nach einer Reise zu den Galápagosinseln ist es gut möglich, dass Traveller die Welt mit anderen Augen sehen. Die vielen tierischen Bewohner der Inseln – viele sind nirgendwo sonst zu finden – verhalten sich allesamt so, als wären die Menschen nicht mehr als etwas lästige Paparazzi.

Dies sind nicht die Bahamas und auch kein typisches Tropenparadies. Auf den meisten Inseln ist eigentlich gar keine Vegetation zu finden, und manche erinnern eher an den Mond als an Hawaii. Dennoch leben hier mehr Menschen als viele annehmen, und die Ortschaften sind auf einem überraschend hohen Entwicklungsstand und meist auf die blühende Tourismusindustrie eingestellt.

Dieser abgeschiedenen Gruppe von Vulkaninseln und ihrem fragilen Ökosystem kommt als Schauplatz der Artenvielfalt beinahe schon Legendenstatus zu. Um einen der letzten Orte gebührend würdigen zu können, an dem sich die Spuren der Menschen noch in Grenzen halten, muss man aber weder Evolutionsbiologe noch Vogelkundler sein.

Reisezeit

Galápagosinseln

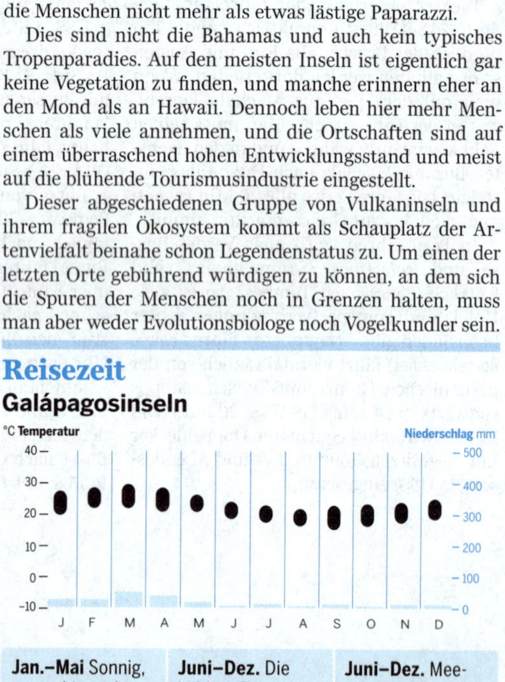

Jan.–Mai Sonnig, warm, hin und wieder Schauer. Das Wasser ist ruhiger und der Wind weniger stark.

Juni–Dez. Die kühlere Trockenzeit. Das Meer ist wegen des Humboldtstroms recht unruhig.

Juni–Dez. Meeressäugetiere und Landvögel sind zu dieser Zeit am aktivsten.

An- & Weiterreise

Auf der Isla Baltra befindet sich einer der zwei wichtigsten Flughäfen der Inseln. Ein öffentlicher Bus und eine Fähre verbinden den Isla-Baltra-Flughafen mit Puerto Ayora.

Der andere große Flughafen befindet sich in Puerto Baquerizo Moreno auf der Isla San Cristóbal.

Regelmäßig verkehrende öffentliche Fähren oder Privatboote übernehmen den Transport zwischen den Inseln, wobei einige der unbewohnten Inseln nur im Rahmen einer geführten Tour besucht werden können.

INSEL-EINMALEINS

Die Inseln liegen im Pazifischen Ozean auf dem Äquator, etwa 90° westlich von Greenwich. Die Inselgruppe besteht aus 13 Hauptinseln (mit einer Fläche von 14 bis 4588 km^2), sechs kleinen Inseln (1–5 km^2) und unzähligen kleinen Inselchen, von denen nur die wenigsten einen Namen haben.

Fünf der Inseln sind bewohnt. Etwa die Hälfte aller Einwohner lebt in Puerto Ayora auf der Isla Santa Cruz in der Mitte des Archipels. Puerto Baquerizo Moreno auf der Isla San Cristóbal (die östlichste der Inseln) kommt aus touristischer Sicht an zweiter Position, gleich nach Puerto Ayora.

Die anderen bewohnten Inseln sind Isla Isabela (die größte der Inseln; sie nimmt die Hälfte der Landmasse des Archipels ein) mit dem kleinen, immer beliebter werdenden Ort Puerto Villamil, Isla Baltra und Isla Santa María mit Puerto Velasco Ibarra. Die restlichen Inseln sind unbewohnt, können aber im Rahmen einer Tour besucht werden.

Die meisten der Inseln haben zwei, wenn nicht sogar drei Namen. Auf den ersten Seekarten wurden die Inseln mit sowohl spanischen als auch englischen Bezeichnungen versehen (viele von ihnen tragen die Namen von Piraten oder englischen Adeligen), die ecuadorianische Regierung verpasste den Inseln 1892 dann ihre offiziellen Namen. Diese werden auch in diesem Kapitel in den meisten Fällen benutzt.

Steuern & Gebühren

Der Eintrittsgebühr für den Galápagos-Nationalpark beträgt 100 US$. Sie muss an einem der Flughäfen unmittelbar nach der Ankunft in bar bezahlt werden oder, im Falle einer gebuchten Tour, im Voraus. Bevor die Gebühr nicht bezahlt ist, darf man den Flughafen auch nicht verlassen. Beim Bezahlen muss man unbedingt den Reisepass dabei haben, und das Ticket sollte bis zur Abreise gut aufbewahrt werden. Im Flughafen von Quito bzw. Guayaquil wird eine Transitkontrollgebühr von 10 US$ fällig. Diese muss am Schalter des Instituto Nacional Galápagos (INGALA) neben dem Ticketschalter bezahlt werden. Bei vielen vorgebuchten Bootstouren ist diese Gebühr schon im Tourpreis enthalten.

ÜBERBLICK

» **Geld** Automaten gibt's in Puerto Ayora und Baquerizo Moreno

» **Handys** Es funktionieren nur GSM-fähige Handys; kein flächendeckender Empfang

» **Zeitzone** 1 Std. hinter der Zeit des ecuadorianischen Festlands

Kurzinfos

» **Fläche** 7880 km^2 Land, verteilt über eine Meeresfläche von 50 000 km^2

» **Entfernung vom Festland** 1000 km

» **Anzahl der Inseln** 125

» **Höchste Erhebung** Volcán Wolf, 1646 m

» **Bevölkerung** 30 000

» **Hauptstadt** Puerto Baquerizo Moreno

Anhaltspunkte zum Budget

» **Zimmer im Mittelklassehotel** 55 US$

» **Abendessen mit zwei Gängen** 15 US$

» **All-inclusive-Bootstouren** 200–400 US$ und mehr pro Tag

» **Tagesausflug mit zwei Bootstauchgängen** 200 US$

» **Flasche Bier** 1,50 US$

Infos im Internet

» **Galápagos-Nationalpark** www.galapagospark.org

» **Discover Galapagos** www.discovergalapagos.com

» **Lonely Planet Thorn Tree** www.lonelyplanet.com/thorntree

ISLA SANTA CRUZ (INDEFATIGABLE)

Auf der Insel Santa Cruz liegt der größte und am besten entwickelte Ort der Galápagosinseln. Beinahe jeder Besucher kommt hier durch, selbst wenn er nur auf dem Weg vom Flughafen auf der nahe gelegenen Isla Baltra zu einem der Kreuzfahrtschiffe im Hafen von Puerto Ayora ist. Aber auch für diejenigen, die länger bleiben, ist Santa Cruz weit mehr als nur eine Wegstation

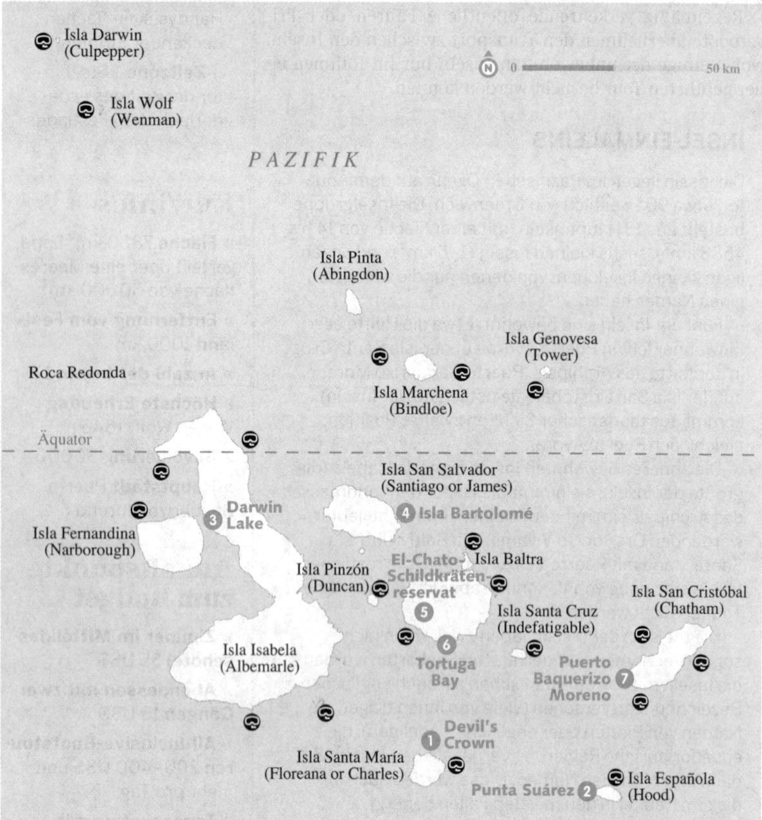

Highlights

1. Sich beim Schnorcheln rund um die **Devil's Crown** (S. 367) vor der Isla Santa María an Rochen, Meeresschildkröten und Haien vorbeitreiben lassen
2. Mit eigenen Augen die Vogelwelt rund um die dramatischen Klippen der **Punta Suárez** (S. 369) auf der Isla Española bestaunen
3. Auf der Suche nach schöner Aussicht den Weg zum **Lago Darwin** (S. 360) im Norden der Isla Isabela hinaufhecheln
4. Den spektakulären Blick auf der **Isla Bartolomé** (S. 366) genießen und sich wie einer der letzten Menschen auf der Welt fühlen
5. Den trägen Zeitgenossen im **El-Chato-Schildkrötenreservat** (S. 327) im Hochland von Santa Cruz tief in die Augen schauen
6. Am wunderschönen weißen Sandstrand der **Tortuga Bay** (S. 329) neben faulen Meerechsen die Sonne anbeten
7. Sich nur wenige Minuten vom verschlafenen **Puerto Baquerizo Moreno** (S. 354) auf der Isla San Cristóbal entfernt ins Surf-, Schnorchel-, Kajak-, Fahrrad- oder Tauchabenteuer stürzen

oder ein Außenposten der modernen, von Menschen gemachten Welt. Die Insel an sich ist schon einen Besuch wert und voller sehenswerter Orte, leicht zugänglicher Strände und mit einem einsamen Hochland im Landesinnern. Zudem ist sie der perfekte Ausgangspunkt für Abenteuer weitab der ausgetretenen Touristenpfade.

Wem die „grellen Lichter der Großstadt" von Puerto Ayora zu viel werden, der mietet sich am besten im **Royal Palm Hotel** (☎252-7408; www.royalpalmgalapagos.com; Zi. ab 375 US$; ❄@📶≋) ein, einem Luxushotel mit wunderschönem Design im Hochland bei Santa Rosa.

Sehenswertes & Aktivitäten

Verschiedene interessante Orte im Hochland von Santa Cruz liegen an der Straße, die einmal über die gesamte Insel führt und werden zudem bei vielen Touren angesteuert. Manche der Stätten sind nur über bewohnte Gebiete zu erreichen – das fremde Eigentum sollte man respektieren.

El-Chato-Schildkrötenreservat NATURSCHUTZGEBIET

(Eintritt 3 US$; ⌚8–17 Uhr) Das Schildkrötenreservat El Chato, in dem Riesenschildkröten in freier Natur beobachtet werden können, liegt südlich von Santa Rosa. Es ist ein wahrlich beeindruckender Anblick, wenn diese geradezu apathischen, prähistorisch anmutenden Riesen ihren Ziehharmonikahals ausstrecken. Im Naturschutzgebiet kann man auch prima Sumpfohreulen, Darwinfinken, Goldwaldsänger, Galápagosrallen und Goldschnabel-Sumpfhühner (die letzten beiden sind im hohen Gras oft schwer zu erkennen) beobachten.

Von Santa Rosa aus führt ein oft schlammiger Pfad durch Privatbesitz bergab zu einer etwa 3 km entfernten Parklandschaft. Dazu können in Santa Rosa Pferde gemietet werden – im Laden/in der Bar an der Hauptstraße nach der Adresse des Pferdebesitzers fragen! An der Parkgrenze teilt sich der Pfad. Rechts geht es hinauf auf den kleinen Hügel **Cerro Chato** (weitere 3 km), der linke Weg führt zu **La Caseta** (2 km). Manchmal ist der Pfad schwer zu finden, und genügend Wasser sollte man immer dabeihaben. Da das Reservat Teil des Nationalparks ist, muss ein Guide mit von der Partie sein.

Rancho Primicias NATURSCHUTZGEBIET

(Eintritt 4 US$; ⌚8–17 Uhr) Neben El Chato befindet sich die Farm der Familie Devine. Hier leben Dutzende von Riesenschildkröten und man kann ungehindert umherstreifen. Der Eingang liegt hinter Santa Rosa, abseits der Hauptstraße; die Einhei-

Isla Santa Cruz

0 — 10 km

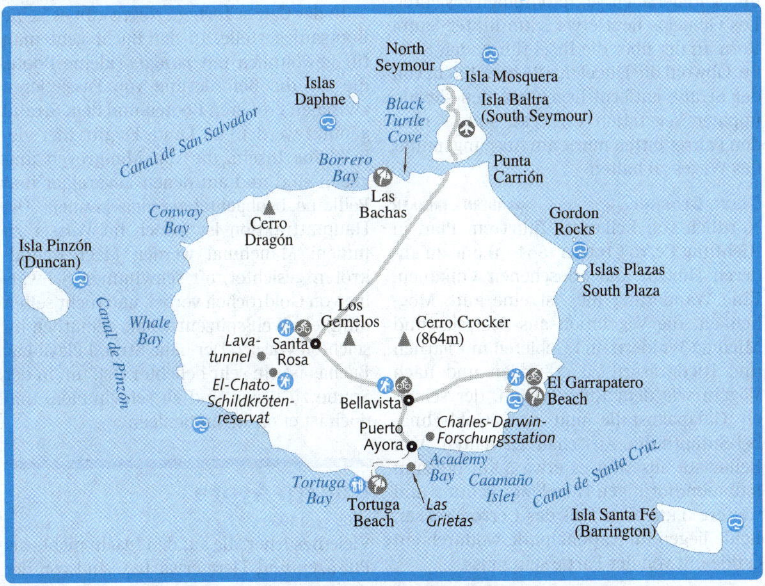

mischen können den Weg dorthin erklären. Nicht vergessen, jedes Gatter, durch das man geht, auch wieder zu schließen! In einem Café werden kalte Getränke und heißer Tee verkauft, der besonders willkommen ist, wenn der Nebel des Hochlands die Kleidung klamm gemacht hat.

Lavatunnel — UNTERIRDISCHE TUNNEL

(Eintritt 3 US$; ⌚8–17 Uhr) Die beeindruckenden unterirdischen Lavatunnel südöstlich des Orts Santa Rosa sind über 1 km lang und entstanden, als sich die äußere Haut eines Lavastroms verfestigte. Als der Lavastrom verebbte, floss die geschmolzene Lava im Innern weiter und ließ eine feste Hülle in Form eines Tunnels zurück. Da sie sich auf privatem Gelände befinden, können die Röhren ohne einen offiziellen Guide besichtigt werden. Die Besitzer des Grundstücks versorgen Besucher gerne mit Infomaterial und stellen Führer zur Verfügung. Außerdem stellen sie die so wichtige elektrische Beleuchtung sicher (es können auch Taschenlampen ausgeliehen werden). In Puerto Ayora werden geführte Touren zu den Lavatunneln angeboten.

Los Gemelos — AUSSICHTSPUNKT

Diese beiden Zwillingstrichter (keine Vulkankrater) liegen in dem Teil des Hochlands, das von der Straße aus erreicht werden kann und sind von Scalesia-Wäldern umgeben. Hier werden oft Rubintyranne und seltener auch Sumpfohreulen gesichtet. Los Gemelos liegt etwa 2 km hinter Santa Rosa an der über die Insel führenden Straße. Obwohl die Hügel nur 25 bzw. 125 m von der Straße entfernt liegen, werden sie von üppiger Vegetation verdeckt, sodass man den Fahrer bitten muss, am Ausgangspunkt des Weges zu halten.

Cerro Crocker — WANDERN & TREKKEN

Nördlich von Bellavista führt ein Pfad in Richtung Cerro Crocker (864 m) und zu anderen Hügeln und erloschenen Vulkanen. Eine Wanderung hier ist eine gute Möglichkeit, die Vegetation aus Scalesia- und Miconia-Wäldern und Gebieten mit Farnen und Riedgräsern zu erkunden und nach Vögeln wie dem Rubintyrann, der scheuen Galápagosralle und dem Goldschnabel-Sumpfhuhn Ausschau zu halten. Von Bellavista aus sind es etwa 5 km bis zum halbmondförmigen Hügel **Media Luna** und weitere 3 km zum Fuß des Cerro Crocker. Beide liegen im Nationalpark, wodurch ein Guide mit von der Partie sein muss.

Playa El Garrapatero — STRAND

Nach einer 30-minütigen Taxifahrt ab Puerto Ayora über das Hochland und einem 15-minütigen Fußmarsch ist dieser wunderschöne Strand erreicht. Hier gibt es Gezeitenbecken, in denen man an Tagen mit ruhigem Wetter mit Schnorchelausrüstung auf Erkundungstour gehen kann, sowie eine Lagune mit Flamingos, Bahamaenten und Schwarznacken-Stelzenläufern.

Playa Punta Estrada — STRAND

Der kleine Strand vor dem Finch Bay Hotel ist ein hübscher Ort, um sich ein paar Stunden zu vertreiben. Das Wasser ist kristallklar, und nicht selten können Haie bei ihrem Streifzug durch die Bucht beobachtet werden. Die übrigen interessanten Stätten auf Santa Cruz sind nur mit einem Boot und Guide zu erreichen. An der Westküste sind das die **Bahía Ballena** und die **Conway Bay**, an der Küste im Norden die **Caleta Tortuga Negra** (Black Turtle Cove) und **Las Bachas**. Conway Bay verfügt über einen 1,5 km langen Fußweg, der an einer Lagune mit Flamingos vorbeiführt. Nördlich davon liegt der **Cerro Dragón**, in dessen beiden Lagunen manchmal Flamingos zu sehen sind. Hier gibt es auch einen Weg von 1,75 km Länge, der durch einen Wald aus Palo-Santo-Bäumen (heiliges Holz) und Feigenkakteen zu einem kleinen Hügel mit schönem Ausblick führt. Dort leben einige riesige, ausgewilderte Galápagos-Landleguane.

In der Caleta Tortuga Negra gibt es keine Bootsanlegestelle. In der Bucht geht man für gewöhnlich mit *pangas* (kleine Boote, die für die Beförderung von Passagieren zwischen größeren Booten und dem Strand genutzt werden) an Land. Es gibt hier viele kleine Inseln, die von Mangroven umgeben sind und auf denen Lavareiher und Pelikane beobachtet werden können. Die Hauptattraktion ist jedoch im Wasser zu finden: Manchmal werden Meeresschildkröten gesichtet, oft schwimmen Schwärme von Goldrochen vorbei, und nicht selten dümpeln Weißspitzenriffhaie gemütlich im seichten Wasser. Der nahe Strand Playa Las Bachas ist ein sehr beliebter Ort, um in der Sonne zu liegen und zu schwimmen, und doch ist er oft menschenleer.

Puerto Ayora

☎05 / 18000 EW.

Viele Besucher, die auf den Inseln nichts als Pflanzen und Tiere erwarten, sind von der sowohl flächenmäßig größten als auch bevölkerungsreichsten Stadt der Galápagosinseln oft überrascht. Puerto Ayora könnte auch ein wohlhabender Küstenort auf dem ecuadorianischen Festland sein – wären da am Ufer nicht die ganzen Seelöwen und Pelikane. Die meisten Hotels, Restaurants und touristischen Einrichtungen reihen sich entlang der Avenida Charles Darwin, der Flughafen befindet sich etwa eine Stunde nördlich auf der Isla Baltra. Nach mehreren Querstraßen landeinwärts weichen die Reisebüros einfachen, bescheidenen Wohnhäusern und Läden. Einigen Nachkommen einer Handvoll deutscher, schweizerischer und norwegischer Familien, die sich hier vor vier Generationen niedergelassen haben, ist es gelungen, ihre Position in der Tourismusindustrie zu behaupten.

Sehenswertes & Aktivitäten

Charles-Darwin-Forschungsstation NATURSCHUTZGEBIET
(☎252-6146; www.darwinfoundation.org; ⏲6–18 Uhr) Unmittelbar nordöstlich der Stadt liegt dieses Forschungszentrum, das mit dem Boot auch über eine Trockenlandung (Ausstieg nicht durchs Wasser) über die Academy Bay erreicht werden kann. Über 200 Wissenschaftler und Freiwillige engagieren sind hier im Bereich Forschung und Naturschutz. Das am besten bekannte Projekt ist ein Zuchtprogramm für Riesenschildkröten. Zur Station gehören auch ein Nationalpark-Informationszentrum, ein kleines, in die Jahre gekommenes Museum, in dem mehrmals am Tag ein englisch- oder spanischsprachiges Video gezeigt wird, ein **Babyschildkrötenhaus** mit Brutkästen (sobald die Schildkröten 1,5 kg wiegen bzw. vier Jahre alt sind, werden sie auf ihren Heimatinseln ausgesetzt) und ein begehbares Gehege mit ausgewachsenen Schildkröten, in dem man mit den Riesen auf Tuchfühlung gehen kann. Mehrere der elf verbleibenden Unterarten von Schildkröten sind hier vertreten. **Lonesome George**, das letzte lebende Mitglied der auf der Isla Pinta beheimateten Familie der Abingdon-Riesenschildkröte, lebte hier von 1972 bis zu seinem Tod im Juni 2012.

Weitere Attraktionen sind u.a. ein kleines Gehege mit mehreren **Galápagos-Landleguanen**. Erklärungen auf Spanisch und Englisch erläutern die Bemühungen, sie wieder auf den Inseln anzusiedeln, wo ihr Bestand bis an den Rand des Aussterbens dezimiert wurde. Mehrere Pfade führen durch Vegetation der Trockenzone, beispielsweise Atriplex, Mangroven, Feigenkakteen und andere Kakteen. Zudem bekommt man eine Vielzahl von Landtieren, darunter auch Darwinfinken, zu Gesicht. Die Forschungsstation wird einerseits von den Inseln, andererseits durch Spenden an das **Galápagos Conservancy** (www.galapagos.org) getragen.

Unmittelbar hinter dem Eingang zur Station weist ein Schild auf die **Playa Estación** hin, ein kleines Fleckchen Sandstrand mit riesigen Felsen im Wasser und einem netten, kleinen Schwimmbereich, der für Kinder geeignet ist.

LP TIPP **Bahía Tortuga** STRAND
Was seine schiere weiße Schönheit anbelangt, ist dieser Strand einer der besten in Südamerika. Er befindet sich am Ende eines 2,5 km langen geteerten Pfads südwestlich von Puerto Ayora, der bei einheimischen Joggern sehr beliebt ist. Neben der Möglichkeit, zu schwimmen (ein Landvorsprung schützt vor der starken und gefährlichen Strömung auf der ausgesetzten Seite), zu surfen oder sich einfach nur zu sonnen, können auch Haie, Meerechsen, Pelikane und vereinzelt auch Flamingos beobachtet werden. Es gibt weder Trinkwasser noch andere Annehmlichkeiten.

ABSTECHER

LAS GRIETAS

Diese mit Wasser gefüllte Felsspalte bietet tolle Schwimm- und Schnorchelmöglichkeiten. Oft erklimmen talentierte, furchtlose Einheimische die nahezu vertikal ansteigenden Wände, um dann elegant (teilweise aber auch ungelenk) ins Wasser zu springen.
Um die *grietas* zu erreichen, nimmt man ein Wassertaxi (0,60 US$/Pers.; 6–19 Uhr) bis zur Anlegestelle am Angermeyer Point Restaurant und geht dann zu Fuß am Finch Bay Hotel und an einer interessanten Salzmine vorbei. Zu guter Letzt führt ein mit Brocken aus Lavagestein übersäter Pfad zum Wasser. Besonders für das letzte Stück wird gutes Schuhwerk empfohlen. Der Fußmarsch dauert 30 Minuten (insgesamt 662 m). Auch beim Planschen die Wertsachen, die am Ufer zurückgeblieben sind, im Auge behalten!

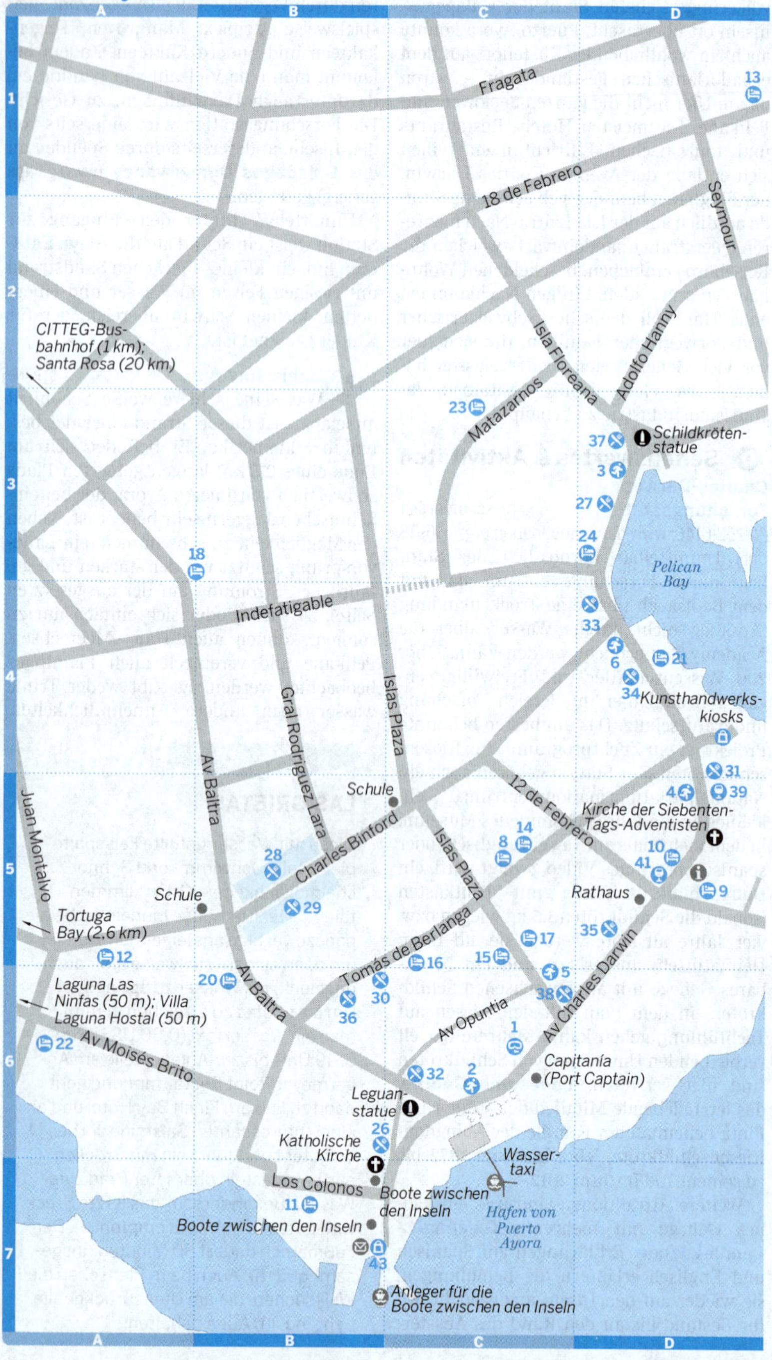
A
B
C
D
1
2
3
4
5
6
7
Fragata
18 de Febrero
Seymour
13
CITTEG-Busbahnhof (1 km); Santa Rosa (20 km)
Adolfo Hanny
Isla Floreana
Matazarnos
23
37
Schildkrötenstatue
3
27
24
Pelican Bay
18
Indefatigable
33
6
21
34
Kunsthandwerkskiosks
Islas Plaza
Gral Rodríguez Lara
Av Baltra
Juan Montalvo
31
4
39
Schule
12 de Febrero
Kirche der Siebenten-Tags-Adventisten
Charles Binford
14
8
10
41
28
Islas Plaza
Rathaus
9
Schule
29
Tortuga Bay (2,6 km)
Tomás de Berlanga
35
17
12
15
16
5
20
Av Baltra
30
38
36
Laguna Las Ninfas (50 m); Villa Laguna Hostal (50 m)
Av Charles Darwin
Av Opuntia
1
22
Av Moisés Brito
32
2
Capitanía (Port Captain)
Leguanstatue
26
Katholische Kirche
Wassertaxi
Los Colonos
Boote zwischen den Inseln
11
Hafen von Puerto Ayora
Boote zwischen den Inseln
43
Anleger für die Boote zwischen den Inseln

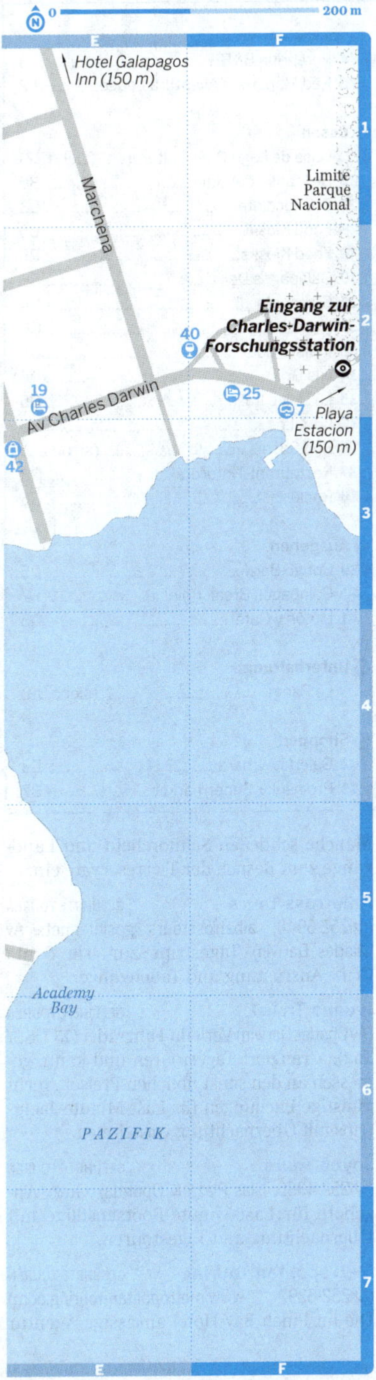

Vom Beginn des Weges, an dem man sich zwischen 6 und 18 Uhr eintragen muss, ist die *playa* nach einem 30-minütigen Fußmarsch erreicht. Am Fuße des Hügels, an dem der Pfad beginnt, befindet sich das **Centro Comunitaria de Educación Ambiental Miguel Cifuente Arias** (Mo–Fr 7.30–12.30 & 14–17, Sa 8–12 Uhr), in dem man viel über Umweltschutzbemühungen und über Probleme in den Gewässern rund um das Archipel erfährt.

Laguna Las Ninfas SCHWIMMEN
Unmittelbar hinter der Pension Casa del Lago und dem Hotel Fiesta liegt diese smaragdgrüne Wasserstelle, an der Kinder gerne an ihren Sprungtechniken feilen.

Surfen

Rund um Puerto Ayora gibt es mehrere gute Breaks, zu denen auch **La Ratonera** und **Bazán** in der Nähe des Strands der Charles Darwin Forschungsstation gehören. Wem es nichts ausmacht, sein Brett ein paar Kilometer weit zu schleppen, der findet an der Bahía Tortuga einige gute Wellen vor.

Mit dem Boot hat man nach etwa einer Stunde die **Punta Blanca** erreicht. Noch weiter nördlich liegen **Cerro Gallina, Las Palmas Chica** und **Las Palmas Grande**, die als die besten Breaks auf den Galápagosinseln gelten. Auch vor der Westküste der Isla Baltra gibt es einige gute Wellen.

Tauchen

Da mehrtägige Tauchausflüge mit dem Boot hier sehr teuer und die Plätze begrenzt sind, entscheiden sich die meisten Taucher dafür, die Wunder der Unterwasserwelt der Galápagosinseln in Tagesausflügen ab Puerto Ayora zu erkunden. Das Tauchgebiet ist nicht für Anfänger geeignet, da die Strömung teilweise sehr stark ist und bei den meisten Tauchgängen Strömungstauchen angesagt ist.

Beliebte Taucherziele sind die Gordon Rocks, die Islote Caamaño, La Lobería, Punta Estrada, Punta Carrión und die Isla Seymour Norte, die eine kurze Bootsfahrt von der Isla Baltra entfernt liegt. Devil's Crown, Enderby oder Champion vor der nördlichsten Spitze der Isla Santa María sind die besten Stellen, um Barrakudas, Rochen und Haie zu sehen. Eine gute Anlaufstelle für etwas erfahrenere Taucher ist die Bahía Academia vor Puerto Ayora.

Der Standardpreis für zwei Tauchgänge vom Boot aus liegt bei 200 US$ (165 US$ für Last-Minute-Buchungen). Alle Anbieter

Puerto Ayora

Highlights		
	Eingang zur Charles-Darwin-Forschungsstation	F2
Aktivitäten, Kurse & Touren		
1	Academy Bay Diving	C6
2	Albatross Tours	C6
3	Galápagos Sub-Aqua	D3
4	Iguana Travel	D5
5	Joybe Tours	C6
6	Moonrise Travel	D4
	Red Mangrove Inn	(siehe 25)
7	Scuba Iguana	F2
Schlafen		
8	España Hotel	C5
9	Grand Hotel Lobo de Mar	D5
10	Hostal Los Amigos	D5
11	Hotel Castro	B7
12	Hotel Crossman	A5
13	Hotel Fernandina	D1
14	Hotel Gardner	C5
15	Hotel Lirio del Mar	C5
16	Hotel Palmeras	C5
17	Hotel Salinas	C5
18	Hotel Santa Cruz	B3
19	Hotel Silberstein	E2
20	Hotel Sir Francis Drake	B6
21	Hotel Sol y Mar	D4
22	Lodging House Casa del Lago	A6
23	Mainao Inn	C3
24	Peregrina B&B	D3
25	Red Mangrove Aventura Lodge	F2
Essen		
	Casa de Lago Café Cultural	(siehe 22)
26	Descanso del Guia	B6
27	El Chocolate	D3
28	Food Kiosks	B5
29	Food Kiosks	B5
30	Galápagos Deli	B6
31	Garrapata	D4
32	Hernan Café	C6
33	Il Giardino	D4
34	Isla Grill	D4
35	La Dolce Italia	D5
36	Lo & Lo	B6
	Red Sushi	(siehe 25)
37	Restaurant Tintorera	D3
38	Rock	C6
Ausgehen		
39	Bongo Bar	D5
40	Galapagos Break Point	F2
41	Limón y Café	D5
Unterhaltung		
	La Panga	(siehe 39)
Shoppen		
42	Galería Aymara	E3
43	Proinsular Supermarket	B7

haben PADI-Anfängerkurse im Programm und Englisch sprechende Tauchlehrer.

Empfohlene Taucherläden sind:

Academy Bay Diving TAUCHEN
(252-4164; www.academybaydiving.com; Ecke Av Charles Darwin & Islas Plaza)

Galápagos Sub-Aqua TAUCHEN
(230-5514; www.galapagos-sub-aqua.com; Av Charles Darwin) Dies ist das älteste Tauchzentrum der Galápagosinseln, das die ganze Palette des Tauchservice anbietet.

Scuba Iguana TAUCHEN
(252-6497; www.scubaiguana.com; Av Charles Darwin) Wird von zwei der erfahrensten Taucher der Galápagosinseln betrieben.

Geführte Touren

Fast jedes Reisebüro hat Tagestrips zu den Inseln Isla Santa María, Isla Isabela, Isla Bartolomé und Isla Seymour Norte sowie zur nahen Isla Santa Cruz im Programm. Manche schließen Schnorcheln und Landgänge zum Besuch der Tierreservate ein.

Albatross Tours GEFÜHRTE TOUREN
(252-6948; albatrosstours@gpsinter.net; Av Charles Darwin) Tagestrips zur Isla Santa Cruz, Ausrüstung und Tauchgänge.

Iguana Travel GEFÜHRTE TOUREN
(Av Charles Darwin) Verleiht Fahrräder (15 US$/Tag), arrangiert Tagestouren und kann, gemessen an den sonst üblichen Preisen, recht günstige Buchungen für Last-Minute-Jachttrips mit Übernachtung vornehmen.

Joybe Tours GEFÜHRTE TOUREN
(252-4385; Islas Plaza & Opuntia) Gute Angebote für Last-Minute-Bootsausflüge mit Übernachtung und Tagestouren.

Metropolitan Touring GEFÜHRTE TOUREN
(252-6297; www.metropolitan-touring.com) Die im Finch Bay Hotel ansässige Agentur

(Fortsetzung auf S. 345)

Naturführer Galápagosinseln

Den ersten Entdeckern war Ecuadors berühmter Archipel als Las Islas Encantadas (Die verzauberten Inseln) bekannt. Der Name mag heute ein anderer sein, die Galápagosinseln ziehen die Besucher aber unverändert in ihren Bann. Die Kette kahler, abgeschiedener Vulkaninseln bietet unzähligen Tieren einen Lebensraum; viele Arten findet man ausschließlich hier. Es gibt nur wenige Orte weltweit, an denen man Wildtieren so nahe kommen kann, zu Lande wie zu Wasser.

Riesenschildkröte

PAUL KENNEDY/LONELY PLANET IMAGES ©

1

TUI DE ROY/CORBIS ©

4

MARK JONES/CORBIS ©

GERALD & BUFF CORSI/CORBIS ©

NORMAN OWEN TOMALIN/ALAMY ©

Säugetiere

In den planktonreichen Gewässern rund um die Inseln tummeln sich einige der größten Säuger der Welt, darunter 25 Walspezies. Überall ist man „ganz nah dran" – an verspielten Seelöwen, Delfinen, die in der Bugwelle des Boots mitreisen, oder Walen, die plötzlich aus dem Wasser auftauchen.

Schwertwal (Orca)

1 Einen Schwertwal in freier Natur zu sehen ist absolut spektakulär. Bei den Jägern handelt es sich eigentlich um eine Delfinart. Wenn sie Fische oder andere Wale verfolgen, erreichen sie Geschwindigkeiten von bis 55 km/h. Für Menschen geht von ihnen keine Gefahr aus. **Wo?** Canal Bolívar.

Galápagos-Seelöwe

2 Der Liebling fast aller Galápagos-Besucher ist weit verbreitet: Vertreter der Population mit ca. 50 000 Tieren findet man auf sämtlichen Inseln. Die liebenswerten Tiere liegen oft faul am Strand herum oder „begleiten" Schnorchler und Badende. **Wo?** Überall.

Galápagos-Seebär

3 Introvertierter als der Seelöwe ist der endemische Seebär mit seiner dichten, isolierenden Pelzschicht. Im 19. Jh. hatten Jäger die Gattung fast ausgerottet, die Population hat sich aber sehr gut erholt und zählt heute rund 30 000 Tiere. **Wo?** Santiago (Puerto Egas, S. 366), Genovesa (S. 370).

Großer Tümmler (Flaschennase)

4 Die am häufigsten vertretene Walart des Archipels ist der Große Tümmler. Diese Delfine sind verspielt und neugierig und gehen normalerweise in Schulen von 20 bis 30 Tieren bis zu 500 m von der Küste entfernt auf Nahrungssuche. **Wo?** Überall.

Im Uhrzeigersinn

1 Schwertwal 2 Galápagos-Seelöwe 3 Galápagos-Seebär 4 Eine Schule Großer Tümmler

Vögel

Um die hiesige Vogelvielfalt interessant zu finden, muss man kein Ornithologe sein. Man kann gefährliche Raub- und zierliche Singvögel beobachten, Goldwaldsänger, Spottdrosseln und Darwinfinken.

Galápagos-Bussard

1 Der endemische Galápagos-Bussard jagt alles Mögliche, von kleinen Insekten bis hin zu kleinen Ziegen! **Wo?** Española (S. 369), Santa Fé (S. 351), Fernandina (Punta Espinoza, S. 365).

Darwinfinken

2 Alle auf den Inseln lebenden Finken sollen auf einen gemeinsamen Ahnen zurückgehen. Heute gibt es 13 ungewöhnliche Arten wie den blutsaugenden Vampirfinken. **Wo?** Santa Cruz (Los Gemelos, S. 328; Media Luna, S. 328), Española (Punta Suárez, S. 369), Genovesa (S. 370).

Galápagos-Flamingo

3 Dies ist eine der größten der fünf Flamingoarten. In kleinen Gruppen bevölkern sie die seichten Lagunen. Es gibt nicht mehr als 500 Tiere auf den Inseln. **Wo?** Floreana (Punta Cormorant, S. 368), Rábida (S. 367), Isabela (Puerto Villamil, S. 362).

Kurzohreule

4 Anders als die meisten ihrer Verwandten jagt die Kurzohreule auch tagsüber. Die majestätischen Vögel schlagen langsam mit ihren Flügeln, während sie ihre Beute zerlegen. **Wo?** Genovesa (S. 370), Santa Cruz (Media Luna, S. 328).

Spottdrosseln

5 Spottdrosseln können wunderbar singen und sind oft die Ersten, die die Besucher am Strand in Augenschein nehmen, ihre Taschen „durchsuchen" und sich auf Hüten niederlassen. **Wo?** Santa Cruz (S. 326), Santa Fé (S. 351), Genovesa (S. 370).

1

4

Im Uhrzeigersinn
1 Galápagos-Bussard 2 Grundfink (Männchen)
3 Galápagos-Flamingo 4 Kurzohreule

2

MANFRED GOTTSCHALK/LONELY PLANET IMAGES ©

3

BIASIFAB/SHUTTERSTOCK ©

TUI DE ROY/CORBIS ©

TUI DE ROY/CORBIS ©

TUI DE ROY/CORBIS ©

WOLFGANG KAEHLER/CORBIS ©

Wasservögel

Auf den Inseln leben Meeresvögel wie der Galápagos-Albatros und der flugunfähige Kormoran, der überraschend agile Galápagos-Pinguin, der witzige Blaufußtölpel und der extrem wendige Fregattvogel.

Blaufußtölpel

1 Dies ist eine von vier Tölpelarten auf den Inseln. Die Brautwerbung in der Paarungszeit ist bezaubernd komisch. **Wo?** Española (Punta Suárez, S. 369), Genovesa (S. 370), San Cristóbal (Punta Pitt, S. 353).

Galápagos-Albatros

2 Wenn kein Lüftchen weht ist der Galápagos-Albatros geradezu hilflos. Er ist vom Südostpassat abhängig, um zu den Nahrungsplätzen zu gelangen. Der größte Vogel der Inselgruppe (5 kg schwer; Flügelspanne 2,4 m) ist der einzige Albatrosvertreter, der am Äquator brütet. **Wo?** Española (Punta Suárez, S. 369).

Fregattvögel

3 Diese Luftakrobaten gleiten auf thermischen Aufwinden über den Felsen. Manchmal attackieren sie kleinere Seevögel so lange, bis sie ihre Beute fallen lassen, und schnappen sich diese dann noch im Fall. **Wo?** Seymour Norte (S. 350), Genovesa (S. 370), San Cristóbal (Punta Pitt, S. 353).

Galápagos-Pinguin

4 Keine andere Pinguinart der Welt lebt in den Tropen, und keine lebt weiter nördlich als der Galápagos-Pinguin. **Wo?** Isabela (S. 359), Fernandina (S. 365), Bartolomé (S. 366).

Stummelkormoran

5 Mit Ausnahme der Pinguine ist der Stummelkormoran der einzige flugunfähige Wasservogel weltweit. Es handelt sich um eine endemische Art, von der es nur noch ca. 700 Paare gibt. **Wo?** Fernandina (Punta Espinoza, S. 365), Isabela (Tagus Cove, S. 362; Urbina Bay, S. 362).

Im Uhrzeigersinn

1 Blaufußtölpel 2 Galápagos-Albatrosse 3 Fregattvögel (Männchen) 4 Galápagos-Pinguine

1

4

2

RICHARD I'ANSON/LONELY PLANET IMAGES ©

3

RALPH HOPKINS/LONELY PLANET IMAGES ©

Reptilien

Riesige, prähistorisch anmutende Schildkröten und gefährlich aussehende Echsen können an Land und auch im Wasser beobachtet (z.B. beim Schnorcheln) und fotografiert werden.

Riesenschildkröte

1 Das berühmteste Reptil des Archipels ist die Riesenschildkröte oder auch Galápagos (span. für „Sattel"); sie ist die Namensgeberin der Inselgruppe und kann über 150 Jahre alt werden. **Wo?** Santa Cruz (Hochland, S. 326), Isabela (Urbina Bay, S. 362), San Cristóbal (Galapaguera, S. 352)

Galápagos-Landleguan

2 Drusenköpfe sehen gefährlich aus und sind sehr groß, aber harmlose Vegetarier. Die Männchen verteidigen ihr Revier mit Kopfnüssen. **Wo?** Plaza Sur (S. 351), Isabela (S. 359), Santa Cruz (Cerro Dragón, S. 328), Fernandina (S. 365), Baltra und Seymour Norte (S. 350).

Lavaechsen

3 Die am weitesten verbreitete Reptilien auf den Inseln sind die verschiedenen Lavaechsengattungen. Häufig sieht man sie über Steine flitzen oder auf dem Rücken von Leguanen hocken. **Wo?** Überall.

Meerechse

4 Diese bemerkenswerte Echsenart ist die einzige, deren Lebensräume Land und Meer sind. Ihre Größe und Farbe ist von Insel zu Insel unterschiedlich. Die größten Tiere sind bis zu 1,5 m lang. **Wo?** Überall.

Suppenschildkröte

5 Suppenschildkröten können bis zu 150 kg schwer und 1 m lang werden. In ruhigen Gewässern sieht man sie zum Luftholen an der Wasseroberfläche. Schnorchler berichten häufig von Begegnungen. **Wo?** Santa Cruz (Black Turtle Cove, S. 328), Fernandina (Punta Espinoza, S. 365), Santiago (Espumilla Beach, S. 366), aber auch an anderen Stellen.

Im Uhrzeigersinn
1 Riesenschildkröte 2 Galápagos-Landleguan
3 Lavaechse 4 Meeresechsen

Unterwasserwelt

Der Archipel dient einer faszinierenden Vielfalt von Meeresbewohnern als Lebensraum, Zigtausenden von Arten aller Formen und Größen, u.a. 25 Delfin- und Walspezies und 400 Fischarten. Am berühmtesten sind der Galápagos-Seelöwe und der Galápagos-Seebär.

Tropische Fische

1 In den Gewässern rund um die Inseln leben mehr als 400 Fischspezies, bei etwa 50 von ihnen handelt es sich um endemische Arten. Beim Schnorcheln sieht man häufig Neon-Demoisellen, Engelfische, Gelbschwanz-Doktorfische, Wimpel-, Papagei- und Kugelfische. **Wo?** Überall.

Hammerhai

2 Gruppen dieser bizarr anmutenden Geschöpfe wird man auch zu sehen bekommen, wenn man nicht taucht (obwohl das den Effekt natürlich noch verstärkt). **Wo?** Seymour Norte (S. 350), Santa Cruz (Gordon's Rocks, S. 331), Floreana (Devil's Crown, S. 367), Santa Fé (S. 351), Genovesa (S. 370), Wolf (S. 371), Darwin (S. 370).

Rote Klippenkrabbe

3 Klippenkrabben gibt's en masse. Sie haben eine ausgefallene Färbung, hocken auf den Steinen sämtlicher Inseln und sind extrem agil: Sie springen von Stein zu Stein, und man hat den Eindruck, als könnten sie sogar auf dem Wasser laufen. **Wo?** Überall.

Mantarochen

4 Von den 15 hier heimischen Rochenarten ist der Manta der Größte – und einer der größten Fische überhaupt. Die Riesen unter ihnen haben eine Spannweite von 9 m, typischer sind aber 4 m. **Wo?** Canal Bolívar und andere tiefe Meeresgebiete.

Im Uhrzeigersinn
1 Wimpelfische 2 Hammerhai 3 Rote Klippenkrabbe
4 Mantarochen

NORBERT PROBST/IMAGEBROKER ©

DR. RICHARD ROSCOE/CORBIS ©

Biotope

Der gesamte Archipel ist vulkanischen Ursprungs. Bei den Hauptinseln handelt es sich um die Gipfel riesiger Unterwasservulkane. In der (nach geologischen Maßstäben) kurzen Zeit seit Entstehung der Inseln haben sich die sterilen Lavaströme in komplexe Lebensräume verwandelt.

Küste

1 Die felsige Küste besteht aus erodierenden Lavaströmen. Hier fühlen sich Seelöwen, Meerechsen und Klippenkrabben wohl. In den Mangroven wird genistet und gebrütet. Außerdem dienen sie Vögeln, Seelöwen und Schildkröten als schattiger Rückzugsort.

Hochland

2 Die hohen Gipfel einiger der Inseln sind zu fruchtbaren vulkanischen Böden erodiert, und die Tropenvegetation ist dank gelegentlicher Regenfälle sehr üppig. Ein paar Pflanzenarten sind besonders faszinierend, z. B. die 15 m hohe Scalesie, deren Stamm und Zweige von Epiphyten wie Moosen, Farnen, Orchideen und Bromelien überzogen sind.

Trockengebiete

3 Die meisten Inseln sind von nährstoffarmen Vulkanböden bedeckt und Kakteen dominieren die umgebende Vegetation – kein besonders gastlicher Lebensraum, aber dennoch Heimat diverser Arten wie etwa des endemischen Lavakaktus', der seine Wurzeln in die Spalten kahler Lavaströme gräbt.

Meer

4 Strömungen transportieren das ganze Jahr über Nährstoffe in die Gewässer um die Inseln, und Plankton treibt auf der Wasseroberfläche – ein Festessen für die Fische, ihre Jäger (ein paar Stufen höher in der Nahrungskette) und die größten Tiere der Welt: die Wale.

Rechts
1 Felsenküste, Isla Wolf 2 Hochland der Isla Santa Cruz

(Fortsetzung von S. 332)

kann Trips auf der *M/V Santa Cruz,* auf den Jachten *Isabela II* und *La Pinta* und jede andere Galápagostour buchen.

Moonrise Travel GEFÜHRTE TOUREN
(☎252-6348; Av Charles Darwin) Diese Reiseagentur wird von einer Familie von Galápagos-Experten und langjährigen Guides betrieben. Diese können Übernachtungen im Zelt auf ihrer privaten Ranch im Hochland arrangieren sowie Bootsausflüge mit Übernachtungen an Bord oder in Hotels. Auch Tauchausflüge sind im Angebot.

Red Mangrove Inn GEFÜHRTE TOUREN
(☎252-6564; www.redmangrove.com; Av Charles Darwin) Dieser in der Red Mangrove Aventura Lodge (S. 345) ansässige Anbieter hat Tagestouren, Tauchtrips und Ausflüge mit Hotelübernachtungen sowie Camping im Programm. Zudem werden Kajaks, Surfbretter, Mountainbikes und Schnorchelausrüstung verliehen.

We Are The Champions GEFÜHRTE TOUREN
(☎252-6951;www.wearethechampionstours.com; Av Charles Darwin) Hat alle Arten von Bootsausflügen mit Übernachtungen an Bord oder in Hotels im Angebot.

Schlafen

Im Vergleich zum Festland ist das Preis-Leistungs-Verhältnis auf den Inseln viel schlechter. Die meisten Hotels sind innerhalb weniger Häuserblocks von der Avenida Charles Darwin zu finden und die Preise können während der touristenstärksten Zeiten (Dez.–Jan. & Juni–Aug.) sogar noch steigen. Dafür sind sie während der übrigen Monate verhandelbar. Es gibt ständig neue Unterkünfte, deshalb auf Flyer achten, die überall in der Stadt aushängen oder -liegen!

AM WASSER

LP TIPP **Finch Bay Hotel** RESORT $$$
(☎252-6297; www.finchbayhotel.com; Zi. ab 275 US$; ❄@🛜≋) In dieser ökologisch nachhaltig gestalteten Unterkunft auf der anderen Seite der Bucht von Puerto Ayora können Traveller runterkommen und abschalten. Das Hotel ist eine Klasse für sich – nicht zuletzt, da es das einzige mit einem Strand direkt vor der Tür ist. Beim Pool machen es sich auch Lavamöwen und Reiher gemütlich, und das Design und der Service des Hotels verleihen dem Quartier eine gewisse Atmosphäre. Die Zimmer sind mit einer Mischung aus geschmackvollen Holzelementen und modernen Annehmlichkeiten (kein TV) ausgestattet, dabei aber nicht besonders luxuriös. Das Gelände an sich, der Whirlpool und das Restaurant, in dem einige der besten und kreativsten Gerichte der Inseln serviert werden, sind aber toll. Das im Hotel ansässige Metropolitan Touring kann jede nur denkbare Art von Outdoor-Aktivität organisierten.

Red Mangrove Aventura Lodge HOTEL $$$
(☎252-6564; www.redmangrove.com; Av Charles Darwin; EZ/DZ inkl. Frühstück ab 118/260 US$; ❄@🛜) In einer schattigen, von Mangroven gesäumten Bucht am nördlichen Ende der Stadt liegt diese Unterkunft aus roten Lehmziegeln. Sie ist zauberhaft gestaltet und versprüht den Charme eines geheimen Rückzugsorts. Die Standardzimmer sind angemessen komfortabel, und damit liegt die Lodge mit ihren Veranden im Freien und den gefliesten Badezimmern, was Größe, Luxus und Sonnigkeit angeht, ganz klar eine Klasse über den meisten anderen Unterkünften. In den Gemeinschaftsbereichen sind Hängematten und ein Whirlpool zu finden, auf dem Gelände gibt's ein hervorragendes Restaurant, und zudem können alle Arten von Tagesausflügen und Trips mit Übernachtungen gebucht werden.

Angermeyer Waterfront Inn HOTEL $$$
(☎252-6561; www.angermeyer-waterfront-inn.com; Zi. 150 US$; ❄@🛜) Auf der gegenüberliegenden Seite des Hafens (mit einem Wassertaxi zu erreichen) befindet sich dieser sonnenverwöhnte Komplex mit einfachen Zimmern und einem außergewöhnlichen Blick von der Gartenterrasse und von den Zimmern mit Balkon im neueren, mehrstöckigen Anbau. Das Management und die Angestellten sind äußerst freundlich und sympathisch. **La Cueva de Gus Red** (Hauptgerichte 12 US$) nimmt eine Terrasse mit Blick auf die funkelnden Lichter der Stadt ein, und sein Personal serviert Burger, Pizza, Fisch und Hummer.

Hotel Sol y Mar HOTEL $$$
(☎252-6281; www.hotelsolymar.com.ec; Av Charles Darwin; Zi. inkl. Frühstück ab 225 US$; ❄@🛜≋) An einem heiß begehrten Fleckchen direkt am Wasser und mit Pelikanen, Seelöwen und Meerechsen als Nachbarn befindet sich dieses Hotel, das (man mag es gut oder schlecht finden) stark an einen aus Eigentumswohnungen bestehenden Wohnkomplex in Florida erinnert. Die Zim-

mer sind pragmatisch, effizient und komfortabel gestaltet und haben einen kleinen Balkon. Was dieses Hotel aber von anderen abhebt, sind der Whirlpool direkt am Meer und der Bar- und Restaurantbereich.

Grand Hotel Lobo de Mar HOTEL **$$$**
(☎252-6188; www.lobodemar.com.ec; Av 12 de Febrero; EZ/DZ inkl. Frühstück ab 75/100 US$;) Hat zwar überdachte Swimmingpools und eine tolle Lage direkt am Wasser, die Zimmer sind aber alles andere als „Grand".

SÜDLICHER TEIL DER AVENIDA CHARLES DARWIN

Pension Casa del Lago APARTMENTS **$$$**
(☎252-4116; www.casadellagogalapagos.com; Ecke Moisés Brito & Juan Montalvo; DZ/3BZ/4BZ inkl. Frühstück 115/125/140 US$;) Perfekt für Kleingruppen und Familien auf der Suche nach Entspannung: Zur Wahl stehen mehrere Suiten mit voll ausgestatteter Küche und hübschen eigenen Höfen oder Veranden. Alles ist aus wiederverwerteten Materialien hergestellt und mit farbenfrohen Fliesen und Textilien dekoriert. Die Pension liegt einen kurzen Fußmarsch vom Hafen entfernt, gleich an der Laguna Las Ninfas. Es gehört einem (sowohl zwischenmenschlich als auch die Umwelt betreffend) freundlichen Paar, das auch das bezaubernde zugehörige Café betreibt.

Hotel Sir Francis Drake HOTEL **$$**
(☎252-6221; www.sirfrancisdrakegalapagos.com, spanisch; Av Baltra; EZ/DZ 20/40 US$;) Nur einen kurzen Fußmarsch vom Pier entfernt, befindet sich hinter einem kleinen Kaufhaus dieses trotz seines dunklen Eingangs sehr freundliche Hotel. Es bietet eines der besseren Preis-Leistungs-Verhältnisse der Stadt. Am besten bittet man die Besitzerin Fanny um eines der Zimmer ganz hinten im Erdgeschoss, diese haben nämlich große Fenster und bekommen somit viel natürliches Licht ab. Als Gemeinschaftsbereich dienen lediglich ein Innenhof ohne Sitzgelegenheit und ein einzelner Balkon.

Hotel Crossman HOTEL **$$**
(☎252-4359; www.crossmanhotel.com.ec, spanisch; Ecke Juan Montalvo & Charles Binford; EZ/DZ inkl. Frühstück 30/65 US$;) Das von außen sehr vielversprechend aussehende Mittelklassehotel mit einem roten Ziegeldach und Bogenfenstern bietet solide, wenn auch unspektakuläre Zimmer. Diese sind sehr spärlich eingerichtet, dafür aber ausreichend groß, haben Kabelfernsehen, und einige besitzen sogar einen Balkon.

Hotel Castro HOTEL **$$**
(☎252-6113; hotel_castro@hotmail.com; Los Colonos; EZ/DZ 45/78 US$;) Das Castro sieht zwar aus wie ein bezauberndes mexikanisches Herrenhaus, Wärme und Atmosphäre sind im Innern allerdings nur spärlich gesät. Die Zimmer sind sauber und gut instandgehalten, die Betten liegen aber ungewöhnlich tief, und die Zimmer im hinteren Teil sind sehr dunkel.

Villa Laguna Hostal HOTEL **$$$**
(☎252-4819; www.villalaguna.com.ec; nahe Ecke Moisés Brito & Juan Montalvo; EZ/DZ inkl. Frühstück 110/140 US$;) Ein weiß getünchtes, dreistöckiges Gebäude, das besonders wegen seines resortähnlichen Swimmingpools im Hof vor dem Haus und seiner Lage in einer ruhigen Straße gegenüber der Laguna Las Ninfas erwähnenswert ist. Die großzügigen Zimmer sind makellos sauber und haben eine moderne Einrichtung.

España Hotel HOTEL **$$**
(☎252-6108; www.hotelespanagalapagos.com, spanisch; Tomás de Berlanga; Zi. inkl. Frühstück mit Ventilator/Klimaanlage ab 25/30 US$;) Das España ist, ebenso wie sein Nachbar, das Gardner, ein travellerfreundliches Hotel mit einfachen Zimmern. Wer kostenbewusst unterwegs ist, für den ist das Zimmer im Erdgeschoss mit vier Betten (10 US$/Pers.) genau das Richtige.

Hotel Gardner HOTEL **$$**
(☎252-6979; Tomás de Berlanga; EZ/DZ 30/45 US$;) Das Gardner verfügt über eine Dachterrasse mit Clubsesseln und Hängematten – vielleicht der einzige Unterschied zum España gleich nebenan.

Hotel Palmeras HOTEL **$$$**
(☎252-6139; www.hotelpalmeras.com.ec; Tomás de Berlanga; EZ/DZ 65/95 US$;) Der etwa steril wirkende, große Hotelkomplex überzeugt mit seiner Poollandschaft im 2. Stock.

Hotel Salinas HOTEL **$$**
(☎252-6072; Islas Plaza; EZ/DZ inkl. Frühstück ab 31/38 US$;) Die kleinen, dunklen Zimmer im Erdgeschoss haben Ventilatoren und sind ganz okay (die viel teureren Zimmer mit Klimaanlage sind den Aufpreis nicht wert). Auf der Veranda stehen einige Plastiktische und -stühle, und es gibt WLAN.

Hotel Lirio del Mar HOTEL $

(☎252-6212; Islas Plaza; Zi. 17 US$/Pers.; ❄) Hier gibt's nur das Nötigste: schmucklose Zimmer mit Betonwänden und Bäder, in denen nur kaltes Wasser aus der Leitung kommt. Viele der Zimmer im 2. Stock bekommen aber eine angenehm kühle Brise ab. Die teureren Zimmer mit Klimaanlage bieten kein gutes Preis-Leistungs-Verhältnis.

Hotel Santa Cruz HOTEL $

(Av Baltra nahe Indefatigable; Zi. 10–15 US$/Pers.; 📶) Diese sehr einfache, zweckmäßige Unterkunft liegt an einem entfernteren Abschnitt der Av Baltra, sodass man sich wie in einer normalen, älteren Stadt fühlt. Die Zimmer ohne Fenster sind düster.

NÖRDLICHER TEIL DER AVENIDA CHARLES DARWIN

Hotel Galápagos Inn HOTEL $$

(☎09-200-2065; www.hotelgalapagosinn.com; Ecke Fragata & Scalecia; EZ/DZ ab 35/55 US$; ❄📶🏊) Mit seinem unschlagbaren Meerblick von der Dachterrasse und den sonnenverwöhnten Zimmern mit Balkons im oberen Stockwerk bietet dieses früher als La Casa de Judy bekannte Hotel ein außergewöhnlich gutes Preis-Leistungs-Verhältnis. Einige der kleineren Standardzimmer liegen zu einer Terrasse mit einem hübschen Pool hin. Das Hotel befindet sich in einem äußerst ruhigen Häuserblock am Stadtrand, dennoch ist es bis zum *malecón* (Pier) nur ein kurzer Fußweg.

Peregrina B&B HOSTERÍA $$

(☎252-6323; peregrinagalapagos@yahoo.com; Ecke Av Charles Darwin & Indefatigable; EZ/DZ inkl. Frühstück 32/52 US$; ❄📶) Ein typisches B&B ist das in einem edlen Gebäude untergebrachte Peregrina mit seinen gemütlichen, komfortablen Zimmern wahrlich nicht. Einige der Zimmer sind größer und hübscher ausgestattet als andere. Ein paar Hängematten im kleinen Kakteengarten verstärken den Eindruck eines entspannten Rückzugsorts noch.

Mainao Inn HOTEL $$$

(☎252-4128; www.hotelmainao.com; Matazarnos; EZ/DZ inkl. Frühstück 98/142 US$; ❄@📶) Das Mainao erinnert an eine griechische Insel mit marokkanischer Zitadelle. Der weiß verputzte Komplex verfügt über einen wunderschön gepflegten Garten mit zahlreichen Blumen und saubere, geräumige, wenn auch für den Preis recht unspektakuläre Zimmer. Hier finden sich aber einige Plätzchen (z.B. die Dachterrasse), die perfekt sind, um ein Buch zu lesen, einen Kaffee zu trinken oder einfach nur die Sonne zu genießen.

Hotel Fernandina HOTEL $$$

(☎252-6499; Ecke Av 18 de Febrero & Los Piqueros; EZ/DZ 120/155 US$; ❄🏊) Obwohl das freundliche, familiengeführte Hotel nur einen kurzen Fußweg von der Avenida Charles Darwin entfernt liegt, fühlt man sich hier wie weit entrückt. Die Zimmer sind von einem hübsch angelegten Garten umgeben, und auf dem Gelände locken ein Swimming- und ein Whirlpool.

Hostal Los Amigos HOSTERÍA $

(Av Charles Darwin; Zi. mit Gemeinschaftsbad 10 US$/Pers.; 📶) Unter allen Budgetunterkünften ist das Los Amigos wohl die mit dem besten Preis-Leistungs-Verhältnis der Stadt. Das fehlende Warmwasser im Gemeinschaftsbad im Flur wird durch die zentrale Lage und die sauberen Zimmer mit Holzfußboden – die zugegebenermaßen klein sind – wett gemacht. Es gibt eine Küche und einen Aufenthaltsraum mit TV.

Hotel Silberstein HOTEL $$$

(☎252-6277; www.hotelsilberstein.com; Av Charles Darwin; EZ/DZ 140/210 US$; ❄@📶🏊) Die Zimmer dieses Herrenhauses im mexikanischen Stil liegen um einen hübschen Innenhof mit Pool und Garten.

Essen

Oft sind es nur die Preise, die die Restaurants, in denen Einheimische essen gehen, von denen unterscheiden, die auf Touristen ausgerichtet sind. Letztere finden sich fast ausschließlich entlang der Avenida Charles Darwin zwischen dem Hafen und der Charles-Darwin-Forschungsstation. Viele Hotels haben eigene Restaurants.

Auf der Avenida Charles Binford, gleich östlich der Avenida Baltra, gibt es über ein halbes Dutzend beliebte **Imbissstände**, an denen günstige und deftige Speisen – hauptsächlich Fisch- und Fleischgerichte, aber auch Pizza – verkauft werden. Am besten schaut man hier an einem Abend am Wochenende vorbei, wenn sich Feierlaune breit macht. Dann stehen Tische an der Straße, und Pärchen und Familien kommen her und mampfen ihre Lieblingsspeisen.

LP TIPP **Angermeyer Point Restaurant** INTERNATIONAL $$$

(☎252-7007; Hauptgerichte ab 11 US$; ⏲17–22 Uhr) Rustikal und romantisch. Dieses malerische, über dem Wasser gebaute Lokal (am Pier in ein Wassertaxi steigen!) ist der ideale Ort für ein Abendessen bei Kerzenschein. Es gibt überdurchschnittlich leckere Meeresfrüchte und einige wenige internationale Gerichte; an Freitagabenden wird Sushi serviert und am frühen Abend werden Tapas aufgetischt. Da hier oft große Gruppen anzutreffen sind, empfiehlt es sich, vorab einen Tisch zu reservieren.

Restaurant Tintorera ECUADORIANISCH **$$**
(Av Charles Darwin; Hauptgerichte 9 US$; Mo geschl.; 🛜) Am Nordende der Stadt liegt dieses am Abend sehr stimmungsvolle Restaurant mit Terrasse. Zur Auswahl steht eine breite Palette von Gerichten, von Burgern und Lasagne bis hin zu Blackened Fish (mit Butter und Kräutern marinierter und scharf gebratener Fisch) nach Cajun-Art und Hummer. Zum Nachtisch bekommt man hausgemachte Eiscreme und eine gute Auswahl von Kuchen. Auch Frühstück wird serviert.

La Dolce Italia ITALIENISCH, PIZZERIA **$$**
(☎09-455-4668; Av Charles Darwin; Hauptgerichte 12 US$; ⊙11–15 & 18–22 Uhr) Die nautisch angehauchte Einrichtung dieses gehobenen, von einem Sizilianer geführten Bistros verströmt ein freundliches Flair. Es ist bei Gruppen sehr beliebt, die mal eine Pause von den Bootsbufetts brauchen. Die hervorragenden Pizzas und Pastagerichte kann man sich entweder im Restaurant schmecken lassen, oder – falls man keine Lust auf einen Landgang hat – auch ans Boot liefern lassen.

Red Sushi JAPANISCH **$$**
(Red Mangrove Aventura Lodge, Av Charles Darwin; Hauptgerichte ab 10 US$; 🛜) In diesem gehobenen Hotelrestaurant kommen auch Sushi-Fans auf ihre Kosten. Im rustikal-eleganten Speisesaal wird eine sehr große Auswahl von japanischen Spezialitäten von Sashimi bis Teppanyaki serviert.

Rock ECUADORIANISCH, INTERNATIONAL **$$**
(Ecke Av Charles Darwin & Islas Plaza; Hauptgerichte 10 US$; 🛜) Ein rustikal-antikes Interieur mit einer Prise ecuadorianischen Flairs: Diese Mischung aus Bar und Restaurant ist bei Studenten, freiwillig Arbeitenden und Teilnehmern geführter Touren beliebt, die den Abend über frei haben. Die Speisekarte liest sich abwechslungsreicher als die vieler anderer Lokale. Unser Tipp: Die Linguine mit Kokossauce und Hummer (12 US$) sind ganz besonders empfehlenswert.

Garrapata ECUADORIANISCH **$$**
(Av Charles Darwin; Hauptgerichte 9 US$) Ein beliebtes Restaurant im Freien, das sich im Gegensatz zu vielen anderen Touristenlokalen sehr elegant gibt. Auf den Tisch kommen deftige Gerichte mit Fleisch, Meeresfrüchten oder Hähnchen und italienischer oder ecuadorianischer Note. Der gute Wein, die angenehme Meeresbrise und der Kieselboden machen das Garrapate für den Abend zu einer angesagten Adresse.

Il Giardino INTERNATIONAL, EIS **$$**
(Ecke Av Charles Darwin & Charles Binford; Hauptgerichte 10 US$) Dies ist die gehobenere Variante einer italienischen Trattoria. Sie kann sich mit einem tollen Speisebereich auf einer Veranda, raffinierten Gerichten mit Fleisch und Meeresfrüchten und einigen hervorragenden Desserts brüsten. Die *heladería* (Eisdiele) gleich nebenan gehört auch dazu. Zu beachten ist, dass auf die Rechnung noch 22 % für Service und Steuern aufgeschlagen werden.

Galápagos Deli FEINKOST, PIZZERIA **$**
(Tomás de Berlanga; Hauptgerichte 4 US$; ⊙Di–So 10.30–22.30 Uhr; 🛜) Wer von den ganzen typischen *almuerzos* (Mittagstisch) erst mal genug hat, der kann sich in diesem eleganten und modernen Restaurant eine Pizza aus dem Ziegelofen (klein 5 US$) oder ein Deli-Sandwich holen. Es gibt auch Kaffee und köstliches Eis (2 US$). Da sich der Laden in einem ruhigen Block versteckt, ist er so etwas wie ein Geheimtipp.

Hernan Café ECUADORIANISCH, INTERNATIONAL **$$**
(Av Baltra; Hauptgerichte 6–12 US$) Besonders erwähnenswert – nicht wegen der relativ unspektakulären Standardspeisekarte mit Pasta, Pizza und Fleischgerichten, sondern wegen seiner Lage an der geschäftigsten Kreuzung im Ort. Wenn Reisegruppen bis spät in die Nacht den Sitzbereich im Freien bevölkern, kommt hier sogar eine Art Nachtleben auf.

Casa de Lago Café Cultural CAFÉ **$**
(Ecke Moisés Brito & Juan Montalvo; Hauptgerichte 5 US$; 🛜) Dieses unkonventionelle Café hat drinnen und draußen ein paar Tische stehen. Es gibt ein hervorragendes Frühstück, Empanadas und Salate sowie hausgemachte Eiscreme, Fruchtdrinks und Filterkaffee.

Isla Grill GRILLGERICHTE, INTERNATIONAL **$$**
(Av Charles Darwin; Hauptgerichte 8 US$; ⊙Mo geschl.) Dieses Restaurant ist auf Touristen

ausgerichtet, die sowohl in Sachen Ambiente als auch beim Essensangebot das Altbekannte suchen. Das muss nicht unbedingt schlecht sein, aber mit den Meeresfrüchten vom offenen Grill ist man besser beraten als mit der Pizza.

El Chocolate ECUADORIANISCH $
(Av Charles Darwin; Hauptgerichte 3–6 US$; ⏲Mo–Sa 7.30–22 Uhr) El Chocolate ist unter den Restaurants am *malecón* schon ein alter Hase und hat eine Terrasse mit Tischen, an denen Meeresfrüchte, Sandwiches und Burger sowie ein leckerer Schokoladenkuchen serviert werden.

Descanso del Guia ECUADORIANISCH $
(Av Charles Darwin nahe Los Colonos; Hauptgerichte 4 US$) Durch ihre Lage in der Nähe der Anlegestelle ist diese Cafeteria zur Mittagszeit immer brechend voll.

Lo & Lo ECUADORIANISCH $
(Tomás de Berlanga; Hauptgerichte 6 US$; ⏲Mo geschl.; WLAN) Ein kleines Lokal im Freien, in dem *balones* (Bällchen aus unreifen, zerdrückten Kochbananen und Käse) und Empanadas angeboten werden.

Ausgehen & Unterhaltung

In den meisten Restaurants kann man auch gemütlich etwas trinken. Teilweise erfüllen sie auch eine zweite Funktion als hippe Bar.

Bongo Bar BAR
(Av Charles Darwin; ⏲19–2 Uhr; WLAN) Das bisschen Nachtleben, das in Puerto Ayora zu finden ist, konzentriert sich vor allem auf diese Location. Die schicke, zweistöckige Bar wartet mit Flachbildfernsehern, Musik und einer alkoholschwangeren Mischung aus angesagten Einheimischen, Guides und Touristen auf.

La Panga CLUB
(Av Charles Darwin; ⏲20.30–2 Uhr) In dieser Disco unter der Bongo Bar kann durch die Nacht getanzt werden (10 US$ Eintritt am Wochenende).

Limón y Café BAR
(Av Charles Darwin) In der einfachen Bar im Freien mit Kiesboden trifft man vor allem junge Einheimische. Es gibt Billardtische.

Galapagos Break Point BAR, CAFÉ
(Av Charles Darwin) Am Nordende der Stadt liegt diese Open-Air-Lounge mit Sofas in Sitznischen, in denen eine kleine Gruppe bequem Platz findet. Es gibt auch eine Speisekarte mit Ceviche und leichten Gerichten.

Shoppen

In Puerto Ayora wurde schon jeder erdenkliche Gegenstand mit dem Logo der Galápagosinseln versehen und verkauft. Besonders beliebt sind pseudowitzige T-Shirts mit zweideutigen Sprüchen. Der Erlös der Souvenirs und Kleidungsstücke, die in der Charles-Darwin-Forschungsstation verkauft werden, geht direkt an die Einrichtung. Man sollte nichts kaufen, was aus Schwarzer Koralle, Schildkröten oder Schildpatt hergestellt ist, da Korallen und Schildkröten geschützt sind und es illegal ist, (neue) Gegenstände aus solchen Materialien herzustellen.

Galería Aymara GALERIE, SCHMUCK
(www.galeria-aymara.com; Ecke Av Charles Darwin & Seymour) Eine edle Künstlerboutique, in der es Kunsthandwerk, Schmuck und Keramikwaren in einzigartigen Designs zu kaufen gibt.

Proinsular Supermarket SUPERMARKT
(Av Charles Darwin) Der Supermarkt in der Nähe der Anlegestelle der Wassertaxis verkauft Essen, Bier, Wein, Hygieneartikel, Sonnencreme und anderes Notwendiges.

Praktische Informationen

Geld

Banco del Pacífico (Av Charles Darwin; ⏲Mo–Fr 8–15.30, Sa 9.30–12.30 Uhr) Hat einen Geldautomaten und wechselt Reiseschecks. Weitere Geldautomaten dieser Bank, der Banco Bolivariano und der BAN RED sind nur wenige Schritte von der Anlegestelle der Wassertaxis entfernt im Proinsular Supermarket zu finden.

Internetzugang

Die meisten Mittel- und Spitzenklassehotels haben in ihren öffentlichen Bereichen, seltener in ihren Zimmern, WLAN. Auch einige Restaurants und Cafés bieten kabellosen Internetzugang. Internetcafés sind überall im Ort und entlang der Av Charles Darwin zu finden. Dort wird pro Stunde meist um die 2,50 US$ verlang; teilweise gibt's Kopfhörer für Skype-Nutzer.

Post

In der Nähe des Hafens befindet sich eine Post.

Telefon

An der Avenida Charles Darwin und der Avenida Baltra gibt es *multicabinas* (Telefonzellen). Auch die meisten Internetcafés haben Telefonkabinen.

Touristeninformation

Cámara de Turismo (☎252-6614; www.galapagostour.org, www.santacruz.gob.ec; Av Charles

Darwin) Hat Infos zu Hotels und Karten; einige der Angestellten sprechen Englisch. Hier kann man seine Beschwerden über Boote, geführte Touren, Guides oder Crewmitglieder loswerden.

Wäscherei

Überall sind Familienbetriebe aus dem Boden geschossen, die Traveller zu günstigen Preisen von dreckiger Wäsche befreien. Einer davon ist der **Laundry Lava Flash** (Islas Plaza; 1,50 US$/kg; ⌚8–13 & 14–19 Uhr).

ℹ An- & Weiterreise

Flugzeug

Nähere Infos zu Flügen von und nach Santa Cruz finden sich auf S. 378. Es wird empfohlen, sich den Abflug in den Büros von **Aerogal** (☎252-6798; Ecke Av San Cristobál & Lara), **LanChile** (☎269-2850; Av Charles Darwin; ⌚Mo–Sa 8–18, So 10–13 Uhr) oder **TAME** (☎252-6527; Ecke Av Charles Darwin & Av 12 de Febrero; ⌚Mo–Fr 8–12 & 14–17, Sa 9–12 Uhr) bestätigen zu lassen. Flüge sind oft ausgebucht, sodass es schwierig sein kann, einen Flug umzubuchen oder überhaupt ein Ticket zu bekommen.

EMETEBE (☎252-6177; Av Charles Darwin, Supermarkt Proinsular, 2. Stock) hat kleine Flugzeuge, die zwischen Isla Baltra, Isla San Cristóbal und Isla Isabela hin und her fliegen. Weitere Infos auf S. 378.

Schiff/Fähre

Täglich um 14 Uhr fahren private Schnellbote zur Isla Isabela (25 US$, 2–2¼ Std.) und zur Isla San Cristóbal (25 US$, 2 Std.). Auf diesen Booten gibt es keine Toiletten, und die Fahrt kann sehr unruhig und für manche somit recht unangenehm sein. Es ist zwar nicht notwendig, im Voraus zu buchen, besonders in der Hauptsaison sollte man sein Ticket aber schon am Vortag in den Büros in der Nähe der Anlegestelle der Wassertaxis kaufen. Man nimmt einfach den Anbieter, der zur gewünschten Zeit abfährt.

ℹ Unterwegs vor Ort

Hotels, Reiseagenturen, Tourveranstalter und einige Cafés verleihen Fahrräder (2 US$/Std.). Zu den Booten im Hafen oder zu einem Hotel oder einem anderen Ziel südwestlich der Stadt kommt man mit einem Wassertaxi (6–19 Uhr 0,60 US$/Pers., 19–6 Uhr 1 US$/Pers.).

Busse & Taxis

Vom CITTEG-Busbahnhof in Puerto Ayora fahren zwischen Montag und Samstag vier bis fünf Busse pro Tag nach Santa Rosa (ca. 1 US$), sonntags sind es weniger.

Der beste Weg, das Landesinnere zu erkunden und sicher zu sein, nirgendwo stecken zu bleiben, ist es, mit anderen Travellern zusammen einen Bus oder ein Taxi für den Tag zu mieten.

Alle Taxis sind Pick-ups. Wer also den Rückweg nach Puerto Ayora mit dem Fahrrad antreten möchte, kann es auf der Hinfahrt einfach hinten aufladen. Eine Taxifahrt nach Bellavista kostet etwa 2 US$, nach Santa Rosa sind es etwa 7 US$ (jeweils für die einfache Strecke).

Vom/Zum Flughafen

Der Flughafen befindet sich auf der Isla Baltra, einer kleinen Insel, die den nördlichsten Zipfel der Isla Santa Cruz fast berührt. Wer schon im Voraus eine Tour gebucht hat, wird bei der Ankunft von einem Vertreter des Bootsanbieters abgeholt und mit dem Bus zu dem Kanal gebracht, der die beiden Inseln voneinander trennt. Die Fahrt zum Bootsanleger dauert 10 Minuten.

Wer unabhängig reist, nimmt den öffentlichen Bus (kostenlos) mit der Aufschrift „Muelle". Die Fahrt zum Fähranleger dauert zehn Minuten, ebenso wie die Fahrt mit der Fähre zur Isla Santa Cruz (0,80 US$). Dort wartet ein CITTEG-Bus, der die Passagiere ins 45 bis 60 Minuten entfernte Puerto Ayora (1,80 US$) bringt. Diese Fahrt (auf asphaltierter Straße) vermittelt einen guten Einblick ins Landesinnere und das Hochland von Santa Cruz.

Das Ticket kann im Bus oder an einem der Tickethäuschen nahe dem Flughafenausgang gekauft werden. Die Busse sind immer übervoll.

Busse von Puerto Ayora zur Isla Baltra (über die Fähre) fahren morgens um 7, 7.30 und 8.30 Uhr (die Zeiten können sich ändern, also unbedingt abchecken!) vom CITTEG-**Busbahnhof** (Av Baltra) los. Der Busbahnhof liegt etwa 2 km nördlich des Hafens; eine Taxifahrt dorthin kostet 1 US$. Wer am Flughafen einen Flug erwischen muss, sollte für den kompletten Weg aus der Stadt 90 Minuten oder mehr einrechnen.

Eine Taxifahrt ab der Stadt bis zum Kanal (noch auf Isla Santa Cruz) kostet 15 US$ (35–40 Min.).

RUND UM DIE ISLA SANTA CRUZ

Die eine Insel von ansehnlicher Größe im zentralen Archipel, die keine für Besucher interessanten Orte zu bieten hat, ist die **Isla Pinzón** (Duncan). Sie ist von Klippen geprägt, was eine Landung hier sehr schwierig macht. Zudem braucht man für einen Besuch eine Genehmigung, die sind aber Wissenschaftlern und Forschern vorbehalten.

Isla Seymour & Isla Mosquera

Die durch einen Kanal von der Insel Baltra getrennte Isla Seymour hat eine Fläche von

1,9 km² und ermöglicht durch ihre erhöhte Lage eine Trockenlandung. Es gibt einen felsigen Rundweg (etwa 2,5 km lang), der durch eine der größten und am aktivsten genutzten Brutstätten von Meeresvogelkolonien der gesamten Inselgruppe führt. Die Hauptattraktion sind die prächtigen Fregattvögel und Blaufußtölpel. Zu jeder Jahreszeit gibt's hier was zu sehen: Balz, Paarung, Brut oder Aufzucht der Jungvögel. Es ist kein Problem, nahe an die Nester heranzukommen, da es immer mindestens ein dümmliches Tölpelpaar gibt, das es für eine gute Idee hält, sein Nest mitten auf den Weg zu bauen. Zudem nisten Gabelschwanzmöwen hier, und auch andere Vögel werden häufig gesichtet. Oft bekommt man auch Seelöwen, Galápagos-Landleguane und Meerechsen zu Gesicht, während sich Galápagos-Seebären, Lavaechsen und Galápagos-Schlangen nur recht selten blicken lassen. Die Tierwelt allein ist schon einen Besuch wert.

Die Isla Mosquera ist eine winzige Sandinsel (ca. 120 x 600 m) im Kanal zwischen der Isla Baltra und der Isla Seymour. Einen Wanderweg gibt nicht, Besucher kommen aber hierher, um am sandigen Strand die Seelöwenkolonie zu sehen (oder sogar mit den Tieren zu schwimmen). Vorsicht ist jedoch geboten, da Männchen ihre Gebietsansprüche verteidigen, wenn man zu nahe an die Weibchen oder Jungtiere heranschwimmt. Dann könnten sie angreifen, indem sie den vermeintlichen Angreifer im Wasser anrempeln, um ihn zu vertreiben.

Islas Plazas

Diese zwei kleinen Inseln unmittelbar vor der Ostküste von Santa Cruz können im Rahmen eines Tagesausflugs ab Puerto Ayora besucht werden. Sie bildeten sich infolge einer Anhebung des Meeresgrunds aufgrund von Verwerfungen. Boote ankern zwischen den beiden Inseln, und Besucher können auf der gerade einmal 13 ha großen **Plaza Sur** an Land gehen, der größeren Insel der beiden. Ein Anlegesteg sorgt für eine Trockenlandung und führt Traveller zu einem Opuntienwald, in dem viele Galápagos-Landleguane zu sehen sind. Ein 1 km langer Rundweg führt durch Seelöwenkolonien und an einer Klippe entlang, an der Gabelschwanzmöwen und andere Arten nisten. Die 25 m hohen Felsen sind ein hervorragender Aussichtspunkt, um verschiedene Meeresvögel wie Rotschnabel-Tropikvögel, Fregattvögel, Pelikane und Schuppensturmtaucher zu beobachten. Es ist auch möglich, zwischen Seelöwen zu schnorcheln.

Islas Daphne

Die beiden Vulkaninseln liegen etwa 10 km westlich der Isla Seymour. Während **Daphne Minor** stark erodiert ist, hat **Daphne Mayor** größtenteils die typische vulkanische Form (Tuffkegel genannt) beibehalten. Ein kurzer, aber steiler Weg führt zum 120 m hohen Gipfel dieser winzigen Insel.

Oben auf dem Kegel befinden sich zwei kleine Krater, in denen Hunderte Nester von Blaufußtölpeln zu finden sind. Nazca-Tölpel nisten am Kraterrand, und einige Rotschnabel-Tropikvögel haben ihre Nester in den Felsspalten der steil abfallenden Klippen der Inseln gebaut.

Die Insel ist schwer zu besuchen, da für die Anlandung eine gewisse akrobatische Leistung gefordert ist: Besucher müssen von einem schaukelnden *panga* auf eine schräge Klippe springen und über die Felsen nach oben kraxeln. Die steilen Hänge sind brüchig und erosionsanfällig, weshalb die Nationalparkbehörden die Besucheranzahl auf der Insel begrenzt haben. Für einen Besuch muss man sich vorab eine Sondergenehmigung holen; die maximale Gruppengröße beträgt zwölf Personen.

Isla Santa Fé (Barrington)

Diese 24 km² große Insel liegt etwa 20 km südöstlich von Santa Cruz und ist ein beliebtes Ziel für Tagesausflüge. In einer hübschen Bucht an der Nordostküste gibt es einen sehr guten Ankerplatz, und nach einer Nasslandung (eine Landung am Strand, bei der man vom Boot ins Wasser steigen muss, um an Land zu kommen) hat der Besucher die Wahl zwischen zwei Wegen. Ein 300 m langer Pfad führt zu einem der größten Opuntienbestände der Galápagosinseln – einige Kakteen sind über 10 m hoch. Ein etwas anstrengender, unwegsamer Pfad führt ins Hochland, wo man mit etwas Glück den **Santa-Fé-Landleguan** (den es sonst nirgendwo auf der Welt gibt) zu Gesicht bekommt. Weitere Attraktionen sind eine Seelöwenkolonie, hervorragende Schnorchelmöglichkeiten, Meerechsen und, natürlich, Vögel.

ISLA SAN CRISTÓBAL (CHATHAM)

Stolze Einheimische nennen San Cristóbal gerne die Hauptstadt des Paradieses – und praktisch trifft das eigentlich auch zu, da ihre Hafenstadt Puerto Baquerizo Moreno politischer Sitz der Provinz Galápagos ist. San Cristóbal ist die einzige Insel mit Süßwasservorkommen und einem Flughafen in der Stadt, und sie wartet mit mehreren leicht erreichbaren Besuchermagneten auf, was dazu führt, dass hierher fast so viele Touristen kommen wie nach Santa Cruz. San Cristóbal ist die fünftgrößte Insel des Archipels und hat die zweithöchste Einwohnerzahl. Die San-Cristóbal-Spottdrossel ist auf der Insel weit verbreitet, sonst aber nirgendwo auf der Welt zu finden.

Obwohl sie schon 1880 besiedelt wurde, markierte erst die Errichtung einer Zuckerfabrik durch Manuel J. Cobos im Jahr 1891 den Startpunkt für eine erwähnenswerte Präsenz des Menschen auf der Insel. Cobos warb Häftlinge vom Festland an, die in seiner Fabrik in El Progreso arbeiten sollten. Er importierte Eisenbahnwaggons und prägte sein eigenes Geld, das er Cobo nannte. Das utopische Experiment ging 13 Jahre lang gut, bis die Arbeiter rebellierten und ihn 1904 meuchelten. Daraufhin übernahm sein Sohn das Geschäft, war aber nicht sonderlich erfolgreich. Jene Stätte ist heute ein kleiner Ort, in dem noch die Fabrikruinen und die Stelle zu sehen sind, an der Cobos beerdigt wurde.

Sehenswertes & Aktivitäten

Eine etwa einstündige Bootsfahrt nordöstlich von Puerto Baquerizo Moreno liegt der **León Dormido (Kicker Rock)**, der seinen Namen der Ähnlichkeit mit einem schlafenden Löwen verdankt. Die Insel ist ein beeindruckender, senkrecht aufragender Tuffkegel mit kahlen Wänden, der sich durch Erosion geteilt hat. Kleinere Boote können zwischen den beiden Felsen hindurchschippern. Da es keine Anlandemöglichkeit gibt, bleibt meist nur die Option, die Insel beim Schnorcheln vom Wasser, aus dem vorbeifahrenden Boot oder vom Gipfel des Cerro de las Tijeretas außerhalb von Puerto Baquerizo Moreno zu bestaunen – besonders bei Sonnenuntergang ein toller Anblick!

Eine halbstündige Bootsfahrt nordöstlich von Puerto Baquerizo Moreno befindet sich die winzige Felseninsel **Isla Lobos**. Die hier lebenden Seelöwen- und Blaufußtölpelkolonien werden häufig von Besuchern der Isla San Cristóbal angesteuert. Auf dem 300 m langen Weg, der über die Insel führt, werden oft auch Lavaechsen gesichtet. Bootsfahrt und Weg sind oft rau bzw. unwegsam, und es gibt andere Orte, an denen Tierpopulationen besser zu sehen sind.

DER SÜDEN VON SAN CRISTÓBAL

Lagune El Junco SEE

Vom Hochlanddorf El Progreso führt eine unbefestigte Straße nach Osten zur Lagune El Junco, einem Süßwassersee auf einer Höhe von 700 m. Entweder man mietet sich einen Jeep oder legt die 10 km zu Fuß zurück. Die Lagune ist eines der wenigen dauerhaften Süßwasservorkommen der Galápagosinseln. Hier kann man Fregattvögel dabei beobachten, wie sie sich das Salz aus ihrem Gefieder waschen, es gibt Bahamaenten und Amerikanische Teichhühner, und es herrschen die typische Miconia-Vegetation des Hochlands und endemische Baumfarne vor. Oft ist es neblig oder regnerisch.

Cerro Brujo STRAND

Dies ist vielleicht einer der schönsten Strände der Galápagosinseln. Der riesige, weiße Cerro Brujo liegt an der Westseite der Insel, und der Sand hier fühlt sich an wie gesiebter Puderzucker. Hier sind eine Seelöwen- und eine Blaufußtölpelkolonie beheimatet. In der Lagune hinter dem Strand kann man Silber- und Kanadareiher beobachten. Das türkisfarbene Wasser eignet sich außerdem hervorragend zum Schnorcheln.

Playa Ochoa STRAND

An der Westseite der Insel befindet sich diese hufeisenförmige Bucht mit weißem Sandstrand und flachem Wasser, das zum Schnorcheln einlädt. Seelöwen, Fregattvögel, Pelikane und Blaufußtölpel tollen hier herum, man braucht aber ein Boot und einen Guide, um in die Bucht kommen. Alternativ paddelt man mit dem Kajak hierher.

Galapaguera NATURSCHUTZGEBIET

Galapaguera gehört zum Nationalpark am südwestlichen Zipfel von San Cristóbal, in dem Riesenschildkröten unter annähernd natürlichem Bedingungen leben. Ein Taxi ab Puerto Baquerizo Moreno und wieder zurück kostet etwa 30 US$.

El Progreso DORF

Eine von Schlaglöchern übersäte asphaltierte Straße führt von der Hauptstadt nach El Progreso, das etwa 8 km östlich am Fuß des 896 m hohen Cerro San Joaquín liegt, der

Isla San Cristóbal

höchsten Erhebung San Cristóbals. El Progreso ist ein verschlafenes Dorf, in dem es nichts zu sehen gibt. Es wird mehrmals täglich von Bussen aus Puerto Baquerizo Moreno angefahren; eine Taxitour kostet 2 US$.

Ein durchschnittliches Essen in einer alles andere als durchschnittlichen Umgebung gibt's in **La Casa del Ceibo** (☎301-0160; Hauptgerichte 4 US$; ⏲Sa & So 8–12 & 14–18 Uhr), einem kleinen Verschlag, der auf halber Höhe an einen gigantischen Kapokbaum gebaut wurde. Man kann die Nacht im Baumhaus verbringen (20 US$/Pers.) oder auf dem kleinen Gelände zelten.

Puerto Chino STRAND

Die Straße zur Lagune El Junco führt hinter dem See weiter über die Insel bis zum einsamen Strand Puerto Chino (mittlerweile auch über einen asphaltierten Pfad zu erreichen). Er ist einer von zwei Orten, an denen das Campen – mit Genehmigung des Galápagos-Nationalparkbüros in Puerto Baquerizo Moreno – möglich ist. Außerdem ist er für Surfanfänger geeignet, da die Wellen hier über Sandbänken brechen. Ein Taxi ab Puerto Baquerizo Moreno kostet 35 US$.

DER NORDEN VON SAN CRISTÓBAL

Los Galápagos NATURSCHUTZGEBIET

Am nördlichen Zipfel von San Cristóbal befindet sich Los Galápagos, wo nicht selten **Galápagos-Riesenschildkröten** in freier Wildbahn beobachtet werden können. Allerdings ist das Hochlandgebiet, in dem sie leben, nur schwer zu erreichen.

Eine Möglichkeit, in das Naturschutzgebiet zu gelangen, ist es, in der Bucht am nördlichen Ende der Insel zu ankern und dann hinauf ins Hochland zu wandern. Der Weg in das von den Schildkröten besiedelte Gebiet dauert etwa zwei Stunden. Man kann Glück oder Pech haben und ganz viele oder keine einzige Schildkröte sehen.

Los Galápagos ist auch über die Straße ab Puerto Baquerizo Moreno zu erreichen. Sie führt durch El Progreso und weiter zur Lagune El Junco. Von dort geht's zu Fuß weiter.

Punta Pitt VOGELBEOBACHTUNG, SCHNORCHELN

Der nordöstlichste Punkt der Insel, die Punta Pitt, weckt mit vulkanischen Tuffformationen das Interesse von Geologen (und ist selbst auch ein hübscher Anblick). Das Einzigartige an der Punta ist aber, dass dies der einzige Ort ist, an dem alle Galápagos-Tölpelarten an einer Stelle nisten. Der Fußweg ist zwar anstrengend, lohnt sich aber.

Puerto Grande STRAND

Puerto Grande ist kleiner, als der Name vermuten lässt. Die gut geschützte Bucht liegt an der Nordwestküste San Cristóbals.

Der hübsche Sandstrand eignet sich zum Schwimmen, und es können einige Meeresvögel beobachtet werden. Die kleine Bucht ist mit dem Kajak erreichbar und Campen mit vorheriger Genehmigung gestattet.

Bahía Tortuga TIERBEOBACHTUNG
Hier können Flamingos, Meeresschildkröten und andere Tiere beobachtet werden. Sowohl die Bahía Tortuga als auch der Cerro Brujo können im Rahmen eines Ausflugs zur Punta Pitt und Los Galápagos besucht werden.

Puerto Baquerizo Moreno

☎05 / 10 000 EW.

Trotz eines kleinen Hotelbooms, der teilweise dem erhöhten Flugaufkommen und neuen Beschränkungen für Bootsrouten zu verdanken ist, hat sich Puerto Baquerizo Moreno den Charme eines verschlafenen Fischerdorfs bewahrt, in dem die Zeit stillzustehen scheint. Und obwohl immer mehr Ausflüge hier beginnen oder enden, steht es doch weiterhin im Schatten von Puerto Ayora, seiner größeren, prominenten Schwesternstadt. Die Surfmöglichkeiten hier haben Weltklasseniveau, und viele Orte der Insel können von hier aus auf eigene Faust erkundet werden.

Sehenswertes & Aktivitäten

La Lobería STRAND
Unmittelbar hinter der Schule und vor dem Flughafen führt eine Straße einige Kilometer (zu Fuß etwa 30 Min.) bis La Lobería. Dies ist ein felsiger Strand mit einer Kolonie fauler Seelöwen. Hier kann das ganze Jahr über gesurft werden. Entlang des Pfades, der am Strand verläuft, sonnen sich zahlreiche Galápagos-Landleguane. Wasser und Sonnenschutz nicht vergessen! Eine Taxifahrt hierher kostet etwa 2 US$. Zurück geht's entweder zu Fuß oder wieder mit dem Taxi (der Fahrer nimmt für die Wartezeit zusätzlich 4 US$).

Tauchen TAUCHEN
In der näheren Umgebung finden sich einige gute Tauchplätze. Adlerrochen, Meeresschildkröten, Seelöwen, Hammer- und Weißspitzenriffhaie sind rund um den León Dormido (Kicker Rock) anzutreffen. Makrelenschwärme, Adlerrochen, Stachelrochen und Seepferdchen tummeln sich am Stephanie's Rock. Roca Ballena ist eine in einer Tiefe von etwa 23 bis 24 m gelegene Höhle mit Korallen, Papageienfischen und Rochen. Aufgrund der starken Strömung ist sie aber nur für erfahrene Taucher zugänglich. Auch Wracktauchen ist hier möglich, z. B. am *Caragua,* einem 100 m langen Frachter in der Nähe der Stelle, an der sich die Ölkatastrophe mit der *Jessica* ereignete. Mehrere Betreiber im Ort bieten Tauchausflüge an (s. unten).

Surfen SURFEN
Hier ist zweifellos einer der besten Spots zum Surfen auf den gesamten Galápagosinseln. Jedes Jahr im Januar zieht es über 100 Surfer, vorwiegend aus Brasilien, hierher. Die Wellen sind das ganze Jahr über gut, die beste Zeit ist aber von Dezember bis April. Erstklassige Reefbreaks in Ortsnähe sind **El Cañon** und **Tongo Reef**. Sie sind beide zu Fuß durch das Militärgebiet zu erreichen. Wer ein Surfbrett dabei hat und sich entsprechend ausweisen kann – am besten mit einer Mitgliedskarte des örtlichen San Cristóbal Surf Club (10 US$, gültig für ein Jahr und im Internet- und Telefonshop Dolphin in der Avenida 12 de Febrero erhältlich) – wird durchgewinkt. Auch **La Lobería** und **Punta Carola** haben hervorragende Reefbreaks. Infos gibt's bei Sharksky Tours oder im **Dive & Surf Club** (☎08-587-7122; www.divesurfclub.com; Ecke Hernán Melville & Ignacio Hernández), wo auch Surfbretter verliehen (20 US$/Tag) und Surfkurse gegeben werden (35 US$). Bietet auch Komplettservice für Taucher!

Malecón PLAZA
Der restaurierte *malecón* ist sozusagen die Dorfplaza von Baquerizo Moreno. Er wurde aus qualitativ hochwertigen, rein natürlichen Materialien gebaut, hat Bänke, eine kleine Plaza für Abendkonzerte und eine Wasserrutsche, auf der sich die einheimischen Kinder gerne vergnügen.

Geführte Touren

LP TIPP **Sharksky Tours** TAUCHEN & SCHNORCHELN
(☎252-1188; www.sharksky.com; Av Charles Darwin) Dieser Anbieter hat eintägige Schnorchelausflüge (50 US$), Touren mit Hotelübernachtungen und Sporttauchen (2 Bootstauchgänge 145 US$) im Angebot und ist die wohl beste Anlaufstelle, wenn es um Infos und den Verleih von Surfbrettern und Fahrrädern (15 US$) geht.

Chalo Tours TAUCHEN
(☎252-0953; chalotours@hotmail.com; Av Charles Darwin) Hat ein- und mehrtägige

Tauchtrips mit Übernachtung im Programm, außerdem Tagesausflüge auf San Cristóbal und zu nahe gelegenen Inseln. Es werden auch Schnorchel-, Kajak- und Fahrradausrüstungen verliehen.

Galakiwi GRUPPENTOUREN
(www.galakiwi.com; Av Charles Darwin) Das Betreiberpaar (eine Hälfte kommt aus Neuseeland, die andere von den Galápagosinseln) bietet Touren auf dem Festland und Schnorchelausflüge auf und rund um San Cristóbal (30 US$/Pers.), Ganztagestouren zur Isla Española (85 US$), Bootstouren mit Übernachtung, Verleih von Schnorchelausrüstung und tägliche Tauchtouren (100 US$ für je 2 Tauchgänge). Gelegen neben dem Hotel Miconia.

Tranquilo Divers TAUCHEN
(☎301-0271; www.tranquilodivers.com; Av Charles Darwin) Ein weiterer empfehlenswerter Anbieter, der verschiedene San-Cristóbal-Touren im Programm hat.

Schlafen

AM WASSER

LP TIPP **Casa Blanca** HOTEL $$
(☎252-0392; www.casablancagalapagos.com; Av Charles Darwin; EZ/DZ/3BZ/4BZ 45/50/70/80 US$; ❄) Die beste Unterkunft im ganzen Ort. Das Gebäude aus weiß getünchten Lehmziegeln hat zauberhaft eingerichtete Zimmer mit Fliesenböden und liegt dazu noch am *malecón* direkt gegenüber der Passagieranlegestelle. Somit hat man aus den Zimmern mit dem Meer zugewandten Balkonen eine traumhafte Aussicht. Die Rezeption befindet sich im 3. Stock, wo auch eine kleine Frühstücksecke eingerichtet ist. Besonders empfehlenswert ist das kreisförmige Zimmer im obersten Stock mit sehr viel Sonnenlicht, pastellfarbenen Wänden und Klubsesseln auf der Dachterrasse.

Casa Opuntia HOTEL $$$
(☎02-604-6800; www.opuntiahotels.com; EZ/DZ inkl. Frühstück ab 100/130 US$; ❄📶🏊) Diese weiß getünchte Villa steht an einem Ende des *malecón*. Die Zimmer sind luftig und spartanisch eingerichtet, manche sind mit Korbwaren und Insel-Schnickschnak dekoriert. Einige der Zimmer haben einen Balkon mit Blick auf den Pool und den Whirlpool (der nicht immer gefüllt ist) hinterm Haus, während andere Zimmer Meerblick bieten und über den hübschen Hof mit den Hängematten vor dem Haus blicken.

Miconia HOTEL $$$
(☎252-0608; www.miconia.com; Av Charles Darwin; inkl. Frühstück ab 87 US$/Pers.; ❄@📶🏊) Nur wenige Schritte von der Casa Opuntia entfernt liegt direkt am Wasser dieses Hotel, das so viele Annehmlichkeiten bietet wie kein anderes auf der Insel. Die sieben attraktiven Suiten im flachen Originalgebäude besitzen abgetrennte, in erdigen Pastelltönen gehaltene Wohnbereiche mit Korbmöbeln. Hinterm Haus gibt es auch einen winzigen Pool und einen Whirlpool. Weniger geräumig, aber ebenso vollständig ausgestattet, sind die Zimmer auf den vier Etagen des Gebäudes nebenan. Es gibt einen Fitnessraum mit allen Schikanen und ein Restaurant mit Blick auf den Hafen.

Suites Bellavista HOTEL $$$
(☎252-0352; Av Charles Darwin; 50 US$/Pers.; ❄) Am *malecón* gegenüber der Casa Blanca ist diese recht gute Option zu finden. Der 1. und 2. Stock dieses zweckmäßigen Gebäudes verfügen über eine Reihe hübscher, freundlicher Zimmer mit glänzenden Holzfußböden, Minikühlschränken, Kabelfernsehen und modernen Bädern. Das Büro befindet sich in einem Laden im Erdgeschoss.

Albatross Hostal HOTEL $
Av Charles Darwin; EZ/DZ 15/25 US$) Wenn eine Unterkunft an ein Gefängnis erinnert, ist das nie ein gutes Zeichen. Dennoch ist dies eine der günstigsten Optionen im Ort und vor allem für große Gruppen geeignet, die sich dann im Betonschlafsaal einrichten können. Es gibt kein warmes Wasser und nur wenig Licht.

ÜBRIGE INSEL

LP TIPP **Casa Iguana Mar y Sol** HOTEL $$$
(☎252-1788; Zi. ab 100 US$; ❄) Alles an diesem Hotel, das sich nur wenige Minuten vom *malecón* entfernt in Richtung Playa Mann befindet, ist mit Liebe und Sorgfalt von Hand gefertigt – vom Treppengeländer bis hin zu dem Leguan, der in die Eingangstür geritzt ist. Die Zimmer sind große Suiten in Boutiquequalität mit überraschenden Schnörkeln. Die Lounge/Bar/Frühstücksecke im Erdgeschoss ist stylish wie in einem Soho-Hotel, und die Sonnenterrasse bzw. Dachbar ist der perfekte Ort für einen Drink bei Sonnenuntergang.

Casa de Laura Hostal HOSTERÍA $
(☎252-0173; hostalcasadelaura@hotmail.com; Av de la Armada; 15 US$/Pers.; ❄) Dieser freundliche, familiengeführte Rückzugsort ist

Puerto Baquerizo Moreno

eine der Unterkünfte mit dem besten Preis-Leistungs-Verhältnis im Ort. Er ist in einem zweistöckigen Gebäude aus Lehmziegeln untergebracht und verfügt über moderne Zimmer mit Warmwasseranschluss. Außerdem gibt es einen hübsch angelegten Hof und Hängematten im winzigen Kakteengarten vor dem Haus. Zu finden ist die Casa de Laura am Ende eines kurzen Zufahrtswegs gegenüber dem Basketballplatz am westlichen Ende der Av Charles Darwin.

Hostería Pimampiro HOSTERÍA $$
(☎252-0323; www.hosteriapimampiro.com; Av Quito & Tulcan; EZ/DZ inkl. Frühstück 50/70 US$; ❄📶🏊) Der Weg zu diesem kleinen, abgeschotteten Komplex mit Blick über den Ort ist relativ steil und mühsam. Für wen dies aber kein Hindernis darstellt, für den ist das Pimampiro mit seinen villenähnlichen Gebäuden und Zimmern aus Stein und Beton eine super Wahl. Es gibt einen besonders gemütlichen Speise- bzw. Frühstückssaal.

Cabañas Don Jorge BUNGALOW $$
(☎252-0208; www.cabanasdonjorge.com; Av Alsacio Northia; EZ/DZ 25/40 US$; 📶) Ein buntes Durcheinander aus rustikalen, alternden *cabañas* (Hütten), die irgendwie an eine Rangerstation mitten in der Wildnis erinnern. Die Küchen sind voll ausgestattet, sodass Selbstversorgung kein Problem ist. Das Don Jorge liegt auf dem Weg zur Playa Mann auf der rechten Seite.

Hostal León Dormido HOTEL $
(☎252-0169; hostaleondormido@hotmail.com; Av José de Villamil; EZ/DZ 25/40 US$; ❄📶) Im Vergleich zum Gran Hotel, dem nächsten Konkurrenten des León Dormido, sind die Zimmer hier freundlicher und die Lage, nur einen halben Block vom *malecón* entfernt, zentraler, was dem „schlafenden Löwen" einen leichten Wettbewerbsvorteil verschafft.

Gran Hotel Paraiso Insular HOTEL $$
(☎252-0901; www.grandhotelparaisoinsular.com; Av Alsacio Northia; Zi. 25 US$/Pers.; ❄📶) Ein

Puerto Baquerizo Moreno

Aktivitäten, Kurse & Touren

1	Chalo Tours	B2
2	Dive & Surf Club	C2
	Galakiwi	(siehe 11)
	Galapagos Dava Tours SA	(siehe 5)
3	Sharksky Tours	C1
4	Tranquilo Divers	B2
	Via Mar	(siehe 12)

Schlafen

5	Albatross Hostal	B2
6	Casa Blanca	C1
7	Casa de Laura Hostal	A3
8	Casa Opuntia	C1
9	Gran Hotel Paraiso Insular	B4
10	Hostal Leon Dormido	B2
11	Miconia	C1
12	Suites Bellavista	C1

Essen

13	Calypso Restaurant	A3
14	El Descanco Marinero	C2
15	Galamarket	D3
16	La Playa	A2
	Miconia	(siehe 11)
17	Mockingbird Café	C2
18	Parrillada San José	C3
19	Patagonia Café & Bar	B2
20	Sheanovi Restaurant & Bar	B2

Ausgehen

21	Bar Arrecife	C2
22	Bar Iguana Rock	C4
23	Cabaña Mi Grande	B2
24	Café del Mar	B2
	Muana Café	(siehe 6)
25	Rosita	C2

rein funktionales Gebäude, in dem ebenso gut Büros untergebracht sein könnten. Die Zimmer sind gut instand gehalten und haben an den Wänden kleine Fernseher mit Kabelanschluss sowie Plastiktische und -stühle. Etwas außerhalb in Richtung Flughafen gelegen.

Essen

Es gibt in Puerto Baquerizo Moreno nicht viele Restaurants, die auf Touristen ausgerichtet sind. Das ist einerseits gut, andererseits aber auch nicht. Die meisten Optionen sind ungezwungene Lokale mit ein paar wenigen Tischen an der Straße; sie schließen sonntags früh. Einige einfache Restaurants bieten günstige *almuerzos* an. Sie sind in den Seitenstraßen zu finden, die vom *malecón* aus mindestens einen Häuserblock in Richtung Landesinnere liegen.

La Playa ECUADORIANISCH, INTERNATIONAL **$$**
(Av de la Armada; Hauptgerichte 10 US$) Dieses Restaurant am Wasser setzt vor allem auf ausländische Gruppen. Es liegt westlich des Orts und unmittelbar vor dem Eingang zur Marinezone. Es gibt Sitzgelegenheiten im Freien und, was noch wichtiger ist, hervorragende Meeresfrüchte und Ceviches vom Grill sowie Pizza, Pasta und Sandwiches. Anders als in viele andere Restaurants kann man hier auch sonntags einkehren.

Parrillada San José GRILLGERICHTE **$$**
(Ecke José de Villamil & García Moreno; Hauptgerichte 10 US$; ⌚18–22 Uhr) Ein Knistern und das rauchige Aroma saftiger Grillgerichte durchdringen die Atmosphäre dieses schicken Restaurants im Freien. Zur Wahl stehen Garnelen, Hummer, Rind, Hähnchen, Lamm und Schwein, die dann an einem der Picknicktische verspeist werden können.

Sheanovi Restaurant & Bar ECUADORIANISCH, ITALIENISCH **$$**
(Ecke José de Villamil & Ignacio Hernández; Hauptgerichte 8 US$; ⌚17–22 Uhr) Im 2. Stock eines Gebäudes ist dieses hübsche Lokal mit gehobenen Ambitionen untergebracht. Manchmal wird das Sheanovi von Bootsgruppen bevölkert, die mit dem Beamer Videos über die Galápagosinseln ansehen. Serviert werden Pasta, Fajitas, Fisch und Crêpes.

Calypso Restaurant ECUADORIANISCH, INTERNATIONAL **$$**
(Av Charles Darwin; Hauptgerichte 11 US$) Das Calypso serviert gute Gerichte mit Meeresfrüchten sowie Burger, Pizzas und Salate. Das ungezwungene Restaurant befindet sich mitten auf einer Plaza am westlichen Ende des *malecón* und ist auch ein gutes Plätzchen für einen Kaffee, einen Saft oder ein leckeres Stück Schokoladenkuchen.

Miconia ECUADORIANISCH, INTERNATIONAL **$$$**
(Av Charles Darwin; Hauptgerichte 15 US$) Im 2. Stock des gleichnamigen Hotels werden internationale Standards wie Pizzas und Pasta sowie regionales Seafood serviert.

Mockingbird Café INTERNATIONAL **$**
(Ecke Española & Ignacio Hernández; Hauptgerichte 5,50 US$; ⌚Mo–Sa 8–23, So 11–21 Uhr; @ wifi) In diesem bei Travellern sehr beliebten Lokal kommen Salate, Burger und leckeres Frühstück auf die Tische. Eine der wenigen Locations, die sonntags geöffnet haben.

El Descanso Marinero SEAFOOD $
(Av Alsacio Northia; Hauptgerichte 6 US$) Hier kommen in einem bezaubernden Garten Ceviche und andere Meeresfrüchte aus frischem Fang auf den Picknicktisch. Die Öffnungszeiten ändern sich ständig, und das Tagesmenü hängt vom aktuellen Fang ab.

Patagonia Café & Bar ECUADORIANISCH $
(Av Charles Darwin; Hauptgerichte 3,50 US$) An ein bis zwei Tischen auf dem *malecón* und im großen, heimeligen Speisesaal werden Snacks wie Empanadas sowie Burger und einfache Gerichte mit Fleisch und Meeresfrüchten serviert.

Galamarket SUPERMARKT $
(J José Flores) Das größte und am besten sortierte Lebensmittelgeschäft befindet sich südöstlich vom Ortskern auf einem Hügel.

Ausgehen & Unterhaltung

Jeden Freitagabend präsentieren die Einheimischen auf dem *malecón* zwischen Wolf und Villamil eine Show mit *folklórica* (Volksmusik) und moderner Musik, zu der auch Aufführungen von Schulkindern zählen (die Shakira Konkurrenz machen).

Cabaña Mi Grande SAFTBAR
(José de Villamil; Drinks 1,50 US$) Dieser Laden im 2. Stock ist für seine verschiedenen *batidos* (Fruchtshakes) und Säfte bekannt. Es gibt auch Burger, Snacks und gutes Frühstück, beispielsweise Müsli mit Früchten und Joghurt (3 US$). Sonntags geöffnet.

Muana Café CAFÉ
(Ecke Av Charles Darwin & Hernán Melville) In diesem attraktiven Café unterhalb des Casa Blanca Hotels treffen sich die Passagiere der ankommenden bzw. abfahrenden Boote. Gute Adresse für einen Kaffee, ein Bier oder ein Dessert!

Bar Arrecife BAR
(García Moreno) *Die* Adresse für Karaokeabende! Unten ist das Arrecife eine typische Bar, oben auf der Veranda im Freien braucht man keine Platzangst mehr haben.

Rosita BAR
(Ecke Ignacio Hernández & Teodoro Wolf) Eine Bar im Freien mit einem leicht maritimen Ambiente. Es wird Essen serviert, am besten kommt man aber für ein paar Drinks am Abend her.

Café del Mar BAR
(Malecón) Ein nicht ganz passendes Gebäude direkt am *malecón* mit Livemusik am Wochenende bzw. immer dann, wenn der Besitzer (der in einer Band spielt) in der Stadt ist.

Bar Iguana Rock BAR
(Ecke J José Flores & Quito) Ein guter Treffpunkt für junge Leute in den Zwanzigern. Es gibt einen Billardtisch, und manchmal spielt hier sogar die eine oder andere Band, die nicht von der Insel stammt.

Praktische Informationen

Geld

Banco del Pacifico (Av Charles Darwin) Hat einen Geldautomaten und wechselt Reiseschecks.

Banco Nacional de Fomento (BNF; Ecke Av 12 de Febrero & Hernández) Hat einen Geldautomaten.

Internetzugang

Im Ort gibt's mehrere Internetcafés, darunter auch das Mockingbird Café (S. 357), ein beliebter Treffpunkt, an dem man guten Kaffee und Snacks bekommt.

Telefon

Dolphin (Av 12 de Febrero) Hat eine ganze Reihe von *multicabinas* sowie Internet.

Weitere *multicabinas* (Telefonzellen) sind überall im Ort zu finden.

Touristeninformation

Kommunale Touristeninformation (☎252-0119; www.turismosancristobal.com; Av Charles Darwin & Av 12 de Febrero; ⏲Mo–Fr 8–12.30 & 14–17 Uhr) Karten und Infos zu Unterkünften und Verkehrsmitteln.

Wäscherei

Wäscherei (Av Alsacio Northia; 1 US$/kg) Diese effiziente Wäscherei mit Waschmaschinen und Trocknern befindet sich gleich neben der Kirche.

Lavandería Sebastion (Av 12 de Febrero; 1 US$/kg) Einige Häuserblocks von der Wäscherei in der Av Alsacio Northia entfernt.

An- & Weiterreise

Flugzeug

Der Flughafen liegt 500 m vom Ort entfernt; zu Fuß sind das fünf Minuten, ein Taxi berechnet 1 US$ (Taxis sind weiße Pick-ups). Infos zu Flügen nach Guayaquil und Quito finden sich auf S. 378. Unabhängig davon, mit welcher Airline man fliegt, sollte man sein Gepäck immer mindestens zwei Stunden im Voraus abgeben. Danach kann man immer noch in die Stadt zurückgehen und die letzten Stunden auf der Insel ganz entspannt verbringen.

Aerogal (☎252-1118) Am Flughafen.

EMETEBE (☎252-0036) Am Flughafen; verbindet die Inseln miteinander.

LanChile Am Flughafen.

TAME (☎252-1089; Ecke Av Charles Darwin & Av Quito; ⏲Mo, Di & Do 8–12 & 14–17, Sa 9–12 Uhr) Hat ein Büro im Ort und am Flughafen.

Schiff/Fähre

Kleine Schnellboote fahren täglich nach Puerto Ayora (25 US$, 2¼ Std., 7 Uhr) auf der Isla Santa Cruz und sehr selten auch direkt zu den Inseln Isla Santa María und Isla Isabela. Wer unterwegs zur Isla Isabela ist, sollte das Ticket für den zweiten Teil der Strecke, von Puerto Ayora zur Isla Isabela (Puerto Villamil), beim selben Bootsanbieter buchen (insgesamt 45 US$). Es gibt mehrere Reisebüros in Puerto Baquerizo Moreno, die Plätze auf diesen Booten buchen können, darunter auch **Via Mar** (☎09-428-0687; Ecke Hernán Melville & Av Charles Darwin) auf der gegenüberliegenden Straßenseite der Casa Blanca und **Galapagos Dava Tours SA** (Arrecife Boats; ☎252-0494; Av Charles Darwin).

Unterwegs vor Ort

Die Pick-up-Taxis der **Cooperativa de Transporte Terrestre** (☎252-0477) sind in Puerto Baquerizo Moreno entlang dem *malecón* zu finden. Sie haben festgelegte Routen über die gesamte Isla San Cristóbal, halten sich aber nicht immer strikt daran. Angefahren werden La Lobería (2 US$), El Progreso (2 US$), die Lagune El Junco (10 US$) und Puerto Chino (30 US$). Es können mit dem Fahrer auch Tagesrouten ausgehandelt werden, im Rahmen derer mehrere Orte angefahren werden. Ein Halbtagestrip nach El Junco, Galapaguera und El Chino kostet 65 US$.

ISLA ISABELA (ALBEMARLE)

Isabela ist mit 4588 km^2 die größte Insel des Archipels. Trotz ihrer Größe und ihrer beeindruckenden Silhouette aus vorwiegend noch aktiven Vulkanen sind es die kleineren Reize, welche die Besucher begeistern, beispielsweise die Fregattvögeln, die in den Wolken schweben, oder die Pinguine, die vorsichtig am Rand der Klippen entlangwatscheln.

Es handelt sich um eine relativ junge Insel, die Teil einer Kette von fünf zeitweise aktiven Vulkanen ist, unter denen sich auch der Volcán Sierra Negra befindet, der Ende 2005 ausbrach und eine 20 km hohe Aschesäule in die Luft spie. Puerto Villamil (22 km weiter südlich) und die Tiere der Umgebung waren glücklicherweise nicht in Gefahr. Einer der Vulkane der Insel, der Volcán Wolf, ist mit einer Höhe von 1707 m (andere Quellen geben 1646 m an) die höchste Erhebung der Galápagosinseln. Es gibt noch einen kleinen, älteren Vulkan, nämlich den Volcán Ecuador (610 m).

Als Antwort auf die Bedrohung des gesamten Ökosystems und die kleiner werdende Schildkrötenpopulation auf Isabela und besonders rund um den Volcán Alcedo (1097 m) aufgrund eingeschleppter, verwilderter Ziegen haben die Charles-Darwin-Forschungsstation und die Verwaltung des Galápagos-Nationalparks erfolgreich ein Projekt durchgeführt, bei dem Zehntausende Ziegen vom Boden und aus der Luft gejagt wurden.

Während der Überfahrt zum westlichen Teil der Isla Santa Cruz sind überall Vulkane zu sehen. Die Isla Isabela selbst wird nur selten von kleineren Booten angefahren. Dies liegt daran, dass die meisten der wirklich schönen Besucherstätten auf der Westseite der Insel liegen, die wiederum nur durch eine lange Fahrt mit dem Boot ab Santa Cruz (über 200 km) erreicht werden kann.

Sehenswertes & Aktivitäten

Volcán Sierra Negra VULKAN

Nordwestlich des winzigen Dörfchens Santo Tomás erhebt sich der mächtige Volcán Sierra Negra (1490 m), der Ende 2005 zum letzten Mal ausbrach. Ein 8 km langer Pfad führt an der Ostseite des Vulkans vorbei zu einigen aktiven Fumarolen. Es besteht die Möglichkeit, bis ganz nach oben zur Caldera des Vulkans zu wandern, der Weg verläuft sich aber irgendwann. Essen und Getränke muss man selbst mitnehmen. Es können Pferde gemietet werden.

Unterwegs können oft Galápagosbussarde, Sumpfohreulen, Finken, Fliegenschnäpper und andere Vögel beobachtet werden. Der Gipfel ist häufig nebelverhangen (besonders in der *garúa*-Saison; Juni–Dez.), und man kann sich schnell verlaufen. Die Aussicht vom nahen Volcán Chico, einem Nebenkrater mit einer höheren Anzahl von Fumarolen, ist spektakulär. Für die 18 km lange Fahrt von Puerto Villamil nach Santo Tomás können Pick-ups oder Jeeps gemietet werden (hin & zurück 40 US$). Vom Dorf sind es weitere 9 km über einen steilen Pfad bis zum Rand des Vulkans. Im Ort können Pferde gemietet werden (10 US$, 1 Std.).

NICHT VERSÄUMEN

CERRO DE LAS TIJERETAS

Das moderne **Informationszentrum** (☎252-0358, Durchwahl -102; Eintritt frei; ⏲8–17 Uhr) an der nördlichen Seite der Bucht bringt dem Besucher auf leicht verständliche Art die Geschichte und Bedeutung der Galápagosinseln näher, so gut wie keine andere Anlaufstelle auf der gesamten Inselgruppe. Die Ausstellungen befassen sich mit der Biologie, Ökologie, Geologie und der Geschichte des Menschen auf den Inseln. Selbst wenn man von den Guides auf den Booten schon mit unzähligen Fakten bombardiert wurde, lohnt sich ein Besuch hier unbedingt.

Vom Zentrum aus führen mehrere gut markierte und geteerte Wege um den von Büschen bewachsenen Cerro de las Tijeretas (Hügel der Fregattvögel) herum. Einer der Pfade geht über den Hügel bis zur kleinen Bucht Las Tijeretas, wo man hervorragend **schnorcheln** kann. Einen Strand gibt es hier nicht – der Zugang zum Wasser geht über die Felsen. Andere Pfade führen zu atemberaubenden **Aussichtspunkten**.

Direkt vor dem Informationszentrum liegt die **Playa Mann**, ein kleiner Strand, der sowohl bei Einheimischen als auch bei Touristen sehr beliebt ist, besonders bei Sonnenuntergang und am Wochenende. In dem großen Gebäude auf der gegenüberliegenden Straßenseite ist das **Galápagos Academic Institute for the Arts & Sciences** (GAIAS; ☎02-297-1845; www.usfq.edu.ec/galapagos) untergebracht, das ein Austauschprogramm für Studenten aus aller Welt und spezielle Meeresökologie- und Freiwilligenprogramme anbietet.

Vom Ende der unbefestigten Straße, die vor dem Informationszentrum vorbeiführt, geht ein kurzer Pfad zur **Playa Punta Carola**, einem schmalen Strand, der den Beinamen „Playa del Amor" (Liebesstrand) trägt, da die schützenden Mangroven ein beliebter Rückzugsort für Paare sind (die Seelöwen hier scheinen sich wenig dafür zu interessieren, was die Paare dort treiben). An der nahe gelegenen Landspitze bieten sich hervorragende Surfmöglichkeiten.

Auf halbem Weg zum Gipfel befindet sich das **Campo Duro** (☎252-9358, 05-545-3045; www.redmangrove.com; inkl. Frühstück 60 US$/Pers.), ein Campingplatz mit allen Annehmlichkeiten und außergewöhnlich guter Verpflegung, der vom Mangrove Inn in Puerto Ayora betrieben wird. Der Preis beinhaltet den Transport von und nach Puerto Villamil. Wer auf eigene Faust anreist, zahlt für ein Taxi ab Puerto Villamil nicht mehr als 10 US$. Eine weitere komfortable und gut erschlossene Campingoption im Hochland ist das **Rancho Valle Negro** (☎08-831-8842; www.volcanohotel.com.ec; 35 US$/Pers.; ⊠).

Volcán Alcedo — VULKAN

Der Gipfel dieses Vulkans ist bekannt für seine 7 km breite Caldera und die rauchenden Fumarolen. Besonders von Juni bis Dezember können hier Hunderte von **Riesenschildkröten** beobachtet werden, und Jungbussarde schweben in den thermalen Aufwinden. Die Aussicht ist fantastisch. Die Wanderung ist lang und steil, und es gibt nirgendwo Wasser. Um sie in Angriff nehmen (man braucht zwei Tage) und in der Nähe des Gipfels campen zu dürfen, braucht man eine Genehmigung.

Lago Darwin — SEE

Ein 2 km langer Pfad führt vorbei an dieser traumhaft schönen und fotogenen Salzwasserlagune. Der Ausgangspunkt kann mit dem Boot (Trockenlandung) erreicht werden. Die Lagune, ein Tuffkegel des Hauptvulkans, der wie ein Schornstein aussieht, hat einen doppelt so hohen Salzgehalt wie das Meer. Der Pfad führt an den unteren Lavahängen des Volcán Darwin (1280 m) vorbei, wo mehrere vulkanische Gesteinsformationen bewundert werden können und von wo der Ausblick auf die umliegenden Vulkanhänge einfach atemberaubend ist. Unterwegs gilt es ein paar sehr steile Abschnitte zu bewältigen. Bei einer Fahrt entlang der Klippen mit einem *panga* kann man historische Wandmalereien und verschiedenen Meeresvögel sehen; unter Letzteren sind meist auch Galápagospinguine und Galápagosscharben. In der Bucht kann auch geschnorchelt werden.

LP TIPP Los Túnneles — SCHNORCHELN

Eine rund 30- bis 40-minütige Bootsfahrt von Puerto Villamil entfernt befindet sich dieses wunderbare Schnorchelrevier aus verschachtelten Lavaformationen, die zwischen den Mangroven und dem offenen Meer im Wasser liegen. Wer die Augen offenhält, kann Weißspitzenriffhaie, Mantarochen, Adlerrochen, Seelöwen, Meeresschildkröten und sogar Seepferdchen im seichten Wasser entdecken.

Punta García VOGELBEOBACHTUNG

Einige Kilometer nördlich des Anlandungsplatzes für den Alcedo befindet sich die Punta García, die vorwiegend aus gezackten Lavabrocken besteht (sehr scharfkantig!). Echte Wege verlaufen hier nicht, aber ein Anlegen ist möglich. Dies ist einer der wenigen Plätze, an denen die endemische Galápagosscharbe (Kormoran) beobachtet werden kann, ohne dass man den weiteren Weg bis zur Westseite auf sich nehmen muss (Sichtungen sind aber nicht garantiert).

Punta Albemarle VOGELBEOBACHTUNG

Am nördlichsten Punkt der Isla Isabela befindet sich die Punta Albemarle, die den USA im Zweiten Weltkrieg als Radarstation diente. Wege gibt es nicht, aber der Ort ist bekannt für die Galápagosscharbe. Weiter westlich gibt es mehrere Stellen, an denen Galápagosscharben, Galápagospinguine und andere Meeresvögel gesichtet werden können. Aussichtspunkte für Besucher gibt es nicht, also müssen die Tiere vom Boot aus beobachtet werden.

Punta Vicente Roca SCHNORCHELN

Am westlichen Zipfel des nördlichen Arms der Isabela befindet sich der kleine, alte Volcán Ecuador, der fast bis zum Meer reicht. Die Punta Vicente Roca liegt an seinem Fuß und ist eine felsige Landspitze mit guten Schnorchel- und Tauchplätzen. Einen offiziellen Landungsplatz gibt es aber nicht.

Punta Tortuga VOGELBEOBACHTUNG

Dieser von Mangroven umgebene Strand am Fuß des Volcán Darwin ist der erste offizielle Landungsplatz für Besucher am westlichen Ende der Isla Isabela. Obwohl es keine Wege gibt, kann man einfach am

Isla Isabela & Isla San Salvador

Strand anlegen und die Mangroven nach dem Mangrovedarwinfinken absuchen – er ist zwar da, aber nicht immer leicht zu entdecken. Dieser Fink ist nur auf der Isla Isabela und der Isla Fernandina heimisch.

Caleta Tagus HISTORISCHE STÄTTEN

Unmittelbar südlich der Punta Tortuga befindet sich diese Bucht, in der früher oft Matrosen ankerten und die Namen ihrer Schiffe in die Klippen ritzten. Die Felsritzungen – die älteste stammt von 1836 – sind angesichts der sonst unberührten Umgebung mit einigen faulenzenden Seelöwen ein sonderbarer Anblick.

Bahía Urbina VOGELBEOBACHTUNG, WANDERN

Diese Bucht liegt etwa in der Mitte der Westküste der Isla Isabela und ist ein flaches Gebiet, das 1954 durch eine tektonische Hebung aus dem Meer entstanden ist. Von dem Ereignis zeugt u.a. das Korallenriff, das auf dem Trockenen liegt. An Land können Galápagosscharben, Pelikane, Riesenschildkröten, Landleguane und Meerechsen beobachtet werden, in der Bucht sind oft Rochen und Meeresschildkröten unterwegs. Nach einer Nasslandung am Strand führt ein 1 km langer Pfad zum Korallenriff. Der Blick auf den Volcán Alcedo ist von hier sehr schön.

Bahía Elizabeth TIERBEOBACHTUNG

Nahe der Stelle, wo die westliche Küstenlinie der Isla Isabela scharf zum unteren Arm der Insel abknickt, befindet sich eine Stelle, die für ihre Meereslebewesen bekannt ist. Da es in der Bahía Elizabeth keine Landungsplätze gibt, besucht man sie am besten mit einem *panga*. Im Wasser können für gewöhnlich Meeresschildkröten und Rochen gesichtet werden, und auch verschiedene Meeresvögel und im Küstengebiet lebende Vögel sind unterwegs. Auf den Islas Mariela am Eingang zur Bucht sind häufig Pinguine zu sehen.

Punta Moreno VOGELBEOBACHTUNG

Westlich der Bahía Elizabeth befindet sich die Punta Moreno, wo eine Trockenlandung auf Lava an einigen Brackwasserbecken möglich ist. Manchmal sichtet man Flamingos, Bahamaenten und Amerikanische Teichhühner. In der Umgebung sind diverse Pionierpflanzen und -insekten zu finden.

Puerto Villamil

☎05 / 2000 EW.

Mehr als jede andere Siedlung auf den Galápagosinseln verkörpert Puerto Villamil (am südöstlichsten Ende der Isla Isabela) das sprichwörtliche „Ende der Welt" – und zwar im positiven Sinne, sodass dieser Ort müde Städter aus allen Winkeln der Erde anlockt. Das kleine, verschlafene Dorf mit sandigen Straßen und kleinen Häuschen liegt vor einer Kulisse mit einer Lagune samt Flamingos und Meerechsen an einem wunderschönen weißen Sandstrand. Dennoch droht auch hier die Überentwicklung, und in den letzten Jahren gab es einen kleinen Bau-Boom. Das gesamte Trinkwasser der Insel wird von der Isla Santa Cruz mit dem Boot hierher gebracht.

Als General José Villamil 1832 in der Hoffnung hierher kam, eine Mustergesellschaft vorwiegend aus Walfängern zu gründen, fand er diesen Ort zweifellos ebenso betörend, wie der moderne Besucher. Unglücklicherweise entpuppte sich der Traum vom friedlichen Zusammenleben der Zugezogenen als reine Utopie, und am Ende wurde die Kolonie zerstört. Später brachte Villamil Kühe, Pferde und Esel hierher, die sich schnell vermehrten und heute das empfindliche Ökosystem der Insel bedrohen.

Sehenswertes & Aktivitäten

LP TIPP **Los Tintoreras** SCHNORCHELN

Mit dem Boot sind es vom Ort bis zu diesem traumhaften Schnorchelplatz nur etwa fünf Minuten. Los Tintoreras ist eine kleine Vulkaninsel mit Meerechsen, Tölpeln und anderen Vögeln, an der Rochen, Meeresschildkröten, der eine oder andere Weißspitzenriffhai und Pinguine beobachtet werden können. Besonders viel Spaß macht es, zwischen den engen Felsspalten hindurchzuschwimmen, die wie mit Pflanzen und Korallen verzierte Unterwasserkorridore erscheinen.

Villamil-Lagune LAGUNE, NATURSCHUTZGEBIET

Hinter dem Dorf in Richtung Westen geht es zu dieser Lagune, die für die hier lebenden **Meerechsen** und Zugvögel bekannt ist, darunter vor allem Sumpfvögel, von denen vor Ort schon über 20 verschiedene Arten gesichtet wurden. Unmittelbar hinter dem Iguana Crossing Hotel beginnt ein etwas über 1 km langer **Pfad** (⌚6–18 Uhr). Der Bohlenweg führt über die Lagune und passiert dabei Mangroven und dichte Vegetation, bis er im **Centro de Crianza de Tortugas** (Aufzuchtstation für Riesenschildkröten) endet. Freiwillige erklären hier gerne, was für die Erhaltung der Riesenschildkrötenpopulation auf der Isla Isabela unternommen wird. Pick-ups aus dem Ort (1 US$) setzen Passagiere am Eingang ab. Dieser liegt an der Straße, die ins Hochland führt. Eine Rückfahrgelegenheit zu finden ist bedeutend schwieriger.

Muro de las Lágrimas HISTORISCHE STÄTTE
Westlich von Puerto Villamil liegt die Muro de las Lágrimas (Tränenmauer), eine 100 m lange Wand aus Lavasteinen, die von Gefangenen unter härtesten Bedingungen erbaut wurde. Die Strafkolonie wurde 1959 geschlossen, die Mauer steht aber heute noch als Mahnmahl für ein unrühmliches Kapitels der Geschichte dieser Insel. Die Führer der meisten Hochlandtouren legen hier einen Zwischenstopp ein. Die Taxifahrt ab dem Ort kostet 5 US$.

In der kleinen Bucht rund um die **Concha de Perla**, die über einen Bohlenweg durch einen Mangrovensumpf in der Nähe des Hafens zu erreichen ist, kann man gut schnorcheln. Die Isla Tortuga und die Roca Cuatro Hermanos sind **Tauchspots** in der Nähe von Puerto Villamil. Der einzige Anbieter, der einen umfassenden Tauchservice anbietet, ist das **Galápagos Dive Center** (www.buceogdc.com).

Für erfahrene Surfer gibt es in Ortsnähe eine Handvoll guter **Surfbreaks**, von denen einige nur mit dem Boot zu erreichen sind. Im Caleta Iguana Hotel & Surf Camp gibt's Mietboote (15 US$/halber Tag) und Surfunterricht (35 US$).

Geführte Touren

Touren werden von den meisten hier empfohlenen Unterkünften sowie von einigen Agenturen, darunter **Sharksky Tours** (☎252-9395), angeboten. Zu den Standardausflügen gehören eine Halbtagestour in die Sierra Negra (zu Fuß 35 US$, mit dem Pferd 60 US$) und Schnorchelausflüge zu Los Túnneles (60 US$) und Los Tintoreras (25 US$).

Schlafen

AM STRAND

LP TIPP **La Casa Marita** GÄSTEHAUS $$
(☎252-9301; www.casamaritagalapagos.com; Zi. inkl. Frühstück ab 68 US$; ❄@📶) Dieses wunderschöne Anwesen, auf dem Weg zum Hafen das letzte Haus am Strand, bietet einzigartig dekorierte Zimmer in je eigenen Farbschemata mit Kochnischen. Es gibt auch einen Whirlpool, eine Bar, eine Bibliothek, Hängematten im Garten und eine hübsche Veranda mit Clubsesseln und Blick auf den Strand. Die Zimmer im kleinen Anbau auf der gegenüberliegenden Straßenseite sind günstiger.

Iguana Crossing Boutique Hotel LUXUSHOTEL $$$
(☎252-9484; www.iguanacrossing.com.ec; Zi. 225 US$; ❄@📶🏊) Welch unverhoffte Überraschung, solch eine elegante Unterkunft in solch einem unauffälligen Galápagos-Dorf zu finden! Das bedeutet aber nicht, dass das Iguana Crossing in irgendeiner Weise protzig wäre. Es fügt sich eigentlich ganz gut in seine Umgebung ein: Es liegt an einer sandigen Straße gegenüber dem Strand am Rand von Puerto Villamil, kurz bevor die Straße nach Norden abbiegt. Die Einrichtung könnte einer Designzeitschrift entstammen, und der gute Geschmack ist überall präsent. Es gibt einen Pool, einen Whirlpool und ein **Restaurant**, in dem das beste Essen der Insel serviert wird.

LP TIPP **Caleta Iguana Hotel & Surf Camp** HOSTERÍA $
(Casa Rosada; ☎301-6612; www.caletaiguana.com; Zi. mit Gemeinschaftsbad 15 US$/Pers., EZ/DZ mit eigenem Bad ab 30/40 US$) Mit seiner Bar direkt am Strand, den Hängematten, kleinen Feuern, der Livemusik und der Terrasse mit Blick aufs Meer verspricht diese Hostería einen lebhaften und lockeren Aufenthalt. Besonders für kleine Gruppen (ein bis zwei Zimmer haben Stockbetten) und Surfer ist dies eine gute Adresse, wer jedoch Privatsphäre sucht, ist hier falsch. Es gibt eine große Küche für Gäste und ein vielfältiges Tourangebot. Zu finden ist diese Unterkunft am westlichen Ortsrand direkt am Stand.

Hotel Albemarle HOTEL $$$
(☎252-9489; www.hotelalbemarle.com; Zi. inkl. Frühstück ab 125 US$; ❄@📶🏊) Mitten im Ort in erstklassiger Lage direkt am Strand steht diese zweistöckige mediterrane Villa mit stilvollen Boutiquebädern aus Stein, hohen Decken und modernen Annehmlichkeiten wie Wasserkühlern auf den Zimmern, Minikühlschränken und Kabel-TV. Glastüren führen auf die Balkone mit Meerblick.

Sierra Negra HOTEL $
(☎252-9046; www.sierra-negra-galapagos.com; ab 25 US$/Pers.; ❄📶) Direkt am Strand und nur wenige Häuserblocks von der zentralen Plaza entfernt steht dieses schnörkellose, moderne Gebäude ohne echten Charakter. Letztere Tatsache wird aber von den großen Zimmerfenstern mit Meerblick mehr

als wett gemacht – da sitzt man abends bei Sonnenuntergang buchstäblich in der ersten Reihe! Die Betten sind groß und komfortabel und die Duschen von hoher Qualität.

La Casita de la Playa HOTEL $
(Casa Isabela; ☎252-9103; casitadelplaya@hotmail.com; 25 US$/Pers.) Neben dem Sierra Negra steht dieses weiße Gebäude aus Lehmziegeln, dessen Design mit den orangefarbenen Akzenten irgendwie mehr Charme versprüht als der Nachbar. Es ist eine bodenständige Option und verfügt über einfache, in Rot gehaltene Zimmer mit Fliesenfußböden. In dem kleinen Garten mit Blick aufs Meer können es sich Gäste in Hängematten und Clubsesseln bequem machen.

Cormorant Beach House BUNGALOWS $$
(☎252-9192; www.galapagosislandshotel.com; Zi. 65 US$; ❄) Die beiden Bungalows direkt am Meer verfügen über fünf komfortable (wenn auch einfache) Zimmer, die über eine Terrasse im 1. Stock miteinander verbunden sind. Zu finden sind sie am Strand direkt vor dem Caleta Iguana.

ÜBRIGER ORT

Wooden House HOTEL $$$
(☎252-9235; www.thewoodenhousehotel.com; EZ/DZ inkl. Frühstück 105/135 US$; ❄@🛜🏊) An der staubigen Straße zwischen dem Pier und dem Ort liegt dieses sorgfältig modernisierte und renovierte Holzhaus (im fast schon balinesischen Stil). Wer nicht unbedingt direkt am Strand wohnen muss, trifft mit dieser Unterkunft eine hervorragende Wahl. Neben den geschmackvoll dekorierten und gemütlichen Zimmern mit Regenduschen gibt es hier auch eine Mischung aus Lounge-Bereich, Restaurant und Bar im Freien und einen kleinen Pool im Garten vor dem Haus.

La Posada del Caminante HOSTERÍA $
(☎252-9348; www.posadadelcaminante.com; 10 US$/Pers.; 🛜) Die freundliche, familiengeführte Hostería ist eine der Budgetoptionen mit dem besten Preis-Leistungs-Verhältnis. Sie steht einige Häuserblocks hinter Poza Salinas und westlich der Kreuzung von Avenida 16 de Marzo und Avenida Cormorant. Eine Handvoll Zimmer ist hier entlang eines schmalen Hinterhofs mit mehreren Hängematten angeordnet. Es stehen jederzeit Bananen und anderes Obst bereit, und die Gäste können die Küche mitbenutzen.

Jungle HOSTERÍA $
(☎301-6690; www.thejungleisabelagalapagos.com; inkl. Frühstück 20 US$/Pers.; 🛜) Die kitschige Deko einfach ignorieren und sich ein Zimmer im obersten Stock geben lassen! Die Fenster dort reichen fast vom Boden bis zur Decke und bieten Meerblick. Manche Zimmer haben bis zu fünf Betten, wodurch dies eine gute Option für Gruppen ist. Das Jungle liegt in Strandnähe, nicht weit von der Kreuzung von Avenida Antonio Gil und der Straße, die nach Norden zum Centro de Crianza de Tortugas führt.

Hotel San Vicente HOTEL $
(☎252-9140; www.gruposanvicentegalapagos.com; Ecke Escalecias & Cormoran; inkl. Frühstück 28 US$/Pers.; ❄🛜) Hier steigen oft Gruppen ab, die Bootstouren mit Hotelübernachtungen gebucht haben. Das Hotel wird effizient geführt und liegt mehrere Häuserblocks nördlich der zentralen Plaza (weit ab vom Strand). Es gibt weiße, mit Stuck verzierte Zimmer und vor dem Haus einen hübschen Garten mit Whirlpool. Da dieser mit Regenwasser gefüllt wird, hat man in der Trockenzeit leider Pech gehabt.

Coral Blanco Lodging HOSTERÍA $
(☎252-9125; hotelcoralblanco@gmail.com; Av Antonio Gil; inkl. Frühstück 15 US$/Pers.; ❄🛜) Hat kleine, einfache Zimmer und steht einige Häuserblocks von der zentralen Plaza entfernt auf der dem Strand gegenüberliegenden Straßenseite. Es werden alle Arten von geführten Touren angeboten.

Hotel Plaucio HOSTERÍA $
(Zi. inkl. Frühstück 12 US$/Pers.) Dies ist die dem Hafen am nächsten gelegene Übernachtungsoption. Die kleine, vom freundlichen Besitzer – der gleichzeitig Mixed-media-Künstler ist – höchstpersönlich errichtete Unterkunft besteht aus einem Gebäude mit ein paar einfachen Zimmern und Warmwasserduschen.

La Gran Tortuga HOSTERÍA $
(☎252-9198; www.viajaragalapagos.com; Ecke Las Fragatas & Av 16 de Marzo; Zi. inkl. Frühstück ab 20 US$/Pers.; 🛜) Saubere und einfache Zimmer mit Warmwasserduschen sind hier um einen kleinen Hof angeordnet.

Essen & Ausgehen

Auf der zentralen Plaza an der Av Antonio Gill, zwischen Las Fragatas und der Avenida 16 de Marzo, ist ein halbes Dutzend Restaurants angesiedelt. Bootstourgruppen gehen entweder in die **Pizzeria Cafeteria Los**

Delfines oder zu **El Encanto de la Pepa**, wo man für ein Hauptgericht mit Meeresfrüchten zwischen 10 und 20 US$ bezahlt. Die Einheimischen zieht es eher ins **Restaurante Tres Hermanas** an der Ecke der Avenida 16 de Marzo. Dort bekommt man günstige *almuerzos* und *meriendas* (preiswerte Abendmenüs). Das Restaurant im Iguana Crossing Boutique Hotel hat kreative Abwandlungen traditioneller Gerichte mit Meeresfrüchten auf der Speisekarte stehen.

El Cafetal Café Cultural ECUADORIANISCH, INTERNATIONAL **$**
(Las Fragatas; Hauptgerichte 5 US$; ⏲8–12 & 16.30–22 Uhr) In diesem modernen, kleinen Café an der zentralen Plaza bekommt man Filterkaffee und leckere Desserts sowie Burger, vegetarische Sandwiches und *cazuelas* (Eintöpfe mit Meeresfrüchten).

Sea Lion Bar BAR
Hinter der Plaza, am Ende des Piers, der vom Dorfstrand hinaus aufs Wasser führt, liegt diese stimmungsvolle und lustige Bar, die der perfekte Ort für einen Drink bei Sonnenuntergang ist.

ℹ Praktische Informationen

Es gibt keinen Geldautomaten, der ausländische Karten akzeptiert. Deshalb muss man das Geld, das man vermutlich ausgeben wird, in bar mitbringen. Reiseschecks können bei Gram Money getauscht werden. Es gibt mehrere Orte im Dorf, die für etwa 2 US$ die Stunde Internet anbieten. Die Wäsche kann man in einigen *lavanderías* (Wäschereien) im Ort waschen und trocknen lassen.

ℹ An- & Weiterreise

Flughafen

EMETEBE (Ecke Antonio Gil & Las Fragatas) verbindet die Isla Isabela mit San Cristóbal und Baltra. Weitere Infos dazu gibt's auf S. 378.
Wer mit Aerogal, LanChile oder TAME fliegt und Hilfe braucht, ist bei **Blue Concept** (☎252-9144; Av Antonio Gil) richtig.

Schiff/Fähre

Jeden Morgen um 6 Uhr fahren in Puerto Villamil Boote nach Santa Cruz (25 US$, 2¼ Std.) ab. In Santa Cruz legen diese Boote zur Isabela um 14 Uhr ab. Fahrkarten können am Hafen oder bei **Transmartisa** (☎252-9053; Ecke Av Antonio Gil & Las Fragatas) gekauft werden, das dem EMETEBE-Büro angeschlossen ist. Eine Alternative sind die Boote von *L/P Splendor*, die montags, donnerstags und samstags um 15.30 Uhr nach Santa Cruz fahren. Tickets dafür gibt's bei Blue Concept (30 US$, 2¼ Std.). Bei der Ankunft am Passagierpier östlich des Orts wird eine Gebühr von 5 US$ fällig.

Es ist fast immer möglich, als Gruppe auch ein Boot zu chartern; diese Option ist aber teurer.

ℹ Unterwegs vor Ort

Busse von Villamil nach Santo Tomás und weiter ins Hochland fahren um 7 und 12 Uhr ab und kehren zwei Stunden später wieder zurück.
Zu anderen Zeiten können Pick-up-Fünfsitzer gemietet werden; dazu bei **Cooperativa Sierra Negra** (☎252-9147) anrufen! Eine Taxifahrt zum Flughafen kostet 2 US$, zum Hafen 1 US$.

ISLA FERNANDINA (NARBOROUGH)

Selbst für Galápagos-Verhältnisse ist Fernandina einzigartig. Hier leben Tausende träger Meerechsen, und – besonders für Vulkanfans interessant – sie ist außerdem die Insel, auf der ein Vulkanausbruch am wahrscheinlichsten ist: Der letzte fand im Februar 2009 statt. Fernandina ist mit ihren 642 km² nicht nur das drittgrößte, sondern auch das westlichste und jüngste Eiland der Hauptinseln. Anders als in anderen Teilen der Galápagosinselgruppe konnten sich hier keine eingeführten Arten ansiedeln.

Die einzige für Besucher interessante Stätte an der **Punta Espinoza**, gleich gegenüber der Bahía Tagus auf der Isla Isabela, wird so schnell keiner mehr vergessen. Hier können Meerechsen – es sind zu viele, um sie zu zählen – dabei beobachtet werden, wie sie sich auf den schwarzen Lavaformationen sonnen. Der dramatische Anblick gleicht einem Dinosaurierdiorama in einem Museum, das plötzlich zum Leben erwacht ist. Ganz in der Nähe nisten **Galápagosscharben**, **Galápagosbussarde** segeln durch die Lüfte und manchmal können auch Galápagospinguine, Meeresschildkröten und Seelöwen dabei beobachtet werden, wie sie vor dieser atemberaubenden Kulisse der Artentoleranz in der Lagune nahe dem Landungsplatz herumtollen.

An der Trockenlandestelle beginnen zwei Pfade. Der eine ist 250 m lang und führt zur Landspitze, das Ziel des anderen (750 m lang) sind die kürzlich erst entstandenen Lavafelder. Dort sind Pionierpflanzen wie der *Brachycereus*-Kaktus sowie Formationen aus *Pahoehoe*- und Brockenlava zu bestaunen. Hier wurden schon mehrere Filmszenen gedreht, die bekannteste davon ist im Film *Master & Commander* zu sehen, durch den die Weiße Mangrove bekannt wurde.

ISLA SAN SALVADOR (SANTIAGO OD. JAMES)

Die Isla San Salvador (auch bekannt unter dem Namen Isla Santiago) ist ein ehemaliges Versteck britischer Seeräuber und war eine der Zwischenstationen auf Darwins Reiseroute. Sie ist die viertgrößte der Galápagosinseln und wird häufig von Tourbooten angesteuert, die wegen der diversen interessanten Touristenziele und der Landschaft aus rauen Lavafeldern – ein gutes Beispiel für die überwältigende und zugleich herausfordernde Schönheit der Insel – hierher kommen.

Eine der beliebtesten Stätten aller Inseln ist **Puerto Egas** in der James Bay an der Westküste der Isla San Salvador. Ihren Namen verdankt sie Dario Egas, dem Besitzer eines Salzbergwerks auf der Insel, der einst aufgrund eines präsidialen Protektorats der einzige Salzproduzent im ganzen Land war. Hier ist die Küste von ebener, schwarzer Lava bedeckt, die zu Lavabecken, -höhlen und -einbuchtungen erodiert ist, welche eine große Vielfalt von Tieren beherbergen. Dies ist ein traumhafter Ort, um kolonienweise Meerechsen beim Sonnenbaden zu beobachten. In den Gezeitenbecken leben Hunderte Roter Klippenkrabben, die Vertreter aller hier vertretenen Reiherarten anlocken, weil sie den Vögeln als Nahrung dienen.

In den Einbuchtungen fühlen sich besonders die **Galápagos-Seebären** wohl, was wiederum eine hervorragende Möglichkeit darstellt, zwischen diesen überraschend wendigen Tieren sowie den vielen tropischen Fischarten, Muränen, Haien und Kraken zu schnorcheln.

Gleich hinter der mit schwarzer Lava bedeckten Küstenlinie erhebt sich der **Zuckerhutvulkan**, der über einen 2 km langen Pfad zu erreichen ist. An diesem Weg werden häufig Lavaechsen, Darwinfinken und Galápagostauben gesichtet. Nahe dem 395 m hohen Gipfel verläuft sich der Weg, der Ausblick von hier ist aber umwerfend. Es gibt einen erloschenen Krater, in dem sich nicht selten wilde Ziegen tummeln (diese sind ein riesiges Problem auf San Salvador), und Galápagosbussarde schweben oft nur wenige Meter über dem Vulkangipfel durch die Luft. In dem Krater nördlich des Vulkans befand sich einst das Salzbergwerk. Die Überreste können besichtigt werden. Einfach dem 3 km langen Weg ab der Küste folgen!

Am nördlichen Ende der Bahía James, etwa 5 km von Puerto Egas entfernt, liegt die **Playa Espumilla**, deren Sand braun ist und die nach einer Nasslandung erreicht werden kann. Hier schwimmt es sich gut, und in der kleinen Lagune hinter dem Strand sind verschiedene Sumpfvögel zu sehen, darunter manchmal auch Flamingos. Ein 2 km langer Pfad führt durch verschiedene Vegetationsformen, in denen ebenso verschiedene Finken und der Galápagos-Fliegenschnäpper leben, ins Landesinnere.

Am nordwestlichen Ende von San Salvador befindet sich die **Caleta Bucanero**, ein weiterer Ort, der meist mit dem Boot angefahren wird. Sie verdankt ihren Namen „Seeräuberbucht" der Tatsache, dass im 17. und 18. Jh. Piraten hier gerne ihre Schiffe kielholten. Heutzutage sind die Klippen und Felsnadeln, die mehreren Meeresvögeln als Brutstätten dienen, die Hauptattraktion.

In der **Bahía Sullivan**, an der Ostküste der Isla San Salvador, ist ein riesiger, schwarzer, an die 100 Jahre alter Lavastrom zu bestaunen, der zu mehreren Schichten fester Lava erstarrt ist und bis ans Wasser reicht. Eine Trockenlandung ermöglicht es den Besuchern, die Lavamasse zu betreten. Von dort kann man auf der Lava einem 2 km langen Rundweg folgen, der durch weiße Pfähle gekennzeichnet ist. Unterwegs gibt es von der Erosion verschont gebliebene *Pahoehoe*-Lava, Lavablasen und in der Oberfläche Hohlräume von einst dort stehenden Bäumen zu sehen. Wer sich für Vulkanologie oder Geologie interessiert, kommt hier voll auf seine Kosten.

RUND UM DIE ISLA SAN SALVADOR

Isla Bartolomé

Ein herrlicher Ausblick und muntere Pinguine machen diese winzige Insel an der Bahía Sullivan zu einem beliebten Ziel bei Bootstouren. Vom Anleger (für Trockenlandungen) führt ein Pfad hinauf auf den

114 m hohen, windgepeitschten „Gipfel" der Insel. Das atemberaubende Panorama hier schreit geradezu nach einem Gruppenfoto. Der Weg führt durch eine raue und unwirtliche Lavalandschaft, die von Bohlenwegen und Treppen durchzogen ist, um den Besuchern den Weg zu erleichtern und den Pfad vor Erosion zu schützen.

Ein zweites Touristenziel ist ein kleiner Sandstrand in einer Bucht (Nasslandung), an dem man seine Schnorchelausrüstung anlegen kann, um dann eine Runde mit den flinken **Galápagospinguinen** zu schwimmen, die in dieser Bucht anzutreffen sind. Auch Meeresschildkröten und eine Vielfalt von farbenprächtigen tropischen Fischen werden hier oft gesichtet.

Die besten Pinguinschnappschüsse lassen sich von einem *panga* aus machen, das seine Passagiere an beiden Seiten der Bucht nahe an die Felsen heranbringt, besonders rund um die Felsnadel mit dem passenden Namen „Pinnacle Rock", die sich vom Meer aus gesehen auf der rechten Seite der Bucht befindet. So kommt man oft bis auf wenige Meter an diese faszinierenden Vögel heran – von Puerto Ayora aus betrachtet ist dies der am nächsten gelegene Ort, wo das möglich ist. Kolonien anderer Pinguine sind an der Westküste der Isla Isabela heimisch.

Vom Strand aus führt ein 100 m langer Pfad über den schmalsten Teil von Bartolomé zu einem Sandstrand auf der anderen Seite der Insel. Zwischen Januar und März können hier Meeresschildkröten ihre Eier ablegen.

Sombrero Chino

Diese winzige Insel liegt direkt am südöstlichsten Zipfel der Isla Isla San Salvador. Sie ist weniger als 0,25 km² groß und besteht aus einem relativ jungen Vulkankegel. Wie passend der Name der Insel („Chinesenhut") gewählt ist, lässt sich am besten von Norden aus erkennen. An der Nordseite der Insel gibt es eine kleine Seelöwenbucht, an deren Besucherstätte man ankern und an Land gehen kann. Gegenüber von Sombrero Chino, an der felsigen Küste der nahe gelegenen Isla San Salvador, sind oft Pinguine zu sehen.

Ein 400 m langer Pfad führt um die Bucht, in der die Möglichkeit zum Schwimmen und Schnorcheln besteht, herum und durch eine Seelöwenkolonie hindurch. Überall sieht man Meerechsen herumhuschen.

Isla Rábida (Jervis)

Diese etwa 5 km² große Insel, auch unter dem Namen Jervis bekannt, liegt 5 km südlich der Isla San Salvador. Nach einer Nasslandung gelangt man an einen fast schon dunkelroten Strand, an dem Seelöwen faulenzen und Pelikane nisten. Dies ist eine der besten Stellen, um sich solche Nistplätze anzuschauen.

Hinter dem Strand liegt eine Salzwasserlagune, in der manchmal Flamingos und Bahamaenten gesichtet werden. In dieser Lagune tummelt sich außerdem eine **Seelöwenkolonie**, in der die vom dominanten Männchen verscheuchten *solteros* (männliche Singles) ein schmachvolles Leben als Junggesellen führen.

Es gibt einen 750 m langen Pfad, von dem aus man einen guten Blick auf den 367 m hohen, von Palo-Santo-Bäumen bewachsen Vulkangipfel hat. Am Ende des Pfades liegt ein toller Schnorchelplatz.

SÜDLICHE INSELN

Isla Santa María (Floreana od. Charles)

Die sechstgrößte Galápagosinsel ist für die tragische Geschichte ihrer ersten Bewohner (s. Kasten S. 368) ebenso bekannt wie für ihre tiefrosafarbenen Flamingos und die erstklassigen Schnorchelstellen.

Sehenswertes & Aktivitäten

LP TIPP **Devil'S Crown** SCHNORCHELN

Dieser Halbkreis aus zackigen Felsen ragt einige hundert Meter von der Punta Cormorant entfernt aus dem Wasser. Er ist eine der markantesten marinen Sehenswürdigkeiten der Galápagosinseln. Die starke Strömung spült Schnorchler in flottem Tempo an Tausenden schillernder tropischer Fische, einer kleinen Korallenformation, Seelöwen, Meeresschildkröten und gelegentlich einem Hai vorbei. Wer den halb versunkenen Vulkankegel mit einem *panga* umrundet, hat einen guten Blick auf die Rotschnabel-Tropikvögel, Pelikane, Reiher und Lavamöwen, die auf den Felsen nisten.

CSI: FLOREANA

Nachdem Patrick Watkins, der erste bekannte Bewohner auf dem gesamten Archipel, die Insel verlassen hatte, wurde die Isla Santa María (Floreana) in eine ecuadorianische Strafkolonie verwandelt. In den 1930er-Jahren gingen hier drei Gruppen deutscher Siedler an Land, und seither kursieren über sie die wildesten Geschichten.

Die bunteste Erscheinung unter den Siedlern war eine Baronin, die sich mit drei Liebhabern auf der Insel niederließ. Ein weiterer Siedler, Dr. Friedrich Ritter, ein exzentrischer Zeitgenosse, der sich vor seiner Ankunft all seine Zähne hatte entfernen lassen, um Zahnproblemen vorzubeugen, wurde von seiner Geliebten begleitet. Die dritte Gruppe von Neuankömmlingen waren die Wittmers, ein junges Ehepaar aus Köln.

Trotz der gemeinsamen Nationalität gab es zwischen den Gruppen erhebliche Spannungen, und einer der Siedler starb unter mysteriösen Umständen. Die Baronin und einer ihrer Liebhaber verschwanden einfach, während ein anderer Gespiele bei einem Schiffsunglück ums Leben kam. Der Vegetarier Dr. Ritter starb an einer Lebensmittelvergiftung, nachdem er Hähnchen gegessen hatte. Die einzigen Überlebenden waren die Wittmers – Margret Wittmer starb erst 2000 im Alter von 95 Jahren. Ihre Kinder und Enkel betreiben ein kleines Hotel mit Restaurant in Puerto Velasco Ibarra.

Obwohl zu den sonderbaren Vorkommnissen auf der Isla Santa María mehrere Bücher und Artikel veröffentlicht wurden (darunter auch einer von Margret Wittmer persönlich), bleibt die Frage nach der Wahrheit weiter ungeklärt.

Post Office Bay — HISTORISCHE STÄTTE

An der Nordküste der Isla Santa María gibt es drei Stätten für Besucher. Die meisten Gruppen verbringen der Form halber einige Minuten in der Post Office Bay, in der ein paar vergammelte Fässer und Holztafeln mit eingeritzten Botschaften herumstehen. Im 18. Jh. diente dieser Ort britischen und amerikanischen Walfängern als Briefkasten. Heute sind es aber eher Touristen, die hier ihre Postkarten einwerfen und – wie bei einer Flaschenpost – hoffen, dass sie ankommen. Es kommt aber noch ernüchternder: Besucher werden meist gebeten, ein paar davon mitzunehmen und zu verschicken, sobald sie wieder zu Hause sind! Etwa 300 m hinter den Fässern befindet sich eine **Lavahöhle**, in die man an einem kurzen Seil und mit einer Taschenlampe ausgestattet hinabklettern kann. Der Weg ist rutschig und an manchen Stellen muss man durch kaltes Wasser waten. Ganz in der Nähe liegt ein hübscher **Badestrand**, und es gibt die Überreste einer Konservenfabrik zu sehen. Hier ist eine Nasslandung angesagt.

Punta Cormorant — STRAND

Auch die Punta Cormorant lässt sich nur über eine Nasslandung erreichen. An diesem grünlichen Strand (die Farbe rührt von den Kristallen des Minerals Olivin her) tummeln sich Seelöwen, und man kann gut schwimmen und schnorcheln. Ein Pfad von 400 m Länge führt über eine Landenge zu einem weißen Sandstrand, an dem gelegentlich Meeresschildröten ihre Eier ablegen. Der Strand ist auch zum Baden geeignet, man muss sich aber vor Stachelrochen und sich fortpflanzenden Schildkröten in Acht nehmen.

Lagune — VOGELBEOBACHTUNG

Zwischen den beiden Stränden findet sich eine kleine Lagune, in der normalerweise mehrere Dutzend **Flamingos** beobachtet werden können. Dies ist auch ein guter Ort, um nach anderen Sumpfvögeln wie dem Schwarznacken-Stelzenläufer, Austernfischern, Schlammtretern und Regenbrachvögeln Ausschau zu halten. Dazu bringt man sich am Holzgeländer am Rand der Lagune in Stellung – am besten mit Fernglas und dem stärksten Zoomobjektiv bewaffnet, das man besitzt, denn sonst sind die Flamingos nichts als verschwommene Punkte am Horizont. Auch Bahamaenten werden in der Lagune oft gesichtet, und in der Luft ziehen Galápagosbussarde ihre Kreise. Wenn die untergehende Sonne lange Schatten verursacht und sich eine Wahnsinnsstille über die Lagune legt, ist die Luft von besonderer Dramatik erfüllt.

Asilo de la Paz — VOGELBEOBACHTUNG

Vom Dorf Puerto Velasco Ibarra aus ist diese offizielle Besucherstätte über eine Straße zu erreichen, die mehrere Kilometer ins Landesinnere führt. Für den Hin- und Rückweg muss man zu Fuß einen ganzen

Tag einplanen. Man kann einen Guide anheuern, Taxis gibt es jedoch nicht. Hier lebt der endemische Kleinschnabel-Darwinfink, der nur auf der Isla Santa María zu Hause ist. In den nahe gelegenen Höhlen lebten einst die ersten Siedler.

PUERTO VELASCO IBARRA

Dieser winzige Hafen, die einzige Siedlung auf der Isla Santa María, liegt an einem schwarzen Sandstrand in einer geschützten Bucht. Die Seelöwen und Flamingos sind den etwa 150 menschlichen Einwohnern zahlenmäßig fast überlegen. Ins Hochland führt eine Straße, die jedoch fast ausschließlich als Fußweg genutzt wird.

Die Nachkommen der Wittmers betreiben das **Hostal Wittmer** (☎05-252-9506; EZ/DZ/3BZ 30/50/70 US$), das nebenbei auch noch das beste Lokal und Infozentrum bzw. Guide-Sammelstelle ist. Etwa die Hälfte der Richtung Strand gelegenen Zimmer ist in einem kleinen, weißen, zweistöckigen Gebäude untergebracht und hat eigene Balkone. Die andere Hälfte ist im neuen, modernistischen Anbau zu finden.

Eine weitere Option ist die **Red Mangrove Floreana Lodge** (☎05-552-6564; www.redmangrove.com; Zi. 120 US$), eine Ansammlung kleiner, adretter Hütten, die einige Minuten vom Ort entfernt auf schwarzem Lavagestein stehen. Der friedliche Rückzugsort fernab aller Zivilisation wird oft von Gruppen gebucht, die im Rahmen einer über den Red Mangrove Inn in Puerto Ayora gebuchten Tour unterwegs sind.

Reisebüros in Puerto Ayora können Bootsverbindungen zwischen Santa María und Santa Cruz organisieren.

Isla Española (Hood)

Die 61 km² große Isla Española ist nicht nur die südlichste der Galápagosinseln, sondern zweifelsohne auch ein Eiland von außerordentlicher, dramatischer Schönheit. Da Española etwa 90 km südöstlich von Santa Cruz liegt, nehmen die Kapitäne mancher kleinerer Boote diesen langen Weg nur ungern auf sich.

Ein Besuch auf der Insel lohnt sich besonders zwischen Ende März und Dezember, denn dann ist hier die einzige Kolonie des Galápagosalbatros, eines der spektakulärsten Meeresvögel des Archipels, anzutreffen. Die Zahl der Opuntien und die Population der Riesenschildkröten – in den 1960er-Jahren durch eingeschleppte Ziegen und Jäger weitestgehend ausgerottet – sind dank eines offensiven Renaturierungsprogramms glücklicherweise wieder angewachsen. Schildkröten brauchen die Kakteen als Nahrungs- und Wasserlieferanten sowie als Schattenspender.

An der Westseite der Insel liegt die **Punta Suárez**. Nach einer Nasslandung führt von dort ein 2 km langer, felsiger Weg durch Kolonien von Masken- und Blaufußtölpeln bis zu einem Strand voller Meerechsen und – wirklich einzigartig – einer Kolonie von **Galápagosalbatrossen** (Ende März–Anfang Dez., wenn der Großteil der weltweiten Albatrospopulation zum Brüten hierher kommt). Selbst im Alter von nur wenigen Monaten sind diese gigantischen Vögel ein spektakulärer Anblick, und ihre langen, gekrümmten, gelben Schnäbel, ihre flauschigen Mauserfedern und die wachsamen Augen lassen sie verletzlicher erscheinen als sie sind. Ebenso atemberaubend ist der Blick von den wellengepeitschten Klippen im Süden: Aus den **Blowholes** der darunter liegenden Felsenküste schießt einströmendes Meerwasser hoch in die Luft, und Meeresvögel, besonders der Rotschnabel-Tropikvogel, führen akrobatische Flugübungen und unbeholfene Starts und Landungen vor.

Weitere Vögel, die hier gesichtet werden können, sind die Hood-Spottdrossel (nirgendwo sonst zu finden), Gabelschwanzmöwen und Austernfischer. Es gibt hier drei Finkenarten: den Opuntiengrundfink, den Kleingrundfink und den Waldsängerfink. Sie alle gehören zur Familie der Darwinfinken und folgen Besuchern nicht selten in der Hoffnung, etwas von deren Trinkwasser abzubekommen. Der Opuntiengrundfink ist nur auf wenigen weiteren Inseln zu finden.

Nach einer Nasslandung erreicht man die **Bahía Gardner** am nordöstlichen Ende der Isla Española. Der wunderschöne weiße Sandstrand bietet gute Bademöglichkeiten; hier lebt aber auch eine große Seelöwenkolonie. Ein Spaziergang ist ein bisschen wie der Gang über ein Minenfeld (eines allerdings, das sich ab und zu bewegt) – besser macht man einen großen Bogen um die Bullen, damit die eigene Neugier nicht fälschlicherweise als Herausforderung interpretiert wird… Auf den Felsen am östlichen Rand des Strandes sind oft Meerechsen und Rote Klippenkrabben zu sehen.

Eine nicht weit vor der Küste gelegene Insel bietet gute – wenn auch teils etwas ungemütliche – Möglichkeiten zum Schnorcheln und Tauchen. Dort gibt es einen Felsen, unter dem sich oft Weißspitzenriffhaie aufhalten, und nicht selten werden Hammerhaie, Meeresschildkröten, Rochen, Seesterne und Rotlippen-Fledermausfische gesichtet.

NÖRDLICHE INSELN

Isla Genovesa (Tower)

Egal wie man sie nun nennt – Isla Genovesa, Tower Island oder sogar Booby Island – Liebhaber des knuddeligen und manchmal etwas vertrottelt aussehenden Tölpels sollten sie sich nicht entgehen lassen! Viele Traveller suchen hier den Horizont nach weit entfernten Pottwalen ab oder hoffen, eine der selten gesichteten Galápagosohreulen zu erspähen, aber man sollte auch mal auf den Boden schauen, denn die flauschigen kleinen Babytölpel oder gut getarnte Leguane sind leicht zu übersehen.

Diese nordöstlichste der Galápagosinseln ist nur 14 km² groß und die einzige regelmäßig besuchte Insel, die vollständig nördlich des Äquators liegt (der nördlichste Teil der Isla Isabela ragt ein kleines Stück über den Äquator hinaus). Dies gibt oft Anlass zu dem kleinen seemännischen Späßchen: „Festhalten! Wir fahren über die Delle!"

Da die Isla Genovesa relativ weit abgelegen ist, liegt sie nur selten auf der Route kürzerer Bootstouren. Sie ist der beste Ort, um Kolonien von **Rotfußtölpeln** zu sehen, bietet Besuchern aber auch die Möglichkeit, Bindenfregattvögel, Rotschnabel-Tropikvögel, Gabelschwanzmöwen, Nazca-Tölpel und viele Tausende Wellenläufer zu beobachten. Weitere gefiederte Attraktionen sind die Galápagostauben und die Sumpfohreulen. Auch Seelöwen und Galápagos-Seebären sind hier vertreten, und es ist durchaus möglich, mit einem Schwarm von Hammerhaien zu schnorcheln. Die Insel ist relativ flach und rund und hat an ihrer Südseite hat eine große, fast vollkommen landumschlossene Bucht mit dem Namen Darwin Bay.

Es gibt zwei Besucherziele, die sich beide in der Darwin Bay befinden. **El Barranco** (auch Prince Philip's Steps genannt) liegt am östlichen Rand der Bucht und ist trockenen Fußes erreichbar. Ein steiler, felsiger Pfad führt hinauf zu den 25 m hohen Klippen. Mitten auf dem schmalen Weg sind gelegentlich nistende Rotfuß- und Maskentölpel anzutreffen.

Am oberen Rand der Klippen geht ein 1 km langer Weg ins Landesinnere ab, der durch Trockenwälder und an mehreren Meeresvögelkolonien vorbei zu einer Fläche aus scharfkantigem Lavagestein führt, auf der Tausende von Wellenläufern ihre Nester bauen. Manchmal können auch **Sumpfohreulen** beobachtet werden.

Die zweite interessante Stätte, der **Darwin Bay Beach**, ist ein Korallenstrand, der über eine Nasslandung erreicht wird. Der 750 m lange Weg am Strand entlang führt an Kolonien von Rotfußtölpeln und mehrere Gezeitenbecken vorbei und endet an einem Aussichtspunkt mit Blick auf die Klippen. Eine angenehme Fahrt mit einem *panga*, oft begleitet von einer Schar verspielter Seelöwen, eröffnet einen guten Blick auf die oben in den Klippen nistenden Vögel.

Isla Marchena (Bindloe) & Isla Pinta (Abington)

Die Isla Marchena ist mit 130 km² die siebentgrößte Insel des Archipels und die größte ohne offizielle Stätten für Besucher. Es gibt hier allerdings einige gute Tauchmöglichkeiten, sodass man vielleicht während eines Tauchausflugs doch noch recht nah an die Insel herankommt. Der 343 m hohe Vulkan im Zentrum der Insel war 1991 sehr aktiv. Der Guide sollte Auskunft über die aktuelle Aktivität geben können.

Die Isla Pinta ist die ursprüngliche Heimat des kürzlich erst verstorbenen Schildkrötenmännchens Lonesome George, welches das letzte Exemplar einer von Walfängern und Piraten stark dezimierten Unterart war. Vor gerade einmal 200 Jahren gab es von dieser Art noch etwa 5000 bis 10000 Tiere. Im Jahr 2010 wurden 39 in Gefangenschaft aufgezogene Schildkröten einer Hybridspezies auf der Isla Pinta ausgesetzt (diese wurden sterilisiert, da das Ziel dieses Programms nicht die Wiederansiedlung ist).

Größenmäßig nimmt die Isla den neunten Platz unter den Galápagosinseln ein. Außerdem liegt sie nördlicher als jede andere Insel von vergleichbarer Größe. Es gibt weder Landungsplätze noch Besucherstätten, und selbst Forscher brauchen eine

Genehmigung, wenn sie die Insel betreten wollen.

Isla Wolf (Wenman) & Isla Darwin (Culpepper)

Die nördlichsten Inseln der Galápagos-Region sind die Zwillingsinseln Isla Wolf und Isla Darwin, die etwa 100 km nordwestlich vom Rest des Archipels liegen. Sie werden, außer im Rahmen von **Tauchausflügen** (Schnorcheln kann man hier nicht), nur selten besucht. Beide haben annähernd vertikal abfallende Klippen, die eine Landung äußerst schwierig machen. Fregattenvögel, Tölpel, Tropikvögel und Möwen nisten auf beiden Inseln zu Tausenden. Die Isla Darwin wurde 1964 erstmals betreten, als eine Helikopterexpedition auf ihrem höchsten Punkt landete.

DIE GALÁPAGOSINSELN VERSTEHEN

Geschichte

Das Galápagosarchipel wurde 1535 zufällig entdeckt, als Tomás de Berlanga, der erste Bischof von Panama, bei einer Fahrt mit dem Boot von Panama nach Peru vom Kurs abkam. Der Bischof berichtete König Karl I. von Spanien von seiner Entdeckung. In seinem Bericht beschrieb er auch die Galápagos-Riesenschildkröten, denen die Inselgruppe ihren Namen verdankt, und kommentierte amüsiert, was jeder Besucher auch heute noch nachvollziehen kann: nämlich dass die Vögel der Inseln so dümmlich sind, dass sie nicht einmal wissen, wie man flieht, und viele mit der bloßen Hand gefangen werden können.

Es ist gut möglich, dass die indigene Bevölkerung Südamerikas schon vor 1535 von der Existenz der Inseln wusste, es gibt aber keine eindeutigen Aufzeichnungen darüber. Die Inseln tauchten erst 1570 auf der ersten Weltkarte auf, auf der sie als „Schildkröteninseln" bezeichnet wurden. Der norwegische Forschungsreisende Thor Heyerdahl entdeckte 1953 Tonscherben, die aus präkolumbischer Zeit stammen könnten; endgültig bewiesen werden kann dies allerdings nicht. Die ersten groben Seekarten des Archipels wurden im späten 17. Jh. von Seeräubern angefertigt, und die wissenschaftliche Erkundung begann erst im späten 18. Jh.

Die Galápagosinseln wurden nach ihrer Entdeckung über 300 Jahre lang von Seeräubern, Robben- und Walfängern als Stützpunkt genutzt. Sie boten geschützte Ankerplätze, Feuerholz, Wasser und reichlich frische Nahrungsmittel in Form von Galápagos-Riesenschildkröten, die zu Tausenden gefangen und lebendig in den Frachträumen der Schiffe aufgetürmt wurden. Schätzungen zufolge wurden zwischen 1811 und 1844 über 100 000 Exemplare von ihnen gefangen. Die Schildkröten konnten ein Jahr oder länger überleben und dienten den Matrosen so auch noch lange, nachdem sie die Inseln verlassen hatten, als Frischfleischlieferanten. Auch die Population der Galápagos-Seebären wurde stark dezimiert, da Tausende von ihnen wegen ihres kostbaren Fells getötet wurden.

Der erste Bewohner der Inseln war der Ire Patrick Watkins, der 1807 auf der Isla Santa María strandete und zwei Jahre lang dort überlebte. Er baute Gemüse an und tauschte seine Erzeugnisse gegen Rum ein, den vorbeifahrende Schiffe an Bord hatten. Es heißt, er sei während des größten Teils seines Aufenthalts betrunken gewesen und habe irgendwann das Beiboot eines Schiffs gestohlen und sich in Begleitung von fünf Sklaven auf den Weg nach Guayaquil gemacht. Niemand weiß, was aus den Sklaven wurde, denn nur Watkins erreichte das Festland.

Ecuador beanspruchte das Galápagosarchipel erstmals 1832 für sich, und General Villamil wurde zu seinem ersten Gouverneur ernannt – eigentlich verantwortete er nur eine einzige Kolonie von ehemals rebellischen Strafgefangenen auf Floreana. Während der darauf folgenden etwa 100 Jahre wurden die Inseln nur von wenigen Siedlern bewohnt bzw. als Strafkolonien genutzt. Die letzte Strafkolonie wurde 1959 auf der Isla Isabela geschlossen.

Der berühmteste Besucher der Galápagosinseln war Charles Darwin, der 1835 an Bord des britischen Marineschiffs *Beagle* hier ankam. Darwin blieb fünf Wochen, wovon er 19 Tage auf vier der größeren Inseln verbrachte, sich Notizen machte und Proben sammelte, die ihm wichtige Beweise für seine Theorie der Evolution lieferten. Es sollte aber noch mehrere Jahrzehnte dauern, bis er seine Beweise ausformulieren und veröffentlichen würde. Den Großteil

DER MANN HINTER DEM MYTHOS

In den Köpfen der meisten Menschen sind das Leben und die Arbeit von Charles Darwin so eng mit den Galápagosinseln verbunden, dass viele davon ausgehen, er habe einen beachtlichen Teil seines Lebens hier verbracht. Auch wird oft angenommen, dass ihm die Ideen, die er in *Die Entstehung der Arten* darlegt, in einem Aha-Moment kamen, während er über die Inseln reiste. Nichts davon trifft zu.

Darwin verbrachte lediglich fünf Wochen auf den Galápagosinseln, und zu Beginn war sein Interesse mehr geologischer als biologischer Natur. Sowohl seine spätere Beobachtung von Tauben als auch die Methoden der Hundezüchter in England hatten auf ihn einen größeren Einfluss als die Finken, die zu einer Art Aushängeschild für die Evolutionstheorie wurden.

Darwin lebte nach seiner Rückkehr von den Galápagosinseln noch fünf Jahre lang in London, bevor er sich auf dem Land zur Ruhe setzte. Von da an reiste er kaum noch, was teilweise auch seinen chronischen Leiden geschuldet war.

Schon in jungen Jahren hatten ihn religiöse Freidenker mehr inspiriert als säkulare Atheisten, und es war nie seine Absicht gewesen, die Existenz einer göttlichen Figur zu widerlegen. Nachdem er 22 Jahre seines Lebens dem Versuch gewidmet hatte, seine Theorie zu belegen, wandte er sich im mittleren Alter vom Christentum ab und beschrieb sich selbst als Agnostiker.

Darwin wurde ursprünglich nach Cambridge geschickt, um Kleriker zu werden, dann waren es aber die Botanikkurse seines Mentors J. S. Henslow, die ihn inspirierten. Sein Hobby wurde es, Käfer zu sammeln, und er gründete einen Club, der sich dem Verzehr von Tieren widmete, die der europäischen Küche unbekannt waren. Erst nach der Einmischung seines Onkels Josiah Wedgwood erlaubte Darwins Vater seinem Sohn im Alter von 22 Jahren, auf eine Entdeckungsreise zu gehen. Darwin schlief auf der *Beagle* in einer Hängematte, ritt auf dem Rücken von Galápagos-Riesenschildkröten und verzehrte ihr Fleisch – was gemäß den heutigen Parkvorschriften ein Vergehen ist.

Die Mission der *Beagle* bestand von 1831 bis 1836 darin, die Küste Südamerikas zu vermessen und Häfen für die britische Marine ausfindig zu machen. Bei ihrer Reise machte sie in Brasilien, auf den Falklandinseln, in Argentinien und Chile Halt, bevor es auf die Galápagosinseln ging. Darwin kehrte mit über 1500 Proben zurück, wobei er allerdings bei denen, die er auf den Galápagosinseln gesammelt hatte, die korrekte Dokumentierung ihres Fundorts vernachlässigte.

Als das Schiff 1836 die brasilianische Stadt Bahía erreichte, blickte Darwin seiner Rückkehr sehnlich entgegen. Er schrieb in sein Tagebuch: „Ich hasse, ich verabscheue das Meer und alle Schiffe, die darauf fahren". *Die Entstehung der Arten* war 1859 am Tag seines Erscheinens schon ausverkauft. Nur 1% des Buches ist Galápagos gewidmet.

seiner Zeit verbrachte er auf der Isla San Salvador, wo er Schildkröten beobachtete und verzehrte. Darwins Interesse an den Tieren und den Meereslebewesen der Galápagos-Region war ebenso groß wie das an der Geologie und der Botanik.

Einige der Inseln wurden 1934 zu Naturschutzgebieten erklärt, und 97% des Archipels wurden 1959 zum Nationalpark. Der organisierte Tourismus hielt ab den späten 1960er-Jahren Einzug; 1986 gründete die Regierung das Meeresreservat.

Geologie

Die älteste der heute sichtbaren Inseln entstand vor etwa 4 bis 5 Mio. Jahren, als Vulkane unterhalb der Wasseroberfläche ausbrachen und sich bis nach oben auftürmten (die Inseln waren also nie mit dem Festland verbunden). Die Galápagosregion ist vulkanisch sehr aktiv – seit ihrer Entdeckung 1535 wurden über 50 Ausbrüche registriert. Der letzte Ausbruch war der des Volcán La Cumbre im Februar 2009 auf der Isla Fernandina, der vermutlich aktivsten Insel des Archipels. Die Entstehung der Inselgruppe ist also ein fortlaufender Vorgang, und sie ist im Vergleich zum Alter der Erde (die etwa 1000-mal älter ist) noch relativ jung.

Geologen sind sich gemeinhin einig, dass die Entstehung der Inseln anhand zweier relativ neuer geologischer Theorien erklärt werden kann. Gemäß der Theorie der Plattentektonik besteht die Erdkruste aus mehreren festen Platten, die sich im Lauf der Zeit (in geologischen Dimensionen gesprochen) im Verhältnis zueinander bewegen. Die Galápagosinseln liegen am nördlichen Rand der Nazcaplatte und nahe der Stelle, wo diese an die Cocosplatte grenzt. Diese beiden Kontinentalplatten driften mit einer Geschwindigkeit von etwa 1 km in 14000 Jahren voneinander weg, was für solche Platten ganz schön rasant ist.

Die Hotspot-Theorie hingegen besagt, dass es tief im Inneren der Erde (unterhalb der sich bewegenden Platten) bestimmte Bereiche mit extrem hohen Temperaturen gibt, die ihre Position nicht ändern. In relativ kurzen Abständen (natürlich wieder in geologischen Dimensionen) steigt die Temperatur dieser Hotspots so stark an, dass die Erdkruste schmilzt und ein Vulkanausbruch von einer solchen Stärke stattfindet, dass die geschmolzene Lava aus dem Meeresgrund austritt und irgendwann dann auch bis über die Meeresoberfläche reicht.

Die Galápagosinseln bewegen sich über einem fixen Hotspot langsam in Richtung Südosten, sodass die Vermutung nahe liegt, dass die südöstlichen Inseln zuerst entstanden und die nordwestlichen Inseln relativ jung sind. Das älteste bisher auf den Inseln entdeckte Gestein ist etwa 3,25 Mio. Jahre alt und stammt aus dem Südosten der Isla Española. Im Vergleich dazu sind die ältesten Felsstücke der Isla Fernandina und Isla Isabela weniger als 750000 Jahre alt. Die nordwestlichsten Inseln befinden sich noch immer im Entstehungsprozess, und ihre Vulkane sind noch aktiv, ganz besonders die der Inseln Isabela und Fernandina. Zusätzlich zum allmählichen Abdriften der Nazcaplatte nach Südosten macht der Norddrall der Cocosplatte die Sache noch einmal komplizierter, sodass das Alter der Inseln von Nordwest nach Südost nicht einheitlich zunimmt.

Das Meer rund um die meisten Galápagosinseln ist sehr tief. Weniger als 20 km von der Küste der westlichen Inseln entfernt hat der Ozean schon eine Tiefe von über 3000 m. Besucher, die auf Booten um die Inseln schippern, sehen nur etwa das obere Drittel der Vulkane, der Rest ist vom Wasser bedeckt. Einige der ältesten Vulkane der Gegend befinden sich sogar komplett unterhalb der Wasseroberfläche. Die Carnegie Ridge, eine versunkene Bergkette, die sich von der Galápagosregion nach Osten erstreckt, besteht u.a. aus den Überbleibseln ehemaliger Vulkaninseln, von denen manche 9 Mio. Jahre alt waren. Sie wurden vom Wasser komplett weggewaschen, liegen nun 2000 m über dem Meeresboden und erstrecken sich über etwa die Hälfte der Distanz zwischen den Galápagosinseln und dem Festland.

Der Großteil des Vulkangesteins, aus dem die Galápagosinseln bestehen, ist Basalt. Geschmolzener Basalt ist flüssiger als andere Vulkangesteine, sodass bei einer Eruption Basalt eher in Form von Lavaströmen als in Form von Explosionen austritt. Somit sind die Vulkane auf den Galápagosinseln keine Kegel, wie man sich gemeinhin einen Vulkan vorstellt, sondern sanft abgerundete Schildvulkane.

Ökologie, Natur & Umwelt

Jede Pflanze und jede Tierart auf den Galápagosinseln muss nach einer Reise von mehreren Hunderten oder Tausenden Kilometern auf einem zufälligen Wind-, Luft- oder Meeresstrom hier angekommen sein, die meisten aus Südamerika oder der Karibik. Teile der Flora und Fauna kamen später auf weniger natürlichem Wege auf die Inseln, nämlich durch Siedler und andere Besucher, die mit Schiffen oder Flugzeugen auf die Inseln gelangten. Große Landsäugetiere gibt es nicht. Mehr Infos zur faszinierenden Tierwelt der Galápagosinseln, finden sich im „Naturführer Galápagosinseln" (S. 333).

Die Sorge um die Natur der Inseln ist nicht neu. Schon zu Beginn des 18. Jhs. zeigten sich einige Wissenschaftler beunruhigt. Die ecuadorianische Regierung verpasste 1934 einigen der Inseln zwar den Status eines Naturschutzgebiets, aber erst 1959, im 100. Jahr der Veröffentlichung von *Die Entstehung der Arten*, wurden die Galápagosinseln offiziell zum Nationalpark erklärt (die Unesco ernannte sie 1978 zur Welterbestätte). Kurz danach wurde mit dem Bau der Charles Darwin Forschungsstation auf der Isla Santa Cruz begonnen, die sich dem Erhalt der Umwelt widmet und ihre Arbeit als internationale Nichtregierungsorganisation 1964 aufnahm. Der Servicio Parque National Galápagos (Galápagosnationalparkverwaltung, SPNG) ist die wichtigste ecuadorianische Regierungsinstitution, die für den Park zuständig ist. Sie nahm ihre Arbeit 1968 auf. Die beiden Einrichtungen verwalten die Inseln in Gemeinschaftsarbeit. Im Jahr 1986 rief die ecuadorianische Regierung das 133 000 km^2 große Galápagos-Meeresreservat (Galápagos Marine Resources Reserve) ins Leben und stellte somit die Inseln unter einen noch umfangreicheren Schutz. Ein 1998 verabschiedetes Gesetz gibt der Bewahrung der Inseln und des angrenzenden Meers durch den Nationalpark und das Reservat auch einen rechtlichen Rahmen. Es fördert zudem die Forschung zu Bildungs- und Wissenschaftszwecken und ermöglicht den Inseln eine nachhaltige Entwicklung als ecuadorianische Provinz.

Invasive Arten

Die Einschleppung domestizierter Tiere auf jeder Hauptinsel außer auf Fernandina ist eine der größten Herausforderungen, denen sich das Archipel gegenüber sieht. Verwilderte Ziegen und Schweine sowie eingeschleppte Ratten dezimierten heimische Arten (oder verursachten ihr Aussterben) in nur wenigen Jahren. Es wird davon ausgegangen, dass die Ziegen direkt für das Aussterben von vier oder fünf Arten verantwortlich zu machen sind. Es dauerte über 127 Jahre, bis die Population der verwilderten Hausschweine auf der Insel San Salvador ausgelöscht werden konnte.

Auch Vieh, Katzen, Hunde, Esel, Frösche und Ratten stellen eine Bedrohung für das Überleben endemischer Flora und Fauna dar. Es wurden zudem Hunderte von Insektenarten eingeschleppt, darunter auch eine Wespenart, von der befürchtet wird, dass sie für die rückläufige Zahl der Raupenlarven verantwortlich ist, die wiederum eine wichtige Nahrungsquelle für Finken sind. Auch fast 800 Pflanzenarten wurden auf die Inseln eingeschleppt. Als schlimmste davon gilt die Brombeere, da sie die Artenvielfalt um ganze 50 % verringert.

Überfischung

Eines der größten Probleme aller Weltmeere, die Überfischung, stellt auch auf den Inseln eine ständige Spannungsquelle dar. Fischer, die unzufrieden mit den Beschränkungen in manchen Fischereigründen sind, organisieren regelmäßige Proteste, und es gab teilweise auch schon schwerwiegende Zwischenfälle. Die Proteste betreffen meist den (äußerst lukrativen) Fang von Seegurken und Hummern. In bestimmten Küstengebieten wurden Fischfangverbotszonen eingerichtet; die industrielle Fischerei ist schon seit 1994 nicht mehr erlaubt. Die Gesetze werden allerdings regelmäßig von sowohl ecuadorianischen als auch ausländischen Schiffen missachtet. Den größten Schaden richten dabei die Langleinenfischer an (dabei hängen Hunderte oder Tausende von Haken mit Ködern an einer einzigen Leine, die oft mehrere Kilometer lang ist).

Obwohl Seegurken schon seit 1994 nicht mehr gefischt werden dürfen, werden jedes Jahr Hunderttausende von ihnen illegal exportiert, meist aufgrund ihrer angeblichen aphrodisischen Eigenschaften. Illegal ist u.a. auch das Abschneiden von Haiflossen für Haifischflossensuppen, die Tötung von Seelöwen für Köder oder die Überfischung von Hummern, um Touristen und Einheimische mit der begehrten Speise zu versorgen.

Erlaubt ist nur das „handwerkliche" Fischen in kleinen Booten. Diese Regulierung wurde allerdings auf eine sehr umstrittene Art und Weise ausgelegt, um den Touristen das Sportfischen zu ermöglichen. Nachdem es zuerst möglich, dann 2005 für kurze Zeit verboten war, ist es mittlerweile wieder erlaubt. Die wenigen lizenzierten Anbieter müssen sich aber an strengste Auflagen halten.

Weitere Probleme

Einige Inselbewohner sehen den Nationalpark als Hindernis dafür, von der Landwirtschaft leben zu können. Ihr Argument lautet, dass wenn mehr Lebensmittel vor Ort angebaut würden, weniger davon importiert werden müssten und die Einheimischen somit ihre Lebenshaltungskosten senken könnten (und gleichzeitig die Umweltbelastung geringer wäre). Deshalb gibt es Anstrengungen, den Anbau von qualitativ hochwertigen Biolebensmitteln auf den Inseln zu unterstützen. Landwirtschaft führt aber natürlich zum Verlust von Lebensräumen und zur Veränderung der Landschaft. Zusätzlich wird das Vorhaben durch die geringen Wasservorkommen erschwert – die meisten Quellen sind versiegt, das küstennahe Grundwasser kann verschmutzt sein und die geringen Mengen Wasser, die im Hochland zu finden sind, lassen sich nur schwer auf effiziente Weise nutzen.

Nachdem 2001 ein ecuadorianischer Öltanker in der Nähe von Puerto Baquerizo Moreno auf der Isla San Cristóbal auf Grund gelaufen war, arbeitete die Regierung gemeinsam mit dem World Wildlife Fund (WWF) an der Modernisierung und dem Wiederaufbau der größten Anlage für die Treibstofflagerung auf Baltra und brachte sie auf den neuesten Stand. In jüngerer Zeit hat die ecuadorianische Regierung gemeinsam mit der UN und einigen der weltweit größten Versorgungsunternehmen zugesichert, die Inseln bis zum Jahr 2015 durch den Einsatz von Solar- und Windkraft gänzlich von fossilen Brennstoffen unabhängig zu machen. Auf San Cristóbal existiert bereits ein groß angelegtes Windkraftanlagenprojekt.

Manche Arten, insbesondere die Galápagos-Pinguine, die Suppenschildkröten und die Meerechsen (die einzige im Meer lebende Echsenart der Welt), reagieren bei steigenden Wassertemperaturen und einem steigenden Meeresspiegel – beides hervorgerufen durch die globale Erwärmung – empfindlich. Jahre mit einem immer längeren und massiveren Auftreten der Meeresströmung El Niño (1998 war die schlimmste Saison in den letzten 50 Jahren) haben mehrere Ökosysteme der Galápagosinseln aus dem Gleichgewicht geraten lassen.

Umweltschutzbemühungen

Das Galápagos-Meeresreservat wurde 2001 auf die Welterbeliste der Unesco gesetzt. Nur sechs Wochen später erklärte die UN die Umwelt der Galápagosregion in ihrer Gesamtheit als „gefährdet". Als Reaktion darauf gingen die Regierung unter Correa und das Nationalparkpersonal hart gegen Gesetzesverstöße vor und erzielten in bestimmten Bereichen in Sachen Nachhaltigkeit und Umweltschutz Fortschritte. Daraufhin traf die Unesco 2010 als Reaktion auf diese Bemühungen der ecuadorianischen Regierung die umstrittene Entscheidung, die Inseln wieder von der Roten Liste zu streichen.

Über 50 % der Flora und Fauna sind bedroht oder gefährdet (bisher wurde keine Vogelart des Archipels für ausgestorben erklärt), darunter auch die Floreana-Spottdrossel und der Galápagos-Wellenläufer. Trotz dieser alarmierenden Zahlen haben bisher über 95 % aller Arten, die die Inseln vor dem ersten Kontakt mit dem Menschen bewohnten, überlebt, und die einzigen in der Wildnis ausgestorbenen Spezies sind die Abingdon-Riesenschildkröte der Insel Pinta und die San-Salvador-Landleguane. Aufzucht- und Renaturierungsprogramme, das Ausmerzen von nicht einheimischen und invasiven Arten durch groß angelegte Jägerei, Nestschutz, Schutzzäune und Wiederaufforstung sind einige der wichtigsten Strategien der auf den Inseln arbeitenden Naturschützer.

Die von dem Reisebüro Metropolitan Touring ins Leben gerufene **Fundación Galápagos** (www.fundaciongalapagos.org) hat sich mit verschiedenen Körperschaften und Reiseunternehmen zusammengetan und in Puerto Ayora eine Recyclingfabrik erbaut. Theoretisch hat nun jeder Haushalt der Inseln drei farbige Mülleimer für die Mülltrennung. Die Stiftung führt auch Freiwilligenprogramme zur Säuberung der Küsten durch und bezahlt einheimische Fischer dafür, dass sie den Müll im Meer einsammeln.

Es gibt verschiedene Lösungsansätze für die Probleme der Galápagosinseln. Dazu gehört auch ein verstärktes Augenmerk auf den nachhaltigen Tourismus zur Regulierung der Entnahme begrenzter Ressourcen aus dem Wasser und dem Erdboden, da diese Entnahmen die Umwelt irreparabel verändern könnten. Eine extreme Position ist es, jegliche Besiedlung und jeglichen Tourismus zu verbieten – eine Option, die nur wenig Zustimmung findet. Viele der Einwohner – etwa 30 000 Menschen leben hier permanent – verhalten sich verantwortungsvoll und setzen sich aktiv gegen die zerstörerischen oder gefährlichen Machenschaften anderer ein. Dies sichert auch ihre Arbeitsplätze in der boomenden Tourismusindustrie.

LESETIPPS

» *Postlagernd Floreana* von Margret Wittmer

» *Galapagos* von Kurt Vonnegut

» *Galápagos das Ende der Welt* von William Beebe

» *My Father's Island* von Johanna Angermeyer

» *Der Schnabel des Finken oder der kurze Atem der Evolution* von Jonathan Weiner

» *Verloren im Paradies* von John Treherne

» *Die Entstehung der Arten* von Charles Darwin

» *Die Fahrt der Beagle* von Charles Darwin

DIE EVOLUTION IN AKTION

Als die Galápagosinseln entstanden, waren sie nichts als karge Vulkaninseln ohne jegliches Leben. Da die Inseln nie mit dem Festland verbunden waren, ist es am wahrscheinlichsten, dass alle heute hier vertretenen Arten irgendwie die 1000 km offenes Meer überquert haben. Die Arten, die fliegen oder über längere Strecken schwimmen konnten, hatten die besten Chancen, die Inseln zu erreichen, es gab aber auch andere Methoden der „Besiedlung".

Kleine Säugetiere, Landvögel und Reptilien sowie Pflanzen und Insekten könnten die Distanz auf organischem Treibgut zurückgelegt haben. Die Tiere, die die Reise überlebt hatten, können in ihren Mägen oder an ihren Federn Pflanzensamen oder Insekteneier oder -larven transportiert haben.

Als die ersten Zugvogelarten vor Millionen von Jahren auf den Inseln ankamen, fanden sie hier nur wenige andere Tiere vor, mit denen sie konkurrieren mussten. Einige Vögel konnten überleben, sich fortpflanzen und Nachkommen hervorbringen. Die Jungen gehörten derselben Art an wie ihre Eltern, einige hatten aber feine Unterschiede.

Ein klassisches Beispiel dafür ist ein Vogel, dessen Junges mit einen Schnabel auf die Welt kommt, der sich geringfügig von dem seiner Eltern oder Geschwister unterscheidet. In den unterschiedlichen Umgebungen der verschiedenen Inseln können sich manche Vogelküken mit geringfügig anderen Schnäbeln die äußeren Bedingungen besser zunutze machen. Diese Vögel gelten als besser angepasst und haben eine bessere Chance, zu überleben und ihre eigene Brut aufzuziehen.

Diese besser angepassten Überlebenden können günstige genetische Merkmale (in diesem Fall ein geringfügig besser angepasster Schnabel) an ihre Nachkommen weitergeben, und somit werden über viele Generationen hinweg bestimmte günstige genetische Merkmale „auserwählt" und andere weniger günstige genetische Merkmale „ausgesiebt". Irgendwann ist der Unterschied zwischen den ursprünglichen Kolonisten und ihren entfernten Nachkommen so groß, dass die Nachkommen als eine komplett andere Art betrachtet werden können. Dies ist die Kernaussage von Darwins Theorie der Evolution durch natürliche Selektion.

Bei einer großen Vielfalt von Inseln und Lebensräumen könnten verschiedene Arten von Schnäbeln Vögeln in verschiedenen ökologischen Nischen bestimmte Anpassungsvorteile verleihen. Aus einer „Ahnengattung" könnten somit mehrere moderne Arten hervorgehen – ein Prinzip, das als adaptive Radiation bezeichnet wird. Dieses Beispiel erklärt, warum es auf den Galápagosinseln 13 ähnliche und endemische Finkenarten, nämlich die Darwinfinken, gibt.

Viele Jahre lang rätselten Evolutionsbiologen darüber, wie sich auf den Galápagosinseln in der relativ kurzen Zeitspanne von rund 4 Mio. Jahren (das Alter der ältesten Insel) so viele einzigartige Arten entwickeln konnten. Die Antwort lieferten Geologen und Ozeanographen, die unter der Wasseroberfläche östlich der bestehenden Inseln die Überreste von 9 Mio. alten Inseln fanden. Vermutlich lebten die Vorfahren der heutigen Tierwelt auf diesen versunkenen Inseln und hatten dadurch 9 Mio. Jahre Zeit, sich zu entwickeln – das ist eine Zeitspanne, die für Evolutionsbiologen akzeptabel ist.

Nichtsdestotrotz verweist die Regierung regelmäßig Ecuadorianer der Inseln, die keine Aufenthalts- oder Arbeitsgenehmigung für das Archipel haben. Ecuadorianer haben nur drei Möglichkeiten, eine unbeschränkte Aufenthaltgenehmigung für die Galápagosinseln zu erhalten: Entweder haben sie vor 1998 fünf Jahre dort gelebt, wurden dort geboren oder haben jemanden geheiratet, der eine unbeschränkte Aufenthaltgenehmigung besitzt. Viele halten diese Herangehensweise für ungerecht und fragen sich, warum stattdessen nicht die Zahl der relativ reichen Touristen beschränkt wird. Die Tourismusbranche ist jedoch für die ecuadorianische Wirtschaft enorm wichtig; sie generiert fast 200 Mio. US$ pro Jahr – ein Viertel davon fließt in die kommunalen Kassen. Die Mehrheit der Interessenvertreter ist der Meinung, dass die Kombination aus Umweltbildung für Einwohner und Besucher und ein Programm für verantwortungsbewussten und nachhaltigen Tourismus die beste Lösung wäre, wobei Letzteres zwangsweise eine Reduzierung oder Deckelung der Besucherzahlen bedeuten würde. Wer realistisch ist, muss einsehen, dass die Inseln nicht in ihren unberührten Zustand vor dem ersten Kontakt mit dem Menschen zurückversetzt werden können.

Parkvorschriften

Die Regulierungen bezüglich der Reiserouten von Tourbooten wurden Anfang 2012 komplett überarbeitet. Grund hierfür war der Versuch, die Anzahl der Landungen an den beliebtesten Besucherstätten zu reduzieren, die Gesamtanzahl der Besucher zu verringern und den Baltra-Flughafen zu entlasten. Die Besucher sollen von Kurztrips abgehalten werden, und Boote dürfen nun in einem Zeitraum von zwei Wochen nicht mehr dieselbe Stätte zweimal anfahren (mit Ausnahme der Darwin-Forschungsstation in Puerto Ayora).

Es ist gesetzlich vorgeschrieben, dass Tourboote von einem zertifizierten, naturkundigen Guide begleitet werden müssen, der von der Nationalparkverwaltung ausgebildet wurde. Allerdings haben die Guides auf den günstigeren Booten oft keinerlei Zertifizierung, und es gibt auch nur eine beschränkte Anzahl von Naturkunde-Guides der Kategorie III (hochqualifizierte, meist mehrsprachige Biologen mit universitärer Ausbildung, deren Anliegen es ist, die Tierwelt zu schützen und sie den Besuchern näherzubringen) – Anfang 2012 gab es auf den Inseln gerade einmal 77 Guides mit dieser Qualifikation.

Es dürfen nur die offiziellen Besucherstätten angesteuert werden (70 Stätten an Land, 79 auf dem Wasser). Die wichtigen Parkvorschriften schützen sowohl die Tierwelt als auch die Umwelt und haben vor allem etwas mit Höflichkeit und gesundem Menschenverstand zu tun: die Tiere weder berühren noch füttern, keinen Müll wegwerfen, keine natürlichen Gegenstände mitnehmen (ob lebendig oder nicht), keine Haustiere mitbringen und keine Gegenstände kaufen, die aus Pflanzen oder Tieren hergestellt worden sind. Der Zutritt zu den Besucherstätten ist nach Einbruch der Dunkelheit und ohne einen qualifizierten Guide nicht gestattet, und jedes Boot muss von einem Guide begleitet werden. Bei jedem Landgang ist ein Guide dabei, der Fragen beantworten kann und dafür sorgt, dass die Parkvorschriften eingehalten werden.

Tourismus

Bis Mitte der 1960er-Jahre kamen – abgesehen von Industriemagnaten, Prinzen mit Privatjachten und extrem unerschrockenen Abenteurern, die nicht davor zurückschrecken, sich den Platz auf einem Frachtschiff mit lebendem Vieh zu teilen – nur wenige Touristen auf die Inseln. Die Eröffnung der Forschungsstation und die Aufnahme der ersten Charterflüge waren der Startschuss für den organisierten Tourismus, der zu Beginn gerade einmal aus etwas mehr als 1000 Besucher jährlich bestand. Diese Zahl sollte bald dramatisch ansteigen. Im Jahr 1971 boten schon sechs kleine Boote und ein großes Kreuzfahrtschiff ihre Dienste an. In weniger als zwei Jahrzehnten verzehnfachte sich die Anzahl der Besucher: In den frühen 1990ern kamen pro Jahr etwa 60 000 Touristen. Zahlen für das Jahr 2011 gehen von 140 000 Besuchern aus – sowohl Ecuadorianer als auch ausländische Touristen. Heute gibt es etwa 85 Boote (mit Schlafgelegenheiten) für vier bis 96 Passagiere; die meisten Boote bieten allerdings weniger als 20 Personen Platz.

Während dies positive Auswirkungen auf die ecuadorianische Wirtschaft hat, haben sich daraus Probleme für die Umwelt ergeben. Die ecuadorianische Regierung und Umweltorganisationen sind sich dieser Herausforderungen bewusst und arbeiten daran, die Entwicklung umzukehren oder sie zumindest zu stoppen (dazu gehören

DEM AUSSTERBEN NOCH EINMAL ENTGANGEN

Im Januar 2012 entdeckte ein Biologenteam der Yale University eine Gattung der Galápagos-Riesenschildkröte, von der angenommen worden war, dass sie seit 150 Jahren ausgestorben wäre. Nach umfassenden Gentests kamen sie zu dem Ergebnis, dass mindesten 38 der 84 untersuchten Schildkröten der Isla Isabela tatsächlich reinrassige Vertreter einer Gattung sind, die ursprünglich ausschließlich auf der 320 km entfernten Isla Santa María endemisch war. Als Referenzmaterial für die packende Untersuchung dienten DNS-Proben der Arten aus dem 19. Jh., die aus amerikanischen Museen stammten.

auch die Einstellung von Hochhausbauten und die Eindämmung der Nachfrage nach Kreuzfahrtschiffen), um die Flora, die Fauna und die Bewohner der Galápagosinseln zu schützen.

PRAKTISCHE INFORMATIONEN

An- & Weiterreise

Flugzeug

Flieger vom Festland landen auf einem von zwei Flughäfen: auf Isla Baltra unmittelbar nördlich von Santa Cruz oder auf Isla San Cristóbal. Baltra und San Cristóbal werden von annähernd derselben Zahl von Flugzeugen bedient.

Die Galápagosinseln werden von drei Fluggesellschaften angeflogen: **Aerogal** (www.aerogal.com.ec), **LanChile** (lan.com) und **TAME** (www.tame.com.ec). Alle bieten täglich zwei Flüge am Morgen von Quito über Guayaquil zum Flughafen der Isla Baltra an (2 Std.), der mit öffentlichen Verkehrmitteln lediglich etwas mehr als eine Stunde von Puerto Ayora entfernt liegt. Dieselben Fluggesellschaften bieten jeden Morgen auch einen oder zwei Flüge zum Flughafen von San Cristóbal an (1½ Std.). Die Rückflüge starten jeweils am frühen Nachmittag.

Hin- und Rückflüge von Guayaquil kosten in der Haupt-/Nebensaison etwa 480/440 US$, Hin- und Rückflüge ab Quito etwa 530/480 US$ (die Fluggesellschaften bieten regelmäßig vergünstigte Flüge an). Die Flieger ab Quito legen alle einen Zwischenstopp in Guayaquil ein, bei dem man das Flugzeug aber nicht verlassen muss. Es ist auch möglich, in Quito zu starten und auf dem Rückflug schon in Guayaquil auszusteigen oder umgekehrt. Oft ist es auch praktischer, nach Baltra zu fliegen und ab San Cristóbal wieder zurückzufliegen (oder umgekehrt). Wer schon vorab eine organisierte Bootstour gebucht hat, kann dies alles vom Reisebüro regeln lassen. Die Gepäckmenge für Flüge auf die Galápagosinseln ist für aufgegebenes Gepäck auf 20 kg pro Person begrenzt.

Manchmal sind Flüge schon sehr weit im Voraus ausgebucht, oft tauchen Passagiere aber nicht auf. Reisebüros buchen für ihre All-inclusive-Touren auf die Galápagosinseln ganze Sitzreihen und geben diese am Tag des Abflugs wieder frei, wenn keine Hoffnung mehr besteht, die Tour noch zu verkaufen.

Unterwegs vor Ort

Die meisten Touristen besuchen die Inseln im Rahmen einer organisierten Bootstour, es ist aber sehr einfach, einige der Inseln auch auf eigene Faust (mit Guide) zu besichtigen. Auf den Inseln Santa Cruz, San Cristóbal, Isabela und Santa María gibt es Übernachtungsmöglichkeiten, und alle außer Santa María sind mit mitteleuren Booten, die zwischen den Inseln verkehren, oder mit teureren Flügen zu erreichen.

Flugzeug

EMETEBE (☎Puerto Ayora 05-252-6177, San Cristóbal 05-252-0615, Puerto Villamil 05-252-9255, Guayaquil 04-229-2492; www.emetebe.com) hat tägliche Flüge in Flugzeugen für fünf bis neun Passagiere zwischen Baltra (Santa Cruz) und der Isla Isabela (35 Min.), zwischen Baltra und San Cristóbal (35 Min.) und zwischen San Cristóbal und der Isla Isabela (45 Min.) im Angebot. Die Ticketpreise für die einfache Strecke/Hin- & Rückflug liegen im Durchschnitt bei 184/296 US$, und die Gepäckgrenze liegt bei 9 kg pro Person (wenn die Maschine nicht voll ist, wird dies jedoch flexibel gehandhabt).

Die ersten Zwischen-Insel-Flüge der nationalen Fluggesellschaft **AERO** (☎in Guayaquil 04-216-9147; www.aero.com) wurden für 2012 angekündigt.

Schiff/Fähre

Inhaber privater Schnellboote (die *lanchas* oder *fibras* – Kurzform für Boote aus Fiberglas – genannt werden) bieten täglich Bootsverbindungen für Passagiere zwischen Santa Cruz und San Cristóbal bzw. Santa Cruz und Isabela an (es gibt keine Direktverbindungen zwischen San Cristóbal und Isabela). Der Preis pro Fahrt beträgt 25 US$; Fahrkarten können entweder am Vortag oder am Tag der Fahrt selbst gekauft werden. Dazu hört man sich am besten vor Ort in Puerto Ayora, Puerto Baquerizo Moreno und Puerto Villamil um. Mehr Infos zur An- & Weiterreise finden sich in den entsprechenden Abschnitten zu diesen Orten.

Ecuador verstehen

ECUADOR AKTUELL......................... 380
Die neue, durch Öl befeuerte Wirtschaft: Man hat sich ambitionierte Ziele bezüglich Reduktion der Armut und in Sachen Bildung, medizinische Versorgung und Infrastruktur gesetzt – eine konservative Gegenbewegung existiert aber auch.

GESCHICHTE.................................. 382
Ein Sprint durch mehr als 5000 Jahre – von den präkolumbischen Völkern über die Kolonialisten bis ins Chaos des 20. Jhs.

DIE INDIGENEN VÖLKER ECUADORS........... 393
Ein Überblick über Ecuadors *indígenas* von den Anden- bis zu den Waldbewohnern.

DIE MUSIK ECUADORS....................... 396
Der große Soundtrack für Ecuador, komplett mit *música folklórica, pasillo* und afro-ecuadorianischen Rhythmen.

NATUR & UMWELT........................... 399
Regen- und Nebelwälder, *páramo* und die Spezies, die dort leben, werden hier vorgestellt. Bedrohungen für die Umwelt und die Aussichten für die Zukunft sind ebenfalls Thema.

Ecuador aktuell

Ein neues Entwicklungsparadigma

» Bevölkerung: 15 Mio.

» BIP pro Kopf: 7800 US$

» BIP-Zuwachsrate: 6 %

» Arbeitslosenquote: 6,1 %

» Armutsquote: 28,6 %

» Alphabetisierungsrate: 91 %

Bis vor Kurzem war Ecuador ökonomisch ein hoffnungsloser Fall, geplagt von Armut, wirtschaftlicher Ungleichheit und politischen Unruhen – seit der Gründung der Republik 1830 hat es mehr als 80 Regierungswechsel gegeben. Im letzten Jahrzehnt hat Ecuador Fortschritte erzielt und in das Bildungswesen, die medizinische Versorgung und die Infrastruktur investiert. Viele Ecuadorianer glauben, dass das Land heute eine der hoffnungsvollsten Phasen seiner Geschichte erlebt.

Der Großteil der Entwicklungen wird Rafael Correa zugeschrieben. Die durch eine Volksabstimmung angenommene Verfassung von 2008 schuf die Grundlage für eine neue sozialpolitische Ausrichtung mit mehr Ausgaben für das Gesundheitswesen, die Versorgung der Armen, mehr Rechten für *indígenas*, neuen Umweltschutzbestimmungen und dem Recht auf eingetragene Lebenspartnerschaften für Homosexuelle.

Ecuador hat seine Sozialausgaben seit 2006 verdoppelt, 8,5 Mrd. US$ wurden in Bildung und 5 Mrd. US$ in das Gesundheitswesen investiert. Mehr als 5500 km Straßen wurden neu gebaut oder instand gesetzt. Ein Arbeitslosenprogramm hilft 300 000 Menschen, während die Ärmsten jetzt eine monatliche Unterstützung erhalten. Die Armutsquote ist gesunken, um 9 % zwischen 2006 und 2011. Auch Mittelständische haben Vorteile, z. B. einen Zuschuss von 5000 US$ für erstmalige Bauherren.

Der Ölsegen

Was diese Ausgabensteigerung ermöglicht? Der weltweite Hunger nach Öl und die hohen Erdölpreise. Ecuador ist besonders reich mit Erdöl gesegnet; in dem Land befinden sich die nach Venezuela und Brasilien drittgrößten Ölreserven Südamerikas, und sie machen mehr als 30 % der Staatseinkünfte und ungefähr die Hälfte der Exporterlöse aus.

Top-Bücher

The Farm on the River of Emeralds (1978) Moritz Thomsens fesselndes Tagebuch über sein Leben an der Küste Ecuadors.

Postlagernd Floreana (1961; Margret Wittmer) Über Exzentriker und spannende Erlebnisse auf den Galápagosinseln.

Huasipungo: Unser kleines Stückchen Erde (1934) Jorge Icazas Roman über das Leben der *indígenas* in den Anden.

Krieger des Jaguars (1995) Joe Kanes komischer, erhellender Bericht über den Disput der Huaorani mit der Ölindustrie.

Top-Filme

Qué tan lejos (2006) Roadmovie über die Reise zweier Frauen durch das Hochland der Anden auf der Suche nach sich selbst.

Entre Marx y una Mujer Desnuda (1996) Porträtiert eine Gruppe junger Intellektueller in Quito.

Religionen
(% der Bevölkerung)

Gäbe es nur 100 Ecuadorianer, wären …

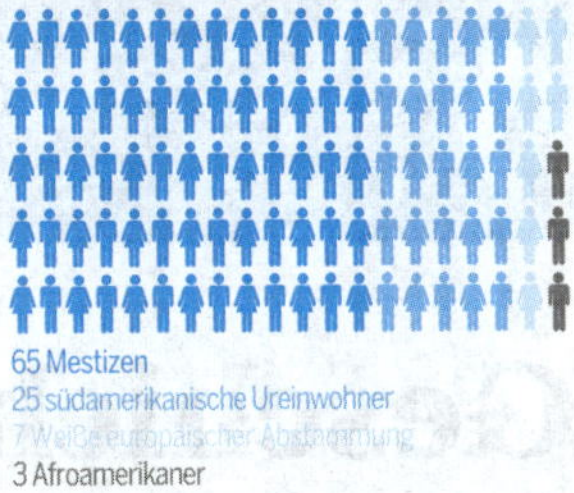

Bis zu Correa strömte der Großteil der Einnahmen aus den ecuadorianischen Erdölreserven außer Landes. Ein neues Gesetz änderte das und erhöhte den staatlichen Anteil an den Erdöleinkünften von 13 % auf 87 %, wodurch die Einkünfte im Jahr 2011 um 870 Mio. US$ zulegten.

Öl ist in Ecuador ein heißes Eisen – insbesondere nach der Strafe von 18 Mrd. US$, die ein ecuadorianisches Gericht 2011 gegen Chevron verhängte, weil Texaco, das heute Chevron gehört, in den Jahren, als die Firma im Land tätig war (1972–1992), angeblich toxische Abfälle im Urwald deponierte. Chevron ficht das Urteil an. Im Parque Nacional Yasuní liegen gewaltige Ölreserven, die die Regierung nicht anrühren will, wenn sich Geld auf dem Weltmarkt auftreiben lässt. Correa schlug vor, dass ausländische Investoren knapp die Hälfte des geschätzten Wertes der Reserven (ca. 3,6 Mrd. US$) in einem Zeitraum von 13 Jahren aufbringen sollen. Die Mittel sollen für Investitionen in alternative Energien, Sozialprogramme und Infrastruktur wie Krankenhäuser und Schulen ausgegeben werden.

» Höchster Punkt: Volcán Chimborazo (6310 m)

» Vogelspezies: mehr als 1600

» Pflanzenspezies: 25 000

» Schutzgebiete: 18 % des Landes

» Anzahl der gesprochenen Sprachen: 23

Ständige Herausforderungen

Trotzdem ist Correa nicht unumstritten. Mit seinem Auftreten hat er sich Feinde gemacht, insbesondere unter denen, deren Interessen seinen Plänen zuwiderlaufen. 2010 setzten sich die Unruhen fort, als Correa von einer Gruppe Polizisten gefangengenommen wurde. Es folgte eine Auseinandersetzung mit loyalen Armeeverbänden, die ihn schließlich befreiten.

Manche ärgern sich auch über Correas antiamerikanische Rhetorik und seine gute Beziehung zu Chávez. Die Ausweisung des US-amerikanischen Botschafters 2010 und die Einladung an Ahmadinedschad 2012 hat die Beziehungen zu den USA nicht gerade verbessert. Beunruhigender ist aber Ecuadors einseitige Ausrichtung: Sollten die Ölpreise fallen, sind die Sozialprogramme des Landes Makulatur.

Etikette

Begrüßungen In Läden oder Restaurants mit *buenos dias*, *buenas tardes* oder *buenas noches* grüßen.

Einladungen Wenn man jemanden zum Essen (oder Ausgehen) einlädt, ist es höflich, für seinen Gast zu bezahlen.

Vorstellung Ein Händeschütteln zwischen Männern, ein Wangenküsschen zwischen Frauen.

Fußgänger Fahrzeuge haben gegenüber Fußgängern Vorfahrt, also Vorsicht beim Überqueren von Straßen!

Geschichte

Das Land aus Feuer und Eis kann auf eine wahrhaft bewegte Vergangenheit zurückblicken. Seit seiner Unabhängigkeit 1830 hat Ecuador fast 100 Regierungswechsel und 20 Verfassungen erlebt – die letzte stammt aus dem Jahre 2008. Verschärft werden die Unsicherheiten des Andenstaates durch Rivalitäten, intern (das konservative, von der Kirche getragene Quito gegen das liberale, weltliche Guayaquil) wie extern (Grenzstreitigkeiten mit Peru).

Die verschiedenen Völker Ecuadors sahen große und weniger große Staatsoberhäupter kommen und gehen, die in diesem Andenstaat ein buntes Erbe hinterlassen haben. Gelehrte betrachten die widerstandsfähigen indigenen Gruppen als die unbesungenen Helden der ecuadorianischen Geschichte. Sie sind die Nachfahren einiger großer Kulturen auf dem amerikanischen Kontinent.

Die frühen Kulturen

Die Mehrheit der indigenen Völker lebt heute im Hochland und im Oriente, vor dem Eintreffen der Spanier (und der Inkas) konzentrierten sich die meisten Völker jedoch entlang der Küste. Die Küstenkulturen La Tolita, Bahía, Manta, Valdivia und Machalilla sind für die ecuadorianische Identität von größter Bedeutung und stellen in vielerlei Hinsicht sogar die Inkas in den Schatten, die im heutigen Ecuador nur ein halbes Jahrhundert vor den Spaniern ankamen.

Es wird im Allgemeinen davon ausgegangen, dass Ecuador von Menschen bevölkert wurde, die von Brasilien aus gen Westen in besser zum Leben geeignete Gegenden an der Küste zogen. Die erste Kultur, die dauerhaft in Ecuador siedelte, war die Valdivia-Kultur. Sie entstand vor mehr als 5500 Jahren entlang der Küste der Halbinsel Santa Elena. Als eine der ältesten Kulturen in Amerika sind die Valdivia berühmt für ihre aufs Feinste gearbeiteten Keramiken – insbesondere die Figuren der „Venus von Valdivia". Diese kleinen Frauenfiguren mit deutlich sichtbaren

ZEITLEISTE

3500 v. Chr.

Die Valdivia siedeln entlang der Küste der Halbinsel Santa Elena. Es sind Fischer und Bauern, die Mais, Yuccas, Bohnen, Kürbisse und Baumwolle anbauen. Außerdem sind sie für ihre Töpferwaren berühmt.

600 v. Chr.

Die indigenen Gesellschaften werden vielschichtiger. Die Stämme werden von einer aus Schamanen und Kaufleuten bestehenden Elitekaste regiert, die Seehandel – bis nach Mittelamerika – betreibt.

800 n. Chr.

Kulturen beginnen sich zu vermischen und werden zu größeren hierarchischen Gesellschaften. Hierzu gehören die Manteños, Huancavilcas und Caras an der Küste und die Quitus, Puruhá und Cañari in der Sierra.

Brüsten und Genitalien sind in den verschiedenen Stadien der Schwangerschaft und Niederkunft dargestellt und wurden höchstwahrscheinlich bei Fruchtbarkeitsritualen benutzt.

Die Valdivia-Kultur war zwar die erste Kultur in Ecuador, jedoch waren die Chorrera die am weitesten verbreitete und einflussreichste Gruppe in der sogenannten Gründungsperiode (4000–300 v. Chr.). Sowohl die Menschen der Chorrera- als auch der Machalilla-Kultur (die von 1500 bis 800 v. Chr. in Süd-Manabí und auf der Halbinsel Santa Elena lebten) sind für ihre deformierten Köpfe bekannt. Sie benutzten Steine, um ihre Schädel langsam länger und flacher zu formen – eine Art Statussymbol. Um ihr Aussehen noch weiter hervorzuheben, zogen sie sich des Öfteren auch zwei Vorderzähne.

Ungefähr um 600 v. Chr. wurden die Gesellschaften vielschichtiger: Sie wurden von einer aus Schamanen und Kaufleuten bestehenden Elitekaste regiert, die hoch geschätzten Fernhandel betrieben. Hierzu gehörten die Kulturen Bahía, Jama-Coaque, Guangala und La Tolita an der Küste und die Panzaleo-Kultur im Hochland. Wahrscheinlich war die Panzaleo-Kultur die erste, die die Technik der *tzantza* (Schrumpfköpfe) praktizierte, obwohl eigentlich die Shuar aus dem Süd-Oriente hierfür weitaus bekannter sind (sie übten diese Technik bis in die Mitte des 20. Jhs. aus).

Etwa 800 n. Chr. wurden die Kulturen langsam in größere, hierarchischere Gesellschaften integriert. Hierzu gehören die Kulturen der Manteños, Huancavilcas und Caras an der Küste, die Quitu-Kultur (der die Stadt Quito ihren Namen verdankt) im nördlichen Hochland, die Puruhá aus dem zentralen Hochland und die Cañari-Kultur aus der Gegend um das heutige Cuenca. Ungefähr am Ende des 1. Jhs. n. Chr. besiegte die expansionswütige Cara-Kultur an der Küste die friedliebende Quitu-Kultur im Hochland. Die so verschmolzenen Kulturen wurden zusammen als Quitu-Cara- oder Shyri-Zivilisation bekannt. Diese war bis etwa ins 14. Jh. hinein die treibende Kraft im ecuadorianischen Hochland, dann wurden die Puruhá aus dem zentralen Hochland immer mächtiger. Die dritte wichtige Kultur waren die Cañari weiter im Süden. Auf diese Kulturen trafen die Inkas, als sie begannen, sich in Richtung Norden auszubreiten.

Präkolumbische Attraktionen

- Ingapirca (S. 178), südliches Hochland
- Museo Nacional (S. 61), Quito
- Museo Guayasamín (S. 59), Quito
- Museo del Banco Central „Pumapungo" (S. 183), Cuenca

Das Inkareich

Bis zum Anfang des 15. Jhs. konzentrierte sich das Inkareich rund um Cuzco in Peru. Das änderte sich unter der Herrschaft des Inkas Pachacutec Yupanqui dramatisch, dessen expansionistische Politik die Erschaffung des riesigen Inkaimperiums Tahuantinsuyo in Gang setzte. In Quechua bedeutet dieser Name „Land der vier Himmelsrichtungen". Als die Inka Ecuador erreichten, wo sie auf heftigen Widerstand trafen, war Tupac Yupanqui, Pachacutecs Nachfolger, ihr Herrscher.

In ihrer Blütezeit zählten die Inkas mehr als 12 Mio. Menschen auf einer Fläche von 1 Mio. km^2.

1463

Die Inkas beginnen unter der Herrschaft des Pachacuti Yupanqui mit der Eroberung Ecuadors. Sein Sohn Tupac leitet den Angriff und trifft dabei auf heftigen Widerstand.

1500

Tupacs Sohn Huayna Capac besiegt die Cañari (in der Gegend um das heutige Cuenca), die Cara (im Norden) und die Quitu (rund um das heutige Quito). Ecuador wird Teil des riesigen Inkareichs.

1526

Der Inkaherrscher Huayna Capac stirbt unerwartet (wahrscheinlich an Pocken oder Masern) und vermacht das Inkareich seinen beiden Söhnen, Atahualpa und Huáscar. Ein erbitterter Kampf ist die Folge.

1532

Der spanische Konquistador Francisco Pizarro trifft mit 180 Männern im heutigen Ecuador ein. Als er von den sagenhaften Inkareichtümern hört, beschließt er, das Land für die spanische Krone zu erobern.

Die Cañari verteidigten sich mit all ihrer Kraft gegen die Inkas, sodass Tupac Yupanqui mehrere Jahre brauchte, sie zu bezwingen, bevor er sein Augenmerk auf den Norden richten konnte. Dort erwartete ihn jedoch ein noch hartnäckigerer Widerstand. Einmal drängten die Cañari die Angreifer sogar zurück bis nach Saraguro. Als sie schließlich doch überwältigt waren, metzelten die Inkas Tausende Cara nieder und warfen sie in der Nähe von Otavalo in einen See, dessen Wasser sich daraufhin rot gefärbt haben soll. Er wurde deshalb Laguna Yaguarcocha (Blutsee) genannt.

DAS LEBEN UNTER DEN INKAS

Die Inkas trafen nur kurze Zeit vor ihrem Sturz durch die spanischen Konquistadoren in Ecuador ein. Ihre Anwesenheit sollte aber nachhaltige Auswirkungen auf die indigene Bevölkerung haben. Landwirtschaft, soziale Strukturen und Landbesitz erfuhren erhebliche Veränderungen. Die Inkas führten neue Pflanzen – Kakao, Süßkartoffeln und Erdnüsse – und neue Anbaumethoden ein. Sie benutzten Lamas und bewässerten die Felder. Privater Landbesitz wurde abgeschafft. Das Land gehörte den neu geschaffenen Agrargemeinschaften *ayllu* gemeinsam. Jeder Familie wurde in der *ayllu* eine kleine Parzelle Ackerland zugewiesen. Staat und Hohepriester besaßen ansehnliche Grundstücke, auf denen die Untertanen des Kaisers den von ihnen verlangten Staatsdienst absolvieren mussten.

Das Inkareich war hervorragend organisiert. Es wurde die Sprache Quechua eingeführt, es wurden Steuern erhoben und ein umfassendes Straßennetz errichtet (das später mit verheerendem Erfolg von den berittenen Konquistadoren benutzt wurde). Neuigkeiten wurden durch ein ausgeklügeltes System von Läufern übermittelt, wodurch sich wichtige Nachrichten innerhalb eines Tages über Kilometer verbreiten konnten. Die Religion der Inka und mit ihr ein ganzes Pantheon voller Götter, u. a. Inti (der Sonnengott) und Viracocha (der Schöpfergott), verbreiteten sich. Von der einheimischen Bevölkerung wurde zwar verlangt, den Sonnengott anzubeten, ihr eigener Glaube wurde aber toleriert.

Die Wirtschaft basierte voll und ganz auf Landwirtschaft, vor allem Mais und Kartoffeln. Es wurden auch *cuy* (Meerschweinchen), Enten, Hunde, Lamas und Alpakas, deren Wolle zu Kleidungsstücken verarbeitet wurde, gezüchtet. Auch Baumwolle wurde angebaut.

Den Inkas gefiel es in Ecuador recht gut. Der Kaiser Huayna Capac machte Quito zur zweiten Hauptstadt des Inkareichs und lebte dort bis zu seinem Tod im Jahre 1526. Die Einheimischen wurden im Großen und Ganzen solange in Ruhe gelassen, wie sie ihm Tribut zollten und seine Göttlichkeit anerkannten. Wer sich gegen ihn stellte, wurde in die äußersten Zipfel des Reiches verbannt. An ihre Stelle traten dann andere. Die zwangsweise Abwanderung der Menschen trug auch dazu bei, Quechua, die Sprache des Kaiserreichs, zu verbreiten.

1533

Atahualpa wird von den Spaniern getötet und das Inkareich steht ohne Herrscher da. Pizarro zieht gen Süden nach Cuzco (im heutigen Peru) und plündert die einst großartige Hauptstadt von Tahuantinsuyo.

1563

Die Spanier erklären Ecuador zur Audiencia de Quito und der Regierungssitz in Lima, Peru, wird aufgehoben. Das Gebiet erstreckt sich weit über die heutige Grenze hinaus von Cali (Kolumbien) bis nach Paita (Peru).

1600er-Jahre

Die *encomienda* ist in allen spanischen Kolonien weit verbreitet: Siedler erhalten Land zusammen mit den dortigen Bewohnern und Ressourcen – ein System virtueller Sklaverei der indigenen Bevölkerung.

1600

Die Escuela Quiteña entsteht – indigene Künstler und Kunsthandwerker stellen einige der schönsten religiösen Kunstwerke Amerikas her. In den nächsten 150 Jahren entstehen viele synkretische Meisterwerke.

Der Norden war viele Jahre lang unterjocht. In dieser Zeit bekam der Inka Tupac einen Sohn mit einer Cañari-Prinzessin. Dieser Sohn, Huayna Capac, wuchs in Ecuador auf und folgte seinem Vater auf den Inkathron. Er reiste jahrelang durch sein Imperium – von Bolivien bis Ecuador – und musste überall Aufstände unterdrücken. Wann immer möglich, stärkte er seine Stellung durch eine Eheschließung und bekam im Laufe der Zeit zwei Söhne: Atahualpa, der in Quito aufwuchs, und Huáscar, der in Cuzco groß gezogen wurde.

Als Huayna Capac 1526 starb, vermachte er sein Reich nicht nach alter Sitte einem Sohn, sondern beiden. Das Inkareich wurde erstmals geteilt – ein Ereignis, das verhängnisvollerweise mit dem rätselhaften Auftauchen einer Gruppe bärtiger Männer auf Pferden in der heutigen Provinz Esmeraldas zusammenfiel. Die ersten Spanier waren in Ecuador angekommen. Unter der Leitung von Bartolomé Ruiz de Andrade zogen sie im Rahmen einer Erkundungsmission für Francisco Pizarro Richtung Süden. Pizarro selbst blieb vorerst im Norden.

Allmählich nahm die Rivalität zwischen den beiden Söhnen von Huayna Capac zu und mündete schließlich in einem Bürgerkrieg. Nach mehreren Jahren des Kampfes besiegte Atahualpa seinen Bruder Huáscar in der Nähe von Ambato und war der alleinige Herrscher eines geschwächten und noch immer geteilten Inkareichs, als Pizarro 1532 mit dem Ziel ins Land kam, die Inka zu erobern.

Der Inkaherrscher Huayna Capac hatte noch einen dritten Sohn, Manco Capac. Er war der letzte Inkaherrscher. Unter seiner Herrschaft kam es zu den größten Aufständen gegen die Spanier. Er wurde von einem Spanier umgebracht, dessen Leben er zuvor gerettet hatte.

Die Eroberung durch die Spanier

Pizarros Vorstoß war schnell und dramatisch. Man glaubte von seinen berittenen, gepanzerten, Kanonen abschießenden Konquistadoren, sie seien gottesgleich, und obwohl es nur wenige von ihnen gab, verbreiteten sie doch Terror unter den Einheimischen. Ende 1532 wurde ein Gipfeltreffen zwischen Pizarro und Atahualpa arrangiert. Atahualpa war bereit, mit den Spaniern zu verhandeln, Pizarro hingegen hatte andere Vorstellungen. Als Atahualpa am 16. November am vereinbarten Treffpunkt (Cajamarca in Peru) ankam, wurde er von den Konquistadoren gefangen genommen, und die meisten seiner schlecht bewaffneten Wachmänner wurden niedergemetzelt.

Atahualpa wurde gegen Lösegeld als Geisel gehalten und unermessliche Mengen Gold, Silber und andere Wertsachen flossen nach Cajamarca. Statt aber den Inka nach der Zahlung des Lösegeldes frei zu lassen, wurde er vor ein fingiertes Gericht gestellt und zum Tode verurteilt. Atahualpa wurde der Inzucht (Ehen unter Geschwistern waren in der Inkakultur Tradition), der Vielweiberei, der Verehrung falscher Götter und des Verbrechens gegen den König beschuldigt. Am 29. August 1533 wurde er schließlich hingerichtet. Sein Tod bedeutete das Ende für das Inkareich.

CHRIS HOWARTH/ECUADOR/ALAMY ©

» Quitos Gebäude zeigen noch das koloniale Erbe

1690

In Ecuador wüten die Pocken und die Diphtherie, ein Drittel der Menschen sterben. Die indigene Bevölkerung (die zu Zeiten der Eroberung auf 1 Mio. Menschen geschätzt wird) nimmt dramatisch ab.

1736

Französische Wissenschaftler treffen in Ecuador ein und bringen Ideale der Aufklärung mit (Nationalismus, Individualismus und Selbstbestimmung), die stark zu den ersten Unabhängigkeitsbestrebungen beitragen.

Inka & Konquistadore – Top-Bücher

» *The Conquest of the Incas* (1973), John Hemming

» *River of Darkness: Francisco Orellana's Legendary Voyage of Death and Discovery Down the Amazon* (2011), Buddy Levy

» *The Last Days of the Incas* (2007), Kim MacQuarrie

Der von Bartolomé de Las Casas im 16. Jh. geschriebene *Kurzgefasste Bericht von der Verwüstung der Westindischen Länder* ist eine scharfe, lesenswerte Beschreibung darüber, wie die Spanier die indigene Bevölkerung in der Kolonialzeit misshandelten.

Zum Zeitpunkt von Atahualpas Hinrichtung war sein Heerführer Rumiñahui wahrscheinlich gerade mit dem Lösegeld – Gold und Schätze en masse – auf dem Weg nach Cajamarca. In der Legende heißt es, dass Rumiñahui, als er von Atahualpas Tod hörte, den Schatz in den undurchdringlichen Bergen des heutigen Parque Nacional Llanganates (S. 151) versteckt haben soll. Er wurde aber nie gefunden.

Rumiñahui kämpfte dann noch zwei weitere Jahre gegen die Spanier. Er war derart verbittert, dass er mit einem spanischen Kollaborateur (und möglichen Thronfolger von Atahualpa) Kontakt aufgenommen und ihn getötet haben soll. Er soll ihm alle Knochen einzeln in kleine Stücke gebrochen und durch ein Loch im Körper entfernt haben – Kopf und Gliedmaßen waren noch intakt – danach zog er den Leib durch eine Walze. Als Pizarros Leutnant, Sebastián de Benalcázar, sich Ende 1534 seinen Weg nach Quito gebahnt hatte, war die Stadt bereits von Rumiñahui dem Erdboden gleich gemacht worden. Rumiñahui hatte es vorgezogen, die Stadt zu zerstören, statt sie in die Hände der Konquistadoren fallen zu lassen. Quito wurde am 6. Dezember 1534 neu gegründet, Rumiñahui wurde schließlich gefangen genommen, gefoltert und im Januar 1535 hingerichtet.

Obwohl die Inkas nur kurze Zeit (knapp über 100 Jahre) in Ecuador waren, haben sie ein unauslöschliches Erbe hinterlassen. Der Bevölkerung musste Quechua (jetzt Quichua in Ecuador) sprechen, eine Sprache, die noch heute von einem Viertel aller Ecuadorianer gesprochen wird. Die Inka bauten ein ansehnliches Straßennetz und verbanden so Cuzco im Süden mit Quito im Norden. Auf einem Teil der „königlichen Autobahn" – der Inka-Weg nach Ingapirca – kann man noch heute entlang wandern. Ingapirca selbst (S. 178) ist Ecuadors bedeutendste archäologische Inkastätte mit hervorragenden Beispielen von Mauern, die die Inkas ganz ohne jeden Mörtel errichtet haben.

Die Kolonialzeit

Nach 1535 verlief die Kolonialzeit ohne größere Aufstände der indigenen Ecuadorianer. 1540 machte Francisco Pizarro seinen Bruder Gonzalo zum Gouverneur von Quito.

Während der ersten Jahrhunderte der Kolonialherrschaft war Lima in Peru der Regierungssitz von Ecuador. Ecuador war ursprünglich eine *gobernación* (Provinz) und wurde 1563 zur Audiencia de Quito (ein politisch bedeutenderer Bezirk). Sie gehörte zunächst zum Vizekönigreich Peru und wurde 1739 dann dem Vizekönigreich Kolumbien zugeführt (das damals Nueva Grenada hieß).

Ecuador blieb während dieser Zeit eine friedvolle Kolonie, in der Landwirtschaft und Künste florierten. Neue Produkte wie Rinder und Bananen, die auch noch für das moderne Ecuador von heute wichtig sind, wurden durch die Europäer eingeführt. Auf jedem heiligen Fleck

1767

König Karl III. vertreibt die Jesuiten aus dem spanischen Königreich. Missionen im Oriente werden verlassen, einige der besten Schulen und Haziendas des kolonialen Ecuadors gehen zugrunde.

1790

Nach 100 Jahren wirtschaftlichen Missmanagements durch Spanien befindet sich die ecuadorianische Wirtschaft in einer schweren Krise. Die Städte liegen in Trümmern und selbst die Elite leidet an Armut.

1791

Der Vordenker der Unabhängigkeit, Eugenio de Santa Cruz y Espejo, wird Leiter der „patriotischen Gesellschaft", die die Lebensumstände verbessern will. Seine Schriften bringen ihn ins Gefängnis, wo er 1795 stirbt.

1809

Partisanen versuchen, Ecuador von der spanischen Herrschaft zu befreien. Sie nehmen Quito ein und bilden eine Regierung. Nach 24 Tagen übernehmen aber die spanientreuen Truppen wieder die Kontrolle.

der indigenen Kultur wurden Kirchen und Klöster gebaut und mit einzigartigen Schnitzereien und Malereien verziert. Das Ergebnis war ein spanisch-indigener Kunstmix. Die sogenannte Escuela Quiteña (Quito-Schule) kann heute noch von den Besuchern Ecuadors bewundert werden. Sie hat sowohl die Kolonialgebäude dieser Zeit als auch Ecuadors einzigartige Kunstgeschichte stark geprägt.

Die Kolonialherren führten ein angenehmes Leben, aber die indigenen Bewohner (und später auch die *mestizos*, Menschen mit spanischen und indigenen Wurzeln) wurden miserabel behandelt. Das System der Zwangsarbeit wurde nicht nur geduldet, sondern auch gefördert. Und so überrascht es nicht, dass die indigenen Gruppen im 18. Jh. mehrere Aufstände gegen die spanischen herrschenden Klassen anzettelten. Soziale Unruhen und die Einrichtung von Kakao- und Zuckerplantagen im Nordwesten führten dazu, dass Grundbesitzer afrikanische Arbeitssklaven importierten. Ein Großteil der reichen afro-ecuadorianischen Kultur, die man heute in der Provinz Esmeraldas findet, stammt aus dieser Zeit.

Koloniale Meisterwerke

- » La Compañía de Jesús (S. 58), Quito
- » Monasterio de San Francisco (S. 54), Quito
- » Haciendas of Laguna de San Pablo (S. 107), nördliches Hochland
- » El Sagrario („alte Kathedrale"; S. 183), Cuenca
- » Numa Pompilio Llona (S. 303), Guayaquil

Die Unabhängigkeit

Der erste ernsthafte Versuch, sich von den Spaniern zu befreien, fand am 10. August 1809 statt. Er wurde von einer von Juan Pío Montúfar angeführten Partisanengruppe unternommen. Diese nahm Quito ein und installierte dort eine Regierung, aber die königstreuen Truppen erlangten innerhalb von nur 24 Tagen die Kontrolle zurück.

Unabhängig wurde das Land schließlich durch den venezuelanischen Befreier Simón Bolívar, der von Caracas aus Richtung Süden zog, 1819 Kolumbien befreite und die Bewohner von Guayaquil unterstützte, als sie am 9. Oktober 1820 ihre Unabhängigkeit erklärten. Es dauerte jedoch weitere zwei Jahre, bis Ecuador sich endgültig von der spanischen Herrschaft befreien konnte. Die entscheidende Schlacht fand am 24. Mai 1822 statt, als einer der besten Offiziere Bolívars, Mariscal (Feldmarschall) Antonio José de Sucre, die Royalisten bei Pichincha besiegte und Quito einnahm. An die Schlacht von Pichincha erinnert ein fantastisch gelegenes Denkmal (S. 58) am Volcán Pichincha mit Blick über die Hauptstadt.

Bolívar träumte von einem vereinten Südamerika und verschmolz Venezuela, Kolumbien und Ecuador zum unabhängigen Staat Großkolumbien (Gran Colombia). Aber schon nach acht Jahren war der Traum ausgeträumt, und 1830 erlangte Ecuador die vollständige Unabhängigkeit. Im selben Jahr wurde ein Vertrag mit Peru unterzeichnet, der die Grenze zwischen den beiden Nationen festlegte. Diese Grenze ist auf allen ecuadorianischen Karten eingezeichnet, die vor 1999 gedruckt wurden. Nach einem Krieg zwischen Ecuador und Peru wurde 1942 die Grenze neu gezogen. Sie wurde von den ecuadorianischen Behörden aber erst mit Unterzeichnung des Friedensvertrags mit Peru Ende 1998 anerkannt.

1820

Die Stadt Guayaquil erklärt ihre Unabhängigkeit von Spanien und verleiht sich selbst den Status einer unabhängigen Provinz.

1822

António José de Sucre besiegt die spanischen Royalisten in der Schlacht von Pichincha. Daran anschließend wird Ecuador ein Teil von Großkolumbien.

1830

Ecuador verlässt Großkolumbien und wird unabhängig. Honoratioren aus Quito erstellen eine Verfassung und General Flores wird eingesetzt, um sich um militärische und politische Angelegenheiten zu kümmern.

1851

General José Maria Urbina befreit die Sklaven des Landes. Sein Nachfolger, General Francisco Robles, beendet die seit 300 Jahren bestehende jährliche Abgabepflicht der indigenen Bevölkerung.

Eines der bedeutendsten Ereignisse der früheren Kolonialzeit war die unglaubliche Reise von Francisco de Orellana entlang des Río Napo. Orellana machte sich im Dezember 1541 auf die Suche nach Essbarem für die hungrigen Männer von Gonzalo Pizarro, die mit viel Mühen die Ostkordilleren überquert hatten. Als Orellana aber den dichten, üppig grünen Urwald am Flussufer sah, geriet seine ursprüngliche Mission schnell ins Vergessen und er begann, nach Gold zu suchen. In dieser Zeit sprachen die spanischen Konquistadoren von legendären, verlassenen Goldstädten, und Orellana wollte unbedingt El Dorado finden. „Nachdem wir unsere Schuhe und Sattel mit einigen Kräutern gekocht und verzehrt hatten", schrieb Orellana, „machten wir uns auf den Weg zum Königreich des Goldes". Es war eine zermürbende Reise, die der Hälfte der Kameraden das Leben kosten sollte.

Am 5. Juni 1542, etwa fünf Monate nachdem sie Segel gesetzt hatten, erreichten Orellanas Schiffe einen großen, mit vielen Schnitzereien verzierten Ort. Es waren „grimmige Löwen" (wahrscheinlich Jaguare) zu erkennen. Einer der Dorfbewohner sagte, dass die Schnitzereien die Stammesherrin und ihren Herrscher darstellen würden. Als sein Schiff später aufs Heftigste angegriffen wurde (nachdem seine eigenen Männer andere Siedlungen am Fluss überfallen hatten), war Orellana davon überzeugt, dass diese Attacke von Kriegerinnen ausging. Er nannte den Fluss daraufhin nach den Amazonen, den mythischen Kriegerinnen im antiken Griechenland. Als er nach etwa acht Monaten den Atlantik erreichte, hatte er die Suche nach Gold aufgegeben. Er war der erste Europäer, der den ganzen Amazonas entlang gereist war – eine Meisterleistung, die sich in den nächsten 100 Jahren nicht wiederholen sollte. Dieses Ereignis wird in Ecuador alljährlich am 12. Februar mit dem Aniversario del Descubrimiento del Río Amazonas (Entdeckung des Amazonas) gefeiert.

Politische Entwicklungen

Nachdem Ecuador von Spanien unabhängig war, nahm die Geschichte ihren Lauf, und das Land durchlebte unkontrollierte politische Kämpfe zwischen Liberalen und Konservativen. Die Rivalität eskalierte oft und es war nur allzu häufig Gewalt im Spiel. 1875 wurde der von der Kirche unterstützte, konservative Diktator, Präsident García Moreno (der wünschte, dass der Katholizismus eine Voraussetzung für die ecuadorianische Staatsangehörigkeit sei), vor Quitos Präsidentenpalast mit einer Machete zerstückelt. 1912 wurde der liberale Präsident Eloy Alfaro, der versuchte, einen Großteil des Erbes von García Moreno rückgängig zu machen, in Quito von Konservativen getötet und verbrannt. Die Rivalitäten zwischen diesen Gruppen bestehen noch heute. Die Gewalttätigkeiten haben aber abgenommen. Quito ist noch immer das Hauptzentrum der kirchentreuen Konservativen, Guayaquil ist seit Jahrhunderten liberaler und manchmal auch sozialistisch angehaucht.

1859

García Moreno kommt an die Macht. Er wird von seinen Gegnern zwar als Diktator bezeichnet, trägt aber stark zur Ausbildung, zum Gemeinwohl und zur wirtschaftlichen Entwicklung bei. 1875 wird er ermordet.

1890

Kakao belebt die Wirtschaft – die Produktion steigt von 6,5 Mio. kg im Jahr 1852 auf 18 Mio. kg im Jahr 1890. Ecuadors Exporte wachsen in der gleichen Zeit von 1 Mio. auf 10 Mio. US$.

1895

José Eloy Alfaro Delgado kommt an die Macht. Als Verteidiger des Liberalismus entzieht er der Kirche die Macht, legalisiert zivilrechtliche Ehen und Scheidungen und begründet die Rede- und Religionsfreiheit.

1920

Wirtschaftsprobleme legen Ecuador lahm. Die Arbeiterklasse protestiert gegen die außer Kontrolle geratene Inflation und den extrem gesunkenen Lebensstandard. Streiks werden brutal unterdrückt.

Ecuadors Politik war auch im 20. Jh. größtenteils unbeständig, aber es gab zu keiner Zeit Blutvergießen oder brutale Militärdiktaturen wie in anderen lateinamerikanischen Ländern. Das will aber nicht heißen, dass das Militär nie die Zügel in der Hand hatte – im 20. Jh. war das Militär genauso lange an der Macht wie die Zivilregierung. Präsident José María Velasco Ibarra wurde zwischen 1934 und 1972 fünfmal gewählt, wurde aber jedes Mal vor Ablauf seiner Amtszeit vom Militär abgelöst. Ibarra war nicht der Einzige, dem dieses Schicksal widerfuhr: in den zehn Jahren zwischen 1930 und 1940 versuchten 17 Präsidenten Ecuador zu regieren, keiner von ihnen hielt seine Amtszeit durch.

Gelbes und schwarzes Gold

Bis in die 1970er-Jahre war Ecuador im wahrsten Sinne des Wortes eine „Bananenrepublik" – denn die Banane war das einzige wirklich wichtige Exportgut. Ecuador exportierte mehr Bananen als jedes andere Land der Welt. Bananen sind zwar immer noch das Hauptprodukt der ecuadorianischen Wirtschaft, sie haben aber eine starke Konkurrenz bekommen, denn 1967 wurde im Oriente Öl gefunden. 1973 standen die Ölexporte dann erster Stelle und Anfang der 1980er-Jahre waren sie für mehr als die Hälfte aller Exporterlöse des Landes verantwortlich. Das Öl hatte zweifellos einen Wirtschaftsboom zur Folge, linke Politiker und sich für die Probleme der indigenen Bevölkerung einsetzende Gruppen sind aber der Meinung, dass sich ein Großteil des Reichtums noch immer in den Händen einiger weniger befindet und dass die meisten keinen Nutzen davon haben. Das zeigt auch die Statistik: Die Mehrheit der Landbevölkerung hat den gleichen – oder sogar niedrigeren – Lebensstandard wie in den 1970er-Jahren.

Nachdem man Öl gefunden hatte, fing Ecuador an, Kredite aufzunehmen. Man war der festen Überzeugung, dass die Profite aus dem Ölexport für die Tilgung der Auslandsschulden reichen würden. Dies erwies sich aber aufgrund des starken Rückgangs der ecuadorianischen Ölexporte Mitte der 1980er-Jahre als Irrtum. 1986 fielen die Erdölpreise weltweit, und 1987 zerstörte ein verheerendes Erdbeben etwa 40 km einer Ölpipeline. Es kam nicht nur die Umwelt zu Schaden, auch die Wirtschaft litt unter den Auswirkungen. Die ganze Sache führte dazu, dass immense Gebiete des ecuadorianischen Amazonasbeckens für Probebohrungen freigegeben wurden. Darunter litten sowohl der Regenwald als auch die dort lebenden indigenen Stämme, von denen einige noch nie Fremde gesehen hatten.

Ecuadors Wirtschaft basiert noch immer hauptsächlich auf Öl, obwohl die Vorkommen nicht so groß wie erwartet sind. Auch das blinde Vertrauen in Erdölgewinne hat sich verheerend auf die Wirtschaft ausgewirkt, als der Weltölpreis (wie beispielsweise im Jahr 2008) sank.

Wissenschafts- und Geschichtsfans sowie all jene, die gern gute (aus dem Leben gegriffene) Abenteuer-Storys lesen, werden von Larrie D. Ferreiros Werk *Measure of the Earth: The Enlightenment Expedition That Reshaped Our World* (2011) begeistert sein. Darin beschreibt er die faszinierende Wissenschaftsexpedition von Europäern, die sich im 18. Jh. auf den Weg nach Quito machten, um die wahre Form unseres Planeten zu bestimmen.

1930er-Jahre

Nach den Reformen Ende der 1920er-Jahre (z. B. Pensionen für Staatsangestellte) kommt es zum Crash der Wirtschaft. Die Arbeitslosigkeit schnellt in die Höhe, politische Instabilität erschüttert die Regierung.

1941

Wegen umstrittener Amazonasgebiete marschiert Peru mit 13 000 Mann in Ecuador ein. Nach dem Friedensschluss tritt Ecuador fast die Hälfte seines Territoriums ab, erkennt die Grenzen aber nicht an.

1948

Galo Plaza wird Präsident, eine Ära des Fortschritts und Wohlstands beginnt. Die Inflation nimmt ab, der Haushalt wird saniert und es wird in Schulen, Straßen und sonstige Infrastruktur investiert.

GEORGE SKADDING/GETTY ©

» Galo Plaza

Die Rückkehr zur Demokratie

Die 1980er- und frühen 1990er-Jahre waren ein ständiger Kampf zwischen Konservativen und Liberalen. Außerdem gab es ein paar Korruptionsskandale, die das Vertrauen der Bevölkerung in die herrschende Klasse schwächten. Die Kandidaten in der Wahl 1996 waren zwei hitzköpfige Politiker aus Guayaquil, die für ihre Unverfrorenheit bekannt waren. Der Sieger, Abdala Bucaram, wurde auch „El Loco" (Der Verrückte) genannt. Diesen Spitznamen verdankt er seiner feurigen, mit Flüchen gespickten Art zu reden und seiner Vorliebe, während des Wahlkampfs auf Rock-Konzerten aufzutreten. Bucaram versprach bezahlbare Wohnungen, niedrigere Grundnahrungsmittelpreise und kostenlose medizinische Versorgung. Und was tat er? Er wertete die ecuadorianische Währung, den Sucre, ab und erhöhte die Lebenshaltungskosten. Auch wurde er des Öfteren beim Feiern in Quitos Nachtclubs gesehen.

In nur wenigen Monaten legten Streiks, zu denen die Gewerkschaften und die Confederation of Indigenous Nationalities of Ecuador (Conaie) aufgerufen hatten, das Land lahm. Der Kongress erklärte Bucaram für „geistig unfähig" und entließ ihn aus seinem Präsidentenamt. Bucaram floh nach Panama.

Der Ex-Präsident Abdala Bucaram (alias Der Verrückte) nahm eine CD auf mit dem Titel *El Loco Que Ama (Ein Verrückter, der liebt)*. Auf dem Cover dieser CD mit 18 Stücken ist er mit Präsidentenschärpe und Chaplin-Schnurrbart abgebildet.

Nach Bucarams Rausschmiss bekleidete erstmals eine Frau dieses Amt. Seine Vizepräsidentin, Rosalía Arteaga, konnte sich aber kaum zwei Tage als Präsidentin Ecuadors behaupten. Der Kongress stimmte mit überwältigender Mehrheit für den Kongressvorsitzenden Fabián Alarcón. Er stand bis 1998 an der Spitze der Regierung. Dann wurde der *quiteño* Jamil Mahuad von der Demokratischen Volkspartei zum Präsidenten gewählt.

Mahuads politisches Geschick wurde sofort auf die Probe gestellt. Die verheerenden Folgen von El Niño und der schwächelnde Ölmarkt in den Jahren 1997 und 1998 brachten die Wirtschaft 1999 ins Trudeln. Im gleichen Jahr sanken die Shrimps-Exporte aufgrund einer verheerenden Krankheit dieser Tiere um 80%. Als die Inflationsrate in Ecuador 60% erreichte und somit die höchste in ganz Lateinamerika war, ergriff der unter Druck stehende Präsident drastische Maßnahmen: Das Überleben der ecuadorianischen Wirtschaft hing seiner Meinung nach von der Dollarisierung ab. Durch diesen Prozess sollte die instabile Währung Ecuadors durch den US Dollar ausgetauscht werden.

Die Dollarisierung

Die Dollarisierung war in einigen wenigen ums Überleben kämpfenden Ländern, u.a. im nahe gelegenen Panama (wo der Dollar Balboa genannt wird) erfolgreich. Als Präsident Mahuad aber seinen Plan vorstellte, die nationale Währung auszutauschen, kam es zu Streiks, Protesten und

1948–52

Eine Krankheit bedroht die Plantagen Mittelamerikas. Ecuador wird einer der größten Bananenproduzenten der Erde. Die Exporte steigen zwischen 1948 und 1952 von 2 auf 20 Mio. US$.

1955

Ecuadorianische Beamte beschlagnahmen zwei US-amerikanische Fischereiboote und werfen ihnen vor, in der 200-Seemeilen-Zone Ecuadors gefischt zu haben – der Beginn der „Thunfischkriege".

1970er-Jahre

Nach der Entdeckung von Erdöl im Oriente durchlebt Ecuador starke Veränderungen. Der Staatshaushalt, die Exporte und das Pro-Kopf-Einkommen steigen um 500% und es entsteht eine kleine Mittelklasse.

1986

Die CONAIE (Confederación de Nacionalidades Indígenas del Ecuador), die mit Märschen und Volksaufständen für die Rechte der indigenen Völker Ecuadors kämpft, wird gegründet.

Straßensperren. Am 21. Januar 2000 legten Demos die Hauptstadt lahm. Die Protestierenden besetzten das Parlamentsgebäude und zwangen Mahuad zum Rücktritt.

Ihre Anführer waren Antonio Vargas, Oberst Lucio Gutiérrez und der ehemalige Präsident des Obersten Gerichtshofs Carlos Solorzano, die ein kurzes Führungstrio bildeten. Zwei Tage später – und hauptsächlich aufgrund des internationalen Drucks, der auf den ersten Militärputsch

ESCUELA QUITEÑA

In dem durch die spanische Kolonialzeit geprägten Ecuador von heute wurde der religiöse Wandel der Schlüssel zur Unterwerfung der indigenen Bevölkerung und zur Neuauflage der Neuen Welt als Abbild der Alten. Die Kunst war für diesen Wandel das erfolgreichste Werkzeug. Lange Zeit dienten der katholischen Kirche die Kunst, Geschichten zu erzählen und visuelle Darstellungen als Mittel, um Gläubige zu gewinnen. Zuerst wurden Skulpturen und Gemälde aus Spanien eingeführt. Ab Mitte des 16. Jhs. richtete die Kirche dann aber Zünfte und Werkstätten ein, in denen indigene Künstler ausgebildet wurden. Diese Werkstätten brachten eines der bedeutendsten Kunstgenres Lateinamerikas hervor: die Escuela Quiteña.

Die Schönheit der Escuela Quiteña liegt in ihrer faszinierenden Mischung aus indigenen Konzepten und Stilen mit europäischen Kunstformen. Die Vorstellungen und die künstlerischen Hinterlassenschaften der Kunsthandwerker schlichen sich in ihre Arbeiten ein. Wer sich die Gemälde in Quitos vielen Museen und Kirchen genauer ansieht, wird viele nichteuropäische Themen erkennen: Christus, der ein *cuy* (gebratenes Meerschweinchen) verspeist, oder die zwölf Apostel, deren Abendmahl aus *humitas* (eine Art Maiskloß) besteht. Religiöse Figuren werden häufig mit dunklerer Hautfarbe oder stärkerem Körperbau dargestellt – beides steht für indigene Ecuadorianer. Die Decken der Kirchen sind mit Sonnenmotiven und astrologischen Symbolen verziert, die an maurische Muster erinnern.

Die Escuela Quiteña wurde durch ihre herausragende Realitätstreue bekannt. Bis zum 18. Jh. benutzten die Künstler für ihre Skulpturen Glasaugen sowie echte Haare und Wimpern. Durch den Einsatz von beweglichen Gelenken, winzigen Spiegeln im Mund, die Speichel imitieren sollten, und ihrer polychromen Bemalungen (die Künstler benutzten vielfältigste Farben) erreichte sie Einzigartigkeit. Einige Skulpturen, vor allem die des im 18. Jh. wirkenden Bildhauers Manuel Chili (Spitzname „Caspicara"), sind so realistisch, dass man meinen könnte, sie lebten. Namhafte Maler der Escuela Quiteña sind u. a. Miguel de Santiago (dessen riesige Leinwandgemälde die Wände im Kloster San Agustín in Quito schmücken), Manuel Samaniego, Nicolás Goríbar und Bernardo Rodríguez.

Nachdem 1822 Quito von Spanien unabhängig wurde, verlor die religiöse Kunst der Escuela Quiteña sowohl ihre Kraft als auch ihre Notwendigkeit. Heute können Caspicaras Werke in Quito im Kloster San Francisco (S. 54) und im Museo Nacional (S. 61) bewundert werden.

1992

Tausende indigener Protestler, die für eine Landreform kämpfen, demonstrieren in Quito am 500. Jahrestag der Landung Kolumbus'. In den folgenden Verhandlungen erhalten sie 1 011 641 ha Land in Amazonien.

1995

Ecuador und Peru haben einen weiteren Grenzstreit, 400 Menschen sterben. 1998 beendet ein Friedensvertrag die Feindseligkeiten und beide Seiten bemühen sich, die unzähligen Landminen zu beseitigen.

1996

Abdala Bucaram, der auch als „El Loco" bekannt ist, wird Präsident von Ecuador. Bucaram hielt sich jedoch nicht an seine Versprechungen im Wahlkampf und nach Massenprotesten wurde er 1997 abgesetzt.

2000

Wegen der starken Inflation und der Staatsschulden ersetzt Ecuador den Sucre (die Landeswährung) durch den US$. Die Wirtschaft erholt sich leicht, trotzdem rutschen viele Ecuadorianer in die Armut ab.

John Perkins behauptet in seinem Insider-Bericht *Bekenntnisse eines Economic Hitman – Unterwegs im Dienst der Wirtschaftsmafia*, dass die US-Regierung eine entscheidende Rolle dabei gespielt hat, dass Ecuador enorme Entwicklungskredite aufnahm und dass lukrative Projekte an US-amerikanische Unternehmen vergeben wurden.

O. Hugo Benavides' Werk *Making Ecuadorian Histories: Four Centuries of Defining Power* ist eine hervorragende wissenschaftliche Untersuchung über Staatenbildung, Bevölkerungsgruppen und Sexualität in Bezug auf die Schaltstellen der Macht in Ecuador.

in Lateinamerika in 20 Jahren folgte – übergab das Dreiergespann dem Vizepräsidenten Gustavo Noboa das Präsidentenamt.

Noboa setzte die Dollarisierung fort, und im September 2000 wurde der US$ die offizielle Landeswährung. Nur ein Jahr zuvor kostete ein Dollar 6000 Sucre. Im Inflationsjahr 2000 mussten die Menschen dann für einen Dollar 25 000 Sucre hinblättern. Die Verluste waren enorm.

Das 21. Jahrhundert

Zusammen mit dem Dollar führte Noboa Sparmaßnahmen ein, um vom Internationalen Währungsfond (IWF) und anderen internationalen Geldgebern eine Zwei-Milliarden-Dollar-Spritze zu bekommen. Ende 2000 schossen die Preise für Benzin und Brennstoff zum Kochen (hauptsächlich als Folge der Dollarisierung) in die Höhe, und das neue Jahr war von Streiks und Protesten der Gewerkschaften und indigenen Gruppen geprägt. Die Wirtschaft stabilisierte sich schließlich, und Noboa verließ sein Amt in mehr oder weniger günstigen Zeiten.

Nach Noboa wurde der Ex-Putschist Lucio Gutiérrez im Jahre 2002 zum Präsidenten gewählt. Er hatte zwar populistische Reformen versprochen, aber stattdessen führte er – vom IWF ermuntert – Sparmaßnamen ein, um die erheblichen Schulden des Landes in den Griff zu bekommen. In der Hauptstadt kam es zu Protesten, und 2005 wählte der Kongress Gutiérrez mit überwältigender Mehrheit ab (der dritte ecuadorianische Präsident, der innerhalb von acht Jahren gestürzt wurde) und ersetzte ihn durch seinen Vizepräsidenten Alfredo Palacio.

Palacio, ein Newcomer auf der politischen Bildfläche, bezeichnete sich selbst als „einfacher Doktor". Er richtete sein Augenmerk schnell auf die sozialen Probleme, die sein Vorgänger vernachlässigt hatte. Um Gesundheits- und Bildungsprogramme zu finanzieren und die Wirtschaft wieder auf Vordermann zu bringen, kündigte Palacio an, dass er die Erdölprofite, die eigentlich für die Tilgung der Auslandsschulden gedacht waren, umverteilen würde. Bei diesem Vorhaben war Rafael Correa, ein in den USA ausgebildeter Wirtschaftler, ein wichtiger Partner. Er wurde Palacios Finanzminister, setzte später nach seiner Wahl zum Präsidenten im Jahr 2006 noch rigorosere Sozialreformen durch und konnte so seine Macht festigen.

2008

Die Ecuadorianer beschließen eine neue Verfassung. Der Präsident erhält mehr Macht, das Budget für Sozialleistungen wird erhöht, und die Rechte der *indígenas* und der Umweltschutz bekommen Verfassungsrang.

2009

Am 24. April des Jahres wird Rafael Correa im ersten Wahlgang für eine zweite Amtszeit als Präsident Ecuadors wiedergewählt.

2010

Ein neues Gesetz verleiht der Regierung mehr Kontrolle über die Ölindustrie. Es besagt, dass 100 % des im Land produzierten Erdöls und Erdgases Eigentum Ecuadors ist.

2011

Nach 18 Jahren dauernden Gerichtsverfahren wird der Erdölgigant Chevron verdonnert, 18 Mrd. US$ zu zahlen. Damit sollen die Verunreinigungen durch Öl im Nordosten von El Oriente beseitigt werden.

Die indigenen Völker Ecuadors

Ecuadors indigene Bevölkerung setzt sich aus verschiedenen Gruppierungen zusammen und besteht aus fast 4 Mio. Menschen; das sind etwa 25% der Ecuadorianer (weitere 65% der Bevölkerung sind Mestizen mit einheimischen und europäischen Vorfahren). Es gibt mehr als ein Dutzend unterschiedliche Gruppen in Ecuador, die etwa 20 verschiedene Sprachen sprechen.

Diese Menschen werden seit Jahrhunderten diskriminiert und stehen weiterhin am unteren Rand der Sozialstruktur Ecuadors. Es ist bekannt, dass die Mitglieder dieser Unterschicht meist arm und weniger gebildet sind und weniger Zugang zu medizinischer Grundversorgung haben. Nach einem Bericht der Weltbank sind 87% der Urbevölkerung Ecuadors arm; im ländlich geprägten Hochland sind es sogar 96%. Erschwerend kommt hinzu, dass Ölbohrungen, Bergbau und Abholzung zu einer umfassenden Vertreibung indigener Gruppen oder zur Verschmutzung ihrer Umgebung geführt haben – die Verurteilung von Texaco (das jetzt Chevron gehört) zu 18 Mrd. US$ Schadensersatz wegen fortgesetzter Verunreinigung des Amazonas mit Ölrückständen ist nur ein Beispiel.

Trotz der Schwierigkeiten, denen die *indígenas* gegenüberstehen, haben sie Fortschritte an der politischen Front gemacht. Mit Märschen und Volksaufständen hat die Confederación de Nacionalidades Indígenas del Ecuador (CONAIE) für größere Autonomie und Landreformen gekämpft und dabei besonders dagegen protestiert, dass Land der indigenen Völker an multinationale Konzerne übereignet wird. Seit ihrer Gründung in den 1980er-Jahren hat die politische Macht der CONAIE zugenommen, und die Regierung hat Zugeständnisse gemacht – 1992 wurden indigenen Gruppen 16 000 km² Land zugesprochen, und in der neuen Verfassung von 2008 erhielten sie größere Autonomie und Anerkennung.

Einsichten in die Bräuche und die Kosmologie der Shuar gibt *Spirit of the Shuar* (2001) von John Perkins und Shakaim Chumpi. Mithilfe von Interviews mit Mitgliedern des Amazonas-Stammes erforscht Perkins die Kriegerkultur der Shuar, ihre Heilkunst, sexuellen Praktiken, spirituellen Glaubensvorstellungen und die Herausforderungen angesichts eines rasanten Fortschritts, der die Shuar immer mehr beeinträchtigt.

Kichwa

Zur größten ethnischen Gruppe, den Kichwa, gehören weit über 2 Mio. Menschen. Sie leben sowohl in der Sierra als auch am Amazonas und unterscheiden sich beträchtlich in ihren Sitten und Lebensstilen. In den Bergen leben sie auf kleinen Parzellen mit Ackerland, züchten Schafe und Rinder, und ihre fein gewebten Textilien sind eine wichtige Einnahmequelle.

Eine der bekanntesten Gruppierungen in der Kichwa-Gemeinschaft sind die Otavaleños. Wie andere Ureinwohner auch haben sie eine einzigartige Bekleidung, die sie von anderen Gruppen unterscheidet. Bei den Männern besteht sie aus einem blauen Poncho, einem weichen Filzhut, wadenlangen weißen Strümpfen und einem *shimba* (ein geflochtener Zopf, der fast bis zur Taille reicht). Das Haar auf diese Art zu tragen, stammt wahrscheinlich aus Vor-Inka-Zeiten und hat eine lange, tief ver-

LIEBE & KRIEG BEI DEN SHUAR

Die Shuar, eine der am besten erforschten Gruppen im Amazonasgebiet, waren früher als „Kopfjäger" gefürchtet und galten als grimmige Krieger – tatsächlich wurden sie von den Spaniern nie besiegt. Bis zur Mitte des 20. Jhs. waren sie berühmt für den aufwändigen Prozess des *tsantsa*, mit dem sie die Köpfe ihrer getöteten Feinde schrumpften. Die Shuar glaubten, *muisak* (die Seele) des Opfers bliebe im Inneren des Kopfes, und den *tsantsa* zu behalten, brächte dem Krieger Glück und besänftige die Geister der Ahnen.

Männer der Shuar nehmen eine oder zwei Frauen, und die Mädchen werden oft schon zwischen 12 und 14 Jahren verheiratet. Anders als in manch anderen Gesellschaften sind die Frauen in der Ehe autonom: Wenn sie mit ihren Ehemännern nicht zufrieden sind, können sie diese verlassen und zu ihren Familien zurückkehren. Die Männer können dagegen ihre Frauen nicht verlassen (wer davonläuft, wird von der Familie der Frau zurückgeholt!). Neben der Ehe haben manche Shuar Liebhaber oder Geliebte, was vom Ehepartner geduldet werden kann oder auch nicht. Ältere Ehefrauen nehmen es manchmal auf sich, junge, unverheiratete Männer in die Kunst der körperlichen Liebe einzuführen. Mehrere Partner zu haben, wird nicht unbedingt missbilligt. Trotzdem sind Missverständnisse nicht selten, und so manche blutige, lang anhaltende Familienfehde hat ihre Ursachen in Seitensprüngen.

wurzelte Tradition. Die Bekleidung der Frauen kommt von allem, was in den Anden getragen wird, der Inkatracht wohl am nächsten. Weiße Blusen, blaue Röcke, Umhänge und Schmuck dienen dazu, ihre ethnische Zugehörigkeit nach außen zu zeigen.

Huaorani

Die Huaorani sind ein Amazonasstamm, der im Oriente zwischen dem Río Napo und dem Río Curaray lebt. Die Menschen sind von kleiner Gestalt (die Männer sind durchschnittlich 1,50 m groß). Die Huaorani haben nicht mehr als 4000 Mitglieder und bleiben eine der isoliertesten indigenen Gruppen Ecuadors. Sie haben den Ruf, Krieger zu sein und ihr Territorium gegenüber Außenstehenden zu verteidigen, seien es nun rivalisierende Stämme oder Ölsucher. Sie haben eine komplexe Kosmologie – die keinen Unterschied macht zwischen der physikalischen und der spirituellen Welt – und ein tiefgehendes Verständnis für den Regenwald, in dem sie ihre Medizin, Gifte zur Verteidigung und Halluzinogene für ihre spirituellen Riten anbauen. Manche nennen sie immer noch Auca, was in der Sprache der Kichwa „Wilde" bedeutet. Die Huaorani finden das äußerst beleidigend.

Ein eher ungewöhnlicher Führer in der Amazonasregion ist der 50-irgendwasjährige „Gringo Chief" Randy Borman. Als Sohn amerikanischer Missionare, die im Amazonasgebiet lebten, wurde er einer der einflussreichsten Anführer der Cofáns. Er spricht makelloses Cofán und hat dem Stamm geholfen, bedeutende Landkonzessionen zu gewinnen.

Shuar

Bis in die 1950er-Jahre hinein waren die Shuar, die im Amazonastiefland leben, eine Gesellschaft männlicher Jäger und weiblicher Gärtner. Um ihre Kultur und ihre Ländereien zu erhalten, gründeten die Shuar (die heute 40 000 Menschen zählen) 1964 das erste ethnische Bündnis in Ecuador und dem Amazonasgebiet. Traditionell waren sie Halbnomaden, die Brandrodung betrieben, Knollenfrüchte anbauten (wie *yuca*, d.h. Maniok, und Süßkartoffeln) und weiterzogen, bevor der Boden ausgelaugt war. Wie andere Gruppen Amazoniens verabreichen auch die Schamanen der Shuar *ayahuasca*, einen psychoaktiven Aufguss, mit dem sich bei spirituellen Übungen höhere Bewusstseinsstufen erreichen lassen.

Chachi

Die Chachi lebten ursprünglich im Hochland Ecuadors, flohen jedoch infolge der Eroberungszüge von Inkas und Spaniern zur Pazifikküste (der heutigen Provinz Esmeraldas). Die etwa 4000 Menschen leben in

Hütten aus Palmwedeln, reisen mit dem Kanu durch eine wasserreiche Landschaft und pflanzen Kokosnüsse und tropische Früchte an. Sie sind hochqualifizierte Kunsthandwerker und besonders bekannt für ihre Hängematten.

Cofán

Die etwa 1500 Cofán leben im Grenzgebiet zwischen Ecuador und Kolumbien im Nordosten, etwa die Hälfte in Ecuador. Sie mussten einen erheblichen Verlust ihres Landes und eine Verschlechterung ihrer Umwelt hinnehmen, zum großen Teil wegen der Ölförderung. In den letzten Jahren haben sie aber eine erfolgreiche Kampagne für Landrechte geführt und kontrollieren derzeit 4000 km² Regenwald (das hört sich nach viel an, ist jedoch nur ein Bruchteil der 30000 km², die ihnen ursprünglich gehörten).

Die Musik Ecuadors

Die Poncho tragenden, Flöte spielenden Musiker aus den Anden sind in so ziemlich jeder größeren Stadt der Welt anzutreffen. Die musikalischen Traditionen dieses kulturell reichen Landes sind aber sehr viel komplexer als die einfachen Andenversionen von allseits bekannten Hits der Beatles, die man z. B. auf dem Alexanderplatz in Berlin zu hören bekommt. Die erste indigene Musik datiert aus präkolumbischer Zeit; sie ist geprägt von den melancholischen und bewegenden Klängen der Panflöte, die aus der Inkakultur nicht wegzudenken ist. Nach der Eroberung durch die Spanier haben sich indigene Elemente mit europäischen Stilarten vermischt: Das Ergebnis waren einzigartige Musik- und Tanzgenres. Aber auch das afrikanische Erbe spielt eine nicht unbedeutende Rolle für den ecuadorianischen Sound.

Música Folklórica

Eine der bekanntesten Melodien der *música folklórica* (traditionelle Musik) ist Simon and Garfunkels Version von *El Cóndor Pasa* (*If I Could*). Sie war schon lange eine klassische Andenmelodie, als sie von dem beliebten Duo ins Repertoire aufgenommen wurde (komponiert hat sie 1913 der Peruaner Daniel Alomía Robles).

Die Filmbiografie *Ruisenor de America* (1996) fängt die Brillanz und Dekadenz der lateinamerikanischen Musiklegende Julio Jaramillo fantastisch ein. In seiner über 20-jährigen Karriere nahm dieser mehr als 4000 Songs auf, lebte ein von Alkohol geprägtes, unkonventionelles Leben und hinterließ zahlreiche Liebhaberinnen (und Dutzende von unehelichen Kindern).

Typisch für solche Anden-Songs sind rauchig-schwermütig klingende Panflöten, die in Ecuador *rondador* heißen. Sie bestehen aus einer einzigen Reihe Bambuspfeifen mit pentatonischer (Fünfton-)Tonleiter und werden als Nationalinstrument Ecuadors angesehen. Die *rondador* unterscheidet sich von den anderen in den Anden benutzten Instrumenten wie die aus zwei Rohrreihen bestehende *zampoña* (die ihren Ursprung im Hochland rund um den Titicaca-See hat) sowie die *quena* und die *pingullo* (große und kleine Bambusflöte). Ein weiteres traditionelles Musikinstrument ist die *charango,* ein an eine Mandoline erinnerndes Instrument mit zehn Saiten und einem Resonanzkörper, der ursprünglich aus dem Panzer eines Gürteltiers bestand.

Pasillo

Wer an Ecuador denkt, hat wohl zuerst *folklórica* im Sinn. Die beliebteste Musik hier ist aber *pasillo,* der seine Wurzeln im Walzer hat. *Pasillo* wurde schon im 19. Jh. gespielt, als Ecuador (zusammen mit Kolumbien, Venezuela und Panama) ein Teil von Großkolumbien war. Die durchdringenden Lieder mit ihren melancholischen Melodien handeln oft von Enttäuschungen, vergangener Liebe und unstillbarer Sehnsucht nach der guten alten Zeit, seltener von der Schönheit der ecuadorianischen Landschaft (oder der Ecuadorianerinnen), der Tapferkeit der ecuadorianischen Männer (*pasillo* war im ecuadorianischen Unabhängigkeitskrieg recht beliebt) oder dem Charme der Städte und Orte.

TOP-SONGS

A Mi Lindo Ecuador – Pueblo Nuevo
Algo Así – Fausto Miño
Andarele – Grupo Bambuco
Ayayay! – Tomback
Caderona – Papá Rincón
Codominio de Cartón – Rocola Bacalao
De Mis Manos – Manolo Criollo
Homenaje a Mis Viejos – Raíces Negras
Inti Raymi – Faccha Huayras
Light It Up – Esto Es Eso
Luz de Mi Vida – Jayac
Ñuca Llacta – Ñanda Mañanchi
Soy El Hombre – Azúcar
Super Girla – Sudakaya
Te Odio y Te Quiero – Julio Jaramillo

Die berühmteste *pasillo*-Stimme ist die von Julio Jaramillo, der liebevoll „JJ" (auf Spanisch *jota jota*) genannt wird. Der smarte, 1935 geborene Sänger aus Guayaquil machte dieses Genre mit seinen gefühlvollen Liedern in ganz Lateinamerika populär. Leider starb er nach einem harten Leben schon mit 42 Jahren (an Leberzirrhose). Er verschied als Legende, und mehr als 250 000 Trauernde erwiesen ihm das letzte Geleit. Jaramillos Version von *Guayaquil de Mis Amores* ist ein Loblied auf diese Stadt, das mit Sicherheit jeden, der längere Zeit dort gelebt hat, mit Sehnsucht erfüllt.

Afro-ecuadorianische Musik

Der Nordwesten Ecuadors, vor allem die Provinz Esmeraldas, ist das Zentrum der afro-ecuadorianischen Bevölkerung. Hier – und in afro-kolumbianischen Gemeinden im benachbarten Kolumbien – unterscheidet sich die traditionelle Musik deutlich von der in anderen Teilen Ecuadors.

Das wichtigste Instrument ist die *marimba* (ein Schlaginstrument ähnlich einem Xylofon, aber mit Holzklangstäben), die helle, weiche Töne hervorbringt. Sie wird begleitet von der einer Congatrommel ähnelnden *cunuco,* der größeren *bomba* (große Schaffelltrommel) und der einer Maraca ähnelnden *guasá*. Die einfachen Chor-Arrangements werden von westafrikanischen Rhythmen untermalt. Oft wird die Musik von traditionellen Tänzen wie dem stilisierten *bambuco* begleitet.

Auch im Chota-Tal im Norden gibt es eine afro-ecuadorianische Gemeinde, die einzige ihrer Art im Hochland. Dort ist die Musik eine Mischung aus indigenen Elementen (u.a. Panflöten) und afrikanischen Rhythmen – sie heißt *bomba* nach der großen Trommel, die für die harten Beats verantwortlich ist.

Eine der sehr populären afro-ecuadorianischen Musik- und Tanzgruppen ist Azúcar, die ihren Namen ihren auf Zuckerrohrplantagen arbeitenden Urahnen verdankt. Die tanzbare Musik der Grupo Bambuco aus Esmeraldas erhält durch zusätzliche Bläser einen besonderen Drive.

Weitere Infos über Ecuadors Musikszene sowie Folk- und Rockbands gibt's unter www.goecuador.com/magazine/ecuador-mp3-music.html. Hier kann man sich auch einige Musikbeispiele anhören.

Noch mehr Musikrichtungen

In den letzten 200 Jahren florierten zahlreiche musikalische Mischformen in Ecuador, und es entstanden neue Genres aus traditionellen spanischen Stilen und indigenen Einflüssen.

Der *sanjuanito* (was so viel wie „kleiner hl. Johannis" bedeutet) ist ein beschwingter Tanz- und Musikstil mit traditionellen Rhythmen und

Instrumenten aus den Anden (aber auch der kleine Johann hat einen Touch Melancholie). Sein Ursprung liegt in religiösen Feierlichkeiten des 24. Juni. Dieser Tag ist sowohl für Katholiken (Johannistag) als auch für die indigene Bevölkerung (Raymi für die Inti bzw. das Sonnenfest für die Inkas) von Bedeutung.

Anfang des 20. Jhs. kam *pasacalle* in Mode, ein entfernter Verwandter des spanischen *pasodoble*, eine an Märsche erinnernde Musik, die vorwiegend bei Stierkämpfen gespielt wird. Auch die ecuadorianische Variante ist flott und hat dramatische Elemente sowie einen klaren Zweivierteltakt.

Wenn es in diesem Andenland eine Musikform gibt, der man nicht entkommen kann, so ist es *cumbia*. Ihr Rhythmus erinnert an ein dreibeiniges trottendes Pferd. Ursprünglich stammt *cumbia* aus Kolumbien; die ecuadorianische Version klingt rauer (fast amateurhaft) und melancholisch; sie wird von einem elektronischen Keyboard dominiert. Busfahrer lieben diese Musik, vielleicht weil sie die Fahrten über die Nebenstraßen der Anden so seltsam schön untermalt (und hoffentlich den Fahrer wach hält).

In den Nachtclubs ist der aus der Karibik stammende *reggaetón* (eine Mischung aus puerto-ricanischem *bomba*, Dancehall und Hip-Hop) mit seinen eindringlichen Melodien und flotten Texten sehr beliebt. Im Radio und in den Nachtclubs im ganzen Land ist auch oft Salsa, Merengue und *rock en español* (Latin Rock) zu hören.

Natur & Umwelt

Geografie

Ecuador erstreckt sich an der südamerikanischen Pazifikküste auf beiden Seiten des Äquators und grenzt im Norden an Kolumbien und im Süden und Osten an Peru. Trotz seiner geringen Größe gehört Ecuador zu den vielfältigsten Ländern der Welt: Hier können an nur einem Tag erstaunlich unterschiedliche Landschaften entdeckt werden.

Mit seinen 283 560 km² ist Ecuador etwa so groß wie Neuseeland oder der US-Bundesstaat Nevada und ein wenig größer als Großbritannien. Das Land lässt sich in drei Regionen unterteilen. Die beeindruckende Bergkette der Anden verläuft etwa von Norden nach Süden und spaltet das Land in das Küstentiefland im Westen und den Urwald des oberen Amazonasbeckens – auch Oriente genannt – im Osten. Die Anden (in Ecuador auch Hochland genannt) erheben sich hoch über den Rest des Landes, der Volcán Chimborazo, der höchste Gipfel Ecuadors, ragt mit 6310 m auch aus der Bergkette heraus.

Das zentrale Hochland umfasst zwei parallel verlaufende vulkanische Gebirgsketten, die jeweils etwa 400 km lang sind. Der deutsche Entdecker Alexander von Humboldt, der das Land 1802 besuchte, taufte das zwischen ihnen eingebettete Tal passenderweise „Straße der Vulkane". Quito liegt in diesem Tal und ist mit 2850 m nach La Paz in Bolivien die am zweithöchsten gelegene Hauptstadt der Welt. Im zentralen Hochland liegen auch zahlreiche Ortschaften und winzige Dörfer, die für die Märkte und Fiestas der *indígenas* bekannt sind. In dieser Region ist die Bevölkerungsdichte landesweit am höchsten.

Das Küstentiefland im Westen war einst stark bewaldet, aber die Ausweitung der Landwirtschaft führte dazu, dass die Wälder durch Obstplantagen ersetzt und die Mangroven für die Aufzucht von Garnelen abgeholzt wurden. Die Strände sind ganzjährig mit warmem Wasser gesegnet, und es gibt gute Surf-Möglichkeiten. Allerdings können die Strände hier nicht mit denen in der Karibik mithalten.

Im Tiefland des Oriente im Osten ist immer noch ein großer Teil des unberührten Regenwaldes vorhanden, aber Kolonisierung und Ölbohrungen haben diesem empfindlichen Lebensraum geschadet. Die Bevölkerung des Oriente hat sich seit den späten 1970er-Jahren mehr als verdreifacht.

Zum Hoheitsgebiet Ecuadors gehören auch die Galápagosinseln, die etwa 1000 km westlich des Festlands auf Höhe des Äquators liegen.

Als Kalmen bezeichnen Segler den windstillen Gürtel um den Äquator. Er entsteht durch die intensive Erwärmung entlang des Äquators, die dazu führt, dass die Luft eher nach oben steigt, als zu strömen, was für Segelschiffe fatale Folgen hat.

Tiere & Pflanzen

Ökologen haben Ecuador als einen der weltweiten „Hotspots der Mega-Artenvielfalt" ausgezeichnet. Die winzige Nation gehört zu den Ländern der Erde mit dem größten Artenreichtum. Die erstaunliche Artenvielfalt Ecuadors ergibt sich aus der großen Anzahl von Lebensräumen innerhalb seiner Landesgrenzen mit einer erstaunlich unterschiedlichen

Fauna in den Anden, den tropischen Regenwäldern, den Küstenregionen und den zahlreichen Übergangsgebieten. Daraus geht eine Fülle von Biotopen, Ökosystemen sowie Tieren und Pflanzen hervor.

Mit zwei hervorragenden (wenn auch eher unhandlichen) Bänden deckt das Buch *The Birds of Ecuador* (von Robert Ridgeley und Paul Greenfield) das gesamte Land ab. Der erste Band bietet mehr detaillierte Informationen für Ornithologen, während der zweite Band großartige Bilder und Beschreibungen enthält.

Vögel

Vogelbeobachter aus der ganzen Welt strömen aus einem einfachen Grund nach Ecuador: Das Land ist die Heimat von fast 1600 Vogelspezies – das sind doppelt so viele wie auf dem europäischen und nordamerikanischen Kontinent zusammen! Eine genaue Zahl kann nicht genannt werden, da häufig Arten gemeldet werden, die zuvor noch nicht beobachtet wurden, und da ab und zu sogar eine neue Art entdeckt wird – ein unglaublich seltenes Ereignis in der Vogelwelt. Die Vögel können das ganze Jahr über hervorragend beobachtet werden, und jeder Teil des Landes bietet einzigartige Biotope. Weitere Infos dazu gibt's auf S. 31.

Viele Besucher finden es am reizvollsten, die zierlichen Kolibris, die überall in Ecuador zu finden sind, zu beobachten. Etwa 120 Arten wurden bisher in Ecuador gefunden, und ihre herausragende Schönheit geht mit extravaganten Namen einher, wie etwa Grünschwanz-Goldkehlchen, Glanzelfe, Braunbauch-Brillant und Amethystsonnennymphe.

Säugetiere

Etwa 300 Säugetierarten sind in Ecuador dokumentiert. Die Bandbreite reicht von Affen im Amazonastiefland bis zu den seltenen Brillen- oder Andenbären im Hochland.

Von allen Säugetieren sind Affen für viele am unterhaltsamsten zu beobachten. Zu den ecuadorianischen Arten gehören Brüllaffen, Klam-

FEIN & GEFIEDERT: ECUADORS BERÜHMTE VÖGEL

In den einzig- und verschiedenartigen Lebensräumen Ecuadors sind erstaunlich viele große und kleine Vogelarten beheimatet. Zu den ewigen Favoriten gehören u. a. folgende Arten (mehr Infos zu Tieren und Pflanzen auf den Galapágosinseln finden sich auf S. 333):

» **Andenkondor** Mit seiner Flügelspannweite von 3 m ist der Wappenvogel von Ecuador einer der größten fliegenden Vögel weltweit. Im Jahre 1880 schrieb der britische Bergsteiger Edward Whymper, dass er für gewöhnlich ein Dutzend Kondore gleichzeitig fliegen sah. Heutzutage gibt es nur noch einige wenige Hundert Paare im Hochland von Ecuador, sodass es ein ergreifendes Erlebnis ist, wenn man einen einzigen von ihnen erblickt.

» **Hellroter Ara** Diese farbenprächtigen Vögel mit ihren blauen, roten und gelben Federn sind ein grandioser Anblick und gehören zu den über 40 Papageienarten in Ecuador. Sie sind häufig paarweise unterwegs und haben eine Lebenserwartung von 40 Jahren und mehr.

» **Harpyie** Dieser Raubvogel mit einer Flügelspannweite von bis zu 2 m und einem Gewicht von bis zu 10 kg ist einer der größten Raubvögel der Welt. Er hat mächtige Krallen, mit denen er Rüsselbären, Faultiere, Affen und andere auf Bäumen lebende Säugetiere erbeuten kann.

» **Leistenschnabeltukan** Tukane gehören zu den bekanntesten lateinamerikanischen Vögeln und haben riesige (aber meist hohle) Schnäbel, die ideal dafür geeignet sind, reife Früchte von Zweigen abzuknabbern. Diese besondere Art mit ihrem schwarzen und elfenbeinfarbenen Schnabel kommt an den westlichen Berghängen der Anden vor und macht mit grellen Lauten, die man bis zu 1 km weit hören kann, ganz schön viel Krawall.

» **Erzfischer** Dieser zierliche Vogel aus der Familie der Eisvögel, der gerade einmal 18 g wiegt und nur etwa 12 cm groß wird, hat das typische Aussehen eines Eisvogels (langer Schnabel und kurzer Schwanz), wird aber, wenn er vorbeihuscht, fälschlicherweise häufig für einen Kolibri gehalten.

meraffen, Wollaffen, Springaffen, Kapuzineraffen, Totenkopfäffchen, Tamarine und Marmosetten. Unter den Orten, in denen man sie am besten in ihrem natürlichen Lebensraum beobachten kann, sind die Reserva de Producción Faunística Cuyabeno (S. 220), der Parque Nacional Yasuní (S. 231) im Amazonastiefland und der selten besichtigte Tieflandabschnitt der Reserva Ecológica Cotacachi-Cayapas (S. 110) in der Nähe der Küste. Eine Gruppe von schelmischen Kapuzineraffen hat die zentrale Plaza in der Stadt Misahuallí im Oriente (S. 239) eingenommen. Hier erlebt man sie garantiert hautnah (und manchmal auch zu nah). Im Oriente kommt es nicht selten vor, dass die Brüllaffen schon deutlich zu hören sind, bevor man sie sieht. Das schaurige Gebrüll der Männchen ist über große Entfernungen zu vernehmen und kann wie der Laut eines Babys klingen, das in den durch die Bäume wehenden Wind schreit.

Zu den anderen tropischen Besonderheiten gehören zwei Faultierarten: die tagaktiven Dreifingerfaultiere und die nachtaktiven Zweifingerfaultiere. Es ist gut möglich, dass man Erstere bei einer Wanderung durch das Amazonasgebiet erblickt. Sie hängen gewöhnlich regungslos von Bäumen herab oder bewegen sich verblüffend langsam über einen Ast in Richtung eines Büschels besonders saftiger Blätter, ihrer Hauptnahrungsquelle.

Im Hochland gibt es weit weniger Säugetierarten als im Tiefland. Dazu zählen auch Rehe und Kaninchen, die man häufig sieht, und der Andenfuchs, der seltener gesichtet wird. Eines der Symbole der Anden ist das Lama, das domestiziert ist und in erster Linie als Lasttier eingesetzt wird. Sein wilder Verwandter, das anmutige Vicunja, wurde im Chimborazo-Gebiet (S. 165) wieder angesiedelt – wer mit dem Auto, dem Bus oder zu Fuß im Park unterwegs ist, kann sich fast sicher sein, eines zu erspähen.

Weitere Säugetiere, die man möglicherweise zu Gesicht bekommen wird, sind etwa Ameisenbären, Gürteltiere, Agutis (große Nagetiere), Capybaras (noch größere Nagetiere, einige wiegen bis zu 65 kg), Pekaris (wilde Schweine) und Otter. Flussdelfine werden gelegentlich in Nebenflüssen des Amazonas gesichtet. Andere exotische Säugetiere, wie Ozelots, Jaguare, Tapire, Pumas und Brillen- oder Andenbären, sieht man nur sehr selten.

Amphibien & Reptilien

Die Mehrheit der ungefähr 460 Amphibienarten in Ecuador sind Frösche. Es gibt Baumfrösche, die ihr ganzes Leben in Bäumen verbringen und ihre Eier in dem Wasser ablegen, das sich in Bromelien (eine Art epiphytische Pflanze) sammelt. Der Pfeilgiftfrosch mit seinem gruseligen Namen zählt zu den Froscharten mit den knalligsten Farben überhaupt. Seine Farben decken das Spektrum von leuchtendem Rotorange mit rabenschwarzen Punkten bis hin zu Neongrün mit schwarzen, wellenförmigen Linien ab. Einige Pfeilgiftfrösche haben Hautdrüsen, über die sie Gifte ausscheiden, die bei Tieren und Menschen Lähmungen auslösen und zum Tod führen können.

Unter den Reptilien in Ecuador gibt es vier Arten, von denen die Besucher wirklich beeindruckt sind. Drei von ihnen – die Landschildkröte, der Landleguan und die Meerechse – leben auf den Galápagosinseln und die Wahrscheinlichkeit, sie zu sehen, ist hoch. Die vierte Art ist der Kaiman, der Lagunen im Oriente bewohnt. Mit ein wenig Geduld und einem guten Kanuführer kann man auch diese schaurigen Wesen entdecken.

Schlangen, über die viel gesprochen wird, die man aber selten zu Gesicht bekommt, machen den Großteil der Reptilien in Ecuador aus. Normalerweise schlängeln sie sich beim Geräusch herannahender Menschen ins Unterholz, sodass nur einige wenige glückliche Besucher sie zu Gesicht bekommen. Die extrem giftige Terciopelo-Lanzenotter ist die

Kolibris schlagen bis zu 80-mal pro Sekunde mit ihren Flügeln und bewegen diese dabei in Form einer Acht. Dadurch können sie auf der Stelle oder sogar rückwärts fliegen.

Niemand weiß, was es mit den peniblen Toilettengewohnheiten des Faultiers auf sich hat: Einmal pro Woche klettert es von seinem Baum herunter, gräbt ein Loch, in dem es sein Geschäft verrichtet, und schüttet es anschließend wieder zu. Dadurch setzt sich das Faultier der Gefahr von Raubtieren aus – der Baum wird die nährstoffreiche Einlagerung aber sicherlich zu würdigen wissen.

Die größte Ameise im südamerikanischen Regenwald ist die Conga-Ameise oder 24-Stunden-Ameise, die so genannt wird, weil die heftigen Schmerzen, die das lähmende Nervengift verursacht – sie sind mit denen einer Schussverletzung vergleichbar –, bis zu 24 Stunden anhalten können.

vielleicht am meisten gefürchtete Schlange in Ecuador. Besucher werden selten von Schlangen gebissen, aber aufpassen sollte man durchaus. Wer eine Schlange sieht, hält besser einen respektvollen Abstand und provoziert das Tier nicht.

Raupen sind Meister der Tarnung: Einige von ihnen ahmen Zweige nach, andere einen Schlangenkopf oder sogar ein Vogelkothäufchen – alles zu ihrem eigenen Schutz.

Lebensräume

In den verschiedenen Lebensräumen Ecuadors sind 25 000 Arten von Gefäßpflanzen beheimatet (im Vergleich zu 17 000 Arten in Nordamerika), und jedes Jahr werden neue Arten entdeckt. Nebelwälder, Regenwälder, *páramo*-Gebiete (Graslandschaften in den Höhenlagen der Anden) und Mangrovensümpfe sind allesamt Schauplätze, an denen man die fotogenen Naturwunder Ecuadors entdecken kann.

Für Informationen zur surrealen Vulkanlandschaft der Galápagosinseln s. S. 372.

Regenwälder

Der Oriente ist der auf ecuadorianischem Territorium gelegene Teil des Amazonasgebiets, des größten Regenwaldbiotops der Welt. Er ist das Zuhause einer erstaunlichen Vielfalt von Pflanzen und Tieren, die hier viel dichter angesiedelt sind als in den Wäldern der gemäßigten Klimazonen.

Lianen (dicke, baumelnde Kletterpflanzen) hängen von den Baumkronen hoch oben herunter, und die enormen Wurzeln von Würgefeigen umschlingen andere Bäume und nehmen ihnen allmählich Licht und Leben. Überall auf dem Waldboden finden sich die Brettwurzeln von tropischen Hartholzbäumen, die häufig so gewaltig sind, dass man zwischen ihren rippenartigen Verzweigungen fast verschwindet. Ebenso beeindruckend sind die riesigen Blätter des Waldes, die dick und wachsartig sind und eine spitz zulaufende „Abtropfrinne" haben, über die das Wasser bei Regengüssen besser ablaufen kann.

Der Großteil des Lebens von Pflanzen und Tieren im Regenwald spielt sich eher in den Baumkronen als auf dem Waldboden ab, der beim erstmaligen Besuch überraschend leer erscheinen mag. Wer in einer Urwaldhütte übernachtet, sollte abchecken, ob es dort auch einen Baumkronenturm gibt. Dann heißt es nämlich in die Baumkronen klettern und den spektakulären Ausblick genießen!

Unabhängig vom vorhandenen (oder fehlenden) wissenschaftlichen Hintergrund, ist der unterhaltsame und äußerst lesenswerte Klassiker *Tropical Nature* von Adrian Forsyth und Kenneth Miyata eine hervorragende Lektüre vor oder während einer Reise in den Regenwald.

Tropische Nebelwälder

Einer der bezauberndsten Lebensräume Ecuadors ist der tropische Nebelwald. Dieses feuchte Biotop befindet sich in den höheren Lagen und verdankt seinen Namen den Wolken, die hier abgefangen werden (und zu deren Bildung es beiträgt) und den Wald in einen feinen Dunstschleier hüllen. Diese stetige Feuchtigkeit ermöglicht es den besonders empfindlichen Vertretern der Pflanzenwelt zu überleben. Dichte Baumkronen mit kleinen Blättern und moosbedeckte Zweige bilden einen Lebensraum für zahlreiche Pflanzen – darunter Orchideen, Farne und Bromeliengewächse. Die dichte Vegetation auf allen Ebenen dieses Waldes verleiht ihm ein geheimnisvolles und ein wenig märchenhaftes Erscheinungsbild. Manche Menschen finden den Nebelwald sogar noch schöner als den Regenwald, da viele der Pflanzen näher am Waldboden wachsen. Dadurch entsteht ein noch viel üppigeres Umfeld, in dem die artenreiche Tierwelt gedeiht – und leichter zu beobachten ist.

Páramo

Über den Nebelwäldern befindet sich die Gras- und Buschlandschaft in den Höhenlagen der Anden, die *páramo* genannt wird. Der *páramo* zeichnet sich durch ein raues Klima, starke UV-Strahlung und nasse, moorige Böden aus. Er ist ein äußerst spezieller Lebensraum, der in den Neotropen (tropisches Amerika) einzigartig ist und der nur in dem

GESCHENKE DES REGENWALDS

Als die Heimat von giftigen Schlangen, Pflanzen und fleischfressenden Fischen (ganz zu schweigen von den räuberischen Kaimanen und Jaguaren) scheint der Regenwald im Amazonasgebiet nicht gerade der einladendste Lebensraum der Erde zu sein. Aber für die indigene Bevölkerung, die schon immer hier lebt, bietet er alles, was sie zum Überleben braucht. Er dient als Supermarkt, Apotheke, Baumarkt und Kathedrale.

Wer sich nicht vorstellen kann, ohne die moderne Medizin der westlichen Welt auszukommen, wird es ungemein spannend finden, etwas mehr über das Leben im Oriente zu erfahren, wo Dorfschamanen noch immer als Heiler fungieren, indem sie sich die potenten Extrakte des Regenwaldes für alle Arten von Beschwerden zunutze machen. Es gibt Medikamente gegen Kopfschmerzen, Fieber, Insektenstiche, Verstopfung, Muskelschmerzen, Nervenleiden, Durchfall, Asthma, Epilepsie, Geschwüre und Darmparasiten – und es werden sogar Pflanzen als Verhütungsmittel benutzt. Neben der medizinischen Verwendung dienen die Pflanzen und Tiere des Regenwaldes auch vielen anderen Zwecken. Die winzigen, aber äußerst tödlichen Pfeilgiftfrösche – von denen ein einziger so giftig ist, dass er etwa ein Dutzend Menschen töten könnte – spielen für die Jagd eine wichtige Rolle, während die psychotrope Pflanze *Ayahuasca* ein wirkungsvolles Halluzinogen ist, das bei spirituellen Zeremonien zum Einsatz kommt.

Gebiet zwischen dem Hochland von Costa Rica und dem Norden Perus vorkommt.

Im *páramo* gibt es vorwiegend Polsterpflanzen, Hartgräser und kleine krautige Pflanzen, die sich gut an die raue Hochlandumgebung angepasst haben. Die meisten Pflanzen hier oben sind klein und kompakt und wachsen nah am Boden. Eine Ausnahme ist die riesige *Espeletia,* einer der merkwürdigsten Anblicke dieser Region. Die seltsam aussehenden Pflanzen sind mannshoch und haben in der Gegend den Spitznamen *frailejones* (graue Mönche) bekommen. Sie sind ein unverwechselbares Merkmal des nördlichen ecuadorianischen *páramo,* vor allem in der Gegend um El Ángel (S. 117).

Der *páramo* zeichnet sich auch durch ein fast undurchdringliches Dickicht aus kleinen Bäumen aus, häufig aus der Gattung der *Polylepis*, die zusammen mit den Himalaja-Tannen die Bäume sind, die in der größten Höhe gedeihen. Sie waren einst weit verbreitet, Feuer und Beweidung haben sie aber in kleine Nischen zurückgedrängt.

Wer Pflanzen, Tiere und das einzigartige Ökosystem in Südamerika noch besser verstehen will, sollte sich das Buch *A Neotropical Companion* von John Kricher zulegen. Illustrationen und Farbfotos ergänzen den detaillierten Überblick über Ökologie, Evolutionstheorie, Vogelkunde, Arzneimittelkunde und Umweltschutz.

ÖKOSYSTEM

Mangrovensümpfe

Mangroven sind Bäume, die sich angepasst haben, und die die bemerkenswerte Fähigkeit besitzen, im Salzwasser wachsen zu können. Die Rote Mangrove ist in Ecuador am weitesten verbreitet und besitzt, wie andere Mangroven auch, ein weit verzweigtes System von ineinander greifenden Stelzwurzeln, die den Baum auf den instabilen Böden der Ufer stützen. Diese Wurzeln fangen Ablagerungen auf und lassen einen reichhaltigen organischen Boden entstehen, der einen geschützten Lebensraum für viele Pflanzen und Fische, sowie Weichtiere, Krustentiere und andere wirbellose Tiere darstellt. Die Zweige bieten Seevögeln wie Pelikanen und Fregattvögeln Nistplätze. Ausgedehnte Mangrovengebiete an der Küste Ecuadors wurden zugunsten von Garnelenfarmen beseitigt; die meisten Mangroven findet man nun in den entlegenen nördlichen und südlichen Küstenregionen. Weitere Informationen hierzu finden sich auf S. 270. Die größten Mangroven der Welt befinden sich in der Reserva Ecológica de Manglares Cayapas Mataje (S. 258).

Tropische Trockenwälder

Dieser faszinierende Lebensraum verschwindet in einem rasanten Tempo und ist in erster Linie in den heißen Küstengebieten in der Nähe des Parque Nacional Machalilla (S. 283) und im Südwesten der Provinz Loja auf dem Weg nach Macará (S. 210) zu finden. Die Pflanzenart, die ihn auszeichnet, ist der majestätische Flaschenbaum (auch Kapokbaum genannt), ein prächtiger Baum mit einem enorm bauchigen Stamm und – in der entsprechenden Jahreszeit – weißen Blüten, die wie Glühbirnen von den nackten Ästen herabhängen.

Nationalparks & Naturschutzgebiete

Ecuador hat über 30 staatlich geschützte Parks und Naturschutzgebiete (von denen neun den Titel „Nationalpark" tragen) sowie zahlreiche privat geführte Naturschutzgebiete. Insgesamt befinden sich 18% des Landes in geschützten Gebieten. Allerdings fallen viele dieser Gebiete trotz ihres Schutzstatus immer noch Ölbohrungen, Abholzungen, dem Bergbau, der Viehwirtschaft und der Kolonisierung zum Opfer.

In vielen Parks leben indigene Gruppen, die schon lange vor dem modernen Park- oder Schutzgebietstatus einen Bezug zu dem Gebiet hatten. Im Fall der Parks im Oriente pflegen die indigenen Bewohner traditionelle Jagdrechte, die auch die Ökologie beeinträchtigen. Die Frage, wie die Nationalparks vor Schäden durch die Schwerindustrie (Öl, Holz und Bergbau) geschützt werden können, während gleichzeitig die Rechte der indigenen Bewohner anerkannt werden – all dies vor dem Hintergrund, die Zahlungsfähigkeit des Landes aufrechtzuerhalten –, bleibt in Ecuador ein brandheißes Thema.

Dank der Aufwölbung der Erde am Äquator ist der Gipfel des Volcán Cotopaxi der Punkt, der am weitesten von der Erdmitte entfernt ist und die kürzeste Entfernung zur Sonne hat.

Umweltprobleme

Gemäß der US-amerikanischen Behörde für internationale Entwicklung (USAID) hat Ecuador eine der höchsten Entwaldungsraten in Südamerika. Das Land hat zudem eine sehr dürftige Umweltbilanz. Die Entwaldung ist das massivste Umweltproblem Ecuadors. Im Hochland ist fast der gesamte natürliche Bewuchs verschwunden, und es gibt nur noch einige wenige Waldnischen, die sich hauptsächlich in privaten Naturschutzgebieten befinden. Entlang der Küste sind die einst üppigen Mangrovenwälder ebenfalls fast verschwunden. Sie beherbergten eigentlich eine große Vielfalt von Meeres-und Küstenlebewesen, wurden jedoch entfernt, um künstliche Teiche anzulegen, in denen Garnelen für den Export gezüchtet werden (s. S. 270).

Aus etwa 95% der Wälder an den westlichen Berghängen und im Tiefland ist Agrarland geworden, hauptsächlich Bananenplantagen. In diesen Wäldern hatten so viele Arten wie nirgendwo sonst auf dem Planten – viele von ihnen endemisch – Zuflucht gefunden. Wissenschaftler gehen davon aus, dass unzählige Arten wahrscheinlich bereits ausgestorben sein werden, bevor sie überhaupt bestimmt werden konnten. In den letzten Jahren hat sich eine kleine Bewegung zur Erhaltung der Natur etabliert.

Wenngleich ein großer Teil des Regenwaldes im ecuadorianischen Amazonasgebiet noch steht, ist dieser doch ernsthaft von Zerstückelung bedroht. Die größte Gefahr für den Regenwald sind Abholzung, Viehzucht und Ölgewinnung. Die Entdeckung des Öls hatte den Bau von Straßen und neuen Siedlungen zur Folge, und die Abholzung des Regenwaldes hat exponentiell zugenommen.

Ebenso zerstörerisch für die Umwelt ist der Bergbau, der im südlichen Amazonasgebiet genauso verheerende Schäden anrichten kann wie das Öl im Norden. Die größte Sorge gilt u.a. der Verunreinigung des Grundwassers und der nahe gelegenen Flüsse durch Chemikalien, die für die Aufbereitung von Mineralien und Erz verwendet werden.

Diese Probleme sind natürlich eng mit der ecuadorianischen Wirtschaft verknüpft. Öl, Mineralien, Bananen und Garnelen gehören zu den wichtigsten Exportprodukten des Landes. Die Vertreter der Industrie behaupten, die Kosten, die durch die Aufgabe dieser Einkommensquellen entstehen würden, wären für ein kleines Land in der Entwicklungsphase zu hoch. Umweltschützer hingegen behaupten, die Regierung habe der Großindustrie freien Lauf gelassen, was bisweilen zu katastrophalen Schäden für die lokale Ökologie geführt hat. Über eine berüchtigte Umweltsammelklage, die sich 18 Jahre lang hingezogen hatte, wurde 2011 schließlich entschieden: Der Konzern Chevron (nun Besitzer von Texaco) wurde zur Zahlung von 18 Mrd. US$ Schadenersatz verdonnert, weil er mehrere Milliarden Gallonen Giftmüll in den Amazonas gekippt und 900 Abfallgruben zurückgelassen haben soll (s. S. 220). Chevron hält die Entscheidung allerdings für unrechtmäßig und will Berufung einlegen, sodass der Streit sehr wahrscheinlich nicht in absehbarer Zeit beigelegt werden kann.

Die indigenen Bewohner des Regenwalds, die von den Flüssen als Quelle für Trinkwasser und Nahrung abhängig sind, sind ebenfalls in dramatischer Weise betroffen. Ölrückstände, Chemikalien für die Ölaufbereitung, Erosion und Düngemittel verseuchen die Flüsse, töten die Fische und machen das, was einst Trinkwasser war, ungenießbar. Die vorangegangenen ecuadorianischen Regierungen haben die Ölgewin-

NATIONALPARKS

NAME	BESONDERHEITEN	AKTIVITÄTEN	REISEZEIT
Cajas (S. 192)	*páramo,* Seen, kleine *Polylepis*-Bäume, Wälder	wandern, angeln, Vögel beobachten	ganzjährig
Cotopaxi (S. 132)	*páramo,* Volcán Cotopaxi: Andenkondor, Rotwild, Kaninchen	wandern, klettern	ganzjährig
Galápagos (S. 324)	vulkanisch geformte Inseln: Seevögel, Leguane, Schildkröten, vielfältige Unterwasserwelt	die Natur beobachten, schnorcheln, tauchen	Nov.–Juni
Llanganates (S. 151)	*páramo,* Nebelwald, Tieflandwald: Rotwild, Tapire, Jaguare, Brillenbären	wandern	ganzjährig (schwer zugänglich)
Machalilla (S. 283)	Küstentrockenwald, Strände, Inseln: Wale, Seevögel, Affen, Reptilien	wandern, die Natur beobachten	ganzjährig
Podocarpus (S. 202)	*páramo,* Nebelwald, tropischer Feuchtwald: Brillenbären, Tapire, Rotwild, Vögel	wandern, Vögel beobachten	ganzjährig
Sumaco-Galeras (S. 233)	Volcán Sumaco, subtropischer und Nebelwald	wandern außerhalb gekennzeichneter Wege	ganzjährig (schwer zugänglich)
Sangay (S. 160 & S. 251)	Vulkane, *páramo,* Nebelwald, Tieflandwald: Brillenbären, Tapire, Pumas, Ozelots	wandern, klettern	ganzjährig
Yasuní (S. 231)	Regenwald, Flüsse und Lagunen: Affen, Vögel, Faultiere, Jaguare, Pumas, Tapire	wandern, die Natur beobachten	ganzjährig

BOHRUNGEN IN YASUNÍ?

Das Schutzgebiet Yasuní gilt als eine der Regionen mit der größten Artenvielfalt weltweit. Hier gibt's viele seltene Tierarten, abgeschottete Stammesgruppen und eine enorme Vielfalt von Pflanzen (mit beispielsweise mehr verschiedene Harthölzern auf 1 ha als auf dem gesamten nordamerikanischen Kontinent). Aber hier befindet sich auch eine der größten bekannten Erdölreserven Ecuadors – geschätzte 900 Mio. Barrel! Die Ölkonzerne haben über lange Zeit Druck auf die Regierung ausgeübt, damit diese das Gebiet für Bohrungen freigibt, was mehrere Milliarden Dollar einbringen könnte. Präsident Correa hat unter dem immer größer werdenden Druck eine allerletzte Anstrengung zur Erhaltung des Parks unternommen, bevor er den Ölkonzernen grünes Licht gab.

Correa hat diese umstrittene Idee im Jahr 2008 erstmals der Weltgemeinschaft vorgestellt. Sie lautete: Bezahlt uns dafür, dass wir die Reserven in diesem ökologisch sensiblen Gebiet nicht anzapfen. Er schlug vor, dass ausländische Investoren innerhalb von 13 Jahren rund 3,6 Mrd. US$ in Form von Spenden bereitstellen sollten. Dieser Betrag würde etwa der Hälfte des Marktwerts des Ölvorkommens im Schutzgebiet entsprechen. Im Jahr 2010 unterzeichnete Ecuador ein Übereinkommen mit der Entwicklungsgruppe der Vereinten Nationen zur Einrichtung des Yasuní-ITT-Treuhandfonds, der künftige Bohrungen verbieten soll, sofern das Land eine Entschädigung für mindestens die Hälfte der verlorenen Einnahmen erhält.

Ist dieses Projekt erfolgreich, wird es etwa 5 Mio. ha ecuadorianischer Naturschutzgebiete stärken, eine umweltfreundliche ländliche Entwicklung fördern und indigene Gruppen schützen.

Kritiker geben zu bedenken, dass das Projekt in einer Welt, die von diesen Reserven abhängig ist, einen gefährlichen Präzedenzfall schaffen könnte. Befürworter des umstrittenen Vorhabens sind der Meinung, dass damit 0,5 Mrd. t Kohlendioxid in der Erde gebunden bleiben – keine Kleinigkeit in einer Welt, die immer stärker von der globalen Erwärmung betroffen ist.

Seit 2011 hat Ecuador die ersten 100 Mio. US$ erhalten, im Lauf der nächsten 12 Jahre hofft das Land darauf, etwa 350 Mio. US$ pro Jahr ausgezahlt zu bekommen. Die Geldmittel sind, nebenbei bemerkt, für Investitionen in Projekte mit erneuerbaren Energien in Ecuador sowie für Ausgaben in der sozialen Fürsorge zugunsten der indigenen Gemeinschaften von Yasuní vorgesehen.

nung aktiv unterstützt. Die derzeitige Regierung hat jedoch versucht, ein Gleichgewicht zwischen Entwicklung und Erhaltung zu finden und hat sogar vor der Weltgemeinschaft einige radikale Ideen vorgestellt (s. oben).

Praktische Informationen

ALLGEMEINE INFORMATIONEN. . 408
Arbeiten in Ecuador. 408
Botschaften & Konsulate. 408
Ermäßigungen 408
Essen 408
Frauen unterwegs 409
Freiwilligenarbeit 409
Gefahren & Ärgernisse . . .410
Geld 411
Gesundheit 411
Internetzugang 412
Kinder. 412
Feiertage 413
Öffnungszeiten 413
Post. 413
Rechtsfragen. 413
Reisen mit Behinderung . .414
Schwule & Lesben 414
Sprachkurse 414
Strom 414
Telefon 415
Toiletten. 415
Touristeninformation. 415
Unterkunft. 416
Versicherung. 417
Visa. 417
Zeit 418
Zoll 418

VERKEHRSMITTEL & -WEGE. 419
AN- & WEITERREISE. 419
Einreise 419
Flugzeug 419
Auf dem Landweg 420
Schiff/Fähre 421
UNTERWEGS VOR ORT . . 421
Auto & Motorrad 421
Bus 422
Fahrrad. 422
Flugzeug 423
Geführte Touren 424
Lastwagen (Ranchera & Chiva). 424
Nahverkehr 424
Schiff/Fähre 425
Trampen. 425
Zug 425

SPRACHE. 426

Allgemeine Informationen

Arbeiten in Ecuador

Die Arbeitslosenquote in Ecuador beträgt 10 %, und 43 % der Bevölkerung sind unterbeschäftigt. Es ist also nicht einfach, Arbeit zu finden. Offiziell braucht man dafür in Ecuador ohnehin ein Arbeitsvisum. Abgesehen von Aushilfsjobs in einer Touristenlodge oder in einer von Ausländern betriebenen Bar gibt es wenig Aussicht auf bezahlte Arbeit, außer als Deutschlehrer.

Die meisten bezahlten Jobs als Sprachlehrer werden in Quito und Guayaquil zu finden sein. Die Schulen suchen manchmal per Annoncen auf den Schwarzen Brettern von Hotels und Restaurants nach Lehrern. Diese Jobs sind so bezahlt, dass man gerade davon leben kann, außer man wurde im Heimatland für eine Vollzeitstelle angeworben. Wenn man ein Sprachlehrerzertifikat vorweisen kann, umso besser. Schulen wie die American School in Quito stellen oft Lehrer für Mathematik, Biologie und andere Fächer ein und helfen auch bei der Beschaffung eines Arbeitsvisums. Sie zahlen auch wesentlich besser als die Sprachschulen. Um einen Lehrerjob zu finden, kann man die Anzeigen in den Zeitungen und an den Schwarzen Brettern in den Hotels vor Ort durchforsten. Eine der besten Infoquellen für Englischlehrer im Netz ist **Dave's ESL Café** (www.eslcafe.com), wo es auch Stellenangebote gibt.

Botschaften & Konsulate

Die Öffnungszeiten sind begrenzt und ändern sich regelmäßig – am besten vor dem Besuch anrufen!

Deutschland Guayaquil (☎04-220-6867/8; Ecke Avs Las Monjas 10 & CJ Arosemena, Km 2,5, Edificio Berlín); Quito (☎02-297-0820; Naciones Unidas E10-44 at República de El Salvador, Edificio Citiplaza, 12. Stock)

Kolumbien Guayaquil (☎04-263-0674/5; www.ccolombia guayaquil.com; Francisco de Orellana, World Trade Center, Tower B, 11. Stock); Lago Agrio (☎06-283-0084; Av Quito 1-52); Quito (☎02-222-2486; Av Colón 1133 & Amazonas, 7. Stock); Tulcán (☎06-298-0559; Av Manabi 58-087)

Österreich Guayaquil (☎04-238-4886; sotomay@gye.satnet.net; Av Jorge Pérez Concha 718), Quito (☎02-246-9700; przibra@interactive.net.ec; Gaspar de Villaroel E9-53)

Peru Guayaquil (☎04-228-0114; www.consuladoperu guayaquil.com; Av Francisco de Orellana 501); Loja (☎07-257-9068; Sucre 10-56); Machala (☎07-293-0680; Ecke Bolívar & Colón); Quito (☎02-246-8410; www.embajadadelperu.org.ec; Ecke República de El Salvador N34-361 & Irlanda)

Schweiz Quito (☎02-243-4113; www.eda.admin.ch/quito; Juan Pablo Sanz & Av Amazonas 3617)

Ermäßigungen

Neben dem ermäßigten Eintritt in Museen (und das kann sich durchaus summieren) ist der einzig nennenswerte Rabatt, den man bekommt, der Nachlass von 15 % bei Flügen zu den Galápagosinseln außerhalb der Hauptsaison. Die **International Student Identity Card** (ISIC; www.isic.org) wird prinzipiell nur akzeptiert, wenn sie im Heimatland ausgestellt wurde und gemeinsam mit einem gültigen Studentenausweis vorgelegt wird.

Essen

In diesem Reiseführer sind die Restaurants ausgehend vom Preis eines normalen Hauptgerichts in folgende Preisklassen unterteilt. Soweit nicht anders aufgeführt, sind Mehrwertsteuer (12 %) und Servicegebühr (10 %) nicht im Preis inbegriffen.

KATEGORIE	SYMBOL	PREISE
Günstig	$	< 7 US$
Mittelteuer	$$	7–14 US$
Teuer	$$$	> 14 US$

PRAKTISCH & KONKRET

» In Ecuador ist der US-Dollar (US$) das Zahlungsmittel.

» Ecuador nutzt das metrische System bei Maßen und Gewichten.

» In ecuadorianischen Adressen steht „s/n" für *sin numero* (ohne Hausnummer).

» Quitos größte Tageszeitungen sind *El Comercio* (www.elcomercio.com) und das liberalere Blatt *Hoy* (www.hoy.com.ec). Die Zeitungen von Guayaquil heißen *El Telégrafo* (www.telegrafo.com.ec) und *El Universo* (www.eluniverso.com). Das bekannteste Nachrichtenmagazin Ecuadors ist *Vistazo* (www.vistazo.com). Ausländische Zeitungen bekommen Traveller in Quito.

» In Sachen Video-DVDs gilt in Ecuador der Regionalcode 4, der auch im übrigen Lateinamerika üblich ist.

Frauen unterwegs

Im Allgemeinen ist Ecuador für Frauen ein sicheres, angenehmes Reiseziel. Allerdings gibt es auch hier jede Menge Machos! Ecuadorianische Männer machen oft anzügliche Bemerkungen und pfeifen sowohl ecuadorianischen als auch ausländischen Frauen, die alleine unterwegs sind, hinterher. Das ist aber eher eine Art Freizeitsport – das Aufbrausen der Hormone junger Kerle. Am besten ignoriert man sie einfach.

Die Anwerber an der Küste sind zudringlicher. Alleinreisende Frauen sollten deshalb Vorsicht walten lassen, sich von Bars und Diskos fernhalten, in denen sie sehr wahrscheinlich angemacht werden, abends nicht zu Fuß gehen, sondern ein Taxi nehmen usw.

Lonely Planet hat schon Berichte von Frauen erhalten, die während einer organisierten Tour belästigt wurden. Frauen, die alleine unterwegs sind, sollten unbedingt einige Infos einholen, bevor sie sich für eine Tour entscheiden, z. B. herausfinden, wer der Tourleiter ist, welche Teilnehmer mitkommen usw. Manchmal gibt es auch Reisegruppen nur mit weiblichen Teilnehmern und Guides.

Freiwilligenarbeit

Zahlreiche Organisationen vermitteln Freiwilligenjobs. Die meisten verlangen aber, dass Freiwillige zumindest etwas Spanisch können, mindestens einige Wochen oder Monate zur Verfügung stehen und für Kost und Logis (10 US$/Tag–700 US$/Monat) selbst aufkommen. Freiwillige können in Umweltschutzprogrammen arbeiten, Straßenkindern helfen, unterrichten, Naturpfade anlegen, Websites einrichten oder im medizinischen oder im landwirtschaftlichen Bereich arbeiten – die Möglichkeiten sind schier endlos. Auch die Inhaber vieler Urwald-Lodges akzeptieren Freiwilligenarbeiter für längere Aufenthalte. Um die Kosten niedrig zu halten, ist es das Beste, wenn man sich direkt in Ecuador nach einem Job umschaut.

South American Explorers (s. S. 415) in Quito hat eine Rubrik für die aktuellen Angebote. Auch das Clubhaus selbst benötigt oft Freiwillige. Unter den Kleinanzeigen auf der Seite **Ecuador Explorer** (www.ecuadorexplorer.com) findet man eine lange Liste mit Organisationen, die Freiwillige suchen.

Organisationen für Freiwilligenjobs in Ecuador sind:

AmaZOOnico (www.amazoonico.org) Sucht Freiwillige für die Tierrettungsstation.

Andean Bear Conservation Project (www.andeanbear.org) Bildet Freiwillige zu Bärensuchern aus.

Bosque Nublado Santa Lucia (www.santaluciaecuador.com) Gemeindeorientiertes Ökotourismusprojekt in den Nebelwäldern im Nordwesten Ecuadors. Verpflichtet regelmäßig Freiwillige, die bei der Aufforstung helfen, Wanderwege aufbauen und instandhalten, Englisch unterrichten u. v. m.

FEVI (Fund for Intercultural Education & Community Volunteer Service; www.fevi.org) Unterstützt Kinder, Senioren, Frauen und indigene Gemeinden überall in Ecuador.

Fundación Arte del Mundo (www.artedelmundoecuador.com) Das außerschulische Kunst- und Leseprogramm in Baños bietet Jobs für Freiwillige. Diese müssen eine Gebühr von 170 US$ pro Monat bezahlen, mit der auch die Unterkunft abgedeckt ist. Man muss sich mindestens für einen Monat verpflichten.

Fundación Natura (www.fnatura.org) Die ecuadorianische NGO heuert regelmäßig Freiwillige mit Spanischkenntnissen für die Arbeit in der Forschung, Aufforstung usw. an.

Galápagos Organic Rescue (www.galapagosorganicrescue.org) Hat Arbeit beim Anpflanzen, bei der Entfernung invasiver Pflanzenarten und bei der Aufforstung zu vergeben.

Inti Sisa (www.intisisa.org) Das Hostel in Guamote hat Infos zu Freiwilligenjobs in der Kleinkindpädagogik.

Junto con los Niños (www.juconi.org.ec) Die Organisation arbeitet mit Straßenkindern in den

Slums von Guayaquil. Mindestaufenthalt von einem Monat erwünscht.

Merazonia (www.merazonia.org) Refugium für verletzte Tiere im zentralen Hochland. Weitere Infos gibt's auf S. 160.

Mindo Animal Rescue (www.mindoanimalrescue.com) Akzeptiert Freiwillige, die bei der Tierrettung und in der Landwirtschaft helfen.

New Era Galápagos Foundation (www.neweragalapagos.org) Gemeinnützige Stiftung mit Freiwilligenjobs in der Gemeindearbeit und im nachhaltigen Tourismus auf den Galápagosinseln. Freiwillige wohnen und arbeiten auf der Isla San Cristóbal.

Rainforest Concern (www.rainforestconcern.org; www.aventure.co.uk) Britische gemeinnützige Organisation, die Freiwilligenarbeit in den Wäldern Ecuadors anbietet.

Reserva Biológica Los Cedros (www.reservaloscedros.org) Das Reservat in den westlichen Andenausläufern braucht oft Freiwillige. S. auch S. 112.

Río Muchacho Organic Farm (www.riomuchacho.com) Das Ökotourismusprojekt an der Küste bietet Freiwilligen eine einmonatige Ausbildung und Arbeitsoptionen. S. auch S. 272.

Yanapuma Foundation (☎02-290-7643; www.yanapuma.org; 2. Stock, Veintimilla E8-125 nahe Av 6 de Diciembre, Quito) Hat eine Reihe von Freiwilligenjobs: Englisch unterrichten, in abgelegenen Gemeinden Häuser bauen, bei Aufforstungsprojekten helfen oder an der Säuberung der Küsten teilnehmen. Infos bekommt man in Quito im Hauptbüro und in der Sprachschule (S. 61).

Gefahren & Ärgernisse

Es gibt keinen Grund, sich verrückt zu machen, denn mit gesundem Menschenverstand lassen sich die meisten unangenehmen Vorfälle vermeiden. Gleichgültig, wohin man reist, es ist auf jeden Fall eine gute Idee, eine Reiseversicherung abzuschließen. Weitere Infos dazu gibt's auf S. 417.

Abzocke

Vorsicht vor falschen und korrupten Polizisten! Angebliche „Polizisten" in Zivil könnten echt wirkende Ausweise vorweisen, aber man sollte ihnen immer mit Misstrauen begegnen. Oder man geht einfach mit einem Lächeln und Schulterzucken weiter. Andererseits wird ein uniformierter Polizist, der einen mitten am Tag und mitten auf einer geschäftigen Straße nach dem Pass fragt, vermutlich nur seinen Job tun.

Diebstahl

Bewaffnete Raubüberfälle sind selten in Ecuador, aber manche Teile von Quito und einige Küstengegenden sind gefährlich. Konkrete Infos finden sich im jeweiligen Regionenkapitel.

Diebstähle kommen häufiger vor. An Busbahnhöfen, in vollen Stadtbussen und auf geschäftigen Märkten immer auf die eigenen Siebensachen (und die Gesäßtaschen) achten! In Bussen sind Diebstähle keine Seltenheit, vor allem in Nachtbussen und bei Fahrten zwischen Quito, Latacunga, Baños und Riobamba im zentralen Hochland. All diese Orte sind Tummelplätze von Beutelschneidern und Taschendieben. Wer clever ist, kann vermeiden, eines ihrer Opfer zu werden.

Es ist ratsam, im Portemonnaie in der Tasche nur wenig Geld zu haben und wichtige Dinge versteckt direkt am Körper unter der Kleidung in einer Brusttasche zu tragen.

Normalerweise ist es sicher, wenn man sein Geld im Hotelschließfach lässt – aber man sollte es in einen versiegelten, zugeklebten Umschlag packen. Einige Leser haben sich beschwert, dass ihnen in billigeren Hotels Geld aus dem Schließfach gestohlen wurde.

Drogen

Illegale Drogen wie Marijuana und Kokain können einen ins Gefängnis bringen, oder man wird sein Geld an Diebe los (oder es kommt noch schlimmer). Wer solche Risiken nicht eingehen will, sollte von Drogen die Finger lassen.

Traveller berichteten, dass sie unfreiwillig unter Drogen gesetzt und beraubt wurden, nachdem sie von Fremden Essen angenommen hatten.

Gefahrenzonen

Aufgrund bewaffneter Auseinandersetzungen im benachbarten Kolumbien können die Gebiete an der kolumbianischen Grenze (insbesondere im nördlichen Oriente) gefährlich sein. Die Touren im Oriente sind prinzipiell sicher, aber es gab auch schon vereinzelt bewaffnete Überfälle.

Überfälle

Auf Langstrecken kann es in Nachtbussen zu Raubüberfällen kommen, so geschehen in der Provinz Guayas, in der Gegend rund um Guayaquil und in den Bussen zwischen Quito und Riobamba. Wer die Fahrt mit Nachtbussen vermeidet, minimiert das Risiko.

Wenn möglich, sollte man bei Tagesausflügen keine Wertsachen dabeihaben, vor allem wenn es in überwiegend von Touristen besuchte Gebiete geht. Bewaffnete Überfälle gab es bereits auf Wanderer in der Nähe von Baños (zentrales Hochland) und auf den Wegen nahe Vilcabamba (südl. Hochland).

Hotelzimmer in der Nähe von Busbahnhöfen können oft preiswert sein, aber auch gefährlich. Oft fungieren solche Absteigen als Stundenhotels.

Autofahrer sollten ihr Fahrzeug in Ecuador niemals auf einem unbeaufsichtigten Parkplatz abstellen. Auch sollte man keine Wertsachen sichtbar darin zurücklassen – selbst auf bewachten Parkplätzen kann das Fenster eingeschlagen und der Wagen geplündert werden.

Im Fall, dass man ausgeraubt wird, sollte man umgehend eine Anzeige bei der Polizei machen – auch wenn es unwahrscheinlich ist, dass die das gestohlene Eigentum wiederbeschaffen kann. Der Polizeibericht ist notwendig, um bei der Versicherung Ansprüche geltend machen zu können.

Geld

Ecuadors offizielles Zahlungsmittel ist der US-Dollar. Abgesehen von Euro, peruanischen *soles* und kolumbianischen *nuevos soles* ist es sehr schwierig, in Ecuador ausländische Währungen umzutauschen. In den meisten Großstädten gibt es Filialen von Western Union.

Infos zu den Wechselkursen gibt's auf S. 17.

Bargeld

Offizielles Zahlungsmittel sind US-Dollar – sie sind identisch mit denen in den USA. Die Münzen zu einem, fünf, zehn, 25 und 50 Cent sind in Form, Größe und Farbe ebenfalls identisch mit denen in den USA, haben aber auf der Kopfseite Porträts berühmter Ecuadorianer. In Ecuador sind sowohl ecuadorianische als auch US-Münzen im Umlauf. Weit verbreitet ist die 1 US$-Münze „Sacajawea".

Das größte Problem beim Bargeld ist das Wechseln größerer Scheine. Selbst in größeren Städten könnte es schwierig sein, einen 20 US$-Schein zu wechseln. Niemand hat hier *sueltos* (wörtl. „lose Scheine", also Geld zum Wechseln). Wenn sich also die Möglichkeit bietet, Scheine zu wechseln, sollte man sie nutzen. Am besten keine Scheine mitbringen, die größer als 20 US$ sind!

Geld wechseln

Am besten tauscht man Geld in größeren Städten wie Quito, Guayaquil und Cuenca um, wo die Wechselkurse am günstigsten sind. Weil die Banken nur begrenzt geöffnet haben (s. S. 413), sind manchmal die *Casas de cambio* (Wechselstuben, Mo–Fr 9–18, Sa min. bis 12 Uhr) die einzige Möglichkeit, Geld umzutauschen.

Geldautomaten

Bargeld bekommt man am einfachsten an Geldautomaten. Diese finden sich in den meisten Städten und sogar in kleineren Ortschaften; hin und wieder sind sie aber außer Betrieb. Man sollte darauf achten, dass die PIN nicht mehr als vier Zahlen hat, weil viele ecuadorianische Geldautomaten nur vierstellige PINs annehmen. Geldautomaten für MasterCard und Cirrus-Karten haben die Banco del Pacífico und Banco del Pichincha, für Visa- und Plus-Karten die Banco de Guayaquil und Banco La Provisora.

Kreditkarten

Kreditkarten sind eine gute Rückversicherung. Visa, MasterCard und Diners Club sind die am häufigsten akzeptierten Kreditkarten. In Spitzenklasserestaurants, Hotels, Souvenirshops und Reisebüros kann man normalerweise auch mit MasterCard oder Visa bezahlen, in kleineren Hotels, Restaurants und Läden nicht. Selbst wenn man im Schaufenster einer Einrichtung den Kreditkartenaufkleber sieht, muss das nicht heißen, dass man auch wirklich mit Karte zahlen kann. In Ecuador schlagen Händler, die Kreditkarten annehmen, oft noch zwischen 4 und 10 % auf die Rechnung drauf. Daher ist es oft günstiger, bar zu zahlen.

Trinkgeld

Bessere Restaurants schlagen 12 % Mehrwertsteuer und 10 % Servicegebühr auf die Rechnung drauf. Wenn man mit der Bedienung zufrieden war, sollte man für den Kellner noch weitere 5 % hinzufügen. Die billigeren Lokale erheben keine Steuer und Servicegebühr.

Wer der Bedienung ein Trinkgeld geben will, sollte ihr dieses direkt in die Hand geben, nicht einfach nur das Geld auf dem Tisch hinterlassen.

Taxifahrer bekommen normalerweise kein Trinkgeld, aber man kann auf das Wechselgeld verzichten.

Guides erhalten in der Regel nur wenig Lohn und schätzen ein Trinkgeld. Bei geführten Touren wird ein Trinkgeld erwartet. In einer Reisegruppe legt man für einen erstklassigen Guide rund 5 US$ pro Person und Tag zusammen. Der Fahrer bekommt etwa die Hälfte. Wer einen privaten Guide engagiert, zahlt etwa 10 US$ pro Tag Trinkgeld.

Bei einer langen Tour inklusive Guides, Köchen und Crew (z. B. zu den Galápagos-Inseln) beträgt das Trinkgeld 25 bis 50 US$ pro Teilnehmer und Woche und wird unter dem Personal aufgeteilt.

Gesundheit

In den größeren Städten ist medizinische Versorgung problemlos erreichbar, in ländlichen Gebieten ist das nicht so einfach. Die meisten Ärzte und Krankenhäuser wollen bar bezahlt werden, auch wenn man eine Reisekrankenversicherung hat. Apotheken heißen in Ecuador *Farmacias*.

Gesundheitsrisiken

HÖHENKRANKHEIT

Höhenkrankheit kann entstehen, wenn man sich zu schnell in Höhen von über 2500 m begibt. Und schon

GESUNDHEITSHINWEISE

Vor der Abreise sollte man sich in seinem Heimatland über eventuelle Reisewarnungen informieren.

» **Deutschland** (http://www.auswaertiges-amt.de/DE/Laenderinformationen/01-Laender/Gesundheitsdienst/Uebersicht_node.html)

» **Österreich** (http://www.bmeia.gv.at/aussenministerium/buergerservice/reiseinformation/a-z-laender)

» **Schweiz** (http://www.eda.admin.ch/eda/de/home/travad/travel.html)

Quito liegt hoch! Symptome sind z.B. Kopfschmerzen, Übelkeit, Erbrechen, Schwindel, Unwohlsein, Schlafstörungen und Appetitlosigkeit. In schweren Fällen kann sich Flüssigkeit in den Lungen (Höhenlungenödem) oder im Gehirn (Höhenhirnödem) ansammeln. Die meisten Todesfälle werden durch Höhenlungenödeme verursacht.

Um eine Höhenkrankheit zu vermeiden, sollte man sich nur schrittweise in größere Höhen begeben, sich nicht überanstrengen, leicht essen und auf alkoholische Getränke verzichten.

Infektionskrankheiten

CHOLERA

Die Cholera verursacht extremen Durchfall und muss behandelt werden. Meist wird über Choleraausbrüche in den Medien berichtet, sodass man problematische Gebiete meiden kann. Die wichtigste Maßnahme ist der ausreichende Ersatz von Flüssigkeit. Ansonsten droht die Dehydration, weil man bis zu 20 l Wasser pro Tag verliert. Wenn man sich nicht gleich in ein Krankenhaus begeben kann, sollte man mit der Einnahme von Tetracyclin (Erw. 4-mal tgl. 250 mg) beginnen.

DENGUEFIEBER

Anders als die Malariamücke ist die Ägyptische Fiebermücke (*Aedes aegypti*), die den Denguevirus überträgt, vor allem tagsüber aktiv und findet sich überwiegend in urbanen Gebieten und menschlichen Behausungen.

Anzeichen des Denguefiebers sind plötzliches Auftreten von hohem Fieber, Kopfschmerzen, Muskel- und Gliederschmerzen (daher auch „Knochenbrecherfieber"), Übelkeit und Erbrechen. Umgehend in ärztliche Behandlung begeben!

GELBFIEBER

Diese Virusinfektion tritt in Südamerika auf und wird durch Stechmücken übertragen. Symptome sind Fieber, Kopfschmerzen, Bauchschmerzen und Erbrechen. Dringend medizinische Hilfe aufsuchen und viel trinken! Traveller im Amazonasgebiet sollten sich vor Reiseantritt unbedingt impfen lassen (die Impfung ist sehr wirksam und schützt zehn Jahre).

MALARIA

Malaria wird durch die Stechmücke übertragen, die in der Regel von Sonnenuntergang bis Sonnenaufgang aktiv ist. Das Hauptsymptom ist plötzliches hohes Fieber, oft mit Schüttelfrost, Schweißausbrüchen, Kopfschmerzen, Gliederschmerzen, Kraftlosigkeit, Übelkeit oder Durchfall. In schweren Fällen ist das zentrale Nervensystem betroffen, was zu Krampfanfällen, Verwirrtheit, Koma und sogar zum Tod führen kann.

Für alle ländlichen Gebiete unterhalb von 1500 m Höhe wird die Einnahme von Malariatabletten empfohlen. Am höchsten ist das Risiko an der nördlichen Küste und im nördlichen Oriente. Im Hochland besteht kein Malariarisiko.

TYPHUS

Typhus ist eine gefährliche Darminfektion und wird durch verunreinigtes Wasser und Essen verursacht. Medizinische Behandlung ist unabdingbar.

Die ersten Stadien der Erkrankung verlaufen wie eine starke Erkältung oder Grippe mit Symptomen wie Kopf- und Gliederschmerzen und jeden Tag etwas stärker ansteigendem Fieber bis zu 40 °C oder mehr. Je mehr das Fieber steigt, desto niedriger wird der Puls (relative Bradykardie) – anders als bei normalem Fieber, bei dem der Puls steigt. Auftreten können auch Erbrechen, Bauchschmerzen, Durchfall oder Verstopfung.

Internetzugang

Internetcafés mit recht schnellen Verbindungen (ca. 1 US$/Std.) sind in Ecuador weit verbreitet. Viele Hotels haben einen oder zwei Computer für ihre Gäste; die Preise sind sehr unterschiedlich. In diesem Führer sind Unterkünfte mit internetfähigen Computern mit dem Symbol @ gekennzeichnet.

Auch in Ecuador setzt sich WLAN langsam durch – auch dank der Pensionen in Quito, Guayaquil und Cuenca. Das Symbol 📶 zeigt, wo es WLAN gibt.

Infos zu nützlichen Websites gibt's auf S. 17.

Kinder

Ausländische Touristen (vor allem Europäer), die mit Kindern unterwegs sind, ziehen in Ecuador immer noch Aufmerksamkeit auf sich, und ein weinendes oder lachendes Kind lässt schnell die Herzen der Einheimischen schmelzen. Eltern werden extrafreundlich und zuvorkommend behandelt.

Wie fast überall auf der Welt lieben die Menschen auch in Ecuador Kinder. Eine gute Infoquelle ist Lonely Planets *Travel with Children*.

Praktisch & Konkret

Für Kinder wird in Bussen der volle Fahrpreis fällig, wenn sie alleine einen Sitzplatz belegen; sitzen sie aber auf dem Schoß der Eltern, können sie oft kostenlos mitfahren. Kinder unter zwölf Jahren zahlen für Inlandsflüge die Hälfte (dafür bekommen sie einen eigenen Sitzplatz), Kleinkinder unter zwei Jahren 10 % des regulären Flugpreises (ohne Sitzplatz). In Hotels kann man es mit Feilschen versuchen.

In Restaurants gibt es normalerweise zwar keine Kindergerichte, aber es ist völlig akzeptabel, eine Portion zu bestellen und sie zwischen zwei Kindern oder einem Erwachsenen und dem Kind aufzuteilen.

Wickelräume sind, außer in den Spitzenrestaurants, rar. Das Stillen in der Öffentlichkeit gilt hier nicht als anstößig. Babynahrung bekommt man nur in den Supermärkten größerer Städte, aber Einwegwindeln werden auf den meisten Märkten überall im Land verkauft.

Bei Autovermietern sind Kindersitze prinzipiell schwer zu bekommen (rechtzeitig bestellen!), und in Taxis gibt es gar keine. Nicht vergessen: Dies ist ein Land, in dem eine vierköpfige Familie problemlos auf einem Motorrad unterkommen kann.

Sehenswertes & Aktivitäten

Ecuador ist kein Land der Vergnügungsparks oder der organisierten Spektakel für Kinder. Stattdessen gibt's hier echte Abenteuer – durch den Regenwald stampfen, mit dem Kanu einen Fluss erkunden oder in den Wellen spielen.

In Puerto López (S. 286) sollte man unbedingt Wale beobachten. Ältere Kinder haben auch viel Spaß beim Schnorcheln und Tierebeobachten auf den Galápagosinseln (S. 324). Quito (S. 69) bietet viele Dinge, an denen Kinder Spaß haben, darunter einen Reptilienzoo, einen Themenpark und gute Museen.

Feiertage

An allgemeinen Feiertagen sind Banken, Büros und andere Dienstleistungsbereiche geschlossen. Die Verkehrsmittel sind überfüllt – also Busfahrkarten vorab kaufen! Große Feiertage werden manchmal mehrere Tage lang gefeiert. Fällt ein Feiertag aufs Wochenende, sind die Büros manchmal am vorangehenden Freitag oder am folgenden Montag geschlossen.

Neujahr 1. Januar

Dreikönigstag 6. Januar

Semana Santa (Osterwoche) März/April

Tag der Arbeit 1. Mai

Schlacht am Pichincha 24. Mai. Erinnert an die Schlacht im Kampf um die Unabhängigkeit Ecuadors von Spanien im Jahr 1822.

Geburtstag von Simón Bolívar 24. Juli

Unabhängigkeitstag von Quito 10. August

Unabhängigkeitstag von Guayaquil 9. Oktober. Bildet zusammen mit dem Nationalfeiertag am 12. Oktober ein wichtiges Fest in Guayaquil.

Tag des Kolumbus/Día de la Raza 12. Oktober

Allerheiligen 1. November

Allerseelen 2. November. Auf Friedhöfen werden Blumen niedergelegt.

Unabhängigkeitstag von Cuenca 3. November. Bildet zusammen mit den Allerheiligen (1. Nov.) und Allerseelen (2. Nov.) das wichtigste Fest des Jahres in Cuenca.

Heiligabend 24. Dezember

1. Weihnachtsfeiertag 25. Dezember

Infos zu Festen und Events im ganzen Land gibt's auf S. 21.

Öffnungszeiten

In den Übersichten sind die jeweiligen Öffnungszeiten angegeben, wenn sie von den folgenden üblichen Geschäftszeiten abweichen.

BRANCHE	ÖFFNUNGSZEITEN
Restaurants	Mo–Sa 10.30–23 Uhr
Bars	So-Do 18–24, Fr & Sa bis 2 Uhr
Geschäfte	Mo-Fr 9–19, Sa 9–12 Uhr
Banken	Mo–Fr 8–14 od. 8–16 Uhr
Postämter	Mo–Fr 8–18, Sa 8–13 Uhr
Callcenter	tgl. 8–22 Uhr

Post

Ecuadors Post ist zuverlässig. Ein Brief oder ein Paket braucht etwa eine bis zwei Wochen bis zum Ziel. Kurierdienste wie FedEx, DHL und UPS gibt es in größeren Ortschaften, sie sind aber teuer.

Rechtsfragen

In Ecuador sind die Strafen für den Besitz selbst kleiner Mengen Drogen viel härter als in Europa. Die Beschuldigten verbringen oft Monate hinter Gittern, bevor sie vor Gericht gestellt werden, und wenn sie verurteilt werden (was meistens der Fall ist), erwartet sie eine mehrjährige Gefängnisstrafe.

Autofahrer sollten Pass und Führerschein dabeihaben. Im Falle eines Unfalls – außer es handelt sich nur um Bagatellschäden – müssen die Fahrzeuge an Ort und Stelle stehenbleiben, bis die Polizei eintrifft und einen Unfallbericht aufnimmt. Das ist auch für eventuelle Versicherungsansprüche unbedingt notwendig. Gibt es bei dem Unfall Verletzte, man selbst ist aber unverletzt, sollte man das Opfer in ein Krankenhaus fahren, insbesondere wenn es sich um einen Fußgänger handelt. Als Autofahrer wird man für die Verletzungen eines Fußgängers haftbar gemacht, auch wenn man den Unfall nicht verursacht hat, und wer nicht bezahlt, landet schnell im Gefängnis. Also: vorsichtig fahren!

Volljährigkeit

Stimmabgabe bei Wahlen: ab 16

Konsum von Alkohol: ab 18

Steuern eines Fahrzeugs: ab 18

Reisen mit Behinderung

Leider gibt es in Ecuador so gut wie keine Infrastruktur für behinderte Traveller. Rollstuhlrampen sind nur spärlich vorhanden, und die Bürgersteige sind häufig übersät mit furchtbaren Schlaglöchern und Rissen. Die Badezimmer und Toiletten sind oft zu klein für Rollstühle. Beschilderungen in Blindenschrift oder Telefone für Hörgeschädigte gibt es praktisch gar nicht.

Trotzdem kommen behinderte Ecuadorianer irgendwie zurecht – meistens mithilfe von anderen. Man sieht ab und zu behinderte Traveller, die beispielsweise in einen Bus gehoben werden. Gesetzlich ist eigentlich vorgeschrieben, dass Behinderte kostenlos in Bussen befördert werden. Die Stadtbusse, die immer überfüllt sind, tun das sicher nicht, aber Fernbusse halten sich manchmal daran. Reisende mit Behinderung erhalten 50 % Ermäßigung bei Inlandsflügen.

In Sachen Unterkunft findet man wirklich rollstuhlgerechte Zimmer eigentlich nur in den internationalen Kettenhotels in Quito und Guayaquil.

Schwule & Lesben

Gleichgeschlechtliche Paare sollten in Ecuador in der Öffentlichkeit keine Zärtlichkeiten austauschen. In der neuen Verfassung von 2008 wurden gleichgeschlechtliche Partnerschaften für legitim erklärt. Für die meisten Ecuadorianer sind aber die Schwulenrechte in politischer Hinsicht noch immer kein Thema. Bis 1998 war Homosexualität verboten, und es herrschen noch immer viele Vorurteile.

Es gibt in Ecuador mehrere Feste mit Umzügen, bei denen Männer als Frauen verkleidet sind. Das ist eher spaßig gemeint und bedeutet nicht, dass alternative sexuelle Orientierungen akzeptiert werden. Aber immerhin ist so eine kulturelle Situation gegeben, in der die Leute sich offener geben können, ohne anzuecken.

Nützliche Websites & Organisationen

Gay Ecuador (www.gayecuador.com)

Gay Guide to Quito (http://quito.queercity.info)

FEDAEPS (☎02-290-4242; www.fedaeps.org; Av La Coruñ N28 nahe Bello Horizonte, Quito) Gemeindezentrum für Lesben, Schwule, Bi- und Transsexuelle. Macht sich auch als AIDS-Hilfsorganisation verdient.

Zenith Travel (☎02-252-9993; www.galapagosgay.com; Ecke Juan Leon Mera N24-264 & Luis Cordero, Quito) Touren für Schwule und Lesben.

Sprachkurse

Ecuador ist super, um Spanisch zu lernen. Das hiesige Spanisch zeichnet sich durch eine deutliche Artikulation aus und ist ansonsten dem mexikanischen und mittelamerikanischen Spanisch ähnlich. Sprachkurse sind hier preiswert. Quito (S. 61) und Cuenca (S. 184) sind die besten Orte, weil es hier viele Sprachschulen gibt. Für eine Privatstunde zahlt man etwa 6 bis 10 US$. Es kann auch die Unterbringung bei Gastfamilien arrangiert werden. Wer lieber in eine Kleinstadt will, findet in Baños (S. 155) und Otavalo (S. 101) sicher auch eine Sprachschule.

Strom

120V/127V/60Hz

120V/127V/60Hz

Telefon

Infos zu landesweit wichtigen Telefonnummern gibt's auf S. 17. Wer kein Handy hat, findet in den größeren Städten Telefonzentren (*Centro de llamada*), aber meistens kann man in Internetcafés günstiger ins Ausland telefonieren. Viele Internetcafés haben Computer mit Skype, viele auch separate Telefonzellen, die über das Internet Verbindungen mit dem Telefonnetz aufbauen (ein Anruf ins Ausland kostet ab 0,10 US$/Min.).

In Ecuador gibt es auch öffentliche Telefone – einige funktionieren mit Telefonkarten (praktischerweise sind diese bei Zeitungshändlern erhältlich), andere nur mit Münzen. Sämtliche Hotels – bis auf die einfachsten – gestatten ihren Gästen, Ortsgespräche zu führen.

Achtung: Hotels, in denen man Auslandsgespräche führen kann, berechnen allerdings oft horrende Gebühren!

Alle ecuadorianischen Telefonnummern sind siebenstellig; die erste Zahl ist – mit Ausnahme von Handynummern – immer die „2". Wenn man also einmal eine sechsstellige Nummer bekommt (das passiert manchmal), einfach die „2" vorwählen.

Handys & Die ecuadorianischen Telefonetze

Ecuadorianische Handynummern beginnen immer mit der ☎09 oder 08. Wer sein eigenes Handy mitbringen will, sollte wissen, dass GSM-Handys mit 850 MHz (GSM 850) mit den Handynetzen Claro und Movistar kompatibel sind. Alegro nutzt 1900 MHz (GSM 1900). Am billigsten ist es, wenn man sich bei einem der oben genannten Netzbetreiber eine SIM-Karte („Chip" genannt, 5–7 US$) kauft. Um das Handy aufzuladen, kauft man sich eine Prepaidkarte (*tarjeta prepago*) des entsprechenden Betreibers, die man in Gemischtwarenläden, Supermärkten und Apotheken bekommt.

Vorwahlen

Die zweistelligen Ortsvorwahlen beginnen überall in Ecuador mit einer „0". In diesem Reiseführer sind sie jeweils am Anfang der Kapitel unterhalb der Überschrift zu finden. Die Ortsvorwahl fällt bei Ortsgesprächen weg, es sei denn natürlich, man telefoniert von einem Handy aus.

Die Landesvorwahl Ecuadors lautet ☎593. Um vom Ausland eine Nummer in Ecuador anzurufen, wählt man zunächst die internationale Vorwahl (00), dann die Landesvorwahl Ecuadors, gefolgt von der Ortsvorwahl *ohne* die „0" und der siebenstelligen Telefonnummer.

Toiletten

Wie überall in Südamerika ist der Wasserdruck der sanitären Anlagen auch in Ecuador sehr niedrig. Deshalb darf man auch keinesfalls Toilettenpapier in die Schüssel werfen – höchstens vielleicht in den Luxushotels. Das gebrauchte Toilettenpapier immer in den Abfalleimern entsorgen (das ist um Längen besser als eine verstopfte und überlaufende Toilette). Ein gutes Budgethotel erkennt man auch daran, dass täglich die Eimer geleert und die Toiletten gereinigt werden.

Öffentliche Toiletten gibt es nur an Busbahnhöfen, Flughäfen und in Restaurants. WCs heißen hier *Servicios higiénicos* und sind in der Regel mit einem „SS.HH" gekennzeichnet. Man kann in einem Restaurant auch einfach nach dem *baño* (Bad) fragen. Toilettenpapier ist nur selten vorhanden; erfahrene Traveller haben deshalb immer ihr eigenes Klopapier dabei. Achtung: Das „M" an der Tür bedeutet *mujeres* (Frauen), nicht „Männer"! Die Männertoilette ist mit dem „H" für *hombres* (Männer) oder mit einem „C" für *caballeros* (Herren) gekennzeichnet.

Touristeninformation

Das System der staatlich geführten Touristeninformationen in Ecuador ist bisher noch nicht sonderlich ausgereift, wird aber besser. Die Touristeninformationen in Quito und Cuenca sind exzellent.

Das staatliche **Ministerio de Turismo** (http://ecuador.travel) ist verantwortlich für die Touristeninformationen auf Landesebene. Viele Ortschaften haben eine Art städtische oder kantonale Touristeninformation. Die Qualität der Informationen, die man hier bekommt, hängt leider gänzlich vom Engagement der Person hinter dem Schalter ab. Meistens können aber die Angestellten den Großteil der Fragen zufriedenstellend beantworten.

Eine ausgezeichnete Infoquelle, vor allem wenn man gerade erst in Ecuador angekommen ist, ist **South American Explorers** (SAE; ☎02-222-5228; www.saexplorers.org; Ecke Jorge Washington 311 & Leonidas Plaza Gutiérrez, Quito; ⏲Mo–Fr 9.30–17, Sa bis 12 Uhr; @📶). Die von ihren Mitgliedern unterstützte gemeinnützige Organisation betreibt Clubhäuser in Quito, in Lima (Peru) und Cusco sowie in Buenos Aires und hat ihr Hauptbüro in Ithaca, New York. Die Clubhäuser fungieren als Infozentren für Traveller, Abenteurer, Forscher usw. und bieten eine Menge Tipps für Reisen in Lateinamerika.

Die jährliche Mitgliedschaft bei SAE kostet 60/90 US$ pro Person/Paar. Dafür kann man alle Clubhäuser nutzen und erhält das vierteljährlich erscheinende Informationsblatt *South American Explorer*. Das Clubhaus in Quito hat eine Leihbibliothek, Karten, Reiseberichte von anderen Travellern, eine Gepäckaufbewahrung, Lese- und Fernsehzimmer, aktuelle Hinweise zu Reisebedingungen, Infos zu Freiwilligenjobs, ein Schwarzes Brett, regelmäßige Präsentationen und Ausflüge u. v. m.

Unterkunft

In Ecuador gibt es Unterkünfte vielerlei Art – von schlichten Holzschuppen in den Mangroven, erstklassigen Urwald-Lodges im Amazonasgebiet, hübschen Haziendas in den Anden und travellerfreundlichen Hostels bis hin zu hübschen, familienbetriebenen Pensionen im ganzen Land.

Fast in jedem Ort, ungeachtet seiner Größe, gibt es ein Hotel. Allerdings muss man außerhalb der größten Touristenziele manchmal auch durchgelegene Betten, schlechte Duschen, laute Nachbarn und ähnliche Unannehmlichkeiten in Kauf nehmen – aber das gehört eben auch zu einem echten Äquator-Erlebnis dazu.

Die meisten Hotelzimmer verfügen über ein eigenes Bad. Das gilt auch für die in diesem Reiseführer aufgelisteten Hotels, solange nicht ausdrücklich auf Gemeinschaftsbäder hingewiesen wird. Warmwasser ist am seltensten an der Küste und im Oriente zu bekommen, wo einen die Leute schon mal für verrückt halten, wenn man das haben will. Im Hochland hingegen steht meistens warmes Wasser zur Verfügung, sofern nichts anderes angegeben ist.

Eigentlich sollte es kein Problem sein, einfach irgendwohin zu fahren und ein Bett für die Nacht zu finden – außer während großer Fiestas oder am Abend vor dem Markttag.

B&Bs

B&Bs sind ein altbewährtes Konzept in Ecuador und besonders beliebt in touristischen Orten wie Quito, Baños, Cuenca und Otavalo. Auf dem Land gibt es kaum einen Unterschied zwischen B&Bs und *hosterías*.

Camping

Campen kann man auf dem Gelände mancher Landgasthöfe, auf dem Land und in den meisten Nationalparks. In Städten gibt es keine Campingplätze. *Refugios* (Berghütten) wurden an einigen großen Bergen in manchen Nationalparks eingerichtet – Schlafsack mitbringen!

Gastfamilien (Homestays)

Die spanischen Sprachschulen arrangieren auf Wunsch Homestays. So können Traveller bei einer ortsansässigen Familie übernachten, mit ihr am Esstisch sitzen und sich austauschen. Homestays werden vor allem in Quito und Cuenca angeboten, sind anderswo aber schwer zu finden.

In manchen ländlichen Gemeinden, in denen es keine Hotels gibt, kann man herumfragen, und oft findet man eine Familie, bei der man übernachten darf. Das passiert aber nur in den abgelegensten Orten, und man sollte immer eine Bezahlung anbieten (auch wenn sie vielleicht nicht angenommen wird).

Haziendas & Hosterías

Im ecuadorianischen Hochland gibt es ein paar faszinierende Haziendas (renovierte historische Farmen, die Touristen aufnehmen). Sie fallen in der Regel in die höhere Preisklasse. Dafür sind im Preis aber oft auch das hausgemachte Essen und Aktivitäten wie Reiten oder Angeln enthalten. Die bekanntesten Haziendas befinden sich im nördlichen und im zentralen Hochland.

Hosterías sind ähnlich, aber oft kleiner und intimer. Ihre Preise verstehen sich in der Regel mit Vollpension (VP) und/oder Aktivitäten.

Hostels

In Ecuador gibt es nur ein sehr dünnes Netz von Hostels, aber in Quito gibt's viele. In den billigsten Hostels bekommt man für 6 US$ pro Person ein Bett im Schlafsaal. Die Auswahl reicht von verwohnten, dunklen und heruntergekommenen Absteigen bis hin zu heiteren Traveller-Enklaven.

Hotels

Budgethotels nehmen 10 bis 15 US$ pro Person. Sie können schlicht (nur mit Bett und vier kahlen Wänden), aber trotzdem gepflegt, sehr sauber und preisgünstig sein. Die billigsten Hotels haben Gemeinschaftsbäder, aber oft findet man fast zum gleichen Preis auch Zimmer mit eigenem Bad.

In Mittelklassehotels zahlt man für ein Doppelzimmer 30 bis 80 US$. In der Regel bieten sie etwas mehr Charme und Komfort wie Kabel-TV, vernünftige Warmwasserversorgung und bessere Lage.

Spitzenklassehotels gibt es nur in den größeren Städten. Sie bieten prinzipiell

UNTERKÜNFTE ONLINE BUCHEN

Weitere Unterkunftsbewertungen von Lonely Planet Autoren gibt's unter http://hotels.lonelyplanet.com/thailand. Dort findet man unabhängig recherchierte Infos und Empfehlungen zu den besten Adressen. Zudem kann online gebucht werden.

PREISKLASSEN VON UNTERKÜNFTEN

Die folgenden Preisklassen beziehen sich auf ein Doppelzimmer in der Hauptsaison. Normalerweise haben die Zimmer ein eigenes Bad (Ausnahmen sind vermerkt).

$	unter 30 US$
$$	30–80 US$
$$$	über 80 US$

etwas mehr Luxus – große oder schmucke Zimmer, tolle Aussicht, erstklassigen Service usw.

Aber gleichgültig, wo man absteigt: Vorher sollte man sich das Zimmer zeigen lassen.

Lodges

Öko- und Urwald-Lodges bieten eine fantastische Möglichkeit, Ecuadors Natur zu entdecken. Besonders beliebt sind Lodges im Oriente und in den Nebelwäldern der westlichen Andenhänge. Die Lodges im Oriente sind prinzipiell nur im Rahmen von drei- bis fünftägigen Touren buchbar, bei denen normalerweise auch Essen und Aktivitäten im Preis enthalten sind. Das Lodge-Personal kann auch den Weitertransport über den Fluss oder durch den Urwald arrangieren. Bis zur nächsten Stadt, in der man abgeholt werden kann, muss man eventuell aber selbst kommen.

Preise

Am höchsten sind die Preise für ein Zimmer in Ecuador zu Weihnachten und Silvester, während der Semana Santa (Osterwoche) und zwischen Juli und August sowie während der lokalen Feste. Die Hotels an der Küste verlangen am Wochenende manchmal höhere Preise (und locken sicher ein größeres Publikum an). Die Hotels müssen eine Mehrwertsteuer von 12 % (IVA genannt) nehmen; oft ist sie bereits im vom Hotel angegebenen Preis enthalten (dementsprechend gilt das auch für die in diesem Führer aufgeführten Preise). Bessere Hotels schlagen häufig eine zusätzliche Servicegebühr von 10 % drauf (vorher nachfragen, ob das der Fall ist!).

Die meisten Hotels berechnen den Preis pro Person.

Reservierungen

Die meisten Hotels nehmen Reservierungen auch ohne Kreditkartennummer an. Falls keine Vorauszahlung erfolgt ist, sollte man sich die Reservierung bestätigen lassen, wenn man später am Tag ankommt, damit das Zimmer nicht doch noch anderweitig vergeben wird. Teurere Hotels könnten auf Vorauszahlung bestehen.

Versicherung

Neben der Kranken- und der Autoversicherung (s. S. 422) sollte man auch eine Versicherung für Gepäck und Wertsachen wie Kameras und Camcorder abschließen. Versicherungspapiere getrennt aufbewahren – für den Fall, dass man sie braucht!

Weltweit geltende Reiseversicherungen gibt es auch unter www.lonelyplanet.com/travel_services. Hier kann man jederzeit online Policen abschließen, verlängern oder Ansprüche geltend machen – auch wenn man bereits unterwegs ist.

Visa

Die meisten Traveller, die als Touristen nach Ecuador einreisen, brauchen kein Visum. Dazu zählen auch Deutsche, Österreicher und Schweizer. Bei der Einreise erhält man eine 90 Tage gültige T-3-Aufenthaltskarte.

Traveller, die als Diplomaten, Studenten, Arbeiter, Missionare, Geschäftsleute, Freiwilligenarbeiter oder im Rahmen von Kulturaustauschprogrammen einreisen, benötigen ein Nichteinwanderungsvisum. Es gibt auch verschiedene Einwanderungsvisa.

Inhaber eines nicht-touristischen Visums müssen sich innerhalb von 30 Tagen nach Einreise in Ecuador bei der **Dirección General de Extranjería** (☎02-225-3082; Av Gaspar de Villaroel E10-288 nr 6 de Diciembre, Edificio Karina; ⌚Mo-Fr 8.30–16.30 Uhr) in Quito melden. Wenn Visumsinhaber aus- und wieder einreisen wollen, brauchen sie ein von der Jefatura Provincial de Migración ausgestelltes *Salida*-(Ausreise-)Formular für mehrfache Aus- und Wiedereinreisen. Visumsinhaber, die eine Aufenthaltserlaubnis beantragen, müssen sich vor der Ausreise von der Einwanderungsbehörde in Quito eine Ausreisegenehmigung ausstellen lassen.

Aufenthaltsverlängerungen

Aufgrund neuer Bestimmungen ist es aufwendig, eine Visumsverlängerung zu bekommen. Wenn man nicht gerade aus einem Land der Andengemeinschaft kommt, sind Touristenvisa nicht verlängerbar. Wer länger als 90 Tage bleiben will, muss ein 12-IX-Visum beantragen. Das kann man auch vor Ort tun; es ist aber zeitaufwendiger, als wenn man dieses Visum noch vor der Abreise im Heimatland beim ecuadorianischen Konsulat beantragt. Man muss die nötigen Unterlagen für ein 12-IX-Visum zusammenstellen und beim **Ministerio de Relaciones Exteriores** (☎02-299-3200; www.mmrree.gob.ec; Carrión

E1-76 & Av 10 de Agosto, Quito) eine Gebühr von 230 US$ bezahlen.

Achtung: Man sollte nicht warten, bis das Visum abgelaufen ist, um die Unterlagen zusammenzusammeln, denn für die Zeitüberschreitung werden happige Geldstrafen zwischen 200 und 2000 US$ fällig!

Zeit

Das ecuadorianische Festland hinkt der MEZ sechs Stunden hinterher, und die Galápagosinseln liegen sieben Stunden hinter der MEZ. Die Zeit auf dem Festland stimmt mit der Eastern Standard Time in Nordamerika überein. Wenn es in Quito 12 Uhr ist, dann ist es in Berlin, Wien und Bern 18 Uhr, in New York hingegen ist es ebenfalls 12 Uhr mittags. Weil Ecuador am Äquator liegt, sind die Tage und Nächte das ganze Jahr über gleich lang. Deshalb gibt es hier auch keine Sommerzeit.

Zoll

Bei der Einreise dürfen Traveller zollfrei je 1 l Alkohol und 300 Zigaretten einführen. Das Mitbringen von Dingen für den normalen Bedarf ist kein Problem.

Die Ausfuhr von präkolumbischen Artefakten und Produkten von gefährdeten Tierarten, u. a. von präparierten Schmetterlingen und Käfern, ist untersagt. Die meisten Länder gestatten deren Einfuhr ohnehin nicht.

Verkehrsmittel & -wege

AN- & WEITERREISE

Einreise

Die Einreise geht allgemein recht fix vonstatten: Vor allem an den Flughäfen fertigen einen die Grenzbeamten zügig ab. Bei Einreise auf dem Landweg lassen sie sich für die Passkontrolle eventuell etwas mehr Zeit (und wenn auch nur, um Letztere totzuschlagen ...). Offiziell müssen ein Rückflug- bzw. Anschlussticket und ausreichende Geldmittel vorhanden sein. Dies wird jedoch kaum überprüft. In der Regel reicht es, eine Kreditkarte oder 20 US$ für jeden Reisetag vorweisen zu können. Bei Quito-Flügen lassen einen internationale Airlines aber eventuell nur gegen Vorlage eines Rückflug- bzw. Anschlusstickets oder Aufenthaltsvisums an Bord – das mag zwar recht unwahrscheinlich sein, ist aber theoretisch möglich. Der Nachweis einer Schutzimpfung gegen Gelbfieber ist zwar nicht obligatorisch, wird aber dennoch manchmal von Travellern gefordert, die aus einem entsprechenden Risikogebiet nach Ecuador einreisen.

Geführte Touren, Flug- und Zugtickets lassen sich online unter www.lonelyplanet.com/bookings buchen.

Reisepass

Alle ausländischen Traveller benötigen einen Reisepass, der nach Ankunft noch mindestens sechs Monate lang gültig sein muss. Per Gesetz ist der Pass in Ecuador ständig mitzuführen. Viele Traveller haben beim Erkunden einer Stadt nur eine Kopie dabei, obwohl dies der Ausweispflicht offiziell nicht genügt. Visumdetails stehen auf S. 417.

Flugzeug

Flughäfen & Fluglinien

Rund 20 km östlich von Quito soll Ende 2013 ein neuer internationaler Flughafen eröffnet werden (aktuelle Details unter www.quiport.com).

Momentan hat Ecuador zwei internationale Luftkreuze: Den **Aeropuerto Mariscal Sucre** (IATA-Code UIO; ☎02-294-4900; www.quitoairport.com; Ecke Av Amazonas & Av de la Prensa) in Quito und den **Aeropuerto José Joaquín de Olmedo** (IATA-Code GYE; ☎04-216-9000; www.tagsa.aero; Av de las Américas s/n) in Guayaquil.

TAME (www.tame.com.ec) und **Aerogal** (www.aerogal.com.ec) sind die größten Fluglinien des Landes, bieten aber nur wenige weltweite Verbindungen an. Aerogal hat eine beeindruckend gute Sicherheitsstatistik. TAME kann diesbezüglich nicht ganz mithalten, modernisiert seine Flotte jedoch seit ein paar Jahren stetig.

Auf S. 423 gibt's weitere Details zu Inlandsflügen.

Die folgenden internationalen Gesellschaften bedienen Ecuador. Sofern nicht anderweitig vermerkt, gelten die angegebenen Telefonnummern für Büros in Quito.

Aeropostal Alas de Venezuela (IATA-Code VH; ☎02-226-4392; www.aeropostal.com; Drehscheibe: Caracas, Venezuela)

Air Europa (IATA-Code UX; ☎02-256-7646; www.aireuropa.com; Drehscheibe: Madrid, Spanien)

Air France (IATA-Code AF; ☎02-222-4818; www.airfrance.com; Drehscheibe: Paris, Frankreich)

American Airlines (IATA-Code AA; ☎02-299-5000; www.aa.com; Drehscheiben: Dallas, Texas & Chicago, Illinois, USA)

Avianca (IATA-Code AV; ☎02-330-1379; www.avianca.com; Drehscheibe: Bogotá, Kolumbien)

Continental Airlines (IATA-Code CO; ☎02-225-0905; www.continental.com; Drehscheiben: Houston, Texas & Newark, New York, USA)

Copa (IATA-Code CM; ☎02-227-3082; www.copaair.com; Drehscheibe: Panama City, Panama)

Iberia (IATA-Code IB; ☎02-256 6009; www.iberia.com; Drehscheibe: Madrid, Spanien)

KLM (IATA-Code KL; ☎02-396-6728; www.klm.com;

Drehscheibe: Amsterdam, Niederlande)

LAN Airlines (IATA-Code LA; ☎1800-10-1075; www.lanchile.com; Drehscheibe: Santiago, Chile)

Lufthansa (IATA-Code LH; ☎02-254-1300, 250-8396; www.lufthansa.com; Drehscheibe: Köln, Deutschland)

Santa Bárbara Airlines (IATA-Code S3; ☎380-0082; www.sbairlines.com; Drehscheibe: Caracas, Venezuela)

TACA (IATA-Code TA; ☎1800-00-8222; www.taca.com; Drehscheibe: San Salvador, El Salvador)

Flugtickets

Während der touristischen Hauptsaison (Mitte Juni–Anfang Sept., Dez.–Mitte Jan.) sind die Ticketpreise am höchsten. Unterstützung durch ein Reisebüro mit Spezialisierung auf Lateinamerikatrips ist immer von Vorteil.

Die Ausreisesteuer ist heute oft schon im Ticketpreis enthalten und muss dann nicht mehr direkt am Flughafen bezahlt werden (trotzdem rechtzeitig nachfragen!).

Auf dem Landweg

Auto & Motorrad

Die Einfuhr von Privatfahrzeugen nach Ecuador kann extrem nervig sein – je nach aktueller Laune der jeweiligen Grenzbeamten. Offiziell erforderlich sind hierzu ein Carnet de Passage en Douane (CPD) und ein international anerkanntes Dokument, das den vorübergehenden „Fahrzeugimport" nach Ecuador ohne Entrichtung einer Einfuhrsteuer erlaubt. Dieses Dokument gibt's bei Automobilclubs des Landes, in dem das Auto zugelassen ist – unbedingt rechtzeitig besorgen! Motorräder scheinen an der Grenze weniger Stress zu verursachen.

Bus

Bustrips von Kolumbien oder Peru nach Ecuador gehen zügig vonstatten. In der Regel durchquert man dabei einen der genannten Grenzübergänge zu Fuß und nimmt gleich jenseits davon einen anderen Bus. Einige internationale Busunternehmen bieten Fernstrecken-Direktverbindungen ab Großstädten wie Lima oder Bogotá an.

Grenzübergänge

Ecuador grenzt nur an Peru und Kolumbien. Die Ein- bzw. Ausreiseformalitäten gehen recht zügig vonstatten, wenn alle Papiere in Ordnung sind. Bei Ein- oder Ausreise auf dem Landweg müssen Touristen keine Steuern entrichten.

Wer seine Ausreisekarte (s. S. 417) verloren hat und Ecuador verlassen möchte, bekommt theoretisch gratis Ersatz an der Grenze – vorausgesetzt, der Stempel im Reisepass ist noch gültig. Sollten die Papiere nicht in Ordnung sein, kann zweierlei passieren: Bei Überschreiten der Aufenthaltsdauer muss man entweder ein deftiges Bußgeld bezahlen oder nach Quito zurückreisen. Auch Traveller ohne *entrada*- bzw. Einreisestempel werden zurückgeschickt.

KOLUMBIEN

Tulcán (S. 118) im nördlichen Hochland ist der wichtigste Grenzübergang nach Kolum-

REISEN & KLIMAWANDEL

Der Klimawandel stellt eine ernste Bedrohung für unsere Ökosysteme dar. Zu diesem Problem tragen Flugreisen immer stärker bei. Lonely Planet sieht im Reisen grundsätzlich einen Gewinn, ist sich aber der Tatsache bewusst, dass jeder seinen Teil dazu beitragen muss, die globale Erwärmung zu verringern.

Fast jede Art der motorisierten Fortbewegung erzeugt CO_2 (die Hauptursache für die globale Erwärmung), doch Flugzeuge sind mit Abstand die schlimmsten Klimakiller – nicht nur wegen der großen Entfernungen und der entsprechend großen CO_2-Mengen, sondern auch, weil sie diese Treibhausgase direkt in hohen Schichten der Atmosphäre freisetzen. Die Zahlen sind erschreckend: Zwei Personen, die von Europa in die USA und wieder zurück fliegen, erhöhen den Treibhauseffekt in demselben Maße wie ein durchschnittlicher Haushalt in einem ganzen Jahr.

Die englische Website www.climatecare.org und die deutsche Internetseite www.atmosfair.de bieten sogenannte CO_2-Rechner. Damit kann jeder ermitteln, wie viele Treibhausgase seine Reise produziert. Das Programm errechnet den zum Ausgleich erforderlichen Betrag, mit dem der Reisende nachhaltige Projekte zur Reduzierung der globalen Erwärmung unterstützen kann, beispielsweise Projekte in Indien, Honduras, Kasachstan und Uganda.

Lonely Planet unterstützt gemeinsam mit Rough Guides und anderen Partnern aus der Reisebranche das CO_2-Ausgleichs-Programm von climatecare.org. Alle Reisen von Mitarbeitern und Autoren von Lonely Planet werden ausgeglichen. Weitere Informationen gibt's auf www.lonelyplanet.com.

bien und momentan auch die einzige sichere Option für die Einreise in dieses Land. Schmuggel und bewaffnete Konflikte in Kolumbien machen den Übergang nördlich von Lago Agrio (S. 219) im Oriente aktuell sehr gefährlich.

PERU

Ecuador und Peru teilen sich drei Hauptgrenzübergänge:

Huaquillas (S. 322) Der sehr geschäftige Übergang südlich von Machala verzeichnet den stärksten Grenzverkehr zwischen den beiden Ländern. Achtung, unbedingt immer wachsam sein: Manche Traveller wurden hier schon von Taxifahrern ausgeraubt!

Macará (S. 210) Wird immer beliebter, da ruhiger als Huaquillas und mit einer herrlichen Anreise ab Loja (S. 196) im südlichen Hochland verbunden. Von Loja aus fahren Direktbusse über Macará nach Piura (Peru; 8 Std.). Sie warten an der Grenze, während man seine Formalitäten erledigt – völlig stressfrei!

La Balsa bei Zumba (S. 209) Dieser entlegene, interessante Übergang südlich von Vilcabamba (S. 205) ist nur wenig frequentiert. Vor der Weiterreise gen Zumba und Peru verbringen viele Traveller ein paar Tage in Vilcabamba.

Schiff/Fähre

Seit der Unterzeichnung des Friedensvertrags mit Peru (1998) kann man auf dem Río Napo (mündet bei Iquitos in den Amazonas) von Ecuador aus nach Peru hinunterschippern. Die Grenzformalitäten sind dabei minimal; allerdings verkehren Boote nur unregelmäßig auf dieser Route (Details s. S. 231). Rein geografisch ist es auch möglich, auf dem Río Putumayo nach Kolumbien und Peru hineinzureisen. Davon sollten Traveller aber unbedingt absehen: Drogenschmuggel und Terrorismus machen diese Region lebensgefährlich!

UNTERWEGS VOR ORT

Ecuador hat ein leistungsfähiges Verkehrsnetz. Die kleinen Dimensionen des Landes machen die meisten Ziele normalerweise recht einfach erreichbar.

Auto & Motorrad

Schlaglöcher, unübersichtliche Kurven und verrückt rasende Busse bzw. Lastwagen machen Auto- oder Motorradreisen durch Ecuador zu einer gewissen Herausforderung. Nun die gute Nachricht: Die nunmehr stark verbesserte Infrastruktur (u.a. neue Straßen und Brücken) erleichtert Selbstfahrern das Vorankommen inzwischen deutlich.

Automobilclubs

Der ecuadorianische Automobilverband **Aneta** (☎1800-556-677; www.aneta.org.ec) bietet einen Teil seiner Serviceleistungen auch Mitgliedern ausländischer Partnerorganisationen (z. B. ADAC) an. Aneta-Mitglieder erhalten Pannenhilfe rund um die Uhr. (

Benzin

Herkömmliches Benzin wird in Ecuador pro Gallone (3,78 l) verkauft und fällt in zwei Oktan-Kategorien: „Extra" (82 Oktan; ca. 1,50 US$/Gallone) und „Super" (92 Oktan; ca. 2 US$/Gallone). Achtung: Super ist im ländlichen Raum nicht immer erhältlich. Minderwertigen Diesel gibt's dagegen landesweit.

Führerschein

Ausländische Kraftfahrer haben grundsätzlich ihren nationalen Führerschein und ihren Reisepass mitzuführen. Eine internationale Fahrerlaubnis (International Driving Permit; IDP) ist zwar nicht offiziell vorgeschrieben, kann sich aber bei Autovermietern als praktisch erweisen.

Mieten

Weil man auch mit öffentlichen Verkehrsmitteln gut vorankommt, leihen sich nur wenige Ecuador-Traveller ein Fahrzeug aus. Vor Ort sind die meisten internationalen Autovermieter wie **Avis** (www.avis.com), **Budget** (www.budget.com), **Hertz** (www.hertz.com) oder **Localiza** (www.localiza.com.ec) vertreten. Außerhalb von Quito, Guayaquil oder Cuenca lassen sich Mietwagenfirmen aber nur schwer finden.

Kunden müssen mindestens 25 Jahre alt sein sowie eine Kreditkarte, einen gültigen Führerschein und einen Reisepass vorlegen können. Gelegentlich werden auch Interessenten zwischen 21 und 25 Jahren gegen Entrichtung einer höheren Kaution akzeptiert. Kleinwagen sind im Durchschnitt ab 40 US$ pro Tag zu haben. Allradfahrzeuge können dagegen über 100 US$ pro Tag kosten. Bei Trips durch entlegene Regionen erweist sich große Bodenfreiheit aber potenziell als Lebensretter. Unbedingt nachfragen, ob der Tarif *seguro* (Versicherung), *kilometraje libre* (unbegrenzte Fahrtkilometer) und IVA (Mehrwertsteuer) beinhaltet! Denn höchstwahrscheinlich tut er das nicht!

Motorräder lassen sich am besten in Quito mieten. **Freedom** (☎250-4339; www.freedombikerental.com; Mera N22-37; Leihmotorrad ab 39 US$/Tag) in der Region Mariscal verleiht neben Touren- oder Geländebikes mit Gangschaltung auch Motorroller und Fahrräder.

Auch in Baños (S. 151) gibt's ausleihbare Feuerstühle wie Enduros mit 250 ccm (pro Stunde/Tag ca. 10/40 US$). Biker, die ihre eigenen Maschinen mitbringen wollen, finden nützliche Infos unter www.horizonsunlimited.com.

Straßenzustand & Gefahren

Zu den Gefahren auf Ecuadors schlecht ausgeschilderten Straßen zählen Schlaglöcher, unübersichtliche Kurven und vor allem Bus- bzw. Lastwagenfahrer, die ihre Kollegen in scheinbar völlig aussichtslosen Verkehrssituationen überholen. Zudem muss man stets auf stehende Fahrzeuge, plötzliche Straßensperren und vereinzeltes Nutzvieh auf der Fahrbahn gefasst sein.

Versicherung

Die Versicherungsofferten von Autovermietern können je nach Firma eine hohe Selbstbeteiligung (1000–3500 US$) beinhalten – darum unbedingt immer sorgfältig das Kleingedruckte durchlesen! Selbst bei Schäden durch unverschuldete Unfälle wird höchstwahrscheinlich die Selbstbeteiligung fällig.

Bus

Was den Umfang und die Erschwinglichkeit betrifft, ist Ecuadors Busnetz, vorsichtig ausgedrückt, beeindruckend. Als Hauptverkehrsmittel der meisten Einheimischen bringen einen Busse fast überall hin. Bustrips können aufregend, beengt, bequem, übelriechend, spaßig, angsteinflößend, gesellig oder anstrengend sein – je nach eigener Wahrnehmung, Ziel und Chauffeur.

Um es unverblümt zu sagen: Viele ecuadorianische Busfahrer sind Verrückte, die in unübersichtlichen Kurven überholen, ihre Pneumatikbremsen bis zum Qualmen quälen, bergabwärts Gas geben und sich zum Spaß ein Rennen mit Kollegen liefern.

Die meisten Großstädte haben einen Hauptbusbahnhof *(terminal terrestre)*. In einigen kleineren Ortschaften gibt's stattdessen mehrere Terminals von Privatfirmen. In diesem Fall muss man den richtigen Abfahrtspunkt zum jeweiligen Ziel herausfinden. Busbahnhöfe sind meist per pedes oder kurzer Taxifahrt ab dem Stadtzentrum erreichbar. Kleinere Städte werden gelegentlich von vorbeifahrenden Bussen bedient. Deren Passagiere müssen dann vom Highway zum Zentrum laufen – normalerweise aber nur ein kurzes Stück, da nur die kleinsten Nester keine Haltestellen haben.

Wer mit leichtem Gepäck reist, sollte dieses mit an Bord nehmen. Da manche Gepäckräume schmutzig oder undicht sind, empfiehlt sich bei deren Benutzung eine Schutzhülle. Wenn es garantiert nicht regnet, ist Letztere aber unnötig. Viele Einheimische verwenden leere Getreidesäcke als Taschen. Solche Säcke sind für ein paar Cent bei Gemischtwarenläden oder auf Märkten erhältlich und eignen sich gut als Gepäckschutz.

Buspassagiere bezahlen durchschnittlich 1 US$ pro Fahrtstunde. Unbedingt immer den Reisepass griffbereit haben: Vor allem in der Oriente werden Busse mitunter zwecks Insassenkontrolle angehalten!

Fernbusse

Zu den entsprechenden Zeiten halten Fernbusse in der Regel für 20-minütige Imbisspausen. Wegen der teils etwas einfachen Kost in Busbahnhofsrestaurants sollten wählerische Traveller am besten eigenen Proviant dabeihaben.

Voll besetzte Busse in entlegenen Gegenden lassen weitere Passagiere auf dem Dach mitreisen. Dies kann einem viel Spaß und eine tolle Aussicht bei minimalem Komfort bescheren, ist aber nicht ganz ungefährlich: Unbedingt immer auf nahende Hindernisse achten!

Klassen

Busklassen stehen kaum zur Auswahl – was gerade verfügbar ist, wird eben genommen. Die meisten *autobuses* (Busse) sind Passagierbusse und unterscheiden sich von z. B. Schulbussen. Bordtoiletten gibt's so gut wie nie, sofern die Reisezeit nicht über ca. vier Stunden liegt. Klimaanlage und Bordtoilette bieten nur ganz wenige Fernbusse zwischen Großstädten.

Reservierungen & Fahrpläne

Die Fahrpläne der meisten Busfirmen ändern sich oft und sind daher nicht immer verlässlich. Bereits voll besetzte Busse starten eventuell früher. Andererseits rollen fast leere Fahrzeuge mitunter eine halbe Stunde lang willkürlich durch die Gegend *(dando vueltas)*, während der Assistent des Chauffeurs laut zur Tür hinausschreit, um weitere Passagiere anzulocken.

An vielen größeren Busbahnhöfen liefern Infostände aktuelle Details zu Routen, Preisen und Abfahrtszeiten.

Tickets für Trips über vier Stunden lassen sich normalerweise schon ein paar Tage vor dem Start am Busbahnhof kaufen. Außer am Wochenende oder zur Ferienzeit bekommt man Fahrkarten in der Regel problemlos. Es schadet aber nie, schon am Vortag zuzuschlagen oder eine bis zwei Stunden vor Abfahrt zu erscheinen.

Fahrrad

Steile Anstiege in großen Höhen erschweren das Radfahren in den Anden. Weitere Herausforderungen sind die kaum vorhandenen Verkehrsregeln, die nicht existenten Radwege und der teils üble Straßenzustand. Nichtsdestotrotz verbessert sich die landesweite Infrastruktur momentan sehr schnell. Mountainbikes sind wärmstens zu empfehlen, da normale Straßenmodelle mit dem Geholper nicht fertig werden.

Außerhalb von Quito sind Fahrradfachgeschäfte leider rar. Die wenigen vorhandenen Läden haben normalerweise auch nur eine sehr begrenzte Auswahl. Deshalb sollte man alle wichtigen Ersatzteile und Werkzeuge unbedingt schon von zu Hause mitbringen. Auf S. 33 finden sich Informationen zu Mountainbiker-Zielen in Ecuador. Die besten MTB-Tourveranstalter des Landes sind in Quito (S. 65) und Riobamba (S. 167) ansässig.

Mieten

Interessenten können Drahtesel am problemlosesten in Quito, Riobamba, Cuenca oder Baños ausleihen – größtenteils sind die dann aber nur für kurze Touren geeignet.

Flugzeug

Inlandsfluglinien

TAME ist Ecuadors größte Inlandsfluglinie – gefolgt von Aerogal und ein paar kleinen Regionalgesellschaften. TAME verkehrt zudem zweimal wöchentlich zwischen Guayaquil und Manaus (Brasilien), fliegt täglich von Tulcán nach Cali (Kolumbien) und hatte zum Recherchezeitpunkt auch tägliche Flüge auf der Route Lima (Peru)–Guayaquil geplant. Aerogal bedient Bogotá (Kolumbien) ab Quito und Guayaquil. Obendrein verbindet die Gesellschaft Quito mit Medellín und Miami. Die Sicherheitsstatistiken aller ecuadorianischen Fluglinien entsprechen größtenteils dem internationalen Durchschnitt. Allerdings verzeichnet TAME mehr Zwischenfälle als Aerogal.

Bis auf Verbindungen zu den Galápagosinseln sind Inlandsflüge allgemein recht günstig: Die einfache Strecke kostet kaum mehr als 90 US$. Alle Festlandsflüge dauern nicht mal eine Stunde und sind vor allem wegen der unglaublichen Aussicht auf die Anden toll.

Zu den meisten Inlandszielen geht's ausschließlich ab Quito oder Guayaquil. Die entsprechenden Stadtkapitel liefern detaillierte Fluginfos. Die folgenden Gesellschaften werden jeweils inklusive Reservierungs-Hotline in Quito genannt.

Aerogal (☎1800-237-6425; www.aerogal.com.ec) Bedient Quito, Guayaquil, Cuenca, Isla Baltra (Galápagos), Isla

Inlandsflüge

San Cristóbal (Galápagos), Manta, Bogotá (Kolumbien), Medellín (Kolumbien) und Miami (USA).

Emetebe (☎09-932-2907; www.emetebe.com) Verkehrt von Galápagos aus zwischen den Islas Baltra, San Cristóbal und Isabela; fliegt auch ab Quito nach Baltra und San Cristóbal (jeweils über Guayaquil).

LAN (☎02-330-1484; www.lan.com) Verbindet Quito mit Cuenca, Guayaquil und Galápagos (San Cristóbal & Isla Baltra; jeweils über Guayaquil).

Saero (☎02-330-1152; www.saereo.com) Steuert Ziele im Süden (inkl. Macas & Santa Rosa bei Machalá) ab Quito und/oder Guayaquil an.

TAME (☎02-396-6300; www.tame.com.ec) Startet gen Coca, Cuenca, Esmeraldas, Isla Baltra (Galápagos), Isla San Cristóbal (Galápagos), Guayaquil, Lago Agrio, Loja, Macas, Manta, Portoviejo, Quito, Tulcán, Cali (Kolumbien) und Manaus (Brasilien).

Geführte Touren

Traveller mit wenig Zeit buchen geführte Touren am besten in Quito. Zahllose Veranstalter aller Preisklassen organisieren dort z. B. Kreuzfahrten zu den Galápagosinseln, Klettertrips, Wanderungen, Wanderritte, Urwaldabenteuer, MTB-Ausfahrten oder Exkursionen zu Haziendas.

Der Preis hängt dabei extrem von den eigenen Ansprüchen ab. Die günstigsten Urwaldtrips mit Camping gibt's teilweise schon für 40 US$ pro Person und Tag. Die teuersten Lodges verlangen dagegen bis zu 200 US$ pro Nase und Übernachtung (inkl. Vollpension & geführter Touren). Zwei Tage Vulkanklettern schlägt mit ca. 160 US$ pro Person zu Buche. Bei Kreuzfahrten zu den Galápagosinseln liegt der Wochentarif zwischen 800 und über 3000 US$ (zzgl. Flugtickets, Steuern & Eintrittsgebühren). Tagesausflüge ab Quito kosten 25 bis 80 US$ pro Teilnehmer.

Lastwagen (Ranchera & Chiva)

In entlegenen Gebieten fungieren Lastwagen oft als Busse. Manchmal kommen dabei große Pritschenfahrzeuge mit Blechdach, offenen Holzwänden und unbequemen Sitzbänken aus Holzplanken zum Einsatz. Diese seltsamen „Busse" alias *rancheras* oder *chivas* sind an der Küste und im Oriente unterwegs.

In abgeschiedenen Hochlandecken werden *camionetas* (normale LKWs oder Pick-ups) zum Personentransport benutzt – einfach hinten draufsteigen! Bei gutem Wetter hat man dann eine herrliche Aussicht und kriegt eine sensationelle Gesichtserfrischung durch den Andenwind gratis. Ist das Wetter schlecht, kauert man sich zusammen mit den anderen Passagieren unter eine Abdeckplane.

Der Fahrtpreis wird normalerweise vom Chauffeur festgelegt und ist ein entfernungsabhängiger Standardtarif. Am besten fragt man möglichst vorher bei anderen Passagieren nach, wie viel diese bezahlen. Meist entsprechen sich Lastwagen- und Buspreise in etwa.

Nahverkehr

Bus

Ecuadorianische Lokalbusse sind in der Regel langsam und überfüllt, die Fahrten aber erschwinglich. Busse bringen einen für 0,20 bis 0,25 US$ durch die meisten Städte und bedienen häufig auch nahe gelegene Dörfer. Mit Lokalbussen kann man eine Gegend daher oft gut und günstig erkunden.

Außerhalb Quitos sind feste Bushaltestellen so gut wie nicht vorhanden. Die Busse stoppen oder werden zumindest langsamer, wenn Mitfahrwillige das durch Winken an der Straße signalisieren. Wer aus einem Lokalbus aussteigen möchte, ruft einfach *¡Baja!* („herunter!"). Der Ruf *¡Gracias!* („Dankeschön!") ist eine weitere beliebte und obendrein unverkennbar höfliche Methode, den Fahrer zum Anhalten zu bewegen.

Pick-up

Vor allem in ländlichen Gebieten mit vielen unbefestigten Pisten fungieren mancherorts Pick-ups als Taxis. Von bestimmten Ortschaften aus sind Nationalparks, Bergsteigerhütten oder Weganfänge oft am besten per Miet-Pick-up erreichbar. So eine Fahrt lässt sich normalerweise ganz einfach durch Herumfragen am Startpunkt arrangieren.

Taxi

Ecuadorianische Taxis sind verschieden groß und unterschiedlich geartet, aber allesamt gelb. Sie haben meist ein beleuchtetes Taxischild auf dem Dach oder einen entsprechenden Aufkleber an der Windschutzscheibe.

Um nicht abgezockt zu werden, sollte man den Fahrpreis stets im Voraus aushandeln. Taxameter sind nur in Quito obligatorisch und anderswo kaum vorhanden. Lange Trips in Großstädten wie Quito oder Guayaquil sollten maximal 5 US$ kosten. Fast überall liegt der Mindesttarif bei 1 US$. In Quito hat man diesen Betrag auch zu bezahlen, wenn der Gebührenzähler nur 0,80 US$ anzeigt. Am Wochenende und bei Dunkelheit sind die Taxipreise immer 25 bis 50 % höher.

Ein Taxi lässt sich für 40 bis 60 US$ pro Tag mieten. Eine mehrtägige Mietdauer entspricht dem Preis eines Leihautos. Dann muss man zwar nicht selbst steuern, aber für Essen und Unterkunft des Chauffeurs aufkommen. Einige Tourveranstalter in Quito verleihen Geländewagen mit erfahrenen Fahrern.

In ländlicheren Ecken sind auch *ecotaxis* (Fahrradrikschas bzw. dreirädrige Drahtesel mit kleinem, überdachtem Zweipersonenabteil) und *taxis ecológicos* (Motorradrikschas mit Zweipersonenabteil) unterwegs.

Schiff/Fähre

Ecuadors zahlreiche Wasserfahrzeuge fallen in verschiedene Kategorien:

Kanu

Am häufigsten sieht man hier Kanus mit Außenbordmotor, die auf den großen Oriente-Flüssen (vor allem auf dem Río Napo) und an Teilen der Nordküste als Wassertaxis bzw. -busse dienen. Die meisten Traveller erleben diese ungewöhnliche Transportart im Rahmen einer Amazonastour, da Lodges im Regenwald oft nur mit motorisierten Kanus erreichbar sind.

Die meist langen und unkomfortablen Boote transportieren oft bis zu 36 Passagiere, die in der Regel jeweils zu zweit nebeneinander auf harten, niedrigen Holzbänken sitzen. Wichtigster Tipp: *Unbedingt eine Art Sitzpolster (zusammengelegter Pullover, Handtuchstapel etc.) mitbringen!* Das sorgt unterwegs für deutlich mehr Bequemlichkeit.

Andere Wasserfahrzeuge

Rund um den Galápagosarchipel reicht das Schiffsspektrum von kleinen Segelbooten bis hin zu Kreuzfahrtpötten mit eigenen Bädern in klimatisierten Kabinen. Die unregelmäßig verkehrenden Inselfähren (S. 378) sind die günstigsten Transportmittel zwischen den einzelnen Eilanden. Sie spielen aber nur eine Rolle, wenn man die Inseln auf eigene Faust und nicht im Rahmen einer Tour erkundet.

Zusätzlich zu den Einbaumkanus des Oriente schippert ein einziges relativ luxuriöses Kreuzfahrtschiff namens *Amazon Manatee Explorer* den Río Napo hinunter (s. S. 66).

Trampen

Trampen ist nirgendwo auf der Welt völlig ungefährlich und daher grundsätzlich nicht zu empfehlen. Wer dennoch den Daumen ausstreckt, sollte sich des kleinen, aber potenziell hohen Risikos bewusst sein. Tramper erhöhen ihre eigene Sicherheit, wenn sie mindestens zu zweit losziehen und Dritte über ihr jeweiliges Ziel informieren.

Drei Gründe machen Anhalterreisen durch Ecuador kaum praktikabel: Erstens gibt's hier nur wenige Privatfahrzeuge. Zweitens sind die öffentlichen Verkehrsmittel recht günstig. Und drittens wickeln Lastwagen in entlegenen Regionen den Nahverkehr ab. Der Versuch des Gratis-Trampens per Lkw entspricht daher der Idee, kostenlos mit einem Bus mitzufahren. Viele Chauffeure *aller* Fahrzeugtypen nehmen einen durchaus mit, verlangen dafür aber eine (normalerweise geringe) Entlohnung.

Zug

Ecuadors Gleisnetz wird nun endlich wiederhergestellt. Momentan sind die Optionen für Zugreisen aber noch beschränkt. Am berühmtesten ist die spektakuläre Strecke, die von Alausí aus bergab an La Nariz del Diablo (Teufelsnase; s. Kasten S. 173) entlangführt. Dieses dramatische Stück Schienenstrang zählte einst zu den weltgrößten Wundern des Eisenbahnbaus. Fast genauso toll ist der Wochenendtrip von Quito zur Area Nacional de Recreación El Boliche bei Cotopaxi (s. S. 91), der sich bis hinunter nach Latacunga fortsetzen lässt. Die meisten Züge verkehren nur morgens (Do–Sa) und befördern vor allem Touristen.

Die Wiederherstellung des Gleisnetzes soll noch weiter fortgesetzt werden. So wird es eventuell eines Tages erneut möglich sein, wie im letzten Jahrhundert per Zug von Quito nach Guayaquil oder Cuenca zu reisen. Aktuelle Infos hierzu gibt's unter www.trenecuador.com.

Sprache

MEHR INFOS?

Noch besser kommt man mit dem Reise-Sprachführer *Spanisch* von Lonely Planet durchs Land.

Die Aussprache des lateinamerikanischen Spanisch ist einfach, da es die meisten Laute auch im Deutschen gibt. Außerdem wird alles ziemlich genau so ausgesprochen, wie es geschrieben wird – einfach an der Aussprachehilfe in blauer Schrift orientieren! Das v und das b spricht man wie ein weiches, angehauchtes „b" aus, das r wird gerollt.

In Südamerika gibt es viele Regiolekte, die sich im Sprachgebrauch z. T. deutlich voneinander unterscheiden. Auffällig ist die Aussprache der Laute *ll* und *y*. Je nachdem, wo man gerade ist, werden sie ausgesprochen wie das „j" in „ja", das „lli" in „Million", das „g" in „Hotelpage", das „sch" in „Schule" oder das „g" in „Gentleman". In unserer Aussprachehilfe haben wir sie mit dem Buchstaben j gekennzeichnet, denn in Ecuador entspricht ihre Aussprache dem „j" in „ja" (wie in vielen anderen Ländern Lateinamerikas auch).

Die betonten Silben werden im Spanischen durch einen Akzent kenntlich gemacht (z. B. in *días*), in der Aussprachehilfe haben wir sie durch Kursivierung hervorgehoben.

In diesem Kapitel wird im Allgemeinen die Höflichkeitsform verwendet, manchmal sind aber sowohl die „Sie"-Form (höfl.) als auch die „Du"-Form (fam.) aufgeführt. Wo es nötig war, wurden sowohl die männliche als auch die weibliche Form angegeben; das Maskulinum kommt zuerst, das Femininum nach dem Schrägstrich, z. B. *perdido/a* (m./f.).

KONVERSATION & NÜTZLICHES

Hallo.	*Hola.*	o·la
Auf Wiedersehen.	*Adiós.*	a·*dios*
Wie geht's?	*¿Qué tal?*	ke tal
Gut, danke.	*Bien, gracias.*	bien *gra*·sias
Entschuldigung.	*Perdón.*	per·*don*
Es tut mir leid.	*Lo siento.*	lo *sien*·to
Bitte.	*Por favor.*	por fa·*vor*
Danke.	*Gracias.*	*gra*·sias
Gern geschehen.	*De nada.*	de *na*·da
Ja.	*Sí.*	si
No.	*No.*	no

Ich heiße …
Me llamo … — me *ja*·mo …

Wie heißen Sie?
¿Cómo se llama Usted? — *ko*·mo se *ja*·ma u·*ste* (höfl.)
¿Cómo te llamas? — *ko*·mo te *ja*·mas (fam.)

Sprechen Sie Englisch?
¿Habla inglés? — *a*·bla in·*gles* (höfl.)
¿Hablas inglés? — *a*·blas in·*gles* (fam.)

Ich verstehe nicht.
No entiendo. — no en·*tien*·do

ESSEN & TRINKEN

Kann ich die Speisekarte sehen, bitte?
¿Puedo ver el menú, por favor? — *pue*·do ver el me·*nu* por fa·*vor*

Was empfehlen Sie?
¿Qué recomienda? — ke re·ko·*mien*·da

Haben Sie vegetarische Speisen?
¿Tienen comida vegetariana? — *tie*·nen ko·*mi*·da ve·che·ta·*ria*·na

Ich esse kein (rotes Fleisch).
No como (carne roja). — no *ko*·mo (*kar*·ne *ro*·cha)

KICHWA

Die meisten *indígenas* sprechen sowohl Kichwa (als Muttersprache) als auch Spanisch. Das in Ecuador geläufige Kichwa unterscheidet sich von den in Peru und Bolivien gängigen Varietäten.

Folgende Begriffe und Wendungen sind ganz praktisch in Gegenden, in denen ecuadorianisches Kichwa gesprochen wird. Es gelten dieselben Ausspracheregeln wie im Spanischen. Der Apostroph (') steht für einen „Verschlusslaut" und entspricht einer kurzen Pause, z. B. zwischen zwei Vokalen (etwa bei dem Ausruf „Oh, oh!").

Hallo.	*Napaykullayki.*
Bitte.	*Allichu.*
Danke.	*Yusulipayki.*
Ja./Nein.	*Ari./Mana.*
Wie sagt man ...?	*Imainata nincha chaita ...?*
Es heißt ...	*Chaipa'g sutin'ha ...*
Bitte noch einmal (wiederholen)!	*Ua'manta niway.*
Wie viel?	*Maik'ata'g?*
Essen	*mikíuy*
Fluss	*mayu*
Mutter	*mama*
schneebedeckter Gipfel	*riti-orko*
Vater	*tayta*
Wasser	*yacu*

1	*u'*
2	*iskai*
3	*quinsa*
4	*tahua*
5	*phiska*
6	*so'gta*
7	*khanchis*
8	*pusa'g*
9	*iskon*
10	*chunca*

Das war köstlich! *¡Estaba buenísimo!*	es·*ta*·ba bue·*ni*·si·mo
Prost! *¡Salud!*	sa·*lu*
Die Rechnung, bitte. *La cuenta, por favor.*	la *kuen*·ta por fa·*vor*

Ich hätte gern einen Tisch für ...	*Quisiera una mesa para ...*	ki·*sie*·ra *u*·na *me*·sa *pa*·ra
(acht) Uhr	*las (ocho)*	las (*o*·tscho)
(zwei) Personen	*(dos) personas*	(dos) per·*so*·nas

Wichtige Begriffe

Abendessen	*cena*	*se*·na
Flasche	*botella*	bo·*te*·ja
Frühstück	*desayuno*	de·sa·*ju*·no
Gabel	*tenedor*	te·ne·*dor*
Glas	*vaso*	*va*·so
heiß	*caliente*	kal·*ien*·te
Hochstuhl	*trona*	*tro*·na
(sehr) kalt	*(muy) frío*	(mui) *fri*·o
Kinderkarte	*menú infantil*	me·*nu* in·fan·*til*
Löffel	*cuchara*	ku·*tscha*·ra
Messer	*cuchillo*	ku·*tschi*·jo
mit/ohne	*con/sin*	kon/sin
Mittagessen	*almuerzo*	al·*muer*·so
Restaurant	*restaurante*	res·tau·*ran*·te
Schüssel	*bol*	bol
Teller; Gericht	*plato*	*pla*·to

Fleisch & Fisch

Fisch	*pescado*	pes·*ka*·do
Huhn	*pollo*	*po*·jo
Kalb	*ternera*	ter·*ne*·ra
Lamm	*cordero*	kor·*de*·ro
Rind	*carne de vaca*	*kar*·ne de *va*·ka
Schwein	*cerdo*	*ser*·do
Truthahn	*pavo*	*pa*·vo

Obst & Gemüse

Ananas	*ananá*	a·na·*na*
Apfel	*manzana*	man·*sa*·na
Aprikose	*damasco*	da·*mas*·ko
Artischocke	*alcaucil*	al·*kau*·sil
Banane	*banana*	ba·*na*·na
Bohnen	*chauchas*	*tschau*·tschas
Erbsen	*arvejas*	ar·*be*·chas
Erdbeere	*frutilla*	fru·*ti*·ja
Gemüse	*verdura*	ver·*du*·ra
Gurke	*pepino*	pe·*pi*·no
Kartoffel	*papa*	*pa*·pa

Kirsche	*cereza*	se·*re*·sa
Kohl	*repollo*	re·*po*·jo
Kürbis	*zapallo*	sa·*pa*·jo
Linsen	*lentejas*	len·*te*·chas
Mais	*choclo*	*tscho*·klo
Möhre	*zanahoria*	sa·na·*o*·ria
Nüsse	*nueces*	*nue*·ses
Obst	*fruta*	*fru*·ta
Orange	*naranja*	na·*ran*·cha
(rote/grüne) Paprika	*pimiento (rojo/verde)*	pi·*mien*·to (*ro*·cho/*ver*·de)
Pfirsich	*melocotón*	me·lo·ko·*ton*
Pflaume	*ciruela*	si·*rue*·la
Pilz	*champiñón*	tscham·pi·*nion*
(Kopf-)Salat	*lechuga*	le·*tschu*·ga
Rote Beete	*remolacha*	re·mo·*la*·tscha
Sellerie	*apio*	*a*·pio
Spargel	*espárragos*	es·*pa*·ra·gos
Spinat	*espinacas*	es·pi·*na*·kas
Tomate	*tomate*	to·*ma*·te
Wassermelone	*sandía*	san·*di*·a
Weintraube	*uvas*	*u*·bas
Zitrone	*limón*	li·*mon*
Zwiebel	*cebolla*	se·*bo*·ja

Weitere Lebensmittel

Brot	*pan*	pan
Butter	*manteca*	man·*te*·ka
Ei	*huevo*	*ue*·bo
Essig	*vinagre*	vi·*na*·gre
Honig	*miel*	mi el
Käse	*queso*	*ke*·so
Marmelade	*mermelada*	mer·me·*la*·da
Öl	*aceite*	a·*sei*·te
Pfeffer	*pimienta*	pie·*mien*·ta
Reis	*arroz*	a·*ros*
Salz	*sal*	sal
Zucker	*azúcar*	a·*su*·kar

Getränke

Bier	*cerveza*	ser·*be*·sa
Kaffee	*café*	ka·*fe*
Milch	*leche*	*le*·tsche
(Orangen-) Saft	*jugo (de naranja)*	*chu*·go (de na·*ran*·cha)
Tee	*té*	te

Schilder

Abierto	Geöffnet
Cerrado	Geschlossen
Entrada	Eingang
Hombres/Varones	Männer
Mujeres/Damas	Frauen
Prohibido	Verboten
Salida	Ausgang
Servicios/Baños	Toiletten

(Mineral-) Wasser	*agua (mineral)*	*a*·gua (mi·ne·*ral*)
(Rot-/Weiß-) Wein	*vino (tinto/ blanco)*	*vi*·no (*tin*·to/ *blan*·ko)

NOTFALL

Hilfe!	*¡Socorro!*	so·*ko*·ro
Verschwinde/ Hau ab!	*¡Vete!*	*be*·te
Rufen Sie ...!	*¡Llame ...!*	*ja*·me...
einen Arzt	*a un médico*	a un *me*·di·ko
die Polizei	*a la policía*	a la po·li·*si*·a

Ich habe mich verlaufen.
Estoy perdido/a. es·*toi* per·*di*·do/a (m./f.)

Ich bin krank.
Estoy enfermo/a. es·*toi* en·*fer*·mo/a (m./f.)

Ich habe hier Schmerzen.
Me duele aquí. me *due*·le a·*ki*

Ich reagiere allergisch auf (Antibiotika).
Soy alérgico/a a (los antibióticos). soy a·*ler*·chi·ko/a a (los an·ti·*bio*·ti·kos) (m./f.)

Wo sind die Toiletten?
¿Dónde están los baños? *don*·de es·*tan* los *ba*·njos

SHOPPEN & SERVICE

Ich möchte gern ... kaufen.
Quisiera comprar ... ki·*sie*·ra kom·*prar* ...

Ich sehe mich nur um.
Sólo estoy mirando. *so*·lo es·*toi* mi·*ran*·do

Kann ich es ansehen?
¿Puedo verlo? *pue*·do *ver*·lo

Es gefällt mir nicht.
No me gusta. no me *gus*·ta

Wie viel kostet es?
¿Cuánto cuesta? *kuan*·to *kues*·ta

Das ist zu teuer.
Es muy caro. es mui *ka*·ro

Könnten Sie mit dem Preis runtergehen?
¿Podría bajar un poco el precio? po·*dri*·a ba·*char* un *po*·ko el *pre*·sio

Die Rechnung ist nicht korrekt.
Hay un error en la cuenta. ei un e·*ror* en la *kuen*·ta

Geldautomat	*cajero automático*	ka·*che*·ro au·to·*ma*·ti·ko
Internetcafé	*cibercafé*	si·ber·ka·*fe*
Kreditkarte	*tarjeta de crédito*	tar·*che*·ta de *kre*·di·to
Markt	*mercado*	mer·*ka*·do
Post	*correos*	ko·*re*·os
Touristeninformation	*oficina de turismo*	o·fi·*si*·na de tu·*ris*·mo

UHRZEIT & DATUM

Wie viel Uhr ist es?	*¿Qué hora es?*	ke *o*·ra es
Es ist 10 Uhr.	*Son las diez.*	son las dies
Es ist halb elf.	*Son las diez y media.*	son las dies i *me*·dia

Morgen	*mañana*	ma·*nja*·na
Nachmittag	*tarde*	*tar*·de
Abend	*noche*	*no*·tsche
gestern	*ayer*	a·*jer*
heute	*hoy*	oi
morgen	*mañana*	ma·*nja*·na

Montag	*lunes*	*lu*·nes
Dienstag	*martes*	*mar*·tes
Mittwoch	*miércoles*	*mier*·ko·les
Donnerstag	*jueves*	*chue*·bes
Freitag	*viernes*	*bier*·nes
Samstag	*sábado*	*sa*·ba·do
Sonntag	*domingo*	do·*min*·go

Januar	*enero*	e·*ne*·ro
Februar	*febrero*	fe·*bre*·ro
März	*marzo*	*mar*·so
April	*abril*	a·*bril*
Mai	*mayo*	*ma*·jo
Juni	*junio*	*chun*·io
Juli	*julio*	*chul*·io
August	*agosto*	a·*gos*·to
September	*septiembre*	sep·*tiem*·bre
Oktober	*octubre*	ok·*tu*·bre
November	*noviembre*	no·*biem*·bre
Dezember	*diciembre*	di·*siem*·bre

Fragewörter

Wann?	*¿Cuándo?*	*kuan*·do
Warum?	*¿Por qué?*	por ke
Was?	*¿Qué?*	ke
Wer?	*¿Quién?*	kien
Wie?	*¿Cómo?*	*ko*·mo
Wo?	*¿Dónde?*	*don*·de

UNTERKUNFT

Ich hätte gern ein …	*Quisiera una*	ki·*sie*·ra *u*·na
Zimmer	*habitación …*	a·bi·ta·*sion …*
Einzelzimmer	*habitación individual*	a·bi·ta·*sion* in·di·vi·*dual*
Doppelzimmer	*habitación doble*	a·bi·ta·*sion* *do*·ble

Wie viel kostet es pro Nacht/Person?
¿Cuánto cuesta por noche/persona? *kuan*·to *kues*·ta por *no*·tsche/per·*so*·na

Ist das Frühstück inbegriffen?
¿Incluye el desayuno? in·*klu*·je el de·sa·*ju*·no

Campingplatz	*terreno de cámping*	te·*re*·no de *kam*·ping
Hotel	*hotel*	o·*tel*
Jugendherberge	*albergue juvenil*	al·*ber*·ge chu·ve·*nil*
(kleines) Hotel/ Landgasthof	*hostal/ hostería*	os·*tal*/ os·te·*ri*·a
Pension	*pensión*	pen·*sion*
Bad	*baño*	*ba*·njo
Bett	*cama*	*ka*·ma
Fenster	*ventana*	ven·*ta*·na
Klimaanlage	*aire acondicionado*	*ai*·re a·kon·di·sio·*na*·do

VERKEHRSMITTEL & -WEGE

Boot	*barco*	*bar*·ko
Bus	*autobús*	au·to·*bus*
(einfacher) Bus	*chiva/ ranchera*	*tschi*·va/ ran·*tsche*·ra
Flugzeug	*avión*	a·*vion*
(Gemeinschafts-)Taxi	*colectivo*	ko·lek·*ti*·vo
Zug	*tren*	tren
Transporter/ Pickup	*camioneta*	ka·mio·*ne*·ta
erster	*primero*	pri·*me*·ro
letzter	*último*	*ul*·ti·mo
nächster	*próximo*	*prok*·si·mo

Zahlen

1	*uno*	u·no
2	*dos*	dos
3	*tres*	tres
4	*cuatro*	kua·tro
5	*cinco*	sin·ko
6	*seis*	seis
7	*siete*	sie·te
8	*ocho*	o·tscho
9	*nueve*	nue·be
10	*diez*	dies
20	*veinte*	be in·te
30	*treinta*	tre in·ta
40	*cuarenta*	kua·ren·ta
50	*cincuenta*	sin·kuen·ta
60	*sesenta*	se·sen·ta
70	*setenta*	se·ten·ta
80	*ochenta*	o·tschen·ta
90	*noventa*	no·ben·ta
100	*cien*	sien
1000	*mil*	mil

Eine Fahrkarte ..., bitte.	*Un boleto de ... por favor.*	un bo·le·to de ... por fa·vor
1. Klasse	*primera clase*	pri·me·ra kla·se
2. Klasse	*segunda clase*	se·gun·da kla·se
einfache Fahrt	*ida*	i·da
Hin- & Rückfahrt	*ida y vuelta*	i·da i buel·ta

Ich möchte nach ... fahren/reisen.
Quisiera ir a ... ki·sie·ra ir a ...

Hält er (z.B. der Bus) in ...?
¿Para en ...? pa·ra en ...

Welche Haltestelle ist das?
¿Cuál es esta parada? kual es es·ta pa·ra·da

Wann kommt er (z.B. der Bus) an/fährt er ab?
¿A qué hora llega/sale? a ke o·ra je·ga/sa·le

Geben Sie mir Bescheid, wenn wir in ... sind?
¿Puede avisarme cuando lleguemos a ...? pue·de a·vi·sar·me kuan·do je·ge·mos a ...?

Ich möchte hier aussteigen.
Quiero bajarme aquí. kie·ro ba·char·me a·ki

annulliert	*cancelado*	kan·se·la·do
Bahnhof	*estación de trenes*	es·ta·sion de tre·nes
Busbahnhof	*terminal terrestre*	ter·mi·nal te·res·tre
Bushaltestelle	*parada de autobuses*	pa·ra·da de au·to·bu·ses
Fahrkartenschalter	*taquilla*	ta·ki·ja
Fahrplan	*horario*	o·ra·rio
Flughafen	*aeropuerto*	a·e·ro·puer·to
Platz am Fenster	*asiento junto a la ventana*	a·sien·to chun·to a la ben·ta·na
Platz am Gang	*asiento de pasillo*	a·sien·to de pa·si·jo
(Bus-/Bahn-) Steig	*plataforma*	pla·ta·for·ma
verspätet	*retrasado*	re·tra·sa·do

Ich möchte ... mieten.	*Quisiera alquilar...*	ki·sie·ra al·ki·lar...
ein Auto	*un carro*	un ka·ro
ein Fahrrad	*una biciclata*	u·na bi·si·kle·ta
ein Motorrad	*una moto*	u·na mo·to
einen Wagen mit Allradantrieb	*un todo terreno*	un to·do·te·re·no

Benzin	*gasolina*	ga·so·li·na
Diesel	*petróleo*	pet·ro·le·o
Helm	*casco*	kas·ko
Kfz-Mechaniker	*mecánico*	me·ka·ni·ko
Kindersitz	*asiento de seguridad para niños*	a·sien·to de se·gu·ri·da pa·ra ni·njos
Lastwagen	*camion*	ka·mion
Tankstelle	*gasolinera*	ga·so·li·ne·ra
trampen	*hacer botella*	a·ser bo·te·ja

Ist das die Straße nach ...?
¿Se va a ... por esta carretera? se va a ... por es·ta ka·re·te·ra

(Wie lange) Kann ich hier parken?
¿(Cuánto tiempo) Puedo aparcar aquí? (kuan·to tiem·po) pue·do a·par·kar a·ki

Das Auto ist liegengeblieben (in ...).
El carro se ha averiado (en ...). el ka·ro se a a·be·ria·do (en ...)

Ich hatte einen Unfall.
He tenido un accidente. e te·ni·do un ak·si·den·te

Ich habe kein Benzin mehr.
Me he quedado sin gasolina. me e ke·da·do sin ga·so·li·na

Ich habe einen Platten.
Se me pinchó una rueda. se me pin·tscho u·na rue·da

WEGBESCHREIBUNGEN

Wo ist...?
¿Dónde está ...? — don·de es·*ta* ...

Wie lautet die Adresse?
¿Cuál es la dirección? — kual es la di·rek·*sion*

Könnten Sie das bitte aufschreiben?
¿Puede escribirlo, por favor? — *pue*·de es·kri·*bir*·lo por fa·*vor*

Können Sie mir das (auf der Karte) zeigen?
¿Me lo puede indicar (en el mapa)? — me lo *pue*·de in·di·*kar* (en el *ma*·pa)

an der Ampel	*en el semáforo*	en el se·*ma*·fo·ro
an der Ecke	*en la esquina*	en la es·*ki*·na
gegenüber ...	frente a ...	*fren*·te a ...
geradeaus	todo recto	*to*·do *rek*·to
hinter ...	*detrás de ...*	de·*tras* de ...
links	*izquierda*	is·*kier*·da
nahe	cerca	*ser*·ka
neben ...	al lado de ...	al *la*·do de ...
rechts	derecha	de·*re*·tscha
vor ...	*enfrente de ...*	en·*fren*·te de ...
weit (entfernt)	*lejos*	*le*·chos

GLOSSAR

AGAR – Asociación de Guías de Águas Rápidas del Ecuador (Ecuadorianische Vereinigung der Wildwasser-Rafting-Guides)
aguardiente – Alkohol auf Zuckerrohrbasis
ASEGUIM – Asociación Ecuatoriana de Guías de Montaña (Ecuadorianische Bergführervereinigung)

balneario – wörtl. übersetzt „Kurort, Badeort", gilt aber im Prinzip für jeden Platz, an dem man schwimmen oder planschen kann

cabaña – Hütte; gibt's an der Küste und im Oriente
camioneta – kleiner Transporter oder Pick-up (Pritschenwagen)
campesino – Bauer
capitanía – Hafenmeister
casa de cambio – Geldwechselstube
centro comercial – Einkaufszentrum; wird häufig abgekürzt („CC")
chifa – Chinesisches Restaurant
chiva – zu den Seiten hin offener Bus oder Transporter mit schmalen, unbequemen Sitzbänken; wird auch als *ranchera* bezeichnet
colectivo – Gemeinschaftstaxi
comedore – günstiges Restaurant
comida típica – traditionelles landestypisches Essen
cuencano – Einwohner von Cuenca
curandero – Medizinmann

ejecutivo – die 1. Klasse im Bus

folklórica – traditionell andinische Volksmusik

guayaquileño – Einwohner von Guayaquil

hostal – kleines, günstiges Hotel, kein Backpacker-hostel!
hostería – kleines Hotel, häufig in Form eines mitteleuren Gasthofs auf dem Land

IGM – Instituto Geográfico Militar, die ecuadorianische Regierungsbehörde, die topographische und andere Karten herausgibt.
indígena – Angehörige(r) der indigenen Bevölkerung

lavandería – Waschsalon

malecón – Uferpromenade
mestizo – Person mit indigenen und spanischen Vorfahren

otavaleño – Einwohner von Otavalo

paja toquilla – Stroh der *toquilla* (einer kleinen Palme); wird bei der Herstellung von Kunsthandwerk und Hüten verwendet
Panamericana – Panamerikanischer Highway, die wichtigste Verbindungsroute zwischen den lateinamerikanischen Staaten; wird in manchen Ländern Interamericana genannt
panga – kleine Passagierfähre, vor allem auf den Galápagosinseln, aber auch auf den Flüssen und Seen des Oriente und entlang der Küste
páramo – hoch gelegene Graslandschaften in den ecuadorianischen Anden; auch in Kolumbien, Venezuela und den höchsten Regionen Costa Ricas und Panamas.
parque nacional – Nationalpark
pasillo – die berühmte Musik Ecuadors
peña – Bar oder Club, in dem traditionelle Livemusik gespielt wird
playa – Strand
puente – Brücke

quinta – Herrenhaus oder Villa auf dem Land
quiteño – Einwohner von Quito

ranchera – s. *chiva*
refugios – einfache Schutzhütten in den Bergen, in denen man übernachten kann
residencial – beschreibt ein einfaches Hotel
río – Fluss

salsateca – (auch *salsoteca*) Salsaclub
serranos – Bewohner aus dem Hochland
shigra – kleine gewebte Umhängetasche

tagua – Steinnuss; eigentlich keine Nuss, sondern der Samen einer lokalen Palmenart. Aus ihm werden Gegenstände geschnitzt, auch Schmuck.
terminal terrestre – zentraler Busbahnhof, der von vielen verschiedenen Busunternehmen genutzt wird
tzantza – Schrumpfkopf

Hinter den Kulissen

WIR FREUEN UNS ÜBER EIN FEEDBACK

Post von Travellern zu bekommen, ist für uns ungemein hilfreich – Kritik und Anregungen halten uns auf dem Laufenden und helfen, unsere Bücher zu verbessern. Unser reiseerfahrenes Team liest alle Zuschriften ganz genau, um zu erfahren, was an unseren Reiseführern gut und was schlecht ist. Wir können solche Post zwar nicht individuell beantworten, aber jedes Feedback wird garantiert schnurstracks an die jeweiligen Autoren weitergeleitet, rechtzeitig vor der nächsten Nachauflage.

Wer uns schreiben will, erreicht uns über **www.lonelyplanet.de/kontakt**.

Hinweis: Da wir Beiträge möglicherweise in Lonely Planet Produkten (Reiseführer, Websites, digitale Medien) veröffentlichen, ggf. auch in gekürzter Form, bitten wir um Mitteilung, falls ein Kommentar nicht veröffentlicht oder ein Name nicht genannt werden soll. Wer Näheres über unsere Datenschutzpolitik wissen will, erfährt das unter www.lonelyplanet.com/privacy.

DANK VON LONELY PLANET

Vielen Dank an all die Reisenden, die mit der vorigen englischsprachigen Auflage von „Ecuador & the Galápagos Islands" unterwegs waren und uns hilfreiche Hinweise, nützliche Ratschläge und interessante Anekdoten haben zukommen lassen:

Steve Bray, Lauren Burns, Aoife Byrne, Lani V. Cox, Asa Cusack, Renate De Jonge, Nicolas Dubois, Lukasz Duda, Andrew Duniec, Caroline Evenden, Diego Torres Garzón, Mathias Gerth, Marshall Goldberg, Ricia Gordon, Desmond Graal Cullen, Markus Hauk, Katja Heijnen, Brent Helmkamp, Esther Hermans, Wally Johnson, Cleo Kale, Thomas Knoblauch, Dietmar Krumpl, Cathrin Kurz, Jake Ling, Marcus Loane, Carl Lobitz, Vanessa Mcintyre, Elizabeth Meyrick, Greg Miier, Leslie Moore, Dan Morris, Eric Neemann, Darshan Neubauer, Lukas Nigg, Amber Novak, William Olvera, Maxime Peeters, Natalia Platonova, Daniel Richter, Thomas Schetty, Sonja Schoentag, Stefanie Schuster, Keela Shackell, Kati Sivula, Shelly Skaug, Agnethe Spangberg, Gera Stout, Mariët Struijk, Sebastián Pablo Taboada, Matt Van Der Peet, Erwin Van Liempd, Ray L. Vansickle, Margaret Vile, Olivia Watson, Mark Weisbrot, Reto Westermann, Annie White, Brian White, Jason White, Daan Wijsman, Barbara Wilson, Elaine Wiltshire, Louisa Wood, Marie-Louise Zimmermann

DANK DER AUTOREN

Regis St. Louis

Ein dickes Dankeschön an die zahllosen *quiteños* und Auswanderer für ihre Tipps und Einblicke: Dominic Hamilton (Metropolitan Touring), Patricio Gaybor und Luz Elena Coloma (Quito Turismo), Adriana und Fernando (Casa Gangotena), Santiago (Vibes), John und Eva (Happy Gringo), Silvia Garcia und Ritmo Salvaje für den Salsa-Unterricht; sowie Paul Parreno (CarpeDM) für all seine Hilfe in Quito und den tollen Lauf. Wie immer auch vielen Dank an Cassandra und unsere Töchter Magdalena und Genevieve für ihre kontinuierliche Liebe und Unterstützung trotz meiner mitunter langen Abwesenheit.

Greg Benchwick

Mein größter, herzlichster Dank gebührt meiner Frau und meiner Tochter, die mich während des ersten Teils meines Recherchetrips durch das zentrale Hochland begleiteten … ihr seid die besten Mitreisenden, die sich ein Mann nur wünschen kann! Die Ecuadorianer waren wunderbar freundlich und gütig – ebenso die Tourveranstalter, Führer und Leute auf der Straße, die mir den Weg gewiesen haben. Und bei meinen Cotopaxi-Kletterkameraden Julian und James bedanke ich mich für den besten Gipfel meines Lebens!

Michael Grosberg

Zuallererst möchte ich mich für die Herzlichkeit und Freundlichkeit der ecuadorianischen Unbekannten bedanken, die ich unterwegs getroffen habe. Vielen Dank auch an Christopher Jimenez (Guayaquil) für all seine Hilfe, an Xavier Tito Burbano für seine sozialen und politischen Einblicke, an Alan Smith für seine Reiseideen, an Jascivan Carvalho für seine Erfahrung in Sachen Umweltprobleme, an Fabrizio Prado (Galápagosinseln), an Aline Louvet (Puerto Baquerizo Moreno) und an Carly Neidorf dafür, dass sie unterwegs und in den USA für mich da war.

Tom Masters

Vielen Dank an meine Freundin Alexandra Tampakopoulos, die mich während des Großteils meiner Ecuadorreise begleitete – für ihre tolle Gesellschaft und ihren unerschütterlichen Sinn für Humor, auch wenn es mal anders kam als geplant. Ich stehe in der Schuld all der vielen Ecuadorianer, die mich während meiner ganzen Reise unterstützten. Besonders bedanke ich mich aber bei den Unterkunftsangestellten und Führern am Bajo Río Napo, die meinen Trip wie geölt laufen ließen, bei den Eigentümern der Ali Shungu Mountaintop Lodge (Otavalo) und beim freundlichen Team der Casa de Amigos (Same), das mir ein echtes Zuhause auf Reisen bereitete.

QUELLENNACHWEIS

Die Klimakarten stammen von Peel MC, Finlayson BL & McMahon TA (2007) *Updated World Map of the Köppen-Geiger Climate Classification*, erschienen in der Zeitschrift *Hydrology and Earth System Sciences*, Ausgabe 11, 163344 und wurden angepasst.

Titelfoto: Blaufußtölpel, Galápagosinseln, John Freeman, LPI.

Viele der Fotos in diesem Reiseführer können bei Lonely Planet Images (www.lonelyplanetimages.com) lizenziert werden.

ÜBER DIESES BUCH

Dies ist die 1. deutschsprachige Auflage von *Ecuador & Galápagosinseln*, basierend auf der mittlerweile 9. englischsprachigen Auflage von *Ecuador & the Galápagos Islands*, recherchiert und geschrieben von Regis St. Louis (Hauptautor), Greg Benchwick, Michael Grosberg und Tom Masters. Für die vorangegangene Auflage sind Regis St. Louis, Lucy Burningham, Aimée Dowl und Michael Grosberg in Ecuador unterwegs gewesen und haben darüber geschrieben. Dieser Reiseführer wurde vom Lonely Planet Büro in Oakland in Auftrag gegeben und von folgendem Team betreut:

Verantwortliche Redakteurin Kathleen Munnelly
Leitende Redakteure Nigel Chin, Amanda Williamson
Leitende Kartografen Karusha Ganga, Andy Rojas
Leitender Layoutdesigner Juan Winata
Redaktion Barbara Delissen, Bruce Evans, Annelies Mertens, Martine Power
Kartografie Shahara Ahmed, Alison Lyall
Layoutdesign Jane Hart
Redaktionsassistenz Amy Karafin, Kate Mathews, Joanne Newell, Karyn Noble, Sophie Splatt
Kartografieassistenz James Leversha
Umschlagrecherche Naomi Parker
Interne Bildrecherche Nicholas Colicchia
Sprache Branislava Vladisavljevic

Dank an Anita Banh, Sasha Baskett, Elin Berglund, Lucy Birchley, Ryan Evans, Larissa Frost, Chris Girdler, Paul Iacono, Sally Morgan, Mardi O'Connor, Trent Paton, Kirsten Rawlings, Wibowo Rusli, Gerard Walker, Simon Williamson

Ecuador 2014 (27.7.- 20.8.2014)

NOTIZEN

So, 27.7.2014 Abflug Frankfurt → London → New York → Miami → Guayaquil → Ankunft ca 23:00 Uhr → „Hostal Suites Madrid"

Mo, 28.7.2014 [Guayaquil] Sightseeing … „Hostal Suites Madrid" (Malecón, Santa Ana etc.) [Gepäck in NY hängen geblieben]

Di, 29.7.2014 [Cuenca] → 4 Std Fahrt m. Bus von Guayaquil „Hostal Alternative" (dorm) → sightseeing

Mi, 30.7.2014 [Cuenca] → Wanderung/Tour durch den „Parque National Cajas" → Ü: „Hostal Alternative"

Do, 31.7.2014 [Alausi] (4 Std. Fahrt von Cuenca) → Zugfahrt zur Teufelsnase (Nariz del Diablo) „Hotel Europa"

Fr, 1.8.2014 [Baños] „Hostal Princesa Maria" → „Sightseeing"

Sa, 2.8.2014 [Baños] → Mountainbiketour (Straße nach Puyo)

So, 3.8.2014 [Quito] → Bus Baños → Quito → Sightseeing Quitos Altstadt „Casa Helbling" ♡

Mo, 4.8.2014 [Quito] → Teleferiquo, Neustadt

Di, 5.8.2014 [Quito] → Tour to Cotopaxi (Tagestour, Mountainbike) by „Biking Dutchman"

Mi, 6.8.2014 R [Canoa] → 8 Std. Bus von Quito, „Hotel Bambú" über Pederales

Do, 7.8.2014 [Canoa] „Hotel Bambu" → „chill & surf" ☼

Fr. 8.8.2014 [Canoa] „Hotel Bambu" → „chill & surf" ☼

Sa, 9.8.2014 [Canoa] „Hotel Bambu" → „chill & surf" ☼

So, 10.8.2014 R [Puerto Lopez] „Victor Hugo" → lange Reise → klarmachen

Mo, 11.8.2014 Puerto Lopez „Victor Hugo“ → Tour Isla de la Plata“ → Wandern, „Schnorcheln“, Wale-Watching

Di. 12.8.2014 Ayampe kl. Fischerdorf, schön, wenig Unterkünfte z.Z. → besser: „Italien. Hostal“

Mi, 13.8.2014 Montañita „Balsa Surf Camp“ ♡ but

Do, 14.8.2014 Montañita

Fr, 15.8.2014 Montañita

Sa, 16.8.2014

So, 17.8.2014

Mo, 18.8.2014 Guayaquie

Di, 19.8.2014 Abflug Guayaquil → Miami → London

→ 20.8.2014 Ankunft in Frankfurt

Register

A

Aktivitäten 18, 21, *siehe auch einzelne Aktivitäten*
Alausí 173
Ali Shungu Mountaintop Lodge 108
Aloasí 130
Amazonas 388
Amazonasgebiet 403
Ambato 146, **146**
Angeln
  Puerto López 286
  Salinas 294
  Touren 286, 294
An- & Weiterreise 419
  Kolumbien 421
  Macará 210
  Peru 421
Äquator 92, 94, 98
  Volcán Chimborazo 164
Arbeiten in Ecuador 408
Archäologische Stätten 20
  Chirije 276
  Ingapirca 178
  Parque Nacional Machalilla 283
  Ruinas de Todos Santos 183
Archidona 234
Architektonische Stätten
  Kolonialzeit 387
Architektur 18
  Cuenca 179
Atacames 263, **264**
Auto, Reisen mit dem
  An- & Weiterreise 420
  Automobilclubs 421
  Führerschein 421
  Mieten 421
  Quito 91
  Straßenzustand & Gefahren 421
  Unterwegs vor Ort 421
  Versicherung 421

...rweise auf Karten **000**
...eise auf Fotos **000**

Ayahuasca 230
Azogues 179

B

Bahía de Caráquez 273, **274**
Bajo Río Napo 227
  Dschungellodges 227
Baños 14, **14**, 151, **152**
  Ausgehen & Unterhaltung 158
  Essen 157
  Kurse 155
  Sehenswertes & Aktivitäten 151
  Shoppen 158
  Unterkunft 155
Bergsteigen 19
  Baños 155
  Kurse 167
  Loma Cubilche 116
  Parque Nacional Cotopaxi 132
  Reserva Ecológica Los Ilinizas 131
  Volcán Cayambe 98
  Volcán Chiles 118
  Volcán Carihuairazo 164
  Volcán Chimborazo 164
  Volcán Imbabura 116
Biblián 179
Blaufußtölpel **338**, 339
Blumen 146
Blumenindustrie 109
Bolívar, Simón 108, 299, 387
Botschaften 408
Bücher 380, 389
  Galápagosinseln 375
  Geschichte 392
  Inka, Konquistadore 386
  Ökosysteme 403
  Regenwald 402
  Shuar 393
  Vogelbeobachtung 400
Budget 40
Bus, Reisen mit dem
  An- & Weiterreise 420
  Lastwagenbusse 424
  Nahverkehr 424
  Unterwegs vor Ort 422

C

Cañar 179
Cañari 178, 179, 181, 195, 384
Canoa 271
Capilla del Hombre 60
Carnaval 21
Cascada de San Rafael 217
Catacocha 210
Cayambe 98
Charles-Darwin-Forschungsstation 329
Chicha 244
Coca 222
Cordillera Chongón-Colonche 290
Correa, Rafael 380, 392
Cotacachi 109
Cuenca **9**, 179, **180**
  An- & Weiterreise 189
  Ausgehen & Unterhaltung 188
  Essen 187
  Feste & Events 185
  Geführte Touren 184
  Infos im Internet 189
  Internetzugang 189
  Kurse 184
  Medizinische Versorgung 189
  Post 189
  Sehenswertes & Aktivitäten 181
  Shoppen 189
  Touristeninformation 189
  Unterkunft 185
  Unterwegs vor Ort 192
Cueva de los Tayos 252
cuy (Meerschweinchen) 49, 199

D

Darwin, Charles 372, 376
Darwinfinken 336
de Orellana, Francisco 388
Dos Mangas 291
Dschungellodges 417
  Alto Río Napo 242
  Bosque Nublado Santa Lucía 120
  Bosque Protector Cerro Blanco 298
  Bajo Río Napo 227
  Mindo 123, 126
  Playa de Oro Reserva de Tigrillos 260
  Tena 238
Dschungeltouren 222
  Baños 155
  Macas 251
  Puyo 246
  Tena 235

E

El Ángel 117
Ermäßigungen 408
Escuela Quiteña 59, 391
Esmeraldas 261, **262**
Essen 49, 408
  Baños 157
  Eiscreme 115
  Genossenschaften 164
  Kabeljausuppe 187
  Latacunga 139
  Meerschweinchen 98

Nordküste 267
Quinoa 161
Südliches Hochland 201
Events *siehe* Feste & Events

F

Fähre *siehe* Schiff, Reisen mit dem
Fahrradfahren *siehe* Radfahren
Feiertage & Ferien 413
Feste & Events 20, 21
Chonta Festival 249
Cuenca 184
Feria Mundial del Banano (Machala) 318
Fiesta de Frutas y Flores 147
Fiesta del Yamor 102
Fiesta de la Mama Negra 23
Inti Raymi 102
Kasama 257
Mamá Negra 137
Otavalo 102
Parque Nacional Llanganates 151
Quito 49, 69
Semana Santa 21
Virgen del Cisne 200
Fiesta de la Mama Negra 23
Film 396
Fische 342, **342**
Flamingos 336, **337**
Flugzeug, Reisen mit dem
An- & Weiterreise 378
Flughäfen, internationale 419
Fluglinien 419
Inlandsfluglinien 423
Unterwegs vor Ort 378
Frauen unterwegs 409
Fregattvögel 339, **339**
Freiwilligenarbeit 409
AmaZOOnico 243
Andean Bear Conservation Project 111
Biobauernhof Río Muchacho 272
Bosque de Paz 117
Bosque Nublado Santa Lucía 120
Itapoa Reserve 126
Merazonia Foundation 160
Mindo Animal Rescue 124
Refugio Ecológico Tzanka 204
Reserva Biológica Guandera 117
Reserva Biológica Los Cedros 112
Schmetterlingsfarm 240

G

Galápagos-Albatrosse 339, **339**
Galápagos-Bussarde 336, **336**
Galápagosinseln 45, 324, **326**, 333, **333**
An- & Weiterreise 325, 378
Bücher 375
Essen 324
Geführte Touren 36
Geschichte 371
Günstig reisen 40
Infos im Internet 325
Klima 35, 324
Lava 366
Reiseplanung 35, 325
Reisezeit 324
Tauchsafaris 38
Touristeninformation 360
Unterkunft 324
Unterwegs vor Ort 325, 378
Galápagos-Landleguane 6, **6**, 329, 341, **341**
Galápagospinguine 338, **338**, 339, 359, 360, 362, 365, 367
Galápagos-Seebären 335, **335**
Galápagos-Seelöwen 335, **335**
Gärten *siehe* Parks & Gärten
Gefahren & Ärgernisse
Atacames 263
Auto & Motorrad 422
Ayahuasca 230
Baños 158
Betrug 410
Diebstahl 410
Drogen 410
Esmeraldas 262
Frauen 409
Galápagosinseln 41
Gefahrenzonen 410
Guayaquil 299
Lago Agrio 218
Quito 89
Überfälle 410
Volcán Pichincha 95
Geführte Touren 424
Angeln 286, 294
Baños 154
Boote, Galápagosinseln 377
Bootstouren 288
Coca 223
Cuenca 184
Galápagosinseln 36
Goldmine 321
indigene Volksgruppen & Kulturen 219, 237, 246, 248, 255
Misahuallí 240
Otavalo 101
Quito 65
Reserva Producción Faunística Cuyabeno 221
Riobamba 167
Tauchen & Schnorcheln 331
Tena 235
Vogelbeobachtung 288, 294
Walbeobachtung 285, 286, 294
Geld 16, 322, 411
Ermäßigungen 408
Gefahren & Ärgernisse 410
Trinkgeld 411
Geografie 399
Geschichte 382
Bücher 386
Entdeckung des Öls 389
Inkareich 384
Kolonialzeit 387
Präinkazeit 382
Spanische Konquistadoren 386
Unabhängigkeit 387
Gesundheit 411
Grenzübergänge
Kolumbien 119, 219, 258, 421
Peru 201, 209, 210, 231, 322, 420
Große Tümmler **334**, 335
Grundfinken **337**
Gründung von Guayaquil 23
Gualaquiza 252
Guamote 172
Guaranda 163
Guayaquil 298
An- & Weiterreise 315
Ausgehen & Unterhaltung 312
Essen 310
Feste & Events 307
Geführte Touren 307
Internetzugang 314
Medizinische Versorgung 314
Notfall 314
Post 314
Sehenswertes & Aktivitäten 299
Shoppen 314
Touristeninformation 315
Unterkunft 308
Unterwegs vor Ort 316

H

Hammerhaie 342, **343**
Handwerksprodukte *siehe* Kunsthandwerk
Handys 415
Höhenkrankheit 79, 132, 412

I

Ibarra 113, **114**
Indigene Bevölkerung & Kulturen 20, 99, 112, 184
Agato 106
Centro Interamericano de Artes Populares 184
Chachi 261, 394
Chonta Festival 249

Cofán 219, 394
Geführte Touren 195, 219, 223, 235, 237, 246, 249, 255
Guamote 172
Huaorani 227, 232, 394
Ilumán 106
Ingapirca 178
Kapawi Ecolodge & Reserve 251
Kichwa 228, 393
Museo de las Culturas Aborígenes 184
Peguche 106
Parque Nacional Machalilla 284
Playa de Oro Reserva de Tigrillos 259
Reserva Producción Faunística Cuyabeno 220
Riobamba 166
Salasaca 150
Saraguro 195, 204
Shuar 203, 248, 394
Tagaeri 233
Taromenane 233
Tigua 142
Tsáchila 255, 257
Volcán Carihuairazo 165
Volcán Chimborazo 165
Infos im Internet 17
Cuenca 190
Loja 201
Quito 49
Inkareich 383
El Dorado 386, 388
Inkas
Alausí 173
Cuenca 183
Inkaschatz 151
Ingapirca 178
Kolonisation von Ecuador 383
Museo del Banco Central 183
Parque Nacional Llanganates 151
Quinoa 161
Templo del Sol 94
Intag-Tal 111
Internetzugang 412
Inti Raymi 22
Isla Bartolomé 366
Isla de la Plata 288
Isla Darwin 371
Isla Española 13, **13**, 369
Isla Fernandina 365
Isla Genovesa 370
Isla Isabela 359, **361**
Puerto Villamil 362
Isla Mosquera 351

...weise auf Karten **000**
...ise auf Fotos **000**

Isla San Cristóbal 352, **353**
Puerto Baquerizo Moreno 354
Isla San Salvador **361**, 366
Isla Santa Cruz 326, **327**, **344**
Puerto Ayora 349
Isla Santa Fé 351
Isla Santa María 367
Islas Daphne 351
Isla Seymour 350
Islas Plazas 351
Isla Wolf **344**, 371

J

Jambelí 320
Jima 194

K

Kalmen 399
Kapawi Ecolodge & Reserve 251
Kindern, Reisen mit 412
Parque Recreacional Jipiro 197
Quito 69
Kirchen & Kathedralen
Basílica del Voto Nacional 53
Basílica de Nuestra Señora de Agua Santa 152
Catedral Nuestra Señora de Macas 248
Kathedrale (Ambato) 148
Kathedrale (Quito) 51
La Compañía de Jesús 58
La Merced 52
Klima 16, 21
Klöster
San Agustín 53
San Diego 57
San Francisco 54
Santa Catalina 53
Konsulate 408
Kosten 16
Kulturerbestätten
Catacocha 210
Kulturzentren & Bibliotheken
Alliance Française (Guayaquil) 314
Casa de Cultura (Guayaquil) 314
Casa de la Cultura (Latacunga) 136
Casa de la Cultura Ecuatoriana (Loja) 196
Casa de las Artes (Quito) 57
Centro Cultural (Ibarra) 113
Centro Cultural Esmeraldas 262
Centro Cultural Itchimbia (Quito) 58
Centro Cultural Metropolitano (Quito) 52
Centro Ecuatoriano Norteamericano (Guayaquil) 314

Galápagos Academic Institute for the Arts & Sciences 360
Informationszentrum (Galápagosinseln) 360
Mamá Kinua Cultural Center (Cuenca) 185
Kunst 59
Escuela Quiteña 391
Tigua-Malerei 142
Kunstgalerien *siehe* Museen & Galerien
Kunsthandwerk 59
Chumbis 179
El Vado 184
Flechtarbeit 280
Holzarbeiten 193
Holzschnitzereien 143
Käseherstellung 164
Keramik 189
Körbe 280
Korbwaren 261
Lederwaren 170
paja toquilla 280
Panamahüte (Paja Toquilla) 179, 189, 190, 193
Puyo 248
Satteltaschen 209
Shigras 171
Tagua-Schnitzereien 158, 171
Teppiche 170
Textilien 193
Totora-Schilf 170, 172
Webwaren 193
Kurse *siehe auch* Sprachkurse
Baños 155
Cuenca 184
Hacienda Cusin 107
Otavalo 101
Quito 61
Tauchen 332
Vilcabamba 207
Kurzohreulen 336, **336**

L

La Compañía de Jesús 58
La Esperanza 116
Lago Agrio 218
Laguna de San Pablo 107
Lagunas de Mojanda 106
La Mitad del Mundo 92, 93
Landleguane 305
Landschildkröten
Centro de Crianza de Tortugas 362
Charles-Darwin-Forschungsstation (Galápagosinseln) 329
El-Chato-Schildkrötenreservat (Galápagosinseln) 327
Los Galápagos 353

Rancho Primicias (Galápagosinseln) 327
Lastwagen, Reisen mit dem 424
Lastwagenbusse 424
Latacunga 136, **138**
Essen 139
Geführte Touren 137
Sehenswertes & Aktivitäten 136
Unterkunft 137
Lava 368
Lavaechsen 352, 366, 341, **341**
La Virgen del Cisne 200
Lebensräume 402
Lesbische Reisende 414
Loja 196, **198**

M

Macas 248
Machachi 130
Machala 318
Mangroven 270, 297, 317, 403
Reserva Ecológica Manglares Churute 317
Manta 276, **278**
Mantarochen 342, **342**
Märkte 19
Alausí 173
Ambato 146
Apuela 111
Azogues 179
Baños 158
Cañar 179
Chordeleg 193
Cotacachi 109
Cuenca 189
El Ángel 117
Gualaceo 193
Guamote 172
Guantualo 144
Guaranda 163
Guayaquil 314
Kunsthandwerk 193
Latacunga 136
Machachi 130
Otavalo 8, **8**, 99
Quito 78, 84, 87
Riobamba 167
Salasaca 150
Saquisilí 144
Saraguro 195
Sigsig 193
Zumbahua 142
Medien 409
Meerechsen 351, 362, 365, **340**, 341
Mindo 121
An- & Weiterreise 125
Essen 125
Geführte Touren 122
Sehenswertes & Aktivitäten 125
Touristeninformation 125
Unterkunft 123
Vogelbeobachtung 122
Mindo Cloudforest Foundation 124
Misahuallí 239
Mompiche 269
Montañita 13, **13**, 290
Montecristi 280
Motorrad, Reisen mit dem
An- & Weiterreise 420
Mieten 421
Quito 91
Mountainbiken 33, 60, 68, *siehe auch* Radfahren
Baños 153
Lagunas de Atillo 162
Parque Nacional Cotopaxi 132
Parque Nacional Machalilla 285
Paute 194
Puerto López 286
Ruta de las Cascadas 159
Ruta Ecológica 151
Saraguro 195
Volcán Carihuairazo 164
Volcán Chimborazo 164
Muisne 268
Museen & Galerien
Agua Blanca 284
Archäologische Museen 20
Capilla del Hombre 60
Casa del Alabado 56
Centro de Arte Contemporáneo 57
Centro Interamericano de Artes Populares 184
Instituto Otaveleño de Antropología 101
Museo Antropológico y de Arte Contemporáneo (Guayaquil) 299
Museo Camilo Egas 53
Museo de Arte Colonial 53
Museo de Arte Moderna & Instrumentos Musicales 59
Museo de Arte Moderno 181
Museo de Arte Religioso 166
Museo de Ciencias Naturales 147
Museo de la Ciudad 53
Museo de las Culturas Aborígenes 184
Museo del Banco Central (Pumapungo) 183
Museo del Monasterio de las Conceptas 183
Museo Franciscano 54, 55
Museo Guayasamín 59
Museo Nacional 61
Museo Nahim Isaias (Guayaquil) 305
Museo Solar Inti Ñan 93
Observatorium 58
Museo Nacional 61
Musik , 390

N

Nachhaltigkeit
Napo Wildlife Center 228
Ricancie 235
Salinas 164
Nariz del Diablo 173
Nationalparks & Naturschutzgebiete 130, 404, 405
Bosque Protector Cerro Blanco 297
Charles-Darwin-Forschungsstation (Galápagosinseln) 329
El Bosque Petrificado Puyango 321
El-Chato-Schildkrötenreservat 327
Galapaguera 352
Intag Cloud Forest Reserve 111
Ítapoa Reserve 126
Los Galápagos 353
Parque Nacional Cajas 178, 192
Parque Nacional Cotopaxi 12, **12**, 130, 132
Parque Nacional Llanganates 130, 151
Parque Nacional Machalilla 283
Parque Nacional Podocarpus 11, **11**, 178, 202
Parque Nacional Sangay 130, 160, 251
Parque Nacional Sumaco-Galeras 233
Parque Nacional Yasuní 8, **8**, 231
Playa de Oro Reserva de Tigrillos 259, 260
Rancho Primicias (Galápagosinseln) 327
Refugio Ecológico Tzanka 204
Reserva Bellavista 121
Reserva Biológica Bilsa 260
Reserva Biológica Guandera 117
Reserva Biológica Los Cedros 112
Reserva Biológica Maquipucuna 120
Reserva Buenaventura 321
Reserva de Producción Faunística Chimborazo 165
Reserva Ecológica Cayambe-Coca 98
Reserva Ecológica Cotacachi-Cayapas 98, 110, 260
Reserva Ecológica de Manglares Cayapas Mataje 258
Reserva Ecológica El Ángel 98, 117
Reserva Ecológica Los Ilinizas 131

Reserva Ecológica Manglares Churute 317
Reserva Geobotánica Pululahua 94
Reserva Producción Faunística Cuyabeno 220
Tapichalaca 209
Naturbeobachtung 19
Naturschutzorganisationen
Fundación Pro-Bosque 297
Naturschutzzentren
Andean Bear Conservation Project (Intag Valley) 111
Centro de Crianza de Tortugas 362
Mindo 124
Playa de Oro Reserva de Tigrillos 259
Refugio Ecológico Tzanka 204
Nebelwälder 119, 402
Bosque Nublado Santa Lucía 120
Chugchilán 143
Jima 194
Lodges 120
Loma Alta 291
Machay 160
Mindo 124
Olón 290
Parque Nacional Llanganates 151
Parque Nacional Machalilla 285
Parque Nacional Podocarpus 203
Parque Nacional Sumaco-Galeras 233
Reserva Bellavista 121
Reserva Biológica Maquipucuna 120
Reserva Buenaventura 321
Ruta Ecológica 151
Tandayapa 119
Nordküste 45, 253, **254**
Essen 253
Highlights 254
Klima 253
Reisezeit 253
Unterkunft 253
Nordküste & Tiefland 45
Nördliches Hochland 43, 96, **97**
Essen 96
Highlights 97
Klima 96
Reisezeit 96
Unterkunft 96
Notfälle 17

Verweise auf Karten **000**
Verweise auf Fotos **000**

O

Öffnungszeiten 413
Olón 290
Oriente 44, 212, **214**
Essen 212
Highlights 214
Klima 212
Reisezeit 212
Unterkunft 212
Otavalo **8**, 98, **100**
An- & Weiterreise 105
Essen 104
Feste & Events 102
Geführte Touren 101
Kurse 101
Medizinische Versorgung 105
Notfälle 105
Post 105
Sehenswertes 99
Touristeninformation 105
Unterhaltung 105
Unterkunft 102
Weben 102
Oyacachi 98

P

Palacio del Gobierno 51
Panamericana 172
Papallacta 10, **10**, 213
Parks & Gärten
Jardín Botánico 59
La Mitad del Mundo 92, 93
Parque Cóndor 100
Parque El Ejido 58
Parque Omaere 245
Parque Nacional Cajas 192, **193**
Vogelbeobachtung 192
Wandern & Trekken 192
Parque Nacional Cotopaxi **12**, 132, **133**
Parque Nacional Machalilla 283
Parque Nacional Podocarpus 11, **11**, 178, 202
Parque Nacional Sangay 251
Parque Nacional Yasuní 8, **8**, 231
Pizarro, Francisco 385
Playa de Oro 259
Playas 296
Post 413
Prä-Inkas 283, 299, 382
Cañari 178, 179, 181, 195
Puerto Ayora 328, **330**
Puerto Baquerizo Moreno 354, **356**
Puerto Bolívar 320
Puerto López 286
Walbeobachtungen 11, **11**
Punta Suárez 13, **13**, 369
Puyo 245

Q

Quilotoa-Loop 10, **10**, 140, **141**
Chugchilán 143
Isinliví 143
Quilotoa 142
Sigchos 143
Tigua 141
Unterwegs vor Ort 144
Zumbahua 142
Quito 6, **6**, **10**, 43, 48, **50**, **54**, **62**, **70**
Aktivitäten 60
Altstadt 51, **54**
An- & Weiterreise 90
Ausgehen 84
Essen 48, 49, 77
Feste & Events 49, 68
Gefahren & Ärgernisse 89
Geführte Touren 61, 65
Geschichte 51
Highlights 49, 50
Infos im Internet 49, 89
Internetzugang 89
Kindern, Reisen mit 69
Klima 48
Mariscal Sucre **70**
Medizinische Versorgung 89
Neustadt **62**
Notfall 90
Post 90
Reiserouten 52
Reisezeit 48
Sehenswertes 51
Shoppen 87
Stadtspaziergang 67, **67**
Touristeninformation 90
Unterhaltung 85
Unterkunft 48, 69
Unterwegs vor Ort 91

R

Radfahren 422
Quito 68
Río-Chota-Tals 116
Rafting 34
Baeza 216
Baños 155
Canoa 271
Macas 248
Tena 234, 235
Rechtsfragen 413
Reisen mit Behinderung 414
Reisepass 419

Reiseplanung *siehe auch einzelne Regionen*
Galápagosinseln 35
Kosten 16–17
Regionen in Ecuador 43
Reiserouten 24
Reisezeit 16
Reiserouten 24, **24**, **25**, **26**, **28**, **29**
Reiten 32
Baños 155
Canoa 271
Chugchilán 143
Dos Mangas 291
El Pital 290
Lagunas de Atillo 162
Las Palmeras 106
Parque Nacional Machalilla 285
Principal 195
Puerto López 286
Ruta Ecológica 151
Saraguro 195
Vilcabamba 206
Reserva Biológica Los Cedros 112
Reserva Ecológica Cayambe-Coca
Volcán Reventador 217
Reserva Ecológica Cotacachi-Cayapas 110
Reserva Producción Faunística Cuyabeno 220
Riesenschildkröten **333**, **340**, 341
Riobamba 166, **168**
Río-Mira-Tal 117
Rote Klippenkrabben 342, **343**
Ruta de las Cascadas 159

S

Salinas 164, 294
Same 9, 266
San Lorenzo 256
Santa-Fé-Landleguan 351
Santo Domingo de los Colorados 255
Saquisilí 144
Saraguro 195
Mountainbiken 195
Reiten 195
Schiff, Reisen mit dem
Galápagosinseln 36, 425
Kanu 425
Unterwegs vor Ort 378
Schildkröten 353, 360, 370, 377
Schnorcheln *siehe* Tauchen & Schnorcheln
Schwertwale (Orcas) **334**, 335
Schwule Reisende 414
Seelöwen 351, 367
Seilrutschen
Ruta Ecológica 151
Semana Santa 21
Shoppen 170
Sicherheit *siehe* Gefahren & Ärgernisse
Spanische Kolonialzeit 386
Spottdrosseln 336
Sprache 16, 426
Sprachkurse
Spanischkurse 414
Unterrichten 408
Strände
Atacames 263
Bahía Tortuga 329
Canoa 271
Cerro Brujo 352
El Garrapatero 328
Galápagosinseln 324
La Lobería 354
Manta 276
Mompiche 269
Montañita 290
Muisne 268
Olón 290
Parque Nacional Machalilla 284
Playa Ochoa 352
Playa Punta Estrada 328
Playas 296
Puerto Chino 353
Puerto Grande 353
Puerto López 286
Punta Cormorant 368
Salinas 294
Same 266
San Pedro 258
Surfen 296
Strom 414
Stummelkormorane 339
Súa 266
Sucúa 252
Südküste 45, 281, **282**
Essen 281
Highlights 282
Klima 281
Reisezeit 281
Unterkunft 281
Südliches Hochland 44, 175, **176**
Essen 175
Highlights 176
Klima 175
Reisezeit 175
Unterkunft 175
Suppenschildkröten 341
Surfen 34
Canoa 271
Mompiche 269
Montañita 13, **13**, 290
Playa Punta Carola 360
Playas 296
Puerto Baquerizo Moreno 354
Salinas 294

T

Tagua-Schnitzereien 291
Tauchen & Schnorcheln 34
Tauchsafaris
Galápagosinseln 38
Taxis 424
TeleféríQo 58
Telefon 415
Tena 234
Thermalquellen 98, 110, 116, 118
Baños 152, 194
Grutas de la Paz 116
Papallacta 10, **10**, 213
Parque Acuático Los Elenes 170
Vilcabamba 206
Tiefland 44, 253, **254**
Tierbeobachtung
Bajo Río Napo 227
Bosque Protector Cerro Blanco 297
Galápagosinseln 324
Playa de Oro Reserva de Tigrillos 259
Reserva Biológica Bilsa 260
Reserva Ecológica Cotacachi-Cayapas 260
Reserva Ecológica Manglares Churute 317
Tiere & Pflanzen 399
Tierreservate
El-Chato-Schildkrötenreservat 327
Toiletten 415
Tonchigüe 266
Totoramatten & -körbe
Kunsthandwerk 171
Touristeninformation 415
Trampen 425
Trekken *siehe* Wandern & Trekken
Trinkgeld 411
Tsantsa 394
Tulcán 118
An- & Weiterreise 119
tzantzas 61, 383

U

Umweltprobleme 404
Galápagosinseln 375
Kraftwerke 217
Mangroven 270
Ölindustrie 219, 220, 232, 380, 389
Überfischung 374
Umweltschutzbemühungen 272

Unterkunft 416, *siehe auch einzelne Reiseziele*
Unterwegs vor Ort 421

V

Verantwortungsbewusst reisen
Bosque Nublado Santa Lucía 120
Copalinga 204
El Monte Sustainable Lodge 123
El Pital 290
El Porvenir 135
Hacienda Manteles 151
Ítapoa Reserve 126
Loma Alta 291
Productos Andinos 88
Pululahua Hostel 94
Rumi-Wilco Ecolodge 207
Salinas 164
Séptimo Paraíso 124
Tambopaxi 135
Versicherung
Auto & Motorrad 422
Gesundheit 417
Vilcabamba 12, **12**, 205, **206**
Visa 417
Vögel
Albatrosse 288
Andenkondor 132
Audubonsturmtaucher 351
Austernfischer 369
Blaufußtölpel 288, 289, 351, 352
Darwinfinken 366
Ecuador-Andenkolibri 132
El-Oro-Rotschwanzsittich 321
Felsenhähne, Leks der 122
Fettschwalm 251
Fregattvögel 283, 288, 351
Galápagosalbatros 369
Galápagospinguine 367
Galápagosralle 328
Galápagosscharben 365
Goldschnabel-Sumpfhuhn 328
Großer Soldatenara 290, 297
Hood-Spottdrossel 369
Jocotoco-Antpitta 209
Kolibris 291
Küstenpapageien 283
Mangrovedarwinfink 362
Nazca-Tölpel 351, 370
Parque Nacional Podocarpus 203
Pelikane 283, 288
Rosaflamingo 367
Rotfußtölpel 288, 370
Rotschnabel-Tropikvogel 370
Rubintyrann 328
Sumpfohreule 328
Sumpfvogel 362
Tölpel 283
Vogelbeobachtung 31, 400
Baeza 216
Bajo Río Napo 227
Bosque Nublado Santa Lucía 120
Bosque Protector Cerro Blanco 297
Bücher 400
Galápagosinseln 324
Intag Cloud Forest Reserve 111
Loma Alta 291
Milpe Schutzgebiet 126
Mindo 122
Naturschutzgebiet Jorupe 210
Parque Cóndor 100
Parque Nacional Cotopaxi 132
Parque Nacional Machalilla 283
Parque Nacional Podocarpus 202
Parque Nacional Sangay 161
Parque Nacional Sumaco-Galeras 233
Reserva Bellavista 121
Reserva Biológica Guandera 117
Reserva Biológica Los Cedros 112
Reserva Biológica Maquipucuna 120
Reserva Ecológica de Manglares Cayapas Mataje 258
Reserva Ecológica El Ángel 117
Reserva Ecológica Manglares Churute 317
Reserva Producción Faunística Cuyabeno 220
Ruta Ecológica 151
Salinas 294
Siempre Verde 111
Tandayapa 119
Tinalandia 255
Volcán Cotopaxi 12, **12**, 132, 136
Volcán Pichincha 94
Volcán Tungurahua 161
Vulkane 104
Allee der Vulkane 148
Galápagosinseln 372
Isla Isabela 359
Parque Nacional Sangay 160
Reserva Ecológica Los Ilinizas 131
Volcán Atacazo 255
Volcán Carihuairazo 164
Volcán Cayambe 98
Volcán Chiles 118
Volcán Chimborazo 130, 164
Volcán Corazón 255
Volcán Cotacachi 110
Volcán Cotopaxi 12, **12**, 132, 136
Volcán El Altar 162
Volcán Imbabura 107
Volcán Pichincha 94
Volcán Reventador 217
Volcán Sangay 162
Volcán Sierra Negra 359
Volcán Sumaco 233
Volcán Tungurahua 146, 150, 158

W

Währung 16
Walbeobachtungen 11, **11**
Parque Nacional Machalilla 285
Puerto López 11, 286
Salinas 294
Wald, versteinerter 321
Wandern & Trekken 19, 30, 61
Baños 154
Bosque Nublado Santa Lucía 120
Camino del Inca 178
Dos Mangas 291
La Escalinata 150
Laguna Limpiopungo 134
Laguna Quilotoa 142
Lagunas de Atillo 162
Lagunas de Mojanda 106
Parque Nacional Cajas 178
Parque Nacional Cotopaxi 132
Parque Nacional Podocarpus 178, 203
Paute 194
Principal 195
Puerto López 286
Quilotoa-Loop 140
Refugio José Rivas 134
Reserva Bellavista 121
Reserva Biológica Los Cedros 112
Reserva Biológica Maquipucuna 120
Reserva Ecológica Cotacachi-Cayapas 110
Reserva Ecológica Los Ilinizas 131
Siempre Verde 111
Vilcabamba 206
Volcán Carihuairazo 164
Volcán Chimborazo 165
Volcán El Altar 162
Volcán Reventador 217
Volcán Sangay 162
Wasserfälle
Baños 151
Bosque Protector Mindo-Nambillo 121
Cascada de San Rafael 217
Cascada el Palto 206
Cascada Las Latas 240
Cascadas de Peguche 108
Dos Mangas 291

Verweise auf Karten **000**
Verweise auf Fotos **000**

Grutas de la Paz 116
Girón 194
Gualaquiza 252
Las Cascadas de Paluz 116
Mindo 121
Parque Nacional Podocarpus 203
Principal 195
Reserva Biológica Bilsa 260
Ruta de las Cascadas 159
Tena 235
Saraguro 195
Zamora 204
Weben
Agato 109
Gonzanamá 209
Ilumán 109
Otavalo 102
Peguche 108
Salasaca 150
Wechselkurse 17
Welterbestätten
Cuenca 179
Galápagosinseln 324
Parque Nacional Sangay 160
Quito 48
Wetter 16, 21, *siehe auch einzelne Regionen*
Wildparks
AmaZOOnico 243
Napo Wildlife Center 228
Wildsumaco Wildlife Sanctuary 233

Z

Zamora 204
Zaruma 321
Zeit 418
Zentrales Hochland 44, 127, **128**
Essen 127
Highlights 128
Klima 127
Reisezeit 127
Unterkunft 127
Zoll 418
Zug, Reisen mit dem 425
Area Nacional de Recreación El Boliche 91
Nariz del Diablo 173

13.8 – 18.8. Monta
= 5 Nächte
LD Balsa -
Surfcam

Auf einen Blick

Empfehlungen von Lonely Planet:

LP TIPP – Das empfiehlt unser Autor

GRATIS – Hier bezahlt man nichts

Nachhaltig und umweltverträglich
Unsere Autoren haben diese Einrichtungen gewählt, weil man dort großen Wert auf Nachhaltigkeit legt: etwa durch die Förderung einheimischer Gemeinschaften oder Hersteller, durch eine umweltverträgliche Bewirtschaftung oder durch ein Engagement im Naturschutz.

Mit diesen Symbolen sind wichtige Kategorien leicht zu finden:

Sehenswertes	Kurse	Schlafen	Unterhaltung
Strände	Touren	Essen	Shoppen
Aktivitäten	Feste & Events	Ausgehen	Praktisches/Transport

Diese Symbole bieten wertvolle Zusatzinformationen:

Telefonnummer	Internetzugang	familienfreundlich	Subway
Öffnungszeiten	WLAN	tierfreundlich	Straßenbahn
Parkplatz	Schwimmbecken	Bus	Zug
Rauchen verboten	vegetarische Speisen	Fähre	
Klimaanlage	Speisekarte auf Englisch	Metro	

Diese Abkürzungen werden in den Kapiteln „Schlafen" verwendet:

B	Bett im Schlafraum	DZ	Doppelzimmer	4BZ	Vierbettzimmer
Zi.	Zimmer	2BZ	Zweibettzimmer	FZ	Familienzimmer
EZ	Einzelzimmer	3BZ	Dreibettzimmer	Apt.	Apartment

Die Reihenfolge spiegelt die Bewertung durch die Autoren wider.

Kartenlegende

Sehenswertes
- buddhistisch
- christlich
- Denkmal
- hinduistisch
- islamisch
- jüdisch
- Museum/Galerie
- Ruine
- Schloss
- Strand
- Weingut/Weinberg
- Zoo
- andere Sehenswürdigkeit

Aktivitäten, Kurse & Touren
- Kanu/Kajak fahren
- Schwimmbecken
- Ski fahren
- surfen
- tauchen/schnorcheln
- wandern
- windsurfen
- andere/r Aktivität/Kurs/Tour

Schlafen
- Camping
- Unterkunft

Essen
- Lokal

Ausgehen
- Bar/Kneipe
- Café

Unterhaltung
- Unterhaltung

Shoppen
- Shoppen

Praktisches
- Bank
- Botschaft/Konsulat
- Internetzugang
- Krankenhaus/Arzt
- Polizei
- Post
- Telefon
- Toilette
- Touristeninformation
- andere Einrichtung

Verkehrsmittel
- Bus
- Einschienenbahn
- Fähre
- Fahrrad
- Flughafen
- Grenzübergang
- Metro
- Parkplatz
- Seilbahn/Gondelbahn
- Straßenbahn
- Taxi
- Tankstelle
- Zug
- anderes Verkehrsmittel

Verkehrswege
- Mautstraße
- Autobahn
- Hauptstraße
- Landstraße
- Verbindungsstraße
- sonstige Straße
- unbefestigte Straße
- Platz/Promenade
- Treppe
- Tunnel
- Fußgängerüberführung
- Stadtspaziergang
- Abstecher vom Stadtspaziergang
- Pfad

Geografisches
- Aussichtspunkt
- Berg/Vulkan
- Hütte/Unterstand
- Leuchtturm
- Oase
- Park
- Pass
- Picknickplatz
- Wasserfall

Städte
- Hauptstadt (Staat)
- Hauptstadt (Bundesland/Provinz)
- Großstadt
- Kleinstadt/Ort

Grenzen
- Internationale Grenze
- Bundesstaat/Provinz
- umstrittene Grenze
- Region/Vorort
- Meerespark
- Klippen
- Mauer

Gewässer
- Fluss/Bach
- periodischer Fluss
- Sumpf/Mangrove
- Riff
- Kanal
- Wasser
- Trocken-/Salz-/periodischer See
- Gletscher

Gebietsformen
- Friedhof
- Friedhof (christlich)
- Highlight (Gebäude)
- Park/Wald
- Sehenswürdigkeit (Gebäude)
- Sportgelände
- Strand/Wüste

DIE LONELY PLANET STORY

Ein ziemlich mitgenommenes, altes Auto, ein paar Dollar in der Tasche und eine Vorliebe für Abenteuer – 1972 war das alles, was Tony und Maureen Wheeler für die Reise ihres Lebens brauchten, die sie durch Europa und Asien bis nach Australien führte. Die Tour dauerte einige Monate, und am Ende saßen die beiden – pleite, aber voller Inspiration – an ihrem Küchentisch und schrieben ihren ersten Reiseführer *Across Asia on the Cheap*. Innerhalb einer Woche hatten sie 1500 Exemplare verkauft. Lonely Planet war geboren.

Heute hat der Verlag Büros in Melbourne, London und Oakland und mehr als 600 Mitarbeiter und Autoren. Und alle teilen Tonys Überzeugung: „Ein guter Reiseführer sollte drei Dinge tun: informieren, bilden und unterhalten." Und an diesem Grundsatz änderte sich auch nichts, als 2011 BBC Worldwide alleiniger Inhaber von Lonely Planet wurde.

DIE AUTOREN

Regis St. Louis

Hauptautor, Quito Nach seiner ersten Andentour im Jahr 1999 kehrte Regis nach Hause zurück, verkaufte alles und begab sich auf eine Reise quer durch Südamerika. Seither ist er immer wieder dorthin zurückgekehrt, hat schlechte Straßen mit dem Wagen, Pferd oder Rad bereist, (kleinere) Andengipfel bezwungen und sich in Spanisch und Portugiesisch verständigt. Auf seiner letzten Reise hat er sich durch zahllose *cevicherías* gegessen, das Nachtleben in der Altstadt von Quito getestet und ein paar Salsa-Schritte gelernt. Regis ist Hauptautor von *Südamerika für wenig Geld* und hat an mehr als 30 Lonely Planet Bänden mitgearbeitet. Er lebt in New York.

Mehr über Regis gibt's hier:
lonelyplanet.com/members/regisstlouis

Greg Benchwick

Zentrales Hochand, Südliches Hochland Greg schreibt seit zehn Jahren über Lateinamerika. Er hat sich durch den mittelamerikanischen Urwald geschlagen, bei seiner Arbeit für die UNO Regierungschefs getroffen und ist alten Inkarouten in Ecuador, Bolivien und Peru gefolgt. Im Zuge seiner Recherchen hat sich Greg dieses Mal sogar auf den Cotopaxi hochgekämpft.

Michael Grosberg

Südküste, Galápagosinseln Michael hat schon an drei englischsprachigen Ausgaben des Ecuador-Bands mitgewirkt, das Land aber nicht nur für Lonely Planet, sondern auch zu anderen Anlässen bereist. Einen Sommer verbrachte er z. B. als Lehrer in Quito. Kurz vor seinem Uniabschluss spezialisierte er sich auf lateinamerikanische Literatur und Kultur. Michael lebt in New York und war schon bei mehr als 17 Lonely Planet Bänden mit im Boot.

Tom Masters

Nördliches Hochland, Oriente, Nordküste & Tiefland Zum ersten Mal verschlug es Tom als Student nach Ecuador, und er verliebte sich sofort in diese faszinierende Ecke Südamerikas. Seither hat er für Lonely Planet ganz Lateinamerika bereist, auch Mexiko, Kuba und Venezuela. Den Oriente, das herrliche Hochland im Norden und die total entspannte Nordküste für diesen Band zu entdecken, war ein echtes Abenteuer für ihn: In einem winzigen Auto ging es durch unerwartet breite Flüsse, der Laptop gab mitten im Regenwald den Geist auf, er stolperte über diverse Anakondas und nahm an einem Schamanenritual teil. Seine Webseite: www.tommasters.net.

Mehr über Tom gibt's hier:
lonelyplanet.com/members/tommasters

Lonely Planet Publications,

Locked Bag 1, Footscray,
Melbourne, Victoria 3011,
Australia

Verlag der deutschen Ausgabe:
MAIRDUMONT, Marco-Polo-Str. 1, 73760 Ostfildern,
www.mairdumont.com,
lonelyplanet@mairdumont.com

Chefredakteurin deutsche Ausgabe: Birgit Borowski
Übersetzung: Berna Ercan, Tobias Ewert, Laura Leibold, Marion Matthäus, Ute Perchtold, Dr. Christian Rochow, Katja Weber
Redaktion: Olaf Rappold, Katrin Sterba, Julia Wilhelm (red.sign, Stuttgart)
Redaktionsassistenz: Dr. Dirk Mende, Karin Rappold, Thomas Tilsner
Satz: Neslihan Tatar-Akbiyik, Claudia Rupp, Julia Wilhelm (red.sign, Stuttgart)

Ecuador & Galápagosinseln

1. deutsche Auflage Dezember 2012, übersetzt von *Ecuador & the Galápagos Islands, 9th edition*, May 2012 Lonely Planet Publications Pty

Printed in China

Die meisten Fotos in diesem Reiseführer können bei Lonely Planet Images, www.lonelyplanetimages.com, auch lizenziert werden.